JANUSZ PIEKALKIEWICZ

WELTGESCHICHTE DER SPIONAGE

JANUSZ PIEKALKIEWICZ

WELTGESCHICHTE DER SPIONAGE

Lieber Wolfi!

Die CD-s sind aus

Alles Liebe Deine Mama

Weltbild Verlag

24.12.93

Die Arbeit an diesem Buch wurde kurz vor dem Tod des Autors im Jahr 1988 abgeschlossen. Für die Zeit nach 1945 mußte vieles vor dem Hintergrund des damals noch schwelenden Ost-West-Konflikts, des politischen Machtkampfes der Supermächte UdSSR und USA, gesehen werden. Die dramatische Entwicklung der letzten Jahre in Europa und ihre Auswirkungen auf die wirtschaftliche und politische Situation der gesamten Welt haben ein »neues Kapitel in der Geschichte geschrieben«, das niemand voraussehen konnte.

München, im Frühjahr 1993

Mit 580 Abbildungen, Faksimiles und Graphiken

Genehmigte Lizenzausgabe für
Weltbild Verlag GmbH, Augsburg 1993

Umschlaggestaltung: Adolf Bachmann, Reischach
Graphiken: Hans Limmer, München
Satz: Typodata, München
Gesamtherstellung Gorenjski Tisk, Kranj
Printed in Slowenien
ISBN 3-89350-568-7

Inhalt

Geleitwort

Viele Menschen glauben, Spionage sei eine Erscheinung der modernen Geschichte oder nur ein Problem der Gegenwart. Sie mögen dabei an den fast zu einem Begriff gewordenen Namen Mata Hari denken oder an Oberst Redl, den k. u. k. Offizier aus der Zeit vor dem Ersten Weltkrieg, auch an die technisch äußerst eindrucksvolle Satellitenaufklärung, an den U-2-Piloten Francis Powers oder an den Fall Günter Guillaume, der 1974 den Sturz eines Bundeskanzlers bewirkt hat.
Janusz Piekalkiewicz macht uns deutlich, wie lange es schon Verrat und damit Spionage gibt, welche Traditionen und Überlieferungen dabei eine große Rolle spielen, etwa wenn er schildert, wie die Chinesen bereits Jahrhunderte vor Christi Geburt Erkundung betreiben. Man kann sie fast als Pioniere der Spionage bewundern, deren Regeln heute noch Gültigkeit haben.
Nach der Lektüre dieser »Weltgeschichte der Spionage« müssen wir erkennen, daß auch Verrat, mangelnde Treue oder fehlende Loyalität zu den Grundeigenschaften des Menschen gehören. Spionage ist daher eher eine technische Bezeichnung menschlicher Neigungen.
Die Nachrichtendienste spielen gern mit dem Begriff des Geheimen oder Geheimnisses, und der Agent soll mit seiner geheimen Tätigkeit auch die Sehnsucht nach mehr Geltung verwirklichen können. Seine geheime Rolle – verbunden mit finanziellen Vorteilen – soll ihm fast wichtiger sein als das, was er offiziell darstellt, im Beruf und in der Familie. Darum geht es den Nachrichtendiensten auch.
Piekalkiewicz zeigt an vielen Beispielen, unter welchen psychischen Bedingungen ein Agent oftmals seinen Auftrag erfüllen muß, so daß man mit den Worten von C. G. Jung sagen kann: Wir begegnen dem »Schatten« des Menschen.
Spionage als ein Teil der Weltgeschichte ist insgesamt geprägt von vielen negativen Zügen menschlicher Natur. In seinem fundiert recherchierten Buch trägt der Autor entscheidend dazu bei, dem Leser das Wesen und die Aufgaben der Spionage zu verdeutlichen. Die Spannung der Spionage erleichtert diese Bespiegelung. Ein Maskenball, hinter dem sich die Tragik menschlicher Existenz verbirgt.
Piekalkiewicz hat seinen Streifzug durch die Geschichte der Spionage – von 4000 vor Christus bis heute – mit bewundernswerter Akribie verfaßt. Wer dieses Werk besitzt, verfügt nicht nur über eine Enzyklopädie der Nachrichtendienste, sondern lernt zugleich ein Stück wahrer Natur und psychologischer Struktur des Menschen kennen.

Richard Meier

Dr. Richard Meier

Von 1970 bis 1975 Chef der Abteilung I – Nachrichtenbeschaffung – im Bundes-Nachrichtendienst (BND), von 1975 bis 1983 Präsident des Bundesamtes für Verfassungsschutz (BfV)

Wesen und Aufgaben der Spionage

»Ein Geheimdienst muß geheim bleiben« – so die zutreffende Äußerung von US-General George C. Marshall. Aus diesem Grund ruhen auch die Akten der geheimen Nachrichtendienste in gut gesicherten Panzergewölben, manche sogar für alle Zeiten. Die Archive des britischen »Secret Intelligence Service« zum Beispiel sind – einschließlich verschiedener Papiere aus dem 16. und 17. Jahrhundert – nach wie vor verschlossen.

Geheimdienste haben auf den Verlauf der Geschichte einen erheblichen Einfluß ausgeübt, doch nur selten, eher durch Zufall, wurden ihre Verdienste offiziell bekannt. Kaum einer der Befehlshaber, Diplomaten oder Staatsmänner, die auf den Einsatz von Geheimagenten angewiesen waren, haben die Unterstützung jener Männer in ihren persönlichen Erinnerungen erwähnt.

Da die Angehörigen der geheimen Nachrichtendienste zum Schweigen verpflichtet sind, gibt es kaum Literatur, die sich zuverlässig und aufschlußreich mit der Arbeit jener Dienste befaßt. Nur der Erschließung schwer zugänglicher Archive ist die Entstehung dieses Werkes zu verdanken.

Schon seit Urzeiten befassen sich die Menschen damit, Absichten, Pläne und Mittel ihrer Feinde auszukundschaften, und es gibt bereits seit Jahrtausenden das, was man Spionage nennt. Dieses oft als zweitältestes Gewerbe bezeichnete Metier ist vermutlich noch älter als jenes, das mit Schmunzeln das älteste genannt und wiederum häufig für Spionagezwecke genutzt wird.

Bereits bei den alten Ägyptern, Persern, Griechen und Römern sowie in den nachfolgenden Jahrhunderten findet man eindeutige Hinweise auf geheime Erkundung. Unabhängig von den Motiven bleiben die Wesenszüge der Spionage fast genauso unverändert wie die der klassischen militärischen Strategie.

Bei den Römern stand »Verrat von Geheimnissen, die dem Feinde nützlich sind«, unter strenger Strafe. Ebenso wurde als Landesverrat angesehen, »wer den Feinden des römischen Volkes einen Boten oder Brief geschickt, ein Zeichen gegeben oder arglistigerweise bewirkt hat, daß die Feinde des römischen Volkes wider den Staat mit Rat unterstützt wurden«.

Noch im ausgehenden Mittelalter scheint mit Errichtung der französischen Ordonnanzkompanien unter Karl VII. (1422–1461) das Wort »Spion« entstanden zu sein, denn es wird in den Strafbestimmungen erwähnt. Bis dahin war immer nur von Kundschaftern und Spähern des Gegners die Rede. Der Begriff »Spion« schließt zum Beispiel auch feindliche Kundschafter ein, die in der Nähe des Lagers aufgegriffen werden.

Dagegen ist im Allgemeinen Preußischen Landrecht von 1774 noch von »Kundschaftern« die Rede. Darin heißt es, daß »fremde Kundschafter nach den Regeln des Kriegsrechts zu behandeln sind«. Erst im Strafgesetzbuch für das Königreich Bayern von 1813 taucht auch offiziell die Bezeichnung »Spion« auf.

Auf der Brüsseler Staatenkonferenz von 1874 wurde die Spionage als erlaubtes Kriegsmittel völkerrechtlich anerkannt. In der Deklaration über die Regeln der Kriegführung legte man gemeinsam fest, daß als Spion eine solche Person zu bezeichnen sei, die »heimlich oder unter falschem Vorwande an Örtlichkeiten, die zu betreten der Öffentlichkeit verboten ist, Informationen sammelt oder zu sammeln sucht in der Absicht, diese einer anderen Partei mitzuteilen«. Personen hingegen, die ohne Verheimlichung ihrer militärischen Eigenschaft oder ihrer Sendung Aufklärungen einziehen, bezeichnet man als Kundschafter. In der Praxis lassen sich allerdings die beiden Begriffe »Spion« und »Kundschafter« nicht so scharf abgrenzen, da sie vielfach ineinander übergehen.

Im 19. Jahrhundert sahen die europäischen Staaten ihre Sicherheit durch die Existenz großer, schlagkräftiger Heere gewährleistet. Dadurch verlagerte sich die Aufgabe der Nachrichtendienste immer mehr in den militärischen Bereich, und Offiziere übernahmen die Führung; die Nachrichtenbeschaffung auf politischer Ebene blieb weiterhin den Diplomaten vorbehalten.

Es ist schwer zu sagen, zu welcher Zeit die Spionage wichtiger ist: im Frieden oder im Krieg. Wird ein Spion während des Krieges festgenommen und seiner Tat überführt, muß er damit rechnen, erschossen zu werden, weil der Kriegführende das Recht hat, sich durch wirksam abschreckende Strafen zu schützen. Die Spionage ist, wie wir sehen, zwar völkerrechtlich erlaubt, aber eine äußerst riskante Tätigkeit.

Während einer kriegerischen Auseinandersetzung obliegt den Geheimdiensten auch die Planung, Vorbereitung und Durchführung von Sabotage. Diese richtet sich vor allem gegen strategische Objekte, wie zum Beispiel gegen Nachschubeinrichtungen in der Tiefe des Feindgebietes, Zentren der Rüstungsindustrie, Bergwerke, Ölraffinerien, Brücken, Flugplätze und dergleichen.

Die Leistung einzelner Agenten erhält im Krieg eine andere Bedeutung, denn mitunter hängt die Entscheidung einer Schlacht von einer ganz bestimmten, äußerst wichtigen Information ab, die rechtzeitig eintrifft und an deren Glaubwürdigkeit nicht zu zweifeln ist.

Ein Spion muß nicht im Brennpunkt des politischen Geschehens stehen, keineswegs abenteuerlich sein

oder sein Leben täglich riskieren. Im Gegenteil: Sein wahres Kennzeichen ist Unauffälligkeit, ein Garant seines Erfolges. Schlapphüte, Ledermäntel mit hochgestelltem Kragen und dunkle Brillen – landläufige Attribute eines Spions – tragen die Agenten nur auf Bildschirmen oder auf der Kinoleinwand.
Eines der größten internen Probleme jedes Nachrichtendienstes ist die Ausbildung von Nachwuchs und ständige Rekrutierung neuer Mitarbeiter. Ein Großteil der Agenten ist Tag und Nacht dabei, diese Aufgabe zu bewältigen. Die Personenaufklärung, eine wichtige Vorstufe für die Agentenanwerbung, gehört zum täglichen Arbeitsbereich. Damit in der Zentrale festgestellt werden kann, ob die Anwerbung einer bestimmten Person möglich ist, haben manche Agenten ausschließlich den Auftrag, Angehörige ihres Betriebes personell »abzuklären« oder ihre Umgebung nach geeigneten »Objekten« zu durchforsten.
Welche Eigenschaften sind für die nachrichtendienstliche Arbeit erforderlich? Wohl niemand hat es besser ausgedrückt als Lawrence von Arabien in einem Brief kurz vor seinem Tod: »Ich war kein Soldat aus Instinkt, automatisch mit Intuition und glücklichen Ideen. Wenn ich einen Entschluß faßte oder meinen Entschluß änderte, hatte ich vorher mein Bestes getan, um jeden wichtigen und manchen unwichtigen Faktor zu studieren. Geographie, Stammesverfassung, Religion, soziale Gewohnheiten, Sprache, Begierden, Maßstäbe – alles hatte ich in den Fingerspitzen. Den Feind kannte ich fast so gut wie meine eigene Seite. Ich habe mein Leben viele Male aufs Spiel gesetzt, um etwas zu erfahren.«
Auch bildliche Vorstellungskraft ist für einen Spion unerläßlich. Dies ist die Gabe – wie es General Wellington einst ausdrückte –, das zu durchschauen, »was auf der anderen Seite des Hügels vorgeht«, hinter den Linien des Feindes und in dessen Kopf. Es besagt, daß mehr als die Fähigkeit verlangt wird, Fakten zu bemerken: Man müsse die Kraft haben, sich die zu erwartende Situation rechtzeitig vor Augen zu halten, so daß man ihr entgegentreten könne, bevor sich die Lage noch ungünstiger entwickelt habe.
Ob jemand für einen Geheimdienst von Interesse ist und als möglicher Mitarbeiter oder Informant in Frage kommt, entscheiden zwei Kriterien: Ist der Betreffende in der Lage, geheime Informationen zu beschaffen und überhaupt zu einer solchen Mitarbeit bereit?
Die Ansprüche, die man an einen Spion stellt, sind ungewöhnlich hoch. Er muß seine Arbeit tun, ohne genau zu wissen, ob seine Informationen wichtig sind oder nicht, ob er damit Erfolg hat oder ob er von seinem Auftraggeber in der Zentrale akzeptiert wird. Unter den zahllosen Spionen und Agenten in der fast 4000 Jahre alten Geschichte gibt es die unterschiedlichsten Charaktere, sehr oft sogar hochintelligente Persönlichkeiten. Stellvertretend für viele andere sei hier nur erinnert an Männer wie Karl Schulmeister, Thomas Lawrence, Sidney Reilly, Wilhelm Waßmuß, Richard Sorge, Oleg Penkowskij oder an Kim Philby und Rudolf Abel.
Gerade die Aktivitäten solcher Männer beweisen, daß in Kriegs- und Friedenszeiten nicht die Quantität allein die Schlagkraft eines Geheimdienstes ausmacht, sondern seine Qualität. Dennoch kann man wohl sagen, daß jede Nachrichtendienst-Organisation zugleich auch die Leistungsfähigkeit eines Staates widerspiegelt.
Die Hauptaufgabe eines Geheimdienstes ist die Informationsfunktion, das bedeutet Nachrichtenbeschaffung; danach kommt die Schutzfunktion, darunter versteht man die passive Abwehr gegnerischer Spionage und Sabotage. Der dritte Aufgabenbereich ist die als Gegenspionage bezeichnete offensive Aufklärung fremder Nachrichtendienste, und die vierte Funktion sind Geheimaktionen, zu denen Sabotage, Diversion, Subversion, Kommandounternehmen und psychologische Kriegführung zählen.
Die vielfältigen in der Nachrichtendienstzentrale eintreffenden Informationen werden hier entsprechend ihrer Bedeutung eingestuft, mit anderen Quellen verglichen und von den zuständigen Sachbearbeitern kommentiert. Sie sollen den Politikern und Militärs als Entscheidungshilfe dienen und es ihnen ermöglichen, die Absichten des offenen oder potentiellen Gegners so früh zu erkennen, daß die Staatsführung zur rechten Zeit reagieren kann.
Das Sammeln politischer Nachrichten gehört heutzutage zu den vorrangigsten Aufgaben der Geheimdienste. Ein Teil wird auf offiziellem Weg von Diplomaten beschafft, ein anderer durch Auswertung von Pressemeldungen, Rundfunksendungen, Literatur, Analyse der Statistiken, durch genaue Beobachtung des politischen Lebens und der wirtschaftlichen Vorgänge in dem jeweiligen Land.
In dieser Beziehung haben es die Ostblockländer in der »offenen« westlichen Welt besonders leicht, denn die im Handel erhältlichen Landkarten, dazu Eisenbahnfahrpläne als Hinweis auf die Leistungsfähigkeit der Verbindungswege, öffentliche Bekanntgabe von Statistiken sowie verschiedene Handbücher, Ranglisten etc. enthalten oft brauchbare Angaben. Doch bleibt für die geheime Nachrichtenbeschaffung der Einsatz von Spionen unerläßlich.
Die hauptamtlichen Mitarbeiter eines Geheimdienstes haben eines gemeinsam: das Bewußtsein, wie wichtig ihre Tätigkeit ist. Dennoch ist, um das Risiko eines Geheimnisverrats zu verringern, jeder Nachrichtendienst in mehrere selbständige Ressorts unterteilt, so daß der einzelne nur das erfahren darf, was er zur Ausführung seiner speziellen Aufgabe unbedingt wissen muß.
Daß nur ein gut organisierter Geheimdienst etwas erreichen kann, bestätigen die Worte des ehemaligen CIA-Chefs McCone: »Alle Kriege unseres Jahrhunderts, auch der Erste Weltkrieg, haben durch falsche Beurteilungen der Lage aufgrund unzulänglicher und schlecht ausgewerteter Informationen angefangen.«

Spionage ist ein mit illegalen Mitteln geführter Machtkampf hinter den Kulissen, der sich weltweit im politischen, militärischen und wirtschaftlichen Bereich abspielt. Von Jahr zu Jahr verschlingen Abertausende von Agenten sowie hochkomplizierte technische Ausrüstungen einen ständig wachsenden Anteil des Weltsozialprodukts. Diese Summen werden zum Teil in den Staatshaushalten – meist als Verteidigungsausgaben getarnt – ausgewiesen, das Gros aber wird mit Geldern aus diversen Geheimfonds gedeckt.
Nicht die Höhe des zur Verfügung stehenden Etats, sondern ein weit verzweigtes, gut ausgebautes Spionagenetz macht einen geheimen Nachrichtendienst erst funktionsfähig. Dazu gehören die im Ausland tätigen legalen und illegalen Residenten, die Netz- und Agentenführer, ebenso hochqualifizierte Einzelagenten.
Ein Grund, Spionage zu betreiben, ist nicht selten das verlockende Geld. So mancher gerät in Versuchung, geheimes Wissen in bare Münze zu verwandeln. Auch Liebe und Haß, Abhängigkeit oder Leichtsinn können die Triebfeder sein. Zu den besten Informanten jedoch zählt der Agent aus »politischer Überzeugung«, woraus beispielsweise die Sowjets besonderen Nutzen ziehen.
Bei vielen Spionen allerdings ist das Motiv ungeklärt. Vielleicht werden sie durch Geltungsbedürfnis verleitet, oder es ist der Reiz des Unbekannten, denn das Wissen um ein Geheimnis spielt im menschlichen Leben oft eine große Rolle.
Für die kommunistischen Staaten hat neben der politischen auch die Wirtschaftsspionage einen ganz besonderen Stellenwert. Was der Ostblock mit seiner generalstabsmäßigen Ausspähung in den westlichen Industrieländern betreibt, ist ohne Parallelen. Der Grund dafür: Industrielle Herstellungsverfahren erfordern Entwicklungskosten in Milliardenhöhe, den Zeit- und Personalaufwand nicht gerechnet. Spionage dagegen führt zum selben Ziel, ist aber vergleichsweise erheblich billiger.
Gute Tarnung eines Agenten macht in vielen Fällen seine Mission erst möglich. Ein Illegaler, der meist auf Umwegen in sein Zielland eingeschleust wird, erhält unter Berücksichtigung seiner Persönlichkeit und der vorhandenen Fähigkeiten eine neue Identität, die möglichst viele legitime Bestandteile enthält. Die Glaubwürdigkeit einer solchen »Legende« hängt auch von der Kunst des Fälschens ab. Sämtliche Geheimdienste unterhalten Spezialabteilungen zur Herstellung von Dokumenten und Personalpapieren.
Als einer der erfolgreichsten Geheimagenten wird der bereits vor dem Zweiten Weltkrieg in der Mandschurei und in Japan als Korrespondent im Auftrag deutscher Zeitungen arbeitende Richard Sorge bezeichnet. Bei ihm wiederum waren alle Angaben legitim bis auf jene Zeit, in der er sich zur Schulung in Moskau aufhielt. Seine neunjährige unentdeckte Spionagetätigkeit bleibt eine bemerkenswerte Leistung.
Äußerst wichtig sind für einen Geheimdienst auch die »Verbindungskanäle« über Kuriere und Funkagenten mit möglichst knacksicheren Geheimcodes. Seit Bestehen des Funkverkehrs, der Anfang des 20. Jahrhunderts die Technik der Spionage revolutioniert hat, werden Agenten meist dann entdeckt, wenn sie Weisungen ihrer Zentrale empfangen oder kurze Mitteilungen durchgeben. Dieser Augenblick bietet der Spionageabwehr eines Landes oft die einzige Chance für einen Erfolg.
Jeder geheime Nachrichtendienst kennt eine Vielzahl verschiedener Methoden, mit denen versucht wird, das Risiko der Entdeckung zu verringern: ständiger Standortwechsel der Agenten-Funkgeräte, Verwendung synthetischer Tinten und das Ausklügeln von immer raffinierteren Verstecken, den »toten Briefkästen«, als Hinterlegungsorte für schriftliche Mitteilungen.
Verhängnisvoll kann sich für einen Geheimdienst auswirken, wenn ein gut funktionierendes Agentennetz von der gegnerischen Spionageabwehr enttarnt wird und deren Spezialisten in Erfahrung bringen, was man bereits erkundet hat. Dadurch entsteht vorerst eine Informationslücke, denn der Aufbau eines neuen Spionagerings kann mehrere Monate oder Jahre erfordern.
Es gehört zu den Paradoxien unserer Zeit, daß die geheimen Nachrichtendienste in Ost und West, auch wenn sie immer wieder Urheber lokaler Konflikte in der Dritten Welt sind, zur Erhaltung des Friedens in einem Ausmaß beitragen, das ein Außenstehender kaum zu erkennen vermag: Beide Großmächte, die USA und die Sowjetunion, haben aufgrund der Spionageergebnisse ihrer Aufklärungssatelliten erkannt, daß sie annähernd gleichwertige Widersacher sind.
Obwohl die geheimen Nachrichtendienste im Zeitalter der elektronischen Ausspähung über die modernsten Hilfsmittel verfügen, können sie nicht auf die Mitarbeit von Agenten verzichten, denn nur durch den Einsatz von Spionen lassen sich die geheimsten Vorhaben der Gegenseite ermitteln.

Das Reich der Pharaonen

Bereits in der Frühzeit machten militärische Operationen ein Kundschafterwesen erforderlich. Oft drangen die Feldherren mit ihren Heeren in unbekannte Landstriche vor, daher mußten sie über zumindest flüchtige Angaben der geographischen Verhältnisse, über Anzahl und Charakter der Landesbewohner sowie über strategische Möglichkeiten verfügen, wollten sie nicht mit ihrer Armee plötzlich vor einem unüberwindlichen Gewässer stehen oder in ein Wüstengebiet vorstoßen, wo ihr Heer zugrunde gehen würde. So waren gewiß wagemutige Späher erforderlich, als ein Heerführer es wagte, das Land am Nil zu erobern.

Spione am Nil

Jene Stämme, die vor Tausenden von Jahren von Osten her bis zum Niltal vorgedrungen sind, können sich nicht entschließen, durch die westliche Wüste weiterzuwandern. Sie werden seßhaft und machen das Land urbar. Um die alljährlichen Überschwemmungen des Nils besser zu nutzen, bauen sie Bewässerungskanäle und vergrößern dadurch die Flußoase. Mit der afrikanischen Urbevölkerung und neu eindringenden Stämmen verschmelzen sie allmählich zu dem begabten Volk, das man Ägypter nennt.
Ursprünglich lebten sie in einer Reihe von Kleinstaaten. Doch der Fluß verbindet sie, so daß sich bald zwei große Reiche bilden, Ober- und Unterägypten. Aus Überlieferungen erfährt man, daß Pharao Menes, auch Narmer genannt, um 2850 v. Chr. die beiden Reiche vereint und den Titel »König von Ober- und Unterägypten« annimmt. Hier beginnt Ägyptens geschichtliche Zeitrechnung, und das Geschlecht der Narmer wird als Ägyptens älteste Dynastie angesehen.
Der Herrschaftsbereich dieses Staates, der vom Mittelmeer bis an die Grenzen des Sudans reicht, ist etwa 1000 Kilometer lang, aber vielfach nur 10 bis 20 Kilometer breit, denn lediglich im Niltal können die Menschen siedeln, da zu beiden Seiten der Flußoase die Wüste beginnt. Um ihren Staat regieren und ihn vor Feinden schützen zu können, müssen die Pharaonen neben einer gut funktionierenden Verwaltung und einer schlagkräftigen Armee auch nach und nach einen Erkundungsdienst, dazu ein System zur schnellen Beförderung von Nachrichten und amtlichen Schriftstücken organisieren.

Stumme Zeugen der Pharaonenherrschaft: Die Sphinx von Giseh bewacht die Chephren-Pyramide

Die Übermittlung geheimer Nachrichten in Form einer Stafettenkette ist wahrscheinlich ebenso alt wie die Nachrichtenbeförderung über größere Entfernungen überhaupt. Schon das System der Feuersignale, das bis in die vorgeschichtliche Zeit zurückreicht, stellt nichts anderes dar als eine Art Stafettenkette. Um die Geschwindigkeit der Nachrichtenübermittlung zu erhöhen, werden Boten nach bestimmten Teilstrecken abgelöst. Dies bewährt sich schon in frühester Zeit: Bereits Pharao Teti erhält um das Jahr 2300 v. Chr. auf diese Weise die Nilwasserstandsmeldungen aus Semna, dem südlichen Punkt des Reiches.

In Mari am Euphrat findet man den ältesten Geheimbericht, er ist etwa 2000 v. Chr. aufgezeichnet worden. Ein Mann namens Bannum, Führer einer Wüstenpatrouille, übermittelt auf einer Tontafel seinem Herrscher folgende Nachricht: »Die Grenzdörfer der Benjamiten tauschen Feuerzeichen aus, und ich beabsichtige herauszufinden, was dort vor sich geht, weil mir die Bedeutung dieser Zeichen noch nicht bekannt ist.« Bannum empfiehlt, vorsichtshalber die Wachen an den Stadtmauern zu verstärken.

Die geographische Lage Ägyptens um das Jahr 2000 v. Chr. mit ihren beträchtlichen Entfernungen von Nubien bis zur Hauptstadt Theben, später sogar bis in den Libanon, läßt darauf schließen, daß es einen gut organisierten Postdienst gegeben haben muß. Kuriere, »die nach Norden gingen oder in südlicher Richtung zum Hof vorstießen«, werden in der Erzählung von Sinuhe erwähnt. Sie stammt vermutlich aus der Zeit des Pharaos Sesostris I. der 12. Dynastie um 1950 v. Chr.

Sinuhe, ägyptischer Beamter und Held einer wohl autobiographischen Erzählung, betont voller Stolz, daß alle Kuriere »bei ihm einkehrten«. Dies besagt, daß die königlichen Agenten auf einer festgelegten Route von Station zu Station reisen und nur bei Menschen übernachten, deren Loyalität gegenüber dem Pharao sicher erscheint.

Es ist erwiesen, daß trotz einiger Zwischenfälle äußerst wichtige Geheiminformationen über bevorstehende Unruhen rechtzeitig die Hauptstadt Theben erreicht haben. Die meisten der geschichtlichen Ereignisse spielen sich in Nubien ab, dem südlichen Teil des ägyptischen Reiches. Zugleich enthalten die Sinuhe-Aufzeichnungen Einzelheiten, wie Informationen beschafft werden und wer die Agenten bzw. Übermittler sind.

Über einen Erfolg des ägyptischen Spionagesystems wird unter Pharao Amenophis II. um 1420 v. Chr. aus dem Vorderen Orient berichtet: »Seine Majestät hörte jemanden sagen, daß einige der Orientalen, die sich in der Stadt von Ikathi befanden, sich verschworen hatten, um einen Plan zu erstellen und die Truppen seiner Majestät niederzuwerfen, die dort stationiert sind«.

Es zeigt deutlich, daß die Information von ägyptischen Spähern stammen muß, die sich im wesentlichen aus der Bevölkerung rekrutieren. Die Inschrift enthüllt, daß es Einheimische gibt, »die auf seiten seiner Majestät« stehen. Die Kundschafter melden ihre Beobachtungen dem Kommandanten der ägyptischen Garnison, der das Geheimmaterial nach Theben weiterleitet. Dieses gut funktionierende Agentennetz ermöglicht den Pharaonen der 18. Dynastie, das erste Imperium der Menschheitsgeschichte aufzubauen und zu erhalten.

Auch nach der Gründung des Neuen Ägyptischen Reiches um 1550 v. Chr. schätzt man einen verläßlichen Kundschafterdienst richtig ein, der für den Schutz der ägyptischen Interessen in Afrika und im Vorderen Orient unerläßlich ist.

Während Ägypten neben seinen auswärtigen Kundschaftern bisher auch über eine Geheimpolizei im Innern verfügt hat, scheint um 1400 v. Chr. unter Amenophis III. keine vergleichbare Organisation mehr zu existieren. Es gibt am Hof des Pharaos lediglich einen hohen Beamten, zu dessen Aufgaben es zählt, gegebenenfalls vertrauliche Nachforschungen anzustellen. Die innere Sicherheit des Staates und die Loyalität der Untertanen werden in der Hauptsache durch starke religiöse Bindungen bewirkt.

Der Pharao, als einziger Sohn des Sonnengottes verehrt, ist nicht nur ein Verwalter und Besitzer aller Ländereien, sondern auch die alleinige »Quelle der Gerechtigkeit« und als einziger befugt, Ränge sowie soziale Stellungen zu verteilen.

Eine äußerst strenge Kontrolle über die Beamten, Bürgermeister und örtlichen Behörden wird vom Wisir, dem Vertrauten des Pharaos, ausgeübt; er sorgt vor allem für Recht und Ordnung. Ihm unterstehen Gesandte, die in seinem Auftrag Inspektionen durchführen.

Die Arbeit der im Ausland eingesetzten Kundschafter funktioniert perfekt. Die Agenten decken zum Beispiel in Nubien rechtzeitig ein Komplott auf, noch bevor es richtig geplant ist. Zur Erinnerung an dieses Ereignis wird am I. Katarakt des Nils eine Inschrift angebracht: »Man kam und sagte zu seiner Majestät: Der Feind von Kusch hat eine Rebellion in seinem Herzen geplant ... seine Majestät führte es zum Sieg, er schaffte ihn mit seinem ersten Feldzug ... wie ein grimmig dreinblickender Löwe nahm er Kusch. (Alle) Anführer wurden in ihren Tälern besiegt, wurden in ihrem Blut niedergeworfen, einer nach dem anderen ...«

Aus den letzten Jahren der Regierungszeit von Amenophis III. und den Anfängen seines Nachfolgers Amenophis IV., etwa zwischen 1370 und 1360 v. Chr., existiert eine umfangreiche Sammlung diplomatischer Korrespondenz mit den Herrschern der ägyptisch-nahöstlichen Besitzungen. Diese Dokumente – übrigens die älteste Sammlung diplomatischer Korrespondenz seit Menschengedenken –, bekannt als »Tontafeln von El Amarna«, sind nach dem Ort ihrer Entdeckung benannt. Sie liefern ein verblüffendes Bild von orientalischem Scharfsinn und Doppelspiel.

Dank der Kundschafter immer am richtigen Ort: Ägyptische Soldaten ziehen gegen den Feind

Das Gelobte Land

Es gibt kaum einen anderen Kundschaftereinsatz mit so nachhaltigen Auswirkungen wie jenen, den einst israelitische Späher unternommen haben. Ihr Bericht veranlaßt Moses, das Volk Israel ins Gelobte Land zu führen, ein Entschluß, der die Menschen zwischen Jordan und Nil – wie die politische Lage noch heute zeigt – selten zur Ruhe kommen läßt.
Als Moses – nach dem Auszug aus Ägypten etwa um 1220 v. Chr. – 40 Jahre lang (in Wirklichkeit vermutlich kürzer) durch die Wüste irrt und dann hoffnungslos steckenbleibt, gibt ihm Jehova den Rat, Kundschafter nach Kanaan zu senden. Moses schickt sie mit den Worten: »Ziehet hinauf ins Mittagsland und geht in das Gebirge, besehet das Land, wie es ist, und das Volk, das drinnen wohnt, ob's stark oder schwach, wenig oder viel ist. Und was es für ein Land sei, ob's fett oder mager sei ...« Die zwölf Spione – je einer von jedem Stamm Israels – kehren zurück und berichten von einem Land, in dem Milch und Honig fließen. Israels Kinder ziehen nun nach Palästina.
Josua, Anführer der Kundschafter, wird nach Moses' Tod Heerführer der Israeliten. Er ist in den Fall des Mädchens Rahab verwickelt, das die Stadt Jericho verraten hat. Dies ist der erste überlieferte Bericht von einer Dirne, die gleichzeitig Spionin war. Die Bibel erzählt, wie Josua, bevor er gegen Jericho zieht, zwei Kundschafter aus dem Tal von Shittim, wo er mit der israelitischen Streitmacht liegt, vorausschickt: Die beiden Spione gehen nach einem heute noch gültigen Geheimdienstprinzip vor. Als sie in der Abenddämmerung Jericho erreichen, suchen sie das einzig mögliche Haus der Stadt auf, in dem Männer während der Dunkelheit unbeobachtet verkehren können: das »Lusthaus« der Rahab. Die Stadttore sind nachts geschlossen, aber ihr Quartier direkt auf der Stadtmauer hat den unschätzbaren Vorteil, daß man es auch von außen her aufsuchen kann. Dieser im Geheimdienstjargon als »safe house« bezeichnete Ort steht den Agenten für geheime Treffs oder vorübergehende sichere Unterbringung zur Verfügung.
Offensichtlich besitzt der König von Jericho eine wirksame Gegenspionage: Man meldet ihm bereits nach ein paar Stunden die Anwesenheit der Kundschafter in der Stadt, und er ordnet eine Razzia an. Geistesgegenwärtig verbirgt Rahab die jüdischen Späher auf dem Dachboden unter trocknendem

Moses' Kundschafter: Zurück aus dem Jordan-Land, in dem Milch und Honig fließen. Holzschnitt, 15. Jh.

Flachs. Die Häscher des Königs werden abgewimmelt mit der Versicherung, die beiden Gesuchten seien schon längst weg.

Rahab, der Josuas Absichten bekannt sind, erhandelt von den versteckten Agenten – als Gegenleistung für ihre Hilfe – in aller Eile noch das Versprechen, nach Einnahme der Stadt mit ihrer Familie unter jüdischen Schutz genommen zu werden – ein klassisches Beispiel für die Sicherung einer Informationsquelle. Die arg bedrängten Spione beschwören es hoch und heilig. Erst dann läßt sie die beiden aus einem Fenster ihres Hauses an einem Seil die Stadtmauer hinunterrutschen, und sie entfliehen.

Später, als Josua die Stadt angreift, läßt man das mit einem scharlachroten Band am Fenster markierte Haus der Rahab unbehelligt. Dieses Prinzip ist lebenswichtig: Spionage ist nicht nur für Spione selbst, sondern auch für jene ein gefährliches Geschäft, die ihnen Unterschlupf gewähren oder die als Kuriere arbeiten. Und eine Aufdeckung kann zu Folterung, Tod oder langer Gefängnisstrafe führen.

Die ägyptischen Befestigungen entlang der Sinai-Halbinsel, der Grenze zum späteren Palästina, sind eine besonders wichtige Drehscheibe für Kundschafter, über die man das Geheimmaterial der östlichen Nachbarn bekommt. Diese Stützpunkte mit ihren schwerbewaffneten Kontrollposten entwickeln sich zu wichtigen Etappenstationen für Sonderboten auf dem Weg zum Pharao oder hinaus in die Fremde. Niemand darf passieren, ehe er seinen Namen, Stand und Reisezweck angegeben sowie die Briefschaften, die er bei sich führt, vorgezeigt hat.

Es ist das Tagebuch eines Grenzbeamten überliefert, der seine Eindrücke und Erlebnisse niederschrieb. Der unter Merenptah um 1220 v. Chr. in einer Stadt an der östlichen Grenze stationierte Beamte hat alle Namen sowie Anzahl der von Sonderboten beförderten Post notiert, die auf dem Weg nach Syrien seinen Kontrollpunkt passierten. Die Aufzeichnungen des jungen Schreibers Paebpasa geben interessante Einblicke in die Methode, wie die Ägypter und auch Syrer vor etwa 3200 Jahren in den Besitz von Informationen gelangt sind.

Der Grenzbeamte vermerkt: »630. VI Jahr 3, erster Monat der dritten Jahreszeit (neunter Monat), 15. Tag: Es erschien der Diener von Baal, Roy, Sohn von Zefer von Gaza, der zwei verschiedene Briefe für Syrien bei sich hatte: (für) den Hauptmann des Fußvolks Khay einen Brief; (für) den Machthaber von Tyre, Baalat-Remeg, einen Brief.«

Weiter notiert er: »631. Jahr 3, erster Monat der dritten Jahreszeit (neunter Monat), 17. Tag: Es erschienen die Hauptmänner der Bogenschützen aus der Merenptah-Hotephirma, H(err) B(ewahre) I(hn), welches sich (im) Gebirge befindet, um sich in der Festung Namen/Tharu (zu melden).«

Die bemerkenswerte Wachsamkeit des Grenzpostens deutet womöglich drauf hin, daß Pharao Merenptah zur gleichen Zeit in Phönikien einen Feldzug führt mit dem Ziel, das Land zu plündern. Der König braucht für sein Vorhaben einen guten und verläßlichen Kundschafterdienst. Dies erklärt sicher den starken Kurierverkehr zwischen Ägypten und dem Norden. Weitere Aufzeichnungen des Grenzbeamten enthalten einen Bericht an seinen Vorgesetzten über den Beduinenstamm der Edomiter, dem er die Genehmigung erteilt hat, den Grenzposten zu passieren und sein Vieh auf ägyptischem Boden weiden zu lassen. Dies ist ein Beweis, wie sich die Ägypter bemühen, zu den nomadisierenden Arabern gute Beziehungen zu unterhalten, denn auch von ihnen erhofft man sich brauchbare Informationen.

In der Inschrift, die Pharao Merenptah anläßlich seines Sieges in Phönikien hat anfertigen lassen, ist ein Hinweis auf königliche Gesandte zu finden. In seiner Schilderung der öffentlichen Festlichkeiten nach dem Erfolg im Nahen Osten verzeichnet der Chronist: »Die Gesandten (umsäumten) die Zinnen der Wälle, im Schatten der Sonne, bis deren Wächter erwachten.« Diese Erwähnung dürfte besagen, daß von den Gesandten königliche Befehle an die Beamten weiterzuleiten und Informationen von diesen abzuholen sind. Die Anwesenheit einer so beträchtlichen Zahl von Vertrauensleuten des Königs wird wohl nach dem gemeldeten Sieg neben der Freude auch ein Gefühl der Sicherheit ausgelöst haben.

Ein ägyptischer Schreiber: stets aufmerksam und dienstbereit

Phöniker und Hethiter

Das semitische Küstenvolk, von den Griechen Phoinikoi genannt, gehörte zu den tüchtigsten Seefahrern der Antike. Die Phöniker hatten auf dem schmalen Landstreifen zwischen Libanon, Syrien und dem Mittelmeer mehrere Stadtstaaten gegründet und betrieben Handel und Seefahrt. Sie wurden von drei Hochkulturen beeinflußt – von der ägyptischen, der mesopotamischen und der kretischen. Ihr Land lag genau dort, wo sich die großen Handelswege kreuzten. Dadurch spielten sie schon etwa seit dem 3. Jahrtausend v. Chr. eine bedeutende Rolle.
Ein Jahrtausend später gewannen die nach Kleinasien eingewanderten und in Kappadokien am Schwarzen Meer seßhaft gewordenen Hethiter an Bedeutung. Ihr Eroberungsdrang machte den Ägyptern schwer zu schaffen.

Phönikische Späher

Byblos ist vermutlich die älteste phönikische Stadt; man weiß, daß sie dem Pharao Snofru um 2570 v. Chr. Zedernstämme geliefert hat. Noch herrschen auf den Handelswegen ägyptische Schiffe vor, doch schon bald setzen die Ägypter auch Schiffe und Seeleute aus Byblos ein. Zu den fortschrittlichsten Leistungen der Phöniker zählt die aus ägyptischen Hieroglyphen entwickelte Buchstabenschrift.
Nachdem das Reich der Pharaonen immer mehr an Macht gewinnt, läuft der gesamte asiatische Handel über das Nildelta. Als Untertanen des Pharaos haben die Phöniker ungehinderten Zugang zum Delta, und die Waren dieses seefahrenden Volkes sind auf dem ägyptischen Markt sehr willkommen. Doch das Wertvollste für Ägypten sind die phönikischen Seeleute, sie zählen zu den besten Kundschaftern im Mittelmeerraum. Seit Beginn der 18. Dynastie um 1550 v. Chr. befindet sich der ägyptische Handel mit Zypern, Kreta und den Inseln im Ägäischen Meer in voller Blüte, so daß von daher keine Kriegsgefahr droht. Dem Pharao Amenophis I. geht es vor allem um Geheimnachrichten aus den östlichen Gebieten wie Syrien, Palästina und Mesopotamien sowie aus Nubien im Süden.
Die nachfolgenden Eroberungsfeldzüge der Pharaonen im Vorderen Orient stehen unter dem Befehl eines »Gouverneurs der Nordländer«. Der überlieferte Name dieses ersten Heerführers: T'hutij. Er erlebt unter Thutmosis III. um 1450 v. Chr. seinen Aufstieg. Im Krieg gegen Syrien soll es T'hutij gelungen sein, 200 schwerbewaffnete Ägypter in Säcken verstaut mit einer Schiffsladung Mehl in das von Syrern bedrohte Jaffa zu bringen. Dort befreien sie sich nachts aus ihren Säcken, überwältigen die Torwachen und ermöglichen so die Einnahme dieses wichtigen Seehafens.
Im gleichen Feldzug wiederum beklagen sich die mit dem König verbündeten Fürsten über mangelhafte Erkundung vor dem Angriff auf Megiddo in Palästina. Man habe Ihnen Marschrouten angewiesen, die nur einzeln und ohne Streitwagen begehbar seien, während der Feind jenseits des Gebirges kampfbereit stehen soll. Die als Späher eingesetzten Wegeführer bleiben aber bei ihrer Behauptung, daß der Weg zugänglich sei. Dem König, der seinen Kundschaftern vertraut, gelingt es, ohne großen Widerstand die Ebene zu erreichen und den Feind zu schlagen.
Unter ägyptischer Machthoheit können die weniger bedeutenden Potentaten ihre kleinen Königreiche weiterhin entsprechend der Landestradition regieren. Dies erfordert allerdings eine verstärkte Wachsamkeit des Governeurs, der von allen Kommandanten der in einigen eroberten Städten stationierten ägyptischen Garnisonen unterstützt wird. Sie halten den Gouverneur durch verläßliche Informationen über die einheimische Bevölkerung ständig auf dem laufenden.
Eine weitere Nachrichtenquelle sind die Adeligen, »Gesandte des Herrn« genannt. Sie müssen durch einzelne Landesteile reisen und dort den Tribut einsammeln. Die »Gesandten des Herrn« werden mehrfach in ägyptischen Inschriften erwähnt und fast immer als Geldeintreiber bezeichnet. Den Inschriften ist ferner zu entnehmen, daß Völker, die Tribut zu entrichten haben, in regelmäßigen Abständen aufgesucht werden.
Zum Gefolge der Gesandten, das sehr zahlreich ist, zählt auch eine Einheit ägyptischer Truppen. Es liegt nahe, daß sie genügend Gelegenheit haben, das Verhalten der Stämme und Völker zu beobachten. Sie

Phönikisches Schiff mit Segel und Rudern. Rekonstruktion nach assyrischen Reliefs aus dem 8. Jh. v. Chr.

Pharao Sethos I. (reg. um 1304–1290 v. Chr.): Er weiß den Dienst der Kundschafter zu nutzen

sind daher – dank ihrer Kontakte – besonders gut über die Feinde Ägyptens informiert.
Es hat den Anschein, daß die »Gesandten des Herrn« eine Art bevollmächtigte Minister sind, die ihre Auskünfte an den Herrscher selbst oder an einen seiner Vertrauten weiterleiten. Zu dieser Zeit bieten die mit Karren und Wagen reisenden Händler die beste Möglichkeit, den ständigen Zufluß aller Geheimnachrichten unbemerkt zu übermitteln, vor allem von Babylon nach Syrien, Palästina und Ägypten.

Die Hethiter

Um 1360 v. Chr. gewinnt in Kleinasien eine neue Macht zunehmend an Bedeutung: die Hethiter aus Kappadokien am Schwarzen Meer. Ihr Ziel ist die Unterwerfung Syriens, Palästinas und der phönikischen Küstenstädte. Sie verfügen über ein äußerst aktives Spitzel- und Spionagesystem, mit dessen Hilfe es ihnen gelingt, mehrere der bisher Ägypten untertänigen Provinzen zu erobern. Rib-Addi, ein loyaler ägyptischer Vasall aus Byblos, erkennt die Gefahr und bittet Ägypten um Unterstützung.
Unglücklicherweise scheint der betagte Amenophis III. kaum noch an Staatsgeschäften interessiert zu sein, und Amenophis IV., der sich später selbst Echnaton – »dem Sonnengott Aton wohlgefällig« – nennt, beschäftigt sich viel zu sehr mit seinen religiösen und sozialen Reformen.
In außenpolitischen Angelegenheiten wirkt Echnaton recht passiv und kann anscheinend den Wert eines verläßlichen Kundschafterdienstes überhaupt nicht einschätzen. Rib-Addi aus Byblos ist daher nicht in der Lage, den ägyptischen Hof von seiner eigenen Loyalität und den Eroberungsplänen seiner Gegner zu überzeugen. Die Pharaonen haben zwar noch immer ortsansässige Residenten in vielen syrischen und palästinensischen Städten; auch ägyptische Garnisonen, obwohl geschwächt, sind weiterhin in den Festungen stationiert. Doch die ägyptische Autorität im Vorderen Orient unter Echnaton und seinem schwachen, nur kurze Zeit lebenden Nachfolger schwindet allmählich.
Erst Sethos I., Pharao der 19. Dynastie um 1300 v. Chr., hat die Fähigkeit, das Land am Nil wieder zu festigen. Eine Inschrift, aus seiner Herrschaftszeit, findet sich in den Karnak-Reliefs. Sie berichtet von seinen Feldzügen gegen die Stämme im Vorderen Orient. Sethos I. erkennt die Notwendigkeit, ein Spionagesystem an den ägyptischen Grenzen und über sie hinaus zu organisieren. Der Pharao nutzt zwar die Gunst der Stunde, um in Palästina wieder Fuß zu fassen, doch ist zu dieser Zeit bereits der größte Teil Syriens von den Hethitern besetzt. Um deren weiteres Vordringen zu verhindern, bleibt Sethos I. nur, mit ihnen einen Friedensvertrag abzuschließen.

In die Falle gelockt

Die schwierige Aufgabe, das Volk der Hethiter niederzuwerfen, gelingt Sethos' Nachfolger Ramses II. (1290–1224 v. Chr.) in drei Feldzügen. Bereits im ersten Feldzug dringt er bis an die Grenzen des heutigen Libanon vor. Vom zweiten Feldzug ist ein Augenzeugenbericht in Form eines Gedichtes erhalten geblieben. Darin wird die Tapferkeit des jungen Pharaos während der Schlacht von Kadesch im Jahr 1287 v. Chr. gegen Cheta, den Fürsten der Hethiter, gepriesen. Die Hethiter haben es nämlich verstanden, die eigenen Truppenbewegungen so geschickt zu verbergen, daß die ägyptischen Kundschafter nicht den geringsten Verdacht schöpfen. So gehen die ägyptischen Feldherren wie bisher davon aus, daß die Streitkräfte der Hethiter sich noch weit entfernt im Norden Syriens aufhalten. Sie ahnen nicht, daß die gesamte Streitmacht des Hethiterkönigs Muwatallis bereits in der Nähe der Stadt Kadesch am Fluß Orontes steht.
Dadurch gerät Ramses in einen Hinterhalt, aus dem er sich und seine Truppen nur durch persönlichen tapferen Einsatz retten kann. Was bei Kadesch geschehen ist, erzählt eine Hieroglyphen-Inschrift an den Wänden des berühmten Felsentempels von Abu Simbel, den Ramses II. am westlichen Nilufer hat bauen lassen: »Als der Pharao nordwärts zog und in die Nähe der Stadt Schaptuna kam, meldeten sich zwei Männer im ägyptischen Lager und berichteten: ›Unsere Brüder, die zu den Großen des Stammes gehören, sandten uns zu dir, um zu sagen, daß wir

Untertanen des Pharaos seien und vor dem Fürsten des Hethiterlandes fliehen wollen. Er selbst ist in Aleppo und fürchtet, daß der Pharao sich südwärts wendet.‹

Der Bericht dieser Männer aber war eine bewußte Falschinformation, denn der Fürst der Hethiter hatte sie ausgesandt, um zu erkunden, wo das Heer der Ägypter stehe, um dieses zum Rückmarsch zu veranlassen. In Wirklichkeit hielt er mit seinen Kriegern und Kampfwagen, in Schlachtordnung aufgestellt, hinter der treulosen Stadt Kadesch; der Pharao aber wußte dies nicht und schlug mit seinem Heer nordwestlich von Kadesch ein Lager auf.« Die beiden Agenten spielen ihre Rolle so gut, daß Ramses II. ihren Berichten Glauben schenkt und nur mit einem Viertel des Heeres nach Kadesch vorstößt. Die Hauptmacht soll langsam folgen.

Während ägyptische Vorhuten vor Kadesch Position beziehen, können sie nach kurzem Kampf einige hethitische Kundschafter gefangennehmen: »Als der Pharao auf einem goldenen Throne saß, kam eine Streife der königlichen Leibwache und führte die beiden gefangenen Kundschafter des Hethiterfürsten mit sich. Sie wurden vor ihn gebracht, und der Pharao fragte sie: ›Wer seid ihr?‹ Sie antworteten: ›Der Fürst der Hethiter sandte uns aus, um zu erkunden, wo sich die Ägypter befinden.‹

Der Pharao sagte zu ihnen: ›Und wo ist der Fürst selbst? Ich hörte, daß man sagte, er sei in Aleppo.‹ Sie antworteten: ›Siehe, der Fürst der Hethiter bezog Stellung mit allen seinen Hilfsvölkern, die er durch Gewalt gewonnen hat, sie haben Krieger und Waffen, die seine Zeichen tragen. Zahlreicher sind sie als der Sand des Ufers. Siehe, sie stehen zum Kampf bereit hinter dem treulosen Kadesch.‹ Da rief der Pharao die Adeligen seines Heeres zu sich und ließ sie jedes Wort hören, das die zwei Kundschafter der Hethiter berichtet hatten. Und zornig erklärte er: ›Meine Ratgeber haben mir täglich berichtet, daß der Hethiterfürst in Aleppo sei, und nun erfahre ich von diesen zwei Kundschaftern, daß er mit seinen zahllosen Verbündeten, mit Mann und Roß hinter dem treulosen Kadesch steht. Warum konnte mir dies niemand sagen?‹ Da antworteten die Offiziere: ›Deine Beamten haben einen großen Fehler begangen, indem sie dir täglich den falschen Bericht der Kundschafter mitteilten.‹ Dann befahl man dem Wesir, das Heer des Pharaos, das südlich von Schaptuna marschierte, zur Eile anzutreiben, damit es möglichst bald beim Pharao eintreffen sollte. Doch als dieser sich noch mit seinen Adeligen beriet, näherte sich schon das Heer der Hethiter. Es überquerte den Kanal südlich von Kadesch und überfiel die Truppen der Ägypter, die sich auf dem Marsch befanden und nichts von der Kriegslist ahnten.«

Für die erste Angriffswelle gibt der ägyptische Bericht 2500 Streitwagen an. Insgesamt soll Muwatallis 35000 Mann an Fußtruppen und 3500 Streitwagen in den Kampf geworfen haben: »Und die Truppen und die Streitwagen des Pharaos zogen sich vor ihnen

Pharao Ramses II. (reg. um 1290–1224 v. Chr.), einer der bedeutendsten Herrscher am Nil. Zeichnung von 1819; beim Knie der Statue hat sich der Zeichner selber verewigt

zurück, die Feinde aber umzingelten die Leibwache des Königs. Als dieser sie gewahr wurde, wütete er gegen sie wie sein Vater Montu, der Herr von Theben. Er legte seinen Panzer an und ergriff die Waffen, dann eilte er zu seinen Pferden und stellte sich allein an die Spitze der verbliebenen Truppen. Er warf sich mitten unter das feindliche Heer, wütete unter ihnen und drängte sie zurück in die Fluten des Orontes.«

Dank seines persönlichen Mutes entkommt Ramses der Umzingelung. Der Pharao versammelt seine Leibwache um sich und rettet den Rest seines Heeres. Ramses II.: »Ich besiegte alle Länder, ich allein, als mein Heer und meine Kampfwagen mich im Stich ließen. Keiner von ihnen kam wieder. Ich schwöre, wie mich Gott Re liebt, daß ich alles, was hier gesagt

Auf dem Weg zum Verhör: Nach erfolgreich beendetem Kampf werden die Gefangenen – nach Ramses' Worten – »wie Vögel gebunden«; Relief am Tempel zu Abu Simbel

wurde, in Wahrheit tat, vor meinem Heere und vor meinen Kampfwagen.« Das weitere Kampfgeschehen bleibt unklar. Hethitische Schriftstücke sind nicht überliefert.
Die nächsten Feldzüge von Ramses II. dienen mehr der Sicherung des ägyptischen Territoriums. Nach anhaltenden Kämpfen unterwirft er Palästina und schlägt die dortige Revolte nieder. Diesen Aufstand scheinen übrigens Geheimemissäre der Hethiter inszeniert zu haben. Danach dringt Ramses II. bis nach Nordsyrien vor.
Allmählich nimmt Ägypten immer mehr den Charakter eines Militärstaates an, der unter dem siegreichen Ramses II. seinen Höhepunkt erreicht. Die Verstärkung des einheimischen Berufsheeres durch ausländische Söldner ermöglicht es dem Pharao, mit sehr starken Heeren zu operieren, ohne die Grenzen seines zwischen Euphrat und dem Zusammenfluß des Nils liegenden Reiches zu entblößen.
Derartig groß angelegte Feldzüge müssen aber sorgfältig vorbereitet werden und erfordern eine präzise Erkundung des Gegners. Diese Aufgabe übernehmen die königlichen Wegeführer, Mohare genannt, die teils durch Kundschafter oder auch selbst in den verschiedensten Verkleidungen die Operationsgebiete auskundschaften, um dem Pharao wertvolle Informationen für seine Kriegspläne zu beschaffen.
Während der kriegerischen Auseinandersetzungen sind die Mohare dafür verantwortlich, die Bewegungen des Gegners ständig zu beobachten, um den eigenen Truppen den richtigen Weg zu weisen, notfalls auch durch Anwendung von Kriegslisten.
Erst 1270 v. Chr. beendet ein Freundschaftsvertrag, den Ramses II. und König Chattusilis III. schließen, die alte Rivalität zwischen Ägypten und dem Hethiterreich in Kleinasien. Doch aufgrund seiner bösen Erfahrungen bei Kadesch läßt Ramses II. den Kundschafterdienst zu einem weit verzweigten Spionagesystem ausbauen, das auch sein Nachfolger Merenptah übernimmt. Es gibt zwei Dokumente aus dessen Regierungszeit um 1220 v. Chr., die dies bestätigen: die große Karnak-Inschrift und die Säule von Kairo. Sie berichten von einer unterdrückten Revolte der Libyer und deren Bundesgenossen, die nach Ägypten eingedrungen sind.
Die Inschrift auf der Säule von Kairo erwähnt sogar das Datum, an welchem der Pharao die geheimen Informationen über eine libysche Bedrohung erhalten hat: »Jahr 5, zweiter Monat der dritten Jahreszeit (10. Monat). Man kam und sagte seiner Majestät ... Der unglückliche (Führer) von Libyen ist (mit) ... eingefallen ...«
Das gleiche wird von der Karnak-Inschrift – wenn auch ohne genaues Datum – bestätigt.

Babylonier und Assyrer

In Babylonien, dem Land zwischen den Unterläufen des Euphrat und Tigris, entstand dank der Fruchtbarkeit dieser Gegend schon im 4. und 3. Jahrtausend v. Chr. eine hochentwickelte Kultur. Wie einer Tontafel von El Amarna zu entnehmen ist, kam es durch die Eroberungszüge der Pharaonen zwangsläufig zu direkten Kontakten zwischen den babylonischen Königen und den Herrschern am Nil. Dadurch erfuhren sie vieles über die geheime Kundschaftertätigkeit der Ägypter, deren Praktiken für sie sehr lehrreich waren. Ebenso erging es dem nördlich von Babylonien, beiderseits des Tigris liegenden Assyrien, das sich im Lauf der Zeit nach Mesopotamien, Kleinasien und Armenien ausdehnte.

Kundschafter gegen Ägypten

Schriftliche Mitteilungen, die zwischen den babylonischen Herrschern und dem Pharao ausgetauscht werden, enthalten nur wenige politische Informationen. Doch die Wagen des Königs, die Mitteilungen und Geschenke zur Residenz des Pharaos bringen, eröffnen den babylonischen Königen die Möglichkeit, eigene Spione einzusetzen. So erhalten sie Angaben über das politische Klima am Nil, die Gewohnheiten des Pharaos, des obersten Höflings und über die Stimmung der Menschen im Vorderen Orient. Außerdem unterhalten die babylonischen Herrscher einen aktiven diplomatischen Verkehr mit den kleineren Königshäusern im ägyptischen Herrschaftsbereich.

Die Erfahrungen der Babylonier kommen auch den Assyrern zugute, die bald ein eigenes Kundschaftersystem aufbauen. Sie haben frühzeitig erkannt, daß die Verteidigung und Sicherheit ihres Reiches sowohl auf diplomatischen Kontakten als auch auf verläßlichen Informationen beruhen muß. Den Wert, den sie guten und vor allem schnellen Verbindungen beimessen, zeigt, daß sie den Schutz der Straßen einem eigenen Gott unterstellen.

Für den mächtigen Tiglatpileser I. (ca. 1112–1075 v. Chr.), dessen Einflußbereich bis nach Kappadokien am Schwarzen Meer, dem Zentrum der Hethitermacht reicht, bedeuten gut ausgebaute Straßen erste Voraussetzung für schnelle Truppenbewegungen und Eilboten. Um den sicheren Verkehr auf diesen Wegen zu gewährleisten, sind auf besonders wichtigen Verbindungsstraßen Hinweisschilder angebracht, damit die Reisenden auch bei Dunkelheit ihren Weg finden. In gewissen Abständen werden sogar Wachen postiert, die dem Schutz der Fremden dienen und gegebenenfalls dringende Nachrichten schnell übermitteln können. Besondere Vorsichtsmaßnahmen hat man bei Pisten getroffen, die durch die Wüste verlaufen. Die vorhandenen Stützpunkte in den Oasen ermöglichen es, diese Gegenden zu durchqueren.

Die assyrischen Ingenieure verstehen es, außer Ponton-Übergängen auch richtige Brücken zu errichten, aus gehauenem Stein, der mit Klammern aus Eisen und Blei zusammengehalten wird. Der griechische Historiker Herodot (geb. 484 v. Chr.) hat eine dieser Brücken bewundert, deren Überreste noch heute existieren. Die Hauptverbindungsstraßen folgen den großen Flüssen und enden am Persischen Golf. Von hier aus beginnt dann der Schiffsverkehr nach Indien, Arabien und Ägypten. Über den Tigris und den Vansee hat man einen leichten Zugang von Assyrien nach Armenien. Verbindungen mit Kleinasien sind dagegen schwieriger. Aber die Assyrer können die Straßen der Hethiter benutzen.

Im Nahen Osten betreibt Assurnasirpal II., der grausamste aller assyrischen Könige, ab 883 v. Chr. eine weitere Expansion, die von Salmanassar III. fortgesetzt wird. Salmanassar bekämpft die phönikischen Stadtstaaten und israelitischen Stämme, um die Handelswege vom Euphrat und Tigris zum Mittelmeer unter Kontrolle zu bekommen.

Um 745 v. Chr. nimmt Tiglatpileser III. die Eroberungszüge wieder auf. Er bricht die Macht der Hethiter in Kleinasien, sichert für Assyrien die großen Handelsstraßen bis zum Mittelmeer, dazu die Seehäfen der phönikischen Stadtstaaten. Zunächst hält die stark befestigte Inselstadt Tyros der Belagerung stand. Doch viele, besonders die wohlhabenden Familien, verlassen die Stadt und siedeln nach Karthago über, das die Phöniker bereits 100 Jahre zuvor gegründet haben. 729 v. Chr. ernennt sich Tiglatpileser III. unter dem Namen Pulu mit dem Recht des Stärkeren zum König von Babylon.

Herodot (um 484–420 v. Chr.), von den Griechen als »Vater der Geschichtsschreibung« bezeichnet. Kopie eines vermutlich zeitgenössischen Originals

Assyrische Nachrichtenübermittlung

König Sargon II. von Assyrien (reg. um 722–705 v. Chr.): Eine gut funktionierende Post als Machtfaktor

Als im Jahr 705 v. Chr. der assyrische König Sargon II. die Eroberungsfeldzüge in Kleinasien beendet und seine Macht in diesem Raum stabilisiert, dauert es nicht mehr lange, bis die Assyrer mit den griechischen Städten im Westen Kleinasiens Kontakt aufnehmen, besonders aufgrund ihrer diplomatischen Beziehungen zum neuen Lydischen Königreich. So erfahren die Griechen einen der Gründe für den Erfolg des assyrischen Königs: Entlang der Hauptstraße hat man Stationen für den königlichen Postdienst eingerichtet, um die von allen Orten des Neuassyrischen Reiches gesammelten Nachrichten und Geheiminformationen weiterzuleiten.

Die königlichen Boten haben am Hof eine Sonderstellung und werden »mâr shipri sha sharri« genannt. In allen Hauptstädten sind Sonderbeamte für die Beförderung der königlichen Briefe stationiert, die eine rasche Weiterleitung der Post überwachen. Das Zentralbüro in der Hauptstadt von Ninive muß eine strenge Kontrolle ausüben, um die Arbeit der Beamten und der Kuriere zu beobachten. Beschwerden über Faulheit und Unachtsamkeit werden genauestens untersucht.

Diese Organisation hat vermutlich schon vor dem Aufstieg der Assyrer bestanden. Die aufgefundenen Teile des babylonischen Archivs aus Boghazkale enthalten Beschwerden über Angriffe von Beduinen auf königliche Kuriere. Ferner sprechen sie von einem Einreiseverbot für babylonische Gesandte.

Das System des assyrischen Postverkehrs ist sehr sorgfältig geplant und stützt sich auf Erfahrungen, die man bei militärischen Expeditionen gemacht hat. So erhält zum Beispiel Sargon II. im zweiten und dritten Jahr seiner Herrschaft rechtzeitig Nachricht von einem Aufstand in Syrien und schlägt ihn nieder. Im siebten Jahr haben seine Agenten in Armenien ein Komplott aufgedeckt. Aus Berichten an Sargon ist zu entnehmen, daß die Assyrer über jede Bewegung des armenischen Königs unterrichtet sind. Ferner melden die Spione, daß dieser König Deserteure aus Assyrien mit Feldern und Plantagen belohne.

Ähnliche Zwischenfälle werden in anderen Inschriften aufgeführt: Azuri, König von Aschdod, plant eine Verschwörung, da er keinen Tribut mehr entrichten will. Noch bevor dieses Komplott zustande kommt, sind die Agenten Sargons bereits informiert. König Azuri wird von seinem Bruder abgelöst, der vermutlich die königlichen Agenten vorher gewarnt hat.

Sargons Sohn und Nachfolger Sanherib, ein unbeherrschter Despot, überfällt um 700 v. Chr. Juda, belagert Jerusalem und zerstört später Babylon. Er läßt Ninive durch ein Heer von Zwangsarbeitern zur ersten Stadt des Reiches ausbauen. Nach der Ermordung von Sanherib muß dessen jüngerer Sohn, Asarhaddon, um 680 v. Chr. einen Aufstand seiner Brüder niederschlagen, ehe er weitere Eroberungspläne durchsetzen kann. Er erteilt vor allem spezielle Instruktionen für seine Agenten an der Grenze und verlangt von ihnen schriftliche Berichte über das, was »sie (die Deserteure) für eine Geschichte zu erzählen hatten«.

Mit der Eroberung Ägyptens bis Nubien um 670 v. Chr. hat das Assyrische Reich unter Asarhaddon seine größte Ausdehnung erreicht. Um weitere Erkenntnisse für den Ausbau des königlichen Postsystems zu sammeln, müssen die Schreiber des Königs, die die Truppen auf ihren Streifzügen begleiten, peinlich genau Entfernungen und die dafür aufgebrachte Zeit zwischen den einzelnen Punkten notieren, und zwar nicht nur unter der Herrschaft von Asarhaddon, sondern auch unter dem Großkönig Assurbanipal.

Man braucht neue Straßen, die die eroberten Länder mit den östlichen Teilen des Reiches verbinden sollen. Genaue Routenbeschreibungen nach Ägypten und weiter bis Äthiopien stehen in einer Inschrift, die zwar nur bruchstückhaft erhalten ist, doch die Zahlen der bêru, der assyrischen Meilen – vermutlich eine Doppelstunde, etwa 11 Kilometer – sind noch zu entziffern. Das Verkehrssystem der Assyrer hat man während der Herrschaft von Assurbanipal fertiggestellt und die Messungen zwischen den verschiedenen Stationen abgeschlossen. Die königlichen Schreiber haben die Erfolge der königlichen Heere gegenüber

den Rebellen laufend festgehalten und die zurückgelegten Entfernungen in Meilenangaben registriert.
Die neue Straßenorganisation nach Ägypten und Äthiopien scheint unter Assurbanipal gut zu funktionieren. Die Revolte des äthiopischen Königs, der bis Memphis vorgedrungen ist, wird niedergeschlagen. Und der König läßt verlauten: »Ein Gesandter erzählte mir die guten Neuigkeiten (an dem Ort), an welchen (ich zurückgekehrt war).« Vermutlich sind wichtige Geheiminformationen, wie zum Beispiel Neuigkeiten über Verschwörungen und Revolutionen in entfernten Provinzen, durch Feuersignale an die Hauptstadt weitergeleitet worden.
In einer Inschrift, die die Jugendjahre und die der Kronprinzenschaft von Assurbanipal beschreibt, wird auch eine Feierlichkeit anläßlich der Ernennung von Shamash-shum-ukin zum König von Babylon erwähnt. Die Leuchtfeuer, die man an bestimmten Punkten errichtet hat, sind keine spezielle Erfindung nur für diese Gelegenheit. Sie werden auf Befehl des Königs an bestimmten Straßenabschnitten aufgestellt und entzündet, wenn eine dringende Nachricht die schnellstmögliche Weiterleitung erfordert. Dadurch geben sie die Wichtigkeit bekannt: Sofort wird ein schneller Kurier entsandt, um die vom Feuerposten gemeldete Information einzuholen. Da die Ankunft des Kuriers an den Stationen bereits erwartet wird, kann er ohne große Verzögerungen weiterkommen. Die Feuerzeichen sind jeweils ein bêru voneinander entfernt, nach zwei bêru, also nach etwa 22 Kilometern, wird der Kurier ausgetauscht.
Der einfache Mann bestaunt zwar diese Institution, die den König fast allgegenwärtig macht, aber ihn beängstigen auch dessen Geheimagenten, die Gesandten des Königs, die überall gegenwärtig sind und vor deren Einmischung man nie sicher ist. Sie berichten dem König alles, was sie auf ihren Reisen in Erfahrung bringen. Es zeigt, daß die assyrischen Machthaber nicht nur ein gut organisiertes Spionagesystem im Ausland besitzen, sondern auch eine Art Geheimpolizei, die dieselben Kommunikationsmittel verwendet. Alle Feldzüge und Siege deuten auf gute geheime Informationen hin.
Selten aber gibt ein Herrscher zu, daß er über einen Kundschafterdienst verfügt, der noch dazu perfekt funktioniert. Eine Tontafel aus der Assurbanipal-Zeit gibt indirekte Hinweise, wie die Assyrer im Grenzgebiet arbeiten, um an Informationen über noch nicht unterworfene Länder zu gelangen. In dem Bericht – über Spione in Armenien – heißt es: »Gemäß dem, was der König sagte ›Sende Spione aus‹, habe ich sie zweimal hinausgeschickt. Einige kamen zurück und erstatteten Meldungen, die detailliert niedergeschrieben sind, und zwar, daß fünf gegnerische Offiziere, zusammen mit Kommandeuren vom Kamel-Korps, Uesi in Armenien heimlich beobachtet hätten und nun ihre Truppen nachholen, die in ziemlicher Stärke seien.« Andere Schriften berichten über Karawanenbewegungen und über das Handelsgut der Kaufleute.
In einer weiteren Nachricht steht, daß Sympathisanten dazu bereit seien, brauchbare Informationen zu liefern. Natürlich wird man dadurch zum Beispiel bei der Auswahl geeigneter Deserteure fündig. Die Spione sind auch in der Lage, rechtzeitig Angaben über feindliche Agenten auf eigenem Territorium zu beschaffen. In dieser Korrespondenz befindet sich der Bericht eines Gesandten. Er meldet Assurbanipal, daß die Elamiter versuchen, von bestimmten Personen Informationen zu bekommen, indem sie ihnen freien Zugang zu ihrem Weideland versprechen. In einem weiteren Brief wird Assurbanipal von einem seiner Agenten abgeraten, gewisse Personen zu empfangen. Der Schreiber nimmt an, daß sie eine Art »Fünfte Kolonne« der Elamiter sind.
Jede Mißachtung königlicher Befehle durch die un-

Assyrer beim Verhör von Gefangenen; Zeichnung nach einem Relief aus Ninive

Eine der ältesten Geheimschriften: Diese Tafel mit Kryptogramm wurde in dem einst von Assyrern beherrschten Uruk, im heutigen Irak, gefunden

terworfenen Völker erfährt Assurbanipal von seinen Spitzeln. Sie belauschen alles, was in den Straßen der besetzten Städte gesprochen wird. So kennt der Hof auch die kleinsten Anzeichen für eine gegen Assyrien gerichtete Haltung. In einem Fall erachtet es Assurbanipal sogar für nötig, durch besondere Bekanntmachungen die Babylonier vor einer derartigen Beeinflussung zu warnen.

Man findet in dieser Korrespondenz Hinweise darauf, daß die Loyalität selbst der höfischen Beamten ständig überwacht wird. Jede Form von verdächtigem Verhalten wird von bestimmten Agenten aufmerksam verfolgt und Berichte darüber an den Hof weitergegeben. Sonderbeauftragte müssen daraufhin nähere Untersuchungen anstellen. Außerdem haben die Beamten in den Provinzen strikten Befehl, ihrem Herrscher in bestimmten Zeitabständen Rapporte zu übermitteln.

Die Assyrer befassen sich intensiv mit dem Ausbau ihres Spionagesystems in den besetzten Gebieten und im Ausland. Die Mittel zur schnellen Weiterleitung wichtiger Geheimmaterialien werden ebenfalls perfektioniert, denn davon hängt die Existenz und Sicherheit eines Großreiches ab. Außer den schon erwähnten Tontafeln benutzt man mehr und mehr geglättete Tierhäute, aber neben diesem kostspieligen Pergament auch Holz- und Metalltäfelchen, Tonscherben, Leinen oder Papyrus, die alle leichter zu transportieren und bequemer zu verwahren sind als die Tafeln.

Durch die gnadenlose Kriegführung und kompromißlose Bekämpfung von Aufständen kann der assyrische Machthaber nicht mit der Sympathie seiner Untertanen rechnen. Auch dies ist einer der Gründe für den Einsatz ungezählter Kundschafter, die alles wachsam beobachten müssen. Außerdem erfinden die Assyrer eine neue grausame Methode, die von anderen asiatischen Staaten, später sogar von Rom und Byzanz, übernommen wird: Um die Gefahr einer Revolte so gering wie möglich zu halten, siedelt man die Bewohner der besetzten Länder rücksichtslos um. Diese Massenwanderungen sind unmenschlich, aber ein probates Mittel, um Aufstände im Keim zu ersticken.

Der Trojanische Krieg

Niemand wird auf den Gedanken kommen, eine Täuschungsoperation als reinen Spionagefall zu bezeichnen. Aber es ist sehr aufschlußreich, etwas von den Vorbereitungen eines solchen Unternehmens zu erfahren: Je größer die Bedeutung der geplanten Operation ist, desto intensiver wird der Feind erkundet.

Die klassische Täuschungsoperation

Als griechische Siedler um 1050 v. Chr. die Küste Kleinasiens kolonisieren, entbrennt der rund zehn Jahre dauernde Trojanische Krieg. Den legendären wechselvollen Kampf um das belagerte Troja, in dem auch die Götter Partei ergreifen, hat Homer in seinem »Ilias«-Epos eindrucksvoll geschildert.
Die Ursache des Krieges: Paris, der zweite Sohn von Priamos, König von Troja, hat die Gastfreundschaft des Königs Menelaos von Sparta ausgenutzt und dessen Gattin, die schöne Helena, entführt. Nun verweigert Priamos den Abgesandten aus Sparta deren Herausgabe.
Neun Jahre lang währen die Kämpfe um Troja, ohne daß eine Entscheidung fällt. Im Lager der Griechen raten bereits viele zu einem Rückzug, als sich plötzlich die Ereignisse überstürzen: Durch einen Orakelspruch ermutigt, schleichen die beiden führenden griechischen Kämpfer, Diomedes und Odysseus, in die Stadt und entwenden aus dem Tempel das Standbild der Pallas Athene, das Schutzheiligtum der Stadt. Damit weicht das Glück von den Trojanern.
Was nun vor sich geht, beschreibt tausend Jahre

Das Trojanische Pferd: Ausschnitt vom Halsbild einer Reliefamphora aus Mykonos, 7. Jh. v. Chr.

später der römische Dichter Vergil in seinem Heldenepos »Äneis«: Auf den Rat ihres Helden Odysseus erbauen die Griechen ein kolossales hölzernes Pferd, in dessen Bauch sich eine auserlesene Schar von Kämpfern verbirgt. Die Kriegslist, mit der die Griechen endlich den Kampf um Troja entscheiden, bleibt bis heute synonym für eine klassische Täuschungsoperation. Die griechischen Belagerer begeben sich auf ihre Schiffe und fahren zum Schein bei Nacht auf und davon.

Als die Trojaner am nächsten Morgen sehen, daß das griechische Lager verlassen ist, strömen sie in Scharen aus der Stadt. Sie wundern sich über das seltsame Monster, bis ihnen ein Mann namens Sinon, der sich wie zufällig in der Nähe herumtreibt und in dem keiner einen griechischen Agenten vermutet, erklärt, daß die über den Raub ihres Heiligtums erzürnte Göttin Athene den Trojanern als Ersatz dieses Pferd geschenkt habe. Umsonst warnt der Priester Laokoon vor einer möglichen Kriegslist.

Vergil: »Alle schreien, man müsse das Bild
zum Wohnsitz der Göttin ziehn, zur Waltenden beten.
Wir zerbrechen die Mauern und öffnen den Ring unsrer Festung.
Alle gehen voll Eifer ans Werk, sie schieben den Füßen
gleitendes Rollwerk unter und legen Seile aus Hanf dem
Nacken um: so steigt zu den Mauern das Werkzeug des Schicksals,
schwanger von Waffen; und Knaben und unvermählte Mägdlein
singen Hymnen und fassen voll Freude ans Seil mit den Händen.
Anrückt das Roß und gleitet nun drohend mitten zum Stadtkern.
Vaterland, Ilium, Haus der Götter, kriegesberühmte
Festung der Dardaner! – viermal blieb es genau auf der Schwelle
hängen der Pforte, und viermal klirrten im Bauche die Waffen:
dennoch drängen wir sinnlos und blind vor wütendem Eifer,
bringen das Unheilsuntier hinauf zur heiligen Stadtburg.
Jetzt noch öffnet Kassandra den Mund, zu künden das Schicksal;
aber die Teukrer glaubten ihr nie; so wollte der Gott es.
Wir, wir Armen, für die jener Tag als letzter bestimmt war,
schmückten mit festlichem Laub ringsum die Tempel der Götter.
Unterdessen dreht sich der Pol: Nacht steigt aus der Meerflut,
hüllt in Schattendunkel schwarz nun Erde und Himmel
und Myrmidonenlist; die Teukrer, gestreckt auf den Mauern,
waren verstummt; Tierschlaf umfing die ermüdeten Glieder.
Und schon nahte sich, Schiff bei Schiff, das Heer der Argiver,
fuhr von Tenedos, freundlich geleitet vom schweigenden Monde,
zu den vertrauten Gestaden, vom Heck des Königsschiffes
flammte das Zeichen; da ließ, im Schutz einer feindlichen Götterfügung, Sinon die Danaer frei aus dem Bauche und löste
tückisch die Fichtenholzriegel. Das Pferd, nun offen, gibt jene
wieder der Luft: froh kommen hervor aus der Höhlung des Holzbaus
nun Thessander und Sthenelus, kommt der graue Ulixes,
gleitend am niedergelassenen Seil, kommt Acamas, Thoas,
kommt Neoptolemus, Peleus' Enkel, als erster Machaon,
auch Menelaos, zuletzt Erbauer der Falle, Epeos; dringen dann
ein in die Stadt, die im Schlaf und im Weinrausch begraben,
hauen nieder die Wachen und lassen durch offene Tore
all die Gefährten und scharen sich wohlunterrichtet zusammen ...«

Troja wird erobert und restlos zerstört. Aischylos beschreibt in »Agamemnon«, wie die Nachricht vom Fall der Stadt durch Feuer- und Rauchsignale bis nach Mykene signalisiert wird. Nur einer kleinen Schar von Trojanern gelingt die Flucht. Sie gründen in Italien eine neue Heimat.

Die Stadt Troja in spätmittelalterlicher Vorstellung; Holzschnitt aus der »Weltchronik« des Nürnbergers Hartmann Schedel von 1493

Der Chinese Sun Tzu

Die Wiege der modernen Spionage stand keineswegs an den von antiker Tradition gesegneten Mittelmeergestaden, sondern im fernen, damals kaum bekannten China. Hier im Reich der Mitte handelt man schon vor 2500 Jahren nach ganz bestimmten Grundsätzen. Viele der in jener Zeit angewandten Methoden haben Jahrtausende überdauert, so zum Beispiel auch die erste Analyse der Spionagetechnik von Sun Tzu, dessen Ratschläge für die Organisation eines Nachrichtendienstes noch heute Gültigkeit haben.

Die Kunst der Spionage

Mit mythologisch-legendären Herrschern, die als Begründer der Zivilisation gelten, beginnt die chinesische Geschichte. Die Chinesen sollen bereits in der Frühzeit, der »vordynastischen Periode«, eine kaiserliche Postorganisation betrieben haben, von der allerdings heute nichts Näheres mehr feststellbar ist.
Aus den Überlieferungen über die chinesische Kultur und deren weise Urkaiser, darunter der legendäre Huang-ti, »Erfinder« staatlicher Organisationen und Einrichtungen, geht hervor, daß Huang-ti als Ahnherr fast aller altchinesischen Sippen angesehen wird. Er gilt nicht nur als Erbauer der ersten Tempel und Häuser, sondern ebenso als Erfinder verschiedener Transportmittel, seien es von Ochsen gezogene Karren oder Boote zum Überqueren der Binnengewässer.
Mit dem Anwachsen seines Reiches muß Huang-ti auch das Verwaltungssystem und ein verläßliches Nachrichtenwesen eingeführt haben, verbunden mit einem staatlichen Kuriernetz und Poststationen. Die ersten schriftlichen Zeugnisse von der Existenz einer Art organisierter Nachrichtenübermittlung stammen aus der Zeit der Schang-Dynastie (etwa 1450–1050 v. Chr.). Unzählige Inschriften geben Aufschluß über die damalige Kultur, das Staatswesen mit seinem hochentwickelten Beamtentum und über eine einflußreiche Priesterkaste.
In der chinesischen Geschichtsschreibung über den Zeitraum zwischen 722–481 v. Chr. heißt es, daß verschiedene Oberhäupter kleinerer Staaten Kuriere und Botschafter zu fürstlichen Versammlungen entsandten. Allerdings seien diese eher zufälligen diplomatischen Aktivitäten keine ständige Einrichtung, es könne aber die zeitweilige Existenz von Poststationen nicht ausgeschlossen werden.
Die zivilisierte Welt verdankt China den wohl bedeutendsten Theoretiker der Geheimdienste, einen Mann namens Sun Tzu. Seine »Dreizehn Gebote«, ein Traktat über die Kriegskunst, sind auch heute noch verbindlich und bezeugen den hohen Stand der Geheimdiplomatie sowie der strategischen und taktischen Aufklärung in China. Man weiß über Sun Tzu nicht einmal, wann und wo er geboren ist. Man vermutet, daß er entweder zwischen 700 und 500 v. Chr. oder auch zwischen 400 und 320 v. Chr. gelebt hat, allem Anschein nach ein Feldherr war, bestimmt aber ein genialer Stratege und Theoretiker der Kriegskunst.
In Europa sind die »Dreizehn Gebote« von Sun Tzu zum erstenmal 1772 unter dem Titel »Art Militaire des Chinois« in Paris erschienen. Ihr Herausgeber: der Jesuitenpater J. J. M. Amiot, der sich längere Zeit als Missionar in China aufgehalten hat. Dieses Werk ist von ihm auf Wunsch des Comte de Bertin, Minister unter Ludwig XV., übersetzt worden. Das Buch gerät jedoch bald in Vergessenheit. Erst genau 150 Jahre später, im Jahr 1922, bringt es Colonel Cholet unter dem Titel »L'art Militaire dans l'antiguité Chinoise« heraus.
1937 wird in Deutschland in der Militärzeitschrift »Wissen und Wehr« ein Essay über Sun Tzu veröffentlicht, das der Japaner Mizuyo Ashiya unter dem Titel »Der chinesische Kriegsphilosoph der vorchristlichen Zeit« verfaßt hat. Ein britischer Kommentar dazu: »Zum Glück für die Westalliierten scheinen

Reiter aus der Leibwache des Feldherrn: Die Wahrung militärischer Geheimnisse ist Voraussetzung zum Sieg. Chinesische Keramikfigur aus dem Grab des Fürsten Yide

Wie zur Zeit des Sun Tzu: chinesische Dschunken; Lithographie von 1827

weder Hitler noch die Mitglieder des OKW oder des OKH diesen Artikel gelesen zu haben. Wäre dem so gewesen, Hitlers Krieg hätte vielleicht anders ausgesehen...«

Der chinesische Theoretiker fordert, daß die Truppen so vorgehen und nach den Plänen und Berechnungen des Feldherrn handeln, daß niemand einen Einblick gewinnen kann. Es sei günstig, seine Vorhaben und Pläne mehrfach zu ändern, Umgehungswege zu benutzen und sogar die eigenen Kommandeure und Soldaten irrezuführen. Die Wahrung des militärischen Geheimnisses sei eine unabdingbare Voraussetzung des Sieges.

Sun Tzu schreibt, daß man ohne Sorge hundert Schlachten wagen könne, wenn man die genaue Kenntnis der eigenen und der feindlichen Kräfte erlangt habe. Ohne diese Kenntnis werde man das eine Mal siegen, doch das zweite Mal eine Niederlage erleiden; wenn man aber weder sich selbst noch den Gegner kenne, werde man in jedem Kampfe unterliegen. Deshalb sei der Gegner sowohl vor dem Kriege als auch während seines Verlaufs fortwährend zu studieren.

Der Aufklärung durch Spione widmet Sun Tzu große Aufmerksamkeit. Die Truppenaufklärung erwähnt er jedoch nicht, sondern zählt lediglich verschiedene

Anzeichen auf, die auf die Anwesenheit des Gegners schließen lassen und nach denen man den Charakter seiner Handlungen ermitteln sowie Hinterhalte ausmachen kann. All das soll beweisen, wie notwendig die Beobachtung des Gegners bei unmittelbarer Feindberührung ist.
Bei der Vorbereitung einer kriegerischen Auseinandersetzung müsse man alles voraussehen, denn die Staaten planen einen Krieg viele Jahre im voraus, doch der Sieg werde an an einem Tag entschieden. Unter der langwährenden Vorbereitung versteht Sun Tzu den geheimen diplomatischen Kampf.
Um alles voraussehen zu können, müsse man den Gegner genau kennen. Das nötige Wissen erhalte man aber nicht von Göttern oder Dämonen, sondern nur von den Menschen, von den Spionen. Deshalb dürfe man nicht mit Geldausgaben für den Einsatz von Spionen geizen, denn das für solche Zwecke angelegte Geld bringe vorteilhafte Zinsen.
Bei der Vorbereitung eines Krieges und während seines Verlaufs sei die Tätigkeit der Spione das Allerwichtigste. Der Theoretiker betrachtet sie als Stütze der Handlungen des Heeres und betont, daß man sie aus diesem Grunde besonders großzügig belohnen und ihre Tätigkeit geheimhalten müsse.
Spione brauche man überall: am Fürstenhofe des voraussichtlichen Gegners, an den Höfen seiner Adligen und sogar im Zelt seiner Feldherren. Man dürfe keinerlei Angaben über den Gegner verschmähen. Zum Beispiel müsse man über eine Liste der feindlichen Kommandeure verfügen, ferner ihre Namen und sogar ihre Spitznamen sowie ihre persönlichen Eigenschaften, die Zahl ihrer Kinder, Verwandten und Bediensteten kennen. Dabei dürfe man aber keineswegs außer acht lassen, daß auch der Gegner seine Spione einschmuggele.
Wenn solche Spione erkannt und ergriffen werden, soll man sie nicht hinrichten, da entdeckte Spione des Gegners oft gute Dienste leisten könnten, indem sie ihrem Herrscher falsche Informationen übermitteln. Sun Tzu betont, daß es noch vor Beginn eines Krieges unbedingt erforderlich sei, durch Spione erschöpfende Angaben über den Gegner einzuholen.
Der chinesische Militärschriftsteller Du Mu aus dem 9. Jahrhundert n. Chr. meint dazu: »Unter den Beamten des Gegners gibt es Menschen, die klug sind, aber ihre Stellung verloren haben; es gibt Menschen, die sich irgend etwas zuschulden kommen ließen und dafür bestraft wurden; es gibt Günstlinge, die gierig sind nach Reichtum; es gibt Menschen, die eine untergeordnete Tätigkeit ausüben; es gibt Menschen, die ihnen übertragene Arbeiten nicht erfüllen; es gibt Menschen, die danach streben, ein größeres Betätigungsfeld für ihre Fähigkeiten zu erhalten, indem sie das Unglück anderer ausnutzen; es gibt Menschen, die zu List und Täuschung neigen, die zwei Seelen besitzen. Mit solchen Menschen muß man heimlich in Verbindung treten, sie reich beschenken, sie für sich gewinnen und durch sie die Lage in ihrem Land in Erfahrung bringen, die feindlichen Pläne und Bestrebungen auskundschaften und sie dazu zwingen, Unstimmigkeiten zwischen ihrem Herrscher und seinen Vasallen zu säen.«
Als »ortsansässige Spione« werden aus den verschiedensten Schichten der einheimischen Bevölkerung des feindlichen Landes solche Leute geworben, die egoistische und ergeizige Neigungen aufweisen.
»Innere Spione« werden aus den Kreisen der hochgestellten Würdenträger und der Beamten des gegnerischen Verwaltungsapparates angeworben.
»Zurückkehrende Spione« sind erkannte Agenten des Gegners, die durch Bestechung und durch Zwang veranlaßt wurden, »zurückzukehren«, das heißt in das eigene Land zu gehen und »umgedreht« zu arbeiten. Du Mu erläutert die Technik des Anwerbens solcher Spione: »Taucht bei mir ein Spion des Gegners auf und beobachtet mich, so erfahre ich es frühzeitig; durch eine hohe Bestechungssumme kann ich ihn heranziehen und dazu zwingen, meine eigenen Aufträge auszuführen; man kann sich aber auch verstellen, als ob man nichts wüßte, kann ihm falsche Angaben machen und ihn ziehen lassen. Auch in diesem Fall wird der Spion des Gegners meine Aufträge ausführen.«
Dieser Kategorie von Spionen mißt bereits Sun Tzu große Bedeutung bei, weil durch sie die sichersten Wege für die Schaffung eines Kundschafternetzes im Lager des Gegners geöffnet werden. Du Mu ergänzt: »Alle vier Arten von Spionen: die ortsansässigen, die inneren, die Spione des Todes und die Spione des Lebens – alle informieren sich über den Gegner durch zurückkehrende Spione.«
»Spione des Todes« werden in der Regel mit falschen Mitteilungen zum Lager des Gegners gesandt, um ihn irrezuführen, ihm nie wiedergutzumachenden Schaden zuzufügen oder ihm sogar den Untergang zu bereiten. Wenn dann die Lüge aufgedeckt wird, ist dem Spion der Tod gewiß. Aus geschichtlichen Beispielen geht hervor, daß die Rolle solcher Spione in der Regel von Abgesandten übernommen wurde, die sich zum Gegner begaben, um ablenkende Friedensverhandlungen zu führen. Wenn dann der Gegner den Friedensversicherungen des Abgesandten Glauben schenkte und wenn seine Wachsamkeit nachließ, wurde ihm der entscheidende Schlag beigebracht. Dabei konnte es natürlich passieren, daß der Plan aufgedeckt und der Abgesandte, der sich im Lager des Gegners befand, dem Tode überliefert wurde.
»Spione des Lebens« schickt man zum Gegner, um solche Nachrichten einzuholen, die um jeden Preis gebraucht werden; das heißt, der Kundschafter muß unbedingt lebend zurückkehren. Für eine solche Aufgabe wird ein besonderer Menschentyp eingesetzt. Eine Reihe von Beratern ist der Ansicht, daß diese Spione mit Klugheit, Begabung und mit der Fähigkeit ausgestattet sein müssen, auf verschiedene Art und Weise zu handeln. Du Mu sagt von ihnen: »Als ›Spione des Lebens‹ müssen unbedingt solche Menschen ausgewählt werden, die innerlich aufgeklärt und klug sind, doch nach außen dumm erschei-

Gewiß kannten auch sie die Regeln des Sun Tzu: Tonkrieger des Kaisers Chi'n Shih-huang-ti (3. Jh. v. Chr.), der China den Namen gibt und der zum Schutz seines Reiches vor den Hunnen mit dem Bau einer mehr als 2000 km langen Mauer beginnen läßt

Rechts: Medischer Höfling führt einen Krieger: Der König spornt seine Männer an, ihm Informationen zu beschaffen. Relief aus Persepolis (6.–5. Jh. v. Chr.)

nen; sie müssen das Äußere des Pöbels, jedoch einen kühnen Geist haben; man muß Menschen auswählen die gut laufen können, die gesund, ausdauernd und tapfer sind und sich in den einfachen Handwerkstechniken auskennen, Menschen, die in der Lage sind, Hunger und Kälte, Schimpf und Schande zu ertragen.«

An denjenigen, der die Spione anleitet, stellt Sun Tzu hohe Anforderungen. Erstens müsse dieser Mensch über allseitige Kenntnisse verfügen. Du Mu erklärt, wozu das nötig ist: »Deshalb, weil man zuerst den Charakter des Spions beurteilen muß – seine Aufrichtigkeit, seine Wahrheitsliebe, sein allseitiges Wissen – und ihn erst dann einsetzen kann.« Zweitens müsse er gegenüber den Spionen menschlich und gerecht sein. Drittens wird gefordert, daß er Fingerspitzengefühl und Scharfsinn besitzt.

Du Mu meint: »Manchmal erhält der Spion Kostbarkeiten und Geld, aber er bringt dennoch keine Mitteilungen über den Gegner in Erfahrung. Dann ist er bestrebt, sich durch Lüge von seinem Auftrag frei zu machen. Gerade in diesem Falle muß man vorsichtig sein und gut beobachten; man muß es verstehen, die Wahrheit von der Lüge in den Berichten zu unterscheiden.« Die Berater sind der Meinung, daß ein Mensch, der in der Arbeit mit den Spionen größte Scharfsichtigkeit und großes Fingerspitzengefühl entwickelt, »alles vorher wissen und voraussehen« kann. Du Mu erläutert, wozu das erforderlich ist: »Will man einen Angriff unternehmen, so muß man auf alle Fälle erfahren, wer sich im gegnerischen Dienst befindet, wer von ihnen klug ist, wer geschickt ist und wer nicht; wägst du ihre Fähigkeiten ab, so wirst du ihnen gegenüber dementsprechend handeln.«

Außer Sun Tzu und Du Mu haben sich in China auch andere kompetente Männer schon sehr früh mit dem Problem Spionage befaßt. Tu Yu (735–812), Autor des enzyklopädischen Werkes »T'ung tien«:

Wir suchen geschickte, talentierte und kluge Männer aus, die befähigt sind, sich beim feindlichen Souverän und dem dortigen Adel Zutritt zu verschaffen. So können sie die Pläne des Feindes kennenlernen. Haben sie den wahren Charakter der Dinge begriffen, so kehren sie zu uns zurück und erzählen uns.«

Mei Yao-Ch'en (1002–1060), Mitglied der Kaiserlichen Akademie: »Über die Götter erfährt man etwas durch Wahrsagerei, die Gesetzmäßigkeiten von Erde und Himmel lassen sich durch Berechnung herausfinden, doch bei einem Gegner muß man Spione einsetzen.«

Chia Lin (Daten unbekannt): »Eine Armee ohne Spione ist wie ein Mensch ohne Augen oder Ohren.«

Großmacht Persien

Der erste besonders weitsichtige Herrscher in der Geschichte der Spionage, Schöpfer eines Nachrichtenübermittlungsnetzes von beinahe modernem Ausmaß, war der persische Großkönig Kyros II. (559–529 v. Chr.). Seine Postkuriere hatten nicht nur die Pflicht, Briefe entgegenzunehmen und weiterzuleiten, sondern mußten dem König zugleich ausführliche Stimmungsberichte der Bevölkerung liefern, eine wichtige Entscheidungshilfe für seine Innenpolitik. Zum Aufgabenbereich der Kuriere gehörte auch das Sammeln von geheimen Nachrichten und Informationen über potentielle Gegner.

»Augen und Ohren« des Königs

Nach Ägypten, dem Reich der Hethiter, nach Babylon und Assyrien entwickelt sich Persien zur Großmacht. Nachdem um 850 v. Chr. die Assyrer in den Iran eingefallen sind und den Stamm der Meder unterworfen haben, gelingt es erst deren König Kyaxares in den Jahren zwischen 625 und 606 v. Chr., im Bündnis mit Babylonien das Assyrerreich zu zerschlagen.
Sein Nachfolger Astyages kann zuerst den Herrschaftsbereich ausdehnen, unterliegt aber 550 v. Chr. Kyros II., dem Begründer des Perserreiches der Achaimeniden. Nach der Niederwerfung des Lyderreiches und der Eroberung Kleinasiens mit den griechischen Küstenstädten nimmt Kyros II. im Jahr 539 v. Chr. Babylon ein und zerschlägt damit die Herrschaft der Chaldäer. Anhand von überlieferten Schriften weiß man, wie wichtig Kyros geheime Informationen einschätzt, wie das »Auge des Königs« funktioniert und nach welchen Maßstäben das Kurierwesen organisiert ist.

Xenophon, der griechische Historiker und Schüler des Sokrates, ist ein großer Bewunderer von Kyros II. Er berichtet 150 Jahre später in seinen Schriften über das persische Monarchiesystem; sein Werk »Kyropädie« ist ein politisches und philosophisches Handbuch, in dem er seiner Bewunderung für Kyros Ausdruck verleiht. In seiner Beschreibung der Administration des Kyros enthüllt Xenophon, welch großen Wert der Herrscher Geheiminformationen beimißt und wie er seine Männer anspornt, ihm Informationen zu beschaffen.
Auf die Frage, weshalb man Kyros nachsagt, er besitze viele Augen und Ohren, schreibt Xenophon: »Wir haben herausgefunden, daß er sich seine ›Königsaugen‹ und ›Königsohren‹ auf keine andere Art und Weise beschaffte als durch Geschenke und Ehrenverleihungen. Er entlohnte jene sehr großzügig, die ihm alles das meldeten, was für ihn interessant war. Er brachte viele Männer dazu, es zu ihrem Geschäft zu machen, ihre Augen und Ohren einzusetzen, um das auszuspionieren, was für den König zum Vorteil geriet. So wurden dem König viele ›Augen‹ und ›Ohren‹ nachgesagt ... Er hörte jeden an, der angeblich etwas Wichtiges bemerkt oder erfahren hatte. Dadurch entstand sein Ruf, der König habe viele Ohren und viele Augen.
Überall waren die Leute ängstlich, etwas Nachteiliges über den König zu sagen, so als würde er selbst zuhören, oder etwas zu tun, was ihm schaden könnte. Es schien, als ob er immer anwesend sei. Nicht nur deshalb hätte keiner gewagt, jemandem etwas Nachteiliges über Kyros zu sagen, jeder verhielt sich zu jener Zeit so, als ob alle, die in Hörweite standen, die Augen und Ohren des Königs wären. Ich kann mir keinen plausibleren Grund vorstellen, den jemand für seine Haltung ihm gegenüber auf seiten des Volkes allgemein angeben könnte, als daß es seine Politik war, große Entlohnungen für kleine Dienste zu geben.«
Xenophon lobt die Großzügigkeit von Kyros und bestätigt die Existenz eines persischen Spionagesystems. Natürlich werden dem König diese Informationen nicht immer direkt übermittelt, auch die Belohnungen nicht regelmäßig von ihm persönlich er-

teilt. Die Beschreibungen von Xenophon deuten darauf hin, daß eine Organisation besteht, die dem König alle geheimen Meldungen weitergibt und Leute mit besonders wichtigen Informationen direkt zum König bringt. Außerdem gibt es natürlich eine Polizeigewalt, die sich mit den Aufgaben des Tages beschäftigt. Als Xenophon die königliche Prozession beschreibt, erwähnt er die »Mastigophoren«, die Peitschenträger: »Und Polizisten mit Peitschen in ihren Händen waren dort postiert, die jeden schlugen, der sich hineindrängen wollte.«
Zu dieser Zeit kann kaum einer lesen und schreiben, und dies scheint einer der Gründe zu sein, warum sich manche Priester aktiv an der Spionage beteiligen: Sie gehören zu den wenigen, die imstande sind, Meldungen zu lesen und Berichte zu verfassen. Nicht selten arbeiten sie als Sekretär am Hof eines Herrschers und sind durch die ihnen aufgetragene Korrespondenz über alle Staatsgeheimnisse informiert, auch von dem, was in anderen Ländern vor sich geht. So besitzen sie Kenntnisse, die insgeheim manchem zugute kommen.
Als König Belsazar 539 v. Chr. die Priesterschaft in Babylon reformieren will, schaffte er sich in den Priestern des Gottes Baal Feinde. Sie führen geheime Verhandlungen mit Kyros II., der zu dieser Zeit Babylon belagert, und verraten die Stadt.
Die Idee des organisierten Kundschafterdienstes und die Technik der staatlichen Überwachung hat Kyros II. vermutlich von den Assyrern übernommen, weiterverfolgt und perfektioniert. Xenophon beschreibt die Funktion des Amtes, das die Tätigkeit der Administration überwacht: »Jahr für Jahr zieht ein Mann mit einer Streitmacht durch die Provinzen, um den Gouverneuren zu helfen, Aufsässige zur Vernunft zu bringen, oder um Dinge zu regeln, falls jemand im Bezahlen von Steuern säumig ist, und auch zum Schutz der Bewohner. Der Mann soll darauf achten, daß das Land bestellt wird und in Erfahrung bringen, ob jemand in seinen Beobachtungen nachläßt. Falls er es nicht selbst in Ordnung bringen kann, ist er verpflichtet, dies dem König zu melden, der dann entsprechende Maßnahmen gegen den Übeltäter trifft.«
Das Aussenden von Bevollmächtigten des Königs geschieht aufgrund der Informationen aus den Provinzen. In diesem Zusammenhang beschreibt Xenophon die Einführung des Postdienstes unter Kyros II.: »Wir haben noch ein weiteres Hilfsmittel beobachtet, das Kyros einsetzte, um mit der Größe seines Reiches fertigzuwerden: Durch diese Institution konnte er schnellstens alles Wissenswerte erfahren, ganz gleich, um welche Entfernungen es sich handelte. Er ließ einen Versuch unternehmen, um herauszufinden, welche Strecke ein Pferd an einem Tag zurücklegen kann, wenn es hart geritten wird, ohne jedoch zusammenzubrechen. Dann errichtete er, gemessen an diesen Entfernungen, Poststationen und stattete sie mit Pferden aus sowie mit Männern, die sich um sie kümmerten. Und an jeder dieser Stationen ließ er einen zuständigen Beamten ernennen, der die abgelieferten Briefe entgegennahm und sie weiterleitete, der die erschöpften Pferde und deren Reiter beherbergte und wieder frisch auf den Weg schickte.

Ein rufender Reiter: So etwa sahen die Wachtposten zum Schutz der Staatspost aus. Ninive (6. Jh. v. Chr.)

Die Stationsbeamten sagen sogar, daß dieser Eildienst manchmal die ganze Nacht über nicht zum Stillstand kam, sondern daß sich die Nachtboten und Tagboten ablösten. Manche behaupten, daß dieser Eildienst ›schneller als die Kraniche‹ vorwärtskomme. Wenn dieser Vergleich auch nicht ganz stimmt, so ist nicht zu bezweifeln, daß dies der schnellste Überlandtransport der Welt war. Mit seiner Hilfe stehen den Zentralstellen alle Geheiminformationen unmittelbar zur Verfügung, damit sie sich so schnell wie möglich damit befassen können.«
Xenophon fügt hinzu, daß dieses Stafettensystem Tag und Nacht funktioniert habe. Nach seinen Angaben legen die Kuriere des Perserkönigs die Strecke zwischen Susa und Ekbatana, etwa 400 Kilometer, in 1½ Tagen zurück, also täglich 250 Kilometer. Den Weg von Susa nach Sardes, rund 2300 Kilometer, sollen sie in 8 bis 10 Tagen bewältigt haben.
Die Benutzung der persischen Staatspost durch Privatpersonen ist nicht möglich. Dies ist verständlich, wenn man bedenkt, welche Furcht die Perserkönige vor Verschwörungen haben. Sie sind auch eifrig bemüht, jede schriftliche Verbindung zwischen ihren Untertanen und dem Ausland zu unterbinden. Die Überwachung des privaten Briefverkehrs funktioniert unter den persischen Provinzen tadellos. Laut Herodot müssen die raffiniertesten Methoden ersonnen worden sein, um Briefe auf den von der königlichen Geheimpolizei aufs strengste bewachten Postwegen, besonders auf den zur Küste führenden, durchzuschmuggeln: Da Astyages, ab 585 v. Chr.

Großkönig von Medien, sein Volk unterdrückt, setzt sich der Meder Harpagos mit maßgeblichen Landsleuten in Verbindung, um sie davon zu überzeugen, daß man Kyros II. veranlassen müsse, die Herrschaft im Mederreich zu übernehmen. Herodot: »Nach Abschluß dieser Vorbereitungen wollte Harpagos dem Perserkönig Kyros seinen Plan mitteilen. Aber die Straßen wurden streng bewacht, und so mußte er sich eine List einfallen lassen: Er besorgte sich einen Hasen, schnitt ihm den Bauch auf, doch ohne die Eingeweide zu zerreißen. In diesen Hasen, wie er war, steckte er einen Brief, in dem er seinen Plan niedergeschrieben hatte; dann nähte er den Leib des Hasen wieder zu, gab dem treuesten seiner Diener Netze wie einem Jäger und schickte ihn zu den Persern. Mündlich hatte er ihm aufgetragen, er solle, wenn er den Hasen König Kyros ausliefere, bestellen, Kyros möge ihn eigenhändig und ohne Zeugen zerlegen. Tatsächlich kam dieser Plan zur Ausführung; Kyros erhielt den Hasen und schnitt ihn auf. Er fand den Brief darin, nahm und las ihn.«

Herodots große Geschichte über die Kriege zwischen Griechen und Persern liefert unter anderem eine detaillierte Beschreibung der »Königsstraße« von Sardes in Kleinasien nach Susa, der persischen Hauptstadt. Herodots Aufzeichnungen verdeutlichen am besten das persische Organisationstalent und zeigen gleichzeitig, wie die Methoden der Perser alle Zeitgenossen beeindrucken. »Für einen gewöhnlichen Reisenden« – so Herodot – »dauerte die Fahrt von der griechischen Stadt Ephesos an der Küste nach Sardes und von dort weiter nach Susa drei Monate und drei Tage ... Es wird allgemein angenommen, daß die Perser besonders in Kleinasien die Straßen benutzten, die von den früheren Herren dieser Region erbaut wurden – den Hethitern und Assyrern.«

König Dareios I. von Persien (reg. 522–486 v. Chr.); Detail des Felsenreliefs bei Bisutun (6. Jh. v. Chr.)

Herodot kennt nur eine dieser Straßen und nur einen Postdienst. Aber der Kurierbetrieb für die Botschafter des Königs ist im ganzen Reich ebenso organisiert. Sogar hier bedienen sich die Perser mit Sicherheit ähnlicher Einrichtungen, die noch von ihren Vorgängern stammen und die nun in der neuen zwischen Euphrat und Tigris gelegenen Hauptstadt Susa zusammenlaufen. Insgesamt stellt der persische Postdienst eine immense Leistung dar, mit die größte, die es in der alten Geschichte gegeben hat. Es ist daher nicht verwunderlich, daß die Griechen die Einrichtung als außergewöhnlich genial bezeichnen. Diese komplizierte, aber sehr durchdacht ausgearbeitete Organisation hat den Zweck, schnell und verläßlich sämtliche Geheimnachrichten aus allen Teilen des riesengroßen Einflußgebietes zu beschaffen. Herodot beschreibt in seinem Werk auch, wie die persische Post in der Praxis funktioniert.

Nach dem Tod des großen Eroberers Kyros II., der im Kampf gegen Nomadenstämme 529 v. Chr. östlich des Kaspischen Meeres fällt, übernimmt sein Sohn Kambyses II. die Nachfolge. Er unterwirft Ägypten und zwingt Zypern sowie die der asiatischen Küste vorgelagerten griechischen Inseln, die persische Vorherrschaft anzuerkennen. Das persische Imperium wird von Dareios I. (522–486 v. Chr.) und seinen Generälen konsolidiert.

Gelungene Täuschung

Dareios I. erweist sich als vorbildlicher Organisator, der das Erbe von Kyros II. festigt. Er fördert die Kunst, die Erforschung der Navigation, ordnet das Steuer- und Finanzwesen und sorgt für den Bau von Kanälen und Straßen, um Handelswege zu erschließen. Ein derart großes Reich kann nur wirksam geführt werden, wenn die Zentralregierung in Persien auch mit den entferntesten Provinzen ständig in Kontakt steht. Sie muß unverzüglich über alle Vorkommnisse innerhalb der Bevölkerung und über alle Gefahren, die von außen drohen, unterrichtet werden. Eine solche Aufgabe kann man nach wie vor nur mit einem ausgeklügelten Spionagesystem erfolgreich durchführen.

Dareios I. beweist administrative Fähigkeiten und zeigt daneben Verständnis für die nationalen Gefühle der unterjochten Völker. Die Repräsentanten dieser Länder haben Zugang zu den höchsten Verwaltungsstellen, aber die Exekutivgewalt bleibt in den Händen der Perser. Unter Dareios wird der gesamte Herrschaftsbereich in 20 große Satrapien unterteilt. Die Verwaltung dieser Provinzen liegt in der Obhut von Gouverneueren, Satrapen genannt, denen persische Kolonisten zur Seite stehen. Der militärische oberste Heerführer des persischen Reiches hat gleichzeitig den kaiserlichen Hof und dessen Administration unter sich. Die königliche Leibgarde, eine Elitetruppe, zählt 10000 »Unsterbliche« und muß allein dem König Treue schwören. Die Stellung der Satrapen birgt – schon durch den Unabhängigkeitsdrang einiger dieser Gouverneure – Gefahren in sich. Das persische Imperium hat jetzt eine Ausdehnung erreicht, wie bisher kein anderer Staat. Es umfaßt ein Gebiet, das im Osten von Indien, im Norden vom Kaukasus, im Westen vom Mittelmeer und im Süden vom Indischen Ozean begrenzt ist. Es bildet damit den Mittelpunkt für mannigfaltige Kultureinflüsse. Eine ausschließliche zentralisierte Verwaltung dieses Riesenreiches ist rein technisch kaum möglich.

Um 520 v. Chr. wird das Perserreich zum Schauplatz eines bedeutenden Spionagefalls: Babylon, das sich gegen König Dareios erhoben hat, wird durch die mutige Tat eines einzelnen erstürmt. Trotz einer 20 Monate dauernden Belagerung war es dem Perserkönig nicht gelungen, die gut besetzten starken Bollwerke der Zweimillionenstadt im Sturm zu erobern oder mit Hilfe des teilweise abgeleiteten Euphrat in die Stadt einzudringen. Da unterbreitet ihm plötzlich Zopyros, einer der treuesten Freunde des Königs, seinen Plan: Er will mit sichtbaren Verletzungen als »Verfolgter« zu den Babyloniern überlaufen und ihnen seine Dienste anbieten, angeblich um sich an Dareios zu rächen.

Seine Absicht ist es – falls ihm die Babylonier den Befehl über eine Schar anvertrauen –, an drei mit Dareios vereinbarten Tagen an einer genau vorher abgesprochenen Stelle einen Ausbruchsversuch zu unternehmen. Der König soll dort nur einige schlechtbewaffnete Abteilungen aufstellen, die sich dann nach kurzem Kampf zurückziehen. Auf diese Weise hofft Zopyros, das Vertrauen der Babylonier in ihn zu stärken, so daß er den Befehl über eine größere Streitmacht an wichtiger Stelle bekäme. Am 20. Tag soll Dareios den Sturm befehlen, während Zopyros die ihm anvertrauten Tore öffnen will.

Der König stimmt dem mutigen Vorschlag zu, und Zopyros flüchtet am nächsten Tag, mit Verletzungen an Nase und Ohren und von den Reitern des Königs verfolgt, in die Stadt. Man nimmt ihn auf und schenkt seinen Berichten und Racheschwüren Glauben. Alles andere vollzieht sich dann wie abgesprochen: Die Perser können am 20. Tag durch die von Zopyros geöffneten Tore in die Stadt eindringen.

Die Perser verfügen um das Jahr 500 v. Chr. über eine so gut funktionierende Geheimpolizei, daß zum Beispiel Histaios wegen der scharfen persischen Kontrollen eine recht umständliche Übermittlungsart für die Geheimbotschaft an seinen Schwiegersohn, den griechischen Tyrannen Aristagoras von Milet, an der Westküste Kleinasiens, anwenden muß, um jenen zu einem Aufstand gegen die Perser zu bewegen: Er läßt einem Sklaven die Haare schneiden und schreibt die Aufforderung zur Rebellion auf dessen Kopfhaut. Als das Haar wieder gewachsen ist, schickt er den Sklaven nach Milet, ohne daß sich der Bote auf irgendeine Weise verdächtig macht. Bei Aristagoras eingetroffen, soll er nur sagen: »Schneide mir die Haare und schau darunter!« Es geschieht wie geplant, und Aristagoras entschließt sich, den von Histaios geforderten Aufstand zu wagen, der aber 494 v. Chr. von den Persern niedergeschlagen wird.

Nachdem König Dareios I. seine Macht in Asien gefestigt hat, versucht er, die Herrschaft des Perserreiches auf Europa auszudehnen. Sein Ziel ist Griechenland, das ihm als leichte Beute erscheint: Hier gibt es nur Kleinstaaten, die gegenseitig in harten Bruderkämpfen stehen. Gerade die politisch und wirtschaftlich unabhängigen Stadtstaaten leben untereinander in permanenter Fehde. Die bedeutendsten sind Sparta und Athen, die großen Rivalen.

Beherrscher der Völker: Rollsiegel von Dareios I. mit dreisprachiger Inschrift

Die Griechen

In der Antike stoßen wir auf fast alle Spionagepraktiken, die man im Laufe der Jahrhunderte weiterentwikkelt und verfeinert hat. Dazu gehören auch mit Wachs überzogene Holztäfelchen zur Übermittlung geheimer Nachrichten, vergleichbar mit der später entwickelten unsichtbaren Tinte. So ergeben sich aus der Geschichte immer wieder Parallelen zur Gegenwart.
In Athen, dem Inbegriff der abendländischen Wesensart, gelang es bereits im 6. Jahrhundert v. Chr. dem weisen Staatsmann und Dichter Solon, mit seiner Staatsreform Grundlagen für eine Demokratie zu schaffen, die heute noch Gültigkeit haben. Dagegen verfolgte Sparta, Sinnbild für Härte und Anspruchslosigkeit, kriegerische Absichten und unterwarf den Süden Griechenlands. Doch um 490 v. Chr. wurde Persien zu einer gefährlichen Bedrohung für das europäische Festland und die Inseln in der Ägäis. Die Streitmacht von Dareios I. näherte sich jetzt Griechenland.

Perserkriege

Berater des von Datis geführten persischen Expeditionsheeres, das Herodot mit 100000 Mann und 10000 Reitern angibt, ist Hippias, der letzte Tyrann von Athen, den man 510 v.Chr. von dort vertrieben hat. Die Perser verstehen es, sich den Verbannten zunutze zu machen, da er mit allen Verhältnissen der Griechen vertraut ist und weil ihm ebenso wie den Persern die Einnahme von Athen gelegen kommt.
Auf Anraten von Hippias geht die Expeditionsflotte nicht entlang der Küste vor, sondern nimmt direkten Kurs auf Naxos, um dann überraschend bis zur langgestreckten Insel Euböa vorzustoßen. Trotz siebentägiger Verteidigung wird der Hauptort Eretria durch den Verrat der beiden angesehenen Bürger Euphorbos und Philagros, die seinerzeit dem vertriebenen Hippias Gastfreundschaft gewährt hatten, von den Persern eingenommen.
Zwischen Euböa und dem Festland ist nur eine schmale Meerenge zu überqueren, um auf Athen vorzugehen. Durch den überraschenden Angriff ist Athen nicht mehr imstande, peloponnesische Krieger heranzuziehen. Doch das Glück bleibt Hippias nicht treu. Seine feste Überzeugung, in Athen unter den alten Parteifreunden Gesinnungsgenossen zu finden, die Unruhe stiften sollen, wird enttäuscht.
Mit der völligen Niederlage des Expeditionsheeres in der Schlacht bei Marathon (490 v.Chr.) muß auch der greise Verräter alle Hoffnungen begraben. Sein Ratschlag, mit den wiedereingeschifften Truppen das Kap Sunion zu umfahren und Athen von See her anzugreifen, mißlingt ebenfalls. Die ehemaligen Anhänger von Hippias haben nämlich vom Gebirge Pentelikon aus durch Blinksignale mit ihren Metallschilden den griechischen Truppen übermittelt, daß Athen nahezu unbesetzt ist und sich in großer Gefahr befindet. In Eilmärschen gelingt es dem griechischen Feldherrn Miltiades, mit dem Gros des Heeres Athen zu erreichen und die Landung der Perser zu vereiteln. Hippias überlebt diese Enttäuschung nicht und stirbt während der Rückfahrt auf Lemnos.
Während der Vorbereitung für den 2. Perserzug stirbt König Dareios I. Sein Sohn Xerxes I. (486–465

Klassische Methode zur Nachrichtenübermittlung: Blinkverkehr mit blankpolierten Metallschilden

v.Chr.) will sechs Jahre später Athen und Griechenland bezwingen. Vor dem geplanten Feldzug läßt sich Xerxes wiederholt von dem vertriebenen Spartanerkönig Demaratos beraten, der ihn über alles unterrichten will, allerdings erscheinen dessen Mitteilungen wenig glaubwürdig. Es liegt sogar nahe, daß Demaratos ein Doppelspiel betreibt. Vielleicht ist in dem Vertriebenen doch die Liebe zum bedrohten Vaterland erwacht, das ihm trotz aller durch Xerxes erwiesenen Wohltaten nähersteht als sein neuer Herrscher, oder er hofft, damit bei seinen Landsleuten wieder Freunde zu gewinnen, die ihm eine Rückkehr ermöglichen sollen.
In einem Bericht von Herodot heißt es, Demaratos habe zwei von Xerxes freigelassenen spartanischen

Geiseln eine Nachricht an seine Landsleute mitgegeben und darin die Rüstungen und Absichten der Perser beschrieben: »Als Xerxes beschlossen hatte, gegen Griechenland zu ziehen, wollte Demaratos, der sich gerade in Susa aufhielt und es erfahren hatte, die Nachricht den Lakedaimoniern (Spartanern) zuzustellen. Weil er dies auf andere Weise nicht konnte – es bestand ja die Gefahr, daß es entdeckt würde –, ersann er folgende List: Er nahm eine zusammenlegbare Schreibtafel, schabte das Wachs davon ab und schrieb dann den Entschluß des Königs auf das Holz der Tafel. Danach überzog er die Buchstaben wieder mit Wachs, damit die leere Tafel bei den Straßenwächtern keinen Argwohn erweckte.
Als die Tafel wirklich nach Sparta gelangte, verstanden die Lakedaimonier nicht, was die leere Tafel bedeuten solle, bis schließlich Gorgo, die Tochter des Kleomenes und Gattin des Leonidas, wie man erzählt, dahinterkam. Sie riet, das Wachs abzukratzen; dann würden sie Schriftzüge auf dem Holz finden. Sie taten es, fanden die Botschaft, lasen sie und übermittelten sie dann auch den übrigen Griechen.«
Auf einmal vergessen nun die Griechen ihren Bruderzwist und rüsten sich gemeinsam, um der Übermacht des Feindes entgegenzutreten. Unterdessen versucht Xerxes I. mit allen Mitteln, die Aufklärung Griechenlands voranzutreiben. Neben den Kundschaftern, die von Land her operieren, um die griechischen Verteidigungsmaßnahmen auszuspionieren, beauftragt der König die Besatzungen der medischen Schiffe mit strategischer Spionage an den griechischen Küsten.
Herodot: »Als sie nach Phoinikien, und zwar nach der Stadt Sidon in Phoinikien hinabgereist waren, bemannten sie zwei Dreiruderer. Dazu beluden sie ein großes Kaufmannsschiff mit allerlei Gütern. So mit allem versehen, segelten sie nach Griechenland. Sie hielten sich nahe der Küste, betrachteten sie und zeichneten sie auf, bis sie so den größten Teil Griechenlands und alles Nennenswerte gesehen hatten und nach Tarent in Italien gekommen waren.«
Auch die Griechen unternehmen alles, um die Absichten des Feindes zu ergründen. Ihre Kundschafter, die überwiegend mit Seeleuten und reisenden Händlern zusammenarbeiten, verfolgen mit Sorge die aggressiven Vorbereitungen der Perser. Sie melden, daß Xerxes mit seiner mächtigen Armee bereits die Hauptstadt Susa verlassen habe. Seine Truppen sollen sich in Eilmärschen dem westlichen Teil Kleinasiens nähern und über die Meerenge der Dardanellen nach Europa übersetzen.
Herodot: »Als sich nun die Griechen, die für ihr Vaterland die bessere Gesinnung hegten, an einem Ort versammelten und sich Treue gelobten, hielten sie es in ihrer Beratung für richtig, vor allen Dingen Fehden und Feindschaft untereinander zu unterbinden. Als sie danach erfuhren, Xerxes sei mit seinem Heer in Sardes, beschlossen sie, Männer nach Asien zu schicken, die die Macht des Königs erkunden sollten...
Die drei nach Sardes entsandten Kundschafter spionierten im Heer des Königs, wurden aber ertappt, von den Generälen des Landheeres verhört und zum Tode abgeführt. Als Xerxes davon hörte, tadelte er die Entscheidung seiner Feldherrn und schickte einige Leute aus seiner Leibwache, um die Verurteilten zu holen, wenn sie sie noch am Leben anträfen. Sie fanden sie noch lebend vor und führten sie vor das Angesicht des Königs. Der fragte sie nach dem Zweck ihres Aufenthaltes in Sardes. Dann forderte

Das schnellste Schiff der Griechen war die Triere. Auf der Zeichnung nach einem Relief im Akropolis-Museum ist die obere Reihe der Ruderer zu sehen, von den beiden unteren Reihen sind nur die Riemen angedeutet

er seine Leibwächter auf, sie umherzuführen und ihnen alles Fußvolk und die gesamte Reiterei zu zeigen. Wenn sie genügend gesehen hätten, sollten sie unversehrt hinziehen, wohin sie nur wollten.
Hinzu fügte er folgende Begründung: Wenn die Kundschafter ums Leben kämen, erführen ja die Griechen vorher nicht, daß seine Macht alle Beschreibung übertreffe; auch fügten sie selbst durch den Verlust dreier Männer den Feinden keinen großen Schaden zu. Kehrten sie aber nach Griechenland zurück, würden die Griechen, wie er glaubte, schon auf die Kunde von seiner Macht ihre eigene Freiheit vor dem Feldzug aufgeben, und so würde es gar nicht nötig sein, sich die Mühe eines Feldzuges gegen sie zu machen... Als die Kundschafter alles angesehen hatten und entlassen waren, kehrten sie nach Europa zurück.«
Man weiß zwar nicht, was die drei Kundschafter nach der Rückkehr berichtet haben, doch steht fest, daß Xerxes' Rechnung nicht aufgeht: Die Griechen lassen sich keineswegs durch seine Macht einschüchtern.
Die persischen Streitkräfte sollen aus etwa 175000 Kriegern und 1207 Schiffen bestehen: die größte Armee, die die Weltgeschichte bis dahin gesehen hat. Die Überquerung der Truppen von Kleinasien nach Europa über den Hellespont (Dardanellen) ist ein schwieriges Problem. Als die Meeresflut zweimal die im Bau befindlichen kilometerlangen Brücken zerstört, läßt Xerxes die Meereswogen zur Strafe mit Ketten peitschen. Erst beim dritten Versuch gelingt der Brückenbau. Jetzt läßt Xerxes seine Soldaten peitschen, damit sie schneller die Brücke überqueren.

Verrat an den Thermopylen

Während des Vormarschs der persischen Streitmacht ereignet sich ein folgenschwerer Fall von Verrat. Um Athen, die bedeutendste griechische Stadt, zu erobern, müssen die Perser den Engpaß der Thermopylen, zu jener Zeit der einzige Verbindungsweg zwischen Nord- und Mittelgriechenland, überwinden. Dieses strategisch äußerst wichtige Einfallstor – knapp sechs Kilometer lang, stellenweise nur 40 Meter breit und daher leicht zu sperren – wird im Juli 480 v. Chr. von den wegen Tapferkeit gerühmten Spartanern unter König Leonidas besetzt.
Der Perserkönig Xerxes zögert vier Tage lang mit dem Angriff in der Hoffnung, die Griechen würden von selber die aussichtslose Verteidigung der Thermopylen gegen die gewaltige Übermacht der Perser aufgeben. Erst am fünften Tag befiehlt er seinen Medern den Vorstoß. Doch die griechische Streitmacht wehrt drei Tage mit Leichtigkeit jeden Angriff ab, zuletzt sogar – zum Entsetzen von Xerxes – den seiner Leibwache, der »Unsterblichen«.
Herodot, den die Griechen »Vater der Geschichtsschreibung« nennen, berichtet über die weiteren Ereignisse: »Da die Perser den Paß auf keine Weise

Opfer eines Verräters: Der Spartanerkönig Leonidas (reg. um 488–480 v. Chr.)

erobern konnten, wichen auch sie zurück. Der König selbst soll diesen Kämpfen zugeschaut haben und dreimal aus Furcht für sein Heer von seinem Thron aufgesprungen sein.
Auch am folgenden Tag kämpften die Perser nicht erfolgreicher. Sie hofften nur, so viele Feinde zu verwunden, daß deren Zahl schließlich immer kleiner würde. Aber die Griechen kämpften, nach Waffengattungen und Stämmen geordnet, und jeder stand auf seinem Platz. Als Xerxes schon nicht mehr wußte, was er tun sollte, kam ein Grieche namens Ephialtes zu ihm, der ihm in der Hoffnung auf eine große Belohnung verriet, daß ein Fußpfad durch das Gebirge nach den Thermopylen führe. Xerxes ging hocherfreut auf den Rat des Ephialtes ein und schickte sofort den Befehlshaber seiner Leibwache mit den Truppen los.
Bei Einbruch der Dunkelheit brachen sie auf und zogen die ganze Nacht den Pfad bergauf. Als der Morgen graute, waren sie auf der Höhe angelangt. Dort hielten hundert phokische Krieger das Gebirge besetzt, um ihr eigenes Land zu schützen und den Fußpfad zu bewachen.
Die Griechen bemerkten erst zu spät, daß die Feinde auf der Höhe standen. Von ihrem Aufstieg hatten sie nichts wahrgenommen, da die Berge dicht mit Eichen bewachsen waren. Es herrschte gerade Windstille, und als die Blätter unter den Füßen der Herannahenden raschelten, sprangen die Phoker auf und legten rasch ihre Rüstungen an. Doch da waren die Perser auch schon zur Stelle. Als sie die kriegsgerüsteten Gegner sahen, stutzen sie, denn sie hatten gehofft, daß sich ihnen kein Feind entgegenstellen würde. Der persische Feldherr Hydarnes befürchtete erst, es wären Spartaner. Als er aber die Wahrheit erfuhr, stellte er seine Perser zur Schlacht auf.
Die Phoker flüchteten unter dichtem Geschoßhagel auf den Gipfel des Berges. Sie glaubten, die Perser hätten den ganzen Marsch nur ihretwegen unternommen und machten sich auf ihr Ende gefaßt. Diese aber, geführt von Ephialtes, zogen in Eile den Weg bergab, ohne sich um die Phoker weiter zu kümmern.

Themistokles (um 525–460 v. Chr.); seine listige Desinformation verhilft den Griechen zum Sieg

Den griechischen Truppen an den Thermopylen verrieten Überläufer den Umzinglungsmarsch der Perser; das geschah noch während der Nacht. Als endlich der Tag graute, meldeten auch Späher von den Bergen die Ankunft der Perser. Da hielten die Griechen Rat. Die einen meinten, man dürfe den Platz nicht aufgeben, die anderen widersprachen. Daraufhin trennte sich das Heer. Ein Teil zog ab und zerstreute sich, indem jeder in seine Stadt heimkehrte; die anderen, mit ihnen Leonidas, entschlossen sich zu bleiben.
Als aber Leonidas merkte, daß seine Bundesgenossen nur ungern und nicht mit Freude die Gefahr teilen wollten, ließ er auch sie abziehen. Nur die Thespier und Thebaner harrten mit den Spartanern aus. Die Thebaner hielt Leonidas als Geiseln fest, die anderen blieben mit Freuden und weigerten sich, zurückzugehen.
Xerxes brachte der aufgehenden Sonne ein Trankopfer dar, wartete die Vormittagsstunden ab und rückte dann heran. Das hatte ihm Ephialtes geraten; denn der Abstieg vom Gebirge war wesentlich kürzer und ging leichter als der Weg um die Berge herum und der Aufstieg.
Die Scharen des Xerxes kamen heran, und die Hellenen unter Leonidas schritten jetzt, da sie zum Sterben in den Kampf zogen, viel weiter in die Öffnung des Passes hinaus als zu Anfang. So kam es schon vor den Mauern zum Handgemenge, und eine große Anzahl der Perser fand den Tod. Hinter ihren Reihen standen die Führer mit Peitschen in den Händen und trieben die Leute Mann für Mann durch Peitschenhiebe vorwärts. Viele stürzten auch ins Meer und ertranken; weit mehr aber wurden von den eigenen Leuten niedergetreten.
Niemand kümmerte sich um die Verwundeten und Sterbenden, denn die Griechen wußten ja, daß ihnen der Tod gewiß war, und so warfen sie sich mit ihrer ganzen Kraft auf die Barbaren und hieben in blinder Wut um sich. Schon waren die meisten Speere zerbrochen, da griffen die Perser mit ihren Schwertern an. Heldenmütig kämpfend, fiel Leonidas, und mit ihm fielen all die anderen berühmten Spartaner. Aber auch von den Persern fanden viele den Tod, darunter zwei Brüder des Xerxes...«
Jetzt, als nach dem Verrat des Ephialtes der Weg nach Athen offensteht, haben die Verteidiger der Hauptstadt keine Chance mehr. Man bringt sie auf die Insel Salamis, gegenüber dem Hafen von Piräus. Der Rauch niedergebrannter Ortschaften überzieht bereits das Land, sogar Athen geht in Flammen auf.

Griechische Täuschungsmanöver

Unter den griechischen Feldherren entsteht inzwischen ein Streit, wo die 270 Schiffe zählende Flotte eingesetzt werden soll. Ihr Befehlshaber, der Spartaner Eurybiades, will einen Verlust der Schiffe nicht riskieren und nach Süden segeln. Aber Themistokles, der angesehene Athener Staatsmann und Stratege, erkennt, daß in dem flachen Sund zwischen Salamis und dem Festland die griechischen Schiffe bei geschicktem Manövrieren auch einem starken Feind gegenüber im Vorteil sein würden. Er versucht die Griechen davon zu überzeugen, daß man für den Fortbestand der Freiheit kämpfen und der neuerbauten Flotte vertrauen müsse, auch wenn auf seiten der Perser besonders gefürchtete phönikische Schiffe und Seeleute mitkämpfen.
Als Themistokles merkt, daß sein Vorschlag nur wenig Zustimmung findet, greift er zu einer Kriegslist, wie sie in der Antike immer wieder angewendet wird, aber niemals zuvor oder danach hat eine gelungene Desinformation die Geschicke Griechenlands, ja Europas und der abendländischen Kultur so nachhaltig bestimmt. Herodot: »Als Themistokles von den Peloponnesiern überstimmt wurde, ging er heimlich aus der Versammlung und schickte einen Mann in einem Boot mit einem bestimmten Auftrag ins persische Lager. Dieser Mann hieß Sikinnos, gehörte zum Gesinde des Themistokles und war Erzieher seiner Kinder ... Er erschien mit seinem Boot bei den Führern der Barbaren und richtete folgenden Auftrag aus: ›Mich sendet der Feldherr der Athener ohne Wissen der anderen Griechen zu euch; denn er steht auf des Königs Seite und wünscht eher euch den Sieg als den Griechen. Er läßt euch sagen, daß die Griechen voll Angst an Flucht denken. Ihr könntet jetzt den größten Erfolg erringen, wenn ihr sie nicht auseinanderlaufen laßt. Untereinander sind sie uneins und werden euch keinen Widerstand mehr leisten. Ihr werdet vielmehr sehen, daß eure Freunde und Feinde zur See miteinander im Kampf liegen.‹ Nach dieser Erklärung entfernte er sich sofort wieder. Die Feinde glaubten die Botschaft; sie landeten zuerst mit einer starken persischen Truppe auf der kleinen Insel Psyttaleia zwischen Salamis und dem Festland.«
Noch vor Sonnenaufgang des 28. September 480 v. Chr. blockiert die riesige persische Flotte die Meerenge von Salamis, »um die Flucht der Griechen zu verhindern und sie zum entscheidenden Kampf zu

Großkönig Xerxes I. (reg. 486–465 v. Chr.) beobachtet die Seeschlacht bei Salamis. Darstellung aus dem 19. Jh.

stellen«. Großkönig Xerxes begibt sich mit seinem Hofstaat an einen Abhang des Berges Aigelaos gegenüber der Insel Salamis, um von dort aus den Sieg seiner Flotte mitzuerleben. Er ahnt nicht, daß die von Themistokles raffiniert gewählte taktische Position seiner Schiffe im Flaschenhals der Meerenge die Überlegenheit der Perser ausgleicht.
In der Tat, schon zu Beginn der Schlacht werden die Perser durch die Enge der Gewässer daran gehindert, ihre gewaltigen Kräfte zu entfalten. Schlimmer noch: Gerade während der heißesten Kämpfe kommt plötzlich starker Westwind auf, der die schwerfälligen, mit hohen Bordwänden ausgestatteten persischen Galeeren aneinanderdrängt und die Beweglichkeit noch weiter verringert.
Gegen Mittag zwingen die Griechen, dank der großen Wendigkeit ihrer Schiffe und besserer Kenntnis der Meerenge, die Perser zur Flucht. Nach dem Verlust von 200 Schiffen – die Griechen haben nur 40 Einheiten eingebüßt – befiehlt Xerxes den Rückzug. Siegesgewiß hatte er bereits mehrere Kuriere in die Heimat entsandt. Herodot: »Die erste in Susa eintreffende Nachricht, Xerxes habe Athen genommen, versetzte die daheimgebliebenen Perser in solche Freude, daß sie alle Wege mit Myrthen bestreuten, Räucherwerk anzündeten und selbstherrlich und in Freuden lebten. Die zweite Nachricht aber (über die Seeschlacht vor Salamis), die sie erhielten, bewegte sie so sehr, daß sie alle ihre Kleider zerrissen und ein entsetzliches Heulen und Wehklagen erhoben...«
Aus Herodots Schilderungen geht hervor, daß der persische Kurierdienst besonders gut funktioniert hat: »Es gibt kein anderes Lebewesen, das einen Weg schneller zurücklegt als die von den Persern eingeführten Kurierreiter. Es heißt, daß für jede vorher berechnete Tages- und Nachtstrecke Pferde und Männer in den Stationen entlang der Straße für die Ablösung bereitstanden, so daß es ohne Unterbrechung weiterging. Sie ließen sich weder durch Schnee, Regen, Hitze oder Dunkelheit davon abhalten, ihren vorgegebenen Weg mit größter Geschwindigkeit zurückzulegen...«
Die Staatspost existiert ohne Unterbrechung bis zum Untergang des persischen Reiches. Auch später, als die Griechen unter Alexander dem Großen das Erbe der Perser übernehmen, dürfte die Einrichtung weiterbestanden haben.

Beförderung von Geheimmaterial

Auch in der Antike ist – genauso wie heutzutage – die Beschaffung von Nachrichten oft leichter als deren Übermittlung, und man muß zu unzähligen Tricks greifen, um sicher zu sein, daß die nicht selten unter Lebensgefahr gewonnenen Erkenntnisse keinesfalls in unbefugte Hände geraten.
Aus der Zeit um 360 v. Chr. schildert Aineias, der wohl älteste griechische Militärschriftsteller, die Möglichkeiten der Beförderung von geheimen Nachrichten: »Es gibt verschiedene Arten, nur müssen Absender und Empfänger vorher gewisse Absprachen treffen. Die Methoden, welche sich am besten dafür eignen, sind folgende: Man schicke einen Mann mit einer Botschaft oder auch einem Brief mit offenkundig harmlosem Inhalt. Doch, kurz bevor er gehen soll, stecke man ihm heimlich in das Leder seiner Sandalen ein Schriftstück und nähe es wieder zu. Wegen Schmutz und Nässe schreibe man die Mitteilung auf ein dünn ausgeschlagenes Zinnplättchen, damit die Buchstaben nicht vom Wasser verlöscht werden. Ist der Bote nun bei dem Empfänger angekommen und schläft des Nachts, so trenne man die Nähte der Sandalen auf, nehme den Brief heraus, lese ihn, schreibe einen anderen und nähe ihn heimlich, während der Mann noch schläft, wieder ein und schicke ihn dann fort, nachdem man ihm offen wieder etwas aufträgt oder zu tragen gibt. So wird weder ein anderer noch der Bote etwas merken. Man muß aber die Nähte der Sandalen so wenig sichtbar wie möglich machen.
In Ephesos wurden Briefe auf folgende Weise überbracht: Man schickte einen Menschen, der einen Brief auf Blätter geschrieben hatte, und diese Blätter waren auf eine Wunde am Schienbein aufgebunden. Man kann auch eine Nachricht in den Ohren der Frauen (in die Stadt) hineinbringen, indem diese statt der Ohrgehänge zusammengerollte dünne Bleiplättchen tragen.

Eine weitere Methode: Man befördert (einen Brief) auch auf folgende Weise: Man bläst eine Blase auf, welche die gleiche Größe hat wie ein Ölfläschchen von beliebiger Größe, je nach dem Umfang dessen, was man schreiben will, bindet sie fest zu und trocknet sie; dann schreibt man, was man will, mit geleimter Schwärze drauf. Sind die Buchstaben trocken, so läßt man die Luft aus der Blase, drückt diese zusammen und tut sie in das Ölfläschchen. Die Öffnung der Blase aber muß aus der Mündung des Ölfläschchens hervorstehen. Dann bläst man die Blase in dem Ölfläschchen auf, so daß sie so weit als möglich wird, füllt es mit Öl, schneidet von der Blase das über das Ölfläschchen hervorstehende Stück ab und paßt es so genau als möglich an die Mündung an. Dann stöpselt man das Fläschchen zu und trägt es ganz offen. Es wird nur das Öl in dem Fläschchen sichtbar, aber nichts anderes darin zu sehen sein. Kommt der Bote nun zu dem, an den er geschickt ist, so gießt dieser das Öl aus, bläst die Blase auf, wischt sie mit einem Schwamm ab und liest (das Geschriebene), schreibt dann auf dieselbe Weise auf die Blase und schickt sie zurück...«

Zu den vielfachen Varianten dieser Methoden des Aineias zählen auch versteckte Briefe unter dem Panzerschurz, im Zügel des Reitpferdes, unter dem Wehrgehenk oder in der Schwertscheide, ebenso die Beförderung an Pfeilen, Speeren und anderen Wurfgeschossen, besonders im Belagerungskrieg.

Die Spartaner haben als erste ein verblüffend einfaches militärisches Schlüsselsystem eingeführt. Es besteht aus einer glatten Schriftrolle und einem langgezogenen Stab, Skytale genannt, über den Absender und Empfänger in identischer Größe verfügen. Eine offensichtlich als harmloser Brief oder Bericht getarnte Schriftrolle, die die Meldung beinhaltet, wird von dem Empfänger spiralförmig um den Stab gewikkelt, bis ein Markierungszeichen auf der Schriftrolle mit einer Markierung auf dem Stab zusammentrifft. Die geheime Meldung kann dann aus den Zeichen abgelesen werden, die in einer geraden Linie auf dem Stab erscheinen.

Alexander der Große (reg. 336–323 v. Chr.); Ausschnitt aus dem berühmten Mosaik in Pompeji

Alexander der Große

Der hochintelligente Alexander, von dem man sagt, er habe die Zensur erfunden, weiß natürlich auch um die Notwendigkeiten einer gut vorbereiteten militärischen Erkundung. Nur mit ihrer Hilfe kann er jene Feldzüge durchführen, die ihn zum »Verwandler der Welt« machen.

Alexanders Vater König Philipp II. gelingt es in 25 Jahren Regierungszeit von 361–336 v. Chr., aus dem zerstrittenen Makedonien eine schlagkräftige Großmacht zu bilden. Durch Eroberung der Küstenstädte versteht er es, sein Land strategisch abzusichern und danach seinen Machtbereich auf Thessalien und Thrakien auszudehnen.

Schon in den ersten Feldzügen bei Einnahme der Hafenstädte Amphipolis und Pydna hat das Gold

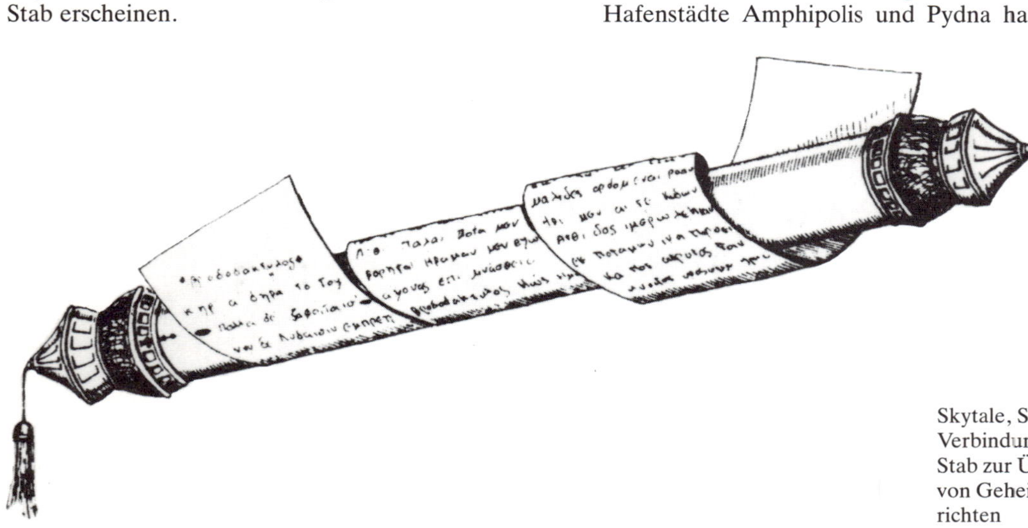

Skytale, Schriftrolle in Verbindung mit einem Stab zur Übermittlung von Geheimnachrichten

Schlacht zwischen Griechen und Persern. Relief vom Sarkophag Alexanders des Großen (um 305 v. Chr.)

eine fast größere Rolle gespielt als die makedonischen Waffen, ebenso im Bürgerkrieg zwischen Theben und den Phokern. Auch die Unruhen in ganz Griechenland sowie die Eroberung von Olynth (Chalkidike), einer Station auf dem Weg zum reichen thrakischen Chersones, haben gut bezahlte Spione beschleunigt. Die vergeblich aus Athen angeforderte Unterstützung ist von Philipp durch Spionage und Verrat verhindert worden. Seine Agenten haben es sogar fertiggebracht, die makedonische Partei in Athen zu bestechen, so daß Athen im nachfolgenden olynthischen Frieden alle Eroberungen Philipps anerkennt. Uneinigkeit, Mißtrauen und Verrat unter den Griechen führen dazu, daß sie den überlegenen Makedoniern 338 v. Chr. in der Schlacht bei Chaironeia erliegen.

In den langen Kriegen hat das Gold des reichen Makedonierkönigs immer eine große Rolle gespielt. Die ergiebigen Goldbergwerke im »Grubenwalde« des Pangaeos-Gebirges liefern ihm das Material für seine Rüstungen, aber auch für seine Goldtaler, Philipper genannt, mit denen er in Griechenland einen viel wirksameren Einfluß ausüben kann als sein Gegner, der Athener Politiker Demosthenes, der in seinen Reden vergeblich versucht, den alten Heldengeist wachzurufen.

Nachdem es Philipp II. mit Waffengewalt und Diplomatie gelungen ist, die Griechen unter seiner Vorherrschaft zu vereinen, wird er 337 v.Chr. zum Anführer des griechischen »Korinthischen Bundes« gewählt. Doch während der Vorbereitungen für den Rachefeldzug gegen Persien fällt Philipp einem Attentat zum Opfer.

Die Nachfolge übernimmt sein Sohn Alexander, später der Große genannt. Bei seinem Regierungsantritt 336 v.Chr. ist Alexander 20 Jahre alt. Auch er muß zunächst die Macht der Waffen und diplomatische Klugheit anwenden. Einen Aufstand der Griechen gegen die makedonische Herrschaft wirft Alexander innerhalb kurzer Zeit nieder und zerstört dabei Theben. Jetzt kann er mit einem Heer von 35000 Mann Fußvolk und 5000 Reitern den geplanten Vergeltungsfeldzug gegen Dareios III., Großkönig von Persien, beginnen.

Unter Alexander dem Großen wird aus Makedonien das größte Reich der Antike: In einem Blitzkrieg schlägt er die Perser am Granikos, erobert Kleinasien und besiegt König Dareios III. bei Issos. Danach unterwirft er Syrien, anschließend Palästina und rückt in Ägypten ein. In Memphis wird Alexander als Nachfolger der Pharaonen gekrönt.

Nach Gründung der Stadt Alexandria zieht er mit seinen Heerscharen zum Tigris. Dort trifft er auf den Perserkönig, der eine neue Armee gesammelt hat, und schlägt ihn 331 v.Chr. bei Gaugamela erneut, diesmal vernichtend. Dareios wird auf der Flucht von dem Satrapen Bessos ermordet. Alexanders anschließender Feldzug dient eigentlich nur der Erkundung und geht weit ins Innere Asiens. Er verschafft sich dadurch eine gründliche Kenntnis der Länder jenseits des Tigris bis hinein nach Indien.

Der siegreiche Marsch Alexanders des Großen durch Kleinasien, Syrien, Ägypten und Persien bis zum Tal des Indus beruht in erster Linie auf den militärischen Fähigkeiten des jungen Eroberers, nicht zuletzt aber auch auf jenen Institutionen, die die großen assyrischen und persischen Könige gegründet haben: Sein Heer kann auf den von Hethitern, Assyrern und Persern erbauten Straßen marschieren. Die politische Unterteilung des Reiches in »Satrapien« erweist sich als so vorbildlich, daß Alexander sie beläßt und nur die persischen Satrapen gegen zuverlässige eigene Offiziere austauscht. Der junge Herrscher ist sich der Schwierigkeiten bewußt, die unterschiedliche Völker in einem derart großen Reich mit sich bringen.

Alexander hat sein eigenes Verschlüsselungssystem entwickelt. Außerdem soll er auch als erster die Postzensur eingeführt haben: Während der Belagerung von Halikarnassos wird ihm bekannt, daß unter seinen eigenen Truppen Unzufriedenheit herrscht. Um die Ursache zu ergründen, erlaubt er seinen Soldaten, entgegen den sonstigen Gepflogenheiten, Briefe nach Hause zu schreiben. Ein Kurier sammelt die Post ein und galoppiert in Richtung Griechenland davon. Ein paar Kilometer vom Lager entfernt, wird er jedoch von Alexander erwartet, der zusammen mit einigen seiner Vertrauten die Briefe liest. Dadurch kann er die Unruhestifter feststellen und sie aus der Armee entfernen. Diese Geschichte klingt zwar sehr plausibel, doch nur wenige Soldaten unter Alexanders Truppen sind des Lesens oder Schreibens kundig.

Die diplomatische Post wird im allgemeinen durch Gesandte überbracht, die zugleich mündliche Erläu-

Ein Taucher befördert Geheimnachrichten, mit Horn, Schwimmgürtel und Handruder ausgerüstet. Zeichnung aus dem 15. Jh.

terungen dazu geben können, während persönliche Befehle Alexanders sowie Meldungen seiner Offiziere und Beamten durch besondere, nur diesem Zweck dienende Kuriere befördert werden. Diese gehören größtenteils der aus dem Perserreich übernommenen Staatspost an.

Der junge Feldheer übernimmt nicht nur die persischen Methoden der Verwaltung, er respektiert auch den Glauben und die Gewohnheiten der verschiedenen Völker und läßt den persischen Adel an seinem Hof willkommen heißen. Durch das Werk von Xenophon über Kyros II. beeindruckt, zählt Alexander zu den Bewunderern des Begründers persischer Macht und betrachtet sich selbst als dessen Nachfolger. Dies zeigt, daß er auch entschlossen ist, die persischen Errungenschaften auf dem Gebiet der Geheimdienste für seine Zwecke zu nutzen und sie in seinem Reich einzuführen.

Seine Erfolge basieren unter anderem auf einer gründlich vorbereiteten Strategie: Für die militärische Erkundung setzt Alexander als erster Feldherr leichte Kavallerie ein, die sich seiner Meinung nach am besten dafür eignet. Diese Art der Aufklärung wird von vielen Heerführern mit Erfolg übernommen. Alexander benutzt die Reiterei nicht nur für taktische Erkundung, er beauftragt sie auch mit der bis dahin noch nicht praktizierten strategischen Aufklärung, die man mit modernen Methoden durchaus vergleichen kann: Im weiten Umkreis seines Feldlagers läßt er Relaisstationen errichten, denen seine berittenen Patrouillen die von feindlichen Kurieren abgefangenen Nachrichten überbringen. In dieser Zensurstelle ermitteln Spezialisten aus dem gelieferten Material, ebenso wie aus abgefangenen Signalen, die gegnerischen Kriegspläne.

Durch seine kluge Politik gewinnt Alexander unter seinen früheren Feinden Bundesgenossen, knüpft diplomatische Verbindungen an und erschließt neue Handelswege. Im Innern Asiens gründet er griechische Städte, und erst durch seinen Feldzug wird Europa die Existenz Indiens bewußt. Bevor er weitere Pläne durchsetzen kann, stirbt Alexander 323 v. Chr. völlig unerwartet im Alter von 33 Jahren in Babylon. Nach seinem Tod wird das riesige Imperium von seinen Feldherren in drei große Reiche aufgeteilt.

Zur regelmäßigen Nachrichtenübermittlung setzt man zu dieser Zeit in Ägypten und Kleinasien immer öfter Brieftauben ein. Auch die ägyptischen Seefahrer bedienen sich der Tauben, um ihre Ankunft im voraus mitzuteilen. Aus den Schilderungen von Historikern weiß man, daß die Tauben eine Strecke von Babylon nach Aleppo (Luftlinie rund 800 km) in 48 Stunden zurücklegen, während ein Bote zu Pferd in oft unwegsamem Gelände dazu fast eine Woche benötigt.

Hier noch ein Beispiel, welche Methoden man ebenfalls anwendet, um geheime Nachrichten durch einen Fluß in eine belagerte Stadt hinein- oder herauszuschaffen: Die Briefe werden entweder unter Ausnutzung der Strömung oder von Tauchern befördert. Zu diesem Zweck schreibt man die Geheiminformation auf dünngewalzte Bleiplättchen, die sich die Soldaten auf den Leib binden, um dann schwimmend oder tauchend das andere Ufer zu erreichen.

Rom und die Punischen Kriege

Seefahrer und vor allem Kaufleute zählten bereits in der Antike zu den wichtigsten Agenten und Spionen, deren Kundschafterdienste durch den regen Handelsverkehr im Mittelmeerraum nicht selten sehr erfolgreich waren.
Diejenigen, die die besten Informationen über alle Belange der Staaten des Nahen Ostens hatten, waren die Punier, die dem Stadtstaat Tyros in Phönikien entstammten. Sie verdankten ihr vielseitiges Wissen den Handelsbeziehungen mit Ägypten, Syrien und Kleinasien. Sie kannten die Methoden der Spionage, die in diesen Ländern seit Jahrhunderten praktiziert wurden. In ihren Kämpfen mit den Römern zogen sie daraus manchen Vorteil.

Die listenreichen Punier

Die Karthager (Punier) verfügen schon durch ihren ausgedehnten Handel mit vielen Ländern über ein großes Agentennetz. Sie haben Niederlassungen in Spanien, an der westafrikanischen Küste sowie auf Madeira und den Kanarischen Inseln.
Herodot beschreibt das karthagische Signalsystem, das die Punier anwenden, um den Eingeborenen an der westafrikanischen Küste ihre Waren anzubieten: »Wenn die Händler mit den Schiffen eintrafen, gaben sie Rauchzeichen, um den Eingeborenen, mit denen sie Handel treiben wollten, ihre Ankunft mitzuteilen. Die Afrikaner erwiderten die Signale und deponierten in einer bestimmten Entfernung die Goldmenge, die sie ausgeben wollten. Die Händler überprüften das Goldangebot und begannen mit dem Entladen ihrer Schiffe. Wenn die Goldmenge ihres Erachtens aber nicht ausreichte, wurde mit weiteren Zeichen so lange verhandelt, bis beide Seiten zufrieden waren und die Transaktion beendet werden konnte.«
Die Kaufleute aus Karthago überwachen eifersüchtig ihr Handelsmonopol. Nachdem sie auch auf Sardinien und Korsika Fuß gefaßt haben, wird jedes fremde Schiff, das sich im westlichen Mittelmeer zwischen Sardinien und der Straße von Gibraltar blicken läßt, gekapert. Allem Anschein nach haben die Karthager in Nordwestspanien Zinnvorkommen entdeckt. Sie wahren aber ihr Geheimnis so gut, daß die Griechen nie davon erfahren, sondern annehmen, daß das Zinn auf winzigen Inseln irgendwo nahe der spanischen Küste gefunden wird.
Strabon, der etwa 63 v. Chr. geborene griechische Geograph und Historiker, schildert, wie die Karthager es verstanden haben, das Geheimnis ihrer Handelsflotte zu schützen: »In früheren Zeiten waren es nur die Phoeniker, die diesen Handel betrieben... denn sie hielten ihre Seereisen streng geheim. Als die Römer einem ihrer Schiffe folgten, um die karthagischen Märkte aufzuspüren, wich der Kapitän absichtlich vom Kurs ab und setzte sein Schiff in seichtem Wasser auf ein Riff. Nachdem er seine Verfolger in die gleiche Lage manövriert hatte, entkam er mit seiner Besatzung auf einem Floß. Als Dank erhielt der Kapitän später vom Staat den Wert der verlorengegangenen Fracht ersetzt. Dieser Zwischenfall, der die Griechen tief beeindruckte, hat gezeigt, daß der karthagische Senat sich des Wertes der Geheimhaltung aller Außenhandelsbeziehungen bewußt war.«
Die Karthager nutzen ihre vom nahöstlichen Kundschafterwesen übernommenen Kenntnisse erstmals in den Kämpfen mit griechischen Kolonien ab etwa 480 v. Chr. auf Sizilien. Man sagt ihnen nach, daß sich ihr gut funktionierender Spionagering vom sizilischen Kriegsschauplatz bis zur afrikanischen Küste erstreckt.
Der makedonische Chronist Polyainos berichtet über das Signalverfahren der Karthager, das eine Vereinfachung der von Aineias erdachten Methoden darstellt: »Während die Karthager Sizilien verwüsteten, hatten sie, damit ihnen der Nachschub aus Libyen schneller nachgesandt würde, zwei gleichgroße Wasseruhren angefertigt und auf jeder von ihnen Ringe mit denselben Inschriften angebracht. Die Inschriften bezeichneten das, was gebraucht wird: Kriegsschiffe, Transportschiffe, Geld, Belagerungsgerät, Proviant, Vieh, Waffen, Fußvolk, Reiter.

Teilansicht des phönikischen Obelisktempels in Byblos (19.–18. Jh. v. Chr.)

Eine der Wasseruhren behielt man in Sizilien, die andere war für Karthago bestimmt. Die Gebrauchsanweisung lautete: Wenn man in Karthago eine von Sizilien aus erhobene Signalfackel (über etwa7 Zwischenstationen) sieht, soll man in diesem Augenblick das Wasser aus der karthagischen Wasseruhr abfließen lassen. Sobald sich dann die zweite Signalfackel zeigt, muß der Abfluß des Wassers gestoppt und überprüft werden, welchen Kreis der Wasserstand der Uhr anzeigt. Danach sollten die Karthager schnellstens das Signalisierte zusenden. Auf diese Weise wurden die Truppen mit dem gewünschten Nachschub umgehend versorgt.«

Den Römern geht es bei den ersten kriegerischen Auseinandersetzungen weniger um die Eroberung von Ländern als um die Sicherung der eigenen Unabhängigkeit und Existenz. So läßt sich erklären, daß es bei ihnen lange keinen organisierten Kundschafterdienst gegeben hat. Die Römer haben selbst die naheliegendsten Mittel wie Feuer- oder Rauchsignale nicht verwendet. Sie scheinen sich in der frühen Zeit auf Nachrichten zu verlassen, die sie von ihren Verbündeten erhalten. Dies sagt jedenfalls der 79 v. Chr. geborene römische Historiker Livius in seinem Werk aus, in dem die Geschichte Roms »seit Gründung der Stadt im Jahr 753« beschrieben ist.

Die freiwillige Nachrichtenübermittlung der Verbündeten funktioniert aber nur so lange, wie es in deren eigenem Interesse liegt. Als es mit benachbarten Völkern dann Verwicklungen gibt, versiegen diese Quellen. Zu den wenigen Informanten zählen lediglich römische Händler und Kolonisten, die sich in den eroberten Territorien niedergelassen haben. Die Legionen nutzen die üblichen Möglichkeiten, durch Verräter und Deserteure etwas über den Feind zu erfahren, der Kontakt zwischen den Heerführern und dem Senat in Rom jedoch ist äußerst spärlich.

Das Fehlen eines Spionage- oder Kundschafterdienstes kann bei den Römern durch militärische Überlegenheit nur so lange ausgeglichen werden, bis man einem Feind gegenübersteht, der selber die Vorteile eines guten Spionagesystems zu schätzen weiß. Dies müssen die Römer während der jahrzehntelangen Kriege mit den Karthagern erkennen.

Der Grieche Polybios, um 200 v. Chr. in Arkadien geboren, kommt nach dem römischen Sieg über Makedonien als Geisel in die Tibermetropole. Der einflußreiche Scipio der Jüngere wählt ihn als Berater aus, die beiden werden Freunde. So kann Polybios seine »Historien«-Bücher schreiben, in denen er die Kämpfe zwischen Römern und Karthagern schildert, wobei er sich auf Augenzeugenberichte stützt. Gerade über den karthagischen militärischen Kundschafterdienst während des 1. Punischen Krieges (264–241 v. Chr.) macht Polybios in seinem Werk interessante Angaben. Er berichtet unter anderem, wie die Karthager Feuersignale sowie Kuriere einsetzen, und daß ihre Agenten und Spione meisterhaft ausgeklügelte Methoden anwenden.

Das zwischen Karthago und Sizilien bestehende Spionagenetz wird mit der Eroberung Südspaniens auf die Iberische Halbinsel ausgedehnt. Nach dem Tod von Hasdrubal wird dessen Schwager Hannibal 221 v. Chr. karthagischer Feldherr in Spanien; unter ihm werden die Täuschungsmethoden noch intensiviert.

Polybios, griechischer Historiker im 2. Jh. v. Chr., schildert die Punischen Kriege

Um den karthagischen Senat ständig mit geheimen Meldungen auf dem laufenden zu halten, richtet Hannibal einen kombinierten See-Land-Kurierdienst von Spanien der Küste entlang nach Karthago ein. Auf diese Weise kann er die Mitglieder des Senats mit seinem Plan, gegen Rom zu ziehen, schon frühzeitig vertraut machen.

Der in Spanien von den Karthagern organisierte Kundschafterdienst muß die Römer tief beeindruckt haben: Der römische Offizier und Gelehrte Plinius der Ältere, der beim Vesuvausbruch des Jahres 79 n. Chr. ums Leben kommt, erwähnt ihn in seinem Werk »Naturalis Historia«: »Hannibal nutzte seinen Informationsdienst voll aus. Seine Kuriere waren weitaus schneller als die Gesandten des römischen Senats, die Hannibal bereits vor den Mauern von Sagunt antrafen, das sich unter römischen Schutz gestellt hatte. Als Hannibal sich weigerte, die Belagerung der Stadt aufzugeben, segelten die Römer mit den für Sagunt bestimmten Gesandten in Richtung Karthago. Obwohl die Römer zu jener Zeit die Seeherrschaft im westlichen Mittelmeer besaßen, erreichten Hannibals Männer noch vor ihnen Afrika. So hatten Hannibals Anhänger genügend Zeit, sich auf die Ankunft des Gegners vorzubereiten.« Dies beweist erneut, welche Nachteile den Römern durch das Fehlen eines im Ausland tätigen Kundschafterdienstes erwachsen.

Unmittelbar nach der Eroberung und Zerstörung von Sagunt im Jahr 219 v. Chr. trifft Hannibal Vorbereitungen für seinen beabsichtigten Vorstoß von Spanien durch Gallien und über die Alpen nach Italien. Er entsendet Agenten zu den verschiedenen Stämmen der Gallier, um sie für sich zu gewinnen.

Noch ehe die Römer hinter Hannibals wahre Absichten kommen, erkunden dessen Agenten bereits die Alpenpässe zwischen dem Rhônetal und der Poebene, die er später überqueren will. Hannibal überläßt nichts dem Zufall: Bevor er zu diesem schwierigen Feldzug antritt, möchte er soviel wie möglich über das Land erfahren, das er mit seinem Heer erobern will. Er hält jedoch seine Vorbereitungen derart geheim, daß man in Rom nicht einmal an die Möglichkeit denkt, Italien könnte von Norden her überfallen werden. Inzwischen schickt der römische Senat Abgesandte nach Spanien, um die dortigen Völker gegen die Karthager aufzuhetzen.
Doch Hannibals Agenten sind ihnen bereits zuvorgekommen, und die römischen Legaten müssen – oft unter angedrohter Gewalt – unverrichteter Dinge umkehren. Genauso ergeht es ihnen in Gallien. Die Aufforderung, Hannibal und seinen Heerscharen den Weg durch ihre Länder und Städte zu verbieten, soll – so wird berichtet – mit schallendem Gelächter beantwortet worden sein. Auf diese Weise erfahren die Legaten, daß Hannibals Kundschafter es bereits geschafft haben, die Gallier mit Gold und Versprechungen gegen die Römer aufzuwiegeln.
Die Mission der römischen Abgesandten ist ein völliger Fehlschlag, und diese atmen auf, als sie endlich Massilia (Marseille) erreichen. Die griechischen Siedler dieser Kolonie fühlen sich als Verbündete Roms, denn ein Sieg der Karthager würde ihren Handel ruinieren und ihre Stadt in Armut versetzen. Trotz der beunruhigenden Nachrichten unternehmen die römischen Gesandten offensichtlich keinen Versuch, diese Botschaft so schnell wie möglich nach Rom zu senden.
In Unkenntnis der tatsächlichen Bedrohung schickt man unterdessen von Rom aus 160 Schiffe und zwei Legionen nach Afrika sowie 60 Schiffe mit 10000 Mann und 700 Pferden unter dem Heerführer Scipio dem Älteren nach Spanien. Erst als sich die beiden Expeditionsheere schon auf See befinden, treffen die Legaten in Rom ein. Den Gerüchten nach zu schließen, soll Hannibal gerade den Ebro in Spanien überschritten haben. In Wahrheit aber ist Hannibal bereits auf dem Weg durch Gallien in Richtung Alpen. Die Griechen aus Massilia haben durch eigene Agenten zuerst davon erfahren. Damit beginnt der 2. Punische Krieg (218–201 v. Chr.).
Inzwischen steuert Scipio mit seiner Flotte Massilia an und hört dort, daß Hannibal nicht mehr am Ebro, sondern schon kurz vor Überquerung der Rhône stehe. Scipio schickt eine Abteilung Kavallerie zur Erkundung aus. Da Hannibal durch seine Spione schon über die Ankunft der Römer in Massilia informiert ist, marschiert er weiter landeinwärts, sicher vor dem Zugriff der Römer, in Richtung Alpen.
Durch die unzureichende römische Nachrichtenübermittlung erfährt Scipio drei Tage zu spät, daß Hannibal bereits die Rhône überschritten hat. Scipio, der nun angreifen will, findet ein verlassenes Lager vor, und ihm wird klar, daß er den Gegner nicht mehr einholen kann. Daher entschließt er sich, seine Truppen wieder einzuschiffen.

218 v. Chr., auf dem Weg nach Rom: Hannibals Kriegselefanten überqueren auf Flößen die Rhône

Scipio ist über die Lage sehr beunruhigt, denn er hat erkannt, daß Hannibal die völlig unvorbereiteten Römer von den Alpen her angreifen will. Er weiß, daß niemand in Rom den Feind aus dieser Richtung erwartet und auch keine Vorsichtsmaßnahmen getroffen worden sind. Scipio befürchtet sogar, Hannibal freundlich gesinnte Gallierstämme würden sich den Karthagern auf dem Marsch in die Poebene anschließen. Daher sendet Scipio seinen Bruder Gnaeus mit dem Heer in Richtung Spanien und kehrt selber nach Oberitalien zurück, um Rom zu warnen.
Hannibal entwickelt immer neue Ideen, den Feind zu täuschen. Polybios: »Hannibal, der im Land der Kelten überwinterte, hielt die in der Schlacht gefangengenommenen Römer bei notdürftiger Verpflegung in Gewahrsam, ihre keltischen Bundesgenossen dagegen behandelte er von Anfang an besonders freundlich, dann rief er sie zusammen und hielt eine Ansprache. Er sei nicht gekommen, um Krieg gegen sie zu führen, sondern gegen die Römer, und zwar ihretwegen. Deshalb müßten sie, wenn sie klar darüber nachdächten, seine Freundschaft ergreifen.
Er bediente sich in diesem Winterlager auch folgender punischer List: Da er nämlich die Unzuverlässigkeit der Kelten und bei der kaum erst geschlossenen Verbindung mit ihnen Attentate auf seine Person fürchtete, ließ er sich falsche Haare machen, die ihm das Aussehen ganz verschiedener Lebensalter gaben, und wechselte sie ständig, ebenso auch die Kleider, so daß sie stets zu den Perücken paßten. Dadurch wurde er nicht nur denen, die ihn flüchtig sahen, sondern sogar seiner ständigen Umgebung unkenntlich.«
Besondere Informationsquellen der Spionage im Altertum bilden die zahlreichen Sklaven, die den vorrückenden Truppen folgen und in belagerten Städten mit eingeschlossen werden. Sie sind daher leicht zum Verrat geneigt. So werden die Belagerer zum Beispiel von den Sklaven mit Hilfe von Schleuderbleien über die Vorgänge bei den Belagerten und deren Absichten unterrichtet. Bei eintretender Hungersnot erhalten sie vorsorglich nicht nur am wenigsten zu essen, sondern werden auch mit besonderer Strenge gehütet, daß sie nicht zum Feind überlaufen und ihm von der Hungersnot berichten.

Hannibals Kundschafter

Im Krieg zwischen Karthago und Rom macht sich immer wieder bemerkbar, daß der Kundschafter- und Verbindungsdienst bei den Karthagern weitaus besser funktioniert als bei den Römern: Hannibal steht mit seinen in Spanien zurückgelassenen Heeresteilen durch Signalstationen entlang der Küste ständig in Verbindung und hat über Sizilien und die Insel Pantelleria mit Karthago Kontakt. Es gelingt ihm sogar auf diese Weise, die Parteiströmungen zu beeinflussen und schließlich, als er durch die Römer von seinen Landtruppen in Spanien abgeschnitten wird, mit ihnen über Karthago in Verbindung zu bleiben. Es ist kaum vorstellbar, daß die Römer nicht schon aufgrund ihrer Erfahrungen aus dem 1. Punischen Krieg wenigstens die einfachsten Methoden der geheimen Nachrichtenübermittlung eingeführt haben. Selbst die Gallier besitzen einen Signaldienst, der das Näherkommen von Hannibals Truppen ankündigt. Die Historiker Livius und Polybios beschreiben, wie Hannibal die Rhône überquerte, und fügen hinzu, daß sein Nachrichtendienst perfekt funktioniert haben muß, erwähnen aber nichts Derartiges auf seiten der Römer. Livius bestätigt, daß Hannibal selbst während seines Aufenthaltes in Italien immer durch einen Kurierdienst mit seinem derzeit in Spanien kämpfenden Bruder Hasdrubal in Verbindung gestanden habe.
Der militärischen Aufklärung wird bei dem Mangel an geographischen Kenntnissen von den Karthagern höchster Wert beigemessen. Meistens übernehmen die mit Hannibal verbündeten und befreundeten Fürsten und Stämme für ihn die militärische Erkundung und auch die Spionage. So wird er beim Alpenübergang von transalpinischen Galliern beraten. Auch über die verschiedenen Wege nach Rom, die ihn später durch das Überschwemmungsgebiet des Arno führen, informieren ihn die Gallier. Polybios: »... Sobald daher der Wechsel der Jahreszeit eintrat, zog er bei denen, die zu den Landeskundigsten zählten, Informationen ein und erfuhr, daß die üblichen Einfallstraßen in das feindliche Gebiet lang und dem Gegner vertraut seien, dagegen der durch die Sümpfe nach Etrurien führende Weg zwar schwierig, aber weitaus kürzer sei. Wenn er den nähme, könnte er den Konsul Flaminius völlig überraschen. Da er von Natur aus stets Unternehmungen solcher Art vorzog, beschloß er, den kürzeren Weg zu nehmen.« Polybios fährt fort: »Als sich im Heer die Kunde verbreitete, der Feldherr wolle sie durch ein Sumpfgebiet führen, da bangten sie alle vor dem Marsch, auf dem sie Untiefen und schlammige Gewässer befürchteten. Nachdem Hannibal durch sorgfältige Aufklärung festgestellt hatte, daß das Vormarschgebiet zwar unter Wasser stehe, darunter aber überall fester Grund sei, setzte er sich in Bewegung. Als das Sumpfgebiet durchquert war, mußte er in Etrurien feststellen, daß Flaminius mit seinem Heer vor Arretium lag. So schlug er zunächst nahe der Sümpfe ein Lager auf, um sein Heer ausruhen zu lassen und über die gegnerische Lage sowie über die geographischen Verhältnisse Erkundigungen einzuziehen...«
Selbst in Rom werden geheime Kundschafter eingeschleust. Diese Art der Erkundung ist zwar die wirksamste, aber für diejenigen, die sie durchführen, auch die gefährlichste. Doch Hannibal läßt keine Möglichkeit ungenutzt. Noch in der zweiten Hälfte des Krieges werden karthagische Agenten mitten in Rom aufgegriffen.
Nach der vorsichtigen Kriegführung des Feldherrn Q. Fabius Maximus – man nennt ihn »Cunctator«, Zauderer – beschließt der römische Senat ein energi-

Publius Cornelius Scipio der Ältere »Africanus« (um 235–183 v. Chr.), der Besieger Hannibals

scheres Vorgehen gegen Hannibal: Am 2. August 216 v. Chr. stehen sich unweit Cannae, am südlichen Ende der apulischen Ebene in der heutigen Provinz Bari, die rund 79000 Mann starke römische Streitmacht unter Konsul Terentius Varro und 50000 karthagische Krieger gegenüber. Die Römer werden nach anfänglichen scheinbaren Erfolgen durch die geschickte Taktik Hannibals an den Flanken überrannt, eingekreist und durch einen Angriff in den Rücken fast völlig aufgerieben. Laut Polybios bleiben etwa 70000 römische Soldaten auf dem Felde. Es ist die größte Niederlage, die Rom bis dahin erlebt hat.

Livius schildert einen Zwischenfall als Paradebeispiel für die Leichtgläubigkeit der mit geheimdienstlichen Aktivitäten bisher wenig vertrauten Römer: Die anfänglichen Erfolge Hannibals in seinem italischen Feldzug veranlassen 215 v. Chr. den makedonischen König Philipp V., den Karthagern eine Allianz gegen den gemeinsamen römischen Feind vorzuschlagen. Philipp schickt seine Emissäre zu Hannibal, die zwar Italien ungehindert erreichen, aber auf ihrem Weg zu Hannibals Lager von den Römern nahe Capua abgefangen und einem Prätor vorgeführt werden. Nach dem Grund ihrer Reise befragt, erklären sie unverfroren, der König von Makedonien habe sie mit dem Angebot für eine Allianz gegen Karthago zum Römischen Senat gesandt.

Der Prätor, erfreut über diese Botschaft, ist bestrebt, die Gesandten nach besten Kräften zu unterstützen. Er erweist ihnen alle Ehren und übergibt ihnen das, was sie für ihre lange Reise benötigen. Außerdem werden ihnen die genauen Wege sowie die Standorte der römischen und karthagischen Heere erklärt. So fällt es den Emissären leicht, Hannibals Lager zu finden und ihn von Philipps Plänen zu unterrichten. Hannibal wiederum beauftragt die Abgesandten, dem Makedonerkönig seine Vorschläge zu überbringen. Die Botschafter erreichen unbemerkt ihr Schiff, das in einer einsam gelegenen Bucht von den Römern nicht entdeckt worden war. Auf hoher See werden sie jedoch von einer römischen Flottille gestoppt und versuchen auch diesmal, sich in derselben Weise herauszureden, daß sie auf dem Weg nach Rom seien. Aus Sorge, den Karthagern in die Hände zu fallen, hätten sie den Weg dorthin nicht über Land fortgesetzt, sondern den Seeweg vorgezogen. Unvorsichtigerweise hat Hannibal zwei seiner eigenen Männer mitgeschickt, deren punisches Aussehen den Verdacht der Römer erregt, wodurch nun das ganze Unternehmen scheitert.

Die ersten Beweise für die Errichtung römischer Übermittlungsstationen zum Signalisieren von militärischen Informationen findet man in dem Bericht von Livius über die Einnahme von Arpi in Apulien im Jahr 213 v. Chr. durch den römischen Konsul Fabius. Hier zeigt sich, daß die Römer allmählich Hannibals Kundschaftermethoden übernehmen.

Die erstaunlichen Erfolge Hannibals in Italien sind nicht nur seinem militärischen Genie zuzuschreiben, sondern auch das Ergebnis einer geschickten Auswertung selbst von zunächst belanglos erscheinenden politischen oder militärischen Geheiminformationen. Hannibal besitzt die Fähigkeit, in kürzester Zeit die Absichten des Gegners zu durchschauen. Die Schnelligkeit seiner Truppenbewegungen ist oft erstaunlich. Obwohl ihm trotz aller siegreichen Schlachten letzten Endes der Erfolg versagt bleibt, sind seine Leistungen auf dem Gebiet militärischer Erkundung und der daraus entwickelten Strategie als die größten in dieser Epoche anzusehen.

Methoden im Altertum

Bereits vor Jahrtausenden war den Herrschenden klar, daß Macht auf Wissen beruht. Sie ließen sich ständig informieren, sei es über die Stimmung im eigenen Land, Truppenansammlungen bei den Nachbarvölkern oder über die Verletzung der Staatsgrenzen. Ihr Bemühen galt daher dem Ausbau eines zuverlässigen, Tag und Nacht funktionierenden Netzes der Nachrichtenübermittlung sowie dem Einsatz von geheimen Kundschaftern, die oft raffinierte Täuschungsmethoden anwandten.

Signalsysteme

Zu den Möglichkeiten, dringende Meldungen schnellstens weiterzuleiten, zählten im Altertum die verschiedenartigsten Signalsysteme.
Der Perserkönig Xerxes zum Beispiel läßt während der Invasion Griechenlands die optische Nachrichtenübermittlung enorm ausweiten. Das Netz der Rauchzeichen bei Tag und der Feuerzeichen bei Nacht reicht von der Küste Kleinasiens über die griechischen Inseln bis nach Attika. Mit derartigen Signalen gelingt es dem Feldherrn Mardonios, Xerxes, der auf dem Weg von Sardes nach Susa ist, in kürzester Zeit zu benachrichtigen, daß Athen zum zweitenmal besetzt werden konnte.
Nachdem die Entscheidung zu Lande 50 Kilometer nordwestlich von Athen bei Plataä (479 v. Chr.) gegen 10 Uhr vormittags zugunsten der Griechen gefallen ist, soll diese Kunde bereits um die Mittagszeit die an der kleinasiatischen Küste vor dem Kap Mykale bei Milet kämpfenden griechischen und persischen Seestreitkräfte erreicht haben. Die Übermittlung hat demnach bei 380 Kilometer Distanz nur zwei Stunden gebraucht. Hätte man für die Beförderung dieser Nachricht zum nächsten Hafen Piräus oder Phaleron bei Athen einen Reiter und dann einen Schnellruderer eingesetzt, wären bestenfalls 35 Stunden erforderlich gewesen. Diese Art der Nachrichtenübermittlung eröffnet dem Kundschafterdienst und der Spionage große Möglichkeiten.
Polybios berichtet aus der Hannibal-Zeit auch von geheimen Aktivitäten unter dem Makedonerkönig Philipp V. und, daß der König über das ganze Reich ein Signalsystem errichtet habe, um so schnell wie möglich über jede Gefahr informiert zu werden, besonders über feindliche Invasionsversuche. Auf allen Anhöhen sind Wachen postiert, die jedes wahrgenommene Feuersignal sofort weiterleiten. Philipp perfektioniert noch die Funktion dieses Signaldienstes, das bereits die Perser angewandt haben.
Obwohl die Weitergabe von Eilbotschaften, die auf einen Notfall hindeuten, zu dieser Zeit schon sehr schnell vor sich geht, tauchen auch Schwierigkeiten auf, wenn die jeweiligen Signale nicht vorher genau abgestimmt sind. Es gibt noch kein Verfahren, nach dem man Meldungen detailliert übermitteln kann. Das von Polybios beschriebene System ist zu dieser Zeit ohne Zweifel das fortschrittlichste auf dem Gebiet der Feuersignale. Einer der wenigen Nachteile: Um gut zu funktionieren, dürfen die einzelnen Stationen nicht zu weit voneinander entfernt sein und müssen über gut ausgebildetes Personal verfügen.
Der griechische Historiker Diodorus Siculus, Zeitgenosse von Julius Caesar und Octavian, beschreibt, wie man in bestimmten Teilen Persiens besonders wichtige Informationen durch akustische Signale übermittelt, und wie es möglich ist, eine beträchtliche Anzahl von persischen Bogenschützen innerhalb kürzester Zeit zu mobilisieren: »Obwohl einige der Perser eine 30-Tage-Reise entfernt wohnten, erhielten alle – dank einer geschickten Verteilung der Wachtposten – den Befehl noch am selben Tag. Da Persien von vielen engen Tälern durchzogen ist, hatte man auf den Anhöhen Männer mit besonders lauten Stimmen stationiert.
Die Posten waren so weit voneinander entfernt, daß man diese kräftigen Stimmen gerade noch wahrnehmen konnte, und jeder, der den akustischen Befehl hörte, gab ihn sofort mit gleicher Lautstärke an den nächsten weiter, bis die Meldung an der Grenze der Satrapie angekommen war.«
Diodorus schildert auch, daß Botschafter, die besonders dringende Nachrichten überbringen müssen, mit schnellen Dromedaren fast 1500 Stadien, etwa 300 Kilometer, ohne Unterbrechung zurücklegen können.

Erkundung und Täuschung

Diese wichtigen Bestandteile eines erfolgreichen Kundschaftereinsatzes bestätigen immer wieder, daß die Wesenszüge der Spionage sich ebenso wenig ändern wie die der klassischen Strategie.
Einer, der es meisterhaft versteht, seine Truppenbewegungen zu verschleiern, ist Hannibal. Polybios: »... Dieser hatte schon seit längerer Zeit eine Krankheit vorgeschützt, damit die Römer sich nicht wunderten, wenn sie hörten, daß er sich bereits eine ganze Weile in derselben Gegend aufhielt. Er stand nämlich mit seinem Heer nur drei Tagesmärsche von Tarent entfernt...
Als der Tag gekommen war, wählte er aus der Reiterei und den Fußtruppen die Schnellsten und Kühnsten aus, etwa 10000 Mann, und befahl ihnen, Pro-

Fackel-Telegraphie: Die Zeichen werden hier durch Einlegen von Fackeln in bestimmte Mauerzinnen gegeben. In der Mitte ein Gestell mit Visierrohren (Diopter), durch die man die Zeichen der nächsten Stelle beobachtet. Neuzeitliche Rekonstruktion

viant für vier Tage zu fassen. Bei Morgengrauen brach er auf und rückte im Eilmarsch vor. 80 Numidern befahl er, 30 Stadien (knapp 6 km) weit vorauszureiten und das Gelände auf beiden Seiten der Straße zu durchkämmen, damit niemand das Gros der Truppen zu sehen bekomme. Wenn sie jemanden aufstöberten, so müßten sie ihn mitnehmen, sollte er aber doch entkommen, so sei es wichtig, daß er in der Stadt melde, es handle sich nur um eine Patrouille der Numider.
Als Hannibal nur noch 120 Stadien (gut 20 km) von der Stadt entfernt war, ließ er sein Heer an einem tiefeingeschnittenen, vor Sicht geschützten Flußtal rasten. Dann rief er die Unterführer zusammen und ermahnte sie, ohne sein Vorhaben genau zu bezeichnen, zur höchsten Einsatzbereitschaft ... zweitens befahl er ihnen, ihre Untergebenen auf dem Marsch zusammenzuhalten und hart gegen jeden einzuschreiten, der sich auch nur etwas von der Truppe entfernt. Schließlich sollen sie seine Befehle genauestens beachten und nichts auf eigene Faust unternehmen. Dann ließ er, sobald es dunkel wurde, die Spitze antreten, um bei Mitternacht unter Führung des Philemenos die Stadtmauer zu erreichen ...« So gelingt es Hannibal, Tarent einzunehmen, ohne irgendwelche Verluste zu erleiden: ein Triumph militärischer Taktik aufgrund einer Täuschung.
Für die strategische und taktische Aufklärung wenden im Lauf der Zeit auch die Römer je nach dem Zweck, ob zur Sicherung oder Verschleierung, verschiedene Mittel an. In kritischen Lagen erkundet der Feldherr sogar persönlich zusammen mit einigen Offizieren, meist als Händler getarnt. Im Interesse der eigenen Sicherheit oder um unerkannt die Stimmung seiner Truppen zu belauschen, mischt sich der Heerführer oft unter die Legionäre.
Daß die Römer in den langen Kriegsjahren von ihrem härtesten Gegner gelernt haben, zeigen die getroffenen Vorsichtsmaßnahmen, nachdem der Konsul Marcellus 208 v. Chr. von den Karthagern besiegt und im Kampf getötet worden ist. Diesmal reagieren die Römer überraschend schnell: Es wird vermutet, daß Hannibal sich den Siegelring des Konsuls angeeignet hat, um mit gefälschten Briefen den Gegner zu täuschen. Laut Livius schickt Konsul Crispinus, »der fürchtete, daß die Karthager durch betrügerische Verwendung dieses Siegelringes irgendwelche Tricks ersinnen könnten, eine Mitteilung an die nächstliegenden Stadtstaaten, daß sein Mitkonsul getötet worden sei und der Feind seinen Ring besitze. Sie sollten keinem Brief trauen, der im Namen von Marcellus geschrieben sei«.
Kaum hat diese geheime Nachricht die Stadt Salapia erreicht, als auch schon ein römischer Deserteur, angeblich der Kurier des gefallenen Konsuls, Hannibals gefälschten Brief, versehen mit dem Siegel von Marcellus, dem Stadtrat überbringt. Die Bürger werden darin aufgefordert, sich für den Empfang des Konsuls bereit zu halten. Doch die rechtzeitige Warnung rettet Salapia: Die römischen Deserteure, die

Tagsüber werden die Botschaften über Hunderte von Kilometern durch Rauchsignale übermittelt

Hannibals Heer vorausziehen und den Eindruck erwecken sollen, daß ihnen römische Truppen folgten, läßt man zwar in die Stadt hinein, doch nachdem die Tore wieder geschlossen und verriegelt sind, werden sie niedergemetzelt.
Wie so mancher Heerführer verwendet auch Hannibal spezielle Geheimzeichen und -symbole, die seine Gesandten entschlüsseln können. Von Zeit zu Zeit setzt er Gerüchte in Umlauf, um seine politischen und militärischen Gegner zu täuschen.
Der römische Historiker Sextus Julius Frontinus, Autor der »Strategematica«, einem der ersten Militärhandbücher, berichtet von einer Spionagemission, die sich gegen Ende des 2. Punischen Krieges unter Scipio dem Älteren abgespielt hat. Syphax, der König von Numidien, hat zugestimmt, einen zivilen Emissär zu empfangen, um über Friedensbedingungen zu verhandeln, allerdings unter dem Vorbehalt, daß sich in dessen Begleitung keine Soldaten befinden dürfen.
Die aus dem Gefolge von Scipio ausgesuchten Offiziere verkleiden sich vorsorglich als Sklaven und Diener. Scipio unterrichtet die Delegation vorher eingehend darüber, welche Informationen er nach der Rückkehr von ihnen erwarte und wie sie sich im Feindesland verhalten sollten. Ihre erste Kriegslist: Die Kundschafter binden einige Pferde los und lassen sie in das Numiderlager galoppieren. Sofort eilen ihnen die meisten der verkleideten Offiziere nach, um sie wieder einzufangen. So können sie Scipio anschließend recht genau über die Stärke und Ausrüstung des Feindes sowie über dessen unzureichende Befestigungen berichten. Der wahre Zweck dieser

Aktion wird beinahe aufgedeckt, als einer der numidischen Offiziere einen römischen »Sklaven« anhält, ihn argwöhnisch betrachtet und ihm auf den Kopf zusagt, daß er ein römischer Offizier sei, denn sie hätten vor Jahren zusammen in Griechenland dieselbe Schule besucht.

Lelius, der zivile Emissär, reagiert geistesgegenwärtig, schlägt dem »Sklaven« ins Gesicht, schreit ihn an, wie ein Sklave es wagen könne, sich derart zu kleiden und zu benehmen, daß man ihn für einen römischen Offizier halten könne. Der Römer duckt sich zu Boden, als ob er jeden Augenblick einen weiteren Schlag erwarte.

Dies überzeugt den Numider, daß er sich geirrt habe, denn er weiß, daß kein römischer Zivilist je die Hand gegen einen Offizier erheben würde. Nachdem man den »Sklaven« weggeschickt hat, entschuldigt sich Lelius bei dem Numider für die unwürdige Zurschaustellung seines Jähzorns. Dies zeigt: Findigkeit und schnelle Reaktion sind entscheidende Attribute für das Überleben eines Spions.

Nachdem Scipio alles Wissenswerte erfahren hat, entschließt er sich zum sofortigen Generalangriff. Das numidische Lager wird überraschend genommen, und König Syphax muß mit seinem Heer den Rückzug antreten. Polybios: »... Als die Karthager sahen, wie eine Stadt nach der anderen zerstört wurde, forderten sie Hannibal (den man inzwischen aus Italien zurückgerufen hatte) auf, nicht länger zu zögern, sondern dem Feind entgegenzutreten und eine Entscheidung in der Schlacht zu suchen ...

Nach einigen Tagen brach er aus der Gegend von Hadrumetum südöstlich von Karthago auf, marschierte nach Westen in Richtung Zama und bezog nahe dieser Stadt, die in südwestlicher Richtung ungefähr fünf Tagesmärsche von Karthago entfernt liegt, Stellung. Er entsandte drei Späher, um die Stadt Zama und vor allem das feindliche Lager zu erkunden.

Als die drei Kundschafter entdeckt und Scipio vorgeführt wurden, machte er keine Anstalten, sie zu bestrafen ... Im Gegenteil, er beauftragte einen seiner höheren Offiziere, ihnen alles im Lager ganz offen zu zeigen ...

Er gab ihnen anschließend Geleit sowie Wegzehrung mit und schickte sie mit der Weisung zurück, Hannibal alles, was ihnen begegnet ist, genau zu berichten. Hannibal war sehr beeindruckt von dem Großmut und der Kühnheit dieses Mannes, und es überkam ihn – erstaunlich genug – das starke Verlangen nach einer persönlichen Unterredung mit Scipio. Er sandte daher einen Herold, der jenem seinen Wunsch nach einer Aussprache über Krieg und Frieden übermitteln sollte ...«

Im Niemandsland zwischen den Heerlagern kommt es zu einem Treffen der beiden Feldherren. In dem Gespräch unter vier Augen unterbreitet Hannibal seine Friedensvorschläge. Beabsichtigt er damit, Karthago zu retten, oder will er lediglich seinen Gegner persönlich kennenlernen und ihn verunsichern? Eine Verständigung wird jedenfalls nicht erreicht.

Die Enterbrücke macht das Seegefecht zur Landschlacht: Kriegserfahrene römische Fußsoldaten erstürmen ein punisches Schiff. Zeichnung aus dem 19. Jh.

Im dritten Punischen Krieg zerstören die Römer (146 v. Chr.) die Stadt Karthago

Am nächsten Morgen beginnt unweit der Stadt Zama die Schlacht. Der Überraschungsangriff von rund 80 Kriegselefanten scheitert jedoch an der verwirrenden Taktik Scipios: Römische Legionäre blasen plötzlich mit Trompeten. Die schrillen Töne erschrecken die Tiere dermaßen, daß sie kehrtmachen und das eigene Fußvolk niedertrampeln. Die Entscheidung bringt die numidische Reiterei unter Masinissa, die den Karthagern in den Rücken fällt. Mit dieser Niederlage Hannibals im Jahr 202 v. Chr. endet der 2. Punische Krieg. Der Einsatz römischer Späher hat sich für Scipio gelohnt: Sie haben nämlich ausgekundschaftet, daß die Elefanten auf plötzlich einsetzende schrille Trompetentöne panikartig reagieren.
Als der letzte bedeutende Feldherr und Staatsmann des Achäischen Bundes, Philopoimen, 193 v. Chr. seinen Feldzug gegen König Nabis von Sparta vorbereitet, wendet er eine einfache aber geniale Methode an, um die Bereitstellung seines Heeres zu verschleiern.
Polybios: »Philopoimen berechnete die Entfernungen aller achäischen Städte von Tegea aus und stellte fest, welche Städte auf demselben Weg lagen, der jeweils nach Tegea führte. Dann schrieb er an alle Städte einen Brief und ließ sie an die am entferntesten liegenden Orte verteilen. Er schickte dorthin nicht nur den einen für den Ort selbst bestimmten Brief, sondern auch jene für die anderen Städte, die an derselben Strecke lagen. Der erste Brief enthielt folgende Weisung an die städtischen Behörden: Wenn ihr diesen Brief erhaltet, dann sorgt dafür, daß sogleich alle Wehrpflichtigen mit Waffen, Verpflegung und Geld für fünf Tage ausgestattet, auf dem Markt zusammengerufen werden.
Sobald alle Aufgerufenen anwesend sind, marschiert ihr mit ihnen in die nächste Stadt. Dort angekommen, gebt ihr den an die Behörden dieser Stadt adressierten Brief ab und befolgt den Befehl, der in diesem Brief steht. Er enthielt denselben Aufruf wie der erste, lediglich der Name der nächsten Stadt, zu der nun der Marsch gehen sollte, war ein anderer. Dasselbe geschah in jeder weiteren Stadt.
Auf diese Weise konnte niemand erkennen, für welche Aktion mobilgemacht wurde und wie das endgültige Marschziel hieß. Es war immer nur die nächste Stadt bekannt, ansonsten tappten alle im dunkeln. So holten die Bewohner eines Ortes die des nächsten ab und marschierten weiter.
Da aber die Entfernung zwischen den am weitesten gelegenen Städten und Tegea verschieden groß war, wurden die Briefe nicht gleichzeitig überall abgegeben, sondern entsprechend der Wegstrecke, die von da aus zurückzulegen war. Daher ahnten weder die Tegeaten noch die Anmarschierenden, was man beabsichtigte und warum sämtliche Achäer gleichzeitig mit ihren Waffen durch alle Tore in Tegea einrückten. Diese Kriegslist hat sich Philopoimen ausgedacht, um den vielen Lauschern und Spionen des Tyrannen Nabis keine Möglichkeit zu geben, seine Absicht herauszufinden.«

Von Caesar bis Kaiser Augustus

Die Chronisten der Antike berichten immer wieder, daß schon die bedeutenden Feldherren früherer Zeiten erkannt hatten, wie wichtig es sei, sich für die Planung und Durchführung ihrer Operationen stichhaltige Informationen zu beschaffen. Selbst Gajus Julius Caesar (100–44 v. Chr.) erzielte die großen militärischen Erfolge nicht nur durch seine außergewöhnlichen Leistungen als Feldherr, sondern weil er dem Einsatz von Spähern die entsprechende Bedeutung beigemessen hat. Allerdings versäumte er es, seine politischen Rivalen mit derselben Intensität beobachten zu lassen wie seine militärischen Gegner.
Erst unter Octavian, dem späteren Kaiser Augustus, entstand mit der römischen Staatspost »Cursus publicus« neben einem schnellen Kurierdienst auch die Möglichkeit, zur Festigung des Imperiums ein engmaschiges Überwachungs- und Informationssystem aufzubauen.

Ausforschung des Gegners

Bevor Caesar mit seinen oft waghalsigen Unternehmungen beginnt, läßt er zuvor alles über das Land, in dem er operieren will, detailliert erkunden. Ihn interessieren sowohl die Bräuche der Menschen, deren politische Institutionen, als auch die Geschichte und wirtschaftliche Lage des Landes. Er hat ein sicheres Gespür für den Wert aller Informationen, sei es im politischen und militärischen oder im geographischen und wirtschaftlichen Bereich. Für Caesar sind diese Erkenntnisse, die der heutigen strategischen Aufklärung entsprechen, eine wichtige Entscheidungshilfe für die Vorbereitung seiner Feldzüge. Sie ermöglichen es ihm zum Beispiel, erste militärische Maßnahmen zu ergreifen, um die Wanderung der Helvetier aus der heutigen Schweiz in die bereits von den Römern unterworfene Provinz Gallien zu unterbinden.
Wie Caesar in seinem Werk »De bello Gallico« mehrfach erwähnt, wird er von Geheimagenten – meistens Kaufleute, die bei den germanischen Stämmen tätig sind – über die Lage östlich des Rheins auf dem laufenden gehalten. So erfährt er: »In dem darauffolgenden Winter (55 v. Chr.), im Konsulatsjahr des Gnaeus Pompeius und Marcus Crassus, zogen die Usipeter und die Tenkterer, zwei germanische Völkerschaften, mit einer großen Menschenmenge über den Rhein, nicht weit von der Gegend, wo sich dieser Fluß in das Meer ergießt. Die Ursache ihres Überganges war, daß sie von den Sueben mehrere Jahre lang beunruhigt, mit Krieg überzogen und an der Bestellung ihrer Äcker verhindert worden waren.
Der Stamm der Sueben ist weitaus der größte und kriegerischste von allen Germanen. Sie sollen hundert Gaue innehaben und schicken aus jedem von diesen alljährlich tausend Bewaffnete außer Landes in den Krieg. Die übrigen, welche in der Heimat geblieben sind, beschaffen für sich und jene den Unterhalt. Dafür stehen sie das nächste Jahr unter Waffen, während die anderen zu Hause verbleiben. So wird denn weder der Ackerbau noch die Kenntnis und Übung des Krieges vernachlässigt ...
Sie leben sowohl vom Getreide als auch größtenteils von der Milch und dem Fleisch ihrer Herden und sind überdies eifrige Jäger. Die Jagd, verbunden mit der kräftigen Nahrung, der täglichen Übung in den Waffen und der ungezwungenen Lebensweise, da sie, von Jugend auf an keinen Gehorsam und an keine Zucht gewöhnt, durchaus nach ihrem freien Willen handeln, alles das mehrt ihre Kräfte und schafft Menschen von so erstaunlicher Körpergröße ...
Kaufleuten gestatten sie den Zutritt in ihr Land, mehr deshalb, um Abnehmer für ihre Kriegsbeute zu haben, als weil sie nach irgendeinem Einfuhrartikel Verlangen trügen...«

Gallische Späher

Die Kämpfe in Gallien sind äußerst hart. Die Gallier besitzen nicht nur Mut, sondern kennen auch die Vorzüge eines guten Kundschafterdienstes in Kriegszeiten. Sie entsenden zwar nur selten eigene Späher in benachbarte Länder, aber sie haben ihre persönliche Methode, um an Informationen über Freund und Feind zu gelangen. Caesar: »Es ist nämlich bei den Galliern eine ganz gewöhnliche Sitte, Reisende auch gegen ihren Willen anzuhalten und jeden von ihnen auszufragen, was er über dies und jenes gehört oder erfahren habe; so drängt sich das Volk in den Städten um die Kaufleute und nötigt sie, laut zu erzählen, aus welchen Gegenden sie kommen und was sie dort erfahren haben...«
Diese Neugier hat aber den gefährlichen Nachteil, daß oft widersprüchliche Gerüchte entstehen, die unter der Bevölkerung Panik auslösen können. Vertreter der besser organisierten Stämme werden daher aufgefordert, entsprechende Maßnahmen zu ergreifen, um die Verbreitung von Informationen zu kontrollieren. Caesar: »Bei denjenigen Völkerschaften, die wegen einer besonders guten Verwaltung ihres Gemeinwesens gerühmt werden, besteht folgende gesetzliche Bestimmung. Wenn einer etwas, das auf den Staat Bezug hat, gerüchteweise oder durch Hörensagen von den Nachbarn erfährt, so muß er es der

Germanische Reiter im Kampf mit römischen Legionären. Zeichnung nach einem römischen Relief von der Colonna Antonina in Rom

Obrigkeit anzeigen, darf aber sonst niemandem davon Mitteilung machen! Denn die Erfahrung hat gelehrt, daß unbesonnene und einfältige Leute sich gar oft durch falsche Gerüchte in Schrecken setzen, zu einer übereilten Tat hinreißen und zu Entschlüssen von der größten Tragweite bestimmen lassen.
Die Behörden halten geheim, was sie für gut befinden, und machen dem Volk bekannt, was nach ihrer Meinung für dasselbe zuträglich ist. Über Staatsangelegenheiten zu sprechen, ist nur in der Volksversammlung erlaubt ...«
Dies ist ein Versuch, alle Informationen einer offiziellen Kontrolle zu unterziehen und die darunter befindlichen Geheiminformationen in den Händen der Stammesältesten zu monopolisieren. So findet man bereits in Gallien im 1. Jahrhundert v. Chr. die Anfänge einer Institution, die Mitte des 20. Jahrhunderts zweifelhaften Ruhm erlangt: das Informationsministerium.
54–53 v. Chr. belagern die im heutigen Flandern ansässigen Nervier das vermutlich in der Gegend von Namur gelegene Winterlager des Quintus Cicero. Die Ereignisse um den Entsatz der von den »Barbaren« im Lager eingeschlossenen, arg bedrängten Legionäre ist ein typisches Beispiel für das gute Funktionieren des militärischen Nachrichtendienstes der Römer zu dieser Zeit.
Caesar: »Die Belagerung wurde von einem Tag zum anderen schwerer und mißlicher, besonders weil ein großer Teil der Soldaten durch Verwundung kampfunfähig geworden und so die Zahl der Verteidiger sehr zusammengeschmolzen war. Desto häufiger wurden an mich Briefe und Kuriere abgeschickt.
Ein Teil der Boten wurde abgefangen und im Angesicht unserer Soldaten unter Martern hingerichtet. Es befand sich aber im römischen Lager ein einziger Nervier namens Vertico, von vornehmer Abstammung, der gleich nach dem Beginn der Belagerung zu Cicero geflohen war und ihm die größten Beweise seiner Zuverlässigkeit gegeben hatte. Dieser überredete einen seiner Sklaven durch die Hoffnung auf Freiheit und große Belohnungen, ein Schreiben an mich zu besorgen. Der Sklave brachte das Schreiben, in einem Wurfspieß versteckt, aus dem Lager, ging als Gallier, ohne Verdacht zu erregen, durch den Belagerungsring hindurch und gelangte glücklich zu uns. So erfuhr ich durch ihn von der bedrängten Lage Ciceros ...
In Eilmärschen gelangte ich ins Gebiet der Nervier. Hier erfuhr ich von den Gefangenen die Vorgänge bei Cicero und den gefährlichen Stand der Dinge. Es gelang mir, einen gallischen Reiter durch große Belohnungen zu überreden, Cicero einen Brief zu überbringen. Diesen schrieb ich in griechischer Schrift, damit die Feinde unsere Pläne nicht durchschauen könnten, wenn sie ihn auch auffingen.
Dem Reiter gab ich die Weisung, wenn er sich nicht heranschleichen könne, solle er den Brief an den Schwungriemen eines Wurfspießes anbinden und diesen dann über den Wall des Lagers werfen. Im Brief aber schrieb ich, daß ich mit den Legionen auf dem Wege sei und bald eintreffen werde. Cicero solle an seiner bewährten Tapferkeit festhalten.
Der Gallier, der sich vor der Gefahr fürchtete, befolgte den Auftrag und warf den Wurfspieß ins Lager. Dieser blieb zufällig in einem Turm stecken, wurde zwei Tage lang von den Unsrigen nicht bemerkt und erst am dritten Tag von einem Soldaten entdeckt, der ihn herabnahm und Cicero überbrachte.

Ein Meister in der Nutzung von Spionen: Gajus Julius Caesar (100–44 v. Chr.)

Nachdem Cicero den Brief durchgesehen hatte, las er ihn den versammelten Soldaten vor und erfüllte alle mit der größten Freude. Bald erblickte man in der Ferne die Rauchsäulen der eingeäscherten Gehöfte, ein Umstand, der alle Zweifel über das Heranrücken der Legionen verscheuchte. Als die Gallier durch ihre Kundschafter hiervon Nachricht erhielten, ließen sie von der Belagerung ab und zogen mit ihrer ganzen Heeresmacht (diese belief sich auf ungefähr 60000 Bewaffnete) mir entgegen.
Cicero benutzte die Gelegenheit und erbat sich von dem erwähnten Vertico wieder einen Gallier, der einen Brief an mich besorgen sollte. Er ermahnte den Boten, auf seinem Wege ja recht vorsichtig zu sein. In dem Brief berichtete er ausführlich, die Feinde hätten von ihm abgelassen und sich mit ihrer gesamten Macht gegen mich gewendet. Ich erhielt das Schreiben ungefähr um Mitternacht; sofort verständigte ich meine Männer und sprach ihnen Mut zu.
Am nächsten Tag brach ich im Morgengrauen auf und rückte ungefähr vier Meilen (ca. 6 km) weit vor; da erblickte ich jenseits des Tales hinter einem Bach die Hauptmacht des Feindes. Es wäre ein großes Wagnis gewesen, mit so geringer Streitmacht und in so ungünstiger Stellung eine Schlacht zu versuchen. Überdies wußte ich, daß Cicero von der Belagerung befreit war, und glaubte daher getrosten Mutes von der Eile abzulassen. Ich machte also halt und schlug auf möglichst günstigem Terrain ein festes Lager auf. Obgleich nun dasselbe schon an und für sich einen kleinen Umfang hatte, da es für kaum 7000 Mann bestimmt war, die überdies kein schweres Gepäck mit sich führten, so zog ich es doch noch durch schmale Anlage der Gassen ... zusammen, in der Absicht, den Feinden möglichst weniger stark zu erscheinen. Unterdessen entsandte ich nach allen Richtungen Späher und ließ durch sie auskundschaften, auf welchem Wege man am bequemsten das Tal passieren könne.«

Caesar erkundet Britannien

Nachdem große Teile Galliens erobert sind, beginnt Caesar mit der Vorbereitung für eine Invasion Britanniens. Auch hier beschafft er sich wieder alles verfügbare Material, zumal die Britischen Inseln den Römern fast unbekannt sind.
Bei der Planung der ersten Invasion, die Caesar mit etwa 12000 Mann und 80 Schiffen durchführen will, versucht er, die für ihn so wichtigen strategischen Informationen über Kaufleute zu erfahren. Das Ergebnis der Befragung ist zwar äußerst dürftig, was vermutlich daran liegt, daß die Kaufleute – meistens Gallier – einfach Angst vor der römischen Handelskonkurrenz haben. Nun soll Gaius Volusenus, ein römischer Offizier, die Aufklärung selber durchführen, die gefährlichen britischen Küstengewässer abfahren und einen günstigen Landeplatz erkunden.
Caesar bedient sich gleichzeitig der psychologischen

Auch sie sind bei den Feldzügen Caesars dabei: Prätorianer, eine Eliteeinheit zum Schutz des Feldherrn, später die Leibgardisten des Kaisers. Römisches Relief

Kriegführung: Ein anderer Kundschafter wird mit einem politischen Geheimauftrag auf die Insel entsandt. Es ist der keltische Adelige Commius, der über gute Beziehungen zu einigen keltischen Stämmen verfügt. Er hat die Order, für Caesar eine römerfreundliche Koalition unter den bekanntesten Stämmen zustandezubringen, um so die zukünftige Abwehrfront aufzulockern.
Caesar: »Obgleich der Sommer sich zu Ende neigte und in diesen Gegenden der Winter zeitig eintritt, entschloß ich mich dennoch zu einem Zug nach Britannien ... glaubte ich doch, einen großen Nutzen davon zu haben, wenn ich nur auf der Insel landen, den Menschenschlag genau kennenlernen, die Gegenden, Häfen und Landungsorte besichtigen könnte, lauter Dinge, die den Galliern fast unbekannt waren. Denn außer Kaufleuten kommt nicht so leicht jemand dahin ... Obwohl ich Kaufleute von allen Seiten befragte, konnte ich weder erfahren, wie groß die Insel sei, noch welche und wie große Volksstämme sie bewohnten, noch was für eine Kriegführung sie hätten oder welche Verfassung bei ihnen bestünde, noch welche Häfen sich für die Aufnahme einer größeren Schiffsmenge eigneten.
Um nun vor Beginn des Unternehmens Erkundigungen einzuziehen, schickte ich Gaius Volusenus, den ich hierzu für geeignet hielt, mit einem Kriegsschiff voraus. Diesem erteilte ich den Auftrag, sich über alles genau zu unterrichten und dann alsbald zurückzukehren. Ich selbst zog mit allen Truppen in das Land der Moriner, von wo man die kürzeste Über-

fahrt nach Britannien hat. Hierher ließ ich von allen Seiten aus den benachbarten Gegenden Schiffe kommen und dazu jene Flotte stoßen, die ich im vorigen Sommer zum Krieg gegen die Veneter erbaut hatte. Unterdessen wurde mein Vorhaben erkannt und durch Kaufleute den Britanniern hinterbracht ... Volusenus erforschte alle Gegenden, soweit es ihm, der es nicht wagte, aus dem Schiffe zu steigen und sich den Barbaren anzuvertrauen, eben möglich war. Am fünften Tag kehrte er zu mir zurück und erstattete über seine Erkundigungen Bericht ...«

In der Nacht vom 25./26. August 55 v. Chr. segelt Caesar mit seiner Invasionsflotte, vermutlich aus dem Hafen von Boulogne (Portus Itius), ab. Als sich die Römer der britischen Küste von Cantium (Kent) nähern, erwarten sie an der Küste des heutigen Dover bereits schwerbewaffnete feindliche Truppen. So müssen sie Cap South Foreland umschiffen, um zwischen Walmer und Deal zu landen. Doch hier werden die römischen Legionäre von den Briten blutig zurückgeschlagen. Caesars Rückzug gleicht einer Flucht, und er kann von Glück reden, daß es ihm gelingt, seine Truppen noch bei Dunkelheit ohne große Verluste wieder über den Kanal nach Gallien zurückzuschaffen.

In Caesars Aufzeichnungen heißt es, daß sein erster Feldzug nach Britannien hauptsächlich der bewaffneten Erkundung des Landes für künftige Unternehmungen gedient habe, denn es sei besonders schwierig, verläßliche Informationen über die Insel und seine Einwohner zu bekommen.

Im nächsten Sommer wiederholt Caesar die Invasion Britanniens, diesmal aufgrund seiner Erfahrungen aus dem Vorjahr besser vorbereitet. Mit einer für damalige Zeit enorm großen Armada von 800 Schiffen bricht die römische Streitmacht am Morgen des 21. Juli 54 v. Chr. auf und nimmt Kurs, genau wie im vorigen Herbst, auf den Strand bei Walmer. Caesar: »Die ganze Flotte näherte sich der Küste Britanniens ungefähr um die Mittagszeit. Es ließ sich aber dort kein Feind blicken. Wie ich nachher von den Gefangenen erfuhr, waren hier starke Streitkräfte zusammengekommen; sie hatten sich jedoch, durch unsere große Flotte in Schrecken versetzt, von der Küste zurückgezogen und hinter den Anhöhen versteckt ... Ich setzte mein Heer ans Land und wählte einen geeigneten Lagerplatz aus. Sowie ich von den Gefangenen erfuhr, wo die feindlichen Truppen Stellung genommen hatten, ließ ich zehn Kohorten und 300 Reiter am Meer zur Deckung der Schiffe zurück und brach um die dritte Nachtwache gegen die Feinde auf. Der Flotte wegen war ich um so weniger besorgt, als ich sie an dem sanft ansteigenden und offenen Gestade vor Anker zurückließ ...« Die Landung ist jetzt ein voller Erfolg.

Während die römischen Legionäre den Widerstand

Der erste Landungsversuch der Römer unter Julius Caesar an der britannischen Kanalküste verlief nicht gerade erfolgreich

der Briten zerschlagen, bekommt Caesar verschiedene wertvolle Informationen von keltischen Sympathisanten, möglicherweise das Ergebnis der guten Arbeit seines politischen Agenten Commius. Dazu notiert Caesar: »Da ich die Trinobanten (im heutigen Essex und Suffolk) in Schutz genommen und gegen jede Unbill meiner Soldaten sichergestellt hatte, schickten auch die Cenimagner, Segontiaker, Ancaliten, Bibrocer und Casser Gesandte und unterwarfen sich mir. Durch sie erfuhr ich, daß nicht weit von meinem jetzigen Aufenthalt die Stadt des Cassivellaunus (vermutlich das heutige St. Albans) liege, durch Waldungen und Sümpfe geschützt. Dort habe man eine ziemlich große Anzahl von Menschen und Vieh untergebracht ...«
Als Caesar einige Monate später von den Aufständen in Gallien erfährt, zieht er ohne Feinddruck seine Truppen wieder auf die andere Kanalseite zurück.

Pompeius (106–48 v. Chr.), erst Mitglied des Triumvirats, dann erbitterter Gegner von Julius Ceasar

Kundschafterwesen und Politik

In jeder Legion Caesars gibt es zehn besonders ausgewählte, gut geschulte Spione oder Späher. Ihre Aufgabe ist, mit der Reiterei weit nach vorn oder an den gegnerischen Flanken vorbeizuziehen, um Informationen über das Land des Feindes und die Bevölkerung, die im Operationsgebiet lebt, zu sammeln. Als Feldherr perfektioniert er das System der militärischen Erkundung, ignoriert aber die Notwendigkeit eines ähnlichen Dienstes in seiner politischen Laufbahn anscheinend völlig. Dies soll ihm später zum Verhängnis werden.
Caesars Zeitgenosse, der Politiker und Heerführer Marcus Licinius Crassus dagegen beschäftigt viele Sklaven und freie Männer in seinem politischen Kundschafterdienst und ist dadurch auch in unruhigen Zeiten immer gut informiert. Durch seine über Agenten erworbenen Kenntnisse gelangt er nicht nur an enorme Reichtümer, sondern kann auch seine eigene Wahl zum Konsul arrangieren. Da Caesar seit Bildung des 1. Triumvirats (Dreimännerbündnis), dem auch Crassus angehört, dessen Organisation gekannt haben muß, erscheint es seltsam, daß der geniale Mann dem Beispiel seines Partners nicht gefolgt ist. Möglicherweise hat Caesar – genau wie Scipio Africanus und andere Feldherren jener Zeit – erst allmählich erkannt, daß Spionage nicht nur für militärische Operationen erforderlich ist.
Crassus wiederum lehnt einen militärischen Kundschafterdienst ab, als er in Persien gegen die Parther ins Feld zieht, was sich verheerend auswirkt: Von 6000 römischen Legionären, die Crassus 53 v. Chr. in die Schlacht von Carrhae führt, werden bis auf 500 alle getötet. Die Überreste seiner Streitmacht gehen in Gefangenschaft, er selber findet noch zuletzt den Tod.
Trotz seiner Abneigung gegen politische Spionage legt sich Caesar eine eigene Geheimschrift zu, die in die Geschichte der Kryptologie unter der Bezeichnung »Caesar-Alphabet« eingeht. Es ist das erste richtige Chiffrierverfahren, das man kennt. Der römische Historiker Sueton schildert um 100 n. Chr. die Chiffren, die sich Caesar erdacht hatte: »Auch Briefe von ihm an Cicero sind vorhanden, desgleichen an seine Vertrauten über häusliche Angelegenheiten, in denen er dasjenige, was geheim bleiben sollte, mit Zeichen geschrieben hat, d.h. nach einer solchen Folge des Alphabets, daß aus den Buchstaben kein Wort gebildet werden konnte ...«
Nach Ansicht von Sueton ist Caesars Geheimschrift äußerst simpel; sie besteht aus einer Umstellung des Alphabets, D steht für A, E für B, F für C usw. Octavian, der spätere Kaiser Augustus, benutzt ein ähnliches System, nur verschiebt er den zweiten statt des vierten Buchstabens, so steht B für A, C für B usw.
Im Bürgerkrieg gegen Pompeius (49–46 v.Chr.) verfolgt Caesar seine eigene Methode der geheimen Nachrichtenbeschaffung. Er beschreibt in seinem Werk über diesen Krieg, wie er an Informationen über die feindlichen Truppen in Spanien gekommen sei, ebenso wie er das nach Griechenland ausgewichene Heer von Pompeius verfolgt habe. Dieser detaillierte Bericht zeigt Caesars Fähigkeiten, sich verläßliche Angaben über die militärische Stärke und finanziellen Mittel des Feindes zu besorgen. Er setzt Spione sowie militärische Geheimagenten in einem Umfang ein, der zu dieser Zeit in der römischen Kriegführung ungewöhnlich ist.
Caesar ist sich der Konsequenz bewußt, die man in Rom aus guten oder schlechten Nachrichten vom Kriegsschauplatz ziehen wird. Da er befürchtet, die Erfolge vortäuschenden Berichte seines Widersachers Pompeius könnten sich in Rom für ihn zum Nachteil auswirken, organisiert Caesar trotz der geringen Kavalleriekräfte, die ihm in Griechenland zur

Verfügung stehen, einen berittenen Kurierdienst mit den notwendigen Zwischenstationen. Dies ist der erste reguläre Nachrichtendienst in der römischen Geschichte.
Während der Kämpfe gegen Makedonien und im Vorderen Orient haben die Römer Gelegenheit, sich Kenntnisse über jene Systeme der Informationsübermittlung anzueignen, die in den eroberten Ländern, besonders in den östlichen Imperien, schon seit langem bestehen. Dadurch ergeben sich auch ganz neue Möglichkeiten und Informationsquellen.
Die Methode, fremde Völker und Stämme gegeneinander auszuspielen, sie zur gegenseitigen Überwachung und für Spitzeldienste einzuspannen nach der Maxime »divide et impera« – entzweie und herrsche –, wird von Rom recht erfolgreich bei Griechen und Iberern, Galliern und Germanen ebenso angewandt wie bei afrikanischen und asiatischen Völkern – ein System, das nur selten versagt. Auch unter den fremden Hilfsvölkern in römischen Diensten und deren Landsleuten auf der Gegenseite laufen zahlreiche Spionageaktivitäten.
Weitere Informationsquellen ergeben sich für Rom aus dem alten Recht der Gastfreundschaft, nicht nur unter Verwandten und Freunden, sondern ebenso gegenüber Angehörigen auswärtiger Gemeinden und anderer Staaten. Viele politische Beziehungen sind aus einer Gastfreundschaft hervorgegangen. Derartige persönliche Bindungen, in denen sich Menschen oft die geheimsten Dinge anvertrauen, zählen zu den besten Nachrichtenquellen. Das Gastfreundschaftsverhältnis dient also auch der politischen Information und verliert seit Gründung der Stadt Rom durch alle Epochen hindurch nicht an Bedeutung.
Es ist historisch belegt, daß auch die Römer Tauben für Kriegszwecke verwenden: So erwähnt der römische Gelehrte Plinius der Ältere, daß der Feldherr Dec. Brutus bei der Belagerung von Mutina (Modena) im Jahr 43 v. Chr. an den Füßen von Tauben vor ihrem Abflug Briefe befestigt habe, um auf diese Weise Konsul Octavian und seine Armee zu verständigen. Dort angekommen, werden die Tauben in einen dunklen Verschlag gesperrt und erhalten kein Futter. Nach geraumer Zeit bindet man mit einem seidenen Faden Depeschen um den Hals der Tiere und läßt sie ausschwärmen. Die Tauben, begierig nach Licht und Nahrung, fliegen schnurstraks über die Mauern des heimatlichen Mutina und lassen sich auf einem Dach nieder, wo Soldaten des Brutus sie mit Futter anlocken und einfangen. Aus den Schriften des Plinius geht weiter hervor, daß die römischen Legionen sich in jener Zeit der Tauben zur Nachrichtenübermittlung häufig bedient haben.
Als Caesar im Jahr 44 v.Chr. einer Verschwörung zum Opfer fällt, will sein Stellvertreter und Mitkonsul Antonius auch sein Nachfolger werden. Da er jedoch eigenmächtig über den Nachlaß von Caesar verfügt, verliert er das Vertrauen des Senats und des gesetzlichen Erben Octavian, des späteren Kaisers Augustus. Nach einer friedlichen Einigung bilden

Brieftauben tragen Botschaften aus einer belagerten Stadt. Darstellung aus dem 15. Jh.

Antonius, Lepidus und Octavian ab 43 v. Chr. das 2. Triumvirat und verfügen damit über uneingeschränkte Macht.
Bei der Neuordnung des Römischen Reiches durch den Vertrag von Brundisium (Brindisi) im Jahr 40 v. Chr. erhält Lepidus den afrikanischen Teil, Octavian die Besitzungen im Westen und Antonius die im Osten. In Nordafrika lernt Antonius die ägyptische Königin Kleopatra kennen und geht mit ihr nach Alexandria.
Als in Rom bekannt wird, daß Antonius die ägyptische Königin geheiratet und ihren Söhnen ganze römische Provinzen übertragen hat, erklärt der Senat Ägypten den Krieg. Antonius verliert 31 v. Chr. im Ionischen Meer die Seeschlacht bei Actium und flieht nach Alexandria. Während ihn Octavian mit seinen Truppen verfolgt und Alexandria belagert, wählt Antonius den Freitod, kurze Zeit später folgt ihm Kleopatra. Nun hat Octavian Gelegenheit, sich persönlich mit den Einzelheiten des jahrhundertalten Geheimdienstes und Nachrichtenwesens in Ägypten vertraut zu machen.

Römischer Kurierdienst

Mit der Einnahme von Alexandria (30 v. Chr.) endet der römische Bürgerkrieg, und Octavian entschließt sich aufgrund seiner in Ägypten gesammelten Erfahrungen zu einem für das Römische Imperium revolutionären Schritt: Er läßt einen regulären geheimen Nachrichtenübermittlungsdienst einrichten, der von Sonderkurieren betrieben wird. Sein Biograph Sueton schreibt dazu: »... Und damit ihm schneller und leichter über die Vorgänge in jeder Provinz gemeldet

und rapportiert werden könne, verteilte er anfänglich junge Leute, später Wagen in Abständen längs der Heerstraßen. Das zweite System erwies sich als günstiger, weil so der gleiche Kurier die Nachrichten von Ort und Stelle bringen und nötigenfalls auch noch persönlich befragt werden konnte.«
Dieses neue System, das bisher nur Caesar in ähnlicher Form praktiziert hat, ist von Anfang an viel wirkungsvoller als die bisher übliche Methode, bei der jeder Bote auch aus der entferntesten Provinz völlig auf sich gestellt die ganze Strecke nach Rom so schnell wie möglich bewältigen mußte. Da es sich natürlich ergibt, daß die einzeln reisenden Boten aus den Provinzen auch militärische Geheiminformationen liefern, ändert Octavian die Organisation erneut: Es werden an den Verbindungsstationen neben Kurierreitern auch Wagengespanne stationiert, so daß der Geheimnisträger auf dem schnellsten Weg direkt nach Rom gebracht werden kann.
Dies ist der Beginn des berühmten römischen »Cursus publicus«, der bis zum Ende des Römischen Imperiums existierenden Staatspost und ein Vorläufer unserer modernen Nachrichtenbeförderung. Die Entfernung zwischen den Poststationen beträgt etwa 60 bis 75 km, und nach jeweils 100 Kilometern sind an den Straßen, die vom »Cursus publicus« befahren werden, Raststätten erbaut, die über alles Notwendige sowohl für die Reisenden als auch für Tiere verfügen. Sie dienen den staatlichen Botschaftern gleichzeitig als Herberge. Die Wagen gehören dem Staat, der auch für die Unterhaltung der Baulichkeiten aufkommt. Die Tiere müssen gegen oft spärliches Futtergeld von der örtlichen Bevölkerung gestellt werden. Mit welcher Schnelligkeit der Verkehr vor sich geht, läßt sich daran ermessen, daß es zwischen den Stationen manchmal schon alle 15 Kilometer Wechselstationen gibt, an denen die Pferde ausgetauscht werden können.

Beförderung von Geheimnachrichten: römischer Kurierreiter; Zeichnung nach einer antiken Darstellung

Für die Übermittlung der Nachrichten gibt es zwei Arten von Kurieren, die Statores und die Tabellarii. Die Statores sind als Ordonnanzen bei den Provinzstatthaltern in festen Diensten und müssen regelmäßig Botschaften nach Rom und zurück befördern.
Die Tabellarii bestehen dagegen aus drei Gruppen. Ihre Bezeichnung kommt von den wachsbeschichteten Täfelchen (tabellae), die den Römern als Schreibmaterial dienen. Die Tabellarii publici, ähnlich den Statores, sind Staatsbeamte, die Tabellarii publicanorum bilden die Kuriere der Landpächter, und die dritte Gruppe, die Tabellarii privati, zumeist Sklaven oder Freigelassene, befördert für jedermann Briefe gegen Entgelt. Am liebsten verwendet man griechische, gallische, ligurische oder numidische Sklaven als Boten, besonders aber solche aus dem Stamm der dalmatinischen Liburner, deren Schnelligkeit gerühmt wird.
Durchschnittlich soll die Tagesleistung der Tabellarii 70 Kilometer, manchmal sogar bis zu 100 Kilometer betragen haben. Der Beruf des Tabellarius ist allerdings keineswegs ungefährlich: Während der Bürgerkriege ist jede Seite darauf aus, die Boten des Gegners abzufangen und ihnen die Briefe abzunehmen. Gewöhnlich wird Kurieren, die dem Feind in die Hände fallen, der Daumen abgehackt; nicht selten werden sie sogar getötet. Die Tabellarii versuchen daher, die mitgeführten Briefe zu verbergen, etwa in einem Speerschaft.
In der Zeit des Kaisers Augustus hat das Römische Reich seine bisher größte Ausdehnung erreicht. Auch die weit entfernten Provinzen werden eng mit der Hauptstadt verbunden. Die Staatspost dient dem Kaiser, der auf die Festigung seiner Alleinherrschaft bedacht sein muß, bald nicht nur als Instrument der Nachrichtenübermittlung, sondern auch zur allgemeinen Überwachung, zum Beispiel der Provinzbeamten. Die kaiserlichen Kuriere werden als Spione und Geheimagenten berüchtigt und gefürchtet. Die oberste Führung dieser Truppe wird zum wichtigen Vertrauensposten; ihr obliegt die Kontrolle der gesamten amtlichen Korrespondenz. Nicht selten ziehen die Zensoren aus ihren so erworbenen Kenntnissen persönlich Nutzen.
Gleichzeitig veranlaßt Augustus die systematische Organisation einer politischen Polizei. Er verfügt seit langem über viele Mittel der geheimen Erkundung und weiß, wie man verdächtige Personen unauffällig überwachen lassen kann, oft nachdem er sie unter ehrenvollen Vorwänden aus Rom entfernt hat.
Die Nachfolger von Augustus wenden dieselben Methoden an: Jahrzehntelang stellen sie sogar die ganze kaiserliche Familie unter Aufsicht der Geheimpolizei, die sämtliche Beobachtungen in einem Tagebuch vermerkt, aber auch andere Interessenten mit Nachrichten versorgt. Dieses System vertritt das ungeschriebene Gesetz der Solidarität des Verrats. Es schützt die Spitzel und Denunzianten vor Preisgabe ihrer Identität. In öffentlichen Bekanntmachungen wird zum Beispiel dem Denunzianten Diskretion ver-

Kurierwagen der römischen Staatspost »Cursus publicus«, dargestellt auf einem Grabdenkmal in Trier

bürgt. Das damit geförderte Spitzeltum führt schließlich dazu, daß keiner mehr dem anderen traut. Der Denunziant erhält sogar als Belohnung seinen Anteil aus dem konfiszierten Vermögen des Verurteilten. Die Tätigkeit der kaiserlichen Geheimagenten umfaßt das ganze Imperium. So ist der Kaiser über die Vorgänge in den Provinzen meist bestens unterrichtet.

Agenten der Caesaren

Unter Kaiser Trajan, der aus wirtschaftlichen und strategischen Gründen Dakien, Arabien, Armenien, Mesopotamien und Assyrien erobert, erhält das römische Reich um das Jahr 100 n.Chr. seine größte Ausdehnung. Dies erfordert die Erweiterung des Cursus publicus zur möglichst schnellen Nachrichtenbeförderung mit dem Einsatz der »Frumentarii«, eigentlich Heereslieferanten, für den kaiserlichen Kurier- und Agentendienst.

Die Lage ändert sich vorübergehend unter Kaiser Severus, der nach dem Tod des größenwahnsinnigen Commodus im Jahr 193 mit Gewalt den Thron besteigt. Im Bestreben, seine Macht zu stärken, befreit er die Untertanen von verschiedenen Abgaben, um so ihre Sympathien zu gewinnen. Aber ständige Kriege und Unruhen verursachen ein hohes Defizit in der Staatskasse und veranlassen den Sohn des Severus, Kaiser Caracalla, die Erleichterungen für das Volk rückgängig zu machen und vor allem die Fronpflicht wieder einzuführen. Nach der Niederwerfung des Partherreiches und Eroberung von Arbela am oberen Tigris um das Jahr 216 wird der durch grausame Gewaltherrschaft berüchtigte Caracalla in Mesopotamien ermordet.

Diese ständigen Kriege im Nahen Osten erfordern, wie überall in schwieriger Lage, eine sorgfältige Beobachtung des Feindes. So erhält zum Beispiel im Jahr 260 ein römischer Offizier, den man zur Erkundung in das persische Gebiet entsendet, von dem mit Rom sympathisierenden Satrapen in Corduene einen verschwiegenen Wegeführer für den Aufstieg bis zu einem hohen Felsengrat. Von dort kann er die ganze Gegend überschauen und das persische Heer sowie dessen König Schapur I. mit seinem Gefolge beobachten.

Wegeführer werden von den Truppen vor allem für operative und taktische Bewegungen im Feindesland benötigt. Dafür eignen sich am besten landeskundige Einwohner, vorwiegend Hirten und Jäger. Wenn man an ihrer Verläßlichkeit und Treue zweifelt, werden sie streng bewacht und notfalls in Fesseln mitgenommen. Nach Möglichkeit verwendet man neben den Wegeführern auch Überläufer und Gefangene, um die gewonnenen Erkenntnisse zu kontrollieren und zu vervollständigen. Unter Umständen folgt man einfach den Spuren des sich zurückziehenden Gegners oder den Wegmarkierungen und Orientierungszeichen.

Aber auch die Perser erhalten von römischen Überläufern Informationen: Eines Tages zum Beispiel gelingt es dem Heerführer Ursicinus persönlich, einen Soldaten aufzugreifen, der im Verhör angibt, er habe bei der römischen Reiterei gedient und sei aus Furcht vor einer Bestrafung zu den Persern übergelaufen, die ihn als Kundschafter einsetzten. Er befände sich gerade auf dem Rückweg zu Tamsapar und Nehodar, den persischen Führern eines Streifkorps. Der Überläufer wird noch über die feindlichen Bewegungen befragt und dann niedergestochen.

Viele Spione und Kuriere fürchten sich weniger davor, in die Hände des Feindes zu fallen, als ihrem eigenen jähzornigen Heerführer unwillkommene Informationen überbringen zu müssen, denn manche werden in solchen Fällen kurzerhand umgebracht. Es ist verständlich, daß es die Kundschafter bei den zu erwartenden drakonischen Maßnahmen vorziehen, weniger gute Nachrichten in gemilderter Form zu präsentieren. So ist die Meinung entstanden, man könne den Spionen nur selten trauen. Da sich die Bezahlung meistens nach dem Wert ihrer Informationen richtet, wird manche Nachricht frisiert.

Es gibt Agenten, die keine Skrupel kennen und die Wichtigkeit ihres Materials vortäuschen. Aber das größte Hemmnis für Spione, Vertrauen zu erlangen, ist die angeborene Scheu der meisten Menschen, Fremden in ihre Privatsphäre Einblick zu gewähren sowie die Tatsache, daß man sie als Verräter ansieht. Ein Geheimagent wird zwar als Informant geschätzt,

doch man befürchtet gleichzeitig, daß er auch die Gegenseite mit ebenso wertvollen Nachrichten beliefert.
Das System, verdächtige und feindliche Stämme von Freunden und Verbündeten überwachen zu lassen, wird von den Römern immer weiter ausgebaut und vervollkommnet. Sie verstehen es ebenso, Zwistigkeiten in den benachbarten Staaten zu ihren Gunsten, besonders durch politische Erkundung, auszunutzen sowie einflußreiche Familien, ehrgeizige Häuptlinge und Fürsten, rivalisierende Stämme und ganze Völkerschaften gegeneinander auszuspielen.
Nachfolger des im Jahr 284 ermordeten römischen Kaisers Numerian wird der von den östlichen Legionen zum neuen Kaiser ausgerufene Diokletian, den der römische Senat 285 als Kaiser anerkennt. Diokletian bemüht sich, die Organisation des Postdienstes noch zu erweitern. Es ist wahrscheinlich seiner Initiative zuzuschreiben, daß der Cursus publicus in zwei Dienste unterteilt wird: in den »Cursus velox«, den sogenannten Expreßdienst, und den »Cursus clabulare«, der staatseigene schwere Güter transportiert, deren Fahrzeuge meist von Ochsen gezogen werden. Nach wie vor dient die kaiserliche Post nicht nur der schnellen Beförderung von Beamten und Botschaftern, sondern auch zur Überwachung der Bevölkerung, um die öffentliche Meinung zu erfahren und zu beeinflussen.

Für die Beförderung von Geheimagenten besonders geeignet: römischer Schnellpostwagen des »Cursus velox«. Zeichnung aus dem 19. Jh.

Das Byzantinische Reich

Nach dem Tod von Theodosius I., dem Großen, im Jahr 395 wurde das Römische Imperium unter seinen beiden Söhnen Arcadius und Honorius aufgeteilt. Den Ostteil erhielt als Byzantinisches Reich Arcadius. Er übernahm auch das bewährte römische Geheimdienstsystem. Die Grundlage bildete wie bisher der Cursus publicus, die staatliche Post. Arcadius war bemüht, durch diese Organisation den Geheimdienst noch wirkungsvoller zu gestalten. Doch mit der Völkerwanderung geriet das Abendland in Aufruhr.

Raubzüge der Goten und Hunnen

Durch die Raubzüge der Westgoten in Thrakien, Makedonien und Thessalien wird im Byzantinischen Reich Ende des 4. Jahrhunderts der Cursus publicus und damit die Nachrichtenübermittlung erheblich beeinträchtigt. Die kaiserliche Post muß weitgehend eingestellt werden, nur die Hauptpoststraße durch Kleinasien, die Byzanz (Konstantinopel) mit Persien verbindet, bleibt davon unberührt, wenn auch oft anstelle von Pferden nur noch Esel zur Verfügung stehen und man die Anzahl der Stationen drastisch reduziert.

Das von Honorius geführte Weströmische Reich kann sich des fortwährenden Ansturms der verschiedenen germanischen Stämme kaum erwehren. So ist die Verteidigung des Landes viel aktueller als eine geplante Verwaltungsreform. Der Cursus publicus leidet außerdem unter zahlreichen Unregelmäßigkeiten seiner Beamten. Selbst die verstärkt eingesetzten »Curiosi«, die amtlichen Kontrolleure, können dem nicht abhelfen.

Als Kaiser Honorius im Jahr 408 seinen tüchtigen Feldherrn Stilicho, der bisher alle Angriffe der Westgöten zurückgeschlagen hat, hinrichten läßt, kann König Alarich erneut in Italien eindringen, mit seinem Heer raubend und plündernd nach Süden ziehen und im August 410 die Stadt Rom erobern. So verliert der Cursus publicus seine eigentliche Bedeutung, bleibt aber trotz der schweren Erschütterung des Weströmischen Reiches bestehen.

Mitte des 5. Jahrhunderts droht von Osten her eine neue Gefahr: Von der ungarischen Tiefebene aus erfolgt 445 der erste Ansturm des mongolischen Nomadenstammes, der Hunnen, gegen die oströmischen Provinzen auf dem Balkan. Kaiser Theodosius II., Sohn und Nachfolger von Arcadius, versucht, das Schlimmste abzuwenden und schickt im Jahr 448 eine Abordnung zu Attila, dem berüchtigten Anführer der Hunnen, um einen Friedensschluß zu erreichen.

Nach dem Abzug der Westgoten in Richtung Gallien und Spanien setzen sich Ende des 5. Jahrhunderts die Ostgoten unter König Theoderich in Italien fest und übernehmen den wenn auch stark dezimierten Cursus publicus für eigene Zwecke. Dieses unter den Römern einst so gut funktionierende Post- und Nachrichtenübermittlungssystem existiert in den meisten anderen Staaten, die sich inzwischen aus dem verfallenen Weströmischen Reich gebildet haben, nur noch in einzelnen Regionen wie zum Beispiel bei den Wandalen in Nordafrika, in Gallien, dann im Reich der Westgoten und wahrscheinlich auch in Burgund.

Diplomatische Missionen

Der letzte römische Imperator in Byzanz, Justinian I., auch der Große genannt, hat zwischen 533 und 554 das Wandalenreich in Nordafrika, das Ostgotenreich

in Italien sowie die von den Westgoten besiedelte Südostküste Spaniens zurückerobert und damit das Römische Weltreich wiederhergestellt. Mit seinem stärksten Gegner, den Neupersern (Sassaniden), einigt sich Justinian auf einen Vertrag, der von Ostrom höhere Tributzahlungen vorsieht.
Dieses Abkommen sichert gleichzeitig den diplomatischen Kurieren beider Länder freie Beförderung und die Benutzung der Stationen des oströmischen Cursus publicus sowie der persischen Staatspost zu. Es enthält ebenso ein genaues Protokoll für den Austausch von Gesandten, und man achtet auf Einhaltung der internationalen Vereinbarungen bei den beiderseitigen diplomatischen Beziehungen.
In jener Zeit entstehen die ersten Ansätze für eine Art der Ausspähung, die von allen Seiten stillschweigend akzeptiert wird: die Einführung diplomatischer Vertretungen. Der Ablauf des diplomatischen Verkehrs unterliegt festgelegten Gepflogenheiten. Besonders zögernd entwickeln sich die Beziehungen zu den Bulgaren und Awaren, mit denen Ostrom gern in gutem Einvernehmen leben will, wenn es auch alle Menschen außerhalb seines Kulturbereichs als Barbaren ansieht.
Eine besondere Rolle in den diplomatischen Beziehungen spielen die sogenannten Scheingesandtschaften. Ihr Ziel: Zeitgewinn für eigene Kriegsvorbereitungen oder Überrumpelungsversuche, Spionage und Erpressungen. So beordert zum Beispiel der awarische Kagan Bajan seine Gesandten unter einem nichtigen Vorwand nach Byzanz, um in der Zwischenzeit unbemerkt den Bau der strategisch wichtigen Savebrücke bei Simirium zu vollenden.
Auch der persische Delegierte Izedh-Guschhasp täuscht mit stattlichem Gefolge von rund 500 Auserwählten eine »diplomatische Geheimmission« vor, dabei ist seine wahre Absicht ein Überfall auf die Grenzfestung Dara. Ähnlich verfährt der Sassanidenkönig Chosrau I.: Er schickt eine Gesandtschaft zu Belisar, dem Feldherrn von Kaiser Justinian, die

Tod und Verwüstung bringen die Hunnen unter Attila im 5. Jh. den oströmischen Provinzen

Diplomatische Missionen dürfen auch lange Seereisen nicht scheuen: römisches Handelsschiff mit Rahsegel. Flachrelief, gefunden bei Ausgrabungen im ehemaligen Claudius-Hafen in Ostia

Rechts: Römischer Gesandter auf der Reise in ein benachbartes Land: Postwagen beim Pferdewechsel

ihm eine Beschwerde über das Ausbleiben oströmischer Diplomaten vorträgt. In Wirklichkeit will man sich nur über die Persönlichkeit des Heerführers Belisar klarwerden.

Im Oströmischen Reich der Spätantike geschieht die Auswahl von Gesandten im Consistorium oder im Senat. Für deren Qualifikation sind sehr unterschiedliche Gesichtspunkte ausschlaggebend. Es ist zwar nicht gerade Bedingung, daß der zukünftige Diplomat ein ziviles oder militärisches Amt bekleidet oder dem geistlichen Stand angehört; in den meisten Fällen allerdings sind adelige Herkunft und hohes Ansehen doch entscheidend. In den mitgeführten Dokumenten ist der Gesandte seinem Rang entsprechend legitimiert. Ernennungen und Auszeichnungen erfolgen, wenn es für das Ansehen des Diplomaten zweckmäßig erscheint. Sieht der Kaiser oder ein auswärtiger Herrscher Rang und Würde des Abgesandten als nicht hinreichend qualifiziert an, so kann er ihn zurückweisen.

Für die Gesandten ist, neben der Erledigung mehr oder weniger geheimer Aufträge, Spionage für ihr Land eine Ehrensache. Bei der Ausübung geheimer Verhandlungen oder Missionen trifft die oströmische Regierung Vorsorge: Von den Teilnehmern der diplomatischen Abordnung betraut sie stets nur einen einzelnen mit der Geheimmission.

Man verlangt von den Diplomaten vor allem Gewandtheit im Diskutieren; auch persönliche Beziehungen zum betreffenden Land sind erwünscht. Natürlich entscheiden Sprachkenntnisse die Auswahl eines bestimmten Gesandten; dieser Sprachkundige muß die Verhandlungen führen, während die Stellung der anderen Delegierten nur denen von Beratern entspricht.

Das kaiserliche Mandat zur Übernahme einer diplomatischen Mission verpflichtet den Gesandten, »im Interesse des Staates« mit einer oder mehreren kompetenten Personen Verhandlungen zu führen. Alle auf ihn übertragenen Vollmachten haben nur bis auf Widerruf Gültigkeit. Für die Ausführung erteilt man dem diplomatischen Vertreter außer allgemeinen Richtlinien auch Anweisungen spezieller Art, meist streng geheim, an die er sich unbedingt zu halten hat. Für den Abschluß einer jeden Rechtshandlung, die außerhalb seiner Vollmacht liegt, bedarf es erst der kaiserlichen Bestätigung.

Ständige Botschafter gibt es in der Spätantike noch nicht, daher werden sie jeweils von Fall zu Fall ernannt. Bereits einmal Bevollmächtigte setzt man normalerweise immer wieder ein und betraut sie manchmal sogar mit mehreren aufeinanderfolgenden geheimen Missionen.

Die Person des Gesandten ist nach den ungeschriebenen Statuten des bereits damals herrschenden Völkerrechts unverletzlich; sie darf für Handlungen und Willensäußerungen ihres Auftraggebers nicht haftbar gemacht werden. Wenn trotzdem diese allgemein respektierte Satzung gebrochen wird – es fehlt natürlich nicht an Zeichen gegenseitigen Mißtrauens –, so kann es daran liegen, daß sich der heimische Herrscher aus Zorn hinreißen ließ oder daß der Gesandte schuldhaft das Gastrecht verletzt hat.

Von jeder Gesandtschaft, sei es eine oströmische oder eine persische, wird vor ihrer Ausreise ins fremde Gebiet von der Grenze aus ein Kurier entsandt. Er hat die Aufgabe, dem Kommandanten der nächsten Grenzgarnison Ankunft und Zweck der Delegation zu melden. Nachdem die Einreiseerlaubnis erteilt worden ist, hat ein mit dem Empfang der Abgesandten beauftragter Beamter eine Begleitmannschaft zu stellen. Auf byzantinischer Seite muß der für die Regelung des Grenzverkehrs verantwortliche Offizier außerdem die Dokumente der einreisenden auswärtigen Botschafter versiegeln, die Zahl der Delegationsmitglieder festhalten und eine Zollrevision vornehmen. Die Erlaubnis zur Ausreise kann er der Abordnung nur aufgrund einer kaiserlichen Bestätigung erteilen.

Römische Gesandte reisen innerhalb ihres Landes wie von alters her mit dem kaiserlichen Cursus publicus, außerhalb des Oströmischen Reiches entweder zu Pferd oder auf dem Wasserweg.

Die kaiserliche Post bietet neben dem Vorzug der Schnelligkeit noch den Vorteil, daß der Kaiser jede Delegation während der Reise benachrichtigen kann, etwa wenn Veränderungen der politischen Verhältnisse eintreten. Man treibt mit der Staatspost gleichzeitig Propaganda: Die Verpflegung ausländischer Gesandter und deren Gefolge übernimmt die Regierung innerhalb ihres Staatsgebietes auf eigene Rechnung. Dient die Reichspoststrecke aber nur der Durchreise, so muß sich die Delegation selbst versorgen.

Ausländische Diplomaten werden üblicherweise nur vom Kaiser persönlich empfangen, es sei denn, ein

Grenzkommandant oder Feldherr ist ausdrücklich dazu ermächtigt. Hält sich der Kaiser nicht in Konstantinopel auf, so werden die Abgesandten an den Ort begleitet, wo sich das kaiserliche Hoflager gerade befindet. Verhandlungen sind nur dann aussichtsreich, wenn sie an höchster Stelle erfolgen. Es können auch Schwierigkeiten auftauchen, zum Beispiel wenn ein Verhandlungspartner Zweifel an seiner Sicherheit hat und es nicht wagt, zum verabredeten Treffpunkt zu kommen. In solchen Fällen wird eine Kirche oder ein Kloster als neutraler Ort der Zusammenkunft vereinbart. Im Krieg bleibt den Byzantinern manchmal nur die Möglichkeit, vom Schiff aus – an der Grenze der Pfeilschußweite – mit den am Ufer stehenden Barbaren zu verhandeln.
Zu allen Zeiten ist Ostrom konsequent darauf bedacht, ausländischen Abordnungen imponierende Eindrücke zu vermitteln, die den Byzantinern gerade nützlich erscheinen. Am wirkungsvollsten ist stets der Empfang im byzantinischen Heerlager oder am kaiserlichen Hof, um die Diplomaten von Macht und Glanz des Reiches zu überzeugen. Nüchterne Berechnung beeinflußt auch das Verhalten des Kaisers: Will er einen ausländischen Gesandten für sich einnehmen, so läßt er ihn an der kaiserlichen Tafel speisen.
Es kommt aber auch vor, daß der Kaiser den Empfang einer ausländischen Delegation hinauszögert oder sie zurückhält, falls dadurch bei kriegerischen Verwicklungen Vorteile zu erringen sind. Wenn sich Gesandte nicht entsprechend den Gepflogenheiten benehmen oder die Byzantiner ihnen Furcht einflößen wollen, so müssen sie unverrichteter Dinge heimkehren. In einzelnen Fällen hat man sogar die Gastgeberpflicht verletzt, nicht etwa weil sich die Gäste arrogant benommen hätten oder als Gegenmaßnahme für schlechte Behandlung oströmischer Gesandter, sondern um das Prestige der Stärke im Ausland zu fördern.

Spionage und Wirtschaftsspionage

Wie im Altertum der reisende Händler zu den besten Kundschaftern zählte, so bevorzugt es jetzt der berufsmäßige Kundschafter, sich als Kaufmann auszugeben.
Seine eigene Kundschafterrolle beschreibt der byzantinische Historiker Prokopios, der im Jahr 533 für den Heerführer Belisar wegen einer Flottenexpedition gegen die germanischen Wandalen in Nordafrika erkundet hat: »Belisar entsandte mich nach Syrakus, um herauszubekommen, ob uns die Feinde aus dem Hinterhalt von einer Insel oder vom Festland her an der Überfahrt hindern würden. Es war auch festzustellen, an welchem Punkt der afrikanischen Küste die Landung am günstigsten sei und von wo aus man am leichtesten einen Angriff auf die Wandalen durchführen könne. Ich sollte mir darüber Gewißheit verschaffen und anschließend nach Kaukana fahren, ungefähr 200 Stadien von Syrakus entfernt, wo Belisar inzwischen mit der ganzen Flotte vor Anker lag. Ich wurde nun als harmlos wirkender Getreidehändler auf den Weg geschickt. Als ich in Syrakus eintraf, begegnete mir – welch ein Zufall – ein alter Jugendfreund, der des Seehandels wegen seit langer Zeit in der Stadt lebte und von dem ich alles erfuhr, was ich

Die Seidenraupenzucht, in China ein lange gehütetes Staatsgeheimnis: Fütterung der Raupen mit Maulbeerblättern, später werden die Kokons in siedendes Wasser geworfen; Chinesische Holzschnitte

Seidenraupen-Kokons werden gehaspelt; nach einer alten chinesischen Darstellung

wissen wollte. Er verwies mich nämlich an einen seiner Sklaven, der erst vor drei Tagen aus Karthago zurückgekommen war und behauptete, es sei gar nicht daran zu denken, daß die Wandalen unserer Flotte auflauerten, denn man wisse hier gar nichts vom Aufbruch eines Heeres nach Afrika. Kaum hatte ich dies erfahren, nahm ich den Sklaven mit, und wir gelangten eiligen Schrittes zum Hafen Arethusa, wo mein Schiff lag. Unterwegs stellte ich ihm viele Fragen und horchte ihn gründlichst aus.

Sobald wir das Schiff erreichten, ließ ich die Anker lichten, und wir segelten geradewegs nach Kaukana. Meinem Freund, dem Herrn des Sklaven, der völlig erstaunt am Ufer stand und sich diesen Raub nicht erklären konnte, rief ich noch zu, er möge ihm nicht zürnen. Der Sklave müsse vor Belisar seine Aussagen wiederholen und der Flotte den Weg nach Afrika zeigen. Dann würde er mit reicher Belohnung nach Syrakus heimkehren.«

Älter als Militärspionage ist gewiß die Wirtschaftsspionage. Die Archäologen vermuten, daß die Menschen bereits in vorgeschichtlicher Zeit versucht haben, sich gegenseitig Werkstattgeheimnisse zu entreißen, zum Beispiel das der Bearbeitung von Feuersteinen.

Der erste konkrete Hinweis auf den Verrat von streng gehüteten Herstellungsmethoden ist in der alten Chronik »Tang shu – Geschichte der Tang«, aus dem 5. Jahrhundert zu finden. Es betrifft die Seidenproduktion, deren Geheimnis man viele Jahrhunderte hindurch bewahrt hatte. Chinas Seidenstoffe zählen im Ausland zu den begehrtesten Handelsgütern, daher ist die Zucht der Raupen, die sich nur von den Blättern der Maulbeerbäume ernähren, ein Staatsgeheimnis, auf dessen Verrat die Todesstrafe steht.

Vor etwa 1500 Jahren, vermutlich um 490, tritt eine chinesische Prinzessin – von zahlreichen Hofdamen begleitet – die weite Reise nach Indien an, um dort ihren Auserwählten, den König von Jusadanna/Khotan, zu heiraten. Sie trägt auf der Fahrt einen sehr ausgefallenen, blumenverzierten Kopfschmuck. Was aber niemand weiß, im Futter des Kopfputzes hat die Prinzessin Seidenraupeneier und Samen vom Maulbeerbaum versteckt. So gelangt das Geheimnis der Seide zum erstenmal über die chinesische Grenze. Einige Jahrzehnte später blüht die Seidenindustrie auch in Indien.

Für das Oströmische Reich ist die chinesische Seide einer der wertvollsten Importartikel. Sie erreicht den byzantinischen Markt allerdings nur über Persien, denn die von China zum Mittelmeer führende Seidenstraße wird von den Persern kontrolliert. Schon Plinius schrieb entrüstet: »Da muß man bis ans Ende der Welt ziehen, damit eine römische Dame ihre Reize in einem durchsichtigen Schleier zur Schau stellen kann.« Auch die Schiffahrtsroute durch den Indischen Ozean liegt in den Händen persischer Kaufleute. Für die auf dem Seeweg importierte Seide ist Tabrone auf Ceylon der Umschlagplatz zwischen China und Indien. Hier werden alle chinesischen Güter bereits von den persischen Händlern in Empfang genommen.

Dazu berichtet Prokopios: »Zu dieser Zeit, als Justinian I. die wirtschaftlichen Beziehungen zu Persien vertraglich geregelt hatte, trafen zwei Nestorianermönche aus dem von Chinesen besetzten Teil Indiens kommend in Konstantinopel ein. Ihnen war zu Ohren gekommen, daß der Kaiser lebhaftes Interesse daran habe, die Seide nicht über Persien einführen zu müssen. Anläßlich einer Audienz unterbreiteten sie dem Herrscher ihre Idee und versprachen ihm, dafür zu sorgen, daß die Römer bald nicht mehr gezwungen wären, mit den feindlichen Persern oder einem anderen Volk Seidenhandel zu betreiben.«
Justinian scheint von dem Plan fasziniert zu sein und ermutigt die beiden Mönche, nach Indien zurückzukehren. Es gelingt ihnen tatsächlich im Jahr 553, die Eier der Seidenraupen und Maulbeersamen, versteckt in den hohlen Wanderstäben aus Bambus, von Serinda nach Konstantinopel zu schmuggeln.
Das heimische Klima erweist sich als äußerst günstig für das Wachstum der Maulbeerbäume, so daß sich die Seidenraupen bald der neuen Umgebung anpassen. Sie bilden den Grundstock für eine aufstrebende byzantinische Seidenindustrie, die später als Staatsmonopol zu den wichtigsten Einnahmequellen des Landes zählt.
Prokopios erwähnt in seinem Werk »Anecdota« auch, daß bis zur Herrschaft von Justinian I. das alte römische System des Geheimdienstes noch recht gut funktioniert habe: »Immer schon hatte die Regierung eine große Zahl von Agenten unterhalten, die gewöhnlich in fremden Ländern umherreisten. Wenn sie durch das Königreich von Persien fuhren, meist als Kaufleute oder ähnlich, mußten sie sehr geschickt vorgehen, um sich über das, was im Augenblick passierte, Informationen zu beschaffen. Meistens waren sie aber in der Lage, unserer Regierung einen detaillierten Bericht über fast alle geheimen Vorhaben des Feindes zu liefern. Aufgrund dieser Vorwarnung wurden dann Wachtposten aufgestellt, so daß es selten zu Überraschungen kam, obwohl die Perser ebenfalls seit längerer Zeit über eine ähnliche Organisation verfügten.«
Kurz vor seinem Tod im Jahr 565 hat Kaiser Justinian I. seinen Nachfolger, den Neffen Justinian II., ausdrücklich ermahnt, den wichtigen römischen Flottenstützpunkt Septa (Ceuta) an der Gibraltarenge keinesfalls zu schwächen. Man solle dort möglichst viele schnelle und wendige Segler stationieren und von diesem Aufklärungszentrum aus regelmäßig Botschafter mit politischen, militärischen und auch wirtschaftlichen Informationen von Bedeutung nach Byzanz entsenden.
Einige oströmische Schriften aus dieser Zeit betonen die Erfolge des militärischen Kundschafterwesens und geben detaillierte Hinweise, wie man fremde Völker bekämpfen sollte, die in der Nachbarschaft von Byzanz auftauchen und deren Taktiken man noch nicht kennt.
Aus den Aufzeichnungen des späteren Kaisers Maurikios über militärische Taktiken erfährt man die Gliederung des byzantinischen militärischen Späherdienstes um das Jahr 600: Jede taktische Einheit – entsprechend einer römischen Kohorte, jetzt Bandon oder Tagma genannt – ist etwa 400 Mann stark, unterteilt in Kompanien von 100 Soldaten, die jeweils über Züge von fünf und zehn Mann verfügen. Jedes Tagma besitzt neben den Mannschaften, Unterführern und Offizieren auch Kundschafter, die dem Tagma vorausgehen, um das Gelände zu erkunden.
Es gehört zu den Pflichten eines jeden Heerführers, Strategus genannt, alle Kundschafter so einzusetzen, daß er jede nur denkbare Information über Wegeverhältnisse, Verpflegungsmöglichkeiten, Wasserversorgung und Bewohner jener Provinzen bekommt, in der seine Armee eingesetzt werden soll.
Für die Durchführung dieser weitreichenden Aufklärung steht ein Sonderkorps aus Cursores oder Trapezitai zur Verfügung, dessen Soldaten aus den Provinzen stammen, durch die die Armee marschiert, oder zumindest aus deren Grenzregionen. Dieses freie Sonderkorps untersteht dem Strategus direkt. Es bereitet Hinterhalte für vorgeschobene feindliche Kommandos vor und nimmt Gefangene, die Informationen über den Feind liefern können. Das Sonderkorps sichert auch die Flanken der Armee, wenn eine Ruhepause eingelegt wird. Die Militärposten in den grenznahen Landstrichen sind besonders wachsam, und sie verhaften jeden, der keine schriftliche Erlaubnis für den Aufenthalt in Grenznähe besitzt.

Drehscheibe Byzanz

Der im 8. Jahrhundert in Byzanz (Konstantinopel) regierende Kaiser Konstantin V. hat nicht nur unter den Arabern seine Geheimagenten, sondern während der Kämpfe gegen den Invasoren Kagan Tzeleric auch in Bulgarien. Obwohl es recht schwierig ist, Spione in einem noch nicht zum Christentum bekehrten Land anzuwerben, gelingt es seinen Kundschaftern, in Bulgarien einflußreiche Persönlichkeiten davon zu überzeugen, daß es sich lohne, im Interesse des Oströmischen Reiches zu arbeiten. Wie auch der Historiker Theophanes bestätigt, kommt es im Jahr 766 zu einem schrecklichen Ereignis.
Angeblich soll der bulgarische Kagan in einer Geheimbotschaft Konstantin V. übermittelt haben, daß er sich mit der Absicht trage, am kaiserlichen Hof Zuflucht zu suchen, denn die wachsenden Schwierigkeiten mit den Boyaren, der mächtigen aristokratischen Klasse, würden ihn dazu zwingen. Er bittet Konstantin, ihm die Namensliste der mit dem Kaiser sympathisierenden Adeligen anzuvertrauen, damit er seine Pläne mit ihnen diskutieren und abstimmen könne.
Der Kaiser, von der Aufrichtigkeit des Kagan überzeugt, enthüllt ihm die gewünschten Namen. Nach der geglückten Täuschung läßt dieser alle Sympathisanten sofort verhaften und als Verräter hinrichten. So vernichtet er mit einem Schlag jegliche Opposition

Konstantinopel: Empfang einer fremden Gesandtschaft am oströmischen Hof. Mittelalterliche Handschrift

seiner gegen Byzanz gerichteten unversöhnlichen Politik.

Zu Konstantins Agenten auf arabischer Seite soll auch der Patriarch Theodor von Antiochia gezählt haben. In seinem Werk »Chronographia« erwähnt Theophanes, daß Theodor bei den Arabern unter dem Verdacht stehe, in seinen Briefen Geheimberichte an den Kaiser zu übermitteln. Nachdem man 757 einige seiner Postsendungen abgefangen habe, sei der Patriarch von Antiochia sofort abgesetzt und verbannt worden.

Die Metropole am Bosporus zählt im frühen Mittelalter zur wichtigsten Drehscheibe der Spionage. Hier in Byzanz werden die von den Diplomaten, Missionaren, Kaufleuten oder auf andere Weise beschafften Geheiminformationen über Nachbarländer in einem dafür speziell eingerichteten Büro gesammelt. Die Tätigkeit dieses »Amtes für Barbaren-Angelegenheiten« – »Scrinium Barbarorum« genannt – läßt sich bis ins 5. Jahrhundert zurückverfolgen. Es scheint, daß die Mitarbeiter dieses Amtes zugleich dafür zuständig sind, alle fremdländischen Bürger zu überwachen, besonders die in der Stadt weilenden Gesandtschaften. Einer dieser Beamten wird den ausländischen Gästen als ständiger Begleiter zugeteilt.

Zwischen dem 5. und 8. Jahrhundert scheint es im Byzantinischen Reich eine Art Außenministerium nicht gegeben zu haben. Die ausländischen Angelegenheiten unterstehen noch immer der kaiserlichen Kanzlei.

Das »Amt für Barbaren-Angelegenheiten« hat sich vermutlich aus einer Dienststelle dieser Kanzlei entwickelt. Der verantwortliche Leiter der Kanzlei besitzt jedoch weder eine direkte Kontrolle über das für die Beförderung der kaiserlichen Briefe und Erlasse zuständige Amt noch über jene Beamten, die den Ablauf der Audienzen bei Hof überwachen. Auch ist er nicht für das Büro zuständig, dem die Auswertung von geheimen Nachrichten obliegt, die besonders wichtig für die Politik und diplomatischen Belange des Imperiums sind. Erst seit 740 besteht eine gewisse Zentralisierung dieser Ämter. Der zum Oberverwalter der Post ernannte »Logothete« übernimmt nun von der kaiserlichen Kanzlei die Führung der kaiserlichen Post sowie die Aufsicht über das »Amt für Barbaren-Angelegenheiten«. Damit hat er nicht nur die ausländischen Gesandten innerhalb des Reiches zu überwachen, sondern ist auch für die Organisation von eigenen Delegationen für das Ausland verantwortlich. Ebenso entscheidet der Logothete, wer von den Gesandten zum Kaiser vorgelassen wird und wie die Durchführung der Audienzen erfolgt.

Das Büro der Nachrichtenauswerter dient dem Logotheten als Entscheidungshilfe. So zählt er im 9. Jahrhundert durch seine vielen Ämter und Befugnisse zu einem der bedeutendsten Würdenträger des Landes, der jeden Morgen vom Kaiser auf der offiziellen Audienz empfangen wird.

Die An- und Abreise von Gesandten wird so geschickt organisiert, daß man den ausländischen Gästen viele Informationen entlockt, ohne die eigenen Schwächen preiszugeben. Es werden daher Vorsichtsmaßnahmen getroffen, um die Reisenden daran zu hindern, unbewacht die Stadt und Umgebung zu besichtigen oder Dinge wahrzunehmen, die die Regierung geheimhalten will.

Auf ihrem Weg von der Grenze nach Byzanz und zurück werden die Botschafter von einer Ehrenwache eskortiert, die ein Verlassen der kaiserlichen Postroute unmöglich macht. Die zahlreichen den Gästen jederzeit zur Verfügung stehenden Diener und Übersetzer sind angewiesen, die Begleitpersonen der Gesandten möglichst harmlos nach Geheiminformationen auszufragen.

Während in Byzanz im 9. Jahrhundert der Kundschafterdienst zu einem Staatsorgan heranwächst, weiß man in Europa kaum etwas über die Spionageaktivitäten im fernen China.

China

Eine der wohl interessantesten Frauengestalten im Reich der Mitte war Pan Chao (48–110 n.Chr.), die erste weibliche Historikerin. Mit bewundernswertem Fleiß schrieb sie unter dem Titel »Han Shu« ein monumentales zehnbändiges Werk über die chinesische Geschichte und stand gleichzeitig ihrem Bruder Pan Ch'ao bei dessen Agententätigkeit im Auftrag des chinesischen Oberbefehlshabers beratend zur Seite. Bemerkenswert ist auch das Leben und Wirken der Wu Chao (625–705), die von einer am Hof lebenden Konkubine zur Kaiserin aufstieg und als erste chinesische Herrscherin einen Geheimdienst aufbaute.

Eine Frau als Meisterspion

Der wegen seiner ausgeprägten Beobachtungsgabe und seines Improvisationstalents geschätzte Pan Ch'ao ist Offizier im Stab des Oberbefehlshabers. Er scheint einer der ersten zu sein, der den Versuch unternimmt, strategisch wichtige Informationen über das Ausland systematisch zu beschaffen. Pan Ch'ao soll ermitteln, was außerhalb Chinas Grenzen vor sich geht, wie die von ihm besuchten Völker einzuschätzen sind, und ob man Verbündete finden könne, um China vor den Angriffen der Hunnen zu verteidigen.

Nach alten chinesischen Dokumenten, die sich im Britischen Museum in London befinden, spielt seine tüchtige Schwester dabei eine wichtige Rolle: Sie kann durch eigene Kenntnisse die fehlenden Erfahrungen ihres Bruders ausgleichen, denn Pan Chao sind die detaillierten Aufzeichnungen des chinesischen Forschers Chang Ch'ien bekannt, der Teile des zu erkundenden Gebiets schon früher bereist hat und der dabei in die Hände der Hunnen geriet, die ihn zehn Jahre lang gefangenhielten.

Sie macht ihren Bruder vor allem darauf aufmerksam, daß er nur mit einer kleinen Gruppe auf Erkundungsreise gehen dürfe, damit die Stammesältesten erkennen, daß die Fremden mit friedlichen Absichten kommen. Nur so könne er ihr Vertrauen gewinnen.

Nach Rückkehr von seiner ersten Reise wird Pan Ch'ao als großer Held empfangen und mit dem Titel »Ting Yuan« – Friedensstifter entfernter Länder – ausgezeichnet. Seine Schwester hilft ihm nun, die geheimdienstlichen Berichte zu verfassen, eine Aufgabe, die dem jungen Mann, der praktisch ins Unbekannte vorgestoßen ist, sehr zustatten kommt.

Im Jahr 73 n.Chr. bricht Pan Ch'ao mit einem aus 36 Männern bestehenden Geleit zu seiner nächsten geheimen Mission in das Gebiet des heutigen Turkestan auf. Er bemerkt sehr bald, daß der erste Stammeskönig, den er aufsucht, zur selben Zeit eine Hunnen-Delegation empfängt. Pan Ch'ao stellt auch fest, daß der Gesandte der Hunnen beim König einen weit günstigeren Eindruck hinterläßt als er. Daraufhin weist er seine Begleiter an, unauffällig herauszufinden, wo die Konkurrenten untergebracht sind und wer von den Hofbeamten die Delegation betreut. Sie sperren den Beamten ein, schleichen sich nachts zu den Zelten der Hunnen und umzingeln sie.

Pan Ch'ao kennt zweifellos die Worte des großen Theoretikers Sun Tzu über den Wert des Feuers, um einen Gegner ins Freie zu locken: Er befiehlt, einen Heuschober in Brand zu stecken. Als die Hunnen beunruhigt aus ihren Zelten kommen, stürzen sich die Chinesen auf sie und metzeln alle nieder.

Am Morgen präsentiert Pan Ch'ao dem Stammeskö-

nig den Kopf des Delegationsführers der Hunnen. Dies ist natürlich ein Vabanquespiel, denn der König könnte jetzt befehlen, der kleinen chinesischen Gruppe einfach die Waffen abzunehmen, sie verhaften und hinrichten zu lassen. Aber Pan Ch'ao, ein guter Psychologe und Menschenkenner, spürt, daß er den König mit seiner Tat beeindruckt hat: Dieser war bisher überzeugt, daß die Hunnen unschlagbar seien. Nun stimmt er einer Allianz mit China zu und bietet sogar seinen erstgeborenen Sohn als Geisel an, um damit seine Bündnistreue zu garantieren.

Pan Ch'ao gelingt es, mit weiteren Herrschern benachbarter Länder Verträge über gegenseitige Militärhilfe abzuschließen. Er folgt dabei immer wieder den Regeln von Sun Tzu, daß Spione und Vertragspartner mit »Geschenken und Freundlichkeit« gewonnen werden sollen. Diese Politik, »die Barbaren in Schach zu halten«, bekannt als »i yi chih yi«, bleibt auch während der nächsten tausend Jahre eine erprobte Methode Chinas im Umgang mit aggressiven Nachbarn. Pan Ch'ao setzt seine erfolgreiche Mission fort: Er reist bis tief in die Wüste Gobi hinein, gewinnt einen Stamm nach dem anderen und nutzt die klügsten einheimischen Stammesmänner als Nachrichtenquelle.

Der geheime Diplomat Pan Ch'ao bekommt allmählich Einfluß über ein Gebiet von Zentralasien, das bis an die Schwelle Europas reicht. Insgesamt verbringt der Unermüdliche fast 30 Jahre in Zentralasien und pflegt mit fast 50 Stammeskönigreichen freundschaftliche Kontakte. Nach China wird er erst wieder zurückberufen, als seine Schwester beim Kaiser durch eine Petition erreicht, daß der verdiente Mann in den Ruhestand gehen darf: »Sein Alter macht ihm sehr zu schaffen, und wie ein Pferd oder ein Hund, die ihrem Herrn lange gedient haben, hat er seine Zähne verloren.« Kurz nach seiner Rückkehr stirbt er.

Pan Ch'ao ist der erste, der für das Chinesische Reich

Symbol der Macht: Die etwa 300 v. Chr. begonnene Chinesische Mauer, wie sie sich seit dem 15. Jh. darbietet

ein auswärtiges Spionagesystem aufgebaut hat. Beachtlich ist vor allem, daß seine geheimen Missionen im Ausland nicht einer aggressiven Politik dienten, sondern lediglich dem Wunsch, mit den Nachbarn in Frieden leben zu können.

Einmalig in der Geschichte: Wu Chao (reg. um 690–705) läßt sich zum Kaiser von China erheben

Die Kaiserin Wu Chao

Während der Jahrhunderte dauernden innenpolitischen kriegerischen Auseinandersetzungen, die im Jahr 168 mit einem von den Eunuchen inszenierten Staatsstreich beginnen und 220 zur ersten Teilung Chinas führen, ist kaum etwas über chinesische Geheimaktivitäten bekannt. Erst im 7. Jahrhundert nimmt eine bemerkenswerte Frau die Geschicke des riesigen Landes in die Hand. Dieses außergewöhnliche Ereignis wird sogar von Astrologen angekündigt, die von einem Stern berichteten, der bei Tageslicht mehrere Tage sichtbar war. Dies bedeutet nach ihrer Ansicht, daß in naher Zukunft in China eine Frau an die Macht komme: Ihr Name soll Wu Chao sein. Und sie irren sich nicht.

Wie aus alten Chroniken zu erfahren ist, wird die bildhübsche zwölfjährige Tochter eines Kaufmanns, die eine strenge buddhistische Erziehung genossen hat, 637 in das Gefolge von Kaiser T'ai-Tsung aufgenommen. Die intelligente, aufgeschlossene Wu Chao erlernt in ihrer Stellung als Konkubine auch die Kunst der Diplomatie und Intrige. Als sie erkennt, daß der Kaiser nicht mehr viele Jahre zu leben hat, wendet sie sich heimlich seinem Sohn zu, dem Kronprinzen Kao-Tsung.

Nach dem Tod des Kaisers unternimmt sie einen wohldurchdachten Schritt und zieht sich in ein Kloster zurück. Die Abreise von Wu Chao wird jedoch vom neuen Kaiser Kao-Tsung sofort bemerkt, und er holt sie umgehend an den Hof zurück. Danach läßt er sich von seiner Frau scheiden und erhebt im Jahr 655 die energische Wu Chao zu seiner Hauptfrau. Die Scheidung hatte Wu bewirkt: Sie bezichtigte die Frau des Kaisers, in eine Verschwörung zur Vergiftung des Herrschers verwickelt zu sein.

Es dauert nicht lange, bis dieser etwas entschlußlose Monarch völlig unter dem Einfluß von Wu Chao steht. Als Kao-Tsung stirbt, tritt formell einer seiner Söhne die Nachfolge an, doch wird er auf Betreiben von Wu Chao nach einigen Tagen durch einen ebenso im Hintergrund bleibenden Bruder auf dem Thron abgelöst. Auch er regiert nur als Marionette.

Im Jahr 690 tut die Regentin einen Schritt, der in der Geschichte Chinas keine Parallele hat: Wu Chao läßt sich selbst formell zum Kaiser erheben und nimmt den Titel Huang-ti (Erlauchter Kaiser) an.

Sie versteht es sehr geschickt, ihr Regime durch eine entsprechende Personalpolitik zu untermauern und ist klug genug, sich durch einen Minister- und Beamtenstab Anhänger zu sichern. Man behauptet später, Wu Chao habe einen ihrer eigenen Söhne vergiftet und mehrere andere Prinzen ermorden lassen, um jede Konkurrenz auszuschalten; sie baut eine regelrechte Geheimpolizei auf und hat sogar unter den Hofdamen einige Zuträgerinnen und Spitzel. Sie ist allem Anschein nach der erste Herrscher Chinas, der einen vom Monarchen überwachten Geheimdienst organisiert, dessen Vollmachten und Wirksamkeit ohnegleichen sind.

Schon nach wenigen Jahren hat sie alle anderen staatlichen Sicherheitsinstitutionen, die ihrer direkten Kontrolle nicht unterstehen, völlig ausgeschaltet. So findet am Hof ein unglaubliches Intrigenspiel statt; Wu Chao kennt ihre Feinde und läßt sie entweder hinterrücks ermorden, öffentlich hinrichten oder verbannen.

Um sicherzustellen, daß keiner aus der Familie ihres verstorbenen Mannes die Macht an sich reißen kann, werden allmählich die Brüder, Vettern, Neffen und Onkel umgebracht und damit alle Revolten unterbunden. Nicht einmal ihr Schwiegersohn Hsueh Shao, der Mann ihrer Lieblingstochter, entkommt dieser kaiserlichen Säuberung: Er wird nicht sofort getötet, sondern muß im Gefängnis den Hungertod sterben. Auch Angehörige der Geheimpolizei, die der Kaiserin unzuverlässig erscheinen oder von denen sie annimmt, daß sie ihren Feinden gegenüber Milde walten lassen, werden liquidiert.

Diese Geheimpolizei unter Lai Chun-ch'en ist vermutlich der brutalste aller Sicherheitsapparate in der chinesischen Geschichte. Lai Chun-ch'en entwickelt die gefürchtetsten Folterungsarten, mit denen er Geständnisse erpreßt. Er organisiert sogar eine Schule für Torturen, die ihr eigenes Handbuch mit den raffiniertesten Verhörmethoden besitzt.

Eines Tages kommt der bereits 70jährigen Wu Chao eine außergewöhnliche Idee: die »Bronzene Informations-Urne«, eine Art Postkasten für anonyme Briefeschreiber, der ihr als persönliche geheime Informationsquelle dienen soll. Wu Chao läßt die Urne außerhalb des kaiserlichen Palastes aufstellen, und jeder Bürger, gleich welchen Standes, soll Gelegenheit haben, sich direkt an die Kaiserin zu wenden. Falls er nicht schreiben kann, ist es ihm erlaubt, auf Staatskosten einen verschwiegenen professionellen Briefschreiber zu beauftragen.

Ziel dieser Einrichtung ist, zu erfahren was das gemeine Volk denkt, wobei der Kaiserin sicher klar ist, daß viele der Informationen wertlos sind. Um die Sache zu vereinfachen, läßt sie an der Urne vier Schlitze anbringen: Einer ist für Petitionen gedacht, der zweite für Beweise von Korruption, Verrat oder für Beschwerden gegen Beamte, auch gegen die Geheimpolizei; in den dritten Schlitz gehören die Briefe mit Forderungen, Beanstandungen sowie mit Vorschlägen für die Beförderung von geeignet gehaltenen Personen, in den vierten Schlitz sollen alle möglichen »Prophezeiungen« gesteckt werden. Gerade diese bringen ein beachtliches Maß an wertvollen Informationen, keineswegs nur spekulative Voraussagen.

Die Kaiserin nimmt alle Kritik zur Kenntnis. Ist sie der Meinung, daß diese etwas Brauchbares bietet, dann greift sie die Sache auf. Dank der Informationen, die sie durch die Urne erhält, kann sie inkompetente Beamte entlassen, Korruption bekämpfen und viele Mißstände abstellen. Die Einrichtung erweist sich als so nützlich, daß Wu Chao es sich schließlich sogar leisten kann, ihre Geheimpolizei aufzulösen. Lai Chun-ch'en wird diskret auf einen unbedeutenden Posten in der Provinz abgeschoben.

Der wichtigste Auswerter aller anonymen Zuschriften ist Wu Chaos persönlicher Berater, der Mandarin Ti Jen-chieh, von Beruf Richter und gleichzeitig zuständig für den Schutz der Kaiserin. Er gilt seit Einführung der »Bronzenen Informations-Urne« wegen seiner objektiven Beurteilung der Geheimberichte als der weise Mann am Hof.

Chinesische Spionageabwehr

Unter der von Li-schi-min 618 gegründeten und mit Unterbrechungen bis 907 herrschenden T'ang-Dynastie wird die Verwaltung des Landes mehrere Male reorganisiert, das Steuersystem verbessert und das

Der Kaiserhof zu Peking in einem Kupferstich des 17. Jhs.

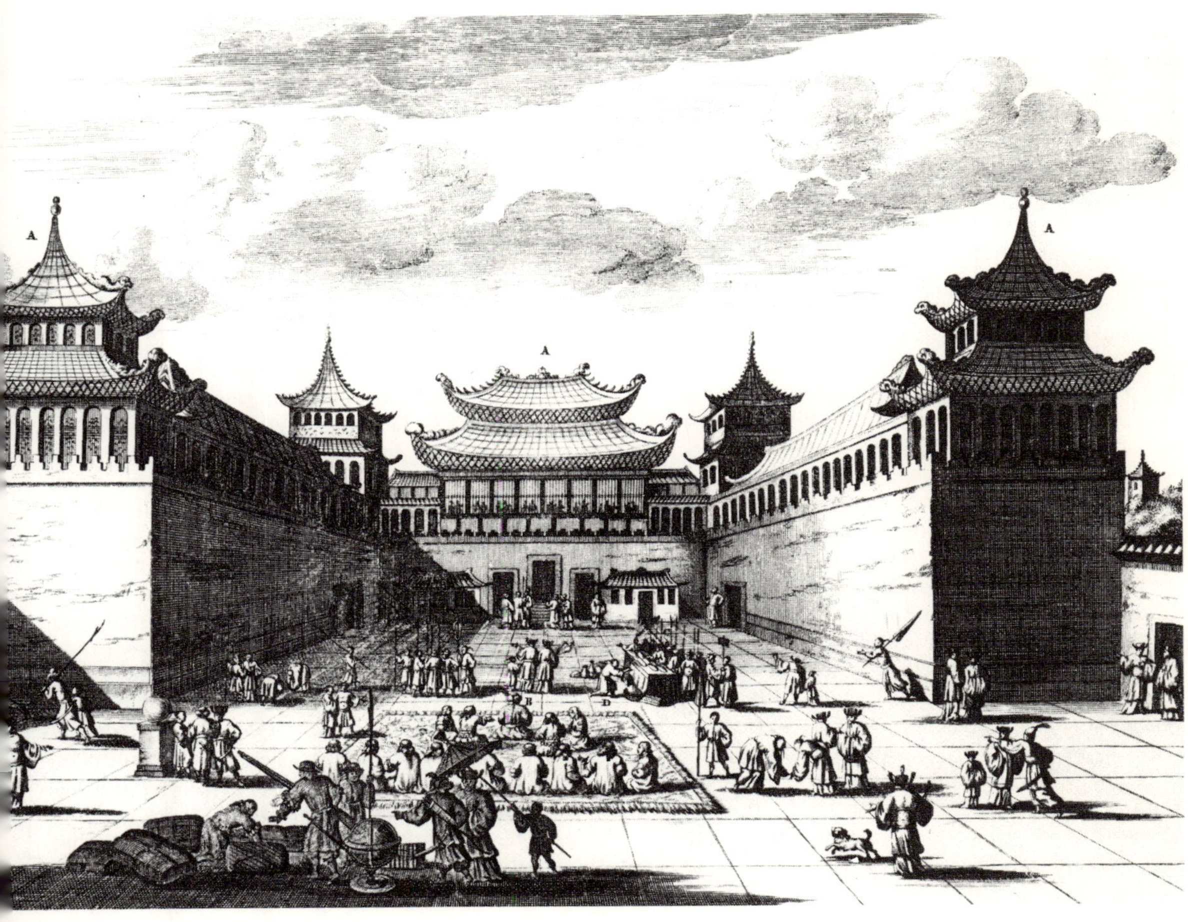

Bereits im 3. Jh. v. Chr. gab es in China unter Kaiser Chi'n Shih-Huang-ti ein organisiertes Postnetz: bei Ausgrabungen entdeckte Darstellung eines Postwagens

Netz von Poststraßen erheblich erweitert. Es werden in geringen Abständen Stationen mit fast luxuriös ausgestatteten Nachtquartieren für die Reisenden errichtet und auch Verbindungswege über Flüsse und Kanäle geschaffen, um das gewaltige Reich und seine Bewohner einer besseren Kontrolle zu unterziehen.
Das gesamte chinesische Postwesen unterliegt der Oberaufsicht des Kriegsministeriums, dem damit ein vorzügliches Instrument für die schnellste Übermittlung von Geheimnachrichten zur Verfügung steht.
Der Kaufmann Sulaiman ist der erste namentlich bekannte Araber, der China während der Herrschaft der T'ang-Dynastie besucht und im Jahr 851 einen Bericht über seine Reisen nach Indien und China schreibt. Er schildert minuziös die Maßnahmen der Chinesen, um Spionage zu unterbinden: »Jeder, der von einer Provinz in die andere reisen will, muß sich mit zwei Begleitschreiben versehen, eines vom Gouverneur, das andere vom (einflußreichen) Eunuchen seines Aufenthaltsortes.
Der Brief des Gouverneurs ist eine Art Reisepaß. Er enthält die persönlichen Angaben des Reisenden und seiner Begleiter sowie den Namen des Volkes, dem er angehört. Jedermann, der in China die Poststraßen benutzt, sei er Chinese, Araber oder sonst irgend jemand, ist verpflichtet, ein solches Dokument bei sich zu haben, um sich jederzeit ausweisen zu können. In das vom Eunuchen ausgestellte Dokument wird eingetragen, wieviel Geld der Reisende bei sich hat und welche Gegenstände er mitführt. Auf allen Straßen sind Wachen postiert, denen die Dokumente vorgezeigt werden müssen. Nach der Überprüfung wird eingetragen, welchen Posten der Reisende passiert hat. Die Anordnungen sollen – so heißt es – zur Sicherheit der Reisenden sein. Ähnliche Vorschriften gelten auch für Bootsreisen.«
Solche Vorsichtsmaßnahmen wie die Verwendung von Pässen oder Reiseerlaubnisscheinen sind in China schon einige Jahrhunderte vor Christi Geburt in den Niederschriften des Tscheoun-li erwähnt.
Mit dem von Huang Tsch'ao 874 angezettelten großen Volksaufstand und dem Ringen um die Macht zerfällt das Land in fünf Dynastien. Dies wirkt sich auf die chinesische Postorganisation für lange Zeit verheerend aus, obwohl General Tschao K'uang-yin ab 960 durch Kämpfe und durch diplomatische Verhandlungen das Land wieder vereint. Als Gründer der Sung-Dynastie ist er bemüht, das Land zu befrieden.
Anfangs übernimmt das Militär den Kurierdienst und setzt Soldaten als Läufer zwischen den einzelnen Poststationen ein. Die Soldaten-Läufer befördern nicht nur militärische Befehle, sondern aus Gründen der Überwachung auch den gesamten Schriftwechsel der Administration, selbst Briefe von Angestellten der Poststationen an deren Familien. Einige Zeit

später werden für die schnellere Nachrichtenbeförderung wieder Kurierreiter eingesetzt. In manchen Provinzen hilft die Bevölkerung tatkräftig mit, um das alte Postsystem wenigstens für die örtliche Nachrichtenübermittlung in Gang zu bringen.
Eine Reorganisation der Militärverwaltung und Verbesserung der Administration sowie die Entwicklung des Handels führen im 11. Jahrhundert zu einer neuen wirtschaftlichen und kulturellen Blüte.

Totale Überwachung

Während man sich im Abendland immer noch für die Beschaffung von Geheiminformationen einzelner Spione und Kundschafter bedient, wird im fernen China Mitte des 11. Jahrhunderts die völlig neue Idee eines Mannes namens Wang An-Shih aufgegriffen. Bereits in jungen Jahren entwickelt er sich zu einem brillanten Experten der Staatsverwaltung.
Um das Jahr 1058 verfaßt Wang An-Shih ein »Zehntausend-Worte-Memorandum«. Es ist ein sehr vielseitiges Werk, das nicht nur für Bauern die vorteilhafteste Bodenbearbeitung beschreibt oder konkrete Vorschläge der Modernisierung des Steuerwesens und Kürzung von Regierungsausgaben macht, sondern auch die staatliche Überwachung des Handels befürwortet. Beachtenswert ist seine Idee, Ausbildungsstätten für Regierungsbeamte zu errichten und die innere Sicherheit durch ein Garantiesystem kollektiver Haftung zu festigen.
Wang An-Shih schlägt die Aufstellung von Bürgschaftsfamilien (paochia) vor, die in Friedenszeiten Sicherheitspolizei- und Wachdienste übernehmen und im Kriegsfall eine Art Bürgerwehr bilden. Die Familien werden in Einheiten von jeweils 10, 50 und 500 Personen straff organisiert. Alle Mitglieder einer solchen Einheit sind nicht nur kollektiv verantwortlich für die Vergehen jedes einzelnen, sondern auch für jene Taten, die von Fremden, Verwandten oder Gästen begangen werden, die sich bei ihnen aufhalten.
Das Land befindet sich derzeit in einem äußerst desolaten Zustand, die Bewohner leiden unter Banditentum und Gesetzlosigkeit. Wang An-Shih gelingt es mit der Schaffung jenes umfassenden Überwachungs- und Spionagesystems, die Lage in den Griff zu bekommen.
So entsteht bereits im 11. Jahrhundert ein System der totalen Überwachung – an George Orwells Roman »1984« erinnernd –, das nicht der Staat, sondern die Bürger selbst bewerkstelligen. Damit den Untertanen des Kaisers das Leben etwas versüßt wird, sollen sie auch alle guten Taten melden. Wang beabsichtigt neben der totalen Bespitzelung, jedem Bürger und jeder Familie das Gefühl zu vermitteln, daß sie ein wichtiger, integraler Teil der Nation seien.
Nicht ohne Nebenabsicht beschäftigt sich Wang auch mit der Verbesserung des Ausbildungswesens: »Je mehr der gleitende Vogel unter sich sieht, desto besser kann er wetteifern mit jenen, die er beobachtet.« Das ist ein deutlicher Hinweis auf seine Einschätzung, daß eine gute Ausbildung auch die Qualität der Spionage verbessern kann.
Der von Wangs Intelligenz faszinierte Kaiser Shen-Tsung beruft ihn 1069 zum Kanzler und verleiht ihm 1076 aufgrund seiner Verdienste den Fürstentitel. Sein ausgeklügeltes Überwachungs- und Spionagesystem dient selbst späteren Generationen als Vorbild. So lebt es im 17. Jahrhundert in der Mandschu-Dynastie wieder auf. Auch Tschiang-Kai-scheck und nach ihm Mao Tse-tung errichten ihre moderne Spionage- und Überwachungsorganisation nach den Grundregeln von Wang An-Shih.

Chinesischer Krieger, das Rückgrat der totalen Überwachung durch Wang An-Shih

Die große Zeit des Islam

Im Nahen Osten und im Mittelmeerraum war der Fortschritt auf dem Gebiet der Spionage hauptsächlich auf die Araber zurückzuführen. Bereits im frühen Mittelalter setzten die Moslems bei ihren Eroberungszügen in Nordafrika zunehmend Agenten und Spione ein, und die meisten europäischen Herrscher erkannten nicht rechtzeitig die Gefahr, die ihnen von der neuen Macht des Islam drohte.

Der Prophet Mohammed

Zu Beginn des 7. Jahrhunderts ist das Byzantinische Reich Zeuge eines der faszinierendsten Ereignisse der Weltgeschichte: In der Wüste von Arabien entsteht ein neues Reich, das die Lehre des Islam verkündet. Der Stifter dieser neuen Religion, Mohammed, um 570 in Mekka geboren, fühlt sich durch visionäre Erlebnisse zum Propheten Allahs, des einzigen Gottes, berufen. Im Jahr 622 flieht er aus Mekka, wo seine Widersacher ihm nach dem Leben trachten, und geht nach Medina. Hier gewinnt Mohammed durch die Kraft seiner Beredsamkeit eine schnell anwachsende Schar begeisterter Anhänger, die später unter seiner Führung Mekka erobert und zum Zentrum des Islam erklärt.
Mohammed versteht es, nach wechselvollen Kämpfen, geschickten diplomatischen Verhandlungen und Massenbekehrungen, das zerstrittene Arabien politisch und religiös unter der grünen Fahne des Propheten zu einigen. Nach seinem Tod im Jahre 632 überrennt der Islam im Kampf gegen die »Ungläubigen« binnen zehn Jahren Ägypten, Syrien und Palästina. 711 stoßen die Araber über die Straße von Gibraltar nach Europa vor. Spanien bleibt lange Zeit ein Stützpunkt des Islam im christlichen Abendland. Diese drohende Gefahr bewirkt große politische Veränderungen zwischen den Pyrenäen und dem Bosporus.
Die Araber versuchen keineswegs, in den eroberten Gebieten die Reste der west- und oströmischen Staatspost aufzulösen. Im Gegenteil: Sie kümmern sich um die Instandhaltung der Straßen und deren weiteren Ausbau. Um jede Opposition im Keim zu ersticken, organisiert Kalif Muawija einen weit verbreiteten Spionagedienst. Er wählt 4000 zuverlässige Männer aus, die ihm nicht nur als Leibwache, sondern auch als Spione und Geheimpolizisten dienen, um den Widerstand der Schiiten zu bekämpfen. Dank der rigoros vorgehenden Geheimpolizei und des Spionagesystems kann das neue Regime trotz aller Intrigen und Verschwörungen bestehen.
Nach den Eroberungen in Nordafrika und einiger Stützpunkte in Griechenland bedrohen jetzt arabische Flotten auch die byzantinische Seeherrschaft. Die Einnahme von Zypern und Rhodos in der Ägäis sind erste Teiloperationen des Seekrieges.

Byzantinische Geheimwaffe

Im Frühjahr 678 steht das geschwächte Oströmische Reich nach mehrjähriger Belagerung von Byzanz durch die Araber fast vor der völligen Niederlage; da

Der junge Mohammed (um 570–632) wird von dem Mönch Bahira in seine zukünftige Mission eingeweiht

»Griechisches Feuer«: die byzantinische Geheimwaffe im Einsatz gegen die arabische Flotte. Miniatur aus einer Handschrift des 14. Jhs.

holt die byzantinische Flotte zu einem überraschenden Schlag aus. Sie nimmt Kurs auf das Marmarameer und steuert der weit überlegenen arabischen Flotte entgegen. In Sichtweite ihrer Seebasis Kyzikos formieren sich die arabischen Schiffe in breit gestaffelter Anordnung. Auf einmal preschen zwischen den behäbigen byzantinischen Linienschiffen bisher verdeckte leichte Schnellruderboote vor. Trotz des hohen Wellengangs, dazu einem Hagel von Pfeilen und Schleudersteinen, nähern sie sich den arabischen Galeeren. Wie auf Kommando schießen Flammenstrahlen aus den Rohren am Bug ihrer Boote, mit denen sie auf die arabischen Schiffe zielen.
Im Nu verwandeln sich die arabischen Schiffe in lodernde Fackeln. Ihre Besatzungen versuchen, durch Sprung in die brodelnde See sich vor den schnell ausbreitenden Flammen zu retten. Unter den arabischen Seeleuten bricht Panik aus. Diesen günstigen Augenblick nutzend, rammen und entern die byzantinischen Linienschiffe die vom Brand verschonten arabischen Galeeren.
Inzwischen erneuern die Schnellruderer ihre Angriffe: Sie schleudern mit Katapulten schwere Tontöpfe in die gegnerischen Reihen. Selbstzündende Brandsätze breiten ihr Feuer blitzartig nach allen Seiten aus, und weitere arabische Einheiten gehen in Flammen auf. Ein plötzlich einsetzender Sturm gibt der feindlichen Armada den Rest. Ehe die Sonne untergeht, ist die arabische Flotte fast vollständig zerstört. Nur einigen wenigen leichten Galeeren gelingt es, den Verfolgern zu entkommen.
Es ist die bisher schwerste Niederlage zur See und zugleich der größte Erfolg einer neuen Geheimwaffe, des »Griechischen Feuers«. Bereits wenige Wochen später wendet sich der Kalif an Kaiser Konstantin IV. mit der Bitte um Frieden.
Diese Blitzaktion im Marmarameer ist politisch und strategisch gesehen eine der größten Entscheidungsschlachten: Hätte die byzantinische Flotte versagt, wäre Konstantinopel in Kürze gefallen. Dann stünde der europäische Kontinent dem Islam offen, da es derzeit zwischen dem Goldenen Horn und der Nordmeerküste keine Kraft gibt, die sich mit der Streitmacht des Propheten messen kann.
Die Rettung, die das Abendland zu dieser Stunde erfährt, verdankt es einem aus Heliopolis in Syrien stammenden Techniker namens Kallinikos, der vor den Arabern nach Konstantinopel geflohen ist. Hier hat er die Möglichkeit, seine Erfindung Kaiser Konstantin IV. vorzuführen. Der junge Monarch erkennt sofort deren Bedeutung und läßt dem Ingenieur eine Werkstatt sowie das entsprechende Versuchsgelände zur Verfügung stellen und ihn mit den erforderlichen Geldmitteln versorgen.
Das Prinzip der Herstellung des »Griechischen Feuers« ist an und für sich relativ einfach: Das im Nahen Osten an verschiedenen Stellen an die Erdoberfläche sickernde Erdöl wird mit Schwefel oder ungelöschtem Kalk und mit Pech vermischt, später kommt noch Salpeter hinzu. Es handelt sich um ein selbstentzündliches Gemisch, bei dem der gebrannte Kalk unter dem Einfluß von Wasser eine starke Wärme entwikkelt. Die erhöhte Temperatur bringt wiederum das Erdöl teilweise zum Verdampfen, so daß die Dämpfe in Verbindung mit Luft ein explosives, leicht entzündliches Gasgemisch ergeben. Mit dem Zusatz von Salz verleiht man der Flamme eine gelbe Farbe, die für besonders heiß gehalten wird.

Das »Griechische Feuer« ist der Schrecken des Mittelalters. Es verursacht lebhafte Brände, und gerade die Verbindung mit Wasser widerspricht dem allgemeinen Glauben, Feuer und Wasser seien unversöhnliche Gegensätze.
Das Erstaunlichste ist die beispiellose Geheimhaltung: Obwohl bei Herstellung der »Geheimwaffe« und auch bei der Erprobung bestimmt eine Anzahl von Menschen teilgenommen hat, wird weder die genaue Zusammensetzung noch das mechanische Mittel bekannt, deren man sich bediente, um diese Brandsätze anzuwenden. Verschiedene Chronisten vermuten, man habe »Flüssiges Feuer« aus ehernen »Siphonen« auf die angreifenden Schiffe gesprüht. Wahrscheinlich handelt es sich um doppelt wirkende Druckpumpen, die der Ägypter Ktesibios schon um 200 v. Chr. erfunden hat und die einst als eine Art Feuerspritze dienten.
Bereits seit dem frühen Mittelalter kennt man den Begriff der wehrwirtschaftlichen Geheimhaltung. Drakonische Strafen stehen auf Verrat des Rezeptes, das nur wenigen Eingeweihten und den engsten Vertrauten des Kaisers bekannt ist. In der Tat gelingt es, dieses streng bewachte Staatsgeheimnis mehrere Jahrhunderte hindurch zu wahren: eine bestaunenswerte Leistung byzantinischer Geheimhaltung im Interesse der Wehrwirtschaft.
Nicht zuletzt hat Konstantinopel dank dieser unbekannten, furchterregenden Waffe seine Stellung so lange halten können. Immer wieder greifen die Byzantiner in ausweglos erscheinenden Situationen zum »Griechischen Feuer«, das ihnen jedesmal die Rettung bringt.

Spione der Kalifen

721 stehen die Araber vor Toulouse. Das Reich der Kalifen, der »Nachfolger Mohammeds«, dehnt sich jetzt von Frankreich bis an die Grenzen des sagenhaften Indiens. Die zweckmäßige Verwaltung eines solchen Imperiums stellt die Araber vor die gleichen Probleme wie früher die Perser und Römer. Eine Zentralverwaltung mit Statthaltern in den einzelnen Provinzen ist ebenso erforderlich wie eine ständige Verbindung mit den kämpfenden Truppen. Besonders wichtig erscheint es, die Tätigkeit der Statthalter zu überwachen, da sich gezeigt hat, daß sie politisch nicht unbedingt zuverlässig sind und danach trachten, ihre eigene Macht auf Kosten der Kalifen zu vergrößern.
Bei der Eroberung des Neupersischen Reiches finden die Araber dessen hochentwickeltes Postwesen vor. Sie übernehmen viele Einrichtungen und passen sie den Bedürfnissen ihres Staates an. Selbst das arabische Wort »Baryd« für Kalifenpost ist von dem persischen Ausdruck »Berid« (Eilbote) und dem babylonischen »Burido« abgeleitet.
Unter dem Kalifen Motamid gibt der Oberpostmeister in Djebel, er heißt Ibn Chordadbe, die Zahl der im ganzen Reich bestehenden Poststationen mit 930 an, deren Kosten den Staatshaushalt mit der beträchtlichen Summe von 154101 Dinar jährlich belasten. Diese Kalifenpost hat neben der Brief- und Personenbeförderung vor allem sämtliche vertraulichen und streng geheimen Berichte dem Kalifen zu überbringen. Der ausgedehnte Apparat der Post wird nicht zuletzt für Überwachungsdienste genutzt, und je unruhiger die Zeiten sind, desto mehr dient die Post der staatspolizeilichen Ermittlung.
Der Generalpostmeister hat ein eigenes, dem Kalifen direkt unterstelltes Ministerium (Diwan). Die in den Hauptorten eingesetzten Oberpostmeister müssen die Arbeit der in ihrer Provinz tätigen Postbeamten überwachen. Der berühmte arabische Geograph Quodama erwähnt in seinem Werk das vom Kalifen persönlich ausgestellte Anstellungsdekret eines Oberpostmeisters. Es zeigt die Wichtigkeit der Post für den staatlichen Spitzeldienst:
Aufgabe des Oberpostmeisters ist laut Anstellungsvertrag vor allem die Berichterstattung über das Verhalten der Staatsbeamten und der Bevölkerung. Die Berichte müssen aber »der Wahrheit entsprechen und jederzeit beweisbar sein«. Erst am Schluß des Dekrets ist die Überwachung der Briefbeförderung sowie Einhaltung der Zeiten zwischen den einzelnen Poststationen festgelegt.
Welches Vertrauensamt ein Oberpostmeister als Berichterstatter hat, geht auch aus einer Äußerung des Kalifen Al-Mansur (754–775) hervor: »Mein Thron beruht auf vier Pfeilern und meine Herrschaft auf vier Menschen: einem tadellosen Kadi (Richter), einem energischen Polizeipräfekten, einem rechtschaffenen Finanzminister und einem treuen Postmeister, der mir über alles wahre Auskunft gibt.«
Daß eine politisch so brisante Stellung oft unter Lebensgefahr ausgeübt wird, zeigt das Beispiel des Oberpostmeisters aus Chorasan. Seiner Aufgabe entsprechend muß er auch den Statthalter der Provinz überwachen, der jedoch dem Kalifen feindlich gesinnt ist und versucht, sich von ihm unabhängig zu machen.
Als der Statthalter bei der Feiertagspredigt in der großen Moschee von Merw vor versammelter Volksmenge den Namen des Kalifen und das für ihn einzufügende Gebet wegläßt – was so viel wie eine Unabhängigkeitserklärung bedeutet –, ist der Oberpostmeister Zeuge dieses Ereignisses. Schnell stiehlt er sich aus der Moschee, eilt nach Hause und fertigt sofort einen Bericht für den Kalifen an. Es ist dem Oberpostmeister klar, daß man ihm jetzt nach dem Leben trachtet, um seine Meldung zu verhindern. Tatsächlich wird er verhaftet, und der getreue Oberpostmeister sieht sein letztes Stündchen schlagen, als der Statthalter unerwartet stirbt und der geplante Aufstand damit sein Ende findet.
Byzanz unternimmt den ersten Versuch, auf diplomatischem Weg durch einen Delegierten die Absichten der Araber zu erkunden. Als Kaiser Anastasios II. von einem seiner Agenten erfährt, daß die

Ein Hofbeamter, der das Funktionieren der Kalifenpost überwacht

Araber für das Jahr 717 einen Feldzug gegen Byzanz planen, entsendet er den Stadtpräfekten aus Sinope, Patricius David, zum Kalifen Walid I., um das Angebot einer friedlichen Einigung zu übermitteln.
Der Hauptgrund dieser Sondermission: Der Stadtpräfekt soll die Absichten des Kalifen und Details seiner militärischen Vorbereitungen auskundschaften. Nachdem der Kaiser über die tatsächlich ernst zu nehmende Gefahr unterrichtet ist, beginnt er sofort, die Befestigungen von Konstantinopel zu verstärken und seine Marine mit neuen Schiffen auszustatten, um einen arabischen Angriff von See her zu verhindern. Eine Revolution beendet allerdings überraschend die Herrschaft von Kaiser Anastasios, und der Angriff auf die Stadt findet tatsächlich noch im Jahr 717 statt, kann aber dank des erneuten Einsatzes des »Griechischen Feuers« zurückgeschlagen werden.

Die Mongolen

Kaum ein anderes Volk des Hochmittelalters verstand es so gut wie die Mongolen, sich auf seinen Eroberungszügen der Spionage, Kriegslist und Täuschung zu bedienen. Der den Mongolen vorauseilende Ruf, sie würden in den eroberten Ländern plündern und ohne Rücksicht auf Alter und Geschlecht alle Einwohner ermorden, ist ein Teil dessen, was man heutzutage psychologische Kriegführung nennt: Die »Tatarennachricht« von ihren Greueltaten lähmte den Kampf- und Verteidigungswillen der bedrohten Länder.

Gefahr aus der Steppe

Die Entstehung des mongolischen Weltreiches unter Dschingis-Khan gehört zu den größten Rätseln der Geschichte. Die Voraussetzungen allerdings, die es möglich machen, um innerhalb weniger Jahrzehnte mit den Kräften eines nomadisierenden Reitervolkes enorme Gebiete zu erobern und ein Imperium zu schaffen, das vom Japanischen Meer im Osten bis zur Adriaküste im Westen reicht, haben in gewisser Weise heute noch Gültigkeit. Dazu gehören sehr intensive Feinderkundung, eine schnell funktionierende Nachrichtenübermittlung sowie gut vorbereitete Masseneinsätze schneller Truppen, der Reiterei.
Die angewandten Täuschungsmanöver und Kriegslisten vergrößern die Wirkung der meistens blitzartig durchgeführten Operationen. Charakteristisch für die Mongolen ist ihr diszipliniertes Heer mit ausgezeichneten Feldherren sowie ein straff organisiertes Verwaltungs- und Rechtssystem. Die Vorfahren der Mongolen stammen aus der unwirtlichen Gegend östlich des Baikalsees.
Der Mann, der das bis heute größte Weltreich unterworfen hat, ist bereits 51 Jahre alt, als er seine Eroberungspläne in die Tat umsetzt. Temudschin, so sein ursprünglicher Name, 1155 als Sproß einer nomadischen Kleinfürstenfamilie geboren, die, nachdem die Mongolen seinen Vater vergiftet haben, den Zusammenhalt verliert. In jahrelangen Kämpfen baut Temudschin die einstige Steppenherrschaft wieder auf.
Kaum 30 Jahre alt, ist es ihm durch diplomatisches Geschick bereits gelungen, Zehntausende von Anhängern zu gewinnen. Und in den nächsten vier Jahren vereint Temudschin »mit Feuer und Schwert« die einander befehdenden Mongolenstämme in einem Gebiet, das größer ist als ganz Europa. Die Mongolenfürsten wählen ihn zum Khan (Oberhaupt einer Stammeskonföderation) und verleihen ihm den Namen Dschingis (»universal«).
Im Jahr 1206 beruft Dschingis-Khan die größte Fürstenversammlung (Kuril-Tai) ein. Es ist die Geburtsstunde des Mongolischen Reiches. Aus den Stämmen der Steppe wird eine Armee gebildet. Ein ausgezeichnetes Kuriersystem zur Übermittlung von Befehlen sorgt für die Überwachung des großen, kaum überschaubaren Gebietes.
In einem Frühjahr beordert Dschingis-Khan eine Schar von Kamelreitern, besonders zur Überwindung langer Strecken geeignet, zu einem Erkundungsstreifzug in Richtung Norden. Nach ihrer Rückkehr führt Dschingis-Khan den ersten Feldzug, der über die mongolische Steppe hinausgeht: Er gilt den Völkern der Kirgisen und Oiraten, die in jener nördlichen bewaldeten Gegend beheimatet sind, die allmählich in die sibirische Tundra übergeht. Als der Norden befriedet ist, stoßen die berittenen Kundschaftertrupps nach Süden vor.
1211 beginnt Dschinigis-Khan seine Invasion Chinas. Zwei Jahre lang ist das an Reiterschlachten auf freiem Gelände gewöhnte mongolische Heer in Nordchina durch die »Große Mauer« aufgehalten worden. Der Durchbruch wird schließlich erreicht, als Dschinigis-Khans Heerführer Dschebe mit seinen Reitern in eine 27 Kilometer lange Schlucht eindringt, die in die Ebene jenseits der Mauer führt. Dschebe versucht nun, den Gegner zu täuschen: Er greift die Chin-Verteidiger an, zieht sich aber dann plötzlich zurück und lockt sie damit aus ihrer Befestigung. Als die Chin-Soldaten die Verfolgung aufnehmen, machen die vermeintlich angeschlagenen Truppen von Dschebe unerwartet kehrt und greifen erneut an. In diesem Augenblick stößt Dschingis-Khan mit seinem Heer dazu.
Die Chin werden vernichtend geschlagen. Dieser entscheidende Sieg verschafft den mongolischen Invasoren Zugang zu den Ebenen im Herzen Chinas, wo sie Felder verwüsten und Städte plündern. Jetzt ist der mongolische Geheimdienst besonders aktiv, denn man will versuchen, mit minimalsten Verlusten die stark befestigte Hauptstadt Chinas einzunehmen. Es gelingt 1215, einen hohen chinesischen Offizier zu gewinnen, der zu den Mongolen überläuft und sie nach Peking führt.
Wenn auch die Schätze der Chin den Mongolen in die Hände fallen, so bleibt die Chin-Herrschaft jedoch bestehen. Beladen mit Beute kehrt Dschings-Khan in die Mongolei zurück. Sein neuer Eroberungsplan: die unbesiegten Nomadenstämme der Kitai an der Westgrenze seines Reiches.
Erst 1218 erfährt man im Abendland gerüchteweise von den Mongolen: Der Feldzug, den Dschingis-Khan in diesem Jahr gegen Mesopotamien führt, erschüttert die islamische Welt derart, daß die Kreuzfahrer bei den Kämpfen um Damiette die Auswirkungen als Entlastung zu spüren bekommen.

Der Mongolenherrscher Dschingis-Khan (reg. um 1206–1227): Mit dem Falken auf der Jagd; Gemälde eines chinesischen Künstlers aus dem 14. Jh.

Die Einnahme des Gebietes der Kara-Kitai bringt die Mongolen zum erstenmal mit der hochentwickelten moslemischen Kultur der Perser und Araber, dem Reich von Choresmien, in Berührung. Hier erstreckt sich vom Hindukusch-Gebirge bis zum Persischen Golf und zum Kaspischen Meer eines der ältesten Zentren asiatischer Zivilisation, der bedeutendste mohammedanische Staat des 13. Jahrhunderts.

Um dem Reich von Choresmien seine ehrlichen Absichten zu bekunden, schickt Dschingis-Khan eine Karawane von 500 Kamelen, die mit Edelmetallen, chinesischer Seide und Pelzen beladen sind. Zusätzlich entsendet jeder Fürst des Mongolenreiches einen Handelskaufmann, der choresmische Waren erwerben soll. Als die Karawane jedoch die Grenze nahe der Stadt Otrar überschreitet, läßt ein Gouverneur des Schahs die Mongolen niedermetzeln und ihre mitgeführten Güter beschlagnahmen. Er scheint zu fürchten, daß sich die 450 Mann starke Karawanenbegleitung aus Kundschaftern und Spionen zusammensetzt, die in das Reich einsickern wollen. Wutentbrannt beordert Dschingis-Khan einen Botschafter zum Schah mit der Forderung, den Gouverneur auszuliefern. Doch Mohammed II. läßt den Abgesandten hinrichten – eine unverzeihliche, nur durch Krieg zu sühnende Tat.

Bevor die Mongolen 1219 gegen das Choresmische Reich vorgehen, haben sie dessen Potential, Truppenstärke und Standorte genau ausgekundschaftet und eine gut ausgebildete Streitmacht aufgestellt. Ihr Kuriersystem funktioniert so perfekt, daß selbst Armeen, die Hunderte von Kilometern entfernt sind, ihre Operationen aufeinander abstimmen können.

Nachdem der Heerführer Subotai sich die Berichte der Kundschafter angehört hat, vertraut er dem Überraschungseffekt und der Beweglichkeit seiner Truppen. Er teilt seine zahlenmäßig eindeutig unterlegenen Streitkräfte in vier Armeen auf – eine im Süden, zwei stoßkräftige Heere im Zentrum und eine flankierende Streitmacht im Norden. Als der südliche Flügel in Choresmien einfällt und die Truppen von Mohammed II. in Kämpfe verwickelt, greifen unterdessen die zentralen mongolischen Heeresteile die Städte Chodsched und Otrar an. Chodsched fällt innerhalb weniger Stunden.

Die Verteidiger von Otrar, dem Sitz des Gouverneurs, der den Krieg durch die Niedermetzelung der mongolischen Karawane ausgelöst hat, kämpfen dagegen mit dem Mut der Verzweiflung. Wie altrussische Chronisten berichten, hat die Belagerung der Stadt fünf Monate gedauert. Zum Schluß bleiben nur noch der Gouverneur, seine Frau und eine Handvoll Leibwachen am Leben. Sie suchen auf einem Dach Zuflucht und schleudern, als ihnen die Pfeile ausge-

hen, Ziegelsteine auf die Angreifer. Die Mongolen untergraben das Gebäude, bis es zusammenstürzt.
Nachdem seine Verteidigungsfront aufreißt, versucht Schah Mohammed die restlichen Streitkräfte in Samarkand zu sammeln. Da erreichen ihn niederschmetternde Nachrichten: Ein weiteres mongolisches Heer habe im Norden die als unpassierbar geltende Wüste durchquert und belagere nun Buchara. Da diese Stadt kaum befestigt ist und die meisten Verteidiger beim Erscheinen der Mongolen die Flucht ergriffen haben, ergibt sich Buchara bereits im März 1220. Samarkand fällt nach kurzer Belagerung. Die choresmische Hauptstadt Urgendsch jedoch verteidigen fanatische Gefolgsleute von Mohammed II. bis zum blutigen Ende. Im Reich von Choresmien werden alle Städte restlos geplündert, um jeden künftigen Widerstand unmöglich zu machen. Verschont werden nur Fachleute wie Schmiede, Klempner, Gerber, Sattler und Männer aus ähnlichen Berufen, für die die Mongolen Verwendung haben.
Bei den Kämpfen, die zur Eroberung des Choresmischen Reiches führen, wenden die Mongolen eine neue Kriegslist an: Um ihr Heer noch zahlreicher erscheinen zu lassen und unter dem Gegner Panik hervorzurufen, befestigen sie lebensgroße Puppen aus Filz auf den Sätteln von Troßpferden und lassen sie ihrer Reiterei folgen.
Eines Tages erreicht Papst Honorius III. – laut Aufzeichnungen aus dem Vatikan – eine alarmierende Nachricht der Königin Rusadan von Georgien (Armenien), einem Kaukasus-Königreich zwischen dem Schwarzen und Kaspischen Meer: »Ein wildes Tatarenvolk, höllisch anzusehen, in seinem Hunger nach Beute unersättlich wie die Wölfe und tapfer wie die Löwen, ist in mein Land eingefallen ... die unerschrockenen georgischen Ritter haben sie wieder aus dem Land gejagt.«
Der von den Mongolen übernommene und im Mittelalter gebräuchliche Name »Tataren« stammt von einem Volksstamm, den sie unterworfen haben. Die von der Königin als Tataren bezeichneten Krieger sind in Wirklichkeit die 20000 Mann starken mongolischen Aufklärungstruppen unter Dschebe und Subotai. Dschingis-Khan hat sie beordert, die Länder jenseits des Kaspischen Meeres zu erkunden.

Täuschungsmanöver des Dschingis-Khan

In Europa kursieren zwar Gerüchte vom Vordringen der Mongolen, doch herrscht bisher völlige Unklarheit über das Wesen und die Ziele dieses Volkes. Unterdessen greift Dschingis-Khan zu einer raffiniert ausgeklügelten Methode, die das Abendland noch mehr verunsichern soll: Er läßt durch seine Agenten die Kunde verbreiten, daß es sich bei seiner Reiterarmee um das christliche Heer des Priesterkönigs Johannes oder auch des Königs David handle.
Dieses Täuschungsmanöver gelingt tatsächlich: Nachdem Dschingis-Khan im Frühjahr 1221 das Choresmische Reich in Persien vernichtet hat, schickt der Bischof von Akkon (Königreich Jerusalem), Jakob de Vitry, an Papst Honorius III. einen Bericht über den Krieg in Choresmien, der Europa aufatmen läßt. Der Bischof, ein energischer Befürworter des 5. Kreuzzuges, erwähnt darin die Ankunft eines unerwarteten Verbündeten: »Ein neuer und mächtiger Schirmherr ist der Christenheit erwachsen, König

Die Festung Laschkari, südlich von Kandahar, wurde im Jahr 1221 von Dschingis-Khans Truppen zerstört

David von Indien. Er hat an der Spitze seines Heeres, dessen Größe ohnegleichen ist, den Kampf gegen die Ungläubigen eröffnet.« Vitry schreibt weiter, daß König David bereits das Moslemreich in Persien zerschlagen habe und nur noch wenige Tagesmärsche von Bagdad entfernt sei. Diese wohl älteste christliche Aufzeichnung über die Mongolen und Dschingis-Khan verschickt der Bischof von Akkon am 18. April 1221 aus Damiette (östlich von Alexandria) an den Papst.
Was ist aber wirklich geschehen? Dschingis-Khan hat von dem sich in Europa verbreitenden Gerücht über einen christlichen Monarchen aus dem fernen Asien, genannt Priester Johannes, erfahren und sich dies zunutze gemacht. Als jetzt die Kunde vom Kampf einer Streitmacht gegen die asiatischen Moslems nach Europa dringt, nimmt man wirklich an, es handele sich um einen Kreuzzug gegen den Islam, von einem Nachkommen des Priesters Johannes angeführt. Sein Name: Dschingis-Khan. Er wird als dessen Urenkel angesehen, und man gibt ihm den biblischen Namen David.
Jacob de Vitry schreibt in seinem Brief: »Gott selbst hat den König der Inder, David, einen sehr mächtigen, tapferen, klugen und siegreichen Mann, erweckt, daß er als Hammer der Heiden die pestbringende Lehre Mohammeds und seiner verdammenswürdigen Religion vernichte.« Als Beweis legt der Bischof einen schriftlichen Bericht morgenländischer Christen über die Taten des neuen Königs David bei. Was der Bischof von Akkon natürlich nicht ahnt: dieser Bericht bezieht sich auf den Feldzug des mongolischen Heerführers Dschebe im Auftrag von Dschingis-Khan gegen den letzten Fürsten der Kara-Kitai im Jahr 1217/18.
Als in einer der Abschriften des bischöflichen Briefes an den Papst zu lesen ist, David sei der König von Israel (ein Irrtum des Schreibers, es soll König von Indien heißen), wird auch das europäische Judentum mobilisiert. Man vertritt die Meinung, die Tataren seien Nachfahren des einst verschleppten und verschollenen zwölften Stammes Israels. Auf die Nachricht hin senden die Juden sofort eine Schiffsladung Gold an den langerwarteten Messias, König David, doch der wertvolle Schatz erreicht nie sein Ziel. Er fällt im Verlauf der langen Reise kaukasischen Räubern in die Hände.
Die Hoffnungen auf eine Befreiung Jerusalems durch das Heer des Königs David werden jedoch sehr schnell getrübt. Noch im selben Jahr – 1221 – muß Papst Honorius III. feststellen, daß er einer Täuschung zum Opfer gefallen ist: Königin Rusadan von Georgien entschuldigt sich beim Papst, weshalb sie den vor Damiette kämpfenden Kreuzfahrern keine Hilfe geleistet habe. Sie sei in ihrem Land wiederholt von Tataren überfallen worden, die es schändlich ausgenutzt haben, für Christen gehalten zu werden. Um die georgischen Verteidiger zu täuschen, hätten sie beim Angriff Kreuze vorangetragen und den Anschein erweckt, sie seien Glaubensbrüder.

Die mongolischen Reiter waren gleichzeitig virtuose Bogenschützen; chinesische Miniatur aus dem 13. Jh.

Auf diese Weise besiegen die Mongolen 1221 und 1222 zwei georgische Heere und – was keiner für möglich hält – überqueren mitten im Winter den Kaukasus. Als sie danach durch die südrussischen Steppen vordringen wollen, stoßen sie jedoch auf heftigen Widerstand der tapferen Kumanen des bulgarischen Königs Kotian, die mit anderen Nomadenstämmen an den Ufern der Wolga leben.
Auch hier wenden die Mongolen wieder eine ihrer bewährten Kriegslisten an: Ein mongolischer Spähtrupp nähert sich mitten in der Nacht dem Kumanenlager, um mit Pferden und reichlich Gold die gegnerischen Krieger zu bestechen, damit sie, anstatt zu kämpfen, ihr Lager abbrechen und sich zurückziehen. So bleibt dem verdutzten König Kotian und seinen Verbündeten kein anderer Ausweg, als den Kampf aufzugeben.
Danach reitet Dschebe mit seinem Stoßtrupp nach Westen, um bis zum Ufer des Don aufzuklären, während Subotai die Küste des Asowschen Meeres auskundschaftet. Als Subotai zufällig auf eine Gruppe venezianischer Kaufleute stößt, erhält er als Gegenleistung für einen Vertrag, der den Venezianern die Sicherheit ihrer Handelsaußenposten garantiert, die ersten, äußerst wichtigen Informationen über Rußland und Europa.
Im Gefolge der mongolischen Erkundungstruppen befinden sich arabische und chinesische Landvermesser sowie Beamte, die das Gelände kartographieren, die landwirtschaftlichen Erträge und die Größe der Herden abschätzen. Sie bauen, nach Berichten der Venezianer, auch ein großes Spionagenetz auf, das mit choresmischem Gold bezahlt wird.
Im Winter 1222/1223 treffen Dschebe und Subotai mit ihren Streitkräften am Dnjestr zusammen. Hier bringen ihnen die Kundschafter Nachricht von einer russisch-kumanischen Konföderation, die König Kotian in aller Eile zusammengebracht hat, um die einfallenden Mongolen zurückzuwerfen. Das Gebiet des heutigen Rußland besteht zu dieser Zeit aus einer

Die Bewohner einer russischen Stadt versuchen, den Angriff der Mongolen abzuwehren

Rechts: Der neue Groß-Khan Ogadai (reg. um 1227–1242) übernimmt das Erbe von Dschingis-Khan

Anzahl zerstrittener Fürstentümer. Selbst angesichts der mongolischen Bedrohung sind sie zunächst nicht bereit, gemeinsam zu handeln. Doch Kotian gelingt es, die russischen Fürsten zur Bildung einer Koalition zu bewegen. Er verspricht ihnen wertvolle Geschenke wie Sklavinnen, Pferde und Kamele.

Im Frühjahr 1223 kann Fürst Mstislaw der Kühne, der König Kotian in seinen Bemühungen tatkräftig unterstützt, mehrere Adelige zu einem Treffen auf einer Insel im Dnjepr überreden, um von dort aus mit ihren Streitkräften den Mongolen Einhalt zu gebieten. Kurz vor dem Aufbruch zum Dnjepr werden die beiden Fürsten von Kiew und Tschernigow durch mongolische Abgesandte überrascht, die mit einem Friedensangebot in ihrem Lager erscheinen. Da die Fürsten sich nicht sicher sind, ob sie den Mongolen trauen oder deren Angebot als Zeichen der Schwäche ansehen sollen, lassen sie die Delegation umbringen. Doch die Rache der Mongolen folgt unerwartet schnell, und Subotai bedient sich auch jetzt einer raffinierten Täuschung: Er stationiert eine Nachhut von 1000 Mann gegenüber dem russischen Lager am Ostufer des Dnjepr und tritt mit dem Hauptheer den Rückzug an. Die russischen Fürsten fallen über dieses kleine Kontingent her, das bis zum letzten Mann kämpft, und jagen dann ungeordnet dem abziehenden Subotai nach. Neun Tage lang streifen die Mongolen am Nordufer des Asowschen Meeres entlang, bis sie den Kalka-Fluß erreichen, eine Gegend, die sich für ihre Taktik am besten eignet.

Ohne die Ankunft der gesamten gegnerischen Streitmacht abzuwarten, greift Subotai die ihn verfolgenden Russen und Kumanen an. Als die leichte mongolische Reiterei auf das anstürmende feindliche Heer einen Pfeilhagel niedergehen läßt, brechen die Kumanen aus und wenden sich zur Flucht. Die schwere Reiterei der Mongolen nutzt die entstandene Bresche und behält ihre feste Kampfordnung bei. Subotais Truppen können 40 000 Mann des russischen Heeres niedermetzeln, denen die eigene Verstärkung den Rückzug versperrt.

Die unglückliche Schlacht am Fluß Kalka besiegelt

am 31. Mai 1223 das Schicksal Südrußlands. Nun jagen die Mongolen die Reste des russischen Heeres über 250 Kilometer bis zum Dnjepr zurück, wo 10000 Krieger aus dem Raum eine inzwischen errichtete Festung besetzt halten. Subotai verlangt Verhandlungen, doch als die Kiewer nicht reagieren, stürmt er drei Tage lang das befestigte Lager. Der Fürst von Kiew, der den Konflikt durch die Ermordung der mongolischen Delegation vom Zaun gebrochen hat, wird gefangengenommen und muß mit zwei anderen russischen Adeligen in einer versiegelten Kiste langsam ersticken, während Subotai, Dschebe und die anderen Mongolenführer ihren Sieg feiern.

Im Frühsommer 1223 werden Subotai und Dschebe von Dschingis-Khan nach Irtysch zurückbeordert, doch Dschebe stirbt auf der Heimreise an Fieber. 1226 führt Dschingis-Khan einen lang geplanten Rachefeldzug gegen die Tanguten in Hsi Hsia (westliches Nordchina), auf dem er bei einem Sturz vom Pferd ernstlich verletzt wird. Obwohl seine Heerführer ihn beschwören, die Kriegshandlungen abzubrechen, weigert sich der Khan: Er will eine ihm sechs Jahre zuvor widerfahrene Beleidigung durch die Tanguten nicht ungesühnt lassen.

Der Krieg in China zieht sich über ein Jahr hin. Am 24. August 1227 stirbt Dschingis-Khan. Die Nachricht seines Todes wird völlig geheimgehalten, um möglichen Aufständen im Reich vorzubeugen. Die feierliche Prozession, in der Dschingis-Khans Leichnam in seine Heimat überführt wird, vollzieht sich schweigend. Jeder, der dem Zug begegnet, wird getötet. Man begräbt den Groß-Khan seinem Wunsch entsprechend auf dem Berg Burkan-Kaldun, wo er häufig und gern gejagt hat.

Trauerzug mit dem Leichnam von Dschingis-Khan im Frühherbst 1227; nach einem persischen Gemälde aus dem 14. Jh.

Auch nach dem Tod des genialen und grausamen Herrschers büßt das von ihm gegründete Reich nichts an Stärke ein. Die Heere bleiben diszipliniert und loyal, Dschingis-Khans Gesetze werden wie zuvor strikt befolgt, seine Politik religiöser Toleranz und sein Verwaltungssystem beibehalten. Kurz vor seinem Tod hat Dschingis-Khan das Reich unter seine Söhne und deren Nachkommen aufgeteilt. Übereinstimmend mit seinem letzten Willen wählen die Mongolenfürsten 1227 Ogadai zum Groß-Khan. Er versucht zunächst, die Eroberung Chinas endgültig durchzuführen. 1234, nach dem Selbstmord des hartbedrängten Chin-Kaisers, stellt Ogadai die Eroberung des südchinesischen Sung-Reiches jedoch zurück. Jetzt sollen zuerst die Länder westlich des Urals erobert werden.

Die Späher der Mongolen

In diesen Monaten laufen schon die wichtigsten Vorbereitungen für die geplante Operation: Die Späher der Mongolen, so der polnische Geschichtsschreiber Jan Dlugosz, meistens als wandernde Bettler oder Musikanten getarnt, sollen die zukünftigen Marschrouten der mongolischen Reiterheere auskundschaften. Sie sammeln vor allem Informationen über Befestigungen, Flußdurchquerungen und Versorgungsmöglichkeiten. Eine andere bedeutende Nachrichtenquelle: Überläufer aus allen Teilen Europas, die von den Mongolen gut behandelt und bezahlt werden, erkunden zusätzlich die inneren Verhältnisse in den Ländern, die diese unterjochen wollen.

Wie weit die Aufklärung der Mongolen in Westeuropa bereits vorangeschritten ist, zeigt unter anderem die Verbreitung des Gerüchts, daß »sie beabsichtigen nach Köln zu gehen, um die Leichname der Heiligen Drei Könige aus dem Morgenland, die ihrem Volk entstammen, endlich zurückzuholen«.

Das Kommando für dieses Großunternehmen gegen Europa erhält Batu, einer der Enkel von Dschingis-Khan. Der alte verwegene Stratege Subotai, militärischer Kopf der Operation, und zahlreiche Mongolenfürsten sollen ihn begleiten. 1237 bricht eine Armee von 150000 Mongolen und Türken zu dem Feldzug auf, der das Abendland erschüttert. Das erste Ziel: die Sicherung des Gebietes zwischen Wolga und Ural durch Unterwerfung der Wolgabulgaren und der Kiptschak, des östlichen Zweiges der Kumanen.

Um Panik hervorzurufen, verbreiten die vorausgeschickten Kundschafter und Agenten Greuelnachrichten von den blutdürstigen Scharen, die im Anmarsch seien. So wird in einem Blitzfeldzug die bulgarische Hauptstadt Bolgar nördlich des Zusammenflusses von Wolga und Kama eingenommen. Typisch für die Kampfweise der Mongolen ist, daß sie ihren Angriff erst dann beginnen, wenn durch harten Frost Flüsse und Sümpfe zugefroren und die Reiterhorden dadurch unbegrenzt bewegungsfähig sind.

In den Regionen nördlich des Kaspischen Meeres erleiden die Kiptschak eine vernichtende Niederlage. Man tötet ihren König und übernimmt eine große Anzahl von ihnen ins mongolische Heer.

Danach fallen die Mongolen in Rußland ein. Nachdem Subotai die Erkundungsergebnisse erfahren hat, wählt er für den Beginn der Invasion die Provinz Rjasan, den schwächsten Punkt an der russischen Grenze, und läßt deren Hauptstadt Rjasan an der Oka nach der Eroberung plündern. Die Einsatztruppen des russischen Großfürsten Juri werden inzwischen abgefangen und niedergemetzelt.

Als auch Moskau – eine kleine aber strategisch wichtige Stadt – überrannt ist, bricht Subotai nach Norden in Richtung Nowgorod auf. Großfürst Juri läßt seine Truppen aufmarschieren, doch die Spähtrupps melden ihm: »Mein Herr, die Tataren haben uns bereits vollständig umzingelt.« Subotais Truppen vernichten die Armee des Großfürsten innerhalb kurzer Zeit.

Das nächste Ziel ist Kiew: Die mehr als 400 Jahre alte ehemalige Hauptstadt eines ausgedehnten Reiches, berühmt durch seine 30 Kirchen mit goldenen Kuppeln, außerdem einer der wichtigsten Stützpunkte des Landes, fällt am 6. Dezember 1240 dem Ansturm der Mongolen zum Opfer. Fast alle Einwohner werden getötet, und von den Kirchen bleibt nur eine unversehrt. Die einst blühende Stadt zerfällt in Schutt und Asche. Damit haben die mongolischen Invasoren den russischen Widerstand gebrochen.

Nach der Eroberung Rußlands planen Batu und Subotai, bis an die Adria vorzudringen. Durch zwangsrekrutierte Gefangene verstärkt, bricht die inzwischen wieder etwa 150000 Mann zählende mongolische Streitmacht nach Westen auf. Vor dem Angriff gegen Ungarn beordert Subotai einen Teil seiner Kräfte nach Norden, um die Polen und Litauer an einer Unterstützung der Ungarn zu hindern.

König Béla verfügt zwar über eines der mächtigsten Heere Europas, aber seine Vasallen verweigern ihm die Gefolgschaft. Der Papst und der römisch-deutsche Kaiser Friedrich II. sind als politische Gegner nicht gewillt, eine gemeinsame Armee gegen die Mongolen aufzustellen. Abgesehen von allen Streitigkeiten dürfte es zur Zeit in Europa keinen Feldherrn geben, der dem strategischen Genie Subotai ebenbürtig wäre.

Der Heerführer Batu: Unter seinem Kommando erfolgt 1241/42 der große mongolische Eroberungsfeldzug nach Westen

Die polnischen Fürsten sind völlig überrascht, daß der mongolische Heerführer Baidar trotz klirrendem Frost mit einem Teil des Heeres in Polen eingedrungen ist. Er hat die zugefrorene Weichsel überquert, am 13. Februar 1241 Sandomir eingenommen und am 24. März Krakau zerstört, das in Flammen aufgeht. In den ersten Apriltagen erleidet Breslau das gleiche Schicksal.

Unterdessen stellt in Niederschlesien Herzog Heinrich II., der Fromme, ein deutsch-polnisches Heer auf, um hier den Mongolen Einhalt zu gebieten. Doch am 9. April 1241 kommt es vor Liegnitz zur entscheidenden Schlacht, in der Heinrich II. den Tod findet und sein Heer restlos aufgerieben wird.

Trotz ihrer mehrfachen Überlegenheit greifen die Mongolen zu einer ganz besonderen Kriegslist. Dazu der polnische Chronist Dlugosz: »Unter den Feldzeichen im Heer der Tataren gab es auch eine furchterregende Standarte mit dem Zeichen X. An der obersten Spitze befand sich das Bild eines schwarzen Kopfes mit bärtigem Kinn. Nachdem sich die Tataren auf eine gewisse Entfernung zurückgezogen und scheinbar die Flucht ergriffen hatten, begann der Träger jener Standarte den Schaft so kräftig zu schütteln, daß dem Kopf stinkende Rauchwolken entwichen, bei deren schrecklichem unerträglichen Gestank die polnischen Krieger fast erstickten und zum Kämpfen und Widerstandleisten untauglich gemacht wurden.«

Während die Südgruppe der Mongolen über die Karpaten in Ungarn einfällt, schlägt das Hauptheer mit Batu und Subotai an der Spitze das in der Pußta Mohi stehende Heer von König Béla. Subotai hat es trotz des tiefen Schnees geschafft, mit seinen Truppen in drei Tagen fast 450 Kilometer zurückzulegen. Sein erstklassiges Organisationstalent ermöglicht es ihm, dem Mongolen-Khan durch Kurierreiterstafetten, »jam« genannt, innerhalb von 24 Stunden Meldungen an Orte zu übermitteln, die zehn Tagereisen entfernt liegen.

Obwohl die mongolischen Siege hauptsächlich durch geschickte und disziplinierte Truppenführung errungen werden, ist der Erfolg des Dschingis-Khan-Erben auch der Kontrolle zuzuschreiben, die er durch einen guten Kundschafterdienst und schnelle Nachrichtenübermittlung über sein gesamtes Reich besitzt. Die Mongolen verfügen außerdem über ein wirksames Gegenspionagesystem, dem jeder ertappte feindliche Spion durch sofortige Exekution zum Opfer fällt. Mit Rücksicht auf den Unterschied in der Physiognomie zwischen den Mongolen und Europäern wählt Subotai stets solche Spione aus, die entweder Bewohner des zukünftigen Operationsgebietes sind oder zumindest keine mongolischen Gesichtszüge haben.

Die Mongolen 1241 vor Liegnitz in Schlesien; auf eine Lanze gespießt, der Kopf des gefallenen Herzogs Heinrich II.

Auch bei ihrem Vormarsch in Ungarn nutzen die Mongolen jede passende Gelegenheit, um eine Reihe von Täuschungsmanövern anzuwenden: So setzen sie zum Beispiel auch hier wieder lebensgroße Filzpuppen ein, damit ihr Reiterheer noch größer erscheinen soll. Als ihnen eines Tages das Siegel des Königs Béla IV. in die Hände fällt, verfassen sie einen fingierten Aufruf des Königs an sein Volk, den Widerstand einzustellen und sich den Mongolen zu unterwerfen, unterzeichnet mit dem königlichen Siegel. Nach Eroberung einer bedeutenden ungarischen Stadt lassen sie, um der in den verschiedenen Schlupfwinkeln versteckten Einwohner habhaft zu werden, die Glokken ertönen. Die Menschen, die auf diese List hereinfallen und sich zum Gottesdienst sammeln, werden niedergemetzelt.
Nachdem Batu seine Macht über Ostungarn gefestigt hat, überschreiten die Mongolen am Weihnachtstag 1241 die vereiste Donau und brechen in Transdanubien ein. Während König Béla von einem Verband bis zur Adriaküste verfolgt wird, dringt zur selben Zeit die Hauptarmee fast ungehindert bis in die Gegend von Wiener Neustadt vor. Der Weg ins Herz Europas und weiter bis zur Atlantikküste scheint den asiatischen Reiterhorden offenzustehen, da es keine Kraft gibt, die ihnen Einhalt gebieten kann.
Plötzlich, im Februar 1242, macht die unbesiegbare Streitmacht kehrt: Ein Kurier hat Batu die Nachricht vom Tod des Groß-Khan Ogadai überbracht. Nach dem Gesetz des Dschingis-Khan müssen alle hohen Würdenträger, egal wo sie sich auch befinden, zur Wahl des neuen Herrschers in die Mongolei zurückkehren. Der Tod des Groß-Khan bedeutet für Mittel- und Westeuropa die Rettung vor der mongolischen Invasion. Rußland dagegen muß fast vier Jahrhunderte lang das Joch der Mongolen ertragen.

Einfall der »Tataren« in Ungarn: Zu Tausenden werden die Einwohner in die Gefangenschaft getrieben

Im Auftrag des Vatikans

Als die unterschiedlichsten Nachrichten über das Vorgehen der Mongolen die Europäer immer mehr beunruhigten, beschloß Papst Gregor IX. (1227–1241), die höchste und zeitweilig einzige Autorität im zerstrittenen Abendland, etwas Näheres darüber in Erfahrung zu bringen.

Geheimmission der Ordensbrüder

Genauso wie die päpstlichen Gesandten und Unterhändler eine bedeutende Rolle in der geheimen Diplomatie an den verschiedenen Höfen spielen, so leisten Ordensbrüder und Predigermönche als Kundschafter unschätzbare Dienste. Mit einem offiziellen kirchlichen Auftrag als Missionare ausgestattet, erkunden sie unter den fremden Völkern neben der geographischen Lage auch die Sitten und Gebräuche der Einwohner sowie das Potential und die Stärke der Heiden. Diese Erkenntnisse spielen oft eine entscheidende Rolle bei der angestrebten Christianisierung.
Die Missionare sind zwar keine Spione im heutigen Sinn, üben aber zweifellos die Funktion von Spähern und Informanten aus. In jenen Gebieten allerdings, die als besonders unsicher gelten, halten auch sie sich an die klassischen Spielregeln des Spionierens: Die ausgesandten Ordensbrüder müssen sich verkleiden oder als Nestorianer bezeichnete indische Christen ausgeben, die von den Moslems im allgemeinen wohlwollend behandelt werden.
Diesmal sollen Dominikanermönche bis zu den Mongolen vordringen, die man irgendwo zwischen Wolga und Ural vermutet. Ihr offizieller Auftrag: Zunächst in Erfahrung bringen, ob eine Missionierung möglich sei, dann diese vorbereiten. Die Missionsreisen zu den Mongolen (es finden zwischen 1231 und 1237 vier solcher Unternehmungen der Dominikaner statt) eröffnen die vom Heiligen Stuhl unter verschiedenen Vorwänden im 13. und 14. Jahrhundert inszenierten Erkundungsoperationen in den bisher unbekannten östlichen Ländern. Sie verschaffen Rom beachtliche Aufklärungsergebnisse, damit auch Prestige- und Machtzuwachs.
Die ersten europäischen Ordensbrüder, die diese äußerst riskante Reise zu den gefürchteten Mongolen machen sollen, stammen aus Ungarn. Sie haben erfahren, daß in einem entfernten östlichen Land die ursprüngliche Heimat der Ungarn liege. Jetzt hoffen sie, auf den Erkundungsreisen ihre Stammesgenossen aufzuspüren und diese zum Christentum zu bekehren. Sie ahnen jedoch nicht, daß ihr Unternehmen, Groß-Ungarn im Namen Christi zu erobern, sich letztlich als eine der erfolgreichsten Spionageoperationen des Mittelalters erweisen wird.
Im Frühjahr 1231 werden aus Ungarn vier Dominikanermönche zu den Mongolen ausgesandt, um dieses Reitervolk möglichst genau auszukundschaften. Laut ungarischer Chronisten hört man mehrere Monate lang nichts von ihnen. Erst im Spätherbst 1233 kehrt einer der vier Mönche, der sterbenskranke Frater Otto, zurück. Er kann gerade noch vor seinem Tod der nächsten Gruppe den Weg beschreiben.
Die zweite Expedition rüstet sich im Frühjahr 1234. Auch sie besteht aus vier Dominikanern und wird von Frater Julianus angeführt. Sein direkter Auftraggeber: Benedictus Salvius de Salvis, Bischof von Perugia, jetzt Legat des Papstes bei König Béla IV. von Ungarn. Der König übernimmt die Kosten für die Expedition und läßt die Mönche mit königlichem Geleit bis Konstantinopel bringen, das sie im April 1234 erreichen. Im Mai folgt die Seereise nach Matrica auf der Krim, von dort Anfang Juli der Marsch durch die Steppe nach Alania, einem Ort an der Wolga. Wahrscheinlich schließen sich die Mönche einer Handelskarawane an, denn allein können sie sich unbewaffnet nicht ins Innere des Landes wagen.
Die Reise geht vermutlich, dem alten Handelsweg folgend, die Wolga aufwärts. Sie überwintern in Alania. Im Februar 1235, kurz vor der Schneeschmelze, ziehen sie mit einer Handelskarawane weiter, so daß sie im März in Bundal ankommen.
Wie Frater Julianus berichtet, lernt er hier eine hochgestellte Persönlichkeit aus der Umgebung des Groß-Khans kennen, die an jener Fürstenversammlung (Kuril-Tai) von 1234 teilgenommen hat, auf der endgültig der große Eroberungszug in den Westen beschlossen und eingeleitet wurde. Dieser Gewährsmann von Frater Julianus muß über außergewöhnliche Fähigkeiten verfügen: Neben den Sprachen des Wolgaraumes – baschkilisch, russisch, kumanisch – spricht er arabisch und deutsch. Die Kenntnis des Arabischen ist nicht allzu verwunderlich, denn der Handelsweg an der Wolga wird seit Jahrhunderten von arabischen Kaufleuten benutzt. Daß hier aber jemand Deutsch versteht, ist erstaunlich.
Wichtiger noch, dieser Mann kennt vor allem die vertraulichen Beschlüsse der nur wenige Monate zurückliegenden Fürstenversammlung. Er weiß auch über die Stoßrichtung des mongolischen Angriffs Bescheid: Deutschland. Nachdem die Dominikanermönche dies erfahren haben, beschließt Frater Julianus, seinen Aufenthalt abzubrechen und trotz des Risikos, in die herbstliche Schlammperiode zu geraten, noch in diesem Jahr die Rückreise anzutreten. Julianus ist sicher, daß die ihm anvertraute Nachricht für den Papst, den König von Ungarn und das gesamte Abendland lebenswichtig ist und daß er diese Information so schnell wie möglich mitteilen muß.

Eine Handelskarawane zieht durch die endlose Steppe

Am 21. Juni 1235 beginnt Frater Julianus seine Rückreise. Sie dauert bei aller Eile doch über ein halbes Jahr. Am 27. Dezember 1235 trifft er nach enormen Strapazen im heimatlichen Kloster ein. Nur wenige Tage später, am 1. Januar 1236, überreicht er seinen Bericht dem Legaten des Papstes in Ungarn, Bischof de Salvis. Wegen der außerordentlichen Dringlichkeit bekommt König Béla IV. gleich eine Abschrift davon.

Wenn man bedenkt, daß der Rapport des Fraters bereits Anfang 1236 bekannt wird und der Angriff tatsächlich erst 1240/41 erfolgt, läßt sich die Tragweite dieser frühzeitigen Nachricht erkennen: Das Abendland hätte nämlich Zeit genug, sich auf den bevorstehenden Ansturm der Tataren vorzubereiten. Doch die Warnungen des Fraters Julianus haben kaum eine nachhaltige Wirkung, denn niemand in Europa kann sich die Gefahr in vollem Umfang vorstellen. Dabei ist Julianus durch seinen Gewährsmann selbst über Einzelheiten informiert, wie die verschiedenen Operationen ablaufen werden. Ein Heer aus dem Vorderen Orient soll sich an der Wolga mit der sich dort befindlichen Hauptmacht aus Zentralasien vereinigen. Sogar der Name des Heerführers, den man zum Oberbefehlshaber des Feldzuges gegen Westen bestimmt hat, ist bekannt: Fürst Batu. Für den Papst immerhin ist die Nachricht so wichtig, daß er weitere Ermittlungen anstellen läßt. Während Frater Julianus 1236 in Rom weilt, muß sich die Lage in Rußland bereits bedrohlich zugespitzt haben, so daß kaum weitere Informationen nach Rom gelangen. Deshalb beordert der Papst Frater Julianus zum zweitenmal nach Osten. Der Dominikaner verläßt Rom im Mai 1237.

Sein Bericht, der die Situation kurz vor Beginn des Frostes im Spätherbst 1237 schildert, bestätigt, daß das eingetreten ist, was Frater Julianus zwei Jahre zuvor angekündigt hat: Das Land beiderseits der Wolga ist jetzt ein riesiges mongolisches Heerlager, in dem man sich für den Angriff auf Europa rüstet. Nur wenige Wochen, bevor der Mongolensturm über die russischen Fürstentümer losbricht, verläßt Frater Julianus das bedrohte Land, um dem Papst und dem ungarischen König einen verläßlichen Bericht zu liefern. Die beiden Mächtigen der Welt unterschätzen noch immer die ganze Bedeutung der gemeldeten Tatsachen, bis dann 1241 die Mongolen ins Herz Europas vordringen.

Ein Superspion des Mittelalters

Der Mongolensturm ist kaum vorbei, vor dem Europa nur durch den Tod des Groß-Khans Ogadai gerettet worden war, da faßt Papst Innocenz IV. den scheinbar unrealistischen Entschluß, nochmals einige seiner Vertrauten als Missionare zu den Mongolen zu entsenden. Sie sollen an Ort und Stelle feststellen, wie man das Abendland von der Bedrohung aus Fernost ein für allemal befreien kann.

Der Heilige Vater beauftragt damit zwei Gesandtschaften, angeführt von den Franziskanermönchen Giovanni Piano del Carpini und Laurentius von Portugal. Sie sollen beide unabhängig voneinander versuchen, mit dem Groß-Khan persönlich Verbindung aufzunehmen. Ihr offizieller Auftrag: die Mongolen für das Christentum zu gewinnen. In Wirklichkeit aber dient ihre Reise der »Feinderkundung«. Laurentius kann sein Ziel nicht erreichen und muß umkehren.

Frater Carpini, ein erfahrener Missionar, Gründer der Franziskaner-Niederlassungen in Deutschland, dann Leiter der Franziskanerprovinz Sachsen, steht seit 1241 an der Spitze der Provinz Köln und ist vom Papst beauftragt, in Deutschland den Kreuzzug gegen die Mongolen zu predigen.

Carpini, Schüler und Nachfolger des Franz von Assisi, hat für seinen Orden schon Reisen bis nach Spanien und Skandinavien unternommen. Als er jetzt zu seiner großen Exkursion nach Osten aufbricht, ist er fast 65 Jahre alt. Der gerade vor seinem Gegner Kaiser Friedrich II. nach Lyon geflüchtete Papst Innozenz IV. hat ihm Beglaubigungsschreiben und Vollmachten, dazu einen an den »König und das Volk der Tataren« adressierten Brief mitgegeben, denn niemand in Europa kennt den Namen des derzeitigen Herrschers der Mongolen.
Der Papst schreibt darin unter anderem: »Nicht allein die Menschen, sondern auch die unvernünftigen Tiere und sogar die irdischen Elemente des Weltenbaues sind vereint und durch ein gleichsam natürliches Band miteinander verbunden nach dem Vorbild der himmlischen Geister ... Deshalb sind Wir höchst darüber erstaunt, daß Ihr, wie Wir erfahren haben, viele christliche wie auch nichtchristliche Länder überfallen und entsetzlich verwüstet habt...
Sehet, Ich finde es ratsam, Euch Meinen geliebten Sohn Bruder Giovanni und seine Begleiter als Überbringer dieses Briefes zu senden, da sie sich durch religiöse Gewissenhaftigkeit und ehrbaren Wandel auszeichnen und da sie in der Heiligen Schrift wohl bewandert sind. Nehmt sie in Ehrfurcht vor Gott freundlich auf, genauso wie Ihr Uns persönlich aufnähmet, behandelt sie ehrenvoll und höret mit Vertrauen alles, was sie Euch über Uns zu erzählen haben.«
Am Ostersonntag, im April 1245, verlassen Carpini und seine Begleiter Lyon. Nachdem sie sich in Prag über den geeigneten Weg haben beraten lassen, ziehen sie weiter nach Polen. Carpini: »Als wir auf Befehl des apostolischen Stuhles zu den Tataren und anderen Nationen des Morgenlandes gingen, entschieden wir uns aus freier Wahl, zuerst zu den Tataren zu reisen. Wir fürchteten nämlich, es möchte von dieser Seite für die nächste Zukunft eine Gefahr für die Kirche Gottes drohen. Und obgleich wir fürchteten, von den Tataren oder anderen Nationen getötet oder in ewiger Gefangenschaft gehalten oder durch Hunger, Durst, Kälte, Hitze, schmachvolle Behandlung und übermäßige Strapazen hart mitgenommen zu werden, so schonten wir uns doch nicht, sondern trachteten ... den Befehl des Papstes zu erfüllen.
Zum mindesten wollten wir versuchen, hinter die wirklichen Pläne und Absichten der Tataren zu kommen, um sie den Christen zu offenbaren, damit jene nicht vielleicht wieder bei einem plötzlichen Ansturm die Christen unvorbereitet fänden ... Wir hatten auch vom Papst den Auftrag, alles genau zu erforschen und auf alles ein wachsames Auge zu haben. Das haben wir denn auch ebenso wie unser Glaubensbruder Benedict von Polen, welcher der Genosse unserer Drangsale und unser Dolmetscher war, mit allem Eifer getan.«
Von Krakau reisen sie in Begleitung eines russischen Großfürsten, der das Lager von Batu, irgendwo an der Wolga, aufsuchen will. Zu Neujahr 1245/46 kommen sie in das fast völlig zerstörte Kiew, wo sie zum erstenmal auf Mongolen treffen. Diese geben ihnen eine berittene Eskorte mit, die sie zum Heeresführer Batu und zum Khan, den Carpini in seinen Aufzeichnungen als Kaiser betitelt, geleiten soll.
Carpini: »Wir ritten, so schnell unsere Pferde traben konnten, und da wir fast jeden Tag drei- oder viermal die Pferde wechseln konnten, waren wir vom frühen Morgen bis in die Nacht, ja oft sogar während der Nacht im Sattel. Dennoch war es uns nicht möglich, vor dem Mittwoch der Osterwoche zu ihm zu gelangen ... Am Ostersonnabend wurden wir in Batus Jurte gerufen, wo uns sein Kanzler in seinem Auftrag erklärte, wir müßten jetzt zum Kaiser Kuyuk reisen, der im Lande der Mongolen wohne. Einige unserer Leute jedoch wurden zurückgehalten ... Wir setzten die Reise unter Führung zweier Tataren fort, fühlten uns jedoch so ermattet, daß wir uns kaum noch im Sattel halten konnten. Denn die ganze 40 Tage währende Fastenzeit hindurch hatte unsere Speise nur aus in gesalzenem Wasser gekochter Hirse bestanden. Dasselbe war während der anderen Fastentage der Fall. Zu trinken hatten wir nichts anderes als Schnee, den wir zuvor in einem Kessel schmelzen mußten.«
Die Kurierpfade ziehen sich nördlich am Kaspischen

Aufbruch im April 1245: ein Begleiter des Franziskanermönchs Giovanni Piano del Carpini

Aus dem Heerestroß der Mongolen: die zweckmäßig verpackten Teile einer Jurte auf dem Kamelrücken

Meer entlang und verlaufen dann durch die Landschaft nördlich des Aralsees. Bis zu siebenmal werden täglich die Pferde gewechselt. Im Mai 1246 kommen Carpini und seine Begleiter an den Syr-Darja. Ende Juni müssen sie bei Schneesturm und Kälte das Land der Naiman-Stämme durchreiten. Carpini: »Durch dieses Land ritten wir viele Tage. Dann zogen wir in der Mongolen oder Tataren richtiges Land ein. Dieses durcheilten wir, soweit wir uns jetzt erinnern können, in drei Wochen und kamen am Maria-Magdalenen-Tag (22. Juli) zu Kuyuk, der jetzt Kaiser ist. Den ganzen Weg legten wir in größter Eile zurück; denn unsere Tataren hatten den Auftrag bekommen, uns so schnell wie möglich zu der festlichen, schon viele Jahre zuvor für die Kaiserwahl einberufenen Reichsversammlung zu führen, damit wir der Wahl beiwohnen könnten.«

Als sie am 22. Juli 1246 Karakorum erreichen, sind gerade die Vorbereitungen zur Wahl des Groß-Khans in vollem Gange. Carpini: »Als wir zu Kuyuk kamen, erhielten wir auf seinen Befehl eine Jurte und freie Verpflegung, so wie es bei den Tataren Sitte ist. Man nahm sich unser doch besser an als der anderen Sendboten ... Da waren der Großfürst Jaroslaw aus Susdal in Rußland und viele Fürsten der Kitai und der Solang und sogar zwei Söhne des Königs von Georgien. Außerdem waren ein Sultan als Sendbote des Kalifen von Bagdad und, wie wir glauben, zehn andere Sultane der Sarazenen gekommen. Und nach dem, was uns der Hofhistoriograph sagte, sollen mehr als 4000 Abgesandte dagewesen sein.«

Nachdem Kuyuk zum Groß-Khan gekrönt worden ist, empfängt er die päpstlichen Gesandten und ihre Botschaft. Alle anderen Abgesandten bringen verschwenderische Gaben mit, was dem Franziskaner arge Verlegenheit bereitet, da er zur Verblüffung des Hofes mit leeren Händen gekommen ist. Der neue Khan wird noch mehr verärgert, als man ihm den tadelnden Brief von Innozenz IV. vorliest.

Groß-Khan Kuyuk (reg. um 1246–1248), einer der Nachfolger von Ogadai

Vom Juli bis zum Spätherbst 1246 muß Carpini in Karakorum auf die Beantwortung des päpstlichen Schreibens warten. In der Zwischenzeit knüpft er insgeheim Kontakte zu verschiedenen europäischen Handwerkern, die als Gefangene am Hofe und in der Hauptstadt arbeiten. Von ihnen erhält Carpini vertrauliche Informationen über Kampfweise, Ausrüstung und verschiedene Kriegslisten der Mongolen, die er in mühsamer Kleinarbeit, oft unter Lebensgefahr zusammenträgt.

Endlich nach Monaten verfaßt Kuyuk sein Antwortschreiben, in dem er auf die scharfen Worte des Papstes über das Gemetzel in Europa erwidert: »... Wir verstehen Deine Worte nicht. Der Ewige Himmel hat diese Menschen erschlagen und vernichtet, weil sie Gottes Gebot und die Botschaft Dschingis-Khans nicht befolgt haben.« Kuyuk fordert Innozenz IV. auf, vor ihm zu erscheinen und sich zu unterwerfen.

Der Khan schließt drohend: »Wenn ihr Gottes Befehl nicht beachtet, werden Wir Euch alle als Unsere Feinde betrachten.«

Der Franziskaner lehnt den Vorschlag des Groß-Khans ab, ihm mongolische Gesandte als Begleiter für den Rückweg nach Europa mitzugeben. Carpini: »Aus mehreren Gründen schien es uns nicht ersprießlich, daß sie mit uns reisten. Erstlich fürchteten wir, wenn sie sähen, wie bei uns Streitigkeiten und Krieg an der Tagesordnung sind, würde ihnen noch mehr der Mut wachsen, gegen uns zu ziehen. Zweitens hatten wir Verdacht, sie sollten (unter dem Vorwand einer Gesandtschaft) unser Land auskundschaften.«

Erst am 13. November 1246, dem dritten Tag nach der letzten Audienz beim Khan, bekommt der Franziskaner zusammen mit der Erlaubnis zur Abreise das mit dem Siegel des Groß-Khans gezeichnete Schreiben an den Papst. Es gilt später mehrere Jahrhunderte als verschollen und wird erst 1920 im Archiv des Vatikans wieder entdeckt. Carpini: »Alsdann traten wir den Heimweg an und reisten den ganzen Winter hindurch. Öfters mußten wir in der Wüste im Schnee liegen, wenn wir nicht gerade (durch Wegscharren des Schnees) mit den Füßen uns einen Platz (zum Schlafen) machen konnten. Denn hier gab es keine Bäume, sondern nur flaches Gefilde.

Häufig fanden wir uns (am Morgen, wenn wir aufwachten) ganz mit Schnee bedeckt, den der Wind auf uns wehte. So kamen wir (auf unserer Reise) gegen Christi Himmelfahrt (9. Mai 1247) zu Batu und fragten ihn, welche Antwort er dem Papste geben wolle. Er erwiderte, er habe keinen weiteren Auftrag zu dem, was der Kaiser geschrieben habe, hinzuzufügen. Doch legte er uns ans Herz, wir sollten dem Papst und den anderen Großen ja recht sorgfältig alles, was der Kaiser geschrieben habe, ausrichten.«

Im November 1247, nach zweieinhalb Jahren Abwesenheit, kehrt Carpini mit seinen Begleitern zum Papst nach Lyon zurück und übergibt das verächtliche Antwortschreiben des Groß-Khans Kuyuk. Der Papst läßt sich jedoch nicht einschüchtern.

Mongolische Karawanserei

Während die beiden Missionen des ungarischen Dominikaners Frater Julianus in den Jahren 1234 bis 1237 eher der strategischen Aufklärung dienten, entspricht die Aufgabe des italienischen Franziskaners Carpini etwa dem heutigen Begriff des politischen Agenten. Der Bericht Carpinis enthält neben einer Fülle von detaillierten Informationen und Hinweisen aus erster Hand auch äußerst wichtige Anregungen für Operationen und taktische Maßregeln zum Kampf gegen eine nochmalige mongolische Invasion. In der Tat, es ist der erste und wohl eindrucksvollste nachrichtendienstliche Rapport des Mittelalters, direkt aus der Hauptstadt des gefürchteten Feindes:

Die Verschlagenheit der Tataren beim Kriegführen

Wenn sie sich anschicken, in den Krieg zu ziehen, senden sie Kundschafter voraus, die nur Filzzelte, Pferde und Waffen mit sich führen: diese Leute plündern nichts, stecken keine Häuser in Brand und metzeln keine Tiere nieder, sondern sie verwunden und töten nur Menschen; und wenn sie sonst nichts anderes ausrichten können, so jagen sie dieselben wenigstens in die Flucht ... Auf diese Kundschafter folgt erst das Hauptheer, welches dagegen alles, auf das es stößt, wegnimmt.

Auch die Leute, auf die man trifft, werden gefangengenommen und niedergemacht. Trotzdem senden die Heerführer darauf noch von allen Seiten Späher aus, um Menschen und bewaffnete Plätze aufzustöbern; und diese Leute sind sehr geschickt im Aufspüren ... Wenn sie im Sinne haben, eine Schlacht zu liefern, stellen sie vorher alle einzelnen Heeresabteilungen in der Ordnung auf, wie sie kämpfen sollen. Die Herzöge oder Heeresfürsten mischen sich nicht in den Kampf, sondern haben ihren Standort an einem entfernten Punkte, den Blick auf das feindliche Heer gerichtet und umgeben von Burschen zu Pferd, von Frauen und Pferden. Manchmal machen sie auch Puppen in Menschengestalt und setzen sie auf Pferde. Das tun sie, damit die Menge ihrer Soldaten möglichst groß erscheine ...

Der Festungskrieg

Die Festungen erobern sie auf folgende Weise: Wenn eine Festung ihnen im Wege steht, so umzingeln sie dieselbe, ja bisweilen umgeben sie die Festung mit einem so dichten Zaun oder Gehege, daß niemand aus- oder eingehen kann. Dabei beschießen sie dieselbe äußerst heftig mit ihren Wurfmaschinen und Pfeilen und lassen weder bei Tag noch bei Nacht vom Kampfe ab, so daß die Belagerten auch nicht einen Augenblick Ruhe haben; die Tataren dagegen können sich gut ausruhen, weil sie ihre Heere teilen und eine Abteilung die andere im Kampf ablöst, so daß sie nicht allzu müde werden.

Die Waffen und die Heeresorganisation

I. Wer gegen die Tataren kämpfen will, muß folgende Waffen haben: Gute und starke Bogen und Wurfmaschinen, vor welchen sie ungeheuere Angst haben, eine hinreichende Menge Pfeile und eine gute Brechaxt aus gutem Eisen oder ein Beil mit langem Stiel. Die Eisenteile der Pfeile für die Bogen und Wurfmaschinen müssen, wie es bei den Tataren geschieht, wenn sie noch heiß sind, in Salzwasser gehärtet werden, damit sie hart genug sind, durch die Rüstungen der Feinde einzudringen. Ferner muß auch der Soldat haben Schwerter und Lanzen mit einem Haken daran, um die Feinde aus dem Sattel herunterreißen zu können, von dem sie sehr leicht herunterfallen. Zur Bewaffnung gehört noch Dolch und Doppelpanzer, weil durch diesen die feindlichen Pfeile nicht leicht hindurchdringen; endlich ein Helm und die übrige Rüstung, um den eigenen Leib und das Pferd vor den Waffen und Pfeilen der Tataren zu schützen ...

Verhalten gegenüber ihren Kriegslisten

II. Als Schlachtfeld sollte man womöglich einen ebenen Platz auswählen, der eine freie Aussicht nach allen Seiten hin gestattet; ferner sollte man womöglich einen großen Wald im Rücken oder auf der Flanke haben; jedoch muß man dabei achtgeben, daß die Feinde nicht in den Zwischenraum zwischen der eigenen Schlachtreihe und dem Wald eindringen. Auch darf sich die ganze Armee nicht auf einen Punkt konzentrieren, sondern es müssen viele Armeekorps gebildet werden, die voneinander getrennt, aber auch nicht allzu weit voneinander entfernt aufgestellt werden sollen ...
III. Unsere Heerführer müssen auch bei Tag und bei Nacht Wachen aufstellen zum Schutz des Heeres, damit es nicht plötzlich und unerwartet überfallen werde; denn die Tataren sind wahre Teufel im Ersinnen von allerlei Tücken und Listen, um uns zu schaden. Ja, unsere Fürsten müssen bei Tag und Nacht immer bereit sein und dürfen nicht ihre Waffen ablegen, um zu ruhen oder um beim leckeren Mahle zu Tische zu sitzen, damit sie nicht unvorbereitet überrascht werden; denn die Tataren sind allezeit wachsam, eine Gelegenheit zu erspähen, wie sie uns schaden könnten.

Seit dem Rückzug der mongolischen Heere atmet Europa zwar wieder auf, aber man übernimmt nichts von den Geheimpraktiken und Nachrichtenübermittlungsmethoden der Mongolen, obwohl sich Carpini im Westen intensiv darum bemüht.
Im Jahr 1250 schickt der Papst erneut Missionare nach Fernost, diesmal wieder Dominikanermönche. Ihnen schließt sich Andreas de Longjumeau an, den Ludwig der Heilige von Frankreich ausgesandt hat, um mit dem Groß-Khan zu verhandeln. Doch die Mission mißlingt: Als Longjumeau nach Karakorum kommt, war der Groß-Khan Kuyuk zwei Jahre zuvor gestorben und noch kein Nachfolger gewählt. Seine habgierige Witwe nimmt die Geschenke Ludwigs als Tribut entgegen und schickt Longjumeau mit der Empfehlung zurück, »der König solle ihr, wenn ihm am Frieden liege, alles Gold und Silber senden, das in seinem Reiche aufzutreiben sei«.
Die Nachfolge tritt der Neffe des Groß-Khans Ogadai, Mangu, an. Dieser, vielleicht der bedeutendste unter den Mongolenherrschern, erweitert das Reich beträchtlich: Er sendet seinen Bruder Kublai auf einen Eroberungsfeldzug nach Südchina, während der jüngste Bruder Hulaku Bagdad erobert und das abbasidische Kalifat zerschlägt. Hulaka hat bereits Aleppo eingenommen und will gegen Jerusalem vorgehen, als ihn die Nachricht vom Tod des Groß-Khans Mangu erreicht. So muß er nach Karakorum zurückkehren. Die Wahl des nächsten Groß-Khans fällt 1259 auf Kublai, der seine Residenz nach Peking verlegt. Unter seiner Herrschaft reicht das Mongolenreich vom Pazifik bis zum Dnjepr.

Kundschafter für den Papst

Auch im 15. Jahrhundert versucht der Heilige Stuhl, sich maßgebend an der Erkundung fremder Länder zu beteiligen. So wie die Päpste im Bereich der geheimen Diplomatie die Fäden in der Hand halten, so bemühen sie sich immer wieder, auch Handelsspionage zu fördern, um auf die wirtschaftlichen Entwicklungen im Abendland Einfluß auszuüben.
Im Jahr 1444 erhält Papst Eugen IV. den Besuch des Venezianers Niccolo Conti, der ihn bittet, ihm Absolution zu erteilen, da man ihn in Ägypten gezwungen habe, zum Islam überzutreten. Der kluge Papst sagt ihm die Vergebung seiner Sünden zu, wenn er zuvor als Buße dem päpstlichen Sekretär wahrheitsgetreu

und genau seine Reise schildere. Conti hat über 25 Jahre in Indien und China gelebt und weiß viel zu berichten, vor allem über die ihm bekannten Kundschafterdienste der orientalischen Kaufleute, über die besten Wege, die zu jenen beiden Ländern führen, sowie über deren Kriegs- und Staatswesen.
Der Sekretär Poggio Bracciolini hört geduldig zu, was Conti zu erzählen weiß, und schreibt alles nieder. Der Erkundungsbericht, von dem nur Auszüge erhalten sind, beginnt wie folgt: »Ein gewisser Niccolo aus Venedig, der im Innern Asiens gewesen war, kam zu Papst Eugen IV. – der sich damals in Florenz aufhielt – mit der Absicht, um Absolution zu bitten, weil er auf der Heimreise von Indien, an den Grenzen Ägyptens zum Roten Meer, gezwungen wurde, seinen Glauben aufzugeben, weniger aus Furcht um sein eigenes Leben als vielmehr wegen der Gefahr, in der seine Frau und seine Kinder schwebten, die ihn begleiteten.
Ich war sehr darauf gespannt, mich mit ihm zu unterhalten, weil ich viele sonderbare Dinge über ihn gehört hatte. Im Beisein von gelehrten Männern ... befragte ich ihn ausführlich nach allerhand Dingen, die es mir wert schienen, in der Erinnerung bewahrt und aufgezeichnet zu werden ... In seiner Jugend lebte Niccolo Conti als Kaufmann in der syrischen Stadt Damaskus. Er lernte Arabisch und reiste anschließend mit seinen Waren in Begleitung von 600 anderen Kaufleuten – in einer sogenannten Karawane – durch die Wüsten von Arabia Petraea und durch Chaldäa zum Euphrat.
Conti gelangte auf dem Euphrat nach Basra und fuhr über den Persischen Golf bis Ormus, blieb hier einige Zeit in einer Hafenstadt am Indischen Ozean, wo er Persisch lernte. In Begleitung anderer Kaufleute segelte Conti dann hinüber nach Cambay in Indien. Von da aus zog er an der Küste entlang nach Süden bis in das Gebiet um Goa und anschließend ins Innere des Landes nach Vijayanagar, der Hauptstadt von Dekkan.
Man weiß nicht, ob er auf demselben Weg zurückgekehrt und um das Kap Comorin zur Ostküste gesegelt ist, oder ob er auf dem Landweg quer durch Indien die Fahrt bis Mailapur fortgesetzt hat. Nach dem Besuch von Ceylon beschrieb Conti als erster Europäer, wie auf der Insel Zimt angebaut wird. Schließlich kehrte er nach jahrelangen Reisen durch asiatische und orientalische Länder endlich in seine Vaterstadt Venedig zurück.«
Soweit bekannt, ist Conti der erste Europäer, der das Landesinnere Vorderindiens bereist hat, und auch der erste, dem es seit Bestehen des Araberreiches gelungen ist, das Rote Meer in seiner vollen Länge zu durchschiffen.
Zwar hat Conti keine militärisch wichtigen Projekte erkundet, doch kann der Papst zweifellos von dessen wirtschaftlich-geographischen Kenntnissen profitieren, denn »Wissen ist Macht«.

Das Bild der Welt im 15. Jh., gezeichnet 1492 von Henricus Martellus Germanus aus Florenz

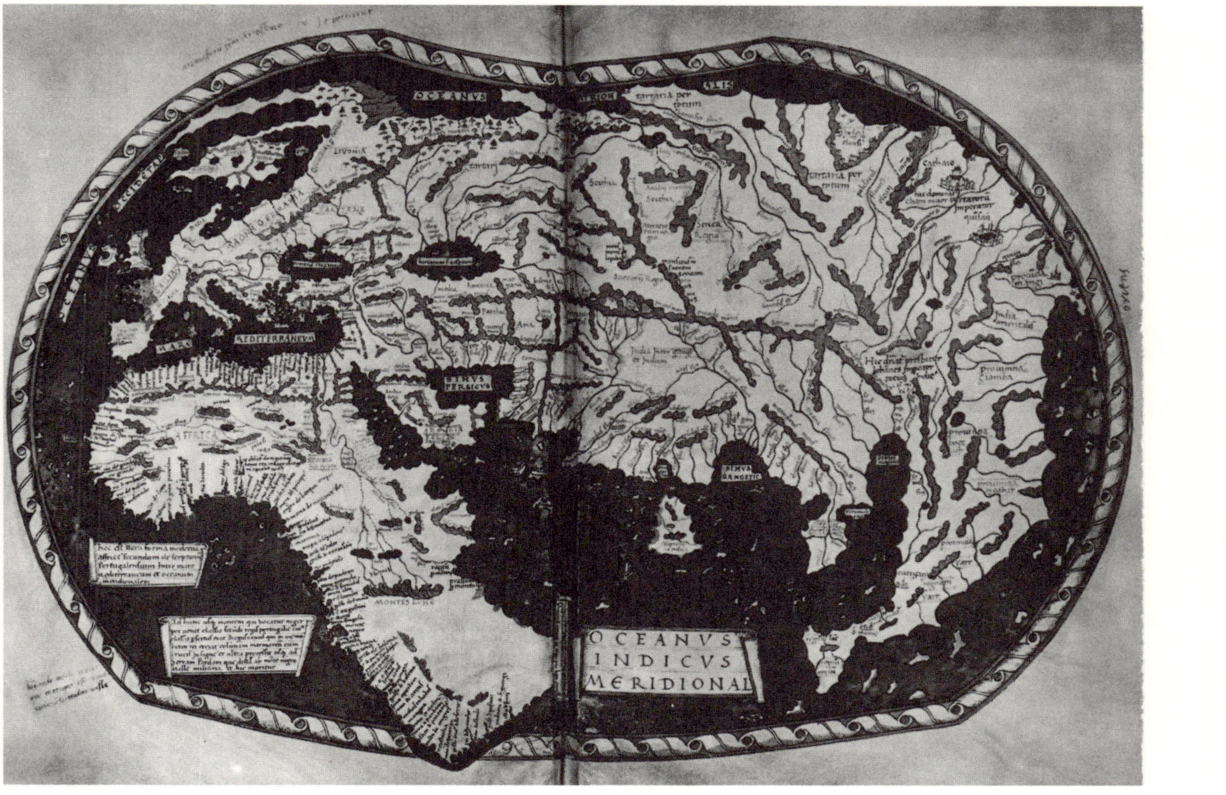

Spione und Spitzel der Könige

Die Engländer fühlen sich zwar als Inselbewohner sicher, waren aber stets auch entschlossen, jeder Bedrohung ihrer Freiheit Widerstand zu leisten. Zu ihrem Schutz hatten sie eine eigene sinnvolle Lösung gefunden: Im Jahr 1285 verkündete Eduard I. seine »Watch and Ward«-Statuten und begründete damit eine Tradition, die sich bis ins 19. Jahrhundert erhalten hat.

Sicherheitssysteme in London und Paris

Jede Gemeinde wird in den Statuten aufgefordert, gemeinsam zu handeln, um sich vor jenen zu schützen, die das Gesetz des Königs mißachten oder den Frieden brechen. Jeder gesunde erwachsene Mann kann gerufen werden, um in seiner Stadt oder seinem Dorf einer Pflicht als Polizist nachzukommen, und wenn ein Übeltäter verfolgt wird, muß sich auf Verlangen jeder dem Polizeiaufgebot anschließen. In den Statuten heißt es außerdem, daß Gasthäuser während eines nächtlichen Ausgehverbots schließen müssen: Dies könnte der Ursprung für das noch heute bestehende eigenartige englische Lizenzgesetz sein. So ist zwar ein schnell funktionierendes Sicherheitssystem errichtet, das allerdings erst ab 1434 über einen organisierten geheimen Informationsdienst verfügt.
In dieser Zeit ist London Schauplatz einer der ersten bekannten Spionageaffären. Sir Thomas Turberville, ein Adeliger am Hof Eduards I., der zu den vornehmsten Familien des Landes zählt und seinem König treu ergeben ist, gerät während des englisch-französischen Krieges (1294–1297) in französische Gefangenschaft. Man wirft ihn in den Kerker von Reims, wo er die Hoffnung aufgibt, sein Heimatland je wiederzusehen. Eines Tages macht ihm König Philipp IV., der Schöne, das Angebot, ihn freizulassen, wenn er sich bereit erkläre, in London als französischer Geheimagent tätig zu sein. Sein Hauptauftrag: die Walliser und insbesondere die Schotten gegen die englische Krone aufzuwiegeln.
Turberville – die Freiheit vor Augen – erklärt sich einverstanden, und man inszeniert 1296 seine Flucht aus dem Gefängnis. König Eduard, über die Rückkehr seines Gefolgsmannes erfreut, ernennt ihn sofort zum Mitglied des Staatsrates. In dieser einflußreichen Stellung ist Sir Thomas über fast alle britischen Staatsgeheimnisse informiert, und er übermittelt sie verschlüsselt und per Kurier nach Frankreich. Doch der Zufall will es, daß einige seiner Berichte von Vertrauensleuten des Königs abgefangen werden. Verhaftet und gefoltert gesteht Turberville, daß er im Auftrag von König Philipp IV. gehandelt habe, worauf er zum Tod verurteilt und hingerichtet wird.
Die ersten Ansätze eines Geheimdienstes findet man unter Karl V., dem Weisen, der 1364 den Thron von Frankreich besteigt. Der hochintelligente und sehr energische König errichtet eine Art Polizeistreitmacht mit dem Ziel, die Sicherheit innerhalb des Landes zu verbessern. Doch die Praxis zeigt, daß die Agenten und Spitzel dieser Truppe nur darauf aus sind, belastendes Material auch gegen unbescholtene Bürger zu sammeln, um sie verhaften zu können.
Im Zeitalter der absolutistischen Monarchien verbreitet sich die Idee eines Polizeisystems bald über den ganzen Kontinent.
Mit Errichtung der »Ordonnanzkompanien« unter Karl VII. von Frankreich (1422–1461) scheint das Wort »Spion« entstanden zu sein, denn es wird hier erstmals in den Strafbestimmungen erwähnt. Bis dahin war immer nur von Kundschaftern und Spähern des Gegners die Rede. Der Begriff »Spion« schließt auch feindliche Kundschafter ein, die in der Nähe eines Lagers aufgegriffen werden.
In England gründet Kardinal Henry Beaufort, seit 1431 als Staatsmann für die Geschäfte des noch unmündigen Heinrichs VI. verantwortlich, eine Abteilung für staatliche Informanten. Die Hauptaufgabe dieser King's Espials, Späher des Königs, ist es, aufrührerische Publikationen und Flugblätter ausfindig zu machen und zu melden. Die Belohnung ist großzügig. Sie beträgt 20 Pfund Sterling, eine gewaltige Summe, dazu die Hälfte vom Besitz der überführten Person. Bei dieser Jagd nach Hochverrätern wird allerdings viel Mißbrauch getrieben.
Unter Eduard IV., der 1471 die Ermordung von Heinrich VI. veranlaßt, werden die Aktivitäten der königlichen Späher verstärkt und die Folter als legale Hilfe bei Verhören genehmigt. Diese gewalttätige Art der Nachrichtengewinnung bietet jedoch kaum eine Möglichkeit, die erpreßten Informationen auf Genauigkeit und Verläßlichkeit zu überprüfen.
Erst Heinrich VII., durch den Sieg über Richard III. 1485 zum König von England proklamiert, läßt einen organisierten Sicherheitsdienst gründen, den Vorläufer des später als Military Intelligence 5 – MI5 – bezeichneten Spionageabwehrdienst.
Er unterhält eine große Organisation von politischen Spionen und Spitzeln, die er persönlich auswählt und die ihn in seinen Bemühungen, ein Land zu regieren, das sich noch nicht vom »Krieg der Rosen« erholt hat, sehr unterstützen. Er hält die Spionage für äußerst wichtig.
Heinrich VII. legt gewisse Spielregeln für Operationen gegen ausländische Staaten fest, die lange Zeit

Gültigkeit haben, und er formuliert Begriffe wie zum Beispiel: »secret agent« (Geheimagent) – ortsansässige Person in guter Stellung; ein »informer« (Informant) – jemand, oft von niedrigem Stand, der für seine Informationen bezahlt wird; »spy« (Spion): Dies ist der berufsmäßige Geheimdienstler, der Verbindungen zu Menschen des öffentlichen Lebens hat, also Priester, Mönche, fliegende Händler, Schausteller, Quacksalber und Barbiere oder Schreiber und Geldwechsler, die meisten ohne festen Wohnsitz, aber doch so vertrauenswürdig, daß sie an Höfen, Kirchen, Verwaltungen und dergleichen auftreten können.

Unter Heinrichs Sohn, Heinrich VIII., ist es vor allem sein Lordkanzler Thomas Cromwell, der ab 1530 den Geheimdienst weiter ausbaut. Er durchsetzt aber England in einem solchen Ausmaß mit Spionen, daß – wie es heißt – »unter jedem Stein ein Skorpion lauert«. Man benötigt zwar Spione, um herauszufinden, was im Volk vor sich geht, aber eine übertriebene Bespitzelung bringt die Menschen dazu, aus Notwehr Verschwörungen anzustiften.

Im spätmittelalterlichen Paris waren Agenten und Spitzel auf der Jagd nach unbescholtenen Bürgern. Kupferstich von 1620

Geheimschriften und Codebrecher

Das 15. Jahrhundert brachte auf dem Gebiet der Erkundung und der geheimen Nachrichtenübermittlung zwei wichtige Entwicklungen: das Entstehen einer regelrechten Geheimdiplomatie und damit Hand in Hand ein verstärktes Bemühen, neue Codes für streng vertrauliche Korrespondenzen zu erfinden. Ebenso groß jedoch war das Bedürfnis der Gegenseite, diese verschlüsselten Nachrichten zu entziffern.

Die Kunst des Chiffrierens

In Venedig erreicht diese Kunst schnell einen hohen Stand und wird als staatliche Tätigkeit ausgeübt. Die »Schlüsselsekretäre« haben ihr Büro im Dogenpalast, und es wird dafür gesorgt, daß sie während der Arbeit nicht gestört werden. Sie dürfen ihre Dienststelle erst dann verlassen, wenn sie ein ganz bestimmtes Pensum bewältigt haben. Dafür werden sie auch mit einem Spitzenlohn von 10 Dukaten pro Monat honoriert. Es gibt sogar Schulungskurse, in denen erfahrene Chiffrierer den Nachwuchs heranbilden.

Im 16. Jahrhundert folgt die römische Kurie dem Beispiel der weltlichen Regierungen und führt die Korrespondenz mit ihren Legaten und Nuntien nur noch verschlüsselt. So basiert zum Beispiel die Geheimschrift von Kardinal Morone, dem Vorsitzenden des Konzils von Trient (1563), auf arithmetischen Zahlen; Vokale sind dreistellig und Konsonanten zweistellig. Die Zahl 8 hat keinen Wert, sie wird willkürlich zur Täuschung eingesetzt. Wenn eine solche chiffrierte Depesche in der päpstlichen Kanzlei eintrifft, fügt der dechiffrierende Sekretär dem Originalbrief zwischen vier und zwölf Konsonanten hinzu, um neugierige Augen zu täuschen.

In Spanien wird der Dechiffriercode unter König Ferdinand II. und Isabella I. von Kastilien durch Miguel Perez Almazan eingeführt. Entweder übertreiben die Spanier anfangs aus allzu großer Vorsicht, oder sie beschäftigen keine versierten Dechiffrier-Sekretäre. In den spanischen Archiven sind chiffrierte Depeschen zu finden, die irgendein verwirrter Sekretär mit Randbemerkungen versehen hat, wie »Unsinn«, »unmöglich«, »kann nicht verstanden werden«, »befehlen Sie dem Botschafter noch eine Depesche zu schicken«.

Selbst die einfachste Form der spanischen Geheimschrift ist unvorstellbar kompliziert. Jetzt, nach 450 Jahren, hat ein deutsch-englischer Gelehrter jahrelang daran gearbeitet, bis er die Schlüssel zu den spanischen Codes gefunden hat. Der vom spanischen Botschafter in London angewandte Codeschlüssel für seine Mitteilungen nach Madrid enthält 2400 Zeichen. Man kann sich vorstellen, welche Zeit die Spezialisten im spanischen Außenministerium jener Tage haben aufwenden müssen, um alle Depeschen zu entschlüsseln. Die einfachste der spanischen Geheimschriften besteht aus arabischen Zahlen, zwischen die Buchstaben gestreut sind.

Leon Battista Alberti (1404–1472), Humanist, Künstler und Gelehrter, der Erfinder des polyalphabetischen Chiffrierverfahrens

Ein anderer Code wiederum enthält römische Zahlen und hat Tausende von Zeichen, wobei die Vokale durch fünf verschiedene Symbole und die Konsonanten durch vier wiedergegeben werden. Im Lauf der nachfolgenden Jahre wird die Zahl der Symbole für jeden Buchstaben des Alphabets auf 14 oder mehr erhöht. Zusätzlich eingefügte Zeichen ohne Bedeutung – nihil importantia – die unter den Satz oder das Wort gemischt werden, sollen noch mehr verwirren. Besonders in Italien gibt es in jenen Jahren eine Handvoll hochgebildeter Männer, die sich mit den Problemen der Kryptologie, also mit den Methoden zur Übertragung von Klartexten in Symbole, Buchstaben oder Zahlen zum Zweck des Chiffrierens befassen. Einige dieser hevorragenden Persönlichkeiten gehen in die Geschichte ein.

Berühmte Kryptologen

Der Begründer des abendländischen Schlüssel- und Entzifferungswesens ist Leon Battista Alberti, ein 1404 in Genua geborener Humanist, Künstler und Gelehrter. Alberti besitzt eine universale Begabung, er ist Kunsttheoretiker, Schriftsteller, Philosoph und Architekt, außerdem einer der besten Organisten Italiens und ein erstklassiger Reiter. Er hat die Fassade von Santa Maria Novella in Florenz entworfen und in Mantua die Sankt-Andrea-Kirche erbaut. Als sich eines Tages Leonardo Dato, ein hoher Beamter des

Heiligen Stuhls, bei ihm beklagt, daß er bei der Entzifferung abgefangener Briefe auf die Hilfe von Nichtskönnern angewiesen sei, verfaßt Alberti eine Unterweisung für Kryptographen, übrigens die älteste des Abendlandes.
Dieser geniale Mann schlägt mehrere Methoden der Entzifferung vor und entwickelt zugleich eine neue Art der Verschlüsselung, die nach seiner Meinung unlösbar ist: Der äußere Ring der Chiffrierscheibe zeigt das Klartext-Alphabet, der innere Ring die unregelmäßig angeordneten Buchstaben für den Geheimtext. Die Chiffrierer und Dechiffrierer müssen die Einstellung der beiden Ringe verabreden. Ein neues Geheim-Alphabet ergibt sich jeweils aus der Position des inneren Ringes, der auf eine bestimmte Stelle gedreht wird. Auf diese Weise kann man zugleich die Buchstabenhäufigkeit verschleiern, die sonst einen entscheidenden Hinweis für unbefugte Entzifferung geben könnte.
Die meisten heute gebräuchlichen Chiffrier- und Dechiffrier-Methoden beruhen auf dem von Alberti konzipierten polyalphabetischen Verfahren. Vor seinem Tod im Jahr 1472 lüftet Alberti auch das Geheimnis des von Julius Caesar erdachten Geheimalphabets, das bis dahin noch immer benutzt wird.
Ein anderer Wegbereiter der theoretischen Kryptologie ist der 1462 geborene deutsche Pater Johannes Heidenberg, der sich nach seinem Geburtsort Trittenheim – wie damals üblich – Trithemius nennt. Nach seinem Studium an der Universität Heidelberg wird Trithemius bereits 1483 Abt des Benediktinerklosters in Sponheim-Kreuznach und übernimmt 1506 als Abt das Schottenkloster zu Würzburg. Neben vielen anderen Werken verfaßt Trithemius 1488 ein Buch über Steganographie (griech. = Geheimschrift), eine Mischung aus wissenschaftlichen und okkulten Darstellungen; er erweckt damit das Mißtrauen der Kirchenhierarchie. Die Steganographie

Die von Alberti entworfene Chiffrierscheibe

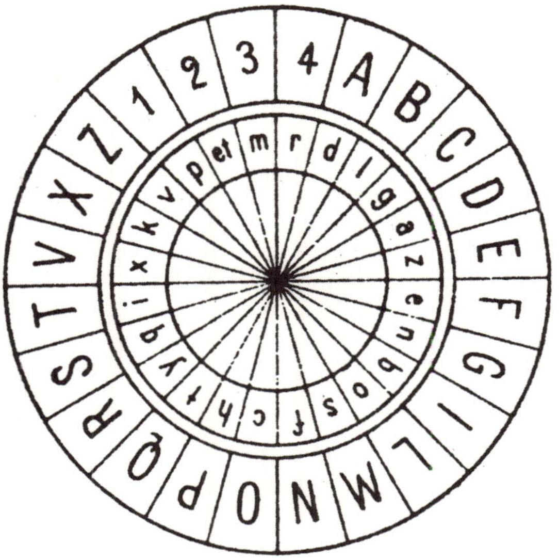

Der führende deutsche Kryptologe: Abt Johannes Trithemius (1462–1516); sein Werk über Steganographie (Geheimschrift) wird erst 1608 gedruckt, aber bereits ein Jahr später vom Vatikan auf den Index gesetzt

wird erst 1608 gedruckt und bereits ein Jahr später vom Vatikan auf den Index gesetzt.
Ab 1506 arbeitet Trithemius an seiner Publikation »Sechs Bücher über Polygraphie«, die erste Druckschrift über das Schlüsselwesen und ein Hauptwerk der Kryptologie. So enthält zum Beispiel Band V Beiträge zur Polyalphabetik und zum erstenmal die quadratische Tafel, von Trithemius »tabula recta« genannt. Diese elementare Form des polyalphabetischen Austausches stellt als quadratisches Schema alle Geheimalphabete in einem genauen System dar.
Mehrere erfindungsreiche Köpfe widmen sich inzwischen der Konstruktion einer Reihe von komplizierten Symbolen. Zu den besten Spezialisten zählen Marco Raphael, ein jüdischer Renegat in Venedig, und Giovanni Soro, den man den Vater der systematischen Geheimschrift nennt. Soro macht sich auf diesem Gebiet einen solchen Namen, daß ihm sogar aus Frankreich chiffrierte Depeschen zum Entziffern geschickt werden., Papst Clemens VII. behauptet sogar, Soro könne jede Geheimschrift entziffern.
Nach Soros Tod 1544 wetteifern mehrere Konkurrenten, um sich immer kompliziertere Chiffriersysteme auszudenken, bis sich der venezianische Zehnerrat 1547 gezwungen sieht, die Verwendung eines einzi-

gen Codes anzuordnen. Zwei Sekretäre, Lodovici und Borgi, werden vom Rat angewiesen, »ein neues Buch der Chiffren anzulegen und genau anzugeben, wer ein Exemplar bekommt, und das Buch des Sekretärs, der für das geheime Register des Senats in der geheimen Kanzlei verantwortlich ist, unter Verschluß zu halten«. Dieses »neue Buch« wird derart gut bewacht und später in einem so sicheren Versteck aufbewahrt, daß es nie wieder gefunden wird.

Die erste Abhandlung über Geheimschriften ist bereits 1465 von Cicco Simonetta, dem Sekretär und Ratgeber der drei ersten Sforza-Herzöge von Mailand, geschrieben worden. Simonetta fällt in Ungnade und wird 1480 hingerichtet; von seinem Werk ist nur ein Fragment erhalten geblieben, das sich jetzt in der Nationalbibliothek in Paris befindet. Es enthält 13 Regeln für die Konstruktion und Codierung. Simonettas Geheimschrift basiert auf dem einfachen Alphabet, in dem dasselbe Zeichen immer denselben Buchstaben darstellt. Das Datum von Simonettas kleinem Essay weist auf den Zeitraum hin, in dem sich aus einfachen Chiffren komplizierte Chiffriersysteme entwickelt haben.

Ein anderer Kryptologe des 16. Jahrhunderts ist der 1523 geborene französische Diplomat Blaise de Vigenère. Er kommt 1549 während einer diplomatischen Mission in Rom mit dem Kryptologen und einem Geheimschreiber der päpstlichen Kurie zusammen, deren Arbeit ihn ungeheuer interessiert. Er erfindet daraufhin das polyalphabetische Ersatzverfahren, das berühmteste Schlüsselsystem aller Zeiten. Neu bei diesem System ist die Verwendung eines Laufschlüssels.

Im Prinzip des Caesar-Alphabets bildet Vigenère ein Viereck nach dem von Trithemius erdachten quadratischen Schema, das man heute Vigenère-Tafel nennt. Das Viereck besteht aus 26 waagerecht angeordneten Alphabeten. Jedes ABC ist gegenüber dem darüber befindlichen um einen Buchstaben nach rechts verschoben. Über der Tafel wird der Klartext angeordnet und an der linken Seite der Schlüssel.

Die Vigenère-Geheimschrift benutzt das Standard-Alphabet sowie einen kurzen Wiederholungsschlüssel und ist wesentlich leichter zu entziffern als das Vigenère-Schlüsselsystem, das in vielen modernen Chiffriermaschinen angewandt wird.

Neben rund 20 anderen Büchern veröffentlichte er 1586 sein Werk »Traité des Chiffres«. Es enthält unter anderem Beiträge über polyalphabetische Systeme, Schlüsselmethoden und einen Selbstschlüssel, zu dem der Klartext benutzt wird.

Ein Gelehrter in Italien, der sich ebenfalls mit Geheimschriften befaßt, ist Giovanni Batista Belaso. Er schreibt 1553 ein Buch unter dem Titel »La chifra del Sig. Giovan Batista Belaso«. Sein Verdienst für die Kryptologie ist die Einführung einer Wortgruppe oder eines Schlüsselwortes in die von Leon Alberti erdachte Verschlüsselungsmethode.

Drei Jahre später, 1556, veröffentlicht Hieronymus Cardanus sein Werk »De Rerum Varietate«. Der

Blaise de Vigenère (1523– um 1600), französischer Diplomat und Erfinder des berühmtesten Schlüsselsystems aller Zeiten

richtige Name des Autors: Geronimo Cardano. Der 1501 in Pavia geborene berühmte italienische Philosoph, Mathematiker (Kardanische Formel) und Arzt lehrt in Mailand, Pavia und Bologna. Sein Interesse gilt auch der Theologie, der Traumdeutung, der Astrologie, Astronomie, der Musik und dem Schachspiel. Cardano, ein überaus produktiver Autor (131 Bücher und 111 Manuskripte im Nachlaß), beschreibt in seinem »De Rerum Varietate« zum erstenmal den sogenannten selbständigen Schlüssel.

Giovanni Battista Porta (um 1535–1615), ein weiterer Pionier der Kryptoanalyse

Der nach ihm benannte Cardano-Grill ist eine mit Perforation versehene gitterartige Platte, durch deren Aussparungen der Geheimtext geschrieben und dann mit einem Decktext überlagert wird.
Ein weiterer Pionier des Chiffrierwesens und der Kryptoanalyse ist Giovanni Battista Porta. Der um 1535 in Neapel geborene Universalwissenschaftler verbringt die 80 Jahre seines Lebens in dieser Stadt. Porta, von der Geheimlehre fasziniert, gründet den naturkundlichen Verein »Accademia de' Secreti«, eine der ersten Vereinigungen von Wissenschaftlern. Der sehr praktisch veranlagte Porta versucht immer wieder, das von ihm Beschriebene auch eigenhändig zu erproben. Er experimentiert mit allerlei Geheimtinten – selbst auf menschlicher Haut –, wie man sie unsichtbar und wieder lesbar machen kann.
Porta schlägt außerdem vor, geheime Schriftstücke von einem Hund fressen zu lassen, den der Adressat dann töten soll, um den Brief wieder ans Licht zu befördern. Nicht ganz 28 Jahre alt, verfaßt er sein Buch »De Furtivis Literarum Notis«, eines der bedeutendsten Werke der Kryptologie. Porta teilt die Geheimschriften in drei Gruppen ein: erstens, Veränderung der Reihenfolge der Buchstaben; zweitens, Ersetzen der Buchstaben durch ein Zeichen; drittens,

Linke Seite: Geronimo Cardano (1501–1576), italienischer Naturwissenschaftler, der als erster die Tatsache der mathematischen Wahrscheinlichkeit erkennt

Die von Porta konzipierte Chiffrierscheibe: Das Klartext-Alphabet und die Geheimzeichen ergeben durch Drehen der Scheibe wechselnde Zuordnungen

François Viète (1540–1603), Mathematiker und Vertrauter der Könige Heinrich III. und Heinrich IV., entziffert die spanische Geheimkorrespondenz

Philipp van Marnix, Baron de Sainte-Aldegonde (1538–1598), Sprachgenie und Kryptologe, Komponist der niederländischen Nationalhymne

Ersetzen der Buchstaben durch andere. Porta entwickelt außerdem ein neues kryptoanalytisches System, den ersten bekannten diagraphischen Schlüssel. Dabei werden nach einem Schema jeweils zwei Buchstaben in ein einzelnes Zeichen übersetzt. Genauso eingehend beschäftigt sich Porta mit der Kryptoanalyse und konstruiert verschiedene Arten von Drehscheiben, mit deren Hilfe man Geheimtexte entziffern kann.
Im Jahr 1589 besteigt der calvinistisch-protestantische König Heinrich IV. den französischen Thron und wird von der katholischen »Liga« mit spanischer Unterstützung erbittert bekämpft. Eines Tages entdeckt Heinrich eine Korrespondenz zwischen dem spanischen König Philipp II., dessen Verbindungsoffizier Juan de Moreo und dem Gesandten Manosse. Dem König, der in den verschlüsselten Botschaften besonders ihn persönlich angehende Informationen wittert, wird empfohlen, sich an den tüchtigen Mathematiker François Viète zu wenden. Der 49jährige Jurist, einflußreiches Mitglied des französischen Parlaments und anerkannter Algebra-Experte, ist auch ein bekannter Kryptoanalytiker.
Obwohl die abgefangene Korrespondenz mit einem neuen Code verschlüsselt ist, den Philipp II. und Moreo verwenden und der besonders kompliziert ist, gelingt Viète die Entzifferung. Er schafft es, diese Tatsache gut zwei Jahre lang geheimzuhalten und in der Zwischenzeit unermüdlich an der Entzifferung zahlreicher anderer abgefangener spanischer Botschaften zu arbeiten.
Als Philipp II. schließlich von dem geknackten Code erfährt, ist er so perplex, daß er sich den Erfolg des Franzosen nur als Ergebnis eines Paktes mit dem Teufel erklären kann. In allem Ernst wendet er sich an den Vatikan und verlangt, den »Hexer« und schwarzen Magier zu exkommunizieren und vor ein kirchliches Gericht zu stellen. Papst Paul III., der über ein eigenes Schlüsselsekretariat unter Giovanni Battista Argenti verfügt und Erfahrungen mit diesem Metier hat, lehnt dies verständlicherweise ab.
Ein besonders versierter Kryptologe, dem es in diesen Jahren gelingt, eine spanische Geheimschrift zu entziffern, ist der flämische Adelige Philipp van Marnix, Baron de Sainte-Aldegonde. Marnix hat Griechisch, Hebräisch und Latein studiert, spricht und schreibt Spanisch, Italienisch, Deutsch, Französisch, Flämisch, Englisch, Schottisch und noch einige andere Sprachen fließend. Der Ratgeber Wilhelms von Oranien und Vertraute des Reformators Johann Calvin – auch Komponist der noch heute gesungenen niederländischen Nationalhymne – entwickelt beim Entziffern bemerkenswertes Geschick. Selbst einer seiner Gegner beschreibt ihn als »vornehm, klug und scharfsinnig, dazu redegewandt. Und er wisse vor allem mit Leuten umzugehen«.
Während der Belagerung von Paris im Jahr 1590 hat Heinrich IV. erneut eine spanische Botschaft abgefangen, die diesmal Marnix entziffern soll. Es ist wieder eine Nachricht von Juan de Moreo an Philipp II. In dem langen verschlüsselten Schreiben beschuldigt Moreo den spanischen Gouverneur in den Niederlanden, Herzog von Parma, mit bösartigen Ausdrücken, Philipps Pläne dort zu untergraben.
In der Hoffnung, Zwietracht zu säen, schickt Heinrich den entzifferten Text an den Herzog, der allerdings nichts unternimmt, da ihm Moreos Verleumdungen bereits bekannt sind.

Geheimdiplomatie

Die Republik Venedig und der Heilige Stuhl waren die ersten, die schon im 13. Jahrhundert diplomatische Beziehungen zu anderen Ländern anbahnten. Bald dienten diese Missionen auch der geheimen Erkundung, und nicht selten wurden die Gesandten persönlich mit der Ausspähung des möglichen Gegners betraut. Dabei spielten Intrigen und Erpressung von Anfang an bereits eine gewichtige Rolle. Als dann im Lauf der Zeit allmählich die ersten ständigen Vertretungen entstanden, ergab es sich von selbst, daß diese Gesandtschaften sich auch zu regelrechten Spionagestützpunkten entwickelten.

Geburtsstätte: Venedig

Venedig ist der erste europäische Staat, der seine Interessen im Ausland durch Botschafter vertreten läßt. Gemäß einer Bestimmung, die schon aus dem Jahr 1268 stammt, haben die venezianischen Botschafter nach ihrer Rückkehr innerhalb von 15 Tagen einen Bericht abzugeben. Die Gesandten müssen ein genaues Resümee ihrer Mission verfassen, ebenso ihre Antworten auf Fragen, die ihnen die Herrscher des Gastlandes gestellt haben, schriftlich fixieren.

Den Diplomaten ist es allerdings strikt verboten, mit irgendeinem Außenstehenden über Politik zu sprechen, außerdem dürfen sie keine Geschenke annehmen.

In der zweiten Hälfte des 15. Jahrhunderts bilden die Gegensätze zwischen den Ländern des christlichen Abendlandes und dem türkisch-arabischen Orient den Hauptnährboden für geheime Aktivitäten.

Nachdem die Türken den Handelsweg zum Schwarzen Meer und nach Indien blockieren, versuchen vor allem die Venezianer mehrere waghalsige Geheimmissionen: das Durchqueren der türkischen Sperrzone in Richtung Osten. Venedig möchte die alten Handelsverbindungen mit Indien und China wieder aufnehmen. Da aber die bisherige Route über Persien von den Türken gesperrt ist, werden die Waren unermeßlich teuer. Ein Teil der chinesischen Seide gelangt jetzt von Samarkand über Moskau in die anderen europäischen Länder, aber davon profitiert die Lagunenstadt kaum noch etwas.

Vier Jahre lang bereist Venedigs Botschafter in Persien, Josafat Barbaro, Mesopotamien, Persien und Arabien. Er besucht auch den großen Umschlagplatz Ormus am Persischen Golf. Heimgekehrt, empfiehlt er seinen Landsleuten, den alten Weg entlang des Indus und des Amu-Darja zum Aralsee wieder zu erschließen. Er regt außerdem an, mit den Russen zu verhandeln, um einen neuen Verbindungsweg über die Wolga und das Kaspische Meer zu eröffnen. Er berichtet seinem Dogen, daß der kürzeste und beste Weg nach Indien nach wie vor der Landweg durch

Schon im 13. Jh. knüpft die Republik Venedig diplomatische Beziehungen zu anderen Staaten. Kupferstich aus dem 17. Jh.

So etwa müßte Pedro de Covilhão ausgesehen haben, der 1487 als Araber verkleidet sein waghalsiges Unternehmen beginnt

Persien sei; man müsse daher die türkische Sperre im Norden umgehen.
Als Portugals König, Johann II., insgeheim von Barbaros Bericht erfährt, entschließt er sich, schnell zu handeln, um der venezianischen Konkurrenz zuvorzukommen. Immerhin hat Portugal bereits eine Unmenge Geld für zahlreiche Schiffsexpeditionen investiert, um Indien auf dem Seeweg zu erreichen. Doch alle Unternehmungen sind vor den endlosen, gefährlichen afrikanischen Küsten gescheitert.
Nun unternimmt der König einen neuen Versuch, der ihm viel günstiger erscheint, noch dazu weniger zeitaufwendig und kostspielig als die Ausstattung einer neuen Flotte: Er heuert zwei wackere, sprachkundige Männer an, die Mönche Pedro de Covilhão und Alfonso de Paiva. Sie bekommen den Auftrag, klammheimlich die türkische Sperrzone zu durchwandern. Die beiden Handelsspione sollen zuerst versuchen, Abessinien zu erreichen. Und dort wird der christliche Herrscher, so hofft Johann II., den Portugiesen schon weiterhelfen, hinter dem Rücken der Moslems den richtigen Weg nach Indien zu finden.
König Johann möchte ferner wissen, ob der Indische Ozean ein Binnenmeer ist, wie Ptolemäus meint, oder ob er – nach Ansicht des venezianischen Geographen Fra Mauro – mit dem »Atlantischen Meer« verbunden ist, was die Portugiesen erhoffen. Einige Einzelheiten über die denkwürdige Reise von Covilhão und Paiva sind erhalten geblieben.
Pedro de Covilhão hat für den Herzog von Medina Sidonia in Andalusien Dienst getan, seither spricht er perfekt Spanisch. Außerdem hat er Arabisch gelernt und bereits einige geheime Aufträge in Marokko durchgeführt. So ist der jetzt 40jährige gut auf seine Reise nach Afrika und Indien vorbereitet. Sein Begleiter, Alfonso de Paiva, stammt von den Kanarischen Inseln und beherrscht die arabische Sprache ebenfalls.
Vor ihrer Abfahrt werden die beiden Mönche von den Geographen des Königs gründlich unterwiesen. Wahrscheinlich gibt man ihnen eine Karte mit, die sie dann nach eigenen Beobachtungen berichtigen und vervollständigen sollen. Am 7. Mai 1487 überreicht ihnen der König ein Beglaubigungsschreiben als Abgesandte und eine Reisekasse mit 400 Cruzados. Den größten Teil des Geldes lassen sie in Lissabon bei dem italienischen Bankier Marchioni, der ihnen dafür eine Anweisung aushändigt, die in Valencia einzulösen ist. Sie reisen nach dorthin und weiter nach Barcelona zu Pferd, dann weiter mit dem Schiff nach Neapel.
Ein anderer Segler bringt sie nach Rhodos, wo sich zwei portugiesische Ritter des Johanniterordens ihrer annehmen. Sie raten ihnen, künftig als Kaufleute zu reisen. Covilhão besorgt daher eine Menge Honig für ihren angeblichen Handel, bevor sie nach Alexandria übersetzen. Kaum dort angelangt, erkranken beide an einer Seuche. Als sie wieder genesen sind, müssen sie feststellen, daß ihr Honig verschwunden ist. Sie erfahren, daß ihn der Statthalter des Sultans an sich genommen hat, da er überzeugt war, sie würden nicht wieder gesund werden. Covilhão bringt den Statthalter dazu, ihnen eine angemessene Entschädigung zu zahlen. Dafür kaufen sie neue Waren ein und setzen die Reise nach Kairo fort. Hier versuchen sie, zu anderen Kaufleuten Kontakt aufzunehmen, und freunden sich mit zwei Marokkanern an, die ebenfalls auf dem Weg nach Indien sind.
Sie segeln mit ihnen von Ägypten aus zunächst zum Hafen Tor auf der Sinai-Halbinsel und dann weiter

nach Aden. Von hier aus soll Paiva allein durch Afrika reisen, um den legendären Priesterkönig, der Abessinien regieren soll, aufzusuchen. Covilhão besteigt unterdessen mit den beiden Marokkanern ein Schiff, das die heimkehrenden Mekka-Pilger mit dem Südwestmonsun über den Indischen Ozean nach Cannananore an der Malabarküste im Süden Indiens bringt. Dort erfährt er, daß die weiter südlich gelegene Nachbarstadt Kalikut zu den reichsten Häfen ganz Indiens zählt und daß eine Kolonie mohammedanischer Kaufleute den gesamten Außenhandel beherrscht.
Covilhão begibt sich nach Kalikut und beobachtet dort, daß im August und September Schiffe der Araber mit Waren aus dem Westen ankommen und daß dieselben Schiffe im Winter mit dem Nordostmonsun, jetzt beladen mit Zimt, Pfeffer, Gewürznelken, Porzellan, Seide, Perlen und Edelsteinen, wieder in Richtung Heimat segeln. Die wohl wichtigste Information, die Johann II. von seinem Handelsspion bekommt: Der Weg nach Indien ist gefunden, und dies noch einige Jahre, bevor Kolumbus in See sticht und auf der Suche nach Indien Amerika entdeckt.

Erstaunlicherweise hat der portugiesische König von dem Bericht des Pedro de Covilhão keinen Gebrauch gemacht.
Venedig verfügt im 16. Jahrhundert neben seinen ausgedehnten Handelsbeziehungen auch bereits über ständige diplomatische Vertretungen in Madrid, Wien, Rom, Paris und London. Die Gesandten der Republik zählen zur Elite, und ihre geheimen Berichte, die regelmäßig an den Dogen und den Senat gelangen, lesen sich geradezu spannend. Vor der Abreise erhalten die Botschafter detaillierte Instruktionen mit auf den Weg, die von Zeit zu Zeit ergänzt werden.
Die Diplomaten übermitteln ihrerseits nicht nur geheime politische Berichte, sondern hin und wieder auch solche über besondere Ereignisse, die teilweise zur Information der Öffentlichkeit verwendet werden. Als »Flugschriften« druckt man diese Vorläufer der Zeitungen dann in manchmal großen Auflagen und verkauft sie.
Bis zum Ende des 15. Jahrhunderts ist Latein die Sprache der diplomatischen Korrespondenz. Durch die betriebsamen Venezianer tritt allmählich Italie-

Kairo: venezianische Gesandte bei einer Audienz des Sultans von Ägypten

nisch mehr in den Vordergrund. Französisch dagegen wird für den diplomatischen Verkehr erst im 18. Jahrhundert allgemein verwendet.
Die Entwicklung diplomatischer Kontakte hat die Entstehung von Geheimarchiven zur Folge, in denen alle Dokumente, Verträge, Berichte, Abkommen und Briefe aufbewahrt werden. Die erste europäische Macht, die mit systematischem Archivieren beginnt, ist der Vatikan. Der Heilige Stuhl hat diese Methode vom römischen Imperium übernommen und noch verbessert. Unter den modernen Staaten ist wiederum Venedig der erste, der einen Aufbewahrungsort für alle Staatsdokumente einrichtet.
Noch im 15. Jahrhundert ist es zum Beispiel in Spanien üblich, daß die Staatsminister alle wichtigen und aktuellen Papiere bei sich zu Hause unter Verschluß halten. Stirbt ein Minister, müssen zwei Notare eine Inventur durchführen und die Dokumente dann der Regierung übergeben. Diese Staatspapiere sind in massiven Holztruhen, den sogenannten »arcas« – von denen möglicherweise das Wort »Archiv« abstammen könnte – aufgehoben und in verschiedenen spanischen Königsschlössern gut gesichert untergebracht. Erst unter Karl V. beginnt man in Spanien, die ungefähr 10 Millionen Staatspapiere aus dem ganzen Land zusammenzutragen und sie im Schloß Simancas zu archivieren, wo sie heute noch liegen.
Das Abfangen von Post, Diebstahl und Bestechung sind stillschweigend akzeptierte Methoden der diplomatischen Kunst, um an geheime Nachrichten zu gelangen. In Europa gibt es unter den schon bestehenden Botschaftskanzleien kaum eine, die diese Mittel nicht anwendet. Im Jahr 1515 stellt Giustianiani, der venezianische Botschafter in London, fest, daß in Canterbury die offziellen Kuriersendungen der Republik Venedig von königlichen Beamten abgefangen werden. Empört geht er zu Kardinal Wolsey, dem allmächtigen Minister unter Heinrich VIII., und beschwert sich.
Dem Dogen meldet Giustianiani: »Die Briefe, die ich von Eurer Hoheit erhalten habe, sind in Canterbury den Kurieren von königlichen Beamten aus den Händen gerissen, geöffnet und gelesen worden. Dasselbe hat man mit den Privatbriefen der Adeligen getan ... Nach dieser Einführung übermittelte ich ihm mündlich den Inhalt vorgenannter Briefe, indem ich die Passagen, die in Codes geschrieben waren, änderte (weil ich annahm, daß sie eine Kopie der geöffneten Briefe behalten hatten) aus Furcht, daß meine Worte ihnen als Schlüssel für die Interpretation dienen könnten.« Da die Depeschen aus Venedig chiffriert sind, achtet der Gesandte bei seiner Unterhaltung mit Kardinal Wolsey streng darauf, jeden Hinweis auf den Inhalt der Botschaft zu vermeiden, damit die Engländer den Schlüssel nicht entdecken.
Trotz aller Gefahren, die auf den Straßen lauern, findet die Übermittlung von geheimer diplomatischer Korrespondenz beinahe regelmäßig statt. Geheimnachrichten von besonders großem Wert werden mit speziellen Kurieren befördert. Weniger wichtige Briefe vertraut man den großen Banken an, die meist in Italien sitzen ober über italienische Korespondenten verfügen. Als Machiavelli auf einer Mission in Frankreich ist, sendet er seine offiziellen Depeschen nach Florenz über die Zweigstelle Lyon des florentinischen Bankiers Dei.
Die ausgezeichnet funktionierende diplomatische Post im venezianischen Dienst heißt »Bailage«. In Konstantinopel besteht das Büro des »Bailo« schon seit dem Jahr 1204, nachdem Venedig im vierten Kreuzzug an der Eroberung der Stadt beteiligt war. Zweieinhalb Jahrhunderte später, als die Hauptstadt am Bosporus in die Hände der Türken fällt, ist Venedig die erste christliche Macht, die durch einen Vertrag das exklusive Privileg erhält, mit dem türkischen Reich Handel zu treiben. Die »Bailage« wird jetzt wieder ins Leben gerufen und ein Abgesandter, unter der alten Bezeichnung »Bailo«, zum Protektor des venezianischen Handels nach Konstantinopel entsandt.
Die Bedeutung des Bailo läßt sich daran erkennen, daß er der einzige Diplomat ist, der ausschließlich durch den Großen Rat und nicht vom Senat bestätigt wird. Die Aufgaben des Bailo entsprechen etwa denen eines heutigen Konsuls. Wichtige diplomatische Verhandlungen werden jedoch nicht von ihm, sondern von einem dafür prädestinierten Gesandten geführt, der nach Vollendung seiner Mission wieder nach Hause zurückkehrt.
1537 erklärt Venedig dem Osmanischen Reich den Krieg, nachdem Karl V. – derzeit deutscher Kaiser und König von Spanien – sowie der Papst aktive Unterstützung zugesagt haben. Doch weit gefehlt! Der Republik wird von keinem der christlichen Herrscher geholfen, und sie muß daher schon bald dem türkischen Druck nachgeben. Als die verhandlungsbereiten Venezianer von den Osmanen immer wieder zurückgewiesen werden, wendet sich die Republik in ihrer Not an Franz I. Der französische König instruiert auffallend zuvorkommend seinen Botschafter in Konstantinopel, Antoine Rinçon, für die Venezianer alles zu tun, was in seiner Macht stehe.
Damit beginnt eine jener geheimen Schlachten zwischen den Agentengruppen, wie sie sich bis heute immer wieder abspielt. Rinçon besticht die Paschas mit kostbaren Geschenken im Wert von 67500 Livres, und die türkische Regierung entschließt sich endlich, einen venezianischen Abgesandten zu empfangen: Luigi Badoer, mit widersprüchlichen Instruktionen ausgestattet, wird nach Konstantinopel beordert: Einerseits gibt der Senat dem Botschafter 30000 Dukaten mit, um die Türken zu bestechen, andererseits verlangt man von ihm, einen Frieden nur auf der Grundlage des status quo abzuschließen und sich unter keinen Umständen auf Abtretung von Landesteilen einzulassen. Vom »Rat der Zehn« dagegen wird Badoer empfohlen, auf die Forderung der Türken einzugehen.
Trotz der sich widersprechenden Anweisungen wäre es Badoer mit diplomatischem Geschick sicher gelun-

Die Handelsmacht der Lagunenrepublik, dokumentiert durch eine venezianische Galeere. Zeitgenössischer Holzschnitt

gen, die Situation zu meistern. Doch zu seinem Unglück wird er von zwei Brüdern verraten, die beide als Sekretär tätig sind, der eine im Senat und der andere beim »Rat der Zehn«. Diese verkaufen das Geheimdokument an Guillaume Pellicier, Bischof und französischer Botschafter in Venedig, der nichts Eiligeres zu tun hat, als es nach Konstantinopel weiterzuleiten.
Als Badoer nichtsahnend in der Türkei ankommt, wissen der Sultan und die Paschas längst, wie seine Instruktionen lauten. Badoer, auf die Verhandlungen gut vorbereitet, ist durch die plötzliche Unhöflichkeit der Paschas verunsichert. Sie werfen ihm vor, ein Lügner und Betrüger zu sein. Die Türken würden Venedig mit Feuer und Schwert zerstören, wenn er nicht alle seine geheimen Direktiven vorweise. Der hereingelegte Botschafter sieht keinen anderen Ausweg, als den mit Bedingungen versehenen Friedensvertrag zu unterzeichnen. So wechseln mehrere griechische Inseln und Teile des Peloponnes, die bis jetzt zu Venedig gehörten, den Besitzer.
Für Frankreich ist die neue Situation äußerst günstig, denn ein geschwächtes Venedig kann Karl V. vorerst keine Unterstützung mehr bieten. Der deutsche Kaiser sinnt auf Rache. Nicht den französischen König, sondern dessen Botschafter Rinçon macht er für die diplomatische Niederlage Venedigs verantwortlich.
Nach dem Vertragsabschluß verläßt Rinçon die Türkei, um in Frankreich den König bei dessen Plan für einen neuen Krieg gegen den Kaiser zu beraten. Doch auf der Heimfahrt verliert sich seine Spur. Monatelang suchen französische Diplomaten und Geheimagenten in ganz Italien nach dem vermißten Botschafter Rinçon und dessen Begleiter Fregoso.
Rinçon, der ahnt, daß ihn die Agenten Karls V. verfolgen, kann gerade noch rechtzeitig seine wichtigsten Papiere, darunter die geheimen Aufzeichnungen aus Konstantinopel und Kreditbriefe, einem Vertrauensmann übergeben, damit sie nicht in die Hände seiner Häscher fallen. Nur wenige Stunden später, als sich Rinçon und sein Begleiter auf dem Po eingeschifft haben, werden beide von gedungenen Mördern getötet.
Eines Tages wird du Bellay, der französische Gouverneur von Piemont, vom französischen Botschafter Pellicier informiert, daß man einen von Rinçons Matrosen gefunden habe. Pellicier schreibt: »Er erzählte mir, daß diese beklagenswerten Männer völlig erschöpft auf einem Boot gelegen hätten. Er selbst habe sie zu einer kleinen Insel getragen, wo sie versorgt wurden.« Die anderen Besatzungsmitglieder werden in einem Kerker in Piacenza gefangengehalten. Mit Hilfe von du Bellay entkommen sie nach Turin und erzählen dort von dem bewaffneten Überfall auf ihr Schiff, bei dem man Rinçon getötet habe.
Es kommt zu einer internationalen Affäre: Der Papst ist über den Mord empört, denn es besteht kein Zweifel, daß der Überfall auf Rinçons Schiff von Emissären des Kaisers inszeniert wurde. Der französische König richtet eine Beschwerde an den Reichstag, die Karl V. gleichmütig zur Kenntnis nimmt.

Entstehung des britischen Geheimdienstes

Nicht nur auf dem europäischen Festland, sondern auch in England wurde im 16. Jahrhundert die Spionage immer mehr zum Werkzeug von Diplomaten und Regierungen; allerdings gab es deutliche Unterschiede zwischen den britischen und kontinentalen Methoden. Dies lag vor allem an der geographischen und politischen Lage des Inselreiches. Auf dem Kontinent kann eine Nation ohne Warnung bei ihren Nachbarn eindringen. Daher zählte die Erkundung der militärischen Stärke und der Absichten eines möglichen Angreifers zu den wichtigsten Sicherheitsfaktoren.

Dagegen hatte England, von der launischen See umgeben, einen natürlichen Schutz und war nicht so leicht zu überfallen: Schiffe, Mannschaften und Kriegsgerät mußten erst in günstig gelegenen Häfen versammelt werden, und dann galt es, den Wind aus der richtigen Richtung abzuwarten. Eine Invasion konnte man also nicht über Nacht in Gang setzen und nur schwerlich geheimhalten, denn die Vorbereitungen nahmen viel Zeit in Anspruch. Dies zeigt, daß in England die Spionage zwar wichtig, aber nicht unbedingt lebensnotwendig für die Verteidigung war.

Sir Francis Walsingham

Mit Elisabeth I. (1558–1603) besteigt eine direkte Nachfahrin Heinrichs VIII. den englischen Thron. Unter ihrer Herrschaft beginnt England sich zur Großmacht zu entwickeln, während die Katholiken ihr das Recht auf die Krone streitig machen wollen. In den ersten Jahren ihrer Regierungszeit muß sich Elisabeth vielen Feinden gegenüber zur Wehr setzen. Die Königin gibt sich tolerant, wenn es die Umstände erlauben, aber sie schreckt auch nicht vor Gewalttaten zurück.

Einer ihrer größten Widersacher, Philipp II. von Spanien, trägt sich mit dem Plan, das Inselreich eines Tages zu erobern, die ketzerische Königin vom Thron zu stoßen und den Handelskonkurrenten auf den Weltmeeren auszuschalten. Der englische Hof und vor allem die Stadt London sind mit spanischen Spionen durchsetzt. So dringen immer wieder Nachrichten nach Madrid, daß England kurz vor dem Ruin stehe. Elisabeth verfüge weder über Geld noch Leute, Waffen, Festungen oder Kriegserfahrungen.

Aber die Königin setzt sich mit allen nur erdenklichen Mitteln gegen die Intrigen Philipps zur Wehr. Sie besticht den spanischen Botschafter in den Niederlanden und stellt Sir Jasper Schetz, dem Agenten und Ratgeber des Königs, Gelder zur Verfügung, um die Börse in Antwerpen zugunsten Londons zu manipulieren. Elisabeth stehen tüchtige Männer zur Seite, deren Fähigkeiten sie zu nutzen weiß. Einer von ihnen: Sir Francis Walsingham.

Um 1532 als Sohn eines Anwalts geboren, bekommt Walsingham bereits mit 20 Jahren seine Zulassung als Anwalt und 1563 einen Sitz im Parlament. Vom Ersten Sekretär, William Cecil, dem späteren Lord Burghley, protegiert, erhält Walsingham 1568 von ihm den Auftrag, die ausländischen Spione in London zu bekämpfen. Nach zweijähriger intensiver Tätigkeit wird er als englischer Botschafter an den französischen Hof entsandt. Im Dezember 1573 erfolgt seine Aufnahme in den Kronrat. Danach avanciert er

Der Gründer des britischen »Secret Service«: Sir Francis Walsingham (1532–1590)

zum Staatssekretär und wird Elisabeths persönlicher Erster Sekretär.

Walsingham ist ein Mann von großer Integrität und mit hohen moralischen Prinzipien. Wegen seiner schlanken Gestalt und seines südländischen Aussehens wird er von Elisabeth »mein Mohr« genannt. In seiner neuen Position entwickelt er sich zum Meister auf dem Gebiet der Spionage und deren Organisationen. Sein Geheimdienst dient ausschließlich nationalen und keinerlei persönlichen Zielen.

Trotz ihrer Sparsamkeit mangelt es Elisabeth ständig an Geld, und so bleibt für den Geheimdienst kaum etwas übrig. Walsingham ist daher gezwungen, sich auf wenige besonders tüchtige Agenten zu beschränken, die er zum größten Teil auch noch aus eigener Tasche bezahlt. Diese Agenten aber haben Kontakte

zu den wichtigsten Informationsquellen, verkehren in den höchsten Kreisen am spanischen Hof und im Vatikan.
Walsinghams Spionage ist so wirkungsvoll, daß Elisabeth bereits von den Geheimplänen für eine Eroberung Englands erfährt, ehe Philipp II. seine eigenen Minister offiziell davon unterrichtet. Genauso erfolgreich ist die von Walsingham geschaffene Organisation für Gegenspionage, ebenso sein Sicherheitsdienst, der die in England geplante Verschwörung gegen das Leben der Königin zugunsten der schottischen Rivalin Maria Stuart rechtzeitig aufdeckt und verhindert. Die bekanntesten Drahtzieher des Komplotts: Anthony Babington, Roberto Ridolphi und Francis Throckmorton.
Die katholische Königin Maria Stuart wird 1568 von calvinistischen Adeligen abgesetzt und flieht nach England. Dort läßt ihre Cousine Elisabeth sie wegen aller katholischen Verschwörungen gegen die protestantische Königin sofort verhaften. Der Herzog von Guise, Führer der Katholiken in Frankreich, ist fest entschlossen, seine Nichte Maria aus dem Gefängnis zu befreien. Sein Plan sieht vor, englische Studenten aus dem Jesuiten-Seminar in Reims durch großzügige Gastfreundschaft für sein Vorhaben zu gewinnen. Einer von ihnen ist der später berühmte Dramatiker Christopher Marlowe, der zu jener Zeit in Cambridge studiert. Walsingham schickt ihn nach Reims, wo er herausfinden soll, was dort vor sich geht. Es wird vermutet, daß Marlowe einige Jahre lang als Agent für Walsingham gearbeitet hat.
Walsingham ist davon überzeugt, daß seine Königin sich niemals sicher fühlen kann, solange Maria Stuart lebt. Da Elisabeth aber nicht gewillt ist, ein Todesurteil zu unterzeichnen, muß er unwiderlegbare Beweise über die Verbindung Marias zu katholischen Verschwörungen gegen die englische Krone vorlegen. Vor Gericht werden Marias Anwälte argumentieren, Walsingham habe Verschwörungen und Beweise erfunden, um sie in Verdacht geraten zu lassen. Walsingham: »Gott ist mein Zeuge, daß ich als Privatperson nichts getan habe, was eines ehrlichen Mannes unwürdig ist, und als Staatsdiener nichts, was nicht zu meinen Pflichten gehörte.«
Angesichts seiner genauen Kenntnisse über die Aktivitäten der Aufrührer und deren Verbindungen zu Mitgliedern der Gesellschaft Jesu, des in England verbotenen und daher heimlich agierenden Jesuitenordens, gibt es gewisse Zweifel darüber, ob die Gefahr für Elisabeth wirklich so groß ist, wie Walsingham behauptet. Hier die Tatsachen: Im Jahr 1577 regiert Philipp II. die Niederlande mit Hilfe seines Halbbruders Don Juan d'Austria, den er dort als Gouverneur eingesetzt hat. Don Juan, der 1571 bei Lepanto einen überwältigenden Sieg über die türkische Flotte errungen hat, betrachtet sich als berufenen Streiter für das Christentum. Er beabsichtigt, mit einem Truppenverband den Kanal zu überqueren, in England zu landen und die ketzerische Elisabeth I. zu entthronen. Er träumt davon, die attraktive Königin der Schotten, Maria Stuart, zu heiraten, und was für ihn ebenso wichtig ist, mit ihr die englische Krone für den katholischen Glauben zurückzugewinnen.
Philipp ist zwar grundsätzlich mit der Invasion und der Heirat einverstanden, aber vorher soll Don Juan die aufrührerischen Niederlande befrieden. Walsingham erfährt schon bald von einem seiner auf dem Kontinent eingesetzten 53 Agenten, was Don Juan beabsichtigt.
Am 25. Juni 1577 fängt der hugenottische General François de la Nouse in der Gascogne einige verschlüsselte Briefe Don Juans ab. Er vermutet, daß sich Teile der Korrespondenz mit Angelegenheiten in den Niederlanden befassen und leitet die Post an den Prinzen von Oranien weiter, der sie Philipp van Marnix, Baron de Sainte-Aldegonde, anvertraut. Dieser

Dramatiker und Spion: Christopher Marlowe (1564–1593)

Don Juan d'Austria (1547–1578) nach einem zeitgenössischen Holzschnitt bekannte Schriftexperte braucht kaum drei Wochen, bis er den Text entziffert hat. Er stellt mit Verblüffung fest, daß die Briefe von einem Vorhaben Don Juans gegen England handeln. Das Wichtigste kann Marnix aber nicht daraus ersehen: Juan beabsichtigt nämlich, seine spanischen Soldaten an der Küste Englands zu landen, und zwar unter dem Vorwand, sie müßten Schutz vor dem Sturm suchen, der sie vom Kurs abgebracht habe.

Jetzt nehmen die Ereignisse ihren Lauf: Am 11. Juli 1577 spricht Prinz Wilhelm von Oranien bei einem Essen im niederländischen Alkmaar mit Daniel Rogers über den Inhalt von Don Juans Depeschen. Der zu Walsinghams Agenten zählende Rogers berichtet am nächsten Tag seinem Chef nach London: »Der Prinz erzählte mir, daß Seine Majestät gern erfahren würde, ob die Unterredung zwischen Don Juan und dem Nuntius des Papstes sich mit den Briefen deckt, die ... jetzt abgefangen wurden. Dabei verlangte er, de Sainte-Aldegonde solle ihm die Briefe zeigen ... Sainte-Aldegonde brachte neun Briefe, die alle in Spanisch geschrieben, jedoch bis auf einen verschlüsselt waren. Drei davon hatte Don Juan verfaßt, zwei an den König (von Spanien), den dritten an den Sekretär des Königs, Antonio Perez. Alle übrigen sind von Escovedo geschrieben und an den König gerichtet. An den Siegeln und Unterschriften ließ sich erkennen, daß sie keinesfalls gefälscht waren. Der Prinz zeigte mir auch den Brief von La Nouse, dem alle besagten Briefe beigefügt waren, die er in Frankreich abfangen ließ. Ich hielt es für richtig, mir von den wichtigsten darin erwähnten Dingen Notizen zu machen.«

So bekommt Sir Walsingham wertvolle Hinweise über Philipps geplante Invasion Englands. Trotz aller Bemühungen gelingt es Don Juan allerdings nicht, mit den Aufständischen in den Niederlanden zu einem Friedensschluß zu kommen. Walsingham ist unterdessen nicht untätig: Er kann Sainte-Aldegonde dafür gewinnen, auch für ihn abgefangene Briefe zu entziffern: Am 20. März 1578 schreibt Walsingham an William Davison, einen seiner Agenten in Flandern: »Für den Dienst Ihrer Majestät ist es äußerst wichtig, diesen Brief des Botschafters von Portugal sehr bald entziffern zu lassen. Verhandeln Sie darum ernsthaft und schnell darüber mit St. Aldegonde. Die Verschlüsselung ist so einfach, daß es keiner allzu großen Mühe bedarf.«

Bereits zwei Wochen später, am 5. April 1578, antwortet Davison: »Sainte-Aldegonde ist heute nach Worms abgereist ... Die Zeit vor seinem Aufbruch reichte nicht aus, um den Brief zu entziffern, den Sie mir mit Ihrem letzten Schreiben geschickt haben. Aber er verschaffte mir jemand anderen, der die Aufgabe statt seiner löste. Ich sende Ihnen beiliegend ...« In jenem Schreiben beklagt sich der spanische Botschafter in London bei seinem König, daß Elisabeth vermutlich eine Krankheit vortäusche, um eine von ihm erbetene Audienz nicht zustande kommen zu lassen.

Er will England erobern: Philipp II. (reg. 1556–1598), König von Spanien

Noch im Jahr 1578 nimmt Walsingham Verbindung zu einem in Paris lebenden Engländer namens Thomas Phelippes auf, um nicht von Sainte Aldegonde, der sehr gefragt ist, abhängig zu sein. Der hochintelligente Sohn eines Londoner Zollbeamten hat sich innerhalb kurzer Zeit zu einem der besten englischen Codeexperten entwickelt, und Walsingham gewinnt ihn für seinen Geheimdienst; Phelippes unternimmt zunächst in dessen Auftrag mehrere ausgedehnte Reisen kreuz und quer durch Frankreich. Seine Agententätigkeit ist so erfolgreich, daß er nach seiner Rückkehr zu den engsten Mitarbeitern von Sir Walsingham aufsteigt, der ihn zu seinem persönlichen Sekretär macht. Er bewältigt zusammen mit zahlreichen Mitarbeitern die Korrespondenz des Geheimdienstes. Sogar in seiner Freizeit beschäftigt er sich mit der Entzifferung abgefangener, verschlüsselter Nachrichten in Französisch, Italienisch, Lateinisch und Spanisch.

Übrigens, seine einzige überlieferte Personenbeschreibung stammt von Maria Stuart: Die Königin bezeichnet Phelippes, dessen Haar und Bart blond sind, als Mann »von kleiner Statur, in jeder Hinsicht schmächtig, mit einem vor lauter Pocken entstellten Gesicht, kurzsichtig und seiner Erscheinung nach etwa dreißig Jahre alt.«

Der Doppelspion Sir Stafford

Auf der Iberischen Halbinsel ist man zu dieser Zeit auch nicht untätig: Englische Katholiken, die an europäischen Priesterseminaren studieren und von spanischen Spionen angeworben wurden, beordert man von Zeit zu Zeit nach England, um dort politische und militärische Vorgänge zu erkunden. Spaniens wichtigster Spion allerdings sitzt in der französischen Hauptstadt: der Engländer Sir Edward Stafford. Er ist der erste Agent der Neuzeit, der nachweislich für zwei Seiten arbeitet.

Stafford, Sproß einer berühmten Familie und Verwandter von Königin Elisabeth, wird 1583 zum Botschafter für Frankreich ernannt. Er genießt weder die besonderen Sympathien von »Mister Secretary« Sir Walsingham, dem er seine geheimen Berichte zusenden muß, noch die von Sir Henry Cobham, seinem Vorgänger in Paris.

Stafford hat noch keinerlei Erfahrung im diplomatischen Dienst und muß unter erschwerten Bedingungen arbeiten. Gleich im ersten Schreiben an Walsingham beschwert er sich: »Cobham hat es nicht für nötig gehalten, mir Briefkopien oder irgend etwas anderes zu zeigen, damit ich weiß, welchen Weg ich weiter verfolgen soll. Er hat auch keine Andeutung über das Verhalten hier bei Hof gemacht.« Als der unerfahrene Stafford seinen Vorgänger bittet, ihn über den Personenkreis am französischen Hof aufzuklären, antwortet ihm der scheidende Botschafter, daß es keinen Sinn habe, wenn Stafford darüber Bescheid wisse, »denn das, was heute ist, kann morgen schon nicht mehr aktuell sein«.

Cobham gibt Stafford weder einen Hinweis auf seine Agenten noch die Namen derjenigen, die England freundlich gesonnen sind. Staffords Bericht an Walsingham wirkt deprimiert: »Ich bat ihn, mich freundlicher zu behandeln. Kein abgelöster Botschafter würde seinen Nachfolger so schlecht informieren. Er erwiderte, daß Sir Amyas Paulet ihn weitaus schlechter unterrichtet habe.«

Um bei Königin Elisabeth einen guten Eindruck zu erwecken, sendet Stafford seine geheimen Berichte recht oft und regelmäßig. Aber statt des erwarteten Dankes wird er von Walsingham mit höflichen Worten gebeten, nicht so eifrig zu sein: »Ihre Majestät ist oft verärgert durch die Belastung mit der häufigen Post, so daß ich es nicht wage, ihr alle Berichte zukommen zu lassen, die ich von Ihnen erhalten habe.« Walsingham fügt hinzu, daß zu der Zeit, als er selbst Botschafter in Paris war, er »meistens nur einmal in zwei oder drei Monaten etwas von sich hören ließ«. Stafford solle »nur bei wichtigen Gelegenheiten schreiben«. Dieser Brief ruft bei dem Botschafter Argwohn hervor. Er vermutet, daß Walsingham der Königin Depeschen vorenthält, um ihn in Mißkredit zu bringen.

Stafford über Walsingham: »Ich wußte, daß die Königin durch ihn falsch über die hiesigen Vorbereitungen unterrichtet wurde und erzürnt angeordnet hatte, geheime Informationen auch über andere Quellen zu beschaffen. Die von mir geschickten Berichte hat er einen Tag lang zurückgehalten, da er seine eigenen zuerst vorlegen wollte.«

Trotz aller Schwierigkeiten errichtet Stafford in Paris

Arbeitet für Freund und Feind: Sir Edward Stafford (gest. 1605), britischer Botschafter und Agent

ein Geheimdienstnetz, vor allem um Informationen über Spanien zu erhalten. Er sagt, der Botschafter Venedigs habe ihm aus Freundschaft bereitwillig geholfen. Leider aber sind die Informationen des Venezianers unzureichend. Der Abgesandte von Savoien wiederum ist nur sehr schwer von Staffords Plänen zu überzeugen, weil er sich als traditioneller Freund Spaniens fühlt. Aber Stafford bemüht sich eifrig, das Vertrauen des Savoiers zu gewinnen.

Walsingham, ein unbeirrbarer Protestant, hat Stafford niemals vertraut, denn ihm sind dessen gute Kontakte zu den Pariser Agenten von Maria Stuart bekannt, etwa zu dem Erzbischof von Glasgow. Als früherer Gesandter in Paris kennt Walsingham das Intrigenspiel am französischen Hof und weiß auch, wie man es nutzen kann: Er beschließt, den zwielichtigen Stafford durch einen Agenten beschatten zu lassen.

Sein Kundschafter, Nicholas Berden alias Rogers, kann schon bald bestätigen, daß Stafford seine Stellung dafür nutze, um insgeheim Botschaften von Katholiken nach England weiterzuleiten. Stafford arbeite eng mit päpstlichen Agenten zusammen und verrate den Feinden Englands wertvolle Staatsgeheimnisse. Der Botschafter stehe auch an der Spitze eines ausgedehnten Agentennetzes in ganz Frankreich. Dank seiner ausgezeichneten Kontakte zu den Katholiken habe er wiederum die Möglichkeit, Walsingham wichtige Informationen zu übermitteln.

Die schwerste Beschuldigung gegen Stafford: Er werde vom Herzog von Guise durch Erpressung gezwungen, ihm die aus London eintreffenden Depeschen zu zeigen. Vermutlich traut Walsingham so manchen

Francois I. de Lorraine, Herzog von Guise (1519–1563), Heerführer und Oberhaupt der »Katholischen Liga«

Berichten seiner Spione nicht so ganz, denn er unternimmt vorerst nichts gegen Stafford, obwohl er glaubt, Beweise in der Hand zu haben, daß der englische Botschafter als Doppelagent tätig ist.
Tatsächlich nimmt Stafford, zunächst mit Hilfe von katholischen Freunden und Verwandten der eingekerkerten Maria Stuart, Verbindung zum spanischen Gesandten in Paris, Bernardino de Mendoza, auf. Die Spanier wissen von Staffords ständiger Geldknappheit. Sie bieten ihm daher Geld und Juwelen als Gegenleistung für geheime Informationen an. Mendoza berichtet an Philipp II., daß Stafford »durchaus bereit« sei, »Informationen zu vermitteln«.
Im Jahr 1585 meldet Mendoza seiner Regierung, daß er sicher sei, man könne Stafford erpressen, damit er wichtiges geheimes Material an Spanien liefere. Im Mai 1586 erwähnt Mendoza erneut in einem Schreiben an König Philipp: »Charles Arundel, ein englischer Katholik, dem Ihre Majestät 80 Kronen im Monat an Pension gewährt, hält sich, wenn er in Paris ist, ständig im Haus des englischen Botschafters auf. Wie mir der Herzog von Guise versicherte, brauche der englische Gesandte Geld, daher habe er ihm 3000 Kronen gegeben und erhalte als Gegenleistung dafür vom Botschafter gewisse Informationen über diesen Charles Arundel.« Stafford befindet sich wirklich in finanziellen Schwierigkeiten, da er sehr verschwenderisch lebt und ein leidenschaftlicher Spieler ist. Sein Gehalt als Botschafter reicht nicht aus, um den pompösen Lebenswandel zu finanzieren.
Eines Tages beschwert sich der mit den französischen Katholiken auf Kriegsfuß stehende Calvinist Heinrich von Navarra, der spätere Heinrich IV., bei Elisabeth I. über Stafford. Als dieser davon erfährt – so der spanische Botschafter, dem es Arundel zugetragen hat –, »bekam er einen fürchterlichen Wutanfall... und schwor, sich an Heinrich, ebenso an den anderen, zu rächen, ganz gleich, mit welchen Mitteln. Dies war nun die Zeit für Seine Majestät, König Philipp, um ihn (Stafford) nach Bedarf für sich zu verwenden«.
In dieser Zeit erreicht Paris die Nachricht, daß ein Teil der englischen Flotte gegen Portugal vorgehe, daher könnte jetzt jede Information des englischen Botschafters besonders nützlich sein. Und Mendoza drängt seinen König, ihm zu gestatten, Stafford zu bestechen, denn »er wäre bereit, geheime Informationen zu liefern«. Des Königs Antwort: Man solle Stafford »2000 Kronen in bar oder Juwelen geben, so wie Sie es vorschlagen«. Von diesem Zeitpunkt an wird Stafford in der geheimen diplomatischen Korrespondenz der Spanier als der »neue Freund« bezeichnet. Mendoza händigt dem englischen Botschafter nicht nur Geld, sondern auch Juwelen aus. Stafford versorgt nun die Spanier mit wertvollen geheimen Mitteilungen. Trotz der neuen Geldquelle betragen seine Schulden immer noch 15000 Livres.
Während im Juni 1588 die spanische Armada in Richtung Großbritannien segelt, liefert Stafford präzise Meldungen über die Geschwader der Admiräle Howard und Drake. Er verrät auch den Versuch der Königin Elisabeth, sich mit Heinrich III. von Frankreich zu verbünden. Der Botschafter hofft, zu einem Vermögen zu kommen, wenn die Königin erst »verschwunden« und Philipp ihr Nachfolger geworden sei.
Stafford ist ein Doppelspion par excellence: Er hat Spanien über die Vorbereitungen seines Landes gegen die Armada informiert, gleichzeitig aber Walsingham regelmäßig über die spanische Flotte unterrichtet. »Die spanischen Kreise prahlen hier«, schreibt er aus Paris bereits im Juli 1586 an Walsingham, »daß das Reich Ihrer Majestät innerhalb von drei Monaten angegriffen würde und eine große Armee sich bereits darauf vorbereite.«
Walsingham schickt daraufhin einen seiner besten Agenten, Richard Gibbes, nach Spanien. Vier Monate später informiert Gibbes seinen Chef, daß »König Philipp offenkundig etwas Großes gegen uns vorhat. Er ist mit den Fuggern zu einer Übereinkunft gekommen, daß man ihm an einem bestimmten Ort Geld auszahlen wird«. Somit verfügt England schon zwei Jahre, bevor die Armada lossegelt, über recht genau Kenntnisse.
Als Schotte getarnt, kundschaftet Gibbes die spanischen Häfen aus und teilt Anfang 1587 Sir Walsing-

Ein seltenes Spionage-Dokument: Spanische Galeone, gezeichnet von einem englischen Agenten (British State Papers Office)

ham seine Beobachtungen mit: Er habe etwa 150 Schiffe gezählt und Gerüchte über 300 Galeeren gehört. Der vermeintliche Schotte wird in Lissabon – Spanien hat Portugal 1580 annektiert – von den Spaniern freundlich aufgenommen. Man stellt ihn dem Großadmiral der spanischen Marine Marquis von Santa Cruz vor, der von ihm vieles genau wissen will.

»Er fragte mich«, berichtet Gibbes nach England, »was es in Schottland für größere Häfen oder Flüsse gäbe, die eine Flotte anlaufen könne. Ich nannte ihm den Firth of Forth, er sei günstig gelegen und ohne Gefahren. Außerdem erkundigte er sich, ob es möglich sei, von Schottland nach England zu reiten, was ich bejahte. Dann wollte er meine Meinung hören, welche Teile Europas ich am ehesten besetzen würde. Ich nannte ihm Dänemark, Danzig, Hamburg sowie alle Teile Frankreichs, Englands und Spaniens. Er fragte mich weiter, ob ich Bristol oder einen anderen Hafen dieser Gegend kenne. Hierüber konnte ich ihm aber keine Auskunft geben. Welche geeigneten Häfen oder Flüsse an der Westküste von Schottland lägen, wollte er noch wissen. Ich erklärte ihm, daß es dort sicher gute Häfen gäbe ...« Gibbes wird noch nach vielen anderen Details ausgefragt, ob er London kenne, wie die Themse verlaufe oder ob sie für eine große Flotte befahrbar sei.

Zur gleichen Zeit senden die Spanier Agenten nach England, um die Möglichkeit eines Aufstandes auszuspionieren. Die Anweisungen, die einem gewissen Agenten »B« gegeben werden, zeigen, mit welcher Gründlichkeit Philipp II. die Unterwerfung Englands vorbereitet: »B« soll erkunden, wo die Ursachen und Gründe des Gegensatzes zwischen Puritanern und Protestanten liegen. Wer die Leiter jeder Partei und deren Anhänger sind, wie der Oberste Rat unterteilt ist, welcher der beiden Parteien die Katholiken angehören, mit denen man verhandeln oder sich ihnen anschließen kann. Ob sie möglicherweise einem Friedensvertrag zustimmen würden? Ob bezweifelt werde, daß der König von Spanien eine Invasion vorhabe? Wo diese, nach eigenen Schätzungen, am ehesten erwartet würde und welchen Landesteil sie als den schwächsten ansehen, um diesem Versuch zu widerstehen?

Wie groß die Anzahl der männlichen Inselbewohner ist, die vermutlich bereit seien, eine Invasion zu verteidigen? Zu welchen Einheiten gehören sie? Welche Reserven sind vorhanden? Und welche Heerführer es in jeder Region gibt? Ob man in letzter Zeit an der Küste neue Befestigungen gebaut hat, wo und in welcher Art? Wie die neuen und die alten Festungen verteidigt werden? Bestehen Freundschaften mit irgendwelchen Offizieren auf den Schiffen der Königin oder zu jemandem in der Admiralität? Es soll auch herausgefunden werden, wer eventuell bestechlich ist, den man als Spion mit Geld anwerben kann.

»B« soll außerdem feststellen, ob der Lordadmiral womöglich unzufrieden ist und unter Geldmangel leidet. Des weiteren erwartet man von »B«, daß er in Erfahrung bringt, welche Schiffe sich auf dem Meer befinden oder gegenwärtig in Bereitschaft liegen und unter wessen Leitung sie stehen. Wie groß die Anzahl der Schiffstypen ist, die auf dem Meer einzusetzen sind und wie weit man sie ausgerüstet hat. »B« soll auch erkunden, wer von den maßgebenden Leuten über seine Verhältnisse lebt.

Nun beginnt Walsingham, Stafford mit sorgfältig ausgewähltem Spielmaterial zu versorgen. Diese Halbwahrheiten leitet der Gesandte an die Spanier weiter. In all den Jahren erwägt Walsingham, seinen Agenten Stafford nach London zurückzurufen und ihn wegen Hochverrats hinrichten zu lassen. Er entschei-

det sich aber schließlich dafür, sein verräterisches Wirken in Paris zum Nutzen Englands auszuwerten. Staffords geheime Aktivitäten für Spanien werden niemals öffentlich bekannt oder gar bestraft. Jedenfalls kehrt er unbehelligt nach England zurück und stirbt dort 1605 als honoriger Gentleman. Erst viel später geben die Archive sein Geheimnis preis.

Maria Stuart – Opfer von Codebrechern

1586 ist für Walsingham der lang herbeigesehnte Augenblick gekommen: Der fanatische Katholik und ehemalige Page von Maria Stuart, Anthony Babington, zettelt eine Verschwörung an. Elisabeth soll von ihren Höflingen ermordet werden und Maria Stuart durch einen gleichzeitig organisierten allgemeinen Aufstand der Katholiken den englischen Thron übernehmen. Die Verschwörung, die auch den Sturz der Regierung vorsieht, wird von Philipp II. unterstützt. Der spanische Monarch verspricht, sofort Truppen zu entsenden, wenn das Attentat auf Elisabeth geglückt ist. Einem solchen Plan muß allerdings Maria Stuart zustimmen. Um dies zu erreichen, will sich Babington mit ihr persönlich in Verbindung setzen, und gerade das erweist sich als äußerst schwierig: Zu dieser Zeit wird Maria von der Außenwelt hermetisch abgeschnitten und lebt, von Sir Amyas Paulet streng bewacht, auf einem Schloß nahe Chartley. Aber Babington gelingt es, einen sympathischen jungen Mann, den ehemaligen Studenten eines Priesterseminars, Gilbert Gifford, als Boten zu gewinnen.

Der clevere Student findet eine Möglichkeit, mehrere Briefe, die an Maria adressiert sind, in ausgehöhlten Spundzapfen von Bierfässern nach Chartley zu schmuggeln. Das klappt so gut, daß der französische Botschafter in London nun Gifford sämtliche Briefe übergibt, die sich in den letzten zwei Jahren für die königliche Gefangene angesammelt haben. Darunter sind viele kunstvoll verschlüsselte Schreiben. Die in Konspiration seit Jahren bestens erfahrene Maria ist bemüht, ihre geheime Korrespondenz sorgfältig abzusichern: So besteht sie zum Beispiel immer darauf, daß wichtige Briefe ohne Ausnahme innerhalb ihrer Gemächer geschrieben und ihr vorgelesen werden, ehe man sie in ihrem Beisein verschlüsselt und versiegelt.

Das eigentliche Verschlüsseln besorgt gewöhnlich ihr vertrauter langjähriger Sekretär Gilbert Curle. Die Chiffren werden öfter gewechselt; sie sind auch komplizierter und bruchsicherer als die übliche diplomatische Post. Was jedoch weder Maria noch Babington ahnen: Ihre gesamte Korrespondenz geht durch die Hände des Kryptologen Phelippes, denn Gifford steht im Dienst von Sir Walsingham.

Der Chef des Geheimdienstes sieht darin eine seltene Gelegenheit, seine Fühler unbemerkt bis in Marias engste Umgebung auszustrecken. Er beauftragt Gifford, ihm alle Briefe von Maria auszuhändigen und sie erst nach Abschrift weiterzuleiten. Darunter befinden sich auch jene Mitteilungen, die der französische Botschafter seit zwei Jahren aufbewahrt hat und Gifford nun als Schmuggelgut anvertraut. So hat Phelippes alle Hände voll zu tun, um die vielen Briefe zu entziffern. Da der Zeitpunkt für die Mitte Juli 1586 geplante katholische Verschwörung merklich näherrückt, bewältigt der geniale Phelippes oft mehrere Briefe in Tag- und Nachtarbeit. Im Frühsommer läßt Walsingham klugerweise keine Verhaftungen vornehmen. Er wartet ab, bis sich die Verschwörung weiterentwickelt und die Korrespondenz anschwillt. Walsingham hofft, daß Maria sich eines Tages selbst schwer genug belasten wird, und er behält recht: Anfang Juli 1586 teilt Babington in einem Brief an Maria die genauen Einzelheiten des Verschwörerplanes mit. Er berichtet von den bereits laufenden Vorbereitungen für eine spanische Invasion Englands, ihre persönliche Befreiung und »die Verurteilung der widerrechtlichen Mitbewerberin«. Maria, nun vor die endgültige Entscheidung gestellt, denkt eine ganze Woche darüber nach.

Am 17. Juli 1586, nachdem sie ihre Antwort sorgfältig abgefaßt und von Curle hat verschlüsseln lassen, schickt Maria die Nachricht an Babington ab: Sie heißt »dieses Vorhaben« gut und gibt Babington Ratschläge, »um es erfolgreich enden zu lassen«. Während Phelippes den Brief entziffert, zeichnet er auf dessen Rückseite bedeutungsvoll einen Galgen.

Das von Thomas Phelippes entzifferte Postskriptum aus einem Brief der Maria Stuart

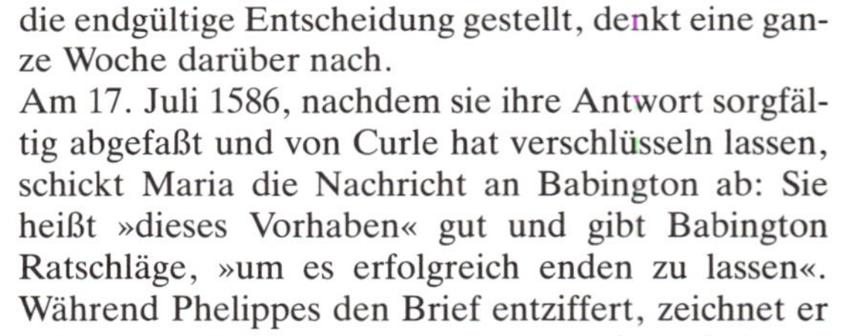

Linke Seite: Maria Stuart (reg. 1542–1567), die unglückliche Königin

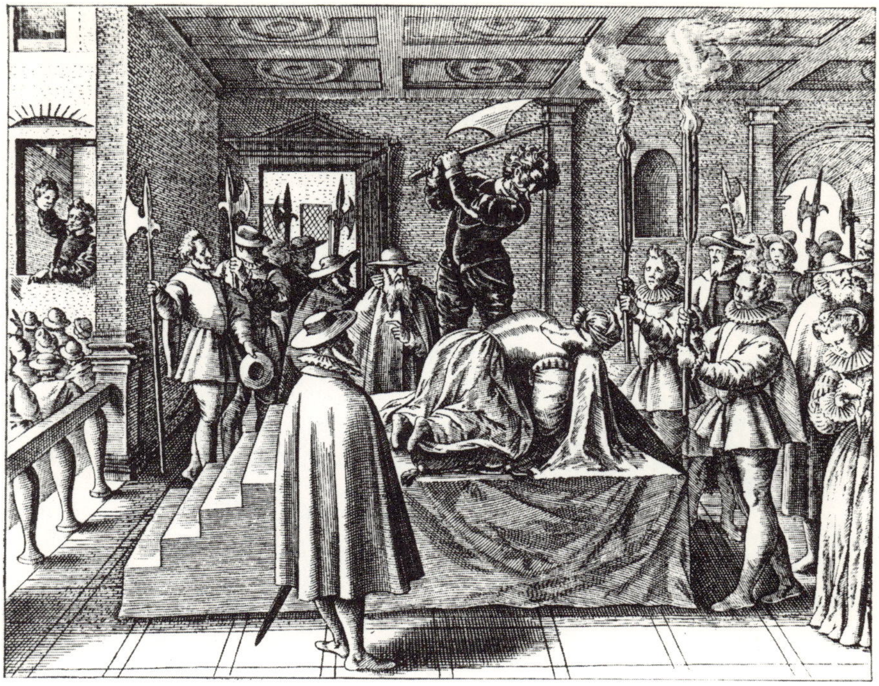

»In meinem Ende liegt mein Anfang«: Hinrichtung Marias am 8. Februar 1587

Walsingham fehlen jedoch immer noch die Namen der sechs jungen Höflinge, die das eigentliche Attentat auf Königin Elisabeth ausführen sollen. Als Marias Brief Babington endlich erreicht, enthält er einen vorher noch nicht darin befindlichen Zusatz: Babington wird um »die Namen und Eigenschaften der sechs Herren, die den Plan ausführen sollen«, gebeten. Sowohl die Fälschung des Postskriptums als auch das Verschlüsseln nach dem richtigen Code Marias dürften das Werk von Phelippes sein.

Unterdessen muß Babington unvorhergesehenerweise aufs Festland reisen, um die Befreiungsaktion zeitlich mit der Invasion abzustimmen. Walsingham inszeniert eine Verwechslung des benötigten Reisepasses. Babington erscheint nichtsahnend bei dem Minister, damit der ihm helfe, die mißliche Verwaltungsangelegenheit rasch zu bereinigen. Während er ahnungslos mit einem von Walsinghams Agenten in einer nahegelegenen Gastwirtschaft zu Mittag ißt, hat bereits ein Bote mit dem Haftbefehl das Gasthaus betreten. Aber Babington wittert rechtzeitig die Gefahr. Unter dem Vorwand, er wolle die Rechnung bezahlen – seinen Umhang sowie den Degen läßt er auf dem Stuhl zurück –, verläßt er unbemerkt die Schenke und entkommt.

Das Geschrei, das seine Verfolger anheben, alarmiert nun die sechs jungen Höflinge. Sie fliehen ebenfalls. Innerhalb von etwa vier Wochen werden Babington und seine Mitverschwörer gefaßt und der Schlüssel sichergestellt, der für den Briefverkehr mit Maria verwendet wurde. In einer zweitägigen Gerichtsverhandlung werden alle zum Tod verurteilt. Der Code und Marias Briefe dienen als hinreichendes Belastungsmaterial.

Das Gericht auf Schloß Fotheringay überführt Maria Stuart am 25. Oktober 1586 des Hochverrats. Maria nimmt die Mitteilung, daß Elisabeth ihr Todesurteil unterzeichnet habe, mit königlicher Gelassenheit zur Kenntnis. Am 8. Februar 1587, um 8.00 Uhr morgens, besteigt sie das Schafott.

Über die Hinrichtung der Königin von Schottland, ein für die damalige Zeit unerhörtes und noch nie dagewesenes Ereignis, berichtet ein Gewährsmann des französischen Gesandten in London: »... Alle Umstehenden wunderten sich über die große Schönheit und Standhaftigkeit der armen Fürstin. Jetzt näherte sich der Scharfrichter und verrichtete sein Amt nach Landessitte, schnell genug. Dann nahm er das abgeschnittene Haupt in die Hand und sagte laut: ›Dies ist der Kopf der Maria Stuart.‹ Der Leib ward mit schwarzem Tuche bedeckt, der Kopf daneben gelegt und beides nachher in das Schlafgemach der Königin zurückgebracht.«

So stirbt Königin Maria Stuart nach 19 Jahren Gefangenschaft im 45. Lebensjahr und geht in das Ewige Reich ein, wie ihr Wahlspruch es prophezeit hat: »In meinem Ende liegt mein Anfang.«

Walsingham wird nach der Hinrichtung zum »Chancellor of Lancaster« erhoben und später zum Ritter des Hosenbandordens geschlagen.

Erkundungsauftrag: Spanische Invasion

Nun gilt es herauszufinden, wann und wo England mit der spanischen Invasion zu rechnen hat. Dafür wählt Walsingham seine Leute besonders sorgfältig aus: Gilbert Gifford, der sich in der Maria-Stuart-

Sir Francis Drake (1540–1596), Freibeuter und Admiral

Affäre verdient gemacht hat, dazu William Wade und Charles Paget, die besten Agenten seiner Spionageorganisation im Ausland. Von Venedig aus unterhält Stephen Paule bereits ein Spionagenetz auf dem Kontinent, und in Spanien operiert weiterhin Richard Gibbes unter dem Deckmantel eines Schotten, der aus Glaubensgründen zu Englands Feinden zählt. Anthony Standen, ein Mann mit genialer Begabung für Spionage, ist allgemein verantwortlich für spanische Angelegenheiten.

Standen richtet sein Hauptquartier in der Toskana ein und verwendet das Pseudonym »Pompeo Pelligrini« – in Walsinghams Geheimakten als »Pompey« geführt. Dort schließt Standen Freundschaft mit Giovanni Figliazzi, dem kürzlich ernannten toskanischen Botschafter am Hof von Spanien. In Florenz laufen die Dinge so gut an und die Lage erscheint so vielversprechend, daß Standen sich 100 Kronen von Walsingham leiht – ein Hinweis auf den chronischen Geldmangel des englischen Geheimdienstes –, um einen noch unbekannten Flamen nach Spanien zu schicken.

Der Bruder des Flamen arbeitet als Sekretär beim Marquis von Santa Cruz, dem spanischen Großadmiral, der alle Vorbereitungen für die Ausrüstung der Armada zu treffen hat. Das Zusammenspiel von Standen, Figliazzi, dem Flamen und dessen Bruder klappt ausgezeichnet. Schon im März 1587 erhält Walsingham die Kopie eines Geheimberichtes, den der Marquis von Santa Cruz für Philipp II. verfaßt hat und in dem alle Details der unter seinem Kommando stehenden Flotte beschrieben sind. Standen hat dem Bericht einige Schlußfolgerungen hinzugefügt und in seinem Kommentar darauf hingewiesen, daß die Armada im Jahr 1587 mit ziemlicher Gewißheit noch nicht in See stechen kann.

Aufgrund dieser Nachricht entschließt sich Francis Drake – vom erfolgreichen Freibeuter zum Vizeadmiral und Sir aufgestiegen – zu handeln. Er greift im folgenden Monat mit seiner Flotte den spanischen Hafen Cadiz an, setzt einen Großteil der zur »unüberwindlichen« Armada gehörenden Schiffe sowie Hafenanlagen in Brand und »versengt damit wirkungsvoll den Bart des Königs von Spanien«. Ein interessantes Detail: Bevor Drake seine berühmte Expedition antritt, wird Philipp II. von Stafford aus Paris über alle Bewegungen und Pläne der britischen Flotte sowie über deren Waffen und Ausrüstung informiert.

Der Gesandte Venedigs beim Heiligen Stuhl teilt in diesen Tagen seiner Regierung eine vertrauliche Bemerkung des Papstes Sixtus V. mit: »Wenn diese Frau (Königin Elisabeth) nur katholisch wäre, möchte ich sie über die Maßen lieben; denn man kann sie nicht hoch genug preisen. Seht nur diesen Drake; wie gering sind seine Kräfte! Nichtsdestoweniger hat er dem König in der Meerenge von Gibraltar 25 Schiffe verbrannt, ebenso viele im Hafen von Lissabon, hat überall gute Prisen gemacht, die Insel San Domingo ausgeplündert und steht jetzt in solcher Achtung, daß seine Leute für ihn ins Feuer gehen, um an seinem Gewinn teilzunehmen; die Gegner vor ihm fliehen, weil die Furcht sie antreibt. Ich bedaure es sagen zu müssen, aber für diese spanische Armada erwarte ich Schlimmes, und mir bangt vor einem Mißerfolg.«

Standen meldet das Gelingen von Drakes Operation sofort weiter. Walsingham setzt Lord Burghley davon in Kenntnis, weist aber vorsichtig darauf hin, daß eine wichtige Geheimdienstquelle geschützt werden müsse. Er schreibt: »Aus der Anlage, aus Florenz, können Ihre Lordschaft erkennen, wie der Stand der spanischen Vorbereitungen ist. Ich bitte Ihre Lordschaft, daß der Brief von Pompey nur Ihnen vorbehalten bleibt. Ich bin sehr besorgt, daß diesem Gentleman durch mein Verschulden etwas zustoßen könnte.«

Philipp von Spanien, der Geld benötigt, um die Reparaturen der Schäden finanzieren zu können, die durch den Überfall Drakes entstanden sind, wendet sich an die Geldverleiher in Genua. Sofort leitet Standen diese Information an Walsingham weiter, dem bekannt ist, welche Hochachtung die Genuesen vor Elisabeth I. haben. Er läßt ihnen auf taktvolle Weise übermitteln, wie dankbar die Queen of England sei, wenn die Bankiers den Wünschen des Königs von Spanien nicht entsprächen. Damit demonstriert Walsingham, der den Ausspruch geprägt hat, »Wissen ist niemals zu teuer«, wie die Macht des Goldes manipuliert werden kann: Dem Chef des englischen Geheimdienstes gelingt es, das Auslaufen der spanischen Schiffe um ein ganzes Jahr zu verzögern.

Der Bericht, den Standen Anfang 1588 nach London schickt, ist sehr präzis. Darin heißt es, die spanische Flotte werde Lissabon Mitte Mai verlassen. Dem neuen Admiral dieser stolz als »unüberwindlich« bezeichneten Armada, Herzog Medina Sidonia, hat König Philipp am 1. April 1588 folgende Instruktion gegeben: »Wenn Ihr meine Befehle erhaltet, werdet Ihr mit der ganzen Armada ausfahren und gerade nach dem englischen Kanal segeln; durch diesen werdet Ihr weiter bis zum Kap Margat fahren, um dort dem Herzog von Parma, meinem Neffen, die Hand zu reichen und ihm den Weg für seine Überfahrt frei zu machen und zu sichern ... Wenn Ihr bis zu Kap Margat keinen Feind träfet und erst dort den Admiral von England mit seiner Flotte allein fändet, und auch wenn Ihr die des Admirals und Drakes vereinigt anträft, so würde die Eurige beiden überlegen sein, und so könntet Ihr im Namen Gottes mit Eurer guten Sache den Kampf mit ihnen aufnehmen und von unserem Herrn den Sieg erhoffen.«

Die Situation Englands ist im Angesicht dieser Bedrohung äußerst kritisch. Am 6. August 1588 offenbart der Oberkommandierende Lord Leicester der Königin in einem Schreiben schonungslos die Größe der Gefahr: »Wenn auch Eure Marine sehr stark ist, so ist doch die andere nicht nur weit größer, sondern auch ihre Bemannung der Euren an Zahl überlegen ... Da sie so ausgerüstet ist, sowohl die See mit genügender Stärke zu beherrschen, als auch eine solche Macht zu landen, als jedem beliebigen Fürsten eine Schlacht liefern kann, und da ohne Zweifel, wenn der Herzog von Parma vorwärts kommt, nicht nur ihre Kräfte zur See eine große Vermehrung erfahren werden, sondern auch seine Macht zu Lande desto leichter Erfolg haben wird, so ist es für Eure Majestät dringend erforderlich, für alle Fälle gerüstet zu sein ... Da gibt es keinen Vertrag zu solcher Zeit und mit solchem Feinde; auf dem Spiele steht Eure eigene Ehre, außerdem Eure Person und Euer Land.«

Mit 130 riesigen Kriegsschiffen und 30 Frachtern, dazu insgesamt 30000 Mann Besatzung und über 2000 Geschütze, steuert die spanische Armada in Richtung Norden. Sie soll zunächst in Flandern die Invasionsarmee des Herzogs von Parma an Bord nehmen. Die Schiffsbewegungen entlang der Küste werden von Walsinghams Agenten von den Stränden in Spanien und Frankreich aus beobachtet, sofort auf Karten vermerkt und weitergemeldet.

Die Engländer haben den Spaniern kaum die Hälfte an Schiffen entgegenzusetzen. Ihre Einheiten sind wesentlich kleiner, dafür aber flinker und wendiger. Kaum hat die gewaltige, aber schwerfällige Armada

Elisabeth I. (reg. 1558–1603); Medaille, geprägt nach dem Sieg über die spanische Armada (1588)

Die »unbesiegbare Armada« im Kampf mit der englischen Flotte

den Ärmelkanal erreicht, wird sie in eine Reihe von Vorstößen und Einzelgefechten verwickelt. Das Bedrohlichste ist dabei ein geschickter Angriff von englischen »Brandern«.

Am 7. August 1588 lautet die Eintragung im Logbuch des spanischen Admirals: »Um Mitternacht sah man zwei Feuer in der englischen Flotte anzünden, und sie wuchsen an auf acht, und es waren acht Schiffe, die mit vollen Segeln mit der Strömung gerade auf unser Admiralschiff und die übrige Flotte zukamen, alle hell brennend. Als das der Herzog (Medina Sidonia), sah, daß sie herantrieben und uns störten, auch befürchtete, daß sie Sprengmaschinen mit sich führten, befahl er die Anker zu lichten und daß die Flotte nach dem Vorbeitreiben der Brander wieder dieselbe Stellung einnehmen sollte.

Als das Admiralschiff einem der Brander aus dem Weg gehen wollte, stieß es mit dem ›San Juan de Sicilia‹ zusammen und verlor sein Takelwerk, so daß es auf der Landseite bleiben mußte. Die Strömung war so groß, daß sie unsere Flotte fortriß, und zwar so, daß, während das Admiralschiff und einige danebenliegende unter Abfeuerung eines Kanonenschusses wieder vor Anker gingen, die anderen es nicht sahen. Und so kamen sie, da die Strömung sie forttrug, nach Dünkirchen ...«

Die Ausfälle sind keineswegs besorgniserregend, aber die spanische Führung verliert den Kopf und entschließt sich zum Ausweichen in die Nordsee, vorbei an Schottland und Irland. In den folgenden Tagen scheint sich das Wetter mit den britischen Seeleuten zu verbünden: Ein heftiger Südweststurm treibt die bereits in ihrer Kampfkraft geschwächte und in Unordnung geratene spanische Flotte weit in die Nordsee hinaus.

Sir Francis Drake teilt seiner Königin mit: »Am letzten Freitag warfen wir die spanische Armada so weit nordwärts, daß sie weder England noch Schottland wiederfinden konnte ... Wenn der Wind es nicht hindert, sind sie, denke ich, nach Dänemark verschlagen ... Sicher ist, daß viele von ihrem Kriegsvolk seekrank waren und nicht wenige getötet sind; ihre Schiffe, Segel, Taue und Geräte bedürfen großer Reparaturen, weil sie alle Euer Majestät Kräfte zu spüren bekommen haben.«

Nur 76 Schiffe der stolzen Armada schaffen den beschwerlichen Weg nördlich um Schottland und Irland herum zurück in die spanischen Häfen, die meisten anderen zerschellen an den steilen Küsten oder fallen Verfolgern zum Opfer. 10000 spanische Seeleute und Soldaten finden den Tod. Mit dem Sieg über die Armada steigt England zur führenden Seemacht auf.

Seit Walsingham hat sich in England die Haltung gegenüber den Geheimdiensten erheblich geändert: Die frühere Abneigung gegen Spionage als etwas Unehrenhaftes hat sich gewandelt. Es ist allgemein üblich, daß zur Tätigkeit eines Botschafters, einer Friedensdelegation oder auch Handelsmission das Sammeln von Informationen gehört. Ein Botschafter, der seinen Herrscher nicht darüber informiert, was an dem Hof vor sich geht, der ihn akkreditiert hat, muß mit seiner Rückberufung rechnen. Das Durchsickern von irreführenden Informationen über diplomatische Kanäle ist eine bewährte Form, den Gegner zu täuschen.

Übrigens geniert sich der englische Hof keineswegs, mit Dankbarkeit zu geizen, auch Elisabeth macht da keine Ausnahme. Sie läßt es zu, daß Walsingham sein ganzes Vermögen für ihren Geheimdienst opfert und dadurch völlig verarmt. Zwei Jahre nach dem großen Sieg über die Armada stirbt er am 6. April 1590 in London. Sein Nachfolger, Robert Cecil, der spätere Lord Salisbury, übernimmt den Geheimdienst, betreibt ihn aber nicht annähernd mit demselben Elan wie der große Meister Sir Walsingham.

Aktivitäten des Secret Service

Welche nachhaltigen Auswirkungen der Tod von Sir Walsingham bei den britischen Politikern hinterlassen hat, zeigt die Warnung des englischen Staatsmannes Francis Bacon an die Königin und ihre Minister auf einem Fest im Jahr 1595: »Sorgen Sie dafür, daß der Geheimdienst, das Licht Ihres Staates, nicht verlischt.«

In England sind jetzt zwei wichtige Probleme zu lösen: die Frage der Niederlande und der Frieden mit Spanien. Philipp II. ist inzwischen alt und geht keine Risiken mehr ein. In Frankreich beschließt Heinrich IV. – ohne Wissen seiner Verbündeten Elisabeth – mit dem spanischen König insgeheim eine Einigung zu erzielen.

Im Jahr 1597 treffen sich die französischen und spanischen Bevollmächtigten in Vervins/Aisne und verhandeln unter derartiger Geheimhaltung, daß weder die englischen, niederländischen noch die venezianischen Botschafter oder deren Agenten davon erfahren. Königin Elisabeth, die eine solche Möglichkeit schon lange befürchtet, beordert Minister Cecil nach Paris, um ihre Unterstützung anzubieten, falls der König beabsichtigt, den Krieg gegen Spanien fortzusetzen. Aber Heinrich befindet sich gerade auf Reisen. In der Zwischenzeit hat Kardinal Alexander de Medici, der Repräsentant Frankreichs in Vervins, bereits am 2. Mai 1598 den Friedensvertrag unterzeichnet, um Königin Elisabeth vor vollendete Tatsachen zu stellen. Der Vertrag gibt zwar England und den Niederlanden das Recht beizutreten, aber nur, wenn sie sich innerhalb von zwei Monaten dazu entschließen. Doch die Niederländer weigern sich, und der englische Agent, Thomas Edmindes, fährt sofort nach London, um die Königin über die Ereignisse zu informieren. Als Elisabeth von dem französisch-spanischen Vertrag erfährt, tobt sie und droht Heinrich mit Krieg. »Wenn ich einmal aus den Tatzen des Löwen befreit bin«, so meint der französische König, »dann wird es mir leichtfallen, mich vor den Tatzen der Katze zu retten.«

London, Anfang des 17. Jhs.: Umschlagplatz für Geheimnachrichten

Der wahre Inhalt des Vertrages von Vervins wird streng geheimgehalten. Englische und niederländische Agenten versuchen vergeblich herauszufinden, was in dem Dokument steht. Doch Contarini, der clevere venezianische Botschafter in Paris, hat Erfolg und meldet nach Venedig: »Als ich hörte, daß der Grand Ecuyer mit dem Vertrag nach Spanien gesandt werden sollte, habe ich es geschafft, von jenem Mann, dem er seine Papiere anvertraut hatte, eine Kopie zu bekommen.«

Erst über 150 Jahre später findet der bekannte deutsche Historiker Leopold von Ranke zufällig in einem venezianischen Archiv den kompletten Bericht von Contarini an den Senat mit der Abschrift des Vertrages von Vervins. Dem spanischen Kurier hat man in einem Wirtshaus im Süden Frankreichs ein Schlafmittel gegeben und den Besitzer bestochen. Wie heikel ein solches Unternehmen ist, zeigt allein die Tatsache, daß der Kurier den Vertragstext in einer versiegelten Tasche und am Handgelenk angekettet ständig bei sich trägt. Nachdem es gelungen ist, unbemerkt die Siegel aufzubrechen und eine Kopie der Geheimunterlagen anzufertigen, wird der Text wieder in der Röhre verstaut und alles mit gefälschten Siegeln verschlossen. Diese Arbeit ist so perfekt durchgeführt worden, daß selbst das Außenministerium in Madrid keinen Verdacht schöpft. Am 13. September 1598, vier Monate nach dem Frieden von Vervins, stirbt Philipp II. von Spanien.

Im Vergleich zum politischen und auch zum Marine-Geheimdienst hat der militärische Spionagedienst unter Elisabeth I. zunächst nur geringere Bedeutung, ausgenommen während der grausamen irischen Feldzüge. Aus dieser Zeit stammt die offizielle Bezeichnung »Scoutmaster«. Seine Späher – die militärische Bezeichnung »Scout« ist bereits von Heinrich VIII. eingeführt worden – streifen der Hauptstreitmacht voraus, um Position und Bewegungen des Gegners zu erkunden. Im Gegensatz zum Spion ist der Scout ein bewaffneter Soldat in Uniform, der die Aufgabe hat, militärische Geheimnisse aufzuspüren. Die Rolle des militärischen Kundschafters hat sich fast vier Jahrhunderte lang kaum verändert. Gerät ein Scout in Gefangenschaft, so wird er nicht als Spion, sondern als Kriegsgefangener behandelt.

Gegen Ende der Regierungszeit Elisabeths verwandelt man das seit 1285 bestehende simple System des »Watch and Ward« in mehrere komplizierte Organisationen, die von Spezialisten betrieben und von Experten geleitet werden. Sie befassen sich mit internationaler Spionage und mit Gegenspionage, in großem Umfang auch mit dem Sammeln von militärischen Informationen, was den kontinentalen Machthabern ein Dorn im Auge ist.

Nach dem Tod von Elisabeth I. (1603), die keinen Erben hinterläßt, folgt der Sohn von Maria Stuart, Jakob VI. von Schottland, als Jakob I. auf den englischen Thron und vereinigt damit die Kronen Englands und Schottlands. Kurze Zeit danach erhält der von Walsingham geschaffene Geheimdienstapparat den Namen »Secret Service«: Sein berühmtester Spion unter dem ersten Stuart-König ist Sir Henry Wotton, britischer Gesandter in der Republik Venedig. Nach den eigenen Worten übt er sich »in den Künsten, nicht in den Zielen« seiner Feinde. In der malerisch an einem Kanal gelegenen Gesandtschaft wimmelt es von käuflichen Spionen, diplomatischen Halsabschneidern und Intriganten, für die Geld »nicht stinkt«.
Sein Spionagenetz überzieht schließlich ganz Italien, und seine Arbeit richtet sich vor allem gegen die Gesellschaft Jesu. Häufig fangen britische Agenten, die als Postboten tätig sind, Korrespondenzen der Jesuiten zwischen den einzelnen Städten ab, »um Licht in ihre Verschwörungen und Praktiken zu bringen«. Diese Briefe werden abgeschrieben, wieder versiegelt und anschließend in den normalen Zustelldienst der Jesuiten eingeschleust. Eine Kopie davon geht nach London an König Jakob. Wotton sagt mit Humor, er habe »großen Appetit auf die Post der Heiligen Väter ...« Der Gesandte hält es trotz seines hohen diplomatischen Ranges nicht unter seiner Würde, durch diese nebenamtliche Tätigkeit Geld zu verdienen. Von Zeit zu Zeit vergönnt Wotton sogar der Regierung von Venedig kleine Kostproben aus der Geheimkorrespondenz der Jesuiten.

Oliver Cromwells Geheimdienst

Jakob I., der 1603 zum König von England und Schottland ernannte Nachfolger von Elisabeth I., ist ein trauriger, häßlicher kleiner Mann, der in seiner panischen Angst vor Attentaten als Schutz vor Mörderdolchen stets dickwattierte Jacken und Hosen trägt. Er hat noch weniger Interesse daran als Elisabeth, Geld für Kundschafter auszugeben, so daß sich der erstklassige Sicherheitsdienst von Sir Walsingham allmählich auflöst.
Thomas Phelippes, Walsinghams Geheimschriftenexperte, hat nach dessen Tod 1590 eine private Detektei für Handelsspionage (commercial espionage) gegründet – vermutlich die erste dieser Art. Doch 13 Jahre später trennt er sich von seinem Partner und gibt damit alle Verbindungen zu diesem Metier auf. Da erfährt er im November 1605 durch Zufall von einer katholischen Verschwörung. Während der Ansprache des Königs anläßlich der Parlamentseröffnung wollen die Konspirateure das Gebäude in die Luft jagen. Phelippes kann durch fieberhafte Recherchen die Namen der Hauptverschwörer in Erfahrung bringen und sie sofort verhaften lassen: Robert Catesby, John und Christopher Wright, Thomas Percy und Guido Fawkes. So ist durch seine Initiative das große Gunpowder-Komplott rechtzeitig aufgeflogen. Offiziell scheint Jakob I. dieser Warnung kaum Bedeutung beizumessen, denn er veranlaßt keine verschärften Maßnahmen. Seinem Botschafter in Venedig, Sir Henry Wotton, stehen auch künftig nur bescheidene Mittel für Nachrichtenbeschaffung zur Verfügung, obwohl London von ihm regelmäßige Berichte von allen Höfen Europas erwartet.
Als Wotton erkennt, daß mit guten Informationen viel Geld zu verdienen ist, gründet er einen eigenen privaten Nachrichtendienst und beschafft gegen gute Bezahlung jede gewünschte Information. Er versichert allerdings, kein Spion zu sein, denn er arbeite nur für Mächte, die England gegenüber freundlich gesonnen seien.
Karl I. (1625–1649) hat einen Geheimdienst übernommen, der von seinem geizigen Vater Jakob I. bis auf ein paar dubiose Informanten reduziert worden war. Die besten britischen Spione haben sich bereits vor Jahren abgesetzt. Viele von ihnen sind in den

Die Verschwörer des Gunpowder-Komplotts in einer zeitgenössischen Darstellung

König Karl I. von England (reg. 1625–1649): Sein Streit mit dem Parlament führt zum Bürgerkrieg

Oliver Cromwell (1599–1658); ihm verdankt der »Secret Service« neuen Glanz

auswärtigen Vertretungen des französischen Spionagedienstes tätig, denn Kardinal Richelieu bevorzugt die professionell und äußerst gewissenhaft arbeitenden britischen Agenten. Er plaziert sie vor allem in den besonders wichtigen Hauptstädten Europas.

Als die Auseinandersetzungen Karls I. mit dem Parlament 1642 zum Bürgerkrieg führen, lernt dieser den Wert von Spähern und Agenten gebührend einzuschätzen. Im Oktober 1642, während der ersten Kämpfe gegen das revolutionäre Parlamentsheer bei Edgehill, bringen die spärlichen Erkundungen des militärischen Spionagedienstes der Königstreuen kaum Ergebnisse. Karl weiß von dem Heer der puritanischen »Rundköpfe« lediglich, daß es von Robert Devereux, dem Dritten Earl von Essex, befehligt wird und angeblich zahlenmäßig stärker und besser ausgestattet sein soll als sein eigenes.

Unterdessen ist es der anderen Seite gelungen, einen Spion namens Blake in das Hauptquartier der Royalisten einzuschleusen, der regelmäßig seine Berichte an den Earl von Essex übermittelt.

Zu den besten Kundschaftern der Rebellierenden zählt der Scoutmaster Sir Samuel Luke, von dem man sagt, er beobachte den Gegner so intensiv, daß ihm nichts entgehe, selbst nicht an den verschwiegensten Orten. Luke rekrutiert und trainiert begabte Männer als Scouts für die militärische Aufklärung und bildet Agenten aus, die sich dann im Lager der Royalisten – als Händler oder Diener verkleidet – eine Tätigkeit bei den Offizieren des Königs suchen sollen.

Luke erhält acht Pfund Sterling pro Tag, was im Vergleich zu dem Gehalt eines Generalleutnants, der nur drei Pfund bekommt, sehr hoch erscheint, aber er muß von diesem Geld alle seine Scouts bezahlen und ein Pfund als Sonderzulage für jene Agenten abzweigen, »die am königlichen Hof residieren«. Luke, 1643 zum Scoutmaster-General befördert, befaßt sich intensiv damit, den militärischen Nachrichtendienst der Puritaner weitgehend auszubauen.

Die Truppen des Königs dagegen sind schlecht bedient: Die Späher von Scoutmaster Sir Charles Blunt erweisen sich als wenig erfolgreich, und die empfindliche Niederlage der Royalisten in der letzten größeren Schlacht des Bürgerkrieges bei Naseby am 14. Juni 1645 ist nicht zuletzt dem Versagen von Scoutmaster Ruce zuzuschreiben. Er sollte nach vorn gehen und herausfinden, ob ein Angriff Cromwells bevorstehe. Aus Angst, in die Hände des Gegners zu fallen, versteckt sich Ruce irgendwo und erzählt nach seiner Rückkehr, er habe die Gegend erkundet, aber keine Spur der Rebellen gefunden. So kann Cromwell aufgrund der präzisen Informationen seines Scoutmaster-Generals Luke mit einem strategischen Überraschungseffekt den Sieg erringen.

Nachdem Cromwell 1648 bei Preston die Royalisten entscheidend geschlagen hat, stellt man Karl I. unter Anklage und läßt ihn am Nachmittag des 30. Januar 1649 enthaupten. England wird nun zum »freien Commonwealth« erklärt und vom »Rumpfparlament« ohne Oberhaus und vom Staatsrat unter Cromwell regiert.

John Thurloe

Cromwell ist bewußt, daß er einen wirkungsvollen Geheimdienst braucht, der ihn über geplante royalistische Verschwörungen im In- und Ausland auf dem laufenden hält. So ernennt er im Dezember 1652 den

John Thurloe (1616–1668) finanziert den Geheimdienst mit Steuergeldern aus dem Handelsverkehr

36jährigen Rechtsanwalt John Thurloe – ehemals Sekretär der englischen Mission in den Niederlanden – für diesen Posten, den einst Walsingham innehatte: Staatssekretär und Chef des »Secret Service«. Thurloes Agentennetz kann sich auf die Verbindungen der britischen Handelsmissionen und Konsulate im Ausland stützen, wobei die Missionen den Vorteil haben, daß sie die Staatskasse kaum belasten: Sie werden von den Abgaben aus dem Handelsverkehr finanziert. Der Secret Service hat dank der vorhandenen Zentren in Genua, Venedig, Neapel, Nizza und Locarno, dazu in mehreren spanischen und portugiesischen Häfen sowie in Rotterdam und Amsterdam, in den Hansestädten, auch in Smyrna, Konstantinopel und vielen anderen Orten internationale Beziehungen. Es heißt nicht umsonst, »Cromwell trage die Geheimnisse von allen Prinzen Europas an seinem Gürtel«.

Der Grundsatz des nach Auflösung des Rumpfparlaments im Jahr 1653 zum Lord Protektor von England aufgestiegenen Oliver Cromwell lautet, lieber große Summen für gute Informationen zu zahlen, anstatt weniger Geld für schlechte. Thomas Scott zum Beispiel, der John Thurloe später als »Number One Argus« ablöst, werden als Geheimagent 800 Pfund pro Jahr gezahlt.

Thurloe führt auch die bis zum heutigen Tag gültige Regelung ein, daß ortsansässige Agenten feste Bezüge und dicke Prämien für besonders wichtige Meldungen bekommen. Es ist erstaunlich, welche Summen der als geizig geltende Cromwell einem seiner wichtigsten Vertrauten für diese Zwecke zubilligt. Thurloe an seinen Chefagenten in Livorno: »Was nun die Verpflichtung eines guten Agenten in Rom anlangt, so werden Sie bestimmt mit meinem Angebot zufrieden sein, sobald ich nur erst einmal weiß, welche Summe dafür aufgewendet werden muß. Die Sorte Menschen, an die ich denke, kann nur mit Geld gewonnen werden, tut dann aber für Geld auch wirklich alles. Wir brauchen zumindest entweder einen Monsignore, einen vatikanischen Sekretär oder einen Kardinal. Ich glaube, daß 1000 Pfund dafür gut angelegt wären; ich würde dem Betreffenden außerdem 100 Pfund für jede gute Nachricht geben und eine Pension von 500 Pfund jährlich zusichern ...«

Thurloe, der über ein horrendes Jahresbudget von 70000 Pfund Sterling verfügt, hat innerhalb von sieben Jahren ein gut funktionierendes Agentennetz errichtet. Nicht umsonst führt er den offiziellen Titel »Postmeister«: Alle Briefe, die von Royalisten aus dem Ausland kommen oder an bekannte Königstreue in England adressiert sind, werden abgefangen und, falls es notwendig erscheint, von Dr. John Wallis, einem Kryptologie-Experten, entziffert, dessen Geschicklichkeit noch größer sein soll als die seines Vorgängers Thomas Phelippes.

Das britische geheime Briefüberwachungssystem mit seinem Entzifferungsbüro – Black-chamber genannt – funktioniert so perfekt, daß es später in Frankreich und Österreich als Vorbild dient. England ist in elf Distrikte unterteilt, von denen jeder der Kontrolle eines Major General untersteht, der die Ermächtigung hat, aufkommende Unruhen im Keim zu erstikken und alle Widerspenstigen festzunehmen.

Jeder dieser als Offizier getarnten Agenten verfügt über sein eigenes Netz von Informanten, und es bleibt nicht aus, daß mancher seine Machtbefugnisse skrupellos ausnutzt. Daher werden die verhaßten »Rule of the Major Generals« zum Synonym für Ungerechtigkeit und Unterdrückung. Trotz aller rigorosen Methoden haben Thurloe und seine Major Generals ihre Probleme: Am meisten zu schaffen machen ihnen religiöse Fanatiker, rachsüchtige Royalisten, illusionslose Puritaner und verbitterte Armeeoffiziere.

Die Erfolge von Thurloe basieren auf ständiger Wachsamkeit und schnellem Reaktionsvermögen. Dabei besitzt er die erforderliche Geduld, erst im letzten Augenblick zuzuschlagen. So wird zum Beispiel der frühere Seelsorger von Karl I., John Hewitt, der von Frankreich nach England zurückgekehrt ist, um eine royalistische Verschwörung anzustiften, gleich nach seiner Ankunft von Thurloes Agenten beschattet, bis feststeht, wer seine Helfershelfer sind. Mit einem Schlag gelingt es, alle Verschwörer gleichzeitig zu verhaften. Hewitt sowie ein weiterer Anführer werden zum Tod verurteilt.

Daß es Admiral Blake gelingt, bei Teneriffa eine spanische Silberflotte zu zerschlagen, ist nicht zuletzt dem Secret Service unter Thurloe zu verdanken. Eines Tages meldet ihm ein Agent aus Jamaika das Auslaufen der Flotte und deren festgelegten Kurs. Das englische Geschwader muß zwar sechs Monate auf der Lauer liegen, aber es lohnt sich.

Der Geistliche Dr. John Wallis (1616–1703), Mathematikgenie und Englands erster großer Kryptoanalytiker

Thurloe hat die unterschiedlichsten Agenten im Einsatz: Der jüdische Handelskaufmann Antonio Fernandez Carvajal mit seinen vielen Handelsbeziehungen bietet ihm die Dienste seiner Agenten auf dem Kontinent an. Ein anderer, Simon von Cacérès, verschafft dem englischen Geheimdienstchef alle Unterlagen über die Unternehmungen Spaniens in Chile und sämtliche Pläne der Befestigungen auf dem bis 1655 zu Spanien gehörenden Jamaika.
Wie Thurloe es geschafft hat, eine nicht geringe Anzahl von Jesuiten für seine Dienste einzuspannen, wird immer ein Rätsel bleiben. Dazu gehört auch Pater John Pell, der aus dem Vatikan lateinisch korrespondiert und allen Ernstes vorschlägt, Admiral Blake solle mit der britischen Flotte Rom erobern und die Kardinäle zwingen, einen Protestanten zum Papst zu wählen. Verständlicherweise werden die britischen Agenten besonders von den Protestanten in den Niederlanden und der Schweiz unterstützt.
Das anschaulichste Zeugnis von Thurloes Arbeit liefert der venezianische Botschafter Sagredo: »Es gab keine Regierung auf der Welt, die ihre Angelegenheiten mit größerer Geheimhaltung als Großbritannien durchführte. Man konnte erst die internen Entscheidungen der Regierung an ihren Handlungen und Maßnahmen erkennen, keinesfalls aber vorher etwas von anderer Seite erfahren. Einer der besten Grundsätze unter Cromwell war, die Geheimnisse so streng zu wahren, daß es trotz aller Anstrengungen nicht gelang, die Absichten der Regierung herauszufinden. Der zweite Grundsatz lautet, überall Geheimagenten zu unterhalten, um ständig darüber informiert zu sein, was in der Welt vor sich geht. Sicher hat es keine andere Regierung geschafft, sich nicht in die Karten sehen zu lassen, aber selbst über alles Bescheid zu wissen. Die Gespräche der Regierungsmitglieder, an denen nur jeweils maximal 16 Personen teilnahmen, fanden in einem streng abgeschirmten Raum statt, wo die wichtigsten Dinge besprochen und entschieden wurden.
Um die Geheimhaltung noch mehr zu sichern, wurden Protokolle nur von einem einzigen Sekretär weitergeleitet, der sowohl für politische als auch für kriminelle Belange zuständig war ... Zur Erkundung fremder Interessen setzten die Engländer keine Botschafter, sondern Spione ein, Männer mit Geist, aber ohne Rang, die nicht auffielen ... so hatten sie durch

Traitors' Gate im Tower zu London: Jahrhundertelang ist der Weg durchs Verrätertor der letzte Gang verurteilter Spione

Geld und Bestechung einen Weg gefunden, um Jesuiten in Rom als Spione zu nutzen ... In Frankreich, Spanien, Deutschland und in Venedig waren möglichst unbedeutende Personen für den britischen Geheimdienst tätig, die von Zeit zu Zeit wichtige Informationen zusandten. Da diese Männer kaum beobachtet wurden, konnten sie fast überall eindringen.«
Wie der Chronist Bell in seinem Werk »Unknown London« berichtet, wird Thurloe eines Tages ein unbekannter Besucher gemeldet, der sich weigert, seinen Namen zu nennen. Er verlangt ein Gespräch unter vier Augen und teilt dem Staatsminister mit: »Sir, Sie verlieren unglaublich viel Zeit in Ihrem Black-chamber. Sie lassen dort die entzifferten Briefe abschreiben, was einen überaus großen Aufwand an Personal und Zeit erfordert. Wenn Sie mir einen dieser Briefe anvertrauen und mich damit allein lassen, werde ich Ihnen eine originalgetreue Kopie liefern. Die Schriftzüge verschwinden zwar nach ein paar Stunden wieder, aber Sie haben reichlich Zeit, die Korrespondenz zu lesen und in Ihrem Sinne auszuwerten ...«
Thurloe wird mit Samuel Morland, so der Name des Unbekannten, der jenes Kopierverfahren entdeckt hat, bald handelseinig. Der Erfinder arbeitet von nun an für den Chef des Geheimdienstes. Mit seiner Hilfe kann Thurloe zum Beispiel verhindern, daß Chromwell einen vergifteten Brief öffnet, den ihm jemand aus Frankreich geschickt hat. Dank Morland gelingt es außerdem, die Verschwörung von John Packington zu zerschlagen, der in Weinfässern sowie in Seife Schießpulver und Munition nach England schmuggelt. Auch eine royalistische Geheimgesellschaft macht er unschädlich, die auf Cromwell ein Attentat plant.
Als sich Thurloe nach der Thronbesteigung Karls II. zurückzieht, obwohl ihn der König mehrfach bittet, Geheimdienstchef zu bleiben, verschwindet auch Morland aus dem Black-chamber. Er erhält von Thurloe eine hohe Belohnung und nimmt sein Geheimnis mit.
Man weiß nur so viel, daß Morland bei schwachem Tageslicht, ja sogar bei Kerzenschein gearbeitet haben soll, was darauf hindeutet, daß es sich bei dem Grundstoff nicht um ein so lichtempfindliches, dem heutigen fotografischen Papier ähnelndes Material handeln kann. Morland hat offensichtlich sein Papier mit einer von ihm erfundenen Substanz imprägniert. Niemandem gelingt es, das Geheimnis zu lüften; die Unterlagen gehen beim Großbrand 1666, der die City von London in Schutt und Asche legt, endgültig verloren.

Sir George Downing

Zwei Jahre nach Cromwells Tod ersteht 1660 unter Karl II. aus dem Hause Stuart die britische Monarchie neu. Das von Cromwell und Thurloe kunstvoll aufgebaute nachrichtendienstliche System zerfällt sehr schnell. König Karl kürzt den Etat des Secret Service auf ein Drittel und setzt die wenigen verbliebenen Agenten fast ausschließlich für Spitzeldienste zur Überwachung seiner Untertanen ein.

Samuel Pepys (1633–1703), Sekretär der Admiralität und enger Freund von Sir George Downing. Sein in Geheimschrift verfaßtes Tagebuch wird erst 1825 entziffert

Jetzt ist für einen alten Cromwell-Geheimdienstler, George Downing, die Stunde gekommen, um sich durch rücksichtslose Verfolgung von Royalistengegnern beim König beliebt zu machen. Obwohl Karl II. beteuert, er wolle keine Rache üben, sondern verhindern, daß seine Rückkehr ein Blutbad verursache, tut er wenig, um schreckliche Szenen am Schafott von Charing Cross zu unterbinden. Zudem hat es ganz den Anschein, als ob Downings diesbezügliche Aktivitäten den König bewegen, ihn zum Ritter zu schlagen und als Botschafter in den Niederlanden einzusetzen, wo Downing schon unter Cromwell tätig war. Hier versucht er, seine alten Geheimverbindungen wieder aufzunehmen, denn immerhin sind die Niederlande Englands Hauptkonkurrent im Welthandel.
Acht Jahre später, am 27. Dezember 1668, zeichnet Samuel Pepys, Sekretär der britischen Admiralität, in seinem später veröffentlichten Tagebuch eine Unterhaltung auf, die er mit Downing geführt hat: Downing habe ihm von seinen Operationen in Holland und dem raffinierten Vorgehen seiner Spione berichtet. Es sei ihnen bei Nacht gelungen, aus den Taschen der beiden Regierungsmitglieder Brüder de Witt

Schlüssel zu entwenden, den Schreibtisch zu öffnen, die dort aufbewahrten Geheimpapiere für eine Stunde ihm – Downing – zu überlassen, anschließend die Papiere und Schlüssel wieder zurückzulegen, ohne daß die Brüder de Witt etwas davon bemerkt hätten.
Pepys' Schilderung dokumentiert die drei Phasen der Spionage: das Herausfinden, wo die besten Informationen zu beschaffen sind, wie man in deren Besitz gelangt, ohne entdeckt zu werden, es fertigbringt, die geheimen Unterlagen sofort dem Auftraggeber weiterzuleiten und danach wieder unbemerkt zurückzubringen. Die wahre Kunst liegt darin, das Objekt nicht wissen zu lassen, daß man etwas in Erfahrung gebracht hat. Die Entdeckung einer solchen Tatsache führt normalerweise zu Konsequenzen und macht die Information möglicherweise unbrauchbar.
Downing ist ein Mann, dem es immer wieder gelingt, wertvolle Geheiminformationen aufzuspüren, zuerst für Thurloe und dann für Karl II. Pepys allerdings ist der Meinung, daß zwischen den Aktivitäten von Thurloe und Downing Welten liegen. Thurloe hatte jeden Aspekt des Nachrichtenwesens erfaßt: Er bezahlte gut und motivierte seine Spione. Downing dagegen ist in einer ganz anderen Lage: Weder der indolente Karl II. noch seine Minister nehmen die Gefahr einer niederländischen wirtschaftlichen Übermacht zur Kenntnis, und – wie Pepys sagt – »keiner interessierte sich für die Informationen, für deren Beschaffung Downings Männer ihr Leben riskierten«.
So paradox es auch klingt, Downing arbeitete unter Karl II. als erfolgreicher Versager. Obwohl er bedeutende Informationen beschafft, sind der König und die Regierung nicht zu bewegen, ihre politischen Entscheidungen danach auszurichten. Immerhin gelingt es ihm wenigstens, seine Karriere und sein Einkommen zu sichern – im Gegensatz zu Walsingham und Thurloe, die beide »ohne einen Penny« gestorben sind – und seinen Lebensabend in jener Londoner Straße zu verbringen, die später sogar nach ihm benannt wird.
Karl II. ist ein lebenslustiger Monarch mit dem Hang für schöne Frauen – in Whitehall »der Hahn mit seinen Weibern« genannt. Zu seinem pompösen Hofstaat zählen vor allem gut aussehende Schauspielerinnen, denen er den Titel »Dienerin Seiner Majestät« verleiht.
Trotz der antifranzösischen Stimmung in England schließen Karl II. und sein Vetter Ludwig XIV. im Jahr 1670 den Geheimvertrag von Dover. Als Gegenleistung für die Zahlung von jährlich 230000 Pfund Sterling verspricht Karl, dem französischen König in seinem geplanten Krieg gegen die Niederlande beizustehen und zum katholischen Glauben überzutreten.

Louise de Kéroualle (1649–1734); dem Charme dieser »Geheimagentin« erliegt Karl II.

Um dieses Abkommen zustande zu bringen, hat König Ludwig eine List angewandt: Als Reisebegleiterin der Herzogin von Orleans, Schwester des englischen Königs, schickt er die bildhübsche französische Hofdame Louise de Kéroualle mit nach Großbritannien. Dem Charme dieser »Geheimagentin« hat Ludwig XIV. die Unterzeichnung des Vertrages von Dover zu verdanken.
Louise wird die Geliebte des Königs und von ihm zur Duchesse of Portsmouth ernannt. Karl II. zahlt ihr und dem 1673 geborenen Sohn ein Jahresbudget von 27000 Pfund Sterling. Obwohl das Parlament 1679 veranlassen will, Louise zu verstoßen, bleibt ihr Einfluß bis zum Tod des Königs unverändert.
Danach kehrt sie auf ihre französischen Besitzungen zurück. Zum Dank für ihre Verdienste um Frankreich übernimmt Ludwig XIV. ihre Schulden und macht sie zur Duchesse d'Aubigny. Louise stirbt 1734 in Paris im Alter von 85 Jahren als höchstbezahlte »Spionin« ihrer Zeit.

Japan

Während in Europa die britischen, französischen oder spanischen Spione und Agenten ihre ränkevollen Kämpfe austrugen, war im fernen Japan der Geheimdienst seit langem zerfallen. Dies spiegelte sich nicht nur in der politischen, sondern auch in der wirtschaftlichen Lage des Inselreiches wider.

Vom Agentenchef zum Staatsoberhaupt

Nach dem japanischen Kalender wird Japans bedeutendster Geheimdienstchef im 16. Jahrhundert am ersten Tag des ersten Monats des fünften Jahres von Tembun geboren. Nach unserer heutigen Zeitrechnung entspricht dies dem 1. Januar 1536. Sein Name: Toyotomi Hideyoshi. Es gibt eine Legende, wonach ein bis dahin noch unbekannter Stern seine Geburt angekündigt haben soll.

Zu dieser Zeit ist Japan völlig isoliert, unkoordiniert und nach zwei Jahrhunderten interner Streitigkeiten am Rande des wirtschaftlichen Ruins. Die in verschiedene Provinzen unterteilten japanischen Inseln werden von etwa zehn Kriegsherren oder Adeligen regiert, die ihre Zeit damit verbringen, gegenseitige Verschwörungen zu ersinnen. Von diesen Provinzstatthaltern hat nur ein kleiner Teil nähere Verbindungen zu der damaligen Hauptstadt Kyoto und damit zum Bakafu, einer Art Militärherrschaft, die seit dem 12. Jahrhundert besteht. Sie existiert noch, als Hideyoshi gerade geboren wird.

An seinem 12. Geburtstag werfen ihn die Priester aus der Schule, weil er eine Buddhastatue zerstört hat. Koroku, der Kopf einer Räuberbande, scheint von der Unverfrorenheit des jungen Burschen beeindruckt zu sein und verspricht ihm Unterschlupf. Als Gegenleistung soll Hideyoshi für Raubüberfälle geeignete Anwesen ausfindig machen. Auf seinen Streifzügen studiert er heimlich die verschiedenen Landsitze, notiert die Schwachstellen ihrer Sicherheitsvorkehrungen und, was sehr wichtig ist, den schnellsten Weg, um von dort zu fliehen.

Nach zehn Jahren unsteten Lebens versucht Hideyoshi 1558, bei dem Kriegsherrn Nobunaga unterzukommen. Dank einer gewissen Dreistigkeit überwindet er die Vorposten und wird zu Nobunaga vorgelassen. Dem Kriegsherrn gefällt die Art des jungen Hideyoshi, wie er seine eingehenden Fragen beantwortet, und er bringt den anstelligen Burschen in seinem Gefolge unter. Vom ersten Augenblick an unternimmt Hideyoshi alles, um seinen Herrn zu beeindrucken und ihn von seinen Fähigkeiten zu überzeugen. Bald steht er Nobunaga als Offizier und als scharfsinniger Berater zu Seite.

Das Geheimnis von Hideyoshi liegt in seiner logischen Denkweise, seiner Redegewandtheit und eindringlichen Überzeugungskraft. In kluger Voraussicht hat er auch »Shogi«, ein schachähnliches Spiel erlernt, das von den Militärs jener Zeit hoch eingeschätzt wird. Besonders Nobunaga sieht darin eine Übung für militärische Strategie. Hideyoshi erweist sich als ungewöhnlich geschickter Spieler. Sein oft kluger Rat spiegelt sich in den militärischen Erfolgen seines Herrn wider. Mitunter schafft er es auch, seinen Herrn von impulsiven Vorhaben abzubringen. So kann Nobunaga allmählich seine Autorität über andere Territorien verstärken und sein Einflußgebiet vergrößern.

Toyotomi Hideyoshi (1536–1598): vom Meisterspion zum Staatsmann

Innerhalb weniger Jahre wird Nobunaga zum Herrscher über einen großen Teil Japans. Er besiegt seine Gegner in einer Reihe von Schlachten, bei denen sich Hideyoshis Talent immer wieder bestätigt, so daß ihn Nobunaga bald zum General ernennt. Bevor jedoch Nobunaga seine Lebensaufgabe, die Befriedung aller japanischen Gebiete, erfüllt hat, wird er 1582 von einem seiner Hauptleute ermordet. Hideyoshi, der als Mensch und als Stratege allgemeines Vertrauen genießt, übernimmt nun diese Aufgabe.

Der Grund seiner militärischen Erfolge: sorgfältige Planung und Beschaffung detaillierter Geheiminformationen über den künftigen Gegner. Dabei verläßt er sich nicht nur auf die Berichte seiner zahlreichen Agenten, sondern zum Großteil auf eigene Erkun-

dungsergebnisse. Er durchstreift im Feindesland überall dort, wo es ihm möglich ist – meist in Verkleidung eines Mönches – die strategisch wichtigsten Punkte. Mit selbst erdachter Geheimtinte notiert er seine Beobachtungen auf Seidentüchern und wertet nach der Rückkehr seine Notizen aus.
1587 bereitet Hideyoshi ein Unternehmen zur Unterwerfung der südlichen Hauptinsel Kyuschu vor und baut dafür einen regelrechten Geheimdienst auf. Seinen Agenten gibt er mehr als ein Jahr Zeit zur Beschaffung von Informationen, gleichzeitig wird durch eine gezielte Propagandakampagne das Volk von Kyuschu verunsichert.
Er verlangt genau ausgearbeitete Skizzen und Karten der Insel und ihrer Befestigungsanlagen, Meldungen über Ernten, Nahrungsversorgung und Transportmöglichkeiten sowie über das Verhältnis der Kriegsherren zu ihren Truppen. Alle Stämme, die sich Hideyoshi widersetzen, sollen unterworfen werden, allerdings mit dem Ziel, sie auf längere Sicht gesehen als Verbündete zu gewinnen.
Die Macht seines Hauptgegners Yoshihisa ist besonders groß. Er hat drei Provinzen – Hyuga, Osumi und Satsuma –, die völlig seiner Kontrolle unterstehen. Personen aus anderen Provinzen erhalten nicht einmal als Händler eine Genehmigung, die Besitzungen von Yoshihisa zu betreten. Es ist daher kaum möglich, jemanden aus einem benachbarten Gebiet zu finden, der sich hier auskennt.
Da Hideyoshi weiß, daß Yoshihisa gläubiger Buddhist ist, veranlaßt er, daß etwa ein halbes Dutzend seiner Spione sich der Delegation des hochgestellten Priesters Kennyo anschließt, der gerade einen Besuch bei Yoshihisa, seinem ehemaligen Schüler, vorbereitet. Unter den Spionen sind zwei der fähigsten Krieger, Kasuya Takemori und Hirano Nagayusu. Zur Tarnung tragen sie die Kleidung von niederen Bediensteten, werden aber trotzdem als Diener des verehrten Lehrers von Yoshihisa mit großer Ehrerbietung behandelt. Sie dürfen sogar alle Teile der Provinzen bereisen und haben dadurch Gelegenheit, die Stärken und Schwächen des Gegners auszukundschaften. So kommen sie auch nach Shishijima, einer bekannten buddhistischen Lehrstätte, wo sie manche für den Geheimdienst anwendbare Methode kennenlernen. In der Zwischenzeit ist Hideyoshi mit seiner Armee bereits bis zum Ufer des Sendai-gawa vorgerückt und hat sein Hauptquartier in einem Tempel eingerichtet.
Da die Politik von Hideyoshi mehr auf Vermittlung als auf Aggressivität ausgerichtet ist, versucht er stets, sein Vorhaben möglichst ohne Kampf durchzusetzen. Er hält dies mit staatsmännischem Sinn für besser, auch wenn seine Generäle zum Angriff raten. Er vertritt den klugen Grundsatz, seine Armee in der Stunde des Sieges zu mäßigen. Hideyoshi entsendet schließlich seinen höchsten Priester in die Hauptstadt von Satsuma, um Yoshihisa dazu zu bewegen, sich ihm kampflos zu unterwerfen. Yoshihisa akzeptiert tatsächlich die Bedingungen, und Hideyoshi erreicht sein Ziel mit einem Minimum an Blutvergießen.
Gegen 1590 hat Hideyoshi ganz Japan vereinigt. Priester Kennyo, der – wie später bekannt wird – von sich aus angeboten hatte, einige Geheimagenten von Hideyoshi als Reisebegleiter nach Satsuma mitzunehmen, erhält als Belohnung eine beträchtliche Geldsumme, die er dazu verwendet, den Nishi-Hongwanji-Tempel zu bauen, der zu einem der architektonischen Wunder zählt.
Nach der Befriedung Japans beginnt Hideyoshi, mit dem Ausland Verbindung aufzunehmen und den Seehandel mit Vietnam, Manila und Siam zu fördern.

Japanischer Beamter bei der Abfertigung von Kurierpost

Hideyoshis Residenz, das Schloß von Himeji nordwestlich von Kobe, zählt noch heute zu den schönsten Bauten Japans

Unterdessen kommen zunehmend christliche Missionare ins Land, die in der zweiten Hälfte des 16. Jahrhunderts etwa 750000 Japaner zum Christentum bekehren. Die Haltung von Hideyoshi gegenüber den Christen ist zunächst tolerant, er besteht aber darauf, daß Japan »nicht zu einem Kriegsschauplatz für rivalisierende christliche Glaubensbekenntnisse werden darf«.

Eines Tages erfährt Hideyoshi von einem seiner Agenten, der europäische Seeleute ausgehorcht hat, daß das mächtige Spanien sein Imperium so ausdehnen konnte, weil es alle seine Missionare als Agenten eingesetzt habe. Diese Nachricht veranlaßt Hideyoshi, schnell zu handeln: 1587 werden ohne Vorwarnung sich gegen Christen wendende Erlasse bekanntgemacht und sofort in Kraft gesetzt. Zur Abschrekkung läßt er sechs europäische Missionare sowie 20 japanische Christen hinrichten. Den Kaufleuten aus christlichen Ländern wird aber erlaubt, wenigstens in Nagasaki ihre Geschäfte weiterhin zu betreiben.

Bis 1592 hat Japan kaum Krieg gegen andere Länder geführt, doch jetzt gegen Ende seines Lebens begeht Hideyoshi einen schwerwiegenden Fehler: Er plant einen Krieg gegen Korea, um auf dem Festland Fuß zu fassen. Der über fünf Jahre dauernde Feldzug wird zu einem verheerenden Mißerfolg. Kurz vor seinem Tod im Jahr 1598 gibt Hideyoshi seinen letzten Befehl: Sein Nachfolger solle die Truppen aus Korea zurückziehen.

Hideyoshi gilt als einer der bedeutendsten japanischen Staatsmänner. Für die japanischen Geheimdienstler ist er – wie Jahrhunderte zuvor Sun Tzu – das große Vorbild. Als Feldherrn stuft ihn der bekannte britische Militärschriftsteller Sir Basil Henry Liddel Hart sogar höher ein als Frankreichs Kaiser Napoleon Bonaparte.

Richelieu und seine Geheimdiplomatie

Kardinal Richelieu, der erste bedeutende französische Meister des diplomatischen Ränkespiels unter König Ludwig XIII., verwandelte die Bourbonenmonarchie in einen straff regierten absolutistischen Staat. Er überzog ganz Frankreich mit einem Netz von Spitzeln und Spionen, die ihn ständig mit zuverlässigen Informationen versorgten. Durch seine politischen Fähigkeiten dominierte er zehn Jahre lang am Hof und galt insgeheim als der wahre Herrscher Frankreichs. Gleichzeitig wurde er aufgrund seiner Macht und der durch Spionage erworbenen Kenntnisse zum meistgehaßten Mann. Der Kardinal, in den Werken von Alexandre Dumas als Bösewicht dargestellt, war in Wirklichkeit ein Patriot und genialer Administrator.

Agent Pater Joseph

Bis heute nahezu unbekannt ist Joseph du Tremblay, Richelieus »graue Eminenz« und als Pater Joseph einer der erfolgreichsten politischen Geheimagenten unter Ludwig XIII.

Der am 4. November 1577 in Paris geborene Joseph du Tremblay ist der Sohn eines zu den ältesten Adelsgeschlechtern gehörenden hohen Pariser Beamten. Der hochintelligente Junge besucht das exklusive College Boncourt und kann sich bereits im Alter von 12 Jahren fließend in Latein unterhalten. 1599 tritt er als Novize in das Kloster von Saint-Jean-le-Blanc ein. Fünf Jahre später geht er nach der Priesterweihe als Pater Joseph in das Kapuzinerkloster von Orléans, wo er sich schnell als Prediger einen Namen macht.

Eines Tages wird er dem im nahegelegenen Luçon als Bischof residierenden Armand Jean du Plessis, Herzog von Richelieu, vorgestellt. Zwischen beiden Männern entsteht eine Freundschaft fürs Leben. Im April 1624 beginnt der Bischof und zukünftige Kardinal Richelieu seine politische Laufbahn als Mitglied des Staatsrates.

In den folgenden Jahren gewinnt Richelieu zusehends an Einfluß, und es gibt kaum ein europäisches Ereignis, in dem er nicht die Hand im Spiel hat. Seine Stärke ist die Geheimdiplomatie mit geschicktem politischem Agieren hinter den Kulissen. Er verbündet sich mit jeder europäischen Macht, die dem spanisch-österreichischen Haus feindlich gesinnt ist; für seinen unermüdlichen Kampf gegen den großen Rivalen Frankreichs erscheint ihm jedes Mittel recht. Richelieu organisiert den ersten regelrechten politischen Spionagedienst in Frankreich.

Daß eine Niederlage der Protestanten in Deutschland in dem seit 1618 tobenden Krieg eine entscheidende Stärkung der Habsburger in Wien bedeuten würde, ist Richelieu offensichtlich klar. Deshalb reist Pater Joseph in seinem Auftrag durch Europa, um eine Allianz aller katholischen Mächte gegen Österreich zustande zu bringen. Als es ihm jedoch nicht gelingt, Maximilian von Bayern, den damals mächtigsten der deutschen Fürsten, dafür zu gewinnen, scheut er sich keineswegs, Richelieu zu überreden, Bündnisse auch mit protestantischen Staaten anzubahnen. Dabei ist Eile geboten, denn durch die Ausschaltung Dänemarks im Frieden von Lübeck 1629 scheint die Niederlage des deutschen Protestantismus besiegelt zu sein.

Armand Jean du Plessis, Kardinal Richelieu (1585–1642): genialer Staatsmann und Meister der Geheimdiplomatie

Die Erfolge von Kaiser Ferdinand II. beobachtet nicht nur Richelieu mit Mißtrauen und Unbehagen, sondern auch die deutschen Fürsten. Sie bangen weniger um die Religion als um ihre Freiheiten und Privilegien. Allerdings bildet nicht der Kaiser die eigentliche Gefahr, sondern dessen Feldherr Albrecht von Wallenstein, Herzog von Friedland und Mecklenburg. Dieser hat mit Hilfe seines erheirateten gewaltigen Vermögens ein eigenes Heer aufgestellt, dessen Erfolgen der Kaiser seinen erheblichen Machtzuwachs zu verdanken hat. Darum müssen alle, die jetzt gegen die absolute Vorherrschaft der Habsburger und der römischen Kirche vorgehen wollen, den Versuch unternehmen, Wallenstein auszuschalten.

Dies ist Richelieu bewußt, der über die Mißstimmung der katholischen deutschen Fürsten gegenüber Wallenstein dank des französischen Geheimdienstes in allen Einzelheiten im Bilde ist. Um den deutschen Fürsten Unterstützung zuzusichern, entsendet er seinen Freund Pater Joseph als geheimen Agenten nach Deutschland. Mit außergewöhnlichem Geschick haben Richelieu und der Pater ihren König davon überzeugt, Frankreich könne die Vorherrschaft in Europa nur erreichen, wenn es gelänge, auf dem bevorste-

Die »graue Eminenz« Joseph du Tremblay (1577–1638), der als Pater Joseph in die Geschichte eingeht

henden Kurfürstentag zu Regensburg den Zwiespalt zwischen dem Habsburger Kaiser und den deutschen Fürsten zu vertiefen.
Die erfolgversprechendste Möglichkeit sieht Richelieu in einer Intrige gegen Wallenstein, um dessen Absetzung zu erzwingen. Als der Pater von Richelieu erfährt, daß der König mit diesem außenpolitischen Schachzug einverstanden ist, schreibt er an seinen Souverän: »Ich selbst, des vollen Vertrauens Eurer

Reisewagen im 17. Jh.; Straßburger Holzschnitt von 1605

Majestät gewiß, würde meinen Einsatz mit einem leichten Herzen riskieren, denn es ist manchmal unmöglich, sich vor gewissen Übeln zu schützen, wenn man nicht etwas auf das Glück setzt.«
An einem heißen Julitag 1630 rollt eine prunkvolle Kutsche auf der steinigen Bergstraße von Grenoble nach Solothurn. Die beiden Reisenden sind Marquis Léon de Brûlart, der französische Botschafter in der Schweiz, und Pater Joseph. Beide sind auf der Fahrt nach Regensburg zum Kurfürstentag, auf dem Brûlart den französischen König vertritt, da Pater Joseph keinen offiziellen Rang besitzt. Der Kapuzinerorden hat den jetzt 53jährigen Pater Joseph für die Dauer seiner Mission von allen seinen Gelübden entbunden. Der fromme Mann besteht aber darauf, Kutte und Sandalen zu tragen.
Richelieu ist davon überzeugt, daß es Pater Joseph mit diplomatischem Geschick gelingen wird, auf dem Kurfürstentag die französischen Absichten erfolgreich durchzusetzen: eine Verschiebung des Gleichgewichts der europäischen Kräfte zugunsten Frankreichs.
In dieser Zeit verstärkt Wallenstein durch intensive Anwerbung seine Armee und verlegt sein Hauptquartier in die Reichsstadt Memmingen. Etwa Mitte Juli 1630 erreichen Marquis de Brûlart und Pater Joseph mit Gefolge die Grenze des Heiligen Römischen Reiches. Am 23. Juli 1630 begegnen sich in Memmingen die Vertreter des französischen Königs und Wallenstein. Noch am selben Abend führen Pater Joseph und der Feldher des Kaisers ein vertrauliches Gespräch, das möglicherweise Wallensteins Schicksal besiegelt. Man weiß allerdings nichts Verläßliches über den Inhalt der Unterhaltung, aber allem Anschein nach hat Wallenstein dem Pater in jener Nacht das offenbart, was er besser hätte für sich behalten sollen, daß er beabsichtige, im Reichsgebiet ein eigenes souveränes Fürstentum zu gründen.
Wie Pater Josephs zeitgenössischer Biograph, Père Ange de Mortagne später in seinen Aufzeichnungen berichtet, sei er nur mit äußerster Vorsicht und recht unbestimmten Antworten auf die Pläne Wallensteins eingegangen. Um ihn jedoch in Sicherheit zu wiegen und das Vertrauen des Feldherrn zu gewinnen, habe er Wallenstein in angeblich äußerst geheime französische Pläne eingeweiht und von einem Vorhaben gesprochen, die heiligen Stätten in Palästina für die Christenheit zurückzuerobern, ein Projekt, das jedenfalls weniger verfänglich gewesen sei als die kühne Idee Wallensteins.
Am 25. Juli 1630 treffen die Franzosen mit dem Schiff aus Ulm kommend in Regensburg ein. Dort versucht Pater Joseph umgehend, mit Maximilian I. von Bayern Kontakt aufzunehmen, dem Fürsten, dem man am ehesten Einfluß auf den Kaiser zutraut. Der 57jährige Kurfürst von Bayern ist der Bruder des Erzbischofs von Köln und eng mit den geistlichen Kurfürsten von Trier und Mainz befreundet, die schon lange Zeit insgeheim von Frankreich finanzielle Unterstützung erhalten.

Feldherr Albrecht Wenzel Eusebius von Wallenstein, Herzog von Friedland und Mecklenburg (1583–1634)

Pater Joseph versichert dem Kurfürstenkollegium, daß es mit der Protektion seines Königs unbedingt rechnen könne. Er bedient sich dabei der geschickten Taktik, den Bayern zu überzeugen, daß seine Interessen und die der anderen Kurfürsten mit denen Frankreichs identisch seien. Kardinal Richelieu habe erfahren, daß es die Absicht des Kaisers sei, dem Reich seinen Willen aufzuzwingen und später Frankreich zu überfallen.
In einem vertraulichen Schreiben an Kurfürst Maximilian betont Pater Joseph: »... daß es vergebliche Liebesmühe ist, wenn sich die deutschen Prinzen gegen den Kaiser verbinden und er Wallenstein als Befehlshaber seiner Armee beibehält.« Am 2. und 3. August 1630 wird Pater Joseph vom Kaiser in Audienz empfangen. Er ist bemüht, Ferdinand von den friedlichen Absichten Frankreichs zu überzeugen und Gerüchte über habsburgfeindliche Schachzüge Richelieus zu widerlegen. Danach wendet sich der

Regensburg, Stätte von Reichs- und Fürstentagen

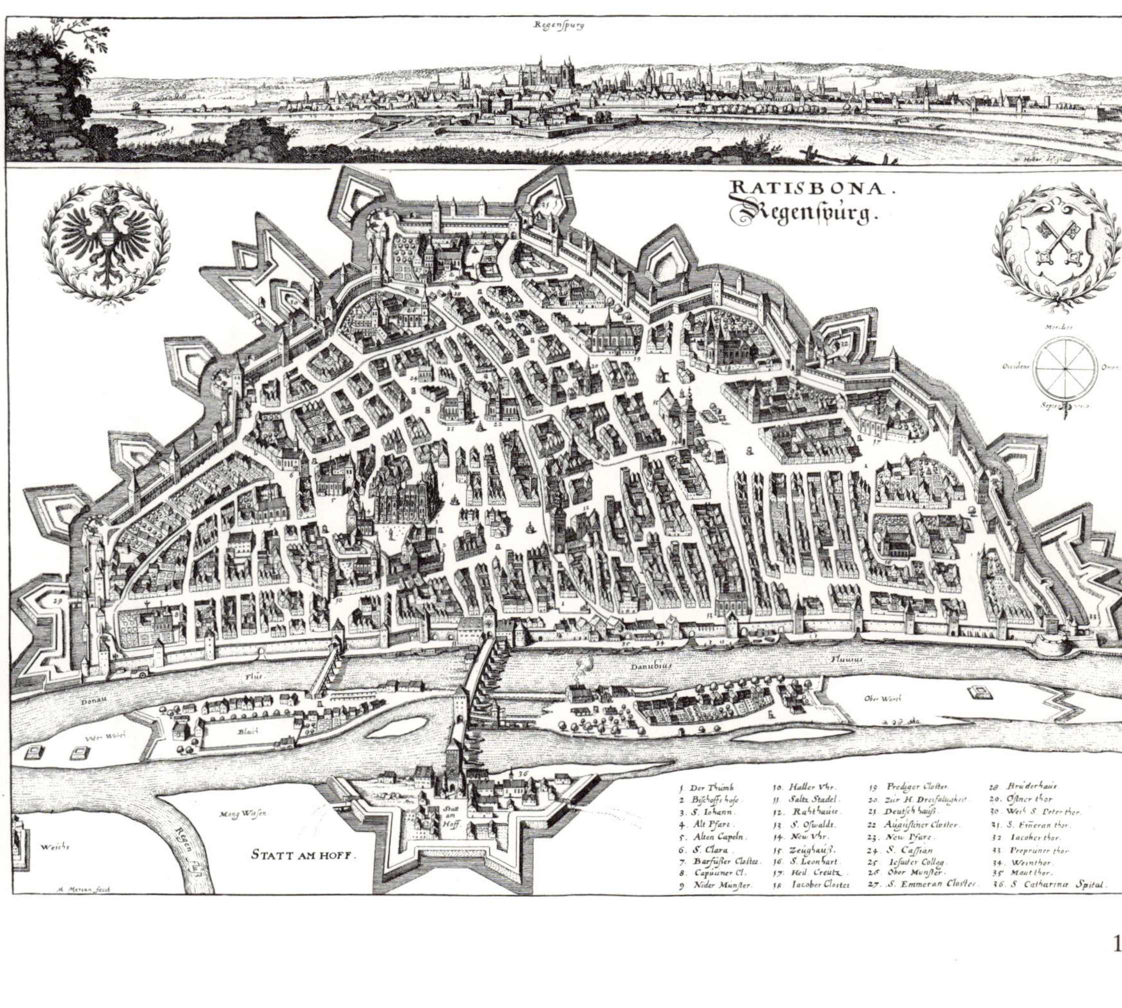

geheime Agent seiner eigentlichen Aufgabe zu: Zwietracht zu säen zwischen Kaiser und Fürsten. Und der Pater macht nun in geschickter Weise von dem Gebrauch, was ihm Wallenstein in Memmingen anvertraut hat. Auch mit den einzelnen Kurfürsten führt er geheime Gespräche und stellt gerade das Problem Wallenstein besonders deutlich heraus.
Schon am 16. Juli 1630 überreichen die Fürsten dem Kaiser eine Beschwerdeschrift gegen den Feldherrn. Man beschuldigt ihn unter anderem der verschwenderischen Hofhaltung, der Duldung von Gewalttaten seiner Armee sowie der Erpressung gewaltiger Geldsummen, die er bei auswärtigen Banken versteckt halte. Was den Kaiser jedoch am meisten beeindruckt: Die Fürsten scheuen sich nicht, mit dem Anschluß der Katholischen Liga an Frankreich zu drohen, falls der Kaiser sich ihren Wünschen widersetze. Auch solle sich der Kaiser künftig jeder Einmischung in Reichsangelegenheiten enthalten und Kriege nur mit Einwilligung der Kurfürsten führen.
Am 15. August 1630 beschäftigt sich der Kaiserliche Rat mit den Forderungen der Kurfürsten. Man glaubt aber nicht an einen Staatsstreich Wallensteins. Es bleibt jedoch ein Rätsel, warum der Rat dem Kaiser nicht empfiehlt, Wallenstein mit seinem Heer näher nach Regensburg heranzuziehen und damit Druck auf das kurfürstliche Kollegium auszuüben. Die kaiserlichen Räte Eggenberg und Questenberg verkünden den Beschluß, Wallenstein »wider alle Interessen des Reiches, Vernunft und Gewissen« zu entlassen.
Acht Tage später, am 23. August 1630, beschließt Kaiser Ferdinand, den Feldherrn als Oberkommandierenden abzusetzen und die Armee auf 30000 Mann zu reduzieren. So endet die geheime Mission von Pater Joseph mit einem vollen Erfolg: Der Gegner ist durch Intrigen geschwächt, um so leichter wird es sein, ihn später mit den Waffen zu besiegen.
Pater Joseph stirbt am frühen Morgen des 18. Dezember 1638 in den Armen von Richelieu. Der tief betroffene Kardinal weint: »Ich habe meine Stütze verloren.« Dieser Verlust ist für den ersten Minister der französischen Krone unersetzlich. Richelieu läßt seinen Vertrauten in der Kapuzinerkirche der Rue Saint-Honoré mit demonstrativem Pomp begraben.

Das Opfer heißt Wallenstein

Der 1631 einsetzende Siegeszug des Schwedenkönigs Gustav II. Adolf führt mit Hilfe der vorübergehend geeinten deutschen evangelischen Fürsten bis an Rhein und Donau. Gustav Adolf erobert München, bedroht sogar Wien und bringt die katholischen Habsburger in schwere Bedrängnis. Dem Kaiser bleibt keine andere Wahl, als Wallenstein wieder mit dem Oberkommando zu betrauen.
Dieser übernimmt 1631 zum zweitenmal, mit unbeschränkten Vollmachten, das Armeekommando und versucht, durch Aufnahme von Verbindungen mit den ausländischen Mächten – nach König Gustav Adolfs Tod 1632 auch mit Schweden – sich vor einer Durchkreuzung seiner Politik abzusichern.
Heute ist die Ansicht vorherrschend, ein Verrat an der Sache des Kaisers habe Wallenstein nicht vorgeschwebt. Seine Absicht sei lediglich gewesen, den Kaiser vor die vollendete Tatsache eines abgeschlossenen Waffenstillstandes zu stellen, dem ein ehrenvoller Friedensvertrag folgen solle. Dies bedeutet allerdings eine Art Einverständnis mit dem Feind ohne Wissen des eigenen Herrschers.
Ende April 1632 trifft sich Wallenstein auf Schloß Nachod an der böhmisch-schlesischen Grenze mit dem kursächsischen Feldherrn Hans Georg von Arnim, einst Oberst in seiner Armee, zu einer vertraulichen Aussprache. Noch im Dezember 1631 hat Wallenstein zu Arnim, den er irrtümlicherweise für seinen Freund hält, von einer geradezu revolutionären Neuordnung im Reich gesprochen: Es müsse vor allem die Religionsfreiheit wiederhergestellt werden und der verbannte böhmische Adel seine Güter wiedererlangen. Auch solle Böhmen Wahlkönigreich und zunächst einmal von seinen Truppen besetzt werden. Wallenstein will damit Druck auf Kaiser Ferdinand II. ausüben.
Hier auf Schloß Nachod schildert nun Wallenstein dem ehemaligen Untergebenen von Arnim – Kursachsen ist jetzt mit Schweden verbündet – seinen umfassenden Friedensplan für das Reich: Die evangelischen Fürsten sollen das Bündnis mit Gustav Adolf aufkündigen und sich mit ihren Streitkräften Wallenstein anschließen. Ziel dieser Überlegung: einen Reichsfriedensschluß bei voller Glaubensfreiheit zu erzwingen, wenn irgend möglich mit dem Kaiser, notfalls auch gegen ihn. Doch von Arnim will unter keinen Umständen etwas gegen den Kaiser unternehmen. So trennen sich beide Männer unverrichteter Dinge.
Für militärische Zwecke Kundschafter einzusetzen, ist dem erfahrenen Feldherrn Wallenstein selbstverständlich, so daß er über den Gegner und dessen Bewegungen stets gut unterrichtet ist. Daher kann er die schwedischen Absichten rechtzeitig erkennen, den Angriff des Schwedenkönigs bei Nürnberg siegreich abwehren und jenen zum Rückzug aus Franken zwingen. In der Schlacht bei Lützen am 16. November 1632 bleiben die Schweden zwar siegreich, aber der Tod von Gustav Adolf auf dem Schlachtfeld beraubt die Protestanten zunächst ihrer militärischen und staatsmännischen Führung.
Im November 1633 weigert sich Wallenstein entgegen kaiserlichem Befehl, dem Kurfürsten von Bayern zu Hilfe zu kommen. Diese Weigerung wird von der Wallenstein feindlich gesinnten Partei am Wiener Hof und auf Betreiben des bayerischen Kurfürsten als Vorwand genutzt, ihn des Verrats zu beschuldigen und seine erneute Absetzung zu fordern.
Da Wallensteins Heer ihm treu ergeben ist und man seine ausländischen Verbindungen fürchtet, wird erst einmal versucht, den Feldherrn zu provozieren und zu unbedachten Schritten zu veranlassen. Einige ho-

Johann Georg von Arnim (1581–1641), kursächsischer Feldherr, einst Oberst in Wallensteins Armee

Ottavio Piccolomini, Herzog von Amalfi (1599–1656), warnt Kaiser Ferdinand II. vor Wallenstein

he Offiziere, darunter Ottavio Piccolomini, sowie mehrere Geistliche sollen für dieses Komplott eingespannt werden. Aber vor allem die Offiziere sind anfänglich nicht zu gewinnen: Gallas, der als Nachfolger für das Kommando des kaiserlichen Heeres vorgesehen ist, warnt Wallenstein sogar. Auch eine andere gezielte Herausforderung schlägt fehl: Man läßt dem die friedländischen Truppen in Bayern kommandierenden General Aldringen von Wien aus Befehle zukommen, die im Widerspruch zu den Instruktionen Wallensteins stehen.

Gegen Ende des Jahres 1633 fällt einer Streife der in Oberösterreich liegenden Truppen unter Piccolomini ein böhmischer Edelmann namens Sesina in die Hände, der schon lange als Verbindungsmann Wallensteins bekannt ist. Er befindet sich auf dem Weg zu den Schweden und hat Briefe an deren Befehlshaber Bernhard von Weimar und den schwedischen Reichskanzler Oxenstierna bei sich.

Dank Wallensteins äußerster Vorsicht entdeckt man bei dem Boten keine schriftlichen Geheimdokumente, zumal Wallenstein bereits von Gallas gewarnt ist. Doch Piccolomini läßt den Gefangenen nach Wien bringen, der dort aus Furcht vor der Folter – oder auch während der Mißhandlung – alles gesteht, was man von ihm wissen will. Daraufhin unterzeichnet der Kaiser am 24. Januar 1634 – nun schon zum zweitenmal innerhalb von vier Jahren – das Absetzungsdekret. Man hat aber diesmal nicht den Mut, es direkt zuzustellen.

Wallenstein, der das Haus Habsburg vor dem Untergang gerettet hat, führt ein undurchsichtiges Spiel von Geheimverhandlungen nach allen Seiten, selbst mit den Feinden des Kaisers. Als er sich nun den Schweden und Franzosen anschließen will, stößt er allerdings auch bei ihnen auf Mißtrauen.

In dem kaiserlichen Dekret vom 22. Februar 1634 wird er des Hochverrats bezichtigt. Es entbindet die Offiziere vom Gehorsam gegen Wallenstein und befiehlt insgeheim, ihn tot oder lebendig zu fangen. Die Generäle Gallas, Aldringen und Piccolomini sollen unter der Hand dafür sorgen, daß die Absetzung Wallensteins bei den Soldaten bekannt wird, ebenso daß der Kaiser ihn zum Verräter erklärt hat. Alle diese Gerüchte irritieren die Truppen und rufen Unsicherheit hervor.

Zur gleichen Zeit entsendet Wallenstein zwei höhere Offiziere nach Wien, um dem Kaiser seine unbedingte Unterwerfung anzubieten. Sie werden aber von den Vorposten Piccolominis aufgehalten, der inzwischen unverzüglich handelt, um in Pilsen das Kommando über die Truppen Wallensteins an sich zu reißen. Der bisher treu ergebene irische Oberst Butler hat sich auf Piccolominis Seite ziehen lassen. Sein Dragonerregiment, strenggläubige irische und schottische Katholiken, werden Wallenstein zum Verhängnis.

Oberstleutnant Gordon: »Am 24. Februar 1634, gegen Abend zwischen vier und fünf Uhr, ist der Herzog von Friedland, Wallenstein, begleitet von Generalfeldmarschall Graf Ilow, den Grafen Adam Terzka, Kinsky, dem Rittmeister Niemann und anderen hohen Offizieren, jedoch mit nur sehr geringen Teilen seines Hoflagers, vier Kornetts Terzkyscher Rei-

Johann Graf von Aldringen (um 1590–1634), dem die friedländischen Truppen in Bayern unterstehen

terei, sieben Kompanien Butlerscher Dragoner und fünf Kornetts altsächsischer Reiterei ganz unversehens in Eger eingetroffen, während der größere Teil des Hoflagers samt dem fürstlichen Troß in Pilsen verblieb. Von seiner Ankunft hatte man drei Stunden zuvor noch keine genauen Mitteilungen. Der Fürst suchte nicht sein altes Quartier auf, sondern bezog ein neues am Ende des Marktplatzes.

Am folgenden Tage, am Samstag, dem 25. Februar, sandte der Fürst einen Kurier an den Fürsten von Arnheim und einen Trompeter an den Herzog Franz Albrecht von Sachsen.

Unterdessen wurden die Wachen auf der Burg und beim Gardecorps zwischen neun und zehn Uhr abends rasch verstärkt, das Obertor geöffnet und in größter Stille eine Kompanie Dragoner eingelassen. Das Tor schloß man sofort wieder.

Der Hauptmann der Dragoner begab sich auf die Burg, wo er den Versammlungsraum mit zwar gezogenem, jedoch verstecktem Degen betrat und rief: ›Wer ist gut kaiserlich?‹ Darauf antworteten Oberst Butler, Oberwachtmeister Leslie und ich selbst: ›Vivat Ferdinandus, vivat Ferdinandus!‹, ergriffen unsere Waffen und drangen auf die Grafen Ilow, Terzka, Kinsky und Rittmeister Niemann ein. Ilow und Kinsky schlossen sich uns an, Graf Terzka aber wehrte sich, worauf er in den Vorraum abgedrängt wurde, wo ihn die bereitgestellten Dragoner mit Musketen zu Tode schlugen. Rittmeister Niemann erhielt zwei Stiche und flüchtete sich in die Speisekammer, wo er umfiel und starb. Das alles geschah ohne besonderen Tumult.

Sobald dieser Vorgang beendet war, begab sich der Hauptmann der Kompanie Butlerscher Dragoner ohne Gefahr mit zwanzig Musketieren, denen weitere nachfolgten, in die Stadt. Als er in das Quartier des Herzogs von Friedland kam, wurde dessen Kammerdiener, der vor der fürstlichen Wohnung wartete, nach kurzer Gegenwehr niedergestochen.

Der Mundschenk, der für den Fürsten in einer goldenen Schale Bier gebracht hatte und gerade hinausgehen wollte, wurde am Arm verwundet.

Auf das Geschrei der Musketiere hin öffnete man die fürstliche Wohnung. Wallenstein, der, nur im Nachthemd, an einen Tisch gestützt stand und nicht mehr als ›Ah, Guardier!‹ sagen konnte, wurde von dem Hauptmann mit den Worten ›Du schlimmer, meineidiger, alter, rebellischer Schelm‹ mit der Partisane durch die Brust gestochen, er fiel auf die Erde und starb.

Eger, 25. 2. 1634: Wallensteins Ermordung

Die Dragoner wickelten den Leichnam in ein rotes Tuch, legten ihn auf eine Bahre und brachten ihn auf die Burg zu den anderen Toten.«
Wallensteins Leichnam hat man in ein Massengrab geworfen.

Richelieus Nachfolger

Als Kardinal Richelieu auf dem Sterbebett liegt und der Priester ihn ermahnt, seinen Feinden zu vergeben, reagiert er aufgebracht: »Feinde? Ich habe niemald welche gehabt, außer denen des Staates!«
Nach seinem Tod am 4. Dezember 1642 tritt der in Italien geborene Kardinal Jules Mazarin die Nachfolge an und übernimmt auch die Führung des Spionagedienstes. Richelieu hat Mazarin, seinen langjährigen Sekretär, als den Mann bezeichnet, der ihn zu ersetzen am meisten befähigt sei.
Mazarins politischer Werdegang beginnt am 26. Oktober 1630, als sich vor den Stadtmauern von Casale die spanischen und französischen Armeen kampfbereit gegenüberstehen. Lange komplizierte Verhandlungen über die Erbfolge des Herzogtums Mantua in der Lombardei sind fehlgeschlagen. Die Schlacht hätte zu einem Sieg der Franzosen geführt und den Weg nach Mailand frei gemacht. Kurz bevor die Geschütze mit dem Feuer beginnen, galoppiert ein Hauptmann der päpstlichen Truppen mitten vor die feindlichen Linien, winkt mit einer weißen Fahne und ruft: »Pace, pace – alto, alto!«
Es ist Giulio Mazzarini – Jules Mazarin. Als päpstlicher Internuntius hat er eine friedenstiftende Urkunde eine Woche lang zurückgehalten in der Hoffnung auf neue Verhandlungen. Der aus Sizilien stammende gut aussehende Edelmann hat das Jesuiten-Kollege in Rom besucht und bereits im Alter von 20 Jahren als Jurist promoviert. Danach tritt Mazarin in den Dienst der päpstlichen Truppen, wo er mehr diplomatische als militärische Kunst erlernt. Nach langen Jahren unter Richelieu setzt er nun die Politik Frankreichs in dessen Sinne fort.
Mazarin erweist sich als äußerst geschickter Diplomat, Politiker und Administrator, wenn er auch nicht die Genialität seines Vorgängers besitzt. Es heißt, er habe nach dem Tod Ludwigs XIII. dessen Witwe, Anna von Österreich, heimlich geheiratet. Mit Sicherheit steht sie als Vormund ihres erst fünfjährigen Sohnes, Ludwig XIV., lange Jahre unter dem beratenden Einfluß von Mazarin.
Einen seiner besten Kundschafter, namens du Parc, schickt Mazarin nach England, um zwei Abgesandte des rebellischen Prinzen von Condé auszuspionieren, die von Cromwell militärischen Beistand erbitten sollen. Dem angeblichen Mitverschwörer du Parc gelingt es, das Vertrauen der beiden zu gewinnen und hinter die Absichten des »Le Grand Condé« zu kommen, der mit dem Hochadel den absolutistischen Herrschaftsanspruch des Königshauses bekämpft.
Auch den Abt des Franziskanerklosters in Brioude,

Kardinal Jules Mazarin (1602–1661) setzt die Politik Richelieus fort

Pater Francis Berthod, kann Mazarin für Spionagedienste gewinnen, als in der Provinz Unruhen ausbrechen. Noch heute befindet sich im Archiv des französischen Kriegsministeriums ein Dokument vom 20. Oktober 1652, das Pater Berthod gestattet, während seiner »königlichen Dienstzeit« jede beliebige Kleidung zu tragen, ohne dadurch gegen den geistlichen Stand zu verstoßen.
Unter dem Verdacht der Spionage wird er in Bordeaux von den Aufständischen festgenommen. Trotzdem gelingt es Pater Berthod, einen Bauern zu überreden, zum Befehlshaber der königlichen Truppen, Herzog von Saint-Simon, zu reiten und ihm ein Fläschchen Wasser und einen »an den Ortspfarrer von Blaye« adressierten Brief zu überbringen. In dem Schreiben heißt es: »Ich schicke Ihnen ein Augenwasser. Reiben Sie die Augen damit ein, damit Sie besser sehen können.«
Der Herzog und seine Umgebung sind zunächst ratlos, was dieses Schreiben bedeuten könnte, bis einem der Offiziere die Idee kommt, den Brief mit dem Inhalt des Fläschchens anzufeuchten. Nun wird eine geheime Nachricht erkennbar: Pater Berthod teilt darin seine Verhaftung mit und bittet, ihm in einem Fischerboot einen zuverlässigen Mann mit Kleidern zu schicken. Der Wunsch wird erfüllt, und Berthod kann in der Verkleidung eines Seemannes fliehen.
Kardinal Mazarin stirbt 1661, und kurz danach übernimmt der jetzt 23jährige Ludwig XIV. selber die Regierungsgewalt von seiner Mutter, und Jean-Baptiste Colbert tritt die Nachfolge von Mazarin an.

»Knigge für Diplomaten«

Im Jahr 1716 erscheint in Paris die damals in diplomatischen Kreisen viel beachtete Publikation, ein »Benimmbuch« unter dem Titel »De la manière de négocier avec les souverains«. Der Autor, François de Callières, gehört zu den hochangesehenen Mitgliedern des Beamtenrates von Ludwig XIV. und ist bis 1715 Privatsekretär Seiner Majestät, daneben Mitglied der Académie Française.

»Ein Botschafter«, so schreibt de Callières, »muß sich stets sorgfältig und ausgesucht kleiden. Er darf vor allem nicht den Wert der Spionage unterschätzen. Gut ausgewählte Spione tragen weitaus mehr als irgendein Agent zum Erfolg bei ... und es gibt kein Geld, das besser angelegt ist ... als das für einen Geheimdienst. Es wäre nicht zu entschuldigen, wenn ein Staatsminister diese Tatsache außer acht ließe.«

Besonders in Spanien sei man darauf bedacht, das Spionagesystem niemals zu vernachlässigen. Daher habe der spanische Hof zum Beispiel die kluge Angewohnheit, den Botschaftern Sonderzahlungen, sogenannte »Gastos Secretos«, zukommen zu lassen.

Einen Botschafter bezeichnet Callières als »legalen Spion«, weil es zu seinen besonderen Aufgaben zähle, die am strengsten gehüteten Geheimnisse des Gastlandes herauszufinden. Er rät ihm, häufig Feste zu geben, um das gesellschaftliche Leben mitzubestimmen, aber immer in einer leichten und ungezwungenen Weise ...

Er soll jede Gelegenheit wahrnehmen, sich und sein Land in den Augen der Damen bei Hof in günstigem Licht erscheinen zu lassen, denn man wisse sehr gut, daß durch weiblichen Charme oft schwerwiegende Entscheidungen beeinflußt werden. Allein durch den Wink eines Fächers oder Nicken des Kopfes seien schon folgenschwere Ereignisse ausgelöst worden.

Natürlich dürfe der Diplomat selbst nicht den Kopf verlieren, denn Liebe führe leicht zu Indiskretion und Unvernunft. Ein guter Botschafter müsse erstklassige Manieren besitzen, charakterlich einwandfrei sein und sich durch großzügige, aber gezielte Aufmerksamkeiten Kontakte verschaffen.

De Callières empfiehlt, sich stets vorher zu vergewissern, ob das vorgesehene Geschenk auch dem Geschmack des Betreffenden entspreche, denn nur eine passende Gabe – noch dazu im rechten Moment, von der richtigen Person überreicht – könne sich als Verpflichtung für den Beschenkten auswirken.

Jeder Diplomat müsse wissen, daß es bei Hof auch Menschen gebe, die man mit kleinen persönlichen Dingen mehr erfreuen könne als mit Geld; dadurch ließe sich oft dasselbe erreichen. Zu diesem Personenkreis würden zum Beispiel Künstler zählen, die meist einen sehr viel persönlicheren Kontakt zum Fürsten hätten als jeder Botschafter.

Auch bei gewissen Offizieren von niederem Rang, die zum engeren Mitarbeiterstab des Fürsten gehören, seien Geschenke angebracht, wenn man ihnen Geheimnisse entlocken wolle. Ebenso gebe es Staatsminister, deren Vertrauen durch Geschenke oder Geldzuwendungen zu gewinnen sei. Ein Diplomat müsse immer einen klaren Kopf behalten und die Fähigkeit besitzen, in jeder Situation äußerst geschickt zu reagieren.

François de Callières, Mitglied der Académie Française und Privatsekretär Ludwigs XIV., Autor des »Knigge für Diplomaten«

De Callières erwähnt voller Bewunderung Kardinal Mazarin, der dies exzellent verstanden habe. Mazarin, persönlich ein Mann mit äußerster Selbstbeherrschung, dessen Mimik keinen seiner Gedanken verrate, liebe es, andere Menschen zu provozieren. So sei er eines Tages zum Gouverneur von Mailand, dem Herzog von Feria, gereist, um dessen Einstellung für eine bestimmte Sache herauszufinden. Durch eine Täuschung habe er versucht, den Herzog in Rage zu bringen, um festzustellen, ob er sein Temperament zügeln könne.

De Callières ist ferner der Ansicht, ein Diplomat müsse auch in Geschichte bewandert sein und alle wichtigen Verträge Europas kennen. Er empfiehlt außerdem, die Memoiren aller großen Männer zu lesen und die Instruktionen zu studieren, die man vor wichtigen Verhandlungen den Abgesandten erteilt habe. Besonders wertvoll seien die Briefe von Kardinal d'Ossat, dem es gelungen sei, Heinrich IV. von Frankreich mit Papst Klemens VIII. zu versöhnen. Aufschlußreich seien auch die Verhandlungshinweise des Kardinals Mazarin für seine diplomatischen Vertreter, die letztlich zum Vertrag von Münster (1648) geführt hätten. Sie zeigten, daß der Kardinal die Interessen jeder europäischen Macht vorher eingehend analysiert habe. In Privatarchiven könne ein Gesandter wertvolle Bücher finden, wie zum Beispiel die von Noailles und Montluc oder das Werk »De Legationibus« von Alberico Gentilis.

De Callières ist der Meinung, daß die Diplomatie ein Beruf sei, der sorgfältiges Studium erfordere. Diplomatisches Geschick sei zwar angeboren, aber es gebe vieles, was man sich durch Fleiß und gute Beobachtungsgabe aneignen könne. Männer ohne geistiges Niveau sollten niemals als Repräsentant ins Ausland entsandt werden, denn ihr falsches Verhalten könne einen Bruch der staatlichen Beziehungen verursachen.

Eines Tages habe sich der Herzog von Toskana beim venezianischen Botschafter in Rom beschwert, daß der Vertreter Venedigs in Florenz völlig ungeeignet sei. »Das überrascht mich nicht«, antwortet der Botschafter, »wir haben viele Narren in Venedig«. – »Wir haben in Florenz auch Narren«, antwortet der Herzog, »doch wir achten zumindest darauf, daß wir sie nicht exportieren.«

Generalstabsarbeit

Dort allerdings, wo politische Spionage endet und die Diplomaten machtlos sind – gerade im Bereich der militärischen Aufklärung – greift man nicht selten zu einer List. So beordert zum Beispiel Ludwig XIV. im März 1685 den im Kundschafterwesen erfahrenen Pierre Girardin in die Türkei; er erreicht im Januar 1686 per Schiff mit großem Gefolge sein erstes Ziel. Der offizielle Grund für diese Reise: Pflege und Ausbau von Handelsbeziehungen.
In Wirklichkeit soll die Delegation für den sich gerade formierenden État-major général, den vom König ins Leben gerufenen Generalstab, wichtige Aufklärungsarbeit für eine eventuelle Großoperation gegen das Osmanische Reich durchführen. Zu Girardins Mitreisenden zählen neben dem Experten für Festungswesen Captain d'Ortières auch Marineingenieure, die den Auftrag haben, Häfen und Flotten im östlichen Mittelmeer auszuspionieren.
D'Ortières und seine Offiziere haben aus Paris detaillierte Anweisungen mitgebracht, die sie pünktlich ausführen müssen. Sie sollen unter anderem genaue Karten der Dardanellen anfertigen, alle Untiefen eintragen und die wesentlichen Punkte der Festungen skizzieren. Ähnliche Beobachtungen sind auf dem griechischen Archipel, an den Küsten von Kleinasien, Syrien und Ägypten vorgesehen.
Nachdem Konstantinopel, Izmir, Chios, Saloniki, Athen, Kreta, Zypern, Aleppo, Tripoli, Port Said, Alexandria, Rosetta und Kairo besichtigt sind, endet die Mission 1687.
Gerade Konstantinopel beschreibt d'Ortières sehr ausführlich. Er ist sich allerdings nicht schlüssig, ob man die Stadt überraschend angreifen oder erst unter Beschuß nehmen soll. Der französische Offizier arbeitet sehr sorgfältig; er berechnet die Zahl der Schiffe, der für den Einsatz erforderlichen Truppenstärke, Munition und Verpflegung. Am Ende macht er sich sogar Gedanken über eine Aufteilung der türkischen Länder unter Frankreich und seinen Bundesgenossen, allen voraus die Republik Venedig und Polen.
D'Ortières stellt auch einen detaillierten Kostenplan für eine Invasionsarmada auf. Die Landungskräfte sollen unter anderem mit 60000 Musketen, 30000 Pistolen und 60000 Säbeln ausgestattet werden. Nach seiner Berechnung würde das gesamte Vorhaben 31787940 Livres erfordern. Diese Summe ist selbst dem reichen Ludwig XIV. zu hoch, und es kommt niemals zur Realisierung des erforschten Projekts.

Konstantinopel, das Hauptziel der Erkundungsmission französischer Militärexperten in den Jahren 1685–87: hier die wenige Jahrzehnte zuvor erbaute Sultan-Achmed-Moschee mit ihren sechs Minaretts

Im Zarenreich

Nachdem die Mongolen 1240 Kiew eingenommen und niedergebrannt hatten, geriet Rußland für zweieinhalb Jahrhunderte unter deren Herrschaft. Es entstand an der unteren Wolga das Reich der »Goldenen Horde«, das alle Verbindungen zu anderen Staaten abbrach. Während das Abendland im Spätmittelalter eine kulturelle Blüte erlebte, blieb Rußland völlig isoliert. Eine Ausnahme bildete nur Nowgorod, das weiterhin Handelsbeziehungen zum Westen unterhielt und sich seine Unabhängigkeit bewahrte.

Furcht vor Spionage

In der ersten Hälfte des 14. Jahrhunderts beginnt das Reich der »Goldenen Horde« langsam zu zerfallen. 1380 schlägt Großfürst Dimitri die Mongolen auf dem Kulikower Feld am oberen Don. Erst 1480, 100 Jahre später, gelingt es Iwan III., dem Großen (1462–1505), das Joch der Mongolenherrschaft endgültig abzuschütteln.

Als er den Thron besteigt, bildet das Moskauer Reich schon einen nationalen Einheitsstaat, so daß er sich bereits »Zar von ganz Rußland« nennt. Er fühlt sich als Herrscher von Gottes Gnaden, nimmt den byzantinischen Doppeladler in sein Wappen auf und führt das byzantinische Hofzeremoniell ein.

Nach Eroberung der Republik Nowgorod im Jahr 1478 braucht Iwan zwischen Moskau und dem Gebiet im Norden, wo ständig die Gefahr eines Aufruhrs besteht, einen schnellen Informationsaustausch. Der Fürst läßt nach mongolischem Vorbild einen Kurier- und Postdienst organisieren, dessen Netz sich über das gesamte Großfürstentum erstreckt. Die Zentrale der Post (Jamskaja Jzba) befindet sich in Moskau.

Seit dieser Zeit mehren sich in Westeuropa die Kontakte mit Rußland. Allerdings schränkt der Großfürst einen Zustrom von Fremden radikal ein. Selbst Kaufleute, die endlich eine Handelslizenz erhalten, dürfen sich von der russischen Grenze an nur über ganz bestimmte Wege in offiziellen Konvois bewegen. Aus Furcht vor Spionage – ein Relikt der Mongolen, die überall eifrig spionierten – ist es Fremden verboten, diese vorgeschriebenen Strecken zu verlassen.

Auch jeglicher Kontakt mit der Bevölkerung ist den Reisenden streng untersagt. Treffen sie endlich in Moskau ein, müssen sie in einem ihnen zugewiesenen Haus wohnen, das Tag und Nacht unter Bewachung steht. Sogar die Fenster lassen keinen Blickkontakt mit der Außenwelt zu, und nach Eintritt der Dunkelheit werden die Haustüren von außen verriegelt.

Weder ein unbeaufsichtigter Marktbesuch noch irgendwelche Einkäufe sind gestattet, die Fremden

Moskau: Reisende aus dem Westen werden bei Tag und Nacht bewacht

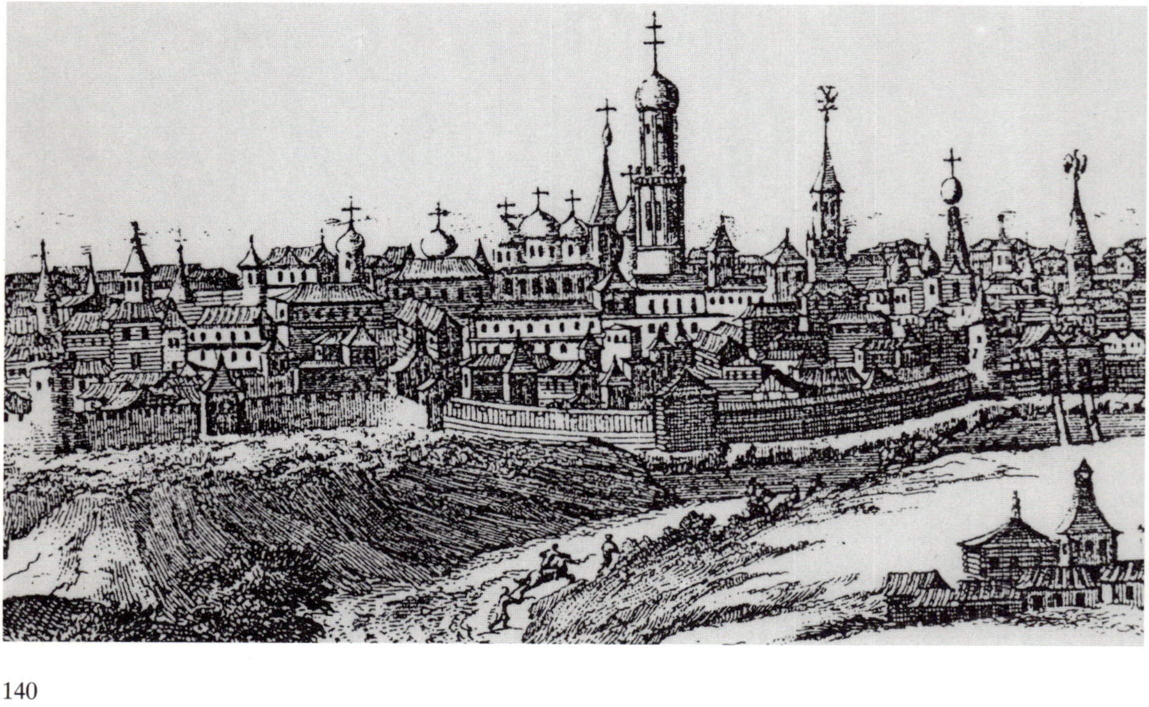

Moskowiter Panzerreiter im 16. Jh., wie sie Sigismund zu Herberstein beschreibt

können lediglich mit ganz bestimmten Personen Verbindung aufnehmen. Auch das Verschicken von Korrespondenz oder deren Empfang ist ihnen verboten. Ihre Aufenthaltsdauer in der Hauptstadt ist von Anfang an festgelegt, und für die Rückreise erhalten sie wieder eine Begleitmannschaft.

Als zum Beispiel Erzherzog Sigismund aus Innsbruck 1492 einen Tiroler namens Michael Snups nach Moskau schickt, der – mit einem Brief von König Maximilian versehen – die Erlaubnis erwirken soll, Rußland bis an den Ob bereisen und erforschen zu dürfen, schlagen die Russen den Wunsch mit der Begründung ab, dieses Vorhaben sei für einen Ausländer zu beschwerlich. Snups darf nicht einmal über die Türkei oder Polen zurückkehren, sondern muß Rußland auf demselben Weg wieder verlassen, den er für die Einreise benutzt hat.

Die ganze Organisation des Staates ist völlig undurchsichtig. Alle Sitzungen höherer Funktionäre werden unter Ausschluß der Öffentlichkeit abgehalten, die wichtigsten finden nur in engstem Kreis statt. Fast jedes offizielle Schreiben trägt die Aufschrift »geheim«, und im Außenministerium gibt es kaum ein Dokument, das nicht diesen Vermerk hat.

Das Mißtrauen des Großfürsten und seines Staatsapparates ist gegen die eigenen Untertanen genauso groß wie den Fremden gegenüber. Wassili III. (1505–1533) lehnt es sogar ab, die Bojaren und Bischöfe wenigstens pro forma als Berater anzuerkennen und praktiziert den byzantinischen Absolutismus in seiner ganzen Härte.

Im Jahr 1526 tritt der Österreicher Sigismund zu Herberstein seine bereits zweite Gesandtschaftsreise nach Moskau an. Diese delikate diplomatische Mission unternimmt Herberstein im Namen des späteren Kaisers Ferdinand I. aus dem Haus Habsburg, der ihn zugleich beauftragt, ihm seine Beobachtungen und Erkenntnisse in Form eines Berichtes vorzulegen. Der österreichische Diplomat ist der erste Westeuropäer, der eine umfangreiche und sehr detaillierte Analyse des russischen Heeres verfaßt. Hier Auszüge aus seinem Bericht:

»Kriegsordnung: Der Großfürst hält in seinen Provinzen alle drei Jahre Musterung. Dabei werden alle Bojarensöhne aufgeschrieben. So weiß der Herrscher jederzeit, über wie viele Knechte und Pferde er verfügt. Wer immer von den Männern daheim entbehrlich ist, muß Kriegsdienste leisten und hat dann selten Ruhe. Die Russen stehen ja im Felde, gegen Litauen, gegen die Livländer, gegen die Schweden oder Tataren zu Kazan. Selbst in Friedenszeiten liegen an bestimmten Orten des Flusses Tanais oder an der Oka an die zwanzigtausend Mann in Garnison, um die Prekopischen Tataren an Einfällen und Plünderungen zu hindern ...

Das russische Heer hatte bis zu meiner Zeit kein Fußvolk und auch keine Feuerwaffen. Jede kriegerische Bewegung – Angriff, Verfolgung und Flucht – vollziehen sie so hastig und eilig, daß Fußvolk und Geschütze ihnen nur hinderlich wären ...

Die Russen greifen im Kampf immer zuerst mit großer Wucht an, halten dann aber nicht lange stand und tun dann so, als ob sie fliehen wollten. Auch die Städte nehmen sie nur selten im Sturm; diese fallen meist durch Hunger, Verrat und lange Belagerung in ihre Hände. Wassili hat neulich aber die Stadt Smolensk mit den Geschützen beschießen lassen, die er dazu aus Moskau mitgeführt hatte. Teilweise hatte er sie auch erst während der Belagerung gießen lassen. Obwohl er die Stadtmauer leicht erschütterte, konnte er die Stadt doch nicht einnehmen. Bald darauf belagerte er mit viel Volk und großem Nachdruck die Stadt Kazan und ließ die Geschütze auf dem Wasserweg hierher bringen. Auch dieses Unternehmen blieb erfolglos ...

Während meines Aufenthaltes in Moskau lebten hier verschiedene Geschützmeister aus Welschland (Italien). Sie gossen Feldschlangen, Büchsen und Eisenkugeln. In der Schlacht nützen diese Waffen den Russen aber doch nichts, weil sie alle Unternehmungen ohne die nötige Überlegung ausführen. Zudem können sie mit den Geschützen nicht umgehen. Sie wissen nicht, wann man das große Geschütz, mit dem man Mauern bricht, und wann das kleine, das durch seine Kugeln den Feind in Verwirrung setzen soll, anwenden muß ...

Wenn der Russe in die Flucht geschlagen wird, verliert er allen Mut und sucht sein Heil nur noch im raschen Davonlaufen; holt der Feind die Russen ein, dann wehren sie sich nicht und bitten auch nicht um Pardon ...

Das moskowitische Heer schlägt sein Lager immer auf einem weiten, freien Feld auf. Die Vornehmen errichten in der Lagermitte ihre Zelte, das einfache Volk baut Hütten aus Zweigen, bedeckt sie mit Mänteln und bringt dann hierher seine Waffen, vor allem Pfeil und Bogen, und sucht hier auch Schutz vor den Unbilden des Wetters. Die Zelte stehen sehr weit

auseinander, weil dazwischen genügend Platz für die weidenden Pferde sein muß. Wenn der Lagerort nicht durch Wald oder Wasser auf natürliche Weise geschützt ist, umgibt man ihn mit einem Wassergraben oder einer Wagenburg.
Manchmal scheint es fast ein Wunder zu sein, wie lange sie und ihre Knechte ohne Sold auskommen ... Im Kampf verlassen sich die Russen lieber auf ihre zahlenmäßige Stärke als auf ihre Ausrüstung. Sie kämpfen auch lieber aus der Ferne, im Nahkampf haben sie weniger Glück.«

Iwans Schreckensherrschaft

Als Wassili III. 1533 stirbt, ist sein Erbe und Nachfolger Iwan IV., später der Schreckliche genannt, erst drei Jahre alt. In der Öffentlichkeit bringt man dem Knaben Ehrerbietung entgegen, aber unter der Regentschaft seiner Mutter muß er Erniedrigungen und sogar Grausamkeiten erdulden. Sie mögen eine Erklärung für sein späteres Verhalten sein. Bereits als Siebzehnjähriger läßt er sich nach byzantinischem Zeremoniell zum ersten russischen Zaren krönen und in seiner Stellung als weltliches und geistliches Oberhaupt der orthodoxen Christenheit bestätigen. Seine schwere Kindheit hatte Mißtrauen und zügellosen Haß ausgelöst, der sich gegen Fürsten und Bojaren richtet und eine starke Opposition hervorruft.
Ab 1565 beseitigt Iwan der Schreckliche mit Hilfe seiner Leibgarde, der »Opritschniki«, die Geistlichkeit sowie den Hochadel und vernichtet in einer kaum beschreiblichen zwanzigjährigen Terrorherrschaft jeglichen Widerstand. Die »Opritschniki«, Vorläufer der russischen Geheimpolizei, ist bei der Bevölkerung wegen ihrer Greueltaten verhaßt. Dank ihres unbedingten Gehorsams gehen deren Angehörige, Opritschniks genannt, für alle im Dienst begangenen Verbrechen straffrei aus. Ihre eigentliche Aufgabe: Neben der Terrorisierung und Vernichtung aller Oppositionellen nehmen die Opritschniks Säuberungen und Massenumsiedlungen ganzer Landstriche vor.
Die 6000 Mann der Schreckensgarde rekrutieren sich überwiegend aus dem niederen Adel, doch gibt es unter ihnen auch Bojaren und sogar Ausländer. Um schon vom Anblick her Furcht und Entsetzen zu verbreiten, tragen sie schwarze Kleidung und schwarze Hüte, sie reiten auf schwarzen Pferden und haben ihre Embleme, Hundekopf und Besen, an Sättel und Köchern befestigt: Symbole ihrer Schnüffel- und Aufräumungsarbeit.
Die Opritschniks erhalten aus den autonomen Gebieten Landbesitz und Leibeigene zugesprochen. So geraten ganze Landstriche und Städte unter ihre Kontrolle. Bald besitzen sie etwa die Hälfte der Provinz Moskowien. Sogar ein Teil der Stadt Moskau wird den Opritschniks übergeben. Innerhalb dieser Enklave läßt Iwan der Schreckliche sich eigens einen neuen Palast bauen, in den er jetzt vom Kreml umsiedelt.

Iwan IV., der Schreckliche (1533–1584), Zar von Rußland, der Adel und Geistlichkeit grausam verfolgen läßt

Das blutigste Massaker der Opritschniki läßt Iwan Anfang 1570 durchführen, nachdem ihm ein fragwürdiger Spion berichtet hat, Nowgorod wolle sich von Rußland lösen und Polen-Litauen anschließen. Zehntausende von Einwohnern dieser zweitgrößten Stadt des Landes werden in einem fünf Wochen dauernden Gemetzel getötet. Selbst Kinder und Frauen bleiben von seiner Rache nicht verschont. Die Leichen wirft man in den Wolchow, danach werden die Stadt und alle Ortschaften in der Umgebung niedergebrannt. Der Klerus ist das besondere Ziel der Opritschniks; sie bringen fast alle Geistlichen um und plündern die Klöster. Unter den vielen Opfern befindet sich auch der greise Erzbischof Leonid, der auf Zarenbefehl in ein Bärenfell eingenäht und dann von Jagdhunden zu Tode gehetzt wird.
Um 1572 löst der Zar die »Opritschniki« auf, er scheint sich allmählich selber vor ihrem Terror zu fürchten.
Unter Iwan IV. wird die Moskauer Postzentrale Jamskaja Izba in ein Ministerium umgewandelt und eine strenge geheime Postzensur eingeführt, der jede Korrespondenz mit dem Ausland unterliegt. In bewährter Weise schüren die Herrscher Rußlands bei ihren Untertanen ein tiefes Mißtrauen gegenüber Ausländern und alles, was aus dem Ausland kommt, wie ja auch nach wie vor jeder Fremde allgegenwärtig überwacht wird.
Nach dem Tod von Iwan IV. übernimmt 1584 sein Sohn Feodor I. die Nachfolge, für den der gewandte

und äußerst intelligente Minister Boris Godunow – später als »Richelieu Rußlands« bezeichnet – die Regierungsgeschäfte führt. Der schwachsinnige Feodor hat keine Kinder, sondern als möglichen Thronerben nur seinen jüngeren Bruder Dimitri. Es heißt, der ehrgeizige Boris Godunow habe ihn 1591 ermorden lassen, um nach dem Tod von Feodor dessen Nachfolge als Zar anzutreten, was ihm 1598 tatsächlich gelingt.
Nach dreijährigen Mißernten und einer verheerenden Hungersnot läßt 1604 ein Ereignis die Menschen aufhorchen: Ein verwegener Abenteurer behauptet, er sei der 1591 dem Mordanschlag entkommene Zarewitsch Dimitri. In Krakau findet er Unterstützung durch die Kirche und den Polenkönig Sigismund.
Bald jedoch ermittelt Simon Godunow, Chef der Geheimpolizei und Vetter des Zaren Boris, daß es sich bei dem angeblichen Dimitri um den aus einem Kloster geflüchteten griechischen Mönch namens Grigori Optrepjew handelt. Diese Enthüllung kann allerdings nicht verhindern, daß die Menschen dem vermeintlichen Zarewitsch Glauben schenken und ihm den rechtmäßigen Anspruch auf den Zarenthron zubilligen. Aber die Herrschaft des neuen Zaren Dimitri ist nur von kurzer Dauer. Noch vor Ablauf eines Jahres wird er von einer aufgehetzten Volksmenge erschlagen, seine Leiche verbrannt und die Asche aus einer Kanone in Richtung Polen gefeuert, von wo er gekommen ist.
Mit dem 17jährigen Michail Feodorowitsch, dem ersten Zaren aus dem Haus Romanow, übernimmt 1613 eine neue Dynastie den russischen Thron, die 300 Jahre lang regiert. Zar Michail sichert durch Friedensverträge mit Polen und Schweden die Grenzen Rußlands und befaßt sich dann mit inneren Reformen. Dabei entschließt er sich auch, einige sorgfältige ausgewählte ausländische Experten an den Zarenhof zu rufen, die ihn rechtzeitig über geplante Verschwörungen informieren sollen. Einer von ihnen ist Arthur Dee, Sohn des Astrologen der Königin Elisabeth, der zu den besten Geheimagenten von Sir Walsingham zählt. Offiziell wird Dee als Arzt und medizinischer Berater des Zaren eingeführt, dem er sogar Horoskope stellt. Dee steht durch Sonderkuriere – meist russische Kaufleute – mit dem Secret Service in ständiger Verbindung und hält somit die englische Regierung über die wichtigsten Ereignisse in Moskau auf dem laufenden.

Das Geheimbüro in Moskau

Unter Zar Alexei Michailowitsch, der Michail 1645 auf den Thron folgt, gilt es als schweres Verbrechen, wenn jemand nicht denunziert. In einer neuen Gesetzgebung unterscheidet man erstmals zwischen politischen Vergehen und zivilen Straftaten. Dies zieht ganz automatisch die Entfaltung einer politischen Polizei nach sich. Von jetzt an wird jedes geplante Attentat, jede Verratsabsicht oder Anstiftung von

Für politische Vergehen: die große Knutenstrafe

Unruhen, ja sogar das Unterlassen der Meldung eines entdeckten Verrats oder einer geplanten Verschwörung in jedem Fall mit der Todesstrafe und Beschlagnahme des Besitzes geahndet. Alle Untertanen, besonders auch die Leibeigenen, sind verpflichtet, selbst kleinste Straftaten ihrer Herren anzuzeigen.
Dafür gibt es eine besondere Form, die ein Informant beim Denunzieren zu wahren hat: Er muß auf einem öffentlichen Platz laut »Des Herrschers Wort und Tat!« rufen. Ein herbeieilender Spitzel nimmt den Fall auf und verständigt die zuständigen Behörden, die dann sofort mit den Nachforschungen beginnen. Für die Ermittlung und Bestrafung von politischen Vergehen sind Untersuchungskommissionen zuständig. Sie bestehen meist aus zwei bis drei Beamten, die bevollmächtigt sind, alle Delinquenten nach Gutdünken zu verhören; die Folter ist dabei ein beliebtes Hilfsmittel. Ernstere Vorgänge wie zum Beispiel der große Kosakenaufstand von 1670–71 werden vom Rat der Bojaren direkt untersucht.
Neben diesen zahlreichen Kommissionen, die sich mit der Verfolgung unliebsamer politischer Aktivitäten beschäftigen, wird im Jahr 1650 auch noch das Geheimbüro (Tajnij Prikaz) gegründet, in dessen Rahmen sich die politische Geheimpolizei des Zaren organisiert. Zu den Aufgaben des Büros gehören unter anderem: Infiltration ausländischer Botschaften in Moskau und die Überwachung russischer Botschafter im Ausland. Die dafür vorgesehenen Agenten akzeptieren aber häufig hohe Bestechungs- und Schweigegelder von denen, die sie beschatten sollen.

Nach dem Tod des Zaren Alexei wird das Büro für geheime Angelegenheiten 1676 wieder aufgelöst.
Der bereits 1663 errichtete russische Auslands-Postdienst dient vor allem zur Beschaffung von Geheiminformationen. Alle Briefe gehen zuerst zum Moskauer Außenministerium, und es wird eigenartigerweise keinerlei Versuch unternommen, die Tatsache zu verheimlichen, daß man Briefe öffnet und sie von Spezialagenten lesen läßt. Wichtige Informationen werden von der Zensurstelle an den Zaren weitergeleitet.
Trotz aller Vorsichtsmaßnahmen glückt es Ausländern immer wieder, einflußreiche Posten im Zarenreich zu erlangen und Staatsgeheimnisse in Erfahrung zu bringen. So liegt der gesamte Handel in Archangelsk in den Händen von Niederländern und Deutschen. Mancher Ausländer ist Mitglied der Handelskammer, die aus besonders privilegierten Kaufleuten besteht, von denen nicht wenige als Agenten tätig sind. Auf diese Weise ist zum Beispiel England recht gut darüber informiert, was sich in Rußland abspielt.
Der seit 1689 regierende neue Herrscher Peter I. ist davon überzeugt, daß der Aufstieg Rußlands zur Weltmacht davon abhängt, ob sich das Land dem Westen öffnet. 1697 begibt sich der junge Monarch inkognito auf eine Reise ins Ausland, die erste, die bisher ein russischer Zar unternommen hat. Als Spion in eigener Sache besucht er Preußen, die Niederlande, England und Österreich. Das Ziel dieser Reise: die technischen, wissenschaftlichen und kulturellen Errungenschaften des Westens kennenzulernen und sie seiner Heimat nutzbar zu machen.
Peter der Große unterhält in den Hauptstädten Westeuropas eine Reihe hochdotierter Agenten, die eifrig Wirtschaftsspionage betreiben. Einer der wichtigsten heißt Johann Reinhold von Patkul, ein geborener Livländer. Er zählt zu den erfolgreichsten Geheimagenten und Reisediplomaten seiner Zeit.

Ein Agent inszeniert den Nordischen Krieg

Johann Reinhold von Patkul entstammt einer alten Familie Livlands, dem Land zwischen Riga und Dorpat. Sein Vater, livländischer Landrat und schwedischer Major, wird nach Übergabe der Festung Wolmar an die Polen 1657 des Hochverrats bezichtigt und in ein Stockholmer Gefängnis gesperrt. Seine Frau, die freiwillig das Schicksal mit Patkul teilt, schenkt ihm 1660 einen Sohn, der den Namen Johann Reinhold erhält. Wie er aufwuchs und wo er ausgebildet wurde, ist unbekannt. Fest steht nur, daß er sich umfassende juristische Kenntnisse unter anderem an der 1665 gegründeten Universität Kiel erworben hat. Schon sehr jung tritt Patkul in schwedische Kriegsdienste. 1680 geht er nach Livland und übernimmt die Verwaltung der ihm als Erbe zugefallenen Güter. Zu dieser Zeit erfolgt in dem von Schweden besetzten Livland die »Reduktion«, also Einziehung jener Besitzungen, die wirklich oder angeblich einmal dem Staat gehört haben. Dabei verliert der livländische Adel mit einem Schlag fast seinen gesamten Grund und Boden. In dem bisher wohlhabenden Land bricht jetzt die Not aus.
Die Betroffenen versuchen zwar, das ihnen widerfahrene Unrecht rückgängig zu machen, aber es ist ein gewagtes Unterfangen. 1690 geht Hauptmann von Patkul als Mitglied einer livländischen Delegation nach Stockholm. In einer längeren Audienz tritt er mit solcher Zivilcourage für die Belange seines Landes ein, daß Karl XI. wenigstens zusagt, der Angelegenheit »ein willig Ohr zu verleihen«.
Eine spätere Bittschrift soll auf den Schwedenkönig

Riga um 1700, zur Zeit des Johann Reinhold von Patkul

und seine Umgebung den Eindruck gemacht haben, als ob »die Stimme des Aufruhrs sich in der Ferne vernehmen ließe«. Der König ordnet daraufhin an, die livländischen Landräte zu verhaften und vor Gericht zu stellen. Nun beginnt für Patkul das große Abenteuer: Er flieht und taucht in Kurland unter.
Am 12. Dezember 1694 werden die Landräte als Rebellen und Majestätsverbrecher zum Tod verurteilt. Patkuls Strafe wird sogar noch verschärft: Er soll mit dem Verlust seiner Ehre, seiner Güter und seiner rechten Hand büßen, bevor er hingerichtet wird.
Jahrelange Bemühungen um Amnestie bleiben erfolglos: Karl XI. hat zwar noch auf seinem Sterbebett die Landräte begnadigt, aber bei Patkul bleibt er unerbittlich, ebenso sein Sohn Karl XII. Dies treibt Patkul in das Lager von Schwedens Feinden.
In dieser Zeit machen sich auf der politischen Weltbühne Anzeichen großer Veränderungen bemerkbar: Drei jugendliche Herrscher, jeder auf seine Art von Ehrgeiz und Tatendrang getrieben, treten in das Rampenlicht der Geschichte: August II., der Starke, Kurfürst von Sachsen und König von Polen (1697–1733), der Schwedenkönig Karl XII. (1697–1718) und Zar Peter I., der Große (1689–1725), von Rußland. Patkul wird von jetzt an in der europäischen Geheimdiplomatie eine maßgebende Rolle spielen.
Im Oktober 1698 läßt August der Starke Patkul vorschlagen, nach Polen zu kommen. Der König und sein Berater Graf Flemming zeigen ein besonderes Interesse daran, Patkul für ihre Dienste zu gewinnen: Der Repräsentant der livländischen Opposition ist in jedem Fall eine Trumpfkarte gegenüber Schweden.
Im Januar 1699 wird Patkul in Grodno von König August empfangen. In einer fast zweistündigen Audienz trägt er seine Denkschrift »Allerunterthänigste Memoriale« vor und erläutert dann ausführlich, wie man Schweden besiegen könne. Sein Vorschlag, durch eine Operation gegen Riga den Schweden Livland zu entreißen, zeigt Patkuls fundiertes Wissen um die politischen Verhältnisse Europas auch hinter den Kulissen: Dänemark sei am leichtesten für einen Waffengang zu interessieren, da es die Vormachtstellung Schwedens schon lange verwünsche; doch bestünde für Dänemark die Gefahr, daß es durch seine exponierte Lage schnell ausgeschaltet werden könnte. Brandenburgs Neutralität müsse zu erreichen sein, wenn man den Kurfürsten in seinem Bestreben unterstütze, den Königstitel zu erlangen. Am meisten käme es allerdings auf den Zaren an, und die wichtigste Voraussetzung für sein Eingreifen sei ein Friedensschluß mit der Türkei. Man solle den Zaren überreden, die Missionierungsbestrebungen des Papstes in China zu unterstützen, dann würde dieser sicher den Kaiser und auch Venedig dazu bringen, in Konstantinopel auf einen günstigen Frieden zwischen Rußland und der Türkei einzuwirken.
Ein Bündnis mit dem Zaren sei freilich auch gefährlich. Man müsse sich vorsehen, daß er den anderen

Zar Peter I., der Große (1689–1725), unter dessen Herrschaft sich Rußland zur Großmacht entwickelt

nicht Livland vor der Nase wegschnappe und schon vorher festlegen, welchen Anteil er bekommen solle. Wichtig sei vor allem, ihm die Illusion auszureden, seine Vorfahren hätten bereits ein Anrecht auf Livland gehabt. Schon wenn der Zar Narwa bekäme, würde er mit der Zeit ganz Est- und Livland unterwerfen. Sollte der Zar aber Narwa doch erobern, dann sei es ratsam, England, die Niederlande, Brandenburg und Dänemark dafür zu gewinnen, durch einen Schiedsspruch einzugreifen. Die eingehenden Erwägungen darüber, wie man die Ausdehnung der zaristischen Ansprüche verhindern könne, zeigen, wie groß die Besorgnis Patkuls in diesem Punkt ist.
Um allen Schwierigkeiten aus dem Weg zu gehen und langwierige Beratungen zu vermeiden, sei ein überraschender und entscheidender Schritt erforderlich: Niemand dürfe eingeweiht und keine feierliche Kriegserklärung abgegeben werden, sondern die Festung Riga müsse man im Handstreich nehmen. Durch einen solchen Schlag sei viel auf einmal erreicht: Ansehen und Kredit Augusts stiegen in der ganzen Welt, und den Alliierten würde Mut eingeflößt. In jedem Fall biete ein solches Unternehmen viele Möglichkeiten. Patkul erläutert nun detailliert seine Vorschläge für den Überfall, wobei er als ehemaliger schwedischer Offizier eindeutig Landesverrat begeht. Er gibt Einzelheiten der Festungsanlagen von Riga preis und nennt alle schwachen Punkte.
Zuletzt empfiehlt Patkul, mit den livländischen Ständen einen durch Geheimartikel ergänzten Privilegienvertrag zu schließen, der sie als »Deutsche Nation« an die Seite Augusts stellen würde. Er versucht auch, dem König zu verdeutlichen, daß er sich durch eine erfolgreiche Aktion in Livland auf geschickte Weise auch in Polen ein höheres Ansehen verschaffen könne.
August der Starke ist von Patkuls Vorschlägen fasziniert. Ihm wird – vorläufig noch ohne ein Amt – die selbständige Leitung der vorzubereitenden Aktion übertragen. Bereits am 3. Januar 1699 ergeht der Befehl an die sächsischen Truppen, Winterquartiere

bei Polangen nördlich von Memel zu beziehen. Damit kommt ein historisches Ereignis ins Rollen, das als »Nordischer Krieg« in die Geschichte eingehen wird. Es dürfte einmalig sein, daß vier Mächte auf den Rat eines Mannes zu den Waffen greifen, der sozusagen als Agent in eigener Sache tätig ist.
Mitte Februar reist Patkul heimlich nach Riga, um beim Adel und bei der Bürgerschaft für die Rebellion gegen Schweden zu werben. Er hat noch viele Anhänger in Livland, und die Unzufriedenheit ist im Lauf der Jahre vermutlich gestiegen.
Von Patkuls Verhandlungen ist eine Instruktion erhalten geblieben, ausgestellt »bey Riga« am 28. Februar 1699, die ihn, der nicht namentlich genannt wird, für den Abschluß einer Kapitulation mit dem König von Polen bevollmächtigt. Patkul reist im März von Mitau nach Warschau zurück, übergibt dort am 7. April 1699 dem König seine neu ausgearbeitete Denkschrift und hält sich im Mai 1699 unter dem Decknamen Wallendorf zu Sondierungen in Kopenhagen auf.
König Christian V. zeigt sich anfangs reserviert, obgleich die Haltung Schwedens für ihn immer bedrohlicher geworden ist. Eine entscheidende Verschärfung der Lage tritt im Juli 1699 ein, als schwedische Truppen in Holstein einrücken. Weitere Schritte geschehen jetzt am polnischen Hof: Am 8. August 1699 trifft sich Augusts Berater Graf Flemming mit wenigen Eingeweihten zu einer geheimen Konferenz, auf der über die Operation gegen Riga beraten wird.
Man beschließt, Generalmajor Georg Karl von Carlowitz in Begleitung eines Livländers möglichst schnell nach Moskau zu schicken, um den Zaren zu bewegen, zeitlich abgestimmt in Ingermanland und Karelien einzufallen. Als Termin ist Ende Dezember oder Anfang Januar 1700 geplant. Carlowitz genießt die besondere Gunst des Zaren. Sein Begleiter soll Patkul sein, der seit Ende August offiziell im Dienst von August dem Starken steht.
Inzwischen kommen auch die dänisch-russischen Verhandlungen zum Abschluß: Am 24. August 1699, drei Tage nach dem Tod von König Christian V., wird in Moskau ein dänisch-russischer Defensiv- und Offensiv-Pakt unterzeichnet. Ende September 1699 schließt Christians Sohn und Nachfolger Friedrich IV. ein Bündnis mit August dem Starken gegen Schweden, in dem auch der Termin – Januar oder Februar 1700 – für den Einfall in Livland vertraglich fixiert wird. Allerdings soll alles von der Beteiligung Rußlands abhängen.
Patkul führt dem Zaren in einer Denkschrift vom 5. Oktober 1699 alle Vorteile vor Augen, die ihm durch das Eingreifen an der Seite von König August erwachsen würden. Auch diese Schrift ist ein bemerkenswertes Zeugnis für die politische Weitsicht des livländischen Geheimagenten. Peter werde, wenn er an der Ostsee Fuß fasse, mehr Einfluß in Europa haben und dank einer stolzen Flotte die dritte Macht in der Ostsee bilden.
Als spätesten Termin zum Einmarsch in Ingermanland und Karelien nennt der Zar den April 1700. So wird am 11. November 1699 in Preobrazensk der Pakt zwischen Zar Peter und König August geschlossen. Noch im selben Monat läßt August 7000 Mann seiner sächsischen Truppen an die kurländische Grenze verlegen.

König Karl XII. von Schweden (1697–1718) verliert die Vormachtstellung im Ostseeraum an Rußland

Der erste Versuch, Riga zu überrumpeln, erfolgt schon um die Weihnachtszeit 1699: Einige hundert sächsische Soldaten sollen als lettische Bauern verkleidet auf Schlitten die fest gefrorene Düna überqueren, sich unauffällig der Stadt nähern und die Torwachen überwältigen. Das Unternehmen muß jedoch unterwegs abgebrochen werden, weil bei der strengen Kälte zahlreichen Soldaten Hände und Füße erfroren sind. Zu den Befehlshabern dieses Unternehmens gehören Generalleutnant Flemming, Generalmajor Carlowitz und – jetzt im Rang eines Obristen – Patkul.
Mitte Januar 1700 erfährt der schwedische Generalgouverneur in Riga, Eric Dahlbergh, von dem mißglückten Anschlag. Dahlbergh sieht seinen längst gehegten Verdacht bestätigt und richtet die Stadt zur Verteidigung ein: Die Wachen werden verdoppelt, die Bestückung der Festung zur Landseite hin verstärkt, die Bürgerschaft mobilisiert und die Grenzen durch Kavallerie gesichert.
Trotz allem beginnt der Angriff in der Nacht vom 11./12. Februar 1700 als erneuter Überrumpelungsversuch, diesmal mit Hilfe von großen, strohgedeckten Frachtschlitten. Der Coup scheitert jedoch an der Aufmerksamkeit schwedischer Vorposten. Es bleibt nun nichts anderes übrig, als mit unzureichenden Mitteln eine Belagerung zu beginnen. Dahlbergh verteidigt sich zäh, und nach monatelanger Belagerung wird Riga im Mai durch finnische Truppen entsetzt.
Dem livländischen Adel bleibt daraufhin keine andere Wahl, als sich in einer Erklärung gegen Patkul zu wenden, in der sie jede Beteiligung an dessen verräterischem Anschlag zurückweisen. Selbst Patkuls Mutter muß ihn verleugnen.
Im Gegenzug dringt nun Karl XII. in Polen ein und marschiert mit seinem Heer in Richtung Warschau und Krakau. Dadurch wird die Stellung August des

Starken in Polen äußerst kritisch. Auch der Boden, auf dem Patkul sich bewegt, gerät ins Wanken, und er entschließt sich, seine Fähigkeiten dem Zaren anzubieten. Peter der Große greift sofort zu und läßt Patkul im Herbst 1701 zum Eintritt in seine Dienste auffordern. Patkul reagiert – wie immer – schnell: Er ist über die Bemühungen des Zaren um ein Bündnis mit Frankreich unterrichtet und will – sozusagen als Morgengabe – die Anbahnung diplomatischer Kontakte zwischen Rußland und Frankreich mit nach Moskau bringen. Aufgrund seiner Verbindungen gelingt es ihm bereits im Februar 1702, daß ein französischer Sonderbeauftragter namens Baluze nach Moskau entsandt wird.

Nun reist Patkul über Kiew nach Moskau, wo er Ende März 1702 eintrifft. Mit dem Titel eines Generalleutnants und Geheimrats nimmt er den russischen Dienst auf. Schon nach kurzer Zeit legt Patkul dem Zaren Pläne für eine Reorganisation der russischen Armee vor. Sein Vorschlag, alle Kavallerieabteilungen in Dragonerregimenter umzuwandeln, wird später tatsächlich realisiert.

Im Mai 1702 begibt sich Patkul als russischer Gesandter nach Warschau, um gemeinsam Operationen gegen Schweden anzubahnen. Das Vordringen von Karl XII. zwingt ihn jedoch, wieder abzureisen. Ende Juni 1702 hat er in Krakau Gelegenheit, sich über den wenig erfolgverheißenden Zustand der polnisch-sächsischen Armee zu informieren, und am 8. Juli erlebt er im Gefolge von König August dessen verhängnisvolle Niederlage bei Kletschow, die zur Eroberung von Krakau durch Karl XII. führt.

Bald ernennt der Zar Patkul zum ersten Gesandten, praktisch zum ersten Mann der russischen Diplomatie. Durch den Abschluß eines Schutz- und Trutzbündnisses mit König August gelingt Patkul am 12. Oktober 1703 ein bedeutender politischer Schritt. Von jetzt an zählt er zu den Vertrauten des Königs, dem er Hilfstruppen vom Zaren sowie große Summen an Subsidien zuführt, die August allerdings mit polnischen Schönen vergeudet.

Im September 1704 beteiligt sich Patkul mit einem russischen Korps an der Belagerung und Rückgewinnung von Warschau. Auch Posen zu entsetzen, mißlingt wegen der mangelhaften Unterstützung durch den König. Bald muß Patkul mit seinem russischen Hilfskorps, genauso wie die sächsischen Truppen, vor den Schweden weichen und Polen räumen. Da nun die Gefahr eines schwedischen Einfalls in das Kurfürstentum Sachsen droht, wird eine Reorganisation der zerrütteten sächsischen Militärmacht dringend erforderlich.

Zur Kräftigung der Allianz bemüht sich Patkul, neue Bundesgenossen zu gewinnen. Bei wiederholten Besuchen in Berlin versucht er, eine engere Verbindung mit dem neuerrichteten Königreich Preußen zu schaffen, dem er finanzielle Vorteile und Erweiterung seiner Grenzen auf Kosten Polens in Aussicht stellt.

In diesem Jahr erreicht Patkuls Ansehen und die Bedeutung seiner politischen Rolle ihren Höhepunkt. Hier einen der Geheimberichte, den er aus der sächsischen Hauptstadt an Peter den Großen übermittelt:

»Dresden, 2. April 1704
Allerdurchlauchtigster, Großmächtigster Zaar,
Allergnädigster Herr,
Eurer Zaarischen Mayestät allergnädigstes Schreiben vom 28. Januar neben der dabei gefügten Order aus der Kanzlei habe ich wohl erhalten ...

Außerdem ist nicht zu beschreiben, wie sehr die Feinde E.Z.M. sich bemühen, aller Welt zu erklären, daß die Türkei mit E.Z.M. brechen wird, einig darum, daß diejenigen Höfe, welche einige gute Intention für die gemeinsame Sache haben möchten, dadurch abgeschreckt werden; zumal man glaubt, daß in solchem Fall E.Z.M. nicht die Möglichkeit haben wird, mit nötigen Kräften gegen Schweden einzuschreiten. Ich habe, um das zu kontern, entgegenlautende Nachrichten an allen Höfen verbreitet und auch in den Gazetten zu Hamburg, Leipzig und anderen Orten setzen lassen, um Verbreitung solcher Informationen zu hindern ...

Man hat eine neue Konstruktion von Handmörsern entwickelt, um die Handgranate besser bedienen zu können, was von außerordentlichem Nutzen ist, insbesondere bei Attacken der Festungen. Wann es zur Perfection gebracht, werde ich es mit den Artillerie Offizieren, die ich noch erwarte, an E.Z.M. übersenden.

Zu Berlin ist der schwedische Sondergesandte eingetroffen, hat aber noch keine Audienz erlangt, weil man sich über das Zeremonial noch nicht einigen kann. Worüber sein Anbringen besteht, kann man zur Zeit noch nicht erfahren, ich bemühe mich dies in Erfahrung zu bringen und haben jemanden bestellt, der die Entwicklung verfolgt ...

Ich will also für diesmal damit schließen, und in Erwartung ferneren allergnädigsten Befehls, mich

General Johann Reinhold von Patkul (1660–1707) als Abgesandter des Zaren in Warschau

Joh. Reinhold von Patkul's,

ehmaligen Zaarischen General Lieutenants und wirklichen Geheimen Rathes

Berichte

an

das Zaarische Cabinet in Moscau,

von

seinem Gesandtschafts-Posten

bey

August II. Könige von Polen;

nebst

Erklärung der chiffrirten Briefe, erläuternden Anmerkungen, Nachrichten von seinem Leben und andern hieher gehörigen Betrachtungen.

Dritter und letzter Theil,

welcher den Beschluß der Beyträge zu Patkul's Lebensgeschichte, nebst einem Anhang von des Chursächsischen General-Lieutenant D. A. von Paykul's Schicksalen enthält.

Berlin, 1797

In Karl Matzdorffs Buchhandlung.

Titelseite einer 1797 veröffentlichten Sammlung von Patkuls Berichten, die er vor seiner Mission nach Moskau sandte

zur E.Z.M. hohen Gnade allerdemütigst empfehlender, zeitlebens in unveränderlicher Treue und Devotation verharrend

Eurer Zaarischen Mayestät, Meines allergnädigsten Herrn

allerdemütigst ergebener
und getreuer Diener
J. R. Patkul

P.S. Ich muß E.Z.M. unumgänglich vortragen, wie hochnöthig und allerdings unentbehrlich es sei, rechte und gute Correspondenten (geheime Informanten) an allen Höfen, vor allem zu Wien, Berlin, Leipzig, Hamburg und Copenhagen, ja sogar zu Stockholm zu haben, damit man zeitig wisse, was passirt, und zeitig seine Überlegungen demnach unternehmen könne. Und dazu gehören Leute, welche die Sachen verstehen, an diesen Orte innen und aussen alle Leute kennen und zuverlässige Kundschafter haben. Ich E.Z.M. versichere, daß ohne dem nicht fortzukommen ist, in den politischen Massnamen richtige Entscheidungen zu treffen.«

Trotz Patkuls noch immer starken politischen Einflusses will König August mit Schweden Frieden schließen. Das bedeutet, daß sowohl die Interessen des Zaren als auch die Sicherheit von Patkul in größter Gefahr sind, und der gewiefte Diplomat hofft, mit einem Schachzug dem Sachsen zuvorzukommen: Er versucht, den Zaren und Karl XII. in einem Separatfrieden zu versöhnen und beim Schwedenkönig für sich eine Amnestie zu erwirken. Doch Patkuls Informationen an den Zaren werden vom sächsischen Geheimbüro abgefangen.

Das russische Hilfskorps hatte nach seinem Rückzug aus Polen in der Oberlausitz Quartier bezogen, wird aber von den Sachsen so ungenügend versorgt, daß Patkul den russischen Großkanzler Golowin verständigt. Er erhält die Order, falls eine Rückführung der Hilfstruppen zu schwierig sei, sie dem Kaiser in Wien zur Verfügung zu stellen, was Patkul schließlich auch tut.

Diese Gelegenheit nutzen seine Widersacher, um den verhaßten Günstling in Abwesenheit Augusts zu Fall zu bringen. Wegen angeblicher Kompetenzüberschreitung – seine Truppen waren dem Sachsen unterstellt – wird Patkul unter Nichtachtung seiner diplomatischen Immunität verhaftet und am 19. Dezember 1705 auf die Festung Sonnenstein gebracht.

August der Starke begrüßt möglicherweise insgeheim den Abschluß von Patkuls Laufbahn, und der Zar, vermutlich mangelhaft unterrichtet, reagiert unentschlossen. Doch der Schwedenkönig, der bald darauf in Sachsen einrückt und August 1706 zum Frieden zwingt, hat Patkul nicht vergessen: In Artikel 11 des Friedensbeschlusses von Altranstädt verlangt er die Auslieferung des Livländers Johann Reinhold von Patkul. August II. stimmt dem zwar zu, befiehlt aber in einer geheimen Weisung dem Festungskommandanten von Sonnenstein, Patkul entkommen zu lassen.

Der Kommandant jedoch zögert die Freilassung so lange hinaus, bis ein schwedisches Kommando in der Festung eintrifft und Patkul am 7. April 1707 nachts in Ketten abführt. Als der Zar davon erfährt, beklagt er sich mit heftigen Worten in einem Schreiben an König August und an den Kaiser in Wien über das seinem Gesandten angetane Unrecht – zu spät.

Hier der Bericht eines Augenzeugen: »Kurze Beschreibung der merk- und denkwürdigen Execution des tapferen und weltbekannten General Patkuls, wie selbiger den 30. September 1707 zu Casimir in Pohlen erbärmlich hingerichtet wurde …

Diesem zufolge, trat der Scharfrichter hinzu, und sagte zu dem Verurtheilten: ›Verzeihet mir, gnädiger

So stirbt von Patkul: Rädern – eine Strafe, zu der sonst nur Schwerverbrecher wie Mörder und Brandstifter verurteilt werden

Herr.‹ Dieser antwortete: ›Ey was, gnädiger Herr, macht nur fein bald‹; und hiermit gab er ihm ein Papier, darinne einige Dukaten gewickelt waren. Darauf legte er sich zwischen die 4 Pflöcke nieder, daran er fest gebunden wurde. Vorher aber zog Ihm der Scharfrichter die Kleidung ganz ab, bis auf das Hemde, und band Ihn mit Hand und Füßen an vorgedachte Pflöcker sehr feste.
Unter währender Zeit betete Er, mit dem Prediger immerfort fleißig. Als Ihm nun der Scharfrichter erstlich den rechten Arm entzwey schlug, welchen er kaum mit drey Schlägen entzwey kriegen konnte, schrie er zwar etwas, rief aber dennoch allezeit den Namen Jesus an, bis beyde Arme und Beine mit dem Rade entzwey geschlagen waren. Weil nun der Scharfrichter vergessen hatte, Ihm auf die Brust zu schlagen, so rief ihm der Hauptmann Waldau selbst zu, daß er es noch thun sollte. Worauf der arme Sünder über den Kopf nach dem Hauptmann sahe, und rief: ›Liebster, Kopf ab, Kopf ab!‹ welches auch der Hauptmann dem Scharfrichter befahl, solches auf das geschwindeste zu verrichten. Indem Ihn nun der Scharfrichter auf den Bauch legen wollte, so half Er sich mit solchen Kräften selber, daß es nicht ohne Verwunderung anzusehen war, zog sich auch selber nach dem Klotz, auf welchen Er den Kopf ganz willig legte, und Ihm denselben mit einem Beil abhauen ließe. Es that aber der Scharfrichter drey Hiebe, ehe er den Hals abkriegen konnte.
Worauf er den entseelten Leib aufschnitte, und das Herz und Eingeweyde, welches allesammt sehr fett war, herausgenommen wurde. Folgends wurde Er in vier Theile gehauen, und auf vier Räder geleget, welche in einer Reihe stunden, der Kopf aber wurde auf einen Pfahl absonderlich geschlagen; worauf der Scharfrichter von dem Hauptmann um Erlaubnis bathe, das Fett mitzunehmen, welcher er aber nicht zugeben wollte, sondern befahl, selbiges zu begraben.
Dieses ist der Verlauf der ganzen Execution, und hat man nicht das geringste gemerket, daß sich dieser unglückseelige General vor dem Tode gefürchtet, sondern Er ist andächtig und gottesfürchtig gestorben, welches ein großes Mitleiden bey denen Anwesenden erweckte.«
Am 10. September 1721 endet der Nordische Krieg, den Patkul mit verursacht hat. Im Frieden von Nystad muß Schweden Livland, Estland, Ingermanland sowie die Gebiete von Kexholm und Wiborg an den Zaren abtreten. Damit übernimmt Rußland die einst von Gustav Adolf erworbene Großmachtstellung in Europa: Es ist der erste Schritt zur Weltmacht.

Geheime Briefüberwachung

»Eine der Grundregeln, um hinter die wahren Absichten der Regierungen zu kommen,« – notierte der venezianische Diplomat Segredo, »ist das regelmäßige Lesen ihrer Korrespondenz. Man soll dies natürlich äußerst diskret tun – aber den Vorteil, den man dadurch hat, kann selbst ein Dutzend exzellenter Spione nicht erzielen.« In der Tat, zu den allerwichtigsten Mitteln der geheimen Nachrichtenbeschaffung gehörte im 17. Jahrhundert das regelmäßige Abfangen und Entziffern von Post.

Codebrecher in Paris und London

Einer der berühmtesten Geheimschriftexperten dieser Zeit ist Antoine Rossignol. Der im Jahr 1600 geborene Franzose entstammt einem bekannten Adelsgeschlecht aus der südfranzösischen Stadt Albi. Rossignol macht bereits in jungen Jahren als Entzifferer von sich reden.

Während der Hugenottenkriege belagern 1628 die Truppen des Prinzen von Condé die Stadt Realmont, ein Bollwerk der Hugenotten. Die Aufforderung der Belagerer, ihre Waffen niederzulegen, lehnen die Verteidiger ab, denn sie seien gut ausgerüstet und versorgt. Noch am selben Tag wird ein Mann bei dem Versuch ertappt, eine Meldung aus der Stadt durch die Linien der Belagerer zu schmuggeln. Die anscheinend wichtige Nachricht ist jedoch verschlüsselt, und der Prinz kann nichts mit ihr anfangen.

Es bleibt ihm nur die Möglichkeit, den Experten Rossignol aus dem nicht ganz 20 Kilometer entfernt liegenden Albi holen zu lassen. Tatsächlich gelingt es dem jungen Mann, innerhalb kurzer Zeit das recht komplizierte Kryptogramm zu entziffern. Zu seiner Verblüffung erfährt der Prinz, daß die eingeschlossenen Hugenotten keine Munition und kaum noch Verpflegung haben. Der Bote sollte die englischen Truppen um sofortigen Entsatz bitten. Nachdem der Prinz das abgefangene und entzifferte Schreiben in die Stadt zurückgeschickt hat, ergibt sich der Kommandant von Realmont mit seiner Besatzung.

Einige Zeit später wird La Rochelle, ebenfalls ein Stützpunkt der Hugenotten, von Richelieus Truppen belagert. Auch hier fängt man eine chiffrierte Botschaft ab, die Rossignol entziffern muß. Sie enthüllt die Tatsache, daß die Hafenstadt Hilfe von den Engländern erwartet. So können sich die Regierungstruppen darauf einstellen und die englischen Nachschubschiffe entweder vernichten oder noch vor Erreichen der Küste kapern. La Rochelle kapituliert.

Unter Ludwig XIII. und Ludwig XIV. wird Rossignol zum hochgeschätzten Kryptologen am französischen Hof. Er steht im Dienst von Kardinal Richelieu sowie dessen Nachfolger Mazarin und hat sein Arbeitszimmer direkt neben den königlichen Gemächern.

Der brillante Entzifferer bemüht sich zugleich, eine einbruchsichere Verschlüsselungsmethode zu erfinden. Um die Mitte des 17. Jahrhunderts ist es noch üblich, sich eines umfangreichen Codes und der Zuordnung von Wortlisten zu bedienen, die einige Hunderte der wichtigsten Ausdrücke enthalten. Um sich die Arbeit zu erleichtern, ordnen die Kryptologen diese Wortlisten und auch die zugehörigen Verschlüsselungen alphabetisch an.

Einer der berühmtesten französischen Kryptologen: Antoine Rossignol (1600–1682)

Rossignol stellt fest, daß dieses System wesentliche Anhaltspunkte für die Entzifferung bietet und die Arbeit des Codebrechers vereinfacht. Er beschließt daraufhin, alle Code-Elemente ohne erkennbare Ordnung einzureihen. Diese von Rossignol erdachte Einbeziehung von Zufallsreihen wird eines der wichtigsten Elemente in der modernen Kryptographie. Von nun an werden für die Verschlüsselung und für die Entschlüsselung zwei verschiedene Listen benutzt. Um das Entziffern zu erschweren, vermehrt Rossignol außerdem die Anzahl der Code-Elemente bis auf 3000 Wörter.

Dieselben genialen Fähigkeiten wie sein Zeitgenosse

Rossignol besitzt der in Großbritannien wirkende John Wallis, den man »Vater der englischen Kryptologie« nennt. Wallis ist am 23. November 1616 in Ashford/Grafschaft Kent geboren. Nach dem Studium – das er mit dem »Oxford Don« abschließt – bekommt der überdurchschnittlich begabte Mathematiker, der zu den größten Englands zählt, bald einen Ministerposten. Daneben ist er als Kryptoanalytiker erster und erfolgreichster Mitarbeiter des Geheimdienstchefs John Thurloe.
Seine kryptologische Tätigkeit nimmt beträchtlichen Einfluß auf den Verlauf der Geschichte: Zu den bedeutungsvollsten Botschaften, die Wallis entziffert, gehört unter anderem der Briefwechsel zwischen Ludwig XIV. und dessen Gesandten in Warschau, der den polnischen König zu einem gemeinsamen Krieg gegen Brandenburg-Preußen drängen soll.
Der äußerst vielseitige Mann bildet auch eine ganze Reihe englischer und ausländischer Nachwuchskräfte auf dem Gebiet der Kryptoanalyse aus. Als Mathematiker hat Wallis das Symbol für unendlich (∞) eingeführt, und sein Buch »Arithmetica Infinitorum« dient Isaac Newton als Grundlage für die Entwicklung der Differentialrechnung.
Auch der englische Philosoph und Staatsmann Sir Francis Bacon, unter Jakob I. Oberster Kronanwalt und Lordsiegelbewahrer, befaßt sich mit dieser Wissenschaft. »Es gibt«, so schreibt er 1617, »verschiedene Arten von Geheimschriften: die einfache, jene die mit bedeutungslosen Zeichen vermischt sind; diejenigen, die zwei Arten von Zeichen enthalten, die Kreischiffren und Wortchiffren. Geheimschriften müssen drei Eigenschaften haben: 1. sie müssen leicht zu schreiben und zu lesen sein; 2. sie müssen zuverlässig und nicht zu entziffern sein und 3. falls möglich, frei von Verdacht ...« Bacon erwähnt dann als Beispiel die folgende Geheimschrift: »Für den Buchstaben A schreibt man fünfmal ein a und für B viermal das a und ein b.«
Zu den Meistern in der Verwendung von Geheimschriften, die hauptsächlich auf komplizierten Zahlen basieren, zählt König Karl I. »Ich bin überzeugt«, schreibt Hyde, ein Freund der Stuarts, im Jahr 1659, »daß selbst der Teufel keinen seiner Briefe entziffern kann, so gut sind sie geschrieben ... noch habe ich je gehört, daß von den Briefen des Königs, die in Naseby gefunden wurden, der Schlüssel zu der Geheimschrift, in der sie geschrieben waren, entdeckt worden ist. Und ich erinnere mich sehr gut, daß in dem veröffentlichten Band mit den Briefen des Königs vieles nicht entziffert werden konnte und daher chiffriert gelassen worden ist.« Tatsächlich kann erst etwa 200 Jahre später der englische Physiker und Erfinder Sir Charles Wheatstone im Jahr 1858 einige jener Geheimschriften enträtseln.
Die im 17. Jahrhundert gebräuchlichste Methode, neue Codes zu entwickeln, ist die mit Zahlen und Buchstaben, die nach Art der Chinesen von unten nach oben und von oben nach unten geschrieben wird

Sir Francis Bacon (1561–1626), Oberster Kronanwalt und Lordsiegelbewahrer

oder auch, wie bei den Semiten, von links nach rechts. Natürlich kann man innerhalb dieses allgemeinen Rahmens die verschiedensten Kombinationen anwenden. Hier und da werden Wörter und Buchstaben hinzugefügt, um in die Irre zu leiten. Diese lassen sich in regelmäßigen oder auch systematisch unregelmäßigen Abständen einfügen.
Im Verlauf der Jahrhunderte gehen alle auswärtigen Dienste dazu über, für den vertraulichen Briefverkehr Chiffrierverfahren anzuwenden. Jahrelange Erfahrungen und ständig neue wissenschaftliche Erkenntnisse tragen dazu bei, Codes von erstaunlichem Schwierigkeitsgrad zu schaffen. »Nicht jeder«, bekennt der englische Experte John Wallis 1699 seinem Freund, dem deutschen Philosophen und Universalgelehrten Gottfried Wilhelm von Leibniz, »ist qualifiziert oder in der Lage, die Kunst des Entzifferns zu erwerben.« Dennoch gibt es wohl nur wenige Codes, die entweder erst nach Jahrzehnten oder nie gebrochen werden.

Frankreichs »Cabinet Noir«

Während über die Anfänge der geheimen Briefüberwachung – der inoffiziellen Hauptaufgabe der Post – in Frankreich kaum Aufzeichnungen existieren, ist über die Geschichte dieser Institution im 17. Jahrhundert etwas mehr bekannt. Die französische Staatspost mit ihrer zentralisierten Organisation eignet sich dafür hervorragend. Ludwig XIV. gründet ein geheimes politisches Polizeibüro, dem das »Cabi-

net Noir« – Schwarzes Kabinett – untersteht, das sich ausschließlich mit der geheimen Briefüberwachung in Frankreich befaßt und erst 1871 nach dem Sturz von Napoleon III. aufgelöst wird.
Die Voraussetzungen dafür schafft der seit 1642 für den Geheimdienst zuständige Minister Kardinal Jules Mazarin. Nach dessen Tod 1661 übernimmt der geniale Finanz- und Wirtschaftspolitiker Jean-Baptiste Colbert, Marquis de Seignelay, fast die gesamte Staatsverwaltung und baut das »Cabinet Noir« vorbildlich aus.
Die Siegel der Briefe werden vor dem Aufbrechen durch eine weiche Amalgampaste abgedrückt, damit sie später wieder unbemerkt mit dem Siegelabdruck verschlossen werden können. Nicht die geringste Spur verrät, daß ein Brief insgeheim geöffnet worden ist. So entgeht keine wichtige Nachricht der Kontrolle des »Cabinet Noir«. Die dem König vorgelegten Abschriften helfen ihm und seinen Beratern, politische Entscheidungen vorzubereiten.
Die Arbeit des »Cabinet Noir« befriedigt aber auch die Sensationsgelüste des Königs, der durch seine Spitzel bei der Post die Briefe hochgestellter Persönlichkeiten aus allen Kreisen der Politik und Wirtschaft ebenso öffnen läßt wie die Korrespondenz des Hofes und der königlichen Mätressen. Das Lesen der ihm täglich vorgelegten Briefabschriften bildet für Ludwig XIV. eine höchst amüsante Lektüre.
Selbst als der Postdienst, den bisher Universitätsboten besorgt haben, von königlichen Kurieren übernommen wird, bleibt der Grundsatz bestehen, daß sie nur solche Briefe befördern dürfen, die der geheime Zensurdienst vorher überprüft hat. Damit sind die Richtlinien der neu entstandenen Post festgelegt. Die verschiedenen Posten im »Cabinet Noir« gehen wie in anderen Staaten erblich auf die nachfolgenden Familienmitglieder über.
Auch Kriegsminister Louvois, zeitweise als Generalintendant der Post tätig, läßt keine Korrespondenz ungeöffnet, denn er weiß, daß seinen König mitunter selbst völlig harmlose Schreiben interessieren. Allerdings gelangen Briefe, in denen Ludwig vor Ratgebern gewarnt wird, nur selten in seine Hand: So unterschlägt zum Beispiel der Generalintendant eine Mitteilung von Colbert, die den Monarchen über die schlechte Finanzwirtschaft des zuständigen Ministers Fouquet aufklären soll.
Statt dessen schickt Louvois dieses Schreiben direkt dem gewiß erstaunten Fouquet zu, der persönlich so vorsichtig ist und seine wichtigen Briefe nicht mit der Post, sondern durch verläßliche private Boten oder Mönche befördern läßt.
Eigentümlich genug sieht es in einem solchen Laboratorium des »Cabinet Noir« aus. Monsieur Douvallier, eine Zeitlang Chef des »Cabinet Noir« unter Ludwig XIV., notiert: »Es war ein versteckt gelegenes, unter strengem Verschluß gehaltenes Lokal, versehen mit Kästen und Regalen aller Art, mit niederen Tischen und verstellbaren Pulten, Kassetten, Farbstiften und Federn, mit Stempelpolstern für

Chef des »Cabinet Noir«: François Michel Le Tellier, Marquis von Louvois (1641–1691)

schwarzen und roten Druck, ferner aus Mastix oder auch aus Brotkrumen mit dickem Gummiwasser gekneteten Stempeln, die bei sorgfältiger Behandlung geeignet waren, jede beliebige Form eines Siegels anzunehmen und zu behalten. Außerdem waren Schachteln mit Oblaten in allen Größen und Farben, Garnituren von Petschaften in allen nur möglichen Formen und jeder gebräuchlichen Größe sowie Lack vorhanden. Kästchen mit scharfen Messern, langen Klingen und dünnen Stahlplättchen; Kuverts und Briefpapiere aller Art, jeder Farbe und in jedem Format für den Fall des Zerreißens.
Es gab Tinten und Stempelkissen mit Poststempeln, deren Ziffern versetzbar waren, dazu Flämmchen unter engen vergitterten Rosten zum Erweichen von Siegeln und Schmelzen des Lackes. Kleine Retorten und Spirituslampen wurden benutzt, um mit dem ausströmenden Dampf des kochenden Wassers die Oblaten- und Gummiverschlüsse anzufeuchten, die sich dann mit Hilfe eines dünnen Stahlstäbchens unter vorsichtigem Druck heben und leicht öffnen ließen.
Das Siegeln erfolgte mittels eines Abdruckes im Brotstempel, ausnahmsweise auch mit einer Metallpetschaft, und man verwandte dazu Siegellack, der dem ursprünglich gebrauchten vollkommen entsprach. Verschluß mit Oblaten erfolgte durch Verwendung sehr dünner Sorten von gleicher Farbe und Größe wie im Original. Gelang eine Manipulation nicht ganz, so mußte ein beliebiger Stempel zur Tarnung dienen.
Chemische Flüssigkeiten, Klebstoffe aller Art sowie Färbemittel und Bindfaden waren vorrätig, außerdem noch eine Menge von Gegenständen, deren Zweck dem Nichteingeweihten unklar und unbestimmbar erschien. Das Ganze war mit einem Worte mehr Laboratorium als Büro.«
Bei der Anzahl von Hilfsmitteln aller Art, bei denen mit Geld nicht gespart wird, vor allem durch die

Routine der eingesetzten Personen, geht die Arbeit schnell von der Hand. Die Anweisungen für das »Cabinet Noir« werden später von Richelieu noch erweitert. Seit der von ihm 1628 durchgeführten Postreform ist es in Frankreich unter Strafe verboten, Briefe zu schmuggeln, das heißt, sie nicht über das zentrale Postamt in Paris zu leiten.
Dort ist der Sitz einer geheimen Briefüberwachungsstelle, deren Tätigkeit von Richelieu »la ramollissement de la cire« – das Aufweichen des Siegellacks – bezeichnet wird. Er verfolgt damit einen Gedanken, den der berühmte französische Philosoph Montesquieu 100 Jahre später mit den Worten ausdrückt: »Die Konspirationen im Staate sind schwieriger geworden, weil seit Einrichtung der Post die Privatgeheimnisse ein öffentliches Geheimnis geworden sind.«
Anfang des 18. Jahrhunderts besteht das »Cabinet Noir« allerdings nur noch aus vier Beamten. Dies ändert sich jedoch mit dem Beginn des Spanischen Erbfolgekrieges (1701–1714): Frankreich muß jetzt darauf bedacht sein, alle Gebiete in seiner Machtsphäre fest in den Griff zu bekommen und alle gegnerischen Strömungen radikal zu beseitigen. Dafür ist die geheime Briefüberwachung ein unerläßliches Mittel, dessen Bedeutung plötzlich wieder entdeckt wird.
Das »Cabinet Noir« errichtet nun ein Netz von Nebenstellen in Spanien, den Niederlanden und Norditalien, um alle für die französische Politik wichtigen Korrespondenzen abzufangen und zu überprüfen. Es hat den Anschein, daß Frankreich damit – zumindest in Spanien – einen Großteil seiner zeitweiligen Überlegenheit der Spionage zu verdanken hat.
Besonders unter Ludwig XV. (1715–1774) ist vor der französischen Postüberwachung kein Brief mehr sicher. Es kommt nicht selten vor, daß Bürger Dinge, die sie sich nicht trauen, öffentlich zu kritisieren oder dem König direkt mitzuteilen, einfach in einem Brief an Freunde schreiben. Sie können fest damit rechnen, daß der Brief insgeheim gelesen wird und der König den Mißstand auf diese Weise erfährt.
Ein Hofchronist notiert: »Ludwig XV. überragte in der Dechiffrierkunst seinen Vorgänger um vieles, ebenso in der Mißachtung des Briefgeheimnisses. Den König belustigte diese ungeheure Spionagetätigkeit. Sie wurde unter ihm deshalb erweitert und vervollkommnet … So war er über alle Intrigen des Hofes und der Hauptstadt auf dem laufenden, was ihm viel Vergnügen bereitete.
Das ›Cabinet Noir‹ kostete jährlich 50000 Livres, welche den Fonds des Ministeriums des Auswärtigen entnommen wurden. Selbst die höchsten Persönlichkeiten waren nicht davor sicher, daß ihre Briefe erbrochen und gelesen wurden. Sogar die Mutter des Königs beschwerte sich: ›Es nützt nichts, wenn ich meine Briefe siegele. Man hat bestimmte Mittel, einen Abdruck des Siegels zu nehmen, das Wachs zu entfernen, und wenn der Brief gelesen und abgeschrieben ist, die Sache wieder so zu verschließen, daß man gar nicht merkt, was mit dem Brief geschehen ist.‹«
In Frankreich bleibt es weiterhin das höchste königliche Privileg, jeden Sonntag die Ausbeute des »Cabinet Noir« zu sichten. Um Unbefugte davon abzuschrecken, in fremde Korrespondenz einzubrechen und sich dieses Vorrecht zu sichern, erläßt Ludwig XV. am 25. September 1742 folgende Verordnung: »Wir haben durch die königliche Declaration, welche von Unserer Hand unterzeichnet worden ist, gesagt, festgesetzt und angeordnet … daß alle Kuriere, Beamten, Briefträger, Postexpediteure und ande-

Karikatur über die geheime Briefüberwachung: … welch seltener Einblick in die historische Wirklichkeit des »Cabinet noir« – von … pst! … in … pst! … für … pst!
PS. Alle Personen, die den Aufkleber »CENSURE« ohne die Erlaubnis des Aufsichtsbeamten abreißen, werden enthauptet

Briefverteilung im Pariser Hauptpostamt zur Zeit Ludwigs XV.: Hier wird die verdächtige Korrespondenz für das »Cabinet noir« aussortiert

re Angestellten, welche beim Einsammeln oder bei der Bestellung der Post anvertrauten Briefe oder Päckchen beschäftigt sind und ... die darin enthaltenen ... Gegenstände unterschlagen haben, sollen sofern sie nicht überführt worden sind, ... je nach Beschaffenheit der Fälle und sonstiger Umstände zeitweise oder andauernde Galeerenstrafe, Verbannung oder (öffentlichen) Tadel erleiden.«
Die französische Post ist zu dieser Zeit allen anderen technisch weit überlegen: Die zunehmende Einrichtung neuer Postämter, die Beschleunigung der Posttransporte und der Bau eines Pariser Stadtpostamtes (1760) nach Londoner Vorbild sowie Verbesserung der Straßen und Postwagen sind bedeutende Leistungen, die nicht zuletzt der geheimen Briefüberwachung zugute kommen.
Erst Ludwig XVI. und sein Minister Turgot wollen diesem Kontrollsystem ein Ende bereiten: In einem Dekret vom 18. August 1775 erklärt der französische König die ganze private Korrespondenz der Bürger als Heiligtum, welches sich den Blicken der Gerichte wie der Privatpersonen entziehen müsse. Der König läßt ferner die Beamten der Postadministration schwören, das Geheimnis der Korrespondenz im ganzen Königreich zu achten. Doch der Hofkamarilla gelingt es bald, den unsteten Monarchen zu überreden, daß die Staatsklugheit die Wahrung des Briefgeheimnisses nicht gestatte. Minister Turgot fällt dieser Reaktion zum Opfer und tritt zurück. Seitdem kommt auch die Briefschnüffelei wieder in Schwung.
Mit dem Ausbruch der Revolution 1789 ist das »Cabinet Noir« innerhalb kurzer Zeit genauso tätig wie eh und je. Für die Wahl der Generalstände verlangt die Öffentlichkeit von den künftigen Repräsentanten die Wiedereinführung des Briefgeheimnisses und eine strenge Bestrafung jedes Postbeamten, der dies verletzt. In der Sitzung vom 25. Juli 1789 verteidigt der Abgeordnete Maximilian Robespierre seine Ansicht gegenüber dem Bürger Mirabeau: »Gewiß sind die Briefe unverletzlich, aber wenn eine ganze Nation in Gefahr schwebt, wenn man sich gegen ihre Freiheit verschwört, dann wird das, was sonst ein Verbrechen ist, zur lobenswerten Handlung. Eine Schonung von Verschwörern ist Verrat am Volk.«
Ein Jahr später übrigens, am 8. Juli 1790, streicht die Nationalversammlung den Etat für das »Cabinet Noir«. Ein Abgeordneter verlangt, daß alle seit Beginn der Unruhen in Paris abgefangenen Briefe an einer sicheren Stelle zu verwahren seien, damit man sie auf Wunsch der Nationalversammlung vorlegen könne. Aber Mirabeau erhebt seine Stimme gegen diesen Antrag: »Paßt es für ein Volk, das frei sein will, die Grundsätze und Verfahrensweisen der Tyrannei zu übernehmen?«
Am 9. Mai 1793 ordnet der Konvent an, der 1791 die Zensur für Briefe nach und von feindlichen Ländern untersagt hatte, daß mit sofortiger Wirkung alle an Emigranten gerichteten Briefe geöffnet und gelesen werden sollen. So gehen jetzt sämtliche Briefe von und nach dem Ausland durch das im »Hôtel Commune« wiedererstandene »Cabinet Noir«, das zwei Geheimsekretäre und zahlreiche Gehilfen besorgen.

Das Wiener »Schwarze Cabinet«

In Österreich sorgt Kaiser Leopold I. in der zweiten Hälfte des 17. Jahrhunderts dafür, daß die geheime Briefzensur – ähnlich dem französischen Vorbild – systematisch betrieben wird. Seitdem, werden regelmäßig alle Briefe geöffnet und, wenn erforderlich, sogar einbehalten. Auf diese Weise erhält das Wiener »Schwarze Cabinet«, die Zentrale der geheimen Postzensur, eine Menge Informationen über die Politik Frankreichs, der deutschen Fürsten sowie über das, was sich insgeheim in Ungarn abspielt.
Natürlich kann das Postamt Wien unmöglich sämtliche Postkurse in Europa überwachen, wenn auch die wichtigsten von Norden nach Süden und von Westen nach Osten über Wien laufen. Daher ist die Einbeziehung der »Reichspost« in das Kontrollsystem des Wiener »Schwarzen Cabinet« notwendig, da sie durch ihre geographische Lage im Herzen Europas imstande ist, fast alle anderen Postverbindungen zu kontrollieren.
Seit dem Jahr 1590 liegt das Monopol der Post im Deutschen Reich und den spanisch-österreichischen Niederlanden in den Händen der Familie Thurn und Taxis. Ihre Kuriere befördern bei Tag und Nacht die gesamte Post zwischen Ostende und Hermannstadt, von der Ostsee bis Triest. Den Glanz dieses Hauses haben die Habsburger begründet. Aus Dankbarkeit für ihre geheimen Dienste hat sie Kaiser Ferdi-

nand II. während des Dreißigjährigen Krieges in den Grafenstand und bald danach in den Fürstenstand erhoben. Verständlicherweise ist der Generalpostmeister Thurn und Taxis daher den Habsburgern treu ergeben.
Sein Postprivileg und die damit verbundene Briefspionage im Auftrag des Wiener »Schwarzen Cabinet« erstreckt sich aber nur auf das Gebiet außerhalb der habsburgisch-österreichischen Grenze. Innerhalb Österreichs hat wiederum das gräfliche Haus von Paar Poststationen errichtet, deren Kuriere der Regierungsaufsicht unterstehen.
Die vom Haus Thurn und Taxis im eigenen Postbereich gegründeten geheimen Postüberwachungsstellen – Brieflogen genannt – befinden sich an allen zentralen Punkten, vor allem in Frankfurt/Main, Regensburg, Augsburg, Nürnberg und Eisenach. Sobald dort Briefe eintreffen, werden die wichtig scheinenden aussortiert, geöffnet und nach Abschrift des Inhalts wieder versiegelt.
Die damit beauftragten, als »Logisten« bezeichneten Spione werden mit beträchtlichen Geldsummen und Vertrauensbeweisen belohnt und damit ihr Schweigen erkauft. Aus Gründen der Geheimhaltung läßt man diese Beschäftigung vom Vater auf den Sohn übergehen, so können schon die Erben von Jugend an die Fingerfertigkeit ihres zukünftigen Amtes erlernen.
Mit der Auswertung dieser im Auftrag des Hauses Habsburg gesammelten Informationen ist im Wiener »Schwarzen Cabinet« ein zuverlässiger Mitarbeiter von Thurn und Taxis beschäftigt. Ihm übergibt der Generalpostmeister persönlich alle in den Postlogen ermittelten Unterlagen.
Aus den äußerst gewissenhaften Logisten bildet sich allmählich eine Art Aristokratie zweiten Ranges: Viele von ihnen werden aufgrund ihrer Arbeit und der erwiesenen Charakterstärke geadelt, manche sogar in den Stand eines Grafen oder Freiherrn erhoben. Den Söhnen und Neffen steht der Weg ins diplomatische Korps offen.
Im Verlauf des 18. Jahrhunderts entwickelt sich die geheime Briefüberwachung in Österreich zu der wohl erfolgreichsten in Europa: Karl VI. läßt sich während seines Aufenthaltes in Spanien die Arbeit einer solchen Einrichtung persönlich vorführen. Gleich nach Beginn seiner Regierungszeit in Wien ernennt er 1711 den Grafen Rochus Stella von Santa Croce, einen Süditaliener, den er bereits in Spanien und Italien von Fall zu Fall mit geheimer Briefüberwachung betraut hat, zum Leiter des »Schwarzen Cabinet« in Wien.
Die Verstaatlichung der österreichischen Post ist auch eine Folge der neuen Aufgaben, die diese Institution übernimmt. Nur auf den Namen der Einrichtung kann man sich nicht einigen: Sie heißt einmal »geheimes Zifferwesen«, dann »Ziffersekretariat«, »Kabinettsekretariat« oder »Visitations- und Interzeptionsgeschäft«. Allmählich bürgert sich jedoch die neue Bezeichnung »Geheime Kabinettskanzlei« ein.
Das Personal der »Geheimen Kabinettskanzlei« be-

Kurierreiter der Post mit eiligen Briefsendungen, Kupferstich um 1750

Die oberste k.u.k. Polizei- und Zensur-Hofstelle in der ehemaligen Wiener Herrengasse 29. Von hier aus schafft man alle Briefe zur Stallburg, wo sich die »Geheime Kabinettskanzlei« befindet

steht nicht aus eigentlichen Postbeamten, sondern aus besonders verläßlichen Personen der verschiedensten Berufe. Um das Geheimnis dieser Kanzlei zu hüten, werden alle neu aufgenommenen Beamten, bis zum Jahr 1792, gleich zweimal vereidigt: Der angenommene Bewerber muß erst einen Verschwiegenheitseid ablegen. Dann folgt eine Probezeit, deren Dauer vom Ermessen des Vorgesetzten abhängt. Die Anfänger lernen Siegel nachgießen, Briefe öffnen, Abschriften anfertigen und schließlich auch die Grundregeln der Entzifferungskunst. Entsprechen die Neulinge den Anforderungen, so werden sie endgültig angestellt und nochmals vereidigt. Technische Kenntnisse, mathematische Fähigkeiten, der Umgang mit Chemikalien für das Anfertigen von Amalgampasten und Geschick in der Behandlung von Schriftstücken mit Geheimtinte sind unbedingt erforderlich.

Für die geheimnisumwitterten Arbeiten der Briefspionage steht ein Flügel der Hofburg, die sogenannte Stallburg, zur Verfügung. Es sind hauptsächlich Neapolitaner und Franzosen, die man für das unsaubere Geschäft heranzieht, weil sie die größte Geschicklichkeit und Erfahrung besitzen. Sie öffnen und versiegeln die Briefe mit einer ganz erstaunlichen Gewandtheit, und sie verstehen es auch, Schriftzüge nachzuahmen und zur Verwirrung der Absender und Empfänger gefälschte Briefe in Umlauf zu bringen.

Ihre ständig unter Zeitdruck stehende Arbeit erfordert eine solch enorme geistige Anspannung, daß mehrere Leute dabei den Verstand verloren haben sollen. Sie werden zwar blendend bezahlt und können ihren Familien alles bieten, aber man behandelt sie fast wie Staatsgefangene: Der Kaiser bekommt jeden Morgen einen Bericht über die Tätigkeit jedes einzelnen. Die Polizei verliert sie nie aus dem Auge und weiß genau, wie sie leben, wieviel sie ausgeben, wer ihre Verwandten sind und mit wem sie Umgang haben, sogar wer ihre Kinder besucht. Sie leben in einer Art goldenem Käfig, der einem Ghetto gleicht. Die Beamten der »Geheimen Kabinettskanzlei« sind gezwungen, eine geschlossene Gesellschaft zu bilden. Fremde, besonders Diplomaten, die sich in diesen Kreis einzuschleusen versuchen, werden so rigoros entfernt, daß sie ein solches Wagnis keinesfalls wiederholen.

Gemäß dem Testament von Karl VI., der 1740 stirbt, tritt seine Tochter Maria Theresia die Nachfolge in den Erbländern an. Zum Kaiser wählen die Reichsstände 1742 jedoch nicht ihren Gemahl und Mitregenten Franz von Lothringen, sondern als Karl VII. den bayerischen Kurfürsten. Die Thronbesteigung des Wittelsbachers wirkt sich zwangsläufig auf das Postwesen aus.

Die Reichspost, staatsrechtlich eine Reichsinstitution, ist nun nicht mehr dem Haus Habsburg verpflichtet. Dem neuen Reichsgeneralpostmeister Alexander Ferdinand von Thurn und Taxis bleibt keine andere Wahl, als Karl VII. ebenso zu unterstützen wie sein Vater den verstorbenen Habsburger

Karl VI. Die von der »Geheimen Kabinettskanzlei« mit dem Haus Thurn und Taxis bestehenden Beziehungen müssen unverzüglich eingestellt werden, da eine Fortführung der Kontakte mit Wien die Lehenspflicht des Fürsten gegenüber dem neuen Kaiser verletzt hätte.
Für die österreichische Politik bedeutet dies einen schweren Schlag, um so mehr, als Maria Theresia 1742 im Berliner Frieden auch noch den größten und wichtigsten Teil Schlesiens an Preußen abtreten muß: Damit büßt Österreich die Briefloge in Breslau ein und verliert die Kontrollmöglichkeit der Korrespondenz zwischen Polen, Rußland und Westeuropa, die nun in preußische Hand übergeht.
Der in Wien akkreditierte französische Botschafter Rohan macht eines Tages eine »unglaubliche Entdeckung«: Zu seiner größten Überraschung muß er feststellen, daß die 1200 verschiedenen französischen Verschlüsselungssysteme den österreichischen Kryptologen nur kurze Zeit standgehalten haben. In dem alarmierenden Bericht an seine Regierung heißt es: »Alle von fremden Höfen an ihre diplomatischen Vertretungen gerichteten Briefe und umgekehrt werden auf Veranlassung von Graf Kaunitz über das ›Cabinet‹, wie es hier genannt wird, geleitet, wo sich das Büro der Geheimschriftexperten befinden. Der Direktor des ›Cabinet‹ läßt Tag für Tag jeweils fünf Kopien jeder entzifferten Depesche anfertigen und übergibt sie an Maria Theresia. Die Kaiserin schickt eine Kopie an ihren Sohn, Kaiser Joseph II., eine an den anderen Sohn Leopold, den Großherzog von Toskana, und eine weitere an Prinz Starhemberg in Brüssel. Die im Büro verbleibende Kopie ist für Graf Kaunitz ... Jeder schickt seine Kopie mit dem entsprechenden Kommentar an die Kaiserin zurück. Diese einzelnen Stellungnahmen führen dann zu den entscheidenden Resolutionen.«
Ein Brief an den englischen Botschafter Keith enthält Fragen über gewisse Eigenarten des Grafen Kaunitz. Keith antwortet: »Ich fürchte, Eure Lordschaft ist nicht die einzige Person, die einen Blick in meine Briefe wirft. Es gibt Menschen auf dieser Welt, die leichter eine Verschwörung gegen den Staat verzeihen würden als die Erwähnung einer harmlosen persönlichen Schwäche.«
Eines Tages beschwert sich Keith bei Graf Kaunitz, daß er anstelle seiner Originalkorrespondenz Kopien erhalten habe. Die einzige Antwort des Kanzlers: »Wie ungeschickt diese Leute doch sind!«

Postabfangen in Sankt Petersburg

In Rußland nennt man unter Katharina II. das Einsehen fremder Briefe »Perlustration«. Chragomitzki, seit Jahren Sekretär der Zarin, notiert darüber in seinem Tagebuch: »Vornehmlich waren es die Briefe ausländischer Diplomaten an ihre Regierung oder Depeschen der Regierung an ihre Gesandten in Sankt Petersburg, welche perlustriert wurden.« Es liegt auf der Hand, daß man regelmäßig vor Abgang und nach Eintreffen der Post Auszüge aus solchen Briefschaften der Zarin zustellt.
Besonders häufig finden sich in Chragomitzkis Aufzeichnungen Bemerkungen über den Inhalt von Depeschen, die an die Gesandten Frankreichs, Englands, Preußens und Dänemarks gerichtet sind und etwas über die Stimmung und Absichten dieser Mächte gegenüber Rußland aussagen. Vor allem in den Jahren 1787 bis 1792, als Rußland mit Schweden und der Türkei Krieg führt, kommt dies sehr oft vor. Chragomitzki über Katharinas Briefe an ihren Leibarzt, den britischen Hofrat Johann Georg Zimmermann: »Die Zarin schrieb (unterm 26. Januar 1791) an Zimmermann, absichtlich mit der Post, damit ihr Brief, in welchem sie sich über Rußlands feste Haltung und seine bedeutenden Streitkräfte Preußen gegenüber ausließ, in Berlin gelesen werde; eben diese Art der Beförderung in derselben Absicht geschah in einem Briefe über die Türkei (6. Februar 1791) und mit einem dritten Briefe, in dem die Zarin über die Haltung Englands ausführliche Bemerkungen macht (6. Juni 1791). Durch einen ferneren Brief an Zimmermann wollte die Zarin, offenbar in der Hoffnung, daß derselbe in Preußen gelesen werden würde, auf den König Friedrich Wilhelm II. einwirken, damit er sich zu einem energischen Vorgehen gegen Frankreich aufraffe (16. September 1791). Solche Schreiben lassen sich mit Leitartikeln der offiziellen Presse vergleichen. Die Zarin versprach sich in der Tat eine nachhaltige Wirkung von denselben ... Hat sie sich doch gerühmt, durch ihren Briefwechsel

Wenzel Anton Graf Kaunitz (1711–1794), Staatskanzler unter Maria Theresia und Leiter der Wiener »Geheimen Kabinettskanzlei«

mit Voltaire zum Sturz von Choiseul beigetragen zu haben.«
Die meisten Dinge, die der Zarin durch Perlustration bekannt werden, lassen vermuten, daß es den Absendern im Grunde gleichgültig ist, ob Katharina davon erfährt. Dagegen gibt es mehrere Fälle, die beweisen, daß der Inhalt mancher Briefe der Zarin hätte nicht bekannt werden dürfen. So schreibt zum Beispiel auf seiner Reise zur Krim 1787 der englische Gesandte Fitz-Herbert an Lord Ellis nach England, »der Fürst Potemkin wird vielleicht seine zahlreichen in Polen liegenden Güter in einen von Rußland und Polen unabhängigen Staat umwandeln«. Die Preisgabe dieser brisanten Nachricht, noch dazu über einen mit der Zarin persönlich befreundeten Diplomaten, erscheint als grobe Unvorsichtigkeit.
Der französische Gesandte in Sankt Petersburg, Graf Segur, der sich besonderer Sympathien der Zarin erfreut, hat während des schwedisch-türkischen Krieges mit Nachdruck den Abschluß eines Allianzvertrages zwischen Frankreich und Rußland betrieben, während Minister Montmorin in Paris nicht gewillt ist, sich mit Rußland einzulassen. Angesichts der offenen und engen persönlichen Beziehungen des französischen Gesandten zu Katharina erstaunt es sie um so mehr, als sie von der geheimen Zensurstelle über die an den Grafen Segur gerichteten Briefe informiert wird. Darin schreibt Minister Montmorin aus Paris an seinen Botschafter, daß Frankreich Gustav III. von Schweden unterstützt und Rußland zumuten will, dem Königreich Schweden die im Jahr 1772 eroberten Gebiete zurückzugeben.
Katharina notiert in ihrer Erregung eine Bemerkung auf den Rand der Abschrift des Briefes von Montmorin: »Noch nie bin ich auf Depeschen gestoßen, welche Frankreichs Feindseligkeit so offen dargelegt haben wie diese. Hier wird es offenbar, daß Frankreich Rußland verkleinern, schwächen, um alle Erfolge bringen will. Der unversöhnliche Feind Rußlands!«
In den ersten Monaten des Jahres 1789 treffen wichtige Schreiben des österreichischen Kanzlers Graf Kaunitz und des Königs von Preußen bei deren Gesandtschaften in St. Petersburg ein. Die meisten davon sind natürlich chiffriert. Chragomitzki versucht, die Zarin zu beruhigen, die sich über diesen Umstand beklagt, »man werde den Inhalt ja erfahren, sobald die Gesandten ihre Noten übergeben haben«. »Freilich«, sagt die Zarin, »wir werden bei dieser Gelegenheit durch Vergleichen des Inhalts der Noten mit den chiffrierten Depeschen gewiß den Schlüssel der Chiffren finden.«

Sankt Petersburg, Mitte des 18. Jhs.: Pontonbrücke über die Newa; im Vordergrund links eine Postkutsche

Im Dienst der Königin

Anna Stuart, die Tochter von Jakob II., wurde 1702 Königin von England. Ihr einflußreichster Berater, der General John Churchill und spätere Herzog von Marlborough, war nicht nur ein bewährter Feldherr und versierter Diplomat, sondern erwies sich ebenso erfolgreich auf dem Gebiet des militärischen Kundschafterwesens. Zu den profiliertesten Geheimagenten jener Zeit gehörte auch der Journalist und Schriftsteller Daniel Defoe, Verfasser des weltbekannten Romans »Robinson Crusoe«.

Marlboroughs Spionagedienst

Als Heerführer der britischen Armee in den Niederlanden, dem nördlichsten Kriegsschauplatz des Spanischen Erbfolgekrieges, richtet Marlborough zwei gesondert geführte Nachrichtenabteilungen ein: Der eine Dienst untersteht William Cadogan, zuständig für die taktische Aufklärung des Schlachtfeldes, den anderen leitet Adam de Cardonnel, verantwortlich für den weitreichenden strategischen und politischen Bereich. Cadogan ist ein erstklassiger Nachrichtenoffizier, der durch seine Fähigkeit, schnelle und genaue Beurteilungen der gegnerischen Absichten zu ermitteln, das uneingeschränkte Vertrauen des Herzogs von Marlborough besitzt.

Das von Adam de Cardonnel aufgebaute Spionagenetz erstreckt sich über ganz Europa. Einer seiner Agenten, ein gewisser Robethon, liefert brisante Informationen von höchstem Wert: Es gelingt ihm, aus dem französischen Kriegsministerium Kopien der Dokumente über Gliederung und Stärke der feindlichen Truppen für Marlborough zu beschaffen, der sich 1704 mit seinem Heer auf dem Marsch zur Donau befindet.

Robethon, der zu den Spitzenagenten zählt, wird aber noch von jemandem übertroffen, dessen Name niemals enthüllt wird und der bis heute ein Geheimnis bleibt: Unter den Akten des Herzogs von Marlborough findet man später mehr als 400 Briefe aus Paris, datiert zwischen 1708 und 1710, die darauf hindeuten, daß der Verfasser ein einflußreiches Mitglied am französischen Hof gewesen sein muß. Sie enthalten militärische und auch politische Informationen, entstammen einer Vielzahl von Quellen und reichen von Truppenbewegungen bis zur Liaison des Königs Ludwig XIV. mit Madame de Maintenon.

Marlboroughs Spionagedienst ist zu dieser Zeit vermutlich der beste in Europa, dafür aber auch entsprechend kostenaufwendig. Die Art der Bezahlung dient den Gegnern des Herzogs als willkommener Anlaß, seinen politischen Einfluß zu untergraben oder ihn gar auszuschalten. Nach Abschluß der Friedensverhandlungen mit Ludwig XIV. und nach seiner Rückkehr nach England wird Marlborough der Unterschlagung von öffentlichen Geldern beschuldigt.

In seiner Verteidigung versucht Marlborough dem Gericht klarzumachen, daß er jeden Penny für den Geheimdienst ausgegeben habe: »Ich glaube nicht, daß ich anführen muß, wie wichtig diese Einrichtung ist. Kein Krieg kann ohne rechtzeitige und gute Informationen erfolgreich geführt werden, und die Beschaffung ist nun einmal mit großem Kostenaufwand verbunden. Keiner kann dies ignorieren, der über geheime Korrespondenzen Bescheid weiß und die Anzahl der Personen bedenkt, die man braucht, ganz abgesehen von den großen Gefahren, denen die Geheimagenten ausgesetzt sind ... Nicht weiter eingehen will ich auf die außergewöhnlichen Ausgaben im Interesse des Staates – ich hoffe, dieser Hinweis genügt.«

John Churchill, Herzog von Marlborough (1650–1722), englischer Feldherr und Berater der Stuart-Königin Anna (reg. 1702–1714)

Marlborough betont, daß er zwar Gelder, die für andere Zwecke bestimmt waren, dem geheimen Nachrichtendienst habe zukommen lassen, aber seiner Meinung nach sei durch diese Verwendung der Regierung dazu verholfen worden, mindestens das Vierfache der Summe einzusparen. Der auf dem Schlachtfeld unbesiegte Marlborough ist seinen politischen Gegnern nicht gewachsen und zieht sich Ende des Jahres 1711 verbittert auf seine Ländereien zurück.

Daniel Defoe (1650–1731): Meisterspion und Autor des weltberühmten Romans »Robinson Crusoe«

Als 1714 Georg I. den Thron besteigt, werden Marlborough sofort wieder alle Ämter und Würden übertragen. Doch bereits 1716, nach einem Schlaganfall Marlboroughs, muß Robert Harley, Erster Graf von Oxford, dessen Ämter übernehmen.

Daniel Defoe als Agent

Der neue Chef des britischen Geheimdienstes, Robert Harley, im Jahr 1711 Hauptankläger im Prozeß gegen den Herzog von Marlborough, erkennt offensichtlich erst jetzt, wie richtig sein Vorgänger den Wert der geheimen Nachrichtenbeschaffung eingeschätzt hat: In seinem Dienst befindet sich einer der profiliertesten Geheimagenten seiner Zeit, Daniel Defoe, »the most enterprising and trustworthy political spy«, der als Schriftsteller mit seinem 1719 erschienenen Roman »Robinson Crusoe« in die Weltliteratur eingeht. In seiner Tätigkeit als Journalist muß er allerdings einmal wegen eines Pamphlets, das Königin Anna sehr verärgert, an den Pranger.

Bereits 1704 hatte Defoe eine lange Abhandlung unter dem Titel »A Scheme for General Intelligence« verfaßt. Diese meisterhaft dargestellte Instruktion zeigt auf, wie man zu politischer Macht gelangen und dann einen Polizeistaat führen kann. »Spionage und Nachrichtenbeschaffung«, so schreibt Defoe, »sind die Seele der Staatsgeschäfte« – und erläutert mit präzisen Worten deren Umfang und Wert. Defoe erklärt auch die Funktionen der Spionageabwehr: »Weil der Geheimdienst für uns so wichtig ist, muß besonders beachtet werden, daß kein feindlicher Agent in unser Spionagesystem eindringt.«

Seine Erkenntnisse entstammen allerdings nicht eigenen Erfahrungen, sondern basieren vor allem auf dem, was bereits Thurloe und Cromwell in die Tat umgesetzt haben. Defoe hält ein System von Geheimagenten für zweckmäßig, das sich über das ganze Land erstreckt und der Regierung regelmäßig über alles, was in den einzelnen Gebieten vor sich geht, Bericht erstattet. Er empfiehlt außerdem das Anlegen von Dossiers über jede wichtige Person, so daß unzufriedene und aufrührerische Elemente erfaßt sind und potentielle Unruhestifter bei ersten Anzeichen einer Notsituation verhaftet werden können.

In allen seinen Publikationen erwähnt Defoe nie seine persönliche Spionagetätigkeit, es findet sich lediglich der Hinweis auf »einen ›special-service‹, bei dem ich mein Leben aufs Spiel setzte, wie ein Grenadier auf einer äußeren Grabenböschung«. Dieses Ereignis hat sich vermutlich in Schottland abgespielt, wo er die Meinung der Bevölkerung über eine Vereinigung des englischen und schottischen Parlaments in Erfahrung bringen sollte. Wenn man ihn als englischen Spion erkannt hätte, dann wäre er wahrscheinlich nicht mehr lebend zurückgekehrt. Er gab sich aber sehr geschickt als Schriftsteller aus, der auf der Suche nach Material sei. Im übrigen hat Defoe seinen Auftrag zur vollsten Zufriedenheit von Harley erledigt.

Ein ständiges Ärgernis bedeutet für Defoe jedoch die Knausrigkeit seines Chefs, denn Harley weigert sich, ihn für die oft großen Risiken angemessen zu bezahlen. Dieser Geiz war für Harley vermutlich auch einer der Gründe, Marlborough anzuklagen. Es muß für ihn damals unbegreiflich gewesen sein, daß sein Vorgänger etwa 340000 Pfund Sterling jährlich für Spionage ausgegeben hat. Seine eigene Sparsamkeit zum Beispiel gegenüber Defoe beweist ihm, daß es nicht nötig ist, viel Geld für Spione zu verschwenden.

Pitt und seine Spione

William Pitt der Ältere, Graf von Chatham, ein sehr weitsichtiger und erfolgreicher Diplomat, leitet seit 1756 das britische Außenministerium. Von ihm stammt der Ausspruch, daß »in der ganzen Welt kein Gewehr abgefeuert werden kann, ohne daß Großbritannien weiß warum«. Im Siebenjährigen Krieg unterstützt er Preußen, zu dessen Gegnern auch Frankreich zählt, um gleichzeitig mit der überlegenen englischen Flotte die französische Konkurrenz in den Kolonien auszuschalten. Die Eroberungen in Nordamerika und Kanada, in Afrika und Indien begründen das mächtige Britische Empire.

In diesem fast erdumspannenden Krieg muß Pitt

William Pitt der Ältere, Graf von Chatham (1708–1778), britischer Politiker und weitsichtiger Diplomat, der ab 1756 das Außenministerium leitet

überall seine Agenten und Spione haben, die alles beobachten und über die neuesten Ereignisse berichten. Eine der zuverlässigsten Methoden, Geheiminformationen zu erhalten, ist das altbewährte Abfangen diplomatischer Korrespondenz. Im britischen Record Office findet man in der Abteilung »State Papers, Foreign Confidential« nicht weniger als 27 dicke Bände von »Intercepted Despatches« aus den Jahren 1756 bis 1763.

Anfang 1761 entdeckt der Secret Service rechtzeitig ein Täuschungsmanöver: Frankreich gibt vor, den Krieg beenden zu wollen und bittet England, für die Vorverhandlungen einen Diplomaten zu entsenden. Pitt ist zunächst einverstanden, doch dann ereignet sich Überraschendes; die britische Flotte nimmt plötzlich die Feindseligkeiten wieder auf. Was ist vorgefallen? Pit hat allem Anschein nach etwas Unglaubliches erfahren: Der französische Minister Herzog von Choiseul versucht insgeheim, eine spanisch-französische Koalition gegen England zustande zu bringen und rät daher König Ludwig XV., die Verhandlungen mit England zwar aufzunehmen, aber zu verzögern.

Diesmal jedoch hat der gerissene Politiker Choiseul den Gegner unterschätzt: Die Korrespondenz der beiden spanischen Diplomaten Grimaldi und Fuentes in Paris und London wird von britischen Agenten abgefangen. Weitere Beweise für Frankreichs geheime Kontakte mit Spanien erhält Pitt von einem mysteriösen Korrespondenten in Stockholm. Seine dritte Quelle ist der schottische Lordmarschall George Keith, Vertrauter Friedrichs des Großen und seit 1754 preußischer Gesandter in Madrid. Dank all dieser guten Informanten erfährt die britische Regierung, daß es Frankreich mit seinen Friedensvorschlägen gar nicht ernst meint.

Geheimauftrag: Ehevermittlung

Nicht wenige Auseinandersetzungen im 18. Jahrhundert entstanden durch Erbstreitigkeiten, bei denen geheime Diplomatie und politische Intrige eine große Rolle spielten. Vor diesem Hintergrund begann die Laufbahn eines Abenteurers am Hof der Königin Elisabeth Farnese von Spanien, Gemahlin König Philipps V., die Heiratspläne für ihre Kinder verwirklichen wollte. Sein Name: Jan Willem Baron van Ripperda.

Agent der Elisabeth Farnese

Der am 7. März 1680 in der niederländischen Provinz Groningen geborene Ripperda ist hochintelligent, aber von Hause aus völlig mittellos. Nach dem Besuch einer Kölner Jesuitenschule tritt er 1700 zum Protestantismus über und geht zur niederländischen Armee. Er nimmt am Spanischen Erbfolgekrieg teil und avanciert bis zum Oberst. Später läßt er sich zum Vertreter Groningens bei den Generalstaaten wählen. Ein sicheres Gefühl für Handels- und Finanzpolitik macht ihn auf diesem Gebiet bald zum anerkannten Experten; dazu beherrscht er mehrere Sprachen perfekt. Bereits 1715 ernennen ihn die Generalstaaten zu ihrem Botschafter in Madrid.

Als erstes trachtet Ripperda danach, die Aufmerksamkeit des spanischen Königs auf sich zu lenken. Deshalb beginnt der niederländische Botschafter, sich mehr für jene Nation, bei der er akkreditiert ist, einzusetzen als die Interessen seines eigenen Landes zu vertreten. So unterstützt er zum Beispiel insgeheim den spanischen Premier Kardinal Alberoni, indem er verschiedene ausländische Botschafter aushorcht und zweifelhafte Geldgeschäfte abwickelt. Allmählich gelangen derart viele beunruhigende Nachrichten nach Den Haag, daß Ripperda abberufen wird.

1716 scheidet er zwar aus niederländischen Diensten aus, zieht es aber vor, in Spanien zu bleiben. Nun entwirft Ripperda als Berater Philipps V. großzügige Reformpläne für die spanische Tuchindustrie, wirbt in den Niederlanden Spinner und Weber an, führt die neuesten Maschinen ein und wird allmählich zur wichtigsten Person am Hof, auch in politischen Dingen. Immer wieder erinnert Ripperda daran, daß ein enges Bündnis zwischen Spanien und Österreich den traditionellen Gegner England zwingen könnte, Gibraltar und Menorca zurückzugeben.

Das beste Bindeglied für eine derartige Interessengemeinschaft sieht Königin Elisabeth Farnese in einer Heirat. Es werden Pläne geschmiedet, den spanischen Infanten Carlos mit Maria Theresia, der Tochter von Kaiser Karl VI., zu vermählen. Da Karl keine Söhne hat, ist Maria Theresia seine Erbin für den gesamten Herrschaftsbereich der Habsburger. Um ganz sicherzugehen, will man gleichzeitig den Bruder von Carlos, Philipp, mit Maria Anna, der jüngeren Schwester von Maria Theresia, verheiraten.

Mit genauen Instruktionen versehen, wird Ripperda

Jan Willem Baron van Ripperda (1680–1737), Geheimagent der spanischen Königin Elisabeth Farnese

auf die Reise nach Wien geschickt. Vorausgesetzt – so lauten die Direktiven –, der Wiener Hof würde der vorgeschlagenen Doppelhochzeit zustimmen, wäre es ratsam, nach dem Tod des Kaisers das Erbe aufzuteilen: Maria Theresia bekäme als Mitgift die Habsburger Staaten in Deutschland, Maria Anna alle Besitztümer in Italien, denen der König von Spanien noch Parma, Piacenza und die Toskana hinzufügen würde.

Die österreichischen Niederlande sollten an Spanien zurückgegeben oder dem jüngeren Heiratskandidaten Philipp und dessen Frau Maria Anna übertragen werden. Der Kaiser solle außerdem versprechen, sich aktiv für die Rückgewinnung von Gibraltar und Menorca einzusetzen. Österreich könne wiederum durch Handelsvorteile profitieren, die Spanien ihm in seinem gewaltigen Kolonialreich einräumen will.

Ripperdas offizielles Ziel ist Sankt Petersburg, und viele glauben, er würde die Reise unternehmen, um ausländische Facharbeiter für seine Tuchfabrik anzuwerben. Ripperda hat strikte Weisung, in Wien nur mit dem Kaiser persönlich oder mit einem verantwortlichen Minister höchst vertraulich zu verhandeln. Anfangs solle er lediglich eine allgemeine Verbesserung des politischen Klimas zwischen den beiden Höfen anstreben. Sei die Aufnahme in Wien kühl, wäre eine baldige Abreise zu empfehlen. Zeige sich jedoch der Kaiser oder sein Minister geneigt, Beziehungen mit Madrid aufzunehmen, könne Ripperda das Heiratsprojekt vortragen.
Im Januar 1725 trifft Ripperda in Wien ein und gibt sich als Bruder von Philipp V. aus, der auf dem Weg zu Peter dem Großen nach Sankt Petersburg sei. Auf diese Weise erreicht er es schnell, vom Kaiser persönlich empfangen zu werden. Und nun läßt er seiner Phantasie freien Lauf: Die Franzosen hätten Spanien vorgeschlagen, das habsburgische Sizilien und Unteritalien zu erobern, während zur selben Zeit der Zar und der Sultan mit französischer Hilfe über Österreich herfallen würden, der eine in Schlesien, der andere in Ungarn. König Philipp – so versichert Ripperda dem hellhörig gewordenen Kaiser – habe dieses Ansinnen allerdings entrüstet abgelehnt.

Maria Theresia, Tochter von Kaiser Karl VI., als zehnjährige Prinzessin im Jahr 1727

Königin Elisabeth Farnese, seit 1714 Gemahlin Philipps V. von Spanien, mit dem Infanten Carlos, für den sie insgeheim Heiratspläne schmiedet

Nach Ripperdas Aufzeichnungen habe er so geschickt verhandelt, daß Karl VI. zwei Verträge unterzeichnet. Der eine betrifft die friedlichen Beziehungen zwischen Spanien und Österreich und der andere eine Allianz im Verteidigungsfall. Doch zu den vorgeschlagenen Eheschließungen äußert der Kaiser nur, daß er nichts dagegen einzuwenden habe, wenn eine oder auch beide Töchter nach ihrer Volljährigkeit – Maria Theresia ist erst acht Jahre alt! – bereit wären, einen spanischen Prinzen zu heiraten.
Am 18. Mai 1725 trifft ein Kurier aus Wien mit den Verträgen in Aranjuez ein, und der erfreute Philipp V. läßt in der Hofkapelle ein Te Deum singen. London und Paris erhalten vom spanischen Hof offizielle Mitteilungen über den Abschluß des Freundschaftsvertrages mit Wien; das Defensivbündnis sowie die Heiratsversprechen bleiben allerdings höchstes Staatsgeheimnis.
Bereits im Juni 1725 erfolgt in Wien die Ratifizierung der Verträge. Gleichzeitig ernennt man Ripperda zum spanischen Botschafter, und König Philipp erhebt ihn zum Herzog sowie zum spanischen Granden. In England und Frankreich sind auch die geheimen Abmachungen keineswegs verborgen geblieben. Der britische Geheimdienst scheint als erster davon erfahren zu haben, möglicherweise gegen hohe Bezahlung von Ripperda selbst.
Anfang November 1725 kann der spanische Geheimagent einen neuen Erfolg verbuchen: Ripperda erhält von Kaiser Karl die geheime Zustimmung zur Dop-

pelhochzeit. Die Prinzessin Maria Theresia wird Don Carlos versprochen »für den Fall, daß Karl VI. sterben sollte, bevor sie im heiratsfähigen Alter ist«. Am 8. November 1725 verläßt Ripperda Wien in Richtung Madrid. Das spanische Monarchenpaar will ihm zwar einen herzlichen Empfang bereiten, denkt aber nicht an eine weitere Erhöhung seines Ranges. Ripperda soll sich mit dem Marineministerium oder der Verwaltung der westindischen Besitzungen begnügen ...

Aufstieg und Fall des Barons van Ripperda

Nach seinem Eintreffen in Madrid teilt Ripperda dem König selbstsicher mit, daß es der persönliche Wunsch Seiner Kaiserlichen Majestät sei, denselben Mann, der den spanisch-österreichischen Vertrag abgeschlossen habe, nun auch an der Spitze der spanischen Regierung zu sehen. Königin Elisabeth, die das Heiratsprojekt keineswegs gefährden möchte, unterstützt Ripperda und versteht es auch, beim König ihren Willen durchzusetzen.
Am 27. Dezember 1725, bereits zwei Wochen nach der Rückkehr des Diplomaten, werden die in Madrid akkreditierten Botschafter informiert, daß künftig dem zum Herzog ernannten Ripperda die gesamte Verwaltung des Königreiches anvertraut sei und er insbesondere die auswärtigen Angelegenheiten leiten werde. Ripperda gibt sich selbst damit nicht zufrieden: Er will »Ministre universal« werden, und so wird dieser Titel eigens für ihn geschaffen.
Im Januar 1726 läßt sich der Herzog auch noch zum Kriegs- und Finanzminister ernennen und sichert sich außerdem die Funktionen des Staatsrates von Kastilien. Damit verschafft sich Ripperda unmittelbaren Einfluß auf die Innenpolitik.
Gerissen wie er ist, spielt Ripperda wiederum auf angebliche Wünsche des Kaisers an und läßt seinen gerade erst 20jährigen Sohn zum spanischen Botschafter in Wien ernennen. Gleichzeitig teilt er Kaiser Karl VI. höchstoffiziell »im Namen des Königs« mit – der davon keine Ahnung hat –, er werde die Würde eines Fürstens des Heiligen Römischen Reiches annehmen, falls sie ihm angetragen würde – was auch prompt geschieht.
Die steile Karriere Ripperdas erregt unter den ausländischen Diplomaten in Madrid großes Aufsehen. Am 27. Januar 1726 schreibt der britische Botschafter Colonel Stanhope an seinen Außenminister nach London: »Wenn Sie das Temperament und den Charakter dieses Wilden nicht kennen, können Sie das, was ich Ihnen über sein Benehmen und seine extravaganten widerspruchsvollen Reden berichte, unmöglich glauben, geschweige denn daraus eine klare Vorstellung seines Betragens gewinnen. Obwohl ich in den letzten zwei Tagen verschiedene stundenlange Konferenzen mit ihm hatte, kann ich doch nicht sagen, ob es für die Interessen Seiner Majestät und

den Frieden Europas von Vorteil sein wird, daß dieser Mann auf diesen Platz berufen wurde.«
Unterdessen scheint sich über Ripperda etwas zusammenzubrauen: Kaiser Karl VI. zeigt sich nicht geneigt, nähere Vereinbarungen über die spanisch-habsburgischen Ehen zu treffen. Schlimmer noch: Er läßt durch seinen Botschafter Königsegg an die ihm zugesagten Gelder erinnern. Sie sollen vertragsgemäß zur Aufstellung einer Armee und zur Gewinnung von Bundesgenossen unter den deutschen Fürsten verwendet werden. Weil Spanien die versprochene Million Gulden nicht zahlen kann, wartet Ripperda ungeduldig auf die Ankunft der Silberflotte aus Panama.
Schon im März 1726 beginnt der österreichische Botschafter Königsegg an der Vertrauenswürdigkeit Ripperdas zu zweifeln und warnt Wien per Eilkurier.
Am 11. April 1726 meldet Stanhope nach London: »Die Geschäfte werden hier von einem Minister geführt, auf dessen Ehrlichkeit man sich niemals verlassen kann und der, was noch schlimmer ist, selten nach einem wohldurchdachten Plan handelt und sich daher

in die kühnsten Spekulationen, deren Undurchführbarkeit ihm wohl bekannt ist, verwickelt sieht.«
Die Lage spitzt sich zu. Königsegg verlangt nun in einer Audienz vom König die Entrichtung der Subsidien an Österreich. Philipp V. verspricht ihm zwar die Auszahlung der Gelder, aber er verfügt gar nicht darüber. In Wien befürchtet man jetzt sogar Krieg, denn es erreichen den Wiener Hof Gerüchte über spanische Geheimverhandlungen mit Paris. Der österreichische Botschafter berichtet seinem Kaiser aus Madrid, daß »Ripperda vom Krieg spreche, wie gewisse Literaten in den Kaffeehäusern, nämlich ohne etwas davon zu verstehen«.
Da der österreichisch-spanische Freundschaftsvertrag weiterhin besteht, werden die Forderungen aus Wien nach Zahlung der Subsidien immer massiver. Unterdessen läßt der britische Botschafter in Wien die habsburgische Regierung wissen, er habe aus Madrid die Nachricht erhalten, daß ein spanisch-österreichisches Offensivbündnis zur Rückeroberung Gibraltars und Menorcas sowie zur Unterstützung der Ostendener Handelsgesellschaft bestehe. Der Kanzler Graf Zinzendorf bittet daher Botschafter Königsegg in Madrid, dem Herzog van Ripperda dringend zu empfehlen, »sich zurückhaltender und vorsichtiger zu äußern«.
Ripperda entschuldigt sich, er habe »die Engländer lediglich einschüchtern wollen«, und verspricht die Zahlung der Subsidien für Mai 1726. Königsegg ersucht nun bei Philipp V. um eine Privataudienz, die nach Hofsitte ohne Zeugen stattfindet. Dieses Gespräch deckt zahlreiche Lügen und Betrügereien Ripperdas auf. Der König verspricht dem Botschafter, sich um die Zahlung der Subsidien zu kümmern, doch die spanischen Kassen sind nach wie vor leer. Nun wird Ripperda seines Postens als Finanzminister enthoben.
Am 14. Mai 1726 kommt es zu einer heftigen Szene zwischen dem König und seinem »Ministre universal«. Der Herzog bietet seinen Rücktritt von allen Ämtern an, was der König zu Ripperdas größtem Erstaunen prompt annimmt.
Einige Stunden später wird Ripperda durch Boten ein Brief überreicht: »Monsieur, Seine Majestät, der König, unser Herr, hat der Bitte, die Eure Exzellenz gestern mit dem Ersuchen vorgetragen haben, Sie aus Ihren Stellungen gnädigst entlassen zu wollen, mit denen Seine Majestät Euer Exzellenz betraut hatte, entsprochen. Er hat Ihnen eine jährliche Pension von 3000 Pistolen bewilligt, die bis zu jenem künftigen Zeitpunkt gezahlt werden, zu dem Seine Majestät Euer Exzellenz erneut in einer Weise in seine Dienste nehmen wird, wie sie ihr konvenabel erscheinen. Dies habe ich Eurer Exzellenz auf Befehl Seiner Majestät mitzuteilen. Ich bin Ihr etc. J. B. Orendayn, Im Palast, 14. Mai 1726«.
Der dreiundsechzigjährige Prinz Eugen von Savoyen gratuliert dem Botschafter Königsegg und macht einige scharfsinnige Bemerkungen: »Man muß Ripperda zugestehen, daß er über sehr gute Fähigkeiten verfügt, die ihm in einer bestimmten Position zu Ruhm und Ehre gereichten. Ich glaube, so leiden-

Linke Seite: Philipp V. von Bourbon wird mit Unterstützung seines Großvaters Ludwig XIV. König von Spanien (reg. 1700–1746)

Der Escorial, königliche Residenz 60 km nordwestlich von Madrid schaftlich und tollkühn wie er war, wäre er fähig gewesen, dem König Dienste zu leisten, was sonst von kaum jemanden erwartet werden kann, sicherlich nicht von einem geborenen Spanier. Schon deshalb nicht, weil ein Spanier niemals den Mut hätte, gesetzeswidrige Handlungen zu begehen, die sich nachteilig auf die Interessen des Königs auswirken. Auf alle Fälle hat Ripperda mich auf Gedanken gebracht, die die Finanzen des Königs und den Handel wiederbeleben könnten.«

Am Abend des 15. Mai 1726 befindet sich der entlassene Regierungschef Spaniens als Flüchtling in der englischen Gesandtschaft. Botschafter Stanhope hat bereits das Gerücht vom Sturz Ripperdas gehört, ist dennoch sehr überrascht, ihn in seinem Haus anzutreffen. Was sich in jener Nacht zwischen den beiden Männern abspielt, bleibt für immer ein Geheimnis.

Es ist anzunehmen, daß Ripperda in dieser Situation dem Diplomaten nicht nur die Geheimklauseln des Wiener Vertrages verraten, sondern auch von der Hilfe gesprochen hat, die der Thronprätendent der Stuarts bei einer spanischen Invasion Englands erhalten soll. Stanhope dürfte auch erfahren haben, auf welche Weise Spanien und Österreich alle Provinzen unter sich aufteilen wollen, die Frankreich seit den Tagen Ludwigs XIV. erobert hat. Der Botschafter erhält jedenfalls äußerst wichtige politische Informationen, die Ripperda in der englischen Vertretung Asyl verschaffen.

Ripperda, der mit seiner Flucht auf englisches Territorium Hochverrat begeht, verfaßt ein Schreiben an Philipp V., in dem es unter anderem heißt, er habe sich nichts vorzuwerfen, er wolle »lediglich durch seinen gegenwärtigen Schritt sich vor der Bevölkerung und seinen persönlichen Feinden schützen«. Er bittet den König um die Gewährung einer zweifachen Gunst: die Ausstellung eines Reisepasses, damit er sich nach den Niederlanden zurückziehen könne, sowie eine einmalige Abfindung von 6000 Pistolen, die dem Geheimfonds, der ihm in Wien zur Verfügung gestanden habe, entnommen werden könne. Er, Ripperda, wolle sich seinerseits verpflichten, genaue Rechenschaft zu geben über die Summen, die er in Wien ausgegeben habe.

Trotz lebhafter Proteste des Gesandten dringen am 24. Mai 1726 spanische Soldaten in die englische Botschaft ein und nehmen Ripperda fest. Unter strenger Bewachung bringt man ihn auf das Schloß Segovia, 70 Kilometer nordwestlich von Madrid. In den darauffolgenden Tagen kursieren in Madrid die wildesten Gerüchte: Der französische Botschafter läßt durchblicken, daß zur selben Zeit, als sich Ripperda in Wien aufhielt, ein Abgesandter aus Madrid in Paris geheime Besprechungen mit dem Herzog von Bourbon geführt habe.

Als in Wien der Sohn von Ripperda fliehen will, läßt ihn Kanzler Graf Zinzendorf kurz entschlossen festnehmen und die Botschaft amtlich versiegeln. Er verlangt kategorisch Auskunft über den Verbleib der versprochenen Subsidien. Schließlich gibt der junge Diplomat zu, über 200000 Dukaten erhalten zu haben, ein weiterer Betrag sei bei einem Prager Kaufmann namens Moser hinterlegt worden. Später stellt man fest, daß ein gewisser Hans Heinrich Hoff in Wien für Ripperda die zusätzliche horrende Summe von zweieinhalb Millionen Gulden verwaltet.

Interessanterweise wird Ripperda nie der Prozeß gemacht: Man will anscheinend jedes Aufsehen vermeiden, andererseits ist nicht zu ermitteln, ob und welche spanischen Staatsgeheimnisse der ehemalige »Ministre universal« an Stanhope tatsächlich verraten hat. So läßt Philipp V. offiziell nur verlauten, der gestürzte Minister habe »sich einiger Indiskretionen schuldig gemacht«.

Der König erachtet es für besser, Ripperda bei standesgemäßer Pension in aller Stille auf der Festung Segovia in Vergessenheit geraten zu lassen. Unterdessen versteht es Ripperda, charmant wie er sein kann, der Tochter des Festungskommandanten den Kopf zu verdrehen. Seine Frau wohnt weiterhin in Madrid, während es der Sohn vorzieht, in Wien das Leben eines vermögenden Bonvivant zu führen.

Zwei Jahre nach diesen Ereignissen, im Oktober 1728, meldet die halbamtliche »Gazette d'Amsterdam«, daß es dem ehemaligen spanischen Ministerpräsidenten gelungen sei, unbemerkt aus der Festung Segovia zu entkommen. Ripperda habe eine Dienstmagd und den Korporal, der vor seinem Zimmer Wache hielt, bestochen. Dank ihrer Hilfe und der von Ripperdas Leibdiener, der im Bett seines Herrn liegend den Baron vortäuschte, sei die Flucht gelungen. Man habe den Ausbruch erst am nächsten Tag bemerkt, als Ripperda sich längst auf portugiesischem Territorium befand. Von Lissabon aus soll er auf dem Umweg über London die Niederlande erreicht haben.

Madrid verdächtigt nicht zu Unrecht den britischen Botschafter Stanhope als Komplizen. Stanhope: »All meine Bemühungen erwiesen sich als unwirksam, obwohl ich nichts unversucht ließ. Ich habe mich sogar in Verkleidung mit dem Festungskommandanten getroffen, bei dem ich oft übernachtet habe und mit dem ich befreundet bin.

Ich mußte aber von ihm erfahren, daß das Vorhaben undurchführbar sei, nicht nur wegen der Gicht, an der Ripperda litt, sondern weil er selbst von der Polizei überwacht wird.«

Vier Jahre später, im Jahr 1732, taucht Ripperda in Marokko auf: Während seines Aufenthalts in den Niederlanden hat er in Den Haag den Spanier Señor Peres, Botschafter des Sultans von Marokko, kennengelernt. Als Peres nach Nordafrika zurückkehrt, überredet er Ripperda, ihn zu begleiten. In Marokko hat gerade ein Thronwechsel stattgefunden, und das Land ist durch schwere innere Unruhen erschüttert. Spanien, das seine Macht dort ausweiten will, ist fest entschlossen, von den Wirren zu profitieren. Es bereitet eine Expedition in das Land der Rifkabylen vor. Ripperda soll unterdessen zum Islam übergetreten sein und – so lauten verschiedene Berichte – unter

dem Namen »Osman Pascha« die Armee des Sultans befehligen, die das Rif-Gebiet gegen den Zugriff der Spanier schützen soll.
In den spanischen Feldzugsmeldungen wird Ripperda allerdings zunächst nicht erwähnt, bis es spanischen Soldaten gelingt, seinen Leibdiener, der schon in Segovia bei ihm war, gefangenzunehmen. Erst durch ihn erfahren sie von Ripperdas Anwesenheit im Rif-Gebiet. Als die marokkanische Armee die spanische Besitzung Ceuta angreift, sollen die Spanier laut Meldung einer Madrider Zeitung »eine Abteilung von hundert Reitern« gesichtet haben, die »ihre Pferde auf französische Weise ritten und angeblich unter der Führung des Herzogs van Ripperda standen«.
Selbst in den letzten Jahren seines Lebens sorgt Ripperda für eine Sensation: Er hat eine monotheistische Religion gegründet mit dem Ziel, die besten Morallehren des Christentums, des Islams und des Judentums in ihr zu vereinen.
1737 stirbt dieser vielseitige Abenteurer in Tetuan in den Armen getreuer Jünger.

Der Alcázar von Segovia, das Gefängnis des Barons van Ripperda

Spione Seiner Majestät

Ludwig XV., Nachfolger des Sonnenkönigs Ludwig XIV., mußte 1715 als Fünfjähriger den Thron seines verstorbenen Urgroßvaters übernehmen. Der Herzog Philipp II. von Orléans führte für ihn bis 1723 die Regierungsgeschäfte. Danach stand dem jungen Monarchen Kardinal de Fleury zur Seite, der ihn seit seinem siebten Lebensjahr erzogen hatte. Erst nach dessen Tod im Jahr 1743 nahm der jetzt 33jährige König Ludwig XV. die Staatsführung selbst in die Hand. Er war gebildet, besaß ein gutes Urteilsvermögen und dazu den Ehrgeiz, unter den Herrschern in Europa die erste Rolle zu spielen. Doch es fehlte ihm an Ausdauer, vor allem bedingt durch seinen stark ausgeprägten Hang zu schönen Frauen.

»Secret du Roi«

Bereits in den ersten Jahren seiner eigentlichen Regierungszeit läßt sich Ludwig XV. überreden, die Außenpolitik Frankreichs sozusagen zweigleisig zu betreiben. Unsicherheit und eine gewisse Scheu vor seinen Ministern verleiten den König dazu, dem Vorschlag seines Vetters Prinz Conti zuzustimmen, ein Geheimkabinett zu bilden, das – unabhängig vom Außenministerium – eigene Agenten beschäftigt. Die interne Bezeichnung: »Secret du Roi«.

Dieser königliche Geheimdienst hat die Aufgabe, den Monarchen direkt, ohne Wissen des Außenministers, über alle politischen Ereignisse oder Intrigen im In- und Ausland zu informieren, damit er im engsten Beraterkreis Entscheidungen treffen kann. Nur wenigen Eingeweihten ist die Existenz der seit 1748 tätigen Organisation bekannt, die auf Ludwig eine faszinierende Wirkung ausübt. Prinz Conti ist nun zum Hauptratgeber des Königs für Auslandsangelegenheiten avanciert.

Seine Geheimagenten sind in allen Hauptstädten tätig und kommen der offiziellen französischen Diplomatie ständig ins Gehege. Die Gesandten haben bei jedem Schritt das bedrückende Gefühl, von einem unsichtbaren Netz behindert zu werden. Im Außenministerium nimmt man diesen fatalen Zustand nur mit Unbehagen zur Kenntnis.

Der »Secret du Roi« hat in Paris ein eigenes »Cabinet Noir«, um die Korrespondenz aller ausländischer Vertretungen überwachen zu können. Er verfügt auch über ein eigenes Geheimcodeverfahren.

Im französischen Außenministerium arbeitet in leitender Stellung ein Mann namens Tercier. Doch kein Mensch dort ahnt, daß er gleichzeitig Geheimsekretär im »Secret du Roi« ist. Durch seine Hände gehen vor allem sämtliche Korrespondenzen, die der Außenminister Herzog von Choiseul mit den an fremden Höfen akkreditierten französischen Diplomaten führt. So erfährt Ludwig XV. alles, was ihm von dieser Seite verschwiegen wird.

Der »offizielle« Geheimdienst der Regierung bemüht sich zu dieser Zeit vergeblich, unverdächtige Agenten nach England einzuschleusen, obwohl der Außenminister nichts unversucht läßt. Er beordert zum Beispiel 1756, gleich nach Ausbruch des Siebenjährigen Krieges, den Marquis Francois Armand de Bonnac als Botschafter nach Den Haag, dem Treffpunkt vieler Spione. Man bietet ihm 180000 Livres pro Jahr an, wenn es ihm gelingen sollte, einen guten »Korrespondenten« in England zu finden.

König Ludwig XV. von Frankreich (reg. 1715–1774), der mit seinem »Secret du Roi« eigene Geheimpolitik betreibt

Bonnac engagiert zuerst einen entlassenen Priester, der unter dem Namen Sir Botteman nach London reist. Anfangs scheinen dessen Verbindungen und Informationen ganz wertvoll zu sein, doch als Botteman den Vorschlag macht, falsche 1000-Pfund-Noten herzustellen, um die britische Währung zu unterhöhlen, reagiert König Ludwig empört: Er betrachte diesen Korrespondenten als »zu unehrenhaft«.

Nach weiteren mißlungenen Versuchen, tüchtige Agenten zu finden, nimmt Bonnac mit dem in London praktizierenden Arzt Dr. Hensey Kontakt auf, dessen Bruder, ein Abbé, den spanischen Botschaf-

ter Grimaldi geistlich betreut. Allerdings sind auch die Brüder Hensey kein großer Gewinn für Frankreich, denn es kommt den beiden nicht darauf an, die für Bonnac ermittelten Informationen gleichzeitig an den spanischen und österreichischen Botschafter zu verkaufen.
Auch der neue französische Gesandte d'Affry, der den Marquis de Bonnac in Den Haag ablöst, kann keine größeren Erfolge erzielen; das liegt an der insularen Lage Großbritanniens und daran, daß die vorzügliche britische Spionageabwehr einen Großteil der französischen Geheimkorrespondenz abfängt. Dagegen sind die Agenten des »Secret du Roi« weitaus geschickter, vor allem ein gewisser Chevalier d'Eon de Beaumont.
Erst im Jahr 1774 erfährt Ludwig XV., daß die Habsburger seinem Geheimdienst auf die Spur gekommen sind, denn irgend jemand aus dem Wiener »Schwarzen Cabinet« hat dieses vom österreichischen Kanzler Graf Kaunitz streng gehütete Geheimnis verraten.
Als 1772 zwischen Wien, Berlin und Sankt Petersburg über die Teilung Polens verhandelt wird, schickt das französische Außenministerium Kardinal Louis Rohan als Botschafter nach Wien. Rohan ist zwar mit den diplomatischen Gepflogenheiten vertraut, weiß aber darüber hinaus weder etwas vom »Secret du Roi« noch über das österreichische »Schwarze Cabinet« mit seinem sorgfältig ausgearbeiteten System der geheimen Briefüberwachung.
Anfang des Jahres 1774 findet Rohans Sekretär, der Jesuitenpater Georgel, in seinem Hotel eine geheimnisvolle Nachricht vor: »Treffpunkt heute abend zwischen 11 Uhr und Mitternacht an der hier bezeichneten Stelle ... Es werden Dir Dinge höchster Vertraulichkeit offenbart.«

Etienne François Herzog von Choiseul (1719–1785), Außenminister Frankreichs unter Ludwig XV.

Er entdeckt das Geheimnis des »Secret du Roi«: Jesuitenpater Georgel, der den französischen Botschafter Kardinal Louis Rohan als Sekretär nach Wien begleitet

Wie es in den privaten Aufzeichnungen von Georgel heißt, sei er zwar mißtrauisch gewesen, habe sich aber doch entschlossen, »solch eine vielleicht einmalige Gelegenheit, die dem König von Nutzen sein könnte«, nicht auszulassen und den Fremden zu treffen. Zur verabredeten Zeit überreicht ihm ein maskierter Mann im schwarzen Mantel ein Bündel Papiere. »Sie haben«, so sagt er mit verstellter Stimme, »Vertrauen in mir erweckt. Daher möchte ich zum Erfolg der Botschaft von Kardinal Rohan beitragen. Diese Papiere werden im wesentlichen das offenlegen, was ich Ihnen anzubieten habe. Wenn Sie einverstanden sind, kommen Sie morgen zur selben Stunde ... und bringen Sie mir 1000 Dukaten.«
Georgel nimmt die Papiere mit auf sein Zimmer und überprüft sie. Die »angenehme Überraschung« enthält das Angebot, zweimal pro Woche geheime Informationen vom österreichischen »Schwarzen Cabinet« zu liefern, dazu Kopien von abgefangenen diplomatischen Briefen. Offensichtlich gibt es in dem streng bewachten Büro des Kanzlers Kaunitz eine undichte Stelle.
Georgel: »Ich habe Beweise davon in unseren eigenen entzifferten Botschaften, sogar von jenen, die in einem schwierigen und erst kürzlich entwickelten Code verfaßt waren. Ich erkannte, daß dieses Cabi-

net Mittel gefunden hatte, sich Botschaften von verschiedenen Höfen Europas, von deren Gesandten und Agenten zu beschaffen, und zwar durch die Untreue und Unverschämtheit der käuflich angeworbenen hochgestellten Postbeamten in den Grenzorten. Tatsächlich hatte ich vor mir Briefkopien von unserem Botschafter in Stockholm, Comte Vergennes, von Marquis de Pont in Berlin, die geheimen Instruktionen des Königs von Preußen an seine Geheimagenten in Wien und Paris, Agenten, denen er allein den wahren Verlauf seiner Politik anvertraute und deren Mission vor seinen offiziellen Gesandten vollkommen geheimgehalten wurde.«

Georgel ist fasziniert. Hier gibt es diplomatische Verzweigungen, von denen weder er noch sein Kardinal jemals geträumt haben. Aber das Wichtigste von all den Papieren, die der Fremde – vermutlich ein Angestellter der österreichischen Kanzlei – ihm übergeben hat, ist das Geheimnis um des Königs Lieblingskind »Secret du Roi«. Dies wird für den guten Rohan ein Schock sein.

»Dieses Kabinett«, setzt Georgel seinen Bericht fort, »entdeckte die höchst geheime Korrespondenz der von Ludwig XV. privat geführten Politik, die vor seiner Regierung und vor allem vor seinen Ministern für Auslandsfragen perfekt verschleiert wurde. Comte Broglie ... war sein privater Geheimminister ... Von dieser königlichen Geheimpolitik wußte keiner unserer Botschafter, höchstens ein Botschaftssekretär oder irgendein anderer Franzose, den man unter verschiedenartigsten Vorwänden auf Reisen schickte und vorher ins Vertrauen zog. Comte Broglie offenbarte die Hintergründe nur jenen Personen, deren Anhänglichkeit und Diskretion er vertrauen konnte ... Broglie, ein Feind des Hauses Rohan, hatte vorgesorgt, daß Kardinal Louis (Rohan) nicht eingeweiht wurde ... Unter der Anzahl von Papieren, die der Fremde mir um Mitternacht übergab, war die entzifferte Korrespondenz zwischen dem Comte Broglie und Comte Vergennes.«

Georgel eilt mit den geheimen Unterlagen zu Botschafter Rohan, der natürlich ebenso überrascht ist wie sein Sekretär. Der Kardinal wittert in ihnen sofort die Chance, seinen König zu überzeugen, daß er nicht nur zu seinem Vergnügen hier ist, sondern sich auch als gewiefter Diplomat erweist. Er erinnert Georgel immer wieder, nur ja das Treffen mit dem mysteriösen Mann nicht zu versäumen.

»Am nächsten Tag«, so Georgel, »traf ich mich mit dem maskierten Mann und übergab ihm die 1000 Dukaten. Er überreichte mir von nun an immer neue Papiere, die mein Interesse steigerten, und er hielt die ganze Zeit über, die ich in Wien verbrachte, sein Versprechen. Die Treffen fanden zweimal in der Woche und jedesmal um Mitternacht statt.«

Sobald Kardinal Rohan alle Informationen erhalten und gesichtet hat, schickt er die Dokumente sofort per Kurier nach Paris. Dies erweist sich allerdings als schwerwiegender Fehler: Rohan hatte gehofft, seinem König zu imponieren, statt dessen bereitet er mit seiner schockierenden Nachricht von der Entdekkung des »Secret du Roi« dem bereits schwer erkrankten Ludwig XV. die größte Enttäuschung.

Mit dem Tod Ludwigs am 10. Mai 1774 endet der »Secret du Roi«. Doch die Kosten für den privaten Geheimdienst muß noch der Nachfolger Ludwig XVI. tragen. Als der persönliche Berater des verstorbenen Monarchen, Charles Graf von Broglie, ihn bittet, den Mitgliedern des »Secret du Roi« Pensionen zu zahlen, stimmt der neue König widerwillig zu, um Frankreich vor einem weiteren Skandal zu bewahren.

Das Ministerium für Auswärtige Angelegenheiten errichtet einen Sonderfonds, aus dem über 100000 Livres pro Jahr an die Geheimagenten Ludwigs XV. zu zahlen sind. Die jährlichen Pensionen liegen zwischen 20000 Livres für einen polnischen General und 12000 für den Chevalier d'Eon, bis zu 700 Livres für die weniger bedeutenden Mitglieder.

Charles d'Eon de Beaumont

Von einem der erfolgreichsten Spione des »Secret du Roi«, dem Chevalier d'Eon, kann niemand mit Bestimmtheit sagen, ob er überhaupt männlichen Geschlechts ist, was oft zu Wetten, ja sogar zu mehreren Prozessen führt.

Charles Geneviève Louis Auguste André Timothée d'Eon de Beaumont ist am 5. Oktober 1728 in Tonnerre nahe Dijon als Sohn eines Advokaten geboren, der zu den Beratern des Königs zählt. Als Dreizehnjährigen schickt man den Jungen auf die Oberschule nach Paris. Anschließend studiert er am College Mazarin Rechtswissenschaften und promoviert mit Auszeichnung.

Sein Vater verschafft ihm die Stelle des Sekretärs beim obersten Chef der Généralité de Paris, wo er sich eingehende Kenntnisse der öffentlichen Verwaltung aneignet. Sie bilden die Grundlage für d'Eons erstes Buch, das 1753 unter dem Titel »Die finanzielle Lage Frankreichs unter Ludwig XIV. und der Regentschaft« erscheint.

D'Eon erkennt die soziale Ungerechtigkeit seiner Zeit insbesondere in jenen Kreisen, in die er sich Eingang verschaffen will: in den Salons von Paris und am Hof. Bei seiner Tätigkeit an der Akademie der Wissenschaften macht er vermutlich die Bekanntschaft mit Chevalier Douglas, einem angeblichen Jesuiten, der in Wirklichkeit Douglas Mackenzie heißt und als Jakobit politischer Flüchtling ist.

Durch Vermittlung des Prinzen Conti, einem der einflußreichsten Männer Frankreichs, arbeitet d'Eon bald als einer der ersten Agenten für den königlichen Geheimdienst »Secret du Roi«.

Wegen der seit vielen Jahren denkbar schlechten Beziehungen zwischen Paris und Sankt Petersburg ist Frankreich am Zarenhof nicht mehr diplomatisch vertreten. Der sich abzeichnende Siebenjährige Krieg mit den rivalisierenden Bemühungen der euro-

Chevalier Charles d'Eon de Beaumont (1728–1810), einer der erfolgreichsten Geheimagenten Ludwigs XV.

päischen Mächte um Verbündete veranlassen Frankreich, diese politisch unhaltbare Situation zu beenden.
D'Eon erhält 1754 zusammen mit seinem Freund Chevalier Douglas die äußerst schwierige Aufgabe, zum Hof in Petersburg neue diplomatische Kontakte aufzunehmen, um einen sich anbahnenden anglorussischen Vertrag zu verhindern und dafür zwischen Frankreich und Rußland eine Allianz vorzubereiten.
Der ausgeklügelte Plan sieht vor: Douglas soll auf Anraten des Arztes wegen seines angeblichen Lungenleidens in ein kaltes trockenes Klima reisen. Als Begleitung ist seine bildhübsche Nichte »Lia de Beaumont« vorgesehen, eine Rolle in Frauenkleidern, wie sie d'Eon schon als Kind gefallen hat. Die beiden haben die Order, sich erst mit dem Vizekanzler Woronzow in Verbindung zu setzen, dessen antibritische Einstellung man in Paris kennt, und ihn dazu zu bewegen, eine Audienz mit der Zarin zu arrangieren. D'Eon und Douglas führen in ihrem Gepäck eine geheime Botschaft von Ludwig XV. mit sich, verborgen in dem Werk von Montesquieu »De l'Esprit des Lois«, das sie der Zarin als Geschenk persönlich überreichen sollen.
Vor der Abreise nach Petersburg veranstaltet das Agentenpaar am Hof des Herzogs von Sachsen-Anhalt nahe Dresden eine Art Generalprobe in der Verkleidung als Onkel und Nichte; von Mademoiselle Lia ist man geradezu fasziniert.

In der russischen Hauptstadt angekommen, beziehen beide ihr Domizil im Haus des französischen Bankiers Michel. Sie müssen jedoch feststellen, daß ein Zusammentreffen mit Woronzow unmöglich ist, da die Agenten des Kanzlers Bestuschew diesen ständig beschatten. Aber der charmanten »Lia de Beaumont« gelingt es, der Zarin Elisabeth vorgestellt zu werden, die von der Nichte des Chevalier Douglas bezaubert ist. Lia wird daraufhin zur Ehrenhofdame und Vorleserin der Zarin ernannt.
Wie die kapriziöse Lia de Beaumont auf die russische Zarin gewirkt haben muß, zeigt ein Bericht, den der britische Botschafter nach London schickt. Darin heißt es, es sei für den Kanzler Bestuschew derzeit unmöglich, auf die Zarin einzuwirken, den Freundschaftsvertrag mit dem englischen Haus Hannover zu unterzeichnen, den Seine Majestät König Georg »so inständig wünsche«.
Nachdem die Beeinflussungsaktion wunschgemäß verlaufen ist, gibt sich »Lia« eines Tages als Chevalier d'Eon zu erkennen, aber die Zarin ist keineswegs verärgert oder befremdet, ganz im Gegenteil – sie scheint sich darüber zu freuen. D'Eon huldigt der Zarin mit dem angeborenen Charme des Franzosen, so daß sie ihm als Beweis ihrer Zuneigung eine juwelenbesetzte Schnupftabakdose schenkt. Offensichtlich will sie ihn halten und bietet ihm einen Regierungs- oder hochrangigen Offiziersposten an.
Doch Ludwig XV. läßt d'Eon nach Paris zurückberufen und verspricht dem erfolgreichen Agenten ein Jahresgehalt von 3000 Livres, dazu einen lebenslangen Posten als sein persönlicher Gesandter. D'Eon übernimmt nun eine Vielzahl von streng geheimen diplomatischen Missionen, die er entweder als Chevalier d'Eon oder auch als unwiderstehliche Mademoiselle de Beaumont für den »Secret du Roi« ausführt.
Gleich bei Ausbruch des Krieges zwischen Frankreich und England, im Jahr 1756, wird d'Eon Adjutant des Grafen von Broglie, dem Leiter des französischen Nachrichtendienstes. Seinen Kameraden ist es allerdings rätselhaft, daß jemand, der sich auch in Frauenkleidern wohlfühlt, gleichzeitig ein so unerschrockener Soldat sein kann.
Nach Abschluß des Pariser Friedensvertrages 1763 entscheidet das Innenministerium auf Wunsch des Königs, d'Eon solle den französischen Gesandten Herzog von Nivernais als dessen Sekretär an den englischen Hof begleiten. Damit beginnt für ihn eine besonders schwierige Situation, denn er muß neben seiner Tätigkeit als Botschaftssekretär – ohne Wissen des Herzogs von Nivernais – weiterhin für den König spionieren und ihm ausführliche Berichte zukommen lassen.
In dem königlichen Schreiben vom 3. Juni 1763 heißt es: »... Der Sieur d'Eon wird meine Hinweise erhalten, welche Beobachtungen er in England, entweder an der Küste oder im Innern des Landes, anzustellen hat, und er ist verpflichtet, alles zu unternehmen, was ihm in diesem Zusammenhang befohlen wird ... Ich

wünsche, daß er über die Sache den Mantel der strengsten Geheimhaltung breitet und keinem lebenden Menschen, nicht einmal meinen Ministern, wo immer sie auch sein mögen, davon erzählt.«
Nachdem Georg III. den Friedensvertrag unterzeichnet hat, besteht der ahnungslose Herzog von Nivernais darauf, daß nicht ein englischer Diplomat, sondern d'Eon die Urkunde Ludwig XV. persönlich in Versailles übergeben soll. Dieser glückliche Umstand ermöglicht es ihm, dem König gleichzeitig Bericht zu erstatten. Erfreut über die guten Erkundungsergebnisse, zeichnet der Monarch d'Eon mit dem Orden des »Heiligen Ludwig« aus, was diesen berechtigt, sich nun offiziell »Chevalier« zu nennen. Als weitere Anerkennung bekommt er eine Sondervergütung von 6000 Livres, was nach heutigem Wert weit über einer halben Million DM entsprechen dürfte.
Noch vor seiner Abreise nach Paris im Juni 1763 empfiehlt der Herzog von Nivernais dem König, d'Eon als stellvertretenden Botschafter einzusetzen: »Unser kleiner d'Eon ist äußerst aktiv, sehr diskret, niemals neugierig oder aufdringlich, weder argwöhnisch noch ein Anlaß für andere, ihm zu mißtrauen.«
So übernimmt der Chevalier als bevollmächtigter Abgesandter für fünf Monate die Aufgaben des Geschäftsträgers in London. Um sein Land würdig zu vertreten – und seinem König möglichst viele Geheiminformationen zu beschaffen –, führt er ein luxuriöses Haus, in dem die beste Londoner Gesellschaft verkehrt.
Als er beim Außenminister um zusätzliche Gelder bittet, erhält er lediglich die Antwort, er solle seine Lebensweise ändern. Im zunehmenden Zwang, sich die Gläubiger vom Hals zu halten, verpfändet er die Bezüge seines künftigen Chefs Graf Guerchy, der ab Oktober 1763 die Stelle des Botschafters am englischen Hof antritt.
Es ist verständlich, daß der Graf seinem Sekretär d'Eon nicht gerade gut gesonnen ist und mit allen Mitteln versucht, ihn loszuwerden. Doch weder Verleumdungen noch ein Mordanschlag können ihn zur Rückkehr nach Frankreich bewegen. Die Absicht des Grafen, d'Eon durch mit Opium vermischtem Wein zu betäuben und ihn dann in die Themse werfen zu lassen, mißlingt. Das Opfer kann rechtzeitig von der Sänfte abspringen und sich retten.
Obwohl Ludwig XV. der Abberufung d'Eons als offizielles Botschaftsmitglied zustimmen muß, schreibt er ihm am 11. Oktober 1763 streng vertraulich: »Sie haben mir in den Kleidern einer Frau ebenso nutzbringend gedient wie in denen, die Sie jetzt tragen. Verkleiden Sie sich wieder als Demoiselle ... Ich befehle Ihnen, mit all Ihren geheimen Papieren in England zu bleiben, bis ich Ihnen weitere Weisungen erteile. Sie sind in der Botschaft nicht sicher, da Sie mächtige Gegner haben.«
Der König ist in einer schwierigen Lage, denn er muß fürchten, daß der über die offizielle Abberufung verärgerte d'Eon mit jenen geheimen Papieren, die er besitzt, dem »Secret du Roi« unermeßlichen Schaden zufügen könnte.
D'Eon weigert sich also, der offiziellen Aufforderung, nach Frankreich zurückzukehren, Folge zu leisten. Er bezweifle die Echtheit des Dokuments, da es nicht eigenhändig unterzeichnet sei, sondern lediglich das königliche Siegel trage. Auf Drängen des Botschafters Guerchy ersucht das französische Außenministerium nun die britische Regierung, d'Eon auszuliefern, was aber abgelehnt wird.
Jahre später, am 12. Februar 1767, muß sich der Graf von Guerchy vor einem Londoner Schöffengericht

Duell zwischen »Mademoiselle« d'Eon und dem Chevalier de St. George im Carlton House, London

Der königliche Agent d'Eon, von Ludwig XV. wegen hervorragender Erkundungsergebnisse mit dem Orden des »Heiligen Ludwig« ausgezeichnet

wegen des versuchten Mordes an d'Eon verantworten. Angeblich wird das Verfahren auf persönliche Intervention Ludwigs XV. eingestellt und der Botschafter abberufen. Nach dieser Affäre versucht der König, sich mit d'Eon zu verständigen: Gegen eine Pension von 12000 Goldtalern erklärt sich der Chevalier bereit, auf weitere Geheimmissionen für den »Secret du Roi« zu verzichten; er soll aber als persönlicher Gewährsmann des Königs in London bleiben. Am 10. Mai 1774 stirbt Ludwig XV. Als d'Eon vom Tod seines königlichen Auftraggebers erfährt, ruft er bekümmert aus: »Mit ihm habe auch ich alles verloren!« Damit endet das System Königlicher Spionage. Um allen Gerüchten ein Ende zu bereiten, stellt ein geheimer Abgesandter des neuen Herrschers das Geschlecht des Chevaliers offiziell als weiblich fest, und d'Eon darf 1777 als »Chevalière« nach Paris zurückkehren.
Erst nach seinem Tod am 21. Mai 1810 konstatiert d'Eons Arzt und Priester, Père Elisée, zur größten Überraschung, daß seine verehrte Freundin d'Eon doch ein Mann war.

Giacomo Casanova

Mitte des 18. Jahrhunderts entsteht ein neuer Typ von Spion: der Abenteurer aus gehobenen Kreisen. Er besitzt gute Allgemeinbildung, das Auftreten eines Weltmannes, Sprachkenntnisse, eine überdurchschnittliche Intelligenz und erweckt zumindest den Anschein, dem Adelsstand anzugehören. So kennt er sich im gesellschaftlichen Milieu aus und verfügt über wertvolle Beziehungen. Er weiß sich nicht nur der Feder zu bedienen, sondern kann auch mit Degen und Pistole umgehen. Er zählt – mit wenigen Ausnahmen – zu jenem Typ von Männern, der, wenn Gefahr droht, sich immer auf die Unterstützung oder sogar Rettung von Frauen verlassen können. Einer der vortrefflichsten Repräsentanten dieses galanten Zeitalters ist Giacomo Casanova, Chevalier de Seingalt, ein Frauenheld, Diplomat, Philosoph und bedeutender Schriftsteller sowie – Geheimagent.
Casanova, am 2. April 1725 in Venedig geboren, entstammt einer Schauspielerfamilie und – nach eigenen Angaben – dem Adelsgeschlecht der Palafox. Der aufgeweckte Junge besucht in Padua die Schule und studiert anschließend Rechtswissenschaft. Durch den künstlerischen Beruf seiner Mutter hat er bereits in jungen Jahren nicht nur Kontakt zu gesellschaftlichen, sondern auch zu diplomatischen Kreisen, was gerade in der Lagunenstadt nicht ungefährlich ist. Um Geheimnisverrat zu verhindern, ist es den Bürgern Venedigs unter Androhung strengster Strafen verboten, Verbindung zu Angehörigen fremder Mächte aufzunehmen.
Ungeachtet dessen schließt Casanova enge Freundschaft mit Abbé Bernis, dem Grafen von Lyon, der sich als Repräsentant Frankreichs seit 1751 in der Lagunenrepublik aufhält. Auch in den Häusern anderer Diplomaten, wie zum Beispiel des britischen Gesandten Murray oder des österreichischen Botschafters Orsini-Rosenberg, ist der lebenslustige Casanova ein gern gesehener Gast. Als Bernis, durch

Giacomo Casanova, Chevalier de Seingalt (1725–1798), liebt nicht nur Abenteuer mit schönen Frauen, sondern betätigt sich auch als Spion

geschickte Unterstützung der Madame Pompadour, im Jahr 1757 in Frankreich Außenminister wird, bedeutet dies eine Veränderung im Leben Casanovas. Wie aus seinen Memoiren hervorgeht, hat er sich keineswegs nur mit amourösen Abenteuern befaßt. So berichtet Casanova über seinen Aufenthalt in Frankreich: »Monsieur de Bernis empfing mich wie gewöhnlich, das heißt nicht als Minister, sondern als Freund. Er fragte mich, ob ich nicht geneigt wäre, geheime Aufträge zu übernehmen. ›Werde ich auch das nötige Talent haben?‹ ›Daran zweifle ich nicht.‹ ›Ich fühle mich zu allem geneigt, womit ich auf anständige Weise Geld verdienen kann. Was mein Talent betrifft, so verlasse ich mich recht gern auf das Urteil Eurer Exzellenz!‹

Über diesen Schlußsatz lächelte er; das wollte ich gerade. Nach einigen beiläufigen Worten über alte Erinnerungen, die die Zeit noch nicht ganz verwischt hatte, sagte der Minister mir, ich möchte in seinem Namen den Abbé de Laville in Versailles aufsuchen. Dieser Abbé war sein erster Geheimrat, ein kalter, berechnender Politiker, die Seele des Ministeriums.

... Der Abbé de Laville hielt mir einen kurzen Vortrag über die Art der geheimen Aufträge. Nachdem er mir auseinandergesetzt hatte, wie klug die damals betrauten Personen sich benehmen müßten, sagte er mir, er werde mir Bescheid geben, sobald sich etwas Passendes für mich böte; hierauf lud er mich zum Essen ein.«

Bernis, der als französischer Gesandter in Venedig das Vertrauen seines Königs sowie die Achtung der Lagunenrepublik und des Papstes Benedikt XIV. gewann, ist entschlossen, Casanova in seine geheimen diplomatischen Dienste einzuspannen.

Casanova: »Anfang Mai schrieb mir Abbé de Bernis, ich solle zu einer Unterredung mit Abbé de Laville nach Versailles kommen. Dieser fragte mich, ob ich mir zutraue, acht oder zehn Kriegsschiffe zu besichtigen, die in Dünkirchen vor Anker lägen, und ob ich geschickt genug sei, mich mit den kommandierenden Offizieren so weit bekannt zu machen, daß ich imstande wäre, ihm einen ausführlichen Bericht über die gesamte Ausrüstung, die Zahl der Matrosen, die Munition aller Art, die Verwaltung und das Polizeiwesen zu liefern. Ich antwortete, ich könnte es versuchen, und es läge dann an ihm, mir zu sagen, ob ich meine Sache gut gemacht hätte.

›Da es ein geheimer Auftrag ist‹, erklärte er mir, ›kann ich Ihnen keinen Empfehlungsbrief mitgeben. Ich kann Ihnen nur gute Reise wünschen und Ihnen Geld vorstrecken.‹

›Ich möchte kein Geld. Bei meiner Rückkehr werden Sie mir geben, was Ihnen angemessen erscheint. Zur Reisevorbereitung brauche ich jedoch mindestens drei Tage, denn ich muß mir irgendein Empfehlungsschreiben beschaffen.‹

›Bemühen Sie sich auf jeden Fall, vor Ende des Monats zurück zu sein. Das wäre alles.‹

Am gleichen Tag hatte ich im Palais de Bourbon eine halbstündige Unterredung mit meinem Gönner; er

Abbé François Joachim Pierre de Bernis, Graf von Lion (1715–1794), französischer Gesandter in Venedig und einflußreicher Gönner Casanovas

konnte nicht umhin, mein Feingefühl zu loben, daß ich keinen Vorschuß angenommen hatte, und überreichte mir, großzügig wie immer, abermals eine Rolle mit hundert Louis ...‹

›Da es sich um einen geheimen Auftrag handelt‹, meinte er, ›kann ich Ihnen leider keinen Paß ausstellen, aber Sie können durch Silvias Vermittlung vom derzeitigen ersten Kammerherrn des Königs einen erhalten. Sie werden sehr behutsam vorgehen müssen und dürfen sich vor allem nicht auf Angelegenheiten ›in munere‹ (auf Bestechungsgeschenke) einlassen, denn Sie werden sich wohl darüber klar sein, daß Ihnen, wenn irgend etwas schiefgeht, die Berufung auf den Auftraggeber nichts nützt. Man wird Sie fallenlassen. Die einzigen Spione, die man deckt, sind die Gesandten. Sie müssen also zurückhaltender und behutsamer sein als sie. Wenn Sie mir nach Ihrer Rückkehr den Bericht zeigen, bevor Sie ihn Abbé de Laville bringen, werde ich Ihnen sagen, was meiner Meinung nach besser fortzulassen wäre.‹

Ganz erfüllt von der Angelegenheit, die für mich völlig neu war, sagte ich zu Silvia, ich wolle einige Engländer nach Calais begleiten und dann wieder nach Paris zurückkehren; sie würde mir eine große Gefälligkeit erweisen, wenn sie mir einen vom Herzog von Gesvres ausgestellten Paß verschaffen könne.

Stets bereit, mir behilflich zu sein, schrieb sie dem Herzog und schärfte mir ein, ich müsse ihm den Brief eigenhändig überbringen, weil man Pässe dieser Art nur mit einer genauen Beschreibung der darin empfohlenen Person ausstellte. Sie galten nur für die sogenannte Île de France, wurden aber im ganzen Norden des Königreiches anerkannt. Ich suchte also gemeinsam mit ihrem Gatten den Herzog auf, der sich auf seinen Besitzungen in Saint-Quen aufhielt. Kaum hatte er mich gesehen und den Brief gelesen, ließ er mir den Paß ausstellen ... Ich ging also zu dem Bankier (Kornmann) ... übergab ihm die hundert Louis mit der Bitte, mir die gleiche Summe in einem Kreditbrief auf ein gutes Haus in Dünkirchen anzuweisen und mich besonders warm zu empfehlen, denn ich wolle eine Vergnügungsreise dorthin machen. Kornmann besorgte alles bereitwillig, und noch am gleichen Tag reiste ich gegen Abend ab.

Drei Tage später mietete ich mich in Dünkirchen in der Conciergerie ein ... Kaum hatte der Bankier (in Dünkirchen) den Brief gelesen, zahlte er mir die hundert Louis aus und bat mich, ihn gegen Abend im Hotel zu erwarten, damit er mich Monsieur du Bareil, dem Kommandanten, vorstelle. Nach den üblichen Fragen lud mich dieser, höflich wie alle Franzosen in gehobener Stellung, zum Souper in Gesellschaft seiner Gemahlin ein, die noch im Theater war. Sie empfing mich ebenso freundlich wie ihr Gatte, und da ich mich vom Spieltisch fernhielt, lernte ich bald alle Offiziere des Heeres und der Marine kennen.

Da ich vornehmlich über die Marinen aller europäischen Staaten plauderte und mich als Kenner aufspielte, weil ich in den Seestreitkräften meiner Republik gedient hatte, machte ich innerhalb von drei Tagen nicht nur die persönliche Bekanntschaft der Kapitäne aller Kriegsschiffe, sondern freundete mich mit ihnen an.

Ich redete aufs Geratewohl über die Bauweise der Schiffe, über die venezianische Art des Manövrierens, und merkte, daß ich bei den wackeren Seeleuten, die mir zuhörten, noch mehr Interesse fand, wenn ich Unsinn schwatzte, als wenn ich etwas Vernünftiges vorbrachte.

Einer der Kapitäne lud mich am vierten Tag zum Mittagessen an Bord seines Schiffes ein, und das genügte, um mir auch von allen anderen Einladungen, sei es zum Frühstück oder zu einem Imbiß, zu verschaffen. Jeder, der mir diese Ehre erwies, belegte mich für den ganzen Tag mit Beschlag. Ich zeigte mich an allem interessiert, stieg bis in den untersten Schiffsraum hinab, stellte hunderterlei Fragen und fand überall junge Offiziere, die darauf brannten, sich wichtig zu machen.

Ich hatte wenig Mühe, sie auszuholen, und ließ mir vertraulich alles erklären, was ich für einen genauen Bericht brauchte. Vor dem Schlafengehen schrieb ich alles nieder, was ich tagsüber auf dem betreffenden Schiff an Gutem oder Schlechtem beobachtet hatte. Ich schlief nur vier oder fünf Stunden. Nach vierzehn Tagen hielt ich mich für genügend unterrichtet.

Auf dieser Reise hielten mich keine leichtfertigen Tändeleien von meinem Auftrag ab, der stets das einzige Ziel meines Denkens und aller meiner Schritte war. Ich speiste einmal bei dem Geschäftsfreund Kornmanns, einmal bei Monsieur P. in der Stadt und einmal in seinem kleinen Landhaus eine Meile außerhalb. Madame P. begleitete mich dorthin und war offenbar sehr zufrieden mit meinem Verhalten ihr gegenüber, als ich mit ihr allein war. Ich gab ihr ausschließlich Beweise wärmster Freundschaft ...

Nachdem mein Auftrag erledigt war, verabschiedete ich mich bei aller Welt und bestieg die Postkutsche, um nach Paris zurückzukehren; dabei wählte ich zur

Hafen von Dünkirchen um 1750, das Ziel von Casanovas Spionageauftrag

Abwechslung eine andere Strecke als auf der Hinfahrt ...

Ich brachte meinen Bericht sogleich dem Minister ins Palais de Bourbon; er verwandte zwei Stunden darauf, mich alles streichen zu lassen, was er für überflüssig hielt. Ich verbrachte die Nacht damit, eine Reinschrift anzufertigen, und überreichte sie tags darauf in Versailles dem Abbé de Laville; dieser las sie unbeteiligt durch und sagte, er werde mich zu gegebener Zeit über den Erfolg unterrichten.

Einen Monat später erhielt ich fünfhundert Louis und erfuhr mit Freuden, daß Monsieur de Crémille, der Marineminister, meinen Bericht nicht nur sorgfältig, sondern auch recht aufschlußreich gefunden hatte. Verschiedene berechtigte Befürchtungen hielten mich jedoch davon ab, die Ehre, anerkannt zu werden, die mein Gönner mir verschaffen wollte, auszukosten ...

Dieser Auftrag kostete das Marineministerium 12000 Livres. Der Minister hätte alles, was ich ihm in meinem Bericht mitteilte, leicht erfahren können, ohne einen Sou auszugeben. Jeder junge Offizier hätte ihm dazu dienen können und hätte sich mit wenig Verstand bei diesem Auftrag Verdienste erworben. Aber so verhielten sich unter der monarchischen Regierung alle französischen Ministerien. Sie verschwendeten das Geld, das sie nichts kostete, an ihre Kreaturen und an jene, die Liebkind waren ...«

Mit der Ablösung des Außenministers Abbé Bernis durch den Herzog von Choiseul enden Casanovas Spionageabenteuer bereits 1758. Nach jahrelangen Aufenthalten in vielen Ländern Europas nimmt Casanova 1779 die Stelle eines Bibliothekars beim Grafen Waldstein, einem Nachfahren Wallensteins, auf Gut Dux in Böhmen an und stirbt dort am 4. Juli 1798 in aller Stille.

Preußen

Nach dem Tod Friedrich Wilhelms I. folgte 1740 sein Sohn Friedrich II., später »der Große« genannt, auf den preußischen Thron. Er wirkte schmächtig von Gestalt und besaß eine ausgesprochene Vorliebe für schöne Künste; dazu war der 28jährige hochintelligent. Als Kronprinz hatte er eine Widerlegung der Thesen Machiavellis geschrieben. Es zeigte sich sehr bald, daß er zu den scharfsinnigsten Diplomaten zählte.

Affären in Berlin

Einer der wenigen Menschen, denen sich Friedrich II. anvertraut, ist sein Geheimsekretär August Wilhelm Eichel, der dem König von 1741 bis zu seinem Tod 1768 ergeben dient. Der britische Diplomat Hanbury-Williams über Eichel: »Er wird so sorgfältig bewacht, daß jemand schon sieben Jahre am Hofe sein kann, ohne ihn je gesehen zu haben.« Die Kunst der Geheimhaltung gehört, neben schnellem Reagieren in entscheidenden Situationen, zu den hervorstechenden Eigenschaften des jungen Königs. Fünf Monate nach Beginn seiner Regierungszeit findet auch in Wien ein Wechsel statt: Maria Theresia übernimmt nach dem Tod ihres Vaters den Thron der Habsburger. Karl VI. hat bereits 1713 die Nachfolge seiner Tochter durch die von den europäischen Mächten unterzeichnete Pragmatische Sanktion sichergestellt, die Maria Theresia das Recht auf den Thron sowie die Unteilbarkeit des weit ausgedehnten Reiches garantiert. Zu den Signatarmächten zählt auch Preußen. Aber Friedrich II. fühlt sich an die Unterschrift seines Vaters nicht gebunden, besonders da er weiß, daß Maria Theresias Erbfolge nur schwach gesichert ist.

Friedrich II., der Große (reg. 1740–1786), ein Meister in der Kunst der Geheimhaltung

Die englische Regierung, die etwas Derartiges vermutet, gibt ihrem Botschafter in Berlin, Guy Dickens, die Order, den preußischen König zu ermahnen, die von seinem Vater unterschriebene Pragmatische Sanktion einzuhalten. Aber Dickens erhält vom König nur die Antwort, daß England kein Recht habe, sich in seine Angelegenheiten einzumischen, da es selbst geneigt sei, »andere Prinzessinnen unter seine Fittiche zu bringen«.
Botschafter Dickens wird kurzfristig aus Berlin zurückbeordert und durch den Dritten Earl of Hyndford, einen Neuling auf der diplomatischen Bühne, ersetzt. Der noch unerfahrene Hyndford nimmt Kontakt mit einem Mann namens Schmettau auf, der ihm Geheiminformationen verkaufen soll. Doch dieser Schmettau ist preußischer Agent, der Hyndford nur solche Neuigkeiten übergibt, die mit Vorbedacht bekannt werden sollen.
Unterdessen laufen insgeheim bereits die militärischen Vorbereitungen für den preußischen Überfall auf Schlesien. Es bereitet dem König sichtlich Vergnügen, bei festlichen Anlässen Spekulationen über seine geheimen Pläne herauszufordern.
Ohne Kriegserklärung fällt Friedrich II. im Dezember 1740 in Schlesien ein. Die europäischen Regierungen sind empört. Der König von Preußen: »Daß eine wankelmütige und unwissende Welt gegen mich spricht, berührt mich kaum. Nur die Nachwelt richtet über Könige.«
Preußen verfügt bald über einen militärischen Geheimdienst, denn der König soll selbst erklärt haben, er brauche im Felde nur einen Koch, dafür aber 100 Spione. Es sei leichter und dienlicher, einen Bauern zum Spion auszubilden, als Generäle und Marschälle in der Maske von Bauern spionieren zu lassen. Seine Meinung über Spione: Es sind Personen, die »man gebraucht, aber nicht schätzt«. Er gesteht zu, daß man Spionen gegenüber freigebig, sogar verschwenderisch sein muß, weil ein Mann, der seinen Hals riskiert, eine gute Belohnung verdient.
Friedrich teilt die Spione in vier Kategorien ein: in gewöhnliche Kundschafter, die aus ärmlichen Kreisen stammen und etwas Geld verdienen wollen; in Doppelspione, die er als unzuverlässige Außenseiter, noch dazu als Angeber charakterisiert, die man hauptsächlich benutzt, um dem Feind falsche Nachrichten zuzuspielen. Spione von Bedeutung sind in

Raub wichtiger Briefschaften: Überfall auf eine Postkutsche

seinen Augen einflußreiche Edelleute und Stabsoffiziere, die aber große Summen verlangen. Als Geheimagenten bezeichnet der König Menschen, die gegen ihren Willen spionieren müssen. Er gibt zwar zu, daß der Zwang ein grausames Mittel sei, den man aber in der Stunde der Gefahr anwenden müsse.
1756 wird für Friedrich II. ein folgenschweres Jahr. Dank seiner Geheimdiplomatie weiß er von allen bedrohlichen Aktionen, die Maria Theresia und ihr Kanzler Graf Kaunitz gegen Preußen in die Wege leiten. Der österreichische Gesandte in Berlin ist zu dieser Zeit Graf de La Puebla. Sein Sekretär, Maximilian von Weingarten, macht gegen Bezahlung von 2000 Goldtalern Abschriften der gesamten Korrespondenz, die der Graf mit Petersburg, Wien und Paris führt, und spielt sie dem Preußenkönig in die Hände, darunter auch manchen geheimen Vertragsentwurf. So erfährt Friedrich, daß sich in diesen drei Hauptstädten eine Koalition gegen Preußen bildet.
Eine weitere wertvolle Nachrichtenquelle gibt es in Dresden. Dort ist es dem preußischen Gesandten Graf Maltzan gelungen, den sächsischen Kanzleisekretär Friedrich Wilhelm Menzel, der im Kabinettsministerium unter dem Grafen Brühl eine wichtige Position bekleidet, mit 500 Goldtalern zu bestechen. Daraufhin erhält der preußische König nicht nur Abschriften der zwischen Rußland und Sachsen geschlossenen Verträge, sondern auch von den geheimen österreichisch-russischen Vereinbarungen sowie Duplikate der Korrespondenz zwischen dem russischen Kanzler Bestuschew und dem sächsischen Minister Graf Brühl.
Wie Friedrich der Große später in seinen Erinnerungen festhält, waren für ihn die Nachrichten dieser beiden wichtigsten Spione »gleichsam ein Kompaß bei der Fahrt durch die Klippen«, die er vermeiden mußte, und bewahrten ihn davor, reine Demonstrationen für den festen Vorsatz zur sofortigen Kriegserklärung zu halten.
Doch eines Tages versiegt die Berliner Nachrichtenquelle beim österreichischen Gesandten. Durch irgendwelche Umstände oder Unvorsichtigkeiten bei der Übermittlung von Informationen gerät der Sekretär Weingarten bei seinem Botschafter in Verdacht. Es gelingt ihm nur mit Mühe zu entkommen und den Schutz des Königs zu erbitten, der ihn bei

Nacht und Nebel fortschaffen läßt, damit er vor österreichischen Repressalien sicher ist. Weingarten flieht nach Kolberg und lebt dort unter falschem Namen.
Als Informant verbleibt dem König jetzt nur noch der Spion Menzel in Dresden. Was hat diesen Mann dazu bewogen, sich als Kundschafter für Preußen zu betätigen? Menzel ist an ein gutes Leben gewöhnt und hat bereits sein väterliches Vermögen durchgebracht. Zu allem Übel muß er auf das für seine amtliche Tätigkeit ohnehin sehr niedrige Gehalt vergeblich warten; es wird seit geraumer Zeit nicht mehr gezahlt, während der sächsische Hof in maßloser Verschwendung lebt. Dies ist vermutlich der Anstoß, daß er sich von einem fremden Geheimdienst anwerben läßt.
Von Menzel selbst und aus einer anderen zuverlässigen Quelle weiß Friedrich II., daß Rußland gegenüber seinem Wiener Verbündeten noch 1756 den Wunsch geäußert habe, erst im nächsten Jahr mit dem Krieg gegen Preußen zu beginnen, da sein Heer noch nicht einsatzbereit sei. Der Krieg ist also unvermeidbar. Sollte der König untätig bleiben, so wird er zwar erst in zwölf Monaten angegriffen, aber dafür von allen Feinden gleichzeitig.
Daher entschließt sich der Preußenkönig zu einem Präventivschlag und löst den Krieg aus. Bevor die ersten preußischen Truppen in Sachsen einfallen, hat man in Berlin eine Deklaration vorbereitet, die aufgrund der Unterlagen Menzels und anderer Spione beweisen soll, daß Friedrich seinen Einmarsch in Sachsen lediglich aus Notwehr unternimmt, um den geplanten Angriffen der österreichisch-russisch-französischen Koalition zuvorzukommen. Eines dieser Flugblätter, die überall veröffentlicht werden, trägt den Titel: »Deklaration derjenigen Gründe, welche Seine Königliche Majestät in Preußen bewogen, mit Dero Armee in Seiner Königlichen Majestät von Polen und Churfürstlichen Durchlaucht zu Sachsen Erblande einzurücken.«
Sieben Jahre lang wehrt sich der König und Feldherr Friedrich mit wechselndem Glück gegen die Übermacht. Nach glänzenden Siegen scheint er 1759 bei Kunersdorf endgültig geschlagen, aber noch jahrelang zieht sich der Krieg hin, bis Preußen durch den Tod der Zarin Elisabeth vor der sicheren Niederlage gerettet wird. Dem Friedensschluß von Hubertusburg, der Preußen 1763 als gleichberechtigte europäische Macht ohne Gebietsverluste bestätigt, folgen lange Jahre des Friedens und des Aufbaus.
1776 entsendet die britische Regierung den erst 25 Jahre alten Hugh Elliot als Botschafter nach Berlin. Friedrich der Große ist über den neuen britischen Gesandten an seinem Hof nicht besonders erfreut, denn in Elliot trifft er auf einen Mann, der genauso schlagfertig ist wie er selbst. Auf Friedrichs boshafte Frage: »Wer ist dieser Hyder Ali, der es so gut versteht, eure Angelegenheiten in Indien zu regeln?«, antwortet Elliot: »Der ist ein alter Despot, der seine Nachbarn ausgeplündert hat, aber glücklicherweise langsam senil wird.«

»Der Spitzel«, Zeichnung von Honoré Daumier

Den jungen Diplomaten kommt sein loses Mundwerk auch sonst teuer zu stehen, weil er sich dadurch die preußischen Minister schnell zu Feinden macht. Das Ergebnis ist, daß es Elliot kaum gelingt, wichtige Kontakte anzuknüpfen. Seine Hauptinformanten sind lediglich einige unbedeutende Armeeoffiziere und ein paar königliche Diener.
So unbedacht wie seine Schlagfertigkeit sind Elliots Methoden: Im Sommer 1777 trifft Arthur Lee, ein Virginier aus den rebellierenden amerikanischen Kolonien, in Berlin ein. Obwohl man weiß, daß Preußen England freundlich gesonnen ist, hofft der amerikanische Unterhändler, Friedrichs Unterstützung für die Sache der amerikanischen Unabhängigkeit zu gewinnen. Die britische Regierung, von ihren Agenten vor Lees Schritten gewarnt, weist Elliot an, ein wachsames Auge auf den Amerikaner zu haben.
Elliot handelt in der ihm eigenen Weise. Er besticht den Diener des Hotels »Korsika«, in dem Lee wohnt, und läßt sich einen Zweitschlüssel für das Zimmer aushändigen. Als Lee zum Abendessen ausgeht, schleicht sich Elliot in dessen Zimmer, rafft die Papiere zusammen und eilt zur englischen Botschaft. Hier warten bereits vier Eingeweihte darauf, die Dokumente zu kopieren. In der Zwischenzeit hält sich Elliot in der Gaststätte des Hotels auf. Als Lee zurückkommt, verwickelt Elliot ihn in ein Gespräch und gibt vor, sich für die amerikanische Sache zu interessieren. Nach fast zwei Stunden, etwa gegen 20

Uhr, verabschiedet sich Lee, denn er müsse noch einige Schreibarbeiten erledigen. Elliot verläßt unterdessen das Hotel.

Nur wenige Schritte entfernt hört er bereits aufgeregtes Geschrei. Er eilt in die Botschaft und bringt die inzwischen kopierten Originalunterlagen in das Wirtshaus zurück. Elliot drückt dem Gastwirt das Päckchen mit den Worten in die Hand, er solle dem Amerikaner sagen, ein Fremder habe dies abgegeben und sei sofort wieder verschwunden.

Noch in derselben Nacht verstaut Liston, Elliots Attaché, die Abschriften in seinem Reisegepäck und macht sich auf den Weg nach London. Elliot muß damit rechnen, daß bald ein Sturm der Entrüstung losbrechen wird, aber er bleibt in Berlin, auch wenn er sich dadurch beträchtlichem Ärger aussetzt. Während Liston mit den Duplikaten der Dokumente nach Hamburg galoppiert, meldet Lee die Diebstahlsaffäre den preußischen Behörden.

Der Verdacht fällt sofort auf Elliot, dem man die Sache unbedingt zutraut. Anstatt zu leugnen, bietet er der preußischen Regierung gleich eine Entschuldigung an und sagt, einer seiner Diener habe »aus Übereifer diese unverantwortliche Tat begangen«, und als er, Elliot, den Diebstahl bemerkt habe, sei er sofort mit den Papieren zurückgekommen. Elliot besteht darauf, daß seine Regierung nichts von dieser Angelegenheit wisse. »Ich allein«, teilt er Friedrich dem Großen mit, »war schuldig, und falls Seine Majestät es wünscht, bin ich bereit, um meine Abberufung nachzusuchen.«

Der König ist wütend. Nicht etwa, daß er über die Verletzung internationalen Rechts entrüstet wäre, sondern weil er diesen Elliot wirklich nicht ausstehen kann. »Die Engländer sollten vor Scham erröten, daß sie solche Botschafter wie Sie an einen ausländischen Hof schicken.« Offiziell jedoch erklärt der König, daß er aus dieser Angelegenheit keine Affäre machen möchte. Trotzdem ist die britische Regierung beunruhigt.

Wie nützlich auch immer, entspricht Elliots Eskapade doch nicht ganz dem diplomatischen Stil. Außenminister Lord Suffolk: »Ich billige seinen Eifer, aber ich finde nicht viel Gefallen an einem solchen Wichtigtuer.« König Georg III. beruft sogar eine Sondersitzung des Kabinetts ein und erklärt öffentlich seine »Unzufriedenheit mit dem Verhalten eines Gesandten, dessen übermäßiger Diensteifer ihn dazu verleitet ... von den würdevollen Prinzipien seines Hofes abzuweichen«.

Immerhin ist die Information, die Elliot beschafft hat, der britischen Regierung nicht nur wertvoll genug, dem Botschafter zu vergeben, sondern ihm sogar ein Geschenk von 500 Pfund zu gewähren.

»Noch in derselben Nacht verstaut Liston die Abschriften in seinem Reisegepäck«: Kutsche im Zentrum von Berlin

Pioniere der Industriespionage

Bereits in frühgeschichtlicher Zeit dürfte die Werkspionage ein Problem gewesen sein. Belegbar wird dies später – wie der klassische Fall des streng gehüteten Geheimnisses der Seidenherstellung zeigt – als man es immer wieder unternahm, Werkspione einzusetzen, um den Erfindern ihre Geheimnisse zu entreißen. So war es beim Porzellan, der ersten Dampfmaschine, der ersten Fabrik auf dem Kontinent oder bei der Gewinnung von Kautschuk, Meilensteine auf dem Weg der Industriespionage.

Porzellan

In dem längsten Geheimkrieg, den einfallsreiche Spione schon seit Jahrhunderten führen, geht es um die geheimnisumwitterte Herstellung des Porzellans, auch das »weiße Gold« genannt. Die Chinesen stellen vermutlich bereits seit dem 7. Jahrhundert Porzellan her, das unglaubliche Eigenschaften besitzt: hauchdünn und zugleich äußerst beständig.

Erst Ende des 13. Jahrhunderts gelangen einzelne Stücke nach Europa; in späteren Jahrhunderten ziert prunkvolles Porzellangeschirr die Tafel eines jeden Monarchen, aber niemand weiß, wie es hergestellt wird. Dieses Geheimnis versuchen die Chinesen mit Hilfe von Mythen und Legenden weiter zu verschleiern. Es heißt, die Porzellanmasse befinde sich an gewissen heiligen Stätten unter der Erde, wo sie von Dämonen bewacht werde. Auf Befehl der Götter verwandele sie sich unter den warmen Strahlen der Sonne in Porzellan.

Chinesische Vase vom Anfang des 18. Jhs.: Die Porzellanherstellung ist seit langem ein begehrtes Objekt für Industriespionage

Der Wert chinesischen Porzellans ist in Europa über viele Jahrhunderte hinweg außerordentlich hoch. Seine Zusammensetzung bleibt auch für die europäischen Gelehrten ein Rätsel. Trotzdem behaupten einige allen Ernstes, daß »eine gewisse Masse, die aus Gips, Schildkröteneiern, Austernschalen und ähnlichen Substanzen zusammengesetzt und fest miteinander verknetet ist, vom Familienvater, der das Geheimnis nur seinen Kindern anvertraut, heimlich in der Erde verscharrt wird. Dort bleibt sie 80 Jahre liegen, ohne das Tageslicht zu erblicken. Nachdem die Erben sie ausgegraben und für die Verarbeitung geeignet befunden haben, machen sie daraus kostbare, durchschimmernde Gefäße, in Farbe und Form so schön anzuschauen, daß niemand etwas daran aussetzen kann«. Da Werkspione mit derartigen Legenden nichts anfangen können, versuchen sie immer wieder, das wirkliche Rezept auf irgendeine Weise in China zu erfahren.

In einigen Chroniken heißt es, den Japanern sei die Kunst der Porzellanherstellung bereits um Christi Geburt bekannt gewesen, sie hätten das Geheimnis auf dem Weg über Korea erfahren. Aber dieselben Chroniken erwähnen auch, daß japanische Handwerker noch im 17. Jahrhundert nach China zogen, um dort die Produktion des echten, edlen Porzellans zu ergründen.

Nachdem portugiesische Kaufleute im Jahr 1543 in Japan Fuß gefaßt haben, besorgen sie nach und nach den gesamten Export des japanischen Porzellans. Durch den Einfluß der dort missionierenden Jesuiten müssen allerdings die Porzellanvasen mit Abbildungen von katholischen Heiligen verziert werden, was zunehmend auf den Widerstand der Bevölkerung und auch der Behörden stößt. Dies nimmt eines Tages derartige Formen an, daß alle Ausländer niedergemetzelt oder von den Inseln vertrieben werden. Danach gelingt es holländischen Seefahrern, den Exporthandel des japanischen Porzellans zu übernehmen. Im Gegensatz zu den Portugiesen legen sie

Die Kunst der Porzellanherstellung; chinesische Zeichnung aus dem 18. Jh.

keinen Wert auf religiöse Motive und kaufen den Porzellanmanufakturen in Imari und Arita die gesamte Produktion ab.

In Europa kennt man zu dieser Zeit das Geheimnis der chinesischen Porzellanproduktion noch nicht; erst im 18. Jahrhundert gelingt es einem Spion, das Verfahren aufzudecken. Es ist ein katholischer Geistlicher, der in China als Missionar tätige französische Jesuitenpater d'Entrecolles. Der Pater besucht eines Tages die »geheime Stadt« King-tö-tschen, den Sitz der Kaiserlichen Porzellanmanufaktur. Dort lebt – nach seinen Angaben – eine für damalige Zeiten kaum faßbare Zahl von Arbeitern: über eine Million Menschen.

Bereits in seinem ersten Brief, der im September 1712 in Paris eintrifft und dem noch zahlreiche folgen, schildert er sehr lebendig seine Eindrücke von der »geheimen Stadt«: »Die Hauptstadt des Porzellans liegt, umgeben von hohen Bergen, in einer Ebene der Provinz Kiangsi. Zwei Flüsse durchströmen sie. Am größeren der beiden befindet sich ein Hafen von mehr als einer Meile Länge. Manchmal sieht man dort die Schiffe in zwei bis drei Reihen hintereinander liegen ...

Tag und Nacht brennen 3000 Öfen. Nachts meint man, die Stadt sei von einer gigantischen Feuersbrunst erhellt. Die Stadt hat keine Befestigungsmauer, wodurch sie sich nach allen Seiten ausdehnen und ausbreiten kann; es erleichtert auch die Beförderung der Rohstoffe und Fertigwaren von den Schiffen zu den Werkstätten und umgekehrt. Bei einer Gesamtbevölkerung von ungefähr einer Million Seelen zählt man 18000 Töpferfamilien. Jeden Tag werden 10000 Tonnen Getreide und 1000 Schweine verzehrt, vom Pferde- und Hundefleisch ganz zu schweigen ...«

King-tö-tschen scheint – so die Beschreibung des Werkspions im geistlichen Gewand – nach einem regelrechten Bebauungsplan errichtet worden zu sein: Die Straßen stoßen im rechten Winkel aufeinander und führen um Häuserblocks der gleichen Größe; die reichen Kaufleute leben in luxuriösen Wohnungen, aber gleichzeitig beherbergt die Stadt eine Unzahl armer Familien. Kinder, Gebrechliche, Blinde und Krüppel, alle werden eingestellt, damit sie sich mit dem Zerstampfen der Farben ihren Lebensunterhalt verdienen können.

Ein Mandarin regiert mit Hilfe zuverlässiger Polizisten die Stadt. Jede Straße besitzt entsprechend ihrer Länge einen oder mehrere Vorsteher, denen zehn für je zehn Häuser verantwortliche Beamte zur Seite stehen. Nachts werden bewachte Sperren errichtet, und der Mandarin dünkt sich durchaus nicht zu erhaben, um manchmal persönlich nach dem Rechten zu sehen.

Ausländer dürfen in King-tö-tschen nicht wohnen. Entweder bleiben sie auf ihren Schiffen oder sind bei Bekannten untergebracht, die für sie bürgen müssen. Die Aktivität und der Reichtum der Stadt beruhen einzig und allein auf dem Porzellanhandel. In den Werkstätten arbeitet man nach dem Fließbandsystem, jede Keramik durchläuft etwa 60 Hände.

Pater d'Entrecolles beobachtet hier die Herstellung des Porzellans sehr aufmerksam und prägt sich alles genau ein. Seine Berichte darüber treffen in regelmäßigen Abständen in Frankreich ein. Trotz des Mißtrauens und der besonderen Wachsamkeit chinesischer Behörden gelingt es dem Jesuitenpater sogar, Proben des Rohstoffs Kaolin in seine Heimat zu verschicken.

Aber den Europäern fehlt zur Herstellung eines dem chinesischen Porzellan ähnlichen Materials gerade dieser wichtigste Bestandteil, das Kaolin, bestehend aus Tonmineralien und Zersetzungsprodukten von Feldspat, Granit und Pegmatit. Diese feuerfeste Porzellanerde leitet ihren Namen von dem Hügel bei King-tö-tschen ab, wo sie gewonnen wird.

Die Entdeckung von Kaolin in Europa ist einem Zufall zu verdanken: Um das Jahr 1700 kommt ein Schmiedemeister im Vogtland auf die Idee, den weißen getrockneten Schlamm des Auetals anstatt Mehl

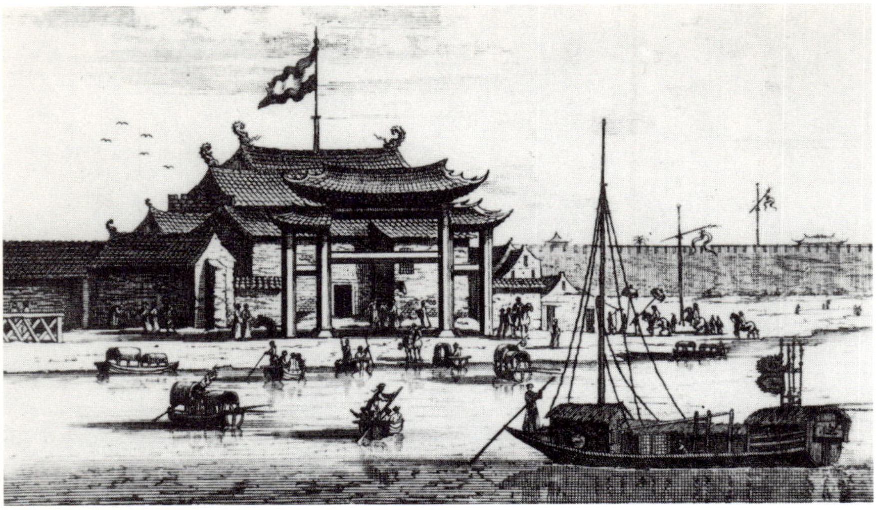

Im Gesandtschaftsgebäude in Kanton werden die Formalitäten für den Export des Porzellans nach Europa erledigt

zum Pudern von Perücken zu verwenden. Diesen Puder benutzt auch der Diener des im Dienst des Kurfürsten von Sachsen stehenden Alchimisten Johann Friedrich Böttger. Eines Tages wundert sich Böttger über das Gewicht seiner Perücke und läßt die Zusammensetzung des Puders analysieren. Das Ergebnis ist zweifellos überraschend.

Böttger beschließt im Jahr 1707, zusammen mit dem Physiker E. von Tschirnhaußen, dieses Material als plastischen Ton zu verwenden: So entsteht in Europa zum erstenmal das echte kaolinhaltige Hartporzellan, um das man die Chinesen jahrhundertelang beneidet hat. Damals wurde das Geheimnis ebenso streng gewahrt wie heute das SDI-Projekt. Böttgers Laboratorium gleicht einer wahren Festung. Man droht den Arbeitern mit lebenslänglichem Gefängnis, falls sie Fremden nur das geringste Detail verraten. Aber alle Verbote und Vorsichtsmaßnahmen können einen gerissenen Industriespion nicht abschrecken: Neun Jahre später wird auch in Wien Porzellan hergestellt.

Nach hartnäckigen Versuchen französischer Gelehrter mit ungeeignetem Material soll es Madame Darnet, der Frau eines Chirurgen, im Jahr 1768 gelungen sein, bei Saint-Yrieux Kaolin-Vorkommen zu entdecken. Die dortige weiße Erde scheint ihr für die Herstellung von Seife geeignet. Doch ihr Mann ist skeptisch und läßt den Sand von einem Apotheker in Bordeaux analysieren, der wiederum eine Probe zur Königlichen Manufaktur nach Sèvres schickt. Jetzt besteht kein Zweifel mehr, daß es sich bei dem vermeintlichen Seifen-Grundstoff um das lang gesuchte Kaolin handelt. Gestützt auf die Informationen des Paters d'Entrecolles, gelingt es endlich auch der Königlichen Manufaktur in Sèvres, ein dem chinesischen gleichwertiges Porzellan herzustellen.

In der im 18. Jh. in Paris erschienenen »Geschichte Chinas« sind die Berichte von Pater d'Entrecolles ungekürzt abgedruckt, vor allem aber das in Sèvres von einem gewissen Thomas Briand ausspionierte französische Herstellungsgeheimnis. Dies ermöglicht nun auch den Engländern, die Porzellanproduktion aufzunehmen. Ein Mann namens William Cookworthy meldet das Verfahren in London zum Patent an und bekommt dank seiner guten Beziehungen das Monopol der Porzellanherstellung und des Rohstoffimports: Es ist zu diesem Zeitpunkt in England durchaus üblich, daß sich Industrielle ein neues technisches Verfahren durch Spionage besorgen und dann als Monopolprivileg absichern lassen.

Dieser Unsitte wird erstmals 1796 mit Abschaffung des Porzellanmonopols Einhalt geboten. Im selben Jahr gründen einige Bürger in Manchester und Liverpool die »Vereinigung gegen Patent- und Monopolwesen«. Dies ist wohl die erste Organisation der Welt, die der Industriespionage den offenen Kampf ansagt.

Noch wenige Jahre zuvor war am 7. Januar 1791 von den Revolutionären in Paris ein Gesetz erlassen worden, das die Rechte der Erfinder schützen soll, allerdings in anderer Form als heutzutage: Dieses Gesetz animiert regelrecht zur Industriespionage außerhalb der Staatsgrenzen. Es gewährt nämlich »einem jeden, der als erster ein ausländisches Fabrikat nach Frankreich schafft, genau denselben gesetzlichen Schutz wie einem Erfinder«. Kein anderes Land der Welt hat bis jetzt seine Bürger so unverhohlen zur Werksspionage angespornt.

Am 25. Mai 1791 werden die Bestimmungen sogar noch erweitert: Zur »industriellen Sicherheit« wird festgelegt, welche »Erfindungen aus politischen Gründen geheimgehalten werden sollen«.

Die Dampfmaschine

Dem englischen Schmied Thomas Newcomen gelingt es im Jahr 1711, die erste »Feuermaschine«, so nannte man damals die atmosphärische Dampfmaschine, zu konstruieren. Damit beginnt das Zeitalter der

Dampfkraft. Diese zum Abpumpen des Wassers aus den Schächten der Bergwerke erfundene Maschine lockt verständlicherweise zahlreiche Spione nach Großbritannien. Der erste auf dem Kontinent, der das Geheimnis dieser Konstruktion ergründet und bald eine originalgetreue Nachbildung baut, ist kein Geringerer als Joseph Emanuel Fischer von Erlach. Er steht zwar bis heute im Schatten seines noch berühmteren Vaters Johann Bernhard, dem Erbauer von Schloß Schönbrunn und der Wiener Karlskirche, zählt aber auch zu den großen Baumeistern Österreichs.

Als drittes Kind wird Joseph Emanuel am 13. September 1693 in der Donaumetropole geboren. Schon früh bereitet ihn der Vater auf den Beruf eines Baumeisters vor und läßt ihn bereits als Jüngling Entwürfe ins reine zeichnen. 1713 wird der Zwanzigjährige mit einem großzügigen kaiserlichen Stipendium, bestimmt für einen Zeitraum von neun Jahren, zu Studienzwecken ins Ausland geschickt. Als erstes Reiseziel wählt er Rom und befaßt sich in der Ewigen Stadt mit Archäologie. Danach bereist er Frankreich, studiert an der Universität im niederländischen Leyden und geht 1720 für ein Jahr nach England.

Gerade zu jener Zeit macht man sich in Wien erhebliche Gedanken um die Entwässerung der ungarischen Bergwerke, was zu einem immer dringenderen Problem wird. Das besondere Interesse gilt daher den vor kurzem in England durch Newcomen konstruierten Dampfmaschinen, die in den Bergwerken bei Birmingham bereits erfolgreich eingesetzt werden. Es mag vielleicht kein Zufall sein, daß sich Fischer nun besonders für die neue »Feuermaschine« interessiert. Er besucht mehrmals die Werkstätten bei Birmingham und nimmt, als Arbeiter getarnt, Messungen vor, nach denen er Handskizzen anfertigt. Wie »Mercure Historique« 1721 berichtet, soll sich Fischer auch mit dem berühmten britischen Physiker Sir Isaac Newton in Verbindung gesetzt haben.

Der Spionageeinsatz des angehenden Ingenieurs lohnt sich: Als der junge Mann Anfang 1722 nach Wien zurückkehrt, kennt er nicht nur die englische »Feuermaschine«, sondern hat selbst »unterschiedliche nützliche Inventiones« (Erfindungen) gemacht.

Nun beginnt Fischer aus dem ausspionierten Wissen Kapital zu schlagen. Er beschäftigt sich mit dem Bau der allerersten atmosphärischen Dampfmaschine auf dem europäischen Kontinent, die schon 1722 im Bergwerk Althandel bei Königsberg in Niederungarn, dem heutigen südslowakischen Nová Baná, eingesetzt wird. Der Bergbau hatte hier jahrzehntelang nach einer Lösung gesucht, weil der sonst übliche Pumpenantrieb durch Wasserkraft nicht möglich war.

Noch im selben Jahr kann sich Joseph Emanuel Fischer von Erlach im Auftrag des Fürsten Schwarzenberg als Ingenieur in Wien bewähren: »Endlich hat vorerwehnter Herr Fischer von Erlach dergleichen Feuer-Maschine allhier in dem Fürsten Schwarzenbergischen Garten verfertiget, um die aus dem in der Höhe befindlichen Reservoir herunter in die Fontainen fallende Wasser wiederum hinan zu bringen, und also durch eine beständige Cirkulation die Fontainen springend zu erhalten«, notiert zehn Jahre später der Chronist Küchelbecker. Die Maschine geht 1723 in Betrieb und erregt ungeheures Aufsehen.

Das zeitgenössische Modell der ersten von Joseph Emanuel Fischer von Erlach (1693–1742) konstruierten Dampfmaschine

Anfang 1732 reist der inzwischen vielbeschäftigte Fischer von Erlach wiederum nach Ungarn und schließt dort am 8. Juli 1732 einen äußerst lukrativen Vertrag mit der Hofkammer ab. Er soll zwei Dampfmaschinen für die königlich ungarischen Gold- und Silberbergwerke in Schemnitz, heute Banská Štiavnica, bauen. Im Januar 1734 ist die erste der »Feuermaschinen« betriebsfertig. Noch im Juli des gleichen Jahres erhält er einen Auftrag für zwei weitere Maschinen, und 1736 bestellt Ungarn noch eine fünfte, wesentlich größere Dampfmaschine für den nordungarischen Magdalena-Schacht.

Man muß die Vielseitigkeit und das kaufmännische Geschick des Architekten und Ingenieurs bewundern: Fischer ist bei allen Projekten sein eigener Konstrukteur, leitender Ingenieur und gleichzeitig selbständiger Unternehmer – was ihm riesige Gewinne einbringt. Mehr noch: Als die wichtigsten Arbeiten beendet sind, legt der erfolgreiche Werkspion dem Hof 1735 nahe, seine »nützlichen Dienste« mit der Baronswürde zu belohnen.

Das erste »Feuermaschinen«-Modell von Joseph Emanuel Fischer von Erlach steht im Technischen Museum in Wien, ebenso sind dort die Skizzen der wohl ältesten kontinentalen Dampfmaschine aufbewahrt. Sie bezeugen noch heute die Pioniertat auf dem Gebiet der Industriespionage.

Die erste Fabrik auf dem Kontinent

Im Jahr 1769 konstruiert ein Barbier und Perückenmacher aus Preston im englischen Lancashire, der später in den Adelsstand erhobene Richard Arkwright, die erste Spinnmaschine mit automatischer Garnzuführung durch Streckwalze. 1775 kann er sie noch wesentlich verbessern und für Wasserkraftantrieb einrichten. Diese epochemachende Erfindung gibt den Anstoß zur Entwicklung der Textilgroßindustrie, und seitdem wird Arkwright als »Vater des Fabriksystems« bezeichnet.

In Cromford Mill in der Grafschaft Derbyshire baut Arkwright 1771 die erste Fabrik der Welt, eine Baumwollspinnerei, deren Maschinen durch Kraftantrieb kontinuierlich arbeiten. Er gehört damit zu den wichtigsten Vorkämpfern der Industriellen Revolution. Dazu Edward Baines, Chronist der englischen Baumwollindustrie: »... England verdankt seine Triumphe weit eher Arkwright und Watt, als Nelson und Wellington.«

Fast hundert Jahre später, im Jahr 1864, schreibt Karl Marx über den britischen Industriepionier: »... Von allen großen Erfindern des 18. Jahrhunderts war er unstreitig der größte Dieb fremder Erfindungen.« So bezeichnet der Vater des Kommunismus den pfiffigen Werkspion aus Preston.

Doch dem einfallsreichen Engländer spürt jemand nach: der 1750 geborene Elberfelder Kaufmann Johann Gottfried Brügelmann, Sohn eines Leinenhändlers. Als der mit einer wohlhabenden jungen Witwe verheiratete Brügelmann von Arkwrights Maschine hört, läßt ihm dies keine Ruhe. Mit reichlich Kapital ausgestattet, sucht er nach Wegen, um die Baumwollspinnerei in Cromford Mill, deren Produkte sich größter Beliebtheit erfreuen, auszukundschaften.

Laut Familienchronik der Brügelmanns soll sich das folgendermaßen abgespielt haben: Brügelmann sei nach England gegangen, um die von Arkwright erfundene Maschine in der mechanischen Baumwollspinnerei in Derbyshire auszuspionieren, die als strenges Geheimnis gehütet wurde. Dort habe er unerkannt gearbeitet, sich dann eine Maschine beschafft, und – wie die Nachkommen erzählen – sie heimlich nach Deutschland gebracht, obwohl auf Ausfuhr solcher Maschinen die Todesstrafe stand.

Dies scheint aber ein frommes Märchen zu sein, denn nirgendwo gibt es einen stichhaltigen Beweis für den Aufenthalt Brügelmanns in Großbritannien. Vielmehr geht aus den erhaltenen Aufzeichnungen hervor, daß der in seinem Auftrag handelnde Spion ein Mann namens Carl Albrecht Delius war.

Sir Richard Arkwright (1732–1792); laut Karl Marx »... der größte Dieb fremder Erfindungen«

Der von Brügelmann mit erheblichen Geldmitteln ausgestattete Delius reist nach Cromford Mill, um das Produktionsgeheimnis auszukundschaften. Es gelingt ihm bald, einen Werkmeister aus Arkwrights Baumwollspinnerei zu überreden, ihm das Geheimnis der Erfindung zu verraten. Sogar der Name jenes »ganz geschickten Meisters«, ist bekannt: William Hirhs.

Der stets gut informierte Schwelmer Prediger und Mitglied der Akademie der Wissenschaften zu Berlin, Friedrich Christopher Müller, berichtet darüber bereits 1789: »Es ist bekannt, daß sich die Baumwolle durch Maschinen spinnen läßt, und diese Maschinen in England in Gebrauch sind. Ein offener Kopf, Herr Delius, aus der Grafschaft Ravensberg gebürtig, hat sie in England abgesehen und in Ratingen auf Kosten des Kaufmanns Brügelmann nachgeahmt. Die Maschinen werden vom Wasser getrieben und sind so gut eingeschlagen, daß Herr Delius von Herrn Brügelmann jährlich 100 Carolinen Pension bekommt.«

In der Tat, die erste Fabrik wird 1783/84 errichtet. Im Spätsommer 1784 nimmt Brügelmann die Produktion am Rande des bergischen Städtchens Eckamp, heute Ratingen, auf. Um die britische Herkunft seiner Produkte vorzutäuschen, läßt er den Ort, wo seine Spinnerei steht, nach dem englischen Cromford umbenennen.

Nachdem Brügelmann sich das bestens gehütete britische Geheimnis angeeignet hat, besitzt er noch die Unverfrorenheit, in einem Schreiben vom 24. November 1783 den Kurfürsten Karl Theodor zu bitten, ihm die Früchte seines Spionageeinsatzes hierzulande durch ein kurfürstliches Privileg zu schützen. Darin heißt es unter anderem: »In England sind die

Johann Gottfried Brügelmann (1750–1862), der die erste Fabrik auf dem Kontinent errichtet

Baumwollfabriken seit Einführung der Spinnmühlen in den größten Flor gekommen, ich gab mir daher Mühe, eine solche Mühle oder wenigsten derselben Modell zu bekommen, allein alle Versuche und Belohnungen wollten nichts verhelfen. Ich konnte niemand ausfindig machen, welcher mir eine dergleichen Mühle überschickte, indem das Parlament die Ausführungen derselben, sowohl als auch deren Arbeiter unter der schwersten Strafe verboten hatte ... Ich entschloß mich daher, an meinen in England bestehenden guten Freund zu wenden, und durch neuen Kostenaufwand und große Gefahr wurde mir endlich vor zwei Jahren eine Kratzenmaschine verschafft, welche die Baumwolle reinigt und säubert. Von dieser aber konnte ich keinen Gebrauch machen, indem solche mit der Spinn- und übrigen dazu erforderlichen Maschinen verbunden werden müßte. Diesertwegen zeigten sich abermals neue und fast unüberwindliche Schwierigkeiten. Jedoch im vorigen Jahr erhielt ich endlich das Modell ...«

Brügelmann beendet seinen Privilegiumsantrag mit den Worten: »So bitte Ew. Kurfürstliche Durchlaucht unterthänigst, Höchstdieselben geruhen gnädigst, wegen gemeldeter Kratz-, Hand- und Wassermaschinen mir ein ausschließliches Privilegium in Höchstdero Herzogthümer Jülich und Berg auf 40 Jahre zu erteilen; diese höchste Gnade erhoffe ich umso mehr unterthänigst zu verdienen, als gemeldete Maschine einzig in ihrer Art mit dem größten Risiko verknüpfet, viel größere und kostbare Anlage erfordern als andere Fabriken, welche von Ew. Kurfürstliche Durchlaucht mit den größten Vorzügen und ausschließlichen Privilegien, und höchsten Schutz begnädigt worden.«

Kurfürst Karl Theodor läßt sich jedoch – vermutlich in Kenntnis der wahren Umstände – nicht beeindrukken und erteilt das gewünschte Privileg nicht für 40, sondern lediglich für 12 Jahre. Was dem mißtrauischen Brügelmann nun aber beinahe den Schlaf raubt, ist die Furcht, jemand könne auf die gleiche Art und Weise seine Spinnereimaschinen nachbauen. Er versucht, sich mit einer ganzen Reihe von Maßnahmen dagegen abzusichern: So muß sich jeder seiner Arbeiter notariell verpflichten, absolutes Stillschweigen über die Produktionsgeheimnisse zu wahren. Auf Wortbruch steht lebenslänglicher Arrest. Sogar die Kirche und die Düsseldorfer Regierung spielen dabei mit. Von allen Kanzeln in den Herzogtümern Jülich und Berg werden Aufrufe im Sinne des Fabrikanten verbreitet.

Auch die »Jülich-Bergischen Wöchentlichen Nachrichten« geben am 28. September 1784 unter anderem bekannt: »... daß sodann derjenige, welcher dem zuwider sich begehen lassen wird, die zu solcher Fabrik-Maschine gehörenden Leute, unter welchem Vorwand es auch immer sei, zu verführen, mit tausend Dukaten Strafe unnachlässig belanget und im Mißzahlungsfall zum Kaiserswerther Zuchthaus lebenslänglich abgegeben werden soll.«

Eine andere Geheimhaltungsmaßnahme: Alle Arbeiter müssen mit einem »körperlichen Eid« schwören, lebenslänglich für Brügelmann »in diesen Fabriken und an den Kunstmaschinen« zu arbeiten. Ein weiteres Mittel, die Arbeiter von Fremden und damit von der Industriespionage fernzuhalten, sind die gleich neben den Fabrikgebäuden errichteten Arbeiterwohnungen.

Am 30. August 1787 besichtigt die Landgräfin Marie Luise Albertine von Hessen-Darmstadt, Herrin auf Schloß Broich bei Mülheim an der Ruhr, die Spinnerei Brügelmann in Cromford. Zu ihrem Gefolge zählt auch die Erzieherin ihrer Enkelinnen, Salomé von Gélieu, die anschließend in ihrem Tagebuch notiert: »... Am 30. August besuchten wir eine drei Meilen entfernt liegende Fabrik, welche durch ihren Betrieb alle übertrifft, die wir bisher besucht hatten. Der Eigentümer derselben zeigt sie aus guten Gründen niemand, selbst seinen Freunden nicht. Ihre Hoheit ließ ihn jedoch fragen, ob er gar keine Ausnahme von der Regel mache. Er antwortete, daß sie und ihr Gefolge harmlos wären, und daß er sich eine große Ehre daraus machen würde, uns alles zu zeigen. Er empfing uns außerordentlich zuvorkommend an sorgsam gepflegter Tafel, und während wir unsere Schokolade tranken, erzählte er uns den Werdegang seines Werkes und warum er so vorsichtig mit dem Zeigen desselben sei.«

Im Jahr 1797 beschäftigt Brügelmann 226 Personen, überwiegend Kinder im Alter zwischen 6 und 11 Jahren. Fast genauso viele Menschen sind in Heimarbeit tätig. Der Umsatz blüht, und der Fabrikant gehört bald zu den Wohlhabendsten im ganzen Land. Drei Fabriken entstehen zu dessen Lebenszeiten, dazu ein Werkstattgebäude, Arbeiterwohnungen so-

Die von Brügelmann 1783/84 erbaute erste Fabrik in Eckamp, dem heutigen Ratingen

wie zwei imposante Herrenhäuser. Brügelmann gründet mit der Zeit auch Zweigwerke in verschiedenen anderen Städten, darunter die Baumwoll- und Maschinenspinnerei In der Au bei München. 1802 stirbt Johann Gottfried Brügelmann, nicht ganz 52 Jahre alt, an Milzbrand. Er hinterläßt seiner Witwe und den beiden Söhnen ein schnell expandierendes Unternehmen.
Erst 1977, nach fast 200 Jahren, werden die Werke wegen veränderter Weltmarktlage auf dem Textilsektor endgültig geschlossen.

Kautschuk

In der zweiten Hälfte des 19. Jahrhunderts ist Brasilien Schauplatz einer der aufsehenerregendsten Fälle auf dem Gebiet der Industriespionage. Das Land am Amazonas gilt als Hauptlieferant für Kautschuk, auch »weinendes Holz« genannt. Bereits im Jahr 1734 gelangt die erste Probe des geräucherten Gummis nach England, aber keiner weiß damit etwas anzufangen. Eines Tages entdeckt lediglich jemand, daß man durch Reiben (to rub) mit einem solchen Gummistück Bleistiftstriche auf Papier entfernen kann, daher die Bezeichnung »Rubber«.

Das erste Kautschukpatent wird im Mai 1791 von dem Engländer Samuel Peal angemeldet, dann hört man Jahrzehnte nichts mehr davon. Erst 1845 läßt sich der amerikanische Charles Goodyear eine neue Art der Kautschukverarbeitung, das Vulkanisieren, patentieren. Diese zufällig entdeckte Methode bildet die eigentliche Grundlage der Kautschukindustrie. Goodyear unternimmt alles Erdenkliche, um sein Verfahren geheimzuhalten, eine Vorsichtsmaßnahme, die trotz des Patents durchaus berechtigt ist, denn die Spione der Konkurrenz sind nicht untätig.
Dies löst eine Lawine von Prozessen aus. Wenn es Goodyear auch gelingt, sein Patent um sieben Jahre zu verlängern, so hat es für ihn lediglich symbolischen Wert. Als er 1860 stirbt, hinterläßt er Schulden in Höhe von einer halben Million Dollar, eine für damalige Zeit horrende Summe.
Die Kautschukindustrie wird sehr bald zum bevorzugten Ziel für Werkspione. Trotz aller Schutzvorkehrungen entwickeln sie immer neue Tricks, um in den Besitz der Geheimunterlagen über Vulkanisierung, Verwendung von Füllstoffen und Gummiverformung zu gelangen.
Durch den gewaltigen Aufschwung in der Kautschukindustrie entstehen Engpäße bei der Rohstoffversorgung, so daß in Brasilien, dem einzigen Lieferanten

des gesuchten Materials, goldene Zeiten anbrechen. Die auf ihr Monopol sehr bedachten Brasilianer wittern nun in jedem Fremden einen potentiellen Wirtschaftsspion, der versuchen könnte, den Samen des Hevea, des Kautschukbaumes, außer Landes zu bringen, um irgendwo anders Plantagen des »weinenden Holzes« anzulegen.
Tatsächlich schafft dies 1876 der britische Abenteurer Henry Wickham. Er bereist das Amazonasgebiet und das damals kaum erforschte Hochplateau von Tapajos, die »Terra prohibitiva« – verbotene Erde. Der mutige Mann kann zwar, nachdem er sich im Dschungel eine brauchbare Menge des Heveasamens besorgt hat, ohne entdeckt zu werden die Küste erreichen, hat aber kaum noch einen Cent für die Fahrt nach Europa in der Tasche.
Der Zufall will es, daß im nächstgelegenen Hafen ein Dampfer liegt, der aus irgendwelchen Gründen keine Fracht nach England bekommt. Wickham gelingt es, sich mit seiner Samenladung einzuschiffen, ohne den Argwohn der aufmerksamen brasilianischen Hafenpolizei zu erwecken. Nach dem Inhalt seiner Bagage befragt, erzählt er, daß die mitgeführten Samen von einer seltenen Pflanze stammten und er sie für den Londoner Botanischen Garten gekauft habe.
In London läßt er rund 7000 Körner aussäen, die alle keimen und schon nach kurzer Zeit gedeihen. Als die Pflanzen kräftig genug sind, transportiert man sie in die englischen Kronkolonien Ceylon, Indien, Borneo sowie Malaysia und setzt sie dort aus. Die Kautschukpflanzen aklimatisieren sich ohne Schwierigkeiten, und die Plantagen erweisen sich bald als wichtigste Einnahmequelle dieser Länder. Schon einige Jahre später kann die Region über 3 Millionen Tonnen Gummi jährlich exportieren.
Henry Wickham wird für seine Tat von Königin Victoria geadelt. Es ist wohl die erste Ehrung dieser Art für einen Wirtschaftsspion.

Hier gedeihen die Samen der Kautschukbäume aus Brasilien: Palmenhaus in den Royal Botanic Gardens, Kew, London

Spionage in der Neuen Welt

Die Besiedlung Nordamerikas war in der ersten Hälfte des 18. Jahrhunderts bereits so weit vorangeschritten, daß sich an der Ostküste und im Innern des Kontinents allmählich koloniale Interessengebiete bildeten. In Kanada bauten die Franzosen vom Sankt-Lorenz-Strom aus eine Kette von Forts, die sich bis zu den Großen Seen, zum Mississippi-Gebiet und weiter bis Louisiana erstreckte. Als die von Neuengland aus nach Westen vordringenden britischen Kolonisten auf diese Sperrforts stießen, kam es in dem zwar dünn besiedelten, aber gut gesicherten französischen Kolonialgebiet zu blutigen Grenzkämpfen. Daraufhin besetzten die Franzosen das Tal des Ohio, um eine weitere Expansion der Engländer nach Westen zu verhindern. So spitzte sich die Lage unaufhaltsam zu: Am 28. Mai 1754 begann mit einem Feuerwechsel am Youghiogheny-Fluß der britisch-französische Kolonialkrieg.

Der Unabhängigkeitskrieg

Mit dem Frieden von Paris, der 1763 den Siebenjährigen Krieg beendet, fällt fast der gesamte französische Kolonialbesitz in Nordamerika an England. Als der britische Minister George Grenville nun versucht, die Kolonien mit einem Teil ihrer eigenen Verteidigungskosten zu belasten, weckt dies den Widerstand der amerikanischen Siedler.
Da sie wissen, daß die Franzosen ihre totale Niederlage im Kolonialkrieg nicht verwinden können, senden die Amerikaner 1776 einen ihrer prominentesten Bürger, den Staatsmann, Erfinder und Naturwissenschaftler von internationalem Ruf, Benjamin Franklin, in diplomatischer Mission nach Paris. Er soll insgeheim einflußreiche Franzosen für die Sache der Amerikaner gewinnen und mit deren Hilfe die so dringend benötigten Gelder, Schiffe und militärische Ausrüstungen beschaffen. Es gelingt Franklin sogar, einen Freundschafts- und Handelsvertrag zwischen den 13 Vereinigten Staaten und Frankreich abzuschließen. Der nachfolgende Allianzvertrag veranlaßt die Franzosen, 1778 in den Krieg gegen England einzutreten.
Seit Beginn des amerikanischen Unabhängigkeitskrieges (1776–1781) wird zwar Spionage betrieben, aber es gibt weder bei den Amerikanern noch bei den Engländern ein organisiertes System. Die von den Militärs eingesetzten Kundschafter sind meist unerfahren und werden von der Gegenseite schnell entdeckt. Der englische Lieutenant Nathan Palmer, den man in das Lager von General Israel Putnam, einem ehemaligen Farmer und Gastwirt aus Connecticut, eingeschleust hat, wird aufgespürt und nach kurzem Verhör erhängt.
Dem als Lehrer getarnten amerikanischen Offizier Nathan Hale, der bei den britischen Streitkräften spioniert, ergeht es nicht anders. Bei seiner Festnahme trägt er belastende Papiere bei sich und wird 1776 ohne Gerichtsverfahren von den Briten gehängt. »Ich bedauere, daß ich nur ein Leben zur Verfügung habe, das ich meinem Land opfern kann«, sagt er vor der Hinrichtung und geht mit diesem Ausspruch in die amerikanische Geschichtsschreibung ein.

Benjamin Franklin (1706–1790), der Erfinder des Blitzableiters, ist auch ein Meister der Geheimdiplomatie

Ab August 1777 läßt General Washington, der die Armee der Rebellen kommandiert, eine erste amerikanische Nachrichtendienstorganisation aufbauen. Der von Major Benjamin Tallmadge aus dem Connecticut Kavallerieregiment der Sheldon's Dragoons geleitete Geheimdienst wird zum größten Teil von Washington persönlich finanziert: insgesamt 17617 Dollar, was nach heutigem Wert etwa 2,5 Millionen DM sein dürften.
Tallmadge hat von General Washington den Auftrag, Agenten zu rekrutieren und auszubilden und sie dann hinter den britischen Linien einzusetzen. Sie sollen versuchen, sich in das Hauptquartier von General Sir William Howe und auch in den General Sir Henry Clinton unterstehenden New Yorker Militärstützpunkt einzuschleusen.
Eines Tages erhält General Washington anstelle des

von Tallmadge erwarteten Berichtes lediglich ein leeres Blatt Papier. Erst allmählich kommt er darauf, daß Tallmadge eine unsichtbare Geheimtinte verwendet hat. Sie stammt aus Paris und ist von Marquis de Lafayette – seit 1777 Freiwilliger bei den amerikanischen Truppen – mitgebracht worden.
Der stets wachsame General reagiert sofort: Erstens könne ein solch unbeschriebenes Papier Verdacht erregen, und zweitens sei es ziemlich wahrscheinlich, daß die Briten das zum Leserlichmachen erforderliche Mittel hätten. Washington: »Ein viel besserer Weg ist es, einen ganz normalen Brief zu verfassen, der familiäre Angelegenheiten enthält. Lediglich zwischen den Zeilen und auf dem Rest der Seite sollte man mit dieser Tinte die beabsichtigte Geheimnachricht mitteilen.«
Wie jeder gut aufgebaute Nachrichtendienst beruht der von Tallmadge auf dem Grundsatz, »der rechte Mann am rechten Ort ist mehr Wert als ein Heer von freien Agenten«. Sehr viele Informationen über General Howe in Philadelphia bekommt Tallmadge von Mrs. Lydia Darragh, die zufällig gegenüber dessen Hauptquartier wohnt. Ihren Nachrichten vor allem verdankt General Washington seinen Sieg über die Briten bei Whitemarsh im Dezember 1777.
In New York zählt Thomas Rivington zu den wertvollsten Spionen von Tallmadge, wenn er auch später als Doppelagent verdächtigt wird. Rivington ist Herausgeber und Drucker der »New York Gazette«. Er pflegt seine geheimen Berichte für Tallmadge sorgfältig in neu gedruckten Schulbüchern zu verbergen. Seine gegen die »Rebellen von General Washington« gerichteten Artikel dienen ihm als ausgezeichnete Tarnung.
Zu den Agenten des später als »Culper-Ring« bezeichneten Netzes zählt Robert Townsend, ehemaliger Kommilitone von Tallmadge an der Universität in Yale, der jetzt in New York ein Lokal betreibt, das den Briten als Treffpunkt dient und wo über alles sehr offen diskutiert wird. Die gesammelten Informationen übergibt Townsend einem Kurier namens Austin Roe, bekannt als Pferdenarr und erstklassiger Reiter. Roe ist ein unsteter Bursche und fast ständig unterwegs; daher fällt es nicht auf, daß er sehr oft seinen alten Freund Abraham Woodhull in Setauket besucht. Nach jeder Stippvisite von Roe sattelt Woodhull sein Pferd und galoppiert nach Norden in einen kleinen Ort an der Long-Island-Küste. Wenn dort in einem bestimmten Hof als Erkennungssignal ein schwarzer Unterrock und ein Paar weiße Handschuhe auf der Leine hängen, dann weiß er, daß der Fischer Caleb Brewster bereit zum Auslaufen ist.
Brewster, der zu allen möglichen Tages- und Nachtstunden in der Long-Island-Bucht seine Netze auslegt, bringt nebenbei für Tallmadge Geheimnachrichten zu einer vorher abgesprochenen Stelle im Küstengebiet von Connecticut. Dieses gut eingespielte Team beschafft zwischen August 1776 und November 1781 ungezählte Informationen aus dem britischen Hauptquartier in New York. Es ist erstaunlich,

Major Benjamin Tallmadge (1754–1835): ab August 1777 erster Geheimdienstchef der Vereinigten Staaten unter General Washington

daß über einen so langen Zeitraum niemals ernsthaft die Gefahr einer Aufdeckung bestanden hat. Tatsächlich vergehen fast 100 Jahre bis die Decknamen von Samuel Culper Senior (Woodhull) und Junior (Townsend) sowie von Tallmadge (John Bolton) bekannt werden.
Die Engländer haben sich, wie es scheint, anfangs auf zufällige Quellen verlassen, das heißt auf Informationen von Sympathisanten, unzufriedenen Rebellen und redseligen Bürgern. Doch seit die Aufständischen den als Spion ertappten britischen Offizier Nathan Palmer aufgehängt haben, sind nur noch wenige Kolonisten bereit, durch Preisgabe von Informationen ihr Leben aufs Spiel zu setzen.
Großes Aufsehen erregt der Spionagefall des Majors John André, Generaladjutant des britischen Heeres unter General Sir Henry Clinton. In seiner Funktion als Offizier für Feindaufklärung soll André 1779 unter einem Decknamen Verbindung mit dem amerikanischen General Benedict Arnold aufnehmen. Der hoch verschuldete Arnold hatte Sir Clinton wissen lassen, daß er lieber im britischen als im amerikanischen Heer dienen würde. Der im Stil einer kaufmännischen Korrespondenz getarnte Briefwechsel erstreckt sich über mehrere Monate.
Im August 1780 avanciert Arnold vom militärischen Gouverneur in Philadelphia zum Kommandanten des

General Benedict Arnold (1741–1801), Kommandant des strategisch wichtigen amerikanischen Forts West-Point

strategisch wichtigen West-Point und der am Hudson gelegenen Befestigungen. Er sei bereit – gegen Zahlung von 50000 Golddollar und einem Patent als Brigadier in der britischen Armee –, Sir Clinton diese Verteidigungsanlagen in die Hände zu spielen. Voraussetzung wäre allerdings ein persönliches Treffen mit Major André, um die Bedingungen definitiv auszuhandeln.

Das vereinbarte Treffen findet in der Nacht vom 20./21. September 1780 auf amerikanischem Gebiet am Hudson River statt. Major André bietet dem General für die Übergabe des Forts und der benachbarten Häfen eine Zahlung von 20000 Pfund Sterling an und macht ihm die Zusage, er könne danach zu den englischen Streitkräften überwechseln.

Das Boot, das André zum Treffen gebracht hatte, muß sich im Morgengrauen stromabwärts treiben lassen, um dem amerikanischen Geschützfeuer auszuweichen. André bleibt jetzt nur die Möglichkeit, sich mit dem von General Arnold gezeichneten Lageplan von West-Point samt Angaben über dieses Fort und einem auf den Namen John Anderson ausgestellten falschen Paß in Zivilkleidung zur britischen Front durchzuschlagen. Auf seinem Weg entlang der Poststraße nach Tarrytown begegnet er jedoch einer amerikanischen Patrouille. André hält die drei bewaffneten jungen Männer für Loyalisten und fragt sie: »Meine Herren, Sie gehören hoffentlich zu unserer Partei? ... Ich bin britischer Offizier und in einem besonderen Auftrage ausgeritten. Sie werden mich hoffentlich keine Minute aufhalten.«

Als sie ihn jedoch zum Absteigen auffordern, erkennt André seinen Irrtum, zeigt ihnen den von General Arnold ausgestellten Paß und beteuert, er sei für jenen in wichtiger Mission unterwegs. Die Frage, ob er sonstige Papiere bei sich habe, verneint André. Damit geben sich die drei aber nicht zufrieden und verlangen, daß er sich bis aufs Hemd entkleiden müsse. Fast wäre es André geglückt, ungeschoren davonzukommen, wenn man ihm nicht zuletzt noch befohlen hätte, auch die Stiefel auszuziehen. Dort finden sie den Lageplan und die anderen Unterlagen von Fort West-Point. Daraufhin wird André als Spion verhaftet.

Der nächstliegende Militärposten soll den Gefangenen so lange einsperren, bis entweder General Washington oder General Arnold über seinen weiteren Verbleib entscheiden. Der leitende Offizier schickt seinen Rapport über die Festnahme des Spions an General Arnold, was schwerwiegende Folgen hat.

Diese Nachricht erreicht Arnold gerade noch rechtzeitig, ehe der bereits erwartete General Washington eintrifft. Er verabschiedet sich hastig von seinen Besuchern mit dem Hinweis, seine Anwesenheit in West-Point sei unbedingt erforderlich, besteigt in aller Eile das Pferd eines Gastes und galoppiert auf einem Nebenweg zum Flußufer. Mit Hilfe von sechs kräftigen Männern gelangt Arnold in einem Ruderboot zu den englischen Linien.

Major André hat unterdessen in einem Schreiben an General Washington seine wahre Identität zu erkennen gegeben und den tatsächlichen Vorgang geschildert. Der amerikanische Geheimdienstchef Major Tallmadge ist nicht wenig erstaunt, wen er in Washingtons Hauptquartier abliefern soll. Ein aus 14 Offizieren bestehendes Kriegsgericht verurteilt Major André zum Tod durch den Strang.

Weder eine Petition von General Clinton noch das Gnadengesuch einer britischen Offiziersdelegation, auch nicht die Erklärung des zu den Engländern geflohenen Arnold, daß er die Handlungen von André verursacht habe, können General Washington davon abhalten, das Urteil am 2. Oktober 1780 durch Erhängen vollstrecken zu lassen.

Es wird behauptet, der Grund für Washingtons Weigerung, André zu begnadigen, sei das von den Engländern 1776 an dem amerikanischen Offizier Nathan Hale vollstreckte Todesurteil. Tatsächlich ist André allein durch seinen Leichtsinn in diese tödliche Situation geraten: Er hatte den ausdrücklichen Befehl von General Clinton, nicht hinter die amerikanischen Linien zu gehen und unter keinen Umständen in Zivil; er tat beides. Sein Schicksal zeigt deutlich den Unterschied zwischen einem Aufklärungsoffizier und einem Spion. Es soll allen Militärs, die einen Erkundungseinsatz zu erfüllen haben, als Warnung dienen, den Spion zu spielen.

In England wird John André als Nationalheld betrauert. König Georg III. läßt ihm in Westminister Abbey ein Denkmal errichten und 1821 seinen Leichnam überführen.

Die Hinrichtung des Majors John André am 2. Oktober 1780 ist bis heute umstritten

Der Fall André wirft die damals noch umstrittene Frage auf, ob ein in Zivilkleidung im feindlichen Gebiet eingesetzter Soldat vom Gegner als Spion oder als Kundschafter und damit nach internationalem Recht wie ein Kriegsgefangener behandelt werden müsse. Die Verurteilung von André als Spion, vor allem die Art seiner Hinrichtung durch den Strang – statt durch die Kugel – ist jahrzehntelang kritisiert worden.

Bereits im 18. Jahrhundert heißt es, daß nur der als Spion gelte, der heimlich oder unter falschem Vorwand Nachrichten im Operationsgebiet eines Kriegführenden einziehe oder einzuziehen versuche, um sie der Gegenpartei mitzuteilen.

Hauptmann André hat sich aber keineswegs mit Erkundungsabsichten, sondern zum Abschluß von Verhandlungen mit General Arnold in das amerikanische Operationsgebiet begeben und Arnold den Zweck seiner Mission vorher wahrheitsgemäß mitgeteilt. Deshalb entfallen bei ihm die wesentlichen Merkmale eines Spions, auch wenn er die ihm von Arnold übergebenen Schriftstücke später an General Clinton ausgehändigt hätte.

Daß André auf dem Rückweg zu den englischen Linien Zivilkleidung, einen falschen Paß und für den Gegner wichtige Unterlagen militärischen Inhalts bei sich trug, reicht allein nicht aus, um ihn wegen Spionage zu verurteilen, sondern lediglich wegen Beihilfe zu Arnolds Landesverrat.

Von anderen Sachverständigen dagegen wird die Verurteilung Andrés als Spion mit der Begründung verteidigt, daß er seinen Weg zurück auf jeden Fall heimlich und unter falschem Vorwand zu machen versucht und daß er mit der Entgegennahme militärischer Papiere von Arnold und deren persönlicher Weiterleitung bewußt Nachrichten für die Gegenpartei eingezogen habe, auch wenn dies nicht der eigentliche Zweck seiner Mission gewesen sei.

Major John André (1750–1780): In seinen Stiefeln werden die verräterischen Papiere gefunden

Raub von Geheimakten

Was sich in der Nacht zum 29. April 1799 im Weichbild des malerischen Städtchens ereignete, hat in den Annalen der Diplomatie des 18. Jahrhunderts keine Parallele und zeigt, daß man nicht davor zurückschreckte, Menschenleben zu opfern, um in den Besitz wichtiger Geheimpapiere zu gelangen.

Der Rastatter Gesandtenmord

Aufgrund der politischen Zustände in Frankreich schließen Österreich und Preußen im Februar 1792 ein Schutzbündnis, was Frankreich zwei Monate später veranlaßt, Österreich den Krieg zu erklären. Mit der Hinrichtung Ludwigs XVI. auf der Guillotine beginnt im Januar 1793 die Schreckensherrschaft unter Robespierre. Die allgemeine Empörung über dieses Ereignis bewirken den Kriegseintritt Großbritanniens und anderer Länder Europas.

Beunruhigt über das Schicksal der Königin Marie Antoinette schickt der neue Kaiser Franz II. seinen Diplomaten und späteren Kanzler Franz von Thugut in geheimer Mission nach Paris. Er soll mit Robespierre über eine Rettung der aus Österreich stammenden Königin verhandeln.

Das Mißlingen seines Auftrags sowie das brutale Vorgehen der französischen Revolutionäre verbittern den österreichischen Abgesandten derart, daß er in seinem Republikanerhaß sich in den darauffolgenden sieben Jahren hauptsächlich mit der Verfolgung reaktionärer Elemente, sei es im In- oder Ausland, befaßt. Um die Vorbereitung aufrührerischer Ideen zu verhindern, ist Thugut jedes Mittel recht, und er organisiert ein bald von allen gefürchtetes Spitzelsystem. Die Vermutung liegt nahe, daß Thugut auch in einen rätselhaften Fall, bekannt als Rastatter Gesandtenmord, verwickelt ist.

Im April 1799 wird das reizvoll gelegene Rastatt an der Murg, südlich von Karlsruhe, zum Schauplatz einer Tragödie, die allgemeines Entsetzen auslöst und bis heute nicht geklärt ist. Hier die Geschichte, die Europa tief erschüttert und aufzeigt, wie gefährlich die Tätigkeit von Diplomaten sein kann und wie man skrupellos Morde verübt, um sich fremde Geheimpapiere anzueignen.

Schon 1714 war Rastatt Verhandlungsort zur Beendigung des Spanischen Erbfolgekrieges. Diesmal sollen hier in einem Friedenskongreß die Differenzen zwischen dem Deutschen Reich und dem revolutionären Frankreich ihren Abschluß finden. Nachdem Kaiser Franz II. und General Bonaparte am 17. Oktober 1797 in Campoformio Frieden geschlossen haben, werden am 1. November 1797 die Reichsstände vom Kaiser aufgefordert, ihre diplomatischen Vertreter nach Rastatt zu entsenden. Die Verhandlungen sind zäh und langwierig – sie ziehen sich bis ins Frühjahr 1799 – weil Paris immer neue Forderungen stellt.

Die von Frankreich legitimierten Abgesandten sind: Ange E. L. Bonnier d'Arco, vor der Revolution Präsident des Gerichtshofes von Montpellier, den man öffentlich als einen der Mörder von Ludwig XVI. bezeichnet; der zweite, Jean Débry, 36 Jahre alt, von Beruf Rechtsanwalt, der sich den Revolutionären angeschlossen hat und unter anderem fordert, daß »alle gekrönten Häupter, die sich im Krieg mit der jungen, revolutionären Republik befinden, fallen müssen«; der dritte, Claude Roberjot, 41 Jahre alt, ein abtrünniger Priester, auch von seinen Gegnern als angenehmer und rechtsliebender Mann geschildert. Generalsekretär der französischen Gesandtschaft ist der Elsäßer Rosenstiel, ein bescheidener, aber befä-

Die drei französischen Gesandten in Rastatt, nach zeitgenössischer Darstellung

Der Überfall auf die drei französischen Gesandten bei Rastatt in der Nacht vom 28./29. April 1799

higter Mann, von Talleyrand persönlich für den Posten bestimmt.

Die Friedenskonferenz in Rastatt dient den Franzosen als willkommener Anlaß, intensiv militärische Aufklärung zu betreiben. Anfang 1799 schreibt Talleyrand den französischen Kongreßteilnehmern, die Gesandten in München, Regensburg und Stuttgart würden eifrig Informationen sammeln und sie durch zuverlässige Kuriere nach Rastatt senden. Von dort sollten sie alle militärischen Informationen sofort an General Jean Baptiste Graf Jourdan, Befehlshaber der französischen Donauarmee, weiterleiten, der mit seinem Heer nördlich von Basel am Westufer des Rheins stehe.

Für die französischen Diplomaten in Deutschland wird die Lage zunehmend schwieriger: Paris hat ihnen befohlen, so lange wie möglich auf ihrem Posten zu verbleiben, um die öffentliche Meinung in Deutschland gegen Österreich zu beeinflussen, vor allem aber um möglichst viel über Truppenaufstellungen und deren Bewegungen zu erkunden. Ihr diplomatischer Status garantiert ihnen Immunität, zum großen Ärger der Habsburger Regierung und der Militärbehörde, denn sie wissen von den französischen Spionageaktivitäten. Obwohl die österreichischen Truppen immer tiefer in den westlichen Teil des Deutschen Reiches vorrücken, denkt die Französische Republik nicht daran, ihre Vertreter aus den Verhandlungsorten abzurufen. So greift jetzt Erzherzog Karl, Oberbefehlshaber des österreichischen Heeres, zu scharfen Maßnahmen: Er fordert am 10. März 1799 den französischen Repräsentanten beim Reichstag in Regensburg zur sofortigen Abreise auf und tags darauf auch den französischen außerordentlichen Abgesandten in München.

Am 13. April 1799, reist der kaiserliche erste Bevollmächtigte, Graf Metternich, aus Rastatt ab, nachdem er drei Tage zuvor in der Karlsruher Zeitung eine Abschiedsnotiz an die französischen Gesandten hat drucken lassen, die mit den Worten schließt: »... Da nun die Neutralität des Kongreßortes aufhört, so werden auch die französischen Minister sich wahrscheinlich nicht mehr lange hier aufhalten.« Eine amtliche Aufforderung an die französischen Gesandten ergeht aber nicht. Der Chef der österreichischen Delegation, Freiherr von Albini, ist trotzdem entschlossen, die Verhandlungen fortzusetzen. Die Franzosen bleiben ebenfalls auf ausdrücklichen Wunsch von Talleyrand.

Zu dieser Zeit steht der österreichische Oberst von Barbaczy mit dem ungarischen 11. Szeklerregiment bereits in Gernsbach an der Murg, etwa 15 Kilometer von Rastatt entfernt. Am 17. April 1799 erhält er den Befehl, die Straße von Rastatt bis zum Rhein streng

zu überwachen, alle französischen Kuriere und Diplomaten zu kontrollieren und deren Geheimpapiere zu beschlagnahmen, außerdem das Seil der Rheinfähre, die bisher sämtliche Post der französischen Gesandten von Plittersdorf nach Seltz befördert hat, zu kappen.
Am 22. April teilt Barbaczy dem österreichischen Delegationschef Albini mit, daß er keine Sicherheitsgarantie für die Kongreßmitglieder übernehmen könne, da Rastatt nach Abberufung des Grafen Metternich nicht mehr als Kongreßort angesehen werde. Aufgrund dieser Erklärung beschließen noch am selben Tag Freiherr von Albini und andere Kongreßteilnehmer, Rastatt umgehend zu verlassen, aber die Franzosen wollen weiterhin ausharren. Die letzte Sitzung dieses denkwürdigen Kongresses endet am 22. April 1799 mit der 97. Tagung.
Unterdessen ereignet sich ein Zwischenfall: Ein französischer Kurier, der über Plittersdorf Geheimdepeschen nach Straßburg befördern soll, wird von Szekler-Husaren angehalten, seiner Papiere beraubt und in das Stabsquartier nach Gernsbach abgeführt. Auf die Frage des Freiherrn von Albini, ob die vier französischen Gesandten wenigstens auf ihrer Heimreise unbehelligt bleiben würden, antwortet Oberst Barbaczy nur ausweichend. Statt dessen schickt er am Abend des 28. April 1799 einen Kurier, Leutnant Ruzuska, mit einem Brief nach Rastatt, um die französischen Kongreßteilnehmer aufzufordern, binnen 24 Stunden abzureisen. Gleichzeitig läßt der Oberst eine Abteilung von 50 bis 60 Husaren nach Rastatt verlegen, die alle Tore der Stadt besetzt und den strikten Befehl hat, die zum Kongreß gehörenden Mitglieder weder hinein- noch herauszulassen.
Obwohl den Franzosen abgeraten wird, während der Nacht zu reisen, wollen diese den festgesetzten Termin einhalten. Was danach geschieht, schildert Graf Francois G. de Bray, ein ehemaliger französischer Diplomat, damals Mitglied der kurpfälzischen Delegation.
De Bray: »Es war neun Uhr vorüber. Etwa eine halbe Stunde später meldete mir mein zu Tode erschreckter, kaum der Sprache mächtiger Diener, daß ein großes Unglück geschehen sei ... Einen Augenblick später wurde gemeldet, daß Roberjots Wagen im Geleit von Husaren angefahren komme. Ich stürzte hinaus in Richtung der Großen Straße und sah in der Tat den Wagen herankommen – er war von Szeklern begleitet, die Fackeln trugen –, und näherte mich langsam. Die berittenen Husaren suchten uns zurückzuhalten, und erst auf die heftigen Vorstellungen, die Graf Bernstorff (königlich preußischer Legationsrat), Herr von Jordan und ich erhoben, ließ man uns an den Wagen herantreten, worin der Diener Roberjots mit seiner Herrin war. Er erkannte mich und rief mir zu: ›Ah monsieur, sauvez Madame‹ – ich rief sie bei Namen, sie vermochte aber nur durch Schluchzen zu antworten ... Durch Zeichen gab der Diener mir zu verstehen, daß sein Herr in Stücke gehauen sei, daß er das selbst mit angesehen habe, sich aber nicht habe entschließen können, seinen Herrn zu verlassen und zu fliehen ...
Um 6 1/2 Uhr erfuhr ich, daß Débry aufgefunden sei und sich zum Grafen Görtz begeben habe. Dort angelangt, fand ich ihn im Zimmer des Grafen, sein Gesicht war mit Blut und Rissen bedeckt, das vom Regen durchnäßte Haar fiel aufs Gesicht herab, der Hemdkragen war mit Blut gefärbt, seine Kleidungsstücke zerrissen und zerschnitten ...
Dann erzählte er, daß man ihn aus den Armen seiner Frau und seiner Töchter gerissen und sodann mit Hieben überdeckt habe, bis er sich tot gestellt. Er habe sich in einen Graben auf der Seite des der Murg und der Rheinaubrücke gegenüberliegenden Wäldchens gerollt, als seine Mörder von ihm abließen, um sich zu den übrigen Wagen zu begeben.
Dann war er im Schutz der Nacht in das Wäldchen geflüchtet, mit Hilfe der einen unverletzt gebliebenen Hand auf einen Baum gestiegen, auf dem er etwa eine Viertelstunde verblieben, sodann heruntergeklettert und nachdem er einige Zeit gegangen, eingeschlafen.
Bei seinem Erwachen sei der Tag schon angebrochen, und habe er die Richtung nach Rastatt eingeschlagen. Seinen Hut, seine Ohrgehänge, seine Schuhe und das Halstuch habe er weggeworfen und halbtot einen ihm begegnenden Bauern (in Wirklichkeit ein Schuhmacher namens Otto) um Kleider gebeten. Auf dem Wege habe er die Leichen seiner unglücklichen Kollegen gesehen, ein Bild, das ihn beständig verfolge ...«
Noch am Abend des 29. April 1799 werden die Leichen von Bonnier und Roberjot unter militärischen Ehren auf dem Bernhardus-Friedhof beigesetzt. Oberst von Barbaczy verspricht den in Rastatt anwesenden Kongreßmitgliedern noch am selben Abend, die Sache unverzüglich untersuchen zu lassen und die Verbrecher zu inhaftieren. Er scheint es damit aber nicht so eilig zu haben. Jedenfalls rühmen sich seine Husaren in den nächsten Tagen sowohl in Rastatt als auch in Gernsbach ungestraft ihrer Tat und scheuen sich keineswegs, mit ihrer Beute zu prahlen und sie teilweise zu veräußern.
Tatsache ist jedenfalls, daß die bei dem mörderischen Anschlag erbeuteten Geheimunterlagen in die Hände des österreichischen Oberbefehlshabers Erzherzog Karl gelangt und anschließend in Wien gesichtet worden sind. Es wird vermutet, daß man unter anderem nach Beweisen für geheime Absprachen zwischen Frankreich und Preußen gesucht hat. Nach gründlicher Auswertung schickt man die Akten nach Straßburg.
Am 1. Mai 1799 gibt Erzherzog Karl den Befehl, eine Untersuchung einzuleiten. Er betraut damit den Grafen Spork in Villingen (Schwarzwald) und ordnet die sofortige Vernehmung von Oberst Barbaczy sowie die Verhaftung »der Mannschaft an, die sich der Mordtat schuldig gemacht hat«. Daß die Szekler Husaren weder die französischen Gesandten gekannt, wahrscheinlich nicht einmal ihren Namen ge-

wußt und doch die richtigen ermordet haben, scheint zu beweisen, daß dies auf fremdes Geheiß geschehen ist. Einer der preußischen Kongreßteilnehmer beschuldigt Österreich ganz offen der Urheberschaft.
Mitte Oktober 1799 wird nach fast sechs Monate dauernden Nachforschungen eine kurze Nachricht in der Presse veröffentlicht: »Die Untersuchung wegen Ermordung der französischen Gesandten bei Rastatt ist abgeschlossen, und die Protokolle sind von der Kommission nach Wien gesandt worden.« Hier werden sie als streng geheim eingestuft.
Damit verliert sich auch jede weitere Spur, und die Geheimprotokolle tauchen nie wieder auf. Obwohl es zu keinem Urteilsspruch kommt, erhält Oberst Barbaczy zwei Jahre Haft. Die Anklage lautet auf Raubmord. Nach seiner Entlassung im Mai 1801 wird Barbaczy zum Generalmajor befördert und ehrenvoll in den Ruhestand versetzt. Der Kaiser ordnet allerdings strikt an, daß diese Beförderung weder amtlich bekanntgemacht noch durch Zeitungen verbreitet werden darf.
Bis heute, fast 200 Jahre nach dieser geheimnisumwitterten Affäre, bleibt die entscheidende Frage offen: Wer hat Oberst Barbaczy tatsächlich den Auftrag erteilt, die Franzosen aus dem Weg zu räumen, um sich ihrer Geheimdokumente zu bemächtigen?

Am Morgen des 29. April vor dem Rastatter Schloß:
»Traurige Rückkunft aller noch geretteten Personen der französischen Friedensgesandtschaft...«

Agenten in Frankreich

Napoleon Bonaparte, seit 1804 Kaiser der Franzosen, unterwarf Anfang des 19. Jahrhunderts einen großen Teil Europas. Sein Geheimdienstchef Joseph Fouché hatte es wie kaum ein anderer verstanden, Frankreich mit einem dichten Netz von Spitzeln und Agenten zu überziehen sowie die Gegenspionage bis zur Perfektion zu betreiben. Auf diesem System beruhte letztlich das innere Gefüge der Herrschaft Napoleons und dessen Machtentfaltung auf dem europäischen Kontinent.

Joseph Fouché

Joseph Fouché ist am 29. Mai 1763 in Nantes als Sohn eines Schiffskapitäns geboren. Sein Leben für die Kirche wird vom Elternhaus bereits vorbestimmt. Nach der Erziehung bei den Oratorianern tritt er 1779 dieser Gemeinschaft bei. Doch zehn Jahre später, bevor er die letzte Weihe empfangen soll, beschließt Fouché, sich in Nantes als Advokat niederzulassen. Durch seine temperamentvollen Reden fällt er in den Clubs der Stadt auf und wird 1792 in den Nationalkonvent gewählt.

Verblüffend schnell entwickelt sich Fouché zum radikalen Politiker, der im November 1793 in Lyon und auch Toulon gnadenlos Hunderte von Royalisten zusammentreiben und mit Kanonen niederschießen läßt, weil Guillotine und Exekutions-Kommandos angeblich zu langsam arbeiten. Durch seine extremen Ansichten bekommt er jedoch Streit mit Maximilian Robespierre, der für seine Ausschließung aus dem Jakobinerklub sorgt. Dies veranlaßt ihn, sich 1794 am Sturz von Robespierre zu beteiligen.

Fouché gelingt es, alle Regierungen zu überleben. Nach dem Sturz des ersten Direktoriums wird er im September 1799 zum Polizeiminister ernannt. Hervorstechend ist sein außergewöhnliches Organisationstalent. Für ihn ist die wichtigste Aufgabe, mit sämtlichen ihm zur Verfügung stehenden Kräften das Land wieder in Ruhe und Ordnung zu bringen und die bestehenden Gegensätze allmählich abzubauen.

Durch die Einführung von Papiergeld hat sich die Banknotenfälschung zu einem blühenden Geschäft entwickelt, wobei England und die französischen Royalisten mit vereinten Kräften von diesem Mittel zur politischen Zersetzung Gebrauch machen. Fouché zieht Spezialisten heran, organisiert einen fachmännisch geschulten Geheimdienst und rückt den Falschmünzern zu Leibe.

Die überall aufflackernden royalistischen Aufstände werden mit Hilfe einer Spezialtruppe, den »Colonnes mobiles«, im Keim erstickt. Fouché, der von eiskalter Härte sein kann, ist gleichzeitig ein mustergültiger Familienvater und versucht immer wieder, sich mit den Gegnern zu versöhnen anstatt sie zu vernichten. Deshalb hat er in allen politischen Kreisen, bei den Bonapartisten, den Royalisten, den Republikanern, ja selbst unter den Anarchisten Vertraute.

Der Polizeiminister weiß genau, daß nur der erfolgreich arbeiten kann, dessen Initiative durch eine gewisse Selbständigkeit gefördert wird. So schafft er eine Organisation, die auf Verantwortungsbewußtsein basiert. Dank seiner ausgeprägten Menschenkenntnis versteht er es, jeweils den rechten Mann auf den rechten Platz zu stellen und gute Arbeit entsprechend zu honorieren.

Seinen Mitarbeitern läßt er genügend freie Hand, so daß sie sich in ihrem jeweiligen Arbeitsbereich, sei es auf dem Gebiet der Gegenspionage oder der Bekämpfung von politischen Umtrieben, zu hervorragenden Spezialisten entwickeln können. Fouché erreicht sein ehrgeiziges Ziel durch einen generalstabsähnlichen Aufbau der Geheimpolizei. Dabei beschränkt er sich nicht nur auf das Überwachungssystem des Inlandes, sondern unterhält auch Agenten und Provokateure in den neutralen und feindlichen Ländern sowie bei den Bundesgenossen.

Sein Ministerium hat Fouché in sechs Abteilungen gegliedert: Die erste untersteht seinem persönlichen Sekretär. Hier werden alle streng geheimen Angelegenheiten erledigt, deren Bearbeitung er niemand anderem anvertrauen will. In dieser Abteilung herrscht ein ungewöhnliches Arbeitstempo, weil dort gleichzeitig alle Fäden zusammenlaufen. Die zweite Abteilung für »Allgemeine Sicherheit« – von Fouché »Sûreté générale« bezeichnet – leitet der berühmt-berüchtigte Staatsrat Desmarest.

Weitere Abteilungen sind das Referat zur Überwachung der Emigranten, die Rechnungsabteilung, das Archiv, die Dienststellen für Gefängnis- und Pressefragen in Verbindung mit den Senatskommissionen sowie das Presse- und Theaterreferat. Fouché ist der erste Polizeichef, der die Bedeutung der Presse erkennt. Er verpflichtet für dieses Referat die besten Journalisten des Landes, um sie für die eigene Propaganda zu verwenden, aber auch mit dem Hintergedanken, die Opposition geistig zu verarmen. Er weiß, daß die Geheimpolizei nicht nur durch straffe Organisation und Disziplin, sondern vor allem durch Intelligenz den Gegnern überlegen sein muß. Dies sei wirksamer als jede Zensur, von der er zwar ebenso auf äußerst geschickte Weise Gebrauch macht.

Zu seinen prominentesten Agenten zählt die Gattin des Ersten Konsuls Napoleon Bonaparte, die spätere Kaiserin Josephine. Sie berichtet Fouché täglich über alles, was in ihrer Umgebung vor sich geht. Fouché: »Es ist bekannt, daß sie infolge ihrer unsinnigen

Verschwendung ihr Haus in Unordnung und Not brachte. Nie besaß sie einen einzigen Louisdor. Die 40000 Franc Einkommen, die Bonaparte ihr vor seiner Abreise gewährt hatte, genügten ihr keineswegs. Und dabei hatte sie im gleichen Jahr aus Ägypten noch zwei Extrasendungen erhalten, die ungefähr denselben Betrag ausmachten.

Da Barras mir Josephine empfohlen hatte (Josephine war, ehe sie Bonaparte kennenlernte, die Geliebte von Barras), so gab ich ihr heimlich von dem Gelde, das aus dem Ertrag des Spielklubs stammte. Ohne besondere Förmlichkeit übermittelte ich ihr tausend Louisdor, und diese Galanterie eines Ministers bewirkte, daß Josephine mir vollkommen wohlgesinnt wurde. Von ihr erfuhr ich sehr viel, denn sie empfing fast ganz Paris.«

Fouché nutzt seine ausgedehnten Kontakte zu den großen Finanziers und weiß, daß eine Gefälligkeit zu einer Gegenleistung verpflichtet. Wenn es ihm erforderlich erscheint, übergeht er sogar Befehle, die der Kaiser im Affekt gegeben hat. Durch seinen starken Charakter und persönlichen Mut bleibt er immer Herr der Lage. Als Napoleon ihm einmal im Jähzorn ernstlich androht, ihn verhaften und erschießen zu lassen, erwidert Fouché äußerlich unbeeindruckt: »Als Polizeiminister fühle ich mich verpflichtet, Euer Majestät davon abzuraten.«

Nichts kennzeichnet seine Stellung mehr als folgendes Beispiel: 1802 wird Fouché von Bonaparte – zu dieser Zeit noch Erster Konsul – kaltgestellt, weil er ihm zu mächtig geworden ist. Doch die beiden Jahre unter dem nächsten Minister sind durch anwachsende Kriminalität, zunehmende politische Verschwörungen und schwere Fehler der Regierung in der Innen- und Außenpolitik gekennzeichnet. Als Bonaparte seine Ratgeber fragt, wen man als Nachfolger vorschlagen könnte, herrscht eisiges Schweigen, bis Außenminister Talleyrand darauf anwortet: »Ich wüßte für Fouché nur einen einzigen Nachfolger, nämlich Fouché selbst.«

Fouché: »Im Innern fehlte es an einer mächtigen Verwaltung, nämlich der Generalpolizei, die Vergangenheit und Gegenwart vereinigen und die Sicherheit des Reiches gewährleisten konnte. Napoleon empfand selbst diesen Mangel, und so setzte er mich durch die kaiserliche Verordnung vom 10. Juli (1804) wieder als Chef der Polizei ein. Dabei wurden mir umfangreichere Funktionen zuerteilt, als es vor der unsinnigen Verschmelzung von Justiz und Polizei der Fall gewesen war.

Zwei Tage bevor diese Verordnung erlassen wurde, war ich zu einer geheimen Konferenz in das Kabinett Napoleons nach Saint-Cloud berufen worden. Dort hatte ich sozusagen meine Bedingungen gestellt, indem ich die Grundlagen, die die neue Organisation meines Ministeriums vollendeten, dem Kaiser zur Genehmigung vorlegte.«

Um das Land vor den Aktivitäten der im Ausland lebenden Royalisten zu schützen, organisiert Fouché auch den gesamten Bereich der politischen Spionage.

Joseph Fouché, der spätere Herzog von Otranto (1763–1820), Napoleons perfekter Geheimdienstchef

Er erkennt, daß man heimlich zurückkehrende Emigranten und ausländische Agenten nicht erst in Paris oder in den Provinzhauptstädten beobachten muß, sondern so früh wie möglich damit beginnen sollte. Häfen und Grenzorte werden daher von Spezialagenten äußerst sorgfältig überwacht. Feindliche Agenten, besonders aus England, versucht man bereits in ihrem Heimatland aufzuspüren, so daß sie dem französischen Geheimdienst schon beim Grenzübertritt namentlich oder vom Aussehen her bekannt sind.

Die für Fouché im Ausland tätigen Agenten und Spione haben den Auftrag, befreundete Länder zu überwachen, oder – wie im nachfolgend geschilderten Fall Schulmeister – feindliche Staaten aktiv zu beeinflussen. Es sind entweder Informanten, die man in den entsprechenden Ländern durch Bestechungssummen, oft sogar mit zugesagten Jahresgehältern, zur Mitarbeit verleitet hat, oder besonders talentierte Einzelagenten, die Fouché direkt von Frankreich aus mit spezieller Geheimmission auf Reisen schickt.

Auch die in Paris verbotenen Zeitungen läßt Fouché beschaffen und in seinem Geheimkabinett archivieren. So ist er ständig über die wichtigsten politischen Ereignisse und die sich anbahnenden Veränderungen unterrichtet und kann sich meistens ein genaues Bild von den Tätigkeiten des Außenministeriums machen, gegebenenfalls sogar dessen Politik unmerklich beeinflussen.

Im gesamten französischen Machtbereich hat Fouché die Zentren der gegnerischen Spionage ermittelt und auf einer großen Landkarte verzeichnet, dazu eine

General René Savary, Herzog von Rovigo (1774–1833), Chef des militärischen Kundschafterdienstes, ab 1810 Nachfolger von Fouché als Polizeiminister

Personenkartei angelegt, die außer den Namen der kriminell oder politisch Verdächtigen auch deren besondere Charaktereigenschaften und ihre Tätigkeiten enthält.

Obwohl Napoleon seinem Polizeiminister – der sich nebenbei rücksichtslos bereichert haben soll – oft mißtraut, ist dieser für ihn unentbehrlich. Als Anerkennung wird Fouché im März 1806 zum Herzog von Otranto ernannt und mit beträchtlichen Gütern bedacht.

Da Fouché sich allmählich den unaufhörlichen Eroberungsfeldzügen des Kaisers widersetzt und auf eigene Faust mit der englischen Seite geheime Verhandlungen führt, fällt er bei Napoleon in Ungnade und wird am 3. Juni 1810 kurzerhand abgelöst. Um seinen Nachfolger General Savary in Verlegenheit zu bringen, soll Fouché alle Geheimunterlagen seines Ministeriums verbrannt oder versteckt haben. Als der Kaiser ihn zur Rechenschaft ziehen will, flüchtet er in die Toskana. So hat der neue Polizeiminister einen schweren Stand, um sich auf seinem Posten zu behaupten.

Fouchés Lebenswerk bleibt richtungweisend für die Organisation einer modernen Sicherheitspolizei und des politischen Geheimdienstes. Unter seiner Führung sind wichtige und heute noch gültige Grundsätze des Erkennungsdienstes erarbeitet worden. Niemals soll es in seinem übersichtlich und straff geführten System einen Leerlauf gegeben haben.

Joseph Fouché, Herzog von Otranto, stirbt am 25. Dezember 1820 in Triest und hinterläßt seinen Söhnen ein Vermögen von 14 Millionen Franc.

Napoleons erfolgreichster Spion

Durch General René Savary, Chef des militärischen Kundschafterdienstes und späterer Minister der Geheimpolizei, lernt Bonaparte den Mann kennen, der sich bald als sein bester Agent erweisen wird.

Karl Ludwig Schulmeister, am 5. August 1770 im elsäßischen Neu-Freistett bei Kehl geboren, ist der Sohn eines evangelischen Pfarrers. Sein Großvater – so das Straßburger Stadtarchiv – soll einer ungarischen Adelsfamilie entstammen.

Der intelligente und äußerst sprachbegabte Junge wird auf Wunsch seines Vaters Kaufmann. Bereits mit 22 Jahren heiratet er die Tochter eines gut situierten Minendirektors und zieht mit ihr und dem Sohn 1797 nach Straßburg. Da sein Eisenwarenhandel aber nicht genügend einbringt, befaßt sich Schulmeister nebenbei mit einträglichen Schmuggelgeschäften.

Eines Tages jedoch wird er auf einer dieser Schmuggeltouren von der Grenzpolizei gefaßt. Vermutlich hat man Schulmeister vor die Wahl gestellt, entweder seine Strafe im Gefängnis zu verbüßen, oder sich künftig auf der anderen Seite des Rheins als Agent zu betätigen. So beginnt die Laufbahn eines Spions, dessen Fähigkeiten General Savary schon frühzeitig erkannt hat. Das langjährige Vertrauen, das Schulmeister bei Savary genießt, beruht auf Kundschafterdiensten, deren Ergebnisse den damals noch sehr jungen französischen Offizier überrascht haben. Und der Zufall will es, daß der inzwischen zum General avancierte Savary sich jetzt bei den Truppen des Generals Moreau, dem Befehlshaber der Rheinarmee, befindet, die Ende April 1800 den Rhein zwi-

Karl Ludwig Schulmeister (1770–1853), der sprachbegabte Verwandlungskünster und Meisterspion

schen Straßburg und Schaffhausen überqueren sollen. Schulmeister hat schon vorher bei seinen ausgedehnten Erkundungen Kontakte zu österreichischen Offizieren geknüpft und sie auf geschickte Weise ausgehorcht, was Savary nun sehr zugute kommt.
Während der General 1802 für einige Zeit die Nachfolge des Polizeiministers Fouché antritt, entwickelt sich Schulmeister zu einem seiner besten Agenten. Savary empfiehlt daher Napoleon, ihn als Spion in das österreichische Stabsquartier des Feldmarschalls Mack einzuschleusen.
Mit Hilfe gefälschter Papiere reist Schulmeister – etwa im Frühjahr 1805 – als ungarischer Edelmann nach Wien und gibt vor, er sei wegen Spionage gegen Bonaparte ausgewiesen worden. Feldmarschall-Leutnant Mack ist nach ausführlicher Befragung des Mannes davon beeindruckt, welche Kenntnisse er über das napoleonische Heer besitzt und wie er die Stimmung der französischen Bevölkerung einschätzt. Es heißt auch, Schulmeister habe heimlich in Frankreich eine Zeitung mit Artikeln, die sich gegen Napoleon richten, drucken lassen und sie dem Stabsquartier zugespielt, um seine Ausführungen dadurch noch zu bestärken. Auch Briefe, die das allgemeine Unbehagen und die zunehmende französische Opposition widerspiegeln, dienen Schulmeister als Beweis seiner Offenheit gegenüber dem österreichischen Heerführer. Er versichert Mack, daß die französischen Truppen gebunden seien, um Aufstände innerhalb Frankreichs niederzuschlagen. Schulmeisters Informationen und Argumente erscheinen dem Feldmarschall so glaubwürdig, daß er ihn nach kurzer Zeit zum Chef seiner Aufklärungsabteilung ernennt.
Mit dem 1805 geschlossenen dritten Koalitionsbündnis gegen Frankreich wollen England, Österreich, Rußland und Schweden die gefährlich anwachsende Macht Napoleons in Europa brechen. Der Operationsplan sieht vor: England soll Frankreich von See her bekämpfen und Österreich zusammen mit Rußland die französischen Armeen in Bayern vernichtend schlagen und verfolgen.
Erzherzog Karl befindet sich bereits mit einem starken österreichischen Heer auf dem Marsch in Richtung Mailand, da in Norditalien die Hauptstreitmacht Napoleons erwartet wird. Um zu verhindern, daß der Kurfürst von Bayern sich mit Napoleon einigt, dringt Feldmarschall-Leutnant Mack, ohne das Eintreffen der verbündeten russischen Kräfte abzuwarten, bis zur Iller vor. Er bezieht dort mit seiner 80000 Mann starken Armee zwischen Memmingen und Ulm Stellung.
Schulmeister kann den Feldmarschall davon überzeugen, daß die geringen Truppenverbände, die Napoleon hier auf dem nördlichen Weg nach Wien einsetzen könne, quer durch den Schwarzwald in Richtung Iller-Stellung marschieren würden.
Die Franzosen nähern sich auch tatsächlich, aber nicht direkt, sondern in einer großangelegten nördlichen Umfassungsbewegung. Mack beunruhigt diese Patrouillenmeldung, aber Schulmeister hat eine plausible Erklärung parat: Die Franzosen im Norden seien die übliche Flankensicherung, die Hauptmacht selber werde den Österreichern bald an der Iller gegenüberstehen.

Feldmarschall Karl Freiherr von Mack-Leiberich (1752–1828), das Opfer einer raffinierten Täuschung

Nachdem sich allerdings herausstellt, daß die Franzosen doch in den Rücken der Iller-Stellung vorgedrungen sind und Macks Armee in Ulm einschließen, ist Schulmeister plötzlich verschwunden. Dem Feldmarschall wird nun bewußt, daß man ihn in eine Falle gelockt hat. In dieser aussichtslosen Lage bleibt ihm kein anderer Ausweg, als am 17. Oktober 1805 die Kapitulation zu unterzeichnen und seine noch aus 25000 Mann bestehende Armee dem Feind zu übergeben. Diesen überraschend schnellen Sieg verdankt Napoleon nicht zuletzt seinem in den gegnerischen Stab eingeschleusten außergewöhnlichen Spion.
Welche Rolle Schulmeister tatsächlich bei der Übergabe von Ulm gespielt hat, erfährt man aus den Briefen, die er unmittelbar nach Einnahme der Stadt an seinen Vorgesetzten Savary geschrieben hat, sowie aus den Prozeßakten des 1806 gegen Mack vor dem Wiener Hofkriegsrat eingeleiteten Verfahrens. Darin heißt es, Schulmeister sei auf Empfehlung von

Ulm, 18. Oktober 1805: Feldmarschall Mack muß mit seinen Truppen vor Napoleon I. kapitulieren

Hauptmann Wendt, einem österreichischen Offizier aus dem Stab des Feldmarschalls von Klenau, zu Mack gekommen. Wendt, mit dem Kundschafts- und Spionagewesen der Österreicher betraut, habe von Schulmeister größere Bestechungssummen angenommen und seitdem für Napoleon gearbeitet.
Schulmeister, dem es gelungen war, sich rechtzeitig aus Ulm abzusetzen, schließt sich der französischen Kavallerie unter Marschall Murat an, die am 13. November 1805 die Hauptstadt Österreichs erreicht. In Anerkennung seiner Verdienste wird Schulmeister zum »Generalkommissär der Polizei der Stadt Wien« ernannt und tritt damit zum erstenmal in das Licht der Öffentlichkeit. Nach dem Frieden von Preßburg verläßt er im Januar 1806 zusammen mit den französischen Truppen das österreichische Gebiet und kehrt nach Frankreich zurück.
Jetzt erhält Schulmeister von Napoleon eine fürstliche Belohnung für seine erfolgreiche Spionagetätigkeit. Zwar schenkt ihm Napoleon nicht die erhoffte Auszeichnung, den Orden der Ehrenlegion, aber so viel Geld, daß er als Millionär leben und sich das große Gut »Entenfang« kaufen kann, das er in »Meinau« umbenennt. Er selber tituliert sich nur »Monsieur Charles de Meinau«.
Anfang Oktober 1806 kommt es zwischen Frankreich und Preußen zum Krieg. Savary fordert Schulmeister auf, sich sofort beim Generalstab einzufinden. In der letzten Schlacht des Krieges bei Friedland wird Schulmeister von einer Kartätschenkugel am Kopf verwundet. Als Königsberg sich am 16. Juni 1807 den Franzosen ergibt, übernimmt Savary als Gouverneur ganz Altpreußen, und Schulmeister wird Polizeipräsident von Königsberg.
Ungefähr drei Wochen später, nach dem Frieden von Tilsit, trifft »Monsieur Charles« auf seinem Gut Meinau ein. Doch bereits Mitte September 1808 hat Savary einen neuen Auftrag für ihn: Er soll während des Erfurter Fürstentages die Leitung der Polizei, vor allem den Schutz der Monarchen, übernehmen, denn vom 27. September bis zum 12. Oktober 1808 halten sich, neben fast allen Rheinbundfürsten, Napoleon und Zar Alexander I. von Rußland dort auf, um über die zukünftige Zusammenarbeit zu beraten.
Nur ein halbes Jahr später, am 8. April 1809, bricht wieder Krieg mit Österreich aus, und Schulmeister muß erneut das Polizei- und Kundschafterwesen übernehmen. Nun zum »Generalkommissär der Kaiserlichen Heere« ernannt, soll er die Gendarmerie leiten, das Paßwesen kontrollieren, Plünderungen und Exzesse verhindern sowie Marodeure und Nachzügler aufgreifen.
Bereits am 12. Mai 1809 halten die Franzosen wieder Einzug in Wien, und Schulmeister wird zum zweitenmal die Leitung der Polizei in der besetzten Hauptstadt übertragen. Seine Aufgabe ist es auch jetzt, für die Sicherheit der französischen Truppen zu sorgen.
Nach seiner Rückkehr kauft er das in der Umgebung von Paris gelegene Schloß Piple. Was Schulmeister in den folgenden Jahren getan hat, läßt sich nicht genau ermitteln. Doch im Sommer 1814 wird plötzlich die allgemeine Aufmerksamkeit auf den Schloßherrn von Meinau und Piple gelenkt: Man munkelt von allerlei Verschwörungen und Umtrieben, die den Zweck haben, den neuen König Ludwig XVIII. zu stürzen, Napoleon aus seiner Verbannung auf der Insel Elba zurückzurufen und das Kaiserreich wiederherzustellen.
Die damaligen Zeitungen und verschiedene Gerüchte bezeichnen Schulmeister als einen der Hauptagenten des gestürzten Kaisers Napoleon. Es heißt sogar, er sei mehrmals auf der Insel Elba gewesen, um dort Bericht zu erstatten und weitere Anweisungen einzuholen. So habe er die Verbindung mit Napoleon aufrechterhalten und große Geldsummen von Elba herübergeschafft, um damit in Frankreich die nötigen Aktivitäten in Bewegung zu setzen. Andere behaupten dagegen, Schulmeister habe selbst mehrere Millionen geopfert, um das Interesse Bonapartes und die beabsichtigte Wiederherstellung des politischen Zustandes zu fördern.
Im Frühjahr 1815 wird Schulmeister für die Rückkehr Napoleons von Elba verantwortlich gemacht. Dies ist gewiß einer der Gründe, warum man so eifrig nach ihm fahndet. Die Verhöre und den Prozeß überlebt er nur mit knapper Not.
Als Napoleon nach der endgültigen Niederlage bei Waterloo gezwungen wird, Frankreich für immer zu

verlassen und auf St. Helena in Verbannung zu leben, vermacht er seinem Meisterspion als letzten Dank sein Feldbett und einen Tisch.
Auf dem Weg von Paris nach Schloß Piple im Sommer 1815 läßt der preußische Generaldirektor der Armee und Pariser Polizei, Justus Gruner, Schulmeister verhaften und in das Gefängnis Charonne einliefern. Eine Untersuchungskommission soll jetzt nach neun Jahren feststellen, welche Schuld ihn während der Napoleonischen Kriege an der damaligen Übergabe von Hameln, Wismar und Rostock trifft. Es können ihm jedoch keine verbrecherischen Aktivitäten zur Last gelegt werden, die den Tod verdient hätten. Immerhin muß er 400000 Franc Strafe bezahlen und erhält seine Freiheit erst wieder, nachdem er diese Summe aufgebracht hat.
Schulmeisters Vermögen ist bald zerronnen. Durch seine Großzügigkeit und unglückliche Spekulationen zerbröckelt es allmählich: Etwa um 1835 muß er Gut Meinau verkaufen und kann nur noch das Haus in Straßburg behalten, das ihm schon vor seiner Spionagetätigkeit gehörte. Dort verbringt er als bescheidener Rentner in großer Zurückgezogenheit seinen Lebensabend.
Louis Bonaparte, Präsident der Zweiten Republik, kommt 1851, ein Jahr vor seiner Wahl zum Kaiser, nach Straßburg und besucht zum allgemeinen Erstaunen den achtzigjährigen ehemaligen Agenten seines Oheims in dessen Wohnung. Der Präsident ist von dem alten Mann so angetan, daß er anordnet, ihm aus seiner Privatschatulle eine Pension zu zahlen. Aber Schulmeister wird kurz darauf krank und stirbt am 8. Mai 1853, ohne in den Genuß dieser kaiserlichen Zuwendung zu kommen.
Noch viele Jahre danach erzählt man sich in Straßburg und Umgebung unzählige Anekdoten über die Abenteuer von Napoleons Meisterspion: »... Aus einer belagerten Stadt soll er als angeblich Toter in einem Sarge entkommen sein ...
In Wien sei ihm eines Tages die österreichische Polizei auf der Spur gewesen, während er sich in einem Friseursalon habe rasieren lassen. Als er seine Verfolger bemerkte, sei er nur zur Hälfte rasiert aufgesprungen, habe sich den Schaum vom Gesicht gewischt, dem Barbier ein Goldstück hingeworfen und sei wie der Blitz durch eine Hintertür verschwunden ...
Ein andermal soll er einen österreichischen Generalintendanten mit einer Million bestochen haben, um in dessen Uniform einem von Kaiser Franz II. persönlich abgehaltenen Kriegsrat beizuwohnen ...
Schulmeisters Kunst, sich in die verschiedensten Personen zu verwandeln, ließe sich kaum von jemandem übertreffen: Eines Tages, als mehrere Gendarmen gerade sein Haus umstellten, um ihn zu verhaften, soll er ihnen selbst die Tür geöffnet und sie freundlich begrüßt haben. Da dieser Mann aber dem beschriebenen Schulmeister nicht im entferntesten ähnlich sah, hinderte ihn niemand daran, das Haus zu verlassen, während man drinnen eifrigst nach ihm suchte ...
Man sagt, auch ein Hund habe ihm einmal als Tarnung gedient. Er soll dem Tier das Fell eines Pudels übergezogen, unter diesem Zweitfell seine Papiere sowie alles, was ihn hätte belasten können, versteckt und mit dem Hund unbehelligt die feindlichen Posten passiert haben ...
Seine Verkleidungskunst und Geistesgegenwart seien ihm jedesmal zugute gekommen: In der Schlacht von Wagram hätten ihn österreichische Soldaten als gefährlichen Spion erkannt. Er sei ihnen blitzschnell entkommen und in das obere Stockwerk eines Bauernhauses geflüchtet, habe dort rasch sein Äußeres verändert und sei den Verfolgern als Chirurg mit Besteck und Schüssel entgegengetreten. »Wir suchen einen Spion. Haben Sie ihn gesehen? Er soll dort droben sein!« rufen die Soldaten. »Der! Der pfeift auf dem letzten Loch. Er liegt sterbend im Bett!« – so Schulmeister mit veränderter Stimme im österreichischen Dialekt. Die Soldaten seien die Treppe hinauf gestürmt, doch ehe sie merkten, daß man sie gefoppt habe, sei Schulmeister längst entwichen ...«

Gut Meinau, die herrschaftliche Residenz von Karl Ludwig Schulmeister, dem Generalkommissär der kaiserlichen Heere

Secret Service contra Napoleon

Der britische Geheimdienst erwies sich Anfang des 19. Jahrhunderts gegenüber dem mächtigen Spitzel- und Agentensystem Frankreichs als durchaus ebenbürtiger, ja oft sogar überlegener Gegner. Nicht zuletzt war es der erfolgreichen Tätigkeit des Secret Service zu verdanken, daß dem Expansionsdrang Napoleons Einhalt geboten und er schließlich 1815 bei Waterloo besiegt wurde.

Das Geheimnis von Tilsit

Nach dem Frieden von Amiens zwischen Frankreich und England, der im März 1802 den Zweiten Koalitionskrieg beendet, ziehen scharenweise englische Touristen durch Frankreich. Sie wollen vor allem sehen, was nach der Revolution von Paris noch übriggeblieben ist.

Unter die Reisenden mischen sich aber auch zahlreiche Spione, die Napoleons Pläne erkunden sollen. So erfährt man in England, daß es im französischen Kriegsministerium eine Sonderabteilung gibt, die sich ausschließlich mit geheimer Nachrichtenbeschaffung befaßt. 117 ausgesuchte Spezialisten, Guides-Interprètes de l'Armée de Angleterre genannt, werten dort sämtliche Informationen aus. Diese Experten gehören zu einer 200000 Mann starken Armee, die bereits 1804 zwischen Ostende und St. Mâlo entlang der Kanalküste aufzumarschieren beginnt. Napoleon: »Beherrschen wir für sechs Stunden den Kanal, so sind wir die Herren der Welt!«

Alle Anzeichen deuten auf einen Krieg und veranlassen London, sofort zu handeln. Es entsteht in Whitehall, im Hauptquartier der Horse Guards, das Depot of Military Knowledge – die Abteilung für militärische Erkenntnisse. Damit wird auch der Stab des militärischen Nachrichtendienstes ins Leben gerufen. Das Depot hat vier separate Unterabteilungen: für allgemeine Informationsbeschaffung durch Agenten im Ausland; für das Sammeln von Informationen über Truppenbewegungen in aller Welt; eine Bücherei als Basis für das Studium bisheriger und laufender Operationen; ein Department für die Erstellung und Vervielfältigung von Karten.

Den Engländern ist nicht entgangen, daß Napoleon eine Invasion Großbritanniens vorbereitet. Nun unternehmen britische Geheimagenten die größten Anstrengungen, um Ort und Zeitpunkt des Unternehmens sowie die Stärke der Invasionstruppen herauszufinden.

Die erste offene Handlung Napoleons gegen England ist die Verhaftung von etwa 10000 männlichen Inselbewohnern im Alter von 18 bis 60 Jahren, die sich derzeit in Frankreich aufhalten. Dies veranlaßt den britischen Geheimdienstchef, seinen Agenten George Cadoudal mit reichlich Geld ausgestattet nach Frankreich einzuschleusen, um dort mit Hilfe der Generäle Jean Victor Moreau und Charles Pichegru ein Komplott zur Ermordung des Ersten Konsuls Napoleon Bonaparte zu organisieren. Aber der französische Geheimdienst erfährt von diesem Plan und läßt im Februar 1804 die drei Hauptverschwörer verhaften.

Cadoudal wird hingerichtet, und General Pichegru soll sich am 5. April 1804 angeblich im Gefängnis selbst erdrosselt haben. Der einzige, den man begnadigt, ist General Moreau. Der österreichische Außenminister Graf Ludwig Cobenzl gerät in den Verdacht, er habe von den Aktivitäten der Verschwörer gewußt und sie an den französischen Botschafter in Wien verraten. Damit untergräbt er allerdings seine eigene Karriere. Napoleon Bonaparte nutzt nach Aufdeckung des geplanten Attentats das öffentliche Wohlwollen und läßt sich am 2. Dezember 1804 zum Kaiser krönen.

In dieser Zeit politischer Spannungen, vor allem zwischen Frankreich und England, erregt die Affäre des britischen Gesandten in München, Drake, großes Aufsehen: Der französische Geheimdienst hat es verstanden, Drake unter plausiblem Vorwand zu verleiten, mit einem napoleonischen Spion brieflichen Kontakt aufzunehmen. Um Drake bloßzustellen, wird diese Korrespondenz prompt in Paris veröffentlicht. Daraufhin wird Drake der Konspiration unter dem Deckmantel diplomatischer Immunität beschuldigt und aus München ausgewiesen. Angeregt durch die Pariser Presse drucken nun auch deutsche Zeitungen »höchst schändliche und ungebührliche Angriffe auf die britische Regierung«, so daß Drake sich wirklich in Gefahr befindet.

Er entkommt unerkannt nach Berlin, aber die preußische Regierung, die den Zorn Napoleons fürchtet, fordert den englischen Diplomaten auf, das Land sofort zu verlassen. So kann er sich nirgendwo zeigen, denn überall wimmelt es von französischen Agenten. Aus Angst, in deren Hände zu fallen, verkleidet sich Drake als Frau und trifft endlich nach einer wochenlangen abenteuerlichen Reise in England ein. Über den Ausgang dieser Affäre haben in Europa viele gelacht. Eine Karikatur, die Drake in Frauenkleidern und schwerbeladen mit Flaschen und Büchern zeigt, trägt die Unterschrift »Aquila non capit muscas« – ein Adler fängt keine Fliegen.

Ein Fall, der 1805 viel Staub aufwirbelt, ist die von den Franzosen inszenierte Entführung des britischen Gesandten Sir George Rumbold mit allen seinen Geheimakten aus der Freien und Hansestadt Hamburg. Als der König von Preußen, dem Hamburg als

Protektorat untersteht, von seinen Verbündeten aufgefordert wird, dagegen zu protestieren, antwortet er, daß er nicht bereit sei, »für eine Kiste Papiere in den Krieg zu ziehen«.
Nach seinem Sieg über das preußische Heer 1806 bei Jena und Auerstedt zieht Napoleon kampflos in Berlin ein. Im Stadtteil Charlottenburg entdecken seine Agenten die russisch-preußische Geheimkorrespondenz, die zeigt, daß die Verbindungen der beiden Mächte weitaus enger sind, als er angenommen hat. Danach marschiert Napoleon mit seinem Heer nach Osten. In der Schlacht bei Preußisch-Eylau im Februar 1807, die wegen Erschöpfung der Truppen abgebrochen wird, betragen die Verluste: 18000 Preußen, 18000 Russen und 30000 Franzosen. Kaum haben sich seine Truppen erholt, fällt Napoleon über Ostpreußen her, nimmt erst Danzig, danach Königsberg und schlägt schließlich die russisch-preußischen Truppen bei Friedland. Jetzt sieht sich der »unbesiegbare« Korse als Herr von Europa und ist bereit, Frieden zu schließen.

Im ostpreußischen Tilsit kommt es zu Friedensverhandlungen, an denen neben Napoleon der Zar, der König von Preußen und der britische Diplomat Lord Gower teilnehmen. Die entscheidende Rolle fällt Zar Alexander I. zu, der sich zwischen der Freundschaft zu Preußen und dem Bedürfnis nach Frieden mit Frankreich entscheiden muß. Napoleon scheut keine Mühe, den leicht Beeinflußbaren für seine Vorschläge zu gewinnen. Und so kommt es hinter dem Rücken der Verbündeten des Zaren zu Geheimverhandlungen zwischen Napoleon und Alexander mit dem Ziel, die Aufteilung Europas neu zu gestalten.
Am 25. Juni 1807 treffen sich Alexander und Napoleon auf einem in der Memel verankerten Floß. Dieses schwimmende, prunkvoll eingerichtete Haus hat zwei Zimmer, für jeden Monarchen eines. Hier führen die beiden Herrscher lange Gespräche und sind vor neugierigen Augen und Agentenohren geschützt. Das Resultat der vertraulichen Unterredung ist ein Bündnis, dessen Inhalt 84 Jahre lang als Geheimnis gewahrt und erst 1891 bekannt wird. Das im Pariser

25. Juni 1807 bei Tilsit: Zusammenkunft des französischen und des russischen Kaisers auf der Memel

Sir George Canning (1770–1827), in den Jahren 1807–1809 Außenminister Großbritanniens: Er kennt vermutlich das Geheimnis von Tilsit

Marschall Jean-Baptiste Bernadotte (1763–1844), französischer Befehlshaber in den Ostseeprovinzen, wegen seiner Verdienste 1806 zum Fürsten von Pontecorvo ernannt

Außenministerium deponierte Vertragsexemplar Napoleons verschwindet angeblich im Jahr 1815. Alexanders Vertragskopie bleibt in Sankt Petersburg in strenger Obhut und ist jenes Exemplar, das 1891 veröffentlicht wird.

In diesem Geheimabkommen sichern sich Frankreich und Rußland gegenseitig zu, »sich in jedem Krieg« zu unterstützen, den sie gegen »jede europäische Macht« führen könnten, gemeint ist England. Sollte dieses Land Vermittlungen ablehnen, wird Rußland »mit Frankreich gemeinsam vorgehen«. Am allerwichtigsten ist, daß Dänemark, Schweden und Spanien gezwungen werden sollen, ihre Häfen für britische Schiffe zu schließen. Österreich soll notfalls »mit Gewalt« überredet werden, gegen England gemeinsame Sache zu machen. Napoleon und Alexander wollen Europa beherrschen und das britische Empire zerstören.

Das erste Vorgehen gegen das Inselreich ist die Schließung der Ostsee. »Falls England«, so Napoleon an Bernadotte, seinen Befehlshaber in den Ostseeprovinzen, »es ablehnt, die russische Vermittlung zu akzeptieren, muß Dänemark ihm den Krieg erklären oder ich erkläre Dänemark den Krieg, und Sie werden die gesamte dänische Flotte beschlagnahmen.«

Mit Hilfe der dänischen Flotte wollen die beiden Großmächte England in der Ostsee schlagen. Napoleon beabsichtigt, die dänische Flotte überraschend zu erobern, den Sund zu schließen und die Ostsee zum französisch-russischen Meer zu erklären. Dies bedeutet für Englands Handel einen fatalen Schlag. Doch da ereignet sich etwas, was jahrzehntelang ein diplomatisches Rätsel bleibt: England kommt völlig unerwartet Napoleons Plänen zuvor. Welche Rolle der britische Geheimdienst dabei gespielt hat, bleibt im dunkeln.

Am 26. Juni 1807, einen Tag nach dem schicksalhaften Gespräch zwischen den beiden europäischen Monarchen, geht aus dem nahe Tilsit gelegenen Memel ein Brief an den britischen Gesandten Garlike in Kopenhagen. Der Botschafter leitet das Schreiben umgehend an Außenminister George Canning in London weiter, der es bereits am 16. Juli 1807 erhält. Canning reagiert sofort und weist die britische Flotte an, von Dänemark Sicherheiten zu verlangen. Welcher Quelle Cannings Information entstammt, ist jahrelang Gegenstand von Spekulationen, denn dieser selbst hat das Geheimnis nie enthüllt. Aber man vermutet dahinter einen Geheimagenten, ergänzt durch Informationen von Talleyrand.

Unterdessen segelt der britische Admiral Gambier mit einer Flotte von 24 Schiffen zum Sund. Zusammen mit den Einheiten aus der Ostsee verfügt Gambier jetzt über eine Armada von rund 100 Schiffen. Gleichzeitig reist ein britischer Kapitän zur See heimlich nach Kopenhagen und stellt fest, daß dort nur 18 Linienschiffe, 11 Fregatten, 10 Schaluppen, 4 schwimmende Batterien und mehrere kleine Kanonenboote liegen – nicht genug, um eine Gefahr für das britische Geschwader zu sein.

Während die Royal Navy demonstrativ im Sund manövriert, trifft auch der britische Bevollmächtigte Francis Jackson in Kopenhagen ein, um Dänemark ultimativ aufzufordern, seine Flotte zu übergeben.

Als Gegenleistung bietet England der dänischen Regierung eine Subvention von 100000 Pfund, eine Lockerung der Blockade und ein Verteidigungsbündnis an. Sie müsse sich aber innerhalb einer Woche entscheiden.
Empört lehnt der dänische Regierungschef Bernstorff das Ultimatum ab. Bernstorff zu Jackson: »Weil Sie wissen, daß Frankreich die Absicht hat, uns an der empfindlichsten Stelle zu verwunden, würden Sie mit ihm um den verbrecherischen Vorgang kämpfen und der erste sein wollen, der die Tat begeht?«
Admiral Gambier nimmt daraufhin Kopenhagen vier Tage lang unter Feuer, wobei 2000 Zivilisten getötet werden und ein Teil der Stadt niederbrennt. Danach ziehen die Engländer ihre Flotte wieder ab. Dieser brutale Angriff ruft in ganz Europa Entrüstung hervor. Selbst die Engländer sind über Cannings Vorgehen schockiert; Zar Alexander weist den englischen Botschafter aus.
Zweifellos verhindert diese schnelle Aktion eine Vorherrschaft der Franzosen und Russen in der Ostsee. Wer aber hat Canning über den Inhalt der geheimen Vertragsklausel informiert? Warum beordert er sofort nach dem Friedensschluß zwischen Frankreich und Rußland den Diplomaten Arthur Paget nach Konstantinopel, um mit der Türkei neue Beziehungen anzuknüpfen? Der Außenminister schreibt an Paget: »Sie werden überzeugend darlegen, die Regierung Seiner Majestät habe die eindeutigsten Informationen erhalten, daß geheime Absprachen dem Vertrag hinzugefügt wurden, die beinhalten ... es sei die Absicht sowohl Rußlands als auch Frankreichs, die Türkei aus allen Gebieten, die sie im Augenblick in Europa in Besitz hat, zu verdrängen.«
Der Jahrzehnte später veröffentlichte vollständige Text des Tilsiter Vertrages beweist, daß Canning das Geheimabkommen bekannt gewesen ist. Es gibt lediglich eine Person, die ihm die Information zugespielt haben kann: Semen W. Graf Woronzow, bis kurz vor diesen Ereignissen russischer Botschafter in London, der sich nach seiner Rückberufung weigert, England zu verlassen. Bereits am 14. Juli 1807 scheint Woronzow gewußt zu haben, was in Tilsit geschehen ist, denn an diesem Tag schreibt er seinem Sohn Michael: »Mich beunruhigen die Nachrichten, die von allen Seiten kommen und erklären, daß der Zar mit Napoleon Frieden schließen wird, daß er mit diesem Monster ein Gespräch geführt hat. Ich hoffe bei Gott, daß es falsch ist.«
Michael Graf Woronzow, Generaladjutant des Zaren, hat die beiden Monarchen während der Gespräche auf dem Floß bewacht. Es ist durchaus möglich, daß Michael, der in England aufgewachsen ist, ebenso wie sein Vater Sympathien für dieses Land hegt und sich Sir Robert Wilson, einem englischen Agenten in russischen Diensten, anvertraut hat. Falls Botschafter Woronzow tatsächlich der Informant des Außenministers war, muß man es Canning hoch anrechnen, daß er sich sein Leben lang geweigert hat, die Quelle preiszugeben.

Auftrag für Pater Robertson

In den Jahren, in denen Napoleon dem Höhepunkt seiner Macht zustrebt, sind die Widerstandsbewegungen im französischen Herrschaftsbereich besonders aktiv, selbst in Ländern, die sich formell mit Frankreich im Frieden befinden. Die von Napoleon besiegten europäischen Länder haben untereinander geheime Kontakte und treffen Vorbereitungen für den entscheidenden Kampf gegen den Eroberer.
Die beiden Hauptspionagezentren gegen Frankreich sind Prag und Karlsbad. Hier in Böhmen halten sich viele britische Agenten auf, die reichlich mit Geldmitteln ausgestattet sind und Spionagedienste aller Art organisieren. Da die Engländer durch die am 21. November 1806 von Napoleon verhängte Kontinentalsperre keinen Zugang zum Festland haben und jeder Handel mit Großbritannien verboten ist, landen diese Agenten gewöhnlich in Schweden, lassen sich nach Preußen schmuggeln und kommen über Sachsen nach Böhmen. Ungeachtet aller Gegensätze und öffentlichen Anfeindungen zwischen Frankreich und England hält Clemens Fürst Metternich – seit 1806 österreichischer Gesandter in Paris – mit London geheime Verbindungen aufrecht. Der Vermittler zwischen beiden Ländern ist der preußische Gesandte in Wien.
Da England und Österreich seit 1807 keine diplomatischen Beziehungen unterhalten, werden die Briefe von unerschrockenen Agenten oft auf gefährlichen Umwegen zwischen Wien und London befördert. Den Kurieren verschiedenster Nationalitäten wird meistens von niederländischen Seefahrern oder norddeutschen Kaufleuten geholfen.
Um die Franzosen zu täuschen, überträgt man die englischen Dokumente – als Geschäftsbriefe getarnt – auf kontinentales Papier, denn das englische Papierformat würde sofort auffallen. Die Kuriere haben die Möglichkeit, verschiedene Routen zu benutzen. Die längste ist die südliche mit dem Ausgangspunkt Malta. Von der Mittelmeerinsel aus führt der Weg über Konstantinopel, dann durch Albanien, über den englischen Stützpunkt auf der Insel Leukas nach Wien. Der etwas kürzere Weg in die österreichische Hauptstadt geht über Lissa (Vis), nahe der Adriaküste, obwohl diese Insel innerhalb des französischen Bereichs liegt. Aber von hier aus hat der britische Agent Johnson eine reguläre neuntägige Route nach Wien eingerichtet.
Der kürzeste Weg von England nach Mitteleuropa verläuft durch die Niederlande. Dort stellt eine Handelsfirma – für 7000 Pfund jährlich – Fischerboote zur Verfügung, die Depeschen und Zeitungen nach England bringen. Als jedoch Louis Bonaparte 1806 König von Holland wird, entfällt diese Möglichkeit. Der neue Weg von Hamburg über Helgoland erweist sich zwar als recht abenteuerlich, doch ist die Route entlang der Ostseeküste weniger riskant als durch das Mittelmeer und wird von den Engländern am meisten benutzt.

General Marquis Pedro Caro y Sureda de la Romana, Oberbefehlshaber des spanischen Elitekorps, das im Jahr 1807 in Hamburg und Umgebung steht

Pater James G. Robertson (1758 bis 1820), Doktor der Theologie und ein Mann mit Courage

Anfang August 1807 besetzen britische Seeleute die dänische Insel Helgoland. Das felsige Eiland bildet nun einen der wichtigsten Vorposten des Secret Service und dient besonders als Zwischenstation für Geheimagenten auf ihrem gefährlichen Weg von London nach Hamburg. Von hier aus führen die Engländer künftig ihren Geheimkrieg gegen den französischen Diktator.
Fast zur selben Zeit, am 8. August 1807, trifft in Hamburg das spanische Elitekorps unter General Marquis de la Romana ein. Bevor Napoleon seinen Plan durchführt, den König des verbündeten Spanien abzusetzen und dafür seinen eigenen Bruder Joseph auf den Thron zu bringen, beordert er das Armeekorps de la Romana als Besatzungstruppe nach Norddeutschland und Dänemark. Offiziell soll das gut ausgerüstete und schlagkräftige Korps die von England bedrohte dänische Küste sichern, in Wirklichkeit will Napoleon damit die Widerstandskraft auf der Iberischen Halbinsel schwächen.
Die Engländer wiederum bereiten sich gerade auf den Kampf gegen die Franzosen in Spanien vor und ahnen, daß ihnen in dem gebirgigen Gelände schwere Zeiten bevorstehen. So kommt der Secret Service auf die Idee, mit den im norddeutschen Raum stehenden spanischen Truppen insgeheim Verbindung aufzunehmen und den Befehlshaber dafür zu gewinnen, sein Armeekorps auf englischen Transportern einzuschiffen, um unter General Sir Arthur Wellesley, dem späteren Herzog von Wellington, die Heimat gegen Napoleon zu verteidigen.
Wellesley: »Die Franzosen hatten es nur zu gut verstanden, die besten Truppen ihrer spanischen Verbündeten unter dem Marquis de la Romana nach Hamburg und ins Holsteinische zu schicken, um sich selbst in Spanien ausbreiten zu können. Es war natürlich eine große Aufgabe, diese Armee für uns zu gewinnen, als die Spanier zu Hause anfingen, sich von Napoleon zu befreien. Eine entsprechende Intrige wurde eingefädelt. Es lebte damals ein schottischer Priester, ein gewisser Robertson, den ich sehr nützlich gefunden hatte, als ich Staatssekretär in Irland war. Er gab mir gute Informationen. Dieser Mann schien mir so geeignet für ein derartiges Unterfangen, Kontakt mit dem Marquis de la Romana aufzunehmen, daß ich ihn der Regierung empfahl. Doch es ging ja um kein leichtes Unternehmen, mit großen Schwierigkeiten mußte gerechnet werden. Robertson war dem Marquis de la Romana völlig unbekannt. Ihm etwas Schriftliches wie ein Empfehlungs- oder Beglaubigungsschreiben mitzugeben, wäre ein viel zu großes Risiko gewesen. Die Franzosen hatten ein sehr strenges Bewachungssystem über alle Fremden in Norddeutschland eingerichtet und außerdem den Marquis de la Romana mit Beobachtern und Spionen umgeben, die naturgemäß all seine Bewegungen beobachteten.«
Pater James Gallus Robertson, Doktor der Theologie, 1758 in Schottland geboren, kommt 1772 nach Regensburg und lebt hier mehrere Jahre in der schottischen Abtei des Benediktinerordens. Der mutige, humorvolle Pater spricht fließend deutsch und ist ein unerschrockener Mann.
Pater Robertson: »Im Mai 1808 erhielt ich plötzlich einen Brief aus dem Amt für Irland, in dem ich aufgefordert wurde, Sir Arthur Wellesley in seinem Hause in der Harley Street in London aufzusuchen. Ich hatte ihn bereits in Irland kennengelernt und hoffte, er hätte für mich vielleicht den Posten eines Erziehers.
Als ich ihn nun wiedersah, sagte er: ›Man behauptet, Pater Robertson, Sie seien ein Mann mit Courage!‹ ›Soll ich es Ihnen beweisen?‹ antwortete ich. ›Genau das ist's, was wir wollen! Würden Sie uns helfen, die spanische Armee für uns zu rekrutieren, die jetzt in Norddeutschland von Bonaparte festgehalten wird? Würden Sie dem Befehlshaber dieser Armee, dem Marquis de la Romana, einen Vorschlag im Namen der britischen Regierung überbringen?‹ ›Und ob, Sir Arthur, mit der größten Bereitwilligkeit!‹ ›Dann tref-

fen Sie mich morgen im Auswärtigen Amt. Ich werde Sie Mister Canning vorstellen!‹
Dort erhielt ich meine Instruktionen, die ich auswendig lernen mußte. Weitere Anweisungen erhielt mein Begleiter, Mister Mackenzie, der auf Helgoland den Verbindungsmann zwischen mir und der Regierung in London zu machen hatte.
Mackenzie registrierte mich in der Ausländerabteilung als einen ›unerwünschten Fremden‹, der abgeschoben werden müßte, und am Geburtstag des Königs, am 4. Juni 1808, verließen wir London unter dem Donner der Böllerschüsse zu Ehren des Monarchen. Günstige Winde brachten uns in 48 Stunden nach Helgoland, wo wir dem dortigen Konsul N (Nicholas) einen Brief überreichten.«
Während Pater Robertson und Mackenzie noch mit ihren letzten Reisevorbereitungen beschäftigt sind, schreibt Sir Wellesley an Außenminister Canning:

»Geheim. London, den 3. Juni 1808

Mein Herr!
Ich habe die Ehre, Ihnen in der Anlage eine Kopie meines Schreibens an Dr. Robertson zu übersenden, welcher unter Leitung von Mister Mackenzie in geheimen Diensten beschäftigt wird, weswegen er größtes Bedenken über das Schicksal seiner Familie geäußert hat, falls ihm selbst ein Unglück zustoßen sollte. Falls solch ein Unfall eintritt, stelle ich mir vor, daß die Summe von einhundert Pfund Sterling per annum ohne Abzüge, geteilt zwischen der Mutter und den beiden Schwestern von Dr. Robertson, als Maßnahme genügen dürften.
Ich habe die Ehre, mein Herr, und bin Ihr äußerst ergebener und gehorsamer Diener

Arthur Wellesley«

Noch am gleichen Tag verfaßt Außenminister Canning eine Depesche an Vizekonsul Edward Nicholas, der unter dieser Tarnbezeichnung auf Helgoland seinen Dienst als Agent des Secret Service verrichtet.
Canning: »... Diese Depesche wird Ihnen durch Mister Mackenzie überreicht, der beauftragt wurde, auf Helgoland festen Wohnsitz zu nehmen – für die Spanne Zeit, die der Herr, den er begleitet und dessen Korrespondenz Mackenzie an mich weiterleitet, in geheimer Mission auf dem Kontinent im Einsatz ist. Ich beauftrage Sie hiermit, eine Landung für diesen Herrn – entweder an der Elbe oder wo sonst geeignet, für die ihm gestellte Aufgabe – zu ermöglichen. Gleichzeitig muß ich Ihnen befehlen, ab sofort keine Personen mehr von der Insel wegzulassen außer einer solchen, die jener Herr Ihnen gegebenenfalls zwecks Begleitung zum Kontinent nennt.
Auch nachdem er Helgoland verlassen hat, dürfen Sie noch immer keiner Person erlauben, von dort zum Festland zu fahren, ganz gleich wie wichtig es sein mag, bis Sie von Mister Mackenzie erfahren, daß diese Beschränkung nicht mehr notwendig ist. Jede Handlung wider diesen Befehl wird schwere Folgen haben und entsprechend geahndet werden. Sie werden jedoch der Bevölkerung für dieses Reiseverbot nicht den wirklichen, sondern einen anderen Grund angeben. Instruktionen, diesen ähnlich, werden dem Oberstleutnant Hamilton von seinem Vorgesetzten, Lord Castlereagh, zugehen.«
Am Dienstag, dem 7. Juni 1808, landen die beiden Reisenden mit einer Fregatte der Royal Navy ohne irgendwelche besonderen Vorkommnisse auf Helgoland, wo sie bereits von Vizekonsul Nicholas erwartet werden. Mackenzie, einer der besten Agenten des

Helgoland um 1808: wichtiger Stützpunkt des britischen Secret Service

Watteninsel Neuwerk in der Elbmündung: Zwischenstation auf dem Weg von London nach Hamburg

Secret Service, weiht nun den Vizekonsul in die Einzelheiten des Unternehmens ein, das Pater Robertson bewerkstelligen soll.
Der Weg von Helgoland nach Hamburg ist nicht einfach: Die Elbgewässer und die Mündung werden Tag und Nacht von patrouillierenden französischen Zollkuttern überwacht. Nicholas hat zwar unter den helgoländischen Fischern einige, die für gute Bezahlung wiederholt Post bis zur Cuxhaven vorgelagerten Watteninsel Neuwerk schaffen, aber ein Päckchen Korrespondenz ist etwas anderes als eine Person. Doch schon am Abend meldet Nicholas, daß er einen Schmuggler mit robustem Kutter gefunden habe, der sich bereit erkläre, Pater Robertson im ungünstigsten Fall wenigstens bis nach Neuwerk zu bringen. Hier hat der Vizekonsul einen Vertrauten, den Wächter des Leuchtfeuers. Dieser wird beauftragt, den Pater bis nach Bremen zu befördern.
Zwei Tage lang müssen sie auf geeignetes Wetter warten, aber am Donnerstag, dem 9. Juni 1808, ist es soweit. Der Pater, unauffällig nach deutscher Manier gekleidet und die wichtigsten Papiere im Jackenrevers eingenäht, segelt nun in Richtung Elbmündung. Er erlebt bange Stunden, nachdem ihm die Schmuggler eröffnet haben, daß sie ihn in dem Augenblick über Bord werfen müßten, sobald sich ein französisches Kontrollschiff am Horizont zeigen würde. Tatsächlich taucht eine Zollbarkasse auf, aber sie ist zu langsam, um gefährlich zu werden.
Noch vor Sonnenuntergang erreicht der Kutter Neuwerk. Der Pater übernachtet im Haus des Leuchtfeuerwärters, der den Schmugglern jedoch wegen der verschärften Kontrollen abrät, am nächsten Morgen in Richtung Bremen weiterzusegeln. Unausgeschlafen und etwas beklommen kehrt Robertson mit den Schmugglern noch am gleichen Tag nach Helgoland zurück.
Tags darauf probiert es der Pater noch einmal. Robertson: »Konsul N. hatte ein Embargo über alle Schiffe vor Helgoland verfügt, und niemand durfte ausfahren. Doch wurde dieses Embargo wohl schlecht eingehalten, denn bei meiner Ankunft in Neuwerk wußten die Franzosen schon Bescheid, dieweil sie dreimal dort visitiert und die Bewohner gewarnt hatten. Nur mit knapper Not fand ich zur Nacht dort ein Bett und kehrte dann nach Helgoland zurück. Dort sprach mir Mister Mackenzie neuen Mut zu und betonte, wie wichtig es sei, den Marquis de la Romana zu informieren, und daß er selbst es unternehmen würde, wenn er nur Deutsch sprechen könnte.
Mackenzie ist ein freundlicher und tapferer Mann. Er wußte, wie mir zumute war, da er sich selbst mehrfach bei ähnlichen Reisen in gefahrvollen Situationen befunden hat. Konsul N. nahm sich sodann einen der Schiffer vor, die gern auf Schmuggelfahrt ausgelaufen wären, es aber wegen der Sperre nicht durften. Der Konsul gab diesem Schiffer unter einer Bedingung die Erlaubnis zu fahren. Dem Mann war alles recht; als er jedoch erfuhr, daß die Bedingung sei, eine Person, nämlich mich, mitzunehmen, bekam er es mit der Angst und weigerte sich zu reisen. Nun drohte der Konsul ihm: ›Sie halten sich hier unter falschem Namen auf; ich weiß genau, daß Sie B. heißen, und Sie gehören zu dem Bremer Kaufmannshaus N.V.; ich könnte Sie arretieren lassen.‹ Da nahm mich der Schiffer mit. Es war ein finster aussehender Mann; doch hielt er sein Wort, und in Bremen begab ich mich zum Rathaus wegen eines Reisepasses.
Einen falschen Namen hatte ich mir schon seit längerem ausgedacht. In London war ich mit einem Deutschen bekannt gewesen, der inzwischen verstorben war. Er hatte seine Heimat als Kind verlassen und nie wieder besucht. Ich erinnerte mich an seinen Geburtsort wie daran, daß alle seine Verwandten inzwischen tot seien. Dessen Namen nahm ich nun an, um meine Verwandlung vollständig zu machen. Auch hatte ich vor einiger Zeit schon an den Pfarrer seines Dorfes geschrieben und diesen um eine Bescheinigung gebeten, die ›meine‹ dortige Geburt bestätigte. Der Pfarrer schickte mir die Bescheinigung ohne

weiteres. So nannte ich mich ›Adam Rohrauer‹, legte das Papier im Bremer Rathaus dem Beamten vor und gab als Beruf ›Sprachlehrer‹ an.
Als ich zum Unterzeichnen ansetzte, schrieb ich gleich aus Angewohnheit den ersten Buchstaben ›J‹ meines Namens ›James‹. ›Wie?‹ rief der Beamte. ›Eben noch sagten Sie, Ihr Name sei Adam!‹ Da erklärte ich ihm, in meiner Heimat, in Bayern, tragen wir fast alle den zusätzlichen Vornahmen ›Johannes‹; und er gab mir meinen Paß und die Visa. Ich gestattete mir, um allein reisen zu können, eine Extrapost von einer Kutsche mit zwei Pferden und ließ mich nach Hamburg fahren.«
Unterdessen meldet Mackenzie seinem Chef, Außenminister Canning, nach London:

»Helgoland, den 15. Juni 1808
... Ich hatte die Ehre, Ihnen am 9. Juni die Abreise von Pater Robertson von hier nach Hamburg über die Insel Neuwerk zu vermelden. Seinem Weiterkommen wurde noch am selben Tage durch einen Bericht Einhalt geboten, der ihm die Schwierigkeiten zeigt, welche entstehen, wenn man auf dem Festland ohne Paß reist – zumal die Franzosen zwei Tage vorher Neuwerk visitiert und angedeutet hatten, sie würden wiederkommen. Ich war sehr enttäuscht, doch fast im selben Augenblick erleichtert, weil ich erfuhr, daß eine Person vorhanden sei, welche mit einer Ladung nach Bremen zu reisen wünschte. Woselbst die Person genügend Einfluß hat, einen Paß für meinen Freund zu besorgen, vorausgesetzt, man genehmigt dieser Person die Abreise von der Insel.
Es wurde keinerlei Zeit verloren, ihn schnellstens auf den Weg zu bringen; und so verließ mich denn Pater Robertson am Sonnabend, dem 11., mit den hochfliegendsten Hoffnungen, daß das Ziel im Auge weder so schwierig noch so ungewiß sei, wie es ihn sein erster Eindruck hatte glauben lassen. Da Pater Robertson nun einen günstigen Start hat, gerate ich in Versuchung anzunehmen, daß er am vergangenen Sonntag Bremen erreichte und dort landete, von wo er in 26 Stunden Hamburg erreichen könnte, wo ihm Unterstützung gewiß ist ...«
Der in einen langen braunen Mantel gehüllte Pater gibt sich dem Kutscher gegenüber als Handlungsreisender Rohrauer aus. Nach einer beschwerlichen Fahrt erreicht er endlich Hamburg. Pater Robertson: »In Hamburg suchte ich sofort einen gewissen, sehr respektablen Kaufherrn auf. Der zahlte mir, ohne zu zögern, Bargeld aus auf meinen Kreditbrief, welcher, mit unsichtbarer Tinte geschrieben, hinter dem Futter meiner Brieftasche eingenäht gewesen war. Ich fragte jenen, wo der Marquis de la Romana zu finden sei. Erschreckt antwortete er: ›Ich weiß von drei oder vier Personen, die wie Sie versucht haben, sich an ihn heranzumachen. Diese wurden gefaßt, ihre Papiere beschlagnahmt; und ich brauche Ihnen wohl nicht zu erklären, was ihr Schicksal war ...‹ Ich sagte: ›Man kann nur einmal sterben!‹ ›Das mag wohl sein‹, antwortete der Kaufherr, ›aber bitte kommen Sie nicht mehr in mein Haus, ich möchte nicht erschossen oder gehängt werden!‹«
Trotzdem läßt sich Robertson nicht bange machen und sucht in der Hansestadt nach Hinweisen auf das spanische Korps, nicht ohne Erfolg. Pater Robertson: »Im nahen Altona war in der Kirche ein Hospital für erkrankte spanische Soldaten eingerichtet. Ich versuchte, mit dem spanischen Priester ins Gespräch zu kommen, was gelang, da wir beide Latein beherrschten. Er gab mir zu verstehen, daß zwischen Bernadotte und dem Marquis de la Romana eine arge Eifersucht herrsche und daß das Hauptquartier des Marquis de la Romana gerade nach Nyborg auf der dänischen Insel Fünen verlegt worden sei. Ich kaufte mir nun Muster und machte mich als angeblicher Händler dorthin auf den Weg.«
Die Nachricht, daß das spanische Korps nicht, wie Mackenzie berichtet hat, in Schleswig stehe, sondern inzwischen von den Franzosen auf mehrere dänische Ostseeinseln verteilt worden sei, bringt Robertson beinahe an den Rand der Verzweiflung: Er kann kein Wort Dänisch, und der Reiseverkehr zu diesen Inseln ist so spärlich, daß jeder Fremde sofort auffallen muß.
Dem Herrgott seine Seele empfehlend, stellt sich der Pater in Hamburg eine kleine Kollektion an Tabakwaren und Schokoladen zusammen und reist über Kopenhagen nach Fünen. Er hofft, in den Standorten der Spanier von den Offiziersmessen Aufträge zu bekommen. Robertson wohnt nun in der besten Her-

Zwei Offiziere des spanischen Elitekorps beim Spaziergang am Elbeufer

berge der Stadt Odense und versucht, seine Ware zu günstigen Preisen an den Mann zu bringen. So gewinnt er bald einige Freunde in der kleinen Garnison und erfährt viele nützliche Einzelheiten. Die wichtigste: Die Stärke der spanischen Truppen beträgt nicht, wie man in London vermutet, 37000 Mann, sondern kaum die Hälfte.

Am 22. Juni 1808 schreibt Robertson an »Frau Laurentzen« (einer der Decknamen von Vizekonsul Nicholas) einen Brief für Mackenzie. Er will ihm berichten, wie die Dinge stehen, vor allem daß sich das Hauptquartier des Marquis de la Romana nicht mehr in Hamburg befindet, und auch andere Informationen mitteilen, die er inzwischen gesammelt hat.

Das Schreiben ist als Brief eines in Französisch wenig sprachkundigen Reisekaufmanns an seine Gattin getarnt: »Ich freue mich, ›Ma Belle‹, die beiden lieben Briefe vom 15. und 16. erhalten zu haben. Doch Dein Männchen ist ein bißchen wütend: Du bringst ihn in unnötige Gefahr. Du glaubtest bisher, die Schulden betrügen 37000 Franc. Aus bester Quelle erfahre ich, daß es wohl kaum mehr als die Hälfte ist. Das wäre an und für sich in Ordnung, wären die Schuldscheine in einer Hand. Das Gegenteil ist der Fall: Sie sind überall verstreut, und so muß ich über die Dörfer reisen. Was hierorts den Hotelchef anbetrifft, so versteht er sich auf das Kochen so gut wie Du, meine Liebste; er ist jedoch gerade verreist, aber sein Küchenjunge ersetzt ihn ausgezeichnet. Ich beginne nun heute meine Reise und tue alles, um Dir treu zu bleiben, und werde mich auf nichts Unwürdiges einlassen.«

Robertson berichtet weiter: »Kunitz ist der Meinung, die ganze Angelegenheit müßte von der anderen Seite (côté opposé) eingefädelt werden. Drum rate ich Dir, verlasse Deinen Arbeitsplatz und komme auch! Dann bist Du mir auch näher. Mehr werde ich Dir nicht schreiben, bis ich zurückkomme. Diese Reise hat mich bisher nicht wenig gekostet. Ich war gezwungen, mir einen großen und guten Vorrat Lebensmittel anzulegen fürs offene Land, über das ich nun fahre. Wie ich aus den hiesigen Zeitungen ersehe, haben die Dänen Seeland mit 3000 Spaniern verstärkt, deren Chef auf Fünen leben soll.«

Mackenzie, der erfahrene Geheimdienstler, weiß sofort Bescheid. Er entnimmt dem Brief, daß seine Anwesenheit in Dänemark erforderlich sei und verläßt Helgoland in Richtung Ostsee, um zu versuchen, von dort die Insel Fünen zu erreichen. Hier ist der Handlungsreisende inzwischen erfolgreich tätig: Es gelingt Robertson, mit General de la Romana eine Verabredung zu treffen, obwohl der argwöhnische Befehlshaber überall Fallstricke der Franzosen wittert.

Gerade das erste offene Gespräch unter vier Augen erweist sich als nicht ganz einfach. Der Pater muß seinen ganzen Charme anwenden, um den vorsichtigen General aus der Reserve zu locken: »Señor! Vor sich sehen Sie einen Fremden, der gekommen ist, sein Leben in Ihre Hände zu legen. Ich bin katho-

Hamburg um 1810, für Pater Robertson das Ziel des Auftrags, den er in London übernommen hat

Vor den Toren der Hansestadt: Die spanischen Truppen bereiten sich auf den Abmarsch nach Dänemark vor

lischer Geistlicher, und das ist einer der Gründe, warum ich auserwählt wurde für diese Mission, die ich Ihnen jetzt erklären werde.
Doch lassen Sie mich zuerst sagen, daß ich keinerlei Papiere bei mir habe, so daß im Falle einer Verhaftung Sie keinesfalls kompromittiert werden können. Meine Botschaft ist mündlich. Möge Ihre Antwort auch so sein! Alles, was ich Ihnen zu meiner Beglaubigung bieten kann, ist meine Kenntnis gewisser Einzelheiten über ein Treffen, das Sie persönlich mit Mister Frere hatten. Sie erinnern sich, er war der englische Botschafter in Spanien.
Er hat mich gebeten, Eure Exzellenz daran zu erinnern, daß er einst das Vergnügen hatte, Ihr Gast in Ihrem Schloß in Toledo zu sein. Nach dem Abendessen zogen Sie beide sich in ein Kabinett zurück; es war Ihre Bibliothek. In diesem Raum hing ein Gemälde. Dies Bild des Malers Mengs ist eine Darstellung von Sankt Peter und von Sankt Johannes vor dem Tor des Tempels. ›Stimmt genau!‹ rief der General verblüfft.
›Würden Eure Exzellenz die Handschrift von Mister Frere erkennen?‹ fragte ich. ›Ich denke schon!‹ Daraufhin holte ich ein winziges Stück Papier hervor, abgerissen von einem Brief Freres, welches der Marquis sofort als echt erkannte. Nun bat mich der General, am nächsten Morgen zu einer bestimmten Stunde wiederzukommen, da es auffallen würde, wäre er zu lange mit einem Warenhändler allein. So konnte ich ihn früh am folgenden Tage genau informieren und instruieren.«
Robertson unterrichtet den General über die neuesten Ereignisse in Spanien. Daß die Franzosen König Karl IV. und seinen Sohn Ferdinand VII. zur Abdankung gezwungen hätten und Napoleons Bruder Joseph jetzt der neue König von Spanien sei. Der Anfang Mai in Madrid ausgebrochene Aufstand habe in Kürze das ganze Land erfaßt. Daher warte in der Ostsee die Royal Navy, um das spanische Armeekorps insgeheim abzuholen. Der General dürfe selbst entscheiden, wo er mit seinen Soldaten hingebracht werden möchte. Die englische Regierung schlage ihm entweder das spanische Festland oder die Insel Menorca vor, es könne aber auch England, Kanada oder Südamerika sein.
Zehn Tage nach seinem Gespräch mit dem Marquis de la Romana fährt Pater Robertson wieder nach Hamburg zurück. Er wohnt dort in seinem früheren Quartier bei einem Sattlermeister vor den Toren der Stadt, wo er drei Tage später eintrifft als vorgesehen. Ehe Robertson seine Koffer auspackt, schreibt er an Nicholas: »Lieber Vetter, es wird Dich freuen zu hören, daß ich unseren Onkel so gut vorfand, wie man wahrscheinlich erwarten durfte. Er hofft, am 14. des nächsten Monats von zu Hause abzureisen. Ich sagte ihm, daß Du Dich um alle Angelegenheiten seiner Reise kümmern würdest, da Du sehr wohl weißt, daß er noch nicht in der Lage ist, seine eigenen Dinge selbst in die Hand zu nehmen. Er war mir sehr dankbar für mein Kommen. Und in der Tat, mein Besuch war ein voller Erfolg.
Als ich ihn fragte, ob er einen Kuß an Deine kleine Frau zu Hause schicken möchte, sagte er: Zehntausend! Bitte, stelle sicher, eine Überfahrt für ihn zu buchen, und zwar an dem von ihm ausgesuchten Abend! Er hat nämlich davon erfahren, daß eine Reise am folgenden Tag wahrscheinlich wegen des Jahrestags der Geburt des Kaisers schwierig sein wird. Was mich selbst anbelangt, so geht es mir gut, und ich werde, so nehme ich an, wenigstens noch einmal drei Wochen hier bleiben. Der Onkel sagte, falls ich nicht wieder von ihm hören sollte, könne ich annehmen, daß sich an seinen Plänen nichts geändert hat.«
In der zweiten Julihälfte reist General de la Romana mehrere Male nach Hamburg, um unauffällig den Abtransport seiner Truppen vorzubereiten. Louis A. F. de Bourrienne, der französische Gesandte in Hamburg berichtet später: »Da ereignete sich ein Vorfall, der in Hamburg, im ganzen Europa ein großes Aufsehen erregte. Ein Vorkommnis, welches mit kaum faßbarer Geheimhaltung durchgeführt wurde. Ich

beziehe mich auf die Fahnenflucht des Marquis de la Romana. Er war als Befehlshaber eines Korps von 18000 Spaniern in die Hansestädte gekommen. Er war ein schwärzlichbrauner Mann von unbedeutender Erscheinung.
Am 6. April 1808 erhielt ich ein Geheimschreiben von Bernadotte, in dem er befahl, alle an die Spanier gerichtete Post zurückzubehalten. Etwas später verbrachte Romana, sobald er in Hamburg war, viele Abendstunden in meinem Hause beim Kartenspiel und schlief dabei jedesmal ein. Meine Frau war seine Partnerin, und er entschuldigte sich stets bei ihr.
Ich glaube, heute weiß ich, warum er so müde war: Er verbrachte die Nächte bereits mit der Vorbereitung seiner Flucht und zeigte sich tagsüber überall, als ob nichts wäre ...«
Robertson versucht jetzt, mit englischen Schiffen Kontakt aufzunehmen, um nicht erneut den beschwerlichen Weg nach Hamburg machen zu müssen und von dort erst über Nicholas die Royal Navy zu verständigen. Eines Morgens sichtet der Pater tatsächlich eine Fregatte, die an der Küste von Fünen entlangsegelt.
Als er mit seinem großen Taschentuch Winksignale geben will, wird er von plötzlich auftauchenden dänischen Wachtposten festgenommen. Nur mit größter Mühe schafft es der Pater, den dänischen Oberst von der Harmlosigkeit seines Tuns zu überzeugen. Da seine Papiere in Ordnung sind, läßt der Offizier den Handlungsreisenden Rohrauer frei.
In diesen Tagen findet auf dem Flaggschiff des Ostseegeschwaders der Royal Navy unter Vizeadmiral Sir James Saumarez eine Geheimkonferenz statt, an der sowohl Mackenzie als auch ein spanisches Junta-Mitglied teilnehmen. Das Thema: die letzten Vorbereitungen zum Abtransport der Spanier. Die Durchführung der Operation übernimmt Konteradmiral Keat. Drei Linienschiffe und sechs Fregatten unterstehen seinem Kommando.
Die Flotte wird informiert, daß General de la Romana am 12. August 1808 unter einem überzeugenden Vorwand sein Armeekorps bei der dänischen Festung Nyborg zusammenzieht: Er will hier die Vereidigung der Truppen auf ihren neuen König Joseph von Spanien aus dem Hause Bonaparte vornehmen und zugleich eine Parade seiner Soldaten zum 39. Geburtstag Napoleons am 15. August veranstalten. Zu dieser Festlichkeit wird sogar der französische Oberbefehlshaber Marschall Bernadotte erwartet.
Mit dem Gros der Truppen, etwa 9000 Mann, nimmt Romana zur Überraschung der Dänen am 14. August die Festung Nyburg in Besitz. Dann gehen die Einheiten der Royal Navy vor Anker, und es beginnt am Strand bei Slypshaven, im Weichbild von Nyborg, die Einschiffung.

14. August 1808, nahe dem Strand Slypshaven bei Nyborg: Einschiffung des spanischen Elitekorps

Insgesamt werden 59 große und kleine dänische Fahrzeuge konfisziert, die über 6000 Spanier auf die englischen Kriegsschiffe bringen. Den herbeieilenden französischen Truppen gelingt es, zwei spanische Regimenter an der Einschiffung zu hindern und zu entwaffnen. Ein spanischer Oberst versucht dabei vergeblich, Marschall Bernadotte zu erdolchen. Dessen Adjutant, General Girard, wird in dem Handgemenge tödlich verletzt. Am Strand von Nyborg spielen sich herzzerreißende Szenen ab: Die Kavallerie muß ihre Pferde und Maultiere erschießen, denn auf den Schiffen ist nicht genügend Platz.
Etwa 35 der in Hamburg und Altona stationierten spanischen Offiziere haben die Aufgabe, der französischen Kommission bis zuletzt vorzutäuschen, daß alles in bester Ordnung sei. Ihnen gelingt anschließend die Flucht nach Antwerpen.
Die kleine Armada von Vizeadmiral Keat setzt nun Segel und verschwindet unbehelligt in Richtung England. Von dort aus gelangt General de la Romana mit seinen Männern nach Nordspanien. Am 9. Oktober 1808, genau zwei Monate nach dem abenteuerlichen Entkommen aus dem französischen Machtbereich, landen die spanischen Truppen im Hafen von Santander. Bereits kurze Zeit später stehen sie vor Bilbao und nehmen an der Seite des britischen Expeditionskorps am Kampf gegen die auf der Iberischen Halbinsel stehenden Franzosen teil. Vizeadmiral Keat wird für seine bravouröse Tat geadelt.
Pater Robertson bereist im Auftrag des Secret Service noch ein ganzes Jahr lang den von Napoleon besetzten europäischen Kontinent. Sein Lohn für die Operation de la Romana: außer Spesen 1000 Pfund Sterling. Nach allen seinen Abenteuern kehrt Pater Robertson 1816 in das Kloster nach Regensburg zurück. Hier widmet er sich tatkräftig der Erziehung von Behinderten und gründet die erste bayerische Blindenanstalt. 1820 stirbt Pater Dr. James Gallus Robertson im Alter von 62 Jahren.

Wellingtons Kundschafter

Auf seinen guten Stern vertrauend, ist Napoleon 1807 in Spanien einmarschiert und hat dort 1808 seinen Bruder Joseph Bonaparte als König eingesetzt. Dies veranlaßt die empörten Spanier, ihre alte Feindschaft mit den Engländern zu vergessen und sie um Unterstützung zu bitten.
Unbemerkt gelingt es dem britischen General Sir Arthur Wellesley – wegen seiner Verdienste später zum Herzog von Wellington ernannt – im Juli 1808 mit einem 8000 Mann starken Heer in Portugal an der Flußmündung des Mon-dego zu landen. Nur drei Monate später, am 9. Oktober 1808, trifft das aus Schleswig-Holstein und Dänemark entkommene spanische Armeekorps de la Romana im Hafen von Santander ein und schließt sich dem britischen Expeditionskorps an, um gemeinsam gegen die französischen Invasoren zu ziehen.

»O ja, ich wußte alles«: Sir Arthur Wellesley, später Herzog von Wellington (1769 bis 1852), schafft einen mustergültigen militärischen Geheimdienst

Wellesley, ein äußerst kluger Heerführer, hat bereits in Südindien viele Erfolge erzielt, da er seine Feldzüge mustergültig plant: Vor jedem Angriff läßt er erst seinen Gegner besonders sorgfältig erkunden, vor allem die Stärke der Truppen und deren Standorte. Informationen über feindliche Kommandeure, die Moral der Truppen, deren Ausbildung und Kampferfahrung sind für ihn genau so wichtig wie Berichte über das Klima und die Beschaffenheit des Geländes. Er kennt die Auswirkungen eines vorher nicht rekognoszierten Hohlweges auf eine Kavallerieattacke und weiß, daß sich trockene Wasserläufe durch einen Gewitterregen in unüberwindbare Hindernisse verwandeln können.
Nach seiner Ernennung zum Befehlshaber des Expeditionskorps auf der Iberischen Halbinsel hat Wellesley zuerst eine Militärmission vorausgeschickt, da in England kaum etwas über die militärischen Voraussetzungen in Spanien und Portugal bekannt ist. Diese Offiziere sollen nicht nur die französische Besatzungsarmee auskundschaften, sondern auch Ausrüstung sowie Kampfstärke der Spanier und Portugiesen feststellen.
Die Nachrichtenoffiziere müssen vor allem in Erfahrung bringen, wie viele Truppen Napoleon in Spanien zur Verfügung stehen und wie groß die nachfolgenden Einheiten sind. Die über die Pyrenäen führende Heerstraße verläuft mitten durch San Sebastian. In diesem Grenzort sitzt ein armer spanischer Schuster vor seinem Haus bei der Arbeit und macht jedesmal, wenn eine französische Abteilung an ihm vorbeimarschiert, auf den Stiefelsohlen einen Kreidestrich. Am Abend trifft er sich dann am Strand mit dem Offizier eines in der Nähe ankernden englischen Kriegsschiffes und übergibt ihm alle Stiefel, an denen er im Laufe des Tages gearbeitet hat.
So sind die Engländer über die Anzahl der Truppen, die von Frankreich aus nach Spanien einrücken, informiert. Der »arme« Schuster ist in Wirklichkeit ein spanischer Grande, der aus Haß gegen die französi-

In einer spanischen Ortschaft: Aus Haß gegen die französischen Unterdrücker spionieren auch die Geistlichen

Rechte Seite:
Spanische Guerillas vor dem Überfall auf eine französische Nachschubkolonne

schen Unterdrücker und aus Liebe zu seinem Vaterland die Rolle eines spionierenden Schuhmachers spielt.

Da nur wenige Engländer Spanisch oder Portugiesisch sprechen und vor der Überfahrt detailliertes Kartenmaterial fehlte, verläßt sich Wellesley nach der geglückten Landung auf die Erkundungsergebnisse seiner fast ein Jahr lang durch Spanien reisenden geheimen Militärmission. Durch die gründliche Vorarbeit der Nachrichtenoffiziere gelingt es ihm, bereits innerhalb der ersten fünf Wochen den französischen General Junot bei Rolica und bei Vimiero zu besiegen. Unmittelbar nach der Schlacht bei Vimiero wird Wellesley nach England zurückbeordert und von den beiden wenig befähigten Heerführern Burrard und Dalrymple abgelöst. So kann er die Armee des Generals Junot nicht weiter verfolgen und vernichten.

Nach wenigen Monaten erfolgt wieder ein Wechsel. Den Befehl über das britische Expeditionskorps übernimmt jetzt Sir John Moore. Bevor er mit den Truppen in Richtung Madrid weitermarschiert, fängt einer der noch von Wellesley ausgesuchten Nachrichtenoffiziere, Captain John Waters, eine Depesche ab, die alle Einzelheiten enthält, wie und wo das 300000 Mann starke französische Heer auf Madrid vorstößt, um die britische Streitmacht einzukreisen. Angesichts der enormen Überlegenheit des Gegners bleibt Sir Moore im Januar 1809 nur noch der Rückzug auf den Hafen La Coruña, wohin ihn die Truppen des französischen Marschalls Soult verfolgen. Während eines Rückzugsgefechts findet Moore den Tod, und die Reste seiner Streitmacht müssen evakuiert werden. Drei Monate später kehrt Wellesley, dem man wieder das Kommando übertragen hat, mit einer aufgefrischten Armee zurück, die nun Marschall Soult zwingt, sich schnellstens aus Oporto zurückzuziehen.

Am 28. Juli 1809 besiegt Wellesley bei Talavera, etwa 100 Kilometer südwestlich von Madrid, den französischen Marschall Victor. Trotz aller Erfolge steht der britische General vor einer fast unlösbaren Aufgabe: Mit seinen geringen Kräften, die etwa einem französischen Armeekorps entsprechen, soll er die napoleonischen Heerscharen aus Portugal und Spanien verjagen. Dabei kann er lediglich mit der Unterstützung portugiesischer und spanischer Truppen rechnen.

Aber Wellesley hat eine geniale Idee, um die Situation zu meistern: Er läßt – zum erstenmal in der Geschichte – die militärische Aufklärung systematisch organisieren und von seinen Offizieren alle im Operationsgebiet tätigen Agenten gezielt einsetzen. Zu den Hauptaufgaben zählt die Aufklärung der Gegend und seiner Bewohner, des Straßenzustandes, welche Flüsse schiffbar sind und wo man sie überqueren kann. Festzustellen sind auch die Marschrouten der Franzosen, auf denen sie bei ihren Operationen aller Wahrscheinlichkeit nach vorstoßen werden. Wellesley ist sein eigener Nachrichtendienstchef und muntert seine Stabsoffiziere auf: »Keine Armee der Welt hat jemals etwas Ähnliches geschaffen.«

Ehe das britische Expeditionskorps einen neuen Vorstoß unternimmt, werden wiederum alle in Frage kommenden Gebiete kartographisch erfaßt; dies ist für eine erfolgreiche Kriegführung unerläßlich.

Bereits im Winter 1810 liegen detaillierte Karten von Portugal und einem großen Teil von Spanien vor. Es ist den Nachrichtenoffizieren gelungen, viele wertvolle Einzelheiten zu sammeln und aufzuzeichnen. Wellesley hat sie in zwei Kategorien unterteilt: Eine Gruppe befaßt sich hauptsächlich mit dem Vermessen des Geländes. Bietet sich nebenbei die Gelegenheit, etwas über den Gegner zu erfahren, so wird dies sofort weitergemeldet. Die zweite Gruppe muß fast ausschließlich gegnerische Aktivitäten erkunden und Wellesley in Geheimbotschaften mit beigefügten Lageskizzen berichten. Es ist letztlich aber nicht entscheidend, zu welcher Kategorie ein Nachrichtenoffizier gehört, denn das von Wellesley erdachte System ist außerordentlich flexibel. Wichtig sind nur ganz bestimmte Voraussetzungen: Diese Offiziere müssen zu den besten Reitern zählen, äußerst beweglich sein, vor allem in schwierigem Gelände, und sich in Spanisch verständigen können, was für die Beschaffung von Informationen aus der Bevölkerung unbedingt erforderlich ist.

Die Erkundungsoffiziere sind es gewohnt, ihre Meldung knapp aber präzis zu Papier zu bringen, schon weil der Notizzettel in der Regel so klein ist, daß er in einem hohlen Stiefelabsatz eines Kuriers versteckt werden kann. Auch etwas Talent zum Zeichnen gehört dazu, um Bodenformationen, natürliche Hindernisse und die Lage der gegnerischen Linien möglichst genau darzustellen. Selbstverständlich gelten Mut und schnelles Reaktionsvermögen als Vorbedingung für ihren Einsatz, denn fast jeder muß seine Aufgabe allein erfüllen.

Wellesley: »Keiner von ihnen, außer Captain John Grant ... hatte es je in Betracht gezogen, sich zu verkleiden. Sie taten ihre Pflicht in den Uniformen ihrer Regimenter, ritten oft tief ins feindbesetzte Gebiet, weil sie mit Sicherheit wußten, daß man sie bei einer Gefangennahme als Kriegsgefangene und nicht als Spione behandeln würde.«

Die organisierte Nachrichtenbeschaffung nimmt bald einen derartigen Umfang an, daß Wellesley die Flut der geschriebenen und auch mündlichen Berichte, dazu die abgefangenen gegnerischen Mitteilungen und andere erbeutete Dokumente nicht mehr allein bewältigen kann. Er überläßt daher 1811 dem Captain George Scovell die Auswertung aller Informationen. Dieser entwickelt allmählich solche Fähigkeiten, Berichte und Meldungen richtig einzuschätzen, daß es ihm aufgrund der ermittelten Zusammenhänge eines Tages sogar gelingt, den französischen Operations-Code und auch den Pariser Code zu entziffern.

Wellesley hat sein Nachrichtensystem in drei Hauptbereiche unterteilt: 1) die üblichen Quellen, also Meldungen von Kavalleriepatrouillen und Truppen, die sich auf dem Marsch befinden oder bereits Feindberührung hatten, außerdem zufällige Informationen aller Art, die von Einheimischen stammen. 2) Meldungen von Nachrichtenoffizieren, die – wie zum Beispiel einer der besten britischen Spione, Colquhoun Grant – über eigene Agenten verfügen, darunter Bürgermeister, Priester, Bauern oder auch Mitglieder der spanischen Guerillas, die französische Vorposten, Quartiere und Nachschubwege überfallen. 3) Berichte von fast berufsmäßigen Spionen und Agenten des Captain John Grant, zu denen achtbare Bürger spanischer Großstädte gehören, in denen

französische Garnisonen stationiert sind. John Grant betätigt sich sogar mit Vorliebe persönlich als Spion; er genießt die Gefahr des Abenteuers und kann den Franzosen mehrmals nur knapp entkommen.

Die regelmäßigen aufschlußreichen Berichte von örtlichen Honoratioren enthalten recht genaue Angaben über Standorte der gegnerischen Kräfte. Zu den bemerkenswertesten Spionen zählt der Priester Dr. Curtis. Er hat eine Professur für Astronomie und Naturwissenschaften an der Universität von Salamanca. Nebenbei leitet er schon seit vielen Jahren das dortige Irish College. Seine ehemaligen Studenten, jetzt über die Iberische Halbinsel und Frankreich verstreut und durch den gemeinsamen Haß auf die Franzosen motiviert, bilden ein ansehnliches Netz von Informanten und Kurieren.

Als Colquhoun Grant im April 1812 in der Nähe von Sabugal gefangengenommen und zum Verhör ins französische Hauptquartier von Marschall Marmont nach Salamanca gebracht wird, gerät Curtis allerdings in Verdacht. Marmont vermutet, daß der Professor Informationen von Grant erhalten und sie an General Wellesley weitergeleitet hat. Obwohl man ihm nichts nachweisen kann, muß Curtis das Irish College verlassen, seine kostbaren Möbel und die Bibliothek werden beschlagnahmt.

Colquhoun Grant wird inzwischen unter strenger Bewachung nach Bayonne gebracht. Aber der vom Stabschef des Marschalls Marmont an das Gefängnis in Bayonne gerichtete Brief, der einen genauen Bericht über Grants Agententätigkeit enthält, wird von den Guerillas abgefangen und General Wellesley übergeben. Gerade in Bayonne eingeliefert, kann Grant durch die Unaufmerksamkeit der französischen Begleitoffiziere fliehen. Er schlägt sich nach Orléans durch, nimmt dort mit einem Agenten von

Lieutenant Colonel Colquhoun Grant, Chef der britischen Erkundungsoffiziere und erster offizieller Leiter des Intelligence Department im Felde

Dr. Curtis Kontakt auf, der ihm die Adresse eines gewissen MacPherson in Paris anvertraut.
Colquhoun Grant gibt sich in der Seine-Metropole als amerikanischer Offizier aus und kann dem britischen Expeditionskorps viele nützliche Informationen über Napoleons Vorbereitungen für einen geplanten Feldzug gegen Rußland zukommen lassen. Vor der eines Tages mißtrauisch gewordenen französischen Polizei entkommt Grant in einem Fischerboot nach London und trifft drei Monate später wieder im Hauptquartier von General Wellesley ein. Zum Colonel befördert, überträgt ihm der General nun die Leitung seines Nachrichtendienstes.
Auch andere britische Agenten sind nicht weniger gerissen. Einer der Offiziere zum Beispiel läuft zu den französischen Fronttruppen über und behauptet, er sei britischer Deserteur. Er kann tatsächlich Marschall Masséna täuschen, der sich viel von der Zusage des Offiziers verspricht, Informationen über Wellesley und dessen Truppen preiszugeben. Dann allerdings kommt Marschall Junot ins Hauptquartier, der den »Überläufer« als britischen Agenten erkennt.
Die französischen Generäle beschließen, den Engländer hinrichten zu lassen. Doch dem Agenten gelingt es, noch in derselben Nacht durch ein Fenster im dritten Stock zu fliehen und schwimmend das andere Ufer des Tajo zu erreichen. Er besitzt sogar die Kühnheit, vorher noch in Massénas Büro einzubrechen und das Notizbuch des Marschalls zu entwenden, in dem alle französischen Regimenter vermerkt sind. Kein Wunder, daß Masséna am nächsten Morgen vor Wut tobt.
Jahre nach dem Krieg wird Wellesley – jetzt Herzog von Wellington – gefragt, ob seine Agenten in Spanien ihn wirklich mit so wertvollen Informationen versorgt hätten. Der Herzog: »O ja, ich wußte alles.«
Der 1814 entmachtete und seitdem auf Elba lebende Napoleon kehrt im März 1815 nach Frankreich zurück und landet in der Nähe von Cannes. Schnell schließt sich ein Truppenteil nach dem anderen dem wieder entstehenden Heer an und zieht mit ihm nach Paris. Napoleons Herrschaft der 100 Tage beginnt.
Der britische Colonel Colquhoun Grant, inzwischen zum Chef des militärischen operativen Nachrichtendienstes ernannt, wird sofort nach Brüssel in das derzeitige Hauptquartier des Herzogs von Wellington beordert.
Schon wenige Tage später ist Grant auf dem Weg nach Frankreich, um Napoleons weitere Pläne zu erkunden. Wellington und sein preußischer Verbündeter Marschall Blücher rechnen in jedem Fall mit einem Vorgehen Napoleons, wissen aber nicht, wo er angreifen wird. Deshalb müssen ihre Streitkräfte eine fast 250 Kilometer lange Front von Ostende über Tournai und Mons bis nach Lüttich sichern. Inzwischen versucht Grant, in Frankreich wieder Kontakt zu MacPherson aufzunehmen, bei dem er nach seiner Flucht aus Bayonne untergeschlüpft war, der selbst im französischen Kriegsministerium seine Agenten hat. Von ihm erfährt Grant die für Wellington so wichtige Tatsache, daß Napoleon mit seinen Truppen bereits von Paris in Richtung Brüssel marschiert und die Sambre bei Charleroi überqueren will.
Colonel Grant beschließt, Wellington diese äußerst dringende Meldung persönlich zu überbringen. Unterwegs wird er jedoch von preußischer Kavallerie gestellt, deren Kommandeur nicht von der drohenden Schlacht zu überzeugen ist. Erst nach langen Debatten kann Grant weitergaloppieren, während bei Quatre Bras bereits die ersten Gefechte entbrennen.
Tatsächlich entwickelt sich zwischen Quatre Bras und dem weiter nördlich gelegenen Waterloo auf den verschlammten Feldern zu Füßen des Mont St. Jean eine der großen Entscheidungsschlachten der Geschichte, in der Napoleon von den Engländern und Preußen endgültig besiegt wird.
Für einen Mann übrigens ist die Nachricht von Napoleons Niederlage am 18. Juni 1815 bei Waterloo Gold wert: Nathan Mayer Rothschild, der sich als Finanzmann im Hauptquartier von General Wellington bei Waterloo aufhält, reitet sofort, nachdem die Schlacht entschieden ist, nach Brüssel (ca. 15 km). Von dort bringt ihn ein gut bezahlter Kutscher mit dem Wagen nach Ostende (110 km), wo es ihm gelingt, trotz rauher See – gegen Hinterlegung von 2000 Franc für die Frau des Schiffers im Fall eines Unglücks – ein kleines Boot zu bekommen.
Mehr tot als lebendig erreicht er die britische Küste und jagt, so schnell die Pferde laufen können, nach London. Er übertrifft damit den amtlichen Kurier, der für seine Reise drei Tage braucht. Auf diese Weise erfährt die Londoner Filiale Rothschilds die Nachricht vom Sieg bei Waterloo viel früher als die englische Regierung. Die vor der Schlacht zu einem äußerst niedrigen Kurs gehandelten englischen Staatspapiere werden nun vom Hause Rothschild in Massen aufgekauft. Als die Nachricht von der Niederlage Napoleons in London offiziell bekannt wird, steigen die Kurse aller Papiere blitzartig. Bereits am ersten Tag verdient Rothschild an der Börse über eine Million Pfund Sterling.

Zwischen Petersburg und Paris

In Rußland beherrschte zu Beginn des 19. Jahrhunderts die Geheimpolizei fast alle Lebensbereiche. Trotzdem konnte diese Institution die Ermordung des unpopulären Zaren Paul I. nicht verhindern: In der Nacht vom 11./12. März 1801 wurde er von mehreren angetrunkenen Offizieren in seinem Schlafzimmer mit einer goldenen Tabaksdose zusammengeschlagen und mit einem Schal erdrosselt. Als Pauls Sohn Alexander I. den Thron bestieg, war seine erste Amtshandlung die Abschaffung des Geheimbüros.

Ein Zaren-Adjutant spioniert an der Seine

In einer Erklärung des neuen Zaren vom 2. April 1801 heißt es: »... daß in einem wohlgeordneten Staat alle Verbrechen durch normale Gesetze verfolgt, untersucht und verurteilt werden sollen. Wir halten es für ratsam, nicht nur die Namen, sondern auch die einzelnen Vorgänge des Geheimbüros zu vernichten, und Wir haben angeordnet, daß alle Fälle in die Staatsarchive gebracht werden, wo sie dem ewigen Vergessen anheimfallen mögen.«

Alexander will damit eine allgemeine Liberalisierung einleiten. In einem Ukas vom 27. September 1801 verbietet er ausdrücklich jede Art von Folterung. Doch der Schein trügt: Selbst in den frühen »liberalen« Jahren seiner Herrschaft erlischt die Tätigkeit der Geheimpolizei nie. Der Militärgouverneur von Sankt Petersburg zum Beispiel unterhält weiterhin ein Netz von Geheimagenten.

Auch Alexander, der offiziell die Abschaffung des Geheimbüros proklamiert hat, gründet gleichzeitig eine Organisation, die die Aufgaben der geheimen politischen Polizei unter anderem Namen weiterführt. Innerhalb weniger Jahre übergibt der Zar die Verantwortung für politische Sicherheit zwei neugeschaffenen Ausschüssen: Dem Komitee vom 5. September 1805 und dem Komitee vom 13. Januar 1807, die dem Generalgouverneur von Sankt Petersburg unterstellt sind. Dies bedeutet nichts anderes als die Wiedergeburt des Geheimbüros.

Seit dem Frieden von Tilsit (1807) können die Russen ungehindert nach Frankreich einreisen, da der Zar und Napoleon freundschaftliche Beziehungen unterhalten. Aber es ist kein Geheimnis, daß beide Staaten aufrüsten, was erhöhte Agententätigkeit nach sich zieht. Der Zar läßt nach dem Treffen mit Napoleon beim Fürstentag in Erfurt im Jahr 1808 trotz seiner dort zur Schau getragenen Freundschaft ein diplomatisches und militärisches Spionagesystem gegen den Usurpator aufbauen. Seine Hauptagenten: Oubril, Tolstoi, Nesselrode und Tschernischew. Letzterer, ein Jugendfreund und Flügeladjutant des Zaren, wird dem Stab des französischen Kaisers zugeteilt.

Über Schweden kommend, erreicht Oberst Tschernischew im Frühjahr 1811 Paris und bezieht im Stadtzentrum eine elegante Junggesellenwohnung. Er hat lediglich zwei Diener, einen deutschen Hausangestellten und einen verschwiegenen russischen Leibeigenen, der seinem Herrn wie ein Schatten folgt. Jung, reich und exzentrisch, macht sich der russische Offizier sehr bald bei den Damen beliebt, auch bei einer Prinzessin aus dem Hause Bonaparte, der schönen Pauline Borghese. Der stets parfümierte und sich leger gebende Tschernischew weiß, wie er seine Bewunderinnen zum Sprechen bringt. Aber Frauen sind nicht seine einzige Informationsquelle: Vom diplomatischen Korps als vertrauenswürdig angesehen, hat der Oberst des öfteren Gelegenheit, einen Blick auf Geheimpapiere zu werfen.

Jugendfreund und Flügeladjutant des Zaren: Oberst Alexander Iwanowitsch Tschernischew (1779–1857) wird 1811 dem Stab Napoleons zugeteilt

Tschernischew soll vor allem mit Außenminister Talleyrand ständig in Kontakt bleiben, der höchst geheime Verbindungen zu den Russen unterhält. Der Oberst überbringt dem Fürsten ein persönliches Schreiben des Zaren. »Seine Hoheit«, berichtet

Tschernischew nach Sankt Petersburg, »äußerte sich mir gegenüber als ein treuer Freund Rußlands.« Talleyrand vermittelt dem Russen tatsächlich wichtige Kontakte, besonders zu hohen französischen Militärs. Tschernischew gelingt es dadurch, General Jomini für sich zu gewinnen. Ebenso versteht er es, dem Marschall Bernadotte – nach dessen Bruch mit Napoleon – das Wohlwollen des Zaren zu versichern. Dieser schlaue russische Kosakenoberst stellt allmählich für Frankreich eine Bedrohung dar.
Der Kaiser behandelt den Adjutanten des Zaren mit bemerkenswerter Zuvorkommenheit. Napoleon ahnt allerdings nicht, daß Tschernischew französische Offiziere besticht und am Aufbau einer deutschen Legion beteiligt ist, die – sobald Rußland und Frankreich die Beziehungen abbrechen – in Deutschland einen Aufstand auslösen soll. Der mißtrauische Polizeiminister Savary jedoch läßt den russischen Oberst nicht aus den Augen und berichtet dem Kaiser von dessen verdächtigen Umtrieben.
Napoleon ist über diese Bespitzelung äußerst verärgert und weist Savary an, Oberst Tschernischew zu gestatten, »zu gehen, zu kommen, zu sehen, zu hören, was und wo er will«. Savary: »Alles, was jetzt noch fehlt, ist die Order, daß ich ihm persönlich auch Informationen geben soll.« Savarys Vermutungen, das Tschernischew Informationen von Michel, einem Angestellten im Kriegsministerium, erhalten hat, bestätigen sich bald. Nun befiehlt Napoleon die sofortige Festnahme Tschernischews, der aber, von einer guten Freundin im letzten Augenblick gewarnt, rechtzeitig über den Rhein entkommt.
Michel wird gerade in dem Augenblick ertappt, als er seine Belohnung von 300000 Franc nachzählt. Er und ein weiterer Mitarbeiter des Kriegsministeriums werden sofort verhaftet und wegen Landesverrat zum Tode verurteilt. Der wütende Napoleon läßt in der französischen Presse einen Artikel veröffentlichen, der den Zaren an seiner empfindlichsten Stelle treffen soll: Er erinnert die Welt daran, daß man die Mörder des Zaren Paul – Alexanders Vater – nie bestraft hat.
Napoleons General Marbot: »Genau so, wie in Paris ein Adjutant Alexanders gehandelt hatte, war auch der französische Gesandte am Zarenhof, General Lauriston, bemüht, möglichst detaillierte Informationen zu besorgen. Ihm war es nicht nur gelungen, Pläne über die Aufstellung und Stärke der russischen Armeen zu beschaffen, sondern außerdem die gravierten Kupferplatten, die man zum Druck der Karten des weiten russischen Reiches verwendet hatte. Ungeachtet der enormen Schwierigkeiten, die der heimliche Transport dieser schweren Metallplatten bot, war doch alles so gut vorbereitet, daß die Polizei den Raub erst bemerkte, als die Platten längst über die Grenze waren. Sie kamen wohlbehalten in Paris an, und das Kriegsministerium ließ, nachdem es die russischen Schriftzeichen durch französische hatte ersetzen lassen, die Karten drucken und an die Truppenstäbe verteilen.«

Vorbereitungen zum Russischen Feldzug

Verschiedene Anzeichen, besonders Napoleons Lektüre, lassen ahnen, daß ein französisch-russischer Krieg bevorsteht. Napoleons Buchbestellungen im Dezember 1811 haben die Wichtigkeit von Staatsgeheimnissen. Es sind Werke, die Aufschluß über die Topographie von Rußland geben, besonders aber über die der baltischen Provinzen. Im französischen Generalstab wird unterdessen das erste Büro für Studien der gegnerischen Streitkräfte aufgestellt, geleitet von Marschall Berthier, der eine umfangreiche Materialsammlung über die russische Armee zur Verfügung hat.
Bereits im Dezember 1811 gibt Napoleon den ersten Befehl zur Aufstellung einer Geheimorganisation in Osteuropa, die seinen geplanten Überfall auf Rußland nachrichtendienstlich unterstützen soll:

Paris, den 20. Dezember 1811

An Herrn Maret, Herzog von Bassano,
Minister der Auswärtigen Angelegenheiten
Schreiben Sie sofort chiffriert an Baron Bignon, daß ich die Absicht habe, falls der Krieg ausbrechen wird, ihn meinem Hauptquartier zuzuteilen und ihn an die Spitze der Geheimpolizei zu setzen, die sich mit Spionage in der feindlichen Armee, mit der Übersetzung von Briefen und aufgefundenen Papieren, mit den Aussagen der Gefangenen usw. befassen soll.
Es ist also notwendig, daß er, schon heute beginnend, eine durchgreifende Organisation dieser Geheimpolizei aufzieht. Er muß sich bald nach zwei Polen umsehen, die gut russisch können, militärisch veranlagt sind und den Krieg mitgemacht haben; auch müssen sie intelligent und vertrauenswürdig sein. Einer von diesen muß Litauen gut kennen, der andere muß in Wolhynien, Podolien und in der Ukraine gut Bescheid wissen. Außerdem muß ein Dritter, der fließend deutsch spricht, sich in Livland und Kurland auskennen. Diese drei Offiziere sollen damit beauftragt sein, die Gefangenen zu vernehmen. Sie müssen fließend polnisch, russisch und deutsch beherrschen. Unter ihrer Leitung sollen einige Dutzend Agenten arbeiten, sorgfältig ausgewählt, deren Bezahlung sich nach dem Wert ihrer Kundschafter-Ergebnisse richten wird. Sie müssen auch imstande sein, Aufklärung zu geben über alle Landstriche, die die Armee zu passieren hat.
Ich wünsche, daß der Baron Bignon sich ohne Verzug an die Bildung dieser großen Organisation heranmacht. Er soll sie damit beginnen, daß die drei Verbindungsagenten sich sofort Unteragenten schaffen, und zwar: auf den Straßen von Petersburg nach Wilna, von Petersburg nach Riga, von Riga nach Memel, auf allen Straßen von Kiew und auf den drei großen Verbindungen, die von Bukarest nach Petersburg, Moskau und Grodno führen.
Außerdem soll er sofort Kundschafter festsetzen in

Riga, Dünaburg, Pinsk, in den großen Sümpfen und in Grodno. Diese sollen täglich Meldung machen über den Fortschritt der Befestigungen. Wenn die Kundschafter-Ergebnisse zufriedenstellend sind, stehe ich nicht an, eine Ausgabe von 12000 Franc für den Monat zu gewähren. Während des Krieges wird die Bezahlung für diejenigen, die wertvolle Nachrichten liefern, jedesmal besonders festgesetzt werden. Es gibt auch unter den Polen Leute, die über die Fortifikationen Bescheid wissen und in der Lage sind, von diesen verschiedenen Plätzen aus Kunde zu geben, in welchem jeweiligen Zustand sich die Fortifikationen befinden.

Napoleon

Baron Bignon leitet den militärischen Nachrichtendienst in Osteuropa bis zum Mai 1812, danach übernimmt diese Funktion der französische Gesandte in Warschau, Erzbischof von Malignes.
Trotz aller intensiven geheimen Vorbereitungen wird die französische Invasion Rußlands ein katastrophaler Fehlschlag.

Napoleon liest eine durch Kurier überbrachte Geheimmeldung. Nach einem Gemälde von R. Desvarreux

Der amerikanische Bürgerkrieg

Bei Ausbruch des Bürgerkrieges 1861 verfügten die Amerikaner lediglich über die geheimdienstlichen Erfahrungen, die sie Ende des 18. Jahrhunderts im Kampf gegen die englische Kolonialmacht gesammelt hatten. Benjamin Tallmadge, 1777 Leiter des Nachrichtendienstes unter General Washington, hatte damals mit seinem Spionagering große Erfolge erzielt, doch zählten zu seinen Agenten kaum Militärs.

Freund oder Feind?

Den ersten militärischen Erkundungsdienst stellen während des Mexikanischen Krieges (1846–1848) die beiden amerikanischen Generäle Zachary Taylor und Winfield Scott unter der Bezeichnung »Spy Companies« auf. Mit diesen Einheiten führen sie irreguläre Operationen durch. Bei der Auswahl ihrer Agenten gehen Taylor und Scott ähnlich dem Prinzip von Dschingis-Khan vor: Spione müssen in dem Land geboren sein, in dem sie spionieren, damit sie nicht Gefahr laufen, gleich als Feind verdächtigt zu werden.
Die »Spy Companies« setzen sich meist aus Mexikanern oder Indianern der Grenzgebiete zusammen, die keinen festen Wohnsitz haben und entweder des Geldes wegen oder aus Abenteuerlust bereit sind, als Spione zu arbeiten. Und es zeigt sich, daß ihre Dienste sehr nützlich sind. Die Einnahme von Mexico City zum Beispiel verdankt General Scott weitgehend den genauen Informationen seiner »Spy Companies«, die bei Kriegsende allerdings aufgelöst werden.
In der Folgezeit lehnen die meisten Amerikaner jede Art von Konspiration ab und haben – ähnlich wie früher die Engländer – ein Vorurteil gegen Spionage. So existiert vor Beginn des Sezessionskrieges weder ein organisiertes Spionage- oder Gegenspionagesystem noch eine Geheimpolizei, und beides läßt sich nicht von einem Tag zum anderen aufbauen.
Es gibt zwar so etwas wie einen Nachrichtenstab, der einige Spione und Agenten rekrutiert, aber mit dem Beschaffen der gewünschten Informationen und deren Auswertung hat man Schwierigkeiten. Viel Zeit

Allan Pinkerton (1819–1884/vorn rechts) mit seinen Erkundungsoffizieren: Er hat keinerlei Erfahrungen in militärischen Dingen

erfordert schon die Kontaktaufnahme zu geeigneten Personen, deren Vertrauen man erst gewinnen muß, bis sie sich schließlich dazu bewegen lassen, als Informanten tätig zu sein. So wird Spionage anfangs recht amateurhaft betrieben, und die Ergebnisse sind meist zufällig, oft sogar irreführend.
Viel effektiver arbeitet dagegen eine private Detektei in Chikago. Sie wird von dem Schotten Allan Pinkerton geführt, der sich mit Informationsbeschaffung aller Art befaßt. Er ist mit seinen beiden Assistenten Timothy Webster und Harry Davis hauptsächlich für den Präsidenten der Eisenbahn auf der Strecke zwischen Philadelphia, Wilmington und Baltimore tätig. Eines Tages gelingt es Pinkerton, einen Attentatsplan der Südstaatler in Erfahrung zu bringen. Ein gewisser Captain Fernandina hat den Auftrag, den neugewählten Präsidenten Abraham Lincoln zu ermorden, wenn er im März 1861 anläßlich seiner Amtseinführung mit dem Zug durch Baltimore kommen wird. Pinkerton warnt den Präsidenten sofort; es kostet ihn allerdings große Mühe, ihn von der bestehenden Gefahr zu überzeugen.
Nach diesem Zwischenfall vertritt man bei den zuständigen Stellen die Ansicht, Pinkerton sei der richtige Mann für den Aufbau eines Geheimdienstes, der 1861 mit Ausbruch des Bürgerkrieges zwingend notwendig wird. Pinkerton ist mit Sicherheit ein guter Detektiv und wäre zweifellos auch für das Gebiet der Spionageabwehr befähigt, doch er hat keinerlei Erfahrung in militärischen Dingen und sonstigen Aufgaben des Geheimdienstes, noch kennt er die elementarsten Voraussetzungen der geheimen Nachrichtenübermittlung. Dies zeigt ein tragisches Beispiel, das den Tod seines besten Agenten Timothy Webster zur Folge hat.
Der Südstaatler Webster lebt in der Hauptstadt Richmond. Beunruhigt über das Ausbleiben der bisher regelmäßig von ihm eintreffenden Meldungen, schickt Pinkerton zwei seiner Agenten, Price Lewis und John Scully, nach dem Süden. Sie bringen schnell in Erfahrung, warum Webster nichts von sich hören läßt; er ist schwer erkrankt. Aber die beiden Fremden fallen in der Stadt auf und werden kurzerhand wegen Spionageverdacht verhaftet. Als man ihnen mit dem Galgen droht, verraten sie Webster, um ihren eigenen Hals zu retten. Damit ist sein Schicksal besiegelt, und Webster wird im April 1862 gehängt.
Wenn auch die Konföderierten weitaus rigoroser mit ertappten Spionen umgehen als die Unionstruppen, so wagt es doch keine der beiden Seiten, weibliche Agenten zu exekutieren. Dies dürfte einer der Beweggründe sein, warum sich im amerikanischen Bürgerkrieg so viele Frauen als Agenten betätigen.
Eine der erfolgreichsten Spioninnen, Rose Greenhow, eine attraktive Witwe von Anfang vierzig, gehört zur Oberschicht von Washington und hat viele einflußreiche Freunde. Sie ist auch eine große Bewunderin von Präsident James Buchanan, lehnt aber dessen Nachfolger, Abraham Lincoln, entschieden ab. Dies kann der Grund für sie gewesen sein, den

Rose Greenhow (um 1819–1864), die Meisterspionin der Südstaatler mit ihrer Tochter im Gefängnishof des Old Capitol

Geheimdienst der Südstaatler tatkräftig zu unterstützen.
Rose Greenhow wohnt in bevorzugter Gegend im Zentrum der Unionshauptstadt und weiß ihre guten Beziehungen zu nutzen, um Agenten der Südstaatler in die sogenannten besseren Kreise einzuführen. Manchen wertvollen Hinweis verdankt sie dem Leichtsinn jener Männer, die ein höchst persönliches Interesse an der hübschen Witwe haben.
Gleich zu Beginn des Krieges, im Juli 1861, gelingt Rose Greenhow ein Bravourstück: Sie kann eine Kopie des Befehls von General McDowell an die Potomac-Armee beschaffen, den er für den Vorstoß in Richtung Virginia erteilt hat. Dieses äußerst wichtige und streng geheime Dokument gelangt durch sie in die Hände der Konföderierten. Das Resultat: Die Armee der Südstaatler schlägt am 21. Juli 1861 bei Bull Run die Unionstruppen, die sich panikartig nach Washington zurückziehen.
Doch mit der Zeit verstärkt sich bei Pinkerton der Verdacht, daß Mrs. Greenhow mit den Südstaaten konspiriert, und läßt sie in ihrem Wohnsitz in der Sixteenth Street unter Hausarrest stellen. Er hindert sie aber nicht daran, ihre Freunde weiterhin zu empfangen, darunter den Expräsidenten James Buchanan, den Adjutanten des Generals der Unionstruppen Winfield Scott, Colonel Keyes, außerdem Senator Wilson aus Massachusetts und Mr. Chairman, Mitglied des Senatskomitees für militärische Angelegenheiten. Die Übermittlung ihrer Informationen an den Geheimdienstchef der Südstaaten, Colonel Jordan, besorgen wie bisher die Kuriere Betty Duvall und Lilli MacKall.
Im Frühjahr 1862 wird Rose verhaftet und in das Old-Capitol-Gefängnis eingeliefert, was sie allerdings nicht davon abhält, den Informationsfluß zu unter-

brechen. Zusammen mit anderen Häftlingen schiebt man sie Ende Mai 1862 zu den Konföderierten nach Richmond ab. Schon nach kurzer Zeit erhält sie vom Präsidenten der Südstaaten die Order, in geheimer Mission nach England zu reisen. Nach dem Empfang bei Queen Victoria bekommt sie unzählige Einladungen, am gesellschaftlichen Leben in London teilzunehmen. Während ihres zweijährigen Aufenthalts in der britischen Hauptstadt schreibt Rose Greenhow über ihre Abenteuer ein Buch, das zum Bestseller wird.

Im Herbst 1864 kehrt sie auf dem Blockadebrecher »Condor« nach Amerika zurück. Kurz vor der Ankunft wird das Schiff von einem Kanonenboot der Union verfolgt und läuft nahe Wilmington auf Grund. Sie versucht noch, mit einem Rettungsboot die Küste zu erreichen, doch das Boot kentert in der schweren See, und Rose Greenhow ertrinkt.

Ein anderer Geheimagent macht im Bürgerkrieg eine erstaunliche Karriere: Lafayette Baker. Der als Fotograf bekannte Spion der Unionstruppen sucht mit seiner Kamera, die nicht einmal funktioniert, mehrere Einheiten der Konföderierten auf. Er bietet sich, meist in den Offiziersmessen, als Fotograf an, um nebenbei die Gespräche zu belauschen und Informationen für General Scott zu sammeln.

Den aufdringlich erscheinenden Mann halten die Südstaatler lediglich für eine Art Hausierer. Als die Soldaten aber bemerken, daß er die Bilder nicht wie versprochen liefert, schöpft man Verdacht und unternimmt eine Suchaktion. In Fredericksburg wird Baker entdeckt und ins Gefängnis eingeliefert.

Es gelingt Baker noch in derselben Nacht, den Fensterriegel durchzufeilen und seinen Wärtern zu entkommen. General Scott ist so beeindruckt, daß er ihn nach seiner Rückkehr zum Chef der Feldgendarmerie befördert. Durch seine Findigkeit und Kombinationsgabe auf dem Gebiet der Spionage und Gegenspionage bringt er es sogar bis zum Brigadier.

Es läßt sich nicht mehr genau feststellen, wann und wo im Sezessionskrieg Ergebnisse von Spionagetätigkeit die Entscheidungen der gegnerischen Heerführer beeinflußt haben. Man kennt jedoch direkte Auswirkungen auf einzelne Operationen. So notiert zum Beispiel Thomas J. Jackson, General der Südstaaten, über seine Spionin Belle Boyd: »Sie hatte herausgefunden, daß die Unionstruppen planten, bestimmte Brücken zu zerstören und damit die Route zu durchschneiden, die eine Entsatzkolonne auf ihrem Marsch zu uns nutzte. Belle rannte unter schwerem Feuer der gegnerischen Infanterie und Artillerie über offene Felder, um diese wichtige Information rechtzeitig dem 1. Maryland-Regiment und der Louisiana-Brigade zu überbringen. Die Brücken wurden gerettet.«

Belle Boyd, Agentin der Konföderierten, ist zu Beginn des Krieges erst 17 Jahre alt. Sie lebt bei ihren Eltern in Martinsburg/Virginia und zeigt den einmarschierenden Soldaten der Unionstruppen ganz offen ihren Haß, als diese auf dem Dach des Elternhauses

Belle Boyd (1844–1901), Spionin der Konföderierten: »... ein Vorbild an Geschicklichkeit, Schönheit und Mut.«

ihre Flagge hissen wollen. Erst schlägt Belles Mutter den Eindringlingen die Tür vor der Nase zu. Als ein Soldat daraufhin die Tür eintritt, verliert die Tochter die Beherrschung und feuert mehrere Pistolenschüsse auf ihn ab. Unglücklicherweise stirbt der Mann. Belle kennt jedoch die Bestimmungen des Kriegsrechts und beharrt auf ihrer Aussage, daß sie in Notwehr gehandelt habe.

Trotz dieses Zwischenfalls werden ein New Yorker Journalist und mehrere Offiziere der Unionstruppen im Haus der Familie Boyd einquartiert. Ahnungslos liefern sie der aufmerksamen Lauscherin Belle eine Menge militärischer Informationen, die sie umgehend an die Südstaatler weiterleitet.

Eines Tages hat Belle Boyd jedoch Pech: Sie übergibt einem Kurier ihren Bericht für die Südstaatler, doch der Mann ist – wie sich bald herausstellt – Agent der Unionstruppen. Belle wird verhaftet, aber später gegen einen Gefangenen aus Richmond ausgetauscht.

Ein Journalist von Harper's Weekly über Belle Boyd: »Mit befremdender Ritterlichkeit, ja sogar Galanterie, was in diesem Krieg ungewöhnlich war, schilderten die Zeitungen der Union diese gegnerische Agentin als ein Vorbild an Geschicklichkeit, Schönheit und Mut.«

Nach ihrer Freilassung geht Belle Boyd – wie vor ihr Rose Greenhow – eine Zeitlang nach England. Dort feiert man sie wie eine Heldin. Gerade aus Europa zurückgekehrt, wird Belle erneut festgenommen und von dem Marineoffizier der Union Samuel W. Hardinge, Kommandant eines im küstennahen Sperrgebiet operierenden Kanonenbootes, verhört. Wie das Schicksal es will, verlieben sich beide ineinander,

reisen gemeinsam nach London und lassen sich dort trauen.
Hardinge, der einige Monate später ohne plausiblen Grund England wieder verläßt, wird bei seiner Ankunft in Nordamerika sofort verhaftet. Man beschuldigt ihn, etwa zwei Jahre zuvor einem Kapitän der Konföderierten die Flucht ermöglicht zu haben. Hardinge stirbt nach kurzer Zeit im Gefängnis. So ist seine Frau bereits mit 21 Jahren Witwe. Die später als Schauspielerin gefeierte Belle Boyd-Hardinge wohnt bis zu ihrem Tode 1901 in Wisconsin.
Der erste Telegraphist, von dem bekannt ist, daß er durch Abhören des gegnerischen Telegraphenverkehrs Spionage betrieben hat, heißt J. O. Kerby. Er lebt als Angestellter der Eisenbahn in den Nordstaaten und eröffnet seinen Freunden bei Kriegsbeginn, daß er sich nach Süden hinter die feindlichen Linien durchschlagen werde, um für die Unionstruppen zu spionieren.
Kerby, dem es gelingt, durch die feindlichen Linien hindurch Bull Run zu erreichen, beobachtet hier, welche Vorbereitungen die Konföderierten für die bevorstehende Schlacht treffen. Er stellt fest, daß die Soldaten durch geschickte Tarnung mit Baumstämmen und Gestrüpp Artilleriestellungen vortäuschen und sich anschließend zurückziehen.
Diese Tatsache scheint ihm für das Unionsheer am Potomac von größter Bedeutung zu sein, deshalb versucht Kerby, so schnell wie möglich wieder auf die Seite der Nordstaatler zu gelangen. Doch bei der nächstliegenden Feldwache der Union will niemand seinen Angaben Glauben schenken. Man hält ihn für einen gegnerischen Agenten, weil er sich nicht ausweisen kann, und nimmt ihn in Gewahrsam. Da ihm aber nichts nachzuweisen ist, wird er bald wieder freigelassen.
Wenig später fällt er einem Offizier der Konföderierten in die Hände, dem Kerby kurz entschlossen seine Dienste als Eisenbahner anbietet. Er hat Glück und wird einem Eisenbahntransport zugeteilt, der ins Landesinnere fährt. In Richmond angekommen, bietet sich ihm die Gelegenheit, heimlich Telegraphenleitungen anzuzapfen. So kann er als geschulter Telegraphist vieles mithören, was für die Unionstruppen von Wichtigkeit sein kann. Die interessantesten Informationen übermittelt er dann per Brief einem Freund in den Nordstaaten.
Kerby verwendet ein Codesystem, das verhältnismäßig einfach ist: Man versieht einen völlig harmlos wirkenden Brief mit ein paar zufälligen Kratzern oder kleinen Flecken, die in Wirklichkeit eine Zahl aus dem Morsecode – drei, fünf oder neun – darstel-

Soldaten der Konföderierten aus den Südstaaten beim Bau einer Telegraphenlinie: ein Spionageobjekt für J. O. Kerby

General der Nordstaaten Ulysses S. Grant (1822–1885) hat hohes Lob für seine Agentin »Crazy Bet«

len. Dies deutet darauf hin, daß die verborgene Mitteilung aus jedem dritten, fünften oder neunten Wort im Text besteht. Eines Tages gelangt Kerby wieder nach Norden, tritt nun in die Unionsarmee ein und wird in Anerkennung seiner Verdienste zum Second Lieutenant befördert.

Der wertvollste Spion, über den General H. Sharpe, Chef des militärischen Geheimdienstes der Unionstruppen, während des Sezessionskrieges verfügt, ist die 43jährige Elizabeth van Lew aus Richmond. Der Beweggrund für ihre Agententätigkeit scheint ein tief verwurzelter Haß gegen jede Art von Unfreiheit zu sein. Bereits nach der Rückkehr aus dem Internat in Philadelphia hatte sie durchgesetzt, daß auf dem Anwesen ihrer Eltern die Sklaven ihre Freiheit bekamen.

In diesem Krieg steht Elizabeth van Lew zwar im Verdacht, unloyal zu sein, aber niemand glaubt ernsthaft, daß eine Aristokratin es fertigbringen könnte, für den Gegner zu arbeiten. So nehmen alle an, sie sei verrückt, deshalb nennt man sie »Crazy Bet«.

Tatsächlich ahnt keiner ihrer Freunde, daß sich hinter der »Verrückten« eine äußerst tüchtige Leiterin des besten, zuverlässigsten und effektivsten Spionagesystems verbirgt. Weder die Gefahr der Lynchjustiz noch der finanzielle Ruin ihrer Familie können diese unerschrockene Frau von ihrer Spionagetätigkeit abhalten. Für die Übermittlung ihrer Informationen an General Sharpe errichtet Elizabeth van Lew fünf geheime Anlaufstellen und benutzt einen Geheimcode – den übrigens auch der Telegraphist Kerby verwendet –, der von den Südstaatlern nie gebrochen wird.

In Elizabeths Haus gibt es eine Geheimkammer unter dem Dach, die nur durch eine Tapetentür, verdeckt durch eine Kommode, erreichbar ist. Dieses Zimmer wird trotz vieler Kontrollen der südstaatlichen Gegenspionage-Suchtrupps nie gefunden. Hier versteckt Elizabeth van Lew Spione, Agenten und aus der Gefangenschaft entflohene Soldaten der Unionstruppen – darunter einen Colonel Paul Revere –, bis sie die Möglichkeit hat, sie auf geheimen Wegen zur anderen Seite durchzuschleusen.

Sie finanziert ihre Organisation fast ganz aus eigener Tasche, und bei Kriegsende beläuft sich die Summe, die sie für den Geheimdienst der Union ausgegeben hat, auf 15000 Dollar. General Ulysses S. Grant, der ihrer Spionagetätigkeit viel zu verdanken hat, schreibt Elizabeth van Lew: »Sie haben mir die wertvollsten Informationen geschickt, die ich während des Krieges ... erhalten habe.« Er zeichnet zwar die Rückzahlungsforderung ab, aber Elizabeth bekommt keinen Cent zurück.

Als Grant 1869 das Amt des Präsidenten übernimmt, ernennt man sie lediglich zur Leiterin der Post von Richmond, später jedoch wird die von allen Geächtete auf einen einfachen Angestelltenposten abgeschoben.

Elizabeth van Lew verbringt ihre letzten Lebensjahre in großer Armut und kann nur durch die Unterstützung der Familie von Colonel Revere existieren, die ihr zeitlebens für dessen Rettung dankbar ist. Die zum Hauspersonal gehörenden älteren Neger, denen sie vor vielen Jahren zur Freiheit verholfen hat, sind ihr bis zum Ende treu ergeben. Sie kennen keine Vorurteile gegen Spione.

Militärische Erkundung für Preußen

Das mißglückte Attentat auf den Ministerpräsidenten Otto von Bismarck im Mai 1866 war der Anlaß, eine Geheime Polizei zum Schutz des Preußenkönigs und seines Ministers zu organisieren. Damit wurde ein Mann betraut, dem Bismarck die treffende Bezeichnung »König der Spürhunde« gab: Dr. Wilhelm Johann Carl Eduard Stieber. Er baute nicht nur einen erfolgreichen auswärtigen Nachrichtendienst, sondern zugleich eine schlagkräftige Spionageabwehr auf. Im Deutsch-Französischen Krieg 1870/71 löste Stiebers Tätigkeit eine wahre Spionage-Psychose aus, die sich in Frankreich wie eine Seuche ausbreitete und zu deren prominentesten Opfern der preußische Kriegsberichterstatter Theodor Fontane zählte.

Dr. Wilhelm Stieber

Der am 3. Mai 1818 in Merseburg als Sohn eines preußischen Kanzleirates geborene Wilhelm Stieber will anfangs Theologe werden, entscheidet sich dann aber, an der Berliner Universität Rechtswissenschaft zu studieren. Schon als junger Referendar am Berliner Kammergericht fällt er durch seine ungewöhnlichen kriminalistischen Fähigkeiten auf.

Um praktische Erfahrungen zu sammeln, läßt sich Stieber ab 1. Februar 1844 vom Gericht für eine halbjährige Dienstzeit im Polizeipräsidium beurlauben und übernimmt dort die Funktion eines Kriminalkommissars. Bei der Aufklärung mehrerer Kapitalverbrechen stellt er seine Fähigkeiten unter Beweis und kann sich mit so manchem erfahrenen Kollegen messen.

Ein Jahr später erhält Stieber vom preußischen Innenministerium seinen ersten Geheimauftrag: Er soll in der Gegend von Hirschberg in Schlesien eine sozialistische Arbeiterverschwörung aufdecken. Als »Kunstmaler Schmidt« getarnt, gelingt es ihm, belastende Schriften sicherzustellen und die Drahtzieher des Komplotts zu ermitteln, die zu mehreren Jahren Haft verurteilt werden.

In den nachfolgenden Jahren betätigt sich Stieber als Strafverteidiger und Zeitungskorrespondent. Dank der Fürsprache des Polizeipräsidenten überträgt man ihm die Redaktion der vom Präsidium herausgegebenen Zeitschrift. Dadurch bekommt er die Möglichkeit, sich Einblick in Personalakten – auch die seiner Klienten – zu verschaffen.

Die Öffentlichkeit ist immer wieder erstaunt, wie gekonnt dieser Anwalt fast jede Anklageschrift widerlegt und die gegen seine Mandanten erhobenen Anschuldigungen entkräftet. Zwischen 1848 und 1850 verteidigt er unzählige echte und vermeintliche Gesetzesbrecher mit großem Erfolg. Aus dieser Zeit stammen seine Kontakte zur Unterwelt mit recht ungewöhnlichen, aber äußerst nützlichen »Freundschaften«.

Mit der Zeit allerdings scheint sich ein Skandal anzubahnen: Man bezichtigt Stieber öffentlich, er habe Unterlagen der Polizei zum Vorteil seiner Mandanten ausgewertet. Doch das Gericht muß ihn aus Mangel an Beweisen freisprechen.

Im Jahr 1850 wird Stieber vom Polizeipräsidenten als Assessor mit 600 Talern Jahresgehalt eingestellt und schon nach kurzer Zeit zum Polizeirat befördert. Man sieht in ihm den jetzt dringend benötigten, äußerst zuverlässigen Mann, der die Aktivitäten von Karl Marx, Mitautor des »Kommunistischen Manifests«, beobachten und verschiedene sozialistische Gruppen in Deutschland, Frankreich und England aufspüren soll.

Als offizieller preußischer Kommissär reist Stieber am 1. Mai 1851 zur Eröffnung der Industrieausstellung nach London, insgeheim aber im Auftrag der preußischen politischen Polizei. Man hat nämlich bei einem verhafteten Sozialisten aus dem Rheinland Schriftstücke gefunden, die auf einen internationalen Kommunistenbund mit Hauptsitz in London hinweisen, und Stieber soll nun an Ort und Stelle ermitteln. Der talentierte Polizeirat kann in nur wenigen Tagen die Londoner Zentralstelle des »Bundes der Kommunisten« ausfindig machen und sogar eines der Mitglieder für Agentendienste gewinnen. So gelangt er in den Besitz zahlreicher geheimer Unterlagen. Mit diesen Papieren fährt Stieber anschließend nach Paris und wendet sich sofort an die französischen Behörden. Bereits nach einigen Tagen ist die französische kommunistische Organisation ausgehoben; ihre Mitglieder werden verhaftet. Stieber kann das beschlagnahmte Geheimmaterial einsehen und die nächsten Schritte in Köln in die Wege leiten.

Stiebers Ermittlungstätigkeit führt in Deutschland zu einem Hochverratsprozeß gegen zwölf Hauptverdächtige, unter denen sich auch der Dichter Ferdi-

Dr. Wilhelm Johann Carl Eduard Stieber (1818--1882): Der preußische Polizeirat baut in den Nachbarländern zuverlässige Agentennetze auf

nand Freiligrath befindet, den man allerdings freispricht.
Durch die Politik der »Neuen Ära« unter Prinz Wilhelm, der 1857 für König Friedrich Wilhelm IV. die Regenschaft übernimmt, gewinnen die liberalen Kräfte Preußens größeren Einfluß und versuchen nun mit allen Mitteln, den verhaßten Sicherheitschef auszuschalten. Stieber wird 1858 wegen geheimer Aktivitäten und angeblich rücksichtsloser Vernehmungsmethoden verhaftet, kann jedoch entkommen. Obwohl das Gericht ihn in Abwesenheit wegen erwiesener Unschuld freispricht, verliert er seinen Posten.
Dies kommt der russischen Regierung sehr gelegen: Sie nimmt unverzüglich mit Stieber Kontakt auf und überträgt ihm die Organisation des Auslandszweiges der Ochrana, der politischen Geheimpolizei des Zaren, denn man weiß die Fähigkeiten dieses Mannes zu schätzen. In einem Geheimvertrag wird der preußische Polizeirat a.D. von der Petersburger Regierung verpflichtet, nach reaktionären Exilrussen in Deutschland zu fahnden sowie für die Sicherheit des Zaren während seiner Auslandsreisen zu sorgen. Diese Verbindung mit Rußland hält Stieber bis 1874 aufrecht.
Im Herbst 1863 beginnt für Stieber der große Aufstieg. Sein Freund Braß, Begründer der »Norddeutschen Allgemeinen Zeitung«, macht ihn mit dem neuen preußischen Ministerpräsidenten Otto von Bismarck bekannt. Nach Stiebers Aufzeichnungen habe er eines Tages von einem seiner ausländischen Agenten erfahren, daß ein Attentat auf Bismarck geplant sei. Er entschließt sich, den Ministerpräsidenten persönlich zu warnen. Bismarck beauftragt den noch beurlaubten Polizeirat, alle Vorsichtsmaßnahmen zu treffen und stimmt dessen Vorschlag zu, mit täglich wechselnden Kutschen ins Amt zu fahren. In dem bisherigen Wagen, der weiterhin den gewohnten Weg nimmt, soll nun an seiner Stelle eine als Bismarck verkleidete Puppe sitzen.
Tatsächlich stürzt sich – nach Stieber – am 6. Mai 1866 ein Anarchist auf den Wagen des Ministerpräsidenten und schießt durch die Scheibe auf den im Halbschatten sitzenden Insassen. Wie sich nachher herausstellt, hat das Geschoß den Kopf der Puppe durchbohrt. Bismarck will allerdings kein Aufsehen erregen und läßt den Attentäter nach Rußland abschieben. In seinen Memoiren jedoch erwähnt er diesen Vorfall nicht.
Laut Kabinettsbeschluß vom 23. Juni 1866 erhält Stieber nun den Auftrag, eine Geheime Polizei zu organisieren, die dem Schutz des Königs und der Regierung dient und die staatsgefährdende Umtriebe ermitteln soll. Sitz dieser neuen, unter dem Tarnnamen »Central-Nachrichten-Bureau« gegründeten Institution ist das preußische Innenministerium in Berlin.
Stiebers Idee ist es auch, für den Kriegsfall eine Politische Feldpolizei einzurichten, die die Militärbehörden durch Beschaffung von Nachrichten über die feindliche Armee und die Verhältnisse im Land des Gegners unterstützen soll. Nun zeigt »ein wehruntauglich geschriebener Zivilist« den Militärs, wie man Feindaufklärung betreibt. In seinem ausführlichen Bericht, den er auf Bismarcks persönlichen Wunsch verfaßt, nennt Stieber die Möglichkeiten, wie man ein fremdes Land am besten observiert.
Darin heißt es unter anderem: »Die bisher zwischen den Staaten gebräuchliche Einzelobservation vermittels nur weniger Kundschafter erbrachte auch nur begrenzte Ergebnisse. Denn ein Einzelner beschränkt sein Augenmerk bloß auf nach seiner Meinung Wichtiges, während das von ihm als belanglos Mißachtete im Ganzen gesehen oft von größter Bedeutung wäre.
Darum soll mein Observationsdienst statt der bisherigen Einzelkundschafter erstmals eine so große Anzahl derselben verwenden, wie nur möglich. Nur eine ganze Armee unermüdlicher Beobachter braucht sich nicht mit wenigen, zudem gefährlich zu erlangenden und außer Zusammenhang mißverständlichen Informationen zu bescheiden.
Aus solcher Späher-Vielzahl wird auch eher, öfter und leichter einer zu den beschütztesten Geheimnissen vordringen, als wenn von vornherein nur ein einziger oder ganz wenige Kundschafter bereitstehen. Und auch die Wichtig- und Richtigkeit jeder einzelnen Information eines Agentenheeres läßt sich besser kontrollieren durch gleich- oder entgegenlautende weitere Meldungen, welche ja ununterbrochen einpassieren. Hieraus erwächst dann wie von selber stets das zutreffende Abbild aller Verhältnisse und Vorhaben in dem observierten Lande ...«
In verschiedenen europäischen Staaten, die Preußen als mögliche Gegner betrachtet, errichtet Stieber zuverlässige Agentennetze, besonders in Frankreich unter Napoleon III. Stieber: »Die unermüdliche Rekrutierung von neuen Kundschaftern hielt denn auch von Anfang an meine wenigen, besonders erfahrenen ... Agenten Tag und Nacht auf den Beinen. Und zwar teilte ich diejenigen von ihnen in Aussicht zu nehmenden in drei Kategorien ein:
1. Personen besitzloser Stände, welche aus Lebensgier mühelos Geld zu verdienen ersehnten, 2. Offiziere und Beamte, welche entweder große Geldsummen benötigten (Spielschulden etc.) oder auf Rache sannen, welche sie für persönliche Unbill oder aus politischen Gründen zu üben wünschten (solche Individuen habe ich für meinen Zweck stets bevorzugt!), 3. endlich alle, welche durch Erpressung von meinen Agenten gefügig gemacht werden konnten. Jene waren nachher zwar die Schlechtesten und am unzuverlässigsten, indessen vorerst am schnellsten zu bekommen ...
Bald strömten so in mein Centralregister zu Berlin hunderte, ja tausende von Dossiers über mehr oder minder hochgestellte Franzosen, welche aufgrund des Erwähnten als Späher in Frage kamen, und jenes Register wurde von meinen Beamten immer emsig auf neuestem Stande gehalten, als das unentbehrliche

Juli 1870: preußische Truppen den Rhein entlang auf dem Weg zur französischen Grenze

und tragende Fundament für jede Ausforschung.« Im Mai 1867 muß Stieber den preußischen König und den Kaiser von Rußland anläßlich der Weltausstellung nach Paris begleiten. Eine anarchistische Organisation plant die Ermordung des Zaren während seines dortigen Aufenthaltes. Am Tag vor dem Attentat ist Stieber dank seiner Agenten den Verschwörern auf der Spur. Er ermittelt noch in den Nachtstunden, daß ein Pole namens Berezowski den Zaren in dem Moment erschießen soll, wenn der Zug mit dem Monarchen von der großen Militärparade zurückkehrt. Stieber verabredet mit dem Chef der russischen Leibwache, daß der Zar keinesfalls auf dem angekündigten Weg zur Parade fahren solle.

Als Kaiser Napoleon von dem drohenden Attentat unterrichtet wird, läßt er Stieber zur Berichterstattung rufen und erklärt ihm, er könne die preußischen Befürchtungen keinesweg teilen, da den französischen Behörden nicht der geringste Hinweis auf eine Verschwörung bekannt sei.

Napoleon III. macht dem Zaren den Vorschlag, er solle mit ihm zusammen in seinem Wagen die Parade besuchen, was Kaiser Alexander akzeptiert. Wie sich nun herausstellt, sind die Befürchtungen des deutschen Polizeirats nicht grundlos: Auf dem Rückweg wird tatsächlich von dem Polen Berezowski auf das russische Staatsoberhaupt geschossen. Die Kugel trifft jedoch nur den Kopf eines zur Eskorte gehörenden Pferdes.

Im November 1869 reist Stieber erneut nach Paris, um sich dort persönlich über die politische und militärische Lage Frankreichs zu informieren. Der Grund für diese plötzliche Reise: Beim französischen Heer werden neue Waffen eingeführt, die Mitrailleuse, auch »Kugelspritze« genannt, Vorläufer der modernen Maschinengewehre, bei denen mehrere Rohre kurz hintereinander abgefeuert werden, und das sogenannte Chassepot-Gewehr, ein neuartiger Karabiner. Durch seine Spione, die Kontakte zu einflußreichen französischen Militärs haben, erfährt Stieber alles Wissenswerte über diese neuen Waffen; er kann Bismarck und dem Generalstab aus erster Hand Bericht erstatten.

Übrigens stellt Stieber fest, daß weder das von den Franzosen erfundene Chassepot-Gewehr, ein gezogener Hinterlader, noch die Mitrailleuse gefährliche Neuheiten aufweisen: Das Chassepot-Gewehr ist dem preußischen Zündnagelgewehr keineswegs überlegen, und die Mitrailleuse ähnelt einer in der bayerischen Armee seit Jahren verwendeten Schnellfeuerwaffe.

Bevor 1870 der Krieg zwischen Frankreich und

Die Angst vor Spionen nimmt spürbar zu: Festnahme eines vermeintlichen preußischen Agenten im Café auf einem Pariser Boulevard

Deutschland ausbricht, übergibt Stieber dem Chef des Generalstabs, Feldmarschall Graf Moltke, die neuesten Erkenntnisse des »Central-Nachrichten-Bureaus«, denn er verfügt inzwischen in Frankreich über ein gut funktionierendes Spionagenetz. Seine Agenten sitzen in jeder größeren Stadt, überwachen Häfen, Garnisonen, den Brief- und Telegrammverkehr, erkunden Festungen und Waffenarsenale. Stiebers geheime Verbindungen reichen bis in die höchsten französischen Offizierskreise, so daß er sogar Aufmarschpläne aus den Tresoren des französischen Generalstabs kennt.
Am 19. Juli 1870 erklärt Frankreich Preußen den Krieg. Dank einer mustergültigen Planung verläuft die Mobilisierung der deutschen Truppen sowie der Transport zur Grenze reibungslos. In einem bisher nicht gekannten Ausmaß wird dafür die Eisenbahn eingesetzt. Die strategische Aufklärung, die Stiebers Agenten in Friedenszeiten geleistet haben, trägt wesentlich zu den Erfolgen auf dem Schlachtfeld bei.
Noch wenige Tage vor Ausbruch der Feindseligkeiten reist Stieber für einige Tage in die Schweiz. Er trifft dort mehrere seiner französischen Agenten, die ihm die neuesten Beobachtungen mitteilen.
Bereits am 31. Juli 1870 wieder in Berlin, fährt er noch am gleichen Tag als Leiter der »Politischen Feldpolizei« mit dem Großen Hauptquartier des Königs nach Mainz. Die Zahl der Kundschafter und Polizeiagenten, die sich ausschließlich mit Feindbeobachtung befassen, wird nach der Kriegserklärung noch erheblich verstärkt. Zwei bis drei Agenten zählen zu Stiebers persönlicher Begleitung, außerdem hält sich ein größerer stets verfügbarer Kundschafterstab in seiner Nähe auf.
Am 1. September 1870 gelingt Moltke ein kühnes Umfassungsmanöver: Der größte Teil der letzten französischen Feldarmee unter Marschall Mac-Mahon wird in Sedan eingekesselt. Napoleon III., der sich bei seinen Truppen befindet, muß am nächsten Tag kapitulieren. Danach stoßen die deutschen Truppen auf Paris vor: Am 19. September 1870 wird der Belagerungsring um die Hauptstadt geschlossen. Nun versucht man auf beiden Seiten, durch den Einsatz von Spionen die Lage zu erkunden.
Während der ganzen Belagerungszeit erhält Stieber von seinen Kundschaftern fast täglich Nachrichten und Zeitungen aus der französischen Hauptstadt. So erfährt er aus den Pariser Blättern, daß man auf den Kopf von König Wilhelm öffentlich zwei Millionen und für die Ermordung Bismarcks eine Million Franc ausgesetzt hat. Daraufhin läßt Stieber sofort die Wachen der Geheimen Feldpolizei um ein Vielfaches verstärken.
Anfang Oktober 1870 erfolgt die Verlegung des deutschen Hauptquartiers nach Versailles. Stieber: »Inzwischen blieb die von uns umzingelte französische Hauptstadt die größte Festung der Welt: fast 60 Kilometer maß der gewaltige Gürtel ihrer Schanzen und Forts, 40 Kilometer ihre Umwallung mit ca. 100 Bastionen, Ringstraßen und Militär-Ringbahnen, und zweieinhalbtausend Geschütze, schwerste Festungscaliber dabei, spickten das Ganze schußbereit mit Munition im Überflusse.
Täglich verloren wir Soldaten durch das Feuer der Pariser Kanonen, welche mit der unglaublichsten Munitionsvergeudung selbst auf Meilendistance und gut Glück schossen ...
Und aus dem belagerten Paris entschwebten täglich Ballons, Soldaten an Bord und Massen von Post.

Auf der Jagd nach Ballons aus dem belagerten Paris: »... doch erbeuteten wir nur wenige davon.«

Zwar gaben wir ihnen jedesmal wütend Feuer, doch erbeuteten wir nur wenige davon; erst als von Krupp das ›Special-Ballon-Abwehrgeschütz‹ kam, wurde es besser. Doch nun stürzten sich die ›Balloniers‹ fast stets zu Tode, so daß ich sie nicht mehr vernehmen konnte wie bisher, wo ihr Fluggerät, von uns bloß undicht geschossen, langsam zur Erde sank ...
Auch französische Brieftauben begannen in Schwärmen zu fliegen, bis wir Jagdfalken entgegensetzten, welche sich auf die langsameren und wehrlosen Tauben stürzten und viele vom Himmel herunterholten, samt ihrer oft aufschlußreichen, ja verräterischen Post, welche sie in Kapseln um die Hälse gebunden mit sich führten.« Nach Stiebers Angaben schießen die Preußen drei Luftballons ab: »Die ergriffenen Ballonflieger wurden unverzüglich erschossen, um der gefährlichen Luftspionage ein Ende zu machen, und weil sie geheime Depeschen aus Paris nach dem Süden bringen sollten.«
Am Nachmittag des 21. Oktober 1870 gelingt französischen Truppen aus dem belagerten Paris heraus ein Vorstoß in Richtung Versailles. Da dort Gerüchte über Verschwörungen immer festere Formen annehmen, entschließt sich Stieber, eine umfassende, schlagartig einsetzende Polizeiaktion durchzuführen. Der Erfolg übertrifft alle seine Erwartungen. Mehr als 150 der Spionage dringend verdächtige Einwohner und Fremde werden verhaftet, dazu erhebliche Waffenvorräte beschlagnahmt. Dieser Erfolg festigt Stiebers Position im Hauptquartier erheblich. Kurze Zeit danach erhält er das Eiserne Kreuz verliehen.

Spionage-Psychose in Paris
Januar 1871
Korrespondent der »Times« J. Langdon berichtet:
»Die Aufregung wegen der Spione nimmt während der letzten Tage der Belagerung noch spürbar zu. Man weiß, daß viele Französinnen von zweifelhaftem Ruf den preußischen Truppen vor der Stadt Informationen überbringen. Diese Frauen machen auch mit dem Verkauf von Tageszeitungen ein gutes Geschäft, wofür sie oft mit Goldstücken bezahlt werden. Man gestattet ihnen, die Hauptstadt zu verlassen, da sie vorgeben, Gemüse von den Feldern holen zu wollen – eine Erlaubnis, die sie allerdings für andere Zwecke benutzen. Diese Feststellung gibt zu denken. Es scheint, als ob die Agenten dieses Spionagesystems Franzosen sind, doch meistens handelt es sich um Deutsche.
Da die Deutschen häufig Französisch sprechen, bedeutet dies natürlich einen großen Vorteil, wenn sie ihren geheimen Missionen nachgehen. Obwohl die Pariser wahrscheinlich übertreiben, wenn sie von dem Ausmaß sprechen, mit dem sie hintergangen werden, so besteht doch kein Zweifel, daß die Preußen im allgemeinen unterrichtet sind. Preußische Offiziere, die auf den vorgeschobenen Posten ihren Dienst verrichten, kennen sogar oft die Parole der französischen Truppen.
Der größte Erfolg der Franzosen, die Bemühungen

Versailles: das im Jahr 1870 von Reichskanzler Bismarck bewohnte Haus

der Spione zu vereiteln, ist jedoch die Gefangennahme von Sergeant Hoff, der, trotz seines deutschen Familiennamens, lange Zeit für einen Franzosen gehalten wurde.
Dieser Sergeant, Held von Paris und berühmt dafür, daß er eine Anzahl von Deutschen getötet hat, ist ein vortrefflicher Scharfschütze. Nach dem Ausbruchsversuch Anfang Dezember ist Hoff verschwunden. Man vermutet, er sei gefallen, und ganz Paris trauert um diesen großen Patrioten.
Nach und nach jedoch enthüllt eine Französin, mit der er befreundet war, einige Tatsachen über ihn, die zu beweisen scheinen, daß er in Wirklichkeit ein deutscher Spion ist. Und dann erinnert man sich an einen Bericht des Korrespondenten von ›Daily News‹, ›daß Hoff eine eigentümliche Vorliebe hatte, seinen eigenen Unternehmungen nachzugehen. Er brach zwar mit Kameraden zusammen auf, kam aber selten mit ihnen zurück, denn man hatte sie nahezu alle erschossen. Diejenigen, die lebend von den vorgeschobenen Posten, die Sergeant Hoff überfiel, zurückkehrten, erzählen (nachdem man herausgefunden hatte, daß er ein Spion ist), daß er sich immer als Einzelgänger betätigen wollte. Er ließ die anderen an einer bestimmten Stelle zurück und lehnte es ab, bei dem scheinbar gefährlichsten Teil des Abenteuers begleitet zu werden. Er ging also allein weiter vor. Nach einiger Zeit vernahm man einen oder mehrere Schüsse, und danach kehrte er gewöhnlich mit seiner Kriegsbeute, einem Helm, zurück, was den meisten Argwohn erweckte. Hin und wieder feuerte er auch im Beisein seiner Kameraden, aber stets ohne Erfolg.‹
Es ist erstaunlich, daß Paris so lange auf einen so durchsichtigen Trick hereingefallen ist; aber das scheint wirklich der Fall zu sein. Der eigentliche Name dieses Mannes soll Hentzel gelautet haben,

und es wird bestätigt, daß er Leutnant in einem bayerischen Jägerregiment gewesen ist. Eine Schützenabteilung nahm im Laufe des Januar in Bezons einen deutschen Offizier gefangen, von dem behauptet wird, es sei niemand anderes als Hentzel oder Hoff. Sie erklärten, es gäbe hinsichtlich seiner Identität keinerlei Zweifel, und so wurde der unglückliche Gefangene erschossen.
Durch diese Vorfälle wächst die Furcht vor Spionen so sehr, daß selbst Personen in höheren Positionen verdächtigt werden, mit den Deutschen unter einer Decke zu stecken. Die Spionage-Psychose in der französischen Hauptstadt geht so weit, daß man in jedem Fremden einen deutschen Agenten wittert.«
Während der Versailler Vorfriedensverhandlungen wohnt der französische Minister Jules Favre fast eine Woche lang – ohne es zu wissen – bei der Geheimen Feldpolizei. Die Bediensteten sind deutsche Geheimagenten, und der ihm zur Verfügung gestellte Kutscher ist ein Vertrauter von Stieber. Den Brief- und Depeschenwechsel des französischen Ministers überwacht Stieber persönlich. Fast täglich überprüft er dessen Aufzeichnungen und kann Bismarck über die Geheimnisse der französischen Unterhändler genau informieren.
Stieber schreibt an seine Frau in Berlin: »Lies und staune. – Während ich diesen Brief in meinem Arbeitszimmer schreibe und dabei eine Tasse selbstbereiteten Tee trinke, schläft im Zimmer neben mir Herr Jules Favre, der Minister der auswärtigen Angelegenheiten der Pariser Regierung, mit seinem Schwiegersohn. Kein Sekretär, kein Diener ist bei

Versailles, der französische Minister Jules Favre (1809–1880) im Gespräch mit Bismarck: »... wie alte Freunde, die sich lange nicht gesehen haben«

ihm, meine Beamten in Zivilkleidern bedienen ihn jetzt.
Heute abend schickte mir Bismarck plötzlich seinen Wagen und ließ mich sofort zu sich rufen. Er beauftragte mich, für Jules Favre Quartier zu beschaffen und seine Überwachung einzuleiten. Ich erbot mich sofort, zwei meiner Zimmer abzutreten, und Bismarck war damit einverstanden. Nur sollte ich nicht merken lassen, daß Favre sich bei der Polizei befinde ...
Ich eilte sofort nach Hause, traf meine Einrichtungen. Alle meine Beamten mußten Zivilkleider anlegen und ich ließ tüchtig einheizen. Jules Favre fuhr in einer gewöhnlichen Droschke bei uns vor. Er hat bis spät in die Nacht, wohl an fünf Stunden, allein bei Bismarck gesessen. Als ich in das Verhandlungszimmer hineinblickte, saßen beide gemütlich auf dem Sofa wie alte Freunde, die sich lange nicht gesehen haben.«
Nach Abschluß des Versailler Vorfriedens kehrt Stieber am 17. März 1871 im Gefolge des zum Kaiser ausgerufenen Wilhelm I. nach Berlin zurück und übernimmt wieder das »Central-Nachrichten-Bureau«. Seine Aktivitäten richten sich jetzt vor allem gegen die Sozialdemokraten. Stieber läßt die sozialistischen Führer beobachten und teilt der Regierung seine Erkenntnisse mit. Daraufhin wird die sozialdemokratische Agitation für reichsfeindlich erklärt und das gesammelte Material im Jahr 1874 der Berliner Staatsanwaltschaft übergeben.
Gleichzeitig decken Stiebers Agenten noch zur rechten Zeit Attentatspläne gegen Kaiser Wilhelm I., Bismarck und Moltke auf. Die Anführer des Komplotts, zwei Franzosen und drei Polen, können sich allerdings im letzten Augenblick der Verhaftung entziehen.
Wegen einer Erkrankung muß Stieber 1873 seine Tätigkeit unterbrechen. Ein Jahr später löst er – offiziell – seine Beziehung zur russischen Regierung, die mit Wissen Bismarcks länger als ein Jahrzehnt bestanden hat.
Stieber wird für seine hervorragenden Dienste insgesamt 27mal ausgezeichnet. Als der königlich-preußische Geheime Regierungsrat Stieber am 29. Januar 1882 in Berlin stirbt, sind das geheime Polizeiwesen und ein weitverzweigtes Spionagesystem voll entwikkelt.

Theodor Fontane als Spion verhaftet

Am 27. September 1870 reist der einer alten Hugenottenfamilie entstammende Journalist Theodor Fontane – zu Dichterruhm sollte er erst später kommen – als Kriegsberichterstatter an die deutsch-französische Front. Seine achttägige Reise führt ihn über Luneville nach Nancy. Von hier aus unternimmt er eine Exkursion ins Niemandsland, um den Geburtsort von Jeanne d'Arc aufzusuchen. Am 5. Oktober 1870 wird er in Domrémy als preußischer Spion von französischen Freischärlern, Franctireurs, aufgegrif-

fen und verhaftet. Der Journalist muß mit Recht das Schlimmste befürchten: Er ist mit Revolver und Stockdegen bewaffnet, trägt ein Rot-Kreuz-Abzeichen, obwohl er nicht zum Sanitätspersonal gehört, andererseits hat er preußische Papiere bei sich, die ihn als Nichtkämpfenden ausweisen.
Fontane: »Um 3 Uhr etwa fuhren wir in die Hauptstraße von Domrémy hinein. Es ist ein Dorf von mittlerer Größe, eher klein ... Ich machte meine Notizen, trat dann zurück in den Garten und versenkte mich noch einmal in den Anblick dieses in Geschichte und Dichtung gleich gefeierten Ortes ... Ich verweilte wohl eine Viertelstunde an dieser Stelle, mir jedes Kleinste einprägend, und trat dann wieder vor das Portal der Kapelle, zu deren Linken sich eine Statue der Pucelle erhebt ...
Ich klopfte eben mit meinem spanischen Rohr an der Statue umher, um mich zu vergewissern, ob es Bronze oder gebrannter Ton sei, als ich vom Café de Jeanne d'Arc her eine Gruppe von 8 bis 12 Männern auf mich zukommen sah, ziemlich eng geschlossen und untereinander flüsternd. Ich stutzte, ließ mich aber zunächst in meiner Untersuchung nicht stören und fragte, als sie heran waren, mit Unbefangenheit, aus welchem Material die Statue gemacht sei. Man antwortete ziemlich höflich: ›Aus Bronze‹, schnitt aber weitere kunsthistorische Fragen, zu denen ich Lust bezeugte, durch die Gegenfrage nach meinen Papieren ab. Ich überreichte ein rotes Portefeuille, in dem sich meine Legitimationspapiere befanden, selbstverständlich nur preußische ...
Die Situation war bereits heikel genug, aber schlimme Momente kommen nie allein; so auch hier ... Einer aus dem Kreise der Minorität trat jetzt an mich heran und fragte ruhig: ob ich damit einverstanden sei, daß man mich nach Neuschateau auf die Souspräfektur führe? Ich mußte lächeln; ebenso gut hätte er mich fragen können, ob ich damit einverstanden sei, gehängt zu werden? Ich mußte eben tragen, was über mich beschlossen wurde ...
Wir stiegen aus. Rechts der Kutscher, links ein Franctireur, ich eingeklemmt zwischen beiden, hinter uns, auf einem Strohbündel, lagen zwei Blousenmänner. Die Sonne war im Niedergehen, der Abend klar und schön, so ging es auf Neuschateau zu ...
Es dunkelte schon, als wir in Neuschateau einfuhren. Die Straßen waren wenig belebt; nach einigem Hin- und Herfragen hielten wir vor der Souspräfektur ... Mr. Cialandri empfing mich an der Schwelle des dahinter gelegenen Zimmers ... Er drückte sein Bedauern aus, bei den Zeitläuften, die leider herrschten, mich nicht ohne Weiteres in Freiheit setzen zu können; der Capitain der Gendarmerie, nach dem er bereits geschickt habe, werde das Weitere veranlassen. Die Situation, Alles in allem genommen, schien mir nicht hoffnungslos; aber sie sollte sich bald verändern. Der Capitain trat ein, verbeugte sich leicht und nahm dann den mit leiser Stimme gegebenen Bericht des Souspräfekten entgegen ...
Im Hinaustreten auf den Vorhof besann sich der

Kriegsberichterstatter an der deutsch-französischen Front: Theodor Fontane (1819--1898)

Capitain (wofür ich ihm danke) plötzlich eines Besseren, ließ eine Hinterpforte öffnen und führte mich auf abgekürztem Wege und durch Straßen, wo niemand unserer achtete, in das Gefängnis der Stadt ... Der Capitain übergab mich dem Creffier, der den vollklingenden Namen Mr. Palazot führte, verbeugte sich gegen mich mit einem Anflug von Ironie und ließ mich mit meinem Hüter allein. Ich war jetzt Gefangener ...
Ich kann nicht sagen, daß mich ein Schrecken angewandelt hätte, im Gegenteil, ich hatte das Gefühl einer innerlichen Befreiung; ich war allein. In diesem Wort liegen Himmel und Hölle. Ich empfand zunächst nur jenen. Der übliche Gefängnisapparat, der Schemel, der Wasserkrug, das eiserne Bett machen mich lächeln ...
Ich mochte 5 Minuten geschlafen haben, als mich ein lautes Nagen und Knabbern weckte. Ich fuhr auf und horchte. Kein Zweifel, Ratten ... Ich stand auf, kleidete mich an, wickelte mich in meine Reisedecke und setzte mich auf das Fensterbrett, das gerade breit genug war, meinem Körper Platz zu geben.
In solcher Stellung, nur mal rechts, mal links meine Rückenlehne suchend, durchwachte ich die Nacht, zählte ich die Viertelstunden. Das höllische Getier, das mich einfach als einen Eindringling betrachtete, ließ übrigens auch jetzt nicht von mir ab; sie drängten sich an den Schemel, den ich als eine Art Treppenstufe an das Fenster geschoben hatte und suchten diesen zu erklettern; als sie aber ihre Anstrengungen scheitern und mich beständig auf Wache sahen, gaben sie endlich ihre Chargen auf. Um 4 Uhr wurde es still; um 5 Uhr dämmerte es.
Um 7 Uhr erschien Mr. Palazot. Ich sagte ihm, daß ich nicht geschlafen hätte und weshalb nicht. Er lächelte. ›Ja, ja.‹ ... Mit dem Schlage neun wurde es draußen laut; schwere Schritte klangen auf der Treppe; drei Gendarmen, große schöne Leute, traten ein. Unter ihrer Eskorte, so erfuhr ich jetzt, sollte ich nach der Festung Langres, zum Brigadegeneral gebracht werden ...
Es war gegen 2 Uhr, als wir Langres erreichten. In

Zitadelle auf der Insel Oléron: humoristische Zeichnung des Malers A. von Heyden für das Fontane-Album »Tunnel über der Spree«

halbstündiger Entfernung vom Bahnhof, auf einem Bergrücken, lagen Stadt und Festung; dort mußten wir hinauf. Trotz Oktober war eine glühende Hitze, die Sonne stach ...
Gefängnisse und Verhörslokale, zu meinem nicht geringen Leidwesen, lagen hier, wie an allen anderen Orten, die ich zu passieren hatte, immer am entgegengesetzten Ende der Stadt, so daß ich das Spießruthenlaufen durch eine feindlich gesinnte Bevölkerung gründlich kennen lernte ...
Das ganze Verhör hatte kaum 10 Minuten gedauert; ich wurde entlassen und durch meine Begleiter einige Straßen weiter in ein graues schloßartiges Gebäude geführt. Ich betrat es mit einer gewissen Zuversicht, die sich darauf gründen mochte, daß ich, am Schluß meines Zwiegesprächs mit den beiden Capitainen, das Wort ›Kaserne‹ gehört zu haben glaubte, ein Wort, das mir in der Lage, in der ich mich befand, schon halb wie Freiheit klingen mußte. Ich sollte indes nicht lange in diesem Irrtum bleiben ...
Ich trat nun an das Fenster und durch die Gitterstäbe hinunterblickend mußte ich jetzt den letzten Rest der Vorstellung aufgeben, daß ich mich in einer Kaserne befände. Auf dem von allen vier Seiten eingeschlossenen Hofe, zum Theil unter den Säulen, die ihn colonnadenartig umstanden, saßen 20 oder 30 Graujacken und zupften Wolle. Ich wußte wo ich war ...
Eine furchtbare Angst ergriff mich und mit übergeschäftiger Phantasie fing ich an, zusammen zu addieren, was alles gegen mich sprach. Es gab eine hübsche Summe. Luneville, Nancy, Toul waren die drei Punkte, von woher man die Preußen erwartete. Ich kam von Toul. Der ganze Weg, den ich gemacht, war ein Defilee. Man hatte Waffen bei mir gefunden. Das rothe Kreuz, das an meinem Arm prahlte, war ich nicht befugt zu tragen, wenigstens nicht nach Anschauung unserer Feinde. Meine Legitimations-Papiere, die alle mehr oder weniger auf Anrufung der preußischen Militair-Autoritäten zu meinem Schutz und zu meiner Unterstützung hinausliefen, sprachen mehr gegen als für mich. Wie federleicht wogen dagegen die paar Aufzeichnungen meines Notizbuches, die alles waren, was ich direkt und unverzüglich zu meiner Vertheidigung beibringen konnte ...
Ich blieb noch eine kurze Zeit in Langres, während welcher Epoche hin und her verhandelt wurde, was man eigentlich mit mir machen solle?
Endlich am Mittag des fünften Tages – ich hatte all die Zeit über von Kaffee und Thee gelebt – erschien mein ›Gardien-chef‹ (Bourgaut), um mir mitzuteilen, daß ich am nächsten Morgen nach Besançon transportiert werden würde ...
Oben rollte ich meine paar Sachen in die Reisedecke hinein und warf mich aufs Bett. In 12 Stunden hoffte ich in Besançon, in 24 Stunden in Freiheit zu sein. Es war anderes beschlossen ...
Ich war 18 Tage in Besançon; am 29. Oktober verließ ich es, um, quer durch Frankreich hindurch, über Lyon und Moulins, dann über Poitiers und Rochefort nach der Insel Oléron im Atlantischen Ozean geschafft zu werden ...«
Nachdem man in Berlin erfahren hat, daß der plötzlich verschwundene Journalist unter Spionageverdacht in der Zitadelle auf der Insel Oléron festgehalten wird, unternehmen sogleich private, kirchliche und staatliche Stellen Schritte, um Fontane in seiner gefährlichen Lage zu helfen. Doch erst eine massive Intervention Bismarcks veranlaßt die französische Regierung zum Nachgeben.
Anfang Dezember 1870 kehrt Fontane über die Schweiz nach Berlin zurück. Er muß sich allerdings vor seiner Freilassung verpflichten, nichts gegen Frankreich zu unternehmen und sich intensiv um die Freilassung eines französischen Stabsoffiziers zu bemühen.
In Berlin macht man Fontane darauf aufmerksam, daß er auf preußischer Seite wahrscheinlich erschossen worden wäre.

Affäre des Jahrhunderts

Im Sommer des Jahres 1894 begann einer der größten Spionagefälle, der Frankreich über Jahrzehnte erschütterte und fast an den Rand des Aufruhrs brachte, den man aber bis heute nicht restlos geklärt hat. Diese Affäre beruhte jedoch nicht – wie häufig angenommen wird – auf einem Justizirrtum, sondern war Teil einer vom französischen Generalstab bewußt geführten Täuschungsaktion, die unvorhergesehen eine Welle von Nationalismus und Antisemitismus in Frankreich auslöste.

Alfred Dreyfus

Bericht des deutschen Militärattachés in Paris, Oberstleutnant Max von Schwartzkoppen: »Am 20. Juli 1894, nachmittags zwischen 3 und 4 Uhr, ließ sich bei mir auf dem Militärbureau der deutschen Botschaft in Paris (rue de Lille 78) durch den Bureaudiener August Burde ein Franzose in Paßangelegenheiten melden. Es kam dieses öfters vor, da damals noch der Paßzwang für Elsaß-Lothringen bestand und jeder französische Offizier, welcher dorthin auf Urlaub gehen wollte, hierzu die Erlaubnis der Statthalterschaft in Straßburg bedurfte. Diese Erlaubnis wurde vielfach abgelehnt und wandten sich daher oft französische Offiziere an den deutschen Militärattaché, um dessen Vermittlung in Anspruch zu nehmen.

Auf meine Antwort, daß der Bittsteller zu mir gelassen werden könne, betrat kurz darauf ein Herr mein Zimmer, den ich sofort als einen französischen Offizier in Zivil erkannte. Er mochte etwa 42 bis 45 Jahre alt sein, war mittelgroß, von schmächtiger Figur, hatte ein sehniges Gesicht, tiefliegende schwarze Augen, volles, etwas graues Haupthaar und starken, graumelierten militärischen Schnurrbart. Im Knopfloch des schwarzen Überrocks trug er das rote Band der Ehrenlegion. Beim Eintritt ins Zimmer zeigte er eine gewisse Verlegenheit und Unsicherheit, sein finsterer Blick forschte im Zimmer umher, ob ich auch allein sei.

Oberstleutnant Max von Schwartzkoppen, deutscher Militärattaché in Paris: »... aufs höchste überrascht und entrüstet!«

Auf meine Frage, was sein Begehr, stellte er sich mir als aktiver französischer Stabsoffizier vor, der durch die Not gezwungen einen Schritt tun müsse, der ihn in meinen Augen verächtlich machen werde, den er sich aber wohl überlegt habe und eben tun müsse, um seine Frau und Kinder vom sicheren Untergange und Verderben zu erretten. Er sei durch die Ungunst der Verhältnisse, durch unglückliche Spekulationen, durch die Krankheit seiner Frau in eine wirtschaftliche Notlage gekommen und müsse, um ein kleines Gut, welches er in der Nähe von Châlons besitze, für die Familie zu erhalten, sich auf irgendeine Weise Geld verschaffen.

Als Beweis, daß er schon jetzt im Besitz wichtiger Mitteilungen sei, zog er aus der Brusttasche ein Schriftstück hervor, welches er mir überreichte mit der Bitte, es durchzulesen.

Ich war durch dieses Anerbieten aufs höchste überrascht und entrüstet! Ein aktiver französischer Stabsoffizier, welcher sich nicht entblödet, zum Verräter an seinem Vaterlande zu werden, um einen Standesgenossen und Kameraden ohne weitere Umschweife um seine Vermittlung dazu bittet!

Ich antwortete ihm, indem ich ihm sein Schriftstück ungelesen zurückgab, daß es nicht meine Aufgabe wäre, einem Offizier behilflich zu sein, vom Wege der Pflicht und der Ehre abzuweichen, ich ihm vielmehr nur den Rat erteilen könne, von seinem Vorhaben abzustehen, umzukehren und mich und sich den getanen Schritt vergessen zu lassen. Er antwortete mir hierauf, daß er den getanen Schritt wohl überlegt habe, daß er wohl wisse, daß er sich mit demselben zur ›canaille‹ gemacht habe, nun aber nicht mehr zurückkönne.

Tags darauf, am 21. Juli 1894, erhielt ich einen Brief des Betreffenden, in welchem er mir mitteilte: ›Je pars très-prochainement pourle voyage dont je vous ai parlé‹ (Ich trete sehr bald die Reise an, von der ich Ihnen gesprochen habe) – Reise nach Châlons zu Schießübungen der Artillerie –, und daß er infolge seiner Familienverbindungen mir auch wichtige russische Nachrichten geben könne.

Am 22. Juli 1894 berichtete ich über diese Begegnung an das Nachrichtenbureau in Berlin und erhielt am 26. Juli die Antwort, mit dem Agenten weiter zu unterhandeln.

Am 27. Juli abends kehrte der Betreffende unangemeldet zu mir auf mein Bureau in der Botschaft zurück und stellte sich nunmehr als der Major Graf Walsin-Esterhazy, Bataillonskommandeur im 74. Infanterieregiment in Rouen, vor.«

Dies ist der Anfang einer Spionageaffäre, die nicht mit dem Namen des Verräters in Verbindung steht, der sie ins Rollen gebracht hat, sondern mit jenem Mann, der allem Anschein nach den dunklen Machenschaften des französischen Geheimdienstes zum Opfer fällt: Alfred Dreyfus.

An einem Abend im September 1894 händigt die Agentin Madame Bastian, die man als Putzfrau in die Deutsche Botschaft eingeschleust hat, dem Offizier des französischen Nachrichtendienstes, Major Henry, ein Päckchen aus. Sein Inhalt: Papierfetzen aus den Abfallkörben der deutschen Vertretung. Major Henry, übrigens ein Freund von Esterhazy, findet darunter einen zerrissenen Brief mit hochbrisantem Text. In diesem, später als »Bordereau« (Aufstellung) bezeichneten Schriftstück wird die Lieferung von fünf militärischen Geheiminformationen angekündigt.

Dieses Schreiben, das weder Datum noch Unterschrift trägt, ist ein Angebot des Majors Esterhazy an den deutschen Militärattaché von Schwartzkoppen, betreffend Informationen über die neuartige hydraulische Bremse des 120-mm-Geschützes sowie über eine Reihe anderer, unter Geheimschutz stehender Akten.

Diese Entdeckung schlägt im französischen Generalstab und im Kriegsministerium wie eine Bombe ein. Colonel Sandherr, Chef des militärischen Nachrichtendienstes, macht noch am selben Tag Meldung an Kriegsminister General Mercier, der sofort eine Untersuchung anordnet.

Es gelingt sehr bald – durch interne Beeinflussung, deren Wege bis heute im dunkeln liegen –, einen Verdacht auf den Hauptmann der Artillerie Alfred Dreyfus, den einzigen jüdischen Offizier im französischen Generalstab, zu lenken. Als Vorwand für die Anschuldigung dient eine scheinbare Ähnlichkeit der Handschrift von Dreyfus und der des Bordereau.

Anfang Oktober 1894 läßt der französische Nachrichtendienst Fotos von diesem Schriftstück anfertigen und den Bürochefs des Generalstabs übergeben. In der Abteilung Spionageabwehr wird der Verdacht geäußert, Hauptmann Dreyfus könnte der Schreiber des Bordereau sein.

Am 11. Oktober 1894 unterrichtet Kriegsminister Mercier den Ministerpräsidenten, den Außenminister und den Justizminister, daß er einem Verräter im Generalstab auf der Spur sei. Zwei Tage später lehnt es jedoch der Schriftsachverständige Gobert von der Banque de France ab, Hauptmann Dreyfus als möglichen Verfasser des Bordereau zu identifizieren.

Am Nachmittag des 13. Oktober 1894 schickt Kriegsminister Mercier eine Ordonnanz in die Wohnung von Hauptmann Dreyfus mit dem Befehl, er solle sich am Montag, dem 15. Oktober um 9 Uhr morgens, in Zivilkleidung beim Chef des Generalstabs einfinden.

Noch am Abend des 13. Oktober liefert der Chef des Identitätsdienstes der Pariser Polizeipräfektur ein Gutachten ab, in dem Dreyfus als Schreiber des Bordereau bezeichnet wird. Bereits am nächsten Tag erhält der Direktor vom Militärgefängnis die Weisung, den künftigen Untersuchungsgefangenen Hauptmann Dreyfus durch Isolationshaft einzuschüchtern.

Dreyfus: »Am Sonnabend, dem 13. Oktober, erhielt ich eine dienstliche Note, in der ich aufgefordert wurde, mich am darauffolgenden Montag zur Generalinspektion im Ministerium einzufinden; ausdrücklich war darin bemerkt: ›in Zivil‹. Die Stunde schien mir für eine Inspektion sehr früh angesetzt, denn sonst fand die Generalinspektion abends statt, die Aufforderung, in Zivil zu erscheinen, überraschte mich. Aber schließlich merkte ich mir nur den dienstlichen Teil der Note und vergaß das Übrige rasch, da ich ihm keine weitere Bedeutung beimaß.

Es war ein schöner, frischer Morgen, die Sonne stieg am Horizont auf und zerteilte die leichten Nebel; alles verkündete einen herrlichen Tag. Da ich ein wenig zu früh gekommen, ging ich noch einige Male vor dem Ministerium auf und ab, dann begab ich mich zum Bureau hinauf. Ich wurde bei meinem Eintritt von Major Picquart begrüßt, der auf mich gewartet zu haben schien und der mich dann auch sofort in sein Cabinet führte. Ich war erstaunt, keinen meiner Kameraden zu sehen, da sonst die Offiziere immer gruppenweise zur Inspektion einberufen werden.

Nachdem ich einen Augenblick mit Major Picquart über gleichgültige Dinge gesprochen, geleitete er mich in das Cabinet des Generalstabschefs. Mein Erstaunen war groß, als ich mich dort nicht dem Generalstabschef gegenüber sah, sondern von Major

Hauptmann der Artillerie Alfred Dreyfus (1859–1935): Die Aufforderung, sich zur Generalinspektion im Ministerium einzufinden, ist der Beginn einer aufsehenerregenden Spionageaffäre

Georges Picquart, hier als Oberst, von Juli 1885 bis November 1886 Chef des französischen Nachrichtendienstes

Armand du Paty de Clam, Major im französischen Großen Generalstab

Oberst Hubert Henry: Nach Fälschung von Dokumenten verübt er im Gefängnis Selbstmord

du Paty in Uniform empfangen wurde. Es waren ferner noch drei mir völlig unbekannte Personen in Zivil zugegen: Herr Cochefort, der Chef der Polizei, sein Sekretär und der Archivar Gribelin.
Major du Paty kam auf mich zu und sagte mit gepreßter Stimme: ›Der General wird bald kommen. Wollen Sie unterdessen, da mir mein Finger weh tut, statt meiner einen Brief schreiben?‹ So seltsam auch unter diesen Bedingungen das Verlangen war, erfüllte ich es doch sogleich. Ich setzte mich an ein Tischchen, auf dem alles bereitlag, Major du Paty plazierte sich dicht neben mich und verfolgte meine Hand mit den Augen. Zuerst ließ er mich ein Inspektionsformular ausfüllen, dann diktierte er mir einen Brief, in welchem einige Stellen an den inkriminierten Brief, den ich später als das Bordereau kennenlernte, erinnerten. Während des Diktats unterbrach er mich lebhaft und sagte: ›Sie zittern ja.‹ – Ich zitterte nicht ...
Sobald das Diktat beendet war, erhob sich Major du Paty, legte seine Hand auf meine Schulter und rief mit donnernder Stimme: ›Im Namen des Gesetzes verhafte ich Sie, Sie sind des Hochverrats beschuldigt!‹ ...«
Nach seiner Einlieferung in das Gefängnis von Cherche-Midi erhält Dreyfus Einzelhaft, und jeder Kontakt zur Außenwelt wird ihm untersagt. Er weiß nur, daß man ihn beschuldigt, er habe einer ausländischen Macht geheime Dokumente übergeben. Seine Frau Lucie erfährt zwar von der Verhaftung, aber weder den Grund noch den Aufenthaltsort ihres Mannes. Major du Paty, der die Voruntersuchung führt, warnt sie, irgend jemandem davon zu erzählen, nicht einmal der eigenen Familie: »Die einzige Möglichkeit, ihn zu retten, ist Schweigen!«
In den nächsten zwei Wochen wird das Haus von Dreyfus buchstäblich auf den Kopf gestellt in der Hoffnung, belastendes Material zu finden. Doch die Suche bleibt ergebnislos, was Major du Paty wiederum als Bestätigung ansieht: »Nur ein erfahrener Verbrecher würde sein Haus in so mustergültiger Ordnung zurücklassen!«
Der Fall scheint ausschließlich auf unbestätigten und einander widersprechenden Ansichten der Schriftsachverständigen zu beruhen. Als du Paty am 31. Oktober seinen schriftlichen Bericht über die Untersuchung einreicht, hätte Kriegsminister Mercier womöglich die Klage fallengelassen, wäre nicht inzwischen eine unerwartete Entwicklung eingetreten.
Am Montag, dem 29. Oktober 1894, erscheint in der antisemitischen Presse »Libre Parole« folgende Notiz: »Ist es wahr, daß kürzlich auf Befehl der Militärbehörde eine sehr wichtige Verhaftung vorgenommen worden ist? Die verhaftete Person soll der Spionage angeklagt sein. Wenn diese Nachricht stimmt, weshalb bewahrt dann die Militärbehörde absolutes Schweigen? Eine Antwort ist dringend nötig.« Nachdem noch zwei weitere Zeitungen der Rechten ähnliche Fragen erhoben haben, gibt Mercier eine Erklärung ab, in der er versucht, die Angelegenheit abzuschwächen, was natürlich genau die entgegengesetzte Wirkung hat.
Im »Libre Parole« steht am folgenden Tag ein sensationeller Artikel unter der Überschrift: »Hochverrat! Verhaftung eines jüdischen Offiziers, Hauptmann Dreyfus.« In diesem Bericht heißt es, Dreyfus habe bereits gestanden. »Aber die Sache soll vertuscht werden, weil es sich bei dem Offizier um einen Juden handelt ...« Diese Meldung hat Major Henry der antisemitischen Presse zugespielt.
In der Zwischenzeit durchkämmt der Geheimdienst seine Archive nach jedem Fetzen Beweismaterial, der den Verdacht gegen Dreyfus stützen könnte. So wird zum Beispiel ein undatierter Brief ausgegraben, den ein oder zwei Jahre zuvor der deutsche Militärattaché von Schwartzkoppen an seinen italienischen Kollegen, den Militärattaché Oberstleutnant Panizzardi, gerichtet hat und in dem er ein paar Karten erwähnt, die ihm »dieser Schuft D...« übergeben habe. Da die Initiale übereinstimmt, wird der Brief aufgefrischt und das Datum »16. April, 1894« eingefügt.
Ein verschlüsseltes Telegramm von Panizzardi an das Kriegsministerium in Rom wird am 2. November 1894 abgefangen und im französischen Außenministerium entziffert. Es lautet: »Wenn Hauptmann Dreyfus nichts mit Ihnen zu tun hatte, wäre es ratsam, ein offizielles Dementi zu veröffentlichen, um kritische Bemerkungen in der Presse zu vermeiden.« Es ist nicht leicht gewesen, den Code zu entziffern, und ein paar Tage lang glaubt man, die letzten Worte des Telegramms könnten auch folgendermaßen gedeutet werden: »Unser Abgesandter gewarnt.« Vor

die Wahl gestellt, zwischen beiden Versionen zu entscheiden, ist der Chef des Nachrichtendienstes für die ungenauere, aber dafür stärker belastende: »Vorsichtsmaßnahmen getroffen«.
Am 19. Dezember 1894 beginnt im Rathaus von Cherche-Midi, in der Nähe des Gefängnisses, die Verhandlung des Kriegsgerichts. Das Verfahren stützt sich auf Geheimdokumente, die nicht einmal der Verteidiger von Dreyfus, Rechtsanwalt Demange, zu Gesicht bekommt. Major Brisset, Vertreter der Anklage, fordert den Ausschluß der Öffentlichkeit und der Presse, während sich Verteidiger Demange dem energisch widersetzt. Doch Brisset erklärt: »Hier spielen andere Interessen hinein als nur die der Verteidigung oder der Anklage.«
Die aus Militärkreisen geladenen 21 Zeugen der Anklage behaupten, Dreyfus sei in militärischen Fragen besonders neugierig. Dies wird von du Patys und Henrys Aussagen über ihre Unterredungen mit dem Angeklagten noch übertroffen. Demange zerpflückt ihre Darstellungen gelassen. Du Paty gäbe als Zeitpunkt für das Bordereau April 1894 an. Wie erkläre er sich dann die Tatsache, daß die Veränderungen auf dem Gebiet der Artillerie und die vertraulichen Untersuchungen über Madagaskar, auf die in dem Schreiben hingewiesen werde, erst im August dieses Jahres bekanntgegeben wurden?
Die Anklage gerät dadurch ins Wanken, und Henry muß erneut in den Zeugenstand. Er erklärt, daß »eine höchst ehrenwerte Persönlichkeit« ihm im März von einem Verräter beim Geheimdienst (wo Dreyfus zu diesem Zeitpunkt zur Ausbildung Dienst tat) berichtet habe. Dreyfus wie Demange fordern empört die Nennung des Namens dieses Informanten. Theatralisch schlägt sich Henry auf die Brust und erwidert: »Wenn ein Offizier ein solches Geheimnis in seinem Kopf trägt, vertraut er es nicht einmal seiner Mütze an.« Dann deutet er auf den Gefangenen und schreit: »Und dort steht der Mann!« Der Richter, der den Vorsitz innehat, drängt Henry nicht, die Quelle seiner Informationen anzugeben.
Als Demange sein Plädoyer hält, stützt er sich hauptsächlich auf die Widersprüche in den Erklärungen der Sachverständigen und weist auf das völlige Fehlen eines Motivs beim Angeklagten hin. Der aus wohlhabendem Haus stammende Dreyfus – sein Vater ist reicher Textilkaufmann und seine Frau die Tochter eines Diamantenhändlers – brauche doch kein Geld von den Deutschen.
Der Anwalt ist zuversichtlich. Er und sein Mandant rechnen mit einem Freispruch. Das einstimmige Urteil lautet: schuldig. Die Strafe: Degradierung, Verlust des Offiziersrangs und lebenslängliche Deportation. Durch ein Sondergesetz, von der Abgeordnetenkammer in aller Eile verabschiedet, hat man Dreyfus nicht nach Neukaledonien, dem üblichen Haftort für politische Gefangene, verbannt, sondern auf die Teufelsinsel. Dieser öde Felsen, eine frühere Leprakolonie, ist der sumpfigen, fieberverseuchten Küste von Französisch-Guayana vorgelagert. Dort soll er fünf Jahre, von der Außenwelt völlig abgeschnitten, bleiben.
Dreyfus: »Sonnabend, den 5. Januar wurde die Degradierung vollzogen, ich ertrug diese unsägliche Marter ohne Wanken.
Eine Stunde vor der grauenvollen Zeremonie wartete ich im Zimmer des Garnisonsadjutanten der Kriegsschule. Während dieser endlosen Minuten spannte ich alle Kräfte meines Wesens aufs höchste an; die Erinnerung an die schrecklichen Monate, die hinter mir lagen, stieg vor mir auf; in abgerissenen Sätzen erwähnte ich den letzten Besuch, den mir Major du Paty de Clam im Gefängnis gemacht hatte.
Ich protestierte gegen die verruchte Anklage, die wider mich erhoben worden war, bezog mich darauf, daß ich an den Minister geschrieben habe, um ihm zu wiederholen, daß ich unschuldig sei. Hauptmann Lebrun-Renault hat denn auch diese Worte mit einer seltenen Gewissenlosigkeit entstellt und daraus die Sage von meinem Geständnis fabriziert oder fabrizieren lassen, wovon ich erst im Januar 1899 Kenntnis erhielt.
Hätte man mir vor meiner Wegschaffung aus Frankreich, die im Februar 1895, also sieben Wochen nach der Degradierung, stattfand, Mitteilung von diesem Gerücht gemacht, so würde ich schon Mittel und Wege gefunden haben, es im Keime zu ersticken.
Ich wurde dann unter Begleitung von vier Mann und einem Unteroffizier in die Mitte des Platzes geführt. Es schlug neun Uhr. General Darras, der die Vollziehung des Degradationsaktes befehligte, ließ mir meine Waffen bringen. Ich erlitt Todesqualen, ich reckte mich, um alle meine Kraft zu konzentrieren; ich beschwor die Erinnerung an Frau und Kind herauf, um mich aufrecht zu halten.
Gleich nach der Verlesung des Urteils wandte ich mich an die Soldaten und brach in den Ruf aus: ›Soldaten, man degradiert einen Unschuldigen; Soldaten, man entehrt einen Unschuldigen! Es lebe die Armee, es lebe Frankreich!‹
Ein Adjutant der republikanischen Garde trat auf mich zu. Mit Blitzesschnelle riß er mir Knöpfe, Tressen, die Abzeichen meines Grades an Käppi und Ärmeln herunter, dann brach er meinen Säbel entzwei. Stück für Stück fiel meine Ehre in Fetzen zu meinen Füßen. Und während dieser grauenhaften Erschütterung meines ganzen Wesens rief ich, stramm und erhobenen Hauptes aufrecht stehend, wieder und wieder meinen Verzweiflungsschrei: ›Ich bin unschuldig!‹ den Soldaten, dem versammelten Volke zu.
Die Prozedur ging weiter. Ich sollte das Karree abschreiten. Ich hörte das Wutgeheul der betrogenen Menge, ich empfand den Schauer, der über sie dahinkroch, als sie zusehen mußten, wie Verrat bestraft wird, und auch ich wollte sie erschauern machen dadurch, daß sie meine Unschuld empfinden sollten.
Ich hatte das Karree abgeschritten; die Qual war vorbei, so glaubte ich wenigstens. Doch da begann erst die Agonie jenes langen, langen Tages. Man

Paris, 5. 1. 1895, Degradierung von Hauptmann Dreyfus im Hof der École Militaire: »... ich ertrug diese unsägliche Marter ohne Wanken«

band meine Hände, ein Zellenwagen führte mich nach dem Polizeigewahrsam, und wir passierten den Pont de l'Ulma. Am Ende der Brücke konnte ich durch die Luke in meinem Wagen die Fenster meiner Wohnung sehen, wo ich so sonnige Jahre verlebt, wo ich mein ganzes Glück zurückließ. Das war eine namenlose Pein.«
Am 1. Juli 1895 wird Major Picquart – inzwischen zum Oberst befördert – neuer Chef des Nachrichtenbüros. Zu seinem Erstaunen muß er feststellen, daß trotz der Ausschaltung von Dreyfus der Informationsfluß zur Deutschen Botschaft weitergeht.
Im März 1896, 18 Monate nach der Verhaftung von Dreyfus, gelangt ein zerrissenes, nicht abgesandtes Schreiben an den deutschen Militärattaché in das Büro der französischen Gegenspionage. Dieses Dokument, »Petit bleu« genannt, setzt Oberst Picquart auf die Spur von Esterhazy. Nach peinlich genauen Nachforschungen besteht für ihn Ende August 1896 kein Zweifel mehr, daß Esterhazy der Urheber jenes Schreibens ist, das Dreyfus auf die Teufelsinsel gebracht hat. Vergeblich drängt Picquart das Kriegsministerium, Esterhazys Verhaftung und die Wiederaufnahme des Verfahrens von Dreyfus zu genehmigen.

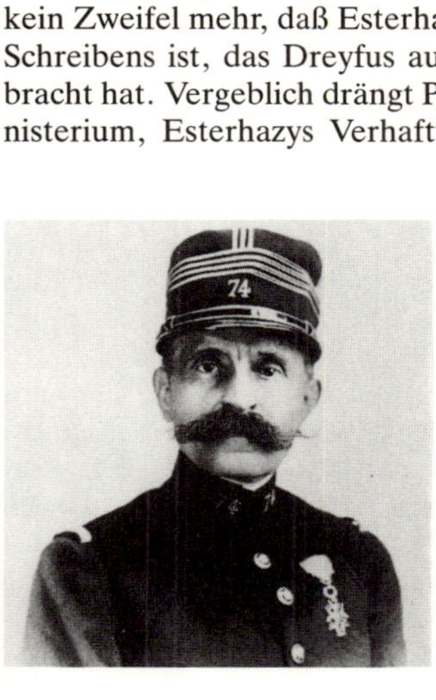

Major Marie-Charles Ferdinand Graf Walsin-Esterhazy, der die Dreyfus-Affäre ins Rollen gebracht hat

Major Henry, nach wie vor darauf versessen, die Ehre der Armee und seines guten Freundes Esterhazy zu schützen, unternimmt nun allerdings einen Schritt, der alles ins Rollen bringt: Er liefert der Zeitung »L'Eclair« einen Bericht über den Prozeß, durch den zum erstenmal Teile des Bordereau bekannt werden. Darin wird auch auf gewisse belastende Dokumente hingewiesen, die man dem Gericht »heimlich übergeben« habe. Für Lucie Dreyfus, die niemals die Hoffnung aufgegeben hat, die Verurteilung ihres Mannes rückgängig machen zu können, ist diese Enthüllung ein Geschenk des Himmels: Sie beauftragt den Anwalt Demange, ein Gesuch an die Abgeordnetenkammer zu richten, die Wahrheit über den Prozeß zu ergründen.
Für Picquart stellt sich die Frage, wie das Kriegsministerium auf das von ihm erarbeitete Beweismaterial reagieren wird. Er ist sich völlig darüber im klaren, daß ein umgehendes Eingeständnis, mit einer Entschädigung gekoppelt, die Armee noch davor retten könnte, sich vor aller Öffentlichkeit zu blamieren, während ein weiteres Festhalten am Urteil gegen Dreyfus zur Katastrophe führen muß.
Am Tag nach Erscheinen des Artikels im »L'Eclair« unterbreitet Picquart den neuen Sachverhalt dem Chef des Nachrichtendienstes, General Gonse. Der General erweist sich jedoch als unzugänglich, denn der Ruf des Kriegsministers Mercier stehe auf dem Spiel: »Es wäre eine äußerst schockierende Geschichte.« Der General fährt fort: »Wenn Sie nichts sagen, wird niemals jemand etwas erfahren.« Picquart: »Herr General, was Sie da sagen, ist niederträchtig. Ich weiß noch nicht, was ich unternehmen werde; aber auf jeden Fall lasse ich es nicht zu, daß dieses Geheimnis begraben wird.«

Als Picquart weiterhin auf Verhaftung von Esterhazy und Rehabilitierung von Dreyfus besteht, muß er am 14. November 1896 den Nachrichtendienst an General Gonse übergeben und zwei Tage später Paris verlassen, um eine »Dienstreise« anzutreten, die erst nach zwei Monaten in Nordafrika endet. Hier übernimmt er am 6. Januar 1897 das algerische 4. Schützenregiment. Picquart versäumt es allerdings nicht, zuvor sein Beweismaterial bei einem Anwalt zu hinterlegen.

Die Nachfolge von General Gonse als Chef des Nachrichtendienstes übernimmt kurz darauf Oberst Henry. Im November 1897 setzt Mathieu Dreyfus, der Bruder des Verurteilten, Faksimiles des 1896 veröffentlichten Bordereau in Umlauf. Ein Börsenmakler, der mit Esterhazy Geschäfte getätigt hat, erkennt die Handschrift. Mathieu Dreyfus schreibt nun einen offenen Brief an Kriegsminister Billot, in dem er Esterhazy als den Verfasser des Bordereau bezeichnet. Das Kabinett veranlaßt nun endlich eine Untersuchung gegen Esterhazy, und der Generalstab beordert Picquart als Zeugen aus Afrika zurück.

Nachdem Oberstleutnant von Schwartzkoppen, der deutsche Militärattaché, am 15. November 1897 Paris verlassen hat, beantragt Esterhazy tags darauf eine Untersuchung gegen sich selbst. Die Pressemeldungen auf französischer und deutscher Seite überschlagen sich, und die Öffentlichkeit spaltet sich in zwei Lager, für und gegen Dreyfus.

Inzwischen erhebt der Generalstab anhand fingierter Unterlagen wegen angeblich »schwerer Verfehlungen im Dienst« Anklage gegen den unbequemen Picquart und suspendiert ihn vom Dienst. Einige Zeit danach beschuldigt ihn das Kriegsministerium »der Umtriebe, die er gebraucht hätte, um an die Stelle von Dreyfus einen anderen Schuldigen zu setzen«. ... Picquart wird daraufhin verhaftet und in das berüchtigte Fort Mont Valérien überführt. Damit hat sich wieder ein Unschuldiger in den Maschen dieses Falls verstrickt.

Die gegen Esterhazy geführten Verhandlungen entwickeln sich unterdessen zu einer Farce: Richter, Ankläger sowie der Angeklagte spielen eine gemeinsam verabredete Komödie. Die von einem General geleitete Kommission »findet heraus«, daß auf Esterhazy kein Verdacht fällt und spricht ihn frei. Trotzdem bedeutet dieses Urteil einen Wendepunkt im Fall Dreyfus.

Titelseite der Zeitung »L'Aurore« vom 13. 1. 1898 mit Zolas »Brief an den Präsidenten Félix Faure«

Cinq Centimes
L'AURORE
Littéraire. Artistique. Sociale
J'Accuse...!
LETTRE AU PRÉSIDENT DE LA RÉPUBLIQUE
Par ÉMILE ZOLA
LETTRE A M. FÉLIX FAURE

Der durch zahlreiche Romane berühmt gewordene Emile Zola ist über Esterhazys Freispruch dermaßen erbost, daß er am 14. Januar 1898 in der Zeitung »L'Aurore« einen leidenschaftlichen Brief an den Präsidenten der Republik mit der Schlagzeile »J'accuse« (Ich klage an) veröffentlicht. Dies wirkt wie ein Donnerschlag. Für den Schriftsteller Anatole France ist es »ein Augenblick, in dem das Gewissen der Menschheit erwachte«. Zola wird allerdings wegen seines Aufrufs »der Abfassung einer Schmähschrift« für schuldig erklärt, aus der Liste der Ehrenlegion gestrichen und zu einem Jahr Gefängnis verurteilt, dem er sich durch die Flucht nach England entzieht.

Am 3. März 1898 erhängt sich der Schriftsachverständige aus dem Dreyfus-Prozeß, Lemercier-Picard. Er steht unter dem Verdacht, an der Urkundenfälschung von Oberst Henry beteiligt gewesen zu sein. Zola und seine in der Liga für Menschenrechte tätigen Freunde lassen sich nicht einschüchtern, sie kämpfen weiterhin mit allen Mitteln für die Rehabilitierung von Dreyfus, um so mehr, nachdem sich die vom neuen Kriegsminister Cavaignac der Kammer vorgelegten und Dreyfus schwer belastenden Schriftstücke als Fälschung herausstellen, die Oberst Henry bewußt vorgenommen hat.

Nachdem innerhalb von sechs Wochen drei Kriegsminister zurückgetreten sind und der inzwischen verhaftete Oberst Henry im Gefängnis Selbstmord verübt hat, erklärt das Kassationsgericht am 26. September 1898 das Dreyfus-Urteil für nichtig und überweist die Untersuchung des Falles erneut an das Militärgericht. Bereits drei Wochen zuvor, am 4. September 1898, hatte sich Esterhazy heimlich nach England abgesetzt.

Am 3. Juni 1899 wird du Paty, der 1894 während der Voruntersuchung eine bedeutende Rolle gespielt hat, wegen des Verdachts der Urkundenfälschung verhaftet. Unterdessen veröffentlicht »Le Matin« ein Interview seines Londoner Korrespondenten mit Esterhazy, der jetzt zugibt, der Urheber des Bordereau zu sein. Die Generäle, so sagt er, hätten davon gewußt. Er bezeichnet seine Verhandlung vor dem Kriegsgericht belustigt eine »abgekartete Komödie«. Zwei Tage später kehrt Zola nach Frankreich zurück.

Am 9. Juni 1899 wird Picquart nach 364 Tagen Haft aus dem Gefängnis entlassen und Dreyfus von der Teufelsinsel zurückgeholt.

Am 7. August 1899 beginnt die neue Hauptverhandlung vor dem Militärgericht in Rennes. Nach einem Monat verkündet der Vorsitzende das Urteil: zehn Jahre Haft wegen Hochverrats. Zehn Tage danach wird Dreyfus begnadigt. Am 12. Juli 1906 hebt der Kassationshof endlich das Urteil mit der Begründung auf, daß es auf gefälschten Dokumenten und meineidigen Zeugenaussagen beruhe. Auf seinen endgülti-

Rennes, 7. 8. 1899, Dreyfus vor dem Militärgericht (4. v. rechts): Eröffnung des neuen Prozesses

gen Freispruch reagiert Dreyfus mit den damals phrasenhaft wirkenden Worten: »Meine Affäre ist sehr kompliziert. Man kann sie vielleicht erst in 50 Jahren verstehen.«

Am 13. Juli 1906 erfolgt die Reaktivierung von Picquart im Rang eines Brigadegenerals und später die Berufung zum Kriegsminister in das Kabinett Clemenceau. Auch Dreyfus wird wieder in die Armee aufgenommen, zum Major befördert und am 22. Juli 1906 mit dem Kreuz der Ehrenlegion ausgezeichnet. Im Ersten Weltkrieg überlebt er die Kämpfe bei Verdun und stirbt 1935, vier Jahre vor Ausbruch des Zweiten Weltkrieges.

Der französische Militärhistoriker Colonel Alwin, der zwischen den beiden Weltkriegen im Fall Dreyfus eingehend recherchiert hat, scheint den Hintergründen auf die Spur zu kommen: Seiner Ansicht nach ist die Vermutung sehr naheliegend, daß es einen bisher unbekannten Hauptschuldigen gegeben haben muß, der es meisterhaft verstanden hat, durch den Fall Dreyfus eine Täuschungsoperation zu verbergen.

So entdeckt zum Beispiel Colonel Alwin, daß die im Schuld-Dossier von Esterhazy enthaltenen Angaben über das Geschützmodell nicht mit denen im Bordereau übereinstimmen. Aus diesem Widerspruch könne man folgendes schließen: Da Esterhazy nicht dem Generalstab angehörte und dadurch keinen direkten Zugang zu militärischen Geheimnissen hatte, wäre es ihm als Infanterieoffizier kaum möglich gewesen, genaue Einzelheiten über die geheime Artilleriewaffe zu kennen. Daher ist anzunehmen, daß die meisten der an den deutschen Militärattaché gelieferten Informationen nicht von ihm persönlich stammen, sondern daß Esterhazy einem bis heute nicht aufgedeckten Generalstabsoffizier lediglich als Werkzeug gedient hat.

Damals, im Juli 1894, als Major Esterhazy den Militärattaché von Schwartzkoppen das erstemal aufsuchte, wurden in der Zeitschrift »La France Militaire« Schießübungen der Artillerie auf dem Gelände bei Châlons angekündigt, die der Erprobung verbesserter Geschütze dienen sollten. Damit begann eine großangelegte Täuschungsoperation des französischen Nachrichtendienstes. Zu dieser Geschützdemonstration wurden Abgesandte aller Waffengattungen und auch verschiedene ausländische Militärattachés eingeladen, die den Schießversuchen beiwohnen durften.

Es war ihnen aber streng verboten, sich den Geschützen zu nähern. Am Abend zuvor hatte man jedoch die Kanonen auf offenen Güterwagen – wenn auch unter Zeltplanen versteckt – in den Bahnhof von Mourmelon geschoben. Einige militärische Wachtposten und Geheimpolizisten bekamen die Order, eine besonders strenge Bewachung vorzutäuschen, in Wirklichkeit aber den deutschen Agenten das Spionieren zu ermöglichen. Sie sollten die Überzeugung gewinnen, daß dieses Modell 120 mit Rohrrücklaufbremse jene Kanone sei, die der deutsche Generalstab – durch Verrat des Franzosen Boutonnet – bereits seit 1890 kennt.

Nur 14 Tage später versprach Esterhazy in dem bewußten Bordereau dem deutschen Militärattaché einen Bericht über die Erfahrungen, die man in Châlons bei Erprobung der Rohrrücklaufbremse gemacht hätte. Diese von den Deutschen teuer erkauften Informationen und im Bordereau aufgezählten Dokumente dienten allem Anschein nach einer französischen Geheimhaltungskampagne für die verbesserte Kanone, Modell 75, mit der völlig neuen, weit überlegenen Öl-Luftdruck-Rücklaufbremse. Erst dadurch wird jetzt verständlich, daß Kriegsminister Cavaignac im zweiten Prozeß Dokumente vorlegte, die Dreyfus schwer belasten sollten: Nur so konnte er die Geheimhaltung der Täuschungsoperation konsequent wahren.

Diese Erkenntnisse des französischen Militärhistorikers liegen der Wahrheit vermutlich am nächsten. Nach Ansicht von französischen Militärs hat die Leistungsfähigkeit der neuen Geheimwaffe im September 1914 Frankreich den Sieg in der Marne-Schlacht gebracht ...

Paris, 22. 7. 1906, Alfred Dreyfus nach seiner Ernennung zum Ritter der Ehrenlegion: »Meine Affäre ist sehr kompliziert«

Nippons Agenten

Bis Mitte des 19. Jahrhunderts existierte in Japan weder ein Nachrichtendienst noch eine politische Geheimpolizei, weil ein Aufstand gegen die gottähnliche Autorität des Kaisers kaum zu befürchten war. Auch die militärische Spionage spielte in Japans bisheriger Kriegführung keine große Rolle.
Erst als das Inselreich in der zweiten Jahrhunderthälfte seine Politik der »verschlossenen Tür« aufgeben mußte und sich vom Feudalstaat zur Industrienation entwickelte, wurde es gleichzeitig mit Spionageaktivitäten anderer Länder konfrontiert. Man erkannte, daß es für Japan unumgänglich sei, ebenfalls einen Geheimdienst zu gründen, und suchte daher nach entsprechenden Vorbildern. Das seit den sechziger Jahren des 19. Jahrhunderts in Deutschland von Wilhelm Stieber aufgebaute System erschien den Japanern nachahmenswert. Es wurden Offiziere zur Ausbildung nach Berlin geschickt und deutsche Spezialisten nach Tokio geholt.
Auch in der japanischen Marine dachte man darüber nach, wie man dem künftigen Gegner überlegen sein könnte und stattete ihre Einheiten mit den neuen Funkgeräten zur Nachrichtenübermittlung aus. Damit begann das Zeitalter der elektronischen Aufklärung.

Im Einsatz gegen Rußland

Die japanische Regierung begnügt sich aber nicht damit, nur dem ausländischen Beispiel zu folgen. Die Anfang des 20. Jahrhunderts von radikalen Nationalisten gegründeten Organisationen, sogenannte Geheimgesellschaften, gewinnen jetzt durch Unterstützung aus Regierungskreisen zunehmend an Bedeutung. Von der Struktur her eignen sie sich besondes für Spionagezwecke, denn sie verfügen über eigene private Nachrichtendienste, die nun mit dem »offiziellen« zusammenarbeiten und sich insgeheim für die japanische Außenpolitik einsetzen. Inzwischen gehört bereits eine große Anzahl von Offizieren dieser Geheimgesellschaften an. Das künftige gemeinsame Ziel: die Vorherrschaft Japans in Asien.

Als Dockarbeiter oder Hotelportiers eingeschleust: Exekution japanischer Spione durch die russische Gendarmerie

Im Jahr 1901 entsteht die mächtigste dieser geheimen Gesellschaften, der »Schwarze Drachen« – auf Japanisch »Amur«. Diese Bezeichnung hat symbolische Bedeutung, denn Amur heißt der Grenzfluß zwischen Sibirien und der Mandschurei. Dem »Schwarzen Drachen«, der sich innerhalb kurzer Zeit zu einem Staat im Staate entwickelt, gehören politische Führer, hohe Beamte, prominente Geschäftsleute, Industrielle und Militärs an.
Auf Hokkaido richtet man Ausbildungszentren ein und organisiert allmählich ein weitverzweigtes Agentennetz in der Mandschurei und in Sibirien. In den wichtigsten russischen Marinestützpunkt, Port Arthur am Gelben Meer, werden als chinesische oder koreanische Dock- und Lagerarbeiter, Elektriker oder Hotelportiers einige hundert Armeeoffiziere eingeschleust, die aufmerksam jede Information sammeln und an den japanischen Generalstab weiterleiten.
Oberst Motojiro Akashi, ebenfalls Mitglied des »Schwarzen Drachen«, geht als erster japanischer Militärattaché nach Sankt Petersburg. Er soll in Rußland und anderen osteuropäischen Staaten ein Spionagenetz aufbauen. Akashi nimmt mit dem berüchtigten Ochrana-Doppelagenten Asew und mehreren anderen Personen, darunter ein Mönch namens Gapon, Kontakt auf. Es gelingt dem Militärattaché, einige Mitarbeiter des russischen Marine-Geheimdienstes als Agenten anzuwerben.
Zwei seiner Leute, Kenzo Kamakura und Seiko Akioyoshi, arbeiten als Techniker im Petersburger Rüstungsbetrieb »Potemkin«. Durch sie erfährt Akashi Einzelheiten über die Ausrüstung der russischen Ostseeflotte. Aber die russische Geheimpolizei Ochrana ist wachsam. Als einer der Japaner eine junge Russin heiratet, gibt es am Hochzeitstag eine Riesenüberraschung: Die Braut entpuppt sich als Agentin der Ochrana, deren Chef Oberst Gerasimow die beiden noch am selben Tag verhaften läßt.

Beschießung von Port Arthur durch die Japaner: Der Überfall auf den russischen Flottenstützpunkt eröffnet den Russisch-Japanischen Krieg (1904/05)

Ein anderer japanischer Marineoffizier hat sich in Skagen, dem nördlichsten Ort Dänemarks, niedergelassen, um russische Flottenbewegungen im Kattegat, womöglich in Richtung freie Nordsee, zu überwachen. Er wird von der dänischen Geheimpolizei aufgespürt und festgenommen.

Korvettenkapitän Yasunosuké Yamamoto, gegen die Schwarzmeerflotte angesetzt, arbeitet seit 1898 als Koch in der Marinekaserne von Odessa. Er versteht es, diese Tätigkeit sechs Jahre lang auszuüben, ohne in Verdacht zu geraten, und verschwindet erst einige Wochen vor Ausbruch des Russisch-Japanischen Krieges. Yamamotos Erfolg bildet allerdings eine Ausnahme.

Die meisten der in Europa tätigen japanischen Agenten werden von der Ochrana aufgespürt, die überall ihre Spitzel hat, darunter auch einen Journalisten namens Manasewitsch-Manoilow. Ihm gelingt es eines Tages, den Code der japanischen Botschaft in Den Haag zu entziffern. Dies ermöglicht es den Russen, einen Teil der japanischen Diplomatenkorrespondenz mitzulesen.

Mit wachsender Sorge beobachtet Japan die russische Expansion in der Mandschurei und Korea. In Tokio beschließt man, möglichst schnell zu handeln: Nach dem Abbruch der diplomatischen Beziehungen zu Rußland am 5. Februar 1904 beginnt ohne Kriegserklärung vier Tage später der Krieg mit dem Überfall auf Port Arthur, den auf einer Halbinsel im Westteil der Koreabucht gelegenen russischen Marinestützpunkt. Zur selben Zeit landen vier japanische Armeen auf dem Festland, denen es bis Ende Mai gelingt, die Russen am Jalu-Fluß und bei Kin-tschau zu schlagen.

Der Stabschef des sibirischen 3. Korps, General Martinow, berichtet seinem Vorgesetzten: »Japanische Offiziere, getarnt als Händler, Handlungsreisende und Friseure, spionieren überall im Kriegsgebiet und spannen viele Einwohner für ihre Zwecke ein. Die Japaner besitzen ein umfassendes Netz von Spitzeln, so daß es der russischen Armee unmöglich ist, die eigenen Truppenbewegungen zu verheimlichen.«

Tatsächlich sind die japanischen Agenten noch weiter eingedrungen, als General Martinow es vermutet: Die angeblich chinesischen Hausangestellten einiger Offiziere der sibirischen Schützenregimenter in Port Arthur sind in Wirklichkeit Japanerinnen. Als die japanische Armee in das Gebiet der Mandschurei vorrückt, werben sie Chinesen und Mandschuren an, die vorher bei den Russen als Angestellte oder Übersetzer gearbeitet haben.

Die Verwegensten unter ihnen werden als Kundschafter eingesetzt. Sie sickern in das zukünftige Operationsfeld ein und durchkämmen systematisch das Gelände, um den Japanern später unliebsame Überraschungen zu ersparen. Geschützstellungen zum Beispiel werden erst dann ausgebaut, wenn die Spione das Gebiet sorgfältig abgesucht haben und Nachricht geben, daß keine Russen in der Nähe sind (so ein russischer Bericht vom 21. Juli 1904).

Andere Chinesen, die hinter den russischen Linien Informationen sammeln, übermitteln den Japanern ihre Erkundungsergebnisse durch optische Signale. Dazu der russische Oberstleutnant Neznamow: »Oft hatten wir Chinesen erwischt, die den Japanern mit Laternen oder brennenden Strohhaufen Zeichen gaben. Deshalb wurden von uns alle Orte nach vorbereiteten Holz- oder Strohhaufen abgesucht. Die Chinesen waren so couragiert, daß sie sogar während der Kämpfe auf dem Schlachtfeld Signale setzten.

Im Gefecht bei Liau-jang, im August 1904, haben wir einen erschossen, der es mitten unter unseren kämpfenden Soldaten gewagt hatte, vom Dach eines Hauses aus zu signalisieren. Wenn allerdings die erforderlichen Informationen technisches Wissen voraussetzen, dann wurden statt der Chinesen getarnte japanische Offiziere hinter unsere Linien beordert. So hatten wir im April 1905 einen angeblichen Chinesen verhaftet, der sich als Leutnant des japanischen 23. Dragonerregiments entpuppte. Er sagte, daß auch an

Port Arthur: Japanische Offiziere beobachten die Selbstversenkung russischer Schiffe

der Front von Mukden mehrere seiner Kameraden tätig waren und detaillierte Informationen weitergeleitet hätten.
Benötigen aber die Japaner Nachrichten aus unserem rückwärtigen Gebiet, dann suchten sie sich besonders intelligente Chinesen aus, gaben ihnen etwas Geld, um in verschiedenen Ortschaften Geschäfte zu eröffnen. Jeder dieser Chinesen wurde von einigen Informanten und Kurieren begleitet. In Port Arthur hielten sich besonders viele Spione des ›Schwarzen Drachen‹ auf.«
Während der elf Monate dauernden Belagerung des russischen Marinestützpunktes sind diese Agenten für die Japaner von größtem Wert: Sie informieren nicht nur über alle Verteidigungsmaßnahmen der stark armierten Festung, sondern verüben auch Sabotageakte. Sie durchschneiden zum Beispiel sämtliche Kabel der Suchscheinwerfer und lassen Minensperren hochgehen, die den Hafen sichern sollen. So ist es zu erklären, daß die Truppen von Admiral Togo bei ihren fünf Angriffen auf Port Arthur nur minimale Verluste erleiden.
Der japanische Geheimdienst wird auch von dem aus Venezuela stammenden Rafael de Nogalès unterstützt, der für die Übermittlung von Informationen »chinesische Tricks« anwendet: Ein Kurier trägt in seinem Korb Früchte und Gemüse, deren Zusammenstellung eine Nachricht ergibt. So bedeuten drei Aprikosen, zwei Mangos und ein Paket Reis drei Torpedoboote, zwei Panzerkreuzer und ein Infanteriebataillon. Damit verfügt der Kurier über Hilfsmittel, die es ihm unauffällig ermöglichen, präzis Bericht zu erstatten.
Eine andere Hilfe für die Japaner ist der britische Spion Sidney Reilly. Er hat in Port Arthur bereits vor Jahren eine Holzimportfirma gegründet und die Leitung der dänischen Firma »East Asiatic« übernommen. Reilly ist zwar englischer Agent, was ihn aber keineswegs hindert, zwischen 1900 und 1904 auch die Japaner mit Nachrichten zu versorgen. Als er von einem russischen Spionageabwehragenten enttarnt wird, gelingt ihm die Flucht nach Tokio, wo man seine Dienste großzügig entlohnt.
Die transsibirische Eisenbahn, lebensnotwendigstes Transportmittel zur Versorgung der russischen Armeen, ist wiederholt das Ziel japanischer Saboteure. Doch ihre Vorhaben scheitern an der Wachsamkeit russischer Sicherungstruppen, die fast alle Saboteure rechtzeitig entdecken und festnehmen. Diese einzige Eisenbahnverbindung mit Rußland bleibt den ganzen Krieg über in Betrieb.
Der japanische Geheimdienst bedient sich auch der Propaganda und Desinformation: Einige als Händler getarnte Agenten verbreiten in Mukden die Nachricht von der bevorstehenden japanischen Offensive auf Wladiwostok. Dieses Gerücht wird noch durch entsprechende Artikel in der japanischen Presse geschürt. Daneben informieren chinesische Agenten die Russen über japanische Truppenbewegungen in den Küstenprovinzen, und ein Überraschungsangriff auf die mandschurische Eisenbahn soll die Gefahr noch bekräftigen. Dies verleitet den russischen General Kuropatkin, von seiner in Mukden stehenden Armee fünf Kosakenregimenter, eine Infanteriebrigade und 15000 Mann abzuziehen, um der angeblich bedrohten Armee in Wladiwostok zu Hilfe zu kommen. So können die Japaner das inzwischen geschwächte Mukden angreifen.
Auf politischem Gebiet hält sich der japanische Nachrichtendienst zurück. Man lehnt das Angebot russischer und polnischer Revolutionäre ab, gemeinsam das Zarenregime zu bekämpfen. Japan will lediglich Korea und die Mandschurei erobern und nicht die russische Monarchie stürzen.

Zu Beginn des Krieges besitzen die Russen gegen Japan im Fernen Osten keinen organisierten Geheimdienst. Darin wittert der wohlhabende und sehr einflußreiche chinesische Kaufmann Ti Fon-Tai eine Chance: Er bietet den Russen an, eine Spionageorganisation für sie aufzubauen, denn er hat durch seine Geschäfte in allen Teilen der Mandschurei beste Verbindungen. Doch der Preis, den er verlangt – drei Millionen Rubel – ist den Russen zu hoch. So sind sie weiterhin auf die gelegentliche Hilfe der Geheimpolizei von Yüan-Chi-Kai, dem späteren Präsidenten der Republik China, angewiesen.
Der russische Generalstab erkennt zwar die Notwendigkeit von Spionagetätigkeit, aber im fernen Sankt Petersburg ist man der Ansicht, daß in den Steppen der Mandschurei die Kommandotrupps der bewährten Kosaken rechtzeitig alle Vorbereitungen und Bewegungen des Feindes ermitteln können. Dies stellt sich jedoch bald als Trugschluß heraus. Die Kosaken machen ihrem Ruf als kühne und erbitterte Kämpfer zwar alle Ehre, doch es gelingt ihnen nicht, die japanischen Vormarschrouten rechtzeitig zu erkunden.
Durch mangelnde Aufklärung ist der russische Generalstab über die Stärke der feindlichen Kräfte völlig desinformiert. Man glaubt, die japanische Armee sei kaum 150000 Mann stark, während sie in Mukden trotz anfänglich schwerer Verluste noch immer über 300000 Soldaten verfügt. Selbst ein Jahr nach Ausbruch der Feindseligkeiten existiert kein genaues Feindbild. So wissen die Russen auch nicht, daß bei Mukden hinter der Armee von General Oku bereits eine zweite japanische Armee unter General Nogi steht.
Erst im Herbst 1904 entsendet die Auslandsabteilung der Ochrana zwei ihrer bewährten Leute in die Mandschurei: General Harting soll dort die Spionageabwehr aufbauen und General Olktach-Ogorowitsch einen Nachrichtendienst organisieren. Diese beiden energischen und befähigten Männer können zwar innerhalb weniger Monate viele Aufklärungsergebnisse erzielen, aber es ist bereits zu spät. Der lang verteidigte Marinestützpunkt Port Arthur fällt am 2. Januar 1905, nach 329 Tagen Belagerung, den Japanern in die Hände.

Anfänge der Funkaufklärung

Mitte des 19. Jahrhunderts wird auf einer Versuchslinie zwischen Washington und Baltimore erstmals ein Gerät eingesetzt, das für Geheimdienste und Militärs wie geschaffen ist: der Morse-Apparat. Diesen elektromagnetischen Schreibtelegraphen hat der Kunstmaler Samuel Morse bereits 1832 entworfen und fünf Jahre später patentieren lassen.
Zwei weitere Neuheiten machen die Arbeit der Spione noch effektiver: Photographie und Eisenbahn. Nicht nur die Photographie bietet dem Geheimdienst ungeahnte Möglichkeiten, sondern auch die sich immer mehr verbreitenden Eisenbahnnetze als schnelles und anonymes Fortbewegungsmittel, in dem die Reisenden schwerer zu kontrollieren sind.
Wahrhaft revolutionierend auf dem Gebiet der Spionage ist jedoch das Funkwesen. 1897 gelingt dem erst 23jährigen Italiener Guglielmo Marconi die erste Übertragung drahtloser Signale über mehrere Kilometer. Die drahtlose Telegraphie entwickelt sich nach Bewältigung zahlreicher technischer Probleme innerhalb weniger Jahre zu einem perfekten Verbindungs- und Nachrichtenübermittlungssystem.
Der Russisch-Japanische Krieg ist der erste Konflikt, bei dem auf beiden Seiten – anfangs nur von den

Guglielmo Marconi (1874–1937) präsentiert in England seinen Apparat zur Übertragung drahtloser Signale

Kriegsmarinen – Funkgeräte eingesetzt werden. So können die Schiffe mit ihren Stützpunkten, aber auch untereinander, Verbindung aufnehmen. Damit eröffnen sich für die Nachrichtendienste außergewöhnliche Möglichkeiten. Heutzutage ist die elektronische Aufklärung der wichtigste Bestandteil aller nachrichtendienstlichen Aktivitäten.
Die Japaner haben bei Kriegsausbruch auf allen größeren Einheiten originalgetreue Nachbildungen des ersten Marconi-Gerätes installiert, wenn auch mit entschieden schwächerer Leistung. Sie arbeiten nur auf einer Frequenz und verfügen lediglich über eine Reichweite von 60 Seemeilen.
Auch die Schiffe der russischen Fernost-Flotte verfügen über Funkgeräte ebenso wie zahlreiche Marinestützpunkte entlang der ostsibirischen Küste. Wie so häufig, spielt auch hier der Zufall eine Rolle: Während des ersten japanischen Überraschungsangriffs gegen die russische Flotte in den Häfen Chemulco und Port Arthur stellen die russischen Funker fest, daß zuvor ein lebhafter Austausch von Funksignalen zwischen den japanischen Schiffen stattgefunden hat. Durch das Abfangen dieser Signale sind sie bereits gewarnt, bevor die feindlichen Einheiten gesichtet werden.
In den Morgenstunden des 8. März 1904 unternehmen die Japaner erneut einen Angriff auf den Hafen von Port Arthur. Die dort liegenden russischen Schiffe sind jedoch von See her nicht auszumachen. Die beiden japanischen Panzerkreuzer »Kasuga« und »Nisshin« befinden sich in Schußposition, um die Bucht unter Feuer zu nehmen. Ein leichter Zerstörer, der dicht an der Küste liegt, soll den Angriff leiten.
Plötzlich hört ein russischer Funker im Stützpunkt die Signale feindlicher Einheiten. Obwohl er sich nicht ganz sicher ist, ob er das Richtige tut, betätigt er sein Funkgerät in der Hoffnung, dies könnte vielleicht irgendeinen Einfluß auf die Funkverbindungen der feindlichen Schiffe ausüben. Tatsächlich stört er damit den japanischen Funkverkehr, so daß die Einheiten ihre Aktion unverrichteter Dinge abbrechen.
Trotz dieser inzwischen erkannten Störmöglichkeit verliert die russische Marine in mehreren Gefechten mit den überlegenen Japanern den größten Teil ihrer Fernost-Flotte. Der Zar beschließt daher, aus der Ostsee seine Baltische Flotte unter dem Oberbefehl des Admirals Rojestwenski nach Asien zu entsenden. Am 14. Oktober 1904 lichten 59 Schiffe in Libau die Anker und beginnen ihre Fahrt nach Fernost.
In den wenigen Häfen, die sie auf ihrem langen Weg anlaufen dürfen, werden die russischen Schiffe von Agenten des japanischen Marine-Geheimdienstes beobachtet. Zwischen dem Kap der Guten Hoffnung und Madagaskar erhält der Verband am Neujahrstag 1905 die Nachricht, daß Port Arthur vor der Kapitulation stehe. Jetzt bleibt der Baltischen Flotte nach der monatelangen Reise nur noch die Hoffnung, unbehelligt durch die japanische Sperrzone bis Wladiwostok zu gelangen.

Mitte Mai 1905 erreicht Admiral Rojestwenski das Ostchinesische Meer und beabsichtigt, die Straße von Tsuschima, den östlichen Teil der Korea-Straße, zu durchfahren, die Japans Hauptinsel Honschu von der Halbinsel Korea trennt. Seine Offiziere raten ihm allerdings von dieser Route ab, denn der Weg östlich um Japan sei sicherer.
Der zur Baltischen Flotte gehörende Hilfskreuzer »Ural« hat ein extrem leistungsstarkes Funkgerät an Bord, eine in Deutschland hergestellte Sonderanfertigung mit fast 700 Seemeilen Reichweite. Die russischen Kapitäne sind davon überzeugt, daß sie mit einem so starken Gerät in der Lage seien, die Wladiwostok-Flotte herbeizurufen, um gemeinsam die Japaner in die Zange zu nehmen und zu vernichten.
Inzwischen hat sich das japanische Geschwader unter Admiral Togo am Südzipfel Koreas konzentriert, um den Feind auf offener See abzufangen. Das Wetter ist kalt und regnerisch, Dunst vermindert die Sicht.

Admiral Rojestwenski auf dem Deck seines Flaggschiffes der Baltischen Flotte: völlige Funkstille befohlen

Seeschlacht bei Tsuschima: Kanoniere eines japanischen Kreuzers eröffnen das Feuer auf Einheiten der russischen Flotte

Admiral Rojestwenski hofft, daß die japanische Aufklärung dadurch stark eingeschränkt ist. Doch Admiral Togo hat ein fast lückenloses Überwachungssystem eingerichtet. Ein altes Schlachtschiff, südlich der Insel Tsuschima postiert, dient als Funkübermittlungszentrale zwischen den Schiffen auf See und dem Hauptstützpunkt in Korea. Nun hängt alles davon ab, daß man den russischen Verband möglichst früh sichtet und die eigenen Schiffe rechtzeitig per Funk heranholen kann.

Um die Position der russischen Flotte nicht zu verraten, befiehlt Admiral Rojestwenski völlige Funkstille und dampft am 25. Mai 1905 in zwei langen Kolonnen auf die Korea-Straße zu. Bereits am frühen Morgen hat die russische Flotte schwache Funksignale aufgefangen, die, je weiter sie nach Norden kommt, immer intensiver werden. Es sind Funksprüche japanischer Patrouillenschiffe, die mit ihrem Stützpunkt in Verbindung stehen. Trotzdem setzt Rojestwenski seine Fahrt auf der vorgesehenen Route fort, ohne Torpedoboote zur Aufklärung vorauszuschicken.

In der Nacht zum 27. Mai 1905 herrscht dichter Nebel, die Sicht beträgt nur annähernd eine Seemeile. Noch vor Tagesanbruch kommt es etwa 40 Seemeilen von den Goto-Inseln entfernt zu einem Zwischenfall: Der japanische Kreuzer »Shinano Maru« kollidiert beinahe mit einem russischen Lazarettschiff, verschwindet aber schnell wieder im Nebel. Als das Wetter gegen 4.45 Uhr aufklart, sichtet die »Shinano Maru« plötzlich einen langen Konvoi russischer Schlachtschiffe und Kreuzer. Sie versucht, diese Nachricht sofort per Funk an Admiral Togos Flaggschiff durchzugeben. Doch bei der großen Entfernung und den schlechten atmosphärischen Bedingungen ist ihr recht einfaches Bordfunkgerät dazu nicht in der Lage.

Inzwischen haben die Russen die »Shinano Maru« ebenfalls ausgemacht; obwohl es ihnen nicht gelingt, den Kreuzer zu identifizieren, sind sie sicher, daß es sich um ein patrouillierendes feindliches Kriegsschiff handeln muß. Rojestwenski gibt den Befehl an die Flotte, alle Geschütze auf die »Shinano Maru« zu richten, doch der Feuerbefehl bleibt aus. Unterdessen fangen mehrere russische Einheiten den Funkalarm des Kreuzers ab.

An Bord der »Ural« beraten Kapitän und Funker die Möglichkeit, mit dem eigenen weitreichenden Gerät die Signale des feindlichen Schiffes zu stören. Durch ein ununterbrochenes Signal auf der Frequenz des japanischen Schiffes müßte dies möglich sein. Sie bitten den Admiral um Erlaubnis, das Störvorhaben durchzuführen. Zu ihrem größten Erstaunen kommt nach einer Weile die verhängnisvolle Antwort: »Verhindern Sie die japanischen Funksprüche nicht!«

In der Zwischenzeit dreht die »Shinano Maru« ab, ohne den Sichtkontakt mit dem Gegner zu verlieren, und es gelingt ihr schließlich, eine Funkverbindung mit Admiral Togo herzustellen. Das Signal »Feind gesichtet« kann nun endlich weitergegeben werden. Das japanische Schiff funkt jetzt ungestört Meldungen über Kurs, Position, Geschwindigkeit und Stärke des feindlichen Verbandes. Dies soll der russischen Flotte zum Verhängnis werden: Bald gerät der Verband in Gefechtsberührung mit Togos Einheiten.

Die überlegene japanische Schiffsartillerie setzt mehrere russische Schlachtschiffe und Kreuzer außer Gefecht. Admiral Togo, der den Verlauf der Schlacht von der Brücke seines Flaggschiffes »Mikasa« aus beobachtet, setzt bei Einbruch der Dunkelheit seine schnellen Torpedobootflottillen ein, so daß im Morgengrauen fast die gesamte Baltische Flotte vernichtet ist. Ein rechtzeitiger Störeinsatz des leistungsstarken Funkgeräts der »Ural« hätte möglicherweise die Rettung bedeutet.

Die Ochrana

Zu den problematischsten Mitarbeitern eines Geheimdienstes zählte schon immer der Agent provocateur, da man nie genau weiß, ob der beim Gegner eingeschleuste Spion wegen persönlicher Vorteile nicht auch für die andere Seite arbeitet. Ein solcher Doppelagent war Jewno Filipowitsch Asew, der letzten Endes alle getäuscht hat, die revolutionäre Kampforganisation und auch die zaristische Geheimpolizei Ochrana.

Asew – Meister des Doppelspiels

Der im Jahr 1869 im russischen Lykowo als Sohn eines jüdischen Schneiders geborene Jewno Asew betätigt sich nach dem Besuch der höheren Schule als Handelsreisender. Wegen drohender Verhaftung aufgrund einer Unterschlagung setzt sich Asew 1893 nach Deutschland ab und immatrikuliert sich am Polytechnikum in Karlsruhe. Um sein Studium zu finanzieren, bietet er der Ochrana seine Dienste an. Für 50 Rubel pro Monat knüpft er Kontakte zur russisch-sozialistischen Studentengruppe in Karlsruhe und auch zu Revolutionären in der Schweiz.

Asews Berichte erregen die Aufmerksamkeit des Ochrana-Chefs Subatow, der ihm 1899 nach Abschluß seines Studiums eine Position als Ingenieur in Moskau verschafft. Gut getarnt, soll er hier als Spitzel der Ochrana in die Kreise der Kampforganisation Sozialistischer Revolutionäre (KO) eindringen. Er liefert zwar der Geheimpolizei detaillierte Informationen und auch Namen verschiedener Revolutionäre, beginnt aber zugleich, sich für die Kampforganisation zu engagieren, in der er bald zu den gut dotierten Vertrauenspersonen zählt.

Asew versteht es, sein doppeltes Spiel auf sehr geschickte Weise zu tarnen, ohne der einen oder anderen Seite verdächtig zu erscheinen. Er faßt einen raffinierten Plan, um seinen größten Widersacher, den vom Zaren mit allen Vollmachten im Kampf gegen die KO ausgestatteten 58jährigen Innenminister Wjatscheslaw K. Plehwe, auszuschalten. Plehwe weiß, daß einer der gutbezahlten Ochrana-Agenten, Deckname Filipowitsch alias Raskin, gemeldet hat, daß man gegen ihn ein Attentat vorbereite. Aber der Minister hat keine Ahnung, daß sich hinter diesem Agenten gleichzeitig der Organisator des angekündigten Anschlags verbirgt.

Jewno Asew, alias Filipowitsch, alias Raskin (1869–1918): ein Doppelagent, der alle verrät

Filipowitsch – in Wirklichkeit der zum Chef der KO aufgestiegene Asew – war vorsichtig genug, der Ochrana keine Einzelheiten der Operation mitzuteilen. Er hatte sogar am 19. Juni und nochmals am 7. Juli 1904 angekündigt, daß die KO das geplante Attentat gegen Plehwe verschoben habe, weil keine geeigneten Bombenwerfer zur Verfügung stünden.

Nach einem ersten erfolglosen Versuch nähert sich der entscheidende Tag: Am Morgen des 28. Juli 1904, gegen 9.30 Uhr, herrscht in Petersburg strahlendes Wetter. Eine von zwei Rappen gezogene Kutsche rollt über den Ismailowski-Boulevard in Richtung Finnischer Bahnhof, begleitet von mehreren mit Agenten der Ochrana besetzten Droschken. Es ist der Wagen des gefürchteten Innenministers Plehwe. Aus der entgegengesetzten Richtung nähern sich auf dem Gehsteig vier Personen, jeweils im Abstand von etwa 40 Metern. Jeder von ihnen trägt einen in Zeitungspapier eingewickelten Gegenstand. In einiger Entfernung steht ein kleiner, schlanker Mann mit scharfen Gesichtszügen, der die Vorgänge beobachtet. Sein Name ist Boris Sawinkow, Chefadjutant der KO, der die Operation vor Ort leitet. Der tatsächliche Initiator Jewno Asew wartet den Ausgang des Unternehmens in Warschau ab.

Plötzlich springt einer der Männer auf die Fahrbahn und wirft etwas Zylinderförmiges, eine zwölf Pfund schwere Bombe. Alles spielt sich in wenigen Sekunden ab, von denen eine für den rothaarigen Attentäter Sasonow schrecklich ist (wie er danach seinen Mithäftlingen erzählt), nämlich jener Moment, als er durch das Fenster der Kutsche die Todesangst in den Augen des Ministers sieht.

Die drei Mitverschwörer können danach unerkannt entkommen. Am nächsten Tag macht die Tat der Kampforganisation im Ausland Schlagzeilen, und Asew wird in revolutionären Kreisen – unter dem Decknamen »Walentin« – als Held gefeiert. Nun ist der Chef der KO gezwungen, weiterzumachen, muß aber erhöhte Vorsicht walten lassen.

Von drei weiteren Attentaten läßt Asew zwei fehlschlagen: gegen den Großfürsten Wladimir und gegen den Statthalter Kleigels. Der Anschlag auf Groß-

fürst Sergej, den Onkel des Zaren, wird jedoch ausgeführt. Der Mörder des Großfürsten ist Kaljajew, einer der vier Attentäter vom 28. Juli 1904. Er wird auf der Stelle verhaftet und am 10. Mai 1905 hingerichtet.
Nach diesem Ereignis scheint sich der neue Sicherheitschef Gerasimow intensiver für die Aktivitäten seiner eigenen Agenten zu interessieren, besonders für die jenes Filipowitsch, dessen Name in verschiedenen Berichten immer wieder auftaucht, von dem aber im Polizeihauptquartier niemand weiß, wer er ist. Merkwürdigerweise existiert weder über Filipowitsch noch über Raskin eine Akte. Rachkowski, der ehemalige Leiter der Ochrana-Auslandssektion, gibt jetzt das Geheimnis um Asew preis. So kann Gerasimow schließlich im Jahr 1906 den Kampf gegen jenen dubiosen Filipowitsch-Raskin-Asew aufnehmen.
»Aber Asew hatte die Fähigkeit, sich äußerst schnell aus den verwickeltsten Situationen herauszuwinden«, bemerkt Gerasimow später in seinen Memoiren. Und das gelingt dem gerissenen Doppelagenten auch diesmal: Er beschuldigt kurzerhand Rachkowski, daß dieser ihn oft nicht unterstützt, sondern im Stich gelassen habe, und enthüllt, was im Ochrana-Hauptquartier großes Aufsehen erregt: Der Pope Georgi Gapon, Revolutionär und zugleich Polizeiagent, der seit einiger Zeit spurlos verschwunden ist, sei auf einem unbewohnten Landgut an der finnischen Grenze erhängt aufgefunden worden. Diese sensationelle Nachricht hebt Asews Ansehen bei der Geheimpolizei ungemein. Er verschweigt allerdings, daß er persönlich die Liquidierung des Popen veranlaßt hat.
Eine weitere, ganz wesentliche Information übermittelt Asew der Ochrana: den in Reval geplanten Anschlag auf den Zaren Nikolaus II. – den ebenfalls er selber organisiert hat. Tatsächlich mißlingt das Attentat. Asew hat zwar den angesetzten Terroristen die genaue Reiseroute des Zaren angegeben, jedoch mit falschen Uhrzeiten, so daß der kaiserliche Zug ohne Zwischenfall in Reval eintreffen kann.
Dieses raffinierte Wechselspiel hätte Asew noch lange fortsetzen können, wäre sein Treiben nicht der Wachsamkeit des Emigranten Wladimir Burtsew aufgefallen, der seit 1888 im Pariser Exil lebt. Als Einzelgänger hat er die Gegenspionage der Revolutionäre perfekt organisiert, die nach den Methoden der gefürchteten Ochrana-Auslandsabteilung arbeitet und beinahe genauso erfolgreich ist. Burtsew verfügt über Agenten, über Codebrecher, Doppelagenten und sogar über Provokateure. Er unterhält freundschaftliche Beziehungen zu Mitgliedern der Ochrana und hat ständigen Kontakt zu ehemaligen Geheimpolizisten. Sobald er gegen einen Provokateur genügend Beweismaterial zusammengetragen hat, veröffentlicht er dessen Namen in seiner Zeitschrift »Byloje« (Die Vergangenheit).
So verfährt er auch mit Asew, den er schon lange in Verdacht hat, ein doppeltes Spiel zu treiben, und eines Tages kann er beweisen, daß der Chef der

Der Pope Georgi Gapon: Tod in einer einsamen Villa unter mysteriösen Umständen. Ein Polizeifoto aus dem Geheimarchiv der Ochrana

Kampforganisation gleichzeitig Agent der Geheimpolizei ist.
Es gibt keinen Zweifel: Asew und Raskin sind ein und dieselbe Person. Diese Entdeckung veröffentlicht Burtsew und löst damit einen Skandal aus. Die KO verlangt von Burtsew, sich in Paris vor einem Schiedsgericht zu verantworten.
Nun spielt Burtsew seinen Trumpf aus. Er hat sich unterdessen in Deutschland mit Lopuchin, dem ehemaligen Direktor der Geheimpolizei, getroffen und erfahren, welche Rolle Asew bei der Ermordung des Innenministers Plehwe gespielt hat. Als Lopuchin nunmehr von Burtsew über die revolutionären Tätigkeiten seines ehemaligen Agenten aufgeklärt wird, ist er nicht mehr bereit, über Asews Aktivitäten als Polizeispitzel zu schweigen und bestätigt seine Aussagen vor einem Abgesandten der KO. Damit ist Asew endgültig entlarvt.
Und wie reagiert die Ochrana? Man übergibt Asew 2000 Rubel als Reisegeld und stellt ihm einen Paß auf den Namen Neumeyer aus. Asew-Neumeyer verläßt Rußland 1908 und taucht in Berlin unter. Am 24. April 1918 stirbt er an Nierenversagen in einem dortigen Krankenhaus.
Der Doppelagent Asew bleibt auch nach seinem Tod noch zwielichtig: Statt eines Namens steht lediglich die Nummer 446 auf seinem Grabstein.

Das Military Intelligence Department

Ende des 19. Jahrhunderts verließ sich das britische Military Intelligence Department (MID), der von Kriegsminister Lord Cardwell im Jahr 1872 gegründete militärische Geheimdienst, bei der Beschaffung von Informationen weitgehend auf junge Offiziere, die am Anfang ihrer Karriere standen. Sie betrachteten es als Ehrensache, für das MID Kundschafterdienste zu leisten. In unauffälliger Kleidung wirkten sie wie harmlose Touristen, die ihren Hobbys – Archäologie, Botanik oder dem Fangen von Schmetterlingen – nachgingen.

Den größten Erfolg konnte allerdings die Abteilung Spionageabwehr des Secret Service in Zusammenarbeit mit Scotland Yard verbuchen, als es kurz vor dem Ersten Weltkrieg gelang, das gesamte deutsche Spionagenetz in Großbritannien auszuheben.

Touristen und Schmetterlingsjäger

Die vom Military Intelligence Department (MID) für Kundschafterdienste ausgewählten jungen Offiziere reisen um die Jahrhundertwende kreuz und quer durch Europa und beobachten mit der Unschuldsmiene von Touristen Befestigungen, Küsten, auch Paraden sowie alles, was für das MID »von Wert sein könnte«. Da sie allerdings meist recht unerfahren sind und nur wenige von Ihnen eine entsprechende Ausbildung haben, um spezielle Beobachtungen richtig einschätzen zu können, geraten manche in Schwierigkeiten.

Zu den spionierenden jungen Offizieren des MID gehört auch Robert Baden-Powell, Gründer der weltweiten Pfadfinderorganisation. Nach dem Motto »Gib acht«, das er später seinen »Boy Scouts« einprägt, bereist Baden-Powell um 1895 mehrere europäische Länder, darunter die des Balkans und Deutschland. Ideenreichtum, Kaltblütigkeit und Improvisationsgabe – Vorzüge, ohne die ein Spion verloren ist – helfen ihm in mancher schwierigen Lage, seinen Kundschafterauftrag zu erfüllen.

Baden-Powell: »In Dalmatien ging ich auf die Schmetterlingsjagd. Die wichtigste Festung des Landes ist Cattaro. Vor mehr als hundert Jahren mußte sich Cattaro, obwohl es damals als uneinnehmbar galt, nach einer Beschießung durch die britische Flotte ergeben ... Seitdem sind aber auf jenen Berggipfeln neue Geschützstände gebaut worden, und es fiel mir die Aufgabe zu, Näheres über den Standort und die Stärke der Geschütze zu ermitteln.

Das Rüstzeug, das ich mit auf den Schauplatz meiner Tätigkeit nahm, war äußerst wirkungsvoll und hatte mir schon bei manchem Streifzug ähnlicher Art hervorragende Dienste geleistet. Es bestand aus einem Skizzenbuch, das eine große Anzahl zum Teil völlig ausgearbeiteter, zum Teil erst halbfertiger Zeichnungen von Schmetterlingen aller Art enthielt, ferner aus einem Farbkasten und einem Schmetterlingsnetz.

In diesem Aufzug mußte ich jedem, der mir selbst in unmittelbarer Nähe der Forts an dem einsamen Bergabhang begegnete, völlig unverdächtig erscheinen.

Ich machte Jagd auf Schmetterlinge, und so hatte ich stets einen guten Anknüpfungspunkt zu einem Gespräch, wenn mich wirklich einmal jemand mißtrauisch beobachtete. Mit dem Skizzenbuch in der Hand, trat ich dann freimütig vor ihn hin und fragte ihn mit dem unschuldigsten Gesicht von der Welt, ob er vielleicht hier in der Gegend den und den Schmetterling gesehen habe, an dem mir besonders viel gelegen sei. Neunundneunzig von hundert konnten den einen Schmetterling nicht von dem anderen unterscheiden – mir selbst geht's ja im Grunde genommen ähnlich; die Sache war also gänzlich gefahrlos, und die Leute empfanden wohl eine Art Mitleid mit dem verrückten Engländer, der diesen Insekten nachjagte.

Sie sahen sich eben die Schmetterlingsskizzen nicht genau genug an, denn sonst hätten sie bemerken müssen, daß die zarten Linien auf den Flügeln die Umrisse ihres eigenen Forts darstellten und die Punkte darauf über Anzahl, Standort und Kaliber der Geschütze Auskunft gaben.«

Für einen anderen Auftrag verkleidet sich Baden-Powell als Fischer. Er soll in einem bestimmten Gebiet einige Gebirgsübergänge ausfindig machen und feststellen, ob sie für Truppen begehbar seien. So streift er an verschiedenen Quellbächen entlang, um neben dem vorgetäuschten Fischfang die Gegend sorgfältig zu erkunden.

Robert Baden-Powell (1857–1941) im Jahr 1896 in Südafrika: Kaltblütigkeit und Improvisationsgabe sind Voraussetzung für jeden Kundschafter

Weitaus schwieriger jedoch ist eine Spionagemission, die Baden-Powell in Deutschland durchführen soll: »... Es war uns auch zu Ohren gekommen, daß das betreffende Land ein neues Maschinengewehr eingeführt habe, das besonders schnell und genau feuere. Zwar war uns (aus Photographien) das Kaliber und im allgemeinen auch das Modell bekannt, soweit es sich jedoch um seine wirkliche Leistungsfähigkeit handelte, konnten wir uns nur in Vermutungen ergehen.

Ich hielt es in diesem Falle für das Einfachste, mich überhaupt keiner Verkleidung zu bedienen. Ganz offen begab ich mich also in die Garnisonstädte, in denen mir zufällig einige Offiziere bekannt waren. Durch sie machte ich die Bekanntschaft anderer Offiziere, und allmählich kam es dahin, daß ich gemeinschaftlich mit ihnen meine Mahlzeiten einnahm und auch die Abende in ihrer Gesellschaft verbrachte. Sie stellten mir ihre Pferde zur Verfügung, ich begleitete sie auf ihren Dienstrunden und wohnte ihren Felddienstübungen und Manövern bei. Sobald wir uns indessen den Schießständen näherten, ersuchten mich die Offiziere stets höflich, aber mit aller Bestimmtheit, nicht weiter zu gehen, sondern zu warten, bis sie zurückkämen, da es sich hier um unbedingt geheimzuhaltende Dinge handle. Über die Vorgänge innerhalb der den Schießplatz verbergenden Einfriedung war keinerlei Auskunft von ihnen zu erlangen.

Zwei meiner englischen Freunde waren eines Tages unvorsichtigerweise an dem Eingangstor zu einem der Schießstände stehengebliebenen und daraufhin sofort verhaftet worden. Sie wurden zwar nur einige Stunden in Haft behalten, bald nach dem Vorfall aber aus dem Orte gewiesen, ohne daß sie viel für ihre Zwecke erreicht hatten. Ich mußte hier also mit großer Vorsicht verfahren. Nur hin und wieder einmal, namentlich nach einem in besonders fröhlicher Stimmung verlaufenden Abend, konnte ich meinen Freunden eine karge Bemerkung über das neue Maschinengewehr entlocken. So erfuhr ich nach und nach einiges über die Leistungsfähigkeit des Gewehrs und hörte auch, daß ein bewegliches Ziel damit nie zu treffen sein würde, da es den Soldaten ja schon äußerst schwerfalle, auf ein stillstehendes mit Erfolg zu schießen. Das war auch alles, was ich ermitteln konnte.

Dieses Ergebnis genügte mir natürlich nicht, und so versuchte ich, mein Ziel in einer Garnison, in der ich unbekannt war, durch andere Mittel zu erreichen. Dort waren die Schießstände von einem Gürtel von Bäumen umgeben und außerdem noch durch einen unübersteigbaren Zaun abgeschlossen, der auf beiden Seiten von Posten bewacht wurde. In den Schießstand hinein oder auch nur an ihn heran zu gelangen, schien also mit ganz bedeutenden Schwierigkeiten verbunden zu sein.

Eines Tages schlenderte ich harmlos in der Nähe des Schießstandes herum, und zwar an einer Stelle, die vom Eingangstor ziemlich weit entfernt war. Irgendwo legte ich mich dann ins Gras, scheinbar, um ein kleines Schläfchen zu veranstalten. In Wirklichkeit aber spitzte ich ganz gewaltig die Ohren und suchte aus dem Schall der Schüsse und dem Geräusch, das beim Aufschlagen der Geschosse auf die eiserne Schießscheibe entstand, Geschwindigkeitsleistung und Treffsicherheit des neuen Maschinengewehrs zu ermitteln. Nachdem ich auf diese Weise einen gewissen Anhalt gewonnen hatte, ging ich ein wenig näher an den Stand heran, in der Hoffnung, daß ich vielleicht doch etwas von dem, was da drinnen vorging, zu sehen bekommen würde.

Wie mir nun der Wachtposten gerade den Rücken zudrehte, stürzte ich nach dem Zaun hin. Zwar war es mir nicht möglich, darüberzusteigen, doch fand ich an einer Stelle eine Planke locker, und dadurch, daß ich sie ein wenig beiseite schob, konnte ich die Vorgänge auf dem Schießstand ziemlich gut beobachten.

Diese Skizze stellt den Verfasser in einer höchst kritischen Lage dar. Er war eben von einem deutschen Wachtposten in unmittelbarer Nähe eines Schießstandes entdeckt worden. Dadurch jedoch, daß er den Betrunkenen spielte, zog er sich aus der Klemme. Nur mit knapper Mühe und Not entging er damals der Verhaftung.

Aus dem Buch von Baden-Powell: Als Betrunkener ist ein Spion in den Augen eines Wachtpostens harmlos

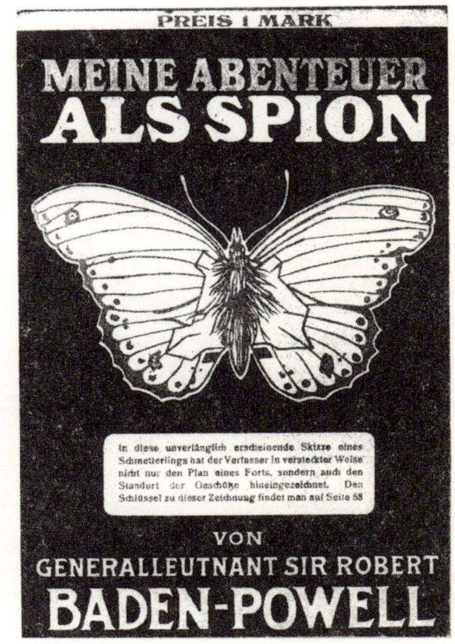

Zur Volksaufklärung und Abschreckung gedacht: Titelblatt des Buches von Baden-Powell, das 1915 in Leipzig mit Genehmigung des General-Kommandos des 19. Armeekorps erschienen ist

Während ich mich dieser angenehmen Beschäftigung hingab, machte der Posten zu meinem Schrecken plötzlich kehrt und bewegte sich nach der Seite hin, wo ich stand. Doch war ich stets auf derartige Überraschungen vorbereitet. Ich drückte das Brett schleunigst wieder an Ort und Stelle, zog eine Flasche Schnaps, die ich eigens zu diesem Zwecke mitgenommen hatte, aus der Tasche und spritzte mir einen Teil von deren Inhalt über die Kleidung. Als nun der Posten herankam, mußte er glauben, daß er einen Betrunkenen vor sich habe, denn ich roch abscheulich nach Alkohol und bot ihm freigebig von meinem Branntwein an.
Er konnte wohl nicht recht aus mir klug werden und geleitete mich deshalb zwar freundlich, aber entschlossen bis zur Grenze seines Wachtbezirks; dort gab er mir den Rat, nach Hause zu gehen, und ich ließ mir das natürlich nicht zweimal sagen.«
Manche der Informationen, die die jungen Offiziere von ihren Exkursionen mitbringen, sind brauchbar. Da nichts wirklich organisiert oder koordiniert ist, hängt viel vom Glück ab.

Deckadresse: Caledonian Road

Im Jahr 1905 wird in Großbritannien im Rahmen einer Heeresreform auch der militärische Nachrichtendienst neu gegliedert. So entstehen aus dem bisherigen Military Intelligence Department (MID) zwei neue Organisationen: Die für Spionage im Ausland zuständige Abteilung erhält die Bezeichnung Military Intelligence 6 (MI6), und Military Intelligence 5 (MI5) übernimmt jetzt die Spionageabwehr.

Im Norden von London, Caledonian Road No. 402 A, Aufnahme aus dem Jahr 1985. Dieser ehemalige Friseurladen ist von 1909–1914 für den deutschen Geheimdienst die wichtigste Deckadresse in Großbritannien

Gleichzeitig wird bei Scotland Yard die Sonderabteilung Special Branch errichtet, die MI5 als Exekutivorgan dient, das heißt, sie kann Verhaftungen verdächtiger Personen sowie Hausdurchsuchungen vornehmen und MI5 vor Gericht vertreten. Obwohl die beiden neuen Organisationen der Bezeichnung nach militärische Dienste sind, werden sie dem Außenministerium unterstellt.
Die Leitung der Spionageabwehr überträgt man 1909 dem jungen Hauptmann Vernon Kell, und die Special Branch bei Scotland Yard leitet Superintendent Patrick Quinn. Dies ist der Beginn einer engen Zusammenarbeit, die Jahre überdauert. Schon die erste gemeinsame Operation im Mai 1910 wird ein ausgesprochener Erfolg. Anlaß ist der Besuch des deutschen Kaisers zum Begräbnis von König Eduard VII. Die für die Sicherheit Wilhelms II. zuständigen Agenten von Scotland Yard stellen fest, daß sich unter den Begleitoffizieren der Kaiserlichen Marine auch Kapitän Baron Rostock befindet, von dem man weiß, daß er zu den führenden Personen des deutschen Geheimdienstes zählt; daher wird er rund um die Uhr beschattet. Und als der Marineoffizier nach der Beisetzung eine Droschke besteigt, folgen ihm zwei Detektive von Superintendent Quinn. Die Fahrt geht quer durch London bis zur Caledonian Road. Hier verschwindet Baron Rostock in einem Laden mit dem Firmenschild »G. K. Ernst, Friseur«. Den beiden Männern erscheint es jedoch unglaubhaft, daß ein Baron sich in diesem armseligen Stadtviertel die Haare schneiden läßt.
Während der eine Geheimpolizist dem Marineoffizier wieder bis zum Hotel folgt, zieht der andere Erkundigungen über den Friseur ein und erfährt, daß Ernst ein Engländer deutscher Abstammung ist, der neben seinem Geschäft einen Handel mit Bedarfsartikeln seiner Branche betreibt. Major Kell wird noch am selben Tag von Quinn über diesen Vorfall unterrichtet. Er läßt ab sofort den Friseur – vor allem aber dessen Post – überwachen.
Bereits einige Tage nach der Abreise des Barons trifft bei Ernst ein Paket von einer deutschen Firma ein. Es enthält zu Kells größter Überraschung außer Gebrauchsanweisungen für verschiedene Rasierapparate und Haarschneidemaschinen auch Spionagehinweise: Die Agenten sollen vorrangig Informationen über die Royal Navy beschaffen. Dies bestätigt den Verdacht, daß der Friseurladen dem deutschen Geheimdienst als Deckadresse dient. Wie vermutet, benachrichtigt Ernst bereits am nächsten Tag alle Agenten. Es sind 22 Briefe mit voller Anschrift, die sofort beschlagnahmt werden.
Die Sonderabteilung von Scotland Yard beabsichtigt, den Friseur und die 22 Spione umgehend zu verhaften, aber Kell lehnt dies ab: »Nein, wir leben im Jahr 1910. Ich bezweifle, daß die Deutschen vor Ablauf von drei oder vier Jahren einen Krieg anfangen … Wenn wir diese Leute jetzt verhaften, dann werden die Deutschen eine andere Spionageorganisation aufbauen, und wir haben dann vielleicht nicht das Glück,

Gustav K. Ernst in seinem Friseurladen: Sammelstelle für Informationen über die Royal Navy

sie zu entdecken. Nein, wir werden diese Leute nur überwachen. Schicken Sie die Briefe, die Sie beschlagnahmt haben, sofort weiter. Geben Sie den Leuten keinen Grund, Verdacht zu schöpfen. Im richtigen Augenblick werde ich Ihnen das Stichwort geben – und die Deutschen werden den Krieg blind beginnen.«

Durch Überprüfung der gesamten Korrespondenz, die innerhalb der nächsten vier Jahre über die Deckadresse in der Caledonian Road läuft, kann sich die englische Spionageabwehr ein genaues Bild von den Tätigkeiten des deutschen Agentennetzes in Großbritannien verschaffen. Erst am 4. August 1914, nur wenige Stunden nach Ausbruch des Krieges, läßt man Gustav Karl Ernst und die 22 deutschen Spione in allen Städten schlagartig verhaften: sieben Leute in London, drei in Newcastle, zwei in Porthmouth und je einen Agenten in Brighton, Barrow-in-Furness, Falmouth, Mountain Ash, Padstow, Sittingbourne, Southampton, Warwick, Weymouth und Wincester.

Aus dem Londoner Telefonbuch von 1914. Interessanterweise befindet sich neben G. K. Ernst auch ein anderer Friseur gleichen Namens in derselben Straße

Ernest Arthur, cabinet maker, 28 Stanhope street, Euston road NW
Ernest Frank, hairdresser, 69 Aldersgate street E C
Ernest George Paul, merchant, see Hopcraft, Wilson & Ernest
Ernest Gustave, hairdresser, 402A, Caledonian road N
Ernest Max, hairdresser, 156 Caledonian road N
Ernest Robert, straw hat cleaner, 354 Albany road, Camberwell S E

Abteilung IIIb des Großen Generalstabs

Der Große Generalstab mußte zu Beginn des 20. Jahrhunderts, in einer Zeit internationaler Krisen, feststellen, daß die von der Abteilung IIIb an den West- und Ostgrenzen des Deutschen Reiches errichteten Nachrichtenstationen keineswegs die erwarteten Erfolge brachten. Man fand schließlich heraus, daß der bisher praktizierte Einsatz von pensionierten Offizieren in den grenznahen Landwehrbezirken keine gute Lösung war. Viele hatten sich zwar zunächst mit Begeisterung in die neue Aufgabe gestürzt, doch reichten ihre Initiative und vor allem Sprachkenntnisse bei weitem nicht aus. Es gelang den Pensionären nur selten, etwas über die Bewaffnung, Organisation und Gliederung fremder Armeen zu erkunden. Außerdem konnten sie in Spannungszeiten nicht schnell genug reagieren. Ein weiterer Grund für die wenig zufriedenstellenden Ergebnisse: die beschränkten finanziellen Mittel. Dies sollte sich jetzt alles ändern.

Walter Nicolai und seine Männer

Am 6. März 1906 legt der Generalstab dem Kriegsminister Karl von Einem seinen neuen Plan vor, der dem deutschen militärischen Geheimdienst endlich Auftrieb geben soll: Anstelle der altgedienten Bezirksoffiziere will er junge, besonders aktive Generalstabsoffiziere einsetzen. In Friedenszeiten sollen sie den Kommandos der grenznahen Korps und nicht mehr den Landwehrbezirken zugeteilt werden und im Krieg den Aufklärungsdienst in den jeweiligen Armeeoberkommandos übernehmen. Sie müssen intelligent sein und über Kenntnisse der fremden Armeen verfügen. So erhofft sich der Generalstab eine Wende. In der Tat: Die Nachrichten- oder Ic-Offiziere – ein Novum im Geheimdienst – haben sich bis zum heutigen Tag bestens bewährt.

Zu den ersten jungen Nachrichtenoffizieren (NO) im Generalstab zählt auch Oberleutnant Walter Nicolai, der am 1. August 1873 in Braunschweig geboren ist und einer alten Offiziersfamilie entstammt. Nach dem Schulbesuch am Dom-Gymnasium in Halberstadt tritt er in das Kadettenkorps ein und wird 1893 als Leutnant vom Heer übernommen. Der fleißige, aber sehr zurückhaltende junge Offizier erregt durch seinen Sachverstand bald Aufmerksamkeit.

Oberstleutnant Walter Nicolai (1873–1948), im Ersten Weltkrieg Chef des deutschen Nachrichtendienstes

Nicolai: »Im Jahre 1904 wurde ich nach dreijährigem Besuch der Kriegsakademie zum Großen Generalstab kommandiert. Auf der militärischen Hochschule hatte ich die russische Sprache gelernt und neben Vorträgen über die militärischen Wissenschaften solche über die Geographie entfernter Länder, über die Geschichte längst vergangener Jahrhunderte und über Staats- und Völkerrecht, nichts aber über die Grundlage unseres Zeitalters oder die Politik der Gegenwart gehört ...

Im fernen Osten rang das aufstrebende Japan mit Rußland (1904/5) um die Vorherrschaft auf dem asiatischen Kontinent. Weitab von seinem deutschen Lehrmeister erstritt das japanische Heer den Sieg über das russische. In der Hand eines entschlossenen Volkes wurden deutsche strategische und taktische Grundsätze, sowie die neuesten Errungenschaften der Kriegstechnik angewandt und zum ersten Male durch zwei militärische Großmächte erprobt. Der deutsche Generalstab nahm die Kommandierung deutscher Offiziere nach Japan in Aussicht, um sich die Kriegserfahrungen des japanischen Heeres zu erschließen. Unter den zunächst zur Erlernung der japanischen Sprache ausgewählten Offizieren befand auch ich mich.

In anderthalbjährigem Studium auf dem orientalischen Seminar und in privater Arbeit mit den trotz des Krieges zahlreich in Deutschland anwesenden Japanern erreichten wir es, die japanische Sprache und Schrift für das Notwendigste ausreichend zu lernen. Von den Kameraden um das Hinausgehen in die Welt beneidet, traten drei von uns das Kommando zur japanischen Armee an ...

Ich als einziger verheirateter unter den in der japanischen Sprache ausgebildeten Offizieren erhielt eines Tages die kurze Mitteilung, daß meine Kommandierung nach Japan nicht in Frage komme und daß ich das Studium der Sprache einstellen solle ... Mein Abteilungschef, Oberst von Lauenstein, ehemals Militärattaché in St. Petersburg, tröstete mich mit einer neuen mir zugedachten Aufgabe. Ein Nachrichtendienst gegen Rußland ...

Ich sollte als erster beim Generalstab ausgebildeter Offizier zu einem Generalkommando im Osten kom-

So stellt man sich in Frankreich um 1910 deutsche Agententypen vor: Kellner, Gelehrter, Kaufmann, Diplomat, Künstler und Tourist. Karikatur von J. Metivet, aus »Fantasio« 1915

mandiert werden und den Versuch unternehmen, einen Nachrichtendienst einzurichten und gleichzeitig die Abwehr gegen die überhandnehmende russische Spionage an der Grenze organisieren.«
Am 1. Juli 1906 übernimmt Nicolai beim Generalkommando des I. Armeekorps in Königsberg die Funktion des Nachrichtenoffiziers; es gelingt ihm innerhalb kurzer Zeit, aus der kleinen Nachrichtenstation Königsberg einen Führungsstab zu schaffen sowie in Rußland ein Spionagenetz aufzubauen. Seine Agenten sitzen in der Nähe wichtiger Eisenbahnstationen und in einigen Garnisonsstädten des russischen Grenzgebietes.
Die Anfangsergebnisse erscheinen so erfolgversprechend, daß bereits ein Jahr später, ab Sommer 1907, mehrere grenznahe Armeekorps ebenfalls Nachrichtenoffiziere erhalten. Dies bringt einen beachtlichen Ausbau des gesamten militärischen Geheimdienstes mit sich. So wird auch der Jahresetat für die Abteilung IIIb wenigstens auf 450000 Mark erhöht und der Mitarbeiterstab vergrößert.
Nach sieben Jahren mühevoller Aufbauarbeit wird der erst 40jährige Major Nicolai im März 1913 zum Leiter der Nachrichtenabteilung IIIb ernannt. Für ihn steht bereits fest, daß es in absehbarer Zeit zu einer Konfrontation zwischen den europäischen Mächten kommen wird.
Nicolai: »Im Juli 1912 wurde ich in den Generalstab versetzt und Anfang 1913 zum Chef des Nachrichtendienstes des Großen Generalstabes ernannt. Als solcher hatte ich gleichzeitig in Verbindung mit den Polizeibehörden den Kampf gegen den feindlichen Nachrichtendienst zu leiten. Die Wahl eines für diesen Posten reichlich jungen Offiziers bewies den geringen Umfang des Systems, das durch ihn zu übernehmen war. Gleichzeitig zeigte sie aber den Willen des Generalstabs, mit frischer Kraft Versäumtes nachzuholen, denn General Ludendorff hatte als Chef der Operationsabteilung den ausschlaggebenden Einfluß im Generalstab.
Vor Übernahme der neuen Aufgabe reiste ich für kurze Zeit nach Frankreich, um wenigstens einen Eindruck von Land und Leuten zu gewinnen, ehe sich mir die Grenzen auch dieses Landes verschlossen, gegen das neben Rußland allein ein Nachrichtendienst vom deutschen Generalstab eingerichtet worden war. Die von mir besonders gewissenhaft beobachteten Bestimmungen der französischen Meldevorschriften für deutsche Offiziere zogen mir eine Aufmerksamkeit der Behörden zu, wie sie in Deutschland fremdländischen Offizieren nicht annähernd zuteil wurde. Meine Eigenschaft als Generalstabsoffizier verstärkte diese Aufmerksamkeit. Dabei ließen es die Behörden nicht an ausgesuchter Höflichkeit fehlen ...
Je mehr die Kenntnis der feindlichen Spionage die planmäßige Hinarbeit auf einen Krieg offenbarte, desto klarer wurde es, daß der feindliche Ring im Kriegsfalle Deutschland wie mit einem eisernen Vorhang von der Außenwelt abschließen werde. Das Deutsche Reich verfügte nicht über einen zentralen Nachrichtendienst. Somit mußte der Generalstab ei-

Kaisermanöver 1904: eine Batterie des Feldartillerieregiments 19, Erfurt, mit Geschützen Modell C.73

gene Wege suchen. Die andauernden politischen Krisen veranlaßten seit 1912 mehrfach Reisen ins neutrale Ausland, um dort mit Unterstützung der deutschen Auslandsvertreter Verbindungen zu suchen, die den Generalstab im Kriegsfall mit zuverlässigen Nachrichten über die Außenwelt versehen sollten.
Die Aufnahme, die ich bei den deutschen Auslandsvertretern fand, war gesellschaftlich einwandfrei. Der ernste Zweck meines Besuches aber schien störend zu wirken. Sachlich blieb der Generalstab jedenfalls so gut wie ohne jede Unterstützung. Während der Nachrichtendienst Englands, Frankreichs und Rußlands rings um Deutschland von allen amtlichen Stellen nachdrücklich unterstützt und gefördert wurde, blieb es dem deutschen überlassen, sich seine Ratgeber im Ausland selbst zu suchen.
Aber selbst dies wurde mir von amtlichen Vertretern als aussichtslos bezeichnet und widerraten, um nicht Deutsche im Ausland in Verlegenheit zu bringen, denn der Generalstab könne es keinem Deutschen im Ausland zumuten, seine geschäftlichen Interessen aufs Spiel zu setzen. Ohne amtliche Unterstützung konnte der Generalstab aber einen Nachrichtendienst im Ausland nicht ausbauen ...
Der Entente-Nachrichtendienst bedrohte gleichmäßig Deutschland, Österreich-Ungarn und Italien. Die gemeinsame Gefahr führte zu gemeinsamer Abwehr. Zwischen dem österreichischen und dem deutschen Generalstab bestand im geringen Umfang seit 1910 auch ein Austausch der über Rußland eingehenden Nachrichten. Zwischen deutschem und italienischem Nachrichtendienst bahnten sich Beziehungen in bezug auf Frankreich erst 1914 an. Im Mai dieses Jahres war ich auf Einladung des italienischen Generalstabs zur Aussprache hierüber in Rom. Meine Aufnahme ließ ehrliche Freundschaft im italienischen Generalstab erkennen. Besonders vertrat der Generalstabschef, General Pollio, und seine Abteilungschefs diese Auffassung.
Die Beziehungen zwischen österreichischem und italienischem Generalstab waren dagegen gespannt und dauernd durch einen Nachrichtendienst gefährdet, den beide gegeneinander unterhielten. Von einer Einheitlichkeit des Nachrichtendienstes im Dreibund im Vergleich mit dem der Entente konnte also nicht gesprochen werden.«
Als sich 1914 die Anzeichen für einen Krieg verstärken, geht es in der Nachrichtenabteilung IIIb sehr hektisch zu. Man muß feststellen, daß die Ergebnisse trotz aller Bemühungen eher enttäuschend sind: Es gelingt zwar, den Aufmarsch der französischen und auch der russischen Armee früh genug auszukundschaften, aber das ist auch fast alles. Die entscheidenden Erkenntnisse, mit denen der Große Generalstab gerechnet hat – detaillierte Informationen über die Operationsabsichten der russischen und französischen Armeeführung – fehlen gänzlich. So rächt sich die Knauserigkeit der Obersten Führung, die ihren Geheimdienst nur sehr zurückhaltend mit den nötigen Geldmittel ausstattet.

Das k. u. k. Evidenzbureau

Der aufsehenerregendste Fall vor dem Ersten Weltkrieg war die Entlarvung des 12 Jahre lang für Rußland als Spion tätigen Alfred Redl, Oberst im Generalstab der österreichischen Armee. Diese Affäre enthüllte die Praktiken eines Geheimdienstes, dem es in Friedenszeiten gelang, in die Führungsspitze des Gegners einzudringen. Durch diesen ungeheuerlichen Verrat war fast das gesamte österreichische Erkundungs- und Abwehrsystem lahmgelegt. Erst mit Unterstützung von Walter Nicolai, dem Chef des deutschen Nachrichtendienstes des Großen Generalstabs, gelang es dem Evidenzbureau, durch Kundschaftsoffiziere – als Schauspieler getarnt – in Rußland bald wieder ein Agentennetz aufzubauen.

Die Affäre Oberst Redl

Alfred Viktor Redl, am 14. März 1864 als Sohn eines Eisenbahn-Oberinspektors in Lemberg geboren, wächst mit sechs Geschwistern auf. Er kommt mit 15 Jahren auf die Kadettenanstalt, erhält 1887, gerade 23 Jahre alt, sein Offizierspatent und wird anschließend einem Lemberger Regiment als Bataillonsadjutant zugeteilt. Danach absolviert er die Kriegsschule in Wien und kehrt zum Truppendienst zurück.

In den letzten Jahren vor der Jahrhundertwende schickt der Generalstab den jungen begabten Hauptmann Redl mehrmals nach Rußland. Er soll dort die Landessprache perfekt erlernen. Man beabsichtigt nämlich, ihn als Nachrichtenoffizier in der »Russischen Gruppe« des Evidenzbureaus einzusetzen.

Nach seiner Rückkehr aus Kasan (Rußland) im Jahr 1900 wird Redl wie vorgesehen Mitarbeiter des Evidenzbureaus. Sein Aufgabenbereich: Anwerbung, Ausbildung und Einschleusung von Kundschaftern nach Rußland. Dazu gehört auch die Entgegennahme von Geheimberichten, deren Bearbeitung, Zusammenfassung und Auswertung.

Den tüchtigen Hauptmann versetzt man schon nach wenigen Monaten von der »Russischen Gruppe« in eine andere Abteilung des Kundschaftsbüros, in der alle auswärtigen Informationen überprüft werden und die Redl sechs Jahre später im Rang eines Majors als Leiter übernimmt. Hier unterstehen ihm jetzt sowohl die gesamte Organisation der Aufklärung fremder Heere, die sogenannte offensive Spionage, als auch der defensive Kundschaftsdienst, die Spionage im gesamten k.u.k. Gebiet.

Bereits 1901 setzt die Warschauer Spionagezentrale des russischen Geheimdienstes Ochrana einen ihrer tüchtigsten Leute, den Balten August Pratt, auf Redls Fersen. Er kennt Österreich gut und spricht dank seiner Herkunft fließend deutsch. In Wien beginnt Pratt, das Privatleben Redls und anderer Mitarbeiter des Evidenzbureaus genau zu durchleuchten.

Nach einiger Zeit hat er genügend Beweise gesammelt, um den Generalstabsoffizier Redl erpressen zu können: die homosexuellen Beziehungen zu einem jungen Dragoneroffizier. Pratt schickt dem Hauptmann einen anonymen Brief und bittet ihn unmißverständlich, ins Café Kaiserhof zu kommen: »Ich muß mit Ihnen über Herrn Leutnant X. des 3. Dragonerregimentes sprechen. Wenn Sie nicht kommen oder versuchen, mir eine Falle zu stellen, so wird der Chef des Generalstabes morgen über Ihre Beziehungen zu Leutnant X. informiert werden.« Pratt weiß, daß in der österreichischen Armee »die Unzucht mit Personen desselben Geschlechts« als Verbrechen gilt und

Alfred Redl (1864–1913): Karriere und gesellschaftliches Ansehen stehen auf dem Spiel

mit Kerker bis zu fünf Jahren bestraft wird. Redl geht zu dem Treff, denn seine künftige Karriere und sein gesellschaftliches Ansehen stehen auf dem Spiel. Er sieht nach dem Gespräch mit Pratt keinen anderen Ausweg und verpflichtet sich, für den russischen Geheimdienst zu arbeiten. Immerhin ist das angebotene Honorar mehr als großzügig – ein Anreiz für den ständig in Geldnöten lebenden Offizier.

Schon nach kurzer Zeit erhält Redl seinen ersten Auftrag: Beschaffung der Pläne von zwei Forts der strategisch wichtigen galizischen Festung Przemysl. Er verlangt allerdings zusätzlich zum Honorar noch eine Gegenleistung: Der russische Geheimdienst soll einen Spion zur Erkundung der Festung Krakau nach Österreich beordern und ihm vorher dessen Personalien bekanntgeben. Man stimmt dem zu, und bald drauf wird ein »gefährlicher Spion« von der österreichischen, Redl unterstehenden Spionageabwehr auf frischer Tat ertappt und festgenommen.

Dieses äußerst raffinierte Verfahren funktioniert jahrelang: Redl verrät militärische Geheimnisse, und die Russen liefern ihm außer Geld auch noch Spione, die er dann enttarnt. So gerät der clevere Spionejäger nicht in Verdacht, sondern kann durch die Aufdekkung russischer Spionagetätigkeit sein Ansehen bei der österreichischen Regierung zusehends steigern.

Durch seinen Verrat trägt Redl entscheidend zur Liquidierung der österreichischen Agentennetze in Rußland bei und versteht es auf sehr gekonnte Weise, die gesamte österreichische Spionageabwehr lahmzulegen. Trotzdem vermutet keiner im »Evidenzbureau«, daß Verrat die mögliche Ursache für die eigenen Mißerfolge sein könnte.

Redl ist bei seinen konspirativen Treffs äußerst vorsichtig: Die Verabredungen mit seinen russischen Auftraggebern oder deren Emissären finden nicht in Wien statt, dagegen aber sehr oft im eleganten »Grand Hotel Pupp« in Karlsbad, einem der damals mondänsten Kurorte Europas.

Redl übermittelt den Russen ungezählte geheime Unterlagen, die für ihn als Generalstabsoffizier erreichbar und für die Russen von großem Nutzen sind: streng geheime Pläne über Vorhaben für den Fall bewaffneter Auseinandersetzungen, dazu geheime Handbücher, Generalstabskarten, Mobilmachungs-Instruktionen, Stärkenachweise, Manöveranalysen und waffentechnische Daten.

Für Redl wird dies immer mehr zu einer äußerst lukrativen Einnahmequelle: Der aus kleinbürgerlichen Verhältnissen stammende, früher von Schulden geplagte Offizier zählt mittlerweile zu den Spitzen der Gesellschaft. Er verkehrt in den exklusivsten Lokalen Wiens, fährt die teuersten Limousinen mit livriertem Chauffeur, hält sich mehrere Reitpferde und lebt in einem stilvoll eingerichteten Haus.

Jetzt kann er sich jeden Wunsch erfüllen: Dem Ulanenleutnant Stefan Horinka, seinem angeblichen Neffen, schenkt er einen flotten Wagen, ein paar Reitpferde und finanziert ihm eine elegante Wohnung. Redl zahlt seinem Freund ein festes Monatssalär und duldet sogar dessen Liaisons mit Mädchen. Um seine homosexuelle Neigung zu vertuschen, unterhält Redl auch eine recht kostspielige Mätresse, die als seine Geliebte gilt.

Als Grund für seinen plötzlichen Reichtum verbreitet er das Gerücht von einer vermögenden Erbtante. Und seine Vorgesetzten sehen keinen Anlaß, dies zu bezweifeln, auch wenn man weiß, daß einer seiner Brüder als kleiner Lemberger Beamter in äußerst bescheidenen Verhältnissen lebt.

Der russische Geheimdienst kann sich einen so guten und teuren Spion leisten, denn er verfügt über das Zwanzigfache jener Gelder, die das »Evidenzbureau« ausgeben kann. Allein der russische Militärbezirk Warschau, in dessen Kompetenz die Aktivitäten Redls fallen, bekommt für die Finanzierung seiner Kundschaftertätigkeiten eine halbe Million Rubel jährlich. Redl soll in manchen Jahren vom russischen Geheimdienst Beträge erhalten haben, die dem Gesamtbudget des Evidenzbureaus entsprechen.

Er ist für das russische Oberkommando ein außergewöhnlich vielseitiger Spion, der auch Falschmeldungen über das russische Kriegspotential an den k.u.k. Generalstab weitergibt. Redl versteht es, diese Desinformationen jedesmal durch fingierte Geheimberichte seiner in Rußland tätigen Agenten glaubwürdig zu belegen. Auf diese Weise unterschätzen der österreichische und der eng mit ihm kooperierende deutsche Generalstab die strategischen Reserven der Russen um 75 Divisionen; das sind mehr als die gesamte österreichisch-ungarische Armee.

Neben seinen Aufgaben im Evidenzbureau gilt Redl auch als hochgeschätzter Sachverständiger bei Spionageprozessen. An seine erste Begegnung erinnert sich Oberstleutnantauditor a.D. (Militärrichter) Dr. Hans Seeliger: »Im Jahre 1904 war's, als ich Redl persönlich kennenlernte ... Liebenswürdig, ganz Gentleman, begrüßte er mich bei der Vorstellung: ›Es freut mich‹, erklärte er dabei, mir die Hand schüttelnd, ›daß du als so junger Justizoffizier schon Gelegenheit hast, an einem der größten Spionageprozesse mitzuwirken. Du wirst dabei viel lernen können und ich werde dir beim Zusammenarbeiten vom fachtechnischen Standpunkte aus gern an die Hand gehen‹...

Wir waren während meines mehrmonatigen Aufenthaltes (in Galizien) fast jeden Abend beisammen. Bei Wein und Zigarren wurde Redl, der sich von den Truppenoffizieren meist absonderte und eine gewisse vornehme Unnahbarkeit zeigte, gesprächig ...

›Trotz meines deutschen Namens bin ich Ruthene‹, erklärte er. ›Ich lernte die deutsche Sprache erst richtig in der Mittelschule. Mein Vater war zuerst ein kleiner Bahnbediensteter, dann Profoß (Gerichts- und Polizeimeister), zuletzt Oberstabsprofoß in Lemberg. Als solcher verwaltete er den Garnisonsarrest. Ich kam als das zweitälteste Kind im Jahre 1864 zur Welt. Kannst dir vorstellen, was das für eine Jugend war: ein Bub nach dem anderen, und 55 Gulden Monatsgehalt für alle!‹

Redl brannte sich bedächtig eine Importe an und reichte mir dann das elegante Etui, das in einer Ecke in Silber seine Initialen ›A. R.‹ trug. Ich wählte gleichfalls eine der teuren Zigarren. Langsam schenkte er die Gläser voll und fuhr fort: ›In der Volksschule hatte ich stets lauter Einser. Begreiflich, daß es der glühendste Wunsch meines Vaters war, mir einst eine höhere Ausbildung angedeihen zu lassen. Auditor oder Geistlicher sollte ich einmal werden, das schwebte ihm, dem subalternen Gagisten ohne Rangklasse, gewöhnlich vor.‹

Wieder trank Redl, blickte mich dann an mit seinen kalten Augen: ›Nun, ich bin weder das eine noch das andere geworden.‹ ... Und lachte leise auf: ›Und mit euch Auditoren hab' ich fortwährend zu tun, zum Glück nur als Sachverständiger ... Mein Onkel, der Bruder meiner Mutter, garnisonierte als Infanteriehauptmann in Czortkow. Er kam auf kurzen Urlaub und überzeugte meinen Vater, das aussichtsreichste und dabei billigste Studium wäre für mich die militärische Karriere...

Ich bestand als Vierzehnjähriger die Aufnahmeprüfungen der Lemberger Kadettenschule. Auch dort war ich stets Jahrgangserster und blieb es bis zum heißersehnten Tage meiner Ausmusterung als Kadettoffiziersstellvertreter ...

Auf dem glänzenden Ball der Stadt Wien wurde ich als ganz junger Oberleutnant, so etwa in deinem Alter, dem damaligen Ministerpräsidenten Graf Badeni vorgestellt. Dieser sprach mich polnisch an; ich antwortete so korrekt, daß er mich für einen Polen und nicht für einen Ruthenen hielt. Wie ich nachträglich erfuhr, hat sich wenige Tage darauf Badeni mit dem Chef des Generalstabes Baron Beck über den strebsamen galizischen Offizier unterhalten, der den Feldherrnstab im Tornister zu tragen scheine ...‹

Zum stellvertretenden Leiter des Evidenzbureaus ernannt, welchem die Führung, Überwachung und gesamte Einrichtung des Kundschafterdienstes oblag, verfügte Redl über eine persönliche Macht, die Tausende vor ihm erzittern ließ. Er war es auch, der es verstand, die modernsten kriminalistischen Errungenschaften den höheren Zwecken der so wichtigen Nachrichtenstelle dienstbar zu machen.

Sein vertrauter Umgang mit Staatsanwälten und hohen Kriminalbeamten, vor allem seine persönliche Freundschaft mit dem Generalprokurator Dr. Pollak, gaben ihm die Möglichkeit, in dieser Hinsicht auch ohne eigentliche fachmännische Vorstudien reiche Erfahrungen zu sammeln. Eine Reihe auffallender Erfolge in Spionageprozessen sicherten ihm bald den Ruf eines besonders befähigten Spezialisten auf diesem Gebiete.

Den ersten Anlaß zu seiner Berufung ins Evidenzbureau hatte die Entlarvung eines Spions gegeben, die der junge Generalstäbler mit großem Scharfsinn und auffallender Kaltblütigkeit durchführte. Bald gab es keinen Spionagefall von Wichtigkeit mehr, bei welchem Redl nicht mitzureden hatte.

Die jüngeren Generalstäbler blickten begreiflicherweise mit Verehrung, ja voll Begeisterung zu ihm auf. Er war ihr unfehlbarer Lehrer und Meister. Hatte er doch eine Reihe wichtiger Dienstbefehle verfaßt, die sie alle eifrig benützten. So eine ›Anweisung zur Anwerbung und Überprüfung von Kundschaftern‹, ›Normen zur Aufdeckung von Spionen im In- und Ausland‹, ferner ein ›Schema zur Beschaffung von Kundschaftermaterial‹. Seine von ›oben‹ stets als mustergültig bezeichneten Gutachten wurden jahrelang gesammelt und förmlich als Unterrichtsbehelf für die im Kundschafterdienst stehenden Offiziere herangezogen ...

Ich hatte in meiner späteren Eigenschaft als Konzeptsoffizier der juristischen Sektion des Ministeriums für Landesverteidigung noch häufig Gelegenheit, mit Redl zusammenzutreffen. Wurde er, den man in allen militärischen Fragen als unentbehrlichen Ratgeber einschätzte, doch sogar den Sitzungen zur Entwurfsberatung der neuen Militärstrafprozeßordnung beigezogen!

Eines der seltenen Privatfotos von Alfred Redl, dem wohl erfolgreichsten Spion vor dem Ersten Weltkrieg

August Urbanski von Ostrymiecz, Chef des k. u. k. Generalstabs-Evidenzbureaus von 1909–1914; hier als Feldmarschall-Leutnant d. R.

Frühjahr 1913, Oberst Alfred Redl (rechts), zur Zeit k. u. k. Generalstabschef des VIII. Korps in Prag, während einer Fahrt mit Arthur Freiherr von Giesl, dem Kommandierenden General in der böhmischen Metropole

Immer fiel mir dabei sein ungewöhnlich elegantes Gehabe auf. Er trug Brillantringe, fuhr fast immer im Wagen oder Auto, rauchte echte Havannas, verkehrte nur in erstklassigen Restaurants. Dies konnte auch seinen Vorgesetzten nicht entgangen sein. Wenn Oberst von Urbanski erklärt, er hätte aus Redls Qualifikationsliste gewußt, daß dieser vor Jahren eine kleine Erbschaft gemacht habe, weshalb er selben auch mit dem Vermerk übernommen hätte: ›Besitzt eigenes Vermögen‹, so wirft diese Rechtfertigung ein grelles Licht auf die Art, wie oberflächlich der Generalstab, beziehungsweise dessen Evidenzbureau bei Beurteilung eigener Angehörigen vorgegangen ist.«
Redl, inzwischen Oberstleutnant, erhält 1909 »in Anerkennung besonders ersprießlicher Leistungen« den Orden der Eisernen Krone III. Klasse. Hätte der Generalstabschef ihn nicht bereits für das Truppenkommando in Prag vorgesehen, wäre er 1909 um ein Haar zum Chef des Evidenzbureaus ernannt worden. Ein Jahr später heißt es in einer Beurteilung von Oberst August von Urbanski-Ostrymiecz: »Redls große Personal- und Menschenkenntnis sowie die Kenntnis aller Dienstverhältnisse im Generalstabe, seine vornehme Denkungsart, sein Taktgefühl und Geschick im Umgange lassen ihn außer für den Chef des Evidenzbureaus bzw. Korps-Generalstabschef auch für den Chef des Direktionsbureaus ganz besonders geeignet erscheinen.«
Als sich die politische Lage in Europa zuspitzt, verlangt Petersburg von seinem Superagenten die Kopien der neuesten Aufmarschpläne gegen Serbien und Rußland. Diese Pläne werden jedoch nicht in den Panzerschränken des Geheimdienstes, sondern nur in der Operationsabteilung des Generalstabs aufbewahrt, zu der Redl normalerweise keinen Zutritt hat.
Daher muß er zu einer ausgefallenen List greifen: Für die Beschaffung der für den Kriegsfall vorgesehenen Aufmarschpläne der gesamten k.u.k. Armee verlangt Redl von den Russen außer seinem Honorar auch die Nennung von sechs bedeutenden russischen Agenten, die auf österreichisch-ungarischem Gebiet spionieren. Nachdem die Agenten verhaftet sind, verschafft sich Redl während der Prozeßvorbereitungen gegen die sechs Spione unter dem Vorwand, daß er die Akten einsehen müsse, Zutritt zu den Archiven der Operationsabteilung des österreichischen Heeres, wo die Aufmarschpläne aufbewahrt werden. Die von ihm fotografierten Teile gelangen im Kurierkoffer des russischen Militärattachés nach Warschau.
Am 1. Mai 1912 wird Redl zum Oberst befördert und am 18. Oktober 1912, kurz nach Ausbruch des Balkankrieges, in Anerkennung seiner Leistungen im Evidenzbureau als Generalstabschef des VIII. Armeekorps nach Prag versetzt. Dies bedeutet für Redl einen weiteren Schritt nach oben. Er bleibt aber informell Mitarbeiter des Evidenzbureaus. Zur Zufriedenheit seiner russischen Auftraggeber befaßt sich Redl jetzt auch mit Operationsplanung zumindest auf Armeekorps-Ebene.
Da seine neue Stellung es ihm nur selten erlaubt, Verbindungsleute fremder Geheimdienste zu treffen, wird ausgemacht, daß die meisten Aufträge und Geldsendungen jetzt aus Sicherheitsgründen per Post erfolgen sollen. Damit macht Redl einen schwerwiegenden Fehler: Er läßt die altbewährte Tradition des österreichischen »Schwarzen Cabinet« und dessen gekonnte Manipulationen mit abgefangener Post außer acht. Ein Versehen, das ihn das Leben kosten wird.

Die Entlarvung

Wie ist man Redl auf die Spur gekommen? War es Zufall? Dazu ein Bericht vom Leiter des Kundschaftsdienstes im Evidenzbureau, Major i.G. Max Ronge: »Anfang April (1913) wurde ein in Wien nicht behobener Poste-Restante-Brief nach Berlin zurückgesandt, wo man ihn zur Eruierung des Absenders öffnete. Der Brief enthielt 6000 Kronen in Noten und zwei bekannte Spionageadressen, eine in Paris, die andere in Genf (Rue du prince, Mr. Larguier). Major Walter Nicolai, der seit Anfang des Jahres 1913 die Leitung des Nachrichtenbüros des deutschen Großen Generalstabes übernommen hatte, erhielt den auf eine größere Spionageaffäre deutenden Brief zugestellt und beeilte sich, ihn uns zu senden, da der Spion vermutlich in Österreich zu suchen war.
Mit begreiflichem Feuereifer stürzten wir uns auf diesen zweifellos großen Fall. Für die Person des Adressaten fehlten Anhaltspunkte. Er konnte in Wien wohnen, aber durch Krankheit oder sonstige Umstände abgehalten worden sein, den Brief abzuholen. Vielleicht lebte er aber auswärts und kam nur zuweilen in die Hauptstadt. Nachfrage bei der Post hatte kein Ergebnis. Man erinnerte sich nicht, ob früher Briefe unter der gleichen Adresse eingetroffen waren.
Es blieb nur die Hoffnung, daß der Adressat oder ein von diesem geschickter Bote doch einmal nach dem Briefe fragen werde. Der beschlagnahmte Brief war durch amtliche Behandlung so zugerichtet, daß der

Empfänger sofort Lunte riechen mußte, wenn er ihn in die Hand bekam.
Wir fabrizierten deshalb einen anderen, der durch den deutschen Generalstab in Berlin aufgegeben wurde ...«
Am 9. Mai 1913 läßt Ronge seinen Mitarbeiter folgendes auf der Schreibmaschine tippen: »Hochgeehrter Herr Nizetas! Sie würden schon wohl im Besitz meines Schreibens vom 7. Mai a.c., in dem ich mich für die Verzögerung der Sendung entschuldige, sein. Leider war ich nicht imstande, Ihnen das Geld früher zu senden. Hiermit beehre ich mich, Ihnen verehrter Herr Nizetas, 7000 Kr. zu schicken, die ich in diesem einfachen Briefe zu senden riskiere. Was Ihre Vorschläge anbetrifft, so sind selbere alle annehmbar. Hochachtungsvoll: J. Dietrich.«
Diesen Brief schickt Major Nicolai sofort nach Erhalt von Berlin aus an die bewußte postlagernde Adresse in Wien. Der dramatische Verlauf der Verfolgungsaktion ist aus den Polizeiakten ersichtlich: »Drei Polizeiagenten wurden mit der Überwachung des Poste-Restante-Bureaus auf dem Fleischmarkt Nr. 2 beauftragt. Wochen hatte schon diese Beobachtung gedauert, ohne daß die beim Postamt unter dieser Chiffre erliegenden Briefe behoben worden wären.
Dieser Umstand veranlaßte den damaligen Vorstand des Polizeiagenteninstituts, Polizeirat Nickles, dem tüchtigen und in Beobachtungsangelegenheiten besonders erfahrenen und erprobten Polizeiagenten Macher den Auftrag zu geben, sich mit der Angelegenheit zu befassen.
Polizeiagent Macher schloß aus verschiedenen Umständen, daß der Empfänger der Briefe besonders vorsichtig sein dürfte, daß er möglicherweise die im Vorraume des Postbureaus auf Beobachtung stehenden Polizeiagenten bemerkt habe und deshalb die Briefe, die er sonst allwöchentlich zu beheben pflegte, nicht geholt habe.
Es wurde deshalb mit dem Vorstand des Postbureaus vereinbart, daß die Beobachtung nicht mehr in dem Bureau selbst durchgeführt werde, sondern daß die Polizeiagenten in einem Nebenraum warten sollten, um durch ein eigens zu diesem Zwecke angelegtes elektrisches Läutewerk durch den Schalterbeamten sofort verständigt zu werden, wenn ›Nikon Nizetas‹ erscheinen würde.
Diese neue Beobachtung wurde dem Polizeiagenten Macher anvertraut, dessen Kollegen Vinzenz Wolny, einem früheren Hofgärtner des ermordeten Serbenkönigs Alexander, und dem Polizeiagenten Ferdinand Watzek, der noch in Schulung in staatspolizeilichen Diensten stand!«
Vinzenz Wolny: »Wir wurden also paarweise angesetzt und nahmen täglich kurzen, unauffälligen Kontakt mit dem genau belehrten Schalterbeamten. Es war dies der Postoffizial Ladislaus Dostal und, in seiner Vertretung, die Postoffiziantin Betty Österreicher. Der Schalter war mit uns im Gegenüber-Haus durch eine Alarmklingel verbunden. Nach mehrwöchigem, zunehmend hoffnungslosem Warten wurde

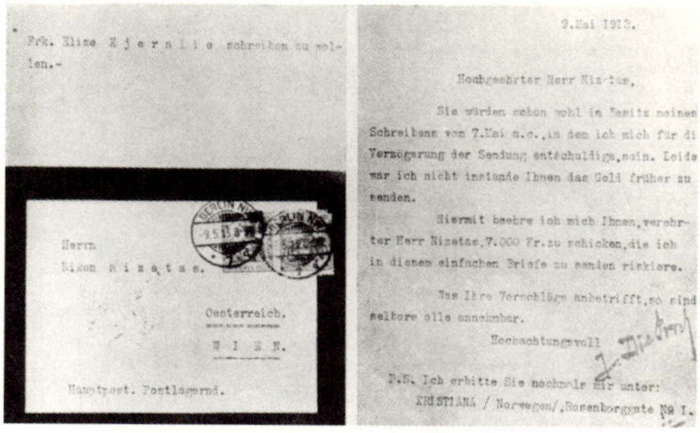
Herrn
Nikon Nizetas.
Oesterreich.
WIEN.
Hauptpost. Postlagernd.

9.Mai 1913.
Hochgeehrter Herr Nizetas,
Sie würden schon wohl in Besitz meines Schreibens vom 7.Mai a.c.,in dem ich mich für die Verzögerung der Sendung entschuldige,sein. Leider war ich nicht imstande Ihnen das Geld früher zu senden.
Hiermit beehre ich mich Ihnen,verehrter Herr Nizetas,7.000 Kr.zu schicken,die ich in diesem einfachen Briefe zu senden riskiere.
Was Ihre Vorschläge anbetrifft,so sind selbere alle annehmbar.
Hochachtungsvoll
P.S. Ich erbitte Sie nochmals mir unter:
KRISTIANA / Norwegen/,Rosenborggate № I.

Der fingierte, an Redl adressierte Brief: In Zusammenarbeit mit dem deutschen Nachrichtendienst kann das Evidenzbureau Redl endgültig zu Fall bringen

uns mitgeteilt, daß noch ein Brief und dann wieder einer eingelangt sei. Das frischte unsere Geduld auf. Am 25. Mai nachmittags schrillte plötzlich die Klingel.
Wir fuhren in die Höhe. Ich deutete nur rasch meinem Kollegen, sich an das Eck zur Postgasse zu begeben. Ich selbst aber sprang über die Straße und ging dann langsam ins Lokal zum Schalter, dort halblaut nach einer (erdichteten) Briefchiffre für mich fragend. Der Beamte schlotterte an allen Gliedern. ›So beruhigen Sie sich doch, es geschieht Ihnen ja nichts‹, zische ich ihm zu ...«
Betty Österreicher: »An einem Nachmittag, knapp vor fünf Uhr, stand auf einmal ein Herr in Zivil, grauer Anzug, dunkler Hut, vor meinem Schalter und legte mir einen Zettel hin, auf dem der Name ›Nikon Nizetas‹ stand. Vorsichtig suchte ich den Klingelknopf unter meinem Schalterbrett und drückte ihn nieder. Hatte der Mann die Bewegung bemerkt? Aber nun schien es mir gleich.
Die Kriminalbeamten ›drüben‹ waren alarmiert, und für mich hieß es, Zeit zu gewinnen, bis sie zur Stelle waren. Noch lag der ominöse Brief im Regal. Was mir Kraft gab, den Unbekannten in ein kurzes Gespräch zu verwickeln, weiß ich eigentlich nicht mehr.

Wochenlang durch Polizeiagenten beschattet: Der Posterestante-Schalter im Wiener Hauptpostamt

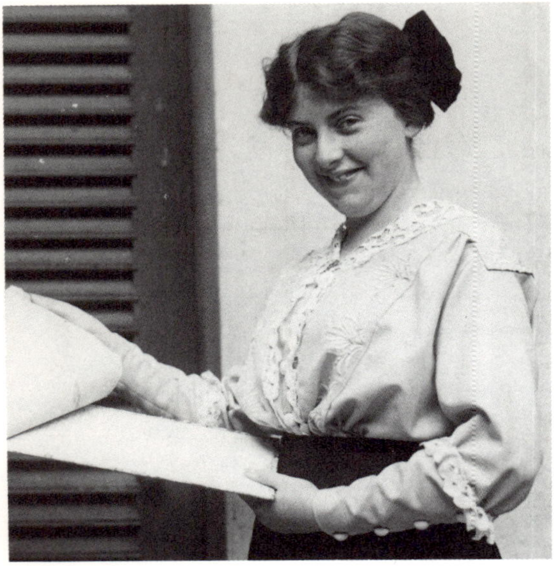

Die Postbeamtin Betty Österreicher: »Der Fremde schien nicht gut gelaunt ...«

›Nikon Nizetas‹, sagte ich laut, ›das ist eigentlich kein deutscher Name!‹ Der Fremde schien nicht gelaunt, mir eine Aufklärung zu geben.
Inzwischen hatte auch der Beamte neben mir den Vorgang bemerkt und auch von seinem Schalter aus über die Klingelleitung Alarm gegeben. Zögernd stand ich auf, den Brief vom Regal zu holen. Und da fiel mir ein Stein vom Herzen. Durch den Schalter hinüber zur Windfangtür blickend, sah ich einen der mir längst bekannten Kriminalbeamten auftauchen. Ohne Gewissensbisse durfte ich nun den Brief ausfolgen.
Der Unbekannte bestätigte durch seine Unterschrift den Erhalt des Schreibens und verschwand, an dem Kriminalbeamten vorbei, durch die Windfangtür ins Freie. Ich sah den Beamten zögernd einen Augenblick stehenbleiben. Sekunden später jedoch war er gleichfalls verschwunden. Ich aber stand da, mit zitternden Händen, und froh, nicht versagt zu haben. Irgendwie jedoch hatte ich das Gefühl, als hätte der mir unbekannte Empfänger des Briefes einen Augenblick lang gestutzt, als der den Brief übernahm; es schien, als wäre er in diesem Moment nicht sehr zufrieden gewesen mit dem Leinenpapierumschlag, den er prüfend in Händen hielt ...«
Der Mann im grauen Anzug besteigt am nahegelegenen Schwedenplatz ein Taxi und fährt fort. Die drei Polizeiagenten verfolgen ihn ebenfalls im Taxi. Der Wagen mit dem Unbekannten biegt um den Vorgarten eines Cafés, hält dort kurz an, doch plötzlich gibt der Fahrer Gas und verschwindet um die nächste Ecke. Die verblüfften Agenten steigen resigniert aus. Überraschend taucht das bewußte Taxi wieder auf, allerdings ohne den gesuchten Fahrgast. »Wohin sind Sie gefahren, und wer war der Herr?« – wollen sie von dem Taxifahrer wissen. Er erzählt ihnen, daß sein Gast erst zum Hotel »Klomser« wollte, aber dann schon früher ausgestiegen sei.
Die Polizeiagenten zwängen sich in das Taxi und lassen sich am Hotel »Klomser« absetzen. Während der Fahrt stößt Detektiv Macher mit dem Fuß gegen das lederne Etui eines Taschenmessers, das im Taxi auf dem Boden liegt. Offensichtlich hat es der Unbekannte beim Öffnen des soeben abgeholten Briefes verloren.
In den Polizeiakten heißt es weiter: »Nun begaben sich die Polizeiorgane zum Hotel Klomser. Polizeiagent Macher hatte bei einem flüchtigen Blick, mit dem er den Mann im Poste-Restante-Bureau gestreift hatte, in diesem einen Offizier zu erkennen geglaubt, und deshalb erkundigte er sich bei dem Portier des Hotels Klomser, welche Offiziere in dem Hotel wohnen. Der Portier nannte etwa zehn Namen, doch keiner von ihnen war Macher bekannt.
Hierauf übergab der Polizeiagent dem Hotelportier das im Automobil gefundene Taschenmesserfutteral mit dem Ersuchen, es auf dem neben der Eingangstür bei der Portierloge befindlichen Tisch so hinzulegen, daß jeder Kommende es bemerken mußte. Er ersuchte den Portier, genau darauf zu achten, von wem das Futteral als Eigentum reklamiert werde, und schärfte dem Hotelbediensteten ein, ja nicht zu verraten, daß ein Polizeiorgan diesen Gegenstand gebracht habe, sondern daß er von einem Chauffeur hinterlegt worden sei, dessen Wagen von einem Passagier des Hotels Klomser benützt worden war.
Polizeiagent Watzek wurde in der Nähe des Hotels so aufgestellt, daß er ›den grauen Herrn‹ beim Kommen hatte wahrnehmen können, ohne selbst gesehen zu werden. Die beiden anderen Polizeiagenten begaben sich mittlerweile in den Bankbasar, das Durchhaus, das die Herrengasse schräg gegenüber vom Hotel Klomser mit der Freyung verbindet. Hier blieb Wolny bei einer Tierhandlung stehen und machte seinen Kollegen auf einen Vogel aufmerksam. Uninteressiert hörte Macher zu und blickte gegen den Ausgang zur Freyung.
Plötzlich bemerkte er, wie der ihnen früher Entkommene, von der Freyung kommend, das Durchhaus betrat. ›Bleiben Sie ruhig stehen‹, flüsterte er seinem Kollegen zu. ›Schauen Sie sich nicht um, und erklären Sie ruhig weiter!‹ Der Unbekannte ging ahnungslos an den beiden Polizeiagenten vorüber, blieb knapp vor dem Ausgang in der Herrengasse stehen, entnahm dort seiner Westentasche einige Papiere, zerriß sie in Stückchen, die er dann wegwarf. Dann erst trat er in die Herrengasse hinaus, blickte sich vorsichtig nach allen Seiten um und ging bis zur Höhe des Palais Kinsky weiter. Dann erst, nachdem er abermals vorsichtig nach allen Seiten Umschau gehalten hatte, machte er kehrt und ging in das Hotel Klomser.
Polizeiagent Wolny hatte mittlerweile die von dem Verfolgten weggeworfenen Papierschnitzel aufgelesen. Macher selbst ging dann hinter dem Verfolgten in das Hotel, ein Blick auf den Tisch neben der

Portierloge überzeugte ihn, daß das Taschenmesserfutteral dort nicht mehr vorhanden war. Gleichzeitig trat der Portier auf ihn zu und entschuldigte sich, daß er früher den Namen eines erst am frühen Morgen mit eigenem Auto angekommenen Offiziers nicht genannt habe, es war dies der Oberst Redl.
Sofort war es nun Macher klar, weshalb ihm der ›graue Herr‹ bekannt vorgekommen war, denn er hatte Oberst Redl, der der Chef des Gegenspionagebureaus im Generalstab gewesen war und der bei verschiedenen Prozessen als Experte fungiert hatte, oft gesehen. Der Portier teilte Inspektor Macher mit, daß der Oberst bei seiner Rückkehr ins Hotel unter Anzeichen heftigen Erschreckens das auf dem Tische liegende Taschenmesserfutteral als sein Eigentum an sich genommen habe; er habe sich erst beruhigt, nachdem ihm der Portier mitgeteilt hatte, daß ein Chauffeur das Futteral hinterlegt hatte ...
Der Chef der Staatspolizei, Regierungsrat Gayer, war, als er vom Polizeiagenten Macher die telephonische Mitteilung des Festgestellten erhielt, so entsetzt, daß er zur Antwort gab: ›Unmöglich! Sie müssen sich irren! Kommen Sie sofort herein!‹
Mit den gesammelten Papierresten begab sich Polizeiagent Macher zu Regierungsrat Gayer, in dessen Bureau der Polizeirat Schober, der Vorstand des Polizeiagenteninstituts Polizeirat Nickles und der Major Ronge vom Evidenzbureau des Generalstabes anwesend waren.
Während Polizeiagent Macher einen eingehenden Bericht erstattete, hatte der Polizeirat Schober die Papierfetzchen, die Oberst Redl weggeworfen und die Polizeiagent Wolny aufgelesen hatte, zusammengesetzt. Es waren Rezepisse (Postabschnitte) über Geldsendungen. Um alle Zweifel zu bannen, schlug Polizeiagent Macher vor, im Postamt nachzufragen, ob der Beheber der verdächtigen Briefe nicht, wie dies üblich war, die Chiffre ›Nikon Nizetas‹ auf ein Stückchen Papier aufgeschrieben hatte. Diese Annahme war richtig, und der Postvorstand hatte in kluger Voraussicht den betreffenden Zettel bereits aufbewahrt.
Major Ronge erkannte in der Handschrift die des Oberst Redl. ›Es ist kein Zweifel mehr, er ist es!‹ erklärte er, und damit war die Amtshandlung für die Polizei erledigt.«
Major i.G. Ronge: »Am 25. Mai begab ich mich gegen Abend zum späten ›Mittagessen‹ nach Hause. Kaum in der Wohnung angelangt, hörte ich das Telephon schrillen. Regierungsrat Gayer rief mich an: ›Bitte, kommen Sie in mein Büro, es ist etwas Schreckliches passiert.‹ Atemlos stürzte ich in den nächsten Tramwaywagen ...
In starrem Entsetzen verharrte ich einige Minuten, als mir die Kunde wurde, daß das langjährige Mitglied unseres Evidenzbureaus, der militärische Sachverständige bei zahlreichen Spionageprozessen, als der Verräter entlarvt worden war. Dann ging es an die traurige Arbeit. Mittlerweile war festgestellt worden, daß Redl mit Automobil von Prag nach Wien

Maximilian Ronge, hier als Oberst, Chef der Nachrichtenabteilung im k. u. k. Armeeoberkommando sowie Leiter des Generalstabs-Evidenzbureaus

gekommen war. Er mußte eruiert und unter Bewachung gestellt werden, um die Flucht auf diesem Wege zu verhindern. Die Detektive hatten mehrere Aufgabescheine aufgehoben, die Redl im Durchhaus zur Freyung zerrissen und weggeworfen hatte. Ein Blick darauf lehrte mich, daß es sich um bekannte Spionage-Deckadressen handelte, welche nicht nur Redls Verbindung mit Frankreich und Rußland, sondern auch mit Italien enthüllten ...
Ich trug zunächst Sorge, den Bürochef und den Stellvertreter des Chefs des Generalstabes zu verständigen und einen Auditor aufzutreiben, der zur Zusammensetzung der zum Einschreiten erforderlichen Gerichtskommission unbedingt nötig war. Kunz war nicht zu finden, endlich wurde Majorauditor Vorlicek ausfindig gemacht.
Nun hätte es noch der Zustimmung des Stadtkommandanten bedurft, doch die Zeit drängte. Der beste Freund Redls, ein Staatsanwalt, rief vom ›Riedhof‹ den Regierungsrat Gayer an, daß Redl, mit dem er dort speiste, ein sonderbares Benehmen zur Schau trug und Gemütsdepressionen äußerte, die auf Selbstmordabsichten schließen ließen. Offenbar durch die Episode mit dem Messerfutteral stutzig gemacht, dürfte Redl die Verfolgung durch die beiden Detektive gemerkt und daraus die Entdeckung seiner Verrätereien geschlossen haben.
Es war also höchste Zeit zum Eingreifen. Vorher

wurde der Chef des Generalstabes vom Abendessen im ›Grand Hotel‹ herausgebeten, um den Bericht über die bisherigen Feststellungen entgegenzunehmen. Er gab den Auftrag, Redl sofort aufzusuchen und zu verhören, und willigte in den Vorschlag ein, dem Verbrecher sodann die Möglichkeit zu geben, seinem Leben ein rasches Ende zu bereiten.«

Am Abend des 25. Mai 1913 trifft gegen 23.30 Uhr eine Kommission im »Hotel Klomser« ein, bestehend aus dem stellvertretenden Chef des Generalstabs, Generalmajor von Höfer, dem Chef des Evidenzbureaus, Oberst von Urbanski, dem Leiter der Kundschaftsgruppe, Major Ronge, und Majorauditor Vorlicek. Auf kräftiges Klopfen hin öffnet Redl die Tür. Er ist gerade dabei, Abschiedsbriefe an seinen Bruder und an seinen Korpskommandanten zu schreiben. Redl empfängt die Kommission mit den Worten: »Ich weiß, weshalb die Herren kommen, ich habe mein Leben verwirkt, ich bitte, mir Gelegenheit zu geben, aus dem Leben zu scheiden, daß ich unwürdig beschlossen habe. Ich bin das Opfer einer unseeligen Leidenschaft.«

Major i.G. Ronge: »Als wir sein Zimmer betraten, war er schon entkleidet und im Begriff, sich mit einer Schnur zu entleiben. Das Folgende und die nächste Zeit bildeten bis zum Umsturz die traurigste Zeit meines Lebens. All die Dinge, die mich mein allzu interessanter Beruf noch erleben ließ, griffen weniger an Herz und Nerven als dieser Verrat.

Redl war ganz gebrochen, wollte sein Geständnis aber nur mir allein machen. Die anderen Kommissionsmitglieder begaben sich in ein anderes Zimmer, und nun erzählte er, daß er in den Jahren 1910 und 1911 die fremden Staaten im großen bedient hatte; in letzter Zeit mußte er sich auf das beim Prager Korpskommando zugängliche Material beschränken. Er lieferte grundsätzlich photographische Kopien der Reservatbehelfe.

Am schwerwiegendsten war der Verrat des Aufmarsches gegen Rußland, wie er in den genannten Jahren geplant war und im allgemeinen noch immer zu Recht bestand. Doch davon erwähnte er nichts. Komplicen hatte er keine, denn er besaß Erfahrungen auf diesem Gebiete genug, um zu wissen, daß sie meist der Anfang vom Ende der Spione sind. Schließlich bat er um einen Revolver ...«

Unten vor dem Hotel warten die vier Mitglieder der Kommission bis tief in die Nacht hinein. Als sie bis 4 Uhr morgens immer noch keinen Schuß gehört haben – Redl bewohnt ein Zimmer zum Hof – verständigen sie die Staatspolizei. Ein Polizeiagent, der ins Hotel geschickt wird, betritt Redls Zimmer, da die Tür nur angelehnt ist, und findet ihn tot neben dem Sofa. Zwischen dem Abholen der postlagernden Briefe und Redls Tod liegen nur knapp zwölf Stunden. Der Oberst hat sich, vor dem Spiegel stehend, in den Mund geschossen.

Auf dem Schreibtisch liegen zwei verschlossene Abschiedsbriefe an seinen Bruder und an den Kommandanten des VIII. Armeekorps sowie ein Zettel mit seinen letzten Worten: »Leichtsinn und Leidenschaft haben mich vernichtet. Betet für mich. Ich büße mein Irren mit dem Tode. Alfred. PS. Es ist 3/4 2 Uhr. Ich werde jetzt sterben. Ich bitte, meinen Leichnam nicht zu obduzieren. Betet für mich.« Der Agent verläßt das Hotel, ohne den Nachtportier zu verständigen. Erst als Redl in der Morgendämmerung von einem Unbekannten am Telephon verlangt wird, entdeckt der Portier die Leiche.

Obwohl der Generalstab versucht, den Vorfall geheimzuhalten, erscheint bereits am Morgen des 26. Mai 1913 eine kurze Notiz in den Wiener Sonntagsblättern: Oberst Redl habe sich in einem Anfall von Geistesstörung das Leben genommen. Nach einer flüchtigen Obduktion wird Redl im Garnisonshospital in Wien aufgebahrt und soll mit militärischen Ehren beigesetzt werden. Es sickert aber die Nachricht durch, daß dem Selbstmord andere Motive zugrundeliegen.

»Der alte Kaiser war entsetzt«, notiert Franz Josephs Flügeladjutant Freiherr von Margutti, »als er die Verhaftung Redls mit ihren näheren Umständen erfuhr. Er konnte absolut nicht glauben, daß etwas Ähnliches in seinem Heere möglich wäre, dessen obersten Kriegsherrn er sich seit einem dreiviertel Jahrhundert mit Stolz nannte. Dies war einer der grausamsten Schicksalsschläge für Franz Joseph, zuerst tobte er, dann war er wochenlang untröstlich darüber.« Noch schlimmer reagiert der Thronfolger.

General Conrad von Hötzendorf: »Eine der unerquicklichsten Audienzen in meiner Dienstzeit als Chef des Generalstabs. Seine Kaiserliche Hoheit war empört über den Fall Redl, insbesondere über die Zulassung des Selbstmordes, die er auch vom geistlichen Standpunkt verurteilte. Ich mußte mir eine Fülle von Vorhaltungen anhören ... Ich solle den Generalstab endlich wieder in Ordnung bringen ... Diesen auf Verallgemeinerung eines Einzelfalles basierende Vorwurf wies ich jedoch zurück. Die Ungnade des Erzherzogs fiel auf das Evidenzbureau und konzentrierte sich ganz besonders auf meine Person.«

Mit dem Tod des Verräters beginnen für das Evidenzbureau höchst unerfreuliche Zeiten. Nachdem man die leitenden Stellen der Armee sowie des verbündeten Deutschen Reiches, dazu die fremden Militärattachés und zahlreiche Politiker über die peinliche Affäre informiert hat, wird durch die vielen entstellten Zeitungsmeldungen eine Spionagepsychose ausgelöst. Überall wittert man Agenten und Spione. Alle Anzeigen und Verdächtigungen aus der Bevölkerung müssen ernst genommen und bearbeitet werden, denn das Evidenzbureau kann sich gerade jetzt nicht den Vorwurf der Leichtfertigkeit leisten.

Major i.G. Ronge: »Um meine Tätigkeit in den nächsten Wochen durfte man mich nicht beneiden. Es galt Redls Angaben zu überprüfen, allerlei Möglichkeiten nachzugehen. Der Bedeutung des Falles entsprechend und auch um mich zu entlasten, der ich durch meine Erhebungen an Wien gefesselt war,

übernahm Oberst von Urbanski die Recherchen in Prag und kehrte mit einem, mein ganzes Zimmer füllendes Material zurück, das ich Blatt für Blatt durchsehen mußte. Redl hatte ein Parfüm verwendet, das alle seine Bücher und Vormerkungen förmlich durchtränkte. Wenn ich in der Folge im Straßenbahnwagen ein ähnliches Parfüm verspürte, mußte ich schleunigst das Weite suchen.«
Kaum haben sich die Wogen der Erregung geglättet, dringt bereits die nächste Schlappe des Evidenzbureaus an die Öffentlichkeit: In Prag ist inzwischen der Nachlaß von Redl versteigert worden, darunter zwei Photoapparate, die man bei der ersten Hausdurchsuchung nicht gewissenhaft überprüft hatte. Mitte Januar 1914 bringt die Presse in Prag und Wien Berichte über einen belichteten Film, den ein Realschüler in dem ersteigerten Photoapparat von Redl gefunden hat. Er gibt die entwickelten Bilder einem seiner Professoren, der sie wiederum dem Korpskommando vorlegt. Dort stellt es sich allerdings heraus, daß das photographierte Material ziemlich belanglos ist.
Diese größte, vor dem Ersten Weltkrieg aufgedeckte Spionageaffäre ist eine der folgenschwersten dieses Jahrhunderts: Bereits ein Jahr später steht die k.u.k. Armee einem Gegner gegenüber, der mit ihren militärischen Plänen und Schwächen bestens vertraut ist.

Ferdinand Fauland, hier bereits als höherer Offizier der k.u.k. Armee. Sein Spionageeinsatz: als Schauspieler Franz K. Schmidt getarnt auf Tournee im Zarenreich

Als Schauspieler getarnt

Am 21. April 1913, etwa einen Monat vor Aufdekkung der Redl-Affäre, zieht das Evidenzbureau aus dem alten, düsteren Haus Am Hof in das neuerbaute Kriegsministerialgebäude am Stubenring. Major i.G. Ronge: »Die wichtigsten Akten unter dem Arm, wanderten wir Offiziere in das im Einvernehmen mit der Bauleitung auf das sorgfältigste eingerichtete neue Heim mit seinem modernen photographischen Atelier und einem mit allen Vorsichtsmaßregeln ausgestatteten Empfangszimmer für zweifelhafte Besucher, die unbemerkt photographiert werden konnten.«
Fünf Monate später, im Herbst 1913, unternimmt das Evidenzbureau in Zusammenarbeit mit dem deutschen Geheimdienst den Versuch, das durch die verhängnisvolle Tätigkeit von Oberst Redl zerschlagene Spionagenetz wieder aufzubauen. Einer deutschen Theatertruppe, die eine Tournee durch das europäische Rußland vorbereitet, werden deutsche und auch österreichische Kundschaftsoffiziere zugeteilt.
Fähnrich Ferdinand Fauland, vom Evidenzbureau als Schauspieler für eine Wanderbühne angeworben, hat dabei eine ganz besondere Aufgabe: Er soll in Rußland die Verbindung zwischen den für Österreich tätigen Spionen und der in Sankt Petersburg eingerichteten geheimen Zentralstelle herstellen.
Fauland: »Die Vorbereitungen waren bald getroffen. Zivilgarderobe war weiter keine mehr zu besorgen, ich brauchte gerade so viel, um als ein armer Schmierenkomädiant nicht durch übergroßes Gepäck aufzufallen.
Ein Paß mit Lichtbild und passender Personenbeschreibung wurde amtlich besorgt, und als Eigner desselben hieß ich nun für unbestimmte Zeit Franz Karl Schmidt und war meines Zeichens Schauspieler. Mein erstes Reiseziel war Breslau, wo ich mich beim dortigen Generalkommando zu melden hatte. Ich bekam einen Brief mit und eine Adresse für Rußland, die ich aber auswendig zu lernen hatte. Sobald wir in Petersburg spielten, hatte ich das Konfektionsgeschäft eines Wladimir Porfirowitsch Trojkow in irgendeiner Seitengasse des Njewski-Prospekts aufzusuchen und dort vom Geschäftsführer ›drei Meter Köperband‹ zu verlangen. Sonst nichts, das Weitere werde ich dann schon sehen.
Mein Regiment wurde angewiesen, mich auf sechs Monate krankheitshalber zu beurlauben, mir für diese Zeit doppelte Gage zur Auszahlung zu bringen. Binnen 48 Stunden hatte ich abzugehen. Die Frist war bald um. Am 15. September meldete mein Regiment meinen Abgang auf Krankenurlaub, und am selben Tag fuhr der Schauspieler Franz Karl Schmidt mit kleinem Gepäck nach Breslau ...
Die Tage vergingen, und ich hatte mit dem Rollenstudium reichlich zu tun. Auf den Proben lernte ich bald alle meine Kolleginnen und Kollegen kennen. Waren lauter echte Schmierenkomödianten, doch Menschen, mit denen man auskommen konnte. Unser Heldenvater gefiel mir am besten, und ich hatte gleich das Gefühl, daß uns das gleiche Schicksal verband. Ich sollte mich auch nicht getäuscht haben. Noch vor unserer Abreise offenbarte er sich und entpuppte sich als deutscher Oberleutnant, der in gleicher Mission nach Rußland fuhr.

Diese Erkenntnis gab mir Mut und Zuversicht. Das Spiel begann also zu Warschau. Für 14 Tage war der Aufenthalt in dieser Stadt vorgesehen ... Wir spielten noch in Riga und in Wilna, und im Oktober begann das Spiel zu Sankt Petersburg.

Schon war der russische Winter eingezogen, als wir in der Stadt an der Newa angekommen waren. Gleich nach der ersten Probe suchte ich das Geschäft des Wladimir Porfirowitsch Trojkow auf. Unweit des Njewski-Prospekts fand ich den Laden, der sich als ein kleines, anscheinend aber gut ausgestattetes Konfektionsgeschäft präsentierte. Lange besah ich mir die Auslagen, sorgfältig überschaute ich die Gasse. Kein Polizist war zu sehen und auch kein Passant. Rasch trat ich ein.

Im Laden befand sich nur ein Mann, der mich höflich auf russisch um meine Wünsche fragte. Ich antwortete polnisch und begehrte die bewußten drei Meter Köperband.

Ein kurzer Blick streifte mich, dann rief er nach einem Ladenfräulein, welches auch alsogleich zum Vorschein kam, gab ihm einen Auftrag und lud mich dann ein, ihm zu folgen. Er öffnete die Tür zu einem kleinen Kontor, ließ mich eintreten und schloß nachher wieder zu. Noch schien er auf etwas zu warten. Ich nannte meinen falschen Namen. Mein Partner schien über meine Person ganz genau orientiert zu sein und stellte sich nun auch vor: ›Generalstabshauptmann Freiherr von N.‹

Ich war derartig verblüfft, daß ich augenblicklich nicht einmal meinen richtigen Namen wußte. Erst nach etlicher Zeit, als ich mich von meiner Überraschung erholt hatte, gab ich mich zu erkennen. Bald plauderten wir wie alte Kameraden, zwei österreichische Offiziere auf heimlichen, gefährlichen Wegen mitten im heiligen Rußland ...

Ich bekam nun meine Instruktionen. Für die größeren Orte, welche wir auf unserer Tournee berühren sollten, gab er mir die Adressen von Konfidenten mit, die unserer Sache und wohl auch der russischen dienten. Es waren dies meist jüdische Kaufleute, und es blieb auch für diese die drei Meter Köperband, welche ich in deutscher Sprache zu verlangen hatte, das Erkennungszeichen.

Von diesen Leuten hatte ich Nachrichten über die im Gange befindliche Probemobilisierung abzuverlangen und an ihn weiterzuleiten. Vornehmlich sollte festgestellt werden, welche transuralischen, also sibirischen Truppen in den europäischen Raum des großen Reiches verlegt worden waren. Die erhaltenen Nachrichten hatte ich mit Hilfe eines sehr einfachen Schlüssels in harmlose Bestellungen umzuarbeiten und als Geschäftsbriefe an ihn zu senden.

So bedeuten zum Beispiel Zwirnknöpfe Infanterie, Hornknöpfe Artillerie und Metallknöpfe Kavallerie. Die Regimenter bezeichneten wir mit Dutzend, Brigaden mit Schock und Korps mit Gros.

Bestellte ich also beispielsweise für Itzig Blau in Tula nebst anderer Konfektion zwölf Schock Zwirnknöpfe, so bedeutete dies im Klartext, daß in Tula die 12. Infanteriebrigade eingetroffen sei und dort garnisonierte. Und verlangte ich für Leib Pereles in Smolensk 115 Dutzend Hornknöpfe, so hieß es gleichermaßen, daß dort das 115. Artillerieregiment eingerückt wäre.

Um Truppenbewegungen anderer Art oder auch Festungsarmierungen bekanntzugeben, war wieder etwas anderes vereinbart worden, stets aber so, daß der Stil eines Geschäftsbriefes gewahrt blieb. Da ich nicht Russisch konnte, mußte ich mir das nötige Vokabular in Wort und Schrift erst aneignen und auswendiglernen. Ich benützte hierzu vorgedruckte einschlägige Preislisten, die zum unauffälligen Material eines Vertreters, als der ich legitimiert war, gehörten. Der Freiherr hatte für die Weiterleitung der bei ihm eintreffenden Nachrichten zu sorgen, an wen und auf welche Art, das erfuhr ich nicht.«

Inzwischen deuten in Europa alle Anzeichen auf einen Krieg, und die Männer vom Evidenzbureau spüren das sich nähernde Unheil. Um die Aufklärung in Rußland zu intensivieren, greift Major Ronge zur Selbsthilfe: Er errichtet am 1. März 1914 eine Agentenschule für hochqualifizierte Kräfte. Die für leichtere Aufgaben vorgesehenen Spione sollen sich die Kundschaftsstellen selbst heranbilden. Ronge plant eine ganze Reihe von Maßnahmen, um die Effektivität der Aufklärungsoffiziere zu steigern, doch der Ausbruch des Ersten Weltkrieges macht dies zunichte.

Ein großes Handikap, mit dem das Evidenzbureau im Frühjahr 1914 fertig werden muß: die von der Regierung verlangten Kürzungen vor allem im Personalbereich. Major Ronge kann gerade noch verhindern, daß seine gut funktionierende Chiffriergruppe den Sparmaßnahmen zum Opfer fällt. Als im Juni 1914 Oskar von Hranilovic-Czvetassin, ein Oberst aus dem Generalstabskorps, die Leitung des Evidenzbureaus übernimmt, veranlaßt er weitere Reduzierungen im gesamten Spionageapparat.

Für die Ende Juni 1914 in Bosnien geplanten Manöver beabsichtigt Major Ronge, auch diesmal die entsprechenden Vorsichtsmaßnahmen zu treffen, um zahlreiche verdächtige Personen aus Gründen der Spionageabwehr vom Manövergelände fernzuhalten. Außerdem bittet er um die Erlaubnis, zusammen mit mehreren Wiener Detektiven und ortsansässigen Polizeiorganen aus Sicherheitsgründen die unmittelbare Umgebung des anwesenden Thronfolgers Erzherzog Franz Ferdinand abzusperren. Ronge: »Mir schien dies nie so wichtig wie bei diesen Manövern in einem politisch so sehr verseuchten Gebiete. Zu meiner unangenehmen Überraschung lehnte der Erzherzog jedoch meine Anträge ab.«

Wie berechtigt die Sorge des Sicherheitschefs Ronge ist, zeigt sich nach Beendigung der Manöver am 28. Juni 1914. Der Bürgermeister von Sarajevo hat den Thronfolger und die höheren Stabsoffiziere zu einem abschließenden Empfang eingeladen. Und auf der Fahrt dorthin geschieht das Unfaßbare: Erzherzog Franz Ferdinand und seine Gattin Sophie werden von

Spionage in Rußland; Karikatur von Olaf Gulbransson, Simplicissimus 1912

einem serbischen Terroristen, dem 18jährigen Studenten Gavrilo Princip, erschossen.

Die Regierungen Europas ahnen die bevorstehende Katastrophe, denn sie sind sich der Tragweite eines solchen Attentats bewußt. Am 23. Juli 1914 läßt Österreich der serbischen Regierung ein Ultimatum überreichen, das zwei Tage später nur ungenügend beantwortet wird. Das Evidenzbureau erfährt jedoch, daß Serbien inzwischen bereits die Mobilmachung offiziell angeordnet hat. Daraufhin erklärt Österreich am 28. Juli 1914 Serbien den Krieg.
Am 1. August 1914 um 17 Uhr gibt auch Berlin die allgemeine Mobilmachung bekannt, kurz darauf verkündet Paris dasselbe. Der Erste Weltkrieg bricht aus.

Der Erste Weltkrieg

Mit Ausbruch des Ersten Weltkrieges entfaltete sich die Spionagetätigkeit in bisher ungekanntem Ausmaß. Besonders die seit Anfang des 20. Jahrhunderts im Einsatz befindlichen Funkgeräte gaben allen Nachrichtendiensten – egal ob Freund oder Feind – eine neue Möglichkeit, hinter die Absichten des Gegners zu kommen, wie es in Ostpreußen bereits im Herbst 1914 geschah. Die Schlacht bei Tannenberg galt bis zum Zweiten Weltkrieg als die größte Einkreisungs- und Vernichtungsschlacht der Geschichte. Gleichzeitig war sie aber auch die Geburtsstunde der Heeresfunkaufklärung, einem ganz neuen Bereich im Spionagewesen.
Auch in England wußte man sich der Funkaufklärung geschickt zu bedienen. Die Aktivitäten des Geheimdienstes der britischen Admiralität und seiner Entzifferungsabteilung »Room 40« waren dafür der beste Beweis. Admiral Hall verstand es sogar, aufgrund eines abgefangenen deutschen Telegramms, das als »Zimmermann-Depesche« in die Geschichte einging, die USA zum Waffengang zu bewegen und so den Ersten Weltkrieg zu entscheiden.
Die wohl kühnste aller Geheimdienstoperationen im Ersten Weltkrieg gelang jedoch einem Außenseiter auf nachrichtendienstlichem Gebiet: Italien, zu dessen schlimmsten Widersachern der österreichisch-ungarische Geheimdienst zählte.
Die vom k.u.k. Evidenzbureau angeworbenen Saboteure jagten italienische Schlachtschiffe in die Luft, versenkten mehrere Frachter, zerstörten Flugzeughangars, Lagerhallen, Rüstungswerke, sprengten Munitionszüge und bereiteten Anschläge auf Staudämme und Wasserkraftwerke vor – bis zu jener Karnevalsnacht des Jahres 1917, als italienische Agenten dieser schlagkräftigen Sabotageorganisation in einer Blitzaktion zu Leibe rückten.

»Room 40« und seine Codebrecher

In der Morgendämmerung des 4. August 1914, wenige Stunden nach Kriegsausbruch, geht der kleine britische Kabelleger »Telconia« vor der deutschen Küste nahe Emden vor Anker. Er hat den streng geheimen Auftrag, die Überseekabel, die Deutschland mit den anderen Kontinenten verbinden, vom Meeresgrund hochzuhieven, sie sorgfältig zu zerschneiden und Teile sogar mitzunehmen.
Diese erfolgreiche Aktion ist für den Secret Service von eminenter Bedeutung, denn von jetzt an hat das Reich bis zum Kriegsende keinen Kabelkontakt mehr mit den überseeischen Ländern. Die gesamten Nachrichtenverbindungen müssen über den Großsender Nauen bei Berlin laufen – mit 200 Kilowatt der stärkste der Welt. Und die Engländer unternehmen nun alles, um den deutschen Funkverkehr mitzuhören.

Großfunkstation Nauen bei Potsdam, deren Funkverkehr der britische Geheimdienst abhört

Im November 1914 wird Rear Admiral Oliver, der bisherige Chef des britischen Marine-Nachrichtendienstes »Naval Intelligence Department« (NID), zum Stabschef ernannt. Seine Nachfolge übernimmt jetzt Captain William Reginald Hall. Dieser kleine rundliche Mann mit lebhaften blauen Augen und dem Spitznamen der »Blinzler« beweist sehr bald seine Fähigkeiten auf dem Gebiet des Nachrichtenwesens.
Die Räume des NID liegen im alten Gebäude der Admiralität und gehen später als »Room 40« in die Geschichte des Nachrichtendienstes ein. Hier arbeitet Hall mit seinem Team Tag und Nacht. Doch die wichtige Dechiffrier- und Entzifferungsabteilung muß erst entsprechend aufgebaut werden. Übrigens haben nur zwei der kriegführenden Staaten bereits im Frieden Dechiffrierabteilungen errichtet: Österreich-Ungarn und Frankreich.
Doch Captain Hall hat Glück. Er trifft bei der Suche nach Kryptologen auf Sir Alfred Ewing, einen wortkargen ehemaligen Professor der Ingenieurwissenschaft, zur Zeit Direktor des Marineausbildungswesens. Schon seit Jahren ist die Entzifferung von Geheimschriften Ewings Steckenpferd, und er besitzt darin bereits ein bemerkenswertes Geschick. Reverend William Montgomery, ein Geistlicher der schottisch-presbyterianischen Kirche und vortrefflicher Übersetzer der Schriften von Albert Schweitzer, unterstützt Ewing als Experte für die deutsche Sprache.
Der energische Hall steht vor einer schweren Aufgabe: Er muß den gesamten Marine-Nachrichtendienst in kürzester Zeit reorganisieren. Als erstes verlegt er sein Büro aus dem Hauptgebäude der Admiralität in das benachbarte »Old Building«. Sein Arbeitsbereich

Der Kleine Kreuzer »Magdeburg«: in einer Nacht-und-Nebel-Aktion von russischen Tauchern gründlich durchsucht

bekommt jetzt den Tarnnamen »Room 40«, der den ganzen Krieg über beibehalten wird. In dem neuen Domizil kann er anfangs alle Mitarbeiter in einem geräumigen Saal unterbringen. Doch im letzten Kriegsjahr hören mehr als tausend Männer und Frauen, Funker, Kryptologen, Dolmetscher, Archivare, Kuriere und viele andere auf Halls Kommando.

Ewing und Montgomery machen sich nach dem Umzug gleich an ihre komplizierte Arbeit. Die Funkabhörstationen der Admiralität, die man bereits vor Kriegsausbruch im östlichen England errichtet hat, fangen rund um die Uhr alle Funksprüche der beiden wichtigen deutschen Marinestützpunkte Wilhelmshaven und Kiel auf. Das Entziffern ist dann Aufgabe von Room 40.

In dieser Zeit stellt die Royal Navy vier Linien von Funkabhör- und Peilstationen auf, davon zwei Linien mit der Bezeichnung »Admiralität B«, die je 14 Peilstationen umfassen. Die anderen beiden Linien, »Admiral X« genannt, haben je acht Abhör- und Peilstationen. Unabhängig von der Admiralität baut die »British Marcony Company« ein eigenes System auf. Die erste Marconi-Anlage entsteht in Nordschottland bei Aberdeen zur Unterstützung der X-Stationen der Admiralität.

Sechs Abhör- und Peilstationen dienen der Royal Navy zu Spionagezwecken. Sie überwachen die Bewegungen der deutschen Flotte. Die mit Rohrverstärkern ausgerüsteten Peilanlagen sind so empfindlich, daß sie sogar den Funkverkehr zwischen den deutschen Kriegsschiffen empfangen können. Die Deutschen ahnen nicht, daß ihr Nachrichtenverkehr abgehört wird und funken unvorsichtigerweise oft im Klartext.

Bald erreichen tagtäglich fast 2000 abgefangene Funksprüche den Room 40, aber erst einer Reihe von Zufällen ist es zu verdanken, daß Ewing seinem Chef auch die entzifferten Meldungen, vor allem die Befehle von Großadmiral Tirpitz und den anderen Befehlshabern der Kaiserlichen Marine, vorlegen kann. So hat zum Beispiel am frühen Morgen des 11. August 1914 in Melbourne Captain Richardson von der australischen Marine den deutschen Dampfer »Hobart« überraschend aufgesucht und den Kapitän gezwungen, ihm sämtliche Papiere auszuhändigen, darunter das Handelsverkehrsbuch (HVB) mit einem Code, den die Schiffe der Kriegs- und Handelsmarine verwenden. Dieses Codebuch wird Ende November 1914 Captain Hall übergeben.

Ein anderer unerwarteter Vorfall ereignet sich in der Ostsee. In der Nacht vom 26./27. August 1914 gerät der deutsche Kleine Kreuzer »Magdeburg« unter Korvettenkapitän Habenicht in eine Nebelbank und läuft an der Nordspitze von Odensholm, nur 50 Seemeilen vom russischen Marinestützpunkt Reval (Tallinn) entfernt, auf ein Unterwasserriff. Die »Magdeburg« hat den Auftrag, im Nachteinsatz in den Finnischen Meerbusen einzudringen, die Minenwurfoperation zu sichern und auf dem Rückmarsch russische Vorposten- und Torpedoboote anzugreifen und zu vernichten. Sämtliche Versuche, das festgefahrene Schiff noch vor dem zu erwartenden Eintreffen russischer Kreuzer freizubekommen, scheitern. In der Morgendämmerung befiehlt der Kommandant, alle Geheimpapiere in den Heizkesseln zu verbrennen, jedoch mit der verhängnisvollen Einschränkung: aber keine Unterlagen, die noch gebraucht werden.

So verbleiben auch zwei Signalbücher mit dem Codeschlüssel, eins auf der Brücke und ein zweites im Funkraum. Noch ehe der Kommandant die Räumung und Sprengung des Kreuzers befiehlt, schleudert ein Funkmaat ordnungsgemäß das mit schweren Bleideckeln versehene Signalbuch von der Brücke ins Wasser. Das Signalbuch aus der Funkstation ist dem anderen Funkmaat noch vor dem Sprung ins Wasser verlorengegangen. Die am Unglücksort eintreffenden russischen Einheiten fischen die Besatzung der »Magdeburg« auf und nehmen sie gefangen.

Einige Tage später wird der noch im Felsenriff festsitzende deutsche Kreuzer und die Umgebung des Schiffes in einer sorgfältig abgeschirmten Geheimaktion von russischen Tauchern durchsucht. Sie finden eine Reihe von Geheimpapieren, darunter das Kriegstagebuch, Seekarten und eines der beiden Signalbücher.

Etwa zehn Tage danach, am 6. September 1914, meldet sich bei Marineminister Winston Churchill ein unerwarteter Besucher: der russische Marineattaché Major Wolnikoff. Er übermittelt Churchill die Nach-

Signalbuch der »Magdeburg«: schwerwiegende Konsequenzen für den Verlauf des Ersten Weltkrieges

richt aus Petersburg, daß man nach Strandung des Kreuzers »Magdeburg« wichtige Geheimdokumente der deutschen Flotte gefunden habe, auch das Signalbuch mit dem Geheimcode der Kaiserlichen Marine. Es sei bereits gelungen, einen Teil der deutschen Marinefunksprüche zu entziffern.

Man ist in Sankt Petersburg der Meinung, daß der Geheimcode gerade Großbritannien, als führender Seemacht, am meisten nutzen kann. Bei den guten Beziehungen zwischen beiden Flotten ist die russische Admiralität bereit, das Codebuch den Engländern zu übergeben. Ein britisches Kriegsschiff müßte allerdings nach Alexandrowsk (Polarnoje) nahe Murmansk kommen und die russischen Offiziere, die die Geheimunterlagen unter Verschluß halten, nach London bringen.

Churchill beauftragt sofort den Kreuzer »Theseus« mit dieser Mission. Fünf Wochen später trifft der Kreuzer mit dem Adjutanten des Zaren, Kapitän zur See Kredow, und Korvettenkapitän Smirnow in England ein. Am 13. Oktober 1914 wird Churchill das durch Seewasser fleckig gewordene Signalbuch der Kaiserlichen Marine überreicht. Churchill: »Dieses Geschenk wiegt eine gewonnene Schlacht auf.«

In der Tat, dieser außergewöhnliche Glücksfall, noch dazu erst wenige Wochen nach Kriegsbeginn, ist für den britischen Geheimdienst von allergrößtem Vorteil. Ewing kann nun feststellen, daß die meisten der verschlüsselten deutschen Funksprüche noch einmal zusätzlich chiffriert sind, eine Tatsache, die man in Room 40 bis dahin nicht erkannt hat.

Einem neuen Mitarbeiter von Ewing, dem Leutnant Rotter von der deutschen Sektion des Nachrichtendienstes der Royal Navy, gelingt es, den Schlüssel zu finden. Die Überraschung ist groß: Es handelt sich bei diesem scheinbar so schwer zu lösenden Problem um ein ganz einfaches Buchstaben-Ersatzverfahren. Mit Hilfe des Signalbuchs erfordert es für den Stab von Room 40 keinen großen Zeitaufwand mehr, um die täglich abgefangenen deutschen Marinefunksprüche zu dechiffrieren.

Der Secret Service, der alle Möglichkeiten ausschöpft, unbemerkt in den Besitz deutscher Codebücher zu kommen, kann Ende 1914 wieder einen Erfolg verbuchen. Hier die Vorgeschichte: Mitte Oktober 1914 plant der deutsche Flottenstab, die Themsemündung zu verminen, um den lebhaften Handelsverkehr zu stören. Es ist das erste größere Unternehmen deutscher Torpedoboote. Den streng geheimen Auftrag erhält die Halbflottille Thiele mit vier kleinen 420-t-Torpedobooten.

Im Morgengrauen des 17. Oktober 1914 stechen die Boote S119, S115, S117 und S118 in See, und gegen 10 Uhr meldet Korvettenkapitän Thiele: »Ein englisches U-Boot (E8) gesichtet und fast gerammt.« Damit ist allen klar, daß diese Aktion bereits in London bekannt ist. Der letzte Funkspruch um 15 Uhr meldet, daß feindliche Streitkräfte, ein Kreuzer und vier Zerstörer, im Anmarsch sind. Als der Führer der Halbflottille erkennt, daß es kein Entkommen gibt, geht er zum Angriff über. Nach hartem Gefecht sind die vier Torpedoboote versenkt.

Am 30. November 1914 klingelt in Room 40 das Telefon. Der Offizier vom Dienst meldet: »Ein britisches Fischerboot hat in den Netzen vor der holländischen Insel Texel eine eisenbeschlagene Seekiste deutscher Herkunft gefunden.« Zu seiner größten Überraschung stellt Hall fest, daß diese Kiste ein äußerst wertvolles Codebuch, das sogenannte Verkehrsbuch, enthält. Es dient zum Verschlüsseln von Nachrichten zwischen Marine- und Heeresdienststellen sowie für Marineattachés, Konsularbeamte, Diplomaten und Kolonialbehörden. Der Fund stammt aus dem Führungsboot S119 der Halbflottille Thiele. So verfügt Room 40 noch vor Jahresfrist über die drei wichtigsten Codes der deutschen Marine.

Auf diese Weise ist Captain Hall in der Lage, der Admiralität etwa ab Mitte Dezember 1914 tagtäglich ganz konkrete Informationen zu liefern, vor allem über die Absichten und Bewegungen der deutschen Hochseeflotte. Es dauert noch Monate, ehe die Deutschen gewisse Veränderungen ihrer Schlüssel vornehmen. Erst ab 1916 wird der Code zwar monatlich, später sogar alle 24 Stunden gewechselt, doch das Wichtigste, das Chiffriersystem, bleibt dasselbe. Die Experten in Room 40 sind schon derart versiert, daß die Entzifferung des aktuellen Schlüssels oft nur eine Sache von Stunden ist. Und so manches Mal weiß man in London über den Inhalt eines deutschen Funkspruchs schneller Bescheid als der eigentliche Empfänger.

Mit welchen Mitteln Captain Hall vorgeht, um dem Gegner – ohne dessen Wissen – in die Karten zu gucken, zeigt eine weitere »Beschaffungsaktion«, die in den inoffiziellen Publikationen des britischen Intelligence Service enthalten ist. Eine offizielle Geschichte des britischen Nachrichtendienstes im Ersten Weltkrieg gibt es bis heute nicht.

Nachdem deutsche Truppen am 3. August 1914 in Belgien eingefallen sind und 17 Tage später Brüssel besetzt haben, werden sofort alle militärischen Einrichtungen von den deutschen Dienststellen übernommen, darunter auch eine wichtige, aber nicht mehr funktionsfähige Sendeanlage.

William Reginald Hall (1870–1943), der gefährlichste Widersacher des deutschen Nachrichtendienstes

Alexander Czek (1894–1915?), ein junger begabter Funktechniker, der den deutschen Chiffrierschlüssel an die Engländer verrät

Bei den Instandsetzungsarbeiten hilft Alexander Szek, ein Student der Technischen Hochschule mit ausgesprochenem Talent auf dem Gebiet der Funktechnik. Dieser 20jährige junge Mann, dessen Vorfahren aus Österreich stammen, zeigt sich derart geschickt, daß man ihm die Stelle des Funkers bedenkenlos anvertraut. Seine Aufgabe ist es nun, Funksprüche nach einem bestimmten Code zu verschlüsseln und über die Sendeanlage weiterzugeben.

Im Naval Intelligence Department (NID) bemerkt man, daß der Sender Brüssel von den Deutschen in verstärktem Maße genutzt wird. Doch dem NID gelingt es zunächst nicht, die vielen abgefangenen Funksprüche zu entziffern. Die Engländer vermuten, daß es sich um einen Geheimschlüssel für Diplomaten und Konsularangehörige handelt.

Als Captain Hall im November 1914 das NID übernimmt, kommt ihm die Idee, den alliierten Geheimdienst einzuschalten, der in Belgien über einen besonders tüchtigen Agenten verfügt, um auf irgendeine Weise in den Besitz des deutschen, in Brüssel verwendeten Codes zu gelangen. Er solle versuchen, mit einem der Funker Kontakt aufzunehmen.

Dieser Agent stellt fest, daß zu den Funkern und Chiffrierern ein Mann namens Alexander Szek gehört, der überraschenderweise in Croyden/England geboren und dort aufgewachsen ist. Dies kommt Captain Hall wie gerufen, und er läßt sofort nachforschen, ob in Croyden noch irgendwelche Familienangehörigen unter dem Namen Szek leben. Er hat tatsächlich Glück: Man findet eine als Erzieherin tätige Verwandte.

Nach längerem Gespräch erklärt sie sich bereit, an Alexander zu schreiben. Sie bittet ihn eindringlich, das Land seiner Kindheit nicht zu vergessen und etwas für England zu tun. Aber der junge Szek ist nicht auf Anhieb zu überreden. Erst Anfang 1915 erhält der belgische Agent Alexanders Zusage, den deutschen Geheimcode zu entwenden, allerdings unter einer Bedingung: Man müsse ihm eine anschließende Fluchtmöglichkeit zusichern.

Das ist natürlich völlig utopisch. Die Deutschen dürfen gar nicht bemerken, daß der Code gestohlen ist, denn sie würden ihn sofort durch einen neuen ersetzen, und alle Mühe wäre vergebens. Der junge Mann läßt sich von dem Agenten überzeugen, daß es unauffälliger sei, das Codebuch seitenweise abzuschreiben. Diese unglaublich schwierige Prozedur nimmt gut drei Monate in Anspruch. Im April 1915 jedoch verliert der Student allmählich fast die Nerven, denn er merkt immer deutlicher, daß er mit einer Fluchthilfe durch die Briten nicht mehr rechnen kann, wenn erst einmal die letzten Seiten abgeliefert sind. Tatsächlich fehlt seitdem jede Spur des Funktechnikers Alexander Szek. Eines ist aber sicher: Auch die letzten Seiten des Codebuches sind durch einen Geheimkurier nach London gelangt. Später heißt es, Szek sei von der deutschen Spionageabwehr enttarnt und als Spion erschossen worden. Sein Vater, der den Krieg überlebt hat, behauptet dagegen, die Engländer hätten seinen Sohn auf dem Gewissen, damit der Diebstahl des Codes keinesfalls bekannt werde. Für Captain Hall zählt allerdings nur eins: Room 40 kann jetzt die deutschen Funksprüche aus Brüssel mitlesen.

Wilhelm Waßmuß (1880–1931), ein Diplomat, den man als »deutschen Lawrence« bezeichnet

Ein weiterer Fall, der, nach inoffiziellen Angaben, Captain Hall zugute kommt, spielt sich im Nahen Osten ab und ist zugleich die Geschichte eines Mannes, den man als den »deutschen Lawrence« bezeichnen kann: Wilhelm Waßmuß, seit Jahren deutscher Vizekonsul in Buschir am Persischen Golf.

Waßmuß besteigt am 28. Juli 1914 einen englischen Küstendampfer, um von Buschir nach Kairo zu reisen, wo er einen neuen Posten übernehmen soll. Im Hafen von Aden erfährt er allerdings, daß soeben der Krieg ausgebrochen ist. Doch der Diplomat kann trotz seiner Befürchtung, interniert zu werden, weiterreisen. So gelangt er nun auf Umwegen nach Deutschland.

Gerade in Berlin eingetroffen, erfährt der Marine-Reserveoffizier Waßmuß, daß die – noch neutralen – türkischen Verbündeten einige deutsche Sachkundige als Begleitung für eine geheime Expedition nach Afghanistan suchen, um dort die einheimischen Stämme gegen England aufzuwiegeln. Der Konsul wird daher mit mehreren Deutschen nach Konstantinopel beordert, wo die Expedition zusammengestellt werden soll. Da es bald zu Meinungsverschiedenheiten kommt, trennt sich Waßmuß kurzerhand von den Türken, organisiert eine eigene Expedition und macht sich Ende Dezember 1914 mit seinen Leuten auf den Weg nach Bagdad.

Sir Percy Cox, britischer Konsul in Buschir, ein »guter Bekannter« von Waßmuß

Von hier aus geht es Mitte Januar 1915 mit dem Flußdampfer »Pionier«, der einen Leichter für Tragtiere und Lasten im Schlepp hat, den Tigris flußabwärts. In Waßmuß' Begleitung sind: der Arzt Dr. Lenders sowie der gut Persisch sprechende Erik Bohnstorff, Leiter einer deutschen Import-Export-Firma, beide aus Bagdad. In seinem Gepäck befinden sich mehrere Kisten mit Propagandamaterial und Flugblättern, die ihnen ihre umstürzlerische Arbeit gegen die Engländer erleichtern sollen. Als Tarnung heißt es offiziell, Waßmuß sei auf dem Weg nach Schiras, um dort die Stellung des deutschen Konsuls zu übernehmen.

Erst Ende Januar 1915 kommt das Schiff in Scheich Sa'ad an, einem Marktflecken etwa 250 Kilometer südlich von Bagdad. Die Türkei ist inzwischen auf der Seite Deutschlands in den Krieg eingetreten. Obwohl die persische Regierung sofort in aller Form ihre Neutralität bekundet, dringen britische Truppen in das Land ein. Der politische Berater des Befehlshabers des britischen Expeditionskorps ist ein alter, guter Bekannter von Waßmuß aus Buschir, Konsul Sir Percy Cox.

Von einem seiner Agenten in Bagdad erfährt Sir Cox, daß sich Waßmuß wieder im Land befinde. Er kennt auch dessen Geheimauftrag, nämlich Persien zum Kriegseintritt auf seiten der Mittelmächte zu bewegen, die Wüstenstämme gegen England aufzuhetzen und vor allem die strategisch wichtige Ölpipeline der Anglo-Persian Oil Company Ltd. (später BP), die die gesamte Royal Navy mit Treibstoff versorgt, an möglichst vielen Stellen in die Luft zu jagen.

Bald überschreitet Waßmuß mit seiner Expedition die persische Grenze und erreicht nach etwa zehn Tagen Disful, einen größeren Ort im Süden Persiens nahe den Ruinen der alten Königsstadt Susa. In der sich am Gebirge entlangziehenden Ebene, die hauptsächlich von Araberstämmen bewohnt wird, entbrennt nun der Heilige Krieg (Dschihad) gegen die Engländer. Die Ölleitung zum Persischen Golf wird an verschiedenen Stellen zerstört und für mehrere Wochen außer Betrieb gesetzt.

Als Sir Percy Cox hört, welche Erfolge Waßmuß bei den Arabern hat, entsendet er mehrere Reiter eines englandfreundlichen Stammes nach Schuschtar, das Waßmuß mit seiner Expedition passieren muß. Sie sollen mit Unterstützung der Einwohner die Deutschen gefangennehmen. Doch als sie die Stadt erreichen, in der sich Waßmuß in der Tat einige Tage lang aufgehalten hat, ist er mit seinen Leuten bereits weitergezogen. Zu seiner Überraschung erfährt Sir Cox, daß sein Widersacher im Schutz des Bachtiaren-Khans reist. Diesem mächtigen Stamm haben die Engländer gerade den Schutz der Ölleitung am Karun anvertraut, ihm dafür ein beträchtliches Jahresgeld gezahlt und gehofft, in den Bachtiaren zuverlässige Bundesgenossen zu gewinnen.

Am 2. März 1915 zieht Waßmuß auf der alten Karawanenstraße am Gebirge entlang nach Borasdschan, etwa 70 Kilometer von Buschir am Persischen Golf.

Unterdessen bekommt Sir Cox von einem Agenten die Nachricht, welchen Weg die deutsche Expedition eingeschlagen hat. Schon einige Tage später erreicht Waßmuß die Grenze des Bachtiaren-Gebietes und ist nun ohne jeden Schutz der Einheimischen. An einem Nachmittag trifft er mit seinen Leuten in dem Dorf Tadj Maleki ein, um hier zu übernachten, aber in dieser Ortschaft gerät die Expedition in eine Falle: Die Männer stellen am Abend fest, daß ihre Zelte von mehreren bewaffneten Gestalten umzingelt sind. Trotz der aussichtslosen Lage beschließt Waßmuß, den Versuch zu unternehmen, im Schutz der Dunkelheit zu entkommen und sich bei Konsul Dr. Listemann in Buschir in Sicherheit zu bringen. Während Dr. Lenders die Aufmerksamkeit des Wächters von dem Zelt ablenkt, schlüpft Waßmuß, nur mit etwas Schokolade und Zwieback in der Tasche, unter der hinteren Zeltwand hindurch.
Waßmuß: »Am Rande des Lagers begann eine kahle freie Fläche, da und dort sah ich die hockenden Gestalten der Wachen, sie rührten sich nicht, schienen eingeschlummert. Ganz leise und behutsam, die persische Kappe zwischen die Zähne geklemmt und dicht an den Boden geschmiegt, kroch ich über das offene Stück hinweg und erreichte den jenseits liegenden Palmengarten. Im gleichen Augenblick ging der Mond auf. Aber nun war die Hauptgefahr schon überwunden. So rasch ich konnte, immer querfeldein, von Deckung zu Deckung springend, eilte ich den Bergen zu.«
Inzwischen sortiert Dr. Lenders im Zelt die wichtigsten Geheimpapiere der Expedition aus, vor allem die Codebücher. Es gelingt ihm später, sie in dem faltenreichen Leibgürtel des Tschaverdars, des Anführers der Maultiertreiber, zu verstecken, der die Dokumente auch erfreulicherweise gerettet hat. Dr. Lenders wird mit dem gesamten Gepäck der Expedition am nächsten Morgen den Engländern ausgeliefert, die weiterhin fieberhaft nach Waßmuß suchen.
Der Verfolgte erfährt unterwegs, daß das deutsche Konsulat in Buschir eines nachts schlagartig von einer britischen Abteilung überfallen worden sei, daß man Dr. Listemann mit dem gesamten Personal verhaftet und auf ein britisches Kriegsschiff gebracht habe, ein flagranter Bruch der persischen Neutralität und des Völkerrechts.
So haben sich die Ereignisse tatsächlich abgespielt! Doch die wirklichen Umstände, wie Admiral Hall in den Besitz der Codebücher gelangt ist, müssen unbedingt verschleiert werden, damit die Existenz von »Room 40« weiterhin unbekannt bleibt. So erfindet der Secret Service eine »Cover Story«, die so glaubhaft klingt, daß diese Version in verschiedenen zeitgeschichtlichen Publikationen als die wahre Waßmuß-Geschichte dargestellt wird.
Der Wortlaut jener Cover-Story lautet: »Im Spätsommer 1915 trifft der zum Admiral beförderte Hall mit einem Marineoffizier zusammen, der sich in London auf Genesungsurlaub befindet und während der Kämpfe am Persischen Golf verwundet worden ist.

London, Whitehall, im Keller des Indian Office, der mit beschlagnahmten deutschen Gütern vollgestopft ist: Hier findet man – laut »Cover Story« – den deutschen diplomatischen Geheimcode

Der Offizier erzählt auch von dem entflohenen Waßmuß und dessen Wut über das verlorengegangene Gepäck.
Nach diesem Gespräch beginnt Hall sich zu fragen, weshalb Waßmuß wohl so hartnäckig auf Rückgabe seines Gepäcks bestanden habe und läßt sofort einen Ordonnanzoffizier nach dem Verbleib der Sendung aus Buschir forschen.
Zuerst sieht die Sache ziemlich hoffnungslos aus. Es stellt sich nämlich heraus, daß niemand genau weiß, an wen die Sachen in London geschickt worden sind. Der Admiral hat aber« – so die Cover Story – »wieder einmal Glück. Nur einige Stunden später bekommt er die Nachricht, die Gepäckstücke befänden sich im Keller des für britische Aktivitäten am Persischen Golf zuständigen Indian Office, ganz in der Nähe von Room 40.
In dem bisher ungeöffneten Paket findet Hall unter den Papieren plötzlich das, was er schon seit Beginn des Krieges sucht: das deutsche diplomatische Schlüsselbuch für den Geheimcode Nr. 13040 des deutschen Auswärtigen Amtes. Es ist einer der beiden für den Funkverkehr zwischen Berlin und der deutschen Botschaft in Washington verwendeten Chiffrierschlüssel.«
Doch die von Admiral Hall geschilderte Version kann kaum stimmen, denn der 1915 in Buschir amtierende britische Vizekonsul C. J. Edmonds berichtet ein Jahr später, daß nach der Flucht von Waßmuß das englische Konsulat in Buschir veranlaßt habe, den deutschen Konsul Dr. Helmuth Listemann durch britisches Militär ohne jedes Aufsehen zu verhaften und auf ein britisches Kriegsschiff zu bringen. Man findet in seinem persönlichen Gepäck – »eingewickelt in mehrere lange, wollene Unterhosen – zwei Verschlüsselungsbücher«. Da die Festnahme von Dr. Listemann völkerrechtswidrig war, hat Admiral Hall sie verschwiegen und statt dessen die Legende von den im Gepäck von Waßmuß gefundenen Codebüchern verbreitet.

Kurze Zeit später übrigens läßt Hall innerhalb von Room 40 eine spezielle Sektion für den deutschen diplomatischen Nachrichtenverkehr einrichten, um diesen besonders wichtigen Fund optimal auszuwerten. Und da die Vereinigten Staaten noch neutral sind, benutzt die deutsche Botschaft in Washington öffentliche Verbindungswege und immer denselben Schlüssel, um Meldungen des Auswärtigen Amtes an alle deutschen diplomtischen Vertretungen in der westlichen Hemisphäre weiterzuleiten.
Die volle Bedeutung des im Gepäck von Dr. Listemann entdeckten Codebuchs kann selbst Hall zu dieser Stunde noch nicht ermessen: Eines Tages jedoch wird die »Zimmermann-Depesche« – dank Room 40 – den Lauf der Weltgeschichte verändern.
Mittlerweile stehen Hall auch andere Variationen deutscher Codes zur Verfügung: Im Januar 1915 bekommt Room 40 vom Chef eines Taucherteams der Royal Navy, dem Schiffsbauer E. C. Miller die Nachricht, daß eine Kiste voll höchst geheimer deutscher Verschlußsachen in dem in der Nordsee gesunkenen U-Boot U-31 geborgen worden sei. Das Unterseeboot, mit der toten Besatzung bei Great Yarmouth angetrieben, wird per Zufall entdeckt und durch die Taucher eingehend untersucht.
In dem engen Raum des U-Boot-Kommandanten findet Miller einen Metallbehälter. Das Boot muß so schnell untergegangen sein, daß man ihn nicht mehr über Bord werfen konnte. Als der Cheftaucher die Kiste öffnet, findet er darin drei Codebücher und eine Karte, auf der Minenfelder eingezeichnet sind. Der Fund wird sofort der Admiralität übergeben und landet danach in Room 40.
Nach diesem Vorfall stellt man auf Initiative von Hall eine Sondereinheit der Marine unter Leitung von Miller auf und erkennt ihr die höchste Dringlichkeitsstufe zu: Sobald die Navy den Untergang eines deutschen U-Bootes in küstennahen Gewässern meldet, beordert Hall die neue Einheit zur Versenkungsstelle. Dann versuchen die Taucher in den Stahlkörper des U-Bootes einzudringen und die Geheimpapiere, vor allem Codebücher sowie Pläne der Minenfelder, zu bergen. In mehreren Fällen gelingt es Miller tatsächlich, Room 40 mit erbeuteten, äußerst wichtigen Unterlagen zu versorgen.

Die verbrannten Reste des deutschen Zeppelins L 32: Das Codebuch der Kaiserlichen Marine wird geborgen

Das tragische Schicksal des deutschen Zeppelins L32 verhilft Admiral Hall im Herbst 1916 zu einem neuen Codebuch: In der Nacht vom 23./24. September 1916 startet eine Flotte von zehn Luftschiffen der Marine zu einem Bombenangriff auf London. Dazu Kapitänleutnant Mathy: »... Den L32, Kommandant Oberleutnant zur See Peterson, der zum erstenmal über England steht, hat sein Schicksal erreicht ... Wir im nahen L31 sehen das Schwesterschiff Feuer fangen, erst brennt die Spitze, dann züngeln die Flammen über die ganze Hülle bis zum Heck ... Eine rote, weißglühende Masse fällt gleich einem feurigen Kometen mit einem Schweif wirbelnder Flammen auf Billerichy, östlich von London, nieder.«
Aus dem Wrack des Luftschiffs wird am Morgen ein Codebuch der Kaiserlichen Marine, wenn auch etwas angesengt, aber noch gut lesbar, geborgen. Noch am gleichen Tag landet es auf dem Schreibtisch von Admiral Hall.

Tannenberg: durch Funkabhören zum Sieg

Es ist die erste Schlacht, in der das Mithören des feindlichen Funkverkehrs eine entscheidende Rolle spielt und die durch abgefangene unverschlüsselte Funksprüche – eine unmittelbare Folge der Redl-Affäre – entschieden wird: Aus Furcht vor ähnlichen Verrätern in den eigenen Reihen hat Oberst Andrejew, Leiter des Chiffrierbüros der russischen Armee, die Verteilung der neuen geheimen Codebücher zu spät veranlaßt. Diese Vorsichtsmaßnahme und das damit verbundene Funken im Klartext rächt sich bitter und führt letztlich zur Niederlage.
Gleich zu Beginn der Feindseligkeiten im August 1914 marschieren zwei russische Armeen, die 1. (Njemen-)Armee unter General von Rennenkampf und die 2. (Narew-)Armee unter General Samsonow, auf Ostpreußen zu. Beide Armeen bilden mit ihren Reserven eine 450000 Mann starke Armeegruppe und stehen unter dem Oberbefehl von General Schilinski.
Nach dem russischen Angriffsplan ist vorgesehen, daß sie zangenförmig vorstoßen: die 1. Armee von Osten her, die 2. Armee von Süden. Da der 1. Armee eine direkte Bahnlinie zur Verfügung steht, soll sie bereits zwei Tage vor der südlichen 2. Armee die deutsche 8. Armee unter Generaloberst von Prittwitz in Ostpreußen angreifen »mit dem Ziel, soviel wie irgend möglich feindliche Streitkräfte zu binden«.
Gleichzeitig will die Narew-Armee westlich der Masurischen Seen den deutschen Truppen den Rückzug zur Weichsel abschneiden. Der Erfolg einer solchen Zangenbewegung hängt jedoch von dem zeitlich genau abgestimmten Zusammenwirken ab, denn die Deutschen dürfen keine Gelegenheit haben, die beiden russischen Armeen einzeln zu fassen. Für die zahlenmäßig weit schwächere deutsche 8. Armee gibt es nur zwei Möglichkeiten, der in zwei Flügeln vorrückenden überlegenen Streitmacht zu begegnen: Sie kann entweder die eine Armee vor der anderen angreifen oder sich zurückziehen.

Zur selben Zeit befinden sich weitere kampfstarke russische Armeen im Vormarsch gegen Österreich. Die österreichisch-ungarische Verteidigung soll die russischen Angriffstruppen so lange aufhalten, bis Frankreich von den Deutschen besiegt ist. Dann will man gemeinsam mit allen zur Verfügung stehenden Mitteln gegen Rußland vorgehen.
Inzwischen hat die deutsche 8. Armee mit einem Teil ihrer Kräfte die Südgrenze Ostpreußens gesichert und die Hauptstreitmacht nach Osten verlegt, um dort den Vormarsch der russischen 1. Armee abzuwehren, was ihr jedoch nicht gelingt. Hier kommt es zwischen dem 17. und 20. August 1914 zu den ersten erbitterten Gefechten im Raum Gawaiten-Gumbinnen und bei Stallupönen.
Da bei den meisten russischen Korps noch keine Codebücher eingetroffen sind, funken sie unbekümmert im Klartext. Dazu Generalleutnant Daniloff, Generalquartiermeister der russischen Armee: »... Die Benutzung der drahtlosen Feldtelegraphen war überhaupt für unsere Stäbe etwas vollkommen Neues und deshalb Ungewohntes.« Außerdem verschlüsseln die russischen Funker ihre Meldungen nur äußerst ungern, selbst wenn sie den Code schon kennen.
Sie ahnen natürlich nicht, daß in Königsberg zwei Männer sitzen, die jeden abgefangenen russischen Funkspruch genau unter die Lupe nehmen: Es sind der aus Sankt Petersburg rechtzeitig zurückbeorderte Agent der Abteilung IIIb, Leutnant Bauermeister, und der Philologie-Professor Deubner, die beide perfekt Russisch sprechen. Dank der im Klartext innerhalb der russischen Armeen ausgetauschten Funksprüche können sie jede Bewegung des Feindes auf Anhieb verfolgen. So verfügen sie über die geheimsten Informationen, als hätten sie einen Superspion im gegnerischen Hauptquartier.
Als die beiden Abhörspezialisten jedoch am 20. August 1914 dem Generalstab der 8. Armee zum erstenmal Bericht erstatten und einen dieser Funksprüche vorlegen, können sie die Reaktion kaum fassen: Die mißtrauischen Generäle vermuten anfangs, es sei Spielmaterial des gegnerischen Desinformationsdienstes. Doch der Erste Generalstabsoffizier der 8. Armee, Major Hoffmann, ist von der Richtigkeit der Funksprüche überzeugt und entwickelt sofort einen Plan. Seine Idee ist es, die beiden schlagkräftigsten deutschen Korps von der Njemen-Armee zu lösen, das Schwergewicht der 8. Armee in den Südteil Ostpreußens zu verlagern und die Narew-Armee dort einzukreisen. Damit ist die Grundidee der Schlacht von Tannenberg geboren.
Während die deutschen Stabsoffiziere das Vorhaben bereits in allen Einzelheiten planen, kommt die Narew-Armee General Samsonows auf sandigen Feldwegen nur mühsam voran. Der General selbst besitzt noch keine Erfahrungen, um eine Armee von 13 Divisionen im Kriegsfall zu kommandieren. Und im Nachrichtenkorps herrscht wohl das größte Durcheinander: So findet zum Beispiel ein Stabsoffizier im

Aufrichten eines Funkmastes bei einer deutschen Feldfunkstation in Ostpreußen: Die Russen funken wichtige militärische Meldungen im Klartext

Telegraphenamt von Warschau viele Telegramme für die Narew-Armee, die nicht befördert werden können, weil zum Armee-Hauptquartier noch keine Verbindung besteht.
Verhängnisvoll ist auch die Tatsache, daß die einzelnen Korps wegen Mangel an Telephonleitungen allenfalls Verbindung mit den Divisionskommandos, nicht aber mit den benachbarten Korps oder mit ihrem Armee-Hauptquartier herstellen können. So manches Korps besitzt überhaupt kein Feldtelephon und ist auf berittene Melder angewiesen. Daher bleibt den Russen letzten Endes nichts anderes übrig, als Verbindung über Funk aufzunehmen. Und weil zum Beispiel das 6. Korps den Codeschlüssel des 8. Korps nicht kennt und dessen Funksprüche nicht dechiffrieren kann, werden Samsonows Befehle im Klartext gefunkt.
In einem der abgefangenen Funksprüche von Samsonow an seinen Vorgesetzten General Schilinski heißt es: »Für etwa 20 Kilometer lange Tagesmärsche auf sandigem Boden brauchen meine Männer ohne zu rasten zehn bis zwölf Stunden. Das Land ist verwüstet, die Pferde haben lange keinen Hafer bekommen, es gibt kein Brot mehr ...«
Am Nachmittag des 21. August 1914, kurz bevor die russische 2. Armee von Süden her die Grenze nach Ostpreußen überschreitet, wird es plötzlich – ohne irgendeine Vorankündigung – mitten am Tag völlig dunkel. Die meisten russischen Soldaten haben noch nie von einer Sonnenfinsternis gehört und werten dies als böses Omen. Am Abend marschieren sie auf

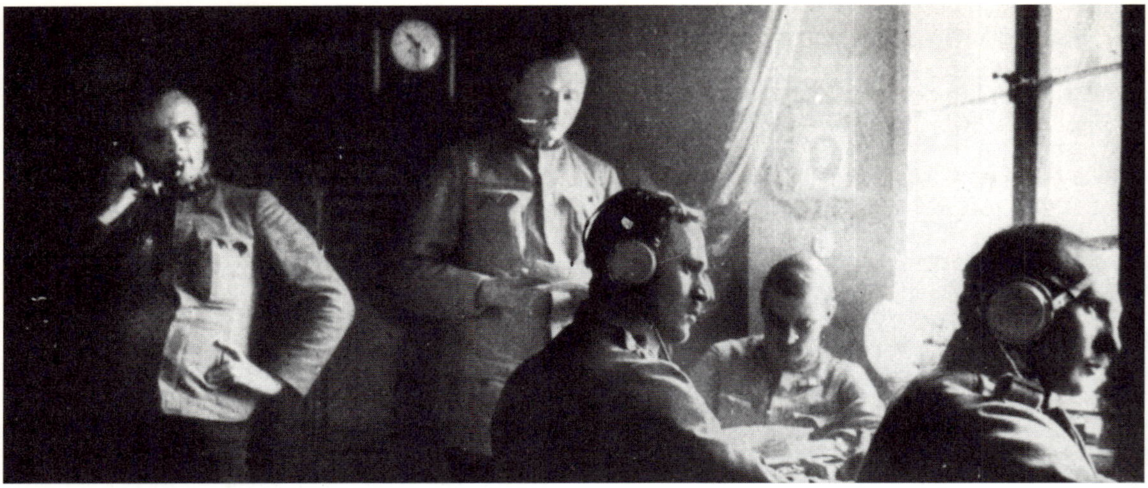

Deutsche Abhörspezialisten im Einsatz: gegnerische Funksprüche als Spielmaterial gedeutet

einer Front von 70 Kilometern Breite in Ostpreußen ein und stoßen weiter vor.
Als Generaloberst von Prittwitz die Nachricht vom Anmarsch der Narew-Armee erhält, will er die Schlacht bei Gumbinnen abbrechen und seine Truppen hinter die Weichsel zurückziehen. Damit wäre Ostpreußen verloren und möglicherweise sogar Berlin bedroht. Die Oberste Heeresleitung läßt von Prittwitz sofort abberufen und ernennt Generaloberst von Hindenburg als Nachfolger, Generalmajor Ludendorff wird sein Stabschef.
Am 23. August 1914 um 14 Uhr treffen der neue Oberbefehlshaber der deutschen 8. Armee und sein Chef des Stabes in Marienburg ein und übernehmen

Nachrichtenbeschaffung der Geheimdienste zwischen 1914 und 1918, hier als Beispiel die Tätigkeiten des k. u. k. Evidenzbureaus

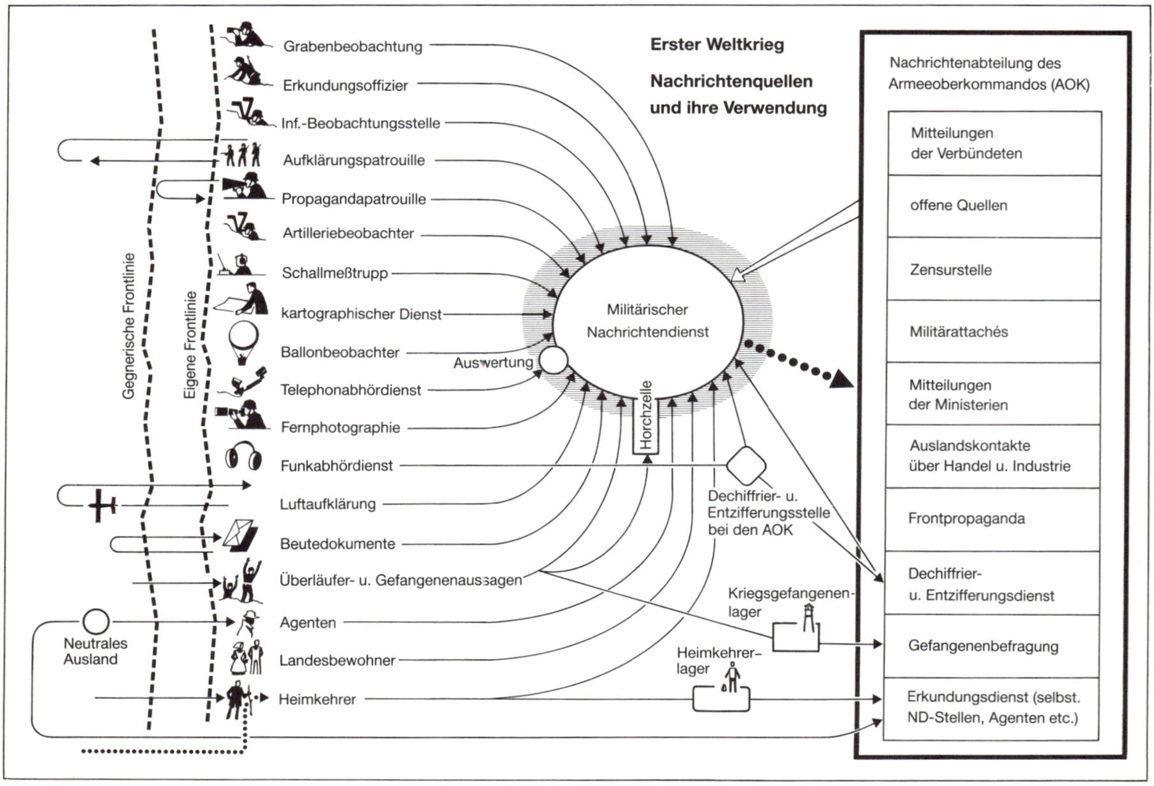

das Kommando der 8. Armee, die zu diesem Zeitpunkt aus einer Ostgruppe auf der Linie Angerburg–Insterburg und einer Westgruppe in der Gegend von Tannenberg besteht. Das I. Armeekorps befindet sich gerade auf dem Bahntransport von der Ostgruppe über Königsberg–Marienburg zur Westgruppe. Andere Einheiten sind in Gewaltmärschen direkt nach Südwesten unterwegs.
Im gegnerischen Hauptquartier ahnt man noch nicht, daß Hindenburg über die Ziele der gesamten russischen Armeegruppe genau informiert ist: Drei Tage zuvor, am 20. August 1914, hatte man nach den Kämpfen um Gawaiten bei einem toten russischen Offizier die Weisung des Oberbefehlshabers General Schilinski mit detaillierten Operationsangaben gefunden. Zur selben Zeit, als die Beutepapiere beim deutschen Armeestab eintreffen, wird gerade ein russischer Funkspruch abgehört, der unter anderem einen Angriffsbefehl für das 4. Korps der russischen 1. Armee enthält. Die Deutschen haben inzwischen ihren Abhördienst erheblich verstärkt: Der 8. Armee stehen jetzt neben fünf beweglichen auch drei ortsfeste, leistungsstarke Funkstellen in den Festungen Königsberg, Graudenz und Thorn zur Verfügung.
Bereits am Abend des 23. August 1914 hat Hindenburg seinen Operationsplan im wesentlichen abgeschlossen. Die 8. Armee soll in voller Stärke zum Angriff gegen die Narew-Armee zusammengefaßt werden. Um dies zu ermöglichen, bilden schwache Kavallerie- und Landwehreinheiten eine dünne Abwehrfront gegen die Njemen-Armee des Generals von Rennenkampf.
Nachdem am Morgen des 25. August 1914 Samsonows Funkspruch mit dem Befehl an die Truppen seiner Hauptstreitmacht, dem zur Narew-Armee gehörenden 8. Korps, abgefangen wird, kennt Hindenburg nun auch deren genaue Absichten und Gliederungen.
So kann die deutsche 8. Armee zwischen dem 26. und 30. August 1914 ihr Ziel – die Umfassung und Vernichtung der russischen 2. Armee – erreichen und damit den Sieg bei Tannenberg erringen. Die russischen Verluste: rund 50000 Gefallene und Vermißte, 92000 Gefangene sowie riesige Mengen an erbeutetem Kriegsmaterial.
Es gibt wohl kaum einen Befehlshaber, der nach einem Sieg zugeben würde, daß er die Schlacht dank eines gut funktionierenden Aufklärungsdienstes gewonnen hat. Auch Hindenburg schenkt in seinen Memoiren »Aus meinem Leben« den abgefangenen Funksprüchen kein einziges Wort. Im Gegenteil, er beschreibt den Verlauf der Schlacht von Tannenberg in einer solchen Weise, als sei er über die Ziele und die Gliederung des Feindes völlig im unklaren gewesen.

Die Zimmermann-Depesche

Der Chef des britischen Marine-Nachrichtendienstes NID, Admiral William Reginald Hall, dem auch »Room 40« untersteht, ist sich im Spätherbst 1916 darüber im klaren, daß die Alliierten ohne den Kriegsbeitritt der Vereinigten Staaten von Amerika nicht siegen können. Großbritannien befindet sich in einer äußerst kritischen Lage, denn die amerikanischen Kredite für Waffenkäufe in den USA sind bald erschöpft. Entgegen allen offiziellen Erklärungen wird London, wenn inzwischen kein Wunder geschieht, notgedrungen mit dem Gegner Verhandlungen aufnehmen müssen.
Trotz der seit Oktober 1916 zunehmenden deutschen Provokationen läßt sich US-Präsident Thomas W. Wilson nicht dazu verleiten, Amerikas Neutralität aufs Spiel zu setzen. Für die deutsche Regierung wirkt aber die Ungewißheit, ob es ständig so bleiben wird, wie ein Damoklesschwert. Man unternimmt daher auf diplomatischer Ebene alle Anstrengungen, um Mexiko gegen die Vereinigten Staaten aufzuwiegeln. Sollte es den Deutschen tatsächlich gelingen,

US-Präsident Thomas Woodrow Wilson (1856–1924) will unbedingt Amerikas Neutralität bewahren

Außenminister Arthur Zimmermann (1864–1940): Sein Telegramm macht Geschichte

dieses Land zu einem Angriff auf Texas zu veranlassen, so würde man damit die amerikanische Armee zwingen, sich an den langen Grenzabschnitten gegen Mexiko zu konzentrieren und gewiß davon abhalten, am europäischen Krieg teilzunehmen.
Zu dieser Zeit bereitet auch die Führung der Kaiserlichen Marine eine schwerwiegende Maßnahme vor: Sie will den uneingeschränkten U-Boot-Krieg wieder aufnehmen, der es den U-Boot-Kommandanten erlaubt, im Kriegsgebiet alle Handelsschiffe ohne Vorwarnung zu versenken. Diese Entscheidung richtet sich vor allem gegen amerikanische Schiffe mit Versorgungsgütern für die Alliierten. Großadmiral Alfred von Tirpitz hat den Beginn dieser neuen Kriegsphase bereits auf den 1. Februar 1917 festgelegt.
Die Vereinigten Staaten und andere Seemächte, die davon betroffen sind, sollen nur wenige Stunden zuvor unterrichtet werden. Der deutsche Admiralstab verfüge immerhin über so viele U-Boote, daß er mit einem durchschlagenden Erfolg rechne. Allerdings wird befürchtet, daß allein die Ankündigung eines solchen Schrittes die sofortige amerikanische Kriegserklärung bewirken könnte.
Unterdessen verfolgt Deutschlands Außenminister Arthur Zimmermann intensiv den Plan einer deutsch-mexikanischen Militärallianz gegen die Vereinigten Staaten mit dem Versprechen, Mexiko könne die um 1845 verlorenen südlichen US-Staaten Texas, Arizona und New Mexico zurückgewinnen.

Die verschlüsselte Zimmermann-Depesche, vom deutschen Botschafter in Washington über das amerikanische Telegraphennetz an den Gesandten von Eckhardt in Mexiko weitergeleitet

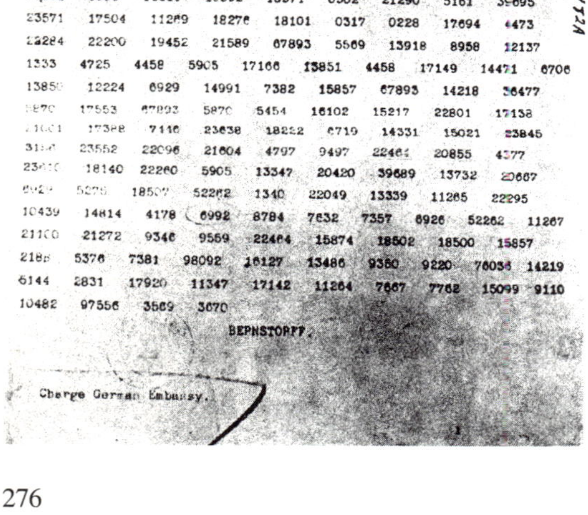
WESTERN UNION TELEGRAM

via Galveston JAN 19 1917

GERMAN LEGATION
MEXICO CITY

130 13042 13401 8501 115 3528 416 17214 6491 11310
18147 18222 21560 10247 11518 23677 13605 3494 14936
98092 5905 11311 10392 10371 0302 21290 5161 39695
23571 17504 11269 18276 18101 0317 0228 17694 4473
22284 22200 19452 21589 67893 5569 13918 8958 12137
1333 4725 4458 5905 17166 13851 4458 17149 14471 6706
13850 12224 6929 14991 7382 15857 67893 14218 36477
[illegible] 17553 67893 5870 5454 16102 15217 22801 17138
[illegible] 17388 7446 23638 18222 6719 14331 15021 23845
[illegible] 23552 22096 21604 4797 9497 22464 20855 4377
[illegible] 18140 22260 5905 13347 20420 39689 13732 20667
[illegible] 5275 18507 52262 1340 22049 13339 11265 22295
10439 14814 4178 6992 8784 7632 7357 6926 52262 11267
21100 21272 9346 9559 22464 15874 18502 18500 15857
[illegible] 5376 7381 98092 16127 13486 9350 9220 76036 14219
5144 2831 17920 11347 17142 11264 7667 7762 15099 9110
10482 97556 3569 3670

BERNSTORFF.

Charge German Embassy.

Um sich mit dem deutschen Gesandten von Eckhardt in Mexiko zu verständigen, schickt Zimmermann ihm am 16. Januar 1917 eine ausführliche Depesche.
Es gibt allerdings keine direkte Verbindung zwischen Deutschland und Mexiko, da England, wie wir wissen, die internationalen Telegraphenkabel bereits in der ersten Stunde des Krieges gekappt hat. So muß das Telegramm erst an Johann-Heinrich Graf von Bernstorff, den deutschen Botschafter in Washington, gehen und von dort nach Mexiko weitergeleitet werden.
Zimmermann entscheidet, daß die Depesche auf »dem sichersten und schnellsten Weg« übermittelt werden soll. Und er erinnert sich, daß Präsident Wilson dem deutschen Botschafter Graf Bernstorff eine amerikanische Diplomatenverbindung über ein Geheimkabel zwischen Washington und Berlin zur Verfügung gestellt hat, wenn auch unter der Bedingung, Bernstorff dürfe diese Verbindung ausschließlich für Friedensvorschläge benutzen.
Zimmermann, der keine Skrupel kennt, läßt das Telegramm verschlüsseln und über das amerikanische Geheimkabel senden: zuerst auf dem Landweg von Berlin nach Kopenhagen, dann über ein Transatlantikkabel, das über England läuft. Für den Fall, daß das Telegramm auf diesem Weg nicht durchkommt, schickt er es vorsorglich noch über zwei weitere Verbindungswege: das erste über Funk vom Großsender Nauen nach den USA, was zwar der amerikanischen Zensur unterliegt, und das zweite über den »schwedischen Umweg«, das heißt unter Mißbrauch der schwedischen Neutralität, aber mit Wissen des prodeutschen schwedischen Außenministeriums.
Am 17. Januar 1917 erreicht Zimmermanns Telegramm das amerikanische Außenministerium. Trotz der Besorgnis von Außenminister Lansing, der den chiffrierten deutschen Text nicht entziffern kann, wird die Meldung der deutschen Botschaft ausgehändigt. Bernstoff ersetzt nur die von Berlin eingetragene Seriennummer »Telegramm des Auswärtigen Amtes vom 16. Januar Nr. 1, streng geheim« durch seine eigene und leitet die Depesche verschlüsselt über das amerikanische Telegraphennetz an den Gesandten von Eckhardt nach Mexiko weiter.
Dieser 17. Januar 1917 ist für Admiral Hall ein Tag von eminenter Bedeutung. Er hat gerade eine Kopie der abgefangenen Depesche bekommen, die der deutsche Außenminister Zimmermann an seinen Botschafter in Washington Graf Bernstorff übermittelt hat.
Die beiden Experten in Room 40, der Reverend William Montgomery und Nigel de Grey, Verleger des bekannten Londoner Verlagshauses W. Heinemann, machen sich sofort an die Arbeit. Sie sollen dieses außergewöhnlich lange Telegramm mit mehr als 1000 verschlüsselten Zahlengruppen entziffern.
Am Kopf des Telegramms stellen sie die Ziffern 13042 fest und erkennen in dem Schlüssel eine Abwandlung des diplomatischen Geheimcodes Nr. 13040, den Hall vor einigen Monaten angeblich im

Gepäck von Waßmuß gefunden hat. Da die Männer von Room 40 diesen Code kennen, überprüfen sie zunächst die Unterschrift, über die man gewöhnlich auf den Inhalt der Depesche schließen kann. Die Ziffern 97536 ergeben Zimmermann. Das bedeutet zwar, daß das Telegramm aus dem deutschen Außenministerium kommt, aber Montgomery glaubt immer noch nicht, daß es sich um einen Routinebericht handelt, denn die Ziffern am Anfang der Zahlengruppen ergeben nicht, wie sonst üblich, den Namen des Adressaten, sondern die Worte »streng geheim«. Als Montgomery einige seltsame Zahlenverbindungen entziffert hat, liest er nacheinander »Mexiko ... Allianz ...« und dann als Überraschung das Wort »Japan«. Jetzt ahnen Montgomery und de Grey, daß es sich nicht um eines der normalen diplomatischen Telegramme handelt, und arbeiten wie besessen weiter. Innerhalb von zwei Stunden wissen sie, daß in 14 Tagen der uneingeschränkte U-Boot-Krieg beginnen wird. Sie erfahren auch in groben Umrissen den unglaublichen Plan einer deutsch-mexikanischen Allianz gegen die Vereinigten Staaten, mit dem Angebot an Japan zum Übertritt auf die deutsche Seite.
Einige Teile der Depesche sind jedoch recht schwierig, und es dauert mehrere Tage, bis die beiden Männer jene Passage entziffert haben, die sich für Washington als Sensation erweisen soll: Es ist Zimmermanns Vorschlag, Mexiko solle Texas, New Mexico und Arizona besetzen.
Hier der Originaltext: »Beginn des uneingeschränkten U-Boot-Krieges auf den ersten Februar festgesetzt stop Bemühen uns trotzdem die Vereinigten Staaten neutral zu halten stop Sollte das nicht gelingen so machen wir Mexiko einen Bündnisvorschlag auf folgender Basis: Gemeinschaftliche Kriegführung gemeinschaftlicher Friedensschluß allgemeine finanzielle Unterstützung und unser Einverständnis daß Mexiko die verlorenen Gebiete Texas Neu Mexiko und Arizona wiederbesetzt stop Die Regelung im einzelnen bleibt Ihnen überlassen stop Sie werden den Präsidenten (von Mexiko) vom Obenstehenden so geheim wie möglich in Kenntnis setzen sobald der Ausbruch des Krieges mit den Vereinigten Staaten feststeht und den Vorschlag hinzufügen daß er von sich aus Japan zur sofortigen Teilnahme auffordern und dabei zwischen Japan und uns vermitteln soll stop Machen Sie bitte dem Präsidenten deutlich daß der unbeschränkte Einsatz unserer Unterseeboote nunmehr die Aussicht eröffnet England binnen weniger Monate zum Friedensschluß zu zwingen stop Bestätigen Sie Empfang Zimmermann.«
Bereits als der Inhalt des Telegramms sich in vagen Umrissen abzeichnet, ahnt Hall, daß ihm der größte Fang gelungen ist, der nicht nur unmittelbare Folgen für die Westmächte und den Verlauf des Krieges haben, sondern als einer der größten Spionageerfolge in die Geschichte des Nachrichtendienstes eingehen wird. Der Admiral kann die Tragweite dessen ermessen, was ein uneingeschränkter U-Boot-Krieg für die Alliierten bedeutet.

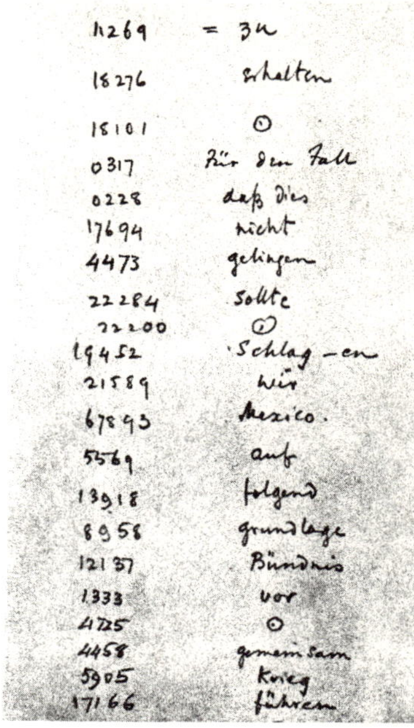

Das von Montgomery und de Grey entzifferte Fragment der Zimmermann-Depesche

Hall erkennt sofort, daß es jetzt in seiner Hand liegt, durch äußerst geschicktes Vorgehen die Vereinigten Staaten zu veranlassen, endlich den Krieg zu erklären und den Alliierten zum Sieg zu verhelfen. Doch wie kann man eine derart brisante Nachricht nutzen, ohne sich zugleich den Deutschen gegenüber zu verraten? Immerhin ist es Halls Dienstpflicht, das Telegramm Außenminister Lord Balfour vorzulegen. Das Foreign Office würde es natürlich innerhalb weniger Stunden der amerikanischen Regierung nach Washington melden.
Gewiß kann man mit der Ankündigung des uneingeschränkten U-Boot-Krieges Präsident Wilson zum Kriegseintritt bewegen, aber zu welchem Preis? Die Tatsache, daß Zimmermann das amerikanische Diplomaten-Geheimkabel benutzt hat, zeigt dem Admiral, daß die Deutschen nichts von dem gebrochenen Diplomatencode wissen. Dies hätte nämlich für den Funkabhördienst in Room 40 das Ende bedeutet. Auf der Suche nach einer Möglichkeit, den amerikanischen Präsidenten mit dem Zimmermann-Telegramm zu konfrontieren, ohne die Existenz von Room 40 preiszugeben, kommt Admiral Hall plötzlich auf eine geniale Idee: Er muß in den Besitz jener Depesche gelangen, in der Graf Bernstorff den Text von Zimmermann nach Mexiko übermittelt hat und die sicher einen Nachsatz des deutschen Botschafters in Washington enthält. Gelingt ihm dies, so werden die Deutschen annehmen, der Inhalt des Telegramms sei nach der Entschlüsselung in Mexiko verraten worden, und Hall kann mit ruhigem Gewissen den Amerikanern die mexikanische Fassung vorlegen. Der Admiral setzt den Gedanken sofort in die Tat um

und telegraphiert dem britischen Marineattaché in Mexiko, er solle durch seine Agenten um jeden Preis das Zimmermann-Telegramm in seinen Besitz bringen.
Am Nachmittag des 31. Januar 1917, nur acht Stunden vor Beginn des deutschen verschärften U-Boot-Krieges, wird der amerikanische Außenminister Lansing darüber offiziell von Botschafter Bernstorff unterrichtet. Die Öffentlichkeit in den USA ist bestürzt. Trotz aller Warnungen der britischen Admiralität hoffen Präsident Wilson und sein Kabinett, daß die deutschen U-Boote im Winter nicht im Nordatlantik operieren können. Das amerikanische Volk und die westlichen Alliierten rechnen stündlich mit einer Kriegserklärung der USA an Deutschland.
Der Präsident gibt erst nach drei Tage langen Beratungen im Weißen Haus bekannt: »Die Deutschen könnten ihn nicht provozieren und ihn dazu bringen, die selbstgewählte Rolle eines Schlichters und Friedensvermittlers aufzugeben.« Seine Minister sind verblüfft und enttäuscht, ebenso das amerikanische Volk. Jeder hat erwartet, daß Wilson energisch reagieren wird. Endlich am 5. Februar 1917 entschließt sich Wilson, wenn auch zögernd, die diplomatischen Beziehungen zu Deutschland abzubrechen.
In Berlin gerät Zimmermann, der mit einer sofortigen Kriegserklärung der USA gerechnet hat, langsam in Panikstimmung. In seinem Telegramm an den Gesandten in Mexiko hieß es nämlich, daß sein Bündnisangebot nur im Kriegsfall gelte. An jenem Tag, als Präsident Wilson beschließt, die Beziehungen zum Deutschen Reich abzubrechen und von Bernstorff zu verabschieden, schickt Zimmermann ein zweites Telegramm nach Mexiko und fordert darin den Gesandten von Eckhardt auf, dem mexikanischen Präsidenten das deutsche Allianzangebot »jetzt« zu unterbreiten.
Zimmermann: »Vorausgesetzt, daß nicht die Gefahr des Verrats an die Vereinigten Staaten besteht, wird Eure Exzellenz ersucht, die Allianzfrage ohne weiteren Aufschub in Angriff zu nehmen. Wenn der Präsident (von Mexiko) aus Furcht vor Vergeltungsmaßnahmen ablehnt, werden Sie ermächtigt, ihm konkrete Hilfe anzubieten, unter der Voraussetzung, daß es ihm gelingt, Japan in die Allianz hineinzuziehen.«
Das Telegramm läuft über »den schwedischen Umweg« – die einzige Verbindung, die jetzt nach dem Bruch mit den Vereinigten Staaten geblieben ist. Wie bereits die vorige Depesche, erreicht auch die zweite Admiral Hall. Als die USA immer noch zögern, Deutschland den Krieg zu erklären, ist Hall der Ansicht, man solle dem Präsidenten das Zimmermann-Telegramm nicht länger verheimlichen.
Noch am 5. Februar 1917 informiert er Außenminister Lord Balfour über den Wortlaut der entzifferten Depesche. Der Admiral besteht allerdings darauf, daß nichts unternommen wird, bevor er von seinem Agenten in Mexiko weiß, ob die mexikanische Version des Telegramms in dessen Besitz ist.
Fünf Tage später, am 10. Februar 1917, erhält Hall endlich eine Kopie des Telegramms, das Bernstorff an Eckhardt in Mexiko gesandt hat. Wie vorausgesehen enthält es tatsächlich kleine textliche Abweichungen. Lord Balfour ist begeistert und will diesen

Johann Heinrich Graf von Bernstorff (1862–1939), in den Jahren 1908–1917 deutscher Botschafter in Washington, D.C.

Nigel de Grey, einer der besten Spezialisten in »Room 40«. Er und sein Freund Montgomery entziffern gemeinsam die Zimmermann-Depesche

Walter Hine Page (1855–1918), während des Ersten Weltkrieges US-Botschafter in London

US-Außenminister Robert Lansing (1864–1928) spielt den Text der Zimmermann-Depesche der Presse zu

Erfolg sofort nutzen, befürchtet aber, die Amerikaner könnten das Ganze womöglich für einen britischen Trick halten.
Einige Tage darauf, am 19. Februar 1917, beenden Montgomery und de Grey die komplette Entzifferung des Telegramms. Lord Balfour bittet Admiral Hall, dem US-Botschafter W. H. Page in London den Inhalt persönlich bekanntzugeben. Noch am selben Nachmittag treffen sich Mr. Edward Bell, der amerikanische Verbindungsmann zum britischen Geheimdienst, und sein alter Freund Hall in Room 40. Bell, dem man die entzifferte Depesche mexikanischer Fassung zeigt, kann es nicht glauben, daß irgend jemand so leichtsinnig sein könnte, per Telegramm einen Teil der Vereinigten Staaten als Lockvogel anzubieten. Er hält die ganze Angelegenheit für eine Manipulation des britischen Geheimdienstes, um die USA in den Krieg hineinzuziehen.
Bei seiner Ehre als britischer Offizier schwört Hall, daß die Depesche echt ist und kann Bell davon überzeugen. Bells anfängliches Mißtrauen schlägt nun in grimmigen Zorn um, und er begreift sofort die Sprengkraft dieser Nachricht, die Hall ihm anvertraut hat. Seiner Meinung nach wird eine Veröffentlichung des Telegramms mit Sicherheit zum Krieg gegen Deutschland führen.
Beide fahren anschließend zur amerikanischen Botschaft. Dort enthüllen sie Botschafter Page, was vorgefallen ist. Auch er befürchtet, Präsident Wilson könne dies lediglich für eine englische Verschwörung halten. So tüfteln sie gemeinsam einen Plan für die offizielle Übergabe des Telegramms aus:
Am nächsten Tag solle zunächst Außenminister Balfour den entzifferten Text der Depesche formell dem amerikanischen Botschafter überreichen mit der Empfehlung, sich die tatsächliche telegraphische Übermittlung des Textes von der Telegraphengesellschaft »Western Union« in den USA bestätigen zu lassen.
Wenn das Telegramm, was anzunehmen sei, in den Akten der »Western Union« gefunden und nach London geschickt werde, so könne Admiral Hall beim Entziffern des Textes in der amerikanischen Botschaft Mr. Bell »behilflich sein«. Dieser Schachzug erlaube es den Amerikanern, dann zu behaupten, das Telegramm sei von ihnen entdeckt und bereits auf US-Territorium von amerikanischen Codebrechern entziffert worden.
Wie verabredet überreicht Lord Balfour dem Gesandten Page die Depesche, der am 24. Februar 1917 morgens um 2 Uhr ein dringendes Telegramm an das State Department in Washington schickt mit der Ankündigung, in Kürze folge eine Mitteilung von allerhöchster Bedeutung an Präsident Wilson und den Außenminister.
Gegen Mittag sendet Botschafter Page dann den ganzen Text des Zimmermann-Telegramms nach Washington. In einem streng geheimen Memorandum teilt er Wilson anschließend mit, die Engländer seien im Besitz des deutschen diplomatischen Geheimcodes, doch er fordere den Präsidenten auf, die letzte Mitteilung unbedingt geheimzuhalten, weist aber darauf hin, daß von seiten Großbritanniens einer Veröffentlichung des Zimmermann-Tele-

Botschafter von Bernstorff mit seiner Ehefrau auf dem Promenadendeck des dänischen Passagierdampfers »Frederick VIII.«

»Hochexplosiv!« – eine Karikatur über die Zimmermann-Depesche von R. Kirby aus der New Yorker »The World«, März 1917

gramms nichts im Wege stehe. Nur wenig später läßt Botschafter Page die zweite Zimmermann-Depesche folgen. Als Wilson beide Telegramme vorgelegt werden, zeigt er »echte Entrüstung« und bezweifelt keinen Augenblick deren Authentizität.
Außenminister Robert Lansing befindet sich zur Stunde nicht in Washington. Sein Stellvertreter aber bemüht sich bei »Western Union« sofort um eine Kopie des Bernstorff-Telegramms an Eckhardt. Die Telegraphen-Gesellschaft weigert sich zunächst, diese Unterlagen herauszugeben. Inzwischen erinnert sich aber ein Beamter des State Department an ein langes, verschlüsseltes Telegramm, das Botschafter von Bernstorff etwa zur fraglichen Zeit über das Geheimkabel nach Mexiko geschickt habe. Eine schnelle Überprüfung räumt alle Zweifel aus: Es handelt sich hier um das Zimmermann-Telegramm.
»Großer Gott! Großer Gott!«, ruft Wilson aus, als ihm damit die Doppelzüngigkeit der Deutschen bewußt wird. Endlich läßt sich auch die »Western Union« dazu bewegen, eine Kopie des verschlüsselten Telegramms, das nach Mexiko ging, herbeizuschaffen. Vier Tage nach Bekanntwerden des Zimmermann-Telegramms in Washington sieht Außenminister Lansing keine Veranlassung mehr, die Tatsachen länger zu verschweigen und gibt unter der Hand eine kommentierte Fassung dieser brisanten Depesche an die »Associated Press«.
Am nächsten Tag, dem 1. März 1917, verkünden die Schlagzeilen in der Morgenpresse: »Deutschland sucht Bundesgenossen gegen die Vereinigten Staaten.« Trotz der Forderung nach einer sofortigen Kriegserklärung, die das ganze Land erfüllt, zögert Wilson weiterhin. Da kommt eine überraschende Nachricht aus Deutschland: Auf einer Pressekonferenz in Berlin bestätigt Zimmermann die Authentizität des Telegramms. Er behauptet jedoch, es sei nie nach Mexiko weitergleitet worden. Daß dies nicht stimmt, kann die amerikanische Regierung beweisen.
Zimmermann versucht jetzt fieberhaft nachzuforschen, wie sein Telegramm den USA bekannt werden konnte. Gleichzeitig bemüht er sich weiterhin um ein Bündnis mit Mexiko und bombardiert den Gesandten von Eckhardt mit Telegrammen, die überraschenderweise alle mit dem gleichen Code wie bisher verschlüsselt sind. Die Deutschen ziehen die Möglichkeit überhaupt nicht in Betracht, daß ihr Code vom Gegner entziffert worden sein könnte, sondern sind weiterhin davon überzeugt, der Klartext müsse durch irgendeine Unvorsichtigkeit in die Hände der Amerikaner gelangt sein: Für diese Panne können nur der Botschafter von Bernstorff oder der Gesandte von Eckhardt veranwortlich sein.
Bernstorff befindet sich inzwischen an Bord des dänischen Passagierdampfers »Frederick VIII.« auf der Heimreise, die unvorhergesehenerweise fast vier Wochen dauert.
In Room 40 verfolgt man mit wachsender Belustigung den regen Austausch der Depeschen zwischen dem Auswärtigen Amt und Gesandter von Eckhardt in Mexiko. Zimmermann benutzt immer noch, als wäre nichts geschehen, den gleichen Code, selbst für seine Anfrage, »wie dieses Telegramm verraten worden sei«.
Unterdessen wird die »Frederick VIII.«, auf der sich von Bernstorff mit seiner fast 200 Personen zählenden Begleitung befindet, von den britischen Behörden in den Hafen von Halifax eingebracht. Die kanadischen Zollfahnder untersuchen das Gepäck des Deutschen mit übertriebener Gründlichkeit und schrecken auch nicht vor einer Leibesvisitation zurück.
Während die ganze Welt von dem Skandal um die Zimmermann-Depesche spricht, wird der Dampfer zwölf Tage lang in Halifax festgehalten. Der wahre Grund dafür: Admiral Hall kennt die Telegramme, mit denen sich der ehemalige deutsche Botschafter immer wieder bemüht hat, Zimmermann von jeder Provokation den Amerikanern gegenüber abzuhalten. Hall will unbedingt verhindern, daß es Bernstorff in Berlin doch noch gelingen könnte, die deutsche Regierung zu überreden, auf die Friedensvorschläge von Präsident Wilson einzugehen. So sorgt Hall insgeheim dafür, daß Bernstorff in Berlin erst dann eintrifft, wenn nichts mehr zu retten ist.
Der deutsche Botschafter war so unvorsichtig, einen Koffer des schwedischen Gesandten in Washington mit der schwedischen Diplomatenpost mitzunehmen. Da dies einen Bruch der Neutralität bedeutet, wird der Koffer von den kanadischen Behörden in Halifax beschlagnahmt. Danach meldet die Presse, der Koffer habe nicht nur schwedische Dokumente, sondern

auch versiegelte streng geheime Papiere des Grafen Bernstorff enthalten.
Die Kanadier behaupten, die Siegel seien schon bei der Übernahme des Koffers erbrochen gewesen. Dies muß demnach zwischen dem 9. und 16. Februar 1917 passiert sein, also irgendwo zwischen New York und Halifax. Diese Daten stimmen tatsächlich, und die Presse schluckt den Köder. Obwohl sich in Wirklichkeit nichts von Bedeutung im Koffer befand, läßt Hall seine Agenten in New York das Gerücht verbreiten: »Unter von Bernstorffs Papieren ist eine Kopie des Telegramms gefunden worden.«
Dies scheint die heikle Frage zu beantworten, wie die US-Regierung an den Text des Telegramms gekommen ist. Das Opfer heißt Bernstorff. Der Kaiser und sein Außenminister Zimmermann, die verzweifelt nach einem Sündenbock suchen, werden durch die Affäre mit dem Koffer in ihrem Mißtrauen bestärkt. Ungeachtet des wachsenden Zorns der amerikanischen Öffentlichkeit, zögert Präsident Wilson noch einmal zwei Wochen mit der Kriegserklärung. Als Bernstorff endlich in Berlin eintrifft, bittet er um eine sofortige Audienz beim Kaiser, um sich noch in letzter Minute für Gespräche mit der US-Regierung einzusetzen, doch der erboste Monarch weigert sich, ihn zu empfangen. Der Kaiser läßt sieben Wochen verstreichen, ehe er sich bereit erklärt, mit Graf von Bernstorff zu sprechen.
Dem in Mißkredit geratenen Botschafter ist damit jede Möglichkeit genommen, die Regierung vor weiteren aggressiven Aktivitäten zu warnen. Am 18. März 1917 versenken deutsche U-Boote im Nordatlantik ohne vorherige Warnung drei amerikanische Schiffe. Und am Tag darauf, dem 19. März 1917, kommt es zu einem der entscheidendsten Ereignisse des Krieges: In Rußland ist die Revolution ausgebrochen, und nach dem Sturz des Zaren übernimmt eine parlamentarische Regierung unter Kerenskij die Macht. Die Vorkommnisse in Rußland schwächen das alliierte Lager erheblich und stärken bei den Mittelmächten die Hoffnung auf einen günstigen Verlauf des Krieges.
Am 21. März 1917 fällt die Entscheidung: Wilson beruft den Kongreß zu einer Sondersitzung ein. Der Präsident sagt, er habe zwar alles versucht, um den Krieg zu vermeiden, sähe aber jetzt keine Alternative mehr: Die jüngsten Aktionen der Deutschen stellen nichts weniger als »Krieg gegen die Regierung und das Volk der Vereinigten Staaten dar«. Wilson verkündet als Antwort auf das Zimmermann-Telegramm: »Wir nehmen diese Herausforderung des Feindes an ...«
Ein Reporter notiert, die Ansprache des Präsidenten habe »einen Beifallssturm« ausgelöst. So hat das Zimmermann-Telegramm den Lauf der Geschichte entscheidend beeinflußt.

Zürich: Geheimauftrag für Safeknacker

An einem strahlenden Herbsttag, dem 27. September 1915 – die Kirchturmuhr nahe dem Hafen von Brindisi hat gerade 8 Uhr geschlagen –, zerreißen plötzlich mehrere gewaltige Detonationen die Stille. Das Schlachtschiff »Benedetto Brin«, Stolz der italienischen Marine, sinkt wie von einer gewaltigen Faust zerschlagen. Daneben stehen drei weitere Einheiten in hellen Flammen. 456 Besatzungsmitglieder finden den Tod, darunter der Kommandant der »Benedetto Brin«, Kapitän Forni, und der Kommandant des Schiffsverbandes, Konteradmiral de Cervin.
Dieses schreckliche Unglück erregt die ganze Bevölkerung, denn Italien befindet sich gerade seit vier Monaten im Krieg. Die Presse veröffentlicht nur ein knappes Kommuniqué des Kriegsministeriums, in dem es heißt: Das Schlachtschiff wurde durch eine

Stolz der italienischen Marine, das Schlachtschiff »Benedetto Brin«: Ursache der Versenkung unbekannt

Explosion auf der danebenliegenden »Santa Barbara« versenkt. Eine Untersuchungskommission macht sich sofort an die Arbeit, aber sie tappt völlig im dunkeln. Auch die Taucher finden keine stichhaltigen Beweise für eine Sabotageaktion.
Die Ursache der Katastrophe kann nicht ermittelt werden; man schließt aber die Einwirkung irgendwelcher äußeren Einflüsse aus. Der italienische Ministerpräsident Salandra beteuert in seinem Telegramm an den Flottenchef die tiefe Teilnahme, die die Nachricht vom Verlust des starken Schiffes und so vieler tapferer Offiziere und Mannschaften hinterlassen habe, und bittet, »persönlich die Verantwortlichen rücksichtslos festzustellen, um das Land wieder zu beruhigen und etwaige Schuldige streng zu bestrafen«.
Es vergeht kaum eine Woche, in der nicht italienische Militär- und Verkehrsanlagen Ziel von Sabotageanschlägen sind: Im Hafen von Livorno fliegt der mit Dynamit beladene Frachter »Etruria« in die Luft. In Ancona werden Flugzeughangars gesprengt, im Hafen von Genua brennt das Zollgebäude bis auf die Grundmauern ab, und in Neapel fallen riesige Lagerhallen, bis zur Decke vollgestopft mit gerade aus Amerika angekommenen Versorgungsgütern, den Flammen zum Opfer. Die italienische Polizei und die Spionageabwehr fahnden fieberhaft nach den Drahtziehern dieser nicht enden wollenden Sabotagekette.
Es ist offensichtlich, daß die Anschläge nicht von Amateuren geplant sind; es muß eine gut funktionierende Organisation dahinter stehen, die immer an der richtigen Stelle zuschlägt. Besonders die Rüstungsindustrie scheint ihr bevorzugtes Ziel zu sein. So fliegt zum Beispiel in La Spezia ein von der Munitionsfabrik kommender Güterzug in die Luft. Die Detonation von mehreren Tonnen Artilleriegeschossen fegt die umliegenden Hafengebäude fort

Pressebericht vom 29. 9. 1915
über die Versenkung der »Benedetto Brin«

CORRIERE DELLA SERA

Francesi e inglesi guadagnano terreno
Attacchi austriaci falliti sul Cevedale e sul Carso

La situazione

La sciagura della "Benedetto Brin" nel porto di Brindisi

und zerreißt die Schienenstränge. Dabei sterben 265 Soldaten und Zivilisten. Einige Zeit später explodiert wieder ein mit Munition beladener Zug, diesmal in Vallegrande.
Die Furcht vor den Terrorkommandos wächst; da schnappt eine Streife in der Nähe von Terni einen Mann, der gerade eine Sprengladung am Staudamm des Wasserkraftwerks Marmore Alte anbringen will. Der sofort verhaftete Saboteur ist Italiener.
Kurz danach stellt sich ein anderer Italiener der Polizei: Er habe den Auftrag, die beiden Staudämme der Wasserwerke von Chiamonte und Sempione zu sprengen, doch er könne es nicht mit seinem Gewissen vereinbaren. Die verhinderten Attentäter wissen zwar kaum etwas über die Hintermänner jener Organisation, der sie angehören, aber ihre Aussagen führen auf eine bisher unbekannte Spur: Kommandant Laureati vom Nachrichtendienst der Marine, der die Untersuchungen leitet, ist nun überzeugt, daß die Zentrale der Sabotageorganisation sich nicht in Italien sondern in der Schweiz befindet.

Obwohl Polizei und Spionageabwehr im Großeinsatz sind, explodiert in der Zwischenzeit auch die Dynamitfabrik von Cengio (Provinz Vicenza), und das Wasserkraftwerk in Terni erleidet durch einen weiteren Sabotageakt erhebliche Schäden.
Erst im Mai 1916 erhält die Spionageabwehr in Rom den ersten konkreten Hinweis. Der italienische Generalkonsul in Zürich, insgeheim Nachrichtenoffizier der Gegenspionage, berichtet, daß sich bei ihm der seit Jahren in der Schweiz lebende italienische Advokat Livio Bini gemeldet habe. Er sei österreichischer Agent, möchte aber künftig für sein Heimatland tätig sein. Bini gesteht, daß er mit dem österreichischen Konsul Rudolf Mayer eng befreundet sei und im österreichischen Konsulat ein und aus gehe. Der Advokat erwähnt auch, er habe auf dem Schreibtisch von Mayer einen Plan des Schlachtschiffs »Leonardo da Vinci« gesehen. Durch ihn also führt die Spur zum österreichischen Konsulat in der Züricher Bahnhofstraße 69.
Mit der Erkundung wird jetzt Commandante Pompeo Aloisi, Angehöriger des Marine-Nachrichtendienstes, beauftragt. Er soll in Zürich die österreichische Spionage- und Sabotageorganisation aus der Nähe beobachten. Aloisi gibt sich als Diplomat aus und reist zusammen mit mehreren Geheimagenten zur italienischen Botschaft nach Bern, die ihnen während des Aufenthalts in der Schweiz als Domizil dient.
Der österreichische Konsul Rudolf Mayer ist in Wirklichkeit Offizier der österreichischen Marine. Unter dem Deckmantel eines Diplomaten und vom k.u.k. Evidenzbureau mit fast unbegrenzten Mitteln ausgestattet, leitet Mayer eine Anzahl der besten Agenten Wiens, die alle Sabotagepläne ausknobeln. Angeworbene hochbezahlte italienische Spione und Saboteure führen dann in Italien die Sprengungen durch. Die anschließend gezahlten Honorare werden den

Rißzeichnung des modernen italienischen Schlachtschiffes »Leonardo da Vinci«: Auf dem Schreibtisch des k. u. k. Konsuls Mayer in Zürich hat Bini den Plan dieses Schiffes gesehen

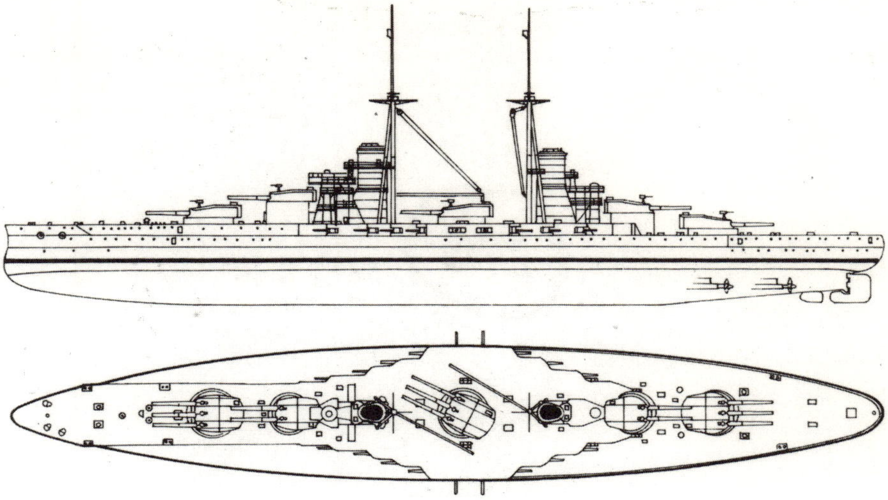

Männern in Schweizer Franken auf ein Geheimkonto in Lugano überwiesen.
Trotz wochenlanger Observation und inzwischen erworbener Kontakte zu italienischen Emigranten kommt Aloisi nicht weiter. Daraufhin entwickelt er einen waghalsigen Plan: Man müsse in das österreichische Konsulat einbrechen und aus dem Safe die Namenslisten und Pläne der Agenten entwenden. Der Chef des italienischen Marine-Nachrichtendienstes, Commandante Laureati, stimmt dem zu und ermutigt Aloisi, sein Vorhaben auszuführen. Es herrscht strikte Geheimhaltung, lediglich der Marineminister wird eingeweiht.
Die Sache stellt sich jedoch als äußerst kompliziert heraus: Um an den Safe zu gelangen, in dem Mayer vermutlich seine Geheimakten versteckt, muß man – laut zuverlässiger Information durch Bini – nicht weniger als 16 verschiedene Türen, jede mit einem anderen Schloß versehen, öffnen. Außerdem gebe es einen Nachtwächter, der zu bestimmten Zeiten die 16 Durchgänge kontrolliere. »Sollen wir verzichten? Unmöglich daranzukommen«, lautet Aloisis enttäuschende Nachricht an Laureati. Doch bald zeigt sich, daß trotz aller Bedenken unverzüglich gehandelt werden muß.
Am 2. August 1916 erfolgt in der Bucht von Tarent der nächste Sabotageakt. Ziel ist diesmal das Schlachtschiff »Leonardo da Vinci«, das bereits elf Monate zuvor bei einer Explosion im Hafen von Brindisi beschädigt worden war. Gegen 23 Uhr wird dicht bei der Brücke ein Brand entdeckt, der sich schnell auf die Munitionskammern ausbreitet. Nach kurzer Zeit zerreißt eine gewaltige Explosion die Nacht. Um 23.45 Uhr kentert die »Leonardo da Vinci« mit 21 Offizieren und 227 Matrosen an Bord. Sie ist eine der modernsten Einheiten der italienischen Flotte, vor wenigen Jahren erst in Dienst gestellt. Obwohl sich die Untersuchungskommission auch diesmal nicht zu den Ursachen der Katastrophe äußert, ist die Öffentlichkeit fest davon überzeugt, daß eine feindliche Sabotageorganisation dahintersteckt.
Commandante Aloisi erhält jetzt aus Rom den Befehl, alles zu versuchen, den Safe in Mayers Büro zu knacken, koste es was es wolle. Um zu verhindern, daß irgend etwas über die Vorbereitungen bekannt wird, darf kein Schriftwechsel darüber geführt und keine Akte über die zur Verfügung gestellten Mittel angelegt werden. Nur kurze Telephonate in dem verabredeten Code bleiben die einzige Verbindung zwischen Bern und Rom. Nach einiger Zeit gibt Aloisi die Nachricht durch, daß nun doch Hoffnung auf Durchführung der Aktion bestehe: Dem Agenten Bini sei es tatsächlich gelungen, von allen Türen, die zum Tresorraum führen, Schlüsselabdrücke zu machen.
Auch die Suche nach einem Mann, der – in allerhöchstem Staatsauftrag – den Einbruch verüben soll, ist erfolgreich: Er heißt Natale Papini, sitzt im Gefängnis von Livorno und ist nach Meinung der Polizei Italiens bester Safeknacker. Der 35jährige Schlossermeister verbüßt gerade eine Strafe für seinen Einbruch in die »Banca Marittima« in Viareggio. Er darf sogar Bedingungen für seine Beteiligung an diesem

Der italienische Advokat Livio Bini bringt Italiens Geheimdienst auf die richtige Spur

Italiens bester Safeknacker: Natale Papini

streng geheimen Einsatz stellen, und der Superschränker ist dabei nicht zimperlich.
Papini verlangt die Streichung sämtlicher Vorstrafen aus dem Leumundsregister, Befreiung von jedem künftigen Militärdienst, dazu eine Geldprämie in Höhe aller Wertsachen und Bargeldbestände, die er in dem bewußten Panzerschrank finden würde. Die italienische Spionageabwehr, die keine andere Alternative hat, stimmt der Forderung zu. Natale Papini und ein Feinmechaniker aus Triest namens Remigio Bronzin, der dem Schränker zur Hand gehen soll, machen sich auf die Reise.,
Papini: »... ›Amici‹, flüsterte unser Meister, Leutnant Cappelletti, als wir Mitte Februar 1917 auf dem Züricher Bahnhof, wo er uns erwartet hatte, eintrafen. ›Man hat euch gewählt, weil ihr als die Verläßlichsten erprobt seid. Wenn uns das Unternehmen gelingt, könnt ihr stolz und der Dankbarkeit unserer Heimat gewiß sein. Ruht einige Stunden aus. Dann werde ich euch in meinen Plan einweihen.‹
Am Abend kamen wir, nachdem wir unsere schweren Koffer in der Wohnung eines Agenten verstaut hatten, ins Hotelzimmer zu unserem Maestro. Er verschloß sorgfältig die Doppeltür, setzte sich mit uns an den Tisch.
›Was ich euch jetzt mitteile, über das konnte ich mich durch Monate persönlich informieren; ich kenne die Sachlage somit bis ins kleinste Detail. Ich habe jeden unserer Schritte vorausbedacht, bis in alle Einzelheiten bezüglich Raum, Zeit und sonstige Umstände berechnet. Jede Möglichkeit ist ins Kalkül gezogen. Der österreichische Generalstab hat hier in Zürich, unter dem Decknamen eines ›Departments des k.u.k. Generalkonsulats‹ eine Spionagezentrale eröffnet.‹ Unser Führer entfaltete einen Stadtplan und breitete ihn auf. Er deutete mit der Spitze seines Bleistiftes auf eine Stelle:
›Der Pseudo-Konsul Mayer hat das Bureau seines sogenannten k.u.k. Konsulats im Gebäude des Bankhauses Schoop und Rauch – seht, hier in der Bahnhofstraße Nr. 69, aufgeschlagen. Sein Bureau ist von den übrigen Räumlichkeiten des Bankhauses durch neuaufgeführte Zwischenmauern getrennt. Ich habe schon angedeutet, daß der schlicht denkende Seemann Signor Mayer sich zum Leiter einer Spionagezentrale nicht eigne. Beweis dafür ist: Des Nachts weilt keine Menschenseele in seinem Bureau. Der Herr Capitano sperrt einfach, wenn er weggeht, den Panzerschrank ab, steckt die Schlüssel zu sich. Er sperrt darauf die Tür seines Bureaus ab und begibt sich dann nach Hause zu seiner Frau.
Seine drei Untergebenen haben jeder einen Schlüssel zu ihrem gemeinsamen Zimmer, sperren dieses beim Weggehen ab – und Chef wie Personal der k.u.k. Spionagezentrale in Zürich sind überzeugt, damit das Höchstmaß von Sicherheitsvorkehrung zum Schutze ihrer Geheimdokumente getroffen zu haben.‹
›Alles ist aufs Präziseste vorbereitet. Natürlich sind die Geräte, vor allem das Sauerstoffgebläse, zum Tragen zu schwer. Wir müssen sie hinfahren‹, sagte ich.
›Selbstredend. Ich habe den Handwagen schon vorbereitet‹, erklärte der Maestro. ›Achtung: Jeden Abend ist bei Schoop und Rauch um 6 Uhr Bureauschluß. Ihr fahrt die Apparate, in grünes Tuch gewikkelt, auf dem Handwagen hin. Hier ist der Schlüssel zum Keller. Tragt das Werkzeug dort hinunter und deponiert alles in eine leere Kiste. Sperrt die Kellertür wieder ab.‹ ...«
Mit Hilfe des Advokaten Bini, der die Kontrollzeiten des Nachtwächters genau kennt, schleicht sich Bronzin nachts mehrere Male ins Konsulat. Er überprüft die Schlösser und fertigt Duplikatschlüssel an. Damit der Einbruch nicht sofort entdeckt wird, soll nach der Tat der Schlüssel ins Schloß gesteckt und abgebrochen werden, um die Tür des letzten Büros, wo der Safe steht, für Stunden zu blockieren.
Die Italiener wissen, wie mächtig der österreichische Geheimdienst in der Schweiz ist, und wenn der Diebstahl zu früh bemerkt wird, besteht die Gefahr, daß die Koffer mit den Dokumenten womöglich nicht rechtzeitig über die Grenze geschafft werden können.
Die Vorarbeiten ziehen sich wochenlang hin. Leutnant Cappelletti, der Stellvertreter von Commandante Aloisi, ist ein Perfektionist und möchte erst den günstigsten Moment abwarten, doch Bini, der noch immer bei den Österreichern ein- und ausgeht, warnt eines Tages: Konsul Mayer habe Verdacht geschöpft, daß von italienischer Seite irgend etwas geplant sei. Man müsse sich also beeilen.
In der Tat, unter den erbeuteten Papieren wird später eine Meldung von Mayer an das k.u.k. Evidenzbureau in Wien gefunden. Darin hießt es, er wisse »mit Sicherheit«, daß sich in der italienischen Gesandtschaft Spezialisten aufhielten, die versuchen sollen, Dokumente aus seinem Tresor zu stehlen. »Ich bin gerade dabei«, – so Mayer, »die nötigen Sicherheitsvorkehrungen zu treffen, um diesem Überfall vorzubeugen.« Es ist aber nicht zu erfahren, welche Maßnahmen der Konsul geplant oder schon durchgeführt hat. Doch irgend jemand aus dem italienischen Konsulat muß ihm etwas verraten haben.

Cappelletti informiert Commandante Aloisi in Bern, der sofort nach Zürich kommt. Die Zeit drängt jetzt: Man will die Aktion noch in der Nacht vom 24./25. Februar 1917 versuchen. Die Abende vor Aschermittwoch, der in diesem Jahr auf den 28. Februar fällt, wo die ganze Stadt Zürich verrückt spielt, sind besonders günstig, denn der Lärm vieler ausgelassener Menschen wird das laute Sauerstoffgebläse übertönen und diejenigen unverdächtig erscheinen lassen, die draußen vor dem Konsulat aufpassen.
Im Gebäude des österreichischen Konsulats befindet sich aber auch die Bank, deren Wachpersonal bei verdächtigen Geräuschen bestimmt die Polizei rufen wird. In Zürich sind normalerweise um 21 Uhr die Straßen leer, und um 23 Uhr müssen die Lokale schließen, sogar die Straßenbeleuchtung wird ausgeschaltet. Doch zur Fastnachtszeit, die Schweiz ist ja neutral, ist alles anders.

Auf Zürichs bekanntester Promenade: Gebäude des Bankhauses Schoop und Rauch, Bahnhofstraße No. 69

Stenos Tanzini, Unteroffizier der italienischen Marine, ist vom Geheimdienst mit Durchführung des Einbruchs beauftragt

Am Freitag, dem 23. Februar, nach Büroschluß der Bank Schoop und Rauch, fährt am Tor des Hauses Bahnhofstraße 69 unauffällig ein kleiner Handwagen vor. Niemand beachtet die zwei Männer, als sie einzelne schwere Gegenstände, mit grünem Packleinen umwickelt, abladen und ins Tor tragen. Der eine sperrt die Kellertür auf. Beide schleppen ihre Last hinunter, kommen wieder herauf, sperren die Kellertür ab und ziehen dann bedächtig, mit schwerem Arbeiterschritt, den leichten Handwagen fort.
Um Mitternacht öffnet der Anführer Stenos Tanzini mit dem angefertigten Nachschlüssel unbemerkt das Eingangstor. Papini, Bini und Bronzin folgen ihm schnell. Nachdem sie insgesamt 16 Türen geöffnet haben, bemerken sie, daß Mayer eine überraschende zusätzliche Sicherheitsmaßnahme getroffen hat. Es gibt eine weitere Tür, die den Eingangskorridor vom letzten Büro trennt. Was tun? Die Einbrecher befürchten, daß ihnen die 17. Tür Unglück bringt. Bronzin und Papini unternehmen alles, doch die Tür bleibt verschlossen. Bevor die Männer aufgeben, probiert Tanzini es auf jede nur mögliche Art, das Hindernis zu überwinden, denn sie wollen sich diese Gelegenheit keinesfalls entgehen lassen: Fastnachtstreiben auf den Straßen, Mayer durch einen fingierten Telefonanruf nach Bern gelockt, und dem Wächter hat man Karten fürs Theater geschenkt. Es wird nie wieder so günstig sein wie jetzt.
Bronzin: »Auf der gegenüberliegenden Straßenseite standen im Hauseingang zwei Konsulatsbeamte, Rossi und Biagi, Schmiere. Sie sollten, falls sich etwas regt, laut schneuzen. Das sollte ein Alarmzeichen für uns sein. Die Fenster des Bureaus sollten mit einem Wachstuch, das wir dabei hatten, verhängt werden, damit kein Lichtschein nach draußen dringt. In den Koffern, in denen wir später unsere Beute abtransportieren würden, hatten wir eine komplette Schweißapparatur, die modernste, die es gab, vom Typ Pyrocot, verteilt. Das war Papinis Idee, die Fabriknummern sogar auf den Gasflaschen auszuschleifen. Damit sollte die Fahndung erschwert werden.«

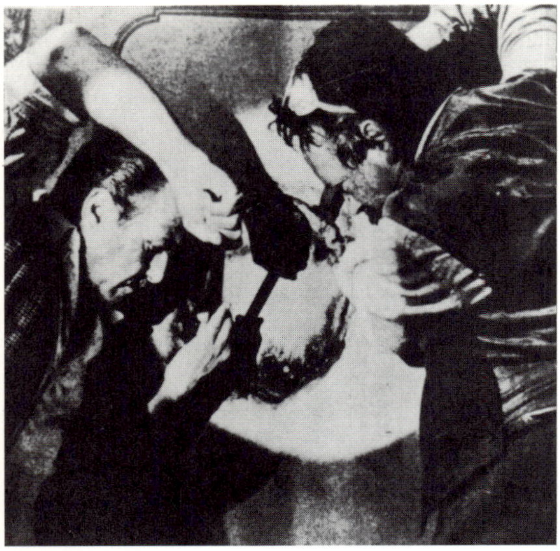

Die Safeknacker von Zürich bei der Arbeit: aus dem italienischen Spielfilm »Senza Bandiera«, der den Fall rekonstruiert

Nachdem alle Versuche gescheitert sind, bleibt den Männern nur noch der Rückzug. Vorsichtig verschließen sie alle Türen und achten darauf, keine Spuren zu hinterlassen. Kaum auf der Straße, trennen sie sich sofort. Es sind inzwischen fast keine Passanten unterwegs, die letzten Lokale schließen gerade. Tanzini, der den Koffer mit Sauerstoffflasche für das Gebläse und eine Tasche voller Werkzeuge bei sich hat, wird plötzlich von zwei Polizisten angehalten. Er muß seine Papiere vorzeigen und versucht, einen etwas ängstlichen Eindruck zu machen: »Ich bin ein italienischer Emigrant, der nach Hause zurückkehrt. Ich ziehe in den Krieg.«
Die beiden Ordnungshüter haben Mitleid. Der Bahnhof ist nur ein paar Schritte entfernt, und das Cafe hat noch auf. Sie laden Tanzini zu einem Drink ein und verabschieden sich mit Handschlag. Dieser verschwindet mit seinem schweren Koffer, den die Polizisten nicht einmal durchsucht haben.
Am nächsten Tag, Samstag, dem 24. Februar, erfahren die Agenten, daß die Sicherheitsvorkehrungen noch verschärft worden sind. Zusätzlich zu den Wächtern und der patrouillierenden Polizei ist von einem Schäferhund die Rede, der den Eingang bewachen soll. Trotzdem wollen sie es erneut versuchen, denn die Fastnachtszeit bietet die beste Chance. Tanzini hat für den Hund vorsorglich Chloroform bei sich und vergießt es auf der Treppe. Der Hund, im Souterrain durch die Geräusche aufgeweckt, verfolgt die vier, aber der Chloroformdunst hält ihn zurück und betäubt ihn. Advokat Bini, im Hause noch immer Vertrauensperson, hat von dem Schlüssel der 17. Tür inzwischen einen Abdruck gemacht, von dem bereits ein Nachschlüssel zur Verfügung steht. Bronzin: »Ich öffnete das Gittertor und ließ die anderen drei passieren. In diesem Augenblick gingen außen zwei Polizisten vorbei, die kurz hereinschauten, dann aber ruhig weitergingen. Hastig schloß ich das Tor. Wir stiegen in den ersten Stock hinauf. Während ich die Bürotür aufschloß, ließ Bini Zeichen panischer Angst erkennen. Papini und Tanzini schauten ihm ins Gesicht und lachten. Wir schlossen die Tür hinter uns, ich orientierte mich anhand der Skizze und trat ans Fenster. Leutnant Cappelletti, der gegenüber Schmiere stand, gab das verabredete Zeichen: alles in Ordnung!
Bini holte Stricke aus seinem Koffer, die er aus dem Fenster fallen lassen wollte, wenn wir fliehen müßten. Ich montierte das Wachstuch. Um 21.45 Uhr begann Papini mit dem Schneiden. Sobald die Flamme das Blech durchstieß, entstand ein starker Druck, die Flamme kroch in die Gummischläuche, sie explodierten. Ich hatte gerade noch Zeit, die Ventile zu schließen, um Schlimmeres zu verhüten. Das Zimmer füllte sich mit Gas, das sich mit einer chemischen Substanz in der Zwischenwand des Tresors verband. Ständig mußte ich auf die Azetylen- und Sauerstoffflaschen aufpassen. Es war 22.30 Uhr. Jedesmal, wenn wir das Deckblech durchstießen, erlosch die Flamme, und ich mußte sofort die Ventile der Gasflaschen schließen. Die Lage verschlimmerte sich zusehends. Es bildeten sich giftige Gase. Das Atmen wurde schwieriger. Bini wollte die Gelegenheit benützen, den Raum zu verlassen. Er wollte uns weismachen, seine Anwesenheit auf der Straße wäre viel wichtiger; aber wir verbaten ihm zu gehen.
Plötzlich hörten wir das Tor. Jemand öffnete. Wir unterbrachen die Arbeit sofort und horchten. Ganz deutlich hörte man den Hund des Wächters die Treppen hinauf- und hinuntergehen. Der Wächter schloß wieder ab.
Zum Glück hatte Tanzini Handtücher und in einem Becken schmutziges Wasser gefunden. Wir tauchten diese Tücher immer wieder ins Wasser und wickelten sie uns um die Köpfe. Nur die Augen ließen wir frei. Trotzdem war das Atmen fast unmöglich.
Alle paar Minuten erlosch die Flamme. Wir beschlossen, das Fenster ein bißchen zu öffnen, und schauten auf die Uhr: Mitternacht, und wir hatten erst die Hälfte der Arbeit geschafft! Papini verlor den Mut, ließ alles liegen und sagte: ›Ich kann nicht mehr.‹ Ich antwortete, er solle zur Abwechslung auf die Ventile achten und mir den Schneidbrenner geben. Als ich ihn noch bei seiner Berufsehre als Einbrecher packte, machte er weiter.«
Vorher war ausgemacht worden, den Zug nach Bern um 23.30 Uhr zu nehmen; der Bahnhof liegt ganz in der Nähe. Da schon Stunden vergangen sind, werden die Agenten, die auf der Straße Wache halten, unruhig. Das Fastnachtstreiben geht allmählich zu Ende. Von den Männern im Konsulat ist nichts zu hören. Leutnant Cappelletti läuft zum Bahnhof und ruft Aloisi in der Berner Botschaft an, der inzwischen dorthin zurückgekehrt ist, um bei einem Scheitern der Aktion keinen Verdacht auf sich zu lenken. Aloisi fragt

mit erregter Stimme: »Habt ihr es geschafft?« Als er erfährt, daß man noch keine Nachricht hat, sinkt seine Stimmung. »Haltet mich jederzeit auf dem laufenden!« Es ist jetzt 1 Uhr nachts. Der Tresor läßt sich noch immer nicht öffnen, und jeden Augenblick kann einer der beiden Wächter kommen. Doch die Züricher Fastnacht hat auch sie mitgerissen.
Bronzin: »Um 2 Uhr früh hatten wir rings um das Schloß Löcher gebohrt. Ich steckte einen Geißfuß in eines der Löcher und begann zu würgen. Das Eisen gab nach. Tanzini half mir. Papini kratzte die chemische Substanz, die uns so viel zu schaffen gemacht hatte, aus dem Loch. Keiner sprach. Wir zündeten die Flamme wieder an, und Papini schweißte das Schutzblech auf, das das Schloß einhüllte. Das ging sehr schnell. Jetzt kam das Schloß an die Reihe. Ich nahm einen Schraubenzieher und legte den Deckel weg. Papini entfernte die Bügel, ich schob den Riegel, die Tür ging auf.
Wie der Blitz schnappte Papini eine Kassette und eilte mit ihr ans Fenster, um im fahlen Schein der Straßenbeleuchtung den Inhalt zu kontrollieren. Papiere! Papini und ich brachen zwei weitere Kassetten auf. Wir fanden Goldstücke, Fotos, noch mehr Papiere. Zum Glück entdeckten wir in dem Büro noch zwei kleine Koffer. Sonst hätten wir nicht einmal alles abtransportieren können.«
Die Männer holen die Dokumente aus dem Safe und stopfen sie in die Koffer. Sie nehmen alles mit, was sie vorfinden. Nur ihr gesamtes Werkzeug, Schneidbrenner, Sauerstoffflasche, Azetylenflasche und das Wachstuch lassen sie zurück. Bevor sie das Konsulat verlassen, hängt Papini noch einen Zettel an die Lampe in Mayers Büro: »Die Narren sind ausgezogen, um ihr Spiel zu treiben, diesmal hat man mit ihnen ein Spiel getrieben.«
Mit dem Raubgut beladen, erreichen sie einzeln den Bahnhof. Zu dieser Nachtzeit fährt jedoch nur ein Zug bis Olten. Tanzini hat die Koffer mit den Dokumenten bei sich. Als der Kontrolleur auftaucht, überläuft es ihn kalt. Der schaut sich die Koffer an und reklamiert, der Passagier müsse einen Zuschlag bezahlen, denn das Gepäck sei zu groß. Tanzini bezahlt und atmet erleichtert auf, als der Bahnbeamte das Abteil verläßt. Auch zwischen Olten und Bern trifft Tanzini auf einen überkorrekten Schaffner, der ihn sogar aussteigen lassen will. Schließlich verlangt er für das Übergewicht der Koffer fünf Franken; eine enorme Summe für einen italienischen Emigranten. Tanzini zahlt stillschweigend.
In Bern schleppt er die Koffer zu einem Taxi und ruft dem Chauffeur lautstark zu: »Zur deutschen Botschaft.« Falls am anderen Tage Nachforschungen angestellt würden, so fiele der Verdacht auf die Berliner Gegenspionage. Die deutsche Botschaft liegt fast neben der italienischen. Nachdem der Taxifahrer außer Sichtweite ist, läutet Tanzini an der italienischen Botschaft, aber niemand öffnet ihm.
Die Vorstellung, das österreichische Konsulat könne in Bern und Zürich bereits Alarm ausgelöst haben, läßt den Italiener schnell handeln. Er stemmt die Koffer hoch und wirft sie über die Mauer in den Garten der Botschaft. Inzwischen gehen die Lichter an. Plötzlich treten einige als Dienstpersonal getarnte Botschaftsangehörige aus der Dunkelheit, darunter auch Aloisi.
Es ist 7 Uhr morgens. Das tollkühnste Unternehmen der italienischen Gegenspionage ist gelungen. Am gleichen Tag reist Aloisi, von einer Eskorte diskret begleitet, nach Rom. In seinem Diplomatengepäck befindet sich alles, was die vier aus dem Tresor der österreichischen Botschaft in Zürich entwendet haben: außer den begehrten Dokumenten auch 3000 Schweizer Franken, etwa 23000 österreichische Kronen, 1008 Napoleon-Goldstücke, ein Betrag in deutscher Mark, zahlreiche Münzen von numismatischem Wert sowie kostbare Schmuckstücke.
Die Dokumente erweisen sich als außergewöhnlich wichtig. Es sind Geheimunterlagen der österreichisch-ungarischen Spionagezentrale, Abteilung Italien, darunter Codebücher, eine Kartensammlung aller Häfen und Sperrgebiete Italiens, der Minenfelder vor Genua und auch der einzelnen Frontabschnitte, ferner Spionageberichte der in Italien eingesetzten Agenten sowie das Wichtigste: eine vollständige Kartei mit Namen, Decknamen, Adressen und anderen Einzelheiten der für Sabotageaktionen in Italien tätigen Spione und Attentäter.
Dazu Generalmajor Max Ronge, Chef der Nachrichtenabteilung des österreichisch-ungarischen Armeeoberkommandos und des Evidenzbureaus des Generalstabs: »Das Aufsehen war groß. Der kompromittierte Marineur und sein Personal mußten die Schweiz verlassen. Am unangenehmsten war uns, daß neben anderen auf den Kundschaftsdienst bezughabenden Dokumenten auch ein Chiffreschlüssel abhanden gekommen war.«
Die bis jetzt so erfolgreiche Sabotageorganisation des k.u.k. Evidenzbureaus ist lahmgelegt und erholt sich von diesem Schlag nicht mehr.

Der Safe im »Department des k.u.k. Generalkonsulats«, so wie ihn die Tresorknacker zurückgelassen haben

Berühmte Agenten

Aus der »Schattenarmee« der für Geheimdienste tätigen Männer und Frauen sind besonders zu erwähnen: Carl H. Lody, der erste deutsche Spion, der in England hingerichtet wurde; Jules C. Silber, ein deutscher Agent in London, den man nie aufgespürt hat; Lawrence von Arabien – eine schillernde Persönlichkeit –, Archäologe, Schriftsteller und britischer Agent im Nahen Osten; Dr. Elisabeth Schragmüller, die eine führende Stellung im deutschen Militärischen Geheimdienst hatte sowie die legendäre Mata Hari, über die man sich bis heute streitet, ob sie von den Franzosen zu Recht erschossen wurde.

Carl Hans Lody

Am Sonnabend, dem 5. September 1914, patrouilliert eine Bewachungsflottille der Royal Navy in der stark geschützten britischen Flottenbasis Firth of Forth. Die Sonne spiegelt sich im Meer, und es scheint ein ruhiger Nachmittag zu werden. Als die Schiffe sich um 16 Uhr gerade in der Höhe von St. Abbs Head befinden, erschüttert eine gewaltige Explosion das Führungsschiff der Flottille, den Kreuzer »Pathfinder«. Kurz danach erfolgen weitere Detonationen in den unter Deck liegenden Munitionskammern. Das Schiff sinkt so schnell, daß trotz sofort einsetzender Rettungsaktionen aller in der Nähe befindlichen Einheiten nur wenige der 270 Mann zählenden Besatzung gerettet werden können.

Carl Hans Lody (1877–1914) als Reiseleiter bei der Hapag, Sommer 1914

Das, was man zuerst für ein unerklärliches, tragisches Unglück hält, ist in Wirklichkeit ein Ereignis von historischer Bedeutung: Zum erstenmal in der Seekriegsgeschichte wird ein fahrendes Schiff, noch dazu unter Begleitschutz, von einem Unterseeboot versenkt.

Dieser Torpedotreffer gelingt dem deutschen U-Boot U21 (Oberlt. z. See Otto Hersing) und ist das Ergebnis einer Meldung des deutschen Spions Carl Hans Lody, der von Edinburgh aus den benachbarten Marinestützpunkt Rosynth erkundet hat.

Lody, am 20. Januar 1877 geboren, entstammt einer alten preußischen Beamten- und Offiziersfamilie. Schon als Kind träumt er davon, Seemann zu werden. Eines Tages brennt Carl Hans kurz entschlossen nach Hamburg durch.

Er wird Schiffsjunge auf dem Großsegler »Sirius« und hat den Ehrgeiz, nicht zeitlebens Matrose zu bleiben, sondern Offizier der Handelsmarine zu werden.

1899 hat der jetzt 22jährige Lody den ersten Teil seiner Laufbahn geschafft: Nachdem er 73 Monate zur See gefahren ist, schickt man ihn ab Oktober 1899 für ein Jahr auf die Navigationsschule nach Geestemünde. Danach leistet er als Freiwilliger seinen einjährigen Militärdienst bei der Kaiserlichen Kriegsmarine. Anschließend geht er wieder zur Handelsmarine und fährt dort als zweiter und auch als erster Offizier auf einem deutschen Dampfer zwischen Italien und New York.

Im Februar 1904 absolviert Lody die Navigationsschule zum zweitenmal und besteht seine Kapitänsprüfung mit Auszeichnung, erkrankt dann so schwer, daß er die Seefahrt aufgeben muß.

Im Jahr 1908 macht Lody bei der Kriegsmarine erneut eine Reserveübung, die er mit dem Dienstgrad Oberleutnant zur See abschließt. Als ein Augenleiden seine weitere Seemannskarriere stoppt, übernimmt er 1909 in dem bekannten Reiseunternehmen Frank C. Clark in New York die Stelle des Travelling Director. Bereits ein Jahr später wird er Reiseleiter

bei der Hapag, die als erste deutsche Reederei Weltreisen organisiert.
Während einer Reise lernt Lody die Tochter eines wohlhabenden Brauereibesitzers deutscher Abstammung aus Omaha kennen und heiratet sie. Nun läßt er sich in Omaha nieder und tritt in die Direktion der Union Pacific Railroad ein. Lodys Ehe zerbricht jedoch nach kurzer Zeit, so daß er nach Deutschland zurückkehrt und wieder als Reiseleiter bei der Hapag arbeitet. Im Juni 1914, sechs Wochen vor Kriegsausbruch, fährt er mit einer Gesellschaft amerikanischer Mediziner nach Schottland und England, und Anfang Juli 1914 begleitet Lody eine Reisegruppe auf der Luxusjacht »Meteor« durch die norwegischen Fjorde.
Am Mittwoch, dem 29. Juli 1914, läuft die »Meteor« wieder in Hamburg ein. Nach Erledigung aller Formalitäten reist Lody mit dem Zug nach Berlin. Als am Freitag, dem 31. Juli 1914, auf den Straßen der proklamierte »Zustand drohender Kriegsgefahr« bejubelt wird, meldet er sich als Oberleutnant zur See beim Admiralstab. Er bietet sich an, auf der Stelle als Kundschafter nach Großbritannien zu gehen, um britische Flottenbewegungen zu melden.
Lody spricht die englische Sprache perfekt, wenn auch mit einem leichten amerikanischen Akzent. Er beabsichtigt, sich Papiere eines US-Bürgers zu besorgen, um sich in Großbritannien frei bewegen zu können. Der Offizier des Geheimdienstes, bei dem sich Lody als Amateurspion meldet, versucht ihn zu vertrösten: Gewiß, man würde sehen und ihn wohl auch nach seinen Wünschen verwenden. Aber ohne Vorbereitungen und so schnell ginge es nun einmal nicht. Lody läßt sich jedoch nicht entmutigen und wird Ende der darauffolgenden Woche wieder beim Admiralstab vorstellig.
Diesmal legt er einen US-Paß auf den Namen Charles A. Inglis, Pearl Street, New York, auf den Tisch, der ihn berechtigt, in Europa umherzureisen, sowie einen Registrierschein, der seine US-Staatsbürgerschaft bestätigt. Diese Papiere hat er sich im amerikanischen Konsulat beschafft, indem er vorgab, ihm sei sein Paß abhanden gekommen. Nun ist der Amateurspion nicht mehr zu halten.
Er wird jetzt vom zuständigen Nachrichtenoffizier nur noch kurz in das Nötigste eingewiesen, dann verabschiedet sich Lody von seinen ahnungslosen Angehörigen und geht ins Ausland, wohlgemerkt auf eigene Kosten. Der Admiralstab hat allen Grund, den Plan des Wagemutigen zu akzeptieren, denn Anfang August 1914 hatten die britische Spionageabwehr und Scotland Yard in einer schlagartigen nächtlichen Razzia alle deutschen Spione verhaftet. Seither befindet sich die Kaiserliche Kriegsmarine in einer fatalen Situation; sie verfügt in Großbritannien, ihrem mächtigsten Gegner, über keinen einzigen Spion.
Am Montag, dem 17. August 1914, eilt Mister Charles A. Inglis – im Gegensatz zu Carl Hans Lody glatt rasiert wie ein typischer Amerikaner – in das Hamburger US-Konsulat und läßt sich ein Visum in seinen Paß stempeln, da er in die Staaten zurückkehren wolle. Da inzwischen Kriegszustand herrscht, ist der direkte Weg nach England versperrt. So fährt Lody zunächst in die am Kattegat gelegene dänische Hafenstadt Frederikshavn, von dort aus mit der Fähre nach Kristiansand und weiter bis Bergen. Hier läßt er sich in der amerikanischen Vertretung bescheinigen, daß er sich in Norwegen als Tourist aufhält, um seine Überfahrt in die USA abzuwarten. Er beabsichtige allerdings noch einen kurzen Abstecher nach Großbritannien. Auf dem Umweg über Newcastle trifft er am Dienstag, dem 25. August 1914, in Edinburgh ein.
Die wegen ihrer schönen Lage und dem malerischen Schloß berühmte Stadt ist überaus sehenswert, aber was den Oberleutnant zur See interessiert, sind andere Dinge: Nur drei Kilometer nördlich befindet sich der Firth of Forth mit dem wichtigen britischen Flottenstützpunkt Rosynth. Was man beim Admiralstab in Berlin nur vermutet, stimmt tatsächlich: In Rosynth liegen zur Zeit große Einheiten der Royal Navy und in anderen Teilen des Firth of Forth weitere Schiffe.
Lody befindet sich im Herzen der britischen Seemacht. Jeden Morgen fährt er vom »North British Hotel« am Bahnhof mit dem Bus zum Firth of Forth, meist in Gesellschaft mehrerer Amerikaner, die auf die Überfahrt warten. Durch Beobachtungen und Gespräche mit allen möglichen Leuten versucht er, soviel wie möglich in Erfahrung zu bringen. Sogar ein britischer Marineoffizier läßt sich während der Busfahrt mit dem vermeintlichen Amerikaner in ein langes Gespräch ein und erzählt ihm bereitwillig, was er wissen will.
Kaum fünf Tage auf seinem Posten, hat er bereits so viel ausgekundschaftet, daß er eine Meldung abschikken kann. Am Sonntag, dem 30. August 1914, gibt Lody auf der Hauptpost in Edinburgh ein Telegramm an einen gewissen Herrn Burghard in Stockholm auf: »must cancel. johnson very ill. lost four days. shall leav shortly. charles (muß ungültig machen. Johnson sehr krank. Verlor vier Tage. Werde bald abreisen. Charles).« Der Postbeamte verlangt aufgrund der Kriegsbestimmungen, daß der Amerikaner das Formular mit seinem vollen Namen und der Hotelanschrift unterzeichnet.

Über Stockholm erreicht das Telegramm seinen eigentlichen Bestimmungsort, und der deutsche Admiralstab weiß jetzt, daß vier Kriegsschiffe sich zur Überholung im Dock befinden und im Firth of Forth mehrere große Einheiten liegen, die in Kürze auslaufen werden.
Eine äußerst wertvolle Nachricht, denn anhand der bisherigen Beobachtungen war nicht festzustellen, daß die Royal Navy den Großteil ihrer Schiffe im Firth of Forth zusammengezogen hat. Die beiden deutschen U-Boote U21 und U22 bekommen sofort den Befehl, in diesem Gebiet Ziele anzugreifen. U22

muß allerdings wegen eines Maschinendefekts im letzten Moment durch U20 ersetzt werden.
Am Nachmittag des 5. September 1914 erfolgen an der Mündung des Forth mehrere Explosionen: Der Leichte Kreuzer »Pathfinder« sinkt.
Nun erscheint Lody sein Hotel, das er auf dem Telegrammformular hat angeben müssen, nicht mehr sicher. Er reist offiziell ab und gibt als nächstes Reiseziel Liverpool an. In Wirklichkeit aber zieht er nur in ein Privatquartier um und wohnt jetzt bei einer Mrs. Julia Brown. Um leichter an den Stützpunkt Rosynth mit seinen Hafenanlagen heranzukommen, mietet er sich am Montag, dem 7. September 1914, ein Fahrrad. So kann er noch intensivere Beobachtungen anstellen, die für die deutsche Flotte von größtem Wert sind.
Doch dem Amateurspion unterlaufen Fehler: Lodys erster Bericht vom 31. August 1914 ging reibungslos über seine Stockholmer Deckadresse nach Berlin, aber seine am 6. September 1914 abgeschickte Meldung über weitere Beobachtungen am Firth of Forth bleibt in der britischen Postüberwachungsstelle hängen. Diesen Brief hat Lody in deutscher Sprache abgefaßt und nicht chiffriert. Damit erweckt er von vornherein Verdacht, der sich bei Prüfung des Inhalts noch verdichtet. Lodys nächsten Brief vom 14. September 1914 mit den neuesten Informationen und einem Zeitungsausschnitt aus der »News of the World« ereilt das gleiche Schicksal.
Trotz allem gelingt es den britischen Behörden noch immer nicht, den Absender zu ermitteln. Inzwischen macht Lody auf seinen Fahrradausflügen in der Gegend von Rosynth eine unliebsame Entdeckung: Man beobachtet ihn. Er geht – Angriff ist die beste Verteidigung – zur Polizei und beschwert sich. Er sei amerikanischer Staatsbürger und müsse sich derartige Belästigungen entschieden verbieten. Er scheint durch sein sicheres Auftreten Erfolg zu haben: Man entschuldigt sich höflich, und Lody glaubt, daß er alle Verdachtsmomente zerstreut habe.
Eines Tages jedoch gerät er in eine brenzlige Situation: Wie es der Zufall will, begegnet er einem Amerikaner, der ihn unter seinem richtigen Namen kennt. Und Lody beschließt, den Schauplatz seiner Tätigkeit für einige Tage zu wechseln. Er reist am 15. September 1914 nach London und steigt in Bloomsbury im »Ivanhoe Hotel« ab. In der britischen Hauptstadt erkundet er vor allem Maßnahmen, die man zum Schutz der Regierungs- und öffentlichen Gebäude gegen Luftangriffe der gefürchteten Zeppeline getroffen hat. Lody nutzt auch jede Gelegenheit, sich über die Stimmung der Bevölkerung zu informieren.
Sein ausführlicher Bericht aus London entgeht der Zensur und erreicht via Schweden Berlin. Da Lody in der Regel Briefpapier seines jeweiligen Hotels benutzt und mit seinem anglisierten Vornamen Charles unterzeichnet, ist es verwunderlich, daß ihn Scotland Yard nicht schon in den ersten Tagen nach seiner Ankunft in Großbritannien geschnappt hat.
Zwischen dem 17. und 28. September 1914 wohnt er wieder bei Mrs. Brown in Edinburgh und macht weitere Erkundungstouren per Fahrrad.
Allmählich wird ihm aber das Pflaster in Edinburgh zu heiß, und er verlegt seine Tätigkeit für eine Woche nach Irland. Vor seiner Abreise am 26. September 1914 geht noch ein detaillierter Bericht nach Stockholm. Er beschreibt darin die Verteidigungsanlagen im Firth of Forth, in Süd- und Nord-Queensferry, in Rosynth sowie anderen britischen Häfen und macht ferner recht genaue Angaben über Bewaffnung und Ausrüstung der britischen Schiffe in der Nordsee.
Darin heißt es unter anderem: »Da es im Augenblick hier nichts zu tun gibt, will ich über Liverpool nach Dublin und Belfast gehen und dort einen Überblick zu gewinnen suchen ... Ich kann nur hoffen, daß meine brieflichen und telegraphischen Mitteilungen richtig angekommen sind.« Auch dieser Brief wird von der äußerst strengen britischen Postzensur abgefangen.
Nach seiner Rückkehr aus Irland will Lody umziehen und hat sich vorsorglich schon ein Zimmer im »Roxburgh Hotel« reservieren lassen, um dort Sachen zu deponieren, die er bei seiner Reise nicht benötigt: Koffer, Decken, Mantel und Anzug sowie einen Karton mit britischen Zeitungen und verschiedenen Unterlagen.
Am 28. September 1914 reist Lody mit der Bahn an die Westküste Englands und stellt fest, daß in den Docks von Liverpool fieberhaft an der Umrüstung großer Ozeandampfer in bewaffnete Hilfskreuzer und Truppentransporter gearbeitet wird. In den Gladstone-Docks liegt der Riesendampfer »Aquitania«, zwei Meilen entfernt sieht er ein bereits umgebautes Passagierschiff, mehrere andere laufen gerade ein. Lody gelingt es, aus unmittelbarer Nähe die Docks zu beobachten, wenn auch nur für höchstens anderthalb Stunden, aber das genügt ihm, um zu erkennen, was hier geschieht.
Am nächsten Tag fährt Lody von Liverpool nach Holyhead, »dem Haupthafen für die Überfahrt nach Irland«. Als er am Kingstown-Pier das Schiff besteigen will, wird er von einem Beamten des Home Office nach seinen Papieren gefragt – für den Offizier der Kaiserlichen Marine ein äußerst kritischer Augenblick. Er zeigt seinen Paß und kann dann passieren.
In Dublin angekommen, verfaßt Lody am 30. September 1914 seinen letzten großen Bericht, wieder auf einem Briefbogen seines Hotels geschrieben und mit Charles unterzeichnet. Er hat folgenden Inhalt: »Wie ich in meinem letzten Brief erwähnte, ist es durchaus notwendig, für einige Zeit zu verschwinden, da einige Personen sich mir in unangenehmer Weise genähert haben. Das ist nicht nur mir so gegangen, sondern mehrere Amerikaner haben mir hier gesagt, sie würden überwacht. Die Furcht vor Spionage ist sehr groß, und man sieht in jedem Fremden einen Spion. Ich wählte die Route Liverpool, Holyhead, Dublin, um mehrere Beobachtungen zu ma-

Liverpool im Herbst 1914: das Eingangstor zu den Gladstone-Docks, einem der Erkundungsobjekte von Lody

chen.« Es folgen noch genaue Angaben über das Aussehen, die Lage und Bewaffnung der von ihm in Liverpool ausgekundschafteten Schiffe. Auch dieser Brief wird von der britischen Spionageabwehr abgefangen und besiegelt Lodys Schicksal.

Am 20. Oktober 1914 reist Lody zusammen mit einem Amerikaner namens John W. Lee aus Minneapolis, den er auf der Fahrt nach Dublin kennengelernt hatte, nach Killarney im Südwesten Irlands und wohnt dort im »Great Southern Hotel«. Lody sitzt gerade beim Abendessen, als der Distriktinspektor von Killarney mit mehreren Polizeibeamten an ihn herantritt und ihn auffordert, mit ihm nach oben auf sein Zimmer zu gehen. Trotz aller Beteuerungen, er sei amerikanischer Staatsbürger, wird Mr. Inglis wegen des Verdachts, als deutscher Agent tätig zu sein, verhaftet.

Bei Durchsuchung seines Hotelzimmers findet man mehrere kompromittierende Gegenstände: deutsche Goldmünzen, ein Notizbuch mit dem Inhalt des ersten Telegramms, Adressen in Berlin, Hamburg und Bergen, die Entwürfe seiner abgesandten Berichte, ein Bus-Fahrschein von der Forth-Brücke zur Stadt sowie drei an Mr. Inglis gerichtete Briefe aus Berlin und Hamburg. Am nächsten Tag entdeckt die Polizei unter den zurückgelassenen Sachen im »Roxburgh Hotel« in Edinburgh ein Jackett mit dem Firmenzeichen eines Berliner Schneiderateliers und dem Namen Carl Hans Lody.

Der gegen alle Regeln eines professionellen Spions handelnde deutsche Offizier wird von Scotland Yard verhaftet, nach London überführt und in der unweit des Buckingham-Palastes liegenden Wellington-Kaserne inhaftiert. Nach den ersten, am 21. Oktober 1914 stattfindenden Verhören setzt man die Hauptverhandlung auf Freitag, den 31. Oktober 1914, fest. Die Engländer stellen dem als Spion Angeklagten einen der berühmtesten Anwälte Großbritanniens zur Seite, den Königlichen Rat George Elliot, der zusammen mit seinem jungen Sozius Roland Harker die Verteidigung übernimmt.

Die Kriegsgerichtsverhandlung in der Middlesex Guidhall gegenüber der Westminsterabtei dauert drei Tage, bis zum 2. November 1914. Im Zuschauerraum befindet sich ein ausgewähltes Publikum der Londoner Gesellschaft: elegante Damen, bekannte Juristen, Politiker, Vertreter von Armee und Marine, dazu Berichterstatter der großen englischen und amerikanischen Zeitungen. Es ist übrigens in Großbritannien der erste Spionageprozeß, der in einem öffentlichen Verfahren stattfindet.

Auf die Frage, ob er sich schuldig bekenne, antwortet Lody: »Nicht schuldig!« Er sei kein Spion und habe nicht Verrat begangen, sondern auf Befehl als Offizier im Feindesland gekämpft. Entscheidend ist die Zubilligung des Gerichts, daß Lody nicht für Geld gearbeitet habe, ihm auch nichts in Aussicht gestellt worden sei und er die Kosten seiner Reise und seines Aufenthalts in England aus eigenen Mitteln finanzierte.

Lody wird wegen »War treason« (Kriegshochverrat), das heißt, als Aufklärungsoffizier und nicht als Spion, zum Tode verurteilt. Nach der Urteilsverkündung am 5. November 1914 erfolgt Lodys Überführung von der Wellington-Kaserne in das Militärgefängnis im Tower. Bereits am Freitag, dem 6. November 1914

London, 31. 10. 1914, erster Verhandlungstag des Kriegsgerichts in der Middlesex Hall: Lody auf der Anklagebank

um 7 Uhr morgens, soll das Urteil vollstreckt werden. Seinen letzten Abend verbringt Lody zunächst in Gesellschaft von Captain Lloyd, dem Bataillonsadjutanten des Royal-Sussex-Regiments, der ihn um 21.00 Uhr, als die Tore im Tower geschlossen werden, mit einer Flasche Wein und Zigarren besucht. Danach kommt Lodys zweiter Verteidiger, Mr. Harker, und verbringt mit ihm die nächsten drei Stunden. Zum Abschied schenkt ihm Lody sein silbernes Zigarettenetui und seine wertvolle Taschenuhr.
Um 6 Uhr morgens, der Tower liegt noch in den von der Themse heraufziehenden Nebelschwaden, wird Lody geweckt. Schräg gegenüber seiner Zelle steht, direkt an der Mauer des Martin Tower, eine etwa 25 Meter lange Wellblechbaracke, die als Übungsschießstand dient. In diesem Raum hat man am Morgen des 6. November einen breiten Armstuhl plaziert. Gegenüber nehmen unter dem Kommando eines Leutnants acht Mann der schottischen Garde, Gewehr bei Fuß, Aufstellung. Lody tritt ein, nur mit Hemd und Hose bekleidet, grüßt die Soldaten, schreitet durch das Dämmerlicht auf den Sessel zu und setzt sich. Als man ihm die Augen verbinden will, winkt er ab: »Bitte nicht!«

Der Sessel, auf dem Carl Hans Lody erschossen wird

In diesem Augenblick tritt der kommandierende Offizier Lord Athlumney auf Lody zu, streckt ihm die Hand entgegen und sagt: »Mister Lody, darf ich Ihnen zum Abschied noch die Hand drücken?« Darauf Lody: »Sie werden doch einem deutschen Spion nicht die Hand reichen wollen?« Lord Athlumney: »Sie haben recht. Mit einem Spion würde ich nie einen Händedruck wechseln. Aber ich scheue mich nicht, einem tapferen deutschen Mann und Offizier den letzten Gruß zu entbieten.«
Die beiden Männer geben sich die Hand. Lord Athlumney salutiert und tritt seitwärts zurück. Einen Augenblick später ist der erste deutsche Spion, den man in England im Ersten Weltkrieg hinrichtet, tot.

Jules Crawford Silber

Zu den erfolgreichsten deutschen Spionen im Ersten Weltkrieg zählt ein Mann, der weder einen Revolver benutzt noch zu Sabotagemitteln greift. Er hat keinen Führungsoffizier und auch keinen Helfershelfer. Dieser unscheinbar wirkende Einzelgänger verrichtet seinen Dienst direkt in der Höhle des Löwen, im Amt für Postzensur der britischen Spionageabwehr MI5. Völlig auf sich allein gestellt, gelingen ihm erhebliche Erfolge, denn er geht sehr durchdacht vor.

Jules Crawford Silber, etwa 1880 geboren, stammt aus Schlesien, lebt aber mit seinen Eltern bereits als Kind in Südafrika. Er spricht akzentfrei Englisch und studiert nach der Schulzeit Medizin. Mit Ausbruch des Burenkrieges im Jahr 1900 muß er jedoch sein Studium unterbrechen. Da er die Sprache der Buren gut beherrscht, wird Silber als englischer Dolmetscher und Vermittlungsoffizier für burische Gefangene eingesetzt. Im Verlauf des Krieges werden etwa 15000 gefangene Buren nach Indien verlegt und Silber sowie mehrere andere politische und Zensuroffiziere dorthin abkommandiert. Nach dem Frieden von Vereeniging am 31. Mai 1902 endet sein Dienst, und er kehrt nach Südafrika zurück.
Silber übersiedelt später in die Vereinigten Staaten. Gleich zu Beginn des Ersten Weltkrieges beschließt er, nach England zu gehen und dort für Deutschland als Spion zu arbeiten. Da ihm klar ist, daß er sich mit seinem deutschen Paß nicht aus den USA direkt nach England einschiffen kann, will er zuerst in Kanada untertauchen und sich eine neue Identität zulegen. Bevor er die USA verläßt, setzt sich Silber mit dem deutschen Militärattaché in Verbindung und bespricht mit ihm die Möglichkeiten der Nachrichtenübermittlung.
Tatsächlich gelingt es Silber, als kanadischer Staatsbürger französischer Abstammung am 19. September 1914 Montreal in Richtung Liverpool zu verlassen. In London eingetroffen, mietet er sich eine kleine Wohnung an der Charing Cross Road. Silber, der mit 26 Jahren nicht mehr der militärischen Meldepflicht un-

terliegt, sieht sich sofort nach einer für sein Vorhaben geeigneten Wirkungsstätte um.
Sein Plan ist nicht nur verblüffend einfach, sondern auch gut überlegt: »Unter den vielen Hilfsorganisationen, die dem Kriegsministerium zu dieser Zeit angegliedert waren, erschien mir nach reiflicher Überlegung die Zensurabteilung als die erstrebenswerteste Stelle für meine Zwecke. Dieser Behörde oblag nicht nur die Sichtung der für die Presse freizugebenden Mitteilungen, sondern sie übte vor allem eine scharfe Kontrolle über den gesamten Brief- und Depeschenverkehr mit dem Ausland aus. Hier war also eine ausgezeichnete Nachrichtenquelle, die bei geschickter Ausnutzung wahrscheinlich auch Möglichkeiten bot, diese Nachrichten unauffällig und verhältnismäßig sicher nach Deutschland weiterzugeben.«
Kurz entschlossen begibt sich Silber ins Kriegsministerium und bewirbt sich beim Personalchef der Militärzensur, Major S., um eine Anstellung. Man nimmt ihn in »ein kurzes, scharfes Verhör«, da der Klang seines Namens weder englisch noch französisch ist. Als Major S. jedoch aus den vorgelegten Zeugnissen ersieht, daß Silber vor Jahren in Afrika und in Indien in englischen Diensten stand, scheinen ihm die Angaben über seine Herkunft aus der Provinz Quebec in Kanada vorerst zu genügen.
Silber erhält ein Bewerbungsformular mit umfangreichem Fragebogen, das er ausfüllen und mit einer Abschrift der Zeugnisse zurückgeben soll. Er hat Glück: Einige Tage später, am 12. Oktober 1914, arbeitet er schon in dem provisorischen Büro der Militärzensurstelle im Salisbury House.
Silber: »Was Tausende und Abertausende aus den gebildeten und oft erstaunlich gut unterrichteten Kreisen aller Kontinente einander schrieben, kam hier täglich in wirrem Durcheinander in unsere Hände. Ein überreiches Nachrichtenmaterial war mir zugänglich ... Anfangs konnte ich mich zum Durchsenden von Nachrichten an die mir seinerzeit in Washington angegebene ganz unscheinbar klingende Berliner Adresse einer sehr einfachen Methode bedienen.
Es liefen oft genug Briefe für neutrale Länder ein, in denen um Weiterbeförderung einiger Zeilen rein persönlichen Inhalts nach Deutschland gebeten wurde. Da sich daraus auf die dem Absender wohlbekannte deutschfreundliche Gesinnung des neutralen Empfängers schließen ließ, fügte ich solchen Schreiben mein eigenes, an die Berliner Adresse gerichtetes und mit einem internationalen Briefmarkenkupon versehenes kleines Kuvert einfach bei, versiegelte den Brief vorschriftsmäßig und ließ ihn weitergehen. Als erstes gelangte auf diese Weise eine Abschrift der in der Zensur ausliegenden »Liste der Verdächtigen« (Suspect List) nach Deutschland, auf der alle die neutralen Vermittler verzeichnet waren, die England als solche bereits entdeckt hatte und deren Namen nun von Berlin aus durch neue Manteladressen ersetzt werden konnten.

Jules Crawford Silber im Sommer 1914 vor seiner Abreise von New York nach Kanada

Chefzimmer der britischen Marinezensur, in der Mitte Konteradmiral Sir Douglas Brownrigg

Eine Zeitlang wurde ich zur Bearbeitung der Post herangezogen, die von deutschen Kriegsgefangenen stammte und die sehr angewachsen war, weil man ihre Abfertigung unter anderem auch aus militärischen Gründen zunächst verzögert hatte. Das war eine willkommene Gelegenheit; diesen Briefen, die direkt in die Heimat gingen, ließen sich weit häufiger und gefahrloser eigene Mitteilungen beifügen.«

Der Nachrichtenfluß schwillt dermaßen an, daß Silber die Abschriften des wichtigen und oft eiligen Materials, was viel Zeit in Anspruch nimmt, nicht mehr an seiner Arbeitsstätte bewältigen kann. Auf die Dauer ist es auch unmöglich, sich unter den Augen der Mitarbeiter unbeobachtet Notizen zu machen. Er muß sich jetzt ganz auf sein Gedächtnis verlassen und die Aufzeichnungen zu Hause vornehmen.

Silber ist jedoch zu vorsichtig, seine Berichte in der eigenen Wohnung abzufassen, und mietet sich für diesen Zweck ein kleines, möbliertes Appartement am Haymarket. Um im Notfall ein Alibi zu haben, hinterläßt er jedesmal in seiner Hauptwohnung Abschnitte von Theater- oder Konzertkarten, die seine häufige abendliche Abwesenheit hätten bezeugen sollen. Am Haymarket richtet er sich sogar im Baderaum eine Dunkelkammer ein und entnimmt aus den geöffneten Briefen oft Dokumente, die er photographiert und erst am folgenden Morgen wieder in die Umschläge steckt. Seine Hauptschwierigkeit ist die Beschaffung der erforderlichen Menge an Filmmaterial.

Mittlerweile hat sich alles so gut eingespielt, daß Silber seine Nachrichten in kurzen regelmäßigen Abständen nach Deutschland schicken kann. Im Jahr 1915 gelingt es ihm, einem der größeren Kriegsgeheimnisse Englands auf die Spur zu kommen.

Eines Tages fällt ihm der Brief eines jungen Mädchens in die Hand. Sie schreibt überglücklich an ihre in Kanada lebende Schwester, daß ihr Bruder eine Auszeichnung für Tapferkeit erhalten habe und augenblicklich auf Heimaturlaub sei, da sein Schiff ganz in der Nähe im Hafen liege. Er diene jetzt auf einem ganz besonderen Schiff, dem ersten seiner Art, und das den deutschen U-Booten bald den Garaus machen werde.

»Sobald ich mir ohne Schwierigkeiten einen dienstfreien Tag machen konnte, fuhr ich selbst nach der kleinen Hafenstadt, in der die Schreiberin wohnte ... Ich suchte die Familie der Briefschreiberin auf, um die ihr übersandte amtliche Warnung noch einmal mit Nachdruck zu wiederholen. Bis zum Abend hatte ich so viel Anhaltspunkte über die geheimnisvollen Schiffe beisammen, daß ich mir von ihrer Aufgabe und Arbeitsweise ein ungefähres Bild machen konnte.

Mit Hilfe meines Zeissglases konnte ich ein in der Nähe liegendes Fahrzeug sogar genau betrachten. Es unterschied sich äußerlich in nichts von einem der gewöhnlichen, schmutzigen kleinen Frachtdampfer. Im Laufe der nächsten Wochen machte ich nun noch verschiedene Erkundigungsreisen, die mich in fast sämtliche Häfen an der Ost- und Westküste Englands und Schottlands führten.«

Nach etwa zwei Wochen verfaßt Silber einen genauen Bericht über die geheimnisvollen Q-Schiffe, so ihr Tarnname. Es sind unscheinbare Frachtdampfer und Segler, die in den von U-Booten bedrohten Gewässern unter neutraler Flagge kreuzen. Hinter der auf

Vom Segler zum Q-Schiff: Einbau einer hydraulisch betriebenen Geschützplattform

War Office,
Whitehall. S.W.1.

5th July, 1919.

Dear Silber,

At the termination of the Postal Censorship I wish to thank you for the work you have done in my Directorate.

The Censorship has inevitably worked to a large extent in the dark, and the public has even now little appreciation of the pressure which this weapon has enabled us to exert on the enemy, or of the part it played in winning the war.

You may, however, be sure that in the General Staff there is no lack of appreciation of the importance of the work to which you have given your services.

Yours sincerely,

Major General.
Director of Military Intelligence.

J.C. Silber Esq.,
5, Amberley Street.
Liverpool.

Das Dankschreiben der britischen Spionageabwehr an Jules C. Silber

Deck hoch verstauten Ladung sind hydraulisch betriebene Plattformen mit Geschützen versteckt. Die Besatzung – teilweise in Zivilkleidung – gehört zur Royal Navy. Gibt das angreifende U-Boot einen Warnschuß ab, verhält sich die Mannschaft wie auf einem normalen Handelsschiff: Sie täuscht Panik vor und stürzt in die Rettungsboote, vergißt nicht einmal, die Schiffskatze mitzunehmen.
In den meisten Fällen nähert sich das U-Boot dann dem Schiff, um es mit dem Bordgeschütz zu versenken und auf diese Weise die wertvollen Torpedos zu sparen. Den Engländern ist diese Taktik natürlich bekannt, und sie warten ab, bis das U-Boot voll aufgetaucht ist. Dann wird im Nu die britische Kriegsflagge gehißt und das U-Boot aus den vorher gut getarnten Geschützen unter Feuer genommen, das selten danebengeht.
»Was ich trotz aller Bemühungen nicht zu erfahren vermochte, war die ungefähre Anzahl der Q-Schiffe, die man auszurüsten gedachte, um sie im kommenden Frühjahr kreuzen zu lassen.« Silber gelingt es, auf Umwegen über Schweden und die Niederlande dem deutschen Admiralstab einen ausführlichen Bericht über britische Maßnahmen gegen die U-Boot-Gefahr zu übermitteln. Die Q-Schiffe bewähren sich zwar, ihre Erfolge könnten aber noch größer sein, wären die Deutschen nicht bereits vor Beginn ihres Einsatzes gewarnt worden.
Silber wird nie enttarnt und arbeitet als Zensor noch über das Kriegsende hinaus, bis am 27. Juni 1919 die Postzensur in Großbritannien endgültig aufgehoben wird. Als Silber dann aus dem Dienst ausscheidet, bekommt er vom Direktor der britischen Spionageabwehr »Military Intelligence 5« (MI5) sogar noch ein Dankschreiben für seine zuverlässige Arbeit.

Lawrence von Arabien

Field Marshal Lord Wavell schreibt über Colonel T. E. Lawrence: »Er hatte Mut, der weit über das übliche Maß hinausging, er hatte die Gabe, andere anzufeuern, er hatte Phantasie und Entschlossenheit ... Im Orient hätte er Asket und Prophet oder Kaiser sein können, und in beiden Rollen würde er tiefe Verehrung genossen haben, wenn er seinen diabolischen Humor zu zügeln vermocht hätte ...«

Der vielseitig begabte britische Oberst ist Gelehrter, Archäologe, Diplomat, Soldat, Königsmacher, vor allem aber ein perfekter Nachrichtenoffizier und Guerilla-Führer. Seine Abenteuer in der arabischen Wüste haben die Geschicke des Nahen Ostens mitbestimmt und ihn zu einer legendären Gestalt werden lassen. Er hat für das Britische Empire die strategisch wichtige Landbrücke zwischen Mittelmeer und Persischem Golf erobert.
Thomas Edward Lawrence, von der Familie Ned genannt, ist am 15. August 1888 in Tremadog/Wales als der zweite von fünf illegitimen Söhnen eines wohlhabenden irischen Adeligen geboren. Sein älterer Bruder Bob: »Als Ned ungefähr fünf Jahre alt war, konnte er die Zeitung »Standard« verkehrt herum lesen, später sagte er uns, daß er in der Eisenbahn stets die Zeitung seines Gegenübers zu lesen vermochte.«

Thomas Edward Lawrence (1888–1935) verwandelt sich gern in einen arabischen Scheich

Lawrence studiert in Oxford Archäologie und semitische Sprachen. Im Juni 1909 reist er nach Syrien und durchstreift zu Fuß die Wüste, um die Burgen aus der Zeit der Kreuzzüge zu studieren. Am Ende der Reise wird Lawrence von Kurden überfallen, beraubt, geschlagen und, da man ihn für tot hält, liegengelassen. Die Ergebnisse seiner Forschungen stellt er in einer Arbeit für seine Abschlußprüfung zusammen und gewinnt 1910 in der Honours School of History damit den ersten Preis.

Nach seiner Promotion in Oxford schließt sich Lawrence einer Expedition an, die sich den Ausgrabungen hethitischer Ruinen am Euphrat widmet. Er verbringt fast fünf Jahre in Syrien und Mesopotamien, beherrscht nun fließend die Dialekte der Araber und paßt sich mehr und mehr ihrer Kultur an.

Im Januar 1914 werden der berühmte britische Archäologe Sir Leonard Woolley und Lawrence von der Palestine Exploration Fund mit einer Vermessungsabteilung in den Nahen Osten geschickt. Sie sollen das Gebiet zwischen Gaza, Berseba und Akaba erforschen und kartographisch erfassen. In Wirklichkeit handelt es sich um eine militärische Erkundung im Auftrag des britischen Oberkommissars in Ägypten, Lord Kitchener; die wissenschaftlichen Arbeiten dienen lediglich als Tarnung. Colonel S. F. Newcombe leitet die Vermessungsarbeit.

Bei Ausbruch des Krieges hält sich Lawrence gerade in Palästina auf und muß nun für das War Office die dringend benötigten Karten des Sinai-Gebietes anfertigen. Danach meldet er sich zur britischen Armee, wird aber wegen seiner Körpergröße von 1,65 Meter als »zu klein« abgewiesen. Als die Türkei auf seiten der Mittelmächte in den Krieg eintritt, teilt man ihn dem militärischen Geheimdienst zu.

Im Dezember 1914 beordert man Lawrence, Newcombe und Woolley nach Ägypten. Lawrence, jetzt im Rang eines Oberleutnants, wird innerhalb kurzer Zeit Verbindungsoffizier zwischen dem militärischen Nachrichtendienst und der arabischen Zentrale, darüber hinaus ist er auch für den Kontakt zur ägyptischen Vermessungsstelle zuständig. Dank seiner außergewöhnlichen Sprach- und Landeskenntnisse erringt er sehr schnell eine immer bedeutendere Stellung. Man kann ihn als den eigentlichen Chef des britischen militärischen Geheimdienstes in Ägypten bezeichnen, zuständig für die arabischen Gebiete unter türkischer Oberhoheit.

Lawrence beherrscht mindestens sechs Sprachen, dazu Griechisch und Lateinisch. Macht ihm jemand ein Kompliment, errötet er wie ein Schulmädchen. Bekannt als draufgängerischer Kundschafter, verwandelt sich Lawrence gern in einen arabischen Scheich und hält sich dabei genau an die strengen Vorschriften des Koran: Er trägt arabische Kleider und hockt im Kriegsrat »mit untergeschlagenen bloßen Füßen, eingehüllt und gegürtet wie die anderen und mit einem goldenen Dolch«. So gerät er schnell in Widerspruch zu einigen Stabsoffizieren, vor allem auch, weil er die Auffassung vertritt, aus den undisziplinierten Arabern könne man sehr wohl eine kampfkräftige Streitmacht aufbauen, vorausgesetzt, man motiviere ihren Unabhängigkeitsdrang.

1915 wird Lawrence Verbindungsoffizier zu Hussein, dem 80jährigen Großscheich von Mekka. Im Juni 1916 erheben sich die Araber unter Hussein tatsächlich gegen ihre türkischen Oberherren und vertreiben sie mit Unterstützung britischer Truppen aus der heiligen Stadt Mekka sowie aus den Häfen am Südufer des Roten Meeres; aber schon bald erlahmt ihr Kampfgeist.

Jetzt läßt Kairo dem ungestümen jungen Oberleutnant freie Hand, mit den Arabern gemeinsame Sache zu machen: Ab Dezember 1916 fungiert er als britischer Verbindungsoffizier zu Husseins Sohn, Emir Faisal, mit dem er bald eng befreundet ist. Lawrence überredet Hussein und Faisal zum Kampf gegen die deutsch-türkischen Truppen und verspricht ihnen bei einer gesamtarabischen Volkserhebung die Unterstützung Großbritanniens für die Entstehung eines geeinten Arabischen Reiches.

Entgegen seiner persönlichen Darstellung ist der bald zum Oberst avancierte Lawrence jedoch niemals militärischer Anführer der Araber, sondern lediglich Englands Kommissar unter dem arabischen Oberkommando Faisals. Aber der kleine energiegeladene Engländer setzt sich voll und ganz für die Sache der Araber ein. Er entpuppt sich als Meister der psychologischen Kriegführung, zieht von einem Nomadenlager zum anderen und ruft überall auf, sich dem Aufstand anzuschließen.

Im flackernden Schein der Lagerfeuer spricht der 28jährige Oberst zu den Beduinen von Unabhängigkeit, beschwört die ruhmvolle Vergangenheit Arabiens und fordert sie auf, jetzt zuzuschlagen, solange die Türken im Kampf mit den Engländern und ihren Verbündeten stehen. Der Funke springt über: Nach und nach vergessen die Stämme ihre alten Fehden und sammeln sich gemeinsam unter dem grünen Banner Faisals.

Nach monatelanger Ausbildung, unterstützt durch den britischen Geheimdienst, entsteht aus den bunt zusammengewürfelten arabischen Beduinenstämmen eine schlagkräftige Truppe. Lawrence erkennt allerdings, daß die Araber im regulären Kampf mit den besser ausgebildeten Türken kaum eine Chance haben, daß sie aber mit ihren Kamelreitern unter Anwendung der Guerilla-Taktik mehr als ebenbürtig sein können.

Field Marshall Wavell über Lawrence: »Die Verwandlung einer Familienrevolte des Scheichs Hussein in eine Volksbewegung, die sich bis nach Damaskus ergoß, war eine Leistung, die keinem anderen geglückt wäre, selbst wenn unbegrenzte Geldmittel zur Verfügung gestanden hätten. Es war mehr noch eine seelische als eine körperliche Leistung ... Er hatte mehr über Kriegsgeschichte und Kriegskunst gelesen und nachgedacht als wahrscheinlich irgendein anderer großer Feldherr ...«

Im Juni 1917 überreicht Lawrence dem Nesib el

Bekri, einem »weltklugen Damaszener« aus dem Stab von Emir Faisal, der aus der syrischen Hauptstadt den Aufstand gegen die Türken vorbereiten soll, zwei wichtige Instruktionen: 1. Einrichtung eines Nachrichtendienstes mit Agenten in Damaskus, Deraat und Amman, um militärische Informationen zu sammeln. 2. Die Führer der Drusen sind miteinander auszusöhnen.
Die rechtzeitige Nachrichtengewinnung und die genaue Kenntnis der Feindseite sind für Lawrence die ersten Voraussetzungen, um in dem von ihm entfachten Aufstand Erfolge zu erzielen. Seine Beobachtungsgabe, seine Menschen- und Landkenntnisse, Intelligenz, Ausdauer und Unerschrockenheit machen ihn zu einem perfekten Agentenführer.
Im gleichen Monat beginnt Lawrence, nachdem seine Agenten und Kundschafter ihm genügend Informationen über den Feind beschafft haben, mit kühnen Guerilla-Operationen. Der erste überraschende Handstreich der Araber richtet sich gegen eine türkische Streitmacht von über 500 Mann im legendären Ezion Gaber nahe Akaba, einst Hauptflottenbasis von König Salomo. In einer verwegenen Kamelreiterattacke werden die Türken in die Flucht geschlagen, und Lawrence zieht an der Spitze seiner triumphierenden Krieger in Akaba ein.
Nun folgt ein vier Monate dauernder, über 1900 Kilometer langer Ritt kreuz und quer durch die Wüste. Die mörderische Hitze und die knappe Verpflegung aus Datteln und Kamelfleisch zehren Lawrence restlos aus – er wiegt nur noch 44 Kilogramm. Trotz aller Erschöpfung beschließt er, persönlich aus Kairo Verstärkung zu holen. Er macht sich mit ein paar Begleitern auf den Weg. Sie durchqueren die öde Sinai-Halbinsel und legen die 250 Kilometer bis zum Suezkanal in weniger als 48 Stunden zurück.
General Allenby, der neue britische Armeeoberbefehlshaber in Ägypten und dem gesamten Nahen Osten, sagt schnell entschlossen zu, die aufständischen Araber noch nachhaltiger zu unterstützen. Der zündende Gedanke eines geeinten Arabien macht Lawrence zum Idol der Wüstensöhne, die nicht einmal eine von den Türken auf seinen Kopf ausgesetzte Prämie locken kann: 20000 Pfund Sterling für den lebenden, 10000 Pfund für den toten Lawrence.
Jetzt geht Lawrence mit einem verstärkten Beduinenkorps, das England mit modernsten Waffen ausgerüstet hat, gegen die Flanke der deutsch-türkischen Armee in Palästina vor und rollt sie auf.
Während General Allenby im September 1918 von Palästina aus in Richtung Syrien vorrückt, greift Lawrence mit einer Streitmacht von 1000 Arabern sowie 200 britischen und französischen Soldaten die Stadt Dera an. Er verfügt inzwischen über Feldgeschütze, Panzerwagen und sogar englische Flugzeuge. Die Türken geben schließlich das belagerte Dera auf. Lawrence setzt der in Richtung Damaskus abziehenden Garnison nach und reibt sie bei Tafileh in einer offenen Feldschlacht fast völlig auf.
Unterdessen flammt der von ihm entfachte Aufstand

Emir Faisal, Sohn des Großscheichs Hussein, ein zuverlässiger Freund von Lawrence

auch im türkischen Hinterland auf, und dem größten Teil der flüchtenden türkischen Truppen droht die Vernichtung.
An einem klaren Wüstenmorgen reitet der »ungekrönte König von Arabien« an der Spitze seiner arabischen Truppen in Damaskus ein. Erst Tage später folgt General Allenby mit seinen britischen Truppen.
In dem anderthalbjährigen Feldzug, der die Türken aus dem arabischen Raum vertreibt, jagen die Araber 79 Brücken und Züge in die Luft und durchschneiden unzählige Male die Telegraphenleitungen. Auch die türkische Hauptnachschublinie, die Hejaz-Eisenbahn, wird gesprengt. Meistens legt Lawrence die Minen eigenhändig. Dann verkriecht er sich mit seinen Beduinen hinter Felsen oder Sanddünen und wartet, bis der Zug von den Gleisen geflogen ist. Anschließend fallen die Beduinen mit wildem Geschrei über die Trümmer her, schlagen die Türken tot und plündern die Wagen.
Lawrence unternimmt weite Streifzüge meist allein, manchmal auch mit einem oder zwei Begleitern. Bei solchen Erkundungsaktionen hinter den türkischen

Die Hejaz-Eisenbahn – Hauptnachschublinie der Türken – wird gesprengt. Oft legt Lawrence eigenhändig die Minen

Mit der grünen Fahne des Propheten Mohammed ziehen die Araber in den Kampf gegen die türkischen Unterdrücker

Linien dringt er oft tief in feindliches Gebiet ein, um das militärische Vorhaben der Türken auszuspähen und heimlich zu Besprechungen mit sympathisierenden Scheichs zusammenzukommen. Bei einem solchen Vorstoß gelingt es ihm ganz allein, eine strategisch wichtige Stahlbetonbrücke der türkischen Bahn zwischen Damaskus und Aleppo zu sprengen.
Lawrence: »Um den Erkundungsritt durch das Flachland des Huran zu vervollständigen, war es nötig, auch seine Hauptstadt Dera auszuspähen ... Wir ritten nach Süden die Bahnstrecke entlang bis kurz vor Dera. Dort saßen wir ab. Meine Absicht war, zusammen mit Faris am Bahnhof und in der Stadt herumzuwandern und nach Sonnenuntergang in Nisib einzutreffen ...
Wir erstiegen den gekurvten Damm der Palästinabahn und überblickten von oben die Station Dera; aber das Annäherungsgelände erwies sich als zu offen für einen überraschenden Angriff. Wir beschlossen, an der Ostseite der Verteidigungsanlagen entlangzugehen, und zogen weiter, bemerkten Materialvorräte deutschen Ursprungs, hier und da Stacheldraht und die Anfänge von Schützengräben. Türkische Soldaten gingen, ohne uns zu beachten, zwischen ihren Zelten und den auf unserer Seite liegenden Latrinen hin und her.
An der Ecke des Flugplatzes am Südende der Station schlugen wir den Weg zur Stadt ein. Man sah ein paar alte Albatrosmaschinen in einem Schuppen, um die Leute herumstanden ... Jemand rief uns etwas auf türkisch nach. Wir gingen weiter, als ob wir taub wären; aber ein Unteroffizier kam hinter uns drein, ergriff mich fest beim Arm und sagte: ›Du sollst zum Bej kommen. Es stehen zu viele Menschen herum und die Flucht wäre aussichtslos.‹ ...«
Die Türken ahnen nicht, daß der kleine, vor ihnen stehende schmächtige Mann in schäbiger Araberkleidung der Führer des arabischen Aufstandes ist. Sie halten ihn wegen seiner vielen Schußnarben für einen Deserteur der türkischen Armee und bringen ihn zum türkischen Platzkommandanten. Bei der Vernehmung versetzt Lawrence dem Mann einen Tritt in den Leib. Aschgrau vor Wut revanchiert sich der Bej mit einem Bajonettstich. Dann läßt er den Engländer auspeitschen und grausam foltern.
Lawrence: »Um mich in der Gewalt zu halten, zählte ich die Schläge, aber nach dem zwanzigsten konnte ich nicht mehr weiterzählen.« Er befürchtet, sich durch einen Aufschrei in englischer Sprache zu verraten, aber schließlich verliert er vor Schmerz das Bewußtsein. Mehr tot als lebendig wird Lawrence in einen leeren Verbandsraum geschleppt. Von dort gelingt es ihm, sich unbemerkt hinauszuschleichen und zu seinen Beduinen zu entkommen. Die brutale Tortur hinterläßt eine auffällige Veränderung in seinem Wesen: Er wird schweigsam, barsch und fast selbstmörderisch gleichgültig gegen alle Gefahren im Kampf.
Der erst dreißigjährige Engländer hat das geschafft, was Kalifen und Sultane in Jahrhunderten nicht zustande gebracht haben: Er vereinte die sich ständig befehdenden Nomadenstämme zu einem Feldzug gegen ihre türkischen Unterdrücker.
Während des Krieges hatte sich Lawrence den Arabern gegenüber für ihre volle Unabhängigkeit verbürgt; allerdings ohne zu wissen, daß schon seit 1916 das geheime Sykes-Picot-Abkommen zwischen London und Paris existierte, in dem die Nachkriegsregelung paraphiert ist: Es sichert den Franzosen einen Großteil Syriens und England die Herrschaft in Mesopotamien zu, während Palästina unter internationale Kontrolle gestellt werden soll.
Lawrence lehnt alle Ehren und Auszeichnungen ab, weil »meine Rolle beim arabischen Aufstand nicht nur für mich selbst, sondern auch für mein Vaterland und seine Regierung schimpflich gewesen ist«. Er habe »auf Befehl die Araber mit falschen Hoffnungen erfüllt«.

Lawrence fährt 1919 als Sachverständiger für den Nahen Osten zur Versailler Friedenskonferenz und versucht vergeblich, sich für die Sache der Araber einzusetzen. Als er erfährt, daß im Friedensvertrag die britischen Versprechungen nicht erfüllt werden, quittiert Lawrence tief enttäuscht den Kolonialdienst und kehrt nach England zurück. Hier beendet er die Arbeiten an seinem Buch, einem ausführlichen Bericht über den arabischen Aufstand. Das Werk »Die sieben Säulen der Weisheit« hat ihn unsägliche Mühe gekostet. Doch auf der Fahrt von Oxford nach London passiert etwas Unfaßbares: Er läßt die Tasche mit seinem Manuskript einen Augenblick unbeobachtet liegen, um Zeitungen zu kaufen, und als er zurückkommt, ist sie – man vermutet auf Geheiß des britischen Secret Service – gestohlen. Sie enthielt den größten Teil des fast 1000 Seiten zählenden Manuskripts und sein Tagebuch, das er während des Feldzugs geführt hat. Er rekonstruiert das Manuskript, gekürzt, aus dem Gedächtnis.

Auf Drängen von Kolonialminister Winston Churchill übernimmt Lawrence im britischen Kolonialamt die Stelle eines Sachverständigen für orientalische Angelegenheiten. Aber sein Abenteuererblut läßt ihn in dieser bürokratischen Administration nicht lange aushalten. Im Jahr 1922 tritt er unter dem Namen John H. Ross in die Royal Air Force ein und verschwindet damit aus der Öffentlichkeit. Seitdem kursieren die tollsten Geschichten über ihn. Man munkelt, er habe sogar bei den blutigen Bürgerkriegskämpfen in China seine Hand im Spiel, um die dortigen Machthaber mit riesigen Geldmitteln zugunsten Englands gegen Moskau zu beeinflussen.

Als eine Londoner Zeitung verrät, wer der Flieger namens Ross in Wirklichkeit ist, wird er aus der RAF ausgeschlossen. Vorübergehend taucht er ab März 1923 im königlichen Panzerkorps als gemeiner Soldat »T. H. Shaw« unter, bemüht sich aber insgeheim, wieder in die RAF aufgenommen zu werden. Tatsächlich versetzt man ihn 1925 stillschweigend zurück, diesmal als Flieger T. E. Shaw.

Dank seiner Beziehungen wird Lawrence im Juli 1927 nach Indien beordert. Er will, wie er sagt, weit vom Schuß sein, wenn die nochmals gekürzte Fassung seines Buches unter dem Titel »Aufstand in der Wüste« erscheint. 1928 trifft der britische Superagent beim 20. Luftgeschwader in Peshawar ein und beginnt hier seinen Kolonialdienst. In kürzester Zeit, so eine der um Lawrence verbreiteten Legenden, habe er Afghanisch gelernt und sei als Derwisch verkleidet über die Grenze gegangen.

In der Tat erheben sich die Stammesfürsten in Afghanistan gegen ihren westlich eingestellten König Aman Ullah. In London glauben die Parlamentsmitglieder der Labour Party, daß die indische Regierung diese Revolte angezettelt habe und die Anwesenheit von Oberst Lawrence damit in Verbindung stehe. In der sowjetischen Presse heißt es, er soll, als einfacher Soldat getarnt, in Wirklichkeit Chef des britischen Geheimdienstes in dieser Region sein.

Als einfacher Soldat T. H. Shaw im königlichen Panzerkorps: Oberst Lawrence

Die RAF ruft Lawrence bald wieder nach England zurück. Als das Schiff in Plymouth anlegt, wird er vor den Reportern hermetisch abgeschirmt. Die übertriebene Geheimhaltung, mit der die ganze Angelegenheit behandelt wird, erweckt das allgemeine Interesse, und es wird im Unterhaus die Frage gestellt, warum man ihm gestattet habe, unter falschem Namen Dienst zu tun.

Nach seiner Entlassung aus der Air Force zieht sich Lawrence im März 1935 in sein einsam gelegenes Häuschen nach Clouds Hill/Dorset zurück. Am Montag, dem 13. Mai 1935, jagt er mit seinem schweren Brough-Motorrad einen Feldweg entlang und sieht plötzlich zwei Jungen auf Fahrrädern vor sich, denen er nicht mehr ausweichen kann. Durch zu scharfes Bremsen wird er von der Maschine geschleudert und schwer verletzt. Ohne das Bewußtsein wiederzuerlangen, stirbt Lawrence am 19. Mai 1935.

Als Scheich Hamoudi von seinem Tod erfährt, »läuft er ruhelos die Steinfliesen einer Halle in Aleppo auf und ab und ruft in seinem Kummer: ›Meinen Sohn habe ich verloren, aber ihn beklage ich nicht so, wie ich Lawrence beklage‹ ...«

Winston Churchill: »Mit Oberst Lawrence haben wir einen der Größten unserer Zeit verloren.« Er weint an seinem Grab. Die Stadt London ehrt ihn mit einer Büste in der Sankt-Pauls-Kathedrale gleich neben den beiden Napoleon-Bezwingern Nelson und Wellington. König Georg V. verheißt ihm einen Platz in der Geschichte.

Dr. Elisabeth Schragmüller

Ende September 1914 bereitet sich das deutsche Belagerungskorps unter General von Beseler gerade mit den schwersten Geschützen darauf vor, das eingeschlossene Antwerpen, das zu den stärksten Festungen Europas zählt, im Sturm zu erobern. An einem dieser Tage legt Hauptmann Kefer, Leiter der Kriegsnachrichtenstelle Brüssel, dem Stabschef des

Elisabeth Schragmüller (Mitte) im Garten des Elternhauses, Sommer 1912

Belagerungskorps einige wichtige nachrichtendienstliche Berichte vor. In knappen Worten ist darin alles Wissenswerte zusammengefaßt, was aus beschlagnahmten Briefen belgischer Soldaten von der Front in Belgien und Nordfrankreich an deren unter deutscher Besatzung lebende Angehörige zu erfahren ist. Die Auswertung dieser Briefe ist deshalb so besonders wichtig, weil die deutsche Oberste Heeresleitung (OHL) befürchtet, englische Truppen könnten an der belgischen Küste landen, um das belagerte Antwerpen zu entsetzen. Die dem Stabschef ausgehändigten Berichte tragen außer dem üblichen Vermerk »Geheim« auch die Unterschrift eines Leutnants Schragmüller.
Der Chef des Stabes spricht sich anerkennend über diese vortrefflichen und mit größter militärischer Sachkenntnis verfaßten Berichte aus und fragt

Volkswirtschaftliche Abhandlungen
der badischen Hochschulen
herausgegeben von
Karl Diehl, Eberhard Gothein, Gerhard von Schulze-Gävernitz,
Alfred Weber, Otto von Zwiedineck-Südenhorst
Neue Folge Heft 30

Die Bruderschaft der Borer
und Balierer
von Freiburg und Waldkirch

Beitrag zur Gewerbegeschichte des Oberrheins

Von

Dr. Elsbeth Schragmüller

Karlsruhe i. B.
G. Braunsche Hofbuchdruckerei und Verlag
1914

Titelblatt der Doktorarbeit von Elisabeth Schragmüller (1888–1940)

Hauptmann Kefer, wer denn dieser Leutnant Schragmüller sei. Staunend erfährt er, daß der »Leutnant« eine Dame ist. Tatsächlich, Dr. Elisabeth Schragmüller, von den Franzosen später »Mademoiselle Docteur« genannt, gilt als Sonderfall in den Annalen der Spionage.
Die 1888 in Münster geborene Elisabeth Schragmüller entstammt väterlicherseits einer Offiziersfamilie aus Westfalen und mütterlicherseits einem hannoveranischen Adelsgeschlecht. Sie studiert, was zu dieser Zeit noch selten ist, Staatswissenschaften an den Universitäten in Berlin, Lausanne sowie Freiburg i. B. und promoviert 1913 mit Auszeichnung.
Nach Ausbruch des Krieges bemüht sie sich, aufgrund ihrer perfekten französischen Sprachkenntnisse eine Verwendung als Zensorin im besetzten Brüssel zu bekommen.
Elisabeth Schragmüller: »Es war mir längst klar geworden, daß man mich nicht ernstnahm, und so beschloß ich, den Behörden durch unentwegtes Wiedervorsprechen so lästig zu fallen, daß sie mir, nur um mich loszuwerden, den verlangten Passierschein aushändigten ... Mein Vater prophezeite mir, man würde mich auf kürzestem Wege wieder in die Heimat zurückschicken.«
Ungeachtet aller pessimistischen Vorhersagen bricht das 26jährige Fräulein in Richtung Brüssel auf: »Die Bahn ging nur bis Aachen. Die Kommandantur konnte kaum den Anforderungen nach Automobilen seitens der dienstlich zwischen besetztem Gebiet und der Heimat verkehrenden Militärpersonen genügen, obwohl sich alle Aachen verlassenden Wagen bei ihr melden mußten, um die Vergebung etwaiger freier Plätze zu regeln. An wen auch immer ich mich mit der Bitte, mir behilflich zu sein, wandte, stets ward mir der wohlgemeinte, aber für mich unannehmbare Rat zuteil, umzukehren und nach Hause zu fahren.«
Endlich gelangt sie auf Umwegen und nach einer abenteuerlichen Autofahrt mit einigen Offizieren in die belgische Hauptstadt. Unternehmungslustig wie sie ist, läßt sie sich keineswegs von ihrem Vorhaben abbringen: »Ich erkundigte mich, wo der Gouvernementsstab untergebracht sei und quartierte mich im gleichen Hotel ein.«
Nach ihren bisherigen Erfahrungen weiß Elisabeth, daß es wenig Sinn hat, mit einem Gesuch oder einer ordnungsgemäßen Meldung bei den Behörden etwas erreichen zu wollen. Sie findet schnell heraus, daß der Generalgouverneur, Generalfeldmarschall Freiherr von der Goltz, sich nach dem Mittagessen für ein Schläfchen in sein Appartement zurückzuziehen pflegt. Daher lauert sie ihm auf dem Flur auf und berichtet dem überraschten alten Herrn von ihrem Wunsch, in irgendeiner Form Verwendung bei der Armee zu finden.
Elisabeth Schragmüller: »Exzellenz von der Goltz schenkte mir willig Gehör mit feinem Verständnis und voller Güte ... Er überantwortete mich dem damaligen Kommandanten von Brüssel und dieser überwies mich einer Dienststelle, der gewisse Funk-

Generalfeldmarschall Colmar Freiherr von der Goltz (1843–1916), seit Herbst 1914 Generalgouverneur von Belgien

tionen des militärischen Sicherheitsdienstes oblagen. Entsprach auch die Art und Weise meiner Verwendung und der im allgemeinen unter recht kleinlichen Gesichtspunkten von einem Oberleutnant der Reserve, Rechtsanwalt im Zivilberuf, gehandhabte Dienstbetrieb wenig meinen Hoffnungen, so stürzte ich mich doch mit Feuereifer in den neuen Pflichtenkreis.«

Hier, in der Sektion VH der Kommandantur, in Frauenkleidern und mit einer schwarz-weiß-roten Armbinde versehen, gerät das Fräulein Doktor ins Getriebe der Militärdisziplin. Auch sie muß jetzt frühmorgens in Reih und Glied zum Appell antreten und mittags ihr Essen im Kochgeschirr aus der im Hof des ehemaligen belgischen Finanzministeriums ewig dampfenden Feldküche holen.

Schragmüller: »Gleich in den ersten Tagen nach meiner Eingliederung in das Garnisonskommando von Brüssel kam ich mit einer nicht zum Befehlsbereich des Gouvernements gehörigen Stelle, der ›Kriegsnachrichtenstelle Brüssel‹ in Berührung. War ich nicht im Auftrage der Kommandantur im Außendienste tätig, so hatte ich für jene knapp mit Personal ausgestattete Stelle beschlagnahmte, an belgische Zivilpersonen gerichtete Briefe ihrer im Felde gegen uns kämpfenden Angehörigen durchzusehen. Die Auswertung dieser Briefe auf Nachrichten von strategischer Bedeutung war in jenen Tagen vor dem Fall Antwerpens von besonderer Wichtigkeit.«

Als bereits nach kurzer Zeit ihre Begabung für Analyse und Auswertung der abgefangenen Korrespondenz selbst von dem Korpsstabgeneral von Beseler gelobt wird, versetzt man das Fräulein Doktor offiziell in die »Kriegsnachrichtenstelle Brüssel«.

»Ich hatte sofort das Empfinden, es hier mit einer von ganz anderem Geiste getragenen Stelle zu tun zu haben, die viel unmittelbarer in dem großen Geschehen des Weltkrieges stehen müsse, als die hauptsächlich für die örtlichen Belange der Garnison Brüssel sorgende Sektion VII der Kommandantur.

Trotzdem zögerte ich, das mich sehr lockende Anerbieten anzunehmen, denn ich mochte dieser gegenüber nicht treulos handeln. Als jedoch meine bisherigen Vorgesetzten ihr Einverständnis gaben, nahm ich an. Noch hatte ich keine Ahnung, daß diese Stelle zur Obersten Heeresleitung gehörte und einen ihrer vorgeschobenen Posten bildete, wußte nicht, welch wichtiges Arbeitsfeld ihr anvertraut war und hätte es mir wohl schwerlich träumen lassen, welche Verantwortung ich selbst in ihrem Rahmen für die Dauer des ganzen Krieges finden sollte.«

In der neuen Dienststelle ist die militärische Disziplin

Eines der Dienstzimmer in der Kriegsnachrichtenstelle Brüssel: Hier beginnt die Karriere des Fräulein Doktor

bei weitem nicht so streng. Elisabeth fühlt sich in der Umgebung dieser älteren, vielseitig gebildeten Herren wie in der eigenen, von Hause aus gewohnten Atmosphäre. Sie darf an der kleinen, gemeinschaftlichen Offizierstafel teilnehmen und wird von allen militärischen Vorschriften, wie zum Beispiel Meldung zum Appell und ähnlichem, befreit.

»Hatte ich bisher nur untergeordnete Obliegenheiten zu verrichten, so durfte ich mich jetzt in das ungeheuer weite und schwierige Betätigungsfeld einer Kriegsnachrichtenstelle einarbeiten, konnte mir von Tag zu Tag das wachsende Vertrauen meiner neuen Vorgesetzten erringen und durfte rasch, Stufe um Stufe zurücklegend, an immer wichtigeren und verantwortungsreicheren Aufgaben mitwirken. Beim Eintritt in meinen neuen Wirkungskreis hatte ich geglaubt, eine Kriegsnachrichtenstelle gebe die Nachrichten über den Krieg an die Öffentlichkeit, verfasse Heeresberichte und halte durch die Presse die Verbindung zwischen Front und Heimat aufrecht ... Daß aber der Kriegsnachrichtendienst die systematische Beschaffung von Nachrichten über den Gegner zur Aufgabe hatte und ihm hierzu auch das weite interessante Feld der Spionage zugeteilt war, hatte ich nicht geahnt.«

Wenige Tage, bevor Antwerpen fällt, am 9. Oktober 1914, lernt Major Nicolai, Chef der Abteilung IIIb des Generalstabs, dem der gesamte Nachrichtendienst der Obersten Heeresleitung unterstellt ist, die neue Mitarbeiterin kennen. Nicolai äußert allerdings, er habe erhebliche Bedenken, eine Frau den Gefahren auszusetzen, mit denen ein Nachrichtendienstler wohl stets rechnen müsse. Außerdem sei er grundsätzlich der Meinung, daß Frauen im Geheimdienst nichts zu suchen hätten.

»Nur mit Aufbietung aller in mir schlummernden Kräfte gelang es mir endlich, seine Einwilligung zu erhalten, im Dienste der mobilen Abteilung IIIb bleiben und an der Seite des Leiters meiner Kriegsnachrichtenstelle den Standort Brüssel mit Lille tauschen zu dürfen.«

Sie soll künftig die bereits angeworbenen Agenten instruieren, Meldewege sicherstellen, die Aussagen der in ihren Bereich fallenden Agenten überprüfen sowie Berichte für ihren unmittelbaren Chef, den IIIb West, abfassen und weiterleiten. Mit Intelligenz, Einfühlungsvermögen, weiblichem Instinkt und Taktgefühl gelingt es Elisabeth Schragmüller schon sehr bald, diese wohl wichtigste Aufgabe des deutschen militärischen Geheimdienstes in Belgien und Frankreich zu bewältigen.

Es ist erstaunlich, daß eine Frau, die anfangs nicht einmal wußte, was die Bezeichnung »Kriegsnachrichtenstelle« in Wirklichkeit bedeutet, bald eine derart selbständige Position erreicht und dabei Erfolge erzielt, die die Verdienste der meisten männlichen Kollegen weit in den Schatten stellen. Die Karriere dieser stillen, unscheinbaren Frau im Spionagemetier hat in der Zeitgeschichte keine Parallele.

»Bis zum Beginn des Jahres 1915 währte die Zeit meiner Einarbeitung. Dann wurde mir durch Verfügung des Chefs der Abteilung IIIb die Leitung der mit dem Nachrichtendienst gegen Frankreich beauftragten Sektion der Kriegnachrichtenstelle Antwerpen übertragen, wohin unser Standort inzwischen verlegt worden war, und damit hatte ich diejenige Stellung erhalten, die ich für die ganze Dauer des Weltkrieges innegehabt habe.

Zu meinen Lehrmeistern in der mir gänzlich neuen Materie hatte ich neben dem äußerst erfahrenen und gewiegten Leiter meiner Kriegsnachrichtenstelle den Chef der Abteilung IIIb persönlich und die auserlesensten Köpfe des Großen Generalstabes, fernerhin die Leiter der verschiedenen Ressorts der Obersten Heeresleitung und den allgewaltigsten aller Lehrmeister: den Krieg.«

In den deutschen Kriegsnachrichtenstellen arbeiten nur selten Berufsoffiziere, ausgenommen die Dienststellenleiter oder die Chefs der einzelnen Sektionen. Meistens sind es Reserveoffiziere aus den unterschiedlichsten Zivilberufen. Nach einer genauen Überprüfung ihrer charakterlichen Eigenschaften und der persönlichen Verhältnisse, bevorzugt die Abteilung IIIb Offiziere mit umfassender Bildung, möglichst mit Auslandserfahrung und perfekten Sprachkenntnissen.

Zu den Aufgaben der Kriegsnachrichtenstelle Antwerpen gehört die Beobachtung des feindlichen Aufmarschs, der Gliederung und Stärke feindlicher Reserven im Hinterland und der Mobilisierung neuer Jahrgänge.

Ferner ist in Erfahrung zu bringen, welche Truppenreserven der Gegner aus Übersee heranführt, auf welcher Route und mit welchen Mitteln. Die Produktionen kriegswichtiger Fabriken müssen ständig ausspioniert werden, damit man neue Entwicklungen rechtzeitig erkennt und die eigene Industrie auf Herstellung von Abwehrmitteln vorbereitet wird.

Im Gegensatz zum Nachrichtendienst hinter der kämpfenden Front, der seine Erkenntnisse durch Aussagen eingebrachter Gefangener und Überläufer sowie aus erbeuteten Dienstbefehlen und Dokumenten aller Art gewinnt, muß sich eine Kriegsnachrichtenstelle fremder Augen und Ohren bedienen.

Das schwierigste ist die Gewinnung neuer Verbindungen. Es müssen immer wieder Leute angeworben werden, die bei den gegnerischen Militärs und Regierungsstellen Vertrauen genießen, ebenso Spione kleineren Formats für örtliche Erkundungen. Man braucht auch Reiseagenten, die flexibel eingesetzt werden können, und Personen, die in Städten oder Orten von besonderer kriegswirtschaftlicher Bedeutung ansässig sind. Genauso wichtig sind Agenten unter den Soldaten in der Etappe, die ihre aus dem Frontgebiet zurückkehrenden Kameraden aushorchen sowie die »Deserteuragenten«, die sich aus Überläufern in die neutrale Schweiz rekrutieren.

»Nicht nur die Frage der Gewinnung seiner Verbindungen ist eine der schwierigsten Aufgaben für den Nachrichtendienst, ebenso stellt die Sicherstellung ihres Meldeweges eine gewaltige Organisationsauf-

Antwerpen, Herbst 1914, kurz nach dem Einmarsch der deutschen Truppen: Haupteinsatzort von Dr. Elisabeth Schragmüller

gabe dar. Jeder einzelne Fall erforderte besondere Maßnahmen! Für die ›Reiseagenten‹ mußten die erforderlichen Pässe beschafft werden – mit plumpen Fälschungen hatte es nicht sein Bewenden.
Der Nachrichtendienst mußte sich genaueste Kenntnis der gegnerischen Verkehrs-, Reise- und Paßvorschriften und ihrer Handhabung an den einzelnen Grenzstellen aneignen und auf dem laufenden halten! Für die Reise des Agenten mußten nachkontrollierbare, stichhaltige Gründe zur Hand sein! Als die schärfer und schärfer werdenden Abwehrmaßnahmen der Entente auch den Reiseverkehr im Innern des Landes wenigstens in militärisch wichtigen Gegenden einschränkten, wurden die Reiseagenten fast gänzlich durch ›seßhafte Agenten‹ verdrängt.
Es entstand eine neue Schwierigkeit: die Sicherstellung des Meldeweges! Telegramme – und auf schnellste Übermittlung kam es an – unterlagen der Zensur und wurden bestenfalls nicht befördert, erschien ihr Inhalt irgendwie verdächtig. Der Decktext, in dem sie abzufassen waren, mußte als ›Code‹ für jeden einzelnen Agenten seinem Berufe entsprechend entworfen, der Agent in seiner Anwendung unterwiesen werden.
Deckadressen in den fernsten, oft überseeischen Ländern mußten beschafft werden, um die Aufmerksamkeit feindlicher Abwehr von den Telegrammen und seinen Absendern abzuleiten. In einem Falle erhielt die Kriegsnachrichtenstelle zum Beispiel die Meldung über die Ankunft größerer Truppenkontingente aus England in Frankreich 36 Stunden später, als der Agent sie in Le Havre aufgegeben hatte! In einem anderen Falle hatte sie das authentische, französischerseits amtlich aufgenommene Trefferbild der ersten Beschießung von Paris durch die vorher nicht auf ihre Streuung prüfbaren, weittragenden deutschen Geschütze drei Tage nach Abgabe des ersten Schusses in der Hand.

Nach besonderen Methoden, unter Beachtung aller nur erdenkbaren Vorsichtsmaßregeln mußten die großen Agenten behandelt werden. Für jeden einzelnen von ihnen wurde ein unbedingt zuverlässiger Vertrauensmann gehalten, der die Verbindung mit ihm aufrecht zu erhalten hatte, wenn sich unmittelbare Begegnungen aus Gründen der persönlichen Sicherheit des Agenten als untunlich erwiesen. Innerhalb dieses ungeheueren Apparates spielte sich dann erst die eigentliche Aufklärung ab.«
Dem Gegner ist die Tätigkeit der deutschen Kriegsnachrichtenstelle Antwerpen natürlich nicht verborgen geblieben, und er versucht mit allen Mitteln, sie unschädlich zu machen. Besonders vor Beginn jeder größeren Operation werden regelmäßig mit Sprengpatronen ausgerüstete feindliche Agenten beauftragt, die deutsche Kriegsnachrichtenstelle auszuschalten.
Schragmüller: »Erreicht wurde das Gegenteil von dem, was der Gegner bezweckte, statt daß er uns

Verhör französischer Kriegsgefangener: potentielle Agenten des deutschen Geheimdienstes?

Schaden zufügte, nützte er uns, spielte er uns doch selbst ein wichtiges Glied der Beweiskette in die Hände, die uns seine vielleicht schon vielfach anderweitig gemeldeten Offensivabsichten bestätigte.«

Einer persönlichen Idee des »Fräulein Doktor« ist die Einrichtung einer »Deserteuragenten«-Organisation zu verdanken. Die wegen zunehmender Abwehr- und Kontrollmaßnahmen des alliierten Sicherheitsdienstes gedachte Notlösung erweist sich mit der Zeit als Volltreffer und bereitet gerade der französischen Spionageabwehr manches Kopfzerbrechen.

Auf der Suche nach neuen Erkundungsmethoden erfährt Elisabeth Schragmüller, daß immer mehr französische Frontsoldaten in die Schweiz desertieren, von denen sich einige der Internierung entziehen und illegal dort leben. Diesen Männern gilt jetzt ihr verstärktes Interesse. Sie ist der Ansicht, daß es nicht allzu schwer sei, unter jenen Deserteuren geeignete Leute für das Himmelfahrtskommando eines Spions ausfindig zu machen.

»Nachdem die von dem Agenten A.F.89 in Genf angeworbenen Deserteure als erste zunächst in Antwerpen für die Aufträge ausgebildet und ausgerüstet worden waren, sollten sie (als A.F.93 und A.F.94) auf dem gleichen Wege, auf dem sie nach der Schweiz entwichen waren, wieder nach Frankreich zurückkehren. Dort sollten sie ihre an der Grenze versteckten Uniformen wieder anziehen und als angeblich zu ihrem Truppenteil zurückwollende Urlauber zu einem der großen Etappenbahnhöfe, den sogenannten ›Gares regulatrices‹, abfahren.

Herrschaftliche Residenz am Rand von Antwerpen, wo Teile der Kriegsnachrichtenstelle untergebracht sind

Die militärischen Ausweispapiere, die ich ihnen verschaffte, lauteten auf je eine Formation, deren Verbleib uns gerade unbekannt war. Selbstverständlich machte ich sie mit dem vertraut, was jeder Poilu [Spitzname des französischen Soldaten] von seinem eigenen Regiment zu wissen pflegt, damit sie auf Befragen auch jederzeit Rede und Antwort stehen konnten.

Bei den Kommandanturen der ›Gares regulatrices‹ sollten sie dann den gegenwärtigen Standpunkt ihres Regimentes erfragen, sich dort möglichst lange unauffällig herumtreiben, um mit anderen von der Front kommenden Urlaubern Gespräche anzuknüpfen und sie über alles Wissenswerte ihres Abschnittes auszuholen. Ebenso sollten sie mit zur Front zurückkehrenden Urlaubern Gespräche anknüpfen, um zu erfahren, welche Marschziele ihnen eventuell bereits mitgeteilt worden waren. Auch unterwegs sollten sie nach Möglichkeit so viele Urlauberbefragungen vornehmen, als ihr Gedächtnis klar zu behalten imstande war. Je mehr, desto besser!

Außerdem sollten sie auf französischem Boden in der gleichen Weise Deserteure anwerben, wie A.F.89 auf schweizerischem. Für jeden frisch von seinem Truppenteil weg uns zugeführten Deserteur setzte ich eine Prämie von 500 frcs. aus, die in dieser Höhe, wie ich ihnen ausdrücklich sagte, nur dann ausgezahlt würde, sofern sich dessen Aussagen als höchstens acht Tage zurückliegend und zutreffend erwiesen.

Mit der gleichen Sorgfalt, wie alle Agenten, wurden A.F.93 und 94 für ihre Mission geschult. Dank ihrer militärischen Vorbildung war dies in sachlicher Beziehung sehr viel einfacher, als bei manchen Zivilagenten, die nur mangelhafte Kenntnisse über militärische Dinge besaßen. Auch die oft sehr langwierigen Instruktionen über Anwendung von Geheimtinten, Gebrauch von Codes usw. fielen bei diesen und allen weiteren Deserteuragenten fort, denn für sie kam nur die mündliche Berichterstattung in Frage.

Unter Umkehrung der alten Soldatenregel ›Getrennt marschieren und vereint schlagen!‹ gelangten beide, von A.F.89 wiederum auf Schmugglerpfaden geleitet, nach der Schweiz und dann wiederum gleichfalls gemeinsam nach Frankreich, um sich – ein jeder für sich allein – an verschiedenen Plätzen mit wahrem Feuereifer an die Erfüllung ihres Auftrages zu machen. Nach Ablauf von zwei bis drei Wochen saßen sie in Antwerpen mir abermals zum Verhör gegenüber, das jetzt in jeder Beziehung auch die erstrebten Resultate brachte.

Jeder von ihnen hatte etwa 20 Urlauber verschiedener Formationen in der aufgetragenen Weise ausgefragt. Natürlich stellten manche dieser Angaben nichts weiter als Bestätigungen bereits erfolgter Ermittlungen dar. Doch war ihnen auch eine große Zahl von Urlaubern in die Hände gefallen, deren Aussagen den Verbleib mancher Divisionen klärten, auf die wir bereits seit längerem fahndeten. A.F.93 und

94 hatten außerdem drei neue Deserteure herübergebracht, ebenso wie sich auch A.F.89 inzwischen mit neuen Leuten eingestellt hatte. Sie alle erhielten nach ihrer Ausbildung die gleichen Aufträge: Urlauber auszufragen und Deserteure anzuwerben.«
Zu den wichtigsten Aufgaben aller Deserteuragenten zählt die Beschaffung der aktuellen Urlaubspapiere sowie deren Ausfertigungsvorschriften. Aber eines Tages bekommt die französische Spionageabwehr, sei es durch die Verhaftung eines Deserteuragenten oder auch wegen zunehmender Verlustmeldungen von Urlaubsscheinen, Wind davon, daß hier etwas nicht stimmt. Daher werden schlagartig alle bisher verwendeten normalen Urlaubsformulare eingezogen und durch verschiedenfarbige Vordrucke ersetzt, die den geänderten Vorschriften entsprechen.
So gelten zum Beispiel jetzt die rot, weiß, grün oder gelb gefärbten Formulare jeweils nur in ganz bestimmten Zonen. Dazu tragen sie an deutlich sichtbaren Stellen einen auffälligen, schwarz umrandeten Vermerk, der jedem die Todesstrafe androht, der diese Urlaubspapiere oder andere Scheine fälscht, sich unrechtmäßig aneignet oder sonstigen Mißbrauch damit treibt.
»Nun hieß es für mich wiederum von vorne anfangen. Die neuen Scheine und Vorschriften mußten beschafft werden. Das Gegenspiel der feindlichen Abwehr hatte meinen Deserteurdienst zunächst ziemlich lahm gelegt. Es dauerte nahezu vier Wochen, bis ich ihren Schlag parieren und trotz Androhung der Todesstrafe die erforderlichen Formulare hatte beibringen lassen können.
Dann setzte der Zufluß von Deserteuragenten wieder ein, ja er steigerte sich sogar noch erheblich. Einer dieser späteren Agenten, der A.K.330 (Blumenhändler aus Marseille, Analphabet) war ein Gedächtnisphänomen. Er arbeitete allein, war 15mal in Frankreich, wechselte also 30mal ohne jede Hilfe die Grenze ›en fraude‹. Einmal kam er zurück mit genauen Angaben über den Stand von 40 verschiedenen Formationen nebst mannigfachen Einzelheiten.
Daß Deserteuragenten versucht hätten, uns irgend etwas vorzuschwindeln oder uns durch Vorspiegelung falscher Tatsachen zu hintergehen, ist mir in meiner Praxis nie passiert. Sie arbeiteten ›ehrlich‹ für ihren Auftraggeber, nicht wie jenes üble Agentengesindel, das im neutralen Ausland aus zweiter und dritter Quelle schöpfte oder sich seine Meldungen von den berüchtigten ›Nachrichtenbörsen‹ dortselbst erkaufte und mit der Vorgabe, sie unter höchst gefährlichen Umständen im Feindesland ermittelt zu haben, an den Mann zu bringen suchte.«
Die auf Anregung von Elisabeth Schragmüller entstandene Organisation entwickelt sich innerhalb von wenigen Monaten und übertrifft bei weitem alle Erwartungen. Die Erkenntnisse aus den von Deserteuragenten beschafften Informationen ergänzen in erstaunlichem Maße die Gefangenenaussagen an der Front und tragen erheblich zur Demoralisierung innerhalb der französischen Armee bei.

Oberleutnant a. D. und Inhaberin des EK I Dr. Elisabeth Schragmüller lebt in den zwanziger Jahren in Berlin.

Die Verbindungswege der in Frankreich tätigen Deserteuragenten laufen in den meisten Fällen über die Schweiz. Die unübersichtlichen Landesgrenzen der Eidgenossenschaft mit ihren Grenzpässen im Jura ermöglichen es bei etwas Glück, ungehindert nach Frankreich einzusickern. Durch die große Entfernung zwischen der Schweiz und Antwerpen geht jedoch wertvolle Zeit verloren, ehe die Deserteuragenten Bericht erstatten können.
So ordnet der Chef von IIIb im Frühjahr 1918 die Verlegung der Kriegsnachrichtenstelle Antwerpen in die Nähe der schweizerischen Grenze an. Oberst Nicolai wählt als neuen Standort Freiburg i. B., da es die nächstgelegene größere Stadt mit einer direkten Bahnlinie nach Basel ist. Von hier aus läßt sich der Einsatz von Deserteuragenten bedeutend schneller als bisher durchführen.
Genauso still und ohne jedes Aufsehen wie ihr Eintritt in den deutschen militärischen Geheimdienst erfolgt bei Kriegsende auch die Verabschiedung der inzwischen zum Oberleutnant beförderten und mit dem Eisernen Kreuz I. Klasse ausgezeichneten Dr. Elisabeth Schragmüller. Sie kehrt nach Berlin zurück und bleibt hier ein paar Jahre. Doch die Strapazen des Krieges haben an ihrer Gesundheit gezehrt, und sie muß längere Zeit in Krankenhäusern und Sanatorien verbringen. Nach ihrem Tod am 24. Februar 1940 in München geben ihr nur einige ihrer nächsten Angehörigen das letzte Geleit.

Mata Hari

Die bekannteste Spionin aller Zeiten scheint, was ihre geheimdienstlichen Aktivitäten anbelangt, bei weitem nicht so erfolgreich gewesen zu sein wie mit ihren Darbietungen als »javanische Tempeltänzerin« unter dem Künstlernamen Mata Hari. Sie wurde – wie es in der Fachsprache heißt – zur Doppelagentin. Für das, was sie tatsächlich erkundet hat, gibt es keine stichhaltigen Beweise. Eines ist sicher: Ihr tragisches Ende begründete ihren legendären Ruhm. Mit diesem sensationellen Spionagefall des Ersten Weltkrieges beschäftigt sich bereits seit 70 Jahren eine Reihe von Publikationen, die aber oft nur auf Gerüchten beruhen.

Margaretha Geertruida Zelle, so ihr richtiger Name, ist am 7. August 1876 in Leeuwarden, der Hauptstadt von Hollands nördlichster Provinz Friesland, als Tochter eines Hutmachers geboren. Später, als sie an den Pariser Bühnen Erfolge feiert, erzählt sie den Presseleuten, sie sei die Tochter eines javanischen Prinzen, bei anderer Gelegenheit gibt sie sich als das in Niederländisch-Indien geborene Kind eines holländischen Offiziers und einer Javanerin aus.
Sie entwickelt gegenüber Journalisten einen sechsten Sinn für publicitywirksame Storys, und ihr Leben gleicht einer schillernden Mischung aus Dichtung und Wahrheit, bestehend aus Liebe, Flirt, Reisen und Spionageintrigen. Unbestreitbar hat sie nicht nur eine beachtliche Tanzbegabung, sondern auch Glück bei Männern.
Margaretha wächst zu einem bildhübschen Mädchen heran, mit guter Figur, großen Augen und rabenschwarzem Haar. Sie soll Kindergärtnerin werden, und die Eltern schicken sie zur Ausbildung auf die damals einzige Fachschule in Leiden. Hier verliebt sich der Schuldirektor in die rassige Schönheit. Um dieser Episode möglichst rasch ein Ende zu bereiten, kommt die 17jährige in die Obhut eines Onkels nach Den Haag.
Zu Beginn des Jahres 1895 liest sie eine Anzeige in den Amsterdamer Tagesnachrichten: »Offizier aus Holländisch-Ostindien, zur Zeit auf Heimaturlaub, sucht die Bekanntschaft eines netten Mädchens zwecks späterer Heirat«. Margaretha, deren erste

Werbedruck des Vaters von Mata Hari, des Hutmachers A. Zelle, vor Weihnachten 1886

Das Ehepaar Margaretha und Rudolph MacLead im Frühjahr 1897

Liebe ihres Lebens, wie sie selbst sagt, »der Uniform galt«, schreibt auf die Annonce.
Der Offizier heißt Rudolph MacLead und entstammt einer alten schottischen Familie, die seit Beginn des 18. Jahrhunderts in den Niederlanden lebt. Margaretha und der fast 20 Jahre ältere MacLead feiern bereits nach einer Woche Verlobung und heiraten dreieinhalb Monate später, am 11. Juli 1895. Der Onkel von Rudolph, ein alter General a. D., zur Wahl seines Neffen: »Verdammt gut aussehend.«
Ende Januar 1897 wird Sohn Norman John geboren, und wenige Monate später muß MacLead nach Niederländisch-Indien zurück. Sie leben ein Jahr in Toempoeng im Ostteil der Insel Java. Es ist für Margaretha jedoch keine glückliche Zeit. Sie leidet unter dem tropischen Klima und den Eifersuchtsszenen ihres Mannes.
Im Mai 1898 bringt sie ihr zweites Kind zur Welt, ein Mädchen mit dem Namen Jeanne Louise. Ein Jahr später stirbt der zweieinhalbjährige Sohn Norman. MacLead beschließt nun, den Armeedienst zu quittieren und mit seiner Familie auf Java zu bleiben. Für seine junge, attraktive Frau ist dieser Gedanke unerträglich. Sie will nach Europa zurück, am liebsten nach Paris. Als man Jahre später die berühmte Künstlerin interviewt, antwortet sie auf die Frage, warum ausgerechnet Paris: »Ich weiß nicht, aber ich glaube, daß alle durchgebrannten Frauen nach Paris gehen.«
Im Frühjahr 1902 gibt MacLead endlich dem Wunsch seiner Frau nach, und sie kehren in die Niederlande zurück. Hier zerbricht die Ehe völlig. Sie trennen sich im August 1902, und Margaretha behält die Tochter.
Nun reist sie – ohne Geld und ausreichende Sprachkenntnisse – in die Seine-Metropole. Sie will hier ihren Lebensunterhalt als Malermodell verdienen. Nach vier Wochen kehrt sie jedoch enttäuscht nach Holland zurück. Der Grund: Sie habe zu kleine Brüste.
Aber Margaretha gibt nicht auf und probiert es 1904 noch einmal. Sie findet diesmal Arbeit in der Reit-

Lady MacLead in der Seine-Metropole, Februar 1905: »...alle durchgebrannten Frauen gehen nach Paris«

schule des berühmten Pariser Zirkus Molier, denn den Umgang mit Pferden hat sie in Ostindien gelernt. Eines Tages macht ihr Monsieur Molier den Vorschlag, sie solle ihre Schönheit nutzen und ihr Glück mit orientalischen Tänzen versuchen. So bringt er Margaretha, die ziemlich gut malaiisch spricht und in Ostindien oft die Tänze der Eingeborenen beobachtet hat, auf eine Idee, mit der sie Weltruhm erlangt.
Der Zeitpunkt ist äußerst günstig: Das Jahr 1905 bildet den Höhepunkt der Belle Époque, einer Zeit voller Lebensfreude. Ihr Debüt als orientalische Tänzerin findet Ende Januar 1905 anläßlich einer Wohlfahrtsveranstaltung im Salon der russischen Sängerin Madama Kirewskij statt. Schon ihr erster Auftritt ist ein voller Erfolg. Danach erzählt sie allen die geheimnisvolle Geschichte, man habe sie in den buddhistischen Tempeln im Fernen Osten in die heiligen Tänze eingeweiht. Das stimmt zwar nicht, aber Margaretha ist unbestritten ein Naturtalent.
Sie tritt anfangs unter dem Namen Lady MacLead auf, und bald schreibt der »Courrier Français«, daß »die unbekannte Tänzerin aus fernen Ländern eine fremdartige Person sei. Wenn sie sich nicht bewegt, fasziniert sie, und wenn sie tanzt, umgibt sie noch mehr Geheimnisvolles«.
Einer der begeisterten Zuschauer ist Monsieur Guimet, ein steinreicher Industrieller und Kunstexperte. Um seine umfangreiche private Sammlung unterzubringen, baut er das berühmte Museum für orientalische Kunst – Musée Guimet am Place d'Jéna. Er hat den Einfall, seinen Freunden etwas Besonderes zu bieten: eine Sondervorstellung der javanischen Tänzerin in diesem stilvollen Rahmen. Weil hierfür weder Lady MacLead noch Margaretha Zelle stilgerecht klingen, gibt er der exzentrischen Tänzerin den Namen Mata Hari, auf malaiisch »Auge der Morgenröte«.
Der interessante Rundbau der Museumsbibliothek wird mit exotischem Blumenschmuck in einen indischen Tempel verwandelt. Ein im Hintergrund verstecktes Orchester spielt Hindu- und javanische Melodien. Mata Hari trägt ein aus Monsieur Guimets reichhaltiger Kollektion ausgesuchtes orientalisches Kostüm. Während des Tanzes läßt sie die verhüllenden Schleier allmählich fallen, bis ihr Körper nur noch von glitzernden Ketten und Gehängen gleißender Perlen bedeckt ist.
Dieser Montag, der 13. März 1905, wird zum Wendepunkt in Margarethas Leben. Zu den exquisiten Gästen der außergewöhnlichen Darbietung zählen auch der japanische und deutsche Botschafter. Der Auftritt einer Nackttänzerin ist zu jener Zeit selbst in der französischen Hauptstadt eine Sensation ersten Ranges, und die Pressekritiken überschlagen sich in Lobeshymnen. Bald liegt dieser faszinierenden Mata Hari ganz Paris zu Füßen. Margaretha: »Ich habe nie gut getanzt. Daß die Menschen kamen, um mich zu sehen, verdanke ich nur der Tatsache, daß ich es als erste wagte, mich unbekleidet in der Öffentlichkeit zu präsentieren.«
»La Presse« berichtet am Samstag, dem 18. März 1905: »›Mata Hari‹ wirkt nicht nur durch das Spiel ihrer Füße, ihrer Arme, ihrer Augen, des Mundes und der karmesinroten Fingernägel. Von keiner Kleidung behindert, wirkt Mata Hari durch das Spiel ihres gesamten Körpers.« Der einzige Kommentar ihres Ex-Ehemannes: »Sie hat Plattfüße und kann nicht tanzen.«
Mata Hari tritt im Jahr 1905 insgesamt dreißigmal in exklusiven Pariser Salons auf, davon dreimal im Haus des Barons von Rothschild. Weitere sechs Vorstellungen im Trocadéro-Theater enden mit enthusiastischen Beifallsstürmen. Einen der größten Triumphe feiert sie im August 1905 auf der besten Bühne von Paris, im renommierten Olympia-Theater.
Mata Hari hat die Seine-Metropole erobert. Sie wird von allen bewundert und bestaunt. Auch der »New York Herald« äußert sich in seiner Pariser Ausgabe vom 2. Mai 1905 überschwenglich: »Es ist unmöglich, die Mysterien indischer Religionen in einer edleren Weise lebendig zu machen, als es hier geschah.« Und am 31. Mai 1905 schreibt das seriöse niederländische Blatt »Nieuwe Rotterdamsche Courant«: »Mata Hari! Fremdartiger, zauberhafter Klang. Ein Name, der durch Paris schallt – durch das gebildete, politische Paris. Ein Name, der von den Lippen der Menschen fließt wie etwas Geheimnisvolles, Unglaubliches,

Mata Hari (1876–1917): »Ich habe nie gut getanzt.«

Unerreichbares ... Priesterin, Tänzerin, Dame? Die Menschen fragen – und raten. Man erzählt sich, daß vier Staatsminister sie zum Essen einluden und daß sie ihnen in der privaten Atmosphäre des Salons ihre Kunst nahebrachte.«
Im Januar 1906 erhält sie ein zweiwöchiges Engagement vom Central Kursaal in Madrid. Es ist ihr erster öffentlicher Auftritt im Ausland. Einige Wochen später, im Februar 1906, reist sie an die Côte d'Azur. Die Oper von Monte Carlo hat sie für das Ballett von Massenet »Le Roi de Lahore«, unter der Schirmherrschaft von Prinz Albert I. von Monaco, verpflichtet. Dies ist ein entscheidender Schritt in Mata Haris Karriere: Damit wird sie von seriösen Theaterfachleuten anerkannt, denn die Oper von Monte Carlo gehört neben der Pariser Oper zu den ersten lyrischen Theatern Frankreichs. Die Premiere ist ein Riesenerfolg. Jetzt kann sie berühmte Persönlichkeiten zu ihren Freunden zählen. Puccini, der sich gerade in Monte Carlo aufhält, schickt ihr Blumen ins Hotel, und Massenet schreibt: »Es war beglückend, sie tanzen zu sehen.«
Im August 1906 hält sich Mata Hari in Berlin auf und wird die Geliebte des reichen Grundbesitzers und Leutnants Alfred Kiepert. Der bittet sie, ihn nach Schlesien zu begleiten, wo vom 9. bis 12. September die kaiserlichen Herbstmanöver stattfinden. Dies wird ihr elf Jahre später als verdächtiger Hinweis auf eine Spionagetätigkeit angelastet.
Ende 1906 tanzt Mata Hari in Wien im Sezessions-Saal, später im Apollon-Theater. Wegen scharfer Proteste der Kirche muß sie jetzt ein enges Trikot tragen. Ein Kunstkritiker des Wiener »Fremdenblattes« trifft sie im »Hotel Bristol«: »Schlank und hochgewachsen erschien sie, von geschmeidiger Raubtiergrazie, mit blauschwarzem Haar, welches das kleine Gesicht, das fremdartig anmutet, umrahmt. Stirn und Nase sind klassisch – direkt aus der Antike geholt. Schwarze lange Wimpern beschatten die Augen, und die Augenbrauen ziehen in so feingeschwungenen Bogen, als hätte sie eine Künstlerhand gezogen.«

Paris, Bois de Boulogne, 3.5.1912: Mata Hari beim täglichen Ausritt mit ihrer Lieblingsstute Cacatoës, daneben der Setter Coco

Den letzten Friedensfrühling verbringt Mata Hari an der Spree. Hier läßt sie sich im April 1914 in einem aparten Sommerkleid photographieren

Selbst ein niederländischer Zigarettenfabrikant profitiert von ihrem Ruhm und bringt mit entsprechender Publicity »Mata-Hari-Zigaretten« auf den Markt: »Die neueste indische Zigarette, die dem verwöhntesten Geschmack entspricht, hergestellt aus dem besten Sumatratabak.«
Nachdem Mata Hari ihr Verhältnis mit Kiepert beendet hat, kehrt sie Anfang Dezember 1907 für immer nach Paris zurück und wohnt jetzt in dem vornehmen Hotel »Maurice«. Inzwischen ist sie eine wohlhabende Frau, die fast nur noch bei Wohltätigkeitsveranstaltungen auftritt. Sie ist jetzt so berühmt wie die amerikanische Tänzerin Isadora Duncan.
Im Januar 1910 gastiert Mata Hari noch einmal in Monte Carlo und tanzt in dem Stück »Antar« den Solopart der Kleopatra. Dazu der Pariser »Le Matin«: Sie habe »eine wundervolle Leistung geboten, heiter, mystisch und eindrucksvoll«.
Von Juni 1910 bis Ende 1911 zieht sie sich ganz in die Privatsphäre zurück und lebt mit dem Pariser Börsenmakler Rousseau auf einem Schloß an der Loire. Margaretha hat sich unsterblich in ihn verliebt und verzichtet seinetwegen auf weitere Triumphe in den europäischen Hauptstädten. Als die Geschäfte des Börsenmaklers nicht mehr so gut florieren, mietet sie sich eine malerisch gelegene Villa im Pariser Vorort Neuilly-sur-Seine.

Jetzt geht für Mata Hari ein Traum in Erfüllung: Sie wird von der Mailänder Scala, dem berühmtesten Opernhaus der Welt, für die Wintersaison 1911/12 verpflichtet. Sie tanzt dort zwei große Ballettpartien vor einem begeisterten Publikum. Der »Corriere della Sera« nennt sie »eine Meisterin der Tanzkunst, von mimischer Erfindungsgabe, schöpferischer Phantasie und ungewöhnlicher Ausdruckskraft«.
Trotz ihrer Erfolge ist die verwöhnte Künstlerin wieder knapp bei Kasse. In der Sommersaison 1913 hat Paris das Vergnügen, Mata Hari in der neuen Revue der Folies Bergères zu bewundern. In der Show »La Revue en Chemise« tritt sie als Habanera auf. Das Haus ist stets bis auf den letzten Platz ausverkauft, und die Ovationen nehmen kein Ende.
Im Frühjahr 1914 reist sie nach Berlin und trifft dort ihren alten Freund, den Leutnant Kiepert, wieder. Sie unterzeichnet am 23. Mai 1914 einen Vertrag mit dem Metropol-Theater für das Stück »Der Millionendieb«. Die Premiere soll am 1. September 1914 sein. Doch vier Wochen zuvor beginnt der Erste Weltkrieg.
Allein die Tatsache, daß sie sich am 31. Juli 1914 in Berlin aufhält, noch dazu mit einem hohen deutschen Polizeibeamten diniert, wird später als Beweis ihrer Spionagetätigkeit für die Deutschen aufgeführt. Mata Hari: »Gegen Ende Juli 1914 saß ich eines Abends mit einem meiner Verehrer, dem ›chef de police‹ von Gribal (Leiter des Ausländerreferats) beim Abendessen im Séparée eines Restaurants, als wir den Lärm einer Kundgebung hörten. Gribal, der von dieser Kundgebung nichts wußte, ging mit mir zu dem Platz, wo sie stattfand. Vor dem Kaiserpalast gebärdete sich eine riesige Menschenmenge wie toll. Alle schrien: ›Deutschland über alles!‹ «
Da Deutschland und Frankreich sich jetzt im Krieg befinden, entschließt sich Maragaretha, über die neutrale Schweiz nach Paris zurückzukehren. Am 6. August 1914 fährt sie mit ihrem ganzen Gepäck in Richtung Basel. An der Schweizer Grenze erlebt sie jedoch eine unerfreuliche Überraschung: Ihre Koffer dürfen zwar als Frachtgut über die Grenze, sie selbst darf aber nicht einreisen, da sie keine gültigen Papiere hat. So muß sie nun ohne Gepäck nach Berlin zurück.
Am 14. August 1914 verläßt sie die deutsche Hauptstadt wieder, um sich beim niederländischen Konsulat in Frankfurt/Main eine Ausreisebescheinigung in das neutrale Holland zu beschaffen. In Amsterdam angekommen, ist sie in einer recht kritischen Situation: Ihre Garderobe befindet sich entweder noch in der Schweiz oder auf dem Weg nach Paris, hier kennt sie niemanden, vor allem aber mangelt es ihr an Geld. Ihre wohlhabenden Freunde sind inzwischen beim Militär, und an ein Theaterengagement ist vorerst nicht zu denken.
Trotzdem logiert Mata Hari im eleganten »Victoria-Hotel« und wartet auf bessere Tage: »In mein Heimatland zurückgekehrt, fühlte ich mich entsetzlich. Ich besaß überhaupt kein Geld. Wohl hatte ich in

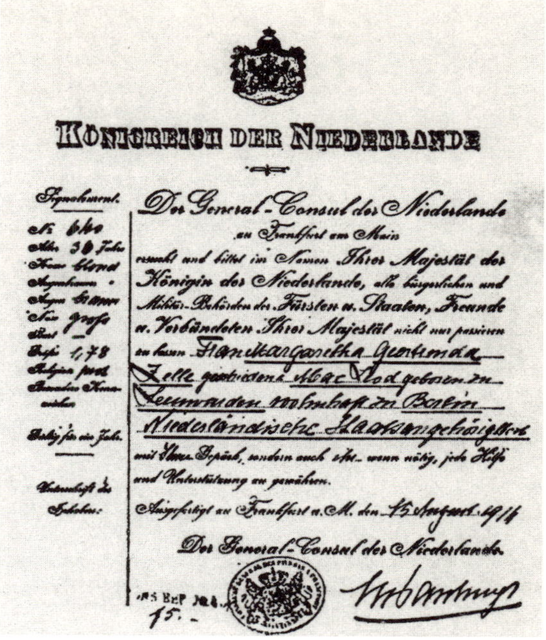
KÖNIGREICH DER NIEDERLANDE

Signalement.
Der General-Consul der Niederlande
zu Frankfurt am Main
ersucht und bittet im Namen Ihrer Majestät der Königin der Niederlande, alle bürgerlichen und Militär-Behörden der Fürsten u. Staaten, Freunde u. Verbündeten Ihrer Majestät nicht nur passiren zu lassen Frau Margaretha Geertruida Zelle geschiedene MacLeod geboren zu Leeuwarden wohnhaft zu Berlin Niederländische Staatsangehörigkeit mit Ihrem Gepäck, sondern auch ihr ... wenn nötig, jede Hilfe und Unterstützung zu gewähren.
Ausgefertigt zu Frankfurt a. M. den 15. August 1914
Der General-Consul der Niederlande.

Ausweis der Frau Margaretha Geertruida Zelle, geschiedene MacLead, ausgestellt am 15. August 1914 vom General-Consul der Niederlande zu Frankfurt am Main

Den Haag einen Verehrer, Oberst Baron van der Capellen, vom 2. Husarenregiment. Er war verheiratet und sehr reich. Da ich jedoch wußte, welchen Wert er auf Kleidung legte, konnte ich ihn nicht aufsuchen, ohne zuvor meine Garderobe erneuert zu haben. Darum ließ ich mich in Amsterdam beim Verlassen einer Kirche von einem Fremden ansprechen.
Dieser Fremde war ein Bankier mit Namen van der Schelk. Er wurde mein Liebhaber. Er war sehr gut und außerordentlich großzügig zu mir. Da ich mich ihm gegenüber als Russin ausgegeben hatte, zeigte er mir einen großen Teil des Landes, ohne zu ahnen, daß ich es besser kannte als er selbst.«
Generös bezahlt van der Schelk das Hotel und alle anderen offenstehenden Rechnungen. Mata Hari verbringt mit dem Bankier einige unbeschwerte Wo-

Heinrich van der Schelk, eine für Mata Hari schicksalhafte Bekanntschaft: Durch ihn gerät die Künstlerin in das Netz des deutschen Geheimdienstes

chen in der vom Krieg verdüsterten tristen Atmosphäre der alten Heimat. Jetzt kann sie auch daran denken, wieder Kontakt mit ihrem alten Verehrer, dem Baron van der Capellen, aufzunehmen.

Zuvor macht der Bankier sie aber mit einem Mann bekannt, der eines Tages ihr Schicksal entscheiden wird: ein gewisser Herr Werflein. Dieser Mann wohnt in Brüssel, macht umfangreiche Geschäfte mit den deutschen Besatzungsbehörden und ist mit dem neuen deutschen Generalgouverneur von Belgien, Freiherr von Bissing, eng befreundet. Durch Werflein lernt sie nämlich später, Anfang 1915, Konsul Karl H. Cramer, den Leiter des Amtlichen Deutschen Informationsdienstes in Amsterdam – eine Tarnstelle des deutschen Geheimdienstes IIIb – kennen.

Ende September 1914, nachdem Baron van der Capellen der 39jährigen Tänzerin finanziell aus der Patsche hilft, kann sie sich in Den Haag ein kleines Haus mieten und bekommt nach einigen Wochen sogar ein Engagement als Tänzerin am Königlichen Theater in Den Haag. Da sie jahrelang, vor allem durch die Großzügigkeit ihrer Liebhaber, daran gewöhnt war, auf großem Fuß zu leben, kann sie sich nicht umstellen und ist nun ständig in Geldnot. Irgendwann im Spätherbst 1915, das genaue Datum ist aus den Aufzeichnungen des deutschen Geheimdienstes IIIb nicht mehr feststellbar, beginnt die Tragödie der Spionin Mata Hari; sie wird als Agentin angeworben.

Erst ein Vierteljahrhundert danach, am 24. November 1941, äußert sich zu dieser Sache Major z.V. von Roepell, im Ersten Weltkrieg Leiter der Kriegsnachrichtenstelle West, der Mata Hari als Führungsoffizier betreut hat. In seinem Schreiben an den ehemaligen Mitarbeiter von Oberst Nicolai und späteren Abwehrchef der Reichswehr, Generalmajor z.V. Gempp, heißt es: »Ausfindig gemacht worden ist Mata Hari durch den Freiherrn von Mirbach, der als Ritter des Johanniterordens dem Nachrichtenoffizier 3 zugeteilt war. Letzterer hat H 21 (Deckname für Mata Hari) alsdann dem Chef IIIb empfohlen.

Ich saß damals bei der Kriegsnachrichtenstelle West in Düsseldorf und wurde telephonisch von Oberst Nicolai nach Köln beordert, wo die erste Besprechung zwischen H 21 und Oberst Nicolai stattfand. Sowohl Mirbach als auch ich hatten dringend abgeraten, H 21, die in Den Haag wohnte, auf deutschen Boden kommen zu lassen. Chef IIIb bestand aber darauf.«

Werner Freiherr von Mirbach, seit Jahren ein stiller Bewunderer der Tänzerin, gehört zum Stab der 1915 in der Champagne kämpfenden 3. Armee. Er erfährt eines Tages von der Notlage der Tänzerin, und er ist es, dem die Idee kommt, die in den besten Kreisen von Paris eingeführte Künstlerin als Agentin für IIIb anwerben zu lassen. Sein Nachrichtenoffizier Hauptmann Hoffmann meldet den Vorschlag umgehend dem Chef des Nachrichtendienstes Major Nicolai. Jetzt wird Konsul Cramer, der Mata Hari bereits kennt, eingeschaltet. Sie sei wohl nicht abgeneigt, für einen gut zahlenden Geheimdienst zu arbeiten, und Nicolai läßt sie nach Köln bitten.

Eile ist geboten, denn dem Feind sind einige Einbrüche in die deutsche Front gelungen, und die Oberste Heeresleitung benötigt dringend bessere Informationen über den Gegner, am liebsten natürlich aus dessen Führungskreisen. Man befürchtet, daß die Alliierten jederzeit ihre Offensive beginnen werden.

Mata Hari versteht es, selbst den reservierten Geheimdienstchef für sich zu gewinnen, und Nicolai gibt die Order, sie sofort in einem Schnellkurs ausbilden zu lassen. Major von Roepell: »Mata Hari hat mir später öfter erzählt, daß sie beim Überschreiten der Grenze in Zevenaar bereits beobachtet worden ist. In ihrer Begleitung befand sich eine Halfcast-Kammerfrau aus Indien, die vielleicht selbst eine zweifelhafte Rolle gespielt hatte. Von Köln aus schickte Chef IIIb die H 21 nach Frankfurt/Main in den ›Frankfurter Hof‹ und wies mir und Fräulein Dr. Schragmüller das ›Carlton Hotel‹ zum Wohnen an. Meine Aufgabe war, H 21 in mehreren Tagen politisch und militärpolitisch für ihren Auftrag zu instruieren, während Fräulein Doktor dann die Reise mit H 21 festlegen und ihr Instruktionen über ihr Verhalten im Melden und Beobachten geben sollte.

Als die Frage der Berichterstattung, insbesondere mit chemischen Tinten, einsetzte, wurde von der Kriegsnachrichtenstelle Antwerpen Herr Habersack hinzugeholt, und das gemeinsame Arbeiten im Instruieren, Abfragen und chemisch Schreiben begann aufs neue. Dazwischen fand eine Besprechung mit Chef IIIb wiederum in Köln im ›Domhotel‹ statt, an der lediglich Fräulein Doktor und ich teilnahmen und von wo wir, mit neuen Aufgaben versehen, nochmals nach Frankfurt/Main fuhren.

Der Oberkellner im ›Frankfurter Hof‹ war Oberkellner und Manager im ›Hotel Ritz‹ gewesen. Er erkannte Mata Hari, die – wie wir am nächsten Tag hörten – an einem Abend auch in der Wohnung des Oberkellners bei ihm und seiner Familie eingeladen war. Mata Hari hat mir gegenüber auf einem gemeinsamen Spaziergang – meine Anweisung lautete, die Instruktionen von Mata Hari möglichst außerhalb Frankfurts gelegentlich gemeinsamer Spaziergänge, wo man unbeobachtet war, vorzunehmen – selbst geäußert, daß sie den Besuch in der Wohnung des Oberkellners wohl besser unterlassen hätte und ihr das ganze Interesse des Oberkellners unheimlich sei. Ich glaube, sie schuldete ihm auch noch etwas Geld aus der Pariser Zeit; denn ich habe gesehen, wie sie ihm einen Scheck gegeben hat.«

Nachdem ihr Führungsoffizier Major von Roepell und Fräulein Dr. Schragmüller, Leiterin der Spionage für Belgien und Frankreich in Antwerpen, sie in die elementarsten Geheimnisse des Agentendaseins eingeweiht haben, fährt Mata Hari nach Den Haag zurück. Ihr erster Auftrag: in der französischen Hauptstadt die nächsten Offensivpläne der Alliierten erkunden und während der Reise, ebenso bei Auf-

enthalt in militärisch interessanten Gegenden Frankreichs, feststellen, wo Truppenbewegungen stattfinden.
Sie müsse ständig mit den beiden wichtigsten Leitstellen der deutschen Aufklärung gegen Frankreich in Verbindung bleiben: der Kriegsnachrichtenstelle West in Düsseldorf unter Major von Roepell und der Agentenzentrale der Deutschen Botschaft in Madrid, geleitet von Major Arnold Kalle.
Kurz nach ihrer Rückkehr bekommt Mata Hari Besuch von Konsul Cramer. Später, bei ihrer Vernehmung, schildert sie diesen Besuch so, als hätte er im Mai 1916, also vor ihrer zweiten Frankreich-Reise, stattgefunden: »Der Konsul hatte erfahren, daß ich ein Visum für Frankreich beantragt hatte. Er begann die Unterhaltung wie folgt: ›Ich weiß, daß Sie im Begriff stehen, nach Frankreich zu reisen. Wären Sie wohl bereit, uns einige Dienste zu leisten? Wir möchten, daß Sie dort Informationen für uns sammeln, von denen Sie annehmen, daß sie uns interessieren könnten. Falls Sie zustimmen, bin ich befugt, Ihnen 20000 Franc zu zahlen.‹
Ich sagte, das sei nicht viel. – ›Das stimmt‹, antwortete er. ›Aber um mehr zu bekommen, müßten Sie uns erst zeigen, was Sie tun können.‹ Ich habe keine endgültige Antwort gegeben, sondern erbat Bedenkzeit. Nachdem er gegangen war, dachte ich an meine teuren Pelze, die die Deutschen in Berlin behalten hatten, und daß es nur ein gerechter Ausgleich sei, wenn ich soviel Geld wie nur möglich aus ihnen herauszöge.
Daher schrieb ich Cramer: ›Ich habe es mir überlegt. Sie können mir das Geld bringen.‹ Der Konsul kam sofort und zahlte mir das Geld in französischer Währung aus. Er sagte auch, ich müsse ihm mit Geheimtinte schreiben. Ich machte den Einwand, daß mir das nicht sehr angenehm sei, besonders, da ich ja jetzt mit meinem Namen unterzeichnen müsse. Er antwortete, es gäbe gewisse Tinten, die niemand lesen könne. Ich hätte nichts weiter zu tun, als meine Briefe mit H 21 zu unterzeichnen.
Daraufhin gab er mir drei kleine, mit eins, zwei und drei bezeichnete Fläschchen ... Nachdem ich die 20000 Franc in der Tasche hatte, komplimentierte ich Monsieur Cramer höflich hinaus. Ich kann Ihnen versichern, daß ich niemals auch nur ein einziges Wort von Paris aus schrieb. Übrigens habe ich die drei Flaschen, nachdem ich den Inhalt vorher ausschüttete, ins Wasser geworfen, sobald unser Schiff den Kanal erreicht hatte, der von Amsterdam in die Nordsee geht!«
Mata Hari ahnt nicht, daß den britischen Agenten in Holland Konsul Cramers Funktion im Rahmen des IIIb bekannt ist, und er von den Engländern auf Schritt und Tritt beschattet wird. So haben sie auch den Besuch des Konsuls in ihrem Haus an die Zentrale in London gemeldet. Im Dezember 1915 gelangt Mata Hari auf dem Umweg über England nach Frankreich, da Belgien von Deutschen besetzt ist. In Paris eingetroffen, logiert sie im »Grand Hotel« und

Ein Dienstzimmer der Kriegsnachrichtenstelle West: Hier wird Mata Hari in die elementarsten Geheimnisse des Agentendaseins eingeweiht

bemüht sich, ihre Mission nach besten Kräften zu erfüllen.
Sie versucht, alten Freunden beim vertrauten Tête-à-tête allerlei interessante Informationen zu entlocken: dem ehemaligen Kriegsminister Adolphe Messimy, dem nach schwerer Verwundung jetzt im Kriegsministerium tätigen Leutnant Jean Hallaure und Jules Cambon, dem hochgestellten Generalsekretär des Außenministers. Außerdem verbringt sie die Nächte mit vielen französischen und britischen Offizieren, von denen es in Paris zur Weihnachtszeit nur so wimmelt. Bald hat sie eine ziemlich genaue Vorstellung davon, was die Alliierten an der deutschen Front vorhaben.
Kurz vor Jahresende meldet sie Hoffmann, »daß vorläufig, insbesondere jetzt, nicht an eine französische Offensive gedacht wird«. Diese und gleichlautende Nachrichten aus anderen Quellen veranlassen die Oberste Heeresleitung, die nächste deutsche Großoffensive erst für Anfang 1916 vorzubereiten.
Unterdessen startet der deutsche Geheimdienst eine Täuschungsoperation: Man verbreitet Gerüchte, spielt dem Gegner irreführende Informationen zu und täuscht Truppenbewegungen vor, die den Anschein erwecken sollen, daß die Deutschen Großoffensiven im Elsaß und gleichzeitig in Flandern planen. Dank dieses Ablenkungsmanövers gelingt es der Obersten Heeresleitung, die Vorbereitungen für den Angriff auf Verdun, der im Februar 1916 stattfinden soll, völlig zu verschleiern.
Mata Hari über ihre Reise nach Frankreich: »Ich bin nach Paris zurückgegangen, um meine persönlichen Sachen und den Hausrat, den ich bei der Firma Maple, 29 Rue de la Jonquière, auf Lager gegeben hatte, wiederzuholen. Ich fuhr mit zehn Packkisten über Spanien wieder nach Holland zurück, weil der Weg über England zu der Zeit wegen Truppentransporten gesperrt war.«
In Wirklichkeit ist die Fahrt von Paris bis zur spanischen Grenze eine Erkundungsreise und der zweite Teil ihrer »Frankreich-Mission«. Sie soll in den mittel- und südfranzösischen Bahnknotenpunkten Militärtransporte sowie Truppenansammlungen beobachten. Am 11. Januar 1916 erreicht Mata Hari die

französisch-spanische Grenzstation Hendaye und trifft 24 Stunden später in Madrid ein. Hier logiert sie im »Palace Hotel« und setzt sich mit dem Militärattaché der Deutschen Botschaft, Major Kalle, in Verbindung, um ihm detailliert zu berichten, was sie auf der langen Reise gesehen und gehört hat.
Der Major scheint von den Neuigkeiten so beeindruckt zu sein, daß er sie sofort an Konsul Cramer in Amsterdam weiterleitet. Major Kalle verschlüsselt den Funkspruch wie immer mit dem Code des Auswärtigen Amtes, ahnt aber nicht, daß der britische Funkabhördienst die Depesche abfängt und »Room 40« übergibt. Die Entzifferung ist hier nur noch eine Routinesache, nachdem Alexander Szek von der deutschen Funkzentrale in Brüssel zwischen November 1914 und April 1915 das Codebuch des Auswärtigen Amtes für den britischen Geheimdienst abgeschrieben hat.
Der britische militärische Nachrichtendienst MI6 kann daher ohne große Schwierigkeiten feststellen, welcher Agent von Paris über Hendaye nach Madrid gereist ist, um dem Militärattaché Kalle Bericht zu erstatten. Das Funktelegramm bestätigt die bisherigen Beobachtungen von MI6, daß Mata Hari eine deutsche Agentin ist.
Nach ihrem Gespräch in Madrid reist sie wie vorgesehen über Portugal nach Den Haag zurück, sehnsüchtig von ihrem Freund, dem Baron van der Capellen, erwartet. Trotzdem wünscht sich Mata Hari, bald wieder in Paris zu sein und beantragt einen neuen niederländischen Paß auf ihren Namen Margaretha Zelle-MacLead, den sie schon am 15. Mai 1916 abholen kann. Auch das französische Visum bekommt sie sehr schnell. Nur das britische Konsulat lehnt es ab, ihr für einen Zwischenaufenthalt in England das Visum zu geben.
Auf Anfrage des Außenministeriums in Den Haag kommt aus London die Nachricht: »Die Behörden haben ihre Gründe, warum Zulassung der in Ihrem Telegramm 74 erwähnten Dame in England unerwünscht.« Dies scheint der erste versteckte Hinweis zu sein, daß die Engländer bereits von Mata Haris Spionagetätigkeit wissen. Doch man hat ihr die telegraphische Antwort aus London nicht mitgeteilt. So beschließt sie, trotzdem nach Frankreich – wenn auch nicht über England, sondern über Spanien – zu fahren.
Am 24. Mai 1916 schifft sich Mata Hari in Den Haag ein und reist mit dem Dampfer »Zeelandia« bis Vigo, dem spanischen Hafen an der Atlantikküste. Nicht bekannt ist, ob sie sich diesmal mit Major Kalle in Madrid trifft. Auf jeden Fall will sie am 16. Juni 1916 die Grenzstation Hendaye in Richtung Paris passieren. Was sie eigentlich hätte nachdenklich stimmen sollen: Die französischen Grenzbehörden verweigern ihr plötzlich die Einreise. Auf ihren energischen Protest hin heißt es lediglich, der Grund der Einreisesperre sei nicht bekannt.
Sie schreibt daraufhin ihrem alten Freund Monsieur Jules Cambon, Generalsekretär des französischen Außenministeriums und höchster Beamter nach dem Minister. Ehe sie jedoch den Brief abschickt, kann sie am nächsten Tag zu ihrer Verblüffung – als wäre nichts geschehen – ungehindert nach Frankreich einreisen.
Da sie beabsichtigt, längere Zeit in Paris zu bleiben, bezieht sie eine Mietwohnung in der vornehmen Avenue Henri Martin. Inzwischen erfährt sie, daß ihr Freund, in den sie angeblich »immer noch verliebt ist«, der russische Zarenoffizier Hauptmann Vadime von Massloff, sich zur Genesung im Kurort Vittel in den Vogesen befindet. Da dieser Ort im Sperrgebiet der Frontzone liegt, versucht sie, über Leutnant Jean Hallaure aus dem Kriegsministerium eine Sondererlaubnis zu bekommen. Der Leutnant empfiehlt ihr, sich an seinen Freund im Militärbüro für Ausländer am Boulevard Saint Germaine 282 zu wenden.
War es Schicksal, tat sie es auf Anregung des deutschen Nachrichtendienstes, oder haben die Franzosen ihr bewußt die falsche Zimmernummer genannt, so daß sie plötzlich Capitaine Ladoux, dem Chef der französischen Spionageabwehr gegenübersteht? Ladoux scheint Mata Hari in Verlegenheit zu bringen, als er über ihre Beziehungen zu Leutnant Hallaure und Hauptmann von Massloff spricht. Wie der Capitaine später berichtet, sei sie sichtlich überrascht gewesen. Auf ihre Frage: »Sie haben also eine Akte über mich angelegt?« antwortet Ladoux, »daß er die Behauptung der Engländer, sie sei eine Spionin, nicht glaube« und versichert ihr, ein Wort für sie bei der Passierscheinstelle einzulegen.
Bevor sich Mata Hari verabschiedet, macht ihr Ladoux den Vorschlag, sich für die Franzosen als Agentin zu betätigen und fragt, wieviel sie für eine Mitarbeit verlangen würde. Sie bittet um Bedenkzeit. Zwei Tage später bekommt Mata Hari den Passierschein für Vittel und besucht anschließend einen ihrer Freunde, den Diplomaten Henri de Marguerie, der eine hohe Stellung im Außenministerium bekleidet. Sie bittet ihn um Rat, wie sie mit dem Angebot von Ladoux verfahren soll.
Mata Hari: »Monsieur de Marguerie sagte, daß es sehr gefährlich sei, Aufgaben von der Art, wie sie mir angeboten wurden, anzunehmen. Doch er setzte hinzu – von seinem Standpunkt und als Franzose gesehen –, wenn jemand in der Lage wäre, seinem Land derartige Dienste zu erweisen, so sei ich das.«
In Vittel bleibt Mata Hari vom 1. bis 15. September 1916 und genießt die Zeit mit ihrem russischen Freund. Sie ist intelligent genug zu erkennen, daß sie in Frankreich kaum noch unbeobachtet agieren kann. Die von Ladoux auf Mata Hari angesetzten Agenten können keine verdächtigen Aktivitäten feststellen, nicht einmal Interesse für den gerade in der Nähe des Kurorts entstandenen französischen Luftstützpunkt Contrexéville. Auch in der sorgfältig überprüften Post findet sich kein einziger Anhalt auf eine Spionagetätigkeit.
Nach ihrer Rückkehr besucht sie Capitaine Ladoux und erklärt sich bereit, für ihn als Agentin zu arbei-

ten. Ladoux beabsichtigt, sie in Belgien einzusetzen, daher erwähnt sie gleich ihre guten Beziehungen zu einem gewissen Monsieur Werflein, der eng mit dem deutschen Generalgouverneur von Belgien befreundet sei.
Mata Hari: »Ich werde Werflein schreiben und mit den schönsten Kleidern, die ich besitze, nach Brüssel fahren. Ich werde häufig das deutsche Oberkommando besuchen. Dies ist alles, was ich Ihnen sagen kann. Ich habe nicht die Absicht, monatelang dort zu bleiben und mich mit Kleinigkeiten zu verzetteln. Ich habe einen großen Plan, mit dem ich Erfolg haben will, nur einen. Dann werde ich aufhören.«
Sie deutet an, daß sie auf jede nur erdenkliche Weise versuchen werde, vom deutschen Oberkommando die Pläne für die nächste Offensive zu beschaffen. Auf die Frage, warum sie Frankreich helfen wolle, antwortet sie: »Ich habe nur einen Grund, ich will den Mann heiraten, den ich liebe, und ich will unabhängig sein.«
Sie ist nicht schüchtern und verlangt dafür ... eine Million Franc. »Aber Sie müssen mich erst auszahlen, wenn Sie vom Wert meiner Leistung überzeugt sind«, versichert sie. Ladoux geht darauf ein, weigert sich aber, auch nur den kleinsten Vorschuß zu zahlen. Er will erst Resultate sehen. Der Capitaine empfiehlt ihr, über Spanien nach Den Haag zurückzukehren und dort weitere Dispositionen abzuwarten.
Am 5. November 1916 reist Mata Hari, ohne einen Franc von Ladoux erhalten zu haben, von Paris nach Vigo. Ladoux hat für sie eine Kabine auf dem Dampfer »Holland«, der am 9. November 1916 in See sticht, reservieren lassen. Das Schiff läuft planmäßig im englischen Hafen Falmouth ein. Hier wird Mata Hari von Beamten des Scotland Yard nach gründlicher Vernehmung verhaftet, vom Schiff geholt, nach London gebracht und am Morgen des 13. November 1916 inhaftiert.
Der Grund ihrer Festnahme: Man wirft ihr vor, die lang gesuchte deutsche Geheimagentin Clara Bendix zu sein. Sir Basil Thomson, der Chef von Scotland Yard, bearbeitet ihren Fall persönlich.
Drei Tage später diktiert Thomson einen vertraulichen Brief an den Gesandten der Niederlande in London: »Sir, Ich habe die Ehre, Ihnen mitzuteilen, daß eine Frau im Besitz eines falschen Passes auf den Namen Margarethe Zelle-MacLead, No. 2603, ausgestellt in Den Haag am 12. Mai 1916, von uns in Haft gehalten wird, und zwar unter dem Verdacht, eine deutsche Agentin deutscher Nationalität zu sein, mit Namen Clara Bendix aus Hamburg. Sie leugnet ihre Identität mit dieser Person. Es wurden Schritte unternommen, den Tatbestand feststellen zu lassen. Der Paß trägt Zeichen möglicher Abänderung. Sie hat den Wunsch geäußert, an Eure Exzellenz schreiben zu dürfen, und das Material hierzu wurde ihr ausgehändigt.«
Nachdem Thomson während der Vernehmung zu der Einsicht kommt, daß die Verhaftete tatsächlich nicht Clara Bendix ist, möchte er wissen, warum sie nach

Sir Basil Thomson, Chef von Scotland Yard: Er warnt die Franzosen vor Mata Hari als deutscher Spionin

Holland fahren will. Mata Hari erklärt dem erstaunten Chef von Scotland Yard, sie sei im Geheimauftrag der Franzosen unterwegs. So erfährt Thomson, daß sein Kollege in Paris trotz seiner internen Warnung eine Frau als Agentin engagiert hat, die beim britischen Geheimdienst als deutsche Spionin aktenkundig ist.
Als Capitaine Ladoux von Thomson die Mitteilung bekommt, die Tänzerin habe ihm von ihrer Mission erzählt, ist er alles andere als erfreut und telegraphiert nach London: »völlig unverständlich stop schickt mata hari zurück nach spanien.« Anschließend soll Ladoux Scotland Yard benachrichtigt haben, daß nach seiner Kenntnis Mata Haris Reise im Auftrag der Deutschen erfolgt sei.
Mata Hari erfährt natürlich nichts von diesen Telegrammen und reist auf Thomsons Rat nach Spanien zurück. Hier meldet sie sich am 11. Dezember 1916 erst im niederländischen Konsulat, nimmt dann Kontakt mit Major Kalle auf und berichtet von ihren Abenteuern mit den Engländern. Obwohl sie wieder in finanziellen Schwierigkeiten steckt, will ihr Major Kalle diesmal nicht mit eigenen Mitteln aushelfen. Er funkt daher an Konsul Cramer nach Amsterdam und bittet um Geldüberweisung für H 21 nach Paris.
Dazu Major von Roepell, Mata Haris Führungsoffizier: »Als Cramer dieses Telegramm erhielt, war er entsetzt und überzeugt, daß die Sache schiefgehen würde. Mata Hari bekam von Major Kalle inzwischen den Sonderauftrag, ihre Zeit, die sie noch in Madrid zu verbringen hatte, den hohen französischen Offizieren, die in der spanischen Hauptstadt weilten, zu widmen.
Einen Tag später trifft Mata Hari im »Palace Hotel« den Colonel Danvignes von der französischen Botschaft, Militärattaché und Leiter der Spionageabteilung in Madrid. Sie erzählt ihm von ihren Abenteuern in Falmouth, von ihrem Besuch bei Major Kalle und daß sie noch immer auf die Anweisungen von Capitaine Ladoux aus Paris warte. Darauf wird sie vom Colonel aufgefordert, die Deutschen so schnell wie möglich über deren U-Boote vor der Küste von Marokko auszuhorchen. Es bestand nämlich zu dieser

Zeit die Befürchtung einer Landung deutsch-türkischer Truppen mit Hilfe von U-Booten.
Anschließend muß Colonel Davignes dienstlich nach Paris fahren, und am Tag seiner Abreise schickt Major Kalle der Tänzerin eine Nachricht ins Hotel. Mata Hari: »Er fragte an, ob ich an diesem Nachmittag um drei Uhr mit ihm Tee trinken möchte. Ich fand ihn kühler als sonst – als ob man ihn über meine verschiedenen Treffen mit dem Colonel informiert hätte.«
Im Verlauf des Gesprächs erfährt sie, daß die Franzosen aus Madrid einen Funkspruch über den Einsatz deutscher U-Boote vor der Marokkoküste abgesandt haben. »Wir kennen ihren Code«, antwortet der Major auf die Frage, von woher er dies wisse. Diese und ähnliche Informationen von Major Kalle, die Mata Hari dem französischen Geheimdienst weitervermittelt, sind reines Spielmaterial, um ihre Stellung beim Gegner zu festigen. Es gab allerdings zu keiner Zeit Pläne für irgendeine Operation an der Küste von Marokko.
Inzwischen erfährt Mata Hari durch einen Brief von einem ihrer spanischen Freunde: Senator Junoy berichtet ihr, daß ein französischer Geheimagent ihm geraten habe, seine Freundschaft mit ihr abzubrechen. »Und darum möchten wir Dich warnen.« Da sie jetzt nach dreiwöchigem Aufenthalt nichts mehr in der spanischen Hauptstadt zu tun hat, bereitet Mata Hari ihre Reise nach Paris vor.
Der französische Abhördienst der leistungsstarken Pariser Eiffelturm-Funkstation hat unterdessen die abgefangenen Funksprüche zwischen Major Kalle und Amsterdam entziffert: »agent h-21 in madrid angekommen wurde von franzosen engagiert von engländern aber zurückgesandt nach spanien und bittet jetzt um geld und weitere anweisungen.« 48 Stunden später funkt Konsul Cramer zurück: »weisen sie sie an nach frankreich zurückzukehren und ihre aufgabe fortzusetzen. sie wird scheck 5000 franc von cramer comptoir d'escompte erhalten!«
Am 2. Januar 1917 verläßt Mata Hari Madrid. Zur selben Stunde, als ihr Zug in Paris einläuft, muß Colonel Danvignes wieder nach Madrid zurück, und sie hat gerade noch die Möglichkeit, mit ihm auf dem Bahnsteig des Gare d'Austerlitz ein paar Worte zu wechseln. Der Offizier will sich zu ihren Fragen nicht äußern und gibt nur recht ausweichende Antworten. Auch Capitaine Ladoux verhält sich ihr gegenüber sehr merkwürdig, und ihr alter Freund Jules Cambon, der Generalsekretär des Außenministeriums, läßt sich drei Tage lang verleugnen.
Von ihrem Geliebten Vadim de Massloff, der für einen Kurzurlaub in Paris weilt, hört Mata Hari etwas, das sie aufhorchen läßt: Sein Vorgesetzter habe ihm einen Brief von der russischen Botschaft in Paris vorgelesen, darin werde er vor der Liaison mit einer gefährlichen Agentin gewarnt. Nach seiner Abreise stürzt sich Mata Hari ins Vergnügen, als wollte sie alle Enttäuschungen der letzten Wochen vergessen.
Am Morgen des 13. Februar 1917 klopfen sechs uniformierte Männer an die Tür ihres Zimmers im »Elysées Palace Hotel« an den Champs Elysées: Es sind Polizeichef Priolet und seine Inspektoren. Mata Hari wird verhaftet. Die Anzeige lautet: »Die weibliche Person Zelle, Marguerite, bekannt als Mata Hari, wohnhaft im Palace Hotel, protestantisch, Ausländerin, geboren in Holland am 7. August 1876, ein Meter achtundsiebzig groß, des Leses und Schreibens kundig, wird der Spionage beschuldigt, teils begangen durch den Verrat von Staatsgeheimnissen oder dadurch begangen, daß sie sich Staatsgeheimnisse beschaffte, um diese dem Feind zu verraten, in dem Bestreben, ihm bei seinen Operationen zu helfen.«
Noch am gleichen Tag schließen sich die Gefängnistore von Faubourg Saint-Denis in Saint Lazare hinter der von allen bewunderten Tänzerin. Sie schreibt sofort eine Eingabe an das Gefängnisbüro: »Ich bin unschuldig und habe niemals irgendwelche Spionage gegen Frankreich betrieben. Ich bitte daher, die nötigen Anweisungen zu erteilen, mich hier zu entlassen.«
Jetzt beginnt ein neues Kapitel ihres Lebens: Bei den vier Monate dauernden Verhören, geführt vom Untersuchungsrichter Capitaine Bouchardon, ist lediglich als Schreiber der Soldat Baudouin anwesend. Mata Haris Anwalt, Maître Clunet, darf bei den insgesamt 14 Verhören nur beim ersten am 13. Februar 1917, und beim letzten, am 21. Juni, dabei sein. Zu den Akten gehören neben den abgefangenen, entzifferten deutschen Funksprüchen die Observie-

Untersuchungsrichter Capitaine L.I. Bouchardon, der Mata Hari vier Monate lang verhört

rungsberichte der Agenten von Capitaine Ladoux, die Bestätigung der Bank Comptoir d'Escompte, daß sie Geld aus dem Ausland erhielt, ihre Papiere und Beweise, daß sie versuchte, in die Niederlande zurückzukehren, sowie Laboranalysen einer verdächtigen Tube und ein Fläschchen, das Geheimtinte, Quecksilber-Oxyzyanid, enthalten soll, die nur in Spanien zu beschaffen ist.
Mata Hari: »Es ist lediglich ein Mittel für Spüllauge, um nach jedem Verkehr die Empfängnis zu verhüten. Im vergangenen Dezember verschrieb es mir ein Arzt in Madrid.« Das Geld, das sie über Comptoir d'Escompte bekam, 5000 Franc, stammen nach ihrer Aussage von Baron van der Capellen. Der Untersuchungsrichter will wissen: »Als Sie zum erstenmal in das Büro unserer Spionageabwehr am Boulevard Saint Germain 282 gingen, waren Sie da eine deutsche Spionin?«
Mata Hari: »Die Tatsache, daß ich mit gewissen Leuten ein Verhältnis hatte, schließt auf keinen Fall ein, daß ich Spionage betrieb. Ich habe niemals irgendwelche Spionage für Deutschland betrieben. Mit Ausnahme Frankreichs habe ich auch für kein anderes Land spioniert. Als Berufstänzerin konnte ich natürlich auch mit Leuten aus Berlin umgehen ohne jene verdächtigen Motive, die Sie damit zu verbinden scheinen. Außerdem habe ich Ihnen die Namen dieser Leute selbst genannt.« Capitaine Bouchardon stellt ihr mehrfach die Frage, ob sie irgendwann »Mademoiselle Docteur«, die deutsche Chef-Agentin aus Antwerpen, kennengelernt habe. Mata Hari verneint jedesmal kategorisch.
In der zweiten Aprilhälfte 1917 gelingt es den französischen Codebrechern, eine Anzahl deutscher Funksprüche zu entziffern, die von der Abhörstation auf dem Eiffelturm abgefangen wurden und die sich auf die Agentin H 21 beziehen. Der Untersuchungsrichter Capitaine Bouchardon: »Plötzlich wurde der Fall kristallklar. Margaretha Zelle hatte Major Kalle mit einer ganzen Reihe Informationen beliefert. Welche Informationen? Ich glaube nicht, daß ich sie preisgeben darf, da ich immer noch an meinen Dienstеid gebunden bin.
Ich kann nur sagen, daß sie, besonders auch von unserer Zentrale, als Informationen angesehen wurden, welche zum Teil wichtige Tatsachen enthielten. Für mich bestätigte dies, daß die Spionin auf jeden Fall mit einer Anzahl Offizieren in Verbindung stand und daß sie schlau genug war, ihnen gewisse hinterhältige Fragen zu stellen. Gleichzeitig hat ihre Verbindung zu anderen Kreisen sie in die Lage versetzt, Informationen über unsere politische Situation zu erhalten.«
Mata Hari beteuert jedoch immer wieder, daß sie in Madrid für Frankreich gearbeitet und dem deutschen Major Kalle wichtige Informationen entlockt habe. Capitaine Bouchardon: »Aber hätten Sie anders handeln können? Es war schwierig für Sie, weiter in Madrid zu leben, so wie Sie es taten, und auch Major Kalle weiterhin zu treffen. Da Sie genau wußten, daß

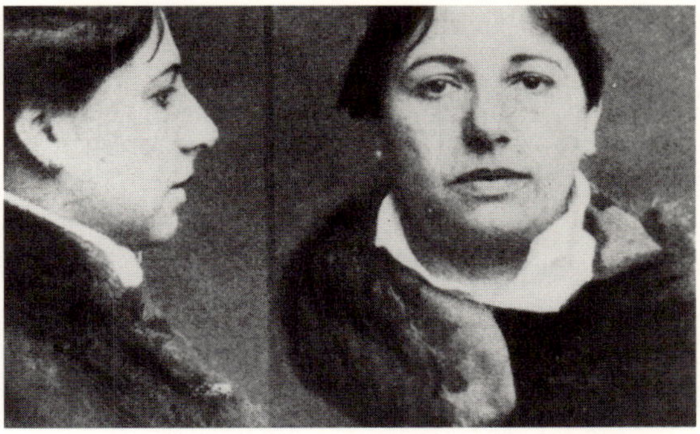

Amtliche Aufnahme der französischen Spionageabwehr von Mata Hari – einen Tag vor ihrer Hinrichtung

Sie jederzeit von unseren Agenten beobachtet werden konnten, mußten Sie gleichzeitig über Erklärungen nachdenken, die Sie uns gegebenenfalls liefern könnten. Um daher Ihre Besuche beim Militärattaché zu motivieren und unseren Verdacht zu zerstreuen, war es für Sie einfach eine Notwendigkeit, so zu tun, als ob Sie den Franzosen gewisse Informationen zuspielten. Es ist das Grundprinzip jeglichen Spionagespiels. Sie sind viel zu intelligent, das außer acht zu lassen.«
Mata Hari hat Pech: Wenn sie wirklich als Doppelagentin hätte tätig sein wollen, so wäre dies nur mit dem Wissen und vollem Einverständnis ihrer Auftraggeber möglich gewesen.
Als Untersuchungsrichter Bouchardon am 21. Juni 1917 die Verhöre abschließt, hat in Frankreich eine depressive Stimmung ihren Tiefpunkt erreicht: Seit März tobt in Rußland die Revolution, im April und Mai wird die erfolgversprechende britische Offensive bei Arras von den Deutschen aufgehalten, die französischen Großoffensiven an der Aisne und in der Champagne brechen unter immensen Verlusten zusammen, der Einsatz deutscher U-Boote bringt erhebliche Versenkungsquoten alliierten Schiffsraumes. Außerdem kommt es beim französischen 16. Armeekorps zu Meutereien, die nur mit drakonischen Strafen und Erschießungen niedergeschlagen werden können.
Die französische Öffentlichkeit muß also nach all diesen Schlägen abgelenkt werden, und was wäre dazu besser geeignet, als eine exotische, geheimnisumwitterte, berühmte Tänzerin, die schon vor dem Krieg Schlagzeilen machte und jetzt – dank der wachsamen französischen Behörden – als deutsche »Meisterspionin« entlarvt worden ist?
Der Prozeß beginnt am 24. Juli 1917. Einen Tag später hat »der Rat der Geschworenen einstimmig die vorerwähnte Zelle, Marguerite Gertrude, zum Tode verurteilt«. Als Mata Hari das Urteil hört, ruft sie: »Das ist unmöglich! Das ist unmöglich!«
Ihr Verteidiger, der Rechtsanwalt Maître Clunet fällt vor Präsident Poincaré auf die Knie und bittet vergeblich um Gnade für seine Klientin.

Casernes de Vincennes, 15.10.1917: die letzten Minuten vor der Exekution

Der Kriegsberichterstatter Henry G. Wales vom »International News Service« ist am 15. Oktober 1917 Augenzeuge der letzten Stunden der berühmten Tänzerin: »Sie erfuhr die Ablehnung ihres Gesuches erst, als sie in der Morgendämmerung aus ihrer Zelle im Saint-Lazare-Gefängnis zu einem wartenden Automobil geführt und zu den Kasernen gebracht wurde, wo ein Exekutionskommando auf sie wartete ...

Der Wagen fuhr in schneller Fahrt durch die schlafende Stadt. Es war kurz vor halb sechs, und die Sonne war noch nicht ganz aufgegangen. Der Wagen fuhr zu den Casernes de Vincennes, den Kasernen des alten Forts, das die Deutschen 1870 erobert hatten.

Die Truppen hatten bereits Aufstellung genommen. Das Exekutionskommando bestand aus zwölf Zuaven. Sie standen in einer Reihe Gewehr bei Fuß, hinter ihnen ein Offizier mit gezogenem Säbel ...

Während Pater Arbause mit der Verurteilten sprach, näherte sich ein französischer Offizier mit einer weißen Binde.

»Die Augenbinde«, flüstert er den Nonnen zu, die in der Nähe standen, und übergab sie ihnen.

»Muß ich sie nehmen?« fragte Mata Hari ihren Rechtsanwalt, als sie die Binde sah.

M. Clunet wandte sich an den französischen Offizier. »Wenn Madame sie nicht wünscht, ist es auch gut«, sagte der Offizier und beeilte sich fortzugehen.

Mata Hari wurde nicht gefesselt und trug keine Augenbinde. Sie stand aufrecht und blickte das Exekutionskommando unerschrocken an, als sich der Priester, die Schwestern und der Rechtsanwalt entfernten ...

Ein kurzes, schnarrendes Kommando, die Soldaten führten den Gewehrgriff aus. Ein weiteres Kommando, und sie gingen zum Anschlag. Sie zielten auf die Brust der Frau.

Mata Hari bewegte keinen Muskel. Der Offizier stand so, daß sie ihn seitlich sehen konnte. Der Degen fuhr in die Luft.

Er fiel herab. Der blanke Stahl blitzte in der Sonne, die jetzt ganz aufgegangen war. Im selben Augenblick krachte die Salve. Kleine Flämmchen schossen aus den Mündungen, und dünner grauer Rauch stieg auf. Die Soldaten senkten automatisch die Waffen. Mata Hari fiel im Augenblick des Knalls. Sie starb nicht, wie Filmhelden uns weismachen wollen. Sie warf weder die Arme hoch, noch stürzte sie auf das Gesicht.

Sie brach langsam zusammen. Langsam, fast träge sank sie in die Knie, den Kopf immer noch aufgerichtet und ohne Veränderung des Gesichtsausdrucks. Für den Bruchteil einer Sekunde schien sie auf den Knien innezuhalten und ihre Henker anzublicken. Dann fiel sie zurück und blieb zusammengekrümmt regungslos, das Gesicht zum Himmel gewandt, auf dem Sand liegen. Ein Feldwebel trat mit dem Offizier vor, zog seinen Revolver aus der großen schwarzen Tasche und hielt die Mündung dicht an die linke Schläfe der Spionin. Er drückte ab, und die Kugel durchschlug den Schädel der Frau. Mata Hari war tot. Es gab keinen Zweifel mehr.«

In einem rohen Sarg wurde die schöne Tänzerin zur Pathologie eines Pariser Krankenhauses gefahren ...

Major von Roepell: »Was nun die Leistungen von H 21 anlangt, so gehen die Ansichten hierüber sehr auseinander. Ich persönlich glaube, daß sie bestimmt sehr gut beobachtet und gemeldet hat; denn sie war eine der klügsten Frauen, die ich je kennengelernt habe.

Die zwei oder drei Briefe, die ich über Deckadresse in Düsseldorf von ihr bekam, enthielten, soweit ich mich entsinne, wenig belangreiche Mitteilungen mit chemischer Tinte.

Ich könnte mir aber denken, daß wichtige Mitteilungen von ihr abgefangen und gar nicht weiter befördert worden sind. Spionage zugunsten Deutschlands hat sie bestimmt betrieben, und ich bin der Meinung, daß sie von den Franzosen – leider – zu Recht erschossen wurde.«

Trust

In den ersten vier Jahren nach der Oktoberrevolution von 1917 gelang es der Sowjet-Führung zwar, durch enorme Anstrengungen ihre Macht innerhalb Rußlands zu festigen, doch außerhalb der Grenzen schlummerte noch eine nicht zu übersehende Gefahr: die etwa 1,2 Millionen Menschen zählende russische Emigration.
Ein großer Teil davon waren wehrfähige Männer, die im Fall einer erneuten Intervention der Westmächte eine latente Bedrohung für den sich bildenden Sowjetstaat darstellten. Die Zerschlagung der politischen Kraft dieser Emigration wurde zur Hauptaufgabe des sowjetischen Geheimdienstes. Dazu diente in erster Linie die »Trust-Affäre«, eine der außergewöhnlichsten Operationen in der Geschichte der Spionage, in der die Methoden der sowjetischen Provokation, Desinformation und der offensiven Gegenspionage besonders deutlich wurden. Ohne Kenntnis der Trust-Affäre ist es kaum möglich, das Wesen des sowjetischen Geheimdienstes zu begreifen. Die Idee zu dieser ganzen Monster-Affäre stammt allerdings von einem ehemaligen polnischen Nachrichtenoffizier.

Erste Erfolge der sowjetischen Spionage

An einem Tag im August 1921 rollt kurz vor Sonnenuntergang der aus Petrograd kommende Schnellzug in den Bahnhof von Reval (Tallinn) ein. Es entsteigt ein seriös gekleideter Herr, dessen kleiner Spitzbart ihm das Aussehen eines ehemaligen höheren Zarenbeamten oder erfolgreichen Geschäftsmannes verleiht. Es ist Alexander A. Jakuschew, der schon im zaristischen Rußland einen hohen Posten im Verkehrsministerium hatte und nach der Revolution eine Abteilung im Volkskommissariat für Verkehrswesen leitete. Jetzt ist er für die Firma Lesso-Export, dem riesigen Nutzholzkartell, auf dem Weg zur Naturholzkonferenz in Oslo.
Die Fahrtunterbrechung in Reval hat jedoch private Gründe: Hier lebt nämlich der Ehemann seiner Auserwählten, Exhauptmann der Weißen Armee W. S. Trojkow, der in die Scheidung seiner Frau einwilligen soll. Trotz der Rivalität finden sich beide Herren sympathisch, und Jakuschew gesteht beiläufig, daß er nach wie vor ein erklärter Gegner des Bolschewismus sei und mit dieser Einstellung übrigens nicht allein stehe: Beinahe der ganze Regierungsapparat, ebenso die Rote Armee, sei von ehemaligen zaristischen Beamten und Offizieren stark durchsetzt. Der Gast plaudert auch über pikante Einzelheiten aus dem Privatleben der neuen Machthaber Rußlands, von denen, wie er sagt, ihm viele persönlich bekannt seien.
Hauptmann Trojkow findet die Schilderungen seines neuen Bekannten so interessant, daß er gleich am nächsten Tag einen detaillierten Bericht an einen Freund in Berlin schickt, der die russischen Emigranten davon unterrichtet. So bekommt das Schreiben vermutlich auch einer der zahlreichen Auslandsagen-

Reval (Tallinn), die Hauptstadt von Estland: Hier beginnt die merkwürdige Trust-Affäre

Alexander A. Jakuschew, alias Feodorow (Aufnahme aus dem Jahre 1925) bringt die Affäre ins Rollen

ten der sowjetischen Geheimpolizei Tscheka, der späteren GPU, in die Hände. In dem Schreiben ist zwar kein Name erwähnt, sondern nur von »einem hohen sowjetischen Beamten« die Rede, aber es scheint der Tscheka offensichtlich nicht schwerzufallen, den unbekannten Besucher von Hauptmann Trojkow zu ermitteln.
Kurz nach seiner Rückkehr aus Oslo wird Jakuschew in Moskau verhaftet und in das berüchtigte Tscheka-Gefängnis Lubljanka eingeliefert. Kommissar Wiktor Kijakowski von der Abteilung Spionageabwehr der Tscheka hat nämlich inzwischen eine Kopie des Schreibens aus Berlin erhalten und den »hohen Beamten« als Jakuschew identifiziert. Beim Lesen ist ihm die Idee für ein Vorhaben gekommen, das später als »Trust-Affäre« in die Geschichte eingeht.
Kijakowski heißt in Wirklichkeit Wiktor Steckiewicz und ist ein ehemaliger Offizier des polnischen Nachrichtendienstes. Während einer Geheimmission im polnisch-sowjetischen Krieg hat man ihn 1920 bei Moskau festgenommen. Der oberste Chef und Gründer der sowjetischen Geheimpolizei Tscheka, ein polnischer Adelsmann namens Feliks Edmundowitsch Dserschinskij, hatte ihn damals vernommen. Ihm ist es gelungen, aus Steckiewicz bald einen anscheinend getreuen Tscheka-Funktionär zu machen.

Der ehemals polnische Nachrichtenoffizier Wiktor Steckiewicz, alias Kijakowski, alias Kolesnikow: Die Trust-Affäre ist seine Idee

Kijakowski alias Steckiewicz, der einige Zeit in den sowjetischen Vertretungen in Helsinki und Riga als Resident des sowjetischen Geheimdienstes tätig war und sich erst seit kurzem wieder in Moskau aufhält, weiß etwas, was Jakuschew vermutlich nicht bekannt ist: In Estland, Lettland und Finnland gibt es zahlreiche aktive Organisationen russischer Monarchisten, die intensiv mit ihrer Zentrale in Berlin und dem Nachrichtendienst des weißrussischen Generals Baron von Wrangell zusammenarbeiten.
Kijakowski beschuldigt den inhaftierten Jakuschew, er sei ein Agent der Emigration, der er Informationen aus der sowjetischen Wirtschaft und Industrie geliefert habe. Auch seine Geliebte wird verhaftet. Die resolute Dame schlägt Kijakowski vor, die Tscheka könne ihren Exmann befragen und sich davon überzeugen, daß Jakuschew nie etwas mit einer organisierten Emigration zu tun gehabt habe.
Kijakowski greift diese Anregung auf und fährt höchstpersönlich unter dem Namen Kolesnikow nach Reval. Noch vor seiner Abreise wird Jakuschew für den Verrat von Staatsgeheimnissen zum Tode verurteilt. Der angebliche Kolesnikow übermittelt Hauptmann Trojkow in Reval die besten Grüße von »seinem guten Freund Jakuschew«. Er muß allerdings während des Gesprächs feststellen, daß Jakuschew die Wahrheit gesagt hat.
Um Hauptmann Trojkow aus der Reserve zu locken, gibt sich der Gast aus Moskau besonders zuversichtlich. Er wisse, daß die antibolschewistische Bewegung bereits sehr stark sei und die Sowjets ihr nichts anhaben könnten. Die einzige Gefahr bildeten höchstens weißrussische Agenten, die oftmals schlecht über die jeweilige Lage informiert seien und daher eine gewisse Unsicherheit bei den Widerstandsgruppen Rußlands auslösten.
Kolesnikow meint, daß der oft waghalsige Mut dieser weißrussischen Agenten überaus nützlich sein könne, wenn man die erforderlichen Aktivitäten mit denen der russischen Untergrundbewegung koordiniere. Nur sie allein sei imstande, geplante Vergeltungsmaßnahmen der Tscheka rechtzeitig in Erfahrung zu bringen.
Als der Besucher merkt, daß Hauptmann Trojkow angebissen hat, schildert er ihm streng vertraulich Einzelheiten des geheimen Verbindungssystems zwischen dem russischen Untergrund und der Emigration. Er betont besonders die raffinierten Sicherheitsvorkehrungen gegen mögliche Provocateur-Agenten der Tscheka und schlägt Hauptmann Trojkow vor, dies alles seinen Freunden in Deutschland genau zu erläutern.
Der vermeintliche Kolesnikow knüpft in der estnischen Hauptstadt noch mehrere Kontakte zu Emigrationskreisen, verspricht Übersendung von Informationen und gibt eindringliche Hinweise betreffend antisowjetischer Arbeit, ehe er als Kijakowski nach Moskau zurückkehrt.
Er läßt nun Jakuschew aus der Todeszelle holen und führt mit ihm ein langes Gespräch. Kijakowski macht

Der berüchtigte Tscheka-, danach GPU-Hauptsitz mit Lubljanka-Gefängnis im Stadtzentrum von Moskau, vor der Revolution Zentrale einer Versicherungsanstalt. Aufnahme aus dem Jahr 1922

Jakuschew klar, daß durch Krieg, Revolution und innere Kämpfe Rußland jetzt vor dem Zusammenbruch stehe. Dies könne aber keinem nutzen, weder den Anhängern des Kommunismus noch seinen Gegnern, profitieren würden davon lediglich die Westmächte, die mit Unterstützung der weißrussischen Emigranten Rußland vernichten wollen.
Es sei daher die moralische Pflicht für jeden vaterlandsliebenden Russen, zu denen sich Jakuschew gewiß auch zähle, allen Zwist untereinander zu vergessen und sich hinter die Sowjetregierung zu stellen, die, bei all ihren Fehlern, immerhin die treibende Kraft sei, die geschichtliche Vergangenheit Rußlands zu bewahren.
Unser Land, so Kijakowski, brauche vor allem Frieden, um mit dem Wiederaufbau beginnen zu können. Die kommunistischen Behörden haben durch Einführung der »Neuen Ökonomischen Politik« (NEP) die erste Phase bereits begonnen. Auch in der Außenpolitik sei ein Streben nach friedlicher Koexistenz erforderlich.
Man müsse die Westmächte und die emigrierten Weißrussen davon überzeugen, daß in Rußland etwas in Bewegung geraten sei und der Kommunismus mit der Zeit unterminiert werde. Nur so ließe sich der Druck von außen abwenden. »Und dabei können sie uns hilfreich unterstützen, Genosse Jakuschew.«
Kijakowski ist sich sicher, daß seine Argumente Jakuschew beeindruckt haben. Warum sollte man ihn nicht ins Ausland schicken, um mit weißrussischen Kreisen in Westeuropa Kontakt aufzunehmen? Jakuschew könnte als erklärter Gegner des Bolschewismus auftreten und diese Version glaubhaft verbreiten. Man müßte nur eine fingierte antikommunistische Untergrundorganisation »entstehen lassen«.
Während Jakuschew über den Vorschlag nachdenkt, bekommt er einen Zellengenossen. Der angebliche Mitgefangene ist Tscheka-Spitzel, mit richtigem Namen Upeninsch, Sohn eines armen lettischen Bauern. Er soll Jakuschew im Auftrag von Kijakowski beeinflussen. Der Leidensgenosse gibt sich als Eduard Opperput, Sohn eines lettischen Gutsbesitzers und als ehemaliger Zarenoffizier aus, den die Bolschewisten nach der Verhaftung gezwungen hätten, in einer Einheit des revolutionären Militärrats für Innere Sicherheit die Feinde der Revolution zu bekämpfen. Als Antikommunist habe er heimlich für die Monarchisten hinter den Linien der Roten ein Spionagenetz aufgebaut, sei aber im Frühjahr 1921 an die Tscheka verraten worden. Unmenschliche Folterungen hätten ihn letztlich bewogen, Propagandaflugblätter gegen die Konterrevolution zu verfassen. Wegen seiner damaligen Kontakte zu den Monarchisten müsse er jedoch seine Gefängnisstrafe weiter absitzen.
Etwa drei Monate lang läßt Kijakowski den Spitzel in Jakuschews Zelle, um ihn unmerklich weichzumachen und für seinen raffinierten Plan zu gewinnen.
Seit Ende Januar 1922 kursiert unter den emigrierten Weißrussen die Nachricht von der Existenz einer Untergrundbewegung in der Sowjetunion mit der Bezeichnung »Monarchistische Union Innerrußlands«, kurz MUIR genannt, und daß diese Organisation mit den Emigranten im Westen über wenige Eingeweihte Kontakt aufnehmen wolle. Doch diese vertrauenswürdigen Mittelsmänner sind in Wirklichkeit Geheimagenten der Tscheka.
Aus Gründen der Vorsicht, so berichten die Eingeweihten, habe man MUIR als »Moskauer Städtische Kreditanstalt« getarnt, die als anerkannte Handelsfirma Auslandsgeschäfte tätigen kann. Daher tritt die Organisation in Westeuropa unter dem Namen »Trust« auf. Durch die angeblichen Verbindungsleute gelingt es der Sowjet-Führung, die Aktivitäten der

Emigration sehr viel besser zu überwachen und Fanatiker heimlich zu liquidieren.
Innerhalb der Tscheka ist kaum einem etwas über die MUIR bekannt, da strengstes Stillschweigen gewahrt wird. Auf diese Weise soll getestet werden, ob die Beamten der Geheimpolizei mögliche Verstöße des Trust gegen die innere Sicherheit bemerken oder die Überwachungsmethoden der Tscheka nicht ausreichend sind, um die Bildung einer tatsächlichen Untergrundbewegung rechtzeitig zu erkennen.
Die »Moskauer Städtische Kreditanstalt« ist eine Anlaufstelle für westliche und weißrussische Agenten, Deckadresse für Propagandamaterial aus Westeuropa und gleichzeitig Verbindungsweg ins Ausland für Geheiminformationen, die allerdings meistens gefälscht sind. Der Schnelligkeit wegen übernehmen oft diplomatische Kuriere der Sowjetunion deren Beförderung.
Kommissar Kijakowski hat es inzwischen geschafft, den Gefangenen Jakuschew für seine Pläne einzuspannen, der Mitte November 1922 unter dem Namen Feodorow in den Westen reist. Auf dem Berliner Kongreß der russischen Emigranten gibt er sich als offizieller Abgesandter der MUIR aus. Er lernt eine Reihe führender Persönlichkeiten kennen und betont immer wieder, daß der Kommunismus in Rußland versagt habe. Die gerade erst verkündete »Neue Ökonomische Politik« sei der beste Beweis, daß die kommunistische Führung ihren Mißerfolg eingestehe. Dies kennzeichne den »Rückweg zu normalen Verhältnissen«.
Außerdem habe die Organisation MUIR inzwischen eine derartige Stärke erreicht, daß sie es sogar wage, die Tscheka zu unterwandern. Was die Untergrundbewegung in Rußland allerdings jetzt brauche, sei nicht etwa eine direkte Hilfe durch Waffen oder Sabotageaktionen, sondern ausschließlich finanzielle Unterstützung von allen Freunden in Westeuropa. Als den besten Weg, ständig in Verbindung zu bleiben, nennt Feodorow die – bereits von »Kolesnikow« in Reval vorgeschlagene – Möglichkeit: die »Moskauer Städtische Kreditanstalt«. Nichts sei unauffälliger, als im Rahmen der Firmenkorrespondenz geheime Nachrichten über die Grenze zu befördern.
Die Kongreßteilnehmer sind begeistert: Feodorows Ausführungen klingen durchaus glaubwürdig und geben den Menschen wieder Hoffnung auf Rückkehr in ihre Heimat. Im darauffolgenden Winter 1922/23 lauten die über Trust-Verbindung im Westen eintreffenden Nachrichten aus der nunmehr gegründeten UdSSR scheinbar genauso, wie Jakuschew es vorausgesagt hat.
Ab Frühjahr 1923 soll sich Jakuschew verstärkt um eine andere, weitaus wichtigere Emigrantengruppe kümmern, nämlich um die weißrussischen Soldaten des Großfürsten Nikolaj Nikolajewitsch und der beiden Generäle Kutjepow und Baron von Wrangell. Bei der GPU, wie die Tscheka nun heißt, ist man sich der ständigen Gefahr bewußt, die diese paramilitärischen Gruppen in Westeuropa für die Sowjetunion darstellen.
Es gelingt dem Trust, für Juni 1923 in Berlin ein Treffen mit der militärischen Führung der Weißrussen zu vereinbaren: Hier trifft Jakuschew mit dem aus Belgien angereisten Nachrichtendienstchef des Generals von Wrangell, General Eugen Klimowitsch, zusammen. Jakuschew versteht es, Klimowitsch nach mehreren Gesprächen ganz für sich einzunehmen. Doch Wrangell hält Jakuschew für einen GPU-Agenten, weist aber Klimowitsch an, weiterhin mit dem Trust in Verbindung zu bleiben, vermutlich um Jakuschew auf die Schliche zu kommen.
Auch ein Vertrauter von General Kutjepow nimmt Kontrakt zu Jakuschew auf: General Nikolaj von Monkiewitsch, in dessen Händen die Führung aller Aktionen auf sowjetischem Gebiet liegt. Er äußert sich über Jakuschew in den weißrussischen Kreisen bald genauso begeistert wie Klimowitsch.
Inzwischen funktioniert der von Jakuschew errichtete Verbindungsweg so gut, daß die Sendungen von Berlin oder Paris nach Moskau schneller ankommen als die offizielle diplomatische Kurierpost. Daher nutzt General Kutjepows Kampforganisation immer öfter diese Trust-Verbindung, um ihre Agenten in die Sowjetunion einzuschleusen und ihnen auch den Rückweg zu ermöglichen.
Der Höhepunkt von Jakuschews Tätigkeit: Die Generäle Klimowitsch und von Monkiewitsch führen ihn bei den westlichen Geheimdiensten ein, die sich jetzt in zunehmendem Maße auf jene Nachrichten verlassen, die ihnen Trust prompt und zuverlässig liefert. Die Informationen scheinen vor allem verläßlich, vollständig und zeitgemäß zu sein, noch dazu viel leichter zu bekommen als von den eigenen Agenten.
Um die Beförderung noch zu beschleunigen, unterhalten zum Beispiel die britischen und französischen Geheimdienste in den Grenzländern Türkei, Rumänien, Polen, Lettland, Estland und Finnland spezielle Verbindungsoffiziere bei den diplomatischen Vertretungen, deren einzige Aufgabe es ist, die Postsäcke des Trust weiterzutransportieren.

J. K. Upeninsch, alias Eduard Opperput, alias Eduard O. Staunitz, ist eine der zwielichtigsten Personen in der Trust-Affäre

Der polnische Adelsmann Feliks Edmundowitsch Dserschinskij, oberster Chef und Gründer der sowjetischen Geheimpolizei Tscheka, später GPU, heute KGB genannt

Unterdessen plaziert auch der Trust eigene »ortsansässige Vertreter« in den Hauptstädten Belgrad, Sofia, Istanbul, Bukarest, Warschau, Riga, Reval, Helsinki, Stockholm, Berlin, Paris, Brüssel und London. Ihre Aufgabe: Aufrechterhaltung der Kontakte mit den westlichen Nachrichtendiensten sowie Informationssammlung über die Politik und Aktivitäten der weißrussischen Emigranten. Die »Reisevertreter« wiederum überwachen die Tätigkeit der »ortsansässigen Vertreter«.
Die Erfolge des Trust sind weitaus höher als von der GPU erwartet. Selbst der GPU-Vorsitzende Dserschinskij, der die Planungen zuerst zurückhaltend betrachtet hat, ist mehr als erfreut. Die Honorare der westlichen Nachrichtendienste für die vom Trust gelieferten Geheimnachrichten fließen so reichlich, daß die GPU nicht nur die gesamten Betriebskosten der Abteilung Spionageabwehr decken kann, die durch das Betreiben des Trust entstehen, sondern sie finanziert damit noch einen Teil der eigenen Spionagetätigkeit im Ausland. Neben den Geldzuwendungen kommen auch manchmal Geschenke an: So schickt zum Beispiel der französische Nachrichtendienst (Deuxième Bureau) dem Trust aus Dankbarkeit acht goldene Uhren, die an Artusow, Kijakowski und Jakuschew sowie andere verdiente GPU-Männer verteilt werden.
Im Lauf der Zeit entwickelt sich der Trust zu einer mächtigen Organisation, die nicht nur im Inneren der UdSSR alle antikommunistischen Kräfte polarisiert, sondern auch das Gros der russischen Emigration unterwandert. Trust dringt in die westlichen Geheimdienste ein, nimmt Einfluß durch manipulierte Informationen über die Sowjetunion und betreibt zugleich strategische Aufklärung in Westeuropa.
Jakuschew genießt unterdessen in einigen exklusiven weißrussischen und anderen westlichen Kreisen volles Vertrauen. Seine Methode ist zwar einfach, aber besonders wirkungsvoll. Er versteht es, manche Gruppe zu tadeln, eine andere wiederum zu ermutigen, oder er vermittelt zwischen einzelnen Gruppen. So gewinnt er mit der Zeit allgemeine Anerkennung. Im April 1924 kann General von Monkiewitsch sogar erreichen, daß Jakuschew von Großfürst Nikolaj Nikolajewitsch persönlich empfangen wird.
Für einen kritischen Beobachter jedoch muß allmählich der Eindruck entstehen, daß beim Trust alles viel zu perfekt läuft. Obwohl Mitte der zwanziger Jahre eigentlich kaum noch Zweifel an der Leistungsfähigkeit des berüchtigten sowjetischen Sicherheitsdienstes GPU bestehen, verkehren die Kuriere von Jakuschew zwischen der Sowjetunion und dem Westen, als wäre dies ein Kinderspiel; selbst die Abfahrts- und Ankunftszeiten kennt man oft schon Wochen zuvor. Es ist verständlich, daß Jakuschew als offizieller sowjetischer Vertreter der alljährlich stattfindenden Königsberger Messe und auch für das Osteuropa-Institut aus der UdSSR ausreisen kann, ohne Verdacht zu erwecken. Doch die anderen müssen über die grüne Grenze, was die polnischen Wachtposten stillschweigend dulden. Sie wundern sich allerdings über das auffallende Benehmen der Trust-Kuriere, wenn sie die Schmugglerpfade benutzen, und daß die sonst allgegenwärtigen sowjetischen Grenzpatrouillen jedesmal von der Bildfläche verschwunden sind, wenn die Grenzgänger auftauchen. Ungewöhnlich klingen auch die Tarnnamen, die sich die Chefs des Trust für ihre angebliche Geschäftskorrespondenz zugelegt haben, um die GPU nicht aufhorchen zu lassen. Auffallend ist auch, das Jakuschew und seine Leute selber im Geld schwimmen, obwohl sie ständig über die Notlage ihrer Organisation stöhnen.
Die langsam aufkommenden Zweifel an den wirklichen Aufgaben des Trust werden durch das spurlose Verschwinden von zwei international bekannten, gegen die Sowjetunion tätigen Agenten erhärtet: ein früherer russischer Terrorist namens Boris Sawinkow, der schon unter dem Zaren die Ochrana bekämpft hatte, und der britische Superspion Sidney Reilly. Beide haben eng mit dem Trust zusammengearbeitet und in Finnland die Grenze zur UdSSR an derselben vom Trust empfohlenen Stelle überschritten, Sawinkow im August 1924 und der als Spezialist für russische Angelegenheiten geschätzte Reilly im

Pawel A. Kutjepow, ehemaliger Zaren-General, wichtige Persönlichkeit der weißrussischen Emigration

September 1925. Man hat nie wieder etwas von ihnen gehört.
Auch General Kutjepow wundert sich allmählich, daß der Trust trotz aller Unvorsichtigkeiten seiner Agenten immer noch derart aktiv ist. Als der Verdacht sich erhärtet, inszeniert die GPU, die ja über alles im Bilde ist, ein perfektes Ablenkungsmanöver, die »Schulgin-Affäre«: Das ehemalige Mitglied des zaristischen Parlaments Duma Wassilij W. Schulgin, Gegner des bolschewistischen Regimes, erfährt im Dezember 1923 in Belgrad, daß sein in Rußland seit der Revolution vermißter Sohn in einer sowjetischen Irrenanstalt nahe Winniza in der Ukraine leben soll. Schulgin wendet sich an Jakuschew mit der Bitte, ihn in die Sowjetunion einzuschleusen, damit er seinen Sohn sehen kann, und ihm danach die Rückreise zu ermöglichen. Erst zwei Jahre später, am 21. September 1925, kann er endlich seine Reise antreten. Schulgin benutzt eine der Trust-Routen: mit der Eisenbahn über Warschau bis Rowno in Ostpolen, von dort mit dem Pferdefuhrwerk bis zum Grenzdorf. Hier bleibt er fast zwei Monate, bis sein Bart gewachsen ist und ihm ein »proletarisches« Aussehen verleiht.
Nachdem er am 5. Dezember 1925 die Grenze ohne Zwischenfall überschritten hat, wird er von zwei Trust-Leuten empfangen und nicht mehr aus den Augen gelassen. Die Reise geht zuerst nach Kiew, dann nach Moskau und später nach Leningrad, wo er bis Februar 1926 warten muß. Schulgin lebt unter verschiedenen falschen Namen in wechselnden geheimen Unterkünften und lernt dadurch fast zwei Dutzend Mitglieder des Trust kennen.
Eines Tages stellt ihm Jakuschew einen Mann vor, den er als »unseren Finanzminister Eduard O. Staunitz« betitelt, der aber in Wirklichkeit Jakuschews Genosse Opperput aus der Lubljanka-Todeszelle ist. Staunitz wird von Schulgin als zweiter Mann der Organisation angesehen, der offensichtlich über Tatkraft und einen ausgezeichneten Geschäftssinn verfügt. Er ist der festen Überzeugung, sich bei antikommunistischen Untergrundkämpfern zu befinden.

Vizechef der GPU, M. A. Artusow, die rechte Hand von F. E. Dserschinskij

Aber Schulgin hat diese beschwerliche Reise nur unternommen, um seinen Sohn wiederzusehen, doch man läßt ihn nicht in die Nähe von Winniza. Nun sagt man ihm auch noch, sein Sohn sei vor kurzem an einen unbekannten Ort verlegt worden. Niedergeschlagen denkt Schulgin an die Rückreise. Zu seinem größten Erstaunen spricht ihn Jakuschew darauf an, daß er sicher den Wunsch habe, seine Reiseeindrücke niederzuschreiben. Auf seinen Einwand, jede Indiskretion über das Bestehen des Trust könne womöglich der Organisation schaden, entgegnet Jakuschew, daß der Trust bereits einen solchen Einfluß besäße und keine Vergeltungsmaßnahmen zu befürchten habe. Dies sei Schulgin ja selbst während seiner Reise aufgefallen. Die Emigranten wären bestimmt hocherfreut, aus berufenem Munde zu erfahren, daß sie mit der antibolschewistischen Untergrundbewegung rechnen könnten. »Vielleicht läßt sich sogar General von Wrangell durch diese Erkenntnis überzeugen und wird endlich mit dem Trust zusammenarbeiten«, meint Jakuschew.
Schulgins Rückreise verläuft reibungslos, und er trifft am 20. April 1926 wieder in Belgrad ein. Die Geschichte von seinem illegalen Aufenthalt in der Sowjetunion verbreitet sich wie ein Lauffeuer und nimmt allen Skeptikern den Wind aus den Segeln. Er schreibt tatsächlich einen Reisebericht, schickt den Entwurf aber vorsorglich zur Überprüfung nach Moskau. Es ist vermutlich die erste und einzige Publikation, deren redaktionelle Bearbeitung ein Mitglied der GPU, der Vizechef Artusow persönlich, vornimmt. Im Januar 1927 wird Schulgins Buch unter dem Titel »Die drei Städte« in Berlin veröffentlicht. Doch 17 Jahre später muß er unfreiwillig in seine Heimat zurückkehren: Marschall Tito liefert ihn an die Sowjetunion aus.
Seit Mitte der zwanziger Jahre ist Jakuschew auch in der Warschauer weißrussischen Kolonie ein gern gesehener Gast. Er bekommt sogar als Anerkennung für die gut funktionierende Nachrichtenübermittlung an den polnischen Geheimdienst einen Revolver mit silbernen Insignien geschenkt. Doch Marschall Joseph Pilsudski, der nach einem Militärputsch im Mai 1926 die Macht übernommen hat, äußert dem polnischen Nachrichtendienst gegenüber seine Vorbehalte und warnt davor, bei Beurteilung der Lage in der Sowjetunion sich ausschließlich auf Informationen des Trust zu verlassen.
Von bösen Ahnungen geplagt, läßt der Marschall Nachforschungen anstellen. Der polnische Militärattaché in Paris soll sich von den Trust-Mittelsmännern ein Exemplar des aktuellen Mobilmachungs- und Aufmarschplans der Roten Armee gegen Polen beschaffen lassen. Als Jakuschew davon erfährt, reagiert er verärgert und behauptet, seine Organisation habe derzeit keine Vertrauensleute im Roten Generalstab. Er könne zwar die Pläne über andere Quellen besorgen, nur erfordere das mindestens 10000 Dollar, damals eine ansehnliche Summe.
Die Polen lassen sich aber durch den Preis nicht

abschrecken, »koste es, was es wolle«, lautet ihre Antwort. Jakuschew bleibt keine andere Wahl, und ein halbes Jahr später wird der Plan übergeben. Nach genauer Überprüfung im polnischen Generalstab bestätigen sich Pilsudskis Vermutungen: Der Plan, den Jakuschew geliefert hat, stellt sich als Fälschung heraus. Man erinnert sich jetzt, daß bereits vor einem Jahr der polnische Militärattaché in Reval beim Vergleichen von Trust-Informationen mit Nachrichten aus anderen, sicheren Quellen mehrere Widersprüche fand.

Bei seinem nächsten Aufenthalt in Warschau wird Jakuschew die Beurteilung des Generalstabs mitgeteilt. Der sonst so selbstsicher auftretende Mann gerät plötzlich in Verlegenheit, und seine ausweichenden Erklärungen lassen die Sache noch verdächtiger erscheinen. Marschall Pilsudski befiehlt daraufhin den sofortigen Abbruch aller Beziehungen zum Trust und dessen Agenten. Interessant ist zu erfahren, daß bald danach unter den russischen Emigranten das Gerücht kursiert, der polnische Generalstab werde von GPU-Agenten beherrscht, die alles unternähmen, um die Arbeit der russischen Monarchisten sowohl in der UdSSR als auch in der Emigration zu erschweren.

Im Sommer 1926 mehren sich auch in anderen Hauptstädten die Bedenken gegen den Trust. General Kutjepow fällt es zunehmend schwerer, an die Vernunft seiner Landsleute zu appellieren, die für rigorose Sabotageaktionen der Weißrussen in der Sowjetunion sind und Jakuschew vorwerfen, er sei viel zu zaghaft.

Der französische Nachrichtendienst, der mit Jakuschew bisher am engsten zusammengearbeitet hat, löst sich nach und nach von den Trust-Verbindungen. In Großbritannien wiederum werden die Agenten des Secret Intelligence Service (SIS), die über Sidney Reilly mit dem Trust in Verbindung stehen, in andere Abteilungen versetzt.

So erleben die Sowjets 1926 eine Reihe von Unannehmlichkeiten, die mit dem Trust zussammenhängen. Der GPU ist klar, daß sie unter diesen Umständen nicht weiter unter der Tarnung des Trust operieren kann.

Am Freitag, dem 5. November 1926, verschwindet General von Monkiewitsch plötzlich spurlos aus seiner Pariser Wohnung. Er ist in den weißrussischen Militärkreisen einer der eifrigsten Befürworter des Trust. Jetzt heißt es, daß er möglicherweise als Agent der GPU zu den Roten übergelaufen sei.

Fünf Wochen später, am 10. Dezember 1926, trifft überraschend die Cousine von Genral Kutjepow, Maria Sachartschenko-Schultz, in Paris ein, um ihren Vetter persönlich zu unterrichten. Diese mutige Frau hat es ohne Wissen des Trust gewagt, über die grüne Grenze in den Westen zu gelangen. Bei ihren Nachforschungen über das geheimnisvolle Verschwinden des britischen Agenten Sidney Reilly sei ihr manches unklar. Daher rate sie Kutjepow dringend davon ab, weiterhin die Verbindungswege des Trust zu nutzen,

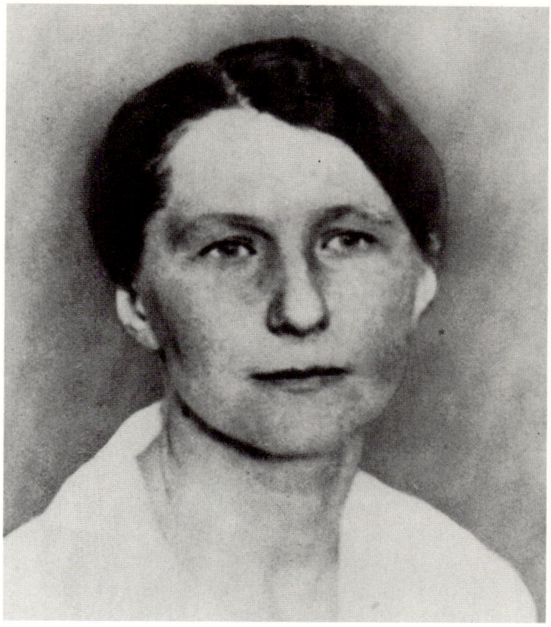

Maria Sachartschenko-Schultz: eine mutige Frau, die unwissend der GPU als Werkzeug dient

denn allem Anschein nach haben Agenten der GPU die Untergrundorganisation MUIR unterwandert. Dies veranlasse sie, umgehend in die UdSSR zurückzukehren, um weitere Beobachtungen anzustellen.

Nachdem man in Moskau bemerkt hat, daß die Sache mit dem Trust nicht mehr unauffällig funktioniert, startet die GPU im Frühjahr 1927 ein neues Täuschungsunternehmen. Dabei wird wie immer nach dem Grundsatz verfahren: Wenn es erforderlich ist, eine Tarnorganisation aufzulösen, weil der Feind Verdacht geschöpft oder die Situation sich plötzlich verändert hat, so muß der Verantwortliche dies rechtzeitig tun, ehe die Organisation Gefahr läuft, aufgedeckt zu werden. Wichtig ist allerdings, die Gegenseite vorher durch ein Verwirrspiel zu irritieren, so daß keiner dem anderen mehr vertraut und jeder sogar den besten Freund verdächtigt. Zugleich müssen aber die eigenen, noch unbelasteten Agenten aus dem Verkehr gezogen werden.

Und diese Methode verfolgt jetzt die GPU, um vom Trust soviel wie möglich zu retten: In der Nacht zum 13. April 1927 melden sich bei einem finnischen Grenzposten zwei Flüchtlinge aus der Sowjetunion, ein Mann und eine Frau. Beim Verhör im Armeeoberkommando in Helsinki stellen sie sich als Maria Schultz und Eduard Opperput vor. Er sei ein hoher Beamter der GPU, Abteilung Spionageabwehr, und habe bis jetzt die Zusammenarbeit innerhalb des Trust koordiniert. Tatsächlich sei dies eine von der GPU aufgebaute Organisation. Zu den Aufgaben des Trust zähle auch die Desinformation westlicher Nachrichtendienste.

Alle führenden Mitglieder des Trust seien Agenten der GPU, Jakuschew und er an der Spitze, die sämtliche Instruktionen des Kreml unwidersprochen durchführen müßten. Er sei jetzt geflüchtet, weil er diese schändliche Rolle nicht mehr länger mitspielen könne, daher habe er sich entschieden, Maria Sachartschenko-Schultz und andere Monarchisten über den wahren Charakter des Trust aufzuklären. Er wolle nun im westlichen Ausland die Führung der russischen Emigration warnen.
Opperput gibt sich selbst die Schuld, daß in verschiedenen westlichen Städten, vor allem in Polen, GPU-Agenten eingeschleust worden seien; sogar der polnische Generalstabschef zähle zu den sowjetischen Agenten. Er erläutert außerdem, wie es zur Festnahme des britischen Agenten Reilly und zu dessen Tod gekommen sei.
Opperput nennt als einzigen Vorteil aus sowjetischer Sicht, daß durch die Arbeit der Trust-Agenten im Westen keine Sabotageanschläge russischer Emigranten auf dem Gebiet der Sowjetunion verübt worden seien. Er werde aber künftig für organisierte Terroraktionen sorgen und sich persönlich daran beteiligen.
Um seine Glaubwürdigkeit noch zu steigern, entfachen die sowjetischen Medien zur selben Zeit eine Hetzkampagne gegen Opperput. Man will damit erreichen, daß General Kutjepow zu Opperput Vertrauen gewinnt und ihn in seine Organisation aufnimmt. So hätte die GPU jetzt nach Auflösung des Trust wieder einen Agenten in der Umgebung des Generals.
Am 3. Mai 1927 kommt General Kutjepow mit zwei Adjutanten nach Helsinki. Seine Cousine Maria Schultz, die den Mut des »ehemaligen« GPU-Agenten bewundert, versucht den General davon zu überzeugen, daß Opperput durch Beteiligung an Sabotageakten in der UdSSR seine ehrlichen Absichten unter Beweis stellen könne. Opperput hält sich mehrere Monate in Finnland auf und versteht es sehr geschickt, in allen Presseberichten immer wieder zu beteuern, wie froh er sei, daß er jetzt endlich zu seinen Landsleuten im Westen offen über die wahren Mißstände in der UdSSR reden könne.
Erstaunlich ist, daß weder der weißrussische General noch der finnische Geheimdienst Opperput einem eingehenden Verhör zum Thema Trust unterziehen. Er erzählt lediglich von sich selbst, und seine reuevollen Bekenntnisse gleichen eher einer sensationellen Reportage als den konkreten Aussagen eines Mitbeteiligten an der größten Provokation in der Geschichte der Spionage.
Opperput arbeitet nun Pläne für terroristische Aktionen aus und leitet auch deren Durchführung. Am 31. Mai 1927 ist es soweit: Zwei Gruppen zu je drei Personen werden – mit Sprengstoff und Waffen ausgerüstet – in die Sowjetunion eingeschleust. Vorgesehen sind Bombenattentate in Moskau und Leningrad. Wie sich später herausstellt, hat die Leningrader Gruppe ihren Anschlag verübt, aber nur, weil sie die plötzlich anders lautenden Anweisungen von Opperput nicht befolgte. Opperput selbst taucht in Moskau spurlos unter, und die beiden Mitglieder seiner Gruppe, darunter Maria Schultz, werden von der GPU in den Wäldern bei Moskau in einem Feuergefecht erschossen.
Dieses Ereignis sollte dem Kreml lediglich als Vorwand dienen, um in ausführlichen Pressemitteilungen auf die Gefahr hinzuweisen, die von der russischen Emigration her drohe. Das kurze Zwischenspiel Opperputs in Finnland bedeutet offiziell die Auflösung des Trust, aber insgeheim läuft die Affäre weiter.
Die GPU sickert tief in die zivile und militärische Organisation der russischen Emigranten ein. Die Folge sind Entführungen der im Pariser Exil lebenden Generäle Kutjepow und Miller. Der Trust fügt den russischen Emigranten unermeßlichen Schaden zu, so daß ihre politischen und militärischen Aktivitäten ab 1927 für die UdSSR keine Gefahr mehr darstellen.
Selbst die westeuropäischen Nachrichtendienste werden für mehrere Jahre durch gezielte Desinformationen der Aufklärungsapparate ihrer eigenen Möglichkeiten beraubt. Trust ist auch der Grund für zahllose Unstimmigkeiten zwischen den einzelnen westlichen Geheimdiensten: Er untergräbt das Vertrauen im gemeinsamen Kampf gegen den Bolschewismus.
Die Trust-Affäre kann die Kreml-Führung als ihren ersten großen geheimdienstlichen Erfolg verbuchen. Sie zeigt, daß der sowjetische Nachrichtendienst über Möglichkeiten verfügt, mit ähnlichen Methoden die westlichen Aufklärungsdienste jederzeit lahmzulegen.
Über den Hauptbeteiligten dieser Affäre, Jakuschew, ist lediglich zu erfahren, daß er 1932 in einem Fluß nahe Leningrad tot aufgefunden wird. Dagegen erhalten die Chefs Artusow, Styrne und der geistige Vater des Trust, Kijakowski, den Rotbanner-Orden. Kijakowski arbeitet weiterhin als General in der GPU-Führung, später beim NKWD, wird aber während der Säuberungen der Jeschow-Ära 1937/38 liquidiert.
Artusow erreicht einen hohen Rang und leitet Mitte der dreißiger Jahre das berüchtigte INU, die Auslandsabteilung des NKWD. Artusow und Styrne, der die Verhaftung von Sidney Reilly veranlaßt hat, fallen wie zahlreiche andere hohe Beamte der Geheimpolizei, Stalins Säuberungsaktionen zum Opfer.
Opperput, so berichtet der Leiter des Berliner weißrussischen Büros, General W. Biskubskij, betreibt während der deutschen Besetzung 1941/42 in Kiew einen Antiquitätenhandel, wird dort als Spion enttarnt und erschossen.

Britischer Superagent

Die Ironie des Schicksals wollte es, daß der wahrscheinlich beste britische Spion aller Zeiten kein Engländer war, sondern ein Mann, über dessen Herkunft und richtigen Namen sich bis heute beim Secret Service die Geister scheiden. Sidney Reilly beherrschte sieben Sprachen akzentfrei, und man sagt ihm nach, daß er elf Pässe besessen habe und zu jedem eine passende Frau. Er jonglierte mit seinem Leben genauso wie ein Spieler beim Roulett in den Casinos, die er oft zu besuchen pflegte. Selbst seine Gegner fielen seinem Charme zum Opfer, und nur wenige Frauen konnten ihm widerstehen. Jahrzehntelang blieb die Wahrheit über den Meisterspion bei Freund und Feind ein Geheimnis.

Sidney Reilly

Der am 24. März 1874 in Odessa geborene Sigmund Georgewitsch Rosenblum, der in den Annalen des Secret Service unter dem Namen Sidney Reilly verewigt wird, erfährt erst mit 19 Jahren, daß sein Vater nicht jener zaristische Offizier ist, der ihn zum strenggläubigen Christen erzogen hat, sondern ein jüdischer Arzt in Wien. Diese Nachricht soll zum familiären Zerwürfnis geführt haben. Sigmund brennt 1893 durch, besteigt im Hafen von Odessa einen englischen Dampfer und reist als blinder Passagier in Richtung Südamerika. Der sensible Ausreißer verdingt sich in Docks, Plantagen und beim Straßenbau, bis er 1895 als Koch mit einer Expedition britischer Wissenschaftler in den brasilianischen Urwald reist. Die Forscher interessieren sich jedoch nicht ausschließlich für Fauna und Flora. Der Expeditionschef Mr. Fothergill ist in Wirklichkeit Major des britischen Secret Intelligence Service (SIS).

Der junge Russe beherrscht nicht nur die Kochkunst, er ist auch sonst ein durchaus nützliches Mitglied des Teams. Als die Expedition von einem aufgebrachten Indiostamm angegriffen wird, hat Sigmund die Möglichkeit, seine Revolverkünste vorzuführen und schießt den Weg frei. Ein Scheck über 1500 Pfund und eine Passage nach London sind die Anerkennung des britischen Majors für Rosenblums Kaltblütigkeit. In England wirbt ihn der SIS für seine Dienste an. Da die Russen gerade den Engländern in Persien in die Quere kommen, wird der neue Agent in seine Heimat beordert, um festzustellen, was sich hinter den Kulissen abspielt. Vier Jahre nach seiner Flucht aus Odessa kehrt Rosenblum 1897 als britischer Agent ins Zarenreich zurück. Er soll die gerade erst erschlossenen russischen Ölfelder im Raum Baku und Batum am Kaspischen Meer erkunden.

Hier lernt Rosenblum Margaret Thomas kennen, eine 23jährige rothaarige Schönheit, die kurz zuvor den reichen, über 60 Jahre alten Engländer Hugh Thomas geheiratet hat. Da sein Auftrag beendet ist, kehrt er mit dem Ehepaar nach England zurück und genießt während der Reise die nächtlichen Besuche von Mrs. Thomas. Er lehnt vorerst weitere geheimdienstliche Einsätze ab, da er »einige wichtige private Sachen erledigen müsse«.

Sigmund G. Rosenblum, alias Sidney Reilly (1874–1925): Durch eigene finanzielle Mittel gesichert, kann er sich der geheimdienstlichen Tätigkeit widmen

Rosenblum ist nun ständiger Gast im Hause Thomas und kümmert sich als angeblicher Mediziner um den erkrankten alten Herrn. Die nach eigenen Rezepten gemixten Elixiere beeinflussen zwar nicht den Verlauf der Krankheit, aber den Willen des Patienten, der am 4. März 1898 sein Testament abändert und Margaret als Alleinerbin einsetzt. Einige Tage später will Hugh Thomas zur Kur auf das Festland reisen, doch schon während der Fahrt stirbt er am 13. März 1898 in Newhaven/Kanalküste, angeblich an Herzversagen.

Bereits im August 1898 heiratet Rosenblum die Witwe Margaret Thomas und meldet sich ein Jahr später wieder bei seinem SIS-Chef: Er habe die Regelung seiner Finanzen hinter sich, inzwischen eine Engländerin zur Frau genommen, und er besitze jetzt genügend Privatmittel, um sich dem Geheimdienst widmen zu können. Die bisherigen Honorare hätten ihm für eine vernünftige Nachrichtenbeschaffung bei weitem nicht ausgereicht. Rosenblum bekommt einen britischen Paß und gleichzeitig einen neuen Namen: Sidney George Reilly aus Tipperary/Irland. Es ist der Mädchenname seiner Frau. »Und ich kann«, meint der frischgebackene britische Untertan, »sogar, wenn es nötig ist, einen Gegner Großbritanniens spielen«.

Während des Burenkrieges in Südafrika wird Reilly aufs europäische Festland beordert, um in den Niederlanden finanzielle Hilfsquellen der Buren aufzuspüren. 1902 reist er als Arzneimittelverkäufer getarnt durch die neu entdeckten persischen Ölfelder, an denen nicht nur Rußland und Frankreich, sondern vor allem Großbritannien interessiert ist. Die Admiralität will wissen, welche Mengen und in welcher Qualität dort gefördert wird.
Seine nächste Exkursion gilt dem Fernen Osten. Die Russen haben von den Chinesen die Halbinsel Liautung gepachtet und errichten im Eiltempo den neuen Flottenstützpunkt Port Arthur. Hier soll Reilly alles für den SIS Wissenswerte ausspionieren. Er reist, zusammen mit seiner Frau, erst nach Schanghai und arbeitet als Kontorist in einer den Russen gehörenden chinesischen Schiffsagentur. Binnen sechs Wochen kann er seinen Chef davon überzeugen, daß er woanders für ihn viel vorteilhafter tätig sein könne, zum Beispiel als Manager in Port Arthur.
In dem gerade entstehenden Flottenstützpunkt haben sich die mächtigsten Rüstungsbetriebe wie Krupp, Blohm & Voss und die französische Firma Schneider/Le Creuzot etabliert, deren Arbeitsgruppen den Ausbau der Befestigungen durchführen. 1902 läßt sich Reilly als Mitinhaber der Holzhandelsfirma Grünberg & Reilly in Port Arthur nieder und gewinnt durch seine charmante Art sehr schnell das Vertrauen der Deutschen und Franzosen. Obwohl es nur so von Geheimpolizisten der russischen Ochrana wimmelt, fällt es Reilly nicht schwer, einen Konstruktionszeichner der Marine zu bestechen, sich bestimmte Blaupausen auszuleihen und in seinem Büro zu photographieren.
Seine Frau Margaret, die immer öfter Trost im Alkohol sucht, wird ihm zur Last, und Reilly schickt sie nach England zurück. Als er eines Tages entdeckt, daß einer seiner Angestellten Agent der russischen Spionageabwehr ist, findet er es an der Zeit, seine Zelte in Port Arthur abzubrechen. Um seine Flucht zu kaschieren, verbreitet er das Gerücht einer bevorstehenden Heirat mit seiner Geliebten und reist mit ihr heimlich nach Japan, läßt sie dort aber sitzen.
Danach bittet Reilly seinen Chef in London um unbefristeten Urlaub und taucht für ein Jahr hinter den Mauern eines Buddhistenklosters in der chinesischen Provinz Shen-si unter, versucht dort, sein strapaziertes Nervensystem wieder in Ordnung zu bringen und tritt sogar zum Buddhismus über.
Nach seiner Rückkehr muß er in London zu seiner Überraschung feststellen, daß Margaret seit einem Jahr spurlos verschwunden ist, und, was wirklich schlimm ist, mit ihr alle Wertsachen einschließlich des Bankguthabens. Sein Trost ist, daß der SIS für seinen Superspion wieder eine neue Aufgabe hat.
Reilly soll in Westfalen für einen Agenten einspringen, über dessen Verbleib nichts zu erfahren ist. Die Engländer sind über den Rüstungseifer der Deutschen sehr beunruhigt und wollen das Ausmaß der Bedrohung genauer wissen. Die ergiebigste Methode ist natürlich, die Waffenschmiede an der Ruhr unter die Lupe zu nehmen.
Nach einigen Wochen Ausbildung reist Reilly 1904 als Baltendeutscher Karl Hahn nach Essen. Sein Zeugnis weist ihn als Schweißer der bekannten Putiloff's Werft in Sankt Petersburg aus, und er bekommt ohne Schwierigkeiten eine Anstellung, muß aber sehr schnell feststellen, daß die Essener Krupp-Werke

Reillys Datscha in einem Vorort von Port Arthur:
Die von Reilly persönlich angefertigte Skizze entstammt seinem Privatalbum

nicht das fernöstliche Port Arthur sind. Überall wimmelt es von Aufpassern und Wärtern, die jeden auch nur andeutungsweise Verdächtigen argwöhnisch beobachten.
Karl Hahn verrichtet seine Arbeit zur Zufriedenheit des Meisters und hofft auf eine günstige Gelegenheit. Da kommt ihm die Aufstellung einer werkeigenen Feuerwehr wie gerufen, die natürlich mit Nachtwachen und Patrouillengängen verbunden ist. Reilly meldet sich sofort als Freiwilliger. Der ideenreiche Spion überzeugt jetzt den Leiter der Feuerwehr, daß es für den Notfall von entscheidender Bedeutung sei, die Stellen zu kennen, wo sich Feuerlöscher und Hydrantenstutzen befinden. Einen Tag später liegen die Werkpläne im Dienstraum der Feuerwehr.
So kann Reilly feststellen, wo das Konstruktionsbüro liegt und gleich bei der ersten Nachtstreife sein Glück probieren. Im Lichtkegel seiner Taschenlampe gelingt es ihm zwar, interessante technische Zeichnungen und Pläne der gesamten Anlage aus den Schränken herauszufischen, aber er wagt es nicht, sie mit einem Magnesium-Blitz zu photographieren oder »auszuleihen«, um sie zu Hause zu kopieren. Die Unterlagen an Ort und Stelle abzuzeichnen, ist schon aus Zeitgründen unmöglich.
Sein besonderes Interesse an den Werkplänen fällt allerdings dem Leiter der Feuerwehr auf, so daß Reilly sich nur mit Mühe herausreden kann; aber er ahnt, daß seine Tage bei Krupp gezählt sind.
Mit vier frankierten Briefumschlägen in der Tasche, adressiert an Deckadressen in London, Paris, Rotterdam und Brüssel, schreitet Reilly zwei Tage später kurzentschlossen zur Tat. Als er jedoch beim Einbruch ertappt wird, verpaßt er dem überraschten Entdecker mit der Eisenstange einen Schlag auf den Kopf, rafft die Entwürfe für neue Kriegswaffen zusammen und verschwindet. Auf dem Weg zum Bahnhof steckt er seine Beute in die Kuverts, wirft sie in vier verschiedene Briefkästen und fährt mit dem nächsten Zug nach Dortmund.
Hier liegen in der Wohnung eines Konspiranten neue Kleidung und ein englischer Paß für Reilly bereit. An der deutsch-französischen Grenze schöpft beim Anblick des eleganten Gentleman mit Lederkoffer niemand Verdacht. Fast gleichzeitig mit seiner Ankunft in London treffen auch die vier Briefsendungen an den Bestimmungsorten ein. Der Chef des SIS beglückwünscht Reilly zum Erfolg seiner Deutschland-Mission und hat gleich einen neuen Auftrag parat.
Der im Jahr 1904 zum Ersten Seelord ernannte Admiral Lord Fisher plant, die Royal Navy zu modernisieren und die gesamte Flotte von Kohlefeuerung auf Öl umzustellen. Sein größter Widersacher ist jedoch die englische Bergbau-Lobby, die sich natürlich aus Leibeskräften dagegen wehrt, daß ihr bester Kunde auf die gute heimische Kohle verzichten will und nach einem Brennstoff greift, den es bisher ausschließlich im fernen Texas und im Norden des Kaukasus gibt.
Um sein Vorhaben in absehbarer Zeit durchsetzen zu können, wendet sich Lord Fisher an den Chef des

William Knox d'Arcy ist jener Mann, dem die meisten Ölfelder in Persien gehören

britischen Geheimdienstes. Er soll erforschen lassen, wo es sonst noch Ölvorkommen gibt. Sein bester Agent Sidney Reilly weiß Rat: Ein gewisser William Knox d'Arcy, ein vermögender Abenteurer größten Stils, suche seit einigen Jahren in Persien nach Öl, und er wisse, daß er eine Bohrkonzession besitze, aber bisher wenig Glück habe.
Nachdem d'Arcy in Australien die Mount-Morgan-Goldmine entdeckt hat, erwirbt er vom Schah für 10000 Pfund Sterling in bar die Rechte zur Erschließung der Ölquellen in fast ganz Persien. 1903 findet er zwar einige Quellen, die aber nach kurzer Zeit, genauso wie sein Kapital, versiegen. Reilly ist fest davon überzeugt, daß in Persien reiche Ölvorkommen existieren müssen.
Während sich der Erste Seelord und das Oil Committee um eine finanzielle Hilfe für d'Arcy bemühen, soll Reilly den bisher glücklosen Ölsucher davon überzeugen, daß er mit der Unterstützung Großbritanniens rechnen könne. Allerdings müßten seine Quellen, sobald sie eines Tages sprudeln würden, England zugute kommen.
Die Zeit jedoch wird knapp, denn d'Arcy hat inzwischen die Nerven verloren und sich mit dem Bankier Rothschild in Verbindung gesetzt, der ihm die Öl-Konzession abkaufen will. Wie der SIS gerade erfährt, sollen an einem abgeschirmten Ort irgendwo in Südfrankreich die Geheimverhandlungen bereits kurz vor dem Abschluß stehen.
In diesen Tagen steigt Reilly als französischer Priester in einem Hotel in Nizza ab. Er vertraut dem Hoteldirektor an, daß er hoffe, hier an der Côte d'Azur einige reiche Leute zu treffen wie zum Beispiel Herrn Rothschild, um eine Spende für seine geplanten Waisenhäuser zu erhalten. Herr Rothschild sei zwar Jude, aber die Heime seien ja schließlich für Kinder jeden Glaubens gedacht. »Wissen Sie zufällig, wo ich Baron Rothschild erreichen kann?«
»Sie finden den Baron bestimmt in Cannes, er müßte dort wie immer auf seiner Jacht sein«, war die freundliche Auskunft des Maître d'Hotel.
Reilly: »Ich fuhr noch am gleichen Tage nach Cannes

und nahm mir ein Zimmer in einer der unzähligen Pensionen, direkt am Wasser. Minuten später war ich schon im Jachthafen. Das imposanteste Boot war natürlich das des Barons Rothschild. Zwei Tage lang beobachtete ich, versteckt hinter den Gardinen meines Hotelzimmers, mit einem starken Feldstecher die Jacht ›Avuncular‹, aber die Gestalt d'Arcys, mir nur von Photographien her bekannt, tauchte nicht auf. Wahrscheinlich schlief er tagsüber in der Kajüte. Ich war ganz verzweifelt, da der Vertrag mit dem Bankier jederzeit unterzeichnet werden konnte und dann alle Anstrengungen umsonst gewesen wären.

Ich mietete mir ein kleines Boot und ruderte kreuz und quer durch den Jachthafen, die Augen nicht von der Rothschild-Jacht lassend. Auf einmal sah ich beide Herren auf dem Deck, steuerte direkt auf das Boot zu, und einige Meter davon entfernt kippte ich mit dem Boot um. Die Kutte sog sich voll, und ich platschte wie ein Ertrinkender im Wasser. Jemand warf mir einen Rettungsring zu und hievte mich aufs Deck.

Mit ausgesuchten Worten bedankte ich mich für die Rettung und flüsterte d'Arcy in einem unbeobachteten Moment zu: ›Ich habe eine Nachricht für Sie von der englischen Regierung, die Admiralität will Ihnen das Doppelte von dem zahlen, was Ihnen Rothschild für Ihre Konzession anbietet. Ich erwarte Sie heute in drei Stunden zu einem Aperitif im ›Grand Hotel‹ auf der Croisette. Falls der Baron fragen sollte, wohin Sie gehen, sagen Sie ihm, sie träfen sich mit mir, um über mein Waisenhaus-Projekt zu diskutieren.‹«

Bei der Zusammenkunft im »Grand Hotel« schildert Reilly dem Ölsucher detailliert die Transaktion, die Whitehall vorschwebt, und die Vorteile, die d'Arcy aus dem Vertrag mit der britischen Regierung ziehen würde. D'Arcy erbittet eine schriftliche Offerte und verspricht, daß er zehn Tage warten und in dieser Zeit garantiert kein Abkommen mit den Rothschilds unterzeichnen werde.

Am übernächsten Morgen ist Reilly wieder in London und berichtet seinem Chef von dem erfolgreichen Gespräch mit d'Arcy. Tags darauf lädt der Zivillord der Admiralität, Rt. Hon. E. G. Pretyman, d'Arcy zu einer Konferenz mit dem Oil Committee nach London ein. Hier wird am 5. Mai 1905 der Vertrag unterzeichnet und ein Syndikat für die künftige Nutzung der Ölfelder in Persien gegründet.

Am 26. Mai 1908, um 4 Uhr morgens, schießt tatsächlich eine Ölfontäne aus dem kargen Boden, deren Reichtum jede Hoffnung übertrifft, und fast wöchentlich werden weitere Funde gemeldet. Der Gewinn, den England dank des geschickten Handelns von Reilly macht, ist unermeßlich. Im Jahr 1909 gründet das Syndikat die Anglo-Persian Oil Company Ltd., und 1914 kauft die britische Regierung auf Drängen des damaligen Ersten Seelords Winston Churchill 51 Prozent der Gesellschaftsanteile. Aus dieser Firmenbezeichnung wird später die heute bekannte British Petroleum Co. Ltd. (BP). So gehören die Ölfelder Persiens praktisch der britischen Admiralität. Mit einem Teil der Einnahmen wird jahrelang der Secret Intelligence Service (SIS), Nachrichtendienst der Royal Navy, finanziert.

Reilly, der sich schon immer für Flugmaschinen interessiert, besucht im Sommer 1910 die 2. Internationale Flugschau in Frankfurt/Main. Am fünften Tag stürzt eine deutsche Maschine plötzlich ab und bohrt sich mit der Nase mitten auf dem Flugfeld in den Boden. Zu den ersten, die die Unglücksstelle erreichen, gehören Reilly und ein britischer Pilot namens Berry Jones aus Wales, der zu den Teilnehmern der Flugschau zählt. Sie helfen beide beim Abtransport der Trümmer in einen Hangar.

Auf dem Weg dorthin flüstert Jones, ebenfalls Agent des SIS, seinem Kollegen zu: »Ich muß unbedingt einige Minuten am Wrack allein sein, ich will den Magneten ausbauen, bitte helfen Sie mir.« Und während Reilly die Neugierigen fernhält, entnimmt Jones das Gesuchte und verschwindet. Der verunglückte deutsche Pilot hat nämlich vor seinem Flug damit geprahlt, daß seine Maschine über einen neuartigen Motor verfüge, der alle anderen überträfe. Nachdem Jones eine Zeichnung angefertigt hat, baut er am nächsten Tag den Magneten unbemerkt wieder ein.

Angeregt durch die Frankfurter Flugschau, reist Reilly einige Monate später im Auftrag des SIS nach Sankt Petersburg. Er soll in Rußland Informationen über die deutsche Rüstungsindustrie sammeln, die hier fast vollzählig vertreten ist und an der Modernisierung der russischen Streitkräfte mitarbeitet.

Zusammen mit russischen Freunden gründet er unter dem Namen »Aviat« einen Aero-Club, veranstaltet die erste Flugrallye zwischen Petersburg und Moskau und schließt – als angeblich von den Engländern verfolgter Ire – viele Bekanntschaften mit deutschen Piloten. Der charmante Gesellschafter geizt nicht mit Geld und fällt besonders den Frauen auf. Das schwache Geschlecht ist die Stärke des Geheimagenten, vor allem die Damen hochgestellter Persönlichkeiten.

Der Zeitpunkt seines Aufenthaltes ist äußerst günstig: 1911 soll der Neuaufbau der im Russisch-Japanischen Krieg weitgehend vernichteten russischen Flotte beginnen. Reilly ist zu diesem Zeitpunkt mit Nadine, der Frau seines Freundes Massimo, dem ersten Berater des russischen Marineministers Admiral Birilew, eng liiert. So erfährt er ohne Mühe, daß die deutsche Werft Blohm & Voss nicht nur auf eigenen Docks in Hamburg die Zarenflotte bauen soll, sondern auch Lizenzproduktionen an russische Werke vergibt.

Der pfiffige Reilly hat einen Plan, wie auch er finanziell davon profitieren kann: »Ich sprang in die erstbeste Droschke und ließ mich zu Jakob Mendrochowitsch kutschieren. Der Fabrikant war ein ziemlich betagter Jude, ein Selfmademan wie er im Buche steht, an seiner Seite Graf Lubienski, von polnischem Adel, eine Art Kontaktmann und Aushängeschild. Ich fragte die beiden Herren ohne Umschweife, was ihnen eine Generalvertretung der Firma Blohm &

Sankt Petersburg, das heutige Leningrad: Schauplatz der geheimdienstlichen Aktivitäten von Sidney Reilly

Voss und die dazu gehörende Lizenzproduktion für das Marineministerium wert sei.
Sie ahnten, daß der Auftrag, falls wir uns nicht einigten, ihrer Konkurrenz in den Schoß fallen würde. Der Alte bot mir sofort 200000 Rubel in bar an und 25 Prozent des gesamten Gewinns. Ich ließ mich nicht beeindrucken, verlangte 50 Prozent des Gewinns und natürlich auch die genannte Summe in bar. Sie stimmten schließlich zu, und wir verabschiedeten uns. Ich schaute auf meine Uhr, das ganze Gespräch hatte 23 Minuten gedauert.«
Bereits nach zwei Wochen kommt vom Marineministerium die Bestätigung, daß die Firma Mendrochowitsch & Lubienski die Generalvertretung der Werft Blohm & Voss erhalten habe. Doch damit sind noch nicht die Aufträge gesichert. Reilly verlangt von den beiden Inhabern, ihn zum Stellvertreter zu ernennen. Nachdem sie zustimmen, schickt Reilly ein verschlüsseltes Telegramm nach London: »Ein erfahrener Mitarbeiter für ein wichtiges Projekt schnellstens benötigt.«
Und wen schickt der SIS? Seinen alten Bekannten aus Frankfurt: Barry Jones, mit dem er nun seinen Plan bespricht. Durch die Generalvertretung der Hamburger Werft und seine erstklassigen Beziehungen zum Marineministerium sei es für ihn ein leichtes, die Baupläne der deutschen Werft einzusehen und Blaupausen davon zu machen. Voraussetzung sei allerdings, die britische Regierung erkläre sich damit einverstanden, daß die besten Aufträge an die deutschen und nicht an englische Werften gehen. Er vereinbart mit Jones einen neuen Code sowie alle Einzelheiten, wie der Versand dieser geheimen Unterlagen erfolgen soll. Nach der Rückkehr von Jones erhält Reilly aus London den Startschuß.
Er betreibt dieses einträgliche Geschäft drei Jahre lang. Beinahe sämtliche Zeichnungen, Pläne und Entwürfe der deutschen Konstrukteure gehen durch seine Hände, vom neuesten Kreuzer bis zum Kanonenboot. Allmählich fällt Reilly jedoch der argwöhnischen deutschen Spionageabwehr auf, die sein Büro und auch sein Haus beschattet. Doch die größte Gefahr droht ihm von seiten der Konkurrenz. Gerade die britischen Rüstungsfirmen schlagen bei ihrer Botschaft in Sankt Petersburg Alarm, so daß Reilly allmählich gesellschaftlich gemieden wird.
Eines Tages kommt Sir Basil Zacharoff, der berüchtigte Generalagent der Firma Vickers Ltd., nach Petersburg und macht Reilly ein Angebot über fast die doppelte Summe, die er durch Blohm & Voss verdient. Sir Basil reist jedoch wütend wieder ab, da Reilly sich nicht von seinem Angebot beeindrucken

London 1925, eines der letzten Fotos von Sidney Reilly (×) im Kreis seiner Freunde vom SIS

läßt. Die Agenten der französischen Firma Schneider/Le Creusot sind noch direkter, sie verüben ein Attentat auf Reilly, dem er nur durch Zufall entgeht. Seinem Freund Massimo bietet er eine größere Summe an, wenn er sich scheiden läßt, damit Reilly dessen Frau Nadine heiraten kann. Bis es soweit ist, schickt er seine Zukünftige im Frühjahr 1914 nach Nizza.
Nach Ausbruch des Ersten Weltkrieges gehen Reilly und Nadine nach Japan. Hier ist er für die Russisch-Asiatische Bank tätig und reist ein Jahr später in die USA, um im Auftrag der russischen Regierung Waffen zu kaufen. Ab 1917 arbeitet Reilly wieder für den britischen SIS. Zur Tarnung meldet er sich vorher in Toronto freiwillig zum kanadischen Fliegerkorps.
Auf diese Weise gelangt er nach Europa und wird 1918 mit dem Fallschirm als Agent hinter den deutschen Linien abgesetzt, um wichtige Informationen über die deutsche Frühjahrsoffensive zu beschaffen. Nach Beendigung seines Einsatzes holt ihn ein Flugzeug wieder ab.
Im April 1918 hat Premierminister Lloyd George einen Auftrag für ihn: Reilly soll nach Rußland fahren und erkunden, welche Absichten die Bolschewiken verfolgen. Die Nachrichten des inoffiziellen Abgesandten Sir Robert B. Lockhart sind keineswegs zufriedenstellend, und das beunruhigt die britische Regierung.
Reilly reist als Agent Nr. ST 1 nach Murmansk und schlägt sich von dort nach Moskau durch, wo er am 7. Mai 1918 eintrifft. Sein erster Weg geht direkt zum Kreml, denn er möchte mit Lenin persönlich verhandeln. Doch der neue Machthaber – so wird ihm gesagt – sei nicht erreichbar, und dessen Genossen sind für Reilly nicht kompetent.
Jetzt plant Reilly eine Operation, die später als »Lockhart-Verschwörung« großes Aufsehen erregt. Er beabsichtigt, die gesamte sowjetische Führungsspitze mit einem Schlag auszuschalten: Sir Lockhart hat über den lettischen Armeeoffizier Bersin in Erfahrung bringen können, daß am 28. August 1918 eine Versammlung des Zentralkomitees der Kommunistischen Partei stattfinden soll, und Reilly sieht darin einen Wink des Schicksals.
Sein Plan ist es, in Zusammenarbeit mit französischen und britischen Agenten, unterstützt durch eine im Raum Moskau stehende lettische Eliteeinheit, während der Tagung in das Gebäude einzudringen, Lenin festzunehmen und alle Parteiführer, um sie der Lächerlichkeit preiszugeben, nackt durch Moskau zu treiben. Danach will Reilly eine Militärdiktatur errichten, die den Krieg gegen Deutschland wieder aufnehmen soll.
Aber durch den Verrat des Moskauer Korrespondenten der Pariser Zeitung »Le Figaro«, René Marchand, sowie durch zwei lettische Offiziere wird der Putschversuch vereitelt. Im letzten Augenblick, am 11. September 1918, gelingt Reilly die Flucht aus Rußland. Sir Lockhart dagegen wird verhaftet, jedoch nach einem Monat gegen den späteren Außenminister Litwinow ausgetauscht. Wie sich danach herausstellt, ist Bersin, der die Aktion mit inszeniert und dann zerschlagen hat, ein Agent der Tscheka.
Im November 1918 findet sich Reilly wieder in London ein und wird wegen seiner Aktivitäten in Rußland mit dem Military Cross ausgezeichnet. Zu Beginn der zwanziger Jahre unterstützt Reilly zusammen mit Boris Sawinkow, einem radikalen Widersacher von Lenin, die antisowjetischen Aktivitäten der in Westeuropa lebenden Exilrussen und steht seit 1922 mit der als Handelsfirma »Moskauer Städtische Kreditanstalt« getarnten Wiederstandsbewegung MUIR, die sich im Westen »Trust« nennt, in Verbindung.
Nachdem Trust-Mittelsmänner Sawinkow zusichern, er bekäme nach seiner Rückkehr und dem kurz bevorstehenden Umsturz in der Sowjetunion einen führenden Regierungsposten, reist er am 10. August 1924 nach Moskau. Reilly, der im Mai 1925 von Sawinkows angeblichem Tod erfährt, schöpft Verdacht, daß im Trust einiges nicht mit rechten Dingen zugeht, und er entschließt sich nach einer Unterredung mit dem Chef des SIS, an Ort und Stelle nachzuforschen.
Mit einem Paß auf den Namen Nicolaj Steinberg geht er in der Nacht vom 28./29. September 1925, in Begleitung der zum Widerstand gehörenden Maria Schulz, vom finnischen Alekul aus illegal über die Grenze. Das einzige und letzte Lebenszeichen von Sidney Reilly ist eine wenige Tage später in Moskau aufgegebene Postkarte.
Nach unbestätigten Meldungen sei Reilly vom Trust in eine Falle gelockt, dann von der GPU verhaftet und in den Wäldern am Rande Moskaus erschossen worden.

Charmeur als Spion

Der Fall des Rittmeisters Jerzy Sosnowski war die größte Spionageaffäre, die Deutschland zwischen den beiden Weltkriegen erschütterte. Es scheint beinahe unverständlich, wie Sosnowski direkt in der »Höhle des Löwen« so viele Jahre unbemerkt agieren konnte, zumal den deutschen Abwehrstellen sein Treiben aufgefallen sein mußte.

Es gelang ihm, was äußerst selten vorkommt: Sosnowski verfügte zur selben Zeit über mehrere Vertrauenspersonen, die alle Zutritt zu den geheimsten Dokumenten hatten. Die Art, wie er sein Spionagenetz aus dem Nichts aufbaute und fast sieben Jahre lang mit beachtlichem Erfolg betrieb, ohne entdeckt zu werden, war außergewöhnlich.

Rittmeister Sosnowski

Am Dienstag, dem 10. Mai 1932, erscheint in der »Berliner Tribüne« die Schlagzeile: »Wer ist Rittmeister Sosnowski? In geheimer Mission? Seine Beziehungen zu Benita von F.« Den Artikel hat die Gräfin von Bocholtz, eine Bekannte des Rittmeisters, der Zeitung zugespielt. Ihr ist nämlich beim Besuch von Sosnowskis Eltern in Berlin aufgefallen, daß dessen Familie aus einfachen bürgerlichen Verhältnissen stammt. Sosnowski dagegen hat immer behauptet, er sei der Sproß eines steinreichen Gutsbesitzers mit Schloß und 3000 Morgen Land, was ihm das fürstliche Leben in der deutschen Hauptstadt ermögliche.
Tatsächlich ist es Sosnowski gelungen, sich als angeblich reicher polnischer Edelmann und Herrenreiter in den Kreisen der Berliner Gesellschaft einen Namen zu machen. Er veranstaltet oft Abende für bis zu hundert Gäste, auf denen Diplomaten, ehemalige Offiziere des früheren kaiserlichen Heeres, einzelne aktive Reichswehroffiziere und SA-Führer, hohe Beamte, bekannte Schauspieler, sogar der Sohn des Kaisers, Prinz Eitel Friedrich, zu seinen Gästen zählen.

Die polnische Gesandtschaft in der Berliner Kurfürstenstraße: Hier laufen alle Fäden über die Erkundung der Reichswehr zusammen

Baron Georg von Sosnowski, Ritter von Nalecz (1896–1942?): Salonlöwe als Superspion

Die Unheil witternde Gräfin weist in dem Artikel nicht nur auf die bescheidenen Lebensverhältnisse der Eltern von Sosnowski hin, sondern erwähnt auch die kostbaren Geschenke, die er seiner Geliebten Benita von Falkenhayn macht, die aus einer hochangesehenen Offiziersfamilie stammt. Um sicherzugehen, daß ihre Enthüllungen den richtigen Adressaten erreichen, schickt die hartnäckige Gräfin zwei Exemplare der Zeitung an das Reichswehrministerium. Sie ahnt allerdings nicht, daß man hier den Artikel als Klatschgeschichte eines Boulevardblattes zu den Akten legt.
Auch mit einer Anzeige bei der Polizei hat sie keinen Erfolg: Die Untersuchung wird gar nicht erst eingeleitet. Von den Bekannten wegen seiner angeblichen Tätigkeiten scherzhaft mit »Guten Tag, Herr Spion!« begrüßt, reagiert Sosnowski mit überlegenem Lächeln: »So wird man prominent!« Die von Sosnowski benutzte Mär seiner wohlhabenden Eltern ist zwar geplatzt, aber daß der Rittmeister nach diesem Vorfall noch fast zwei Jahre lang seine Erkundungen betreiben kann, ist eine unverzeihliche Nachlässigkeit der deutschen Spionageabwehr.

Bereits in den Jahren 1923 bis 1924 unternimmt der polnische militärische Nachrichtendienst des Generalstabs, die Abteilung II (Oddzial II), eine Spionageoperation unter der Tarnbezeichnung »In.3«, um die militärischen und politischen Vorhaben der Reichswehr zu erkunden. Dabei erlebt die Abteilung II jedoch einen unvorhergesehenen Reinfall. Ihr erster Resident in Berlin, Leutnant Gryf-Czajkowski, stellt fest, daß er kaum Chancen hat, irgendwelche wertvollen Informationen zu beschaffen. Da kommt dem offensichtlich unter Erfolgszwang Stehenden eine Idee: Er meldet sich einfach in der Zentrale der deutschen Abwehr, stellt sich als polnischer Nachrichtendienstoffizier vor und ... bittet um entsprechende Unterstützung. Die überraschten Abwehrmänner lassen sich nicht zweimal auffordern. Sie werben den hilfsbedürftigen Leutnant sogleich als Doppelagenten an und liefern ihm laufend Spielmaterial.

Dabei unterläuft der Abwehr allerdings ein entscheidender Fehler: Das gelieferte Spielmaterial ist so ungeschickt präpariert, daß die Abteilung II ein Inspirationsmanöver wittert und Leutnant Gryf-Czajkowski sofort zurückbeordert. Man nimmt an, er habe sich unwissentlich von Abwehragenten Spielmaterial andrehen lassen. Daß die Deutschen den Leutnant umgedreht haben könnten, kommt keinem in den Sinn.

Der neuernannte Resident, Rittmeister Jerzy Sosnowski, scheint als Nachfolger der richtige Mann zu sein. Er ist am 3. Dezember 1896 als Sohn eines Elektroingenieurs, Miteigentümer einer Baufirma, in Lemberg geboren. Nach abgeschlossenem Besuch eines humanistischen Gymnasiums tritt Jerzy bei Ausbruch des Ersten Weltkrieges in das österreichische 1. Ulanenregiment ein. Im Dezember 1914 wird er zum Leutnant und im Oktober 1917 zum Oberleutnant befördert.

In der k.u.k. Armee bekommt Sosnowski eine vielseitige militärische Ausbildung: Neben der Kavallerieoffiziersschule absolviert er einen Offizierslehrgang für Infanteriewaffen und macht danach in Wiener Neustadt seinen Pilotenschein. Im Jahr 1918, nach Wiederentstehung des polnischen Staates, meldet er sich beim 8. Ulanenregiment in Krakau und wird im September 1919 zum Rittmeister befördert. Sosnowski nimmt 1920/21 am Feldzug gegen das sowjetische Rußland teil und wird viermal mit dem Tapferkeitskreuz ausgezeichnet. Nach Beendigung der Feindseligkeiten ist er beim Korpskommando in Warschau. Seine Vorgesetzten sprechen sich nur lobend über diesen hochintelligenten, kameradschaftlichen und sportlichen jungen Offizier aus, dem man eine hohe militärische Karriere voraussagt.

Jetzt übernimmt Sosnowski einen Auftrag des militärischen Nachrichtendienstes: Ausgestattet mit detaillierten Instruktionen und einer neuen Identität, fährt der 29jährige Kavallerieoffizier und Turnierreiter im März 1926 mit seiner 18 Jahre älteren Frau sowie sechs Rennpferden nach Berlin und gibt sich dort als wohlhabender polnischer Edelmann sowie Mitglied einer »Übernationalen Organisation zum Kampf gegen den Bolschewismus« aus. In der deutschen Hauptstadt gewinnt der junge, elegante, fabelhaft aussehende Pole durch seine blendenden Manieren schnell die Sympathien der aristokratischen Kreise. Er nennt sich jetzt Baron Georg von Sosnowski, Ritter von Nalecz.

Anfangs wohnt er mit seiner Frau am Stadtrand von Berlin, in der Nähe des Rennplatzes Hoppegarten. Bald gibt es kaum ein Rennen, das Sosnowski nicht besucht, manchmal reitet er sogar selber mit. Dort hat er als guter Kenner der Turfs vor allem Gelegenheit, viele Bekanntschaften mit den am Pferdesport Interessierten zu machen. So trifft er zum Beispiel im April 1926 auf der Rennbahn Karlshorst den Oberleutnant a. D. von Falkenhayn, einen der besten Herrenreiter Europas, mit seiner hübschen jungen Frau Benita, die Sosnowski bereits von einem Reiterturnier in Zoppot kennt.

Sosnowski: »Ich war aus Passion Spion. Spionage ist eine Leidenschaft wie ein Sport, ein gewisser Kampf des Gehirns ... Mein allgemeiner Auftrag ging dahin, an höhere Stäbe heranzukommen. Doch das höchste Ziel eines jeden Spions ist ja letzten Endes das Reichswehrministerium (RWM). Ich bekam so viel Geld dazu, wie ich verbrauchen wollte.«

In der Tat, Sosnowski ist zu jener Zeit der höchstbezahlte Spion: Er bekommt aus Warschau während seiner etwa sieben Jahre dauernden Tätigkeit laut polnischen Quellen rund eine Million Reichsmark. Das ist etwa die Hälfte vom gesamten Budget des polnischen Geheimdienstes für strategische Aufklärung in Deutschland.

Sosnowski: »Der Salon, die großen Gesellschaften waren eine Kulisse und ein Schutz gegen Verdacht und Angriffe der deutschen Abwehr. Ich gab große Gesellschaften, lud prominente Leute und Offiziere bei mir ein, um gewissermaßen als Rückendeckung eine Staffage von ganz unschuldigen und harmlosen Menschen zu schaffen, so daß die Nachsuche der deutschen Abwehr im Sande verlaufen mußte, wenn man auf diese harmlosen Leute stieß.

Die ganze Ausspähtätigkeit mußte so aufgezogen werden, daß keinerlei Verdacht aufkommt. Dazu gehörte es, in erster Linie einen ›gesellschaftlichen Hintergrund‹ zu schaffen und im gesellschaftlichen Verkehr neben Menschen mit klingendem Namen geeignete Leute für Erkundungszwecke heranzuziehen. Das Endziel der Spionagearbeiten war darin zu sehen, Kontakte mit dem RWM zu bekommen ... Es kam darauf an, die in Aussicht genommene und anzuwerbende Agentin wochenlang, mitunter monatelang, zunächst psychologisch zu bearbeiten und suggestiv zu beeinflussen, damit eines Tages ganz aus ihr selbst heraus der Wunsch entstand, in meiner Spionage mitzuarbeiten.«

Ein recht abwechslungsreicher Umgang mit Frauen ist nicht nur für das Privatleben des »schönen Georg« charakteristisch, sondern auch für sein Spionagesy-

Im vornehmen Berliner Stadtteil Tiergarten, Lützowufer 36, direkt am Landwehrkanal, wohnt Rittmeister Sosnowski

stem, für das er grundsätzlich Agentinnen bevorzugt. Der Rittmeister unterhält mit einem ausgedehnten weiblichen Bekanntenkreis aller Gesellschaftsschichten, von der Gesandtentochter bis zur Nackttänzerin, intime Beziehungen.

Sosnowski bemerkt sehr schnell, daß die lebenslustige Frau von Falkenhayn wie geschaffen ist, um Verbindungen mit Angehörigen des Reichswehramtes anzuknüpfen. Und er beginnt ihr den Hof zu machen, verkehrt oft als Gast in ihrer Wohnung und überschüttet sie mit Aufmerksamkeiten. Zuerst sind es kunstvoll arrangierte Blumenkörbe oder Bonbonnieren, später wertvolle Pelze und sogar ein toller Wagen der Firma Nash. Es dauert nicht lange, bis die junge Frau seine Geliebte wird.

Die am 18. August 1900 in Berlin geborene Benita entstammt der Offiziersfamilie von Zollikofer-Altenklingen. Sie besucht zusammen mit ihrer späteren Kollegin im RWM, Irene von Jena, das Lyzeum, dann erlernt sie in einem vornehmen Pensionat in Bad Godesberg mehrere Sprachen. Sie muß mit ihrem Mann, einem Oberleutnant d. D., in bescheidenen Verhältnissen leben, weil dieser durch Grundstücksspekulationen sein gesamtes Vermögen verloren hat.

Bei passender Gelegenheit eröffnet Sosnowski ihr, daß er polnischer Nachrichtendienstoffizier sei und bittet sie, ihm bei seiner Tätigkeit behilflich zu sein. Ihre Aufgabe sei lediglich, ein großes Haus zu führen und bekannte Leute einzuladen, die er ihr namentlich vorschlägt. Sosnowski: »Zuerst sagte ich Frau von Falkenhayn, was und wer ich bin, was ich hier tue; ich erklärte es sehr mild. Ich spielte zwei Momente aus, und zwar, daß ich gegen eine Regierung tätig sei, die damals mit den Sowjets assoziiert und die außerdem sehr scharf links eingestellt war. Mit allen Mitteln habe ich versucht, ihr die Sache schmackhaft zu machen, um eine Absage zu vermeiden. Ich wußte, daß sie mir im Moment des Erzählens so stark zugeneigt war, daß ihr ein Neinsagen schwer geworden wäre. Es bestand ein gewisses Hörigkeitsgefühl von ihr zu mir.

Benita von Falkenhayn (1900–1935) entstammt einer alten Offiziersfamilie: für Sosnowski die richtige Frau, um wertvolle Verbindungen anzuknüpfen

Ich hatte sie bewußt des öfteren ausgeführt, Lokale und Theater mit ihr besucht, ihren Geschmack entwickelt und dadurch einen Anreiz für schöne Garderobe geschaffen. Sie hatte sich an meine Großzügigkeit gewöhnt. Sie war zuerst sprachlos, denn sie beherrschte das Thema Spionage so wenig, daß sie sich in ihre Rolle gar nicht hineindenken konnte. Fast ein ganzes Jahr dauerte ihre Einführung. In dieser Zeit habe ich gar nichts von ihr verlangt. Nur mußte sie erst lernen, Geld auszugeben, sich gut zurechtzumachen, sich schick anzuziehen, zu schminken und sich auf das vorzubereiten, was ich mit ihr vorhatte. Erst wenn sie soweit war, konnte ich etwas von ihr verlangen.

Ich schlug ihr ein Gehalt von 1000 Mark vor. Sie war erstaunt über die Höhe, da sie solche Summen nicht gewohnt war. Das war meine Absicht, um sie zu berauschen und ihr den Entschluß zu erleichtern. Als Druckmittel sagte ich ihr auch, ich müsse abreisen, wenn sie nicht mit mir zusammen arbeite. Ich kannte aber ihre tiefe Zuneigung zu mir.

Nach ihrem Zögern habe ich ihr zugeredet und 2000 RM in die Hand gedrückt und zur Sicherheit eine Quittung verlangt, welche ich an meine Auftraggeber in Warschau gesandt habe. Zuerst schien mir dies ratsam. Später fielen die Quittungen sogar fort.«

Sosnowski hat sein erstes großes Ziel erreicht: Benita von Falkenhayn, Sekretärin im RWM, durch Heirat verwandt mit dem bekannten General von Falkenhayn, ist jetzt seine Geliebte, Agentin und engste Vertraute. Er meldet nach Warschau: »Ich stehe bereits mit einem Bein im RWM.«

Benita entwickelt sich bald zur unentbehrlichen Mittelsperson für Sosnowskis Spionagenetz und fungiert als seine rechte Hand. Ohne ihre Unterstützung wäre es ihm wohl kaum gelungen, derartige Erfolge zu erringen. Wiederholt begleitet sie ihn nach Polen und hält in Deutschland Kontakt mit seinen Agenten. Sie arbeitet auch eifrig am weiteren Ausbau des Spionagenetzes mit. Als Sosnowskis intimste Vertraute ist sie über seine gesamte Spionagetätigkeit und über seine Verbindungen genau im Bilde.

Frau von Falkenhayn trägt sich sogar mit dem Gedanken, falls der Rittmeister eines Tages abberufen werden sollte, seine Stelle in Berlin zu übernehmen. Sie bekommt von ihrem Geliebten außer kostbaren Geschenken – Juwelen, Pelze, einen Mercedes, eine Luxuswohnung – regelmäßig Unterhalt, insgesamt 125 000 Reichsmark als Honorar.

Benita von Falkenhayn: »Der Pferdesport verband mich mit von Sosnowski sehr eng. Wir waren über ein Jahr täglich zusammen. Ich hatte große Passion für ihn. Ich glaubte damals an einen wohlhabenden Mann mit einem Rennstall. Eines Tages erklärte mir von Sosnowski, daß er mir etwas zu sagen habe. Anfangs dachte ich an etwas Ehrenrühriges und quälte ihn, es mir zu sagen. Er hat es nicht sofort getan. Darauf hat er es mir gestanden und dazu gesagt, daß er eines Tages ein Regiment in Polen bekäme und ich seine Frau würde.

Als er mir die Enthüllung gemacht hatte, er sei Spion und ich sollte seine Frau und Gehilfin werden, wies er mich auch darauf hin, daß in der Bibel steht, die Frau muß dem Mann folgen. Vorläufig sollte ich nichts tun, vielmehr als große Dame auftreten, einen Salon gründen und angesehene Leute um mich sammeln, Autofahren lernen und Geld ausgeben. 2000 RM gab er mir. Dies war der erste Agentenlohn. Die Quittung für dieses Geld hatte von Sosnowski im Nebenzimmer in seinem Notizbuch vorbereitet. Sosnowski sagte mir immer wieder, daß Deutschland im bolschewistischen Fahrwasser segelte und deutsche Vertreter sich daraufhin in Rußland aufhielten. Anfangs glaubte ich das nicht ganz; denn ich hatte keine Ahnung vom Rapallo-Vertrag, worüber mich von Sosnowski erst aufklärte.«

Über Benita lernt Sosnowski eines Tages Hauptmann Günther Rudloff kennen, einen ehemaligen Kavallerieoffizier aus dem Regiment ihres Vaters. Rudloff ist durch seine Spielleidenschaft in permanenter Geldnot und hat aus diesem Grund sogar schon einen Selbstmordversuch unternommen. Als Pferdenarren scheinen sich die beiden Kavallerieoffiziere gut zu verstehen.

Rudloff erhält von Sosnowski ein Darlehen in Höhe von 2000 Reichsmark, um seine Schulden zu begleichen. Eines Tages beschließt der Rittmeister, Rudloff die Zusammenarbeit mit dem polnischen Nachrichtendienst vorzuschlagen. Hauptmann Rudloff, in der Abwehrstelle Wehrkreiskommando III (Berlin) beschäftigt, leitet hier das Polen-Referat, das heißt sowohl die deutsche Spionage in Polen als auch die Abwehr polnischer Agenten in Deutschland.

Er bittet um ein paar Tage Bedenkzeit und stimmt dann zu, gegen eine entsprechende Bezahlung mitzumachen. Als Beweis seiner guten Absichten überbringt er Sosnowski einige geheime Instruktionen der Abwehr, die der Rittmeister sofort nach Warschau weiterleitet. Die Zusammenarbeit gestaltet sich äußerst harmonisch, und der Hauptmann verspricht dem Rittmeister, ihn rechtzeitig zu warnen, falls man sich bei der Abwehr für seine Person interessiere: Rudloff kann alle Verdächtigungen gegen Sosnowski dank der Autorität seines Vetters Major Niedenfuehr, der auch bei der Abwehr arbeitet, zerstreuen.

Im Winter 1927 lernt Sosnowski eine Schulfreundin von Benita kennen, die am 27. Februar 1899 in Berlin geborene Irene von Jena. Sie ist die älteste Tochter eines ehemaligen Divisionskommandeurs und im Reichswehrministerium als Landesschutzangestellte im Majorsrang tätig. Sie bearbeitet fast ausschließlich Geheimsachen und hat einen genauen Einblick in den gesamten Heeresetat und Stand der Ausrüstung. Ihr Monatsgehalt beträgt netto 180 Reichsmark, davon muß sie ihre alte Mutter mitversorgen.

Sosnowski beauftragt Benita, Irene von Jena zur Mitarbeit zu gewinnen. Sie solle ihr erzählen, ein englischer Journalist namens Mister Graves, der sich mit der Bekämpfung des Kommunismus befasse, sei an zuverlässigen Informationen und Schriftstücken

aus dem Reichswehrministerium interessiert und auch bereit, dafür gut zu bezahlen.
Benita und der Rittmeister proben vorher den Dialog für die Agentenanwerbung. Einige Tage später erzählt Benita ihrer Schulfreundin von dem interessanten Angebot des Engländers, vielleicht käme sie damit aus ihrer finanziellen Not. Irene von Jena will zuerst zwar nichts davon hören, da es Landesverrat sei, aber Benita zerstreut ihre anfänglichen Bedenken. Es sei doch nichts Schlimmes dabei: Der deutschfreundliche Engländer sei so vorsichtig, daß überhaupt nichts passieren könne, außerdem lieferten noch mehrere Menschen aus dem Reichswehrministerium Material.
Verführt durch den Anreiz, auf leichte Weise ihr Gehalt aufzubessern und endlich ihre Kleiderrechnungen bezahlen zu können, sagt Irene von Jena schließlich zu. Als erstes liefert sie die gewünschte Skizze des Ministeriums und Angaben über die beschäftigten Personen. Nach einigen Tagen erklärt Benita ihrer Freundin jedoch, damit könne der Engländer nichts anfangen, die Skizze sei nicht vollständig und die Namenliste auch schon bekannt.
Im März 1928 gelingt es Irene, mehrere überzählige Durchschläge einer internen Zusammenstellung über Etatangelegenheiten, in einer Zeitung verborgen, unbemerkt am Wachtposten vorbei aus dem Amt zu schleusen. Drei Tage danach übergibt ihr Benita den ersten Spionagelohn: 20 Pfund Sterling, damals etwa 400 Reichsmark.
Benita und Sosnowski laden Fräulein von Jena im Mai 1928 zu einer zweiwöchigen Autotour an die Riviera ein. Sie hat keine Ahnung, daß der Rittmeister gleichzeitig jener bewußte »Engländer« ist. Danach bringt Irene noch neunmal verschiedene Durchschläge von geheimen Kommandosachen mit, allerdings keine Originalschriftstücke. Mittlerweile überwiegen aber ihre Bedenken, so daß sie nach einem Jahr ihre Mitarbeit einstellt. Trotzdem bleibt das Freundschaftsverhältnis zu Benita und Sosnowski weiterhin bestehen.

Im Rang eines Majors im Reichswehrministerium: Irene von Jena, Benitas Schulfreundin

Vor dem »Hotel Negresco« in Nizza: von links Anneliese Gräfin von Bocholtz mit ihrem Freund, dem Abwehroffizier Günther Rudloff, daneben Benita von Falkenhayn und Sosnowski vor dessen Wagen Marke »Nash«

Der Kontakt mit Irene von Jena hat für Sosnowski einen großen Vorteil: Durch sie lernt er im Sommer 1928 Renate von Natzmer kennen, seine künftig beste Agentin. Eines Tages macht Irene mit ihrer Kollegin Renate einen Ausflug zum Stölpchensee und trifft dort »zufällig« auf Frau von Falkenhayn und Herrn von Sosnowski. Man verbringt den Abend gemeinsam am Wannsee, im bekannten »Haus am See«. Sosnowski spürt sofort, daß die auffallend intelligente Frau von Natzmer für seine Zwecke besonders geeignet ist.
Nachdem sie drei Monate lang oft zusammen ausgegangen sind und Renate gut kennen, nimmt Sosnowski im September 1928 den ersten Anlauf und bittet Benita, sie durch größere Geschenke zu gewinnen. Sosnowski: »Als die Damen per Du standen, habe ich nähere Instruktionen an Frau von Falkenhayn erteilt ... nicht gleich ein Dokument zu verlangen, um Frau von Natzmer nicht abzuschrecken ... Das Wichtigste war im vorliegenden Falle Vertrauen ...«
Renate von Natzmer, mit Reichspräsident von Hindenburg verwandt, entstammt einem uralten Adelsgeschlecht. Sie ist am 9. Juni 1898 in Borkow/Pommern geboren, genießt ihre Ausbildung in einem Adelsstift und besucht später die Kunstgewerbeschule. Ihre Ehe wird nach zwei Jahren geschieden, denn ihr Mann hatte die gesamte Mitgift verschwendet. Zu allem Unglück hatte der ältere Bruder das elterliche Rittergut heruntergewirtschaftet, so daß es 1926 zwangsversteigert wurde. Seitdem muß Renate für den verarmten Vater sorgen.
Durch Vermittlung ihres Onkels kommt sie im Reichswehrministerium unter. Hier bekleidet sie jetzt eine Vertrauensstellung bei der Inspektion 6 für Kraftfahrtruppen und ist mit geheimen Kommandosachen beschäftigt. Sie bezieht als Landesschutzangestellte im Majorsrang ein Monatsgehalt von 190 Reichsmark.
Der Rittmeister bittet Benita, Frau von Natzmer bis zu 1000 Reichsmark monatlich anzubieten und ihr die Geschichte mit dem britischen Journalisten möglichst

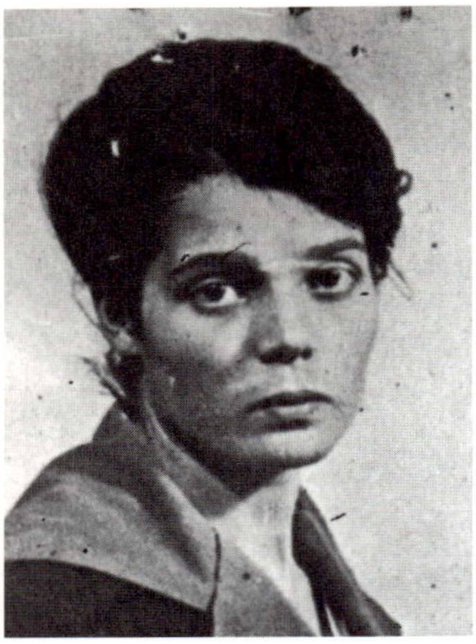

Renate von Natzmer (1898–1935): mit Reichspräsident von Hindenburg verwandt

plausibel darzustellen. Renate von Natzmer: »Nach wenigen Tagen wurde ich wieder zu Frau von Falkenhayn eingeladen, welche mir erklärte, wie leid ich ihr tue. Sie hätte Personen, die mir helfen könnten. Sie kenne einen Engländer namens Graves, der Leiter einer Organisation sei, die sich mit der Bekämpfung des Kommunismus befasse ...

Sie habe mit dem Engländer gesprochen und ihm von meinen Schwierigkeiten erzählt. Der Engländer hätte gesagt, mir wäre vielleicht dadurch zu helfen, daß ich aus dem RWM Dokumente durch Frau von Falkenhayn an ihn gebe. Obwohl ihn gar nicht interessierte, was ihm RWM vorgehe, würde er mir aus Mitgefühl diese Sachen abnehmen, um mir zu helfen. Ich bekam Bedenken, was solche Organisation bedeute und dachte auch daran, ob es Spionage sei. Öfters fragte ich Frau von Falkenhayn, wie das Ganze zusammenhänge ... Ich hatte ein schlechtes Gewissen, weil ich im Ministerium das Versprechen gegeben hatte, nicht über die Dinge zu reden, die ich erfuhr.«

Die Anwerbung will anfangs nicht recht klappen, doch die Sorge um ihren kranken Vater und dessen Unterhalt geben letztlich den Ausschlag. Und ihre Bedenken, daß ihr Tun auch entdeckt werden könne, zerstreut Benita mit passenden Worten.

Im Oktober 1928 läuft Renates erster Spionageauftrag: Unter dem Vorwand, Mr. Graves verlange einen »Befähigungsnachweis«, weil er schon schlechte Erfahrungen gemacht habe, wird sie gebeten, einen genauen Plan ihres Dienstzimmers anzufertigen. Danach soll Renate ein Blatt Kohlepapier besorgen, das nur einmal verwendet worden ist.

Renate von Natzmer weigert sich, da ihr jetzt klar ist, daß es sich um Spionage handelt. Als Benita von Falkenhayn ihr aber anvertraut, daß ihre Freundin Irene von Jena ebenfalls für Mister Graves tätig sei, gibt Renate nach und besorgt das Kohlepapier von einer geheimen Kommandosache. Das bringt ihr den ersten Spionagelohn ein: 400 Reichsmark, die sofort zum Kauf eines eleganten Kleides in einem exklusiven Modesalon am Potsdamer Platz verführen.

Anfang November 1928 liefert Renate einen detaillierten Plan des gesamten RWM mit genauer Lage aller Zimmer sowie Namen und Rang der dort beschäftigten Offiziere und ihrer Sachgebiete. Von jetzt an erhält sie ein festes Monatssalär von 800 Reichsmark.

Renate von Natzmer: »Anfang Dezember 1928 erklärte mir Frau von Falkenhayn, ich brauchte nur einen Fetzen Papier aus dem RWM zu bringen, und ich würde sofort 800 RM bekommen. Mit diesen Worten verlangte Frau von Falkenhayn von mir an Stelle von Blaupapier die Anfertigung von Durchschlägen dienstlicher Geheimakten. Ich bin diesem Ansinnen nachgekommen.«

Kurz nach Weihnachten 1928 wird Renate die Geliebte des Rittmeisters. Da aus Warschau wiederholt Rückfragen zum gelieferten Material oder auch Ergänzungswünsche kommen, die durch die Zwischenschaltung von Benita oft nicht ausreichend geklärt werden können, entschließt sich Sosnowski, Renate zu gestehen, wer er in Wirklichkeit ist. Nun weiß sie, daß hinter dem gewissen Mister Graves der polnische Geheimdienst steckt.

Wenn Renate das Herausschmuggeln von Originalen aus dem RWM zu gefährlich erscheint, fertigt sie einen Durchschlag mehr an und legt diesen bis zur Übergabe in die »Verbrennungsmappe«. Jeweils an einem bestimmten Mittwoch im Monat werden nämlich laut Anordnung die in den sogenannten Verbrennungsmappen angesammelten Schriftstücke in einer speziellen Verbrennungsanlage des RWM vernichtet. Dies geschieht zwar unter strenger Kontrolle, aber die geschickte Frau von Natzmer versteht es, die Papiere kurz vorher unauffällig wieder der Verbrennungsmappe zu entnehmen.

Sosnowski legt Wert darauf, daß die Entgegennahme der Dokumente nicht mehr in Benitas Wohnung, sondern an einem neutralen Ort erfolgt. Meistens wechseln die Geheimdokumente ihren Besitzer im Reisebüro des Kaufhauses des Westens, in einem Hausflur in der Kurfürstenstraße oder auch im Postamt in der Genthiner Straße. Die Originaldokumente schmuggelt Renate gerollt oder in einer Zeitung aus dem RWM heraus. Sie werden in der polnischen Gesandtschaft nachts photographiert und am nächsten Morgen gegen 8 Uhr, bevor sie ins Amt geht, in ihre Wohnung zurückgebracht.

Sie entwendet aber nicht nur aus dem eigenen Referat geheime und geheimste Kommandosachen, sondern auch aus anderen Abteilungen der obersten Reichswehrbehörde, letztlich alles, was sie irgendwie besorgen kann. Sosnowski: »Sie ist eine wahre Perle.«

Zu seinen besonders respektablen Erfolgen zählt Sosnowski die Beschaffung des Panzerschrankschlüssels aus der Inspektion 6 des RWM. Sosnowski: »Auf den Panzerschrankschlüssel bin ich dadurch gekommen, als ich gehört habe, daß der Vorgesetzte von Frau von Natzmer darüber klagte, daß die Schlüssel seine Tasche so sehr beschwerten.«

Im Februar 1929 soll Renate von Natzmer für Sosnowski den Abdruck von einem Tresorschlüssel besorgen. So nimmt Renate bei Dienstschluß den Reserveschlüssel aus dem in ihrem Arbeitszimmer stehenden Tresor und übergibt ihn Benita, die natürlich nicht weiß, daß dieser Schlüssel für Sosnowski nur Symbolwert hat, als Vorzeige- und Renommierstück: Es scheint für den erfolgsgewohnten Spion eine Art sportlicher Ehrgeiz zu sein, den Schlüssel zum wichtigsten Sanktuarium des Gegners zu besitzen.
Über Nacht läßt der Rittmeister Wachsabdrücke und Nachschlüssel anfertigen. Am folgenden Morgen wird der Schlüssel noch vor Dienstbeginn in die Wohnung von Renate zurückgebracht, die ihn wieder unbemerkt in den Panzerschrank legt. Sosnowski teilt nun Warschau voller Stolz mit, daß er im Besitz des Tresorschlüssels der Inspektion 6 im RWM sei.
Den Höhepunkt der nachrichtendienstlichen Arbeit des Rittmeisters aber bildet die Beschaffung des A-Plans, so die deutsche Tarnbezeichnung für den Kriegsplan (Aufmarschplan) gegen Polen und Frankreich. Man weiß nicht, was bemerkenswerter ist, die Dreistigkeit des Rittmeisters oder Renates Leichtsinn. Das allerwichtigste Dokument einer gegnerischen Streitmacht komplett zu beschaffen, ist bisher noch niemandem gelungen, obwohl es das Hauptziel aller Nachrichtendienste und eines jeden Geheimagenten ist.
Dieser Aufstellungsplan der Reichswehr umfaßt sämtliche Details: An der Westgrenze ist anfangs defensives Verhalten vorgesehen, solange im Osten offensiv gekämpft wird, denn man rechnet damit, daß ein Sieg über Polen in wenigen Wochen, ja sogar Tagen erreicht werden könne. Der Aufmarschplan (A-Plan) enthält außer den Mobilisationsdokumenten auch die geplante Aufstellung des insgeheim dreifach verstärkten Heeres, dazu die Gliederung der einzelnen Wehrkreise, der Heeresverbände und der Abteilungen des Grenzschutzes Ost, die man gegen die Bestimmungen des Versailler Vertrages aufgebaut hat. Alle diese Fakten geben dem Dokument eine außerordentliche Bedeutung.
Wie ist dieser Coup überhaupt möglich? Im Sommer 1929 wird Renate von Natzmer tagelang damit betraut, eine A-Plan-Studie zu schreiben, die den Vermerk »streng geheim« trägt und jeden Abend im Panzerschrank verwahrt wird. Kurz vor ihrem Urlaub spricht sie mit Benita von Falkenhayn darüber, die der Ansicht ist, daß Renate für eine so wertvolle Sache bestimmt ein hohes Sonderhonorar bekäme, vermutlich sogar etwa 30000 Mark. Sie stellt allerdings eine Forderung: Für ihr Wissen wolle sie an diesem Verdienst beteiligt werden.
Sosnowski: »Mein Ehrgeiz wurde wach, als ich von der Existenz des A-Plans erfuhr. So was ist doch der Traum eines jeden Spions. Solche Arbeit eines Spions ist mit Geld überhaupt nicht zu bezahlen.«
Erst Renates nähere Erläuterungen beseitigen Sosnowskis anfängliche Zweifel an der Echtheit der A-Plan-Studie. Er verspricht dafür etwa 40000 Mark und versichert außerdem, sie werde nach einer solchen Lieferung für einige Monate Ruhe haben.
Man vereinbart, daß das Geheimdokument eines Nachts, ungefähr drei bis vier Tage vor Renates Urlaub, in einer konspirativen Wohnung photographiert werden soll. Anfang September 1929 gelingt es Renate von Natzmer, die A-Plan-Studie aus dem RWM herauszuschmuggeln: Sie versteckt die insgesamt 200 Schreibmaschinenseiten in dem abgebundenen Ärmel ihrer wollenen Bürojacke, legt über den Arm eine Strickweste und verläßt nach Dienstschluß das RWM ungehindert. Die Jacke übergibt sie der mit ihrem Auto am Lützowufer 30 wartenden Benita von Falkenhayn, welche die Schriftstücke an die wenige Straßenecken entfernt stehende Sekretärin des polnischen Nachrichtendienstes, Frau Runge, weiterleitet.
Am nächsten Morgen bringt Frau Runge die A-Plan-Studie samt Jacke in Renates Wohnung zurück, die es schafft, unbemerkt wieder alles an den ursprünglichen Platz zurückzulegen. Sosnowski beordert sofort einen Sonderkurier nach Warschau, dem er 70 Seiten sozusagen als »Warenprobe« mitgibt.
Sosnowski: »Schon wenige Tage nach Absendung der Probelieferungen nach Warschau kam bereits einer meiner Auftraggeber nach Berlin gefahren. Er berichtete mir, in Warschau hätte man sich an den Kopf gefaßt, wie es möglich sei, daß eine Frau zu so wichtigen Dokumenten überhaupt Zutritt haben könne. Man sei im polnischen Generalstab der Ansicht, daß absichtlich falsches Material in die Schränke gelegt sei. Ich versuchte seine Zweifel zu entkräften und wies ihn darauf hin, daß das, was Frau von Natzmer bisher geliefert hat, alles echt gewesen ist. Daher müsse der A-Plan doch auch echt sein.«
Ein aus Warschau anreisender polnischer Nachrichtenoffizier will mit Renate von Natzmer persönlich über die Echtheit und Herkunft der A-Plan-Studie verhandeln und die restlichen 130 Kopien übernehmen. Er bietet aber nur 12000 Mark, und Renate lehnt gemäß Sosnowskis Weisung das Angebot ab mit

Panzerwagen-Attrappen der deutschen Reichswehr rollen bei einer Übung zum Angriff vor: Alle Informationen über die Reichswehr sind für Sosnowski von größter Bedeutung

der Begründung, das Honorar sei viel zu niedrig und käme gar nicht in Frage. Daraufhin verabschiedet sich der Besucher und vertröstet auf später.
Da es in Berlin keinen sicheren Platz zum Aufbewahren der Dokumente gibt, mietet Benita im November 1929 in Zürich einen Banksafe mit einer Vollmacht für Frau Runge, die anschließend sämtliche Filmnegative sowie Kopien im Korsett und anderen Kleidungsstücken in die Schweiz schafft. Einige Monate später fahren Benita und Sosnowski zusammen nach Zürich. Nachdem die Unterlagen aus dem Safe abgeholt sind, erscheinen auch schon die beiden Militär-Experten aus Warschau. Sie wollen den A-Plan begutachten.
Die Sachverständigen nehmen Einsicht und machen sich Notizen. Benita von Falkenhayn versucht vom Nebenzimmer aus das Gespräch zu belauschen, aber es wird Polnisch gesprochen. Nachdem die Besucher verschwunden sind, sieht sie gerade noch, wie Sosnowski das Paket Kopien wieder in den Kasten legt und erfährt, die beiden Sachverständigen hätten behauptet, »die A-Plan-Studie sei als nicht vollständig zu bezeichnen, man müsse eben weiter warten«. Frau von Natzmer hat übrigens nie irgendeine Vergütung dafür erhalten. Und Benita bezichtigt Sosnowski später, er habe die A-Plan-Studie für 60000 Mark an andere Mächte verkauft.
In Wirklichkeit aber übersendet Sosnowski die komplette Kopie des deutschen Aufmarschplans im Dezember 1932 nach Warschau, ohne dafür eine Mark zu verlangen. Das brisante Dokument landet jedoch in der Ablage: Man stuft es als Spielmaterial der deutschen Abwehr ein.
Als Sosnowski Anfang 1930 die feste monatliche Vergütung für Renate von Natzmer von 800 Reichsmark auf 500 reduziert, lassen sich Benita und Renate etwas einfallen: Sie geben zwei Angestellte aus der Abteilung Inspektion 6, Lotty von Lemmel und Isabella von Tauscher, als angeblich neue Agentinnen aus und erhalten von Sosnowski für diese beiden Kolleginnen monatlich 400 Reichsmark extra. Benita schärft der Freundin jetzt ein, die Sachen immer nach und nach herauszugeben, um Sosnowski »nicht zu verwöhnen«.
Die nächsten Papiere, die Renate aus dem RWM besorgt, sind die sogenannten »Kama«-Akten, ein Geheimnis allerhöchster Stufe, über das man bei den westlichen Nachrichtendiensten zwar munkelt, aber keine stichhaltigen Beweise hat. Diese Akten bestätigen nun tatsächlich die Existenz eines Vertrages über geheime deutsch-sowjetische Zusammenarbeit auf militärischem Gebiet.
Im Rahmen dieses Abkommens hat das RWM im Jahr 1926 mit Hilfe der UdSSR in Lipezk an der Kama, etwa 800 Kilometer östlich von Moskau, unter dem Tarnnamen Kama eine geheime deutsche Flieger- und Kampfwagenschule errichtet. Hier werden bis Ende 1933 deutsche Flieger- und Panzeroffizierskader, darunter auch Heinz Guderian, ausgebildet. Die Sowjets stellen das Übungsgelände und Schulungspanzer zur Verfügung. In Lipezk kann die Reichswehr die von der deutschen Industrie insgeheim entwickelten verschiedenen Flugzeug- und Panzertypen erproben. Als Gegenleistung erhalten Hunderte von sowjetischen Stabsoffizieren, so der spätere Marschall Schukow, ihre Spezialausbildung an Lehrinstituten der Reichswehr.
Sosnowski erscheint diese Sache suspekt, und er hält die Kama-Angelegenheit für eine Täuschung. Doch Renate von Natzmer kann den Rittmeister eingehend unterrichten und allmählich seine Skepsis zerstreuen. Inzwischen hat der polnische Geheimdienst auch durch ein abgehörtes Gespräch zweier sowjetischer Offiziere davon erfahren.
Mitte des Jahres 1930 bekommt Renate von Natzmer einen größeren Posten Kama-Akten aus dem Referat IV für die Verbrennungsmappe. Sie behält 50 Schriftstücke zurück, die sie Sosnowski aber nicht alle auf einmal aushändigt. Benita und Renate verabreden, wieder die beiden angeblichen Mitarbeiterinnen Lotty von Lemmel und Isabella von Tauscher als Lieferantinnen zu nennen.
Um in der Zwischenzeit die Kama-Akten möglichst sicher zu verstecken, werden sie in einem kleinen Koffer als Handgepäck erst am Bahnhof Zoo, später wechselweise auch am Bahnhof Charlottenburg oder am Potsdamer Bahnhof aufgegeben. Frau von Natzmer holt jeweils den Koffer selbst ab, entnimmt

Lipezk an der Kama, ein Junkers-Jagdflugzeug mit Schneekufen kurz vor dem Start: Die militärische Zusammenarbeit zwischen Deutschland und der UdSSR ist ein Geheimnis allerhöchster Stufe

Gruppenmanöver der 6. Infanteriedivision und der 3. Kavalleriedivision in Westfalen, Herbst 1927: Schweres Maschinengewehr in Stellung. Die Neugliederung der Reichswehr, deren Aufmarschpläne und ihr Stärkeverhältnis hat Renate von Natzmer verraten

einige Schriftstücke für eine neue Lieferung an Sosnowski und gibt den Koffer dann am nächsten Bahnhof wieder ab.

Nachdem das von Renate aus der Verbrennungsmappe entwendete Kama-Material dem Rittmeister in Etappen ausgehändigt worden ist, liefert sie bis zum Juli 1933 – also insgesamt drei Jahre lang – weitere höchst geheime Akten, die ebenfalls für die Verbrennung bestimmt sind.

Ein Großteil dieser neuen Schriftstücke betrifft die motorisierten Verbände und Panzertruppen der Reichswehr. Sie geben ein nahezu lückenloses Bild der geheimen, weit über den im Versailler Vertrag zugelassenen Rahmen hinausgehenden Entwicklung der Panzertruppen, deren Aufbau, Truppenausbildung und Ausrüstung. Weiter enthalten sie Einzelheiten von größter militärischer Wichtigkeit wie zum Beispiel die Umwandlung von berittenen in motorisierte Einheiten, ferner über Truppenversuche mit Kraftfahrzeugen aller Art, über die Bildung einer Panzerkampfschule, über Motorisierung der Artillerie und anderer Waffen, über eine geplante Neugliederung des Heeres, über dessen Marschbereitschaft und Stärkenverhältnisse.

Renate von Natzmer besorgt dem Rittmeister außerdem Unterlagen über die bereits seit 1925 im Auftrag des RWM unter strengster Geheimhaltung entwickelten drei leichten und zwei mittelschweren Panzertypen. Sie sollen den Kern der zukünftigen Panzertruppe – jetzt noch schlicht »Kraftfahrkampftruppe« genannt – bilden. So erfährt Sosnowski alle Einzelheiten über die neuen Panzer mit den Tarnnamen »leichter Traktor«, »Großtraktor 1 und 2«. Im September 1933 teilt Renate ihren Freunden mit, daß sie nichts mehr liefern könne, da »große Umwälzungen im RWM im Gange sind« und die Aufsicht jetzt besonders streng sei.

Insgesamt soll Renate von Natzmer – wie später bekannt wird – über 200 Geheimdokumente, darunter viele Originale aus dem Wehramt und dem Truppenamt weitergegeben haben. Für die nervliche Belastung, der sie zwischen Oktober 1928 und Oktober 1933 ausgesetzt war, hat sie zwar 50000 Reichsmark bekommen, aber durch die von Sosnowski und Benita von Falkenhayn ausgelöste Verschwendungssucht nur Schulden hinterlassen.

Am Donnerstag, dem 7. September 1933, wird ein Mann namens Leopold Langer, Portier der polnischen Gesandtschaft in Berlin, bei der Überweisung von 100 Reichsmark an den polnischen Agenten Walter Kudzierski auf dem Postamt Charlottenburg festgenommen. Es war festgestellt worden, daß sein Vorgänger Zielinski mit fingierten Absendern Gelder an Spione verschickt hat. Zielinski liegt jetzt im Elisabeth-Krankenhaus und wird einen Tag nach Langers Festnahme von seinem »Schwager« besucht. Danach verschlechtert sich Zielinskis Zustand, und er stirbt am nächsten Tag.

Über diesen Vorfall bringen die Berliner Tageszeitungen Berichte mit der Überschrift »Aufdeckung einer polnischen Spionagezentrale«. Kaum hat Benita von Falkenhayn einen dieser Artikel gelesen, ruft sie Renate von Natzmer an, die Benita sofort besucht. Beide sind in größter Aufregung, denn wer weiß, was Zielinski vor seinem Tod noch ausgesagt hat. Benita gerät völlig außer Fassung und äußert den Verdacht, man habe den Mann vergiftet. Erst abends ist Renate wieder in ihrer Wohnung und trifft dort ihren Freund Dr. Gruse an.

Sie versucht zunächst, ihm alles zu verschweigen, aber auf sein eindringliches Fragen nach dem Grund ihrer Aufregung bricht sie zusammen. Sie erklärt schließlich, daß sie und Frau von Falkenhayn etwas sehr Böses begangen haben, was nie mehr gutzumachen sei. Sie bittet Gruse, sich von ihr zu trennen. Seine Frage, ob dies mit Sosnowski zusammenhinge, verneint Renate. Gruse nimmt ihr das Versprechen ab, den Kontakt mit Frau von Falkenhayn umgehend abzubrechen. Fünf Monate später gibt Renate von Natzmer ihre Stellung im Reichswehrministerium auf.

Im Herbst 1933 erhält Sosnowski kurz vor Mitternacht einen Anruf aus dem St.-Franziskus-Krankenhaus. Eine Patientin, Fräulein Marie de Camp, liege im Sterben und wolle ihn unbedingt persönlich sprechen. Bei seinem sofortigen Besuch gesteht ihm die ehemalige Geliebte, daß die deutsche Abwehr sie vor einiger Zeit beauftragt habe, Beweise für seine Spionagetätigkeit zu sammeln. Sie warnt ihn vor einer gewissen Frau Xenia Heuer und vor dem Oberleutnant von Flotow, die auf ihn angesetzt seien. Trotz des Gegenspiels der deutschen Abwehr arbeitet Sosnowski jedoch unverdrossen weiter.

Lea Rosa Kruse, Tänzerin mit dem Künstlernamen Lea Niako: Ihre Bekanntschaft mit Sosnowski wird ihm und seinem Spionagetrio zum Verhängnis

Anfang Oktober 1933 begleitet er Tina Eilers, eine gebürtige Rumänin und gefeierte Schauspielerin, die gerade mit Oskar Sima ihren neuesten Film »Die Stimme der Liebe« gedreht hat, nach Budapest. Das eigentliche Ziel seiner Reise ist ein Treff mit Maria Runge, Sekretärin der polnischen Residentur in Berlin, die sich zur Zeit in Polen aufhält. Durch ein getarntes Telegramm bestellt Sosnowski Frau Runge in die ungarische Hauptstadt, schildert ihr die Lage und verbietet ihr, wieder nach Berlin zurückzukehren, da die Situation »brenzlig« geworden sei.

Im Budapester Nobelhotel »Royal« lernt der Rittmeister die hier auftretende Tänzerin Lea Niako kennen. Diese Frau wird ihm zum Schicksal.

Die am 13. April 1908 in Hamburg geborene Lea Rosa Kruse ist die uneheliche Tochter einer Schaustellerin. Als Kind im Tanzen ausgebildet, ist sie schon als Elfjährige aufgetreten. Sie macht Karriere und wird Tänzerin am Hof des Kaisers von Äthiopien. Mit ihren pechschwarzen Haaren, braunem Teint und attraktiver Figur stellt sie einen »auffälligen, exotischen Typ« dar.

Sosnowski gibt sich als großer Kunstkenner mit guten Beziehungen zum Film aus und bietet Lea an, ihr eine Rolle bei einer Filmgesellschaft in Berlin zu vermitteln. Er überschüttet sie mit Aufmerksamkeiten, so daß sie an eine ehrliche Zuneigung des Rittmeisters glaubt. Lea Niako muß annehmen, daß er einen einflußreichen Posten in der Filmbranche bekleidet. Nach etwa acht Tagen kehrt Sosnowski über Venedig nach Berlin zurück.

Am 28. Oktober 1933 übersendet er der Tänzerin einen Scheck mit der Einladung, nach Berlin zu kommen. Hier muß sie allerdings bald feststellen, daß aus der versprochenen Filmrolle nichts wird. Sie kommt nirgends unter und ist von Sosnowski abhängig. Um sie in Berlin bekannt zu machen, arrangiert der Rittmeister zwar einen Solo-Tanzabend mit vielen geladenen Gästen aus Diplomaten- und Künstlerkreisen, aber trotz großen Erfolges läßt ein Engagement weiterhin auf sich warten.

Lea Niako entgeht es nicht, daß Sosnowski eine ganze Reihe von Liebschaften hat und sie keineswegs die einzige ist. Als er Ende November 1933 nach einer durchzechten Nacht in noch angeheitertem Zustand der Tänzerin verschiedene Andeutungen macht, kann sie bereits Rückschlüsse auf seine geheimnisvolle Tätigkeit ziehen.

Diese Bemerkungen sowie das Versprechen, aus ihr »eine zweite Mata Hari« zu machen, erzählt Lea Niako dem Freund ihrer Mutter, dem Druckereibesitzer Sternheim, und fragt ihn, ob man etwas gegen Sosnowski unternehmen solle. Der Drucker meint, dies seien zwar keine stichhaltigen Verdachtsgründe, aber er rät ihr zur Vorsicht. Sie hat von Sosnowski schon seit Wochen keine Mark mehr bekommen und

Berliner Börsen-Zeitung Nr. 428, Mittwoch, 13 September.

Aufdeckung einer polnischen Spionagezentrale.

Der Amtliche Preußische Pressedienst teilt mit:

Dem Geheimen Staatspolizeiamt ist es gelungen, eine groß angelegte polnische Spionagezentrale unschädlich zu machen. Bereits vor längerer Zeit war in Stettin eine Person wegen des dringenden Spionageverdachts festgenommen worden, die vorgab, der kaufmännische Angestellte Helmuth Zühlke aus Charlottenburg zu sein. Die in aller Stille geführten eingehenden Ermittlungen der Staatspolizeistelle Stettin ergaben, daß es sich bei dem Festgenommenen um den polnischen Spionageagenten Walter Kedzierfky handelte, der polnischer Staatsangehöriger ist. Kedzierfky, der schließlich im vollen Umfange geständig war, ist von einem polnischen Kapitän nach Deutschland gesandt worden, um hier wichtige Erkundungen und Beobachtungen durchzuführen. Die Staatspolizeistelle Stettin stellte weiterhin fest, daß der Spion fest besoldet war und sein monatliches Gehalt von einer Berliner Zentralstelle überwiesen erhielt, die mit einem falschen Absender operierte.

Durch die vom Geheimen Staatspolizeiamt in Berlin aufgenommenen Ermittlungen wurde nach langwierigen und schwierigen Beobachtungen und Nachforschungen festgestellt, daß der Einzahler dieser monatlichen Gelder der Portier der Polnischen Gesandtschaft in Berlin, Kasimir Zelinski, war.

Es war außerordentlich schwierig, der Spur nachzugehen, da Zelinski beim Einzahlen der Gelder außerordentlich vorsichtig zu Werke ging und jedes Mal ein anderes Postamt aufsuchte.

Vor einigen Wochen erkrankte der Portier Zelinski und wurde in das Elisabeth-Krankenhaus eingeliefert. Seinen Dienst in der Polnischen Gesandtschaft übernahm der dort wohnende Leopold Langer, der von Beamten des Geheimen Staatspolizeiamtes festgenommen wurde, als er am Donnerstag vergangener Woche Spionagegelder in der gleichen Weise wie Zelinski an den festgenommenen Agenten einzahlte. Obwohl Langer noch nicht im Besitze eines Ausweises war, der seine Exterritorialität bescheinigte, wurde er loyalerweise vom Geheimen Staatspolizeiamt entlassen, nachdem der in der Polnischen Gesandtschaft diensttuende Gesandtschaftsattaché Zerkowski Langer ausgewiesen hatte.

Am Tage nach der Festnahme des Langer erhielt Zelinski im Krankenhaus Besuch von einem Bekannten, der sich als seinen Schwager ausgab. Nach diesem Besuche verschlechterte sich der Zustand Zelinskis auffallend derart, daß er am nächsten Tage verschied. Die Leiche ist von der Staatsanwaltschaft beschlagnahmt worden.

Portier Zelinski hat am Sterbelager am Sonnabend voriger Woche außerordentlich wichtige Bekundungen gemacht, die für die weitere Aufklärung dieses Spionagefalles von größter Bedeutung sind.

Der Bericht vom 13. September 1933 – mit einer fingierten Mitteilung der Gestapo – versetzt Benita von Falkenhayn und Renate von Natzmer in Panik

muß nun mit ihrer Mutter von der Pension in ein kleines möbliertes Zimmer umziehen.
Mitte Dezember 1933 hält Sosnowski den Zeitpunkt für gekommen, die Tänzerin für seinen Plan einzuspannen. Lea Niako: »Sosnowski hielt dann Mitte Dezember – es war wohl der 13. Dezember 1933 – den Augenblick für gekommen und mich für gehörig bearbeitet, um mir den Antrag stellen zu können, mich spionagemäßig verwenden zu lassen. Anläßlich eines Mittagbrotes im Restaurant ›Kempinski‹ am Kurfürstendamm verlangte er von mir, daß ich in die Dienste Polens treten sollte, zumal ich persischer Abstammung sei und die deutschen Interessen mir gleichgültig sein müßten. Auf diese Eröffnung hatte ich gewartet. Inzwischen war auch meine Liebe zu ihm erloschen, da ich seine Liierung zu anderen Frauen feststellte, und so stand für mich fest, Sosnowski als Spion bloßzustellen. Ich sagte ohne Bedenken zu, Spionage für Polen zu treiben.«
Vier Tage später teilt Sosnowski ihr mit, daß seine Regierung bereit sei, ihre Mitarbeit mit 1000 Reichsmark monatlich zu honorieren. Auf Leas Einwand, daß Spionage doch recht gefährlich sei, erwidert der Rittmeister: »Dies sei wohl richtig, Spionage sei aber auch sehr spannend.« Lea Niako scheint die Tätigkeit viel Spaß zu bereiten. Sie bekommt nun die Tarnbezeichnung »Z31 Antoinette«. Sosnowski will sie erst einmal anlernen und ihr später sein Spionagenetz in Berlin übergeben.
Er empfiehlt Lea, monatlich zwei Empfänge zu veranstalten, um einen »gesellschaftlichen Hintergrund« zu schaffen und zu versuchen, »für Vorratszwecke« geeignete Leute heranzuziehen. Ihre vordringlichste Aufgabe sei, sich an Reichswehroffiziere heranzumachen. Um jedem Verdacht aus dem Weg zu gehen, soll sie weiterhin öffentlich als Tänzerin auftreten und versuchen, Karriere zu machen. Der Rittmeister gibt ihr auch als »Pflichtlektüre« einen ganzen Stapel Bücher über Spionage.
Am 15. Dezember 1933 bezieht Lea Niako mit ihrer Mutter erst einmal eine elegante möblierte Vierzimmerwohnung in Halensee, Cicerostr. 14, die bisher der Schauspielerin Tina Eilers gehört hatte. Immer noch verärgert über die vielen Frauenbekanntschaften des Rittmeisters, vertraut sie vier Tage später dem Druckereibesitzer Sternheim an, daß Sosnowski sie zur Spionage angeworben habe.
Sternheim wendet sich daraufhin an einen früheren

Regimentskameraden, jetzt Polizeigeneral, der wiederum die Gestapo alarmiert, die sofort mit der Spionageabwehr Verbindung aufnimmt. Bereits am nächsten Tag setzt sich einer der fähigsten Abwehrleute, Kapitänleutnant Richard Protze, Leiter der Gruppe 3F in der Abwehrabteilung IIIb, Chef der Gegenspionage im RWM, mit Lea Niako in Verbindung. Er gibt ihr den Auftrag, die mit Sosnowski verkehrenden Personen sowie alles andere, was ihr wichtig erscheint, zu melden »und im übrigen den Mund zu halten«.
Lea, nun wohl doch von Gewissensbissen geplagt, erzählt Sosnowski von ihrem Treff mit der Abwehr. Der Rittmeister ist über die Mitteilung keineswegs verärgert, ganz im Gegenteil, er fände es sehr loyal von ihr, daß sie zu ihm halte, er sei der Abwehr zwei Tage zuvorgekommen. Sie solle ihn weiter über alle Maßnahmen der Abwehr auf dem laufenden halten, denn er möchte deren Arbeitsweise kennenlernen.
So kann Sosnowski die ihm jetzt bekannt werdenden Personen der deutschen Abwehr seiner Zentrale melden. Lea Niako hält sich weiterhin an diese Abmachungen. Als die Abwehr eines Tages Sosnowskis Aufzeichnungen haben will, gibt der Rittmeister ihr verschiedene harmlose Notizen, Kontoauszüge, Photos und Telegramme.
Einige Male arrangiert Lea sogar ein Zusammentreffen in ihrer Wohnung: Sosnowski und die auf ihn angesetzte Abwehragentin Fräulein Minnie Ullrich plaudern bei Tee und Kuchen über Kunst und Politik. Fräulein Ullrich ist in Wirklichkeit Sekretärin von Protze und heißt Lena Skrodzki. Sie ahnt natürlich nicht, daß ihr Opfer über die ganze Angelegenheit bestens informiert ist.
Anfang des Jahres 1934 entwickelt sich zwischen Lea Niako und Sosnowski ein besonders inniges Verhältnis, das ihn unvorsichtig werden läßt. Er vertraut ihr verschiedene Details aus seiner Spionagetätigkeit an, ahnt dabei natürlich nicht, daß sie alles fleißig zu Papier bringt und ihre Notizen der Abwehr übergibt. Er prahlt eines Tages sogar, daß er einen Tresorschlüssel besitze, den sonst nur noch ein Major habe. Am Freitag, dem 26. Januar 1934, bekommt Sosnowski einen alarmierenden Anruf aus Warschau. Es wird ihm befohlen, alles stehen und liegen zu lassen und sofort aus Berlin zu verschwinden. Der Befehl erscheint ihm übereilt, er glaubt nämlich, noch reichlich Zeit zu haben. Auf Sosnowskis Anweisung meldet Lea Niako der Abwehr, daß er beabsichtige zu verreisen; er will feststellen, wie die Abwehr darauf reagiert.
Er erfährt von Lea, daß man seine Abreise verhindern und den Spionagering ausheben werde. Damit hat er sein Ziel erreicht: Obwohl die Abwehr noch nicht den ganzen Kreis um Sosnowski kennt, muß sie nun verfrüht eingreifen. So hat er die Möglichkeit, am Sonntag, dem 25. Februar 1934, seine drei wichtigsten Agenten, X4, Y7 und XY, deren Namen bis heute nicht bekannt sind, durch ein verabredetes Stichwort, »er habe sich an dem Tatarbeefsteak vergiftet« telefonisch zu warnen und sie zu veranlassen, sofort nach Polen abzureisen.
Was die Abwehr jedoch Lea Niako konkret zu verdanken hat, ist die Weitergabe der Namen Benita von Berg (Falkenhayn), Renate von Natzmer und Irene von Jena, die ihr Sosnowski bei einer Instruktionsstunde genannt hat.
Am Dienstag, dem 27. Februar 1934, trifft sich, nach einem gelungenen Tanzabend von Lea Niako im Robert-Schumann-Saal, in Sosnowskis Wohnung am Lützowufer 36 eine größere Gesellschaft, um den großen Erfolg der Künstlerin zu feiern. Während das Fest in vollem Gange ist, dringen mehrere Gestapobeamte ein, angeführt von Oberregierungsrat Dr. Patschowsky (nennt sich später Dr. Palten), Leiter der Hauptabteilung III (Spionageabwehr) der Gestapo, der übrigens nur ein Stockwerk höher wohnt, und Kommissar Kubitzki, Chef der Abteilung OST im Referat III (Landesverrat und Gegenspionage) der Gestapo.
Auch Benita, Renate und Irene werden in ihren Wohnungen verhaftet. Lea Niako wird zwar von der Abwehr verschont, aber von der Gestapo inhaftiert. Man wirft ihr vor, sie habe die eingeleiteten Maßnahmen an Sosnowski verraten. Fast ein Jahr bleiben die Beteiligten im Untersuchungsgefängnis Moabit. Renate von Natzmer ist besonders aussagefreudig und belastet Benita schonungslos.
Kapitänleutnant Protze (Deckname Wagner) von der Abwehr wird in Anerkennung seiner Verdienste im Fall Sosnowski zum Korvettenkapitän befördert; auf der Gegenseite erhält, in Abwesenheit, Sosnowski den Majorsrang. Das erste Todesopfer in dieser Spionageaffäre ist Sosnowskis Schneider Roman, ein polnischer Jude. Als der Rittmeister bei den Gestapo-Verhören feststellt, daß Oberregierungsrat Dr. Patschowski seine Lieblingskrawatte trägt und andere Beamte Anzüge von ihm anhaben, beklagt er sich darüber bei seinem Rechtsanwalt. Der Schneider wird vorgeladen, den Beamten gegenübergestellt und muß vor der Gestapo gegen die Gestapo aussagen. Dies geht über die Nerven des armen Mannes, und er erhängt sich in seiner Werkstatt.

Der Zufall will es, daß Sosnowski und sein Verfolger Dr. Patschowsky, Leiter der Gestapo-Spionageabwehr, unter einem Dach wohnen

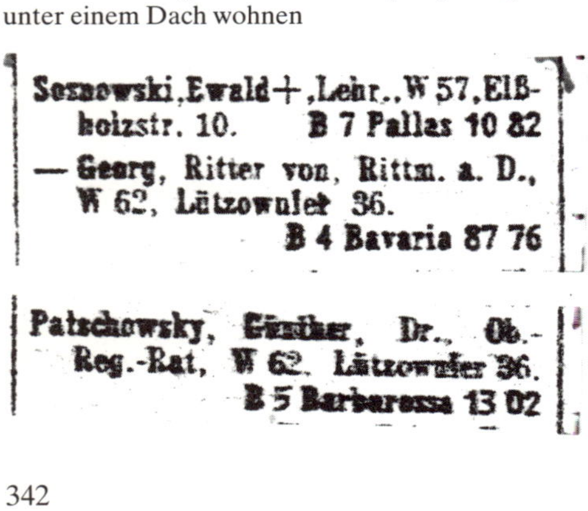
Sosnowski, Ewald +, Lehr., W 57, Elßholzstr. 10. B 7 Pallas 10 82
— Georg, Ritter von, Rittm. a. D., W 62, Lützowufer 36. B 4 Bavaria 87 76

Patschowsky, Günther, Dr., Ob.-Reg.-Rat, W 62, Lützowufer 36. B 5 Barbarossa 13 02

Untersuchungsgefängnis Moabit, Frauenabteilung: Hier warten Sosnowskis Agentinnen auf das Urteil

Zu Weihnachten 1934 wird Sosnowski zum Oberstleutnant befördert. Die Nachricht hiervon bringt ihm sein Pflichtverteidiger Rechtsanwalt Ludwig, der übrigens auch den im Moabiter Gefängnis einsitzenden Kommunistenführer Ernst Thälmann vertritt.

Durch Kassiber gelingt es Sosnowski, den Frauen, besonders Benita von Falkenhayn, mit dem Hinweis auf einen möglichen Austausch Mut einzuflößen. Er schreibt Benita, daß er glaube, ihr durch eine Heirat das Leben retten zu können, da man sie als Polin nicht zum Tode verurteilen würde: »Ich werde nicht ruhen, bis ich auch Natz und Irenchen befreit habe. Du hast dieselben, eher noch größere Rechte auf Austausch wie ich ... das haben mir meine Leute versprochen ...«

Benitas zweite Ehe, die sie am 18. Oktober 1932 mit dem Diplomingenieur Josef von Berg geschlossen hat, ist zwischenzeitlich am 19. Oktober 1934 vom Gericht für nichtig erklärt worden. Sosnowski unternimmt über seinen Anwalt den Versuch, die Erlaubnis zu bekommen, Benita nach seiner Scheidung zu heiraten. Der polnische Botschafter in Berlin Lipski berichtet nach Warschau: »Auf die Bitte von Sosnowski begab ich mich zu Reichsaußenminister von Neurath und bat im Namen von Sosnowski um Einwilligung zur Heirat mit Benita von Falkenhayn. Von Neurath, zum Beweis seines guten Willens – wie er mir sagte –, begab sich zu Hitler und brachte eine Stunde später dessen Antwort: ›Ihr Verbrechen ist so schwer, daß er in diesem Fall auf gar keine Zugeständnisse eingehen kann.‹ ...«

Am Sonnabend, dem 5. Februar 1935, beginnt vor dem Volksgerichtshof unter Ausschluß der Öffentlichkeit die Hauptverhandlung gegen die Angeklagten. Zugelassen sind lediglich die Vertreter der Abwehr, der Gestapo und aus Goebbels Propagandaministerium. Sosnowski gibt von seiner Tätigkeit nur das zu, was ihm das Gericht nachweisen kann. Auch Benita bestätigt lediglich das, was Renate von Natzmer durch ihr Geständnis preisgibt. Irene von Jena versucht immer wieder erfolglos, ihre eigenen, bei der ersten Vernehmung gemachten Aussagen zu verharmlosen. Die Kronzeugin Lea Niako widerspricht dem Ankläger energisch und verteidigt ihre Doppelrolle.

Am Sonnabend, dem 16. Februar 1935, fällt das mit Spannung erwartete Urteil: Benita von Berg (v. Falkenhayn) und Renate von Natzmer werden zum Tode verurteilt, Sosnowski und Irene von Jena zu lebenslänglichem Zuchthaus. Der Haftbefehl gegen Lea Niako wird mit sofortiger Wirkung aufgehoben. Die insgesamt 4700 Reichsmark, die die Tänzerin von Sosnowski bekommen hat, darf sie »nach dem Willen der deutschen Abwehr« behalten.

Für die Spionejäger ist die Aufdeckung des gefährlichsten Spionagenetzes, das bisher auf deutschem Boden tätig war, eine äußerst preisgünstige Angelegenheit: Die Tänzerin bekommt von der Abwehr 25 Reichsmark für einen Hut und 50 Reichsmark in bar; »künstlerische Förderung wurde ihr in Aussicht gestellt«. Für ihre Hauptrolle in dieser Spionageaffäre muß sie aber mit fast einem Jahr Untersuchungshaft büßen. Schlimmer noch: Sie wird zwar am Tag der Urteilsverkündung auf freien Fuß gesetzt, doch die Gestapo nimmt sie auf der Stelle in »Schutzhaft«. Erst Hitler persönlich ordnet die sofortige Freilassung der Tänzerin an. Der Führer: »Ohne sie wären diese Spionageverbrecher noch am Werk!« Der Fall Sosnowski veranlaßt Hitler, das bisherige Landesverratgesetz rückwirkend von 1929 erheblich zu verschärfen (Merkblatt für Abwehr von Spionage und Verrat vom 24. 1. 1934).

Am Tag vor ihrer Hinrichtung schreibt Benita an Sosnowski: »Lieber Jurek! In wenigen Stunden ist alles vorbei. In meinem ganzen Leben habe ich nur Dich geliebt. Ich verzeihe Dir alles, und ich hoffe, daß mir alles verziehen wird. Vielleicht wird die Heilige Jungfrau von Tschenstochau, vor deren Gnadenbild wir zusammen beteten – erinnerst Du Dich? – meine Fürsprecherin. Benita.«

Am Montag, dem 18. Februar 1935, werden im Strafgefängnis Berlin-Plötzensee Benita und Frau von Natzmer hingerichtet. Sosnowski überführt man jetzt ins Zuchthaus Brandenburg. Ein Jahr später nimmt der Chef der Abwehr, Konteradmiral Canaris, mit dem polnischen Botschafter Lipski die Austauschverhandlungen auf. Am 23. April 1936 wird Sosnowski gegen die am Tage seiner Verhaftung als Gegenmaßnahme festgenommenen sieben deutschen Agenten in Polen, in der Grenzstadt Zbaszyn (Neu-Bentschen) ausgetauscht.

Nun erlebt der Superspion die größte Enttäuschung seines Lebens: Ihm, der erwartet hat, zu Hause als Held gefeiert zu werden, erklärt der den Austausch durchführende polnische Offizier, daß er verhaftet sei. Sosnowski wird in Gewahrsam genommen und nach langen zermürbenden Verhören am 7. Juni 1939 vom Militärgericht wegen Landesverrat zu 15 Jahren Zuchthaus verurteilt.

Der Staatsanwalt Oberst Sarnicki stellt aufgrund der nach seiner Meinung erdrückenden Beweise fest, daß Sosnowski seit Jahren im Dienst des deutschen Nachrichtendienstes gestanden habe und beantragt die

Nummer A 42 + 87. Jahrgang

Einzelpreis 10 Pfennig
Außerhalb Berlins 15 Pfennig

Kreuz Zeitung

Wir Deutsche fürchten Gott, sonst nichts in der Welt!

Gegründet im Jahre 1848 unter Mitwirkung Otto v. Bismarcks

Berlin, Dienstag, 19. Februar 1935

Heute die Beilagen „Der politische Soldat" und „Die Frau unserer Zeit"

Todesstrafe für Verräter

Zwei Landesverräterinnen wurden in Berlin hingerichtet

Eigenes Land

R. R. B. Berlin, 18. Februar.

Als in den ersten Nachkriegsjahren junge Menschen ihre Versuche machten, Brücken über den furchtbaren Abgrund zu schlagen, der das Volk zerriß, als sie in Fabrikhallen, in Gruben, in Arbeitsgemeinschaften, auf Fahrt ihren „proletarischen" Volksgenossen begegneten, um ihre Not kennen zu lernen, um ihnen von Vaterland und Nation zu reden, — da schlug ihnen wohl das harte Wort entgegen:

Der Volksgerichtshof des Deutschen Reiches hat durch Urteil vom 16. Februar 1935 wegen Verrats militärischer Geheimnisse die geschiedene Benita von Falkenhayn, geborene von Zollikofer-Altenklingen, und die Renate von Natzmer, beide aus Berlin, zum Tode verurteilt. Außerdem wurde wegen des gleichen Verbrechens gegen den polnischen Staatsangehörigen Georg von Sosnowski und die Irene von Jena auf

liegenden Urteil dürfte wohl auch daraus zu erklären sein, daß die zum Tode verurteilten Verräterinnen ihr volksschädigendes Treiben noch nach der Machtergreifung unter den verschärften Strafbestimmungen fortsetzten.

Was war die Triebfeder zu dem Verbrechen? Nichts anderes als das Verlangen nach ungezügeltem Lebensgenuß. Während Millionen deutscher Volksgenossen sich in schwerer Arbeit ihren kargen Lebensunterhalt verdienen müssen und darum doch die Freude aus ihrem Leben weder verbannen wollen noch brauchen, glaubten

„Abessinien gibt nicht nach"

Der folgende Aufsatz wurde unmittelbar vor dem Abtransport von zwei Bataillonen faschistischer Miliz nach Afrika geschrieben.

Dr. P. U. Rom, 17. Februar.

„Abessinien gibt nicht nach. Es trägt für die beiden Zusammenstöße von Ual-Ual keine Verantwortung, weil Angreifer in beiden

Schlagzeile in der deutschen Presse: das vorläufige Ende des Falls »Rittmeister Sosnowski«

Todesstrafe. In Zusammenhang mit dem Prozeß gegen Sosnowski werden in Warschau zwölf hohe Offiziere des polnischen Nachrichtendienstes entlassen oder versetzt. Sosnowski legt zwar Revision gegen das Urteil ein, doch noch bevor die Entscheidung fällt, ob der Revision stattgegeben wird, bricht der Zweite Weltkrieg aus.

Seitdem verwischen sich die Spuren des flotten Rittmeisters. Wenn man verschiedenen Berichten glauben kann, wird er kurz bevor die deutschen Truppen Warschau einkreisen, aus dem Gefängnis geholt, in östliche Richtung evakuiert und unterwegs nahe Brest Litowsk an einem Waldrand erschossen. Der angeblich Tote wird schwer verletzt von Flüchtlingen gefunden, gepflegt und weiter nach Osten in die Nähe von Lemberg gebracht. Hier fällt er etwa am 20. September 1939 der in Ostpolen einmarschierenden Roten Armee in die Hände.

Ein polnischer General, der nach Abmachungen zwischen den Westalliierten und Stalin die Sowjetunion 1942 verlassen kann und nach Großbritannien gelangt, erzählt, Sosnowski sei noch im Sommer 1941 im berüchtigten Moskauer NKWD-Gefängnis Lubljanka sein Zellennachbar gewesen. Dies ist die letzte offizielle Nachricht. Laut unüberprüfbarer Angaben soll Sosnowski im Frühjahr 1942 im Gefängnis von Saratow an Erschöpfung und Hunger gestorben sein. Sein Tod bleibt so geheimnisvoll wie sein Leben und seine Tätigkeit.

Nur einer übersteht die Spionageaffäre Sosnowski unbehelligt: des Rittmeisters engster Helfer Hauptmann Günther Rudloff. Er muß zwar aufgrund der Aussagen von Renate von Natzmer für eine Zeitlang in Untersuchungshaft, aber es gelingt ihm nachzuweisen, daß er den seinerzeit von Sosnowski geliehenen Betrag zurückgezahlt hat. Darüber hinaus macht er in überzeugender Weise geltend, daß er die Verbindungen zum Rittmeister nicht gepflegt habe, um Landesverrat zu begehen, sondern um sie im Gegenteil für Aufklärungszwecke der Abwehr zu nutzen. So einfach ist das. Es wird Rudloff sogar auf Befehl seines obersten Chefs, Konteradmiral Canaris, eine Ehrenerklärung ausgefertigt. Rudloff, der den Gekränkten spielt, wird voll und ganz rehabilitiert, danach am 1. März 1935 zum Major, im Juni 1938 zum Oberstleutnant befördert und von der Abwehrabteilung des OKW übernommen.

Erst im Dezember 1939 ereilt ihn das Schicksal: Am 2. Oktober 1939, kurz nach dem Einmarsch deutscher Truppen in die polnische Hauptstadt, findet der Nachrichtenoffizier Hauptmann Bulang in dem verlassenen Fort Legionow nahe Warschau hochgestapelte Kisten voller Akten: das komplette Archiv des polnischen militärischen Nachrichtendienstes, Abteilung II. Man braucht mehrere Lastwagen für den Abtransport. In der Hauptstelle der Abwehr in Berlin wird die Beute gesichtet und aussortiert. Kurz vor Weihnachten 1939 fallen den Übersetzern mehrere Aktenordner mit fein säuberlich abgehefteten Unterlagen zum Fall »Rittmeister Sosnowski« auf, darunter Berichte, Meldungen und andere stichhaltige Beweise, daß Rudloff einer der besten Agenten des Rittmeisters war. Oberstleutnant Günther Rudloff wird sofort verhaftet und ins Militärgefängnis Berlin-Tegel gebracht.

Am Montag, dem 7. Juli 1941, findet man Rudloff tot in seiner Zelle. Er hat sich mit einer verborgengehaltenen Rasierklinge die Pulsadern geöffnet.

Chef der Abwehr

Admiral Wilhelm Canaris, von 1935 bis 1944 Chef der deutschen Abwehr, um dessen Persönlichkeit sich so unendlich viele Legenden ranken, war weder ein Meisterspion noch der führende Kopf des Widerstandes gegen Hitler. Die beste Charakterisierung dieses widersprüchlichen und geheimnisvollen Mannes stammt aus der Feder des Staatssekretärs im Auswärtigen Amt Ernst Freiherr von Weizsäcker, der ebenso wie Canaris aus der Marine hervorging: »... eine der interessantesten Erscheinungen der Epoche, wie Diktatoren sie zutage bringen und zur Vollkommenheit entwickeln ...«

Wilhelm Canaris

Der am 1. Januar 1887 in Aplerbeck bei Dortmund geborene Wilhelm Canaris ist der jüngste Sohn eines wohlhabenden Hüttendirektors. Väterlicherseits lebten seine Vorfahren bis zum 17. Jahrhundert in Sala am Comer See. Nationalliberal und christlich erzogen, geht er nach dem Besuch des Realgymnasiums am 1. April 1905 als Seekadett zur Kaiserlichen Marine. Nach Ausbildung auf einem Segelschulschiff und auf der Kreuzerkorvette »Stein« wird er Absolvent der Marineschule in Kiel, die Canaris mit einer vorzüglichen Beurteilung und der Beförderung zum Fähnrich zur See abschließt.
Im Herbst 1907 wird er auf den kleinen Kreuzer »Bremen« abkommandiert und ein Jahr später, am 28. September 1908, zum Leutnant zur See ernannt. Kapitän zur See Alberts, Kommandant der »Bremen«: »Er ist von kleiner Figur, sehr bescheiden und zurückhaltend, so daß man einige Zeit braucht, ihn kennenzulernen. Sehr tüchtig und gewissenhaft ... Er verspricht, ein guter Offizier zu werden, sobald er etwas mehr Zuversicht und Selbstvertrauen bekommen hat.«
Die »Bremen« befindet sich auf großer Fahrt zur mittel- und südamerikanischen Küste. Der sprachbegabte Canaris spricht nicht nur Englisch, sondern auch Französisch, etwas Russisch und fließend Spanisch, was ihm als Verhandlungspartner mit den Venezuelanern die erste Auszeichnung seines Lebens einbringt: den Bolivar-Orden, den man ihm am 13. Mai 1909 überreicht. Er hat während seiner Dienstzeit oft Gelegenheit, die Länder Lateinamerikas und deren Bevölkerung näher kennenzulernen, was ihm schon im Ersten Weltkrieg zugute kommt.
Im Januar 1910, nach Rückkehr in die Heimat, wird Canaris als zweiter Wachoffizier auf das Torpedoboot V162, danach auf S145 versetzt und 1911 zum Oberleutnant zur See befördert. Ab Herbst 1912 fährt der junge Offizier auf dem Kreuzer »Dresden«. In dieser unruhigen Zeit der Balkanwirren soll Canaris die deutschen Interessen im östlichen Mittelmeer wahrnehmen und bekommt seinen ersten Erkundungsauftrag: Es gilt den Stand der Bauarbeiten an der Bagdadbahn von Anatolien nach Südosten zu ermitteln, die mit deutschem Kapital betrieben werden.

Wilhelm Canaris (1887–1945) als Offizier der neuen deutschen Reichsmarine, Anfang der zwanziger Jahre

Ende 1913 wird die »Dresden« von Kiel zum Golf von Mexiko beordert zum Schutz der deutschen Staatsbürger während der ständigen mexikanischen Bürgerkriege. Bei Ausbruch des Ersten Weltkrieges erhält das überholungsbedürftige Schiff den Befehl, vor der südamerikanischen Küste gegen die alliierte Schiffahrt Handelskrieg zu führen.
Munitions- und Kohlemangel hindern den Kreuzer jedoch, dies erfolgreich durchzuführen. Er schafft es wenigstens, sich im Stillen Ozean dem von Ostasien kommenden Geschwader des Admirals Graf Spee anzuschließen. Nach der Umrundung von Kap Hoorn werden die deutschen Einheiten jedoch bei den Falklandinseln vollständig aufgerieben, nur die

Sonnenaufgang, von U35 aus gesehen: Nach dem Aufbau eines Agentennetzes in Spanien wird Canaris im Oktober 1916 handstreichartig von diesem U-Boot abgeholt

»Dresden« kann sich in das fast menschenleere Feuerland-Archipel retten und im Pazifik noch weit nach Norden dampfen.

Erst im März 1915, als man vor den chilenischen Robinson-Crusoe-Inseln ankert und sich um Internierung bemühen will, wird die »Dresden« vom britischen Kreuzer »Glasgow« gesichtet und unter Feuer genommen. Der Besatzung bleibt nichts anderes übrig, als das Schiff selbst zu versenken. Die Männer werden von den chilenischen Behörden auf der Insel Quiriquina interniert.

In der Nacht vom 3./4. August 1915 flieht Canaris mit Einverständnis seines Kommandanten in einem Ruderboot zum Festland. Es gelingt ihm, als Bauer verkleidet – teils zu Fuß, teils zu Pferd – das Hochgebirge der Anden zu überqueren und Argentinien zu erreichen. Mit einem chilenischen Paß auf den Namen Reed Rosas ausgestattet, fährt Canaris nun als junger Witwer in Erbschaftsangelegenheiten von Valparaiso mit dem niederländischen Dampfer »Frisia« nach Rotterdam und übersteht sogar die strengen britischen Kontrollen in Falmouth, die 1916 Mata Hari zum Verhängnis werden. Von Rotterdam, wo er am 30. September 1915 eintrifft, reist Canaris nach Berlin und erstattet dem Admiralstab Bericht über die letzte Fahrt der »Dresden«.

Nach einem Kurzurlaub wird Canaris zur Unterstützung des Marineattachés, Korvettenkapitän Krohn, nach Madrid beordert. Hier soll er sich um die Versorgung der deutschen U-Boote mit Treibstoff und Proviant kümmern, die trotz der Neutralität insgeheim Spaniens Häfen anlaufen. Wichtig ist auch die Anwerbung einheimischer Agenten, um möglichst unauffällig den alliierten und neutralen Schiffsverkehr zu beobachten sowie fremde Seeleute auszuhorchen.

Während seines Aufenthaltes in Madrid knüpft der junge Offizier auch interessante Verbindungen mit spanischen Persönlichkeiten an, die ihm in späteren Jahren sehr nützlich sein werden. Canaris braucht nur wenige Monate, bis sich alles eingespielt hat, und bittet dann um seine Abberufung. Auf der Rückreise durch Südfrankreich gibt sich Canaris wieder als Reed Rosas aus, der wegen seiner Schwindsucht zur Kur in die Schweiz müsse. Doch an der Grenze zu Oberitalien verhaftet man ihn unter dem Verdacht, deutscher Spion zu sein.

Erst der massive Protest aus Madrid in Rom erzwingt seine Freilassung, allerdings mit der Auflage, Reed Rosas müsse umgehend nach Spanien zurück. Die nächste Gelegenheit dazu bietet ein spanischer Frachter, der demnächst via Marseille nach Spanien in See stechen soll. Der Kapitän des Schiffes nimmt jedoch direkt Kurs auf Cartagena, was Canaris vermutlich vor der in Marseille auf ihn wartenden französischen Spionageabwehr rettet. So trifft er Mitte März 1916 wieder in Madrid ein. Da der Admiralstab inzwischen die Entsendung weiterer U-Boote ins Mittelmeer geplant hat, beschäftigt sich Canaris mit dem verstärkten Ausbau des Agentennetzes in den ostspanischen Häfen.

Am frühen Morgen des 1. Oktober 1916 taucht unweit Cartagena an der spanischen Mittelmeerküste der Stahlkörper von U35 an der Backbordseite eines Seglers auf. Drei Männer an Deck des Segelschiffes taxieren rasch die Entfernung zum U-Boot. Einer davon ist Kapitänleutnant Wilhelm Canaris: »Um 6 Uhr 40 sprangen wir an Bord. Das ganze Manöver hat etwa 3 bis 4 Minuten gedauert«, wie er sich später erinnert. Das U-Boot taucht sofort wieder weg und entkommt dem französischen Hilfskreuzer sowie einem französischen U-Boot, die bereits auf der Lauer lagen und auf denen man nun verblüfft ist, wie schnell das Abholmanöver vor sich ging.

Der Mann, dem die Franzosen so großes Interesse beimessen und der auf diese unalltägliche Weise nach Deutschland zurückkehren soll, ist ein von der französischen Gegenspionage gesuchter Marineoffizier, der soeben seinen Geheimauftrag in Spanien beendet hat. U35 (KptLt v. Arnauld de la Périère) bringt Canaris zum österreichisch-ungarischen Flottenstützpunkt Cattaro (Kotor) an der südlichen Adria. Von dort reist er unverzüglich nach Kiel.

Anderthalb Jahre danach befehligt Canaris selbst ein U-Boot, das U34, mit dem er am 19. Januar 1918 von Cattaro ins westliche Mittelmeer ausläuft. Durch seine Versenkungserfolge zählt dieser stille, fast schüchtern und sehr verschlossen wirkende Mann recht bald zur Elite der deutschen U-Boot-Kommandanten.

Im Oktober 1918, nach dem Zusammenbruch Österreich-Ungarns, muß die deutsche U-Boot-Flottille ihren Stützpunkt in der Adria räumen. Einzeln schlagen sich die Boote durch die schwerbewachte Enge von Gibraltar und laufen am 8. November 1918, darunter auch Canaris mit U34, in das von der Revolution erschütterte Kiel ein.

Canaris, aus ganzem Herzen Monarchist, kann sich nur schwer mit der neuen Situation abfinden. Er wird zunächst Verbindungsoffizier zwischen den neu errichteten Einwohnerwehren und der Garde-Kavallerie-Schützendivision. Man sagt ihm nach, er habe den Freikorpsoffizieren, die im Januar 1919 die Spartakistenführer Rosa Luxemburg und Karl Liebknecht ermordeten, mit Geld zur Flucht verholfen. Seine Rolle bleibt in diesem Fall zumindest umstritten.

Im Sommer 1919 wechselt Canaris zum persönlichen Stab des sozialdemokratischen Reichswehrministers Gustav Noske und wird nach einer gewissen Konsolidierung der innenpolitischen Verhältnisse am 2. März 1920 in die neue Reichsmarine übernommen. Im Juli 1920 erfolgt seine Ernennung zum I. Admiralstabsoffizier beim Kommando der Marinestation Ostsee.

Mitte 1923 wird Canaris Erster Offizier auf dem Kreuzer »Berlin«, der als Schulschiff fünf Jahre nach Kriegsschluß zum ersten Auslandsbesuch ausläuft. Einer der Seekadetten ist Reinhard Heydrich, der spätere Chef des Reichssicherheitshauptamtes und unter Hitler sein stärkster Widersacher. Im Rang eines Korvettenkapitäns reicht der 37jährige Canaris im Frühjahr 1924 seinen Abschied ein: Er fühlt sich den Anforderungen des Dienstes körperlich und seelisch nicht mehr gewachsen. Seinem Chef gelingt es jedoch, ihn zum Bleiben zu bewegen.

Von Mai bis Oktober 1924 weilt Canaris anläßlich einer Studienreise in Japan. Seine eigentliche Aufgabe dabei ist die Anbahnung engerer Beziehungen mit der japanischen Marine als ein Schritt zur geheimen Wiederaufrüstung der Reichsmarine. So baut zum Beispiel die Kawasaki-Werft U-Boote nach deutschem Vorbild.

Im Herbst 1924 übernimmt Canaris ein Referat im Stab der Marineleitung im Reichswehrministerium. Diese Stellung scheint für ihn wie geschaffen zu sein,

Berlin, das Reichswehrministerium am Tirpitzufer, später Zentrale der militärischen Abwehr (Amt Canaris)

denn es geht hier um Geheimtätigkeit: Er muß bei Umgehung der Rüstungsbeschränkungen des Versailler Vertrages und außerhalb des Kontrollbereichs der Siegerkommission in neutralen Ländern wie Spanien, den Niederlanden oder Finnland über diverse Tarnfirmen den geheimen Ausbau der deutschen Marine, vor allem aber der U-Boot-Flotte, beaufsichtigen. Jetzt kommen ihm seine vor Jahren in Spanien geknüpften Verbindungen zugute.
In seiner Personalakte kann man darüber lesen: »... Hat er einen solchen Auftrag, so gibt es für ihn keine Hindernisse; kein Fieber hält ihn fest; kein Raum ist so abgeschlossen, daß er doch herein und an die betreffende Persönlichkeit herankommt, um dann in verblüffend kurzer Zeit im Sattel zu sitzen, mit kindlich unschuldigem Gesicht.«
Im Juni 1928, nach fast vierjähriger Tätigkeit in der Marineleitung, erhält Canaris wieder ein Bordkommando als Erster Offizier auf dem Linienschiff »Schlesien«. Nach seiner Beförderung am 1. Juli 1929 zum Fregattenkapitän ernennt man ihn kurze Zeit später zum Chef des Stabes beim Kommando der Marinestation Nordsee. Canaris, der nach wie vor glaubt, Deutschland sei dazu berufen, zur Weltmacht aufzusteigen, ist für die Parolen der NS-Bewegung recht empfänglich. Auch der Antikommunismus des NS-Programms ist ihm nicht unsympathisch.
Am Sonnabend, dem 1. Oktober 1932, geht für Canaris ein Traum in Erfüllung, der den Höhepunkt seiner bisherigen Laufbahn bildet: Als frisch ernannter Kapitän zur See übernimmt er das Kommando über das Linienschiff »Schlesien«. Konteradmiral Bastian, der bisherige Kommandant: »... Es wird sich empfehlen, Canaris in Kommandos zu verwenden, wo es auf eine scharfe Beobachtungsgabe und diplomatisches Geschick ankommt ...« Trotz einer solchen Empfehlung muß er am 29. September 1934 die Stelle des Festungskommandanten von Swinemünde (Ostsee) annehmen, was praktisch gleichbedeutend ist mit dem Ende seiner Karriere und einem baldigen, bequemen Lebensabend im Ruhestand.
Doch zu seiner Überraschung und der seiner Kollegen holt man den überdurchschnittlich begabten Marineoffizier mit Wirkung vom 1. Januar 1935 nach Berlin. Nun ist Canaris, zum Konteradmiral befördert, als Nachfolger von Kapitän zur See Patzig, neuer Leiter der Abteilung Abwehr im Reichswehrministerium.
Aus gutem Grund kommen die meisten der Abwehroffiziere von der Marine, denn Erkundungsdienst in fremden Ländern setzt Auslandskenntnisse voraus, und in der Armee gibt es nur relativ wenige Offiziere, die längere Auslandsaufenthalte vorweisen können. Patzig macht Canaris bei Übergabe der Dienststelle auf die Schwierigkeiten von seiten der Gestapo und des SD aufmerksam. Aber der zum neuen Regime vorerst positiv eingestellte Abwehrchef meint, er werde mit diesen Jungs schon fertig. »Canaris galt als ein begeisterter Nationalsozialist«, erinnert sich sein Vorgänger Conrad Patzig.
Canaris findet in seinem Amt eine gut eingespielte, straff geleitete Organisation vor. Nur die eher konservativ denkenden Abwehrstellenleiter sind nicht davon erbaut, daß jetzt ein als nazifreundlich geltender Mann ihr Chef sein soll. Einer von ihnen bemerkt: »... wirkte er im Gegensatz zu Patzig unpersönlich und ein wenig salopp: ein kleiner, scheinbar schon verbrauchter Seemann mit weißem Haar, buschigen Augenbrauen und müden Augen.« Sein Spitzname »kleiner Levantiner« hängt sicher mit seinen italienischen Vorfahren zusammen.
Das Amt von Canaris ist nicht nur für Spionageabwehr zuständig, sondern auch für die geheime Nachrichtenbeschaffung im Ausland. Die bei der Abwehr eintreffenden Informationen werden den entsprechenden Abteilungen des Heeres, der Luftwaffe und der Kriegsmarine zugeleitet, wo die weitere Auswertung erfolgt.
Der neue Chef verbietet, ähnlich wie sein Vorgänger, das »verschärfte Verhör« sowie Nötigung oder Erpressung, und er ist unnachsichtig in Fragen der Disziplin und des ethischen Verhaltens. Sollten seine Nachrichtenoffiziere die »Arbeitsmethoden des polnischen Rittmeisters Sosnowski« praktizieren, so werde er rigoros dagegen vorgehen.
In seine Lagebeurteilungen schließt der Abwehrchef neben der rein militärischen auch die politische Situation mit ein. Er verfügt über langjährige Kontakte zu einflußreichen Persönlichkeiten im Ausland, darunter Politiker, Generäle, Geheimdienstchefs, sogar der Mufti von Jerusalem und der indische Nationalistenführer Subhas Chandra Bose, so daß er nicht nur auf die Informationen seiner Agenten angewiesen ist. Canaris ist auch mit General Franco befreundet, dem er 1936 bei Ausbruch des Spanischen Bürgerkrieges

Berlin 1936: Konteradmiral Canaris mit Reichspropagandaminister Dr. Joseph Goebbels (Mitte) und Reichsführer SS Heinrich Himmler

SS-Obergruppenführer und General der Polizei Reinhard Heydrich, der größte Widersacher von Canaris

logistische Hilfe vermittelt: Francos Truppen, die in Marokko und auf den Kanarischen Inseln stationiert sind, werden mit deutschen Transportflugzeugen Junkers Ju 52 nach Spanien befördert und ermöglichen es dem General, die kommunistisch-republikanischen Kräfte im Land erfolgreich zu bekämpfen. Auch die Aufstellung der »Legion Condor« verdankt Franco nicht zuletzt der Initiative des deutschen Abwehrchefs.

Um die Kompetenzen der militärischen Abwehr und der Geheimen Staatspolizei (Gestapo) abzugrenzen, kommt es am 21. Dezember 1936 zwischen Canaris und dem SS-Führer Dr. Werner Best zu Vereinbarungen, auch die »Zehn Gebote« genannt, in denen es abschließend heißt, daß Gestapo und Sicherheitsdienst (SD) verpflichtet seien, eng mit den zuständigen militärischen Abwehrstellen zusammenzuarbeiten. Canaris will damit erreichen, daß er über die Aktivitäten der SS und des SD informiert ist, ihm aber niemand in den eigenen Aufgabenbereich dreinreden kann.

Schon frühzeitig erkennt der Abwehrchef den Wert technischer Hilfsmittel für den geheimen Nachrichtendienst: Er läßt zum Beispiel für seine Auslandsagenten ein Funkgerät entwickeln, das alle gegnerischen übertrifft. Gleichzeitig baut er eine Funkabwehr auf, die mit äußerst wirksamen Peilgeräten fast jeden Agentensender aufspüren kann.

Am 1. April 1938 erfolgt seine Ernennung zum Vizeadmiral, und genau zwei Monate später wird die Abwehrabteilung im Rahmen der neuen Führungsstruktur der Wehrmacht in »Amt Ausland/Abwehr im OKW« umbenannt. Obwohl Canaris dem NS-Regime immer wieder Hilfestellung leistet, indem er mit allen Mitteln versucht, Hitlers Vorhaben gegen die Neugier fremder Nachrichtendienste abzuschotten, lehnt er zugleich dessen verbrecherische Machenschaften ab.

Er bemüht sich zumindest, die Eroberungspläne des Führers zu vereiteln, ist aber konsequent gegen einen Aufstand oder ein Attentat, da er Verrat verabscheut. Ohne sich selbst konspirativ zu betätigen, duldet Canaris die Widerstandsbestrebungen in den Reihen der Abwehr und fördert bereits im Herbst 1938 durch unterstützende Geheiminformationen den geplanten Staatsstreich der Generäle Beck und Halder. Diese beabsichtigen, das NS-Regime zu stürzen, falls die Sudetenkrise einen Bruch mit den Westmächten verursachen und einen Krieg auslösen sollte.

Am 31. August 1939, wenige Stunden vor dem Überfall auf Polen, soll Canaris unter Tränen gesagt haben: »Das ist das Ende Deutschlands.« 24 Stunden später allerdings hält er vor seinen Abwehroffizieren eine anfeuernde Rede, die mit »Heil Hitler« endet.

Der Chef des ungarischen Geheimdienstes, General Hennyey, über den Vizeadmiral: »Als ich Canaris Ende September 1939 traf, fragte ich ihn, wie er die Lage beurteile. Zu meiner größten Überraschung lautete die Antwort: ›Den Krieg haben wir schon verloren. Der Sieg über Polen ist nur ein Teilerfolg. Der Krieg ist lange noch nicht beendet; neben Frankreich und England werden auch die USA eingreifen, und gegen diese Machtgruppe muß Deutschland unterliegen ...‹«

Anfang 1940 versucht Canaris über einen Mittelsmann, den Münchner Rechtsanwalt Dr. Josef Müller, Kontakt mit dem Vatikan aufzunehmen, um den Papst für Friedensgespräche mit England zu gewinnen. Dabei ist ihm bewußt, daß dies den Sturz Hitlers bedeuten würde. Doch der Überfall auf Norwegen und Frankreich verhindert weitere Bemühungen.

Am 1. April 1940 wird Canaris zum Admiral ernannt. Sein größter Gegenspieler zu dieser Zeit ist Reinhard Heydrich, Leiter des Reichssicherheitshauptamtes (RSHA). Dieses berüchtigte Amt umfaßt seit dem 29. September 1939 die Sicherheitspolizei (Sipo) und den Sicherheitsdienst (SD). Dazu SS-Brigadeführer Walter Schellenberg, Leiter der Auslandsspionage im RSHA: »Zu jener Zeit stand die Waagschale im Kräfteverhältnis Canaris–Heydrich noch gleich. Heydrich hatte sich eine Schatulle mit politischem Material gegen Canaris zugelegt, und Canaris verwahrte in seinem Panzerschrank die Geheimwaffen zum Gegenschlag: die Disziplinarakten Heydrichs aus der Marinezeit sowie Personalakten mit einem

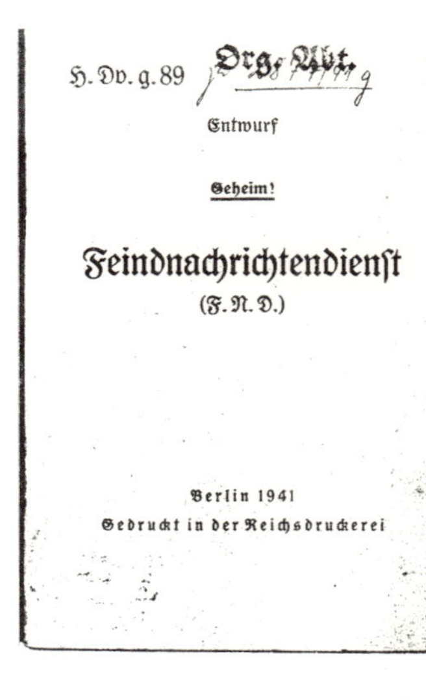

H.Dv.g.89 Org. Abt.

Entwurf

Geheim!

Feindnachrichtendienst

(F.N.D.)

Berlin 1941

Gedruckt in der Reichsdruckerei

Von der Abwehr und dem Oberkommando der Wehrmacht herausgebracht: Informationsschrift über gegnerische Geheimdienste

SS-Obergruppenführer Dr. Ernst Kaltenbrunner versäumt nichts, um Canaris auszuschalten

gefährlichen ›Schönheitsfehler‹. Eine der beiden Großmütter des hohen SS-Führers war Jüdin und Heydrichs Ariernachweis gefälscht. Ich brauchte Jahre, diese Zusammenhänge zu durchdringen, doch ganz hat sich der Schleier über das Verhältnis Heydrich–Canaris auch für mich nie gelüftet.«

Oscar Reile, Angehöriger der deutschen Abwehr, der im Krieg das Ressort IIIf (Gegenspionage) der Abwehrleitstelle Frankreich führt: »Tausende und Abertausende militärischer Erkundungsaufträge wurden im Laufe des Krieges an die Abwehr gestellt. Hinzu kamen zahllose Ersuchen um Einleitung von Maßnahmen zum Schutz eigener militärischer Anlagen, ferner Aufträge, Sabotagen in kriegswichtigen Betrieben der Feindländer durchzuführen, Brücken zu sprengen und so fort.

Die deutsche militärische Abwehr hätte in den meisten Ländern der Welt und außerdem auf allen Meeren – hier auf Schiffen – über gut ausgebildete Vertrauensleute und Agenten verfügen müssen, dann, allerdings nur dann, wäre sie in der Lage gewesen, alle an sie gestellten Anforderungen zu erfüllen.«

Canaris gerät nun mehr und mehr in einen fast unlösbaren Konflikt zwischen Gewissen und Pflicht, aus dem es für ihn kaum einen Ausweg gibt: Obwohl immer noch ein Gefolgsmann Hitlers, unterstützt er zeitweilig die Widerstands- und Umsturzbewegungen der beiden Abwehrleute Oberst Oster und von Dohnányi. Trotzdem hegt er Zweifel, ob der Staatsstreich gegen Hitler mitten im Krieg nicht doch den Interessen des Vaterlandes abträglich sein könnte. Er rettet aber seinen Freund Oster aus tödlicher Gefahr, als durchsickert, daß der Abwehroffizier die Termine für den Angriff gegen die Niederlande, Belgien und Frankreich verraten hat. Mit der gleichen Selbstverständlichkeit hilft Admiral Canaris vielen Juden, den NS-Häschern zu entkommen, indem er sie als Abwehragenten ins neutrale Ausland beordert.

Zu den bedeutendsten Verdiensten des Admirals, um den Weltkonflikt einzudämmen, zählt sein gelungener Versuch, Hitler 1940/41 davon abzuhalten, Spanien in den Krieg hineinzuziehen. Ebenso bemerkenswert ist seine »moralische Hilfe« gegenüber dem italienischen Marschall Badoglio, den er 1943 unterstützt, damit dieser ohne Rücksicht auf das Achsen-Bündnis Kapitulationsverhandlungen mit den Alliierten führen kann.

Am 17. Mai 1942 unterzeichnen Canaris und der Chef der RSHA, Reinhard Heydrich, in Prag eine Vereinbarung über »Grundsätze für eine Zusammenarbeit der Sicherheitspolizei und des SD sowie der Abwehrdienststellen der Wehrmacht«. Die bereits am 21. Dezember 1936 in den »Zehn Geboten« abgegrenzten Kompetenzen zwischen Abwehr und Geheimer Staatspolizei werden jetzt der totalen Kriegführung angepaßt. Das RSHA will damit einen größeren Einfluß auf die Arbeit der Abwehr ausüben.

Oscar Reile: »Die Tragik für Deutschland bestand darin, daß der Geheimdienst zwar von einem Meister der Lagebeurteilung und Voraussage geleitet wurde, daß aber die maßgebenden Persönlichkeiten, in erster Linie Hitler und von Ribbentrop, alles besser wußten und unbelehrbar blieben. Sie verstanden das Wissen ihres Geheimdienstes nicht zu nutzen.«

Nach dem tödlichen Attentat auf Reinhard Heydrich am 27. Mai 1942 in Prag macht der neue RSHA-Chef, SS-Obergruppenführer (General) Dr. Ernst Kaltenbrunner, Canaris das Leben immer schwerer, zumal die Abwehr zur Zeit kaum noch Erfolge nachweisen kann. Walter Schellenberg: »Canaris schien die schwierige Lage, in der er sich zu jener Zeit befand, selbst zu spüren ... Ruhelos reiste er von einem Land ins andere, von einem Frontabschnitt zum nächsten. Und obgleich er von echter Sorge um den Ausgang des Krieges hin- und hergerissen wurde, vernachlässigte er nicht zuletzt auch durch falsche Unentschiedenheit seine eigentlichen Dienstpflichten. Ab und an machte er echte Ansätze zu einer umfassenden Konspiration, um sich aber im entscheidenden Moment wieder zurückzuziehen. Sein Amt blähte er immer mehr zum Wasserkopf auf. Neben hervorragenden Kräften tummelte sich dort eine Menge unfähiger Männer sowie ein Sammelsurium unklarer Existenzen.«

Oscar Reile: »... Wenn mancher Auftrag nicht ausgeführt, manche Frage nicht gelöst werden konnte, so lag dies einmal daran, daß die Ausweitung des Krieges Situationen brachte, die man unmöglich hatte voraussehen können, und zum anderen daran, daß die Abwehr unter Leitung von Canaris in der verhältnismäßig kurzen Zeitspanne von 1935 bis 1939 nicht zu voller Leistungsfähigkeit hatte ausgebaut werden können.«

Die Abwehr beschäftigt in den Jahren 1942/43 bald mehr Referenten als Agenten; sie kann weder den

Sowjetaufmarsch vor Stalingrad noch die alliierte Invasion in Nordafrika oder die US-Landung in Italien rechtzeitig melden, schlimmer noch, sie merkt nicht, daß der britische Secret Service sämtliche in England gelandeten Abwehrspione umgedreht hat und jetzt die Berichte für Berlin selbst verfaßt. Wegen erneuter Auseinandersetzungen mit der SS und dem RSHA wird die Abwehr nach Hitlers Weisung vom 12. Februar 1944 dem Reichsführer SS Heinrich Himmler unterstellt.

Schellenberg: »Anfang Februar 1944 hielt Hitler das Schuldkonto des Admirals für so belastet, daß er ihn mit der Begründung, die fachlichen und personellen Mängel seien ins unerträgliche gestiegen, seiner Ämter enthob. Nach außen hin wählte man die abdekkende Version, die Kriegslage erfordere es, endlich einen einheitlichen deutschen Geheimdienst zu schaffen.«

Der Admiral, offiziell der Kriegsmarine zur Verfügung gestellt, verbringt die Zeit zwischen Mitte Februar 1944 und Ende Juni 1944 als Ehrenhäftling in Hausarrest auf Burg Lauenstein, einem abgelegenen alten Wehrbau zwischen Thüringer Wald und Fichtelgebirge. In den letzten Junitagen ernennt der Führer Canaris mit Wirkung vom 1. Juli 1944 zum Chef des OKW-Sonderstabes für den Handelskrieg und wirtschaftliche Kampfmaßnahmen (HWK). Unter dieser phantasievollen Bezeichnung versteckt sich eine kleine Dienststelle in Eiche bei Potsdam, wo dem Admiral kaum mehr als Bearbeitung von Akten und Abhalten von Dienstbesprechungen bleibt.

Nach dem mißglückten Attentat auf Hitler am 20. Juli 1944 wird Canaris, obwohl er zu den ersten zählt, die ein Ergebenheitstelegramm mit Glückwünschen an den Führer entsandt haben, schon drei Tage später als Mitwisser des Putsches festgenommen.

Schellenberg: »Es war ein schwüler Sonntagnachmittag, als wir nach Schlachtensee fuhren. Der Admiral öffnete selbst. Im Wohnzimmer waren Baron Kaulbars sowie Erwin Delbrück, ein Verwandter anwesend. Canaris bat seinen Besuch sehr ruhig, den Raum einen Augenblick zu verlassen. Dann wandte er sich an mich: ›Irgendwie habe ich gefühlt, daß Sie es sein würden.‹«

Der Admiral wird nach Fürstenberg an der Havel gebracht und dort in einer Grenzpolizeischule, zusammen mit etwa 20 Generälen und hohen Offizieren, die man alle mit dem Anschlag auf Hitler in Verbindung bringt, unter Hausarrest gestellt. Einige Wochen später werden alle in das berüchtigte Hausgefängnis des RSHA in der Berliner Prinz-Albrecht-Straße überführt.

Am 22. September 1944 entdecken RSHA-Leute im Militärlager Zeppelin in Zossen bei Durchsuchung des Dienstbunkers der Abwehr (Maybach II) das Geheimarchiv des Oster-Mitarbeiters von Dohnányi, der sämtliche Unterlagen der Widerstandsbewegung sorgfältig aufbewahrt hat. Kaltenbrunner meldet am 2. Oktober 1944 an Martin Borman, den engsten Vertrauten und Sekretär des Führers: »Aus dem in

SS-Brigadeführer Walter Schellenberg: Er persönlich verhaftet den Admiral Canaris

einem Panzerschrank der Abwehr beschlagnahmten Material ergibt sich nunmehr, daß bereits in früheren Jahren Pläne gelaufen sind, im Wege militärischer Maßnahmen einen Regierungswechsel herbeizuführen.«

Bei dem Material befinden sich etwa 20 Seiten aus dem Tagebuch von Canaris mit Eintragungen über Putsch-Gespräche sowie andere Einzelheiten seiner Teilnahme an der Verschwörung. Der Admiral wird nun von der Gestapo ins Kreuzverhör genommen.

Am 7. Februar 1945 werden Canaris, der Chef der Abwehr-Zentralabteilung Generalmajor Oster und andere Verschwörer wegen der ständigen Luftangriffe in das abgelegenere KZ Flossenbürg unweit Nürnberg verlegt. Der Admiral ist jedoch vom Pech verfolgt: Anfang April 1945 findet ein Wehrmachtsoffizier im ehemaligen Haus der Abwehr im Militärlager Zeppelin per Zufall das langegesuchte vollständige Tagebuch des Admirals. Der wutentbrannte Hitler, dem Auszüge davon vorgelegt werden, befiehlt die sofortige »Vernichtung der Verschwörer«.

Am 8. April 1945, kurz vor dem Anrücken der US-Truppen, werden Wilhelm Canaris und Hans Oster zum Tode verurteilt, im Morgengrauen des 9. April 1945 gehängt und ihre Leichen verbrannt. Die letzten Worte von Canaris an einen Zellennachbarn: »... Meine Zeit ist um. War kein Landesverräter. Habe als Deutscher meine Pflicht getan ...« Das Tagebuch des Admirals, das man mit anderen Akten des RSHA nach Österreich verlagert hat, wird kurz vor Kriegsschluß auf Befehl von Kaltenbrunner bei Schloß Mittersill verbrannt.

Der Zweite Weltkrieg bricht aus

Einem Suchkommando der deutschen Abwehr gelang im Polenfeldzug vom September 1939 das Unglaubliche, was bisher in der Geschichte der Spionage noch keinem Geheimdienst vergönnt war: Ihm fiel das komplette Archiv des gegnerischen Nachrichtendienstes in die Hände.

Das Geheimnis von Fort Legionow

Am Freitag, dem 8. September 1939 gegen 4.00 Uhr morgens, eine Woche nach dem deutschen Überfall auf Polen, verläßt eine lange Autokolonne Warschau. Mit lautem Hupen zwängt sie sich auf der Chaussee nach Wilanow an den Flüchtlingen vorbei, die die Straße fast völlig blockieren. Die vollgepackten Fahrzeuge werden von hohen Offizieren des polnischen Nachrichtendienstes der Abteilung II des Generalstabs begleitet. Sie haben in Windeseile ihre Büros am Pilsudski-Platz räumen müssen und alle verfügbaren Soldaten eingesetzt, um die riesigen Aktenstapel auf Lastwagen zu verstauen.
Das Geheimarchiv der Abteilung II soll in Fort Legionow, einer noch aus der Zarenzeit stammenden Festungsanlage in der Vorstadt Czerniakow südlich von Warschau, gelagert werden. Da die Spitzen der deutschen 4. Panzerdivision unter General Reinhardt bereits vor Sochaczew, etwa 80 km westlich von Warschau, stehen, scheint das stark befestigte Fort der sicherste Aufbewahrungsort zu sein. Die Besatzung hat den Befehl, das Geheimmaterial keinesfalls in die Hand des Feindes fallen zu lassen, sondern es notfalls in letzter Minute zu vernichten.
Während sich am Montag, dem 25. September 1939, die von deutschen Truppen belagerte polnische Hauptstadt weiterhin hartnäckig verteidigt, sammelt sich im Weichbild von Warschau eine Pioniereinheit des 20. Infanterieregiments zum Sturm auf Fort Legionow, das im Süden der Stadt eine polnische Schlüsselstellung darstellt. Hauptmann Schwing: »... Der Beginn des Angriffs war auf 12.00 Uhr festgesetzt. Aufgabe des Zuges war es ... die dem Fort vorgelagerte Flächendrahtsperre zu öffnen und das Bataillon bei der Erstürmung des Forts zu unterstützen ...
Das Angriffsgelände lag unter starkem feindlichen

Warschau, 1. 10. 1939: das Gebäude des polnischen Generalstabs und des militärischen Nachrichtendienstes einen Tag nach der Einnahme durch deutsche Truppen

Artilleriestreufeuer. Infolge des wirksamen eigenen Artilleriefeuers, das die Fortbesatzung niederhielt, gelang es dem Zug ... bis auf 200 Meter an die Drahtsperre heranzukommen. Hier traten die ersten Verluste durch feindliches Artilleriefeuer ein ... Leutnant Mokulies, der Führer des Pionierzuges, setzte jetzt drei Sprengtrupps mit gestreckten Ladungen ein, um drei Gassen zu schaffen, was auch ohne Verluste gelang.
Nach der Detonation der Ladungen erhielt der Pionierzug strarkes Feuer der Fortbesatzung ... Der Pole verteidigte sich jedoch sehr geschickt und zäh ... Erst als schwere MG des Infanterie-Bataillons in den Kampf eingriffen, wurde das Feuer schwächer, und diesen Augenblick benutzte Leutnant Mokulies, um mit seinem Zuge geschlossen durch die gesprengten Gassen die Fortumwallung zu erreichen und in das Innere des Forts einzudringen ...
Im Nahkampf mit Handgranaten und Flammenwerfern wurden die Reste der Fortbesatzung niedergekämpft. Um 19.00 Uhr war das Fort fest in unserer Hand. Eine Durchsuchung des Forts ergab, daß dort große Bestände an Artillerie- und Infanteriemunition niedergelegt waren. Anzeichen deuteten darauf hin, daß der Gegner in letzter Minute versucht hatte, die Munitionsbestände in die Luft zu sprengen, was aber durch das rasche und energische Vorgehen des Pionierzuges vereitelt wurde.«
Am frühen Nachmittag des 30. September 1939 hält vor dem Gebäude des Generalstabs am Pilsudski-Platz ein grauer Opel Kadett. Es ist einer der ersten deutschen Wagen, der nach der Kapitulation von Warschau das Stadtzentrum erreicht. Drei Männer, zwei Heeresoffiziere und ein Feldwebel, überqueren den Vorhof voller Glasscherben und verschwinden in dem menschenleeren Gebäude, dessen Fassade frische Spuren der Artilleriegeschosse trägt.
Hauptmann Bulang von der deutschen Abwehr trägt den Befehl in der Tasche, möglichst gleichzeitig mit den Spitzen der vorgehenden Verbände in Warschau einzudringen und nach dem polnischen Geheimmaterial zu suchen. Wie Bulang später berichtet, finden er und seine Männer die Zentrale des polnischen Nachrichtendienstes leer und verlassen vor. Die eisernen Schränke, etwa 100 an der Zahl, werden von schnell herbeigerufenen Spezialisten geöffnet. Neben belanglosen Unterlagen entdecken sie allerdings eine Sammlung von Dienstvorschriften der deutschen Wehrmacht, deutsche Adreß- und Telefonbücher sowie eine Kartei über die UdSSR und über Emigranten in aller Welt.
Nachdem der Abwehr-Trupp von Hauptmann Bulang zwei Tage lang alle nur in Frage kommenden Dienstgebäude des polnischen Generalstabs im Stadtgebiet von Warschau fast ergebnislos durchsucht hat, steht fest, daß allem Anschein nach die Geheimakten der Abteilung II entweder restlos vernichtet oder irgendwo nach Ostpolen ausgelagert sind.
Noch am selben Nachmittag beschließt Hauptmann Bulang mit seinem Fahrer Wilanow, die königliche Residenz im Süden der Hauptstadt mit dem berühmten Schloß und den Parkanlagen zu besichtigen. Sie fahren die Sobieski-Allee entlang, vorbei an zerschossenen polnischen Geschützen und sonstigem Material, als Bulang neben der Allee die Erdwälle einer Festungsanlage bemerkt.
Er läßt den Fahrer nach rechts abbiegen und steht jetzt unversehens vor Fort Legionow. Im Festungsgraben rings um die Anlage liegen ausgebrannte Wagen, weggeworfene Ausrüstungsgegenstände: ungezählte Tornister, Lederzeug, ganze Uniformteile, Gasmasken und Stahlhelme. Einige frisch aufgeworfene Soldatengräber säumen den Weg.
Hauptmann Bulang entdeckt eine halbgeöffnete Tür, die zu den Kasematten führt, stößt sie auf und betritt einen nach Feuchtigkeit und Moder riechenden fensterlosen, saalähnlichen Raum. Er traut seinen Augen nicht, was er plötzlich im Halbdunkel sieht: An den Wänden stehen Regale und Schränke sowie Metallkisten mit Aufschriften wie EKSPOZYTURA Nr. 3 – BYDGOSZCZ, EKSPOZYTURA Nr. 5 – LWOW, REFERAT ›NIEMCY‹, REFERAT ›ROSJA‹ und vieles andere mehr. Hier liegt also das bisher vergeblich gesuchte Geheimarchiv des polnischen Nachrichtendienstes!
Sechs schwere Lkw sind erforderlich, um – bis an den Rand beladen – die Akten aus Fort Legionow in die Zentrale der Abwehr nach Berlin zu schaffen. Das Archiv hat für den deutschen Nachrichtendienst einen unermeßlichen Wert: Neben einer vollständigen Agentenkartei bietet es Einblick in das weitverzweigte Netz der polnischen Spionage in Westeuropa.
Einige Kisten sind voller Berichte der polnischen Militärattachés aus London, Washington, Paris, Rom und Tokio, darunter auch jenes Material, der sich ausschließlich mit der Aufklärung Deutschlands befassenden Expositur Bydgoszcs (Bromberg) und anderer Nachrichtenstellen.
Was für die deutsche Führung noch wichtiger ist: Man entdeckt das umfangreiche geheimdienstliche Archiv über die Sowjetunion. Die unzähligen Karteien, Berichte, Studien, Akten und Karten öffnen den Abwehr-Mitarbeitern die ihnen nur wenig bekannte Welt der Roten Armee. Die Personalkartei zum Beispiel mit genauen Anschriften aller in der UdSSR tätigen polnischen Agenten ermöglicht den Canaris-Männern, die Spione des zerrissenen polnischen Netzes jetzt für Berlin weiterarbeiten zu lassen.
Die Unterlagen über sowjetische Panzer- oder Flugzeugtypen, Angriffsmethoden der Roten Luftflotte, Stimmungsberichte aus dem höheren Offizierskorps, Analysen der Artillerie oder eine Studie über die Kriegsgliederung sind für die Planung eines Angriffs auf die Sowjetunion im Sommer 1941 wohl die einzige fundierte Informationsquelle über die mächtigen Streitkräfte der UdSSR.
Walter Schellenberg, derzeitig stellvertretender Leiter des Amtes IV (Inlandabwehr) im Reichssicherheitshauptamt (RSHA): »Nach meiner Rückkehr

Fort Legionow, nahe Warschau, Anfang Oktober 1939. Sechs vollbeladene Lkw bringen das Archiv des polnischen Nachrichtendienstes nach Berlin

nach Berlin wurde sogleich die Auswertung des in Warschau erbeuteten Geheimdienstmaterials in Angriff genommen. Aus den Unterlagen ergab sich, daß etwa 430 Deutsche im Reich im Dienst des polnischen Geheimdienstes gestanden hatten, darunter mehrere Offiziere der Wehrmacht und höhere Beamte. Sie wurden zur Aburteilung den Gerichten übergeben.«

Einer, für den sich der Fund im Fort Legionow schicksalhaft auswirkt, ist Oberstleutnant der Abwehr Günther Rudloff, langjähriger Agent des polnischen Rittmeisters Sosnowski. Auch Rudloffs Spionageberichte finden die Abwehrleute in den Aktenstapeln der Abteilung II. Rudloff wird sofort verhaftet und nimmt sich später das Leben.

Hauptsitz der deutschen Abwehr am Berliner Tirpitzufer: Ohne die polnische Aktensammlung über die UdSSR wäre die gezielte Planung für einen Angriff auf die Sowjetunion kaum möglich

Sie kamen von See her

Im Sommer 1940 stand die Abwehr vor einer fast unlösbaren Aufgabe: In Großbritannien, vor allem an der Südwestküste, sollten in Frage kommende Luftlandeplätze erkundet werden. Weil man als Agenten keine Engländer zur Verfügung hatte, war die Abwehr gezwungen, zum größten Teil Außenseiter zu nehmen und sie in Schnellkursen vorzubereiten. Da diesen unerfahrenen Spionen das Land und die Gepflogenheiten der Einwohner völlig unbekannt waren, hatten sie kaum eine Chance, ihren Auftrag zu erfüllen.

Die Canaris-Agenten

Seit Dienstag, dem 25. Juni 1940 um 01.35 Uhr, herrscht in Frankreich Waffenruhe. Dieser Sieg über den westlichen Nachbarn versetzt Hitler in einen Machtrausch. Die deutsche Wehrmacht hat in einem »klassischen« Feldzug den stärksten Gegner geschlagen und das britische Expeditionsheer vom Festland vertrieben. Nun befindet sich der westeuropäische Kontinent vom Nordkap bis zur Biskaya in deutscher Hand.

Am 2. Juli 1940 gibt das OKW seinen Befehlshabern die Weisung, Hitler habe entschieden, daß »unter bestimmten Voraussetzungen« eine Landung in Großbritannien, Unternehmen »Seelöwe«, in Frage kommen könnte. Es soll daher mit den Vorbereitungen für eine Invasion Englands, die Mitte September 1940 erfolgen wird, begonnen werden. Bereits am 21. Juni 1940, als sich der oberste Chef der Kriegsmarine Großadmiral Raeder in Berlin aufhält, legt er Canaris nahe, die Bemühungen der Abwehr jetzt auf Großbritannien zu konzentrieren.

Tags darauf informiert Canaris seine Abteilungsleiter über das kurzfristig angesetzte Vorhaben. Dies erfordert natürlich eine Reihe von geheimen Erkundungsunternehmen, die den Decknamen »Hummer« erhalten. Der Admiral muß allerdings feststellen, daß die Abwehr über keinen taktischen Spion auf der Insel verfügt mit Ausnahme von Johnny, der bisher »Mädchen für alles« gespielt hat. Johnny, so der Tarnname des 40jährigen Wallisers Arthur G. Owens, ist ein Elektroingenieur, den die Abwehrstelle Hamburg bereits 1937 angeworben hat. Er steht in regelmäßiger Funkverbindung mit seiner Abwehrstelle und sendet recht wertvolle Informationen. Sein Nachteil: Johnny arbeitet auch für die Engländer.

Das einzig Beruhigende für Canaris ist die Zusicherung von Generaloberst Halder, dem Chef des Generalstabs des Heeres, daß er alle Angaben über den Gegner, die er für die Invasionsvorbereitungen brauche, von der Abteilung »Fremde Heere West« (Oberst Liss) bekäme.

Tatsächlich kann Oberst Liss dank des enormen in Frankreich erbeuteten Materials umfangreiche Informationen über alle möglichen Bereiche zur Verfügung stellen, sei es über die gegnerischen Stützpunkte, Landungsabschnitte und anderers mehr. Jedoch am 16. Juli 1940 teilt Generalmajor Jodl, Chef des Wehrmachtführungsamtes im OKW, dem Abwehr-

»Johnny«, der Walliser Arthur G. Owens: Er ist im Sommer 1940 der einzige deutsche Spion in Großbritannien

chef mit, daß die Invasionstruppen in jedem Fall Agenten benötigten, von denen sie nach der Landung eingewiesen und an Ort und Stelle mit neuesten Informationen versehen würden. Und was besonders wichtig ist, diese Agenten müssen spätestens bis zum 15. September 1940 einsatzbereit zur Verfügung stehen.

Der Admiral setzt sich sofort mit Kapitän zur See Wichmann von der Hamburger Abwehrstelle X. in Verbindung, der für die nachrichtendienstliche Erkundung Großbritanniens zuständig ist. Er soll umgehend geeignete Leute ausfindig machen, sie innerhalb der nächsten sieben Wochen ausbilden und spätestens bis zum 7. September 1940 nach England einschleusen. Die Realisierung dieser Sondermission, Deckname Unternehmen »Lena«, übernehmen Major Ritter und Major Dierks sowie zwei weitere Abwehroffiziere.

Zur Zeit verfügt jedoch die Abwehrstelle X. nur über drei erprobte Agenten: Theodor Drücke (34), Kaufmann und Sohn eines Hamburger Rechtsanwalts, der bereits vor dem Krieg in Frankreich und Belgien eingesetzt war, dann Robert Petter, ein etwas schwerfälliger Deutsch-Schweizer, ehemaliger Fahrer des französischen Konsuls in Hamburg, sowie Josef Rudolf Waldberg, ein geborener Mainzer mit französischer Mutter und deutschem Vater. Weitere Kandidaten für dieses Himmelfahrtskommando stammen aus Belgien, Holland und Dänemark. Es sind Anhänger des Nationalsozialismus: Carl Heinrich Meier (24), Deutsch-Holländer, Charles Albert van der Kieboom (26), ein eurasischer Holländer, der

Sollen für Deutschland spionieren: Carl Heinrich Meier...

für den YMCA (Verband Katholischer Junger Männer) in Amsterdam tätig ist, dessen Freund Sjord Pons (25), dazu Wulf Schmidt alias Hansen, Goesta Caroli alias Nilberg und andere.
Einige von ihnen werden im Schnellverfahren in Brüssel, die anderen in Hamburg ausgebildet: Sie lernen Funken, die Grundelemente der Kryptographie sowie Identifizierung von Heereseinheiten, schweren Waffen, Flugzeugen, Panzern und Schiffen. Da die Zeit drängt, ist die Einweisung für eine derart gefährliche Mission viel zu oberflächlich. Was man ihnen jedoch in der Eile nicht beibringt, sind bestimmte britische Eigenarten und Gepflogenheiten, und wer die nicht kennt, fällt als Fremder auf. Und das größte Problem: Keiner der Männer kann perfekt Englisch sprechen. Diese Nachlässigkeiten bedeuten für viele Agenten den sicheren Tod.
Am 2. September 1940 werden vier Männer der Brüsseler Gruppe, die für eine Teiloperation, Bezeichnung Unternehmen »Hummer I.«, vorgesehen sind, in das mondäne Seebad La Touquet beordert, wo sie während des Abschiedsessens in einem Schlemmerlokal ihre letzten Anweisungen bekommen. Kieboom und sein Freund Pons sollen erkunden, wie die Menschen leben, wie viele Soldaten an verschiedenen Punkten stationiert sind und wie die Stimmung unter der Bevölkerung ist. Meier soll Informationen über die wirtschaftliche und militärische Lage beschaffen. Dagegen hat Waldberg die Aufgabe festzustellen, welche Brigaden und Divisionen an der englischen Südküste stehen, die Art der Befestigungen, Kaliber der Geschütze, Lage der Küstenartilleriestellungen und Flugabwehrbatterien.
Ihre Beobachtungen sollen sie zwischen fünf und acht Uhr morgens oder nach acht Uhr abends bis Mitternacht per Funk durchgeben. In ihren Koffern sind in England hergestellte Kleidungsstücke verstaut, dazu hat jeder einen wasserdichten Sack mit Lebensmitteln, Zigaretten und eine Tasche mit dem Funkgerät. Gegen Abend fahren die Männer nach Boulogne-sur-Mer, wo bereits ein Fischkutter wartet, der sie über den Kanal bringen soll. Von zwei Minenräumbooten begleitet, geht es bei Dunkelheit los. Etwa drei Seemeilen vor der Küste von Kent steigen die Agenten in Schlauchboote um und paddeln in Richtung Küste.
Der Landungsort von Kieboom und Pons liegt bei Romney Marsh südlich von Dover, in der Nähe des stark befestigten Stützpunktes West Hythe, dort befinden sich Ausbildungslager für Infanterie. Meier und Waldberg steuern die Küste vor der Ortschaft Lydd an, 25 Meilen südlich der ersten Gruppe. Kurz vor Sonnenaufgang haben alle Agenten die Küste erreicht. Da ihnen bei der Ausbildung keiner gesagt hat, was sie nach der geglückten Landung mit ihren Schlauchbooten machen sollen, schaukelt jetzt eines friedlich auf den Wellen.
Eine Stunde später meldet Waldberg der Abwehrfunkstation in Hamburg-Wohldorf: »Sicher angekommen, Dokumente vernichtet. Englische Patrouille 200 Meter vor der Küste. Strand mit braunen Netzen und Eisenbahnschwellen im Abstand von 50 Metern keine Minen. Wenig Soldaten. Unfertige Bunker. Neue Straßen.«

...Charles Albert van Kieboom

...und Sjord Pons

Nur für den Dienstgebrauch!

Militärgeographische Angaben über England

Südküste

Text- und Bildheft mit Kartenanlagen

Abgeschlossen am 15. August 1940

Generalstab des Heeres
Abteilung für Kriegskarten und Vermessungswesen. (IV. Mil.-Geo.)
Berlin 1940

Die wenigen Hinweise auf Landungs- und Einsatzorte erfahren die Agenten aus diesem Heft

Das von Meier und Waldberg benutzte Schlauchboot: So hat es die britische Küstenwache gefunden

Am schnellen Scheitern ihrer Mission ist – so kurios es klingt – der Durst schuld: Da Waldberg kein Wort Englisch spricht, versucht Meier in dem nahegelegenen Lydd etwas Trinkbares zu besorgen. Er marschiert zum nächsten Pub und verlangt um 9 Uhr morgens eine Flasche Obstwein und Zigaretten. Niemand von der Abwehr hat ihn über die britischen Gesetze instruiert, daß zum Beispiel der Verkauf alkoholischer Getränke vor 10 Uhr morgens strikt verboten ist.
Die verblüffte Gastwirtin empfiehlt ihm, sich die nächstliegende Kirche anzuschauen und nach einer Stunde wiederzukommen. In der Zwischenzeit ruft die hellhörig gewordene Frau einen RAF-Offizier, der bei Meiers Rückkehr schon auf ihn wartet. Im Polizeirevier gibt er sich als Flüchtling aus, der es gerade geschafft habe, sich mit einem Boot aus Frankreich abzusetzen, um sich als freiheitsliebender Niederländer der Exilarmee in Großbritannien anzuschließen.
Den seit Stunden im Gebüsch am Strand wartenden Kameraden erwähnt er natürlich mit keinem Wort. Gegen Mittag funkt Waldberg nach Hamburg: »Meier gefangengenommen. Englische Polizei sucht nach mir. Sitze in der Klemme. Situation schwierig.« Danach versteckt er sein Funkgerät und die anderen Ausrüstungsgegenstände. Von Durst geplagt, verläßt Waldberg seinen Unterschlupf und läuft einer Polizeistreife in die Arme.
Kieboom und Pons haben genausowenig Glück: Sie landen in der Morgendämmerung bei Hythe ohne zu ahnen, daß in Strandnähe eine Einheit der Somerset Light Infantry stationiert ist. Gegen 5 Uhr früh bemerkt der Wachtposten die Silhouette eines Mannes, der den Deich erklimmt. Er ruft ihn an, und Kieboom muß sich ergeben. Bei ihm, der ebenfalls behauptet, ein Flüchtling zu sein, findet man eine geladene Pistole. Die Einheit wird sofort alarmiert und die Strandgegend durchkämmt.
Kurz darauf entdecken die Soldaten einen wasserdichten Sack mit deutscher Wurst und Schokolade. Einige Schritte weiter findet man einen Koffer. Zehn Minuten später wird auch Pons festgenommen, als er gerade seine nasse Unterhose gegen eine trockene wechseln will. Am Nachmittag wird der Behälter mit ihren Funkgeräten aufgespürt. Bald meldet auch die Küstenwache, daß sie ein fremdartiges Schlauchboot am Strand gefunden habe.
Meier und Waldberg werden am 10. Dezember 1940 im Londoner Gefängnis Pentonville hingerichtet. Van der Kieboom ereilt am 17. Dezember 1940 dasselbe Schicksal. Kurz vorher schreibt er noch seiner Mutter: »Ich bin glücklich, für den Führer zu sterben.« Pons dagegen gelingt es tatsächlich, das Gericht davon zu überzeugen, daß er ein holländischer Patriot sei, der das Unternehmen nur mitmache, um auf diese unalltägliche Weise aus Holland herauszukommen. Das rettet ihm zwar das Leben, aber er muß den ganzen Krieg im Gefängnis verbringen.
Ende September 1940 rückt die nächste Agentengruppe des Unternehmens »Lena« an, diesmal als Teiloperation »Hummer Nord I« bezeichnet. Der Führungsoffizier des Trios ist Hauptmann Hans Dierks von der Abwehrstelle Hamburg. Das Unternehmen beginnt mit einer Liebesgeschichte und en-

Von Durst geplagt: Josef Rudolf Waldberg nach der Festnahme im September 1940

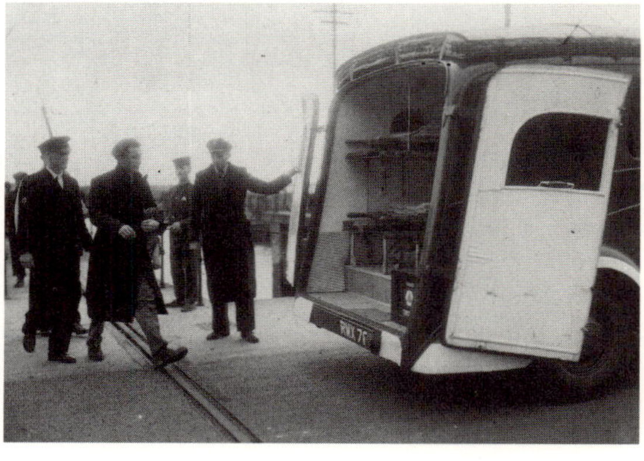

det als Tragödie. Die Hauptrolle spielt dabei Vera von Schalburg, eine Femme fatale, mit richtigem Namen de Cottani-Chalbur. 1913 in Sankt Petersburg geboren, ist sie die Tochter eines baltischen Aristokraten und Offiziers der zaristischen Marine. Er fällt im Kampf gegen die Bolschewiki, als sie sechs Jahre alt ist.

Ihre Mutter erreicht mit den Kindern nach einer abenteuerlichen Flucht Lettland und siedelt später nach Dänemark um. Vera besucht in der Schweiz ein Mädchenpensionat, verliebt sich in einen älteren Franzosen und reißt aus. Die Familie erhält jahrelang kein Lebenszeichen von ihr. Von dem Geliebten verlassen, arbeitet sie in einem Pariser Nachtlokal und lernt eines Tages Ende 1938 den Abwehragenten Karl Theo Drücke kennen, der sie nach Brüssel mitnimmt.

Die jetzt 25jährige »Gräfin«, wie sie in Abwehrkreisen genannt wird, verliebt sich hier prompt in einen Arbeitskollegen von Drücke, den Abwehroffizier Hans Dierks. Als man ihn in die Abwehrstelle Hamburg versetzt, nimmt er Vera mit. Auch Drücke folgt den beiden in die Hansestadt. Dierks arrangiert für die intelligente, sprachbegabte junge Frau eine Überfahrt nach England. Dort nimmt sie die Stelle als Gesellschafterin im Haus eines prominenten britischen Politikers an und beliefert seitdem die deutsche Abwehr mit verschiedenen Informationen. Dann arbeitet sie in einem vornehmen Geschäft im Londoner Mayfair, ohne die Nachrichtenübermittlung zu unterbrechen.

Im Juni 1939 kehrt Vera von Schalburg aus England zurück und bezieht eine elegante Wohnung im Hamburger Alsterviertel. Jetzt dient sie als Lockvogel für all jene, an denen Dierks ein Interesse hat. Als er sich jedoch im Frühjahr 1940 eine neue Freundin zulegt, unternimmt Vera einen Selbstmordversuch. Dierks bittet daraufhin seinen Chef, um – wie er sagt – »Ruhe zu haben«, ihn für einen Auslandseinsatz abzustellen. Vera und auch Drücke melden sich

Hamburg, »Pension Klopstock«; Aufnahme aus dem Jahr 1965

ebenfalls als »Seelöwe«-Spion für dieses Unternehmen. Der vierte im Bunde ist der Schweizer Waelti, mit richtigem Namen Robert Petter.

Die Aufgabe des Agententeams: topographische Erkundung bestimmter Gebiete in Südengland. Sie sollen Strände ausfindig machen, die sich für eine Landung eignen, sowie Felder, auf denen Luftlandeeinheiten, Fallschirmjäger oder Lastensegler mit Truppen und Nachschub landen können, dazu alle möglichen Hindernisse wie Panzersperren, Minenfelder und Stacheldrahtverhaue kartographisch erfassen. Nach der geglückten Landung ist vorgesehen, die Agenten in den Küstengebieten als Pfadfinder einzusetzen, da die deutsche Führung annimmt, daß die

Der gefälschte britische Ausweis von Robert Petter: Bei der Abwehrstelle in Hamburg hat man nicht bedacht, daß die englische Schreibweise des Namens nicht Wälti, sondern Waelti sein muß, weil sonst in Großbritannien sofort Argwohn entsteht

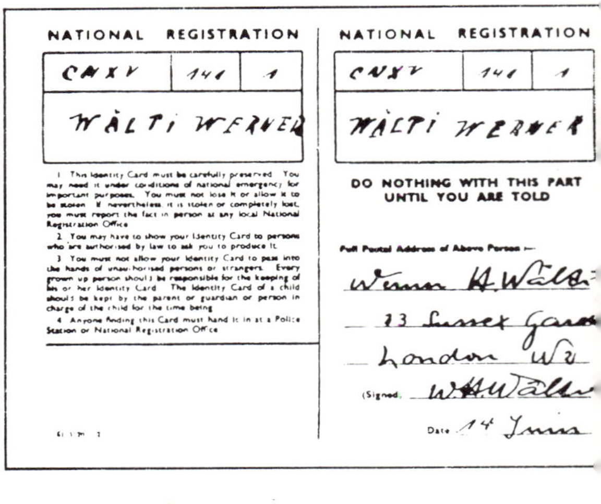

NATIONAL REGISTRATION

CNXV 141 1

WÄLTI WERNER

1 This Identity Card must be carefully preserved. You may need it under conditions of national emergency for important purposes. You must not lose it or allow it to be stolen. If nevertheless it is stolen or completely lost, you must report the fact in person at any local National Registration Office.

2 You may have to show your Identity Card to persons who are authorised by law to ask you to produce it.

3 You must not allow your Identity Card to pass into the hands of unauthorised persons or strangers. Every grown up person should be responsible for the keeping of his or her Identity Card. The Identity Card of a child should be kept by the parent or guardian or person in charge of the child for the time being.

4 Anyone finding this Card must hand it in at a Police Station or National Registration Office.

NATIONAL REGISTRATION

CNXV 141 1

WÄLTI WERNER

DO NOTHING WITH THIS PART UNTIL YOU ARE TOLD

Full Postal Address of Above Person —

London W2

(Signed)

Date 14 Jun

Sprachbegabt und intelligent: Vera de Cottani-Chalbur, alias von Schalburg, alias Erickson

Engländer alle Landmarken, Wegweiser, Meilensteine und dergleichen entfernt oder durch irreführende Zeichen ersetzt haben.
In der Hamburger »Pension Klopstock« zeigt Hauptmann Böckel den beiden Adepten der Spionagekunst, Vera von Schalburg und Robert Petter, die elementarsten Verhaltensweisen. Sie werden auch im Eiltempo mit einem neuen, recht einfachen Verschlüsselungssystem vertraut gemacht, mit der im 15. Jahrhundert von Leon Battista Alberti erfundenen Chiffrierscheibe. Bei Fahrten in die Umgebung der Hansestadt erklärt ihnen Böckel das Kartenlesen, wie man Beobachtungen anstellt, Ziele erkennen oder Entfernungen abschätzen kann.
Am Abend des 3. September 1940 feiern sie alle im Gourmet-Restaurant »Reichshof« und dann im eleganten »Weinlokal Jakob« den Abschiedsabend. Danach sollen sie zum Flughafen Hamburg-Fuhlsbüttel fahren und von dort mit einer Maschine direkt zu ihrer Ausgangsbasis in Norwegen fliegen. Nach diesem feuchtfröhlichen Abend klettert die Gesellschaft um Mitternacht in das von Drücke gesteuerte BMW-Kabriolett. Doch auf der Elbchaussee passiert das Unglück: Bei zu hohem Tempo und glitschiger Fahrbahn überschlägt sich der Wagen. Major Dierks ist sofort tot, das Auto hat Totalschaden. Wie durch ein Wunder erleiden die anderen keine ernsthaften Verletzungen. Das Vorhaben wird für einige Tage verschoben, und die Berliner Abwehrzentrale bestimmt nun Karl Theo Drücke zum Führer des Unternehmens.
Am Sonnabend, dem 21. September 1940, starten die drei Agenten in Begleitung von Hauptmann Böckel mit einer Transportmaschine Ju 52 nach Stavanger. Hier erst bekommen sie ihre Ausrüstung, Geld, britische Ausweise sowie Lebensmittelkarten. Die Papiere der »Gräfin« lauten auf den Namen Miss Vera Erickson, Dänin, wohnhaft 18. Sussex Place, London W 11. Drücke spielt einen französischen Flüchtling aus Belgien und heißt jetzt François de Deeker, 15. Sussex Gardens, London W 2. Robert Petter mimt den schweizerischen Staatsbürger Werner Henrich Waelti, wohnhaft 23. Sussex Gardens, London W 2. Sie sollen, unabhängig voneinander, sich erst von Schottland nach Südengland durchschlagen und dort im Küstengebiet operieren.
An Bord haben sie auch drei original englische Klappfahrräder, die man im Keller der britischen Vertretung in Bergen gefunden hat. Irgend jemand in Hamburg fand, daß die Tour per Fahrrad für die drei Agenten die sicherste Möglichkeit sei, ungeschoren nach Südengland zu kommen. Welch eine Schnapsidee, wenn man bedenkt, daß diese Agenten ohne ausreichende Sprachkenntnisse eine Strecke von fast 700 Kilometern per Fahrrad in einem Land bewältigen sollen, das unter Invasionspsychose steht, und wo beinahe an jeder Straßenecke ein Polizist wartet, außerdem sämtliche Wegweiser und Ortsschilder abmontiert sind.
In der frostigen Nacht zum 26. September 1940 besteigt das Trio in Stavanger ein Wasserflugzeug Heinkel He 115 des X. Fliegerkorps und fliegt zu seinem etwa 450 Kilometer westlich liegenden Einsatzort nahe der schottischen Küste bei Banffshire. Doch über dem Ziel liegt eine so dichte Nebelwand, daß sie unverrichteter Dinge zu ihrem Luftwaffenstützpunkt zurückkehren müssen. Sie starten in der Nacht zum 30. September 1940 um 2.30 Uhr zum zweitenmal und landen bei Morgengrauen vor der Küste bei Buckie. Es herrschen starker Wind und hoher Wellengang. Beim Verladen der Fahrräder schlingert das Schlauchboot derart, daß sämtliche Vehikel über Bord kippen.
Da Ebbe herrscht, können sie nur einige hundert Meter rudern und müssen dann durchs Wasser waten, denn es ist selbst für das flache Gummiboot nicht mehr tief genug. Sie haben keine Ahnung, wo genau

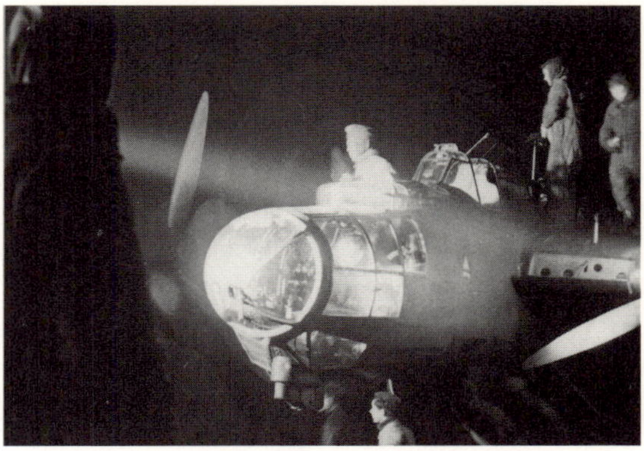

Stavanger, in der Nacht zum 26. 9. 1940: das Wasserflugzeug mit den drei Agenten – kurz vor dem Start in Richtung Schottland

Die schottische Küste von Banffshire, nahe der Ortschaft Buckie: Landestelle des Agententrios

sie sich befinden, und trennen sich nun. Petter geht mit seinem schweren Koffer nach Leuchtkompaß in östlicher Richtung und will von der nächstgelegenen Bahnstation aus nach Edinburgh fahren. Vera und Drücke ziehen nach Westen ab und erreichen bald eine andere kleine Station. Da man wie gesagt in Großbritannien seit langem sämtliche Straßenschilder, Wegweiser und Bahnhofstafeln entfernt hat, tappen sie völlig im Ungewissen.
Erst um 7.30 Uhr, als der Fahrkartenschalter geöffnet wird, erfahren sie, wo sie sich befinden: Port Gordon. Drücke orientiert sich mit dem Finger auf einem an der Wand hängenden Fahrplan und verlangt zwei Fahrkarten nach Forres. Dem Stationsvorsteher fällt das Paar sofort auf: Die beiden wissen nicht einmal, wo sie sich befinden, und es scheint ihnen auch gleichgültig zu sein, wohin sie fahren. Außerdem sind die Strümpfe der Frau und die Hose des Mannes naß, obwohl es nicht geregnet hat. Er bemerkt schon an ihrem ausländischen Akzent, daß sie hier fremd sind, und ruft unauffällig das nächste Polizeirevier an.
Der bald eintreffende Polizist verlangt von beiden, sich zu legitimieren, und es fällt ihm auf, daß in ihren Ausweispapieren die Ziffern 1, 4 und 7 in kontinentaler Art geschrieben sind, wie dies kein Engländer tut. Für ihn ist der Fall klar, und er fordert das Paar auf, ihm aufs Revier zu folgen. Auf die Frage, wie sie nach Port Gordon kommen, erzählt Vera, daß sie von den Deutschen bei Bergen in Norwegen mit einem Fischkutter namens »Norstar« unter Kapitän Andersen geflohen seien. Sie hätten die letzte Nacht in einem Hotel in Banff verbracht, seien mit einem Taxi bis Port Gordon gefahren und hätten die Bahnstation zu Fuß erreicht.
Bei der Leibesvisitation findet man in den Mantel- und Jackettaschen von Drücke 19 Schuß Revolvermunition, eine Taschenlampe »Made in Bohemia«, ein Stück deutsche Hartwurst, eine Uhr mit dem Monogramm H.W.D. sowie 327 Pfund. In seinem Koffer, den Drücke sich weigert zu öffnen, entdeckt

Ausrüstungsgegenstände, die von der britischen Küstenwache bei Buckie nach und nach gefunden werden

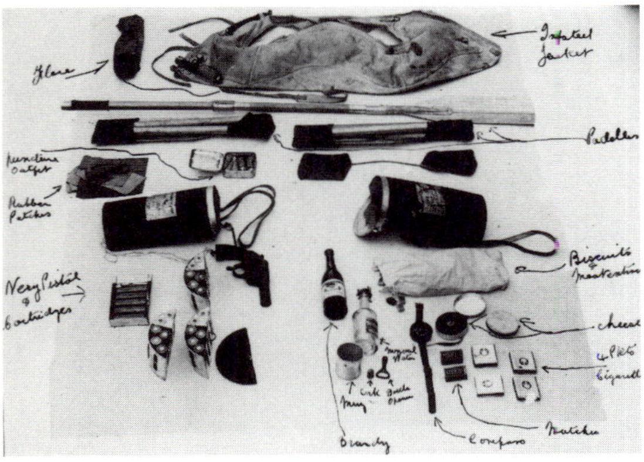

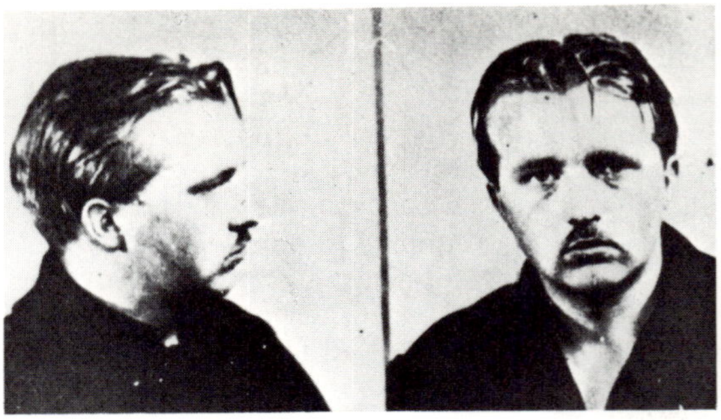

Polizeiaufnahme von Robert Petter, alias Werner Waelti (Wälti)

die Polizei eine geladene Mauser-Pistole, Springmesser, zwei Papierscheiben als »Verschlüsselungsgeräte«, ein komplettes Funkgerät mit mehreren Batterien, eine lange Liste von Bomber- und Jägerstützpunkten im Ostküstengebiet sowie ein Heft mit Millimeterpapier.
Vera hat in ihrer Handtasche außer 72 Pfund noch Kosmetikutensilien, Tabletten und Toiletten-Kleinkram. Inspektor Simpson: »Tut mir leid, aber ich muß sie verhaften.« Drücke wird abgeführt. Als er weg ist, zeigt Vera dem Inspektor ein Stück Papier und verlangt, daß ein Captain King vom War Office sofort die Spionageabwehr MI5 benachrichtigen solle. Vera de Cottani-Chalbur ist in Wirklichkeit eine Agentin des britischen Secret Service. Sie teilt dem erstaunten Inspektor mit, daß ein zweiter Mann namens Werner Waelti sich allein auf dem Weg nach Euston befinde.
Unterdessen berichtet ein in der Nähe lebender Bauer, daß sein Hund in der Nacht wütend gebellt habe, was normalerweise nie vorkäme. Im Lauf des Vormittags treffen immer neue Hinweise auf einen deutschen Agenten ein: Die Beamten des Bahnhofs Buckpool erzählen von einem Fremden, der am selben Morgen kurz vor 7 Uhr aufgetaucht sei und sich nach den Abfahrtszeiten der Züge in Richtung Aberdeen erkundigt habe. Man habe ihm gesagt, der nächste Zug würde um 9.58 Uhr von Buckie aus gehen, dem eine Meile weiter östlich gelegenen Ort. Und der Schalterbeamte bestätigt, daß ein ziemlich jung aussehender Mann, etwa 30 bis 35 Jahre alt, eine einfache Fahrkarte nach Edinburgh gelöst habe und in den Zug nach Aberdeen eingestiegen sei.
Um 11.45 Uhr bemerkt die Küstenwache in Buckie einen Gegenstand, der etwa eine Viertelmeile vom Ufer entfernt draußen auf dem Meer treibt. Ein Angehöriger des Küstenwachdienstes fährt mit dem Hafenmeister hinaus, und sie fischen den Gegenstand auf. Es ist ein Blasebalg, und etwas weiter weg entdecken die beiden noch ein zusammengerolltes Schlauchboot.
MI 5, inzwischen von Captain King alarmiert, setzt

sich sofort mit dem Polizeipräsidenten von Edinburgh, William Merriles, in Verbindung. Er solle den Zug aus Aberdeen überwachen lassen. Zu ihrem Pech erreicht die Polizei den Bahnhof zu spät, um die ankommenden Reisenden noch zu kontrollieren. Nun wird die größte Suchaktion eingeleitet, die Edinburgh je erlebt hat.
Petter ist inzwischen planmäßig um 16.30 Uhr auf dem Waverley-Bahnhof in Edinburgh angekommen und erfährt von einem Auskunftsbeamten, daß der nächste Zug nach London erst um 22 Uhr fahre. Der Beamte rät ihm, seinen schweren Koffer am Gepäckschalter zur Aufbewahrung abzugeben und sich gegen 21 Uhr wieder auf dem Bahnhof einzufinden. Petter deponiert sein Gepäck im Bahnhof, schlendert dann die Princess Street entlang, läßt sich beim Frisör rasieren, ißt etwas und geht anschließend ins Kino, um die Zeit totzuschlagen.
Polizeipräsident Merriles: »Es war erst 17.10 Uhr, also 40 Minuten, nachdem der Zug aus dem Norden in Edinburgh eingelaufen war, als die Nachricht über diesen Vorfall die Ermittlungsbehörden erreichte. Sofort wurde eine Durchsuchung der gesamten Stadt angeordnet. Ich brachte in Erfahrung, daß in Dundee eine Überprüfung der Personalausweise aller Reisenden im Zug erfolgt sei, man aber keinerlei Hinweise auf etwas Verdächtiges gefunden habe.
Dennoch stellten wir im Waverley-Bahnhof von Edinburgh Nachforschungen an und befragten alle Gepäckträger. Alle Gepäckaufbewahrungsräume wurden durchsucht, ebenso alle Nebengleise. Zur gleichen Zeit fand eine Razzia an allen in Frage kommenden Stellen der City statt, so in Herbergen, Pensionen, Hotels sowie Einrichtungen der YMCA und der Heilsarmee. Während diese Aktion lief, stießen zwei meiner Beamten, welche die Gepäckaufbewahrung am Nordostende des Waverley-Bahnhofs durchsuchten, auf ein Gepäckstück mit einem weißlichen, nicht gebräuchlichen Kennzeichen. Die beiden Beamten waren scharfsinnig genug, um festzustellen, daß das Gepäckstück im Salzwasser gestanden hatte ...
Wir öffneten das Gepäckstück und fanden darin ein in Deutschland hergestelltes Funkgerät. Nunmehr stand fest, daß es einen dritten Agenten gab und dieser bis Edinburgh gekommen war. Was sollten wir nun machen? Irgend jemand würde kommen, um den Koffer abzuholen ... Ich glaubte, daß ein Gepäckträger in unmittelbarer Nähe zu der Gepäckaufbewahrung am allerwenigsten auffallen würde. Darum lieh ich mir die Uniform eines solchen und übernahm die Aufgabe selbst. Anschließend, so fürchte ich, habe ich aus Unkenntnis viele Reisende zu den falschen

Deutsches Agentenfunkgerät; es befindet sich in Petters Koffer, den er in der Gepäckaufbewahrung des Bahnhofs Edinburgh abgibt

Bahnsteigen geschickt. Drei Stunden mußte ich warten ...
Schließlich dann gegen 21 Uhr kam ein Mann in ausländischer Kleidung die nahe Treppe von der Princess Street herunter. Er ging dann weiter und blieb an der Ecke eines der Kioske stehen und beobachtete scharf die Gepäckaufbewahrung ... Der Mann hielt seine linke Hand in der Hosentasche. Ganz offensichtlich war er bewaffnet. Ich schlenderte auf ihn zu. Als er mich beobachtete, machte ich mit meinen Händen ein Zeichen, als ob jemand mir folgen würde – ein uralter Trick. Als er sich deshalb etwas umdrehte, um zu sehen, wer dort war, sprang ich vor und umfaßte sein Handgelenk.
Ich kann versichern, daß ich ganz schön fest zupackte. Ich riß mit einem Ruck an seinem Unterarm, so daß die Hand aus der Hosentasche hervorkam. In seiner Hand hielt er eine geladene automatische Mauser-Pistole. Ich ließ ihn nicht los, bis meine Leute kamen. Wir schoben ihn in die Gepäckaufbewahrung und verriegelten die Türe. Bei seiner Verhaftung sprach der Mann recht gut Englisch und sagte, er sei kein Deutscher, sondern ein Schweizer ...«
Elf Monate später, am 6. August 1941, werden Werner Waelti und Karl Theo Drücke als deutsche Spione hingerichtet. Vera von Schalburg arbeitet den ganzen Krieg hindurch als Agentin für den britischen Secret Intelligence Service (SIS) in Westeuropa.

Moskaus erfolgreichster Spion

Half Richard Sorge dem sowjetischen Diktator Stalin tatsächlich, Hitler zu besiegen? Brachte er durch seine Spionagetätigkeit die entscheidende Wende im Zweiten Weltkrieg zustande? Eines gelang ihm jedenfalls mit Bestimmtheit, was kein Europäer vor ihm schaffte: Er spionierte acht Jahre lang unentdeckt in Tokio, einer Hauptstadt, in der es europäische Spione damals am allerschwersten hatten.
Richard Sorge: »Ich war selbst erstaunt, daß es mir Jahre hindurch gelang, in Japan illegal zu arbeiten, ohne von den Behörden geschnappt zu werden.«

Dr. Richard Sorge

Am Donnerstag, dem 7. September 1933, meldet sich bei der Deutschen Botschaft in Tokio ein Fremder: »Ich bin Doktor Richard Sorge und werde die ›Frankfurter Zeitung‹ als Korrespondent vertreten.« Er ist ein gutaussehender, hochgewachsener, dunkelhaariger Mann Ende Dreißig mit ungezwungenen Bewegungen. Die etwas vorstehenden Backenknochen und die ein wenig schräggeschnittenen, lebhaften blauen Augen verraten einen slawischen Einschlag. Mit seinem bemerkenswert sicheren Auftreten strahlt er eine weltmännische Liebenswürdigkeit aus. Auch seine journalistischen Verbindungen sind tadellos. Die »Frankfurter Zeitung« gilt in Deutschland weiterhin als die beste, und sie zählt zu den letzten größeren Tageszeitungen, die dem NS-Druck schließlich nachgeben. Dann legt Sorge Referenzen von Professor Haushofers »Zeitschrift für Geopolitik« und zwei anderen bekannten Redaktionen vor, außerdem von einem Berliner Finanzblatt und dem »Amsterdamer Algemeen Handelsblad«. Ein persönliches Schreiben von Professor Haushofer an den Militärattaché der deutschen Botschaft, Oberst Eugen Ott, steht am Anfang einer langen Freundschaft, die Sorge mit dem Offizier verbindet.
In den folgenden Monaten arbeitet Sorge intensiv und mit sichtlichem Erfolg. Er faßt als Korrespondent in Tokio bald Fuß. Seiner Schilderung nach war der Botschaftsstab besonders beeindruckt von dem Empfehlungsschreiben an Amau Eiji, dem Leiter der Nachrichtenabteilung des japanischen Außenministeriums, das ihm die japanische Botschaft in Washington mitgegeben hatte.
Richard Sorge, am 4. Oktober 1895 in Adschikent unweit der größten russischen Ölstadt Baku am Kaspischen Meer geboren, ist der einzige Sohn eines deutschen Bergingenieurs der »Kaukasus-Ölgesellschaft Gebrüder Nobel« und einer Russin. 1898 zieht die Familie nach Berlin-Lichterfelde. Hier besucht Richard die Oberrealschule.
Am 11. August 1914 rückt er als Freiwilliger mit dem

Dr. Richard Sorge (1895–1944), offiziell Korrespondent der »Frankfurter Zeitung« in Tokio

Rechts: Personalblatt von Dr. Sorge aus dem sowjetischen Archiv

Национальность. немец
Партийность (стаж). 1925 В.К.П. 1919 К.П. Герм
Знание языков.
Краткие биографические сведения. 4.10.1895.

Studentenbataillon des 3. Feldartillerieregiments in den Krieg und erlebt drei Monate später in Frankreich seine Feuertaufe. Ab Juni 1915 kämpft er an der Ostfront und wird dreimal verwundet, davon einmal so schwer, daß seitdem sein rechtes Bein zweieinhalb Zentimeter kürzer ist.

Im Lazarett beginnt Sorge über die politischen und wirtschaftlichen Ursachen eines solchen Weltbrandes nachzudenken. Er liest die Werke griechischer Philosophen und auch Schriften von Karl Marx, dessen Sekretär sein Großonkel Friedrich Albert Sorge gewesen war. Richard Sorge: »Ich beschloß, mich an der Organisation der revolutionistischen Bewegungen zu beteiligen.«

Nach seiner Entlassung vom Militär, fängt er 1916 in Kiel mit dem Studium an und wird Mitglied der Unabhängigen Sozialdemokratischen Partei (USPD). Am 8. August 1919 erhält er an der Hamburger Universität seine Promotion als Doktor der Staatswissenschaften. Zwei Monate später, am 15. Oktober 1919, tritt Sorge in Hamburg der neugegründeten Kommunistischen Partei (KP) bei (Mitgliedsnr. 08678) und wird gleichzeitig in die militärische Geheimorganisation der KP aufgenommen. Er beschäftigt sich hier eifrig als Agitator, Geldbeschaffer, Ausbilder und Journalist.

Während seines Studiums hat er sich unsterblich in die Frau seines Professors Kurt Gerlach verliebt, die er 1921 heiratet. Als Redakteur der KP-Zeitung »Bergische Arbeiterstimme« geht Sorge am 28. Februar 1921 für anderthalb Jahre nach Solingen und übernimmt anschließend, ab 30. Oktober 1922, einen Lehrauftrag am Institut für Sozialwissenschaften in Frankfurt/Main (Leiter: Professor Gerlach).

Ende 1923 hat Sorge durch den Direktor des Marx-Engels-Instituts in Moskau, D. B. Riasanow, die ersten Kontakte zum sowjetischen Geheimdienst und zieht mit seiner Frau Christiane im Oktober 1924 nach Moskau. Noch im gleichen Jahr wird er sowjetischer Staatsbürger und Mitglied der KPdSU (Nr. 0049927) im Bezirk Khamowniki/Moskau. Ab November 1925 betätigt sich Sorge für die Komintern, die Kommunistische Internationale, und wirkt am Aufbau einer geheimen Nachrichtenabteilung mit. Man wird bald auf sein besonderes Interesse für Spionage aufmerksam.

Christiane Sorge, die unterdessen als Assistentin am Marx-Engels-Institut arbeitet, kehrt 1926 nach Deutschland zurück. Im Jahr 1928 hält sich Sorge in England auf, und danach erfolgt seine Versetzung zum Heeresnachrichtendienst der Roten Armee, der Vierten Verwaltung, bekannt als Raswedka (Aufklärung). General Jan K. Bersin, Chef dieses wichtigsten sowjetischen Apparates für Auslandsspionage, beordert Sorge, jetzt Offizier der Roten Armee, im Januar 1930 mit einer wichtigen Mission nach Schanghai: Getarnt als Fernost-Korrespondent des Berliner Agrarfachblattes »Getreide-Zeitung«, soll er einen sowjetischen Agentenring in China organisieren.

Branko Vukelic, schon 1932 von den Sowjets für die Japan-Spionage angeworben

In dieser Zeit wird Asien von einer Nachricht erschüttert, die sowohl die sowjetische Politik als auch Richard Sorges Spionagetätigkeit in eine ganz neue Richtung lenkt: Am 18. September 1931 fallen japanische Truppen in die Mandschurei ein. Die UdSSR, bisher einzige Weltmacht auf dem asiatischen Festland, wird plötzlich an ihrer Südostgrenze mit einer zweiten Weltmacht konfrontiert.

Anfang Januar 1933 ruft General Bersin seinen Agentenchef Sorge, Tarnname Schmidt, nach Moskau zurück. Er wird jetzt von General Bersin mit einer neuen Aufgabe betraut, die die Sowjets trotz mehrfacher Versuche bisher nicht lösen konnten: dem Aufbau eines Spionagenetzes in Japan. Das ist nach den Worten des Generals natürlich vorerst ein Experiment, denn niemand weiß, ob so etwas überhaupt möglich ist. Sorge glaubt anfangs, dafür völlig ungeeignet zu sein, da er sicher den mißtrauischen Japanern als Europäer sofort verdächtig erscheine.

Trotz seiner Einwände ist General Bersin der Ansicht, er sei der richtige Mann für diese riskante Aufgabe. Sorge solle aus der Not eine Tugend machen und als Tarnung einfach seine unverkennbare deutsche Art betonen. Als Journalist getarnt, könne er unauffällig überall herumschnüffeln, ohne Argwohn zu erwecken. Der Wirtschaftswissenschaftler gilt zur Zeit als der intelligenteste Raswedka-Agent. Vor diesem Einsatz muß Sorge aber erst nach Deutschland zurückkehren und Verbindungen zu Zeitungen anknüpfen, die er in Japan vertreten könnte, außerdem sich entsprechende Legitimationen beschaffen. Mit einwandfreien gefälschten Papieren ausgestattet, gelangt er ohne Schwierigkeiten ins Hitler-Deutschland. Sorge versteht es, sich schnell der ihm unheimlich erscheinenden neuen NS-Atmosphäre anzupassen, läßt sich einen deutschen Paß ausstellen, reicht einen Aufnahmeantrag für die NSDAP ein und besorgt sich mehrere Empfehlungsschreiben an verschiedene einflußreiche Persönlichkeiten in Tokio. Gleichzeitig vereinbart er mit mehreren Zeitungen und Zeitschriften, als Korrespondent in Japan für sie zu arbeiten.

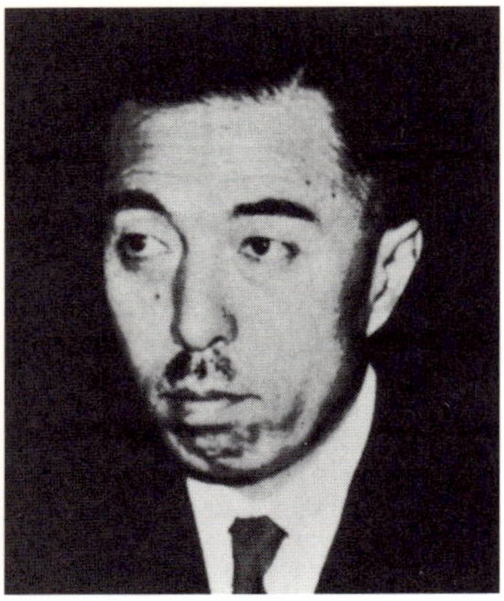

Der Journalist Hotsumi Ozaki ist Sorges wichtigster Informant

Bereits am 6. September 1933 geht Dr. Richard Sorge, mit dem Schiff aus Vancouver kommend, in Yokohama an Land und reist noch am selben Tag nach Tokio weiter. Sorges Codename während der Operation »Hirse«, so die Tarnbezeichnung für den Aufbau eines Spionagenetzes in Japan, ist »Ramsay«. Die Raswedka gesteht ihm zwei Jahre »Einführungszeit« zu, dann müsse er mit der Spionagetätigkeit beginnen. In dieser Zeit darf er keine riskanten Sachen unternehmen.

Von Anfang an macht sich Sorge beim deutschen Botschaftsstab beliebt, pflegt Beziehungen zur deutschen Kolonie in Tokio, läßt sich bei den Veranstaltungen der deutschen Handelskammer und der deutschen Clubs sehen und nimmt an den Festlichkeiten der Ostasiatisch-Deutschen Gesellschaft teil. Er ist ein glänzender Gesprächspartner, der schnell Freundschaften schließt, sein leichtes Hinken macht ihn noch interessanter. »Ike hatte etwas von einem deutschen Husarenoffizier an sich«, so behalten ihn Freunde in Erinnerung.

Bei seinen häufigen Barbesuchen fällt Sorge als besonders trinkfester Zecher auf. Er spielt übrigens die Rolle eines polternden Saufkumpans der deutschen Journalisten vortrefflich. Unter den Diplomaten und Kaufleuten, die für ihn wichtigste Informationsquelle, heißt es sogar, er sei ein Quartalssäufer. Auf Frauen strahlt Sorge eine geradezu hypnotische Anziehungskraft aus. Systematisch beginnt er nun, seine Kontakte zur Bildung eines Agentennetzes zu nutzen.

Sorge mietet sich im exklusiven Stadtteil Azabu, in der Nagasaka Nr. 30, ein typisch japanisches Holzhaus. Für ihn ist es bloß eine Art Sommerhäuschen mit kleinem Garten. Innerhalb von 5 Monaten verfügt der Spionagechef schon über fünf wichtige Mitglieder. Sein erster Funker ist ein deutscher Kommunist mit Decknamen »Bernhardt« (Bruno Wendt), Absolvent der Moskauer Funkschule, verantwortlich für den Zusammenbau und die Bedienung von Geheimsendern. Sorge erteilt ihm den Auftrag, Funkverbindung mit der Raswedka-Zentrale herzustellen. Wendt soll auch einen jungen Serben, Branko Vukelic, anrufen und mit ihm eine Verabredung treffen. Der 29jährige Jugoslawe wurde in Paris von Raswedka-Agenten für die Japan-Spionage angeworben und lebt bereits seit Ende 1932 in Tokio, getarnt als Fotoreporter für die populäre französische Illustrierte »Vue«. Vukelic erhält von Sorge die Order, Kontakt mit dem ersten zum Netz gehörenden Japaner aufzunehmen, dem fließend Englisch sprechenden Jotoku Mijagi. Der als Kunstmaler tätige Jotoku ist als 16jähriger mit seinen Eltern nach Kalifornien ausgewandert und dort der Kommunistischen Partei beigetreten. Durch Raswedka-Agenten im Oktober 1933 zur Rückkehr nach Tokio veranlaßt, soll er auf eine bestimmte Anzeige im englischsprechenden »Japan Advertiser« achten.

Am Donnerstag, 14. Dezember 1933, stößt Mijagi endlich auf die Annonce: »Ukijo-E (farbiger Holzschnitt mit Genre-Szenen) zu kaufen gesucht.« Im Anzeigenbüro der Zeitung trifft er sich mit Vukelic. Der Kontaktmann zeigt dem Maler als Erkennungszeichen eine Eindollarnote, Mijagi darauf eine Note mit der darauffolgenden Seriennummer. Wenig später sichert sich Sorge das nächste japanische Agentennetz-Mitglied: Er schickt Mijagi als Mittelsmann zu Hotsumi Ozaki. Dieser rundliche, symphatische Journalist hat bereits in Schanghai für ihn gearbeitet. Sorge kennt Ozaki als zuverlässigen, äußerst vorsichtigen Agenten und klugen Kommunisten, obwohl er nicht der Partei angehört. Fünf Jahre später erweist sich Ozaki als der wichtigste Informant: Er wird 1938 China-Berater des japanischen Ministerpräsidenten Prinz Fuminaro Konoje.

Den deutschen Militärattaché Oberst Eugen Ott und Dr. Richard Sorge verbindet eine enge Freundschaft. Der erst nach Hitlers Machtergreifung in Tokio akkreditierte Militärattaché fühlt sich in der für ihn fremden Welt Japans zuerst völlig isoliert. So beschafft ihm Sorge, der den Fernen Osten recht gut kennt, Informationen über die japanische Armee und Rüstungsindustrie, mit denen Ott nun in seinen Berichten nach Berlin brillieren kann. Der deutsche Journalist ist bald ein regelmäßiger, besonders gern gesehener Gast im Haus des Ehepaares Ott. Der Oberst zählt – ohne es zu ahnen – bald zu den besten

Prinz Fuminaro Konoje (1891–1945), japanischer Ministerpräsident

Informanten des von Sorge aufgebauten sowjetischen Agentennetzes.
Im Mai 1935 beordert die Zentrale ihren Tokio-Agenten zur persönlichen Berichterstattung nach Moskau. Sorge reist über New York, wo ihm ein Raswedka-Agent einen gefälschten Paß aushändigt, damit sein echter kein Visum für die Sowjetunion aufweist. Er hat umfangreiches Geheimmaterial bei sich, obwohl dies im krassen Gegensatz zu seinen Instruktionen steht, die ihm ein derartiges Wagnis ausdrücklich untersagen.
General Semjon P. Uritzkij, neuer Chef der Vierten Verwaltung, empfängt Sorge herzlich. Der General äußert sich optimistisch über die Zukunft des Spionagenetzes in Japan. Jetzt, nachdem er das Anfangsstadium hinter sich habe, solle sich der Agentenchef Sorge auf zwei wichtige Fragen konzentrieren: »Plant Japan einen Angriff auf die Sowjetunion? Wenn ja, wie stark ist es für einen solchen Krieg gerüstet?« Darüber hinaus könne er natürlich frei entscheiden, und je nach Entwicklung der Situation auch andere Dinge erkunden.
Sorge bittet General Uritzkij, ihm anstelle des unzuverlässigen Bernhardt, der sich aus Angst regelmäßig betrinkt, den Funker Max Clausen zu geben. Der 36jährige robuste, rauhbeinige Mechaniker hat für ihn bereits in Schanghai tadellos als Funker gearbeitet. Uritzkij stimmt zu, obwohl Clausen für die Raswedka ein gewisses Risiko darstellt: Er lebt nämlich mit der hübschen finnischen Witwe Anna Wallenius, einer russischen Emigrantin, zusammen. Anna ist alles andere als eine Kommunisten-Sympathisantin und macht auch kein Hehl daraus. Doch das fachmännische Können von Clausen ist so wertvoll, daß Moskau entgegen seiner sonstigen Gepflogenheit dessen »Disziplinlosigkeit« in Kauf nimmt.
Bevor Clausen am 28. November 1935 in Tokio eintrifft, ist Sorge bereits seit zwei Monaten wieder in Japan. Wie sowjetische Quellen behaupten, habe er den ersten Berlin-Tokio-Probeflug einer Lufthansa-Maschine Junkers Ju 52 miterlebt. Clausen, der sich seine Sporen als Kriegsmarine-Funker unter Kaiser Wilhelm verdient hat, gründet in Tokio auf Kosten der Raswedka eine Lichtpausanstalt als Tarnfirma, die überaus gut floriert.
Nebenbei bastelt er an einem handelsüblichen, einsatzfähigen Sender mit etwa 15 Watt, der nach dem Prinzip der Oszillatorschaltung arbeitet. Das Funkgerät mit zwei parallelgeschalteten Röhren vom Typ UX-210 hat normal eine Reichweite von 1500 Kilometern, der Abhörbereich erstreckt sich allerdings von Fall zu Fall bis 3000 Kilometer. Es wird niemals auf der selben Wellenlänge gesendet, sondern ständig zwischen dem 39- und dem 41-Meter-Band gewechselt. Nach jedem Funkspruch zerlegt Clausen den Sender und versteckt ihn gut. Der Empfänger ist wiederum so klein, daß man ihn nicht zu demontieren braucht.
Clausen funkt in der Regel höchstens eine Stunde; bei längeren Funksprüchen wird stets mitten in der Sendung der Ort gewechselt. Weil ein Abhören des Funkspruchs technisch nicht zu vermeiden ist, muß Clausen so unregelmäßig und unauffällig wie nur irgend möglich arbeiten. Da zu den unterschiedlichsten Zeiten gesendet wird, weiß der japanische Funkabhördienst nie, wann der nächste Funkspruch abgesetzt wird. Oft dauert das Morsen zwei oder auch drei Stunden, denn jeder Funkspruch muß verschlüsselt werden, was eine enorme Konzentration bedeutet. Clausen funkt – nach eigenen Aussagen – durchschnittlich pro Jahr die stattliche Zahl von etwa 35 000 Wörtern.
Clausen bedient das Gerät entweder in seinem Sommerhaus am Pazifik in Chigasaki, etwa 60 Kilometer südwestlich der Hauptstadt, oder in seiner Stadtwohnung, zwischendurch auch bei dem Jugoslawen Vukelic. Dieser Vorsicht ist es zu verdanken, daß der japanische Abhördienst, der zwar Anfang 1937 feststellt, daß es eine regelmäßige Funkverbindung zwischen einem Geheimsender im Raum Tokio und einer Gegenstation »Wiesbaden« gibt, aber über den Standort im dunkeln tappt. Die Japaner können in all den Jahren weder die abgefangenen Signale entziffern noch den Sender lokalisieren.
Für Sorge und Clausen bleibt wiederum unklar, wo sich ihre Gegenstation »Wiesbaden« befindet. Da ihr selbstgebautes Funkgerät höchstens eine zuverlässige Reichweite von 1500 Kilometern hat, tippen sie auf Wladiwostok oder Chabrowsk. Das von Clausen benutzte hausgemachte Verschlüsselungssystem trotzt allen Codebrechern: Nicht ein einziges verschlüsseltes Wort wird von fremden Nachrichtendiensten entziffert, obwohl die Funksprüche wiederholt von den Abhördiensten der USA oder Großbritannien, ebenso von der deutschen Abwehr aufgeschnappt werden.
Beim Chiffrieren setzt Clausen zunächst die Buchstaben des englischen Alphabets in Zahlen um und ersetzt außerdem die am häufigsten vorkommenden Buchstaben durch einstellige Zahlen. Die übrigen Buchstaben wiederum entsprechen den zweistelligen Zahlen von 80 bis 99. Die daraus entstehenden Zah-

Anna und Max Clausen werden 1965 in Ost-Berlin mit der »Verdienstmedaille der Nationalen Volksarmee« ausgezeichnet

lenreihen werden erneut raffiniert verschlüsselt, diesmal mit Hilfe des »Statistischen Jahrbuchs für das Deutsche Reich«. Die Reihenfolge der Jahrgänge wird gewechselt, so kommt zum Beispiel nach 1941 der Jahrgang 1935. Der besondere Wert dieses Systems: Das Jahrbuch bietet unendliche Variationsmöglichkeiten an Zahlen. Da diese Jahrbücher in Tokio nur ein deutscher Geschäftsmann besitzt, zieht keiner eine solche Möglichkeit in Betracht.

Der andere Weg, über den Informationen in die Zentrale fließen, sind Kuriere. Aber Tokio liegt immerhin rund 10000 Kilometer von Moskau entfernt, und die Kuriere dürfen nur Verkehrsmittel benutzen, mit denen sie nicht auffallen. Außerdem müssen sie unterwegs mit häufigen Polizei- und Zollkontrollen rechnen. Die im Fotolabor von Vukelic angefertigten Mikrofilme von Analysen und Dokumenten übergibt Sorge bei seinen regelmäßigen Reisen zum chinesischen Festland nach Schanghai oder Hongkong persönlich den sowjetischen Kurieren. Auch Anna Clausen, die 1936 ihrem Mann nach Tokio folgt, betätigt sich als Kurier. Sie unternimmt insgesamt 18 solcher Fahrten und versteckt jeweils eine erhebliche Anzahl von Filmrollen in ihrem fülligen Büstenhalter oder unter weiten Röcken an den Oberschenkeln.

Das »Hirse«-Netz kostet die Raswedka insgesamt 40000 US-Dollar, die man unauffällig auf Clausens Firmenkonto überweist. Ein bescheidener Betrag, wenn man überlegt, daß das Spionagenetz acht Jahre lang mit fünf Hauptagenten und etwa 20 Unteragenten, meist linke Journalisten und KP-Genossen, im nicht gerade billigen Tokio operieren muß. Die Agenten leben hauptsächlich von den Einkünften ihrer Tarngeschäfte, einige sogar erstaunlich gut, so Clausen oder der Maler Mijagi, dessen Bilder immer Abnehmer finden. Auch Vukelic ist inzwischen nicht mehr Fotoreporter, sondern Korrespondent der renommierten französischen Nachrichtenagentur »Havas«. Diese Verbindung öffnet ihm übrigens viele Türen.

Generalmajor Eugen Ott, der deutsche Botschafter in Tokio, ein Freund von Richard Sorge

Am 29. Februar 1936 bricht in Tokio ein dreitägiger Militärputsch gegen die Regierung des Admirals Okada zusammen. Diese blutige Revolte wird zur ersten Bewährungsprobe für das »Hirse«-Netz. Die Ereignisse, bei denen zwei Kabinettsmitglieder getötet werden und Ministerpräsident Okada nur entkommt, weil man ihn mit seinem Schwager verwechselt und den falschen Mann erschießt, sind ziemlich rätselhaft.

Sorge beauftragt seine Agenten, die Ursachen der Rebellion zu ergründen. Er selbst wendet sich an Botschafter Dirksen und dessen Attaché Ott mit dem Vorschlag, unabhängig voneinander Nachforschungen über die Meuterei anzustellen und die Ergebnisse dann zusammenzufassen. Man stimmt Dr. Sorge zu, und so bekommt er wertvolle Informationen über die japanischen Streitkräfte. Die aufschlußreichen Dokumente, die ihm die Botschaft zur Einsichtnahme überläßt, knipst Sorge in dem ihm überlassenen Büroraum heimlich mit einer Kleinbildkamera Seite für Seite. Die Filme gelangen später per Kurier nach Moskau.

Sämtliche Informationen, die Sorge von seinen Agenten Ozaki und Mijagi zum Thema Revolte bekommt, vor allem die Feststellung, daß die japanische Politik gegenüber der Sowjetunion davon abhängig sein wird, welche Richtung nach dieser Meuterei die Oberhand gewinnt, faßt er in einem umfangreichen Memorandum zusammen, das er der Deutschen Botschaft vorlegt. Das Elaborat findet in Berlin bei den Vorgesetzten von Attaché Ott begeisterte Aufnahme und weckt den Wunsch nach weiteren so erstklassigen Berichten. Dieses Memorandum erhöht nicht nur das Ansehen des findigen Journalisten beim Botschafter und Militärattaché, sondern gibt ihm auch einen plausiblen Vorwand, bei künftigen Nachforschungen botschaftseigenes Material zu benutzen.

Sorges Renommé steigt bei den deutschen Diplomaten zusehends. Als die Japaner im Juli 1937 gegen Tschiang Kai-schek losschlagen, glaubt man allgemein, China sei leicht zu überwältigen. Aber Sorge prophezeit, es werde einen langen Krieg geben, was sich auch bestätigt. Da er die Entwicklung richtig erkannt hat, bittet man ihn, vor dem gesamten Botschaftsstab Vorträge über die Lage in China zu halten.

Anfang 1938 wird Eugen Ott zum Generalmajor befördert und gleichzeitig Nachfolger des nach London versetzten Botschafters Dirksen, eine ungewöhnliche Auszeichnung für einen Militärattaché, was er wohl seiner fundierten Kenntnis der japanischen Verhältnisse zu verdanken hat. Als neuernannter Botschafter sucht Ott noch mehr als bisher den Rat seines Freundes Richard Sorge. Auch die Marine- und Militärattachés legen ihm oft Entwürfe wichtiger Telegramme und Berichte zur Beurteilung vor. Sorge wird sogar von Ott als diplomatischer Kurier nach Manila, Kanton und Hongkong geschickt, wo er von Polizei und Zoll unbehelligt bleibt.

Sorge hat in der Botschaft Zugang zu Dokumenten verschiedener Geheimstufen über die japanische Wirtschaft und Rüstungsindustrie, und er photographiert sie fleißig ab. Der Agentenchef macht von dem Material, das ihn über seine eigenen Leute erreicht, in einer für ihn typischen Weise Gebrauch: Berichte für die deutsche Botschaft ergänzt er mit sorgfältig ausgewählten Details aus seinen persönlichen japanischen Quellen; Tatsachen wiederum, die ihm bisher noch unbekannt sind, funkt er nach Moskau weiter, und andere Teile verwendet er schließlich für seine brillanten Artikel in der »Frankfurter Zeitung« und in der »Geopolitik« oder für andere Zeitungen, die er vertritt.

Zu dieser Zeit wächst in Japan die schon traditionelle Spionagefurcht und artet in eine Massenpsychose aus. Es gibt in der Presse, in Rundfunk und Kino Antispion-Tage und -Wochen mit Warnparolen, Plakaten, sogar mit entsprechenden Schaufensterdekorationen und Spruchbändern. Natürlich wird der Spion immer als Weißer dargestellt. Daher muß sich das »Hirse«-Netz jetzt besonders vorsichtig verhalten. Es ist der bisher einzige »weiße« Spionagering, der so erfolgreich arbeitet und sich so lange hält.

Die größte Gefahr bildet manchmal der Chef persönlich, weil er seine Vorliebe für harte Getränke und schnelles Motorradfahren nicht lassen kann. Das wird ihm am Freitag, dem 13. Mai 1939, beinahe zum Verhängnis: Nach einem besonders feuchtfröhlichen Abend besteigt er vor dem Hotel »Imperial«, dem Treff der großen Welt, schwankend seine Zündapp und rast heimwärts. Wenige Minuten später endet die Fahrt an einer Mauer neben dem Schilderhaus des Wachtpostens am Eingang der US-Botschaft. Mit Kieferbrüchen, zerfetztem Gaumen, ausgeschlagenen Zähnen und klaffenden Platzwunden wird Sorge in das amerikanische St.-Lukas-Hospital eingeliefert – in der Tasche mehrere englisch geschriebene Geheimberichte, die nach Moskau gefunkt werden sollten, dazu ein dickes Bündel Dollarnoten.

Er wehrt sich entschieden, in den Operationssaal gebracht zu werden, und stöhnt immer wieder: »Clausen soll kommen!« Mit äußerster Kraft hält er aus, bis sein Funker endlich da ist. Nachdem er die Ärzte und Schwestern hinausgeschickt hat, flüstert er Clausen zu: »Meine Taschen leermachen!«

Einen Monat später ereignet sich am 13. Juni 1938 ein Vorfall, der das gesamte sowjetische Spionagewesen erschüttert: An diesem Morgen meldet sich beim japanischen Grenzposten in der Mandschurei General Genrich S. Ljuschkow, NKWD-Chef im Fernen Osten und Kommissar für Staatssicherheit III. Ranges. Der Zufall will es, daß gerade der deutsche Journalist Ivar Lissner, Korrespondent des NS-Blattes »Angriff«, die Grenze passieren will. Man bittet ihn, die erste Aussage des Generals zu dolmetschen. Lissner, ein Baltendeutscher und »Nichtarier«, wird zwei Jahre später Canaris' bester Agent im Fernen Osten und damit schärfster Widersacher von Richard Sorge.

Spionagepsychose in Japan, ein Plakat warnt: »Nichts sehen, nichts hören, nichts sagen«

General Ljuschkow, der vor Stalins neuer Säuberungswelle, der bereits die Generäle Bersin und Uritzkij zum Opfer gefallen sind, das Weite sucht, wird mit einer Sondermaschine nach Tokio geflogen und in einem schwer bewachten Sondertrakt des Kriegsministeriums untergebracht. Seine Aussagen sind so sensationell, daß der neue deutsche Militärattaché Oberstleutnant Scholl, den der japanische Generalstab auf dem laufenden hält, Canaris vorschlägt, einen Abwehrexperten nach Tokio zu entsenden.

Von Oberstleutnant Scholl erfährt Sorge alle Einzelheiten über den Fall Ljuschkow und funkt sie umgehend nach Moskau. Inzwischen trifft Oberst Greling, der Abgesandte von Canaris, in Tokio ein, und es beginnt die zweite Phase des Verhörs von Ljuschkow. Der geflüchtete General kennt sich bei den Stäben der sowjetischen Truppen in Sibirien und im Fernen Osten ausgezeichnet aus. Er gibt Standorte, Gliederung, Ausrüstung sowie Stärke der dort stationierten 25 Divisionen an.

Der General weiß auch über die räumliche Verteilung der sowjetischen Truppen der Ukraine Bescheid, wo er früher Dienst tat. Er berichtet von Waffen und Ausrüstung des Funksystems, nennt Namen einzelner Divisions- und Luftgeschwader-Kom-

mandeure sowie führender sowjetischer Oppositioneller in den Streitkräften des Fernen Ostens.
Noch nie haben Japan und Deutschland einen so tiefen Einblick in die Geheimdienste und Streitkräfte der UdSSR bekommen wie jetzt. Die Aussagen des Sowjetgenerals umfassen ein Memorandum von über 100 Seiten unter dem Titel »Bericht über eine Zusammenkunft zwischen General Ljuschkow und dem deutschen Sonderbeauftragten«.
Oberstleutnant Scholl läßt Dr. Sorge das Dokument lesen, der sofort heimlich die wichtigsten Passagen photographiert. Als er nach Moskau funkt, ob er die Filme über einen Kurier schicken soll, lautet die Antwort vom 5. September 1938: »Tun sie alles, was möglich ist, und gebrauchen sie jedes Mittel, um an Kopien der Dokumente zu gelangen, die der Sonderbeauftragte des Admirals Canaris von der japanischen Armee erhält oder Kopien von Dokumenten, die der Sonderbeauftragte persönlich von Ljuschkow bekommt. Berichten Sie sofort über alle Dokumente, die Sie beschafft haben.«
Ein Sonderkurier holt die Filme aus Tokio ab und befördert sie sofort nach Moskau. Kurz danach verschwindet der Oberbefehlshaber der Fernost-Armee, Marschall Blücher, spurlos. Mit seiner geheimen Hinrichtung erfaßt die Rote Armee eine neue Säuberungswelle. Am schwerwiegendsten jedoch ist für Moskau die Information, daß General Ljuschkow den militärischen Geheimcode verraten hat. So wird umgehend der Funkschlüssel geändert und eine gefährliche Lücke in der geheimen Nachrichtenübermittlung beseitigt.
Die Sternstunde des »Hirse«-Netzes schlägt Mitte 1938: Fürst Konoje wird neuer Ministerpräsident und Ozakis Schulfreund Ushiba dessen Privatsekretär. Ozaki, Sorges bester Agent, erhält einen Kabinettsposten als Berater für China-Fragen und wird in die exklusive »Frühstücksrunde« aufgenommen. Zu ihr gehören jene hochgestellten Persönlichkeiten, die für Konoje eine Art Schattenkabinett darstellen. Die Regierungszeit von Konoje dauert allerdings nur anderthalb Jahre, aber Ozaki nimmt weiterhin an der beibehaltenen »Frühstücksrunde« teil und bekommt dazu noch einen interessanten Posten in der Forschungsabteilung der Südmandschurischen Eisenbahn.
Hier hat Ozaki Einblick in verschiedene strategische Belange, da die Eisenbahn eng mit der Armee zusammenarbeitet, ebenso Zugang zu Informationen über politische Tendenzen, Wirtschaftsfragen, Außenpolitik, und vor allem über Truppenbewegungen der Kuantung-Armee und der japanischen Streitkräfte überhaupt. In seiner Position kann Ozaki jeden wichtigen Schritt, den Japan gegen die Sowjetunion planen sollte, schon im Ansatz erkennen.
Im September 1939 als Hitler und Stalin Polen überfallen, drängt Botschafter Ott seinen privaten Berater Dr. Sorge, offiziell Mitglied des Botschaftsstabs zu werden. Aber Sorge wehrt freundschaftlich ab und unterschreibt lediglich einen Vertrag, »weiterhin inoffizieller Sekretär des Botschafters Ott zu bleiben« und »auch in Zukunft die Botschaft mit Informationen zu versorgen«.
Noch im selben Monat kann Ott seinen Freund überreden, für Botschaftsangehörige und die etwa 2000 Personen zählende deutsche Kolonie ein tägliches Informationsblatt unter dem Titel »Deutscher Dienst« herauszugeben. Dafür muß Sorge nun täglich bereits um 5.30 Uhr in der Botschaft sein und alle Funkmeldungen sowie andere Informationen aus Berlin lesen. Anschließend frühstückt er zusammen mit Botschafter Ott und bespricht das Neueste. So hat er freien Zutritt zu allen Räumen der Botschaft, und es bleibt ihm wohl kaum ein Geheimnis verborgen.
Seit dem Kriegsausbruch in Europa finden in den japanischen Häfen verstärkte Polizeikontrollen statt, und Sorge unterrichtet die Zentrale, daß die Kurierwege zum chinesischen Festland ihm jetzt zu gefährlich seien. Einige Tage später funkt »Wiesbaden« an Clausen: »Ab sofort werden sie Verbindung mit einem Genossen in Tokio halten. Er wird ihnen zwei Eintrittskarten für das kaiserliche Theater schicken. Der Mann, der zu ihrer Linken sitzt, wird der Genosse sein.« Er heißt Viktor S. Saitzew, Sekretär und Konsul an der sowjetischen Botschaft in Tokio. Sein Deckname: Sergej.
Im Herbst 1940 entschließt sich die Moskauer Zentrale, alle Ausgaben für das »Hirse«-Netz drastisch einzuschränken. »Wegen Devisenmangel«, funkt sie. »Unsere Zahlungen werden auf 2000 Jen im Monat reduziert. Den Rest der benötigten Gelder muß dem Gewinn entnommen werden, den die Clausen-Firma abwirft.« Der Agentenfunker zu seinem Chef: »Derartige Anweisungen nehme ich nicht an.« Statt dessen steckt er 20000 Jen in eine Filiale, die er in Mukden/Mandschurei gründet.
Mitte 1940 droht Sorge gerade dort Gefahr, wo er sich bisher am sichersten gefühlt hat: in der deutschen Botschaft. Ein übereifriger Parteigenosse in der Berliner Zentrale des Deutschen Nachrichtenbüros (DNB) schöpft Verdacht wegen Sorges zwielichtiger Vergangenheit.
Walter Schellenberg, Leiter der Spionageabwehr im Reichssicherheitshauptamt: »Es war im Sommer 1940, als mich der Leiter des Deutschen Nachrichtenbüros (DNB), Herr von Ritgen, ansprach und mich um eine Unterredung wegen Richard Sorge bat ... Ich sah mir daraufhin die Akte an. Irgendein Grund, gegen Sorge vorzugehen, war jedoch aus den Unterlagen nicht zu ersehen. Das Aktenbild über seine Vergangenheit stimmte mich zwar nachdenklich – er hatte mit zahlreichen unserem Nachrichtendienst bekannten Kominternagenten offensichtlich in engem Kontakt gestanden.
Andererseits hatte er während der zwanziger Jahre auch gute Beziehungen sowohl zu deutschnationalen als auch zu rechtsradikalen und nationalsozialistischen Kreisen unterhalten ... Ich muß gestehen, daß ich die von Heydrich verlangte sofortige Überwa-

chung Sorges fahrlässigerweise verzögert habe. Allerdings wurde die Einleitung einer solchen Überwachung dadurch erschwert, daß schriftliche Anweisungen in diesem Falle nicht herausgegeben werden durften und zum anderen unsere Mitarbeiter in Japan hierfür noch zu jung und unerfahren waren.«

Die Überprüfung des mustergültigen Auslandskorrespondenten der »Frankfurter Zeitung« liefert zwar keine greifbaren Beweise, daß Sorge im Dienst Moskaus steht, zeigt aber, daß diese Möglichkeit keineswegs auszuschließen ist. Um Sorge jedoch auf die Finger zu schauen, wird auf Anordnung des Gestapo-Chefs Heydrich im Mai 1941 der SS-Standartenführer Meisinger als Polizeibeauftragter nach Tokio in Marsch gesetzt. Meisinger war zuvor Polizeikommandant in Warschau, wo er sich so brutal benahm, daß Himmler gegen ihn das Standgericht und die Erschießung anordnete; Heydrich dagegen will ihn retten und schickt ihn nach Tokio. Hier wird der berüchtigte »Schlächter von Warschau« Sorges bester Saufkumpan und Informant.

Schellenberg: »Statt sich nun aber seiner eigentlichen Aufgabe zu widmen, gab er sich einem bequemen Leben hin und spielte plötzlich die Rolle eines Biedermanns. Er berichtete zwar regelmäßig über »Post« – diesen Decknamen hatten wir für Sorge verabredet –, doch ich wüßte nicht, daß seine Meldungen mir gegenüber jemals anders als positiv gewesen wären. Meisinger betonte ständig das gute Renommee, das Sorge sowohl bei der deutschen Botschaft in Tokio als auch bei den japanischen Dienststellen genoß.«

Unterdessen betreibt Sorge seine Spionagearbeit unverdrossen weiter. Bereits Anfang April 1941 erhält »Sergej« von ihm eine alarmierende Nachricht aus der deutschen Botschaft: Die Kuriere aus Berlin sprechen immer öfter von der Möglichkeit eines deutschen Angriffs auf die UdSSR. Beunruhigt meldet Sorge jede neue Entwicklung nach Moskau.

Anfang Mai 1941 kommt Oberst Ritter von Niedermayer als Sonderbeauftragter des Oberkommandos der Wehrmacht nach Tokio. Er bringt ein an Sorge gerichtetes Empfehlungsschreiben des vorherigen deutschen Botschafters Dirksen mit. Sorge: »Im Gespräch mit Niedermayer erfuhr ich, daß der Krieg gegen die Sowjetunion bereits beschlossen war.« Clausen funkt noch am Freitag, dem 2. Mai 1941: »Hitler beabsichtigt ernsthaft, gegen die UdSSR Krieg zu führen und sie zu zerschlagen, um den europäischen Teil der Sowjetunion als Rohstoff- und Getreidebasis zu nutzen ... Die Entscheidung über den Kriegsbeginn wird von Hitler im Mai getroffen werden.«

Ende der ersten Maiwoche 1941 befindet sich Oberstleutnant Scholl in Tokio auf der Durchreise nach Bangkok. Der ehemalige in Japan akkreditierte Militärattaché vertraut sich seinem alten Bekannten an. Sorge: »Scholl gab mir eine ausführliche Schilderung. Der Angriff sollte am 20. Juni beginnen, es könnte eine Verzögerung von zwei oder drei Tagen geben ...« Am Sonntag, dem 15. Juni 1941, funkt Clausen laut Sorges Aussagen: »Genauer Angriffstag: 22. Juni 1941. Der Überfall wird in aller Frühe auf breiter Front erfolgen.«

SS-Standartenführer Joseph Meisinger, 1941 als Gestapo-Spitzel nach Tokio entsandt, meldet nach Berlin nur Gutes über Sorge

Text des Telegramms, das Sorge am 30. 5. 1941 nach Moskau funkt: »Berlin informiert seinen Gesandten in Japan Ott, daß der deutsche Angriff auf die UdSSR in der zweiten Hälfte Juni erfolgt. Der massive Schlag geht von beiden Flügeln der deutschen Armeen aus ... Ramsey«

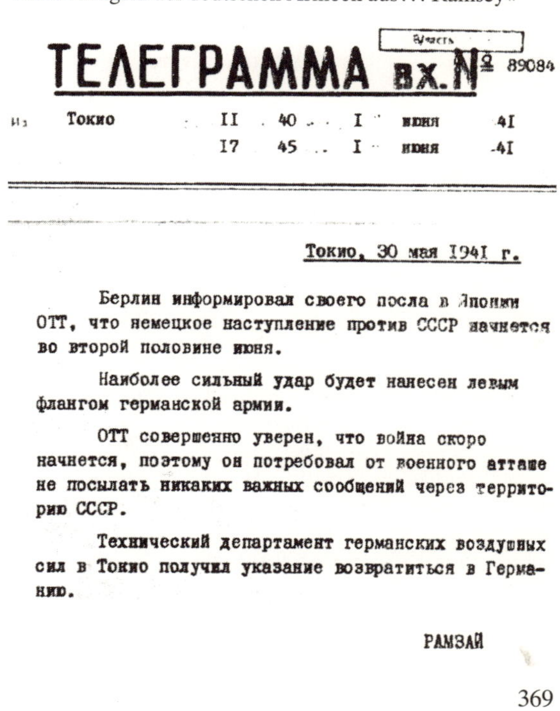

ТЕЛЕГРАММА вх.№ 89084

Из Токио II 40 I июня 4I
I7 45 I июня 4I

Токио, 30 мая 1941 г.

Берлин информировал своего посла в Японии ОТТ, что немецкое наступление против СССР начнется во второй половине июня.

Наиболее сильный удар будет нанесен левым флангом германской армии.

ОТТ совершенно уверен, что война скоро начнется, поэтому он потребовал от военного атташе не посылать никаких важных сообщений через территорию СССР.

Технический департамент германских воздушных сил в Токио получил указание возвратиться в Германию.

РАМЗАЙ

Raum Kowel, 28. 6. 1941, deutsche Sturmgeschütze auf dem Vormarsch: Jetzt endlich drängt die Raswedka ihren Agenten Sorge zur Lieferung genauerer Informationen

Doch Moskau rührt sich nicht, keine Eingangsbestätigung, kein Dank, nicht einmal die Bitte um weitere Einzelheiten. Endlich kommt ein kurzer Funkspruch: »Wir bezweifeln die Richtigkeit ihrer Informationen.« Als Sorge dies hört, brüllt er zornig: »Jetzt reicht's mir aber! Diese Idioten, wie können sie unsere Warnung einfach ignorieren?!« Am Sonntag, dem 22. Juni 1941, sitzt Sorge zu Hause am Radio und hört den ersten Bericht des OKW über den Beginn des Ostfeldzuges. Seine Geliebte, die Japanerin Hanako, ist bei ihm. Sorge bricht in Tränen aus: »Warum hat Stalin mir nicht geglaubt?« Jetzt plötzlich rührt sich Moskau und spornt das »Hirse«-Netz zu immer größerer Aktivität an.

Am Freitag, 27. Juni 1941, funkt »Wiesbaden«: »Welche Entscheidung hat die japanische Regierung im Zusammenhang mit dem deutschen Überfall hinsichtlich unseres Landes getroffen? Rücken Truppen auf unsere Grenze vor?« Die Antwort darauf ist alles andere als leicht; vom deutschen Botschafter kann Sorge sie jedenfalls nicht bekommen. Ott hat nämlich bereits versucht, die japanische Regierung davon zu überzeugen, daß gerade jetzt der Zeitpunkt gekommen sei, den deutschen Bundesgenossen durch einen Angriff auf die Sowjetunion von Osten her zu unterstützen. Doch diese lehnt jede bindende Zusage ab. Auch Ozaki gelingt es nicht, die Absichten seiner Landsleute zu ergründen.

Was in Berlin allerdings Befremden ausgelöst hat, ist der erst am 13. April 1941 zwischen Japan und der UdSSR geschlossene Neutralitätsvertrag.

Da zur Zeit keine konkreten Hinweise zu erfahren sind, funkt Sorge jede kleinste Andeutung sofort nach Moskau, wie zum Beispiel die Meldung von einer allgemeinen Mobilisierung sowie alle ihm zugänglichen Einzelheiten über Truppen, die man an die sibirische Grenze verlegt. Dank Ozakis Beobachtungen, die er für die Südmandschurische Eisenbahn sammelt und die aus militärischen Quellen stammen, verfaßt Sorge den Bericht, der Geschichte machen wird.

Am Sonnabend, dem 4. Oktober 1941, seinem 46. Geburtstag, läßt er Clausen aus der Wohnung von Vukelic funken: »Die sowjetischen Fernostgebiete dürfen vor einem japanischen Angriff als sicher gelten, jedenfalls bis Ende kommenden Winters. Darüber besteht kein Zweifel. Japan wird nur dann angreifen, wenn das Gros der sowjetischen Truppen von Sibirien an die Westfront gerufen wird oder in Sibirien ein Bürgerkrieg ausbricht ... Auf jeden Fall sind die amerikanischen Angelegenheiten und die Frage des Vordringens nach Süden viel wichtiger als das Problem im Norden.«

Wie Clausen später bestätigt, kann das »Hirse«-Netz in Japan kein weiteres Aufklärungsmaterial, das für Moskau von Wert gewesen wäre, mehr beschaffen, und Sorge bereitet schon einen Funkspruch vor, der jedoch nicht mehr gesendet wird: »... Auftrag in Japan erfüllt. Krieg konnte vermieden werden. Holen sie uns nach Moskau oder schicken sie uns nach Deutschland ... Ramsay.« Doch langsam wird das »Hirse«-Netz vom Glück verlassen.

In Wirklichkeit scheint die Raswedka-Zentrale mit Sorge und seiner Arbeit nicht besonders zufrieden zu sein. Das beweist schon der knappe Monatsetat für das gesamte Spionagenetz, der zuerst 1000 Dollar betrug und im Lauf der Zeit bis auf etwa 400 Dollar reduziert wird. Außerdem ruft die Raswedka-Zen-

trale immer wieder zur Verbesserung der Arbeit auf und moniert besonders das Fehlen konkreter militärischer Nachrichten, die Angaben über Struktur, Gliederung und Ausrüstung der Verbände sowie Berichte über die japanische Militärführung und deren Absichten. Dazu ist das »Hirse«-Netz nämlich kaum imstande gewesen.
In Moskau sieht man auch mit Verärgerung, daß der Agentenführer in Tokio selbst die einfachsten konspirativen Regeln ignoriert: Er überprüft seine Unteragenten nur sporadisch und achtet kaum darauf, was ihm Moskau wiederholt einschärft, nämlich sämtliche geheimen Unterlagen sofort nach Gebrauch zu vernichten. So bemerkt Sorge überhaupt nicht, daß sein Funker Clausen die Kopien aller Funksprüche aufhebt und außerdem über die Tätigkeiten des »Hirse«-Netzes minuziös Tagebuch führt. Den in strenger Zucht herangebildeten Raswedka-Chefs muß Sorge wie das schwarze Schaf unter den Kundschaftern erscheinen: Von diesem Schürzenjäger hat die japanische Geheimpolizei »Tokko« insgesamt die stattliche Zahl von 33 Geliebten erfaßt, darunter die Frau seines Botschafter-Freundes Ott. Sein auffallend lautes Benehmen und seine Eskapaden im Alkoholrausch sind bei der Polizei aktenkundig, vor allem die wilden Motorradfahrten in betrunkenem Zustand. Schlimmer noch, der Zecher macht keinen Hehl aus seiner Zuneigung für Stalin und die Sowjetunion.
Eine andere Tatsache: Clausen, durch die Einmi-

schung der Zentrale in seine Geschäfte maßlos verärgert, setzt die von Sorge verfaßten Funksprüche seit Ende 1940 nur verstümmelt oder überhaupt nicht mehr ab. Bei seiner späteren Vernehmung kann Clausen den Japanern aufgrund seiner Tagebücher glaubhaft vorweisen, daß er »zwei Drittel der Sorge-Meldungen habe verschwinden lassen und den Rest so beschnitten, daß sie Moskau kaum etwas genutzt hätten«.

Ein junger Mann namens Ito Ritsu, Mitarbeiter von Ozaki bei der Südmandschurischen Eisenbahn, bringt letztlich den Stein ins Rollen. Die Tokko verhaftet ihn als Kommunisten. Doch Ito schweigt mehrere Monate lang, ehe er den Namen der ehemaligen Hauswirtin des Malers Mijagi in Los Angeles preisgibt. Es ist die Kommunistin Kitabajschi Tomo, eine Näherin, die im Dezember 1936 nach Japan zurückkam und jetzt zu seinen Unteragenten zählt.

Bei der Festnahme findet man bei ihr Dollars, und sie gibt beim Verhör zu, daß sie und Mijagi beide in Amerika Mitglieder der KP gewesen seien und der Maler ihr des öfteren in Erinnerung an frühere Zeiten etwas Geld geschenkt habe. Da ein kranker junger Künstler und eine unscheinbare ältere Näherin für eine leidenschaftliche Liebe wohl kaum in Frage kommen, muß es also einen anderen Grund geben, warum Mijagi der Frau hat Geld zukommen lassen.

Am 10. Oktober 1941 unternimmt die Tokko bei dem Maler eine Hausdurchsuchung und findet stapelweise kompromittierendes Material, darunter ein umfassendes Memorandum über die von Japan entdeckten Ölvorkommen in der Mandschurei. Ein Bericht über das größte Geheimnis, die knappen, für Japans Kriegführung lebenswichtigen Ölvorräte, liegt hier fein säuberlich in Englisch getippt. In der Polizeistation versucht Mijagi vergeblich, seinen Häschern durch einen Todessprung aus dem Fenster zu entkommen. Danach legt er unter schwerem seelischen und körperlichen Schock ein volles Geständnis über das »Hirse«-Spionagenetz ab.

Am 15. Oktober 1941 um 6.00 Uhr morgens wird

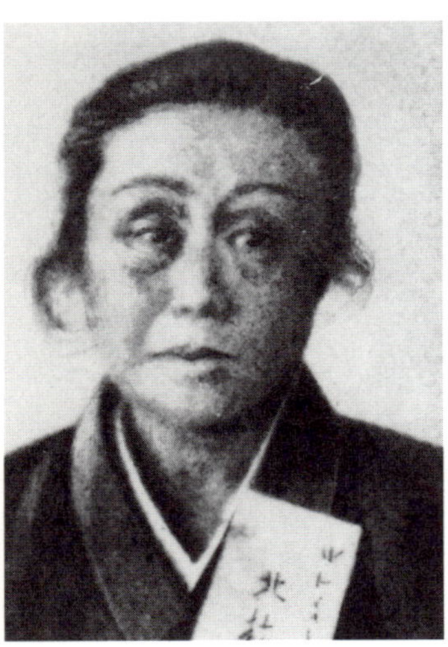

Die Näherin Kitabajschi Tomo, ein erstes Opfer der japanischen Spionageabwehr

Hotsumi Ozaki in seinem Haus verhaftet. 18 Stunden lang hält er den Vernehmungen der Tokko stand, um Mitternacht bricht er zusammen: »Ich will alles aufdecken. Geben sie mir einen Tag Ruhe, damit ich etwas nachdenken kann.«

Am Freitag, dem 17. Oktober, treffen sich Vukelic und Clausen gegen Abend bei Sorge. Alle sind furchtbar aufgeregt. Clausen: »Als ich kam, trank Sorge mit Vukelic. Ich setzte mich dazu und öffnete die Flasche Sake, die ich mitgebracht hatte. Es war dicke Luft, und Sorge sagte so ernst, als ob unser Schicksal bereits besiegelt wäre: »Weder Joe (Mijagi) noch Otto (Ozaki) haben sich bei mir sehen lassen. Die Polizei muß sie verhaftet haben.«

Am nächsten Morgen, kurz nach 5.00 Uhr, verschaffen sich Tokko-Agenten mit dem Ruf: »Wir kommen wegen ihres Motorradunfalls von neulich!« Einlaß in Sorges Haus. Sie zerren ihn, nur in Schlafanzug und Pantoffeln, zum Polizeiwagen. Im berüchtigten Untersuchungsgefängnis Sugamo legt ihm Tokko-Inspektor Ohashi die umfassenden Geständnisse von Mijagi und Ozaki vor. Er erklärt dem »Hirse«-Chef, auch Clausen und Vukelic seien in Haft und hätten bereits alles gestanden.

Die Festnahme von Dr. Richard Sorge löst in der deutschen Botschaft eine heftige Reaktion aus, und Botschafter Ott, der die Hintergründe nicht kennt, überreicht dem japanischen Außenministerium eine Protestnote mit der energischen Forderung, Sorge sprechen zu dürfen.

Diskreditiert wie wohl kaum ein anderer Diplomat, versucht nun Botschafter Ott, einst Förderer und Freund des entlarvten Agenten, alles nur Erdenkliche, um die Sache so lange wie möglich vor dem Berliner Auswärtigen Amt zu vertuschen. Er wiegt es in dem Glauben, der Parteigenosse Sorge sei das Opfer einer üblen japanischen Polizeiintrige und telegraphiert am Donnerstag, dem 23. Oktober 1941, nach Berlin: »Nach übereinstimmender Auffassung Botschaftsmitgliedern und Hoheitsträgern ist Verdacht gegen Dr. Sorge in der Tat abwegig.«

Die Sache fliegt erst im Frühjahr 1942 durch den Chefagenten der Abwehr im Fernen Osten Ivar Lissner auf: Der Abwehrmann erfährt in Tokio durch einen Freund in der Botschaft die wahren Hintergründe der Festnahme von Sorge durch die Tokko. Nun weiß er auch, daß der Polizeiattaché und SS-Standartenführer Meisinger nicht nur Trinkkumpan, sondern Informant Sorges war und daß Meisinger zusammen mit Ott durch Ausflüchte – ein angeblicher Fehlschluß der japanischen Behörden – ihre eigenen Rollen im Fall Sorge vertuschen wollen.

Lissner gibt am Montag, dem 23. März 1942, einen Funkspruch nach Berlin durch: »Sorge, der über künftigen Kurs Achsenpolitik aus bestwissender deutscher Quelle ständig und vertraulich informiert wurde, hat seit Jahren für Sowjetrußland und speziell Rote Armee gearbeitet. Schwerster Schaden japanischer Interessen sowie vor allem Deutschlands. Deutsche Informationen flossen von deutscher Seite

»Held der Sowjetunion«: das Richard-Sorge-Denkmal in Moskau

in Tokio. Infolge seines Verrates soll japanisches Blut geflossen sein. Folgen sehr nachteilig.«
Im Auswärtigen Amt bricht die Hölle los. Botschafter Ott verneint alles und funkt zurück: »Agenten-Meldung Lissner darstellt Sammlung zum Stillstand gekommener völlig unsinniger Gerüchte, die auch hier zeitweise umliefen.« Er fordert zugleich die sofortige Festnahme Lissners. Jedoch weitere Nachforschungen offenbaren den wahren Tatbestand. Ott muß sein Amt niederlegen und verläßt Tokio als gebrochener Mann.
Erst im Mai 1942 wird die Zerschlagung des »Hirse«-Netzes offiziell bekannt, aber es vergeht noch ein Jahr, bis Ende Mai 1943 der Prozeß gegen die Agenten beginnt. Die Schicksale der Beteiligten: Mijagi, der junge Maler, erliegt noch während der Untersuchungshaft seiner Tuberkulose. Der zu lebenslänglicher Haft verurteilte Vukelic stirbt anderthalb Jahre später an Lungenentzündung.
Clausen verrät den Japanern, um sich und seine Frau zu retten, das sowjetische Verschlüsselungssystem. Außer den Gegenständen, die die Tokko in seinem Haus beschlagnahmt hat – zehn dicke Tagebücher, zwei Codehefter und die Kopie eines zehnseitigen Manuskripts, dessen Original bei Mijago gefunden wurde – erklärt Clausen den Verhörspezialisten eingehend die Bedeutung der »Handschrift«, den Code der Raswedka-Funker. Clausen offenbart auch Personalien und Intimitäten aus der Zentrale sowie die Struktur des »Hirse«-Netzes. Dank dieser Angaben ist der japanische Funkabhördienst imstande, einige Tausend von Sorges Funksprüchen zu entziffern, die von den Horchstationen abgefangen worden sind.
Clausen erhält lebenslängliche Haft seine Frau Anna drei Jahre. Die beiden erleben, wie auch andere Unteragenten, 1945 ihre Befreiung durch die Amerikaner. Lediglich Sorge und Ozaki werden zum Tode verurteilt. Sorge nimmt den Urteilsspruch sehr gelassen hin, denn er hofft, die Sowjetunion werde schon Mittel und Wege finden, ihn freizubekommen. Er brüstet sich sogar damit, daß er für die Raswedka ein zu wichtiger Mann sei und Stalin bestimmt Schritte unternehmen werde, seinen Austausch durchzusetzen.
Am Dienstag, dem 7. November 1944 gegen 9 Uhr morgens, dem 27. Jahrestag der bolschewistischen Revolution, wird Ozaki im Sugamo-Gefängnis gehängt. Nach ihm stirbt Dr. Richard Sorge, Stalins größter Spion, mit den Worten »Es lebe die Rote Armee! Es lebe die Sowjetunion!« Er ist der erste Weiße in Japan, an dem ein Todesurteil vollstreckt wird.
Zwanzig Jahre lang hüllt sich der Kreml in Schweigen, dann wird Sorge am 5. November 1964 zum »Held der Sowjetunion« proklamiert. Straßen, Schiffe, sogar Schulen werden nach ihm benannt, selbst Briefmarken mit seinem Porträt erscheinen in der UdSSR und DDR. Mit der Rehabilitierung von Richard Sorge gesteht die Sowjetunion offiziell ihre Spionagetätigkeit ein.
Obwohl die Meinung vorherrscht, Stalin habe sich erst aufgrund der Funksprüche von Sorge im Herbst 1941 dazu entschlossen, seine sibirischen Truppen in den Raum Moskau zu verlegen und damit die sowjetische Hauptstadt gerettet, kann diese Version nicht stimmen: Stalin wußte zumindest ab Juli 1941, also seit der amerikanischen Wirtschaftsblockade gegen Japan, daß es zwischen diesen beiden Staaten zum Krieg kommen würde. Daher bestand für ihn kein Zweifel, daß das Inselreich nicht auch noch einen Mehrfrontenkrieg riskieren könne.
Mit anderen Worten, nicht Sorges Agentenmeldung, sondern die Bewertung der internationalen Situation und die verzweifelte Lage der Roten Armee im Westen haben Stalin veranlaßt, alle verfügbaren Reserven heranzuziehen, auch die aus dem Fernen Osten, ohne jedoch seine starke Position dort zu sehr zu schwächen. Es bedurfte also keines entscheidenden Funkspruchs aus Tokio, um die Maßnahmen des sowjetischen Oberkommandos STAWKA zu beeinflussen, ostsibirische Truppen an der Moskauer Front einzusetzen.

Operation »Ultra Secret«

»Ultra Secret« war das System, das die Entzifferung des deutschen militärischen Funkverkehrs ermöglichte. Hier die Geschichte der Enigma, einer Maschine, die ihr Dasein als gewöhnliche Handelsware begann und die dann auf die Geschehnisse des Zweiten Weltkrieges einwirkte.

»Meine Herren, Funken ist Landesverrat!« – ermahnte der Chef des deutschen Heeresnachrichtenwesens, General der Nachrichtentruppe Fellgiebel, seine Mitarbeiter zu Beginn des Krieges. Diese überspitzte Formulierung sollte vor allzu sorgloser Benutzung des Funkverkehrs warnen. Doch nicht nur General Fellgiebel, sondern auch die gesamte deutsche Führung unterlagen einer Illusion: Alle waren fest davon überzeugt, daß ein Entziffern der mit der Schlüsselmaschine »Enigma« vercodeten Funksprüche unmöglich sei. Theoretisch wurden sie in ihrer Überzeugung bestätigt, doch in der Praxis sah es völlig anders aus: Bereits ab Frühjahr 1940 begann der britische Geheimdienst, die verschlüsselten Funksprüche der Deutschen zu knacken. Er bezeichnete diese verschwiegenste aller Geheimoperationen des Zweiten Weltkrieges »Ultra Secret«, ein Codewort, das die höchste Geheimhaltungsstufe signalisierte.

Bletchley Park

Im Jahr 1919, einige Monate nach dem Ende des Ersten Weltkrieges, meldet der aus Delft stammende Holländer Hugo Alexander Koch ein Patent für die Konstruktion seiner »Geheimschriftmaschine« (Patent Nr. 10700) an. Diese Schlüsselmaschine erweist sich allerdings als kaum funktionsfähig. Der Ingenieur Dr. Arthur Scherbius aus Berlin kauft Koch das Patent 1923 ab und entwickelt im gleichen Jahr daraus seine erste recht brauchbare Schlüsselmaschine, die er sinnvoll »Enigma« (griechisch: Rätsel) nennt.

Im Juli 1923 beginnt die von Scherbius gegründete »Chiffriermaschinen AG« in Berlin W 35, Steglitzer Str. 2, mit der Produktion der Enigma. Dieses auf den ersten Blick an eine schwerfällige elektrische Schreibmaschiene erinnernde Gerät ist für einen Laien ziemlich kompliziert: Die Tastatur überträgt elektrische Impulse, die beim Anschlag ausgelöst werden, auf die verkabelten Schlüsselwalzen. 26 elektrische Kontakte, auf der inneren Oberfläche jeder Schlüsselwalze angebracht, entsprechen den Buchstaben des Alphabets.

Chiffriermaschine »Enigma«, eine der vielen Versionen, die bei der deutschen Wehrmacht im Einsatz sind

Die Vorstellung, ein Unbefugter könnte den von der Enigma verschlüsselten Text entziffern, erscheint absurd. Scherbius: »Wenn ein einzelner Mann unaufhörlich Tag und Nacht arbeitet und jede Minute einen anderen Chiffrierschlüssel versucht, würde er 42000 Jahre benötigen, um alle Kombinationsmöglichkeiten herauszufinden.«

Die Enigma-Modelle A und B feiern ihre Premiere 1923 in Bern, danach auf der Leipziger Messe und im August 1924 beim Weltpostkongreß in Stockholm. Das meiste Interesse zeigen allerdings keineswegs die Geschäftsleute, sondern die Militärs, genauer gesagt die Chiffrierabteilung der Reichswehr. Dieses Hunderttausendmannheer war Deutschland nach den Auflagen des Versailler Vertrages zugestanden worden. Unter Generaloberst von Seeckt sucht es sein Kriegspotential insgeheim zu vergrößern und hat deshalb einiges zu verbergen. Auf die Sicherung seiner geheimen Nachrichtenübermittlung legt die Reichswehr natürlich besonders großen Wert.

Die »Chiffriermaschinen AG« bemüht sich, ihre Handels-Enigma-Version auch im Ausland zu verkaufen. Einzelne Exemplare werden nach Großbritannien, USA, Japan, Schweden, Polen und in die Schweiz exportiert oder als Patent angemeldet.

Nach dem Tod von Scherbius, dem der geschäftliche Erfolg versagt blieb, erwerben 1934 zwei Berliner Firmen, Konski & Kröger sowie Heimsoeth & Rinke, seine Patentrechte.

Am 27. Juni 1935 wird Enigma I als Wehrmachtsschlüsselmaschine eingeführt. Über sie läuft seitdem der geheime Nachrichtenverkehr von Heer, Kriegsmarine, Luftwaffe und anderen Bereichen.

Die Enigma I, mit der das Heer und die Luftwaffe ihre Funksprüche ver- und entschlüsseln, wiegt 12 Kilo und ist in einen tragbaren Holzkoffer eingebaut. Sie wird mit Strom betrieben, der allerdings nur eine Spannung von 4,5 Volt hat. Mit der Enigma wird nun der drahtlose Funkverkehr übermittelt, während die Nachrichten auf dem Drahtweg über Fernschreiben oder Telefon gehen.

Fahrbare Funkstelle der deutschen Reichswehr, Ende der zwanziger Jahre

Die deutsche Führung ist fest davon überzeugt, daß die Enigma sowohl beim operativen als auch beim taktischen Funkverkehr die Gewähr bietet, absolut knacksicher zu sein. Das heißt: Auch wenn im Kriegsfall der Gegner eine Enigma-Maschine erbeuten sollte, so würde ihn eine Entzifferung so viel Zeit kosten, daß die entzifferte Nachricht vermutlich schon überholt ist.
Um 1927 verzeichnen polnische Funkhorchstellen an ihrer westlichen Grenze immer wieder rätselhafte Funksprüche. Der polnische Nachrichtendienst beauftragt das Code- und Chiffrierbüro BS-4 (Biuro Szyfrow) der »Deutschen Abteilung« des militärischen Geheimdienstes, der Sache nachzugehen. Die Polen besitzen zwar den Text des Patents von Dr. Scherbius und sogar ein regulär erworbenes Exemplar der Handels-Enigma, aber dies bedeutet kaum eine Hilfe bei der Entzifferung militärischer Funksprüche.
Im selben Jahr wird in Zusammenarbeit zwischen der Universität Posen und dem BS-4 ein Kursus für Kryptologen eingerichtet. Etwa 20 Studenten, die bereits an der mathematischen Fakultät studieren, nehmen an diesem geheimen Sonderlehrgang teil. Drei von ihnen zeichnen sich bald aus: Marian Rejewski, Jerzy Rózycki und Henryk Zygalski. Sie sind äußerst begabte Mathematiker und sprechen zudem fließend Deutsch.
Jetzt kommt der Zufall dem BS-4 zu Hilfe. Anfang Januar 1929 hat – nach unbestätigten Berichten – der polnische Geheimdienst für gut 48 Stunden eine militärische Enigma in Händen: Eine vom Auswärtigen Amt in Berlin an die deutsche Botschaft in Warschau adressierte Enigma-Schlüsselmaschine, »sorgfältig in Stroh verpackt« – so der heute in England lebende Colonel Lisicki, polnischer Funkexperte und Nachrichtenoffizier –, wird eines Freitags von BS-4-Experten aus der Paketabteilung des Warschauer Bahnzollamtes übers Wochenende entnommen. Nach eingehender Untersuchung bekommen die Zollbehörden sie in der Nacht zum Montag wieder zurück.

Laut Lisicki verschafft die Überprüfung dieser Enigma dem BS-4 Einblick in die Schaltverbindungen der drei Chiffrierwalzen sowie in die zusätzlichen Stekkerverbindungen für eine Doppelverschlüsselung. Am 1. September 1932 arbeiten die drei Kommilitonen als Team im BS-4 der »Deutschen Abteilung«. Nach polnischen Berichten soll es ihnen gelungen sein, bis Ende Dezember 1932 – in der überraschend kurzen Zeit von weniger als drei Monaten – den Enigma-Schlüssel zu knacken.
Im Jahr 1934 beauftragt BS-4 unter höchster Geheimhaltung die Fernmeldefirma AVA Wytwornia Teletechniczna, Warschau, ul. Stepinska 25, mit dem Nachbau der rekonstruierten militärischen Enigma. Bis zum September 1939 werden bei AVA 15 solcher Maschinen gebaut.
Um die verschlüsselten Enigma-Meldungen zu entziffern, konstruiert Rejewski eine elektromagnetische Maschine, genannt »Bomba«. Im November 1938 wird die erste »Bomba« fertig. Die darin befindlichen Schlüsselwalzen durchlaufen alle möglichen Buchstabenkombinationen für die drei Walzen, bis die richtige Einstellung gefunden ist, mit der eine auf einer polnischen AVA-Enigma verschlüsselte Meldung entziffert werden kann.
Während sich am politischen Himmel schwarze Wolken zusammenbrauen, beschließt Oberst Stefan Mayer, Chef des polnischen Nachrichtendienstes, sich an Polens Bundesgenossen Frankreich und England zu wenden. Auf Einladung von Oberst Mayer und Oberst Gwido Langer, dem Leiter des Chiffrierbüros, treffen sich vom 24. bis 27. Juli 1939 im geheimen polnischen Entzifferungszentrum »Wicher« im Wald von Pyry, etwa 20 Kilometer südostwärts von Warschau, Major Bertrand, Chef des Chiffrierbüros des französischen Geheimdienstes und der Kryptologe Capitaine Braquenié sowie Commander Denniston, Chef der »Government Code and Cipher School« in England mit seinem Chefkryptologen Knox und einem Professor aus Oxford. Die polnische Seite vertreten Oberst Mayer, Oberst Langer und einige Kryptologen.

Geheim!

H.Dv.g.7

Die Heeresschlüssel

Vom 27. 6. 1935

Berlin 1935

Gedruckt in der Reichsdruckerei

Titelblatt der geheimen Heeresdienstvorschrift (H. Dv. g.) zur Benutzung der Enigma I

Eine nach den Konstruktionsplänen der polnischen Fernmeldefirma AVA in Frankreich 1939/40 nachgebaute Enigma mit hochgeklapptem Gehäusedeckel. Dem deutschen Original entsprechen außer dem Tasten- und Glühlampenfeld auch die Fenster der Rändelräder der Schlüsselwalzen

Sie berichten jetzt detailliert über ihre Arbeit an der Enigma und legen den verblüfften Gesprächspartnern ein exakt nachgebautes Modell der Schlüsselmaschine vor. Bertrand: »Ce fut un moment de stupeur!« – Ein Augenblick höchster Überraschung! Man beschließt, von nun ab mit gemeinsamen Kräften die deutschen Spezialcodes der Schlüsselmaschine zu knacken: Die Polen werden sich künftig weiterhin auf die Lösung der mathematisch-theoretischen Probleme konzentrieren, die Franzosen ihre äußerst wichtigen Agentenkontakte in Deutschland weiterführen, und die Aufgabe der Engländer ist es, sich mit der Entwicklung verbesserter Techniken und Maschinen für die schnelle Entzifferung der Tagesschlüssel zu befassen.

Commander Alastair Denniston, Chef der britischen »Government Code and Cipher School« (GC and CS)

Das polnische Geschenk für die beiden Besucher-Teams sind: zwei polnische AVA-Nachbauten der Enigma, Blaupausen der »Bomba« und andere kryptographische Hilfsmittel. In der zweiten Augustwoche 1939 bringt sie ein polnischer Sonderkurier per Flugzeug über Skandinavien und Belgien nach Paris. Am 16. August reist Major Bertrand in Begleitung des offiziellen Kuriers der britischen Botschaft in Paris nach London. Im Diplomatengepäck hat er eine AVA-Enigma, die am Victoria-Bahnhof von Colonel Menzies, dem Vizechef des britischen militärischen Nachrichtendienstes MI6, höchstpersönlich in Empfang genommen wird. Kaum drei Wochen später beginnt der Zweite Weltkrieg.

Nach dem 3. September 1939 verlegt Denniston die »Government Code and Cipher School« (GC and CS), die kurz vor Kriegsausbruch den offiziellen Namen »Government Communications Headquarters« erhält, aus dem Londoner Hauptquartier des Secret Service am Broadway No. 54, nahe des Saint James Park (Westminister), in den etwa 80 Kilometer nördlich von London liegenden Außenbezirk eines kleinen Städtchens in der Grafschaft Buckinghamshire, den Bletchley Park, kurz B.P. genannt.

Commander Denniston hat B.P. als Ort für die spätere Tätigkeit der »GC and CS« unter ganz besonderen Aspekten ausgesucht: B.P. liegt auf halbem Weg zwischen Oxford und Cambridge und ist gut mit der Bahn zu erreichen. Der auf Ausbau in großem Stil bedachte Denniston will sich so den Zustrom von profilierten Wissenschaftlern und Mathematikern aus den beiden größten Universitätsstädten Englands sichern.

Der herrschaftliche Landsitz im viktorianischen Stil mit ausgedehntem Park bietet viel Platz für den Bau von improvisierten Unterbringungsmöglichkeiten für die schnell anwachsende Zahl der verschiedenen Sonderdienste im Rahmen der »GC and CS«.

Jeder in B.P. Beschäftigte muß im voraus den sogenannten Official Secrets Act unterzeichnen, der ihn unter Androhung schwerster Strafen verpflichtet, das Geheimnis für immer für sich zu behalten. Im Lauf der Zeit wird B.P. durch die steigende Anzahl von Enigma-Berichten und wegen der Luftangriffsgefahr nach und nach dezentralisiert.

Im November 1939 wird Colonel Menzies zum Director of Military Intelligence (MI 6) des Secret Intelligence Service (SIS) ernannt. Ihm wird auch formell die »Government Code and Cipher School« in B.P. unterstellt. Menzies beauftragt nun RAF-Group Captain Winterbotham mit der Organisation und der weiteren Planung.

Dies ist die Geburtsstunde der »Special Liaison Units« (SLU), der Sonder-Verbindungseinheit, deren Aufgabe es in Zukunft sein wird, über ein separa-

tes Fernmeldenetz, einen speziellen Schlüssel und mit dem entsprechenden Personal, den Befehlshabern im Felde die entzifferten Enigma-Funksprüche zu übermitteln. Die SLU wird ausschließlich der Operation »Ultra Secret« zugeteilt.
Diese Sonder-Verbindungseinheit SLU ist Winterbotham unterstellt. Die Männer dieser Einheit, denen das größte Geheimnis des Empire während des Zweiten Weltkrieges anvertraut wird, sind von Winterbotham persönlich ausgewählt worden.
Die von der SLU an die Befehlshaber übermittelten Funksprüche enthalten in der Regel keine Auswertung, höchstens erläuternde Kommentare, Erklärung technischer Einzelheiten oder Hinweise auf besonders wichtige Inhalte.
Übrigens dürfen Worte wie »Enigma« oder »Ultra« nirgendwo bei der Übermittlung einer Nachricht aus B.P. an Nichteingeweihte fallen. Diese Nachrichten tragen die Überschrift OFFICER ONLY sowie MOST SECRET, und die wahre Quelle wird durch Worte wie »aus verläßlichen Quellen« oder »es wird als verläßlich gemeldet« getarnt. Noch Jahre nach dem Zweiten Weltkrieg verwendet Churchill in seinen Memoiren für Ultra nur den Ausdruck »my most secret source« (meine höchst geheime Quelle).
Obwohl die Kryptologen in B.P. Schlüssel und Funksprüche aller Art bearbeiten, ist Ultra etwas Besonderes. Es erhält eine außergewöhnliche Sicherheitseinstufung, und nur wenige der Mitarbeiter in B.P. wissen über Ultra Bescheid.
Bei der Nutzung von Ultra-Material müssen eingeweihte Befehlshaber ihre Operationsbefehle stets mit einer glaubwürdigen »cover story« versehen, um die Geheimhaltung der Operation »Ultra Secret« zu gewährleisten. Als Informationsquelle werden Luftaufklärung, Agentenmeldungen, Sichtmeldungen usw. angegeben.
Der Zeitabstand zwischen der Abgabe eines Enigma-Funkspruchs und dem Augenblick der operativen Nutzung von Erkenntnissen aus der Funkentzifferung auf britischer Seite ist eines der wichtigsten Probleme.
In sechs Kriegsjahren arbeiten in B.P. und in den Außenstellen rund 10000 Männer und Frauen an der Entzifferung der deutschen militärischen Geheimschlüssel. Deckname der »GC and CS«: »Auswärtiges Amt – Zimmer No. 47«.
Die Organisation und Arbeit von B.P. sind alles andere als einfach: Das Netz der Horchstationen (Y-Stationen), in denen Funkhorcher – meistens sind es Frauen – den Funkverkehr der Achsenmächte rund um die Uhr aufnehmen, wird bereits 1940 so erweitert, daß schließlich alle in Frage kommenden Frequenzen von günstig gelegenen geographischen Positionen aus überwacht werden können.
Die von den »X-Stationen« angepeilten und von den »Y-Stationen« aufgenommenen Funksprüche werden zunächst über Fernschreibleitungen an die für Funkverkehrsanalyse zuständige Stelle in B.P. übermittelt und hier aufgrund ihrer äußeren Merkmale

Landsitz Bletchley Park (B.P.), Grafschaft Buckinghamshire: seit 3. September 1939 Hauptquartier der GC and CS

nach Verkehrs- und Schlüsselkreisen sortiert, das heißt, nach den Funksprüchen des Heeres, der Luftwaffe und der Kriegsmarine. Sie erhalten dann jeweils eigene Decknamen: »Chaffinch« (Heer), »Red« (Luftwaffe) und »Brown« (Kriegsmarine).
Die mit der Enigma verschlüsselten fünfstelligen Funkgruppen, identifizierbar als Heeres- oder Luftwaffen-Funksprüche, gehen dann zur Entzifferung an die Abteilung »Hut 6«, die vierstelligen Kriegsmarine-Funksprüche an Abteilung »Hut 8«. Hier versucht man, nach der den einzelnen Schlüsselbereichen zugewiesenen Priorität den gültigen Tagesschlüssel zu finden. Ist dies endlich gelungen, können die Funksprüche mit dem gleichen Tagesschlüssel auf den nachgebauten Enigma-Maschinen fast reibungslos entschlüsselt werden.
Ab Frühjahr 1940 wird »Hut 6« auf 24-Stunden-Dienst umgestellt und ständig im Drei-Schichten-Wechsel besetzt. Die entzifferten Heeres- und Luftwaffensprüche gehen dann von »Hut 6« an die Aufklärungsabteilung »Hut 3«, bzw. die Kriegsmarine-Funksprüche von »Hut 8« an »Hut 4«. Hier werden die entzifferten Vorlagen ins Englische übersetzt und erläutert.

Bletchley Park: eine der barackenähnlichen Holzhütten, »Hut 3« der Aufklärungsabteilung, im Hintergrund das Hauptgebäude

Mit diesen Übersetzungen befassen sich anschließend die Fachberater der Armee und Luftwaffe bzw. die in »Hut 3« untergebrachten Experten der Marine. Der Inhalt wird jeweils mit den entsprechenden Sachregistern verglichen und mit einem Kommentar sowie einer Bewertung versehen.
Danach gehen die Meldungen zum diensthabenden Wachoffizier in »Hut 3«, der sie mit dem Prioritätsvermerk kennzeichnet: Die außerordentliche Dringlichkeitsstufe heißt ZZZZZ, die normale trägt nur ein Z. Erst jetzt wird geprüft, wem die bearbeiteten Enigma-Funksprüche übermittelt werden müssen.
Premierminister Churchill, der wichtigste Empfänger aller Enigma-Funksprüche, ist maßgebend an der Operation »Ultra Secret« beteiligt: Ohne seine entschlossene Förderung hätte das Abhören, Entziffern und Verarbeiten der Enigma-Funksprüche niemals ein solches Ausmaß angenommen. Churchill trifft in sämtlichen Angelegenheiten von »Ultra Secret« immer die letzte Entscheidung.
Für den britischen Geheimdienst ist allerdings von Nachteil, daß sich aus den Enigma-Funksprüchen kaum Erkenntnisse über die Absichten der obersten deutschen Führung ermitteln lassen, da Hitler und sein Generalstab fast ausschließlich den unknackbaren Fernschreiber benutzen.
In Frankreich verlegt das 5. Bureau, die Nachrichtenabteilung des Generalstabs, bereits während der Generalmobilmachung in das Städtchen Gretz-Armainvillers, etwa 60 Kilometer nordostwärts von Paris. Hier, in dem herrlich gelegenen Château de Vignolles (Deckname: »P.C. Bruno«) bringt Major Bertrand seine Chiffrierabteilung unter. Im »P.C. Bruno« werden auch polnische Enigma-Experten einquartiert, die für Bertrand als Dechiffrier-Sondergruppe Z (Equipe Z) arbeiten.

Mai 1940 im »P. C. Bruno«, Château de Vignolles, von links: Oberst Langer (Luc) vom polnischen Nachrichtendienst, Oberstleutnant Bertrand und der Vertreter des britischen SIS, Captain McFarlan (Pinky)

Dr. Alan M. Turing, der geniale britische Mathematiker, baut für B. P. den Vorläufer des heutigen Computers

Ein Vertreter des britischen Secret Intelligence Service (SIS) wird ebenfalls zum »P.C. Bruno« beordert. Es ist Captain McFarlan, genannt Pinky, ein erfahrener Funkaufklärungsoffizier, der über direkte Fernschreibverbindungen zum Londoner War Office und nach Bletchley Park verfügt. Captain McFarlan steht auch in engem Kontakt mit dem Hauptquartier des britischen Expeditionskorps in Frankreich (Lord Gort). So wird »P.C. Bruno« gleichzeitig zum ersten alliierten »Operational Intelligence Centre« (OIC).
Im Herbst 1939 läßt Major Bertrand in einigen feinmechanischen Werkstätten in Paris unter strengster Geheimhaltung etwa ein Dutzend AVA-Enigma-Maschinen nachbauen.
Anfang Januar 1940 besucht der 28jährige britische Mathematiker Dr. Alan M. Turing, der zu den hellsten Köpfen von Bletchley Park zählt, »P.C. Bruno«. Dieser geniale und etwas exzentrische Wissenschaftler gehört bereits seit September 1939 der »GC and CS« an. Turing bringt etwa 60 Sätze perforierter Lochkartenblätter à 26 Bogen mit 1000 eingestanzten Löchern mit, die das Brechen des Enigma-Schlüssels erleichtern sollen.
Daraufhin wird es am 17. Januar 1940 bei »P.C. Bruno« geschafft, den Schlüssel der Heeres-Enigma (britischer Codename »Green«) zu knacken: Durch die Entzifferung der Funksprüche vom 28. Oktober 1939 sind jetzt einige Walzeneinstellungen der Enigma bekannt.
Zu Beginn des Norwegen-Feldzuges, Anfang April 1940, gelingt es in B.P., etwa 50 Tagesschlüssel und der Equipe Z 25 Tagesschlüssel mit durchschnittlich 30 bis 40 Funksprüchen pro Tagesschlüssel zu lösen. Ihre Entzifferung nimmt allerdings mehrere Wochen in Anspruch, so daß eine praktische Nutzung ausgeschlossen ist.
Während der Kämpfe in Norwegen bricht B.P. am 15. April 1940 den fünf Tage zuvor neu eingeführten Enigma-Schlüssel Gelb (Yellow), der speziell zur

Abwicklung des Funkverkehrs zwischen Heer und Luftwaffe angewandt wird und auch operativ-taktische Informationen enthält. Bis zum Auslaufen dieses Schlüssels können zwar immerhin 27 von 52 Tagesschlüsseln gelöst und 768 Sprüche entziffert werden. Allerdings scheitert die Nutzung dieser Sprüche an der Interpretation unzähliger deutscher Abkürzungen und Code-Begriffe.
Bevor die Deutschen am 10. Mai 1940 den Angriff im Westen beginnen, wird das Schlüsselverfahren der Enigma abermals geändert. Das Resultat: In den entscheidenden ersten zehn Tagen der deutschen Offensive kann kein Enigma-Funkspruch auch nur bruchstücksweise entziffert werden.
Dann aber, so behauptet später Bertrand, gelingt es den polnischen Experten von der Equipe Z zwischen dem 20. Mai und 14. Juni 1940, insgesamt 3074 Funksprüche zu entziffern und dem alliierten Geheimdienst zuzuleiten. Ihr Nutzeffekt ist jedoch gleich Null: Die Nachrichtenübermittlung zur kämpfenden Truppe funktioniert nicht mehr.
Als die deutschen Verbände in Paris einrücken, wird das Château de Vignolles blitzartig geräumt, die Enigma-Maschinen sowie alle wichtigen Dokumente werden weggeschafft.
Unterdessen arbeitet Turing mit seinem Team in Bletchley Park an einer seltsamen Maschine. Sie hat die Größe eines Wandschranks und ist voll von elektromagnetischen Relais. Dieser Vorläufer des heutigen Computers soll die Enigma-Funksprüche in kürzester Zeit entziffern helfen. Da die größte Zahl von Funksprüchen im Luftwaffen-Schlüsselbereich Rot (Red) anfällt, wird die Turing-Maschine darauf programmiert.
Am 22. Mai 1940 können die Kryptologen in B.P. mit Hilfe der Maschine in den neuen, nur zwei Tage alten Red-Schlüssel einbrechen. Seitdem erfolgt die Entzifferung beinahe aller Varianten des Enigma-Schlüssels der Luftwaffe, noch dazu mit immer geringeren Verzögerungen.

Der Funkverkehr mit absolut knacksicherem Code läuft von B. P. (Hut 3) über den leistungsstarken Sender des britischen SIS in Whadoon Hall. Auf diesem Weg werden den Oberbefehlshabern der einzelnen Kriegsschauplätze die entzifferten Enigma-Funksprüche übermittelt

Im Funkraum eines deutschen Kriegsschiffes: Hier wird gerade mit einer Enigma-M ein Funkspruchtext verschlüsselt

Winterbotham: »Bald konnten wir alle Sprüche regelmäßig mitlesen, normalerweise war der Schlüssel zur Frühstückszeit desselben Tages gelöst.«
Seitdem gibt es kaum eine größere Operation, über die der britische Secret Service nicht informiert ist: So erfährt Churchill am Morgen des 17. September 1940 über »Ultra« den Funkspruch des OKW, daß Hitler befohlen hat, die Landungsgeräte von der Küste ins Hinterland zu verlegen. Damit steht für den Premier fest, daß das Unternehmen »Seelöwe«, die geplante Invasion Englands, zumindest für 1940 nicht mehr zu befürchten ist. Diese Nachricht ermöglicht es Großbritannien, Teile des rechtzeitig aus Frankreich evakuierten Expeditionskorps zu gegebener Zeit anderweitig einzusetzen.
Mitte Februar 1941 ist Churchill bereits bekannt, daß Generalleutnant Rommel am 12. Februar 1941 in Tripolis eingetroffen ist, um zwei Tage später die ersten deutschen Kampftruppen im Hafen von Tripolis in Empfang zu nehmen. Von diesem Augenblick an werden die Rommel-Truppen von »Ultra« wie ein Schatten verfolgt, was sich in den Jahren 1942/43 auf die deutsch-italienische Kriegführung in Afrika verhängnisvoll auswirkt, vor allem durch die systematische Vernichtung der Nachschubtransporte. Niemand auf deutscher Seite ahnt die Ursache.
Dem Nachrichtendienst der britischen Admiralität NID ist es bisher nicht gelungen, den deutschen Schlüssel »Hydra« zu entziffern, der von den U-Booten und dem Befehlshaber der U-Boote (BdU) benutzt wird. Da kommt plötzlich der Zufall zu Hilfe. Am Freitag, dem 9. Mai 1941, kapert die Royal Navy vor Island das deutsche U-Boot U 110 und erbeutet dabei eine Enigma-Maschine sowie sämtliche Geheimunterlagen. Das auf U 110 gefundene Schlüsselmaterial ist für den Zeitraum bis Ende 1941 gültig. Darunter befindet sich auch der Plan für die zweimal täglich zu ändernden Einstellungen der Enigma-M-Walzen, was die Entschlüsselung des deutschen U-Boote-Funkverkehrs noch wesentlich vereinfacht.
Jetzt kann sich die britische Admiralität erstmals ein

umfassendes Bild von der gesamten deutschen U-Boot-Waffe verschaffen. Und dies beeinflußt die in der Folge anlaufenden Operationen gegen die U-Boote ganz entscheidend. Es gelingt den Alliierten im Frühjahr 1943 dank »Ultra«, die Schlacht im Atlantik zu gewinnen und dadurch die U-Boot-Gefahr endgültig zu bannen.
B.P. ist nun nicht nur über die Befehle des BdU an seine auf hoher See operierenden U-Boote informiert, sondern kann vor allem auch durch die Funksprüche der U-Boote deren genaue Position ermitteln.
Seit dem 22. Juni 1941 interessiert sich Churchill auch für den deutschen Funkverkehr an der Ostfront. So paradox es klingen mag, Großbritannien muß sich seine Kenntnisse über die nunmehr verbündeten sowjetischen Streitkräfte aus dem entschlüsselten Enigma-Material des besonders ausgiebigen Funkverkehrs der Luftwaffe beschaffen. Obwohl der östliche Alliierte von Amerikanern und Briten mit Nachschub aller Art versorgt wird, ist er mit Informationen über die eigenen Truppen mehr als zurückhaltend. Schlimmer noch: Moskau weigert sich, seinen Verbündeten Einzelheiten über erbeutete deutsche Waffen mitzuteilen. Andererseits haben die Engländer aufgrund des entzifferten Enigma-Verkehrs den eindeutigen Beweis, daß es den Deutschen gelungen ist, den sowjetischen Armee-Code zu knacken.
Trotz der unerfreulichen Erfahrungen mit den Sowjets legt der Chef der britischen Militärmission in Moskau dem sowjetischen Generalstab laufen »Ultra Secret«-Informationen vor. Sie werden jedoch auf Churchills Anweisung ausschließlich Stalin persönlich oder dem Chef des Generalstabs, Marschall Schaposchnikow, ab Juni 1942 dessen Nachfolger Marschall Wassilewski, übergeben.
Aus Sicherheitsgründen wird als Quelle entweder »ein namentlich nicht genannter höherer Offizier in der deutschen Führung« oder »eine gut plazierte Quelle in Berlin«, manchmal auch »eine sehr vertrauenswürdige, zufällige Quelle« genannt. Man achtet in London auch streng darauf, Einzelheiten – wie z. B.

Eine Funkstelle der Royal Navy: das der Admiralität unterstellte Operational Intelligence Centre (OIC)

Funk-Erkennungszeichen von deutschen Einheiten – nicht weiterzugeben, die man nur aus entziffertem Enigma-Material kennt. Die Engländer machen lediglich zur Bedingung, daß die Sowjets über Funk nicht offen über Geheimmaterial aus britischen Quellen sprechen.
Es werden in die nach Moskau beförderten Ultra-Berichte in der Regel auch verschiedene kleine Unstimmigkeiten in der deutschen Schreibweise russischer Städte und anderer geographischer Bezeichnungen eingebaut, um jegliche Hinweise auf den wahren Ursprung der Berichte zu vertuschen.
Bereits im August 1941 wird in der britischen Hauptstadt eine Spezialabteilung von MI 6 errichtet, die unter direkter Kontrolle des War Office mit der sowjetischen Militärmission in London zusammenarbeitet. Ab Mai 1942 finden zwar reguläre wöchentliche Treffs zwischen den beiden ungleichen Partnern statt, doch bewirkt es nichts; der Fluß der Geheimnachrichten bewegt sich weiterhin in einer Richtung: von West nach Ost. Selbst persönliche Interventionen des britischen Botschafters in Moskau, die er des öfteren dem sowjetischen Außenminister Molotow vorträgt, ändern nichts an dieser Tatsache.
So unglaubwürdig es auch erscheint, aber die zuverlässigsten Informationen über die Absichten der deutschen Führung, die sich im Frühjahr 1943 für das Unternehmen »Zitadelle«, die Schlacht bei Kursk und Orel, rüstet, entstammen keineswegs – wie bis heute in zahlreichen Publikationen behauptet wird – den Meldungen des sowjetischen, in der Schweiz tätigen Spionagerings »Rote Drei«, dem Alexander Rado, Rudolf Rössler und Alexander Foote sowie ein legendärer Nachrichtenlieferant »Werther« angehören, sondern sind dem Kreml von Winston Churchill übermittelt worden: Die Schlacht bei Kursk und Orel im Sommer 1943 bildet den Höhepunkt des Ostfeldzuges und ist gleichzeitig die entscheidende Schlacht des Zweiten Weltkriegs.
Das Scheitern des Unternehmens »Zitadelle« bedeutet für die Deutschen den endgültigen Verlust der strategischen Initiative und den Auftakt für die letzte Phase des Krieges, der mit dem Einmarsch der Roten Armee in Berlin endet und den Aufstieg der Sowjetunion zur Weltmacht besiegelt.
Im Jahr 1944 wird vor und während der Operation »Overlord«, der Invasion Frankreichs, von den Mitarbeitern in B.P. die höchste Einsatzbereitschaft gefordert. Ohne »Ultra« wäre die Planung dieses gewaltigen amphibischen Landeunternehmens, das auf einer präzisen Einschätzung der deutschen Verteidigungsstellungen, Truppenstärke und Materiallage beruht, zu einem einzigen großen Ratespiel geworden, wenn auch die französische Widerstandsbewegung dem britischen Geheimdienst viele Informationen übermittelt hat.
Auch nach der geglückten Landung haben die Westalliierten »Ultra« viel zu verdanken. Die frühzeitige Kenntnis der Gegenangriffspläne Hitlers sowie der Stärke aller beteiligten deutschen Truppen ermögli-

Ostfront 1943, Heeresgruppe Mitte: Schlüsselgruppe eines Divisionsstabes an der Engima

chen den Westalliierten die Einschließung der in der Normandie zusammengezogenen Panzerdivisionen bei Avranches.

Dort, wo die Alliierten eine Niederlage erleiden, wie im September 1944 bei Arnheim, oder wo sie in einem überraschenden Angriff zurückgedrängt werden wie in den Ardennen im Dezember 1944, haben die »Ultra«-Meldungen gefehlt.

Da Feldmarschall Model in seinem Hauptquartier nahe Arnheim über eine zuverlässige, abhörsichere Telefon- und Fernschreibverbindung nach Berlin und bis ins Führerhauptquartier »Wolfsschanze« in Ostpreußen verfügt, kann »Ultra« die alliierte Führung vor und während der Luftlandeoperation »Market Garden« nicht in gewohntem Umfang mit abgefangenen deutschen Funksprüchen versorgen. Für die Ardennen-Offensive wiederum ordnet Hitler bereits zu Anfang der Planung eine strikte Funkstille an, und so kommt der deutsche Angriff für die alliierten Verbände wie ein Schlag aus heiterem Himmel.

Natürlich war »Ultra« nicht kriegsentscheidend, das heißt, auch ohne diese Geheimoperation hätten die Alliierten letzten Endes den Krieg gewonnen, allein schon aufgrund ihrer vielfachen materiellen und personellen Überlegenheit sowie der reichlich zur Verfügung stehenden Rohstoffe und industriellen Kapazitäten. Was allerdings »Ultra« stark beeinflussen konnte, war die Strategie der Westalliierten. Damit hat »Ultra« die Endphase des Krieges in Westeuropa wesentlich verkürzt.

Die Operation »Ultra Secret« gehörte zu den bestgehüteten Geheimnissen des Zweiten Weltkrieges und wurde erst im Sommer 1974, also fast 30 Jahre nach Kriegsende, öffentlich bekannt. Man war auch nach dem Krieg in der Bundesrepublik Deutschland so fest von der Sicherheit des Enigma-Schlüssels »M« (Marine) überzeugt, daß man ihn beim Bundesgrenzschutz (See) bis in die Mitte der fünfziger Jahre eingesetzt hat.

Im Auftrag des SIS

Daß ein Geheimdienst nicht nur für die Beschaffung von Nachrichten zuständig ist, sondern in kritischen Situationen auch der Rüstungsindustrie seines Landes unter die Arme greifen mußte, beweist ein Krieg im Dunkeln, der auf Schweizer Boden entbrannte: Das Ringen Englands um seine Flugzeugproduktion. Kein Kunstgriff wurde ausgelassen, selbst ein offizieller britischer Vertreter in der Schweiz verwandelte sich allmählich in einen perfekten Schmugglerboß, der allen Schwierigkeiten gewachsen war.

Der Fall Lomax

Es liegt etwa zwei Jahrhunderte zurück, als in dem gottverlassenen Dorf Le Locle im Neuenburger Jura ein Schmiedegeselle namens Jean Richard auf eigene Faust das Geheimnis eines Uhrwerks ergründet, das ihm ein Landsmann anvertraut hat. Er zerlegt den bis dahin unbekannten Mechanismus, setzt ihn wieder zusammen und baut das komplizierte Uhrwerk ohne jede Anleitung nach.
So entsteht in Le Locle die erste Uhrenwerkstatt, errichtet von Jean Richard und seinen fünf Söhnen. Hier und in der Nähe von La Chaux-de-Fonds wächst mit den Jahren das Zentrum der eidgenössischen Uhrenindustrie heran, die Weltgeltung erringt.
Und kurz vor dem Zweiten Weltkrieg kommt die Hälfte der Schweizer Uhrenproduktion aus den Hochtälern des Kantons Neuenburg. Rund 97 Prozent der gesamten Erzeugnisse werden exportiert. Das Geheimnis des Vorsprungs, den sich die kleine Schweiz auf dem Gebiet der Feinmechanik gesichert hat, liegt in dem ererbten und weiterentwickelten Können eines hochgezüchteten Spezialistentums.
Die Mehrzahl dieser in den Händen alteingesessener Familien befindlichen Herstellungsstätten sind Klein- und Mittelbetriebe, die der Uhrenproduktion trotz des allgemeinen technischen Fortschritts ihren ursprünglichen Charakter erhalten. Mit Ausbruch des Krieges ändert sich das Interesse: Es sind weniger exquisite Damen- oder Herrenuhren gefragt, als vielmehr Diamantenwerkzeuge, Stoppuhren, Mikrometer, Mikroschrauben, Mikrokugellager oder Lagersteine und Spiralen aus Schwedenstahl, die man jetzt dringend für Zünder von Flakgranaten benötigt. Völkerrechtlich ist es der Schweiz laut Haager Konvention von 1907, wie jedem anderen neutralen Land keineswegs verboten, während eines Krieges Rüstungsmaterial zu exportieren. Sie ist lediglich

September 1939, nahe Basel: Schweizerische Soldaten bauen nach Ausbruch des Zweiten Weltkrieges Stacheldrahtsperren entlang der Staatsgrenze

verpflichtet, die kriegführenden Parteien gleichmäßig zu beliefern. Kurz nach Kriegsausbruch wird das im April 1939 vom Bundesrat erlassene Waffenausfuhrverbot aufgehoben, und niemand wird daran gehindert, sich Waffen in der Schweiz zu besorgen.
Selbst in Berlin erhebt man keine Einwände gegen die eidgenössischen Handelsbeziehungen mit Frankreich oder England. Hitler rührt sich nicht einmal, als die beiden Westmächte praktisch die gesamte verfügbare Kapazität der Schweizer Rüstungsindustrie durch geschickt plazierte Aufträge für sich blokkieren.
Im Juni 1940, nach dem Zusammenbruch Frankreichs, ändert sich die Situation allerdings schlagartig: Jetzt beansprucht Hitler für sich, was die Schweiz bis dahin für die Westmächte herstellte. Er hat auch die Möglichkeit, seinem Wunsch Nachdruck zu verleihen: Sollten sich die Eidgenossen nicht beugen, würde man die für sie unverzichtbare Energiequelle, die deutschen Kohlenlieferungen, stoppen.
In England hat man, wie es scheint, inzwischen übersehen, daß ohne eine reichhaltige Auswahl von feinmechanischen Artikeln ein verstärkter Ausbau der Flugzeugindustrie und die erhöhte, dem Kriegsbedarf angepaßte Produktion zahlreicher Präzisionsgeräte völlig unmöglich sind. Die Herstellung dieser unentbehrlichen Minigüter wiederum ist eine Domäne der Schweizer, die auf eine Vielzahl von ihnen die Patente und damit das Monopol besitzen.
Während im Frühsommer 1940 deutsche Truppen den französischen Jura besetzen, zeichnet sich in Englands Rüstungswerken eine bedrohliche Krise ab: Die in Frankreich liegenden Dörfer Poligny und St. Claude fallen nunmehr als die traditionellen Lieferanten von Lagersteinen aus. Englands größter Rüstungslieferant, die USA, können nicht viel dagegen unternehmen, sie leiden bereits selbst unter einem Mangel an Mikropräzisionsteilen. Aufgrund von Abmachungen zwischen der Schweiz und dem Deutschen Reich sind ab Juli 1941 alle feinmechanischen Teile ausschließlich dem Export nach Deutschland vorbehalten.
Die Techniker in Großbritannien und den USA versuchen nun, die elementarsten dieser Mikroteile, die Fassungen für Lagersteine, selbst herzustellen. Es gelingt ihnen jedoch nicht, ein Material mit dem erforderlichen Härtegrad zu produzieren.
In den winzigen Abmessungen der so dringend benötigten hochwertigen Mini-Bauteile liegt die Hoffnung der verzweifelten englischen Planer: Die feinen, Sandkörner gleichenden Schrauben, Muttern, Kugellager, Spiralfedern und anderes mehr, lassen sich praktisch überall verstecken.
Schlimmer sieht es mit anderen Produkten der Feinmechanik aus, die bei den Luftstreitkräften zum alltäglichen Gebrauch gehören, wie zum Beispiel Stoppuhrwerke. Ohne Mikrometer und andere hochgenaue Feinmeßgeräte lassen sich keine Produktionskontrollen in den eigenen feinmechanischen Herstellungsbetrieben durchführen. Die fehlende

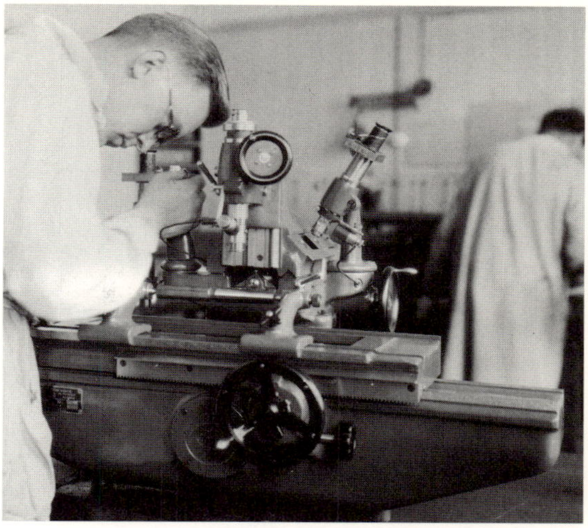

Eidgenössische Präzisionsgeräte, für den Flugzeugmotorenbau unerläßlich: Dreikoordinaten-Meßmaschine Typ MU-214A (Bjr. 1931), made in Switzerland

Nachlieferung von feinoptischen Höchstpräzisionsgeräten macht auf die Dauer auch die Arbeit der wissenschaftlichen Laboratorien und Versuchsanstalten unmöglich.
Wohin der Mangel führt, zeigen unter anderem die Klagen des RAF-Bodenpersonals über so unkomplizierte Einrichtungen wie die Bombenwinden der Wellington-Bomber, mit denen man die tödliche Last in die Schächte im Rumpf der Maschinen befördert. Die in England hergestellte Winde arbeitet nach Ansicht des Bodenpersonals zu langsam, und man kann sich auf sie nicht verlassen, da ihre Mechanik öfter versagt.
In dieser Situation befiehlt Winston Churchill: »Die Lieferungen der Mikropräzisionsteile müssen auf irgendeine Art und Weise wieder aufgenommen werden.« Er beauftragt das Ministerium für wirtschaftliche Kriegführung (MEW) mit der Lösung dieses Problems, das sich sofort mit Anthony Wrightson, dem britischen Repräsentanten der »Anglo-Swiss Mixed Commission, in Verbindung setzt. Man läßt ihm völlig freie Hand beim Aufstellen einer »Versorgungsorganisation«, deren Arbeit alles andere als legal sein wird.
Ende 1941 trifft der ehemalige Handelsattaché in Madrid, John Lomax, aus England kommend in Bern ein, mit ihm der neue britische Botschafter Clifford Norton, der Anfang 1942 Sir David Kelly ablösen soll. Norton, bisher Sekretär im Kriegskabinett, wird direkt zum Gesandten befördert, ein untrüglicher Beweis für die Bedeutung, die man der Schweiz zumißt.
»His Majesty's Commercial Counsellor«, John Lomax, der in der Botschaft die Wirtschaftsabteilung, ein besonders wichtiges Ressort, übernimmt, erhält bald den Beinamen Tiger. »Er zeigte sich ziemlich

John Lomax, der »Tiger« genannt, mit dem Titel »His Majesty's Commercial Counseller«. Seine Aufgabe: ein geheimes Agentennetz zu organisieren

rücksichtslos, als es um die Versorgung der Schweizer Industrie mit notwendigem Rohmaterial aus Übersee ging«, so sein Kollege aus dieser Zeit, der britische Luftattaché in Bern, Air Commander »Freddie« West.

Des Handelsattachés äußerst geheime Aufgabe, die allerdings nur schwer mit dem diplomatischen Dienst vereinbar ist, heißt »Operation Viking«. Lomax hat ein »geheimes Agentennetz zu organisieren«, so lautet die Order seiner Vorgesetzten in Whitehall nach Absprache mit dem SIS, »um eine Anzahl wichtiger Artikel, die von den Alliierten weder selbst hergestellt noch anderswo zu beschaffen sind, aus der Schweiz herauszuschmuggeln«.

Einige Wochen nachdem Lomax im Dienst seiner Majestät mit dem mühsamen Aufbau der »Operation Viking« begonnen hat, wird am 19. Juni 1942 unter dem Druck Berlins die letzte legale Chance, die erlahmende britische Flugzeugindustrie wenigstens mit winzigen Durchhaltespritzen zu versorgen, unterbunden.

Die Schweizer Post darf nun nicht mehr die bis zu zwei Kilogramm schweren Päckchen als zollfreie Briefsendung nach Italien versenden. Diese Einschränkung erfolgt, nachdem Agenten des deutschen Geheimdienstes dahintergekommen sind, daß auf diesem Weg heißbegehrte Minigüter via Italien und Amerika nach England gelangen. »Es blieb mir nichts anderes übrig, als ›Smuggler Chief‹ zu werden,« konstatiert Lomax.

Allerdings ist die Sache nicht einfach: Die Hersteller der Schweizer Uhren und die feinmechanische Industrie können Lomax nicht viel helfen, auch wenn sie gewillt wären, die Bestimmungen zu umgehen. Sie selber sind von den Lieferungen der fertigen Industriediamanten aus den französischen Diamantenschleifereien um St. Claude abhängig.

Die Franzosen wiederum sind völlig auf den Import von Rohdiamanten angewiesen und verlangen, falls sie in der Sache auch nur einen Finger rühren sollen, für ihre illegale Arbeit eine Bezahlung in barem Gold.

So hat der Handelsattaché, wenn er den Anweisungen seines Premiers nachkommen will, einiges zu bewerkstelligen, auch darf er es sich als akkreditierter Diplomat wegen der Gefahr einer Blamage nicht erlauben, dabei aufzufallen. Eine ernsthafte Komplikation für das ganze Unternehmen: Die Zentren der französischen Diamantenschleifereien liegen zwar nahe der Schweizer Grenze im Jura, aber in der deutsch-besetzten Zone. Um auf legalem Weg dahin zu gelangen, bleibt nur der Weg durch Vichy-Frankreich.

Zuerst muß Lomax die Lieferung von rohen Industriediamanten über New Yorker Händler an seinen Mittelsmann in der Schweiz organisieren und dann eine Möglichkeit finden, um diese Edelsteine zu den Schleifern zu schmuggeln. Auch die Goldmünzen für die Bezahlung der Schleifer müssen besorgt und an ihren Bestimmungsort transportiert werden.

Die Rückführung der geschliffenen Industriediamanten in die Schweiz, die Ablieferung bei den Herstellern der Mikropräzisionsteile und anschließend das Schmuggeln der fertigen Produkte nach England bewältigt Lomax unter den Argusaugen der Schweizer Behörden und der deutschen Agenten, von denen es nur so wimmelt.

Das einzige Plus dabei: Diamanten sind von Natur aus sehr klein, und selbst eine große Menge von ihnen läßt sich leicht verstecken. Das Kurierteam, eine Dame und ein Geschäftsmann, ehemaliger Freiwilliger der RAF aus dem Ersten Weltkrieg, hält die Verbindung zwischen Lomax und den französischen Diamantenschleifern.

Die junge, attraktive und resolute Person, von Lomax »Mabel« genannt, wohnt in Vichy-Frankreich so günstig, daß sie, »ohne daß man ihr Fragen stellt, die Grenze zur Schweiz überqueren kann«. Madame schafft die »heißen« Steine in die Schweiz und wieder retour. Sie richtet in Vichy-Frankreich ein verstecktes Depot für rohe und fertig geschliffene Diamanten sowie Goldmünzen ein.

Pierre, ihr Partner, spezialisiert sich auf den Schmuggel der Goldmünzen, und da es nicht verboten ist, Gold aus der Schweiz nach Vichy-Frankreich auszuführen, ist dies keineswegs riskant. Er bringt auch die Rohdiamanten aus Mabels Depot zu den Juradörfern im deutsch-besetzten Teil Frankreichs und die geschliffenen Industriediamanten von dort zum Depot zurück.

Die rohen Industriediamanten werden Woche für Woche aus New York auf verschiedenen Wegen über alle möglichen vertrauenswürdigen Personen, deren Reiseziel die Schweiz ist, in dezenten Briefumschlägen nach Bern eingeschmuggelt. Die freiwilligen Boten ahnen nie, welche Art Post sie befördern.

Auf ähnliche Weise erreichen die eingefaßten Lagersteine ihren Bestimmungsort London. »Es ist niemals

eine Sendung verlorengegangen« (Lomax). Der Handelsattaché achtet peinlich darauf, daß man sich dieser »Kuriere« ausschließlich zur Beförderung der bewußten Ware bedient und nicht etwa zum Sammeln von Nachrichten für den Secret Service.
Ein mit den Engländern sympathisierender Beamter der zuständigen Schweizer Stelle spielt Lomax täglich die Listen mit sämtlichen in Richtung Spanien reisenden Personen zu. Die Viking-Leute picken sich die heraus, denen man ihrer Ansicht nach den wertvollen Nachschub anvertrauen kann.
Im Verlauf seiner Tätigkeit als »Schmuggelboß« macht Lomax eine erstaunliche Feststellung: Trotz aller erdenklichen Schwierigkeiten und Risiken entstehen bei dieser Art des Industriediamantenumlaufs kaum Verluste an Ware oder Zahlungsmitteln, und die Transportkosten betragen lediglich einen Bruchteil dessen, was sie bei normalen Geschäftsverbindungen in Friedenszeiten ausmachen. Dies ist besonders dem Wegfall der sonst üblichen Versicherungspolicen zuzuschreiben, die die normalen Transportkosten erheblich steigern.
Die Deutschen wissen längst von der Tätigkeit des Attachés und versuchen, dagegen vorzugehen: Nachdem mehrfache Eingaben an den Bundesrat, den »Tiger« aus der Schweiz auszuweisen, wirkungslos bleiben, entsteht der Plan, den wendigen Schmuggelboß zu beseitigen. Zum Glück für Lomax bleibt es jedoch bei diesem Vorsatz.
Da es den Deutschen nicht gelingt, auch nur eine der Viking-Industriediamanten-Sendungen abzufangen, wittern sie hier ein übles Zusammenspiel der Schweiz mit England. Sie vermuten sogar heimliche Nachtlandungen britischer Maschinen auf dem Flugplatz Belpmoos bei Bern, um diese wertvollen Steine nach England abzuholen. Nur so können sich die Deutschen eine ausreichende Versorgung der britischen Rüstungsbetriebe mit Industriediamanten erklären.
Die »Operation Viking«, erst einmal in Bewegung, arbeitet so reibungslos, daß schon nach etwa elf Monaten, im Frühherbst 1942, der Vorrat an geschliffenen Industriediamanten groß genug ist, um das War Office bis Kriegsende damit einzudecken. Wenn auch das Versorgungsproblem der britischen Industrie mit Lagersteinen gelöst ist, so bedeutet dies für Lomax keineswegs das Ende seiner Mission.
Bereits im Herbst 1941 scheinen die Engländer ihre Liebe für Grammophone mit Handkurbel entdeckt zu haben und lassen sie in Massen aus der Schweiz importieren. Weder der eidgenössische Zoll noch andere Stellen halten es für möglich, daß diese preiswerten Plattenspieler in den auf Hochglanz polierten Holzkästen irgend etwas mit dem strategischen Bombenkrieg zu tun haben könnten. Doch in der Tat: Ihr Mechanismus bringt nicht nur Schallplatten in Schwung, sondern ist genau das Herzstück der bisher vom RAF-Bodenpersonal beanstandeten Wellington-Bombenwinden.
Selbst die geschätzten Schweizer Landvermessungsinstrumente, die zum Beispiel für den Bau von Luftstützpunkten und anderen kriegswichtigen Objekten unentbehrlich sind, werden von den Viking-Leuten beschafft. Sie beliefern mit den eidgenössischen Theodoliten nicht nur das gesamte Commonwealth und die USA, sondern im Rahmen des Leih- und Pachtvertrages sogar die Sowjetunion.
Als die zuverlässigste Art, den ganzen Mikropräzisionskleinkram wie Kugellager, Schrauben oder Spiralfedern über Spanien nach England zu versenden, erweisen sich die NS-Tageszeitungen, »weil keiner die Achsenmächte-Presse lesen wollte«. In zusammengefaltete Zeitungen werden Löcher gebohrt, mit Mikroteilen gefüllt und mittels Klebeband verschlossen. Die Zeitungsrollen gehen mit normaler Post als Streifbandsendung an mehrere Deckadressen auf der Iberischen Halbinsel.
Lomax: »Das größte und ständig wiederkehrende Problem jedoch war die Versorgung der Royal Air Force mit Stoppuhren.« Wenn man bedenkt, daß bei einem Luftangriff aus 5000 Meter Höhe die Bomben rund 3000 Meter vor dem Ziel abgeworfen werden müssen, daß sie dann fast eine halbe Minute unterwegs sind und ein Fehler von nur einer halben Sekunde beim Auslösen schon 50 bis 80 Meter Differenz am Ziel ausmacht, kann man sich die Bedeutung präziser Stoppuhren vorstellen.
Die Beschaffung dieser robusten Dinger, die man in jedem Sportgeschäft zu finden gewohnt ist, bereiten den Viking-Leuten erhebliches Kopfzerbrechen. Es stellt sich nämlich bald heraus, daß weder legal noch mit gefälschten Papieren oder fingierten Aufträgen etwas zu bekommen ist. In weiser Voraussicht haben die Deutschen in ihrem Handelsabkommen mit der Schweiz den Export von Stoppuhren mit einem strikten Embargo belegt, und selbst die neutralen Länder dürfen nur in einem Umfang einführen, der den Vorkriegsimporten entspricht.
Als einziger Ausweg bleibt der Schmuggel. Hierbei sieht es jedoch anders aus als bei den winzigen Mikroteilen: Eine Beförderung in kleinen Stückzahlen er-

Luftüberwachungsstelle Bern, 14. 9. 1942: Jede Grenzverletzung durch fremde Flugzeuge wird sorgfältig registriert

scheint unrentabel, da die RAF Unmengen davon benötigt.
»Es war praktisch unwirtschaftlich, weniger als einen Koffer voll zu schmuggeln« (Lomax). Allerdings gibt man sich auch mit kleineren Mengen in einem doppelten Gürtel oder im Futter von Kleidungsstücken zufrieden. Bald beginnt ein schmaler, jedoch ständiger Strom von Chronometern in Richtung Spanien zu fließen. Professionelle Schmuggler, harmlose Reisende oder neutrale Diplomaten liefern die Ware pünktlich gegen oder ohne Entgelt auf der anderen Seite der Pyrenäen ab.
Die Profis erhalten Erfolgshonorar, und einem wird sogar auf Kosten seiner Majestät ein Gebrauchtwagen besorgt, »in dem er mehrere Fahrten unternimmt«. So sehr sich jedoch alle bemühen, der Bedarf an Stoppuhren ist keineswegs zu decken.
Der unermüdliche Lomax kommt schließlich auf die pfiffige Idee, die Werke der Chronometer in Gehäuse von billigen Uhren zu packen, da diese keinen Exportbeschränkungen unterliegen. So etwas ist natürlich technisch durchaus möglich, wenn auch illegal. Über nur ihm bekannte Umwege findet der Handelsattaché schließlich in La Chaux-de-Fonds ein paar Uhrenhersteller, die bereit sind, ihm aus der Verlegenheit zu helfen.
Als das erste Muster in einer handelsüblichen Uhrensendung in Lissabon eintrifft, wird es nur mit Mühe unter den anderen Uhren herausgefunden. Mit der nächsten Maschine nach London gebracht, wundern sich die Experten, wie es möglich ist, diese verschiedenartigen Teile so gut ineinanderzupassen. Von jetzt an läuft endlich die Versorgung mit Stoppuhren reibungslos.

Aus dem Herzstück von Grammophonapparaten entstehen die Wellington-Bombenwinden

Operation »Double Cross«

Diese Operation bescherte der deutschen Abwehr eine der größten Niederlagen, die in jüngerer Zeit ein Geheimdienst erleben mußte: Sämtliche deutschen Agenten, die im Zweiten Weltkrieg in Großbritannien spionieren sollten, wurden von der britischen Spionageabwehr MI5 aufgegriffen. Nur wenige ließ man nach der Verhaftung verurteilen und hinrichten, die meisten »drehte man um«. Die nun als Doppelagenten eingesetzten Spione lieferten der Abwehrstelle Hamburg den ganzen Krieg hindurch so geschickt ausgewähltes Spielmaterial, daß die deutsche Führung es für echt hielt.

Erst 27 Jahre später, als die britische Regierung die Akten des »Double Cross Committee« freigab, kam das ganze Ausmaß des Debakels ans Tageslicht. Das vom englischen Geheimdienst ausgeklügelte Unternehmen war die erste organisierte Täuschungsoperation dieser Art.

Deutsche Agenten in britischem Dienst

Professor John C. Masterman aus Oxford, einer der führenden Köpfe des »Double Cross Committee«

Die Geschichte der Operation »Double Cross« beginnt mit einem Walliser Elektroingenieur namens George Owens, den die deutsche Abwehr unter dem Tarnnamen »Johnny« führt und der wenige Jahre vor dem Krieg aus Kanada nach England zurückkehrt. Owens wird von einer Firma angestellt, die ihre Aufträge von der Admiralität bekommt. Bei seinen wiederholten Geschäftsreisen bringt er aus Deutschland jedesmal einige technische Geheiminformationen mit. Anfang 1936 wird er vom militärischen Nachrichtendienst MI6 angeworben, für den er kurze Zeit als Agent tätig ist.

Im Dezember 1936 fängt die britische Spionageabwehr MI5 einen Brief von Owens ab, der an eine Deckadresse der deutschen Abwehrstelle in Hamburg gerichtet ist. Danach stellt man fest, daß er bereits seit geraumer Zeit mit dem deutschen Geheimdienst in Verbindung steht. Eines Tages wird Owens von MI5 über seine Spionagetätigkeit für die Deutschen befragt. Er berichtet unter anderem, daß sein Führungsoffizier Major Nikolaus Ritter heiße und für die Belange der Luftwaffe zuständig sei.

Owens arbeitet bis zum Kriegsausbruch weiterhin als echter deutscher Agent, ohne daß MI5 ihn daran hindert. Aber am Morgen des 4. September 1939 wird er in London festgenommen und umgedreht. Er erhält jetzt den Codenamen »Snow« und ist der erste, über ein Jahr lang auch der wertvollste Agent von MI5.

Der spätere Chronist des »XX Committee«, Professor Masterman: »Von ›Snow‹ erfuhren wir viel Wichtiges über die deutsche Abwehr und deren Methoden, gewannen auch noch Verbindung zur deutschen Spionage, und konnten mehrere weniger bedeutende deutsche Agenten auskundschaften. Wir bauten rund um ›Snow‹ die Grundlage eines Doppelspiel-Systems auf. Mit ihm begann tatsächlich unsere Tätigkeit der nächsten fünf Jahre.«

Owens wird mit seinem Funkgerät, das er von der Abwehr bekommen hat, in eine Zelle des Londoner Gefängnisses Wandsworth eingesperrt und muß bereits am nächsten Tag, dem 5. September 1939, Verbindung mit der Abwehr-Funkstelle in Hamburg-Wohldorf aufnehmen. Seine ersten Funksprüche enthalten meteorologische Angaben. Major Ritter ahnt nicht, daß »Johnny« von MI5 umgedreht worden ist. Er sieht in ihm bis 1941 seinen wichtigsten Abwehragenten in Großbritannien.

Owens steht in regelmäßigem Funkverkehr mit Hamburg und ab Frühjahr 1940 auch mit einem deutschen Geheimsender bei Madrid. Dank der Anweisungen, die ihm die Abwehr für jeden Agenten vor dessen Einsatz in Großbritannien erteilt, kann MI5 ohne Schwierigkeiten sämtliche Fallschirmagenten abfangen, die seit Sommer 1940 auf britischem Boden landen.

Ab Januar 1941 leitet das nun ins Leben gerufene »Double Cross Committee«, auch als »XX Committee« bezeichnet, die Arbeit der Doppelagenten. Dieses Komitee setzt sich aus Offizieren von MI5 und aus Mitgliedern des »Wireless Board« (Funkausschuß) zusammen, die über die Freigabe von Informationen entscheiden, welche der deutschen Führung ohne Risiko übermittelt werden dürfen. Die Operation »Double Cross« untersteht Major – später Lieutenant Colonel – Robertson von MI5. Zu seinen ersten Mitarbeitern gehört John C. Masterman, Wissenschaftler der Universität Oxford.

»XX« ist das Symbol für den Ausdruck »Double Cross« (Doppeltäuschung), der für das gesamte Doppelagentenwesen von MI5 angewandt wird. Man spricht auch vom »Twenty Committee«. Das »XX Committee« hat im Verlauf seiner Arbeit eine Reihe wertvoller Erfahrungen gesammelt, vor allem, daß es vorteilhafter und viel wirksamer ist, die enttarnten deutschen Spione umzudrehen, als die Abwehr durch bekanntgewordene Festnahmen zu veranlassen, ein neues Spionagenetz in England aufzubauen. Dies erleichtert auch die Ergreifung neuankommender Agenten, weil sie in der Regel die Anweisung haben, mit einem bereits in England weilenden Spion Fühlung aufzunehmen.

Bei der vom »XX Committee« angewandten Methode sind gewisse Vorbedingungen notwendig: Erstens, die Verhaftung muß fast unmittelbar nach der Landung erfolgen, noch ehe der Agent mit Deutschland Verbindung aufgenommen hat; zweitens, die Festnahme darf nur wenigen, äußerst zuverlässigen Leuten bekannt werden, damit die Deutschen weder durch eine Pressenotiz noch auf andere Weise erfahren, daß der Agent entdeckt worden ist; drittens, der Agent muß »umgedreht« und gleichzeitig davon überzeugt werden, daß er sein Leben nur retten kann, wenn er für »Double Cross« arbeitet.

Das Umdrehen der Agenten ermöglicht wichtige Einblicke in die Taktik des deutschen Geheimdienstes einschließlich seiner Chiffrierverfahren, Codeschlüssel und dergleichen. Aus den Aufträgen der gegnerischen Agenten kann man gewisse Rückschlüsse ziehen. Als sich zum Beispiel im Herbst 1941 herausstellt, daß die Agenten nicht mehr mit der Erkundung britischer Küstenbefestigungen beauftragt werden, liegt die Vermutung nahe, daß man das Unternehmen »Seelöwe«, die Landung in England, abgeblasen hat.

In den Archiven von MI5 existieren Personalakten von rund 120 »Double Cross«-Agenten, darunter 39, die sich durch besondere Aktivitäten auszeichnen. Seit etwa 1941/42, als immer öfter deutsche Codes im Rahmen der Operation »Ultra Secret« geknackt werden, ist MI5 in der Lage, fast jeden deutschen Spion bereits zu erfassen, bevor er in Großbritannien eintrifft.

Springausbildung deutscher Agenten mit einem veralteten Übungsflugzeug vom Typ Dornier Do 23 G

Insgesamt werden während des Zweiten Weltkrieges 16 deutsche Spione, davon drei britische Staatsbürger, in England hingerichtet. Sie müssen sterben, weil sie dem »XX Committee« aus irgendwelchen Gründen nicht geeignet erscheinen. Der Tod einiger Agenten soll die Glaubwürdigkeit der bereits tätigen Doppelagenten unterstreichen. Man würde die deutsche Abwehr mißtrauisch machen, wenn keiner ihrer Agenten in Großbritannien geschnappt und hingerichtet wird.

Aufgrund längerer Erfahrungen stellt man mit Erstaunen fest, wie sehr die deutsche Führung auf die Informationen von »Double Cross« kontrollierten Agenten hereinfällt und wie leichtgläubig bewußt gesteuerte Meldungen von der deutschen Abwehr als echt angesehen werden. Masterman: »Wären wir uns von Beginn an darüber im klaren gewesen, daß die Deutschen von keinen anderen Quellen in England Informationen erhielten, so hätten wir kühner handeln und, insbesondere auf dem Gebiet der Irreführung, bessere Dienste leisten können.«

Die wichtigste Voraussetzung zur Täuschung der deutschen Führung ist, daß der Agent weiterhin bei seinem Führungsoffizier als zuverlässig gilt. Damit keine Zweifel aufkommen, ist eine wahrheitsgetreue Berichterstattung über einen langen Zeitraum erforderlich. Masterman: ». . . Mit Hilfe des Doppelagenten-Systems leiteten und überwachten wir wirksam das deutsche Spionagesystem in unserem Land.«

Die britische Spionageabwehr MI5 entwickelt diese Spiele zu solcher Meisterschaft, daß es in Großbritan-

Chef der Operation »Double Cross«: Major Thomas Robertson, ein waschechter Seaforth Highlander

nien während des ganzen Krieges nicht einen einzigen deutschen Spion gibt, der nicht unter britischer Kontrolle steht: Diese Agenten werden entweder festgenommen oder »umgedreht«, manchmal handelt es sich aber auch um britische Spione, die sich von der deutschen Abwehr haben anwerben lassen, in Wirklichkeit aber im Dienst des »Double Cross« stehen. In beiden Fällen nimmt die Abwehr an, daß diese Agenten für sie und gegen die Alliierten arbeiten.
Für die Ausbildung deutscher Fallschirmagenten und deren Einsatz in Großbritannien ist jener von Owen erwähnte Luftwaffenmajor Nicolaus Ritter von der Abwehrstelle Hamburg verantwortlich. Ihm steht eine Funkstation zur Verfügung, die sich in einem alten Herrensitz in Wohldorf bei Hamburg befindet.
Major Ritter: »Es sollte – neben Berlin – mit der Zeit die größte und erfolgreichste geheime Funkstation der gesamten Abwehr werden.«
Die ersten Abwehragenten, die per Fallschirm in England landen sollen, sind Wulf Schmidt (26) – Tarnname »Hansen«, ein Nationalsozialist aus Dänemark, von Beruf Zeichner, dessen Vater Deutscher ist, dann Gösta Caroli (27) – Tarnname »Nilberg«, ein schwedischer Mechaniker, dessen Mutter aus Deutschland stammt. Die recht gut Englisch sprechenden Männer werden in einem Lager für skandinavische Flüchtlinge in Schleswig-Holstein von der Abwehrstelle Hamburg angeworben.
Während ihrer Springausbildung wohnen sie, um nicht aufzufallen, in der kleinen »Pension Klopstock«. Die beiden haben den gemeinsamen Auftrag, im Raum zwischen Birmingham, London und Bristol zu spionieren. Neben der Handhabung eines Senders samt Verschlüsselung und Entschlüsselung bringt man ihnen auch allgemeine Kenntnisse bei.
Major Ritter: »Außer dem Funken mußte jeder lernen, aus normalen, im Handel erhältlichen Teilen ein einwandfrei arbeitendes Gerät zu bauen, und der Einbau des Gerätes in Verstecken mußte praktisch geübt werden: unter Fußböden, in Fensterrahmen, zwischen Wänden, in Bäumen, in der Erde und so weiter. Ein schneller Stellungswechsel mußte jederzeit vollzogen werden können. Aber das war noch nicht alles: Ein Fallschirmagent mußte ein ›Allroundman‹ sein. Dazu gehörte die Einweisung auf verschiedenen Flugplätzen, die Beobachtung des Betriebes von der Flugleitung aus, Hinweise auf verschiedene Arten von Anlagen anhand von Karten, um später vergleichen zu können.
Es wurden Flugzeugerkennungsdienst geübt, Flakstellungen besichtigt, sowie Unterscheidungsmerkmale der einzelnen Kaliber und die Anordnung der Geschütze besprochen. Auch Rüstungsfabriken wurden besucht und auf lebenswichtige Anlagen hingewiesen. Ganz besonders intensiv war der Unterricht im Wetterdienst. Wettermeldungen waren für die Luftwaffe außerordentlich wichtig, nachdem amtliche Wettermeldungen überall eingestellt waren. Die beiden jungen Männer hatten so fleißig und

Wulf Schmidt, Tarnname Hansen, der »erfolgreichste deutsche Spion in Großbritannien«

gewissenhaft gearbeitet, daß sie schon kurz vor Ablauf der sechs Wochen fertig waren.«
Auch ihre Legenden müssen sie sich gut einprägen: Sie seien skandinavische Flüchtlinge aus Oslo, die ein Fischerboot vor den Deutschen gerettet und nach England gebracht habe. Die Abwehrstelle hat ihnen die nötigen Kenntnisse über Oslo beigebracht und falsche Personalpapiere besorgt, so daß diese Story durchaus glaubwürdig klingt.
Ende Juli 1940 fährt Major Ritter die beiden nach Brüssel und probiert mit ihnen unterwegs im Raum Köln die Funkgeräte aus. In der belgischen Hauptstadt bespricht der Major alle Einzelheiten mit zwei Luftwaffen-Offizieren vom Sonder-Geschwader KG 200, das im Auftrag der Abwehr das Absetzen von Fallschirmagenten durchführt. Nach eingehendem Studium der Karten und Luftaufnahmen steht fest, daß der günstigste Absprungraum jener in der Nähe von Salisbury ist.
Major Ritter: »Jetzt war es meine Aufgabe, meine beiden V-Leute mit der Umgebung vertraut zu machen. Ich ließ in der Abwehrstelle genaue Skizzen in vergrößertem Maßstab anfertigen, auf denen Wege und Straßen sowie die nächsten Ortschaften verzeichnet waren, so daß Hansen und Nilberg sich alles genau einprägen konnten. Der Hauptmann und der Oberleutnant legten ihren Flugweg fest, und nun warteten wir nur noch auf eine dunkle Nacht. Die Meteorologen taten ihr Bestes, aber die nächsten Nächte blieben für einen Einsatz zu hell.«
Mit einem kurzen Trip nach Paris und Besuch des Vergnügungsviertels Montmatre hält man die beiden Spione bei Laune. Einige Tage später ist es soweit: Es geht zum Absprunghafen Rennes in der Bretagne. Hier erwartet sie ein startbereites pechschwarz angestrichenes Kampfflugzeug vom Typ Heinkel He 111. Die beiden zwängen sich in den Rumpf der Maschine. Nun beginnt, laut Major Ritter, die erfolgreichste und wohl längste Mission der Abwehr im Zweiten Weltkrieg, die fast fünf Jahre dauern soll.

Luftstützpunkt Rennes/ Bretagne: Maschine des Sonder-Geschwaders KG 200 kurz vor ihrem Geheimeinsatz

Die Nacht ist wie geschaffen für einen solchen Einsatz, und die beiden hocken stumm in dem nur schwach erleuchteten Rumpf. Sie warten, bis man ihnen das Zeichen zum Absprung gibt; dann tauchen sie in die Nacht und landen in einem Wäldchen nahe

Ein Mitarbeiter des »Double Cross Committee« mit dem bei Hansen und Nilberg gefundenen Funkgeräten

Salisbury. Dabei passiert gleich ein Mißgeschick: Caroli bricht sich beim Aufprall einen Knöchel.
Nach drei Tagen schrillt bei Major Ritter nachts das Telefon. Der diensthabende Offizier der Abwehrfunkstelle Wohldorf berichtet von einer Funkmeldung Hansens: »Er hat sich vorerst gemeldet, damit wir wissen, daß er noch lebt. Er kommt bald wieder.« Ritter: »Dies war ohne Zweifel der erste Erfolg.« Erst nach weiteren 72 Stunden, nachts zwischen 3 und 4 Uhr, kommt der nächste Funkspruch, zugleich eine Erklärung für das lange Schweigen. Hansen weiß nicht, was er machen soll.
Die beiden Agenten haben sich in einem kleinen Gehöft versteckt und bitten verzweifelt um Kontakt mit dem Agenten »Johnny«, von dem sie wissen, daß er sich in England befindet. Ritter fällt es schwer, gegen die Spielregeln der Spionage zu verstoßen; er entschließt sich dennoch, Johnny einzuschalten. Es werden Zeit und Ort für einen Treff sowie ein Codewort, verabredet. Johnny soll dann den Verletzten Caroli zu einem zuverlässigen Arzt bringen.
Was der Abwehr-Major jedoch nicht ahnt und erst viele Jahre nach dem Krieg erfährt: Die Funksprüche seiner Agenten stammen alle von MI5. Johnny trifft tatsächlich pünktlich am verabredeten Treffpunkt in der Bahnhofshalle von Salisbury ein, aber vor dem Gebäude wartet anstelle des Krankenwagens eine Schar von Sicherheitsagenten, dazu Beamte von Scotland Yard sowie zwei Offiziere von MI5, zuständig für »Double Cross«-Agenten. Die Skandinavier werden festgenommen und langen Verhören unterzogen, die schließlich in einem geradezu freundschaftlichen Gespräch enden.
Major Robertson, Chef des »Double Cross«, versucht höchst persönlich die beiden Fallschirmagenten

In diesem burgartigen Landsitz bei Hinxton befindet sich das Domizil von »Summer«, alias Caroli, deutscher Tarnname Nilberg

umzudrehen. Wulf Schmidt begreift sehr schnell, daß es nur zwei Möglichkeiten gibt, entweder die Rolle des Doppelagenten zu übernehmen oder sich als Hitler-Spion hinrichten zu lassen. Wegen seiner Ähnlichkeit mit dem bekannten Komiker Harry Tate erhält er den Decknamen »Tate«.

Tate wird in einer Vorstadtvilla von Watford untergebracht, einem der Verstecke von MI5. In der gemütlichen Villa herrscht eine geradezu familiäre Atmosphäre: Mrs. Joan Robertson ist für Tate zugleich Hausmutter, Gastgeberin und Wächterin. Dieser revanchiert sich, indem er Kindermädchen spielt und Aquarelle von der kleinen Tochter des Majors malt. Er ist mehr Gast als Gefangener. Sein Führungsoffizier namens Russel Leigh und ein Funker sind immer dabei, wenn Schmidt seine vorgeschriebenen Funksprüche durchgibt.

Mit Caroli dagegen hat Major Robertson zunächst

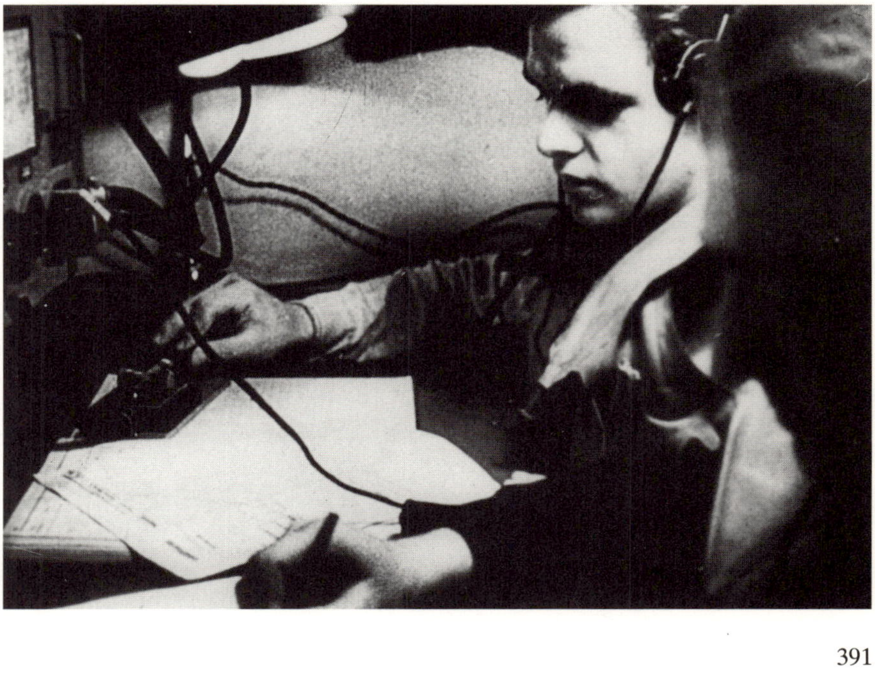

Der wohl verläßlichste Funkagent des »Double Cross«: »Tate«, alias Wulf Schmidt, bedient unter Aufsicht seines britischen Bewachers die Funktaste

Schwierigkeiten. Aber nachdem sein Bein verheilt und der Gips abgenommen ist, erklärt sich Caroli bereit, bei »Double Cross« mitzumachen. Er bekommt den Decknamen »Summer« und wird in einem Landhaus nahe Hinxton untergebracht. Laut Anweisung von Major Ritter soll er über die Gebiete Oxford–Northampton–Birmingham berichten, insbesondere über die Auswirkungen der Bombenangriffe auf Birmingham. So läßt »Double Cross« ihn vorwiegend Information aus diesen Städten liefern.
Ende Januar 1941 brechen die Caroli-Sendungen plötzlich ab. Johnny teilt den Deutschen mit, Caroli habe ihn wissen lassen, daß er von der Polizei beschattet werde und sich mit Hilfe seiner Seemannspapiere absetze. Sein Funkgerät stehe in der Gepäckaufbewahrung des Bahnhofs von Cambridge.
Die wahre Geschichte sieht jedoch etwas anders aus: Als der Schwede Ende Januar 1941 einmal zufällig mit seinem Bewacher allein ist, fällt er über diesen her, erwürgt ihn beinahe und fesselt ihn. Caroli eignet sich das Motorrad eines Wächters an und macht sich, mit einem Paddelboot im Schlepp, auf den Weg zur Küste. Er will über See zum Kontinent gelangen. Doch das Motorrad streikt, und nach einigen Stunden fangen die Sicherheitskräfte den verhinderten Flüchtling wieder ein.
Masterman: »Wäre seine Flucht gelungen, so hätte das tatsächlich all unsere Pläne über den Haufen geworfen, doch wie die Dinge lagen, war nichts Schlimmes passiert – nicht einmal dem gewürgten Wächter, der, um den Preis einer kleinen vorübergehenden Unannehmlichkeit, um eine anregende Erfahrung (und eine gute Anekdote) reicher war. Wir aber hatten eine überaus wichtige Lehre erhalten, die wir uns sehr zu Herzen nahmen, nämlich: Ein Doppelagent ist ein heikler Kunde und bedarf nicht nur materiell, sondern auch psychologisch sorgfältiger Aufsicht. Jede seiner Launen, jede seiner Reaktionen auf verschiedene Vorkommnisse muß beobachtet werden.
Deshalb bestanden wir später darauf, daß für jeden (einzelnen) Agenten ein Führungsoffizier verantwortlich sein müsse, der gewissermaßen von morgens bis abends den Finger am Puls seines Patienten hält und keine Änderung in dessen Stimmung aus dem Auge läßt ... Denn Doppelagenten sind keine gewöhnlichen Menschen. Die Eigenschaften eines guten Menschen sind nicht identisch mit jenen eines guten Doppelagenten. Nur unablässige Betreuung und eine gewisse psychologische Feinheit konnten einen bekehrten Fallschirmagenten auf eine für uns sichere Bahn und zu einer besseren Gesinnung führen.«
»Summer«, alias Caroli-Nilberg, wird sofort aus dem Verkehr gezogen und in das Lager 020 (Ham Common) gebracht, wo er bis Kriegsende sitzt. Das »XX Committee« scheut sich, den Abtrünnigen vor Gericht zu bringen, weil er zu viel weiß und dadurch die ganze Operation bekannt werden könnte. Im Mai 1945 wird Caroli in seine schwedische Heimat abgeschoben.
Dagegen entwickelt sich »Tate«, alias Schmidt-Hansen, zu dem wohl verläßlichsten Funkagenten des »Double Cross«. Seine Arbeit ist laut Masterman von größtem Wert, zuerst für die Spionageabwehr MI5 und später im Rahmen der Täuschungsoperation vor, während und nach der Normandie-Invasion im Sommer 1944. Sein Leben steht unter ständiger Kontrolle, und sein Geheimnis wird so gut gehütet, daß Tate von Unbeteiligten für einen ganz normalen Bürger gehalten wird. Die deutsche Abwehr schätzt seine Funkinformationen sehr hoch ein, sie spart nicht mit Lob und Auszeichnungen. »Hansen« gilt als ihr bester Agent in Großbritannien und erhält per Funk die deutsche Staatsbürgerschaft sowie das »Eiserne Kreuz« Erster und Zweiter Klasse.

Herbst 1940, Hastings an der Kanalküste, ein vortrefflich getarnter Strandbunker: Den Verteidigungsmaßnahmen gilt das besondere Interesse der deutschen Abwehr

Major Ritter: »Hansen hat Nilberg nie wiedergesehen. Er selbst arbeitete fleißig. Er brachte wichtige und genaue tägliche Wettermeldungen und nach kurzer Zeit wertvolle Berichte über Flugplätze, Flugzeuge und andere Dinge. (Durch Hansen erfuhren wir auch zuerst, daß Eisenhower nach England gekommen war.)«
Die deutsche Anerkennung für Tate bestätigt dem »XX Committee«, daß man bisher richtig vorgegangen ist und stets Informationen hat funken lassen, die kein Mißtrauen der deutschen Abwehr erregt haben.
Masterman: »Tatsächlich war ihr kindlicher Glaube an den Wert und die Bedeutung einiger ihrer eigenen Agenten so fest und unerschütterlich, daß es geradezu unglaublich schien ...«
Im Spätherbst 1940 zeigt die Abwehr besonderes Interesse an britischen Verteidigungsmaßnahmen zum Schutz gegen mögliche Luftlandungen und beauftragt Schmidt-Hansen, alles in Erfahrung zu bringen, so zum Beispiel über die Befestigungen an der britischen Küste und im Binnenland, ob es Landminen mit Fernzündung an den Stränden gibt und wo sich die von den Deutschen gefürchteten Anlagen befinden, die in küstennahen Bereichen auf der Meeresoberfläche brennendes Öl versprühen sollen. Erstaunlicherweise gibt es in den ersten zwei Jahren wenig Nachfragen über die Royal Navy, dagegen will man in Hamburg alles über die Royal Air Force erfahren.
Die Spezialisten in Hamburg wollen möglichst viele Einzelheiten über die Landesverteidigung wissen, aber auch über die Landwirtschaft, die Ernährung der Bevölkerung, was importiert oder exportiert wird, über Personalausweise und Lebensmittelkarten, über Schäden durch deutsche Luftangriffe, über die Räumung von Städten und die Stimmung unter den Einwohnern sowie über bestimmte Industrieunternehmen.
Die Abwehr hat Schmidt nicht mit großen Geldmitteln ausgestattet in der Annahme, daß ihm die deutschen Truppen bald nach England folgen werden. Daher macht sich Major Ritter allmählich Sorgen. Er befürchtet, daß Schmidts Leistungsfähigkeit durch Geldmangel allmählich erlahmen könnte; und diese Besorgnis versucht der clevere »Doppelagent« bald entsprechend auszuschlachten.
In der Tat, Schmidt fordert jetzt in seinen Funksprüchen immer wieder Geld. Die ersten 100 Pfund kommen per Einschreibebrief von »Johnny«. Major Ritter plant sogar, ihm durch ein deutsches Flugzeug 500 Pfund abwerfen zu lassen. Mitte Januar 1941 erfährt Schmidt, daß ihm »ein Freund persönlich das Geld und auch ein neues Kristall (als Bestandteil seines Funkgeräts) überbringen wird«. Man arrangiert eine Reihe von unauffälligen Treffs in London, so etwa im Foyer des Hotels »Regent Place« am Picadilly, im British Museum und der Tate Gallery. Schmidt wartet stundenlang an verschiedenen verabredeten Plätzen, aber niemand läßt sich blicken.
In der Nacht zum 31. Januar 1941 jedoch landet auf

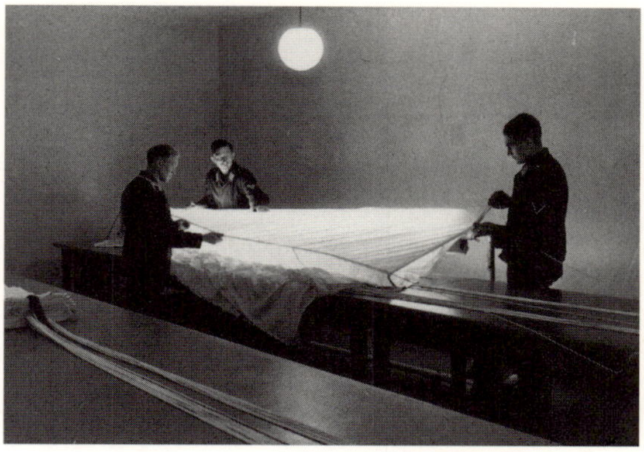

Vorbereitung für den Absprung des nächsten Agenten über England: das Zusammenlegen eines Fallschirms

einem Kartoffelfeld nahe Ramsey, etwa 40 Kilometer nördlich von Cambridge, ein Fallschirmagent. Seine Ankunft wird allerdings von zwei Bauern bemerkt, die erst ein tiefkreisendes Flugzeug hören und dann einen zu Boden gehenden Fallschirm erkennen. Der Gelandete hebt seine Arme hoch und gesteht, daß er Deutscher sei. Unter der Fliegerkombination trägt er Zivilkleidung. Man findet bei ihm größere Mengen Geld in britischen Pfundnoten, ein Funkgerät, Cognac und die obligatorische deutsche Hartwurst. Sein britischer Personalausweis trägt den Namen James Ryder.
In Wirklichkeit heißt der Fallschirmspringer Josef Jakobs, ist am 30. Juni 1898 in Luxemburg geboren und im Zivilberuf Kaufmann, jetzt Feldwebel der deutschen Wehrmacht und Funker beim meteorologischen Dienst. Die Abwehrstelle Hamburg hat Jakobs im September 1940 für diesen »Geldbotendienst« angeworben. Da mehrere Einwohner Augenzeugen seiner Landung sind, ist er für einen »Double-Cross«-Einsatz nicht zu gebrauchen. Jakobs wird daraufhin von einem Militärgericht zum Tod verurteilt, aber als Angehöriger der deutschen Streitkräfte nicht wie ein gewöhnlicher Spion gehängt, sondern – am 14. August 1941 – erschossen, übrigens an der gleichen Stelle im Tower wie im November 1914 der deutsche Spion Carl Hans Lody.
In der ersten Maiwoche 1941 erhält Schmidt die Nachricht von der unmittelbar bevorstehenden Ankunft »eines zweiten Freundes«. Wie angekündigt, landet der Geldkurier am 13. Mai 1941 bei Dunkelheit in der Nähe eines Waldstücks bei Tyttenhanger, etwa 25 Kilometer nordwestlich von London. Sein britischer Personalausweis lautet auf den Namen Fred Snyder, es ist aber der 29jährige Sudetendeutsche Karel R. Richter aus Kraslice, angeblich SS-Obersturmführer und Adjutant des Gauleiters Henlein. Richter hat 500 Pfund und 1000 Dollar bei sich, außerdem eine Landkarte von Ostengland, einen Kompaß, ein Funkgerät und eine Selbstladepistole mit Munition.

Unter seinem Mantel trägt er Zivil. Mit einer kleinen Schaufel vergräbt er seinen Fallschirm sowie die Ausrüstung, dann versteckt er sich im angrenzenden Wald. Am nächsten Tag verläßt er in der Abenddämmerung seinen Unterschlupf und marschiert nach Westen zur nächsten Bahnstation, um nach London zu fahren und sich dort, wie verabredet, mit Schmidt zu treffen.
Eine Viertelstunde später hält an einer Straßenkreuzung ein Lastwagen neben ihm. Auf die Frage des Fahrers, welche Straße nach London führe, gibt Richter nur eine unverständliche Antwort und geht weiter. Der Lkw-Fahrer trifft bald darauf einen Polizisten und erwähnt den seltsam unfreundlichen Mann. Der Polizist schwingt sich auf sein Fahrrad und will sich den Fremden einmal näher ansehen. Er findet ihn tatsächlich um 22 Uhr 30 in einer Telefonzelle und bittet um seinen Personalausweis. Der Fremde hat einen ausländischen Paß, sein Wohnsitz ist London, und die Bestimmungen besagen, daß für Ausländer ab 23 Uhr Sperrstunde ist. Dem Polizisten ist klar, daß der Mann in nur 30 Minuten nicht nach Hause kommen kann und fragt so nebenbei, wo er denn herkäme. Richter erzählt dem verblüfften Ordnungshüter, er komme von der Küste und habe den Weg in etwa zwei Stunden zurückgelegt. In Wirklichkeit bräuchte aber ein guter Marschierer für diese Strecke 24 Stunden.
Auf einmal sagt Richter, er fühle sich nicht wohl. Der Polizist erbietet sich, telefonisch einen Krankenwagen zu rufen, alarmiert aber statt dessen sein Polizeirevier. Auf der Polizeiwache wird Richter sofort verhört und am nächsten Morgen zum Polizeihauptquartier in Hatfield gebracht. Dort erwarten ihn bereits mehrere Offiziere von MI5, denen er die Stelle zeigen muß, wo er den Fallschirm und seine Ausrüstung vergraben hat.

Ein Waldstück bei Tyttenhanger, 15. 5. 1941: Karel R. Richter in Begleitung eines Offiziers von MI5

Schmidt erfährt von Major Robertson, daß man seinen Kurier bereits festgenommen habe. Im Londoner Wandsworth-Gefängnis wird Richter am 10. Dezember 1941 gehängt. Er hat sich noch in den letzten Minuten mit Händen und Füßen gegen den Scharfrichter Pierrepoint und die vier Wärter gewehrt.
Im September 1941 verblüfft Schmidt seine Leute in Hamburg mit einem Ultimatum: Wenn sie ihm nicht 4000 Pfund schicken würden, »könnten sie ihn alle am Arsch lecken«, teilt er der Abwehr mit. Major Ritter ist dadurch keineswegs schockiert, diese Mitteilung erleichtert ihn fast: »Zumindest bestand kein Zweifel mehr für mich, daß das der echte Hansen war. Es war so typisch für ihn, daß es geradezu als Beruhigung wirkte ...«
Bald trifft Schmidts nächste Nachricht – diesmal für alle Mithörer verständlich, da im Klartext – ein: »Ich scheiße auf den beschissenen deutschen Nachrichtendienst!« Nun glaubt Major Ritter, endlich einen vermeintlich sicheren Weg gefunden zu haben, ihm das geforderte Geld zu schicken. Richter: »Mein erster Antwortspruch an Hansen lautete: ›Danke für den Anschiß‹ (unverschlüsselt) und verschlüsselt hieß es weiter: ›Hilfe unterwegs.‹«
Als Schmidt immer wieder Krach schlägt, weil er das versprochene Geld noch nicht bekommen habe, überweist Ritter die von Schmidt verlangten 4000 Pfund an den japanischen Nachrichtenchef in Berlin, der den Marineattaché in London, Hauptmann Vicomte Kano, beauftragt, dem Abholer das Geld auszuhändigen. Mehrere Funksprüche sind erforderlich, um das Geheimtreffen in London zu arrangieren: Schmidt solle an einem bestimmten Tag um 4 Uhr nachmittags an der Endhaltestelle der Buslinie 11 am Victoria-Bahnhof warten, dort auf einen Japaner achten, der eine zusammengefaltete »Times« und ein Buch in der linken Hand trage, und mit ihm zusammen den Bus besteigen. Was Major Ritter in Hamburg allerdings nicht weiß: der Bus Nr. 11 hat seine Endstation nicht mehr am Victoria-Bahnhof.
Nach weiteren Schwierigkeiten findet das Treffen schließlich am Sonntag, dem 26. Oktober 1941, statt. In der »Times«, die Schmidt übergeben wird, befinden sich, sorgfältig an den Innenseiten festgeklebt, genau 80 druckfrische 50-Pfund-Noten. MI5 läßt die beiden Männer beobachten und mit versteckter Kamera photographieren, um den immerhin krassen Bruch der japanischen Neutralität bildlich festzuhalten.
Der Japaner, der leichtsinnigerweise direkt zu seiner Botschaft zurückfährt, wird als der stellvertretende Marineattaché Korvettenkapitän Yosii Mitinory identifiziert. Am nächsten Tag funkt Schmidt an Major Ritter: »Lasse jetzt zwei Tage nichts von mir hören. Ich besaufe mich heute abend.« Von der Geldtransaktion bekommt Schmidt vom »XX Committee« fünf Prozent der Summe, das heißt 200 Pfund.

City von London, Spätherbst 1941: Über den Trafalgar Square und an der National Gallery vorbei fährt jener Bus, in dem Schmidt endlich das Geld ausgehändigt wird

Im Hinblick auf die »beachtlichen Geldmittel«, über die Schmidt jetzt verfügt, macht sich die Abwehr große Hoffnungen auf künftig weitaus bessere Spionageergebnisse ihres Agenten »Hansen«. Um diese Erwartungen zu dämpfen, läßt sich das »XX Committee« eine Story einfallen, mit der sich ihr Doppelagent »Tate« am glaubwürdigsten herausreden kann: Im September 1941 teilt Schmidt der Abwehr mit, die Polizei habe ihn befragt, warum er sich bis jetzt nicht zum Militärdienst gemeldet habe. Es sei ihm jedoch gelungen, sich heil aus der Affäre zu ziehen. Ein sehr guter Freund habe ihm eine Bestätigung ausgestellt, daß er seit Monaten in dessen kriegswichtiger Firma arbeite und nun als eine Art Verwalter seinen landwirtschaftlichen Betrieb in Radlett, etwa 20 Kilometer nordwestlich von London, übernehmen werde. Diese Beschäftigung befreie ihn weiterhin vom Militärdienst, erlaube ihm allerdings nicht, außer gelegentlich an den Wochenenden, die Farm zu verlassen. So sei es ihm unmöglich, längere Reisen zu unternehmen. Damit hat das »XX Committee« gleich dem Wunsch von Major Ritter vorgebeugt, »Hansen« solle – wie vor Jahren Rittmeister Sosnowski in Berlin – sich als reicher junger Mann in der Londoner Gesellschaft etablieren und mit wichtigen Leuten Verbindung aufnehmen.

Im Frühjahr 1942 erkrankt Schmidt und muß mehrere Tage das Bett hüten. In der Zwischenzeit bedient ein MI5-Funker sein Gerät, der vorsorglich seit langem gelernt hat, Schmidts »Funkschrift« nachzuahmen, denn jeder Funker hat seinen eigenen Stil in der Bedienung der Funktaste, was ein Fachmann leicht erkennen kann. Schmidt hilft zwar nach seiner Genesung bis Kriegsende, die Botschaften abzufassen, darf aber nun nicht mehr selbst funken.

Im Frühjahr 1942 übernimmt ein MI5-Funker – anstelle des erkrankten Schmidt – den Funkkontakt zur deutschen Abwehr

Ende Juli 1942 wird Schmidt an der strategischen Irreführung des Oberkommandos der Wehrmacht beteiligt, die im Zusammenhang mit der Operation »Torch« steht, der im Herbst 1942 vorgesehenen alliierten Landung in Nordafrika. Zur Verschleierung von »Torch« startet »Double Cross« ein umfangreiches Täuschungsunternehmen, an dem außer Schmidt noch acht andere Funk-Doppelagenten mitwirken. Sie sollen ihrem Abwehr-Führungsoffizier verschiedene Einzelinformationen mitteilen, um der deutschen Führung Zeit und Ort einer alliierten Landung in Norwegen beziehungsweise an der nördlichen französischen Küste vorzutäuschen. So kommt die »Torch«-Operation am 8. November 1942 für die Deutschen völlig überraschend.

Seit Januar 1944 verstärkt das »XX Committee« seine irreführenden Aktivitäten als Vorbereitung für die Invasion in der Normandie. Dies bildet den Höhepunkt der Operation »Double Cross«. Diese verschiedenen Täuschungsoperationen sind Paradebeispiele für eine gekonnte Irreführung des Gegners. Die Aufgabe des wohl wichtigsten Funkagenten Schmidt ist dabei: Er soll die deutsche Führung im Glauben bestärken, daß die im Südosten der Grafschaft Kent stationierte 3. Armee – in Wirklichkeit eine Phantom-Heeresgruppe (FUSAG) unter dem US-General Patton – bereitstehe, um über kurz oder lang am Pas de Calais zu landen.

Diese Meldungen werden beim Oberkommando der Wehrmacht sehr ernst genommen, so daß Schmidts Führungsoffizier – wie das »XX Committee« nach dem Krieg erfährt – davon überzeugt ist, die Informationen seines Agenten könnten »sogar für den Ausgang des Krieges entscheidend sein«. Tatsache ist, daß in Erwartung der feindlichen Landung am Pas de Calais, die nie erfolgt, eine ganze deutsche Armee dort verharrt, während die deutschen Streitkräfte an der Küste der Normandie dringend Unterstützung brauchen.

Anfang 1945 wird Schmidt vom »XX Committee« vor allem für Marine-Täuschungsoperationen eingesetzt. Seit Mitte 1943 haben Radar und intensive Luftpatrouillen in Verbindung mit den von »Ultra Secret« entzifferten »Enigma«-Meldungen es den deutschen U-Booten rund um die britischen Inseln fast unmöglich gemacht, gegnerische Schiffe in den küstennahen Gewässern zu versenken. Doch Ende 1944 nimmt die U-Boot-Gefahr wieder erheblich zu, da die Boote jetzt mit Schnorchel ausgerüstet sind und nicht mehr auftauchen müssen, um ihre Batterien aufzuladen. So können sie sich unter Wasser in günstiger Position unbemerkt auf die Lauer legen und im geeigneten Moment ihre Torpedos abschießen.

Die einzig wirksame Gegenmaßnahme der Royal Navy wäre das Anlegen tiefer Minenfelder, die nur U-Boote erfassen und für Überwasserschiffe unge-

Funker der Abwehrstelle Hamburg-Wohldorf: noch bis zum 2. Mai 1945 Funkverbindung mit Schmidt

fährlich sind. Das aber ist ein äußerst kostspieliges Verfahren.
So gibt die Admiralität dem Geheimdienst die Order, der deutschen Seekriegsleitung vorzutäuschen, daß es weitaus mehr tiefe Minenfelder gäbe als diese annehme. Und »Double Cross« überträgt den entsprechenden Auftrag seinem Agenten Schmidt. Dieser berichtet der Abwehr, daß er die Bekanntschaft mit seinem »Minenleger-Freund« aus dem Jahr 1943 wieder aufgefrischt habe, um von ihm zu erfahren, wo sich die neuen Minenfelder befinden.
Die Glaubwürdikgeit seiner Angaben wird durch einen einfachen Trick untermauert: Die britische Admiralität liefert Schmidt Frühmeldungen über die Versenkung deutscher U-Boote, die zwar nicht auf Minen gelaufen sind, von denen man aber weiß, daß die deutsche Seekriegsleitung nicht über die Art der Versenkung unterrichtet ist. Werden diese Verluste noch dazu durch andere Quellen bestätigt, wie zum Beispiel durch Berichte des Roten Kreuzes, so steigt die Bedeutung dieser Informationen in den Augen der deutschen Abwehr.
Schmidt meldet der Abwehr sogar genaue geographische Hinweise auf die angeblich neuen tiefen Minenfelder. Nach mehrmaligen Warnungen der deutschen U-Boot-Führung an ihre Bootskommandanten passiert auch noch ein für »Double Cross« glücklicher Zufall: Ein U-Boot funkt, es sei durch eine Mine so stark beschädigt, daß man es selbst versenken müsse. Das U-Boot, das wohl an eine Treibmine geraten ist, befindet sich gerade in einem der Gebiete, die von Schmidts als Minenfelder bezeichnet werden.
So geht die Seekriegsleitung von der Richtigkeit dieser Agentenmeldungen aus und sperrt in einem Gebiet von 3600 Quadratkilometern die westlichen U-Boot-Anmarschwege. Die britische Admiralität ist später davon überzeugt, daß dank dieser Täuschungsoperation zahlreiche Schiffe unbehelligt die zuvor von deutschen U-Booten belagerte Zone durchqueren konnten.
Seine letzte Meldung in dieser Marine-Täuschungsoperation funkt Schmidt in den letzten Apriltagen 1945. Sie lautet: »Vor dem Kola-Fjord haben am 22.4. der britische Minenleger ›Apollo‹ und die Zerstörer ›Obedient‹, ›Opportune‹ und ›Orwell‹ von Sjet Navolok bis Kildin ein tiefstehendes Minenfeld gegen die deutschen U-Boote mit sowjetischer Genehmigung gelegt (276 Minen).«
Schmidt hält bis zum letzten Augenblick mit seiner Zentrale in Hamburg-Wohldorf Funkverbindung. Noch am Mittwoch, dem 2. Mai 1945, um 17.50 Uhr, wenige Stunden vor dem Einmarsch britischer Truppen in die Hansestadt, erreicht ihn ein Funkspruch aus Wohldorf. Schmidt wird ermutigt, weiter am »Ball zu bleiben« und die Kontakte sowohl mit dem »Minenlegerfreund« als auch mit Hamburg aufrechtzuerhalten.
»Die Lage ist schwer, aber nicht hoffnungslos«, tröstet ihn sein Führungsoffizier, der sich noch rechtzeitig um die persönlichen Sachen seines Musteragenten kümmert: ein Reisekoffer mit privaten Papieren und Wertsachen, die Schmidt im November 1939 in Hamburg zurücklassen mußte. Der Führungsoffizier teilt ihm jetzt mit, daß er den Koffer bereits im September 1944 nach Beseitigung aller kompromittierenden Papiere unversehrt seiner Schwester Pauline ausgehändigt habe. Dann bricht die Funkverbindung ab.
Im Lauf des Krieges hat MI5 nicht nur die für Schmidt bestimmten 4000 Pfund Sterling kassiert, die ihm die deutsche Abwehr hat zukommen lassen, sondern auch die Gelder für andere Agenten. So ist immerhin die stattliche Summe von 85000 Pfund Sterling zusammengekommen. Mit diesem Betrag konnte das »Double Cross Committee« die gesamte Operation vom ersten bis zum letzten Tag finanzieren.

Die Rote Kapelle

Das wohl ausgedehnteste und wirkungsvollste sowjetische Spionagenetz im Zweiten Weltkrieg, das Deutschland und Westeuropa umspannte, setzte sich aus Agenten aller Berufs- und Gesellschaftsschichten zusammen. Um das eng verflochtene Netz zu finanzieren, gründete der legendäre »Grand Chef« Leopold Trepper, auch Jean Gilbert genannt, mit beachtenswertem Organisationstalent einige Export-Importfirmen, die sich für Moskau als wahre Goldgruben erwiesen.
Neben seiner Spionagearbeit machte er mit den Deutschen Geschäfte in Millionenhöhe. So wurde Trepper zum reichsten Agentenchef, den es in der Geschichte der Spionage je gegeben hat.

Moskaus größtes Spionagenetz

An einem Spätsommertag des Jahres 1938 befindet sich unter den Reisenden, die zum Moskauer Hauptbahnhof eilen, ein Mann im grauen Anzug. Es ist der aus Polen stammende Leopold Trepper, jetzt Oberst des sowjetischen militärischen Geheimdienstes GRU, der den wichtigsten Auftrag seines Lebens zu erfüllen hat, den Aufbau eines großen Spionagenetzes in Westeuropa.
Trepper: »Als ich am Bahnhof ankam – ein Weg von vielleicht zwei Kilometern –, hörte ich hinter mir jemanden rufen. Ich drehte mich um und sah auf der Straße eine kleine Gestalt hinter mir herrennen. Es war Michel, mein Sohn, der mir weinend Worte zurief, die ich nie vergessen werde: ›Laß mich nicht hier! Laß mich nicht hier! Ich will nicht allein bleiben!‹ Erst sechzehn Jahre später sollte ich ihn wiedersehen. Über Leningrad und Stockholm reiste ich nach Belgien und nahm in Antwerpen am vereinbarten Treffpunkt meinen neuen Paß entgegen, der auf den Namen Adam Mikler, Unternehmer aus Kanada, lautete – ein Mann, der die Absicht hatte, sich in Belgien niederzulassen.« Der Paß trägt bereits einen Stempel, als sei Adam Mikler alias Trepper soeben aus Kanada eingetroffen. Man schreibt den 20. August 1938.
An diesem Tag beginnt das große Abenteuer des Moskauer Superspions, dessen Netz während des Zweiten Weltkrieges ganz Europa umspannt und das von der Gestapo als »Rote Kapelle« bezeichnet wird. Die zahlreichen Funker nennen sich »Pianisten«, der Chef des Spionagenetzes ist der »Kapellmeister«. Belgien ist zunächst wegen seiner idealen Lage im Zentrum aller wichtigen Länder Westeuropas für die Sowjets das bevorzugte Pflaster: Die Belgier verhalten sich gegenüber der Spionage gleichgültig, solange sie sich gegen andere Staaten richtet. Nach belgischem Strafrecht wird Geheimnisverrat nur verfolgt, wenn er das eigene Land betrifft.
Trepper läßt sich in Brüssel nieder und knüpft ganz offiziell Geschäftsverbindungen zu dem Kaufmann Leo Großvogel, alias Grosser, einem Bekannten aus seiner Palästina-Zeit. Die beiden gründen zur Tarnung die Firma »The Foreign Excellent Raincoat Company« und eröffnen bald Filialen in Belgien,

Moskau: Hier beginnt und endet die Geschichte der Roten Kapelle, in deren Verlauf unzählige Menschen ihre Spionagetätigkeit mit dem Leben bezahlen müssen

Frankreich und Skandinavien. Im Sommer 1939, nach Abschluß des Nichtangriffsvertrages zwischen Stalin und Hitler, bekommt Trepper aus Moskau die Order, seine Aktivitäten jetzt gegen Großbritannien zu richten. Inzwischen bricht der Zweite Weltkrieg aus: Deutsche und Sowjets marschieren in Polen ein. Als im Mai 1940 die deutschen Truppen Belgien überrollen, folgt den deutschen Panzerkolonnen eine Limousine mit einem bulgarischen Diplomaten und zwei Herren aus Brüssel. Es sind die beiden angesehenen Geschäftsleute Trepper und Großvogel. Auf diese recht unauffällige Weise können sie Material für einen detaillierten Bericht über die Strategie und Taktik des deutschen Blitzkrieges sammeln mit dem Ergebnis, daß Moskau fast alle Einzelheiten kennt, lange bevor das OKW seine Erkenntisse zu diesem Thema dem Führer vorlegen kann.
Unterdessen teilt die GRU dem Agentenchef Trepper zwei ihrer Offiziere als engste Mitarbeiter zu: Hauptmann Viktor Sukulow, Deckname »Kent«, der bereits als wohlhabender Student Vicente Sierra aus Uruguay in Brüssel auf großem Fuß lebt, und Michail

Leopold Trepper (1905–1982), alias Jean Gilbert, auch »Grand Chef« genannt; Aufnahme von 1942

Makarow, Deckname »Carlos Alamo« aus Uruguay, ein Neffe von Außenminister Molotow. Makarow übernimmt die Ostender Filiale von Treppers Tarnfirma, und Kent, jetzt Treppers rechte Hand bei der Führung des Netzes, eröffnet im Herbst 1940 in Brüssel, Rue Royal 192, eine Import-Export-Gesellschaft namens »Simexco«. Als Chef der Firma kann er sich frei bewegen und macht zu Spionagezwecken ausgedehnte Reisen nach Deutschland, in die Schweiz sowie ins »Protektorat Böhmen und Mähren«, wie die Tschechoslowakei derzeit heißt.

Im Juli 1940 verläßt Trepper, der nun den Namen Jean Gilbert angenommen hat, Belgien und verlegt einen Teil seiner Spionageangelegenheiten nach Paris. Kent führt neben der Firma Simexco das belgische Netz. Zur selben Zeit wird Trepper von der GRU zum Leiter der militärischen Spionage im gesamten Westeuropa und gleichzeitig zum General der Roten Armee ernannt. Für seine Leute ist er jetzt der »Grand Chef«.

Auch Leo Großvogel muß nach Paris übersiedeln, denn die deutschen Besatzungsbehörden haben ihm den gesamten Besitz konfisziert. Der aus Lodz in Polen stammende Großvogel, engster Vertrauter Treppers und erstklassiger Manager sowie Geschäftsmann, wohnt an der Seine in dem von Filmschauspieler Georges Milton gemieteten Haus. Großvogel sorgt innerhalb weniger Monate für die finanzielle Sicherung des Netzes und baut dessen Organisation systematisch auf. Ein dritter ebenfalls aus Polen stammender Mann meldet sich in Paris: Hillel Katz, alias Andre Dubois; auch er kennt Trepper aus der Zeit in Palästina.

Für Trepper macht sich der Standortwechsel nach Paris schon bald bezahlt: Seine neue Firma Simex, an den Champs Elysées Nr. 78, liegt nur wenige Schritte von der Frankreich-Zentrale der Organisation Todt entfernt, außerdem trifft man im Cabaret »Lido« des öfteren die maßgeblichen Chefs dieser Organisation. Bereits innerhalb weniger Wochen nach Gründung der Firma gehört sie zu den wichtigsten Lieferanten der Organisation Todt, die sich auf Befehl Hitlers für den Bau von Fernbatterien an der Kanalküste sowie bombensicheren U-Boot-Bunkern in den französischen Atlantikhäfen rüstet. Alles, was – mit Ausnahme der Bewaffnung – dafür erforderlich ist, wird

Paris, Champs Elysées, Herbst 1940: eine gute Adresse für die Firma Simex

Herbst 1940, die Organisation Todt baut im Hafen von La Rochelle bombensichere Bunker für U-Boote: Material und Baumaschinen von Trepper geliefert

prompt und preiswert von Simex/Paris bzw. Simexco/Brüssel geliefert: Zement, Betonmischmaschinen, Kräne, Holz für die Baugerüste, das gesamte Schanzmaterial, Feldbahnen, Baracken und Ausstattung für die Unterkünfte der Arbeiter, Straßenbaumaschinen und Gerät für Erdarbeiten zum Bau von Flugplätzen – ja sogar Lkw und Pkw.

Die Umsätze der beiden Firmen, die dank ihrer Zuverlässigkeit und Seriosität größtes Vertrauen bei den deutschen Besatzungsbehörden genießen, klettern schnell in Millionenhöhe. Die Expansion der beiden Unternehmen ist so augenscheinlich, daß die französische Résistance 1941/42 ihre Leute anweist, die Tätigkeit der Firmen zu überwachen, damit ihre Angehörigen nach dem Krieg wegen Kollaboration zur Rechenschaft gezogen werden können.

Daß jedoch mit der Gewinnspanne, die im Durchschnitt bei etwa 50 Prozent liegt, ein ganzes Spionagenetz und das Privatleben seiner Chefs finanziert werden, bringt die Résistance vorläufig nicht in Erfahrung. Ein Teil der Gewinne dient dazu, immer neue deutsche Beamte und Offiziere zu bestechen, die in der Folge weitere lukrative Aufträge beschaffen. Dadurch entgeht dem Netz schließlich kein größeres deutsches Bauvorhaben im besetzten Westeuropa mehr, und es bleibt ihm keine Truppenbewegung verborgen.

Den so bedeutungsvollen Hinweis auf die Verlegung der in Westeuropa stationierten deutschen Verbände an die sowjetische Grenze erfährt die Moskauer Zentrale bereits, als die ersten Soldaten verladen werden. Trepper: »Ein Beispiel: Da Vichy gemäß den Vereinbarungen des Waffenstillstandes die Kosten für die deutsche Besatzungsarmee zu begleichen hatte, ließen wir uns jeden Monat über die Abrechnungen informieren. Unter diesen Umständen war es kein Kunststück, daraus die Personalstandsänderungen abzuleiten.

Ich stellte über Michel, den Vertreter der Führung der Kommunistischen Partei, mit dem ich regelmäßig zusammenkam, Verbindungen mit den Widerstandsorganisationen her. Wir waren durch die Eisenbahnerorganisation über die Verschiebungen der deutschen Truppen in Frankreich genau informiert. Die eingewanderten Arbeiter in den großen Industriezentren, bei denen ich noch viele Beziehungen hatte, gaben uns wertvolle Auskünfte über die Produktion. Wir verfügten über hervorragend plazierte Agenten mit unerschöpflichen Informationsquellen ... Ausgehend von dem Grundsatz, daß man lieber Caesar zuhören soll als seinem Stallknecht, beauftragten wir eine Spezialgruppe von Technikern damit, für die vom Hotel ›Lutétia‹, dem Sitz der Pariser Abwehr, ausgehenden Telefonlinien einen Abhörtisch einzurichten. Auf diese Weise konnte die Zentrale in Moskau die Gespräche zwischen der deutschen Gegenspionage in Paris und der Berliner Führung aufnehmen.

Eine andere, weniger technische, aber gleichfalls sehr wirksame Erkundungsmethode war die Benutzung von Animierdamen in den Pariser Nachtlokalen, die von den deutschen Soldaten und Offizieren besucht wurden. Täglich kamen Hunderte deutsche Soldaten an, die im fidelen Paris die Hölle der Kämpfe vergessen wollten. Einer unserer Leute war in dem Büro angestellt, das ihren Pariser Aufenthalt organisierte; er konnte, indem er die Divisionen feststellte, aus denen sie stammten, die Umgruppierungen der Wehrmacht rekonstruieren.
Einer der Fremdenführer, die ihnen Montmartre und den Eiffelturm zeigten – eine Erholungsroute für den Krieger –, gehörte auch zu unseren Agenten. Er führte sie in einige Nachtlokale, wo mehrere unserer ›Korrespondentinnen‹ sich sehr für das Leben und Mißgeschick des den Alkoholdünsten ausgesetzten deutschen Soldaten interessierten. Eine gewiß altbekannte Methode, aber ich kann versichern, daß aus diesen verrauchten Kellern viele und interessante Informationen zu uns emporstiegen: Zustand der Divisionen, Verluste, Verpflegungsprobleme, Moral der Truppe u. a.«
In dieser Zeit kauft Trepper in Mittelfrankreich ein Schloß, das seinen Agenten als Erholungsheim dient. Auch ein Gutshof wird erworben, um die Angestellten der beiden Tarnfirmen mit frischen Lebensmitteln zu versorgen. Im Hotel »Majestic«, dem Pariser Hauptquartier des deutschen Militärbefehlshabers, beschafft eine Sekretärin täglich Kopien der Geheimberichte über die Lage im Westen. Später wechselt sie zum Wehrmachtsquartieramt und wird danach persönliche Sekretärin des deutschen Botschafters Otto Abetz.
Praktisch gibt es in Paris keine höhere deutsche Dienststelle, in der Trepper nicht seine Agenten hat. Dem »Grand Chef« gelingt das, was kein anderer Nachrichtendienst der Alliierten während des Zweiten Weltkrieges für möglich hält: den deutschen Organisations- und Führungsapparat zu unterwandern. Bereits im Mai 1941 kann Trepper eine wichtige Information nach Moskau funken: die Nachricht über den bevorstehenden Angriff Hitlers auf die Sowjetunion. Doch der mißtrauische Stalin, sonst über das Tun des Agentenchefs und seines Netzes begeistert, meint, sein Mann in Paris sei wohl das Opfer einer Provokation des britischen Secret Service geworden. Als am 22. Juni 1941 Hitlers Überfall die Richtigkeit jener Nachricht aus Paris bestätigt, fängt die eigentliche Arbeit des Netzes an.

Die Spionagezentrale in Moskau hört mit: Sachbearbeiter im Hotel »Lutétia«, Hauptstelle der deutschen Abwehr in Frankreich

Brüssel, Rue des Atrébates No. 101, die wichtigste Funkstelle Treppers im besetzten Westeuropa

Damit beginnen aber schon die ersten Schwierigkeiten und Rückschläge: Bisher hat Trepper nämlich seine Berichte meistens durch Kuriere der sowjetischen Diplomaten- und Handelsvertretungen via Berlin nach Moskau geschickt, aber diese Möglichkeit funktioniert kurz vor dem Angriff auf die UdSSR nicht mehr. Von jetzt ab kann er sich nur auf den Funkweg stützen, um die Ergebnisse der Erkundungen nach Moskau zu übermitteln.

Darüber schreibt später SS-Brigadeführer und Leiter der Auslandsspionage im Reichssicherheitshauptamt (RSHA) Walter Schellenberg: »Der russische Botschafter in Berlin, Dekanossow, hatte, noch ehe er Deutschland verließ, in der Tat gute Vorarbeit geleistet. Aber erst Mitte des Jahres 1942 gelang es uns, in den größten sowjetischen Spionagering einzudringen, nachdem dieser im Sommer 1941 zum erstenmal schlagartig mit einem riesigen Funknetz in Erscheinung getreten war ...«

Schon einige Stunden nach dem Angriff auf die Sowjetunion wird Treppers Netz mit Anfragen und Aufträgen überschüttet. Seine Funkzentrale in Brüs-

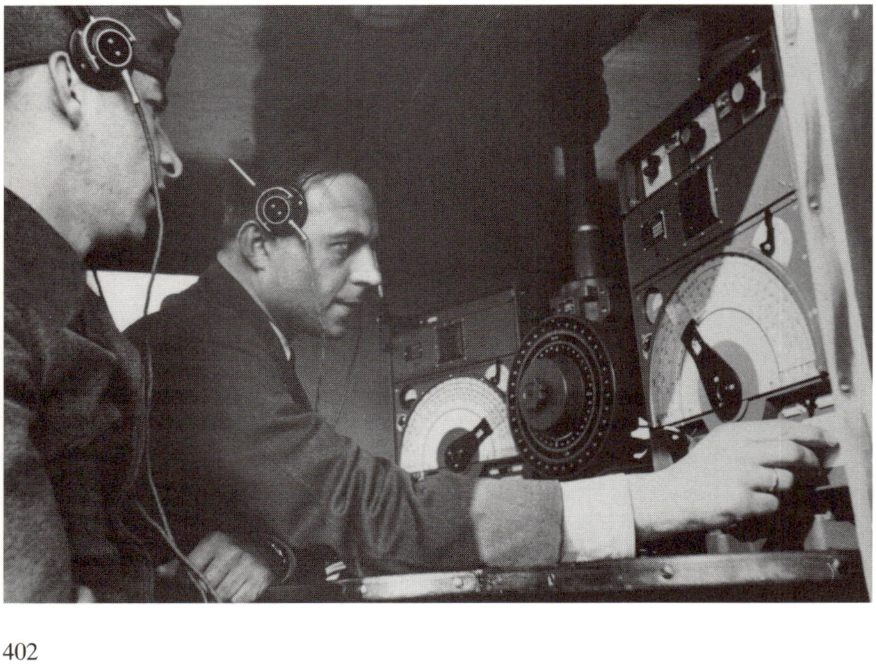

Deutsche Funkabhörspezialisten an ihren Peilgeräten

Als harmloser Import-Export-Kaufmann getarnt: Hauptmann der deutschen Abwehr Harry Piepe

sel arbeitet rund um die Uhr in drei Schichten. Der »Direktor«, so die Tarnbezeichnung des GRU-Chefs in Moskau, fordert neben militärischen Informationen aller Art zugleich Berichte über die Stimmung im deutschen Generalstab und bei der Bevölkerung.

Vier Tage nach Beginn des Ostfeldzugs, am späten Abend des 26. Juni 1941, hockt in der Abhörstation Cranz (Ostpreußen) der Funker Hasemann an seinem Empfangsgerät. Plötzlich ertönen in seinem Kopfhörer neben den vertrauten verschlüsselten Funksprüchen des britischen Geheimdienstes neue unbekannte Signale mit dem Rufzeichen KLK von PTX ... In dieser Nacht wird der Funkverkehr vom deutschen Abhördienst zum erstenmal erfaßt. Es gelingt jedoch nicht, die chiffrierten Funksprüche zu entziffern, und es vergehen noch einige Monate, bis der deutsche Funkpeildienst die Funkstelle tatsächlich orten kann.

Inzwischen wird Paris immer mehr zur Sammelstelle für die verschiedenartigsten Informationen aus ganz Europa. Von der Seine-Metropole aus überzieht das Agentennetz des »Grand Chef« jetzt den westeuropäischen Kontinent. Seinen Kurieren stehen in Paris zehn konspirative Wohnungen zur Verfügung. Brüssel bleibt aber weiterhin wichtigster Umschlagplatz für Meldungen aller Art. Der dort befindliche Sender des Netzes, mit Rufzeichen PTX, ist die bedeutendste Übermittlungsstelle.

Im November 1941 bekommt »Kent« die Order, nach Berlin zu fahren, wo er sich wie verabredet mit den beiden Hauptpersonen der deutschen Abteilung des Netzes im Tiergarten trifft. Dem Berliner Funker ist nämlich eine ernsthafte Panne passiert: Er hat sein auf Wechselstrom arbeitendes Funkgerät versehentlich an das Gleichstromnetz angeschlossen und es damit unbrauchbar gemacht. Kent, der die geheimen Standorte anderer Funkstellen kennt, besorgt ein neues Gerät und einen Instrukteur. Nachdem Berlin gerade wieder über eine Funkstation verfügt, kommt von Moskau die Anweisung, man solle ab sofort alle gewonnenen Nachrichten aus der Hauptstadt per Kurier nach Brüssel schaffen und sie von dort aus über Kents Sender PTX zur Zentrale nach Moskau funken.

Mittlerweile gelingt es der deutschen Fernpeilstation, den vermutlichen Standort des Geheimsenders festzustellen: irgendwo an der belgischen Küste. Die Peilspezialisten aus dem Nahbereich können bald feststellen, daß der Sender sich in einem Häuserblock in der Brüsseler Rue des Antrébates befinden muß. Unterdessen erteilt die Abwehr Hauptmann Harry Piepe den Auftrag, den Sender PTX auszuheben. Dies soll in der Nacht vom 12./13. Dezember 1941 mit Hilfe der Geheimen Feldpolizei (GFP) und von Wehrmachtsangehörigen unter der Leitung von Piepe durchgeführt werden.

Hauptmann Piepe: »Um unbehindert und ohne Aufsehen zu erregen den Funkapparat auszuheben, wurde eine in der Nähe befindliche deutsche Militärkompanie zur Verfügung gestellt, die über ihre Knobelbecher Socken zogen und in einem Umkreis von einigen hundert Metern das verdächtige Haus umstellten. Bald nach halb drei wurde X-Zeit ausgelöst und in die drei verdächtigen Häuser eingedrungen. Der Sender wurde im mittleren Haus ermittelt; gleichzeitig sprang ein Mann über die Mauer eines nahegelegenen Gartens und verschwand. Er wurde aber später von der GFP gestellt und ausgeliefert.

Im Hause selbst befand sich im Parterre eine Dame, die beharrlich schwieg und auf einem Feldbett saß, in dem sie geschlafen hatte. In der ersten Etage stand das noch warme Funkgerät mit vielen, vielen Telegrammen, die aber alle – besonders die Anweisungen

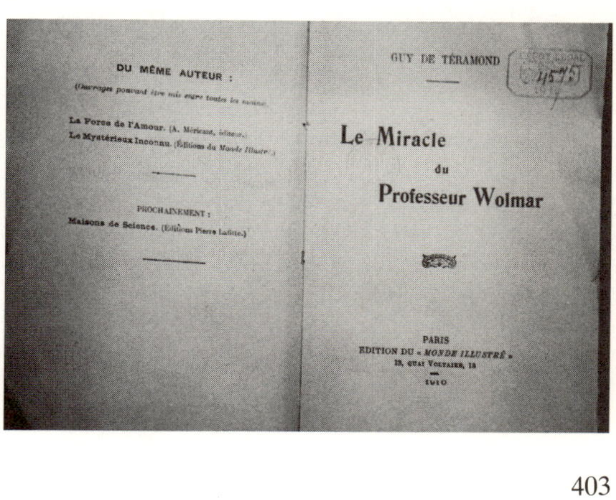

Das langgesuchte Buch: Mit dem Text dieses Romans ist der Geheimcode nochmals überschlüsselt, um ihn absolut knacksicher zu machen

für die deutschen Funker – in deutscher Sprache abgefaßt waren. In der zweiten Etage befand sich eine weitere Dame, die – wie sich bald herausstellte – eine deutsche Emigrantin war. Sie gestand uns unter Tränen, daß sie zu ihrer Tätigkeit mehr oder minder gezwungen war aus einer Notlage heraus, und gab uns bereitwillig Auskünfte über das, was im Hause vor sich ging. Sie warnte uns vor dem Parterre.
Wir begaben uns mit der GFP in die Parterre-Wohnung und nahmen die Dame, sie sich als Pariserin herausstellte, ins Verhör. Sie schwieg wiederum. Aber beim Durchsuchen der Wohnung konnten wir eine Tapetentür feststellen, die wir öffneten und hinter der sich eine vollständige Fälscherwerkstatt befand mit Fotografien, Wehrmachtsformularen und allen Dingen, die ein deutscher Soldat im besetzten Gebiet benötigte. Daneben fanden wir verschiedene Tinkturen, die sofort zur Analyse nach Köln geschickt wurden.
Die Untersuchung brachte ein überraschendes Ergebnis. Es waren insbesondere Kulturen, mit deren Hilfe Ruhrepidemien und Typhusepidemien hervorgerufen werden konnten, wie sie ja auch tatsächlich in Paris vorgekommen waren. Wir fanden daneben präparierte Ratten, die mit einer kleinen Bombe versehen werden konnten, sowie eine Geheimtinte, die, wenn sie benutzt gewesen war – und sie war es tatsächlich – unseren Wissenschaftlern bisher nicht bekannt war.«
Bei seinen Nachforschungen stellt Hauptmann Piepe außerdem fest, daß der Typ des entdeckten Funkgeräts in Westeuropa völlig fremd ist. Das Haus soll der sowjetische Geheimdienst bereits im Sommer 1941 gemietet haben. Es dient nicht nur als Standort für den Sender, sondern ist gleichzeitig Anlaufstelle für Kuriere und Unterkunft für die Mitglieder des Netzes. Der Funker namens Carlos Alamo wird von den Deutschen als Hauptmann der Roten Armee Michail Makarow identifiziert. Piepe nimmt drei der im Haus befindlichen Personen fest und bringt sie zum Quartier der GFP. Es ist lediglich die Besatzung der Funkstelle. Den Agentenchef selber hat man nicht gefaßt, denn »Kent«, jetzt »Petit Chef« genannt, ist kurz zuvor von Trepper nach Marseille beordert worden, um dort ein Ausweichnetz aufzubauen.
Zusammen mit Makarow hat man auch seine Haushälterin Rita Arnold, eine gebürtige Frankfurterin, verhaftet. Sie wird am nächsten Morgen, dem 14. Dezember um 8 Uhr, in ein verschwiegenes Brüsseler Hotel gebracht, wo sie von dem bereits wartenden Hauptmann Piepe äußerst höflich empfangen wird. Um ihre Zunge zu lockern, bietet er ihr Rotwein an, was nicht ohne Wirkung bleibt. Zwei Stunden später hat Rita einen Schwips, und Piepe weiß genauso viel über das sowjetische Spionagenetz wie seine Gefangene. Wenn es auch nicht allzuviel ist, so reicht es aus, um die größte Agentenjagd in der Geschichte des Dritten Reiches auszulösen. Auf der Suche nach dem Kennwort für diese »Kapelle«, wie die Abwehr feindliche Funkergruppen bezeichnet, kommt Piepe die Idee, sie in seinem Rapport »Rote Kapelle« zu nennen.
Der Fall »Rote Kapelle« erhält für die weiteren Ermittlungen bei der Gestapo und Abwehr Priorität und rangiert in der höchsten Geheimstufe: »Geheime Reichssache«. Unter dem gefundenen Material werden Hunderte von verschlüsselten Funksprüchen sichergestellt, mit denen man noch nichts anfangen kann, da das Wichtigste fehlt, der Geheimcode. Man weiß nur, daß ein sogenanntes Rasterverfahren benutzt und offenbar mit einem Buch-Chiffrierverfahren nochmals überschlüsselt wurde. Für ein solches Verfahren kann nach Vereinbarung zwischen Absender und Empfänger jedes beliebige Buch verwendet werden.
Der Zufall will es, daß im Kamin von Makarows Zimmer ein verkohltes Stück Papier gefunden wird, auf dem gerade einige Zahlenkombinationen erkennbar sind. Dieser Fetzen Papier soll dem Berliner Teil des Spionagenetzes zum Verhängnis werden: Die zentrale Dienststelle der Funkabwehr stellt nämlich fest, daß einer dieser Papierfetzen einen sogenannten »Caesar«-Schlüssel enthält. Alles deutet darauf hin, daß die Verschlüsselung auf Französisch direkt im Haus der Funkstelle durchgeführt wurde. Daher müssen die verwendeten Bücher in französischer Sprache dort vorhanden sein.
Inzwischen ist allerdings das Haus in andere Hände übergegangen und die ganze Bibliothek verschwunden. Nach sechswöchiger Arbeit, unter Einbeziehung des anderen sowjetischen Agentenfunkverkehrs, gelingt es den deutschen Codebrechern, die Zahlenreihe als den Namen »Proctor« zu entziffern. Man vermutet dahinter den Namen eines Romanhelden aus jenem bewußten Buch, das dem Chiffrierer als Codeschlüssel gedient hat.
Es dauert mehrere Wochen, bis man tatsächlich eine Broschüre mit dem Titel »Le Miracle du Professeur Wolmar« von Guy de Téramond, in dem ein gewisser »Proctor« vorkommt, in einem kleinen Pariser Antiquariat ausfindig macht. Der Roman war übrigens nie im Handel erhältlich, sondern ist schon im Jahr 1910 von einem Zeitschriftenverlag als Werbegeschenk gedruckt worden.
Dem Sonderkommando in Brüssel entgeht inzwischen nicht, daß das Agentennetz in Belgien seine Arbeit eingestellt hat und sie von Paris aus weiterführt. Also zieht man schon Anfang 1942 in die französische Hauptstadt und läßt die Peiltrupps mit der Suche beginnen, denn der neue Geheimsender arbeitet irgendwo im Häusermeer.
Am 10. Juni 1942 ist der Standort des Senders im Pariser Vorort Rueil-Malmaison entdeckt. Die Deutschen greifen sofort zu und nehmen das aus Polen stammende Ehepaar Hersch und Myra Sokol fest. Trotz Folterung schweigen beide beharrlich; erst als man Myra Sokol droht, ihren Mann zu erschießen, gibt sie Details der Funksprüche, Namen von Mitarbeitern und das Wichtigste, den Decknamen des »Grand Chef«, preis. Im Juli 1942 werden in Paris

und Belgien 30 der wichtigsten Mitarbeiter Treppers verhaftet.

Ebenfalls im Juli 1942 gelingt es in Berlin Oberleutnant Dr. Vauck, dem Chef-Dechiffrierer der Funkabwehr, fast ein Drittel der bis jetzt abgehörten Funksprüche von PTX zu entziffern. In einem der Funksprüche von der Zentrale in Moskau heißt es: »An Kent. Von Direktor. Persönlich. Begeben Sie sich sofort zu den drei angegebenen Adressen: Neu-Westend, Altenburger Allee Nr. 19, drei Treppen rechts, Choro. – Charlottenburg, Fredericiastraße Nr. 26a, zwei Treppen links, Wolf. – Friedenau, Wilhelmshöher Straße Nr. 18, vier Treppen links, Bauer.« Dieses Funktelegramm hatte Kent im November 1941 veranlaßt, nach Berlin zu reisen.

Aufgrund dieses Beweisstücks kann die Gestapo jetzt auf einen Schlag gegen die Führung des deutschen Zweigs der »Roten Kapelle« in Berlin vorgehen. Leiter der Spionagegruppe »Choro« ist der wagemutige, hochintelligente Oberleutnant Harro Schulze-Boysen, ein Protegé von Reichsmarschall Göring, der im Luftfahrtministerium als Abwehroffizier dient und Zugang zu den geheimsten Kriegsplänen hat. Er stammt aus einer altangesehenen Offiziersfamilie. Sein Großonkel war der legendäre Großadmiral von Tirpitz, der Schöpfer der Flotte unter Wilhelm II.

Der im Berliner Stadtbezirk Neu-Westend wohnende Schulze-Boysen ist Kopf und Herz der deutschen Organisation. Energisch und voller Todesverachtung setzt er sich für seine Idee, das NS-Regime zu stürzen, ein. Er genießt sowohl das Vertrauen der Nazi-Prominenz als auch des »Direktors« in Moskau.

Harro Schulze-Boysen und seine Frau Libertas arbeiten schon seit 1936 für den sowjetischen militärischen Geheimdienst GRU. Sie hat als Film-Referentin im Reichspropagandaministerium eine Vertrauensstellung, verbunden mit vielen Auslandsreisen, die sie stets für die Gruppe ihres Mannes nutzt. In der Geschichte der Spionage hat es wohl kaum ein Ehepaar gegeben, das so engagiert, aber auch so leichtsinnig Spionage betrieb.

Hinter dem Decknamen »Bauer« verbirgt sich der Oberregierungsrat im Reichswirtschaftsministerium Dr. Arvid Harnack, Sohn des bekannten Kirchengeschichtlers. Seine Gruppe trägt den Namen »Arvid«. Dr. Harnack sammelt im Auftrag der sowjetischen Botschaft in Berlin seit 1936 Informationen aus Wirtschafts- und Rüstungskreisen. Er ist vom sowjetischen Agentenchef Alexander Erdberg zur Zusammenarbeit mit Schulze-Boysen ermutigt worden.

Seit Mitte Juni 1941 sendet die Gruppe S.B./H. (Schulze-Boysen/Harnack) mit Hilfe der drei Funkgeräte, die sie von den Botschaftsangehörigen vor deren Rückkehr in die UdSSR bekommen hat, fast

Oberleutnant Harro Schulze-Boysen (1902–1942), seit 1936 in Moskaus Diensten

Berlin 1941, Luftfahrtministerium: Harro Schulze-Boysen mit seinem Arbeitsteam

jede Nacht Informationen über strategische und taktische Einzelheiten nach Moskau. Insgesamt werden über 500 Berichte per Funk übermittelt.
Der auf dem entzifferten Funkspruch genannte »Wolf« ist die Tarnbezeichnung für Dr. Adam Kuckhoff, von Beruf Schriftsteller, Regisseur und Filmproduzent der Prag-Film AG. Seine Spionagearbeit hat schon vor der NS-Zeit begonnen.
Zu den wichtigsten Informanten der Gruppe S.B./H. zählt der Ingenieur im Fernmeldewesen Dr. Kummerow. Er beschafft zum Beispiel Skizzen der geplanten ferngesteuerten Bombe sowie Konstruktionspläne einer Flugabwehrrakete und neuer Flugortungsgeräte.
Das größte Problem ist allerdings, daß man in Berlin nur über einen kaum ausgebildeten Agentenfunker namens Hans Coppi verfügt, der noch dazu alle drei Sender bedienen muß. Durch dessen Verschulden war im November 1941 das gesamte komplizierte Übertragungssystem zusammengebrochen. Daher hatte Moskau die später verhängnisvolle Weisung an Kent in Brüssel gefunkt, er solle in Berlin an Ort und Stelle erkunden, warum die Funkverbindung immer wieder abreißt.
Schulze-Boysen, dessen Frau Libertas, sein engster Mitarbeiter und Stellvertreter Dr. Harnack sowie Dr. Kuckhoff werden nun Tag und Nacht beschattet, ihre Telefone abgehört und sämtliche Post kontrolliert. Am 30. August 1942 schnappt die Falle zu: Um im Luftfahrtministerium kein Aufsehen zu erregen, wird Schulze-Boysen in die Wohnung seines Dienststellenleiters beordert und dort festgenommen.
Bis etwa Mitte Oktober macht die Gestapo im ganzen Reichsgebiet Jagd auf die Mitglieder der »Roten Kapelle«. Insgesamt 117 Personen werden verhaftet und in die berüchtigte Berliner Gestapo-Zentrale gebracht. Unter den brutal geführten Verhören brechen viele der Festgenommenen zusammen und geben die Namen weiterer Mitglieder preis.
Nur wenige schweigen beharrlich, so zum Beispiel Dr. Kummerow, den man wochenlang foltert. Um die Qual zu beenden, schluckt er Glas, schneidet sich die Pulsadern auf, vergiftet sich, aber jedesmal »retten« ihn seine Henker. Erst der vierte Versuch gelingt: Er stürzt sich aus dem 5. Stock des Polizeipräsidiums in den Tod. Vier weitere Männer und eine Frau sind den Foltermethoden der Gestapo ebenfalls nicht gewachsen und nehmen sich das Leben.
Leiter der Ermittlungen gegen die »Rote Kapelle« ist Kriminalrat Kopkow. Gestapo-Chef Himmler muß, auf ausdrücklichen Befehl Hitlers, nach Abschluß der Vernehmungen dem Reichsmarschall Göring die Gerichtsherrschaft überlassen. Göring soll das »Geschwür bis Weihnachten 1942 ein für allemal ausmerzen«. Der Oberste Kriegsgerichtsrat Dr. Roeder, der die Anklage in diesem Verfahren vor dem Obersten Militärgericht führt, geht mit fanatischem Eifer und nicht zu überbietender Härte vor.
Die Gerichtsverhandlungen sind eine Farce, jeweils 16 Angeklagten steht nur ein Pflichtverteidiger zu, der oft nicht einmal die Anklageschrift kennt. Es werden insgesamt 64 Todesurteile gefällt und am 22. Dezember 1942 im Gefängnis Plötzensee die ersten Urteile vollstreckt: Acht Männer sterben durch den Strang, drei Frauen unter der Guillotine. Die Frau des Agentenchefs Schulze-Boysen stirbt zur selben Stunde wie ihr Mann, am Abend des 22. Dezember 1942. In ihrer Todesangst hat die erst 29jährige Libertas schließlich gegen ihren Mann ausgesagt. In letzter Minute ruft sie: »Laßt mir doch mein junges Leben!«
Das in Paris arbeitende »Sonderkommando Rote Kapelle« besitzt jetzt ein Foto von Jean Gilbert und hat inzwischen erfahren, daß sich der »Grand Chef« in Paris aufhält. Auch die wahre Tätigkeit der Firmen Simex und Simexco ist den Deutschen mittlerweile klargeworden. Die Pariser Simex ist vor einigen Wochen in eine größere Büroetage am Boulevard Haussmann Nr. 89 umgezogen. Doch weder Trepper noch seine engsten Mitarbeiter Großvogel und Katz lassen sich hier in der 3. Etage blicken, und die Angestellten kennen ihr Versteck nicht.
Piepe und ein Gestapobeamter, der SS-Hauptsturmführer Karl Giering, versuchen zwar, den Agentenchef durch ein lukratives Geschäft mit Industriediamanten in die Falle zu locken, aber auf diesen Trick fällt dieser nicht herein. Trepper und seine Mitarbeiter sind irgendwo in der Stadt untergetaucht. Der illegale Resident ist sich seiner hoffnungslosen Situation bewußt und trifft nun zusammen mit seinen beiden Freunden Vorbereitungen, das Pariser Netz vorübergehend stillzulegen und sich nach Südfrankreich abzusetzen. In seinem letzten Funkspruch aus Paris warnt er Moskau ausdrücklich vor dem künftig möglichen Funkspiel der Gestapo.
Er selbst beabsichtigt, zunächst ganz von der Bildfläche zu verschwinden. Ein befreundeter Arzt soll den entsprechenden Totenschein ausstellen, man wird eine unbekannte Leiche beerdigen, und der »Grand Chef« existiert dann nicht mehr. In Royat, einem kleinen Städtchen unweit von Clermont-Ferrand, ist sein Begräbnis schon vorbereitet: Totenschein und Grabplatte liegen bereit. Trepper will Paris am 27. November 1942 verlassen und Jean Gilbert in wenigen Tagen sterben lassen.
Bevor er jedoch in der Provinz untertaucht, möchte er noch kurzfristig zum Zahnarzt. Hauptmann Piepe: »Wir hörten und sahen nichts mehr. Alle Ermittlungen waren erfolglos. Wir befanden uns auf dem Nullpunkt ... Simexco in Brüssel konnte uns sowieso nicht mehr helfen, während dagegen bei Simex in Paris der Geschäftsführer zusammen mit Ehefrau und Tochter im Geschäft tätig war. Sie alle wurden vorsichtshalber zunächst mal in Haft genommen und befragt, ob sie uns den Aufenthalt des Grand Chef nennen könnten ...
Bis eines Tages, nach geraumer Zeit, die Tochter ihre Mutter daran erinnerte, daß Gilbert doch gelegentlich nach einem Zahnarzt gefragt habe ...
Der Zahnarzt Dr. Maleplate war erschüttert, gab uns

aber preis, daß tatsächlich ein Herr Dubois bei ihm in Behandlung war ...
Am Tage seiner Behandlungszeit stellten wir uns also im Wartezimmer bzw. vor der Tür und im Hause auf – bis 2 Uhr sollte er da sein, doch es erschien niemand. Kurz nach 2 Uhr, als wir schon unsere Beobachtung abbrechen wollten, hörten wir aus dem Wartezimmer heraus jemanden im Behandlungszimmer sprechen.«
Trepper: »Ich kam Punkt 14 Uhr vor dem Haus an. Ein kurzer Blick nach links und rechts: ich konnte eintreten, kein Verdächtiger und kein geparktes Auto waren zu sehen. Ich stieg die Treppe hoch, läutete an der Tür, der Doktor öffnete mir selbst. Das wunderte mich. Gewöhnlich öffnete die Sprechstundenhilfe. Noch etwas Ungewöhnliches fiel mir auf: Das Wartezimmer war leer. Es war sonst immer voll. Außerdem führte mich Dr. Maleplate direkt in sein Sprechzimmer. Ich blickte ihn an. Er schien mir verwirrt, er war bleich, seine Hände zitterten ... Ich fragte: ›Was haben Sie denn, ist Ihnen nicht gut?‹ Er stotterte einige unverständliche Worte, dann schob er mich zum Behandlungsstuhl. Ich nahm Platz, lehnte den Kopf zurück, wie er es verlangte. Er ergriff seine Instrumente. Es gelang ihm nur mit Mühe, sie an meine Zähne anzusetzen.
Plötzlich hörte ich ein Geräusch hinter uns. Zu spät! Ich hätte es ahnen, angesichts der aufeinanderfolgenden befremdenden Umstände flüchten müssen. Ja, zu spät ... Ein Schrei: ›Hände hoch!‹ Es war kaum eine Minute vergangen, seit ich das Sprechzimmer betreten hatte. Zu beiden Seiten stand je ein Bursche mit dem Revolver in der Hand ... Sie waren so bleich wie der Zahnarzt. Ich starrte auf ihre Waffen: Auch sie zitterten, waren unsicher. Das war vielleicht eine Szene!«
Man schreibt den 5. Dezember 1942. Moskaus größte Spionageorganisation in Hitlers Machtbereich ist ausgeschaltet. Schellenberg: »Eine wirkliche Zerstörung dieses hydraähnlichen Spionagerings ›Rote Kapelle‹ ist uns jedoch bis um Ende des Krieges nicht gelungen.«
Trepper wird zum Sitz des »Sonderkommandos Rote Kapelle« in die Rue des Suassaies Nr. 11 gebracht; noch unterwegs dorthin fragt er Piepe, der in Zivil ist, ob er der Abwehr oder der Gestapo angehöre. Nachdem er sich überzeugt hat, daß Piepe Wehrmachtsoffizier ist, reagiert er sichtlich erleichtert: »Für mich ist alles zu Ende. Ich werde Ihnen sicher manches sagen, aber nicht alles – das müssen Sie verstehen.«
Im Sonderkommando-Hauptquartier angekommen, plaudert man zunächst, wie üblich, bei Kaffee und Zigarren. Schließlich einigt man sich darauf, Trepper solle mithelfen, die von ihm geleitete Organisation auszuheben und bekäme als Gegenleistung die Garantie, daß seine Verhaftung den Sowjets nicht bekannt werde. Daraufhin gibt Trepper seine engsten Mitarbeiter und Sekretär Hillel Katz sowie Robinson, Großvogel und andere Mitglieder seines Netzes preis. Zwischen dem Agentenchef Trepper und Agentenjäger Giering, der ihn zusammen mit Piepe verhaftet hat, entwickelt sich im Lauf der Zeit so etwas wie Freundschaft. Der unheilbar kranke Gestapomann leert mit dem »Grand Chef« so manche Flasche Cognac, die seine Schmerzen lindert.
In den folgenden Wochen gewinnt Trepper das Vertrauen der Deutschen immer mehr, und die Gestapo-Leute rücken jetzt mit ihrem großen Plan heraus: Man will versuchen, über das Funkspiel einen Kontakt zwischen Moskau und Berlin anzubahnen, der zum Separatfrieden beider Gegner führen soll, was einen Zusammenbruch der alliierten Front gegen Hitler bedeuten würde.
Dies will Trepper, den man noch immer im Gestapoquartier eingeschlossen hat, um jeden Preis vereiteln. Nur durch seine Autorität und über die Nachrichtenwege der Kommunistischen Partei Frankreichs kann dieses Funkspiel Moskau glaubwürdig erscheinen. Wird Treppers Verhaftung aber in der KPF bekannt, so ist Moskau gewarnt, und es bedeutet das Ende des von der Gestapo geplanten Vorhabens.
Treppers Funkspiel, Tarnname »Eiffel«, beginnt am 25. Dezember 1942. Nach Ansicht der Deutschen läßt sich sein Schweigen seit der Verhaftung bis zum Beginn der neuen Sendungen damit erklären, daß ihm kein brauchbares Funkgerät zur Verfügung gestanden habe. Vor diesem Funkspiel drängt Trepper immer wieder darauf, daß Moskau keinesfalls von seiner Verhaftung erfahren dürfe, damit seine Familie nicht Repressalien ausgesetzt werde. Außerdem müsse er sich, um die Zentrale in Sicherheit zu wiegen, ab und zu an verschiedenen Treffpunkten sehen lassen.
Die Deutschen stimmen dem zu und beobachten ihn bei seinen Treffs lediglich aus der Entfernung. Ein Treffpunkt ist die Bailly-Apotheke am Bahnhof St. Lazare. Hier kann Trepper seinen Bericht an die Zentrale unbemerkt einer Agentin übergeben, die er den Deutschen nicht verraten hat.
Das Vertrauen der Gestapo geht sogar so weit, daß sie Trepper mit Geld und Personalpapieren ausstattet und in einer Villa im Pariser Vorort Neuilly unterbringt. Durch den Hinweis, Großvogel und Katz seien für das Funkspiel unentbehrlich, können auch seine beiden engsten Mitarbeiter hier wohnen.

Zu Ehren der »Roten Kapelle«: Briefmarke der DDR-Post

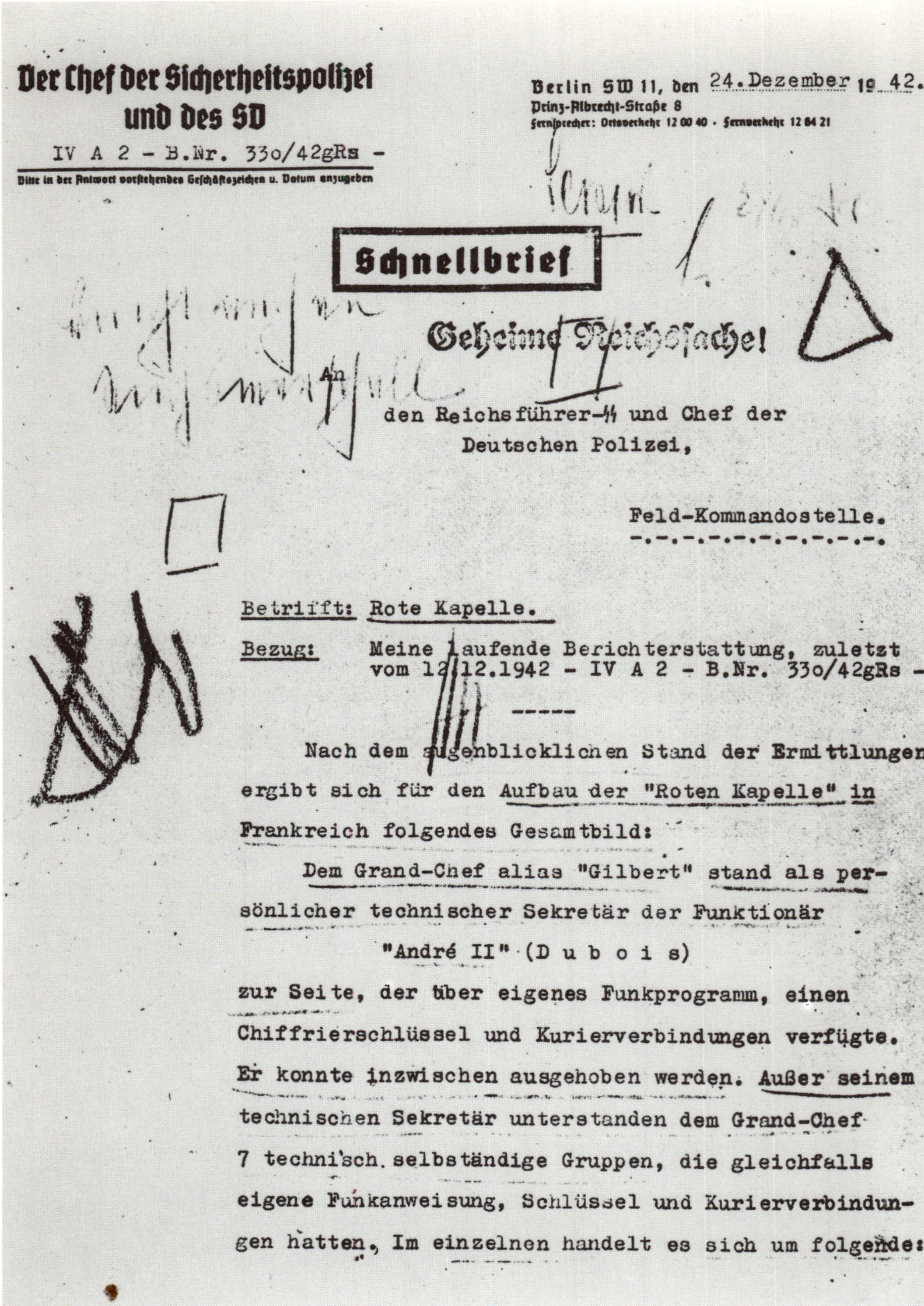

Der Chef der Sicherheitspolizei und des SD

IV A 2 - B.Nr. 33o/42gRs -

Bitte in der Antwort vorstehendes Geschäftszeichen u. Datum anzugeben

Berlin SW 11, den 24. Dezember 19 42.
Prinz-Albrecht-Straße 8
Fernsprecher: Ortsverkehr 12 00 40 · Fernverkehr 12 64 21

Schnellbrief

Geheime Reichssache!

An
den Reichsführer-SS und Chef der
Deutschen Polizei,

Feld-Kommandostelle.
-.-.-.-.-.-.-.-.-.-.-.

Betrifft: Rote Kapelle.

Bezug: Meine laufende Berichterstattung, zuletzt vom 12.12.1942 - IV A 2 - B.Nr. 33o/42gRs -.

Nach dem augenblicklichen Stand der Ermittlungen ergibt sich für den Aufbau der "Roten Kapelle" in Frankreich folgendes Gesamtbild:

Dem Grand-Chef alias "Gilbert" stand als persönlicher technischer Sekretär der Funktionär

"André II" (D u b o i s)

zur Seite, der über eigenes Funkprogramm, einen Chiffrierschlüssel und Kurierverbindungen verfügte. Er konnte inzwischen ausgehoben werden. Außer seinem technischen Sekretär unterstanden dem Grand-Chef 7 technisch selbständige Gruppen, die gleichfalls eigene Funkanweisung, Schlüssel und Kurierverbindungen hatten. Im einzelnen handelt es sich um folgende:

Bericht der Gestapo an Heinrich Himmler über die Zerschlagung der »Roten Kapelle« im besetzten Frankreich

Ein Funkpeiler des Schweizer Abhördienstes: Den Eidgenossen gelingt es, den Funkverkehr Paris–Moskau abzuhören

Als Trepper jedoch erfährt, daß es der Gestapo gelungen sein soll, einen Verbindungsmann der KPF festzunehmen und sie dadurch womöglich auf die Spur seines letzten Berichtes für Moskau stößt, entschließt er sich zur Flucht. Immerhin darf er sich, wenn auch in diskreter Begleitung von zunächst zwei, dann nur einem einzigen Gestapo-Beamten, praktisch frei in Paris bewegen.
Am 13. September 1943 fährt Trepper mit seinem ständigen deutschen Begleiter Willi Berg wieder zur Bailly-Apotheke. Berg bleibt im Wagen, Trepper verschwindet in der Apotheke – und wird seitdem nicht mehr gesehen.
Die Apotheke befindet sich in einem Eckhaus mit zwei Eingängen. Schon wenige Stunden später sitzt Trepper im Vorortzug nach St.-Germain-en-Laye und taucht in einer ihm bekannten Pension unter. Trotz großangelegter Suchaktion gelingt es ihm mehrmals, den Verfolgern zu entkommen. Anfang Januar 1945 kehrt er aus dem befreiten Paris nach Moskau zurück. Hier muß er auf Stalins Anweisung zehn Jahre im berüchtigten Lubljanka-Gefängnis verbringen. Dann kann er endlich in seine Heimat zurückkehren und sich in Warschau niederlassen. 1973 wandert Trepper nach Israel aus und stirbt 1982 im Alter von 77 Jahren in Jerusalem.

Geheimdienste der Gegenwart

Am sonnigen Frühlingsmorgen des 10. April 1945 – die 9. US-Armee marschiert gerade in Essen und Hannover ein – befiehlt Hitler in Berlin die Absetzung des langjährigen Leiters der für Aufklärung der Sowjetunion zuständigen Abteilung »Fremde Heere Ost« (FHO), Generalmajor Gehlen, und ernennt Oberstleutnant Wessel als dessen Nachfolger. Einen Tag zuvor, ebenfalls auf Befehl des Führers, ist im KZ-Lager Flossenbürg der Chef der Abwehr, Admiral Canaris, ermordet worden.

Von Reinhard Gehlen bis zum BND

Reinhard Gehlen, am 3. April 1902 als Sohn eines Artillerieoffiziers in Erfurt geboren, beschließt nach dem Abitur 1920 die Offizierslaufbahn einzuschlagen und tritt als Fahnenjunker in ein Artillerieregiment der Reichswehr ein. Ab 1935 gehört er zum Generalstab des Heeres, nimmt an den Feldzügen in Polen sowie Frankreich teil und stößt nach dem Angriff auf die Sowjetunion zur Feindaufklärung. Am 1. April 1942 kommt Gehlen als Oberstleutnant zur Abteilung »Fremde Heere Ost« und wird einige Wochen später deren Leiter: Damit ist er für die Feindaufklärung an der gesamten Ostfront verantwortlich.
Als im Frühjahr 1945 Deutschland im Chaos versinkt, erkennt Gehlen, daß es bald nach dem Sieg über Hitler-Deutschland zwischen den ungleichen Alliierten in West und Ost zu einem Bruch kommen wird. Daher plant er, seine Dienste, vor allem sein komplettes geheimdienstliches Archiv über die Sowjetunion mit Kopien der Kartei, Berichten, Luftaufnahmen, Akten, Studien und Karten, den USA als Morgengabe für eine künftige Auseinandersetzung mit Stalin anzubieten.

Reinhard Gehlen (1902–1979), Leiter der Generalstabsabteilung »Fremde Heere Ost« (FHO)

Gehlen weiß, daß Süddeutschland als amerikanische Besatzungszone vorgesehen ist, und er läßt unauffällig das gesamte Archiv der Abteilung »Fremde Heere Ost«, rund 50 Stahlkisten, aus dem Hauptquartier des Heeresgeneralstabs im Lager Maybach I bei Zossen nach Bayern transportieren. Kurz bevor die Sowjets zur Einschließung Berlins rüsten, befinden sich Gehlen, sein Nachfolger Wessel und eine Gruppe von Generalstabsoffizieren auf dem Weg in die sogenannte Alpenfestung. Bei Schliersee in Oberbayern endet die Fahrt in der Nähe des Spitzingsees. Hier erklettern sie einen bewaldeten Hang und erreichen die Elendsalmhütte. Die FHO-Offiziere wollen sich in dieser einsamen Gegend von der Front überrollen lassen und den Einmarsch der Amerikaner abwarten.
Erst zwölf Tage nach der Kapitulation der deutschen Wehrmacht, am Sonntag, dem 20. Mai 1945, rückt ein Kommando der US-Militärpolizei bis zur Alm vor, angeführt von dem Senner Kreidl, der in den versteckten Offizieren höhere SS-Chargen wittert. Nun geht der Weg ins Kriegsgefangenenlager. Nach etwa anderthalb Monaten gelingt es Gehlen, mit dem Obersten Nachrichtenchef der amerikanischen Besatzungszone, Brigadier General Edwin L. Sibert, zu sprechen. »Sie wissen viel über die Russen, General«, stellt der Amerikaner fest.
Noch mehr erstaunt ist Sibert, als man die 50 Stahlkisten aus dem Versteck holen läßt, und er informiert sofort den Generalstabschef im Alliierten Hauptquartier, General Bedell Smith, über die ungeahnten Möglichkeiten. Die beiden Amerikaner sind sich einig, daß man die Idee des FHO-Chefs, einen von den USA finanzierten deutschen Aufklärungsdienst gegen die Sowjetunion zu schaffen, nicht dem Oberbefehlshaber Eisenhower vorlegen dürfe, da dieser jede Fraternisierung mit den Deutschen ablehnt. Man müsse diesen Vorschlag direkt dem Kriegsminister in Washington vortragen.

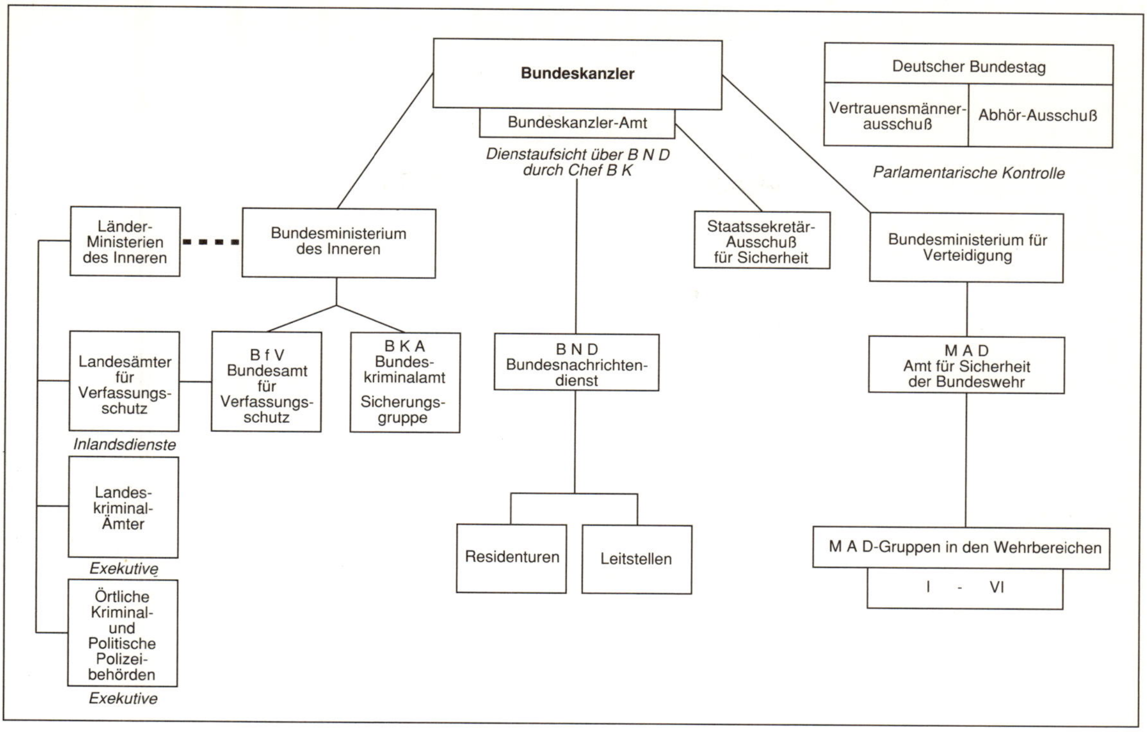

Bundesrepublik Deutschland (BRD): Unterstellung und Gliederung der Geheimdienste

Der Zeitpunkt ist günstig: Der amerikanische Geheimdienst besitzt in jenen Tagen kaum Kenntisse über die Sowjetunion, und seine Feindaufklärung steht ratlos vor dem sich immer mehr verdichtenden Eisernen Vorhang. Die Anregungen von Sibert und Bedell Smith scheinen einen Ausweg aus dieser Misere anzudeuten.

Im August 1945 reist Gehlen mit vier Offizieren, seinen engsten Mitarbeitern, nach Washington, wo Anfang September die ersten deutsch-amerikanischen Verhandlungen nach dem Krieg stattfinden. Die Gastgeber interessieren sich außerordentlich für die von Gehlen vorgetragenen Auswertungsergebnisse. Im Juni 1946 erzielt man feste Vereinbarungen, die schriftlich fixiert werden, deren Details aber bis heute geheim sind. Bekannt sind nur die von Gehlen ausgehandelten Rahmenbedingungen:

»Keine Hilfsarbeit für den amerikanischen Geheimdienst, sondern rein deutsche Organisation unter ausschließlicher Leitung Gehlens, Kontakt lediglich über einen Verbindungsstab. Einsatz der Organisation nur zur Beschaffung von Nachrichten, die sich mit den Ostblockstaaten befassen. Die Organisation ist im Augenblick der Bildung einer souveränen deutschen Regierung unter Aufhebung aller bisherigen Vereinbarungen sofort nur noch dieser verantwortlich. Keinerlei Auftrag und Beschaffung von Material, das sich gegen die deutschen Interessen richtet.«

Die deutschen Auflagen werden im Pentagon akzeptiert und die erforderlichen Geldmittel gebilligt: Das erste Jahresbudget beträgt 3,4 Millionen Dollar. Der ehemalige FHO-Chef bleibt fast ein ganzes Jahr in Washington und kehrt erst am 7. Juli 1946 nach Westdeutschland zurück. Der neue Spionagedienst erhält die Bezeichnung »Organisation Gehlen«, abgekürzt Org. Sie beschäftigt am Anfang 50 Mitarbeiter, überwiegend ehemalige FHO- und sonstige Abwehroffiziere. Jeder von ihnen bekommt einen Decknamen, General Gehlen zum Beispiel heißt jetzt Dr. Schneider, meistens nur »Doktor« genannt.

Als zivile Mitarbeiter einer US-Dienststelle getarnt, bauen die Männer unter Gehlens Führung die Organisation auf. Der Hauptsitz befindet sich im Taunus, anfangs in Oberursel, dann auf Schloß Kransberg. Von vornherein bestimmen wieder, wie schon in der Reichswehr, Militärs die Geschicke des künftigen deutschen Geheimdienstes. Kein Zivilist findet Einlaß in die »Organisation Gehlen«, auch keine politische Instanz, sei es eine deutsche oder amerikanische, kann sich rühmen, ein Mitsprache- oder gar Kontrollrecht in der Organisation zu haben.

Es folgen mehrere Monate harter organisatorischer Arbeit, ehe Gehlen im Januar 1947 damit beginnen kann, die Informationswünsche aus Washington zu befriedigen. Der erste beachtliche Nachrichtenstrom über die Sowjetunion gelangt durch die 3,1 Millionen entlassenen deutschen Kriegsgefangenen in den Westen. Unter dem Decknamen »Aktion Hermes« startet die »Organisation Gehlen« eine eingehende Befragung aller Heimkehrer. Dies ist das wohl erfolgreichste Erkundungsunternehmen nach dem Zweiten Weltkrieg, noch dazu viel ergiebiger als jede mit großen Risiken verbundene Tiefenaufklärung durch einzelne Spione. Die Aussagen vom einfachen Landser bis zum Stabsoffizier setzen sich wie Mosaiksteine zusammen und ergeben ein Gesamtbild der riesigen Sowjetunion.

Die »Aktion Hermes« läuft bereits auf Hochtouren, als die »Organisation Gehlen« am 6. Dezember 1947 nach Pullach bei München umsiedelt. Hier, in der weiträumigen ehemaligen Siedlung für Angehörige aus dem Stab des Führer-Stellvertreters Hess, befindet sich hinter einer 1,5 Kilometer langen Mauer noch heute die Zentrale des deutschen Geheimdienstes. Dieser schon drei Jahre vor Gründung der Bundesrepublik gebildete Apparat ist neben der Bundesbahn und der Post in Westdeutschland die einzige staatliche Institution, die nach kurzer Unterbrechung ihre Arbeit wieder aufgenommen hat.

Am 1. April 1956 wird die »Organisation Gehlen« von der seit 1949 bestehenden Bundesregierung unter der Bezeichnung »Bundesnachrichtendienst« (BND) übernommen und Reinhard Gehlen am 20. Dezember 1956 zum Präsidenten des BND ernannt. Mit dieser Eingliederung wird das verwirklicht, was der weit vorausschauende deutsche Agentenchef bereits im Juni 1946 mit den USA vereinbart hatte, als sich die meisten Deutschen kaum vorstellen konnten, daß es eines Tages wieder einen deutschen Staat geben würde.

Der BND hat die Aufgabe, nachrichtendienstliche Erkenntnisse aus dem Ausland für die Bundesregierung zu beschaffen und auszuwerten. Dazu gehört auch die richtige Einschätzung politischer Entwicklungen. Bei Gründung des BND hat man bewußt den militärischen und politischen Auslandsnachrichtendienst zusammengefaßt, um Rivalitäten zu vermeiden.

Am 1. Mai 1968 wird Generalleutnant a. D. Gerhard Wessel als Nachfolger von Reinhard Gehlen zum Präsidenten des BND ernannt, eine Funktion, die er bis zum 31. Dezember 1978 ausübt. Wessel reorganisiert und modernisiert die Organisation, löst mehrere unübersichtlich gewordene Referate auf und bildet vier neue Abteilungen: die Abteilung I (Beschaffung), II (Technik), III (Auswertung) und IV (Zentrale Angelegenheiten).

Wessel: »Neben die Aufklärung mit Hilfe von Menschen – die konventionelle Aufklärung – ist mit ständig wachsender Bedeutung nach Umfang, Wert und Kosten die technische Aufklärung getreten. Sie hat gegenüber der Aufklärung durch Menschen den entscheidenden Vorteil, Freiheit und Leben von Menschen nicht aufs Spiel setzen zu müssen und dennoch Meldungen mit dokumentarischem Wert zu erbringen. Die Tatsache, daß Menschen nicht gefährdet werden sollen, ist bestimmend dafür, immer zuerst zu versuchen, die Aufklärungsforderungen mit technischen Mitteln zu erfüllen, ehe ein V-Mann damit beauftragt wird.«

Im September 1950 wird als Inland-Nachrichtendienst das Bundesamt für Verfassungsschutz (BfV) gegründet. Es dient in erster Linie zur Abwehr verfassungsfeindlicher politischer Bestrebungen, zur Spionageabwehr und zum Schutz von Staatsgeheimnissen vor Aufklärung durch Unbefugte (Geheimschutz). Dieses Bundesamt – mit einem Präsidenten an der Spitze – untersteht dem Innenministerium, hat keine polizeilichen Befugnisse und darf keiner Polizeidienststelle angegliedert werden. Das BfV wird von den beiden anderen Nachrichtendiensten der Bundesrepublik Deutschland, BND und dem Militärischen Abschirmdienst (MAD) unterrichtet.

Unterstützung findet das BfV bei den Landesämtern für Verfassungsschutz (LfV), die dieselben Aufgaben haben, aber selbständig arbeiten und nicht dem BfV unterstellt sind.

Das BfV beschäftigt etwa 2500 Mitarbeiter und ist in sieben Abteilungen gegliedert: Abt. I = Verbindung zu ausländischen Geheimdiensten, Abhören von Telefongesprächen, nachrichtendienstliches Informations- und Verbundsystem NADIS; Abt. II = zuständig für Rechtsextremismus und Terrorismus; Abt. III = zuständig für Linksextremismus; Abt. IV = Spionageabwehr; Abt. V = vorbeugender personeller sowie materieller Geheim- und Sabotageschutz; Abt. VI = zuständig für sicherheitsgefährdende Bestrebungen von Ausländern; Abt. VII = Linksterrorismus.

Zu den wichtigsten Hilfsmitteln, die dem BfV zur Verfügung stehen, zählt vor allem der leistungsstarke Computer »NADIS« (Nachrichtendienstliches Informations- und Verbundsystem). So können die verschiedenen charakteristischen Verhaltensweisen verfassungsfeindlicher Elemente als Schablonen gespeichert werden, die zusammengenommen den Kreis der Verdächtigen einengen. Seit den siebziger Jahren muß sich das BfV zunehmend auch mit der Bekämpfung von Industriespionage und von Terrororganisationen sowie deren internationalen Helfershelfern befassen.

Zu den Aufgaben des BfV gehört auch die Überwachung all der Agenten, die von der DDR, der Sowjetunion und anderen Ostblockländern in die BRD eingeschleust werden. Mit dem verhältnismäßig geringen Personalstand scheint das BfV die wohl am meisten beschäftigte Sicherheitsorganisation der westlichen Welt zu sein.

Der Militärische Abschirmdienst (MAD), die Spionage-Abwehrorganisation der Bundeswehr, ist ab November 1977 direkt dem Verteidigungsminister unterstellt. Der MAD verfügt über sechs Gruppen, je eine pro Wehrbereich. Außerdem gibt es über 40 mobile MAD-Trupps, die jederzeit an jedem Ort eingesetzt werden können. Zu den wichtigsten Aufgaben des MAD gehören die Abwehr militärischer Spionage, Verhütung von Sabotage und Kampf gegen Zersetzung der eigenen Streitkräfte durch gegne-

rische Geheimdienste. Angelegenheit des MAD ist auch die Verhinderung von Aktionen politisch motivierter subversiver Kräfte gegen Personal, Anlagen, Dienststellen und Waffensysteme der Bundeswehr im In- und Ausland.
Der MAD befaßt sich außerdem mit Sicherheitsprüfungen, Bearbeitung von Sicherheits- und Abwehrmaßnahmen sowie Beratung der Bundeswehrdienststellen in Absicherungsfragen. Im Bereich des Staatsschutzes arbeitet der MAD eng mit dem BfV, BND und den Nachrichtendiensten der NATO-Staaten zusammen. Der MAD ist ein defensiver Geheimdienst und hat keine Exekutivgewalt.

Wappen der »Central Intelligence Agency« (CIA).

CIA – Spionagedienst der USA

Das oberste Aufsichts- und Koordinationsamt, die Dachorganisation aller US-Nachrichtendienste, ist das »United States Intelligence Board« (USIB). Es ist jedoch kein Direktorium mit unbeschränkter Weisungsbefugnis. Das USIB tagt einmal wöchentlich, wenn erforderlich auch öfter, unter dem Vorsitz des CIA-Chefs. Es bestimmt die Aufgaben und Prioritäten der einzelnen Nachrichtendienste, verfügt die Forschung auf den verschiedenen Gebieten der nachrichtendienstlichen Techniken und legt fest, welche Erkenntnisse an ausländische befreundete Geheimdienste weitergegeben werden dürfen.

Ein für Aufklärungssatelliten zuständiger Sonderausschuß des USIB ordnet an, welche Regionen jeder Satellit erfassen soll.
Im Juli 1947 werden durch den National Security Act die Nationale Sicherheitsbehörde »National Security Agency« (NSA), zuständig für das Chiffrier- und Dechiffrierwesen, und der Geheimdienst »Central Intelligence Agency« (CIA) gegründet. Die CIA entspricht in ihrer Funktion dem deutschen Bundesnachrichtendienst (BND).
Die CIA ist Nachfolger des 1942 von Präsident Roosevelt gegründeten »Office of Strategic Services« (OSS), das im Zweiten Weltkrieg nicht nur Frontaufklärung, sondern auch subversive Aktivitäten im

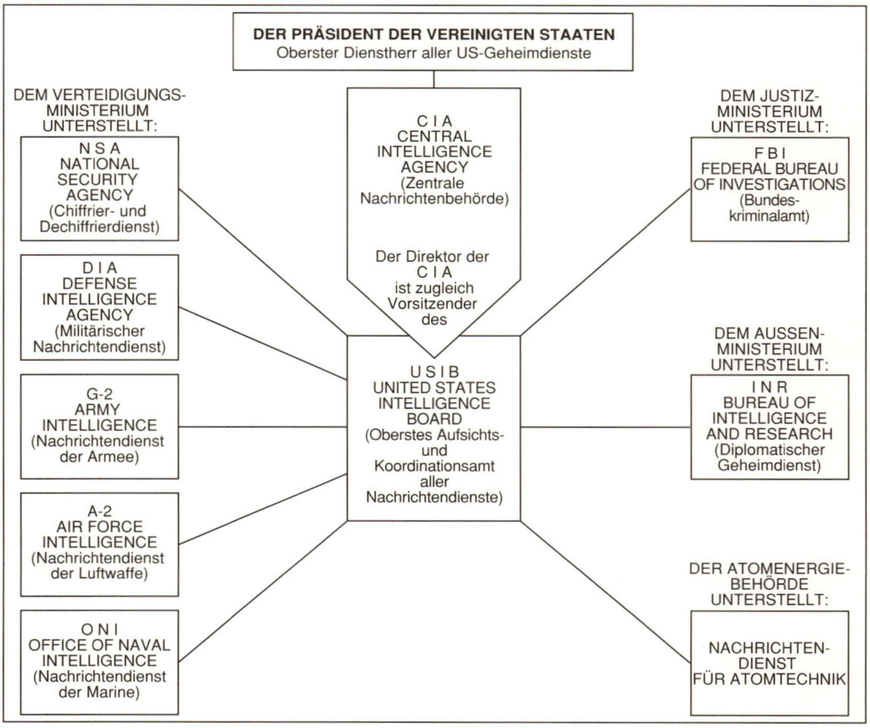

Vereinigte Staaten von Amerika (USA): Unterstellung und Gliederung der Geheimdienste

Hinterland des Gegners und jede Art von konspirativer Arbeit betrieben hat. Der als Sonderbeauftragter des Präsidenten nach Bern entsandte Allen W. Dulles hatte innerhalb kurzer Zeit ein Agentennetz aufgebaut, das ganz Mittel- und halb Osteuropa umfaßte.

Viele der für Dulles tätigen Agenten glauben, daß die Einrichtung des OSS sich als sehr nützlich erwiesen hat und nun auch in Friedenszeiten weiterbestehen wird. Aber Präsident Truman löst das OSS im Jahr 1945 auf, da er in ihm eine Konkurrenz zum FBI sieht. Er muß allerdings sehr bald feststellen, daß er nun nicht mehr so umfassend und oft auch recht widersprüchlich unterrichtet wird. Besonders seit Beginn des Kalten Krieges fühlt er sich veranlaßt, wieder einen Auslandsgeheimdienst aufzubauen. Im Vergleich zum OSS wird das Aufgabengebiet gleichzeitig erheblich ausgeweitet.

Durch ein 1949 verabschiedetes Gesetz wird der CIA eine in der Geschichte der amerikanischen Verfassung noch nie dagewesene Autonomie eingeräumt: Die CIA soll durch Mittel außerhalb des normalen Etats finanziert werden, über die sie vor dem Kongreß keine Rechenschaft abgeben muß, und sie darf unabhängig von den geltenden Einwanderungsgesetzen jährlich bis zu 100 im Ausland angeworbene Agenten in die USA holen. Die Budget-Verordnung ermöglicht es dem Chef der CIA, über Gelder »ohne Rücksicht auf gesetzliche Vorschriften und Bestimmungen für die Verwendung von Regierungsmitteln« zu verfügen, ganz gleich in welcher Höhe.

Die Intelligence Directive No. 7 ermächtigt die CIA, Personen innerhalb der USA mit Zustimmung des FBI zu verhören, zum Beispiel Wissenschaftler, Studenten, Geschäftsleute und Touristen, die in kommunistische Länder reisen, um diese entsprechend zu instruieren und sie nach ihrer Rückkehr zu befragen. Die CIA darf auch Verträge mit Colleges und Universitäten abschließen, um sich deren Fachwissen über das Ausland anzueignen oder Mitarbeiter zu rekrutieren. Außerdem schafft diese Direktive Voraussetzungen für Tarnorganisationen, Stiftungen und Regionalbüros der CIA im Ausland.

In den Anfangsjahren ist die CIA nach außen hin getarnt. Man bringt sie in einer Druckerei des State Department in Washington unter und beläßt das alte Schild »Department of State Printing Office«. Seit Ende 1959 befindet sich das Hauptquartier der CIA in Langley/Virginia. Es ist von 140 Morgen Land umgeben und wirkt wie ein Universitätsgelände. Nach dem Pentagon soll das CIA-Zentrum die zweitgrößte Regierungsanlage sein. Hier arbeiten schät-

Die Möglichkeiten der Informationsgewinnung (und Auswertung) durch die militärischen Nachrichtendienste der beiden Großmächte USA und UdSSR

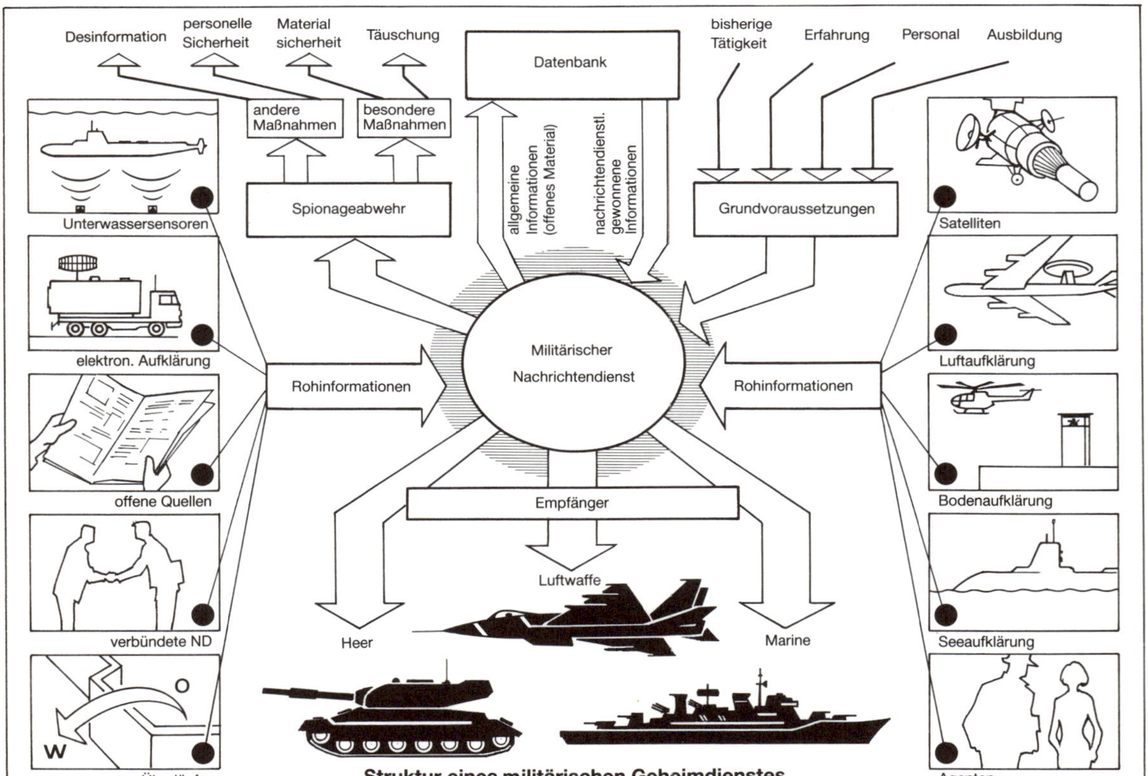

zungsweise 18000 Menschen, davon rund 5000 Agenten im Ausland, und der riesige Gebäudekomplex gilt als Paradebeispiel für eine den Erfordernissen angepaßte Architektur. Kostenpunkt: 46 Millionen Dollar.
Das offiziell genannte Jahresbudget beträgt 750 Millionen Dollar; hinzu kommen weitere Gelder aus dem Etat des Außen- und Verteidigungsministeriums, die in etwa die Kosten für Aufklärungsflugzeuge und -satelliten decken. Die CIA wird zwar als »unsichtbare Regierung« bezeichnet, besitzt jedoch im Vergleich zum sowjetischen Geheimdienst – schon durch den Unterschied im System – nicht den Einfluß auf die politische Führung wie das KGB, auch wenn man mit sehr ähnlichen Waffen und Taktiken vorgeht.

Das am 16. März 1909 als Organ des Justizministeriums gegründete »Federal Bureau of Investigation« (FBI) ist für die innere Sicherheit der USA zuständig. Seine anfängliche Tätigkeit beschränkte sich auf Ermittlung von Gesetzesbrechern. Doch mit dem Eintritt der USA in den Ersten Weltkrieg erweitert sich der Aufgabenbereich um ein Vielfaches: Festnahme und Internierung staatsgefährdender Ausländer, Bekämpfung von Sabotage und Spionage, Ermittlung illegaler Kriegsbereicherung, Einschreiten bei Vergehen gegen die Steuerbehörde, bei Verletzung der Rekrutierungsgesetze und bei destruktiven Aktivitäten von Ausländern.
1924 ernennt Präsident Coolidge den 29jährigen Rechtsanwalt J. Edgar Hoover zum obersten Chef des Sicherheitsamtes, der neue und unorthodoxe Methoden in der Kriminalitätsbekämpfung anwendet. Er richtet zum Beispiel das erste Zentralarchiv für Fingerabdrücke ein, baut Superlabors für den Erkennungsdienst, gründet eine Polizeiakademie und organisiert ein weitverzweigtes Agentennetz, dessen Ausbildung er selbst überwacht. Mit straffer Disziplin und puritanischer Strenge macht Hoover aus dem FBI die denkbar leistungsfähigste Polizeibehörde. Er entläßt unfähige Agenten, verbietet den Besuch von Nachtklubs, das Tragen von Schnurrbärten und hält seine Mitarbeiter sowohl im Dienst als auch im Privatleben ständig unter Kontrolle.
Ab Juni 1939 beschränken sich die Aktivitäten des FBI lediglich auf den zivilen Bereich. Die militärische Spionageabwehr wird jetzt dem Heer und der Marine übertragen, die Einrichtungen ähnlich dem heutigen bundesdeutschen MAD schaffen. Nach Ausbruch des Zweiten Weltkrieges bevollmächtigt Präsident Roosevelt den Chef des FBI, die Bekämpfung von Spionage und Sabotage wieder aufzunehmen und auch gegen Umsturzabsichten oder Verstöße gegen die Neutralität der USA sowie gegen NS-Tätigkeit vorzugehen.
Unter Hoover entwickelt sich das FBI nun zu einer der bedeutendsten Spionageabwehr-Organisationen. Er macht sich neben dem rücksichtslosen Kampf gegen die Unterwelt vor allem durch seine erfolgreichen Aktionen gegen deutsche, japanische und sowjetische Spionageringe verdient wie auch durch sein rigoroses Vorgehen gegen kommunistische Infiltration.
Während des Zweiten Weltkrieges sind die Agenten des FBI auch in Mittel- und Südamerika tätig, um die politischen und wirtschaftlichen Aktivitäten der Achsenmächte zu ermitteln. Darüber hinaus werden in Honolulu, Puerto Rico und Alaska Außenstellen eingerichtet. Das Personal des FBI wächst im Krieg auf das Sechsfache an und hat 1945, mit Verwaltung, Labors und Spezialagenten, 14300 Mitarbeiter.
Nach Gründung der CIA im Jahr 1947 muß das FBI seine Spionageabwehrorganisation abgeben und sich ausschließlich auf die innere Sicherheit konzentrieren. Die Hauptanstrengungen gelten jetzt verstärkt der Ostblock-Spionage innerhalb der USA.
Was ganz außergewöhnlich ist: J. Edgar Hoover bleibt 48 Jahre lang, unter acht Präsidenten und 16 Justizministern, Chef des FBI und der erste US-Beamte, den man nach seinem Tod 1972 in der Rotunda des Capitols aufbahrt.

Ein anderer US-Geheimdienst, der »Secret Service«, untersteht dem Finanzministerium und hat im eigentlichen Sinn nichts mit Spionage zu tun. Er wird 1865 nach dem Bürgerkrieg gebildet, um den Fälschern von Geld und Wertpapieren zu Leibe zu rücken. Daneben ist, seit Ermordung des Präsidenten McKinley im Jahr 1901, seine wichtigste Aufgabe der Schutz des Staatsoberhauptes. Die Männer mit den dunklen Brillen, die den Präsidenten in der Öffentlichkeit umgeben, gehören nicht der CIA oder dem FBI an, sondern dem Secret Service. Sie überprüfen das Essen, das der Präsident bei öffentlichen Veranstaltungen zu sich nimmt, sie durchsuchen Gebäude nach Bomben und Dachgiebel nach Scharfschützen. Schußbereit fahren sie in der Autokolonne des Präsidenten mit. Wird tatsächlich ein Attentat verübt, bilden sie sofort eine lebende Mauer um den Präsidenten und bringen in umgehend in Sicherheit. Gleichzeitig sucht ein Sonderkommando den Attentäter dingfest zu machen. Die Tatsache, daß diese 4000 Mann starke Organisation nicht in der Lage war, die Ermordung von Präsident Kennedy und das Attentat auf Präsident Reagan zu verhindern, zeigt die Schwierigkeit der Aufgabe des Secret Service.

Allgegenwärtig: GRU und KGB

Der im Jahr 1920 von Trotzki gegründete erste sowjetische militärische Nachrichtendienst erhält 1924 die bis heute geltende Bezeichnung »Glawnoje Raswediwatelnoje Uprawlenije« (GRU) – Hauptverwaltung für Aufklärung. Bereits 1927 verfügt die GRU über eine Funkspezialabteilung, die in der Nähe von Moskau mehrere Sender betreibt, um über Kurzwellenfunk – damals ein Novum – mit ihren Auslandsagenten in Verbindung zu stehen.

Die GRU konzentriert sich auf das Sammeln und Auswerten von strategischen, operativen, taktischen und technischen Nachrichten aus dem Ausland. Außerdem betreibt die GRU in großem Ausmaß Wissenschafts- und Industriespionage in den Rüstungszentren der westlichen Welt. Auch für Propaganda- und Sabotageaktionen ist diese Organisation zuständig.

Zu den hauptamtlichen Mitarbeitern der GRU im Ausland gehören die Militärattachés und deren Stäbe sowie das Personal der Fluggesellschaft »Aeroflot«. Außerdem hat die GRU in jeder sowjetischen Botschaft im Westen eine eigene Abteilung und unterhält daneben illegale Residenten, die Agentennetze aufbauen und führen.

Die GRU ist auch für die militärische Spionageabwehr zuständig. Daher gibt es GRU-Sektionen bei den Armee-, Korps- und Divisionsstäben, selbst einen Abwehroffizier bei den Regimentern. Die in den letzten Jahrzehnten im Ausland enttarnten sowjetischen Spione, wie zum Beispiel Richard Sorge, Leopold Trepper, Rudolf Abel, Gordon Lonsdale und Stig Wennerström, sind hohe GRU-Offiziere der Roten Armee. Und zu den Agenten der GRU zählen die Atomspione Klaus Fuchs sowie das Ehepaar Julius und Ethel Rosenberg.

Als im Jahr 1958 entdeckt wird, daß der GRU-Oberstleutnant J. W. Popow für den amerikanischen Geheimdienst arbeitet, befiehlt Ministerpräsident Chruschtschow die Säuberung der GRU und Übernahme durch den Vorsitzenden des KGB. Ein weiterer Rückschlag für die GRU ist 1962 die Affäre des Oberst Oleg Penkowskij, den man als CIA- und MI6-Agenten enttarnt hat. Seitdem überwacht das KGB die Angehörigen der GRU und bestimmt, welche GRU-Offiziere im Ausland eingesetzt werden.

Sowjetunion (UdSSR): Unterstellung und Gliederung der Geheimdienste

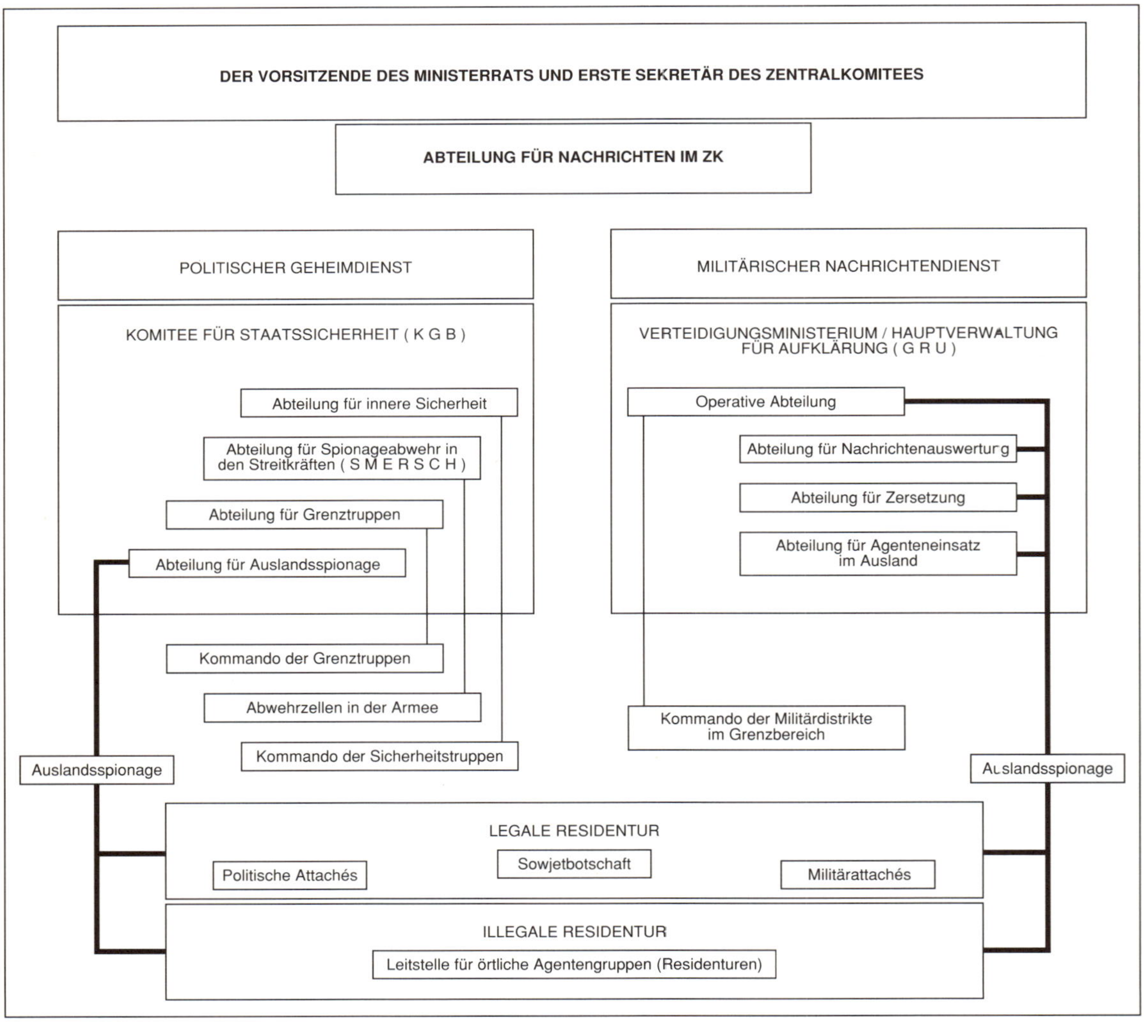

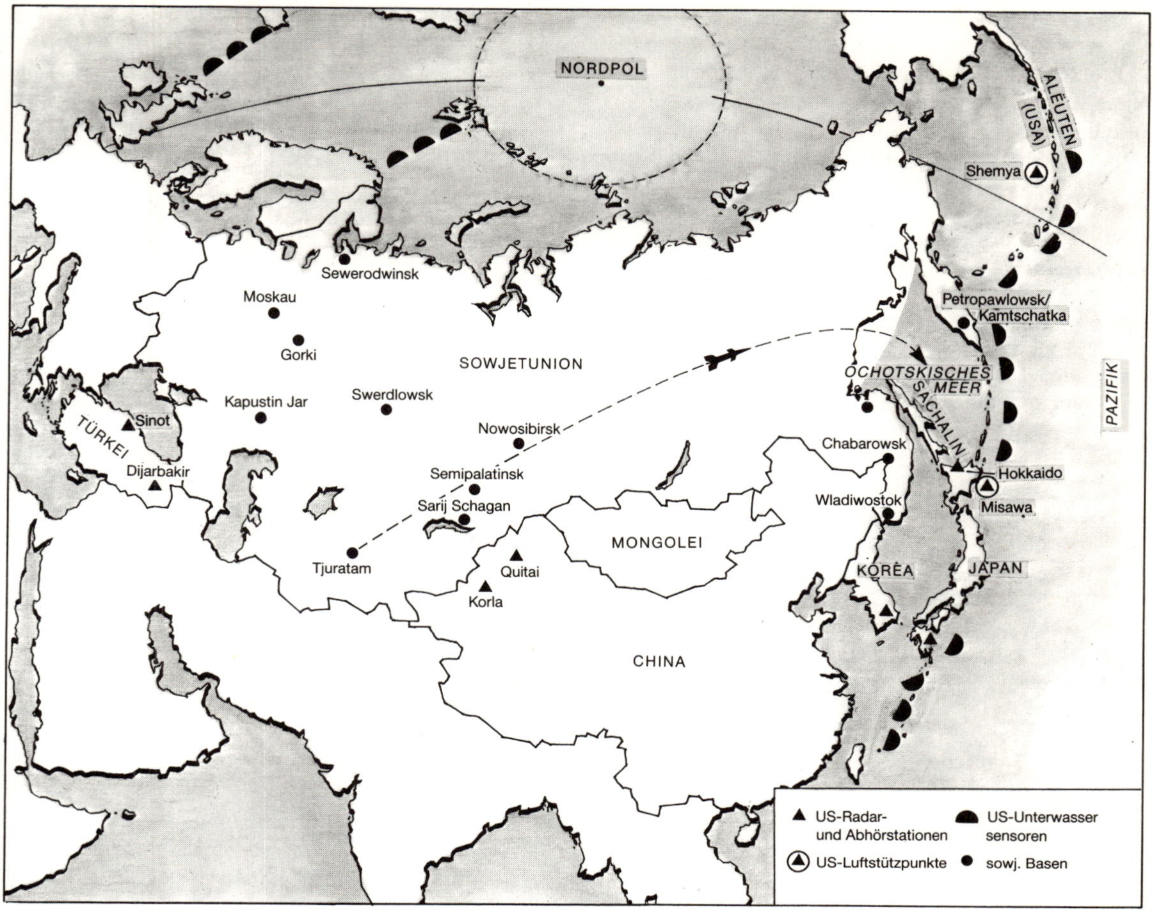

US-Radar- und Abhörstationen sowie Luftstützpunkte an den Genzen zur UdSSR, um Aufklärung zu betreiben, die Ausgänge in den Pazifik zu kontrollieren und sowjetische Raketenversuche aus dem Raum Tjuratam mit Zielrichtung Ochotskisches Meer, westlich der Halbinsel Kamtschatka, zu verfolgen

Das am 3. März 1954 gegründete »Komitet Gosudarstwennoje Besopasnosti« (KGB), Komitee für Staatssicherheit, ist aus dem »Ministerstwo Wnutrennych Djel« (MWD), Innenministerium, entstanden. Es übernimmt unter anderem die Aufgaben der Sicherheitspolizei innerhalb der UdSSR und ist insbesondere neben dem militärischen Nachrichtendienst GRU der bedeutende zweite Auslandsnachrichtendienst der Sowjetunion. Etwa 30 Prozent aller im westlichen Ausland tätigen Diplomaten und Journalisten sind hauptamtliche Mitarbeiter des KGB.
Im Ausland konzentriert sich das KGB auf die Führung einflußreicher Agenten, auf die Kontrolle und Lenkung politischer Aktionen, wie zum Beispiel der Friedensbewegungen, Veröffentlichung von Falschmeldungen und Einsatz von Desinformationsagenten sowie auf die Verfolgung regimefeindlicher Emigranten.
Den in der Sowjetunion angeworbenen Männern und Frauen bietet das KGB eine außergewöhnliche Laufbahn mit vielen Vorrechten, die den meisten Menschen versagt bleiben. Sie werden gut bezahlt, kommen in der ganzen Welt herum, und falls ein Land sie ausweisen sollte, können sie damit rechnen, daß sie anderweitig wieder eingesetzt werden.
Während der Stalin-Ära waren die Machtbefugnisse des KGB uneingeschränkt und die Überwachungsmethoden so radikal, daß niemand in der UdSSR, der von der Parteilinie abwich, seiner Freiheit sicher sein konnte. Dissidenten wurden in sibirische Straflager verbannt oder jahrelang in psychiatrischen Kliniken untergebracht.
Doch seitdem der Oberste Sowjet am 10. März 1985 Michail Gorbatschow zum neuen Generalsekretär ernannt hat, scheint sich in der Sowjetunion eine Umgestaltung (Perestrojka) anzubahnen. Der zu diesem Zeitpunkt erst 54jährige Kreml-Chef geht energisch gegen Unfähigkeit und Korruption vor. Er läßt so manchen Posten neu besetzen, darunter den des KGB-Chefs der Ukraine, und – was bisher undenkbar war – gestattet den Journalisten der sowjetischen Presse, ausführlich darüber zu berichten. So muß auch das KGB sich der öffentlichen Kritik stellen und künftig Rechenschaft über seine Tätigkeiten ablegen.

Der britische Military Intelligence

Das oberste Kontroll- und Koordinationsorgan aller Nachrichtendienste in Großbritannien ist das »Joint Intelligence Committee« (JIC), das direkt dem Premierminister unterstellt ist. Diesem Komitee gehören an: der Chef des »Secret Intelligence Service« (SIS – MI6), der oberste Leiter des »Security Service« (SS – MI5), der Chef des »Government Communications Headquarters« (GCHQ), der oberste Leiter der Nachrichtendienstabteilung im Verteidigungsministerium, der stellvertretende Leiter des Verteidigungsstabs, der Koordinator für den Nachrichten- und Sicherheitsdienst sowie eine Anzahl von Beamten des Außenministeriums. Durch Verbindungsoffiziere sind auch Kanada, Australien und Neuseeland sowie die USA vertreten.
Am 23. August 1909 bildet das War Office aus dem »Military Intelligence Department« (MID) zwei separate Abteilungen: Military Intelligence 6 (MI6) und Military Intelligence 5 (MI5). Die beiden Dienste sind zwar offiziell in DI6 und DI5 umbenannt, werden aber noch immer MI6 und MI5 bezeichnet.
MI6 ist einer der vielen Tarnnamen für den geheimen militärischen Nachrichtendienst. Man nennt ihn auch »Secret Intelligence Service« (SIS) oder »Special Intelligence Service« (SIS). Dies ist ein Zweig des britischen Nachrichtendienstes, der für Spionage im Ausland zuständig ist, vergleichbar mit der CIA in den Vereinigten Staaten. Seine Ursprünge kann man bis zu Sir Francis Walsingham, dem Staatsmann und Agentenchef der Königin Elisabeth I., zurückverfolgen. Über Hunderte von Jahren haben britische Agenten in allen Teilen der Welt an geheimen Missionen teilgenommen und Informationen gesammelt. Nach vielen Erfolgen erlebt MI6 Anfang des Jahres 1963 eine große Schlappe, als sich herausstellt, daß sein bester Agent Kim Philby, seit 1944 Leiter einer Abteilung im MI6, die sich mit Aktivitäten gegen die Sowjetunion befaßt, ein Agent des KGB ist. Dieser schwere Rückschlag bewirkt eine sofortige Umorganisation des gesamten Dienstes. Obwohl MI6 offiziell nicht existiert, soll er nach Regierungsberichten aus dem Jahr 1985 immerhin 88 Millionen Pfund Sterling verbraucht haben.
Der ebenfalls offiziell unbekannte MI5 ist für Spionageabwehr und innere Sicherheit verantwortlich, ähnlich dem FBI in den USA oder dem deutschen Bundesamt für Verfassungsschutz (BfV). Das Exekutivorgan des MI5 ist allerdings »Special Branch«, eine Sonderabteilung von »Scotland Yard«. Nur sie kann Verhaftungen vornehmen und muß MI5 vor Gericht vertreten.
Für seine verschiedenen Aufgabenbereiche ist MI5 in sechs Abteilungen gegliedert. Die wichtigsten davon sind: Dept. A = Geheimdienstmittel und Einsätze; Dept. C = Sicherheitsschutz; Dept. D = Spionageabwehr; Dept. F = Bekämpfung subversiver Tätigkeiten im Inland. Die für operative Einsätze zuständigen Abteilungen werden in technischer und administrati-

Großbritannien: Unterstellung und Gliederung der Geheimdienste

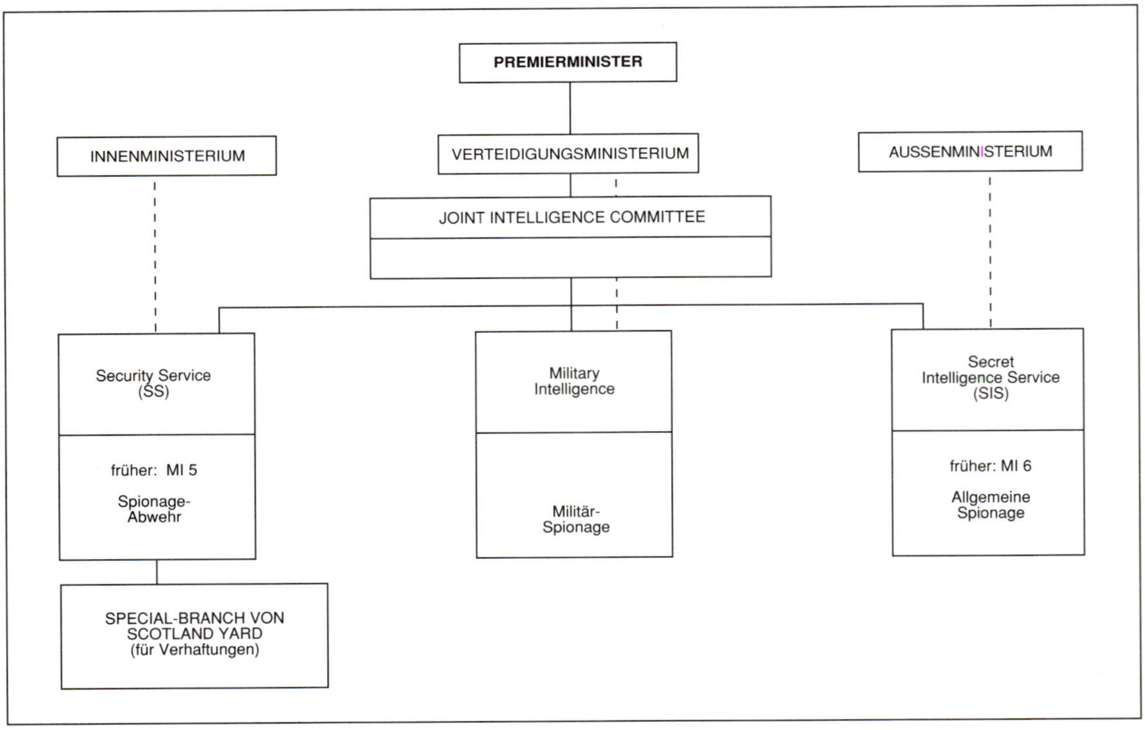

ver Hinsicht unterstützt. MI5 stehen auch alle Informationen aus der Datenbank des Home Office zur Verfügung.
»Special Branch« befaßt sich in der Hauptsache mit der Bekämpfung von Anarchisten, irischen Terroristen und auch internationalen Terrororganisationen sowie mit dem Aufspüren kommunistischer Unterwanderung und sowjetischer Spionageaktivitäten. Wenn erforderlich, beschäftigt sich »Special Branch« auch mit Personen, die den Versuch unternehmen, das demokratische Parteiensystem zu untergraben.
Die Aufnahme von Bewerbern für den Geheimdienst beschränkt sich weitgehend auf Absolventen der Universitäten mit ausreichenden Sprachkenntnissen. Eine gründliche Überprüfung gehört heute zur Routine des Einstellungsverfahrens, man schreckt selbst vor der Anwendung eines Lügendetektors nicht zurück.
So mancher englische Politiker kritisiert die übertriebene Geheimnistuerei der britischen Nachrichtendienste und verweist auf die Erfolge der Kontrollausschüsse in den USA, die – wenn auch auf Kosten der Wirksamkeit – den Aktivitäten der CIA Grenzen gesetzt haben. Doch Premierministerin Thatcher erklärt im Mai 1983, die militärischen Geheimdienste seien lediglich verpflichtet, vor dem Kabinett Rechenschaft abzulegen. Das Ersuchen, spezielle Parlamentarische Ausschüsse sollten künftig die Nachrichtendienste überwachen, lehne sie ab.

Frankreich und sein DGSE

Das »Deuxième Bureau« und die ihm angeschlossenen Dienste ziehen sich nach dem Einmarsch der deutschen Truppen im Mai 1940 nach Vichy zurück und arbeiten unter der Regierung von Marschall Pétain im noch unbesetzten Teil Frankreichs gegen die Achsenmächte.
Unterdessen bildet General de Gaulle im Sommer 1940 in London ein provisorisches Nationalkomitee, ruft die »Forces Françaises Libres«, die Streitkräfte der Freien Franzosen, ins Leben und beauftragt am 1. Juli 1940 den französischen Pionieroffizier André Dewavrin (Deckname Colonel Passy), einen eigenen Nachrichtendienst aufzubauen, der nach einer Reorganisation im Sommer 1942 die Bezeichnung »Bureau Central de Renseignement et d'Action« (BCRA) erhält.
Sein Aufgabenbereich umfaßt nicht nur Spionagetätigkeit, sondern er nimmt vor allem Kontakt zu der in Frankreich entstehenden Widerstandsbewegung auf und organisiert deren Versorgung mit Waffen und Geld. Das BCRA besteht aus drei Hauptabteilungen: Dept. 1 = Nachrichtenbeschaffung und deren Auswertung; Dept. 2 = geheime Kommandounternehmen und Fallschirmabwürfe; Dept. 3 = politische Informationen.
Im Jahr 1943 werden in Algier das BCRA und das »Deuxième Bureau« aus Vichy-Frankreich zusam-

Frankreich: Unterstellung und Gliederung der Geheimdienste

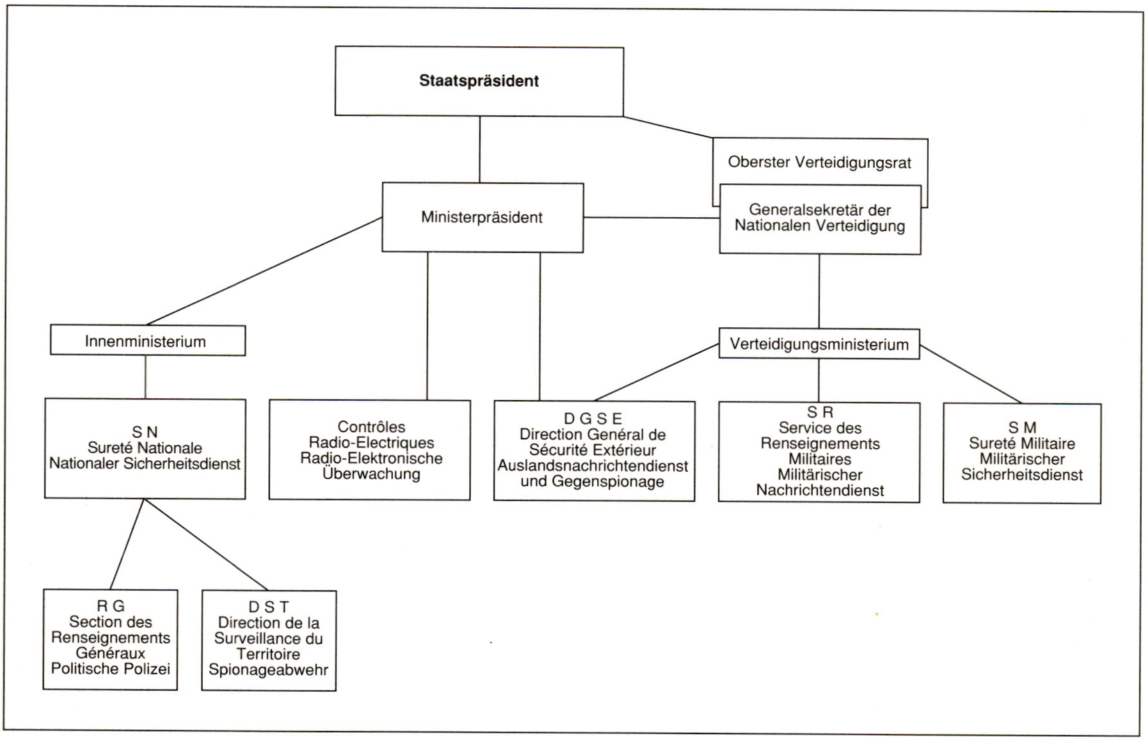

mengelegt. Dieser neue Nachrichtendienst heißt nach mehreren Umbenennungen seit Januar 1945 »Service de Documentation Extérieure et de Contre-Espionnage« (SDECE). Sein erster Chef ist Jacques Soustelle, 1945 Informationsminister und prominenter Politiker unter der Regierung von de Gaulle.

Mitte der sechziger Jahre wird der SDECE dem Verteidigungsministerium unterstellt, reorganisiert und den Erfordernissen der französischen Interessen in den arabischen Ländern angepaßt. Er ist nun in drei Abteilungen gegliedert:

Dept. 1 = La Recherche – Nachrichtenbeschaffung und Auswertung, in sieben Ressorts nach geographischen Zonen unterteilt. Im Ausland obliegt dieser Bereich den Militârattachés und Vizekonsuln;

Dept. 2 = Le Contre-Espionnage – Gegenspionage zum Schutz französischer Interessen, Einrichtungen und Agenten. Sie sorgt auch für die Sicherheit der Auslandsvertretungen und wacht darüber, daß keine gegnerischen Agenten in französische Staatsdienste eingeschleust werden;

Dept. 3 = Le Action – hervorgegangen aus dem BCRA, rekrutiert sich aus Angehörigen des 11. Bataillon de Choc in Perpignan, Mont-Louis und Collioure, erweitert durch ein in Calvi stationiertes Bataillon. Zu dieser Einheit gehören auch die französischen Froschmänner.

Neben den drei Departments verfügt der SDECE über technische Abteilungen, Verwaltung, Finanzabteilung, Dienststellen zur Unterstützung der Militärs, dazu mehrere Sender und einen eigenen Flugplatz (Persan-Beaumont) mit Fliegerstaffel.

Seit dem Jahr 1981, als Präsident Mitterand zum Staatsoberhaupt gewählt worden ist, hat der SDECE die neue Bezeichnung »Direction Général de Sécurité Extérieur« (DGSE).

Die für die Sicherheit des Staates und für Spionageabwehr zuständige, dem Innenministerium unterstellte Behörde ist der Nationale Sicherheitsdient »Sureté Nationale« (SN), der sich aus zwei Hauptdepartments zusammensetzt: aus der »Direction de la Surveillance du Territoire« (DST) und der »Section des Renseignements Généraux« (RG). Diese beiden Dienste sind mit dem FBI oder dem Bundesamt für Verfassungsschutz (BfV) zu vergleichen.

Den dritten Zweig bilden die militärischen Nachrichtendienste, die dem Verteidigungsministerium unterstellten »Service des Renseignements Militaires« (SR) und »Sureté Militaire« (SM), ähnlich dem deutschen MAD. Sie sind gewissermaßen die Fortsetzung des ehemaligen »Deuxième Bureau«. Dem SR obliegt neben seiner nachrichtendienstlichen Tätigkeit auch die Verfolgung von Angehörigen der Streitkräfte, die gegen gesetzliche Vorschriften verstoßen. Der SR und der SM führen grundsätzlich keine Sabotageakte durch. Im Kriegsfall tragen sie die Bezeichnung »5. Bureau État-Major de l'Armée«.

Israels Mossad

Der Mann, dem es nach Gründung des Staates Israel gelungen ist, einen perfekten Geheimdienst aufzubauen, nennt sich Isser Harel. Er ist 1912 in Witebsk/Rußland geboren und hieß damals Halperin. Nach der Revolution wandert seine Familie nach Lettland aus. Von dort gelangt der erst Sechzehnjährige 1928 mit seinem Köfferchen und einer gestohlenen Pistole ins britische Mandat Palästina.

Isser, wegen seiner gedrungenen Statur auch Hakatin (»der Kleine«) genannt, ist ein robust gebauter Mann mit hellblauen, forschenden Augen und energischem, jedoch ausgeglichenem Wesen. Von seinen Genossen als gewissenhafter Arbeiter geachtet, schuftet er im Kibbuz Shfaim, unweit Herzlya, wo er auch in die geheime, militärisch organisierte »Haganah« eintritt, in die Untergrundorganisation der jüdischen Siedler. Wegen seiner Beobachtungsgabe und der Informationen, die er der Haganah liefert, ist »der Kleine« bald besonders geschätzt. Durch seine Arbeit hat er immer wieder Kontakte zu arabischen Nachbarn, zumal er deren Sprache schnell beherrscht.

Harel meldet sich 1936 zur Strandwächter-Abteilung der Hilfspolizei Notrim. Eine Ohrfeige, die er einem britischen Offizier verpaßt, wird für seine Karriere entscheidend. Bei der Notrim hinausgeworfen, taucht er als Agent des Haganah-Geheimdienstes SHAI unter. Seines Arbeitseifers und seiner analytischen Fähigkeiten wegen avanciert er bald zum Chef des Inneren Sicherheitsdienstes in seinem Wohnbezirk und kurz darauf zum Chef des SHAI für Tel Aviv.

Hier, im Zentrum der Untergrundorganisation, hat Harel engen Kontakt zu sämtlichen Größen der zionistischen »Jewish Agency« und der Haganah und steigt schnell in der Rangleiter; nach der Staatsgründung 1948 ist er bereits Oberstleutnant. Bei der Umgestaltung der bisherigen Nachrichtendienste wird er Chef des allgemeinen Sicherheitsdienstes »Shin Beth« und gruppiert den Auslands-Nachrichtendienst »Mossad« um.

Ungefähr 1952 kristallisiert sich die heutige Struktur des israelischen Geheimdienstes heraus. Isser Harel: »Mit der Proklamation des Staates übertrug man mir die Verantwortung für den Cheruth Bitachon, kurz Shin Beth, und ich blieb, bis eine umfangreiche Reorganisation im Jahre 1952 stattfand, auf diesem Posten.

Es wurde ein Verbindungskomitee aus den Geheimdienstchefs gebildet, das die Funktionen der einzelnen Nachrichtendienste zu koordinieren hatte. Zugleich schuf man auch eine Zentrale, die für den Nachrichten- und Sicherheitsdienst Informationen aus dem Ausland, vor allem über die arabischen Nachbarn, sammelte und alle zuständigen Stellen damit versorgte.«

Der Mossad, dessen oberster Chef und »Memune« Harel weiterhin bleibt, erhält nun endgültig seine

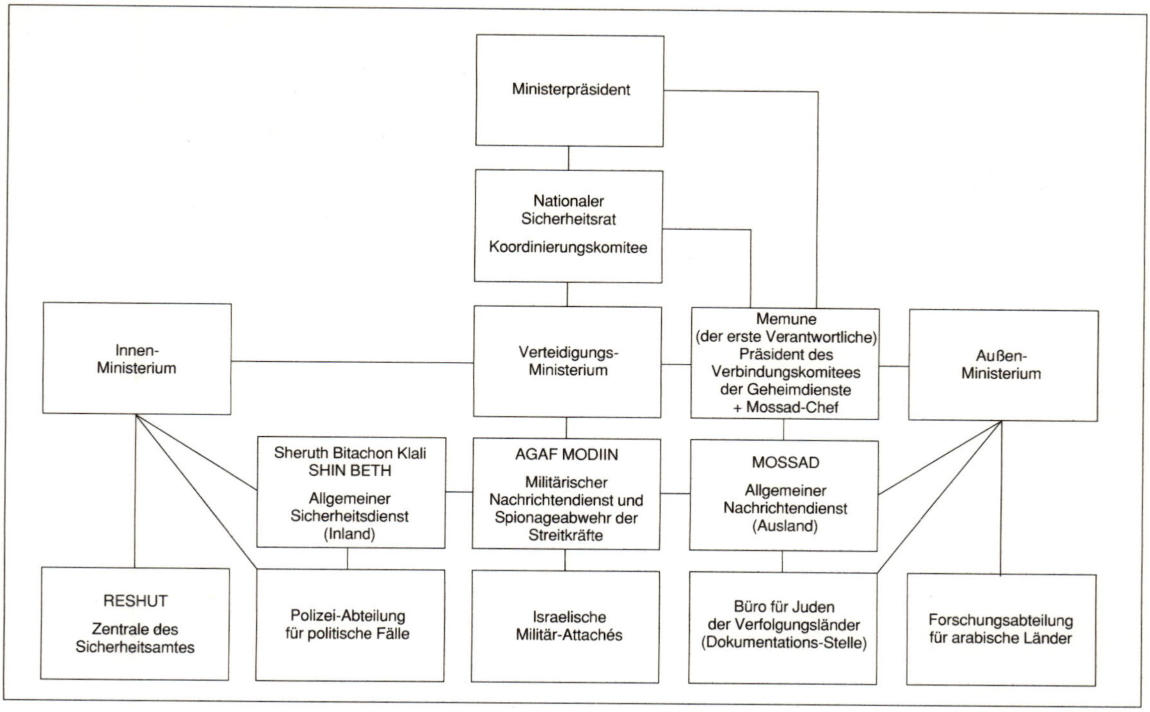

Israel: Unterstellung und Gliederung der Geheimdienste

Autonomie. Als Memune arbeitet Harel Hand in Hand mit dem Premierminister Ben Gurion, und seine Tätigkeit wird von einem Parlamentsausschuß überwacht. Der »Mevaker Hamedina«, eine Art Rechnungshof und Staatskontrolle, überprüft laufend das Budget der gesamten Geheimdienste.

Der Memune koordiniert das taktische Vorgehen der fünf Abteilungen, leitet persönlich den Mossad, führt bei den wöchentlichen Arbeitskonferenzen den Vorsitz, trifft die wichtigsten Entscheidungen und ist dem Premier gegenüber für die gesamte Tätigkeit der Geheimdienste Rechenschaft schuldig. Jeder seiner Einsatzpläne muß das Plazet des der Knesset unterstellten nationalen Sicherheitsrates erhalten. Dem Memunen steht ein von der Regierung ernannter Ausschuß von mehreren Ministern zu Seite.

Das Tätigkeitsfeld des allgemeinen Nachrichtendienstes Mossad liegt im Ausland, und spektakuläre Erfolge gehen fast immer auf sein Konto. Er verzichtet auf ausgedehnte Spionagenetze, was ihn von den meisten Diensten unterscheidet. Dies ist natürlich nur möglich, weil einzelne hochqualifizierte Agenten zum Einsatz kommen; gleichzeitig ist die Gefahr der Aufdeckung so auf ein Mindestmaß reduziert. Eine Abteilung beschäftigt sich ausschließlich mit dem Aufspüren von Nazi-Verbrechern. Der allgemeine Aufgabenbereich des Mossad entspricht in etwa dem des Bundesnachrichtendienstes oder dem der CIA.

Der zweite Geheimdienst, der militärische Abwehrdient »Modiin«, untersteht dem Verteidigungsministerium und ist vergleichbar mit dem MAD der Bundesrepublik. Er ist für die Spionageabwehr innerhalb der Streitkräfte zuständig, leitet die Arbeit der israelischen Militärattachés in der ganzen Welt, und seine Zensoren kontrollieren alle Nachrichten, die der Öffentlichkeit über gegnerische und eigene Streitkräfte zugeleitet werden sollen.

Der Modiin sammelt, sichtet und prüft auch das Material über die militärische und politische Entwicklung in den Nachbarstaaten. Seine Berichte bilden die Grundlage für die laufende wie künftige Politik der Regierung.

Für die innere Sicherheit und die allgemeine Spionageabwehr sorgt der »Shin-Beth«. Seine wichtigsten Aufgaben sind die Jagd auf arabische Spione und Agenten östlicher Provenienz, die Überwachung der über eineinhalb Millionen im Lande lebenden Araber und (mit Unterstützung der Polizei und der Armee) die Bekämpfung von Terroristen. Die Agenten des Shin-Beth begleiten auch »EL AL«-Maschinen und sorgen für die Sicherheit der Passagiere.

Da der Shin-Beth und die übrigen Sicherheitsorgane über keine Exekutive verfügen und nicht einmal das Recht haben, der Spionage verdächtigte Personen festzunehmen oder Hausdurchsuchungen durchzuführen, arbeiten sie eng mit der Polizei zusammen. Der Shin-Beth genießt einen fast legendären Ruf. Seine Agenten sind meist israelische Staatsbürger. Der ganze Apparat ist klein, die Verwaltung mit den Neben- und Hilfsdiensten, einschließlich der Agen-

ten im Außendienst, beträgt nur etwa 550 Mann. Die Agenten erfreuen sich keiner Privilegien und gelten als Zivilisten. Für gefährliche Arbeit gibt es – neben dem Lob der Vorgesetzten – Zusatzpunkte, die die Höhe der zukünftigen Pension bestimmen. Die Shin-Beth-Leute sind ohne Ausnahme Staatsbeamte mit recht bescheidenen Gehältern.
Mossad, Modiin und Shin-Beth bilden also den Kern des israelischen Geheimdienstes. Daneben gibt es noch zwei entsprechend kleinere Sonderdienste. Der eine ist die im Rahmen des Außenministeriums tätige Forschungsabteilung, deren Hauptaufgabe die Beurteilung des politischen Klimas in den arabischen Ländern ist. Der andere Dienst nennt sich – frei ins Deutsche übersetzt – »Büro für die Juden in den Verfolgungsländern«; er befaßt sich mit dem Schicksal jüdischer Bürger in arabischen Staaten und den Ländern des Ostblocks. Diese beiden Sonderabteilungen sind Dokumentations-Institute ohne ausübende Funktionen.
Die israelische Regierung ist äußerst zurückhaltend, was Nachrichten- und Sicherheitsdienste betrifft, lediglich Name und Dienstgrad des jeweiligen Modiin-Chefs werden offiziell erwähnt; die Identität des amtierenden Memunen und der Leiter der anderen Dienste sind dagegen streng tabu. Alles, was über die Nachrichtendienste veröffentlicht wird, darf sich nur auf Ereignisse beziehen, die einige Zeit zurückliegen; die beteiligten Personen müssen entweder tot oder nicht mehr in exponierter Stellung sein.
Das aggressive Wesen des israelischen Nachrichtendienstes ist durch die ungünstige strategische Lage des kleinen Landes bedingt. Sein Geheimdienst muß als Ausgleich für das Fehlen natürlicher strategischer Vorteile dienen. Die enge Verflechtung des sowjetischen Blocks mit den Arabern zwingt Israel, seine Spionageabwehrtätigkeit auch über den Nahen Osten hinaus immer weiter auszudehnen.

Geheimdienst der DDR

Nach Beendigung des Zweiten Weltkrieges ist Deutschland in vier Besatzungszonen aufgeteilt. In der Ostzone befindet sich nahe dem Hauptquartier der sowjetischen Streitkräfte in Berlin-Karlshorst auch das Hauptquartier des MGB (Ministerstwo Gosudarstwennoje Besopasnosti), Sicherheitsdienst der UdSSR und Vorläufer des KGB. Der militärische Nachrichtendienst GRU hat sich in Wünsdorf bei Berlin mit Zweigstellen in Erfurt, Leipzig, Magdeburg und Schwerin etabliert.
Bereits Ende 1945 werden in der Ostzone auf Anweisung des MGB bei den Landes- und Kreisbehörden der Volkspolizei Sonderabteilungen mit der Bezeichnung »Kommissariat 5« (K5) aufgestellt. Sie sollen

Deutsche Demokratische Republik (DDR): Unterstellung und Gliederung der Geheimdienste

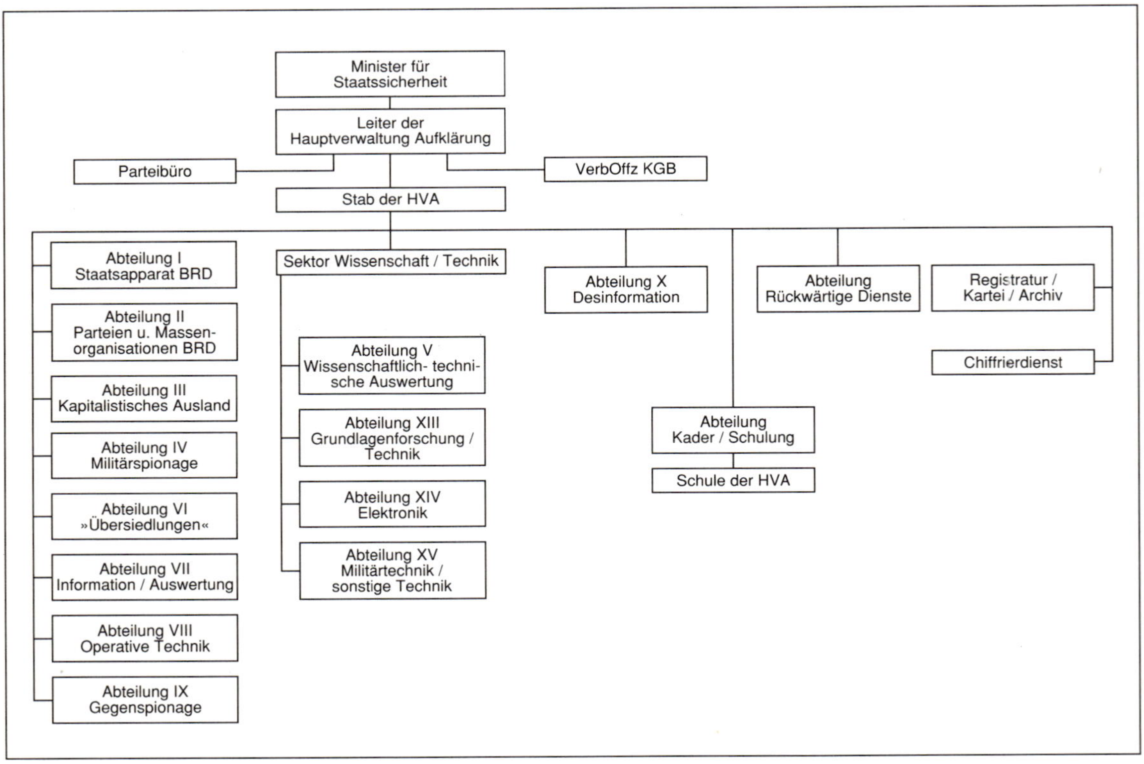

dem MGB und der GRU helfen, politische Verbrecher aufzuspüren und zu verhaften. Dem »Kommissariat 5« ist allerdings jede zentrale Lenkung untersagt, und es darf nur kriminelle Delikte bearbeiten, an denen die sowjetische Besatzungsbehörde nicht interessiert ist.
Erst im Spätherbst 1946 entsteht bei der Ost-Berliner Verwaltung des Innern das »Referat K5« mit Weisungsbefugnis über alle Landes- und Kreiskriminalämter. Damit übernimmt die Zentrale auch die »Überwachung und Bekämpfung der Gegner des demokratischen Aufbaus«. Am 12. August 1948 gestattet die sowjetische Besatzungsbehörde die Errichtung einer Geheimpolizei, der die »administrative Kontrolle des gesamten Volkseigentums« obliegt. Daraus entsteht schließlich nach mehreren Umbenennungen am 24. November 1955 das allumfassende »Ministerium für Staatssicherheit« (MfS), das eigene Ermittlungen führen und eigene Untersuchungsgefängnisse halten darf. Zum 25. Jahrestag der Gründung des MfS erklärt SED-Generalsekretär Erich Honecker, Dank und Anerkennung würden insbesondere »den Kämpfern an der unsichtbaren Front gelten, die oft weit entfernt von ihrem sozialistischen Vaterland und allein auf sich gestellt heldenhafte Leistungen vollbringen«.
Das MfS ist eine selbständige Behörde, die direkt dem Ministerrat, dem »höchsten verfügenden und vollziehenden Organ der Staatsgewalt in der DDR«, unterstellt ist. Dem Minister für Staatssicherheit steht ein sowjetischer Verbindungsstab zur Zentrale des KGB in Moskau zur Seite.
Ein Teil der MfS ist die »Hauptverwaltung Aufklärung« (HVA), zuständig für Spionage im westlichen Ausland. In ihrer Ost-Berliner Dienststelle sind rund 1500 Offiziere und 1600 Zivilangestellte beschäftigt. Der Schwerpunkt aller HVA-Tätigkeiten liegt mit etwa 4000 bis 5000 Agenten, darunter ein Drittel Frauen, auf dem Gebiet der Bundesrepublik.
Die vom Bundesamt für Verfassungsschutz enttarnten Spione haben zu 85 Prozent im Auftrag der DDR und zu 15 Prozent für andere Ostblockländer gearbeitet. Die HVA verfügt in der Bundesrepublik Deutschland und in den NATO-Ländern sowohl über geheime Residenturen als auch über Einzelverbindungen. Seit 1972 hat die HVA auch ein nachrichtendienstliches Operationszentrum auf Kuba für Aufklärungsziele in Nord-, Mittel- und Südamerika.
Die HVA ist in 15 verschiedene Aufgabenbereiche unterteilt: Abt. I = Staatsapparat BRD – politische Spionage und Zersetzungsarbeit in den obersten bundesdeutschen Behörden; Abt. II = Parteien und Massenorganisationen BRD – politische Spionage innerhalb der Parteien, Kirchen, Gewerkschaften und Verbände der BRD; Abt. III = Westeuropa – militärische Spionage in den ausländischen Botschaften und Militärmissionen, dazu Errichtung von Agentenringen in westeuropäischen Staaten, auch in neutralen Ländern;
Abt. IV = Militärische Aufklärung – militärische Spionage innerhalb des NATO-Hauptquartiers, der NATO-Stäbe sowie in den militärischen Einrichtungen der BRD;
Abt. V = Wissenschaft und Technik – Spionage in Industrie und Wissenschaft, vor allem in Kernforschungszentren;
Abt. VI = Ausbildung und »Übersiedlung« – Einschleusen von Agenten in NATO-Länder, den Nahen Osten, Asien und Afrika;
Abt. VII = Information/Auswertung – Übermittlung aller ausgewerteten geheimen und offenen Informationen an die politische Führung der DDR;
Abt. VIII = Operative Technik – elektronische Spionagegeräte, Agentenfunk, Container (Verstecke für Geheimmaterial) sowie Fälschung von Ausweisen, Dokumenten, Dienstsiegeln und Stempeln;
Abt. IX = Gegenspionage – Bekämpfung fremder Nachrichtendienste und Eindringen in fremde Geheimdienste;
Abt. X = Desinformation – Steuerung verschiedener Publikationsorgane in der BRD, Beeinflussung ausländischer Massenmedien durch Falschinformationen über die BRD und andere NATO-Länder;
Abt. XI = USA und Kanada – Anwerbung und Führung von Agenten in allen politischen und wirtschaftlichen Bereichen in Nordamerika;
Abt. XII = Dritte Welt – Einsatz von Spionen und Beeinflussungsagenten in den Spannungsgebieten wie Afrika, Asien, Mittel- und Südamerika;
Abt. XIII = Grundlagenforschung/Technik – Spionage auf dem Gebiet Kernforschung, biologische und chemische Waffen in der ganzen Welt;
Abt. XIV = Elektronik – Spionage im Bereich Elektronik und Mikroelektronik, Schwerpunkt: Industrie der BRD;
Abt. XV = Militärtechnik/sonstige Technik – Beschaffung westlicher ND-Ausrüstungen und Waffen.
Der andere Zweig des MfS dient der inneren Sicherheit der Deutschen Demokratischen Republik und ist nach dem Vorbild des sowjetischen KGB aufgebaut. Er umfaßt auch die Sicherung der in der DDR stationierten Streitkräfte der UdSSR.

Was geschah zwischen 1945 und heute?

Die 1945 auftretenden Spannungen zwischen »Ost« und »West« führten zum »Kalten Krieg«, der die Welt in zwei große Machtblöcke teilte und die Geheimdienste beider Seiten veranlaßte, ihre Tätigkeiten zu verstärken, was sich durch die Teilung Deutschlands in einen demokratischen und einen totalitären Staat besonders bemerkbar machte. Seitdem wurde Mitteleuropa, vor allem die BRD, zum Schauplatz ungezählter Spionageaffären. Die Schwierigkeiten der geheimdienstlichen Tätigkeit und deren Erfolgsaussichten sind allerdings sehr unterschiedlich: Während die Agenten der Ostblockländer sich ungehindert in den westlichen Staaten bewegen können, unterliegen die nach dem Osten reisenden Personen strengen Auflagen, die jede Bewegungsmöglichkeit einschränken und Kontakte mit der Bevölkerung auf ein Mindestmaß reduzieren, da nicht nur die Fremden, sondern auch die Einheimischen ständig überwacht werden.
Durch die beiden unterschiedlichen politischen Systeme, die sich mit Beginn des Kalten Krieges deutlich herauskristallisiert haben, entwickelte sich eine Art von Spionagespezi: der Überläufer. Egal, ob er vom Osten in den Westen überwechselt oder umgekehrt, er ist immer willkommen. Auf diese Weise verdanken die westlichen Geheimdienste ihre Erfolge zum großen Teil den Überläufern aus kommunistischen Staaten.
Der Einsatz moderner naturwissenschaftlicher Hilfsmittel, wie zum Beispiel Spionageflugzeuge, Erdsatelliten und elektronische Aufklärung, hat die Spionage grundlegend verändert. Die Nachrichtenübermittlung per Funk war bisher die verwundbarste Stelle eines Agentennetzes, sogar ein ständig wechselnder Standort des Funkgerätes bot keine Sicherheit vor dem Aufspüren durch Funkpeilung. Dadurch schwebte der Funker immer in der Gefahr, entdeckt zu werden.
Aber selbst heute, im Zeitalter der elektronisch gesteuerten Ausspähung und der wissenschaftlich-technologischen Möglichkeiten, Codes zu erfinden, und auch zu brechen, kann kein Geheimdienst auf die »klassische« Spionage verzichten.

Abenteuerliche Flucht des Igor Gusenko

Im Spätsommer 1945 erschüttert der Seitenwechsel des Igor Gusenko in Kanada die westliche Welt und zeigt erstmals klare Umrisse des weitverzweigten Spionagenetzes in Nordamerika. Mehr noch: Es ermöglicht den ersten umfassenden Einblick in die Strukturen und Funktionen des gesamten, von Moskau geleiteten Geheimdienstapparates. Der Überläufer öffnet den verdutzten Amerikanern die Augen über die seit Jahren von den Sowjets betriebene Atomspionage und setzt damit eine Lawine in Bewegung, in deren Verlauf Namen wie Dr. Allan Nunn May, Dr. Klaus Fuchs, Harry Gold, David Greenglass sowie Julius und Ethel Rosenberg aus der Dunkelheit auftauchen.

In Ottawa regnet es in Strömen, als am Mittwoch, dem 5. September 1945, ein junger Mann abends die sowjetische Botschaft in der Charlotte Street verläßt. Igor Sergejewitsch Gusenko, Leiter der Chiffrierabteilung, geht schnell und zielbewußt. Er hat einen Entschluß gefaßt, der bald die gesamte Organisation der sowjetischen Spionage erschüttern soll.
Gusenko: »Ich war mir vollkommen bewußt, daß dies die letzte Nacht meines Lebens sein konnte. Eine falsche Bewegung bedeutete vielleicht das Scheitern all unserer Pläne, und außerdem bestand durchaus die Möglichkeit, daß der NKWD mich bereits seit einiger Zeit beschattete ... Jede Faser meines Daseins war von furchtsamem Respekt vor der Allgegenwart und Rache des NKDW durchdrungen ...«
Gusenko ist einer der ersten sowjetischen Nachrichtendienstoffiziere, die nach dem Zweiten Weltkrieg in den Westen überlaufen, und diese Affäre gehört wohl zu den spektakulärsten Fällen überhaupt. Gusenko: »Ich nahm eine Straßenbahn und fuhr sofort zur Redaktion des ›Ottawa Journal‹. Ich zitterte wie Espenlaub. Ich wußte nicht warum, aber vermutlich war es eine nervöse Reaktion. Vor dem Gebäude wischte ich mir den Schweiß von der Stirn und vergewisserte mich, daß mir keiner gefolgt war.«
Der 26jährige Leutnant der Roten Armee und Offizier des militärischen Nachrichtendienstes GRU, die Taschen voller geheimer Dokumente, verschwindet im Redaktionsgebäude der Zeitung. Gusenko: »Ich ging zum nächstgelegenen Schreibtisch und sagte dem Mann, daß ich den diensthabenden Redakteur sprechen wolle, es sei äußerst wichtig. Er warf mir einen abschätzenden Blick zu und führte mich zu einem älteren Herrn mit grünem Augenschirm, der mich bat, Platz zu nehmen.
Ich berichtete von den gestohlenen Dokumenten und breitete sie vor ihm aus. Dabei erklärte ich, wer ich sei, und daß ich anhand dieser Papiere beweisen könne, daß sowjetische Agenten in Kanada Informationen über die Atombombe sammeln. Der Mann starrte mich zuerst nur an, dann griff er sich mehrere Blätter, warf aber nur einen flüchtigen Blick darauf. Sie waren alle in Russisch abgefaßt. ›Es tut mir leid‹, sagte er schließlich, ›das gehört nicht in unser Ressort. Ich würde vorschlagen, daß Sie die kanadische Polizei aufsuchen oder morgen früh wiederkommen, wenn der Chef zu sprechen ist.‹ Hastig versuchte ich

ihm klarzumachen, daß am nächsten Morgen sicher schon der NKWD auf meiner Spur sei, um mich umzubringen. Ich konnte am Gesichtsausdruck des Mannes deutlich erkennen, daß er mich für verrückt hielt. ›Es tut mir leid‹, sagte er ungeduldig, ›ich habe zu tun.‹«

Gusenko versucht verzweifelt, die Presseleute von der Wichtigkeit seiner Papiere zu überzeugen, umsonst. Sie glauben ihm seine Geschichte nicht, die schon im Sommer 1943 begonnen hat, als der sowjetische Militärattaché Oberst Nikolai Sabotin mit seinem Stab und einigen Chiffrierbeamten in der kanadischen Hauptstadt eintraf.

Vor der Abreise aus Moskau gibt Malenkow, ein führendes Mitglied des Politbüros, Oberst Sabotin genaue Anweisungen für die Geheimoperation in Kanada. Vor allem dürfe Botschafter Sarubin keine Einzelheiten des Schriftwechsels mit der Moskauer GRU-Zentrale oder die Namen der Agenten erfahren. Die gesamte Spionagetätigkeit müsse vor der sowjetischen Botschaft in Kanada geheim bleiben.

Bald hat der energische Oberst Sabotin mit Hilfe der Kommunistischen Partei ein Netz von etwa 20 Agenten aufgebaut, zum größten Teil Regierungsbeamte, einige sogar in wichtigen Positionen.

Eine wesentliche Rolle in diesem Spionagering spielt Sam Carr, Führer der kanadischen KP. Zu den wertvollsten Agenten zählt der britische Experimentalphysiker Dr. Allan Nunn May, Angehöriger einer Gruppe britischer Atomwissenschaftler in Kanada. Anfang 1945 liefert Nunn May dem sowjetischen Militärattaché mehrere ausführliche Berichte über die Fortschritte in der Atomforschung, und im Juli 1945 übergibt er ihm sogar Laborproben vom Uran U-235 und U-238, die sofort mit einer Sondermaschine nach Moskau gebracht werden.

Am 7. August 1945, einen Tag nach dem Atombombenabwurf auf Hiroschima, funkt Sabotin bereits Einzelheiten der streng geheimen neuen Waffe nach Moskau. Nach den ersten Erfolgen plant die GRU-Zentrale, das gut prosperierende Agentennetz von Oberst Sabotin erheblich zu erweitern, und beordert mehrere als »Handelsmission« getarnte Nachrichtendienstler nach Kanada. Aber plötzlich macht ihnen Igor S. Gusenko einen dicken Strich durch die Rechnung.

Gusenko, Sohn eines armen russischen Bauern, tritt in jungen Jahren in den Komsomol ein, studiert Architektur, absolviert dann nach Kriegsausbruch die Militär(Pionier)-Akademie im Rang eines Ingenieuroffiziers, dient anschließend in der Hauptnachrichtenabteilung der Roten Armee und wird im Juni 1943 als Zivilangestellter (Deckname Klark) dem GRU-Oberst Sabotin (Deckname Grant) für dessen Mission bei der neuerrichteten Nachrichtendienst-Leitstelle in Kanada als Chiffrierexperte zugeteilt. Dem jungen Ehepaar Igor und Anna Gusenko kommt Ottawa wie ein Paradies vor. Bisher hat man ihnen immer wieder versichert, die Sowjetunion sei das Land mit dem höchsten Lebensstandard der Welt. Doch nun erscheint ihnen der Kommunismus wie ein böser Traum.

Nikolai W. Sabotin, GRU-Oberst der Roten Armee (Deckname: Grant) und Militärattaché an der sowjetischen Botschaft in Ottawa/Kanada

Bereits 1944 soll Gusenko nach Moskau zurückkehren, aber dank der Intervention von Oberst Sabotin darf er länger in Kanada bleiben. Als jedoch nach zwei Jahren Dienstzeit sein Nachfolger, Leutnant Kulakow, aus Moskau eintrifft, weiß Gusenko, daß seine Tage in Ottawa gezählt sind. Er entwendet nach und nach einen ansehnlichen Stapel Geheimdokumente aus dem Büro des Militärattachés und trägt sie in den Taschen seines Jacketts oder unter dem Hemd verborgen nach Hause.

Gusenko: »Die Wahl auf Mittwoch nacht war noch aus anderen Gründen gefallen. Ich wußte, daß Kulakow in dieser Nacht beim Militärattaché Dienst machen mußte und daher die Erlaubnis hatte, am folgenden Tag bis zum Mittag zu schlafen. Das ließ mir wenigstens etwas Spielraum, weil Kulakow sicher der erste war, der mein Fehlen melden würde.«

Er will mit den Dokumenten beweisen, daß er nicht etwa ein Agent, sondern ein echter Überläufer ist. Seine Papiere können bezeugen, daß in der sowjetischen Botschaft Unruhen und Provokationen vorbereitet werden und eine ganze Armee von sowjetischen Agenten in Kanada und den USA in allen Bereichen tätig ist. Gusenko hofft, daß die Zeitung seine erstaunlichen Enthüllungen in einer Extraausgabe veröffentlichen wird – statt dessen nehmen ihn die Journalisten gar nicht ernst.

Nachdem er bei der Presse auf Ablehnung und Unglauben stößt, wendet sich Gusenko in seiner Verzweiflung an den Justizminister und setzt sich schließlich über den Außenminister sogar mit dem kanadischen Premier in Verbindung. Alles umsonst, niemand zeigt Interesse an seinen Geheimdokumenten. Es ist jetzt fast Mitternacht, und man sagt ihm, er möge wieder einmal vorbeikommen.

Besorgt um die Sicherheit seiner Familie kehrt Gusenko in seine Wohnung zurück, um am nächsten Tag nochmals sein Glück zu probieren. Diesmal begleiten ihn seine Frau und sein kleiner Sohn Andrej. Anna trägt in ihrer Einkaufstasche alle Dokumente, und er besucht die Redaktion des »Ottawa Journal« zum zweitenmal. Hier empfiehlt man ihm erneut, sich an die Polizei zu wenden.

Voller Angst, daß man mittlerweile seine Abwesenheit und das Fehlen der Geheimpapiere in der Botschaft entdeckt habe, kehrt Gusenko nach dem vergeblichen Besuch bei der Regierungsbehörde mit Frau und Kind nach Hause zurück. Tatsächlich tauchen kurz danach zwei Männer an der gegenüberliegenden Straßenseite auf, die offenbar seine Wohnung überwachen. Das Ehepaar bittet jedoch den Nachbarn Harold Main, einen Unteroffizier der Royal Canadian Air Force, um Unterschlupf.

In der Nacht brechen Botschaftsangehörige die Tür der Gusenko-Wohnung auf, und während sie auf ihren Chiffrierexperten warten, durchwühlen sie alle Schränke nach den vermißten Papieren. Die Gusenkos bemerken das Vorgehen der Einbrecher und flehen ihren Nachbarn an, die Polizei zu alarmieren. Aber die Sowjets denken nicht daran, die Wohnung zu räumen, im Gegenteil: Sie zeigen ihre Diplomatenpässe und verlangen von den Polizisten, die Wohnung auf der Stelle zu verlassen. So bringt erst das rücksichtslose Vorgehen der Sowjets den Fall ans Licht der Öffentlichkeit.

Die Polizei hat jetzt eine rechtliche Handhabe, Gusenko und seine Familie unter Polizeischutz zu nehmen und am Morgen des 7. September 1945 den kanadischen Behörden zu überstellen. Gusenko: »Diesmal unterschied sich mein Empfang sehr wesentlich von den zwei sorgenvollen des vorherigen Tages. Hohe Beamte der Polizei und des Ministeriums erwarteten mich. Man behandelte mich äußerst höflich, und ich beantwortete mehr als fünf Stunden lang alle ihre Fragen. Die Geheimpapiere erregten bemerkenswertes Aufsehen und heftige Diskussionen, nachdem alle meiner Übersetzung zugehört hatten.«

Igor Gusenko (links mit Maske) gibt einige Tage nach seinem Übertritt dem amerikanischen Journalisten H. B. Fitzpatrick ein Interview

Auch die kanadische Regierung befaßt sich jetzt ernsthaft mit den Geheimpapieren Gusenkos. Die Aussagen des Chefchiffrierers, dazu die mehr als 100 vorgelegten Dokumente, bestätigen dem Westen zum erstenmal authentisch die Methoden des sowjetischen Nachrichtendienstes. Durch Gusenko wird jenes weitverzweigte Atomspionagenetz enthüllt, dessen Leiter Oberst Sabotin ist. Unterdessen überreicht der sowjetische Botschafter der kanadischen Regierung eine Protestnote nach der anderen, die jedoch alle unbeantwortet bleiben.

Hier der Text einer dieser Noten: »Die Botschaft bestätigt die in ihrer Note Nr. 35 vom 7. September gemachte Mitteilung, daß Gusenko öffentliche Gelder gestohlen hat, und wiederholt auf Grund von Instruktionen der Regierung der UdSSR ihr Ersuchen an die kanadische Regierung, Gusenko und seine Frau festzunehmen und sie ohne gerichtliche Verhandlung der Botschaft auszuliefern, damit sie in die Sowjetunion zurückgebracht werden können. Die sowjetische Regierung gibt ihrer Hoffnung Ausdruck, daß die kanadische Regierung ihrem Ersuchen stattgeben wird.«

Inzwischen beginnt unter strengster Geheimhaltung eine genaue Überprüfung der Gusenko-Dokumente. Premierminister MacKenzie-King erkennt, daß sich hier eine Affäre von internationaler Bedeutung anbahnt. Er trifft sich in aller Stille mit US-Präsident Truman und dem britischen Premierminister Attlee. Am 13. Dezember 1945 verläßt Oberst Sabotin klammheimlich Kanada ohne vorherige Notifizierung beim kanadischen Außenministerium, was einen groben Verstoß gegen die diplomatischen Gepflogenheiten darstellt. Trotz seiner Immunität als Diplomat schleicht er über die grüne Grenze und geht in New York an Bord des sowjetischen Dampfers »Alexander Suworow«. Das Schiff läuft heimlich mit Nachtebbe aus, ohne die notwendigen Hafenformalitäten zu erledigen. Einige Wochen später reist auch Georgij Sarubin, der Sowjetbotschafter in Kanada, nach Moskau zurück.

Die von Gusenko gelieferten Geheimdokumente tragen zur Festnahme des britischen Wissenschaftlers Dr. Allan Nunn May (Tarnname Alek) als Atomspion bei. Sein Geständnis bringt den britischen Nachrichtendienst auf die Spur von Dr. Klaus Fuchs. Gusenko gibt auch den ersten Hinweis auf Kim Philby als Agenten des sowjetischen KGB. Aufgrund der Geheimdokumente werden 26 Personen unter dem Verdacht der Spionage verhaftet (16 davon freigesprochen).

Die von der kanadischen Regierung ernannte »Royal Commission on Espionnage« zur Untersuchung der Affäre Gusenko (Codename »Dynamit«) verfaßt anhand der Verhöre einen 733 Seiten langen Bericht (27.6.1946) und stellt unter anderem fest: Die Sowjetunion gibt zwar auf internationalen Konferenzen wortreiche Erklärungen über Frieden und Sicherheit ab, bereitet jedoch im geheimen einen dritten Weltkrieg vor. Im Hinblick auf diesen Krieg errichtet und unterhält die Sowjetregierung in demokratischen Ländern, darunter in Kanada, eine fünfte Kolonne, zu deren Organisation sogar diplomatische Vertreter der Sowjetunion gehören ... Anstatt für die im Krieg empfangene Hilfe dankbar zu sein, unterhält die Sowjetunion eine lebhafte Spionagetätigkeit in Kanada und bereitet sich darauf vor, diesem Land einen Dolchstoß in den Rücken zu versetzen.«
Gusenko und seine Familie wohnen an einem geheimen Ort in Kanada. Gusenko: »Ein Leben im Verborgenen ist niemals ideal. Ich bin bei zahlreichen Gerichtsverfahren, die sich mit Spionage beschäftigten, aufgetreten – bei mehreren Dutzend, glaube ich –, aber immer unter schwerer Bewachung ...«
Die Gusenko-Affäre ist eine der wohl bedeutendsten Ursachen der Wende im Verhältnis der westlichen Alliierten zur Sowjetunion und steht am Beginn des Kalten Krieges.

Der erste Atomspion: Dr. Allan Nunn May

Zwei Wochen, nachdem Igor Gusenko sich bei den kanadischen Behörden gemeldet hat, wird Premierminister MacKenzie-King über die sensationellen Enthüllungen des Chiffrierexperten in aller Ausführlichkeit unterrichtet, und man meldet ihm, daß »der Beweis dafür erbracht sei, daß ein Netz von Untergrundagenten errichtet und weiterentwickelt worden sei, um geheimes und vertraulich zu behandelndes Material von Angestellten und Behörden der kanadischen Regierung sowie aus dem Büro des britischen Hochkommissars in Kanada zu erhalten und zu entwenden. Diese Arbeit sei ausgeführt worden von gewissen Mitgliedern der sowjetischen Botschaft in Ottawa auf unmittelbare Anweisung von Moskau«.
Nun beginnt die Jagd nach dem geheimnisvollen, in den Gusenko-Papieren mehrfach erwähnten Agenten mit dem Namen »Alek«, der Oberst Sabotin (Tarnname Grant) mit allerneuesten Informationen über den Entwicklungsstand der amerikanischen Atombombe auf dem laufenden hält. Aus den Dokumenten geht hervor, daß Alek im September 1945 von Kanada nach Europa zurückgekehrt ist. Er soll in der britischen Hauptstadt eine Arbeit am King's College übernehmen und über einen Londoner Telefonanschluß erreichbar sein.
Alek hat Grant bereits benachrichtigt, daß er am siebten, siebzehnten und siebenundzwanzigsten eines jeden Monats in der Great Russel Street am Eingang zum British Museum auf einen Verbindungsmann warten wird. Als MacKenzie-King den britischen Premierminister Attlee darüber informiert, befielt der erschütterte Politiker Scotland Yard und der Spionageabwehr MI5, innerhalb kürzester Zeit festzustellen, wer Alek ist. So erfährt man sehr schnell, daß der Gesuchte ein kleiner, kahlköpfiger Mann mit Nickelbrille und Chaplin-Schnurrbart, ein Dozent für Physik ist. Sein Name: Dr. Allan Nunn May, 33 Jahre alt.

Der britische Physiker Dr. Allan Nunn May: Aufnahme von Scotland Yard

Nunn May ist der Sohn eines wohlhabenden Gießereibesitzers aus Birmingham, hat mit Auszeichnung Cambridge absolviert und 1935 zum Doktor der Physik promoviert. Er macht aus seiner auffallend linksradikalen Einstellung kein Geheimnis. 1936 besucht er einige Wochen lang die Sowjetunion und weilt vorwiegend in Leningrad.
Während dieser Zeit hat ihn vermutlich der sowjetische militärische Geheimdienst GRU angeworben.
Kurz vor Ausbruch des Krieges wird Nunn May Dozent an der Universität in London und geht im Januar 1943 mit der ersten Gruppe englicher Wissenschaftler in die USA, die an der Herstellung einer Atombombe mitarbeiten sollen. Er ist im Argonne-Laboratorium nahe Chicago tätig, eine der wichtigsten Forschungsanstalten für die Entwicklung der Atombombe. So hat der Kreml einen Agenten direkt im Zentrum der Atomforschung.
Jetzt, nachdem man ihn ermittelt hat, wird Nunn May Tag und Nacht von den Beamten der Sonderabteilung von Scotland Yard beschattet. Es scheint jedoch, daß die GRU-Zentrale nach dem Überlaufen von Gusenko alle Agenten, die namentlich in den Dokumenten erwähnt sind, gewarnt hat. Am 3. Februar 1946 berichtet ein US-Sender über die Entdekkung eines großen Spionagerings in Kanada. Nun wird Nunn May aufgefordert, sich im Büro der britischen Atomenergiebehörde zu melden.
Dort erwarten ihn bereits Offiziere der Sonderabteilung »Special Branch«, die ihn des Verrats von Atomgeheimnissen in Kanada bezichtigen. Seine erste Re-

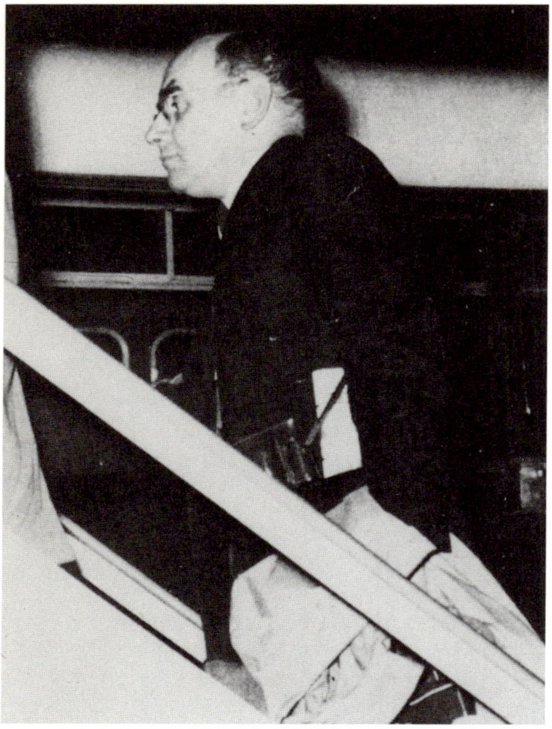

Dr. Allan Nunn May nach Verbüßung seiner Strafe auf einem Londoner Flugplatz

aktion: »Das ist mir neu. Das höre ich zum erstenmal.« Es stellt sich allerdings im Verlauf der weiteren Vernehmungen heraus, daß der Wissenschaftler eine ganze Menge über die Enthüllungen der Gusenko-Papiere weiß, und er gibt zu, mit Angehörigen der sowjetischen Botschaft in Kanada in Verbindung gestanden zu haben.
Nunn May: »Etwa vor einem Jahr setzte sich in Kanada eine Person mit mir in Verbindung, deren Identität ich nicht preisgeben will. Der Betreffende besuchte mich in meiner Wohnung in der Swail Avenue in Montreal. Er wußte offenbar, daß ich im Labor von Montreal arbeitete, und wollte von mir Informationen über den letzten Stand der Atomforschung. Ich habe mir schon immer viele Skrupel über die Frage gemacht, ob man wohl verhindern dürfe, daß die Entwicklung auf dem Gebiet der Atomenergie nur auf die USA beschränkt bleibt. Ich rang mich zur der Auffassung durch, daß es notwendig sei, allgemeine Daten der Atomenergie weiterzugeben und dafür zu sorgen, daß sie ernst genommen werden. Aus diesem Grund akzeptierte ich die Vorschläge des Besuchers.
Nach dieser ersten Begegnung traf ich während meines Aufenthalts in Kanada mehrmals mit dem Mann zusammen. Er hatte besondere, die Informationen betreffende Wünsche, und er verlangte von mir Uranproben. Bei einer Zusammenkunft überließ ich ihm mikroskopische Mengen von U235 und U238 (von jedem eine Probe) ...
Ich gab dem Mann auch einen schriftlichen Bericht über Kernforschung, soweit ich davon Kenntnis hatte ... Der Mann wollte von mir auch Mitteilungen über die amerikanischen elektronisch gesteuerten Flak-Granaten. Darüber wußte ich sehr wenig und konnte ihm deshalb nur sehr lückenhafte Informationen geben. Außerdem bat er mich, ihn mit Mitarbeitern des Labors bekannt zu machen ... Ich habe nur spioniert, weil ich der Meinung war, ich könnte auf diese Weise zur Sicherheit der Menschheit beitragen.«
Nach seiner Verhaftung legt der Physiker ein offenherziges Geständnis ab, das die westlichen Geheimdienste auf die Spur eines weiteren Atomspions bringt. Allan Nunn May wird am 1. Mai 1946 zu zehn Jahren Gefängnis verurteilt.
Erst nach jahrelangen intensiven Nachforschungen stellt die britisch-kanadische Spionageabwehr fest, daß der in den Gusenko-Papieren mehrmals erwähnte »Golia« von der Existenz Nunn Mays wußte. Der zweite Mann könnte also der Kernphysiker deutscher Abstammung Dr. Klaus Fuchs sein.

Geheimnisverrat des Dr. Klaus Fuchs

Klaus Fuchs macht Allan Nunn May den Rang streitig, der größte Atomspion zugunsten der Sowjetunion zu sein. Zwischen beiden Affären sind viele Parallelen festzustellen: Hier haben sich Wissenschaftler und Physiker mit internationalem Ruf vom sowjetischen Geheimdienst anwerben lassen, die eher aufgrund ihrer politischen Überzeugung als aus materiellen Erwägungen bereit sind, Verrat zu begehen.
Beide Physiker liefern den Sowjets die wichtigsten Unterlagen auf dem Gebiet der Kernforschung. Ihr Verrat trägt schließlich entscheidend dazu bei, daß es der Sowjetunion gelingt, ihren Rückstand gegenüber den Vereinigten Staaten in wenigen Jahren aufzuholen. Wie fast alle Männer, die wissenschaftliche und militärische Geheimnisse an die UdSSR verraten, ist auch Klaus Fuchs ein Sympathisant des Kommunismus.

Der am 29. November 1911 in Rüsselsheim geborene Klaus Fuchs ist der Sohn eines evangelischen Theologen. Während seines Physikstudiums in Leipzig und Kiel tritt er 1930 der SPD bei, wechselt aber aus Protest gegen die NSDAP 1932 zur KPD über. Als sein Vater 1933 von der Gestapo verhaftet wird, emigriert Fuchs nach Paris und geht ein Jahr später nach England, um dort sein Studium in Physik, insbesondere Kernphysik, fortzusetzen.
1939 erhält Fuchs ein Stipendium der Carnegie-Stiftung in Kanada und wird dort Ende 1939 als Deutscher interniert. 1941 kann Fuchs nach Großbritannien zurückkehren und als Kernphysiker bei Professor Max Born in Edinburgh arbeiten.

In dieser Zeit erhält der britische Geheimdienst den Hinweis auf die kommunistische Betätigung von Fuchs in Deutschland. Schon aus diesem Grund hätten ihm die Sicherheitsdienste den Zutritt zu Geheimprogrammen der Kernforschung verbieten müssen.
Da die Information jedoch von der Gestapo stammt, die 1934 der britischen Polizei diese Mitteilung über das deutsche Konsulat zugespielt hat, sind die Engländer, die sich jetzt mit den Deutschen im Krieg befinden, zu mißtrauisch, um einer Aussage des Feindes Glauben zu schenken.
Im Oktober 1941 nimmt Fuchs mit dem Sekretär des sowjetischen Militärattachés in London, Simon Kremer (Deckname Alexander), dem Leiter der sowjetischen Spionage in Großbritannien, Verbindung auf, um aus Solidarität seine Kenntnisse auf dem Gebiet der Nuklearforschung den Sowjets zu übermitteln. Bedenkenlos übergibt er dem sowjetischen Sekretär Duplikate von allen seinen Forschungsarbeiten sowie anderer wichtiger Dokumente aus dem Laboratorium. Seine Spionagetätigkeit hindert ihn nicht daran, anläßlich seiner Einbürgerung am 6. August 1942 den Treueeid auf die Krone zu leisten.
Als die Vereinigten Staaten nun das »Manhattan-Project« (Entwicklung der Atombombe) in Angriff nehmen, beschließen sie, einen Teil der Arbeiten und der wissenschaftlichen Ergebnisse gemeinsam mit ihren englischen Verbündeten durchzuführen. So wird ab 1943 eine bestimmte Anzahl von wissenschaftlichen Mitarbeitern in England ausgewählt, darunter auch Klaus Fuchs.
Bevor er im Dezember 1943 seine Forschungsarbeit in Los Alamos/USA beginnt, trifft Fuchs sich noch einmal mit Kremer, der ihm zum erstenmal von dem künftigen Verbindungsmann Harry Gold erzählt. Der Agentenchef hat Gold bereits verständigt, daß er im Februar 1944 mit Klaus Fuchs Kontakt aufnehmen soll.

Dr. Klaus Fuchs: Spion aus Solidarität zur UdSSR

Seit Juni 1944 übermittelt Fuchs dem Kurier Harry Gold »gewissenhaft« ein Maximum an Informationen, die nicht nur seinen eigenen Anteil an den Forschungen für das »Manhattan-Project« betreffen, sondern auch alles, was er im Zusammenhang mit der A-Bombe erfahren kann.
Ebenso wie Allan Nunn May und Harry Gold ist Klaus Fuchs ein Spion aus politischer Überzeugung: Keiner der drei sucht jemals – im Austausch gegen

Das britische Kernforschungszentrum Harwell, Arbeitsstätte von Dr. Fuchs die den Sowjets überlassenen Dokumente –, einen materiellen Nutzen daraus zu ziehen. Fuchs lehnt eine Bezahlung für seine Dienste ab (mit Ausnahme von 100 Pfund, die er anfangs bekam), läßt sich aber die Reisespesen vergüten.

Nach den A-Bomben-Explosionen in Hiroschima und Nagasaki ist die Mission der englischen Physiker in den USA beendet. Inzwischen haben britische Wissenschaftler in Harwell ein Kernforschungszentrum errichtet, dem Klaus Fuchs seit Juni 1946 als Leiter der Abteilung für Theoretische Physik angehört. Gleichzeitig ernennt man ihn zum Direktor der regierungseigenen Atomenergie-Forschungsgesellschaft (Atom-Energy Research Establishment).

Seit 1949 wissen die Agenten des FBI, daß einer der britischen Kernphysiker, die in Los Alamos am »Manhattan-Project« mitgearbeitet haben, den Sowjets Informationen von höchster Bedeutung zugespielt hat. Die Ermittlungen führen zu Klaus Fuchs. Jetzt schaltet sich die britische Spionageabwehr ein und läßt den Wissenschaftler beschatten.

Damit beginnt für MI5 ein heikles Problem, denn die Angelegenheit muß beschleunigt werden, ohne aber den Verdächtigen in Panik zu stürzen. Da keinerlei Beweise gegen Fuchs vorliegen, kann man nur versuchen, ihn zum Sprechen zu bringen. Der Mann, dem diese Aufgabe zufällt, ist William Skardon, ein äußerst kluger Taktiker, der seit Beendigung des Zweiten Weltkrieges zahlreiche Spionagefälle aufgeklärt hat.

Skardon trifft mit dem Wissenschaftler eine Verabredung für den 21. Dezember 1949 unter dem Vorwand, eine die Sicherheit betreffende Angelegenheit besprechen zu wollen. Der Direktor des Forschungszentrums von Harwell, Professor Henry Arnold, stellt Fuchs sein Büro zur Verfügung. Skardon bittet den Wissenschaftler, über seine Familie und über sich selbst zu berichten.

Überraschend freimütig erzählt Fuchs von seiner Jugendzeit und macht weder ein Geheimnis aus seinen politischen Aktivitäten in Deutschland noch aus den Personen, mit denen er in England und Kanada zusammengewesen ist. Nach etwa zwei Stunden entschließt sich Skardon, einen Bluff zu starten: »Wir haben den zuverlässigen Beweis dafür, daß Sie den Sowjets Informationen gegeben haben.« Fuchs bestreitet diese Behauptung und tut so, als ob er nicht wisse, wovon Skardon redet. Die einen Monat dauernden Gespräche zwischen den beiden Partnern verlaufen in fast freundschaftlicher Atmosphäre, und Skardon staunt immer wieder, mit welcher Sicherheit und Ruhe ihm Fuchs auf seine Anschuldigungen antwortet.

Doch als Skardon am 24. Januar 1950, wie jeden Tag, wieder auf dem Gelände des Forschungszentrums eintrifft, kündigt Fuchs ohne jegliche Einleitung an, daß er alles sagen werde. Im Verlauf einer Stunde gesteht er Skardon seinen über sieben Jahre dauernden Verrat. Der britische Beamte hat zwar Enthüllungen von Bedeutung erwartet, aber er ist entsetzt, als er das Bekenntnis des Wissenschaftlers hört, daß er neben vielen anderen Geheimnissen den Sowjets die Forschungsergebnisse der Atombombe verraten habe.

Das Erstaunlichste an diesem Geständnis ist, daß Fuchs nicht einen Augenblick lang an die Folgen denkt. Er befürchtet lediglich, man könne ihm nun seine weitere Arbeit in Harwell verbieten. Auch um die Kontinuität der Forschungen im englischen Kernforschungszentrum ist er besorgt.

Fuchs setzt sein Geständnis vor Skardon am 26. Januar 1950 fort. Beide Männer verabreden sich für den nächsten Tag in den Räumen des Ministry of Defence in London. Bis zu diesem Zeitpunkt scheint sich Fuchs nicht darüber im klaren zu sein, daß man ihn verhaften wird.

Am 27. Januar 1950 diktiert Fuchs im Ministry of Defence sein ausführliches Geständnis und wiederholt alles, was Skardon bereits vernommen hat. Er lehnt es allerdings ab, Skardon den genauen Inhalt der wissenschaftlichen Informationen mitzuteilen, die er den Sowjets geliefert hat. Nach seiner Ansicht können diese Daten und Fakten nur von einem qualifizierten Kollegen entgegengenommen werden.

Skardon beugt sich dieser Forderung, und beide kommen überein, daß Michael Perrin, ein führendes Mitglied der Abteilung für Atomenergie im Verteidigungsministerium, hinzugezogen wird. Fuchs, der nach diesen anstrengenden Tagen und Wochen erschöpft ist, bittet darum, die Zusammenkunft mit Perrin erst nach dem Wochenende, am 30. Januar 1950, zu arrangieren. Skardon willigt auch in diese Bitte ein.

Am Wochenende hat Fuchs Muße gehabt, sich zahlreicher vergessener Einzelheiten zu erinnern. Er diktiert am Montag vormittag zwei Stunden lang, und Perrin, den er bereits seit 1942 kennt, notiert die Formeln, Methoden und geheimen Theorien, die der Physiker den Sowjets zugespielt hat. Nach einstündiger Pause nehmen die Aufzeichnungen noch den ganzen Nachmittag in Anspruch. Als Fuchs anschließend nach Harwell zurückfährt, bleiben Skardon und Perrin ziemlich sprachlos sitzen. Das Ausmaß des Verrats übersteigt alle Erwartungen.

Nachdem das Protokoll abgeschlossen ist, nimmt Scotland Yard die Sache in die Hand. Die Anklage ist nicht alltäglich: Zunächst muß Premierminister Attlee informiert und danach dem Generalstaatsanwalt die Akte übergeben werden. Da die Techniker und Wissenschaftler in Harwell von dem Verrat ihres Kollegen und seinem Geständnis keine Ahnung haben, will Scotland Yard ihn nicht im Forschungszentrum festnehmen. Die Verhaftung erfolgt daher am 3. Februar 1950 im Büro von Michael Perrin, der Fuchs unter dem Vorwand, es seien noch einige Unklarheiten in der Aussage, nach London bestellt hat.

Nach der Festnahme muß Fuchs auch dem FBI Rede und Antwort stehen, denn man will anhand von Fotos die Verbindungsleute in den USA feststellen, um sie

dingfest zu machen. Erst als das FBI ihm einen Film vorführt, identifiziert Fuchs seinen Kontaktmann Harry Gold.
Klaus Fuchs wird zu 14 Jahren Gefängnis verurteilt, die Höchststrafe, die von der britischen Gesetzgebung in diesem Fall vorgesehen ist. Hätte er die an die Sowjets gelieferten Unterlagen an Feinde des Vereinigten Königreiches weitergegeben, wäre über ihn die Todesstrafe verhängt worden. Zu dem Zeitpunkt aber, als er seinen Verrat begangen hat, waren beide Länder noch Verbündete. Im Jahr 1959, fünf Jahre bevor er seine Strafe verbüßt hat, wird Fuchs aus der Haft entlassen. Er reist sofort zu seinem Vater nach Leipzig.
Durch den Verrat von Klaus Fuchs sind die Sowjets in der Lage, nur vier Jahre nach den Amerikanern ihre erste Atombombe zur Explosion zu bringen. Fuchs erhält im Zentralinstitut für Kernphysik in Rossendorf bei Dresden den Posten des Direktors und wird am 7. Oktober 1979 mit der höchsten Auszeichnung der DDR, dem Karl-Marx-Orden geehrt.

Das Gefängnis Wakefield/Yorkshire, in dem Dr. Fuchs seine Haftstrafe absitzen muß

Harry Gold – Moskaus Verbindungsmann

Der Kurier und Kontaktmann Harry Gold ist nur ein Agent unter Tausenden, aber nach den sensationellen Enthüllungen von Klaus Fuchs bedeutet er für das FBI ein wichtiges Bindeglied, um durch ihn vermutlich noch andere bedeutende Spione ausheben zu können.

Harry Golodnicki, so sein ursprünglicher Name, am 12. Dezember 1910 in Bern geboren, ist der Sohn eines jüdisch-ukrainischen Auswanderers aus Kiew, der seit 1907 in der Schweiz lebt. Während des Ersten Weltkrieges emigriert die Familie Golodnicki in die USA und nennt sich von jetzt an Gold. Harry studiert an der Universität von Pennsylvania technische Chemie, muß allerdings sein Studium aus finanziellen Gründen abbrechen.
Seit September 1933 ist er in der »Pennsylvania Sugar Company« tätig, wo man ihn schon bald als guten Chemiker zu schätzen weiß. Nebenbei befaßt er sich mit dem Kommunismus, ohne jedoch der Partei beizutreten. Eines Tages wird er gebeten, »um den Menschen in der Sowjetunion zu helfen«, Informationen über chemische Verfahren wie Lösungsmittel und Stoffe für die Veredlung des Zuckers zu besorgen.
Harry Gold zögert nicht, Formeln und Pläne zusammenzustellen, zu denen er als Chemiker Zugang hat. So gerät er in das Räderwerk der Spionage, ohne sich dessen bewußt zu sein. Seine Kontaktperson ist ein Mann namens Tom Black, der ihm offenbart, daß ihn ein sowjetischer Abgesandter in New York treffen möchte, um ihm persönlich den Dank der Regierung zu überbringen.
Anstatt des erwarteten Dankes bekommt Harry Gold neue, festumrissene Spionageaufträge. Es sind zwar zum größten Teil Routineaufgaben, aber man hat ihn nun fest in der Hand. Dafür bietet man ihm 1938 die unerwartete Gelegenheit, auf Kosten des sowjetischen Geheimdienstes sein Studium wieder aufzunehmen, das er an der Xavier-Universität 1940 als Referendar der Naturwissenschaften abschließt.
Zwischen 1940 und 1942 betreibt Gold Industriespionage bei Eastman Kodak Co. in Syracuse mit Unterstützung des Forschungschemikers Alfred Dean Slack. Es betrifft Farbfotografie und Herstellung von Nylon. Gold beschafft zum Beispiel Unterlagen über die Colorfilm-Entwicklungsmethode aus den Kodak-Laboratorien. Dieses Verfahren ist ein derart streng gehütetes Werksgeheimnis, daß Kodak es noch nicht einmal hat patentieren lassen.
Anfang 1944, als in Los Alamos bereits amerikanische und englische Kernphysiker am »Manhattan-Project« forschen, schickt der oberste Chef des sowjetischen NKWD, Berija, seinen engsten Mitarbeiter General Anatoli Jakowlew (Deckname John Doe) als Diplomat getarnt in die USA. Er soll das schon bestehende Atomspionagenetz noch ausbauen.
Jakowlew setzt den erprobten Agenten Harry Gold ein, denn er selbst – so besagt es die Regel – darf

Harry Gold, einer der wichtigsten Verbindungsmänner zwischen dem sowjetischen Geheimdienst und den Atomspionen

weder mit Fuchs noch mit anderen Atomspionen persönlich zusammentreffen. Diese Kontakte besorgt Harry Gold für ihn. Ein solches Verhalten entspricht dem sowjetischen Spionagekonzept und hat auch heute noch Gültigkeit.

Gold über seine Verbindung zu Jakowlew: »... Ich mußte über eine Reihe von Quellen in Amerika Informationen beschaffen und diese an Jakowlew weiterleiten. Die Kontaktaufnahme mit den Quellen in Amerika konnte auf zweierlei Art erfolgen: erstens durch persönliche Einführung und Vorstellung, zweitens mit Hilfe einer Reihe von Erkennungszeichen ... ein Gegenstand oder ein Stück Papier. Außerdem wurde ein vereinbarter Codesatz, und zwar meistens in Form eines Grußes, benutzt. In allen Fällen, in denen ich mich selbst einführte, gab ich immer einen Decknamen an. In keinem einzigen Fall habe ich meinen wirklichen Wohnsitz preisgegeben.

Wenn der Kontakt hergestellt war, ging ich an die wirkliche Arbeit: Ich gab der Quelle also eine Liste der Daten oder des Materials, das verlangt wurde. Zweitens ergriff ich immer dann, wenn vor mir ein anderer Sowjetagent mit der Quelle gearbeitet hatte, Maßnahmen, um die Person, mit der ich jetzt arbeitete, anzuhalten, zunächst alle bisher unerledigten Arbeiten zu vollenden. Drittens arrangierten wir eine Serie von Treffs. Bei den Vereinbarungen der Einzelheiten gingen wir sehr genau vor.

Alle Personen, von denen ich Informationen beschaffte, lebten außerhalb Philadelphias. Ich mußte meist erhebliche Strecken zurücklegen, um zu einem Treff zu kommen. Ich verabredete mit der Quelle einen Treff in der Stadt, in der sie lebte, oder in einer anderen Stadt. Für den Treff wurde eine genaue Zeit, ein genauer Punkt und ein genauer Plan festgelegt, nach dem der Treff ablaufen mußte ... Außerdem händigte ich den Personen, mit denen ich regelmäßig zusammentraf, Geldsummen aus.

Jedesmal schrieb ich einen Bericht, der bis in die letzten Einzelheiten eines jeden Treffs ging. Diese Berichte leitete ich an Jakowlew weiter ... Wir hatten eine feste Vereinbarung, nicht nur für die regelmäßigen Treffs, sondern auch für Nottreffs. Diese Nottreffs konnten allerdings nur von Jakowlew einberufen werden, der durch ein bestimmtes System mit mir in Verbindung treten konnte, wenn er mich dringend brauchte. Ich dagegen konnte ihn nicht erreichen.

Jakowlew erklärte mir, daß die Nachrichtenlinie auf diese Weise an zwei Stellen unterbrochen sei. Die Quelle, von der ich die Informationen bekam, wußte weder meinen Klarnamen noch wo ich wohnte, und ich konnte keine Verbindung mit Jakowlew herstellen. Jakowlew sagte, das sei eine gute Sache.

Außerdem hatten Jakowlew und ich eine sehr genaue Methode für die Übergabe des Informationsmaterials ausgearbeitet. Es konnte ja sein, daß etwas kopiert und dann zurückgegeben werden mußte. In diesem Fall nutzten wir bestimmte Mittel für die Übergabe des Materials, zum Beispiel, daß ich mein Informationsmaterial zwischen die Seiten einer Zeitung legte. Beim Treffen tauschten Jakowlew und ich dann Zeitungen aus. Diejenige, die er bekam, war die mit dem Informationsmaterial zwischen den Seiten, meistens noch in irgendeiner Art von Umschlag. Außerdem hatten wir natürlich noch regelmäßige Besprechungen, auf denen wir mein Verhalten gegenüber den Quellen erörterten. Und zum Schluß hatten wir noch ein System für unser Verhalten, wenn wir Zeichen von Beschattung entdeckten.«

Das erste Treffen mit Klaus Fuchs arrangiert Gold bereits Anfang Februar 1944. Als Ort der Zusammenkunft hat er ein abgelegenes Viertel in New York/East-Side vorgeschlagen und Erkennungszeichen vereinbart. Danach treffen sich die beiden Männer unzählige Male, aber immer in einer anderen Stadt.

Oak Ridge in Tennesse/USA, das Laboratorium für Nuklearforschung: Geburtsstätte der Atombombe

Im Juni 1945 mißachtet Jakowlew leichtsinnigerweise die konspirativen Regeln: Anstatt wie bisher seinen Mittelsmann Julius Rosenberg dafür einzusetzen, gibt er Harry Gold den Auftrag, nach der Verabredung mit dem Atomwissenschaftler in Santa Fé (New Mexico) noch einen Besuch in Albuquerque zu erledigen. Hier soll er einen gewissen David Greenglass besuchen, der ebenfalls in Los Alamos beschäftigt ist. Greenglass, der Bruder von Ethel Rosenberg, gehört zu den von seinem Schwager angeworbenen sowjetischen Agenten.
Gerade in Santa Fé angekommen, kauft sich Gold einen Stadtplan und kennzeichnet darauf den Weg zu der mit Fuchs verabredeten Stelle, was ihm später zum Verhängnis wird. Nach der Zusammenkunft mit Dr. Fuchs fährt Gold zu Greenglass, der ihm gegen Zahlung von 500 Dollar Informationen über Los Alamos aushändigt. Als Erkennungszeichen überreicht Gold dem unbekannten Greenglass die Hälfte eines Pappdeckels und nennt das Losungswort »Grüße von Julius«. Julius ist der Vorname von Rosenberg, den Harry bis dahin weder gesehen noch von dessen Existenz etwas gewußt hat.
Drei Monate nach der Verhaftung von Klaus Fuchs wird Harry Gold am 15. Mai 1950 von FBI-Beamten aufgesucht, die bei einer Hausdurchsuchung den Stadtplan von Santa Fé finden, auf dem der Treffpunkt eingezeichnet ist, den Fuchs in seiner Aussage bestätigt hat. Obwohl Gold entschieden abstreitet, je dort gewesen zu sein, erachtet das FBI den Stadtplan als hinreichenden Beweis, um Gold festzunehmen. Nach viertägigem Kreuzverhör bricht er zusammen und gesteht alles.
Schließlich sagt Gold mehr aus, als man erhofft hat. Während der Verhöre und im Verlauf des Prozesses versucht er, sich sogar an die kleinsten Einzelheiten zu erinnern und nichts zu bagatellisieren. Am 9. Dezember 1950 wird Gold zu 30 Jahren Gefängnis verurteilt.

Todesurteil für das Ehepaar Rosenberg

Als der Kernphysiker Dr. Klaus Fuchs am 3. Februar 1950 verhaftet wird und die Zeitungen in den USA seine Geständnisse in großen Artikeln auf den Titelseiten veröffentlichen, verspüren das Ehepaar Rosenberg und David Greenglass ein gewisses Unbehagen. Obwohl sie zu Klaus Fuchs keinen Kontakt hatten, wissen sie nicht, ob durch die erhöhte Wachsamkeit der CIA und des FBI auch der Verdacht auf sie fallen könnte.

Julius Rosenberg, am 12. Mai 1918 in New York geboren, absolviert sein Studium an einem New Yorker College mit Auszeichnung und spezialisiert sich sehr bald auf Elektrotechnik. Im Gegensatz zu den religiösen Ansichten seines Vaters ziehen ihn bereits von frühester Jugend die Ideen des Marxismus an. Nachdem er die akademischen Grade erlangt hat, wird er Mitglied der Kommunistischen Partei. Bei den Versammlungen trifft er die intellektuelle Ethel Greenglass. Sie, drei Jahre älter als Julius, gehört bereits seit drei Jahren der Kommunistischen Partei an. David Greenglass, der jüngere Bruder von Ethel, ist seit 1939 in der Kommunistischen Jugendbewegung.
Ein Jahr bevor die USA in den Zweiten Weltkrieg eingreifen, wird Julius Rosenberg vom »US Army Signal Corps« als Ingenieur angestellt. Im Mai 1943 erfolgt seine Beförderung zum stellvertretenden Chef der Ingenieur-Abteilung. Im Februar 1945 stellt man anläßlich einer Sicherheitsüberprüfung fest, daß Rosenberg seit Jahren KPD-Mitglied ist. Obwohl er dies nie verschwiegen hat, wird er jetzt fristlos entlassen. Erstaunlicherweise gelingt es Rosenberg, innerhalb kurzer Zeit einen gleichwertigen Posten bei der »Emerson Radio Company« zu finden. Er leitet dort eine Abteilung zur Erprobung von Materialien für die US-Streitkräfte.
Sein nunmehriger Schwager David Greenglass, der zwar sein Studium in Brooklyn nach einem Semester abbrechen mußte, erweist sich als begabter Techniker und erhält 1944 als Sergeant der US-Armee eine Anstellung in der Atombombenversuchsstation in Los Alamos. Er arbeitet dort an der Herstellung von Gußformen für den Zündermechanismus der A-Bombe. Trotz seines bescheidenen Einkommens hat Greenglass inzwischen geheiratet.
Die erste Warnung erfolgt im Frühjahr 1950: Ein Agent des FBI ruft Greenglass an und bittet ihn um eine Unterredung. Pünktlich zur verabredeten Zeit trifft der Anrufer ein, und Greenglass überspielt seine Nervosität mit scheinbarer Gelassenheit. Der FBI-Agent fragt ihn ohne Umschweife: »Kennen Sie einen gewissen Klaus Fuchs?« Greenglass, auf diese Frage vorbereitet, antwortet geistesgegenwärtig: »Ja, gewiß, die Zeitungen überschlagen sich ja geradezu in ihrer Berichterstattung über diesen englischen Wissenschaftler, der an der Atombombe gearbeitet haben soll und jetzt angeklagt ist, den Sowjets

David Greenglass, Sergeant der US-Armee und Mitglied der Kommunistischen Jugendbewegung

Informationen darüber zugespielt zu haben. Ist es nicht so?«
Der Vertreter des FBI scheint sich mit dieser Antwort zufriedenzugeben und stellt David weitere, relativ belanglose Fragen über die Sicherheitsmaßnahmen in Los Alamos. Das Gespräch wird außerordentlich freundlich geführt und entspricht mehr einer Plauderei als einem Verhör. Als der FBI-Mann endlich gegangen ist, holt Greenglass tief Luft und bekennt: »Ich glaube, ich war durch die vielen Fragen innerlich schon derart verkrampft, daß ich beinahe alles gestanden hätte!«
Es ist schwierig herauszufinden, wie das FBI auf Greenglass gestoßen ist, da Fuchs den Sergeanten in Albuquerque weder persönlich noch namentlich kannte. Erst die Verhaftung von Harry Gold in der zweiten Maihälfte 1950 bringt den Stein ins Rollen.
Eine Woche nach diesem Verhör durch das FBI besucht Julius Rosenberg beunruhigt seinen Schwager und eröffnet ihm, daß Fuchs und er in den zwei Jahren, die der Wissenschaftler in den Vereinigten Staaten war, miteinander in Kontakt standen und sie alle zum gleichen Spionagenetz gehören. Fuchs habe alles gestanden. Deshalb würde die Polizei unweigerlich auf Harry Gold stoßen, der David in Albuquerque aufgesucht habe. Sicher werde das FBI dann auch die Namen Greenglass und Rosenberg erfahren.
Er erklärt seinem Schwager, daß noch genügend Zeit sei, um zu verschwinden, man dürfe aber keine Minute verlieren. Es gebe einen Weg, der es Moskaus »verbrannten« Agenten ermögliche, die USA zu verlassen und in die Sowjetunion zu fliehen. Mit Hilfe sowjetischer Diplomaten führe der Fluchtweg über Mexiko in die Schweiz. Von dort aus gingen die Spione, als harmlose Touristen getarnt, über die Grenze in die Tschechoslowakei und schließlich in die Sowjetunion.
Greenglass verspürt zwar keine Lust, für immer ins Exil zu gehen, aber Rosenberg kann ihn von der dringenden Notwendigkeit überzeugen. Doch am nächsten Tag erleidet die schwangere Ruth Greenglass einen Unfall. Nach Behandlung ihrer Brandwunden muß sie sofort auf die Entbindungsstation und bringt ihren zweiten Sohn zur Welt.
Am 28. Mai 1950 sucht Julius Rosenberg frühmorgens seine Schwägerin auf und zeigt der jungen Mutter die Titelseite einer Zeitung mit dem Bild von Harry Gold. In dem ausführlichen Artikel heißt es: »Der Verbindungsmann ist verhaftet worden und hat gestanden ...«
Die Sicherheit der vier steht jetzt auf dem Spiel, und das ist entscheidend. Rosenberg hat bereits alles vorbereitet. Er übergibt David 1000 Dollar und fordert ihn auf, sich sofort um die Pässe zu kümmern, umgehend die Grenze nach Mexiko zu passieren und sich dort mit der sowjetischen Botschaft in Verbindung zu setzen.
An dem verabredeten Tag werde David auf dem Kolumbus-Platz, am Fuß des Denkmals des genuesischen Seefahrers, einen als FBI-Mann getarnten sowjetischen Agenten treffen, der ihm Pässe, Instruktionen und das für die lange Reise in die UdSSR notwendige Geld übergeben werde. Das Kennzeichen: Der Agent habe einen Reiseführer von Mexiko in der Hand. Doch David und Ruth Greenglass sagen in letzter Minute ab.
Am 15. Juni 1950 wird Greenglass verhaftet. Sein Geständnis ist für die Rosenbergs verhängnisvoll, denn er sagt aus, für seinen Schwager geheime Informationen aus Los Alamos beschafft zu haben. Am nächsten Tag erscheinen drei Beamte im Haus von

Atombombenversuchsstation in Los Alamos/New Mexico, das vorrangigste Ziel der sowjetischen Spionage

Julius und Ethel. Die beiden werden aufgefordert, ihnen zu einer Vernehmung in das Amt des FBI zu folgen. Im Verhör geht es um die Aktivitäten von David Greenglass. Plötzlich aber stellt einer der verhörenden Beamten die Frage an Julius: »Stimmen die Behauptungen Ihres Schwagers, Sie hätten von ihm Informationen erbeten, um sie den Sowjets weiterzugeben?« Julius Rosenberg protestiert heftig und bezichtigt seinen Schwager, er sei ein Lügner.
Zwei Tage nach dem Verhör fahren Julius und Ethel mit ihren beiden Kindern zum Fotoatelier eines gewissen Ben Schneider, das in der Park Row gelegen ist. Kurz danach betreten einige Polizisten des FBI das Atelier und verhören den Eigentümer: Julius Rosenberg habe 36 Paßfotos bestellt, um vermutlich für die ganze Familie Reisepässe ausstellen zu lassen.
Am 17. Juli 1950 erscheinen in den frühen Morgenstunden zwei Vertreter des FBI im Haus der Rosenbergs, dieses Mal mit einem Haftbefehl, und nehmen Julius Rosenberg fest. Er wird dreimal vom Untersuchungsrichter verhört, doch jedesmal verweigert er die Aussage.
Drei Wochen später entschließt sich das FBI, auch seine Frau zu verhaften. Das Ehepaar bekennt sich zwar zu seiner kommunistischen Überzeugung, streitet aber jede Spionagetätigkeit ab. Nach vierwöchigen Verhandlungen und Anhörung von 23 Zeugen sieht das Schwurgericht den Verrat von Atomgeheimnissen zugunsten der UdSSR als erwiesen an und verurteilt Ethel und Julius Rosenberg am 5. April 1951 zum Tode, obwohl die Sowjetunion zum Tatzeitpunkt 1944–1945 noch zu den Verbündeten der USA zählte.
Julius Rosenberg am letzten Verhandlungstag: »Ich wollte die Arbeit verrichten, für die ich mich berufen glaubte, und hatte den Wunsch, der Sowjetunion direkt zu helfen.«
In den darauffolgenden 27 Monaten versucht die Verteidigung vergeblich, eine Revision des Urteils zu erwirken, aber Präsident Eisenhower lehnt dies beide Male, im Februar 1953 und kurz vor der Hinrichtung, ab. Bis zur Vollstreckung des Urteils besteht zwischen dem New Yorker Gefängnis »Sing Sing« und dem Justizministerium eine direkte Telefonleitung: Nach Angaben der Verteidigung hat Justizminister Brownell eine Begnadigung der Rosenbergs zugesagt, wenn sie die Namen weiterer sowjetischer Agenten preisgeben würden. Da das Ehepaar nicht darauf reagiert, werden Julius und Ethel Rosenberg in den frühen Morgenstunden des 20. Juli 1953 auf dem elektrischen Stuhl hingerichtet.

Ethel und Julius Rosenberg: Begnadigung für die Preisgabe weiterer sowjetischer Agenten in Aussicht gestellt

Geheimnisträger Dr. Otto John

Im Sommer 1954 wird die junge Bundesrepublik Deutschland durch eine Affäre erschüttert, die dem westdeutschen Nachrichtendienst ungeheuren Schaden zufügt: Dr. Otto John, der Präsident des Bundesamtes für Verfassungsschutz (BfV), verschwindet nach einer Gedenkfeier anläßlich des 20. Juli auf mysteriöse Weise von West- nach Ost-Berlin.

Otto John ist als Sohn eines Beamten am 19. März 1909 in Marburg geboren. Er studiert in Frankfurt/Main Rechtswissenschaften und arbeitet dann von 1937 bis 1944 als Syndikus in der Hauptverwaltung der Deutschen Lufthansa. John, durch Hans von Dohnányi und Klaus Bonhoeffer in die Umsturzpläne gegen Hitler eingeweiht, soll an der Verschwörung des 20. Juli 1944 beteiligt sein.
Seine Stellung bei der Lufthansa ermöglicht es ihm, häufig nach Spanien oder Portugal zu fliegen, um dort mit den Alliierten wegen möglicher Waffenstillstandsverhandlungen Kontakt aufzunehmen, was jedoch zu keinem Ergebnis führt. Am Montag, dem 24. Juni 1944, wenige Tage nach dem gescheiterten Attentat auf Hitler, fliegt John – als Besatzungsmitglied getarnt – mit einer Linienmaschine der Lufthansa von Berlin nach Madrid. Von Spanien gelangt er über Lissabon nach England.

Dr. Wolfgang Wohlgemuth, bekannter Berliner Arzt und Agent des KGB

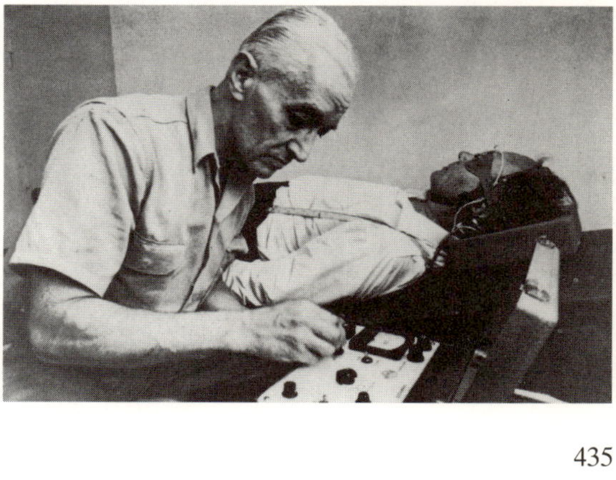

Der politische Emigrant Dr. John dient jetzt dem Experten der psychologischen Kriegführung Sefton Delmer als Berater beim Soldatensender Calais, einem gegen das NS-Regime gerichteten britischen Propagandasender. Nach 1945 beauftragt ihn das britische Control Office, deutsche und österreichische Kriegsgefangene zu klassifizieren. Von seinem Gutachten hängen jeweils Heimkehr oder Internierung ab.

Anfang 1946, einige Monate nach Beginn der Kriegsverbrecherprozesse, trifft John in britischer Uniform in Nürnberg ein. Er nimmt als Berater und Dolmetscher der Westalliierten an den Prozessen gegen die ehemaligen Feldmarschälle der deutschen Wehrmacht sowie an den Nachfolgeprozessen gegen Nichtmilitärs teil. Danach läßt er sich als Rechtsanwalt in London nieder.

Doch im Jahr 1950 kehrt John in die Bundesrepublik zurück. Auf Empfehlung des CDU-Politikers Jakob Kaiser, den er noch aus der Zeit des Widerstandes kennt, sowie mit Unterstützung des damaligen Bundespräsidenten Dr. Theodor Heuss, wird Otto John zum ersten Präsidenten des neugegründeten Bundesamtes für Verfassungsschutz (BfV) ernannt.

Vier Jahre später hält sich John zur Feierstunde anläßlich des 10. Jahrestages zum Gedenken der Opfer des 20. Juli in West-Berlin auf und fährt in der Nacht vom 20./21. Juli 1954 mit seinem Freund, dem bekannten Berliner Arzt Dr. Wolfgang Wohlgemuth, unbemerkt über die Sektorengrenze nach Ost-Berlin.

Am nächsten Morgen sucht Frau Lucie John ihren Mann vergeblich im Hotel und verständigt die Berliner Sektion des Verfassungsschutzes, denn es liegt die Vermutung nahe, John könnte entführt worden sein. Die sofort eingeleiteten Untersuchungen ergeben, daß Dr. Otto John den Arzt Dr. Wohlgemuth in der Uhlandstraße besucht und mit ihm zusammen das Haus wieder verlassen habe. Außerdem wird vom West-Berliner Zoll bestätigt, die beiden Herren seien am Sektorenübergang Sandkrugbrücke nach Ost-Berlin gefahren und wollten zur Charité.

Dr. Otto John (Mitte) bei seiner Pressekonferenz in Ost-Berlin

Alle Anhaltspunkte deuten anfangs darauf hin, daß Otto John nicht freiwillig in den Ostsektor gegangen ist, um so erstaunter ist man, als am Abend des 23. Juli 1954 über den Ostdeutschen Rundfunk eine Ansprache Johns übertragen wird, in der er seinen Übertritt zur DDR mit dem Argument begründet, er fühle sich in der Bundesrepublik durch die zunehmende NS-Unterwanderung seiner Dienststelle nicht mehr in der Lage, sich politisch frei zu entfalten.

Auf einer Pressekonferenz, zu der internationale Journalisten eingeladen werden, versucht John zu erläutern, warum er diesen Schritt unternommen habe, und er betont immer wieder, daß er freiwillig gekommen sei. Diese Affäre löst die erste schwere Krise im Nachrichtendienst der Bundesrepublik Deutschland aus.

Nach längerem Aufenthalt in der Sowjetunion muß Dr. John feststellen, daß man ihm nicht, wie erwartet, in der DDR einen entsprechenden Posten anbietet, sondern ihn nur mit Zeitungsinterviews und Rundfunkberichten abspeist. Wie es scheint, traut man dem Überläufer nicht ganz, denn er wird ständig überwacht. Sein Hang zum Alkohol bleibt auch nicht unbemerkt.

Obwohl sich Otto John darüber im klaren ist, daß man ihn bei einer eventuellen Rückkehr in die Bundesrepublik gerichtlich verfolgen wird, entschließt er sich am 11. Dezember 1955, die Front wieder zu wechseln. Mit Hilfe des dänischen Journalisten Henrik Bonde-Henriksen gelangt er in dessen Wagen, angeblich ohne Wissen der DDR-Behörden, wieder nach West-Berlin.

Der Bundesgerichtshof verurteilt Otto John wegen Landesverrats zu vier Jahren Zuchthaus, begnadigt ihn aber im Jahr 1958 nach 18 Monaten Haft. Seitdem betreibt Dr. John seine Rehabilitierung. Er bleibt weiterhin wie zu Beginn seines Prozesses bei der Behauptung, Dr. Wohlgemuth habe ihn betäubt und nach Ost-Berlin verschleppt. Sein Auftreten als Spitzenpropagandist gegen die Remilitarisierung der Bundesrepublik und für die Wiedervereinigung Deutschlands (im kommunistischen Sinne) begründet John damit, daß er die Sowjets habe überlisten wollen.

Nach Ansicht Sachkundiger liefert John 1954 den Gegnern der europäischen Verteidigungsgemeinschaft (EVG) die nötige Propaganda und trägt entscheidend dazu bei, daß der EVG-Vertrag von der französischen Nationalversammlung abgelehnt wird.

Der 1954 zu den Amerikanern übergelaufene KGB-Major Peter Derjabin berichtet, daß bereits seit 1951 in seiner Abteilung Österreich/Deutschland eine Akte über Otto John bestanden habe. Darin sei oft der Name Dr. Wolfgang Wohlgemuth erwähnt, der schon 1950 für die Sowjets tätig war.

Im Jahr 1968 schildert der KGB-Offizier Oberst Wladimir A. Karpow (Deckname Dr. Schneider), der als sowjetischer Führungsoffizier Otto John 17 Monate lang betreut hat, daß er Dr. Wohlgemuth Ende Februar 1954 im Wigust-Keller in der Ost-Berliner

Oberwallstraße bei einem Essen mit dem DDR-Funktionär Max Wonsig und sowjetischen Offizieren kennengelernt habe. Wohlgemuth habe mit Wonsig schon länger in Verbindung gestanden, da ihm viel daran gelegen war, an der im Osten der Stadt befindlichen Charité angestellt zu werden.
Eines Tages sei Dr. Wohlgemuth anläßlich eines Treffs mit Wonsig auf seinen Freund John zu sprechen gekommen, der zu den wenigen Überlebenden der Putschbewegung des 20. Juli 1944 gehöre und jetzt Präsident des Bundesamtes für Verfassungsschutz sei. Der mit der Lage in der Bundesrepublik äußerst unzufriedene John wolle mit hohen Ost-Funktionären ein Gespräch führen. Als Beweis habe Wohlgemuth dann das Tonband eines Gesprächs mit John abgespielt.
Schon bei jenem Keller-Treff Ende Februar 1954 sei die Zusammenkunft des bundesdeutschen Verfassungsschützers mit den sowjetischen Offizieren vereinbart worden. Die Gelegenheit habe sich durch die Feier zum 10. Jahrestag des 20. Juli 1944 in West-Berlin ergeben. Am selben Abend sei John in der Praxis seines Freundes Wohlgemuth erschienen, um in den Ostsektor Berlins zu fahren.
Um 21 Uhr habe Karpow die beiden Männer verabredungsgemäß auf dem Parkplatz gegenüber der Charité erwartet. In Karpows Wagen seien die drei zu einer Villa in Hohenschönhausen gefahren und dort von Generalmajor Jewgenij Pitowranow, Abteilungsleiter im KGB, sowie Wassilij Michailow, einem hohen KGB-Beamten, und Michow, Adjutant des Generals Pitowranow, empfangen worden.
Im Verlauf einer längeren Unterhaltung sei John von seinen Gastgebern gefragt worden, warum er eigentlich gekommen sei. John habe darauf erwidert, daß er Archivunterlagen suche, mit denen er gegen die Nazis in der Bundesregierung vorgehen könne. Und er werde so lange hier bleiben, bis man ihm dieses Material aushändige. Bereits am 23. Juli 1954 sei im Ost-Berliner Rundfunk Johns Erklärung gegen Adenauers Politik der West-Integration gesendet worden.
Nach Karpows Worten habe man ihm auf eigenen Wunsch einen Begleitschutz zu seiner persönlichen Sicherheit zur Verfügung gestellt. Doch John »stand es völlig frei, Fahrer und Auto fortzuschicken und ihn wiederum auf eine bestimmte Zeit zur Abholung zurückzubeordern«. Außerdem: »Wer die fast hemmungslose Freizügigkeit seines privaten Lebens kannte, weiß genau, daß weder eine diskrete noch eine andere Begleitung möglich gewesen wäre.«
Am 24. August 1954 sei Karpow mit John in die Sowjetunion gereist. Beide haben erst in einer Datscha im Moskauer Vorort Serebrjany Bor gewohnt, später in einer Villa in Gagra am Schwarzen Meer. Offiziell solle sich der prominente Flüchtling dort erholen, aber er müsse Karpow und Hauptmann Michailow täglich einige Stunden zu sogenannten Arbeitsgesprächen zur Verfügung stehen.
Karpow: »Er hatte keine Unterlagen bei sich, aber

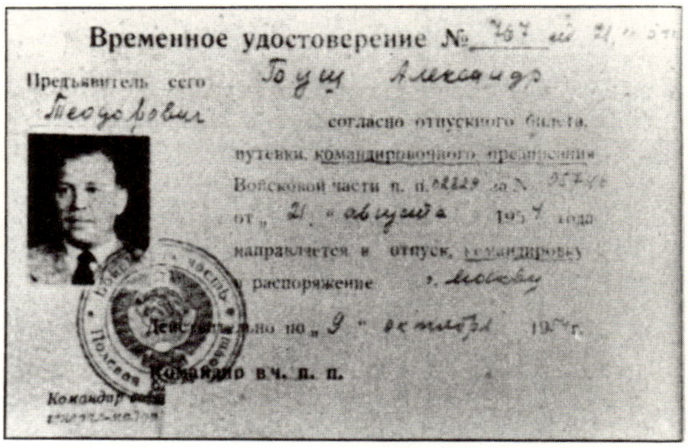

Der sowjetische Paß von Dr. John: Alexander Teodorowitsch Busch

John hat trotzdem aus der Schule geplaudert.« Allerdings sei das KGB auf Johns Berichte kaum angewiesen. Karpow: »Wir hatten zu dieser Zeit eine gute Quelle im Verfassungsschutz. Es handelte sich um die vertrauteste Person aus seiner (Johns) eigenen Umgebung, die seinerzeit in einem ebenso vertrauensvollen Verhältnis zu Admiral Canaris stand ... wir brauchten uns um das Bundesamt für Verfassungsschutz keine großen Sorgen zu machen, denn über den Schreibtisch dieser Person ging alles, was uns interessierte.
Daß Otto John wieder nach dem Westen zurück wollte, war uns schon seit Monaten bekannt. Für uns war John in jeder Hinsicht eher ein Ballast als ein Vorteil. Wir hatten also nichts dagegen einzuwenden, falls er sich absetzen wollte.«
Entgegen der von Dr. John im Prozeß geäußerten Behauptung, er sei entführt worden, spricht alles dafür, daß er freiwillig in den Osten übergetreten ist, was seine propagandistischen Auftritte auch bezeugen. Allein seine Unzufriedenheit und Haltlosigkeit haben ihn nach anderthalb Jahren dazu bewogen, wieder in die Bundesrepublik zurückzukehren.

Der Berliner Abhörtunnel

Auf dem Höhepunkt des Kalten Krieges wird an der West-Berliner Sektorengrenze eine technische Meisterleistung der amerikanischen Spionage vollbracht: der Bau eines unterirdischen Tunnels, vollgestopft mit den modernsten Abhörgeräten. So kann der US-Geheimdienst CIA über ein Jahr lang rund um die Uhr alle Telefongespräche des sowjetischen Hauptquartiers in Berlin-Karlshorst und Wunstorf belauschen.

Im Frühjahr 1955 erfährt Mr. Shelton, der Chef des CIA-Teams in Westberlin, von einem seiner Agenten, daß man gerade eine interessante Entdeckung gemacht hat: Nur etwa 500 Meter von der amerikanischen Sektorengrenze in Berlin-Rudow entfernt soll

eine Kabelmuffe der Haupttelefonleitung liegen, die den militärischen und zivilen Dienststellen der Sowjetzone als Fernsprechverbindung dient. Durch dieses dicke Bündel von Drähten können gleichzeitig 432 Gespräche laufen.
Sofort wird ein deutscher V-Mann im sowjetischen Sektor eingeschaltet. Aufgrund der Beschreibung buddelt er nachts im Obstgarten des Kleinbauern Paul Noack in Alt-Glienicke ein anderthalb Meter tiefes Loch und wird fündig. Tatsächlich entdeckt er die bewußte Kabelmuffe. Jetzt steht die CIA allerdings vor einer scheinbar unlösbaren Aufgabe. Will sie die Fernsprechleitungen anzapfen, so erfordert das eine umfangreiche technische Apparatur, vor allem wenn man die Telefongespräche nicht nur abhören, sondern auf Tonband aufnehmen will. Dies ist natürlich unter den Augen der Sowjets und DDR-Grenzwachen nicht möglich. Man muß also auf irgendeine Weise versuchen, von West-Berlin aus an die fast in Rufweite liegende Kabelmuffe heranzukommen. Das Problem läßt den CIA-Männern keine Ruhe mehr. Es bietet sich eine bisher nie dagewesene Möglichkeit, die Gespräche der sowjetischen Militärbehörden und Nachrichtendienste zu belauschen.
Gestützt auf mehrere Gutachten, genehmigt CIA-Chef Allen Welsh Dulles Mitte November 1954 den Bau eines Abhörtunnels. Zur Tarnung wird in Rudow, unmittelbar an der Grenze des amerikanischen Sektors, mit der Errichtung einer neuen Radarstation der US Air Force begonnen. Rings um das Hauptgebäude mit seinen Radarantennen und Anlagen entstehen weitere Bauten mit verglasten Wachttürmen. In dem geräumigen, speziell dafür ausgebauten Kellergeschoß der Station beginnen die aus den USA herbeigeholten Spezialisten mit dem Tunnelbau.
In etwa sechs Meter Tiefe soll er unter der Schönefelder Straße, die Rudow mit Alt-Glienicke verbindet, verlaufen. Die größte Schwierigkeit ist es, die Tausende von Tonnen Erde verschwinden zu lassen, die man aus dem Stollen zutage fördert. Zunächst wird sie über das ganze, mit hohen Mauern umgebene Gelände verteilt, dann schafft man die Erdmassen unauffällig in Großcontainern, mit unterschiedlichen harmlosen Aufschriften versehen, fort. Eine nicht eingeplante Verzögerung verursachen Arbeiter der Berliner Wasserwerke, die ausgerechnet in dieser Zeit damit beginnen, tief unter der Schönefelder Straße einen Schacht auszuheben, um schadhafte Wasserrohre auszuwechseln.
Nach viermonatiger Tag- und Nacht-Arbeit ist der etwa 500 Meter lange und allen Erfordernissen der CIA-Spezialisten entsprechende Tunnel fertig. Ein 1,80 Meter großer Mann kann in dem röhrenförmigen Stollen aufrecht stehen. Die Wände sind aus aneinandergeschraubten verzinkten Wellblechplatten und seitlich mit Sandsäcken ausgelegt. Der Tunnel zieht sich unter dem Friedhof von Alt-Glienicke entlang bis zum Obstgarten des Kleinbauern Noack und endet unter der Schönefelder Straße.
Dieser absolut schalldichte und mit Neonröhren beleuchtete Bau ist mit einer modernen Klimaanalge ausgestattet, und die elektrischen Pumpen zur Beseitigung des einsickernden Grundwassers arbeiten rund um die Uhr. Der Operationsraum verfügt über mehrere Telefonschaltkästen, die über drei Hauptkabel an die sowjetischen Leitungen angeschlossen

Offiziere des KGB inspizieren den CIA-Abhörtunnel in Berlin

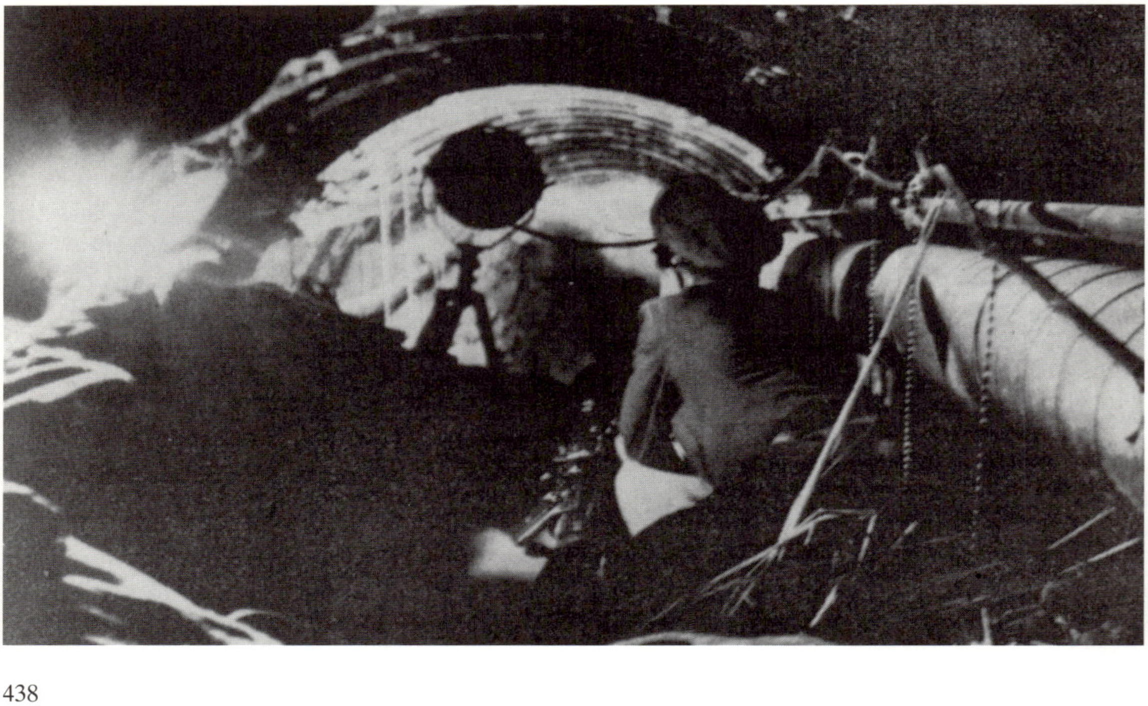

sind. Er enthält außerdem 432 Verstärkereinheiten, damit gegebenenfalls alle Telefonkabel gleichzeitig angezapft werden können. An die etwa 20 Meter langen Tunnelwände hat man die modernsten Abhörgeräte montiert.

Shelton: »Ein durch dicke Bleischichten geschütztes Kabel mit den Drähten zum Anzapfen der Leitungen lief am Ende des Tunnels durch eine hölzerne Trennwand, dahinter durch einen steilen Schacht nach oben und schließlich durch zwei Stahltüren zu der unterirdischen Kabelmuffe der ostzonalen Fernsprechleitung. Die einzelnen Drähte dieses Kabels wurden an die Leitungsdrähte des östlichen Kabels angeschlossen, ohne daß dies den Sprechverkehr auch nur für eine Sekunde störte; eine knifflige Aufgabe, die jedoch so und nicht anders durchgeführt werden mußte, um zu vermeiden, daß die sowjetischen Behörden irgendeinen Verdacht schöpften.

Die durch die Fernleitungen laufenden Stromstöße wurden über einen Verteiler verstärkt und weitergeleitet zu der Radarstation, wo 432 Magnetophongeräte bereitstanden, um die ostzonalen Gespräche und Sowjet-Meldungen auf Tonbändern festzuhalten. Auf amerikanischer Seite des Abhörraumes, da, wo die Sektorengrenze zwischen West und Ost verläuft, wurde ein Stacheldrahtverhau errichtet, um den Anschein zu erwecken, der Tunnel sei ein Werk der Russen.«

Alles, was Rang und Namen bei den westlichen Nachrichtendiensten hat, pilgert zur Radarstation, »um sich durch persönlichen Augenschein von der Leistungsfähigkeit der Anlage zu überzeugen«. Die Deuschlandexpertin des amerikanischen State Department, Mrs. Eleonore Lansing Dulles, Schwester des CIA-Chefs, soll den Tunnel sogar zweimal besichtigt haben.

Von dieser Anlage aus hört die CIA über ein Jahr lang Tag und Nacht etwa sechzig Telefone ab. Millionen von Wörtern werden auf Band aufgenommen, ins Englische übersetzt, aussortiert, geordnet, überprüft, verifiziert und katalogisiert. In der CIA-Zentrale in Washington beschäftigt sich eine Schar von Spezialisten mit der Auswertung des Materials. Man erlangt dabei Informationen von unschätzbarem Wert, die nach und nach den zuständigen amtlichen Stellen zugeleitet werden.

Laut offiziellen sowjetischen Angaben wird der Tunnel am Sonntag, dem 22. April 1956, von einer Streife der sowjetischen Nachrichtentruppen auf ihrem routinemäßigen Kontrollgang entdeckt. Einem jungen Unteroffizier fällt ein Stück Kabelende auf, ebenso eine massive Eisentür mit deutscher und russischer Aufschrift: »Eintritt verboten – im Auftrage des Oberkommandierenden der sowjetischen Streitkräfte in Deutschland«.

Die Patrouille erstattet sofort Meldung über den ominösen Fund und bekommt die Anweisung, die Tür genau zu untersuchen und notfalls zu sprengen, was auch geschieht. Nach der Sprengung dringen die Soldaten in den Tunnel ein. Den drei gerade diensthabenden CIA-Leuten gelingt es, im letzten Augenblick zu entkommen; sie lassen in der Eile das Licht brennen und die Abhörgeräte eingeschaltet. Moskau schickt umgehend eine scharfe Protestnote nach Washington. Der Kreml verlangt die Bestrafung aller, die an der Entstehung des Tunnels »zwecks Betreibung unterirdischer Spionage« beteiligt waren.

Karikatur zum Abhörtunnel, aus dem Berliner Tagesspiegel vom 24. 4. 1956

Die Presse der Ostblockländer verurteilt das Anzapfen der Telefonleitungen als eine Verletzung der DDR-Souveränität. Einige Wochen nach der Entdeckung geben die Sowjets »diesen Schandfleck der amerikanischen Hinterlistigkeit und Wühlarbeit« als Touristenattraktion zur Besichtigung frei. Sachkundige Fremdenführer erläutern den Besuchern – meistens Mitglieder von Arbeiterdelegationen aus der DDR, den Ostblockländern und der Sowjetunion – den Sinn der komplizierten Anlagen.

Besonders an den Wochenenden bringen lange Busschlangen die Neugierigen heran. Nachdem innerhalb von zwei Monaten etwa 40000 Menschen den Tunnel besichtigt haben, wird er am 9. Juni 1956 für die Öffentlichkeit geschlossen. Die Tunnelaffäre ist von den östlichen Massenmedien weidlich ausgeschlachtet worden und gehört unter der Bezeichnung »Amerikanischer Spionagetunnel« noch Jahre danach zum Repertoire der Ostpropaganda.

Hier, wo jetzt DDR-Grenzposten stehen, haben die Sowjets den Tunnel entdeckt. Im Hintergrund, jenseits der Sektorengrenze, die US-Radarstation

Trotz der Entdeckung hat sich die Investition des Abhörtunnels gelohnt: Die CIA ist dadurch in den Besitz kaum vorstellbarer Mengen von geheimem Nachrichtenmaterial gelangt, und die gewonnenen Erkenntnisse haben so manchen CIA-Agenten vor Enttarnung bewahrt, denn durch die abgehörten Gespräche hat man rechtzeitig erfahren, wer bedroht ist und sich nach dem Westen absetzen muß.
Die Sache hat auch noch ein zivilrechtliches Nachspiel: Im Herbst 1956 legt der Kleinbauer Paul Noack aus dem sowjetischen Sektor Berlins dem Senat von West-Berlin eine Klage vor: Er verlangt 10000 Mark (West) Schadenersatz für »die Entwendung von 1500 Kubikmetern besten Bodens unter dem Acker« und dafür, daß man ihm das Grundwasser abgesaugt hat. Darüber hinaus fordert im Dezember 1956 der Ost-Berliner Bürgermeister vom West-Berliner Senat insgesamt 100000 Mark (West) Schadenersatz für die »entstandenen beträchtlichen Kosten der wochenlangen Bewachung des ausgegrabenen Tunnels«. Übrigens haben die Sowjets von der Existenz des Abhörtunnels nicht aus dem Bericht jener Soldatenstreife erfahren, sondern durch den Verrat ihres britischen Agenten George Blake.
Der GRU-Oberst Oleg Penkowskij, der in Moskau für den Westen spioniert, berichtet dem britischen und auch amerikanischen Geheimdienst 1961 in London: »Als die Sache mit dem Tunnel in Berlin und dem Abhören sowjetischer Telefongespräche durch westliche Geheimdienste aufflog, gab es in Moskau große Aufregung, besonders unter den Angehörigen der GRU und des KGB. Vom KGB wurde eine Untersuchung durchgeführt, die zur Bestrafung zahlreicher in Deutschland tätiger Militär- und Zivilpersonen führte.
Auch in den Vorlesungen an der Militärisch-Diplomatischen Akademie kam die Tunnelgeschichte zur Sprache. Bei dieser Gelegenheit erfuhren wir, daß dabei dem Gegner viele wichtige Geheimnisse und sehr wertvolle Informationen zur Kenntnis gelangt waren Dieser Vorfall wurde als ernstes Versagen auf seiten der sowjetischen Spionageabwehr angesehen.«

Als Fotograf getarnt: Rudolf Abel

Der rätselhafte »illegale« Resident Oberst Rudolf Abel, eine Persönlichkeit mit erstaunlich guter politischer Bildung und beträchtlicher Geheimdiensterfahrung, ist zehn Jahre lang der führende Kopf eines sowjetischen Agentennetzes auf dem nordamerikanischen Kontinent. Die CIA vermutet sogar, er habe die gesamte sowjetische Spionage auch in Mexiko und Mittelamerika geleitet. Er lebt und arbeitet streng nach konspirativen Regeln, die er perfekt beherrscht. Man kann ihn als »Genie der Unauffälligkeit« bezeichnen. Es ist nie in Erfahrung zu bringen, was er tatsächlich alles erkundet hat. Doch eines Tages wird Abel, von dessen Aktivitäten die amerikanische Spionageabwehr nichts ahnt, durch den Verrat eines labilen Gehilfen aufgespürt. Das FBI bezeichnet ihn als größten Meisterspion des 20. Jahrhunderts.

Rudolf Iwanowitsch Abel – seinen wirklichen Namen kennt niemand – soll nach sowjetischen Quellen am 11. Juli 1903 in London geboren sein. Sein Vater, Genrich Matwejewitsch Fischer, ist 1891 aus dem Zarenreich nach England emigriert. Er gilt als Revolutionär und Freund Lenins. Erst 1921 kehren Vater und Sohn nach Rußland zurück. Im Jahr 1922 tritt Abel in den Komsomol ein und betätigt sich im damaligen Bezirk Chamownitschi als Agitator.
Der technisch und künstlerisch überdurchschnittlich bgabte Abel wird später Ingenieur für Rundfunktechnik und leistet seinen Militärdienst in einer Nachrichteneinheit der Roten Armee ab. Nach der Entlassung im Winter 1926/27 bietet sich ihm dank seiner guten englischen Sprachkenntnisse die Möglichkeit, in der Auslandsabteilung des militärischen Nachrich-

tendienstes GRU unterzukommen. Im Zweiten Weltkrieg setzt ihn die GRU als Agent hinter den deutschen Linien ein.
Abel, der inzwischen sechs Sprachen fließend spricht – darunter Englisch, Deutsch, Polnisch und Jiddisch –, landet im November 1948 in Quebec als litauischer Flüchling namens Andrew Kajotis. Er bleibt aber nicht lange in Kanada, sondern geht in die USA. Nachdem er das »Land der unbegrenzten Möglichkeiten« fast zwei Jahre lang bereist hat, läßt er sich in New York unter dem Namen Emil R. Goldfuss nieder. Hier richtet er sich im fünften Stock eines unauffälligen Hauses in Brooklyn, Fulton Street 252, ein Fotoatelier ein. Zu diesem Zeitpunkt soll er mit dem Ehepaar Rosenberg Verbindung aufgenommen haben.
Den Nachbarn erzählt Abel, er sei eigentlich Elektrotechniker und verdiene seinen Lebensunterhalt mit Reparaturen von Radioapparaten. Goldfuss betätigt sich auch als Amateurkünstler, malt recht gute Bilder und spielt Gitarre. Seine Umgebung schätzt ihn als höflichen, unaufdringlichen Menschen voller Humor und Hilfsbereitschaft. Die Lage seines Studios ist gut gewählt: Um seinen Kurzwellensender störungsfrei bedienen zu können, hat Abel von seinem Fenster aus eine Antenne quer über die anschließende Dachterrasse bis zum gegenüberliegenden Haus gespannt. Keiner der Nachbarn schöpft Verdacht.
Unter dieser unbedenklichen Tarnung baut Abel-Goldfuss ein umfangreiches, weit verzweigtes Spionagenetz auf, übernimmt selbst die Führung der Agenten und sorgt persönlich für die Weiterleitung der gewonnenen Informationen. Neben der militärischen Aufklärung gehört die Rekrutierung neuer Agenten zum wichtigsten Teil seiner Arbeit. Abel funkt die Agentenmeldungen an die GRU-Zentrale in Moskau und erhält von dort auf dem gleichen Weg seine Instruktionen. Er hat sich ein kompliziertes und kaum knackbares Codesystem ausgedacht, noch dazu für jeden Agenten ein anderes.
An ganz bestimmten, vorher festgelegten Abenden wartet er kurz vor Mitternacht an seinem Empfänger auf die Funksignale aus Moskau. Der begeisterte Feinmechaniker bastelt in seiner Freizeit verschiedene unauffällige Verstecke, die ihm den Kontakt mit seinen Agenten ermöglichen, denn er meidet strikt jedes persönliche Treffen mit Kurieren und Informanten.
So können zum Beispiel Hinweise für seine Agenten auf Mikrofilm in ausgehöhlten Schrauben verborgen sein, die er zuvor aus einem dafür vorgesehenen Laternenpfahl im Central Park »ausgeliehen« hat. Auch die Garderobenablagen mancher Lokale dienen seinen V-Leuten als Versteck. Dort werden schmale Papierstreifen, die chiffrierte Berichte enthalten, mit Reißnägeln befestigt. Andere Agenten deponieren wiederum ihre Nachrichten im winzigen Loch einer hölzernen Klosettbrille in einem Café am Times Square oder mit Klebestreifen unter einer Bank im Riverside Park. Abel verrät keinem der Informanten sein Domizil, und jeder kennt nur einen seiner drei oder vier Decknamen.
Im Februar 1950 vernimmt Abel die ersten Warnzeichen, daß sein Netz gefährdet sein könnte, denn in London hat man Dr. Klaus Fuchs verhaftet. Intuitiv kappt er sämtliche Verbindungen zwischen seinem Ring und dem gefährdeten Atomspionagenetz von Jakowlew, so daß seine Gruppe selbst nach der Verhaftung von Harry Gold, Greenglass und dem Ehepaar Rosenberg unbemerkt weiterarbeiten kann. Abel berichtet seiner Zentrale über die Blitzaktion des FBI und teilt mit, daß er den Funkverkehr vorerst unterbreche, bis sich die Lage wieder beruhigt habe. Unterdessen packt der Agentenführer und Vizekonsul Jakowlew seine Koffer und reist nach Moskau ab, bevor ihn die Abwehrmaßnahmen der Amerikaner treffen.
Im Frühjahr 1951, als die Prozeßserie gegen die Atomspione zu Ende geht, rollt die Arbeit des Abel-Netzes wieder auf Hochtouren. Jetzt funkt er wie früher zu den festgelegten Zeiten seine ständig zunehmenden Informationen an die Zentrale. Im Jahr 1952 erreicht sein Netz eine derartige Ausdehnung, daß Abel die Zentrale bitten muß, ihm einen zuverlässigen Stellvertreter zu schicken. Etwa zur selben Zeit entschließt sich der GRU-Chef in Moskau, Abels Netz noch weiter zu verstärken.
Am 21. Oktober 1952 trifft an Bord der »Queen Mary« Oberstleutnant des KGB Reino Haihanen in New York ein, der unter dem Tarnnamen Eugen N. Makis reist und vorgibt, ein in Finnland geborener amerikanischer Staatsbürger zu sein. Sein richtiger Name lautet Nikolaij K. Iwanow, er stammt aus Rußland und ist 1920 in einem kleinen Ort nahe dem damaligen Petrograd in einer Bauernfamilie geboren. Er soll künftig als Kurier und Verbindungsmann innerhalb des Netzes fungieren.
Wie vorsichtig die Zentrale ist, beweist die Tatsache, daß Haihanen weder Abels derzeitigen Namen noch die Adresse seines Ateliers in Brooklyn erfährt. Er kennt lediglich den genauen Zeitpunkt und Ort des ersten Treffs mit »Mark«, seinem Vorgesetzten in New York. Abel muß bald feststellen, daß sein neuer

Rudolf Abel ist nicht nur ein Sprachgenie und Superagent, sondern auch künstlerisch talentiert

Im New Yorker Stadtviertel Brooklyn führt Abel das unauffällige Leben eines normalen US-Bürgers

Kollege ein notorischer Trinker ist, der selbst zu konspirativen Treffs nur selten nüchtern erscheint. Außerdem sind ihm so elementare Kenntnisse wie zum Beispiel das Morsen unbekannt.

Haihanen hat man angewiesen, sich zur Tarnung in Newark/New Jersey ein Fotostudio einzurichten, wofür ihm Abel reichlich Finanzmittel zur Verfügung stellt. Aber seine Sucht ist schon krankhaft, und er gibt nicht nur dieses Geld für Schnaps aus, sondern noch weitere 5000 Dollar, die für die Frau eines verhafteten Agenten aus dem Rosenberg-Netz bestimmt sind. Seine Zechtouren, seine Weibergeschichten und seine Schlamperei bringen Abel an den Rand der Verzweiflung. Der Mann, den man ihm zur Unterstützung geschickt hat, vergißt Verstecke, versäumt Treffs und kann sich oft nicht mehr an Informationen erinnern, die er weitergeben soll.

Im Frühjahr 1955 sind es bereits sieben Jahre, die Abel ununterbrochen als »illegaler« Resident, zuständig für den Ostteil der USA, zur größten Zufriedenheit der Zentrale erfüllt. Er bekommt jetzt endlich Urlaub, um sich von der dauernden Nervenbelastung zu erholen. Er reist im Herbst 1955 über West-Berlin nach Moskau, wo er vier Monate bei seiner Familie bleibt. Nachdem der Oberst zurückkehrt ist, muß er feststellen, daß Haihanen infolge seiner alkoholischen Exzesse keinerlei Hilfe mehr darstellt und das perfekt abgeschirmte, reibungslos arbeitende Netz gefährdet.

Eines Tages unterläuft Abel trotz aller Klugheit ein schwerwiegender Fehler: Haihanen klagt bei einem Treff, daß ihm Fotomaterial fehle. »Mark« erklärt sich sofort bereit, ihm solches zu besorgen. Da aber alle Geschäfte bereits geschlossen sind, fahren die beiden nach Brooklyn, und Abel nimmt Haihanen mit in sein Atelier. Nun weiß dieser, wo sein Chef wohnt.

Im Sommer 1956 legt Abel seinem »Stellvertreter« nahe, nach vierjährigem Aufenthalt in den USA einen Urlaub in der Sowjetunion zu machen. Haihanen wittert, daß »Mark« ihn aus disziplinarischen Gründen zurückschicken will und versucht, seine Abreise so lange wie möglich hinauszuzögern. Erst am 24. April 1957 fliegt der inzwischen zum Oberstleutnant beförderte Haihanen von New York nach Moskau Er soll in Paris eine Zwischenstation einlegen und sich dort bei der Dienststelle des KGB in der Botschaft melden.

Haihanen ist vermutlich klar, daß ihn am Ende seiner Reise für das, was er in den USA angerichtet hat, bestenfalls das Arbeitslager erwartet. Und Abel scheint die Gefahr zu wittern: Zwei Tage nach Haiha-

Abels Foto- und Maleratelier im fünften Stockwerk des Hauses Fulton Street 252

nens Abreise entschließt er sich plötzlich, sein Studio zu verlassen. Er bezahlt die Miete im voraus und sagt, daß er Ferien machen wolle.
Wie sich zeigt, hat Abel die Situation richtig erkannt, denn Haihanen meldet sich in Paris sofort in der US-Botschaft am Place de la Concorde und bittet, mit einem Beamten der CIA zu sprechen. Danach bringt man ihn mit einer Sondermaschine nach New York zurück. Nun beginnt die Jagd auf Oberst Abel.
Nach dreiwöchigem Aufenthalt in Florida trifft Abel wieder in New York ein, kehrt aber nicht mehr in seine alte Wohnung zurück, sondern zieht unter dem Namen Martin Collins in das Hotel »Latham« in Manhattan. Unterdessen verrät Haihanen alles, was er weiß: Er erzählt dem FBI sowohl von den »toten Briefkästen«, die zur Übermittlung von Weisungen an die Agenten dienen, und auch, daß sein Chef ein geschickter Feinmechaniker und Fotograf sei, er ihn aber nur unter dem Namen »Mark« kenne. Er könne sich zwar erinnern, daß er einmal in seinem Studio gewesen sei, das sich, wie er glaube, in der Nähe der Fulton Street befinde.
Diese Angaben genügen dem FBI, um das Atelier von Emil R. Goldfuss aufzustöbern. Sie finden dort Geheimcodes, Kameras, Spezialfilme für Mikropunkt-Fotografie, Kurzwellensendegeräte, Pläne und dazu eine ganze Sammlung von Schrauben, Kugelschreibern, Rasierpinseln, Münzen, Nieten und Manschettenknöpfen, die der erfahrene Feinmechaniker zu Containern für die Verpackung von geheimen Informationen zurechtgebastelt hat. Bereits nach wenigen Tagen spürt das FBI einen gewissen Martin Collins auf. Eines Abends sieht Haihanen, der mit den FBI-Agenten auf der Lauer liegt, den Mann und identifiziert ihn als »Mark«.
Am Freitag, dem 21. Juni 1957 um 7 Uhr früh, klopfen FBI-Männer an die Tür des Zimmers 839 im Hotel »Latham«. Ein großgewachsener Mann mittleren Alters macht auf. »Wir hoffen, Sie werden uns keine Schwierigkeiten machen, Oberst«, sagt einer der Beamten. Abel leistet keinen Widerstand, er wird festgenommen und zuerst rein formell der illegalen Einreise in die USA beschuldigt.
Der Oberst wird ins FBI-Hauptquartier in New York gebracht und fünf Tage und Nächte von FBI und CIA vernommen. Obwohl man die Verhöre noch weitere drei Wochen fortsetzt, diesmal in einem Camp in Texas, und ihn »umzudrehen« versucht, gibt er nur an, daß sein richtiger Name Rudolf Iwanowitsch Abel sei, daß er noch einen gefälschten Paß auf den Namen Emil R. Goldfuss besitze und sowjetischer Staatsbürger sei. Sonst gibt er kein Detail preis.
Am 14. Oktober 1957 beginnt in New York sein Prozeß: Zum erstenmal in der amerikanischen Geschichte soll ein sowjetischer Spion nach den Gesetzen der USA angeklagt und verurteilt werden. Abel wird von dem hervorragenden Rechtsanwalt James B. Donovan, selbst ein US-Nachrichtenoffiier aus dem Zweiten Weltkrieg, verteidigt. Haihanen muß als Zeuge der Anklage vor Gericht erscheinen: Mit

KGB-Oberstleutnant Reino Haihanen: Zeuge der Anklage gegen Rudolf Abel

dunkler Brille, schwarzgefärbten Haaren und einem angeklebten Schnurrbart gleicht er einem aufgedunsenen dunklen Gangstertyp und beschreibt in schlechtem Englisch seine und Abels Agententätigkeit.
Donovan: »Wenn dieser Mann ein Spion war, dann geht er in die Geschichte ein als der stümperhafteste, nachlässigste Spion, den ein Land jemals mit einem Auftrag ins Ausland geschickt hat. Man kann es kaum glauben, daß dies ein Oberstleutnant des russischen Nachrichtendienstes sein soll, den man hierher geschickt hat, um den verborgenen Geheimnissen unserer Landesverteidigung nachzuspüren. In der amerikanischen Armee hätte solch ein liederlicher Kerl es niemals über den Gemeinen gebracht.«
Trotzdem wird Abel in allen Punkten für schuldig befunden – die Anklage stützt sich zum Teil auf die Aussage von Haihanen – und zum Tod auf dem elektrischen Stuhl verurteilt. Abel bekennt sich nicht

schuldig, schweigt beharrlich und sagt im ganzen nur sieben Worte. Der Ankläger W. Tompkins: »Abel war ein echter Berufsspion und ein Genie auf dem Gebiet des Nachrichtenwesens.« CIA-Chef Dulles: »Ich wünschte, wir hätten drei oder vier Leute seines Schlages in Moskau.«
Es gelingt der Verteidigung, das Todesurteil in zweiter Instanz in eine 30jährige Gefängnisstrafe umzuwandeln. Donovan in weiser Voraussicht: »Es ist nicht ausgeschlossen, daß in naher Zukunft ein Amerikaner von gleichem Dienstrang von den Sowjets gefaßt wird. Dann läge ein Austausch solcher Gefangener nur im Interesse der USA.«
Tatsächlich, Abel wird bereits am 10. Februar 1962 gegen den US-Piloten Powers ausgetauscht, dessen U-2-Aufklärungsflugzeug über der UdSSR abgeschossen worden ist. Abel stirbt in Moskau am 15. Juli 1971 nach schwerem Leiden an Lungenkrebs.

Ein Wehrmachtsgeneral im Dienst des Kreml

Der ranghöchste Spion in der BRD, der bereits die Geheimnisse der Bundeswehr erkundet, lange bevor diese offiziell besteht, ist ein Generalleutnant der ehemaligen deutschen Wehrmacht, ein Mann mit genialen organisatorischen Fähigkeiten, der die Olympischen Spiele 1936 mitgestaltet und in Frankreich 1943 auf eigene Faust eine Panzerdivision aufgestellt hat. Danach zum Kanonier degradiert, desertiert er von der Front, taucht unter und wird nach dem Krieg Vertreter der Großindustrie. Über jeden Verdacht der Spionage und des Verrats erhaben, hat man ihn nie erwischt. Erst zwei Jahre nach seinem Tod stellt sich heraus, daß er ein Agent Moskaus war.

Generalleutnant Edgar Feuchtinger (1894–1960) nach seiner Auszeichnung mit dem Ritterkreuz am 15. 8. 1944: »...ein robuster, feucht-fröhlicher Offizier«

Edgar Feuchtinger ist am 9. November 1894 in Metz geboren, wo sein Vater eine Musikalienhandlung betreibt. Er wächst in einem gepflegten Elternhaus auf, besucht bis 1907 das Gymnasium, kommt mit 13 Jahren in die Kadettenanstalt Karlsruhe, dann nach Berlin-Lichterfelde. Er zeichnet sich hier durch hohe Befähigung und Furchtlosigkeit aus.
Bei Ausbruch des Ersten Weltkrieges besteht Feuchtinger sein Fähnrich-Examen und kommt mit dem Badischen Fußartillerie-Regiment 14 an die Front. Feuchtinger nimmt als Leutnant an vielen berühmten Schlachten teil: Er kämpft in Frankreich und in Rußland, vor Verdun, am Chemin-des-Dames und in der Somme-Schlacht. Bereits mit 21 Jahren erhält er das Eiserne Kreuz I. Klasse und später weitere hohe Tapferkeitsauszeichnungen.
1919 wird Feuchtinger von der Reichswehr übernommen. Anfang der zwanziger Jahre, einer Zeit politischer Wirren, weiß keiner genau, ob der unruhige Geist nun den Roten oder den Braunen nahesteht. Eines ist sicher: Feuchtinger fällt bei seinen Vorgesetzten unangenehm auf, und er wird von einem Standort zum anderen versetzt, zuletzt in die Heeressportschule Wünsdorf. Er ist nämlich ein Sport-As und gilt als ausgezeichneter Skiläufer.
Der gewandte Gesellschafter findet bald eine gute Partie und heiratet die Tochter des bekannten Industriellen Brown-Boveri. Doch Feuchtinger bleibt, was er schon immer war, ein Tausendsassa. Einer seiner Kameraden erinnert sich: »Edgar blieb der laute, vitale, trinkfeste Mann, der Witze über die Sturheit der Vorgesetzten machte, der stets Ausschau nach allem hielt, was ein bißchen Leben in die Bude hätte bringen können. Die Mannschaften liebten den robusten, feucht-fröhlichen Offizier, der auf die Pauke haute und die Kommandeure verspottete.«
Was man dem lebensfrohen Artilleristen nicht abstreiten kann, ist sein unvergleichliches Organisationstalent: sei es ein geselliger Abend im Kasino oder eine Regimentsparade, alles läuft wie am Schnürchen.
Nach 1933, als Hitler an die Macht kommt, schlägt seine Stunde. Er wird als führender Offizier Organisator der Wehrmachtsveranstaltungen 1935 beim Reichsparteitag in Nürnberg. 1936 gehört Feuchtinger zum Organisationskomitee der XI. Olympischen Spiele in Garmisch-Partenkirchen und Berlin.
Im Zweiten Weltkrieg nimmt Feuchtinger am Westfeldzug teil und kämpft danach an der Ostfront. Jetzt kann er seinen Organisationseifer so richtig entfalten. Beliebt bei seinen Soldaten, versteht er es immer, wenn Not am Mann ist, etwas zu »organisieren«, und, wie seine Regimentskameraden berichten, schafft er selbst in hoffnungsloser Situation aus Versprengten und Beutewaffen einen kampfstarken Verband, schlägt aus einem Kessel heraus die Sowjets und befreit seine Leute.
Am 1. August 1941 avanciert Feuchtinger zum Oberst, zwei Jahre später am gleichen Tag zum Ge-

Raum Rouen, Ende Mai 1944: Feuchtinger, hier als Generalmajor und Kommandeur der 21. Panzerdivision, bekommt Inspektionsbesuch von Generalfeldmarschall Rommel (rechts)

neralmajor und erhält das Deutsche Kreuz in Gold. Im Frühsommer 1943 gelingt ihm sein größter Coup: Er stellt in Frankreich auf eigene Faust eine Panzerdivision auf. Ohne Wissen des OKH »organisiert« er aus örtlichen Truppenteilen, Stäben und Kommandeuren einen Verband und nennt ihn »21. Panzerdivision« – die Division ist in Tunis im Mai 1943 untergegangen – und meldet Hitler telegrafisch: »Habe 21. Panzerdivision aufgestellt.«

Das verblüffte OKH verweigert zunächst die Zuteilung von Feldpostnummern. Die in der Normandie stationierte neue Division verfügt über insgesamt 150 Panzer, meist französische Beutekampfwagen ohne Funkausrüstung, dazu 60 Sturmgeschütze und Selbstfahrlafetten sowie 300 Schützenpanzerwagen und zahlreiche sowjetische Panzerabwehrgeschütze. Das Hauptquartier befindet sich zuerst in Rennes, später in St. Pierre-sur-Dives.

Da man nicht weiß, was man mit der »wild« entstandenen Division machen soll, wird sie als OKW-Reserve der 716. Infanteriedivision unterstellt. Als am 6. Juni 1944 die Invasion beginnt, befindet sich Generalmajor Feuchtinger mit einigen seiner Stabsoffiziere im Amüsierviertel von Paris. Seine Division steht in der Normandie im Mittelpunkt der Kämpfe und verteidigt tapfer den Raum Caen. Feuchtingers Gefechtsstand ist allerdings etwas zweckentfremdet: Dort hält sich nämlich die Geliebte des Generals auf, eine »Dame vom Theater« aus Hamburg.

Nach dem Rückzug aus Frankreich findet Feuchtinger in Niedersachsen bei Celle ein passendes Gutshaus, das er sich als angebliche Dienststelle im Auftrag des Reichsverteidigungskommissars zuweisen läßt. Damit hat der General wohl etwas überzogen, denn in der Akte, die nun über ihn angelegt wird, steht: »Absichtlich verlegte er seine Dienststelle nicht dorthin. Er brachte vielmehr seine Geliebte in dem Haus unter. Zu ihrer Betreuung hinterließ er ihr drei frontverwendungsfähige Unteroffiiere, die er damit bis Januar 1945 dem Wehrdienst entzog.

Außerdem brachte er in dem Haus, zur Verfügung seiner Geliebten, unter: mehrere Kraftfahrzeuge, erhebliche Mengen Betriebsstoff und große Lebensmittelvorräte, die aus Wehrmachtsbeständen stammten oder schwarz gekauft worden waren. Das Verhalten Feuchtingers erregte bei der Bevölkerung größten Unwillen ...« Jetzt interessieren sich höchste Instanzen für den General: Am 5. Januar 1945 wird er verhaftet, in der Festung Torgau arretiert und vom Reichskriegsgericht wegen »korrupter Verbrechen und Plünderungen, auch in die eigene Tasche«, zum gemeinen Kanonier degradiert und zum Tode verurteilt.

Doch im letzten Augenblick kommt die unvorhergesehene Rettung. Am 2. März 1945 diktiert Hitler bei der Lagebesprechung ins Stenogramm: »Ich möchte, daß man dem Feuchtinger wieder einen Auftrag gibt, irgend etwas aufzubauen. Wir können uns den Luxus nicht erlauben, daß wir solche Leute festhalten ... Jetzt handelt es sich um jeden Mann! Ob der einmal ein paar Möbel geholt hat oder nicht, das ist mir ganz wurscht ... Warum soll ich so ein Talent nicht verwenden ...? Hinterher kann man ihn immer noch packen!«

Angeblich soll er auf oberstes Geheiß eine Hitlerjugend-Einheit aufstellen. Dafür habe ihm der Führer sogar, so behauptet Feuchtinger, den alten Rang zurückgegeben, aber es gibt weder Dokumente noch Zeugen, die das bestätigen können. Es existieren nur militärische Unterlagen, in denen steht, daß Kanonier Edgar Feuchtinger sich bei der 20. Panzergrenadierdivision am 12. April 1945 im Raum Seelow-

Oderbruch an der Front melden soll. In der Akte heißt es: »Feuchtinger ist bei der Beobachtungsstelle nicht angekommen. Alle Nachforschungen der Division blieben vergeblich.«
Er ist einfach desertiert, schlägt sich im Chaos des Zusammenbruchs bis zum Gutshaus bei Celle durch, wo er seine alte Generalsuniform gut versteckt hat. Als Generalleutnant gekleidet, mit dem Ritterkreuz am Hals, meldet er sich als Gefangener bei den Engländern und kommt zu den anderen Generälen ins KG-Lager Allendorf – gegen den heftigen Protest der Insassen. Um endlich wieder Ruhe im Lager zu schaffen, wird er in Garmisch Skilehrer der US-Armee und im Frühjahr 1946 als Generalleutnant a. D. aus der »Gefangenschaft« entlassen.
Feuchtingers Entnazifizierung geht schnell, denn schließlich hatten ihn die braunen Machthaber ja zum Tod verurteilt. Sein Antrag auf Pension wird genehmigt, und er erhält als General a. D. das Höchstruhegeld zugesprochen. Danach arbeitet Feuchtinger als Vertreter mehrerer Firmen der Öl- und Fettbranche und der Vulkan-Werft. 1951 heiratet er in zweiter Ehe eine reiche Witwe aus der Maschinenbaubranche und handelt jetzt mit Stahl, Röhren, Rostschutzmitteln und Farben und nennt sich Vertreter der Großindustrie.
Der inzwischen hochgeschätzte General a. D. wird im Mai 1953 von einem Unbekannten angerufen, der sich mit ihm im Restaurant des Hauptbahnhofs von Krefeld treffen will. Dieser Mann legt ihm die Kopie einer Meldung vom Stab der 20. Panzergrenadierdivision an die Feldgendarmerie vor, datiert 12. April 1945. Darin steht, es solle mit der Suche nach dem Deserteur-Kanonier Feuchtinger begonnen werden.
Der Unbekannte stellt den General a. D. vor die Alternative, entweder Zusammenarbeit mit dem sowjetischen Geheimdienst – oder dieses Dokument, das Feuchtinger als feigen Deserteur entlarvt, wird veröffentlicht. Feuchtinger stimmt zu und bekommt den Auftrag, alle möglichen Einzelheiten im Zusammenhang mit der bevorstehenden Wiederaufrüstung Westdeutschlands zu erkunden. Zum Abschied erfährt er Namen und Adresse der künftigen Kontaktperson in Ost-Berlin: »Paul Kutt, Pankow, Granitzstraße 44«.
So wird Feuchtinger, der ranghöchste deutsche Agent des sowjetischen militärischen Nachrichtendienstes, seit 1953 auf die erst zwei Jahre später entstehende Bundeswehr angesetzt. Er sucht Kontakt zu ehemaligen Wehrmachtsgenerälen, vor allem zu Hans Speidel und Adolf Heusinger, die ihm gut bekannt sind und derzeit dem Sicherheitsbeauftragten der Bundesregierung, Theodor Blank, als Experten zur Seite stehen.
Es fällt Feuchtinger nicht schwer, alte Bekanntschaften wieder zu reaktivieren und die vor der Öffentlichkeit streng geheimgehaltenen ersten Schritte zur Remilitarisierung der BRD zu erforschen. Als am 13. November 1955 die ersten Offiziere der neugeschaffenen Bundeswehr von Verteidigungsminister Blank offiziell ernannt werden, hat Feuchtinger die Namen schon Wochen zuvor nach Ostberlin gemeldet.
In der Folgezeit sieht die Großindustrie in Feuchtinger den geeigneten Kontaktmann zur neuen Bundeswehr. Später wird in den Akten vermerkt: »Überall hatte er alte Bekannte in hohen und höchsten Stellungen. Unermüdlich besuchte er sie, frischte alte Erinnerungen auf und erschlich sich deren Vertrauen.«
Feuchtinger bereist unermüdlich alle Garnisonen und ist in den Kasinos ein genauso gern gesehener Gast wie im Verteidigungsministerium. Hier hat er einen besonders guten Duzfreund: Oberst im Generalstab Carl-Otto von Hinckeldey. Der Oberst war einst als Oberleutnant einige Jahre lang Feuchtingers Adjutant.
Der aktive Bundeswehroberst vertraut Feuchtinger blindlings, als er erfährt, daß sich der pensionierte General der Militärschriftstellerei widmet. Er sei gerade dabei, ein Buch über die Invasion in Frankreich 1944 zu schreiben, und er halte es für angebracht,

Gute Bekannte von Feuchtinger: von links, General H. Speidel, Theodor Blank , General A. Heusinger

Liefert ahnungslos Geheimmaterial über die Bundeswehr: Oberst i. G. Carl-Otto von Hinckeldey

Bei Caen, Juni 1956: Vor NATO-Offizieren hält Feuchtinger auf dem ehemaligen Schlachtfeld einen Vortrag über die Invasion 1944

wenn man dabei die militärischen Aspekte von einst mit denen von heute vergleichen würde. Hinckeldey händigt seinem Kriegskameraden bereitwillig Geheimdokumente aus der Führungsspitze der Bundeswehr aus, damit der angehende Historiker sein »Vergleichsmaterial« habe. Als der General den Oberst um dessen Mitarbeit als Koautor an diesem Buch bittet, stimmt Hinckeldey gern zu. So liefert er ahnungslos dem Sowjetspion Material über Operationen der Bundeswehr, den Atomkriegseinsatz, die Schulung der Luftlandetruppen und alle möglichen Vortragsmanuskripte.
Feuchtinger ist bald Stammgast im Verteidigungsministerium. Während alle »normalen« Besucher durch genaue Überprüfung der Passierscheine kontrolliert werden, existiert für hohe Offiziere keine derartige Maßnahme. So sei Feuchtinger sehr oft den ganzen Tag über im Ministerium gewesen, ohne daß man gewußt habe, bei wem er sich aufhalte. Feuchtinger habe wiederholt General Panitzki, seit Mitte April 1957 Chef des Führungsstabes der Bundeswehr, besucht und sich in Hinckeldeys Arbeitszimmer auch dann aufgehalten, wenn der Oberst gar nicht im Hause war.
Alle drei Monate reist Feuchtinger nach Ost-Berlin, um seinem GRU-Agentenführer Major Michailow das Material persönlich zu übergeben, insgesamt weit über 1000 Seiten Geheimdokumente, die er auf Mikrofilm festgehalten hat. Als Grund seiner Reisen nennt er stets die Abwicklung von Ölgeschäften im Interzonenhandel. Da Feuchtinger es immer schon verstanden hat, alles bestens zu organisieren, läuft auch sein Spionagegeschäft reibungslos.
Er spannt sogar die Kinder seiner zweiten Frau ohne deren Wissen ein: Der Stieftochter verschafft Feuchtinger bei der NATO in Paris eine Stellung als Sekretärin, und einer der Stiefsöhne, Bundeswehr-Leutnant der Reserve, hilft ihm ahnungslos beim Fotografieren von Geheimdokumenten. Als die NATO-Kameraden von dem Kriegshistoriker erfahren, bitten sie den General a. D., vor britischen und kanadischen Offizieren, die in der Generalstabs-Ausbildung sind, in der Normandie an Ort und Stelle Vorträge über den Einsatz der deutschen Truppen im Jahr 1944 zu halten. Natürlich registriert Feuchtinger alles, was die Gegner von einst dem heutigen Historiker nach den Vorträgen bei Caen vertraulich erzählen, und berichtet es unverzüglich der GRU.
Das kriegsgeschichtliche Werk, an dem der pensionierte General angeblich so eifrig arbeitet, existiert überhaupt nicht. »Er schrieb nicht eine einzige Zeile«, stellen die Behörden später entrüstet fest. Das Glück bleibt Feuchtinger zu Lebzeiten treu. Selbst seine Spionagetätigkeit, die er rund sieben Jahre betrieben hat, wird erst nach seinem Tod entdeckt.
Im Januar 1960, als er zum vierteljährlichen Treff mit seinem GRU-Führungsoffizier nach Berlin fährt, erleidet Feuchtinger im D-Zug einen Schlaganfall. Vom Bahnhof Zoo aus schafft man ihn direkt in ein West-Berliner Krankenhaus und läßt seine Frau sofort telefonisch benachrichtigen. Er gibt ihr noch die Kontaktadresse in Ost-Berlin mit der Bitte, sich umgehend mit dem Mann in Verbindung zu setzen. So kann sein GRU-Führungsoffizier noch rechtzeitig vertuschen, was der General a. D. tatsächlich in Berlin erledigen wollte.
Am Donnerstag, dem 21. Januar 1960, stirbt Feuchtinger. Sein Geheimnis wäre nie gelüftet worden, hätte der GRU-Offizier Michailow nicht versucht, eine so ergiebige Quelle wie Oberst Hinckeldey aufs neue anzuzapfen. Im Mai 1961 wird die Witwe Feuchtingers gebeten, in einer geschäftlichen Angelegenheit nach Ost-Berlin zu kommen. Sie trifft sich in Treptow mit einem sehr gut deutsch sprechenden

1959, Soldaten der Bundeswehr bei Zielübungen auf dem Schießstand: Erkundung der neuen Streitmacht ist die Hauptaufgabe Feuchtingers

Russen, dessen Namen sie nicht richtig versteht. Er erzählt von Plänen und Unterlagen, die er benötigt. Frau Feuchtinger denkt natürlich an irgendwelche Interzonen-Handelsgschäfte, die ihr verstorbener Mann vermutlich noch eingeleitet hat, daher wird sie aus den Andeutungen nicht klug.
Etwa Ende Juni 1961 bittet Michailow Frau Feuchtinger erneut zu einer Unterredung nach Berlin. Sie treffen sich diesmal in Karlshorst, und der GRU-Mann legt die Karten auf den Tisch. Die Witwe bricht entsetzt das Gespräch ab. Als Michailow merkt, daß er so nicht weiterkommt, setzt er einen gewissen Herrn Kühn nach Westdeutschland in Marsch, der Oberst Hinckeldey am 24. November 1961 in seiner Rhöndorfer Wohnung aufsucht. Kühn beruft sich auf Feuchtinger und kommt gleich zur Sache. Er legt dem Oberst Kopien jener Unterlagen vor, die er Feuchtinger »zur Abfassung eines militärwissenschaftlichen Buches« gegeben hat.
Kühn erzählt dem Oberst, er sei eigentlich ein Tabakhändler aus Erfurt, aber wegen verschiedener Geschäfte vorbestraft. Man habe ihm Strafnachlaß zugesichert, wenn er bereit sei, als Agent zu arbeiten und Kurierdienste zu übernehmen. Herr General Feuchtinger sei Spion gewesen, und er solle nun die Kontakte wieder aufnehmen und fortführen. Kühn: »Das ist mein erster Auftrag ... Ich bin ja dazu erpreßt worden. Am liebsten würde ich mich der Polizei stellen.« Hinckeldey: »Das können Sie haben«, und ruft den militärischen Abschirmdienst.
Am 18. Dezember 1962 steht Oberst Hinckeldey wegen fahrlässiger Preisgabe von Staatsgeheimnissen in Karlsruhe vor Gericht. Er ist der bisher ranghöchste Offizier der Bundeswehr, der sich wegen Landesverrats zu verantworten hat. Mit sechs Monaten Gefängnis auf Bewährung kommt er noch glimpflich davon. Unterdessen reist der Agent Kühn, der sich freiwillig offenbart hat und nach einigen Wochen Untersuchungshaft freigelassen wurde, klammheimlich in die DDR.
Über den Hauptschuldigen General Feuchtinger stellt das Gericht fest: »Die Einzelheiten seiner nachrichtendienstlichen Tätigkeit und den wahren Umfang hat er mit ins Grab genommen.«

Operation »Overflight« – Francis Powers

Am Sonntag, dem 1. Mai 1960, beendet eine sowjetische Luftrakete SA-2, abgefeuert aus einer Stellung nahe Swerdlowsk im Mittleren Ural, die streng geheimgehaltene Operation »Overflight«. Es ist eines der erfolgreichsten Unternehmen, das der amerikanische Geheimdienst CIA durchgeführt hat, und das sich nun als größte Spionageaffäre des Kalten Krieges herausstellt.

Am Freitag, dem 4. Juli 1956, beginnen im Auftrag der CIA amerikanische Fernaufklärer Lockheed U-2, die neueste Errungenschaft der Spionagetechnik, ihre 6000 Kilometer langen Flüge quer über die UdSSR, um aus großer Höhe und damit für die Luftabwehr praktisch unerreichbar, militärische Objekte und Industrieanlagen zu fotografieren.
Jeder einzelne Flug muß vorher von Präsident Eisenhower genehmigt werden. Nach Absprache mit der US-Atomenergiekommission des Außenministeriums und den Oberbefehlshabern der drei Waffengattungen legt die CIA die zu fotografierenden Ziele fest. Die offizielle Version der Regierung heißt, die Maschinen würden für die NASA Atmosphärenforschung in großen Höhen durchführen.
Die U-2-Staffel ist zuerst auf dem Stützpunkt der US Strategic Air Force in Lakenheath/England, danach in Wiesbaden/BRD stationiert. Von hier aus starten die U-2 zu fünf verschiedenen Flügen in 22 000 Meter Höhe über der Sowjetunion – Zentralrußland, Raum Moskau und Leningrad. Sie werden zwar gleich nach Überfliegen der Grenze von sowjetischen Radarstationen erfaßt, doch können sowjetische Jäger die U-2 nicht abfangen, da ihre Gipfelhöhe 5000 Meter tiefer liegt.
Den US-Botschafter in Moskau erreichen inoffiziell energische Proteste, und in der sowjetischen Presse wird berichtet, daß US-Flugzeuge ständig den sowjetischen Luftraum verletzten. Nun wird die U-2-Einheit von Wiesbaden nach Adana/Türkei verlegt, denn man hat herausgefunden, daß die schwächste Stelle des Radar-Warnsystems an der Grenze zu Pakistan liegt. Die jetzt in Peschawar aufsteigenden U-2 sollen nach ihrem Einsatz über der UdSSR in Bodö/Norwegen landen. Militärische Anlagen und Indu-

striezentren in Sibirien werden von den in Japan und Pakistan stationierten Flugzeugen aufgenommen. Seit 1957 überfliegen die U-2 auch Teile von China. Später übernimmt diese Einsätze Nationalchina/Taiwan mit in den USA gekauften U-2-Maschinen.
Im Frühsommer 1957 werden von den U-2 die ersten sowjetischen Interkontinentalraketen bei Tjuratam in der Nähe des Aralsees entdeckt; andere Fotos erbringen außerdem den Beweis, daß sich eine große Flotte atomgetriebener U-Boote im Bau befindet. Es sprechen auch Anzeichen dafür, daß die Sowjets eine Anti-Raketen-Rakete erproben, was US-Wissenschaftler bisher nicht für praktikabel hielten.
Anfang 1960 spürt eine U-2 das Forschungs- und Entwicklungszentrum für dieses Projekt bei Sary-Schagan am Balchasch-See, etwa 640 Kilometer östlich von Tjuratam, auf. Eine der wichtigsten CIA-Erkenntnisse aufgrund der U-2-Fotos: Noch im Winter 1959/60 konstatiert man, daß die Aufstellung der Raketen nur langsam erfolgt, was im Hinblick auf die mutmaßliche Industriekapazität Erstaunen hervorruft.
Alle Abschußrampen befinden sich entlang der Transsibirischen Eisenbahnlinie in einem Bogen, der etwa dem 55. Breitengrad entspricht. Damit wird klar, daß die Sowjets durch die Unbeweglichkeit ihrer Raketensysteme behindert sind und Abschußrampen nur in Eisenbahnnähe aufbauen können, da sie Raketen, Treibstoff und Zusatzgeräte auf der Schiene transportieren müssen. Weitere Erkenntnisse: Die Anlagen in Kapustin Jar dienen vor allem der Erprobung von Raketen mittlerer Reichweite (900 bis 4500 Kilometer), vorgesehen für den Einsatz gegen Westeuropa.
In die Operation »Overflight« sind etwa 500 Personen eingeweiht, darunter 30 ausgesuchte Piloten, fast alle Freiwillige der US-Luftstreitkräfte. Etwa 30 Fernaufklärungsflüge über der UdSSR werden im Rahmen der Operation »Overflight« durchgeführt.
Zu den Piloten gehört auch Francis Gary Powers, am 23. Mai 1929 in Kentucky/USA geboren. Nach dem Medizinstudium tritt er 1950 seinen Wehrdienst an und erhält bei der US Air Force eine Pilotenausbildung. Als er 1956 im Rang eines Hauptmanns ausscheidet, wird er unmittelbar danach zusammen mit 16 anderen ehemaligen Piloten von der CIA für das U-2-Projekt angeworben und von der Lockheed Aircraft Corporation eingestellt.
Nach seiner Ausbildung in Luftbildaufklärung wird Powers mit dem offiziellen Auftrag für Wettererkundungsflüge nach Adana/Türkei versetzt. Gegen Ende April 1960 bekommt er als erster Pilot die Order, ein neues Kapitel in der Operation »Overflight« zu eröffnen: Er soll den Versuch unternehmen, die gesamte Sowjetunion zu überfliegen.
Powers: »Obwohl die ›Operation Overflight‹ schon fast vier Jahre lang lief, waren wir auf einen möglichen ›Unfall‹ überhaupt nicht vorbereitet. Man brauchte nicht unbedingt an eine feindliche Rakete zu denken. Schon eine lockere Schraube genau an der richtigen Stelle genügt, um ein Flugzeug zum Absturz zu bringen.
Ich fragte daher den Geheimdienst: ›Angenommen, ein Flugzeug stürzt ab, der Pilot wird gefangengenommen. Welches Märchen soll er erzählen? Wieviel darf er sagen?‹ Darauf erwiderte der Offizier: ›Sie können ruhig alles sagen, denn die Russen bekommen es ohnehin aus Ihnen heraus.‹
Obwohl der Flug am 9. April 1960 so reibungslos verlief wie alle anderen Flüge zuvor, sahen wir meinem Flug, der für Ende des Monats angesetzt war, etwas besorgt entgegen. Von Peschawar in Pakistan sollte ich auf einer 6000 Kilometer langen Route nach Bodö/Norwegen gelangen. Dabei würde ich wichtige Ziele überfliegen, die bisher noch nie fotografiert worden waren.
Nach meinem Start in Peschawar sollte ich über Afghanistan fliegen und den Hindukusch überqueren. In der Sowjetunion sollte ich meine Route in etwa über Stalinabad (heute: Duschanbe), den Aralsee, Swerdlowsk, Archangelsk und Murmansk führen. Gegen 5.20 Uhr kletterte ich mit Bobs Hilfe in das Flugzeug. Es war brennend heiß, denn die Sonne stand bereits seit rund einer Stunde am Himmel. Bob zog sein Hemd aus und spannte es über das Cockpit. Ich machte die übliche Abflugkontrolle und wartete. Es war sechs Uhr, planmäßige Abflugzeit. Sie verging, ohne daß ein Signal gegeben wurde. Schließlich kam Colonel Shelton, um mir die Verzögerung zu erklären: Man wartete auf die Genehmigung des Weißen Hauses. Es war das erste Mal, daß so etwas geschah.
Ich sehnte mich danach, aus dem schweißgetränkten Anzug herauszukommen, als um 6.20 Uhr das Zeichen gegeben wurde: Freigabe für den Start. Ich startete unverzüglich. Als ich mich der sowjetischen Grenze näherte, nahm meine Spannung zu. Die Wit-

Francis Powers (1929–1977) mit dem Modell des Spionageflugzeugs, dem Fernaufklärer Lockheed U-2

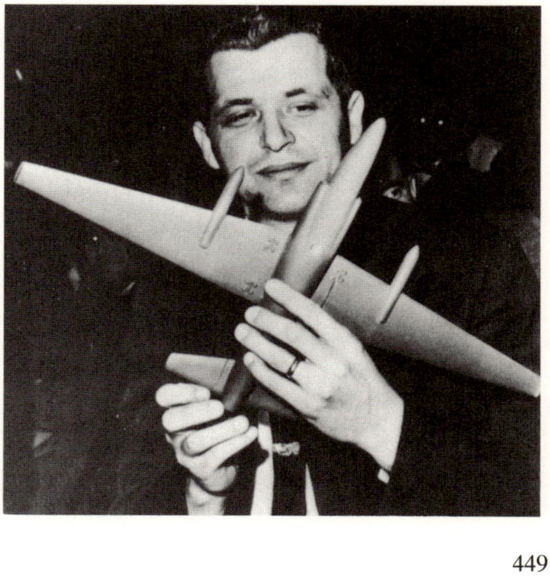

Karikatur aus der »Prawda«: »Spionageflug vom Pentagon nach Moskau«

terungsverhältnisse unter mir waren schlechter als erwartet: eine geschlossene Wolkendecke.
Ich befand mich südöstlich des Aralsees, als ich tief unten den Kondensstreifen eines einstrahligen Düsenflugzeugs sah. Es flog mit Überschallgeschwindigkeit, parallel zu meinem Kurs, allerdings in entgegengesetzter Richtung. Fünf bis zehn Minuten später sah ich einen anderen Kondensstreifen, wiederum parallel zu meinem Kurs, aber diesmal in meiner Richtung. Vermutlich war es dasselbe Flugzeug.
Vor mir, ungefähr 50 Kilometer östlich des Aralsees, lag das Kosmodrom Balkonur, Rußlands Kap Canaveral. Diese Raketenbasis war nicht das Hauptziel meines Flugs. Aber da ich ohnehin diese Gegend überflog, war sie mit in das Programm aufgenommen worden. Ungefähr 80 Kilometer südlich von Tscheljabinsk verschwanden die Wolken. Links konnte ich gut den Ural erkennen. Er war schneebedeckt, aber das Land zu beiden Seiten war grün. In Rußland war Frühling. Und es war ein schöner Tag.
In diesem Augenblock bockte die Maschine. Die automatische Steuerung funktionierte nicht mehr richtig, so daß das Flugzeug mit der Nase nach oben kippte. Würde ich weiterfliegen, so müßte ich die Maschine für die restliche Strecke von Hand steuern. Ich war bereits rund 2100 Kilometer nach Rußland eingedrungen, das schlechteste Wetter lag hinter mir, die Sicht vor mir schien ausgezeichnet – so beschloß ich denn weiterzufliegen.
Vor mir lag Swerdlowsk, ein wichtiges Industriezentrum, und für uns von besonderem Interesse. Zum erstenmal überflog jetzt eine U-2 dieses Gebiet. Zur Aufzeichnung von Informationen schaltete ich die entsprechenden Geräte ein. Etwa 50 bis 60 Kilometer südlich von Swerdlowsk machte ich eine Linkswendung um 90 Grad und begann die nächste Etappe meiner Flugroute, die über den Südwestrand der Stadt führen sollte. Ich war inzwischen fast genau vier Stunden unterwegs. Als ich einen Landeplatz entdeckte, der nicht auf der Karte vermerkt war, zeichnete ich ihn ein. Ich war gerade mit diesen Eintragungen beschäftigt, als es ein dumpfes ›Wumm‹ gab, das Flugzeug zuckte vorwärts, ein riesiger, orangefarbener Blitz erhellte das Cockpit und den Himmel. Mein Gott, dachte ich, jetzt hat's mich erwischt!
Das orangefarbene Leuchten schien minutenlang anzuhalten. Die Explosion, überlegte ich, war wahrscheinlich irgendwo hinter dem Flugzeug erfolgt. Ich hatte die Kontrolle über die Maschine verloren. Eine heftige Erschütterung schleuderte mich durch das Cockpit; ich glaubte, beide Tragflächen seien abgerissen. Der Rest der Maschine begann zu trudeln, die Nase in den Himmel gerichtet. Ich konnte nur blauen Himmel sehen, der sich drehte, drehte, drehte. Die Schwerkraft warf mich nach vorn.
Während mich der Sitzgurt noch festhielt, löste ich die blasenartige Kuppel über dem Cockpit. Sie flog weg. Das Flugzeug rotierte immer noch. Ich sah auf den Höhenmesser. Ich hatte die 10000 Meter unterschritten und sank sehr schnell. Als die Schwerkraft mich halbwegs aus der Maschine zog, stieß mein Körper an den Rückspiegel und schlug ihn ab. Ich sah, wie er wegflog. Das war das letzte, was ich sah, da sich das Visier meines Helms sogleich mit einer Eisschicht überzog.
Da ich nichts sehen konnte, hatte ich keine Ahnung, wie schnell ich fiel, wie nahe ich der Erde schon war. Und dann dachte ich: Ich muß jetzt nur mich selbst zu retten versuchen. Durch mein Stoßen und Zerren riß ich wohl die Sauerstoffschläuche ab, denn plötzlich war ich frei, mein Körper fiel und schwebte. Als ich daran dachte, die Fallschirm-Reißleine zu ziehen, riß mich ein plötzlicher Stoß hoch: Der Fallschirm hatte sich automatisch geöffnet.
Mir fiel sofort die Stille auf. Alles war kalt, ruhig, gelassen. Ich hatte nicht das Gefühl zu fallen; es war, als hinge ich am Himmel. Ein Teil des Flugzeugs flog an mir vorbei, wirbelnd und flatternd wie ein Blatt. Ich hielt es für eine der Tragflächen. Ich war immer noch ziemlich hoch, wahrscheinlich 3000 Meter.

Unter mir sah ich wellige Hügel, einen Wald, einen See, Straßen, Häuser, so etwas wie ein Dorf. Bis zur Erde blieben nur noch wenige hundert Meter. Ich sah einen kleinen Wagen einen Feldweg entlangfahren; er schien meinem Kurs zu folgen.«

P. Assabin, Bewohner einer Kolchose nahe Swerdlowsk, berichtet: »Am 1. Mai 1960, etwa um 11 Uhr Ortszeit, hörte ich starken Lärm, der an das Brummen eines Düsenflugzeugs erinnerte. Etwa 5 Kilometer vom Dorf sah ich eine Staubwolke ... Im selben Augenblick bemerkte ich am Himmel einen Fallschirmspringer ... Ich lief und dachte, daß wahrscheinlich irgendein Unglück passiert, ein Flieger in eine Klemme geraten ist und daß man ihm helfen muß. Er landete etwa 30 bis 40 Meter von uns. Ich lief gleich auf ihn zu und holte den Fallschirm ein, da ich das aus meiner Dienstzeit bei den Fliegern kannte ... Er war in eine stahlgraue Kombination gekleidet, auf dem Kopf hatte er einen Schutzhelm mit der Zahl 29, am Gürtel hing in einer Pistolentasche eine Langlaufpistole ... Wir fragten den Fallschirmspringer, was passiert sei. Er antwortete aber in einer fremden Sprache und schüttelte den Kopf. Ich beschloß, ihn festzuhalten.

Da ich wissen wollte, ob der Fallschirmspringer allein war, zeigte ich ihm zuerst einen und dann zwei Finger, worauf er einen Finger und dabei auf sich zeigte ... Als wir zum Dorfsowjet kamen, begegneten uns Mitarbeiter der Staatssicherheitsorgane aus Swerdlowsk, die den Fallschirmspringer einer Leibesvisitation unterzogen und dann mit sich nahmen.«

Powers wird noch am gleichen Tag nach Moskau gebracht. Im Lubljanka-Gefängnis verhört ihn der prominenteste Ankläger der Sowjetunion: Generalstaatsanwalt Rudenko, der schon beim Kriegsverbrecherprozeß in Nürnberg die UdSSR vertreten hat. Zu Powers größtem Erstaunen wird er äußerst korrekt behandelt und nicht schikaniert. Man zeigt ihm Moskau, und er darf spazierengehen, lesen, Briefe schreiben, rauchen und Pakete empfangen.

Nach der anfangs ungeschickten Ausrede, es handle sich um ein Wetterflugzeug, gesteht US-Außenminister Herter am 9. Mai 1960, daß derartige Flüge bereits seit 1956 stattfänden. Zwei Tage später, am 11. Mai 1960, übernimmt Präsident Eisenhower die volle Verantwortung, lehnt aber eine Entschuldigung ab. Der sowjetische Ministerpräsident Chruschtschow nimmt den Abschuß der U-2 zum Vorwand, die erste Sitzung der Pariser Gipfelkonferenz am 16. Mai 1960 in einem Wutausbruch platzen zu lassen und die Einladung von Eisenhower in die UdSSR rückgängig zu machen.

Ministerpräsident Nikita Chruschtschow besichtigt die ausgestellten Trümmer der U-2, abgeschossen durch eine sowjetische Rakete im Raum Swerdlowsk

Im Jahr 1963 erklärt Eisenhower in einem TV-Interview, sein früherer Außenminister John F. Dulles habe die Flüge der U-2 in der Annahme befürwortet, »Moskau werde einen eventuellen Abschuß geheimhalten, weil es vor der Weltöffentlichkeit niemals zugeben könne, daß US-Aufklärer sowjetisches Territorium überflogen und fotografiert hätten.«

Die Anklageschrift gegen Powers umfaßt 1100 Schreibmaschinenseiten. Hier ein Fragment: »... Gutachten der Experten und andere Beweise besa-

Moskau, Hauptquartier des KGB mit Lubljanka-Gefängnis, links das Denkmal von Feliks E. Dserschinskij, dem Gründer der sowjetischen Geheimpolizei

Moskau, 19. 8. 1960: Francis Powers
bei der Urteilsverkündung

gen, daß die beim Flug der ›Lockheed U-2‹, Pilot Powers, erzielten Luftbildaufnahmen verschiedenartige Aufklärungsnachrichten über Industrie- und militärische Objekte auf dem fotografierten Territorium enthalten und sowohl zu Erkundungszwecken als auch zur Herstellung topographischer Karten sowie zur Bestimmung der Koordination strategisch wichtiger militärischer Anlagen benutzt werden können.«

In einem aufsehenerregenden Schauprozeß, in Anwesenheit von 1500 Zuschauern aus aller Welt, wird Powers am 19. August 1960 zu zehn Jahren Gefängnis verurteilt. Der Fall gilt gleichzeitig als eines der spektakulärsten Debakel der CIA, das zum späteren Rücktritt ihres Direktors Allan W. Dulles führt. Powers wird nach 22 Monaten und 10 Tagen Haft am 10. Februar 1962 an der Grenze zwischen West- und Ost-Berlin, an der Glienicker Brücke, gegen den sowjetischen Spion Oberst Rudolf Abel ausgetauscht.

In der amerikanischen Öffentlichkeit häufen sich die Vorwürfe gegen Powers, weil er sich als wichtiger Geheimnisträger nicht durch Freitod der Verhaftung entzogen und so der UdSSR die Möglichkeit gegeben habe, die Sache in einem Schauprozeß propagandistisch auszuwerten. Im November 1962, neun Monate nach seiner Rückkehr in die USA, gibt die CIA bekannt, daß Powers eine Stellung als Pilot bei Lockheed Aircraft Corporation, Burbank/Kalifornien, angenommen habe, um neue Entwicklungen zu testen. Nach der Scheidung von seiner ersten Frau Barbara heiratet Powers am 26. Oktober 1963 Claudia Edwards Downey (28), eine geschiedene CIA-Psychologin.

1965 erhält Powers anläßlich des 5. Jahrestages seines U-2-Abschusses von der CIA die höchste Auszeichnung, eine Goldmedaille mit der Aufschrift »für Tapferkeit«. Im Februar 1970 scheidet Powers bei Lockheed aus und ist ab 1973 Chefpilot von Skywatch (Himmelswache), eines im Raum Los Angeles/Kalifornien fliegenden Funkwarndienstes. Am 1. August 1977 stürzt er bei einem Einsatz nahe San Francisco mit seinem Hubschrauber ab.

Alfred Frenzel im Bundestag verhaftet

Der Fall Alfred Frenzel ist eine der folgenschwersten Spionageaffären in der bundesdeutschen Wirtschaftswunderzeit. Der angesehene sozialdemokratische Abgeordnete beschafft dem tschechoslowakischen Nachrichtendienst seit 1956 nicht nur stapelweise Unterlagen über die westdeutsche Militärkonzeption, sondern er verrät auch eine Menge hochbrisanter Informationen aus den vertraulichen Ausschüssen des Bundestages.

Alfred Frenzel ist am 18. September 1899 im böhmischen Josefsthal geboren. Schon als Kleinkind verliert er seine Eltern und wird von dem Glasbläser Wiesner aufgezogen, der ihn nach dem Schulabschluß in eine Bäckerlehre schickt. Nach der Lehrzeit tritt Frenzel in die tschechische KP ein. Dies verhilft ihm eines Tages zu der Stellung eines Filialleiters im KP-Konsumverein »Vorwärts«, aber im Jahr 1933 wird er wegen Fälschung der Kontobücher und Unterschlagung fristlos entlassen. Damit wechselt Frenzel auch die Partei und schließt sich der SPD an.

In den dreißiger Jahren emigriert er nach England und dient im Zweiten Weltkrieg als Koch bei einer Einheit der Royal Air Force. Nach dem Krieg zieht er nach Bayern und wird dort 1946 SPD-Mitglied. Frenzel gelingt es, innerhalb von sieben Jahren vom SPD-Kreisrat über den Bayerischen Landtag bereits 1953 in den Bundestag einzuziehen. Kurz vor seiner Wahl zum SPD-Abgeordneten des Wahlkreises Augsburg in den Bundestag leistet Frenzel allerdings 1954 einen Meineid, nachdem ihn der 77jährige Regional-Politiker Georg Spandel seiner kommunistischen Vergangenheit wegen beschuldigt.

Spandel läßt nämlich Flugblätter mit folgendem Text verbreiten: »Soll der Abgeordnete der SPD Alfred Frenzel in den Bundestag einziehen? – Nein! Frühzeitig betätigte er sich als eifriger Redner der Kommunistischen Partei, die ihn dafür als Leiter einer Filiale der kommunistischen Konsumvereinsgenossenschaft einsetzte. Obwohl einer der eifrigsten kommunistischen Agitatoren, endete seine damalige wirtschaftliche Existenz bereits im Jahre 1928 wegen angeblicher Unregelmäßigkeiten in der Genossenschaftsfiliale Karlsberg (unter gleichzeitigem Ausschluß aus der Kommunistischen Partei). Nachdem Alfred Frenzel in Schwaben gelandet war, hat er selbst ungefragt sich dessen gerühmt, daß er während des letzten Krieges in der englischen Luftwaffe als Offizier gedient habe.«

Frenzel verklagt daraufhin Spandel wegen übler Nachrede und sagt unter Eid aus, daß alle Anschuldigungen falsch seien. Der greise Spandel wird wegen Verleumdung zu sechs Monaten Gefängnis verurteilt. Nach diesem Zwischenspiel beruft die SPD Frenzel in den Sicherheitsausschuß, und der Bundestag macht ihn zum Mitglied des Verteidigungsausschusses.

Frenzel gehört während seiner Karriere als Abgeordneter folgenden Bundestagsausschüssen an: dem Ausschuß für Verteidigung, für Lastenausgleich, für Außenhandelsfragen, für Verkehrswesen, für Post- und Fernmeldewesen, dazu übernimmt er den Vorsitz des Wiedergutmachungsausschusses, wird Mitglied des Postverwaltungsrats und ist im Untersuchungsausschuß »Fall John«. So verfügt Frenzel auch über alle geheimen militärischen Informationen, die Verteidigungsminister Franz Josef Strauß dem Bundestag übermittelt, und durch den Vorsitz im Ausschuß für Lastenausgleich hat er Verbindung zu Flüchtlingen und ostdeutschen Stellen.

Nachdem Frenzel seit etwa drei Jahren dem Bundestag angehört, meldet sich bei ihm am 9. April 1956 aus der ČSSR ein ehemaliger Konsum-Kassierer namens Hoffmann, der ihn im Auftrag des tschechischen Nachrichtendienstes zu einem Besuch nach Wien einlädt. Frenzel: »Auf meine Frage, wer mich zum Besuch nach Wien einlade, sagte mir Hoffmann, daß er im Auftrage eines Vertreters der tschechischen Regierung die Einladung an mich überbringe. Der Vertreter der tschechischen Regierung wolle sich mit mir über politische Tagesfragen unterhalten. Hoffmann brachte dabei zum Ausdruck, daß man von tschechischer Seite dieses Zusammentreffen für sehr dringend halte und er gab mir den Rat, diesem Wunsch nachzukommen, da es für mich nur zum Vorteil sein könne, wenn ich meine politische Karriere nicht gefährden wolle.«

Am Sonntag, dem 22. April 1956, erscheint der Bundestagsabgeordnete wie verabredet in Wien im Restaurant des Hotels »Münchner Hof«. Frenzel: »Um 11 Uhr kam ein Mann auf den Tisch zu, nannte meinen Namen und stellte sich als der mir von Hoffmann avisierte Mann vor. Hierbei nannte er seinen Namen, den ich jedoch nicht verstand. Auf meine Frage, wie er mich erkannt habe, gab er an, daß er mein Bild aus dem Handbuch des Deutschen Bundestages entnommen habe.« Als Frenzel im Verlauf des Gespräches erklärt, er sei zu keiner Aussprache mehr bereit, erwidert ihm der Unbekannte, daß Frenzel zu weiteren Treffs kommen müsse, sonst stehe seine politische Karriere auf dem Spiel.

Er erinnert an das bewußte Flugblatt von 1953 und benutzt Frenzels in Prag lebende Tochter als weiteres Druckmittel. Frenzel: »Als ich dem Unbekannten zusagte, weitere Treffs mit ihm wahrzunehmen, fühlte ich mich aufgrund meiner Vergangenheit seelisch unter Druck gesetzt, und ich glaubte, nicht anders handeln zu können, obwohl ich schon bei der Unterredung zu der Überzeugung gelangte, daß mich der tschechische Nachrichtendienst für seine Dienste einspannen wollte. Obwohl der Tscheche mir keine konkreten Vorhaltungen aus meiner Vergangenheit machte, wußte ich, worauf er anspielte.«

Der Abgeordnete verabredet sich mit dem Unbekannten für den 21. Juli 1956 im Schweizer Ort Rorschach. Frenzel muß sich nun schriftlich verpflichten, für den Nachrichtendienst der ČSSR zu arbeiten und darüber gegen jedermann Stillschweigen zu wahren. Anschließend bekommt er 1500 DM. Beim Abschied drückt der tschechische Agent dem Bundestagsabgeordneten für seine Auslagen noch einen Umschlag mit 3000 DM in die Hand.

Die nächste Begegnung, bei der Frenzel das erste Geheimmaterial abliefert, findet am 14. Oktober

Bundestagsabgeordneter Alfred Frenzel (1899–1968): vier Jahre lang als Agent für einen östlichen Geheimdienst tätig

Dieser Mann hat Frenzel zur Spionage erpreßt: Bohumil Molnar, alias Drabek, leitender Offizier des ČSSR-Geheimdienstes und erster Führungsoffizier von Frenzel

1956 wiederum in der Schweiz statt, diesmal in einem Restaurant in St. Margarethen. In den darauffolgenden Monaten bekommt Frenzel jedoch Angst vor Entdeckung und versucht, einen Rückzieher zu machen. Am 22. Oktober 1957 hat er in Bregenz eine routinemäßige Zusammenkunft mit Bohumil Molnar, alias Drabek, einem leitenden Offizier des tschechoslowakischen Geheimdienstes.

Frenzel: »Gleich nach der Materialübergabe bat ich den tschechischen Nachrichtenoffizier, mich aus der Sache herauszulassen, da ich es nervlich nicht mehr aushalte. Er sagte mir darauf: ›Es geht nicht mehr. Im übrigen besteht keine Gefahr für Sie.‹ Darauf erwiderte ich ihm, daß ich mich sehr unglücklich fühle, und daß ich nicht mehr weiterkann. Wenn er darauf bestände, müßte er mir beim nächsten Treff ein schnell wirkendes Giftmittel mitbringen. Erst gab er lange keine Antwort, dann sagte er zu mir: ›Spielen Sie doch nicht mit solchen Gedanken.‹ Ich erwiderte ihm: ›Mir ist es bitter ernst.‹ Meine Einwendungen wurden von dem tschechischen Nachrichtenmann weiter nicht beachtet. Er tat alles mit dem einen Satz ab: ›Sie können nicht mehr zurück, Sie müssen weiter mitmachen!‹«

Und Frenzel macht weiter: Er liefert bei jeder Verabredung die neuesten Informationen aus dem Verteidigungsausschuß und aus dem Wiedergutmachungsausschuß. Frenzel, Deckname Anna, verrät in diesen viereinhalb Jahren unter anderem das gesamte Luftverteidigungsprogramm der BRD, detaillierte Angaben über die Umgliederung von Bundesheer und -luftwaffe, Marine-Planungen, den geheimen BRD-Verteidigungshaushalt für 1961 sowie zahlreiche Akten über die westdeutsche Militärkonzeption.

Er trifft sich 39mal in der Schweiz und in Österreich mit zwei verschiedenen tschechischen Führungsoffizieren, die seine Mikrofilme in Hohlschrauben, Reiseweckern oder Kinderpuderdosen weiterleiten. Für seine Tätigkeit bekommt Frenzel vom Nachrichtendienst der ČSSR insgesamt 27000 DM.

Einige Tage vor seiner Festnahme meldet der Fahrer des Abgeordneten den Sicherheitskräften in Augsburg, er habe Frenzel soeben bei einem Aktentaschentausch beobachtet. Am 28. Oktober 1960 läßt Generalbundesanwalt Max Güde den Meisterspion im Bundestagsgebäude in Bonn verhaften. In dem vier Tage dauernden Prozeß unter Ausschluß der Öffentlichkeit legt Frenzel ein detailliertes Geständnis über seinen Geheimnisverrat ab.

Frank Altmann, in Wirklichkeit Jindrich Augustin, Major des ČSSR-Geheimdienstes und einer der Führungsoffiziere von Frenzel

In dem am 28. April 1961 verkündeten Urteil wird Frenzel zu 15 Jahren Zuchthaus (die Maximalstrafe für Hochverrat in Friedenszeiten) verurteilt, aber am 23. Dezember 1966 gegen drei westdeutsche Bürger, die in der DDR wegen Spionage lebenslang büßen sollten, sowie gegen die Frankfurter Journalistin Martina Kischke ausgetauscht. Sie soll – nach Auskunft der sowjetischen Behörden – die in der UdSSR für Ausländer geltenden Reisevorschriften übertreten haben.

Die beiden Führungsoffiziere von Frenzel, Major Jindrich Augustin (Frank Altmann) und der unter dem Decknamen Ernst Langer bekannte Hauptmann Vlastimir Flegl, die man am selben Tag wie Frenzel verhaftet und zu sechs bzw. fünf Jahren Zuchthaus verurteilt hat, werden bereits im Dezember 1961 gegen drei deutsche, seit 1945 inhaftierte Generäle aus dem Zweiten Weltkrieg ausgetauscht: den ehemaligen Wehrmachtsbevollmächtigten im Protektorat Böhmen und Mähren Rudolf Toussaint (71), den ehemaligen Beauftragten für das Polizeiwesen im Protektorat Ernst Hitzegrad (73) und den Divisionskommandeur Richard Schmidt (77).

Als Frenzel im Juli 1968 in Prag stirbt, ehrt man ihn mit einem Staatsbegräbnis wegen seines großen Beitrages »zur Festigung des Verteidigungspotentials der ČSSR und der gesamten sozialistischen Gemeinschaft«.

Diese unauffällige Puderdose dient als Container für die Beförderung von Mikrofilmen nach Prag. Beim unbefugten Öffnen der Dose macht das eingebaute Blitzlicht den nichtentwickelten Filmstreifen unleserlich

Gordon Lonsdale und der »Portland-Ring«

Ein halbes Jahrzehnt lang kann ein sowjetischer Spionagering unerkannt im Zentrum der britischen Seerüstung tätig sein und die heikelsten Geheimnisse nach Moskau übermitteln, darunter die Konstruktionspläne des einzigen britischen, mit US-Material gebauten Atom-U-Bootes »Dreadnought«. Fast ein Dreivierteljahr lassen sich MI5 und Scotland Yard Zeit, um den KGB-Führungsoffizier und seine vier Agenten zu überwachen, ehe sie zuschlagen. Dieses mustergültige Beispiel zeigt, was die Spionageabwehr durch intensive Beschattung erreichen kann.

Am späten Abend des 3. März 1955 wartet ein Mann vor dem Londoner Waterloo-Bahnhof auf ein Taxi, das ihn ins Hotel bringen soll. Vor Stunden ist er mit dem Schiff aus New York kommend in Southampton eingetroffen und hat dann den Zug nach London benutzt. Der etwa 35jährige Kanadier heißt Gordon Arnold Lonsdale.

In den folgenden Tagen besichtigt er alle Sehenswürdigkeiten der Stadt, vor allem die Londoner Museen, und besucht fast täglich den »Overseas League« am Park Place, eine Art Club für Gäste aus den Commonwealth-Ländern. Hier bemüht er sich unauffällig um Kontakte zu den leitenden Herren des Clubs und läßt in seinen Gesprächen durchblicken, daß er aus vermögendem Hause komme und sein verstorbener Vater ihm in Vancouver einen ansehnlichen Besitz hinterlassen habe.

Lonsdale – sein vermutlich richtiger Name Konon Trofimowitsch Molodij – ist am 17. Januar 1922 in Moskau geboren und in Wirklichkeit ein Major des KGB. Seine wahre Herkunft bleibt unbekannt. Nach englischen Angaben soll er aus Finnland stammen, 1933 von seiner Mutter nach Kalifornien/USA zu einer Tante geschickt worden sein und dort die Privatschule in Berkeley besucht haben. 1938 sei er wieder nach Finnland zurückgekehrt.

Wie Lonsdale später in seinen Memoiren berichtet, habe er von 1940 bis 1941 in Warschau gelebt und als Volksdeutscher bei der Organisation Todt gedient, um nachrichtendienstliches Material über die deutsche Wehrmacht im Generalgouvernement, dem von Deutschen besetzten Teil Polens zu sammeln, und zwar für ein KPD-Spionagenetz unter Führung eines gewissen »Piotr«. Im Jahr 1954 sei er an Bord eines sowjetischen Getreidefrachters nach Vancouver geschippert und dort vom sowjetischen Nachrichtendienst eingeschleust worden.

Seitdem trägt er den Namen Gordon Arnold Lonsdale und ist in Kanada als Vertreter tätig. Ein Jahr später fährt Lonsdale von New York aus mit dem Dampfer »America« in Richtung England. Nach zweimonatigem Aufenthalt in London unternimmt er im Mai 1955 den nächsten Schritt: Er mietet sich ein möbliertes Appartement in dem luxuriösen Wohnblock »White House« unweit vom Regent Park. Als die Hausverwaltung ihn bittet, Referenzen anzugeben, nennt er die Leiter des »Overseas League«, die erfreut sind, ihm helfen zu können.

Kurze Zeit nach seinem Einzug ins »White House« macht Lonsdale erst eine 15tägige Skandinavien-Kreuzfahrt, meldet sich nach der Rückkehr als Vollstudent für Chinesisch in der School of Oriental and African Studies der Universität London an und belegt bis zum Juni 1957 vier Semester. Während dieser zwei Jahre widmet er sich allerdings nicht nur seinem Studium, sondern schließt viele informative Bekanntschaften. Lonsdale ist ein gewandter Gesprächspartner, dessen Charme kaum jemand widerstehen kann. Und Menschen, die ihn kennen, sind der Meinung, er habe sicher viel Zeit für schöne Frauen aufgewendet.

Gordon Arnold Lonsdale, hier als erfolgreicher Manager in England

Neben seinem Studium sucht sich Lonsdale eine berufliche Beschäftigung, die ihm Gelegenheit bietet, in England herumzureisen oder auch Besuche im Ausland zu machen. Einfallsreich wie er ist, betätigt er sich als Musikbox-Verkäufer. Er beginnt mit zwei Automaten, die er kauft und mit beträchtlichem Gewinn veräußert. Viel wertvoller als das Geld ist ihm allerdings jeder Kontakt, den er dabei gewinnt. Gegen Ende des Jahres 1955 eröffnet sich ihm eine noch bessere Möglichkeit: Mr. Peter Ayres gründet im Seebad Broadstairs/Kent eine Fabrik für Bubble-Gum-Automaten, und Lonsdale versucht jetzt sein Glück mit dem Verkauf dieser neuen Automaten.

Schon bald zeigt sich der Erfolg, obwohl er zu dieser Zeit noch täglich fünf Stunden die School of Oriental Studies besucht. Lonsdales Verkaufsergebnisse beeindrucken Ayres so sehr, daß er ihm die Teilhaberschaft anbietet. Das Geschäft mit den Bubble-Gum-Automaten floriert immer besser, und man akzeptiert Lonsdales Vorschlag, es auf den europäischen Markt auszudehnen.

So kann Lonsdale künftig mit gutem Grund nach Frankreich, Italien und in die Schweiz reisen. Er tätigt in diesen Ländern nicht viele geschäftliche Abschlüsse, setzt aber die Reisen trotzdem fort mit dem Argument, es brauche eben Zeit, bis gewisse Schwierigkeiten ausgeräumt seien. In Wirklichkeit baut er auf dem Kontinent ein straff organisiertes Agentennetz auf, das er als Führungsoffzier betreut.

Vier Jahre lang läuft für Lonsdale alles nach Wunsch, und er besitzt inzwischen, dank seiner beruflichen Aktivitäten, genügend Geld, um seinen recht aufwendigen Lebenswandel zu finanzieren. Doch die zu schnelle Expansion der Automatenfirma »Peckham Automatics Ltd.« führt schließlich doch zu ernsten finanziellen Schwierigkeiten, so daß sie Anfang 1960 in Konkurs geht. Lonsdale kann sich rechtzeitig einen neuen Wirkungskreis schaffen. Er übernimmt am 24. Februar 1960 die Stelle des Direktors bei der Firma Master Switch Co., einem Hersteller von automatischen Wagenschließvorrichtungen.
Fast zur selben Zeit, im Frühjahr 1960, beginnt sich ein Sicherheitsoffizier der Forschungsabteilung »Underwater Weapons Establishment« des Marineministeriums in Portland, dem Atom-U-Boot-Stützpunkt der Royal Navy, für einen zivilen Angestellten dieser Behörde zu interessieren. Der Mann heißt Harry

Harry Houghton mit seiner Freundin Ethel Gee: Das Paar arbeitet Hand in Hand beim Ausspionieren britischer Marinegeheimnisse

Houghton und ist mit streng geheimen Arbeiten beschäftigt, die das Aufspüren atomarer U-Boote betreffen.
Houghton, 1905 in Lincoln geboren, gehört während des Zweiten Weltkrieges der Royal Navy an und wird von 1949 bis 1951 zur Unterstützung des Marineattachés der britischen Botschaft nach Warschau beordert. Hier verliebt er sich in die rassige polnische Agentin Krystyna B., die ihren Freund zu strafbaren Schwarzmarktgeschäften verleitet. Der Engländer schmuggelt Penicillin nach Polen und verdient dabei 4000 Pfund, damals rund 45 000 DM.
1951 nach England zurückversetzt, bekommt Houghton im Flottenstützpunkt Portland, Abteilung »Underwater Weapons Establishment« einen wichtigen Posten. 1955 schließt er mit der ein Jahr älteren Ethel Elisabeth Gee eine enge Freundschaft. Durch ihre Hände laufen geheime Konstruktionspläne und Testprotokolle von Waffen und Geräten der Navy.
Da der Flottenstützpunkt Portland sich seit Mitte der fünfziger Jahre immer mehr auf U-Boot-Abwehrwaffen spezialisiert, bildet er für Spionageaktivitäten einen immer interessanter werdenden Anziehungspunkt. So wird Houghton, der die Liebesaffäre mit der schönen Polin längst vergessen hat, im Januar 1957 überraschend von zwei Unbekannten aufgesucht, die ihm »schöne Grüße von Krystyna« bestellen, ihn wegen seiner damaligen unerlaubten Schwarzmarkt- und Devisengeschäfte erpressen und als Agenten anwerben.
Etwa dreieinhalb Jahre später, im Juni 1960, nimmt Lonsdale den ersten Kontakt mit Houghton auf. Er besucht ihn eines Tages in Weymouth und stellt sich als »amerikanischer Marinettaché Alex Johnson« vor. Houghton ist der Ansicht, daß dieser Marineattaché demselben Ring angehört, mit dem er seit 1957 in Verbindung steht, und erklärt sich bereit, für ihn zu arbeiten. Über Houghton lernt Lonsdale auch Miss Gee kennen. Diese beiden beschaffen nun streng geheime Unterlagen über das U-Boot-Abwehrprogramm, auch die Konstruktionspläne des gerade gebauten englischen Atom-U-Bootes »Dreadnought« sowie Testprotokolle über das S-Gerät, das U-Boot-Ortungs-Abwehrgerät.
Dem Sicherheitsoffizier des Marineministeriums, der Houghton oft im gleichen Wirtshaus antrifft, fällt allmählich auf, daß Houghton viel Geld ausgibt. Laut Dienstvorschrift darf er jedoch von sich aus keine Nachforschungen anstellen, zumal ihm definitive Beweise fehlen, auf die er einen offiziellen Bericht stützen könnte. Aber er hat bei der örtlichen Polizei einen guten Bekannten, der dort als Kriminalbeamter arbeitet und schon nach kurzer Zeit ermitteln kann, daß Houghton mehr Geld ausgibt, als er im Marinestützpunkt verdient. Das reicht aus, um die Spionageabwehr MI5 auf diesen Fall anzusetzen.
Offiziell heißt es, Houghton sei MI5 durch seine hohen Geldausgaben aufgefallen. Tatsächlich aber hat die CIA erste Hinweise geliefert: Dem Überläufer des polnischen Nachrichtendienstes Oberstleut-

Oberstleutnant Michal Goleniewski, Leiter der polnischen Militärspionage in Ost-Berlin, zugleich Agent der CIA

nant Michal Goleniewski ist nämlich bekannt, daß man Houghton bereits während seines Aufenthaltes in Warschau als künftigen polnischen Agenten ins Auge gefaßt hat.

Seit März 1960 werden Houghton und seine Freundin von MI5 in Zusammenarbeit mit der Polizei von Dorset beschattet. Die Überwachung ergibt, daß Houghton in regelmäßigen Abständen, gewöhnlich am Samstagnachmittag, entweder allein oder in Begleitung von Miss Gee mit dem Zug nach London fährt und sich dort mit einem Mann trifft, den man als Gordon Lonsdale identifiziert. Es ist auch nicht schwierig festzustellen, daß Houghton und Lonsdale jedesmal ein Päckchen austauschen.

Neun Monate lang läßt MI5 jeden Schritt der drei Verdächtigen beobachten, ehe die Erkenntnisse ausreichen, daß es sich um Spionage handelt. Jetzt setzt sich MI5 mit der Sonderabteilung von Scotland Yard in Verbindung, und Superintendent George Smith von »Special Branch« wird mit dem letzten Teil der Operation beauftragt.

Am Sonnabend, dem 7. Januar 1961, trifft der Zug um 14.45 Uhr in London ein; ihm entsteigen Houghton und Miss Gee. Sie geht erst in die Damentoilette, während Houghton eine Zeitung kauft und die Schlagzeilen überfliegt. Danach verlassen beide den Bahnhof und schlendern in Richtung Waterloo Road. Über Monate hinweg hatten sich Houghton und Miss Gee mit Lonsdale in der Waterloo Road getroffen und die gesamte Zeit über ihr Verhalten nicht geändert. Diesmal gibt es eine Überraschung: Das Paar verharrt in Bahnhofsnähe und springt in letzter Sekunde auf einen gerade anfahrenden Bus der Linie 68. Der Agent von Scotland Yard jedoch reagiert schnell und springt ebenfalls auf. Nahe der Waterloo Road steigen Houghton und Miss Gee aus, der Agent folgt ihnen. Fast eine halbe Stunde gehen sie scheinbar ziellos über den nahegelegenen Markt. Von der nächsten Haltestelle aus benutzen sie wieder den Bus zurück zum Waterloo-Bahnhof.

Unterdessen hat Superintendent Smith seine Mitarbeiter angewiesen, auf ihren Plätzen zu verbleiben.

Superintendent George Smith von Scotland Yard: Er hat bereits die Atomspione Nunn May und Dr. Fuchs festgenommen

Während der eine Agent Houghton und Miss Gee weiterhin auf den Fersen bleibt, fährt Lonsdale mit seinem Wagen vor, parkt ihn am Bahnhof und geht zum »Old Vic«-Theater hinüber, wo er die Plakate studiert. Inzwischen sind die beiden wieder am Waterloo-Bahnhof angelangt, überqueren nun die Straße in Richtung »Old Vic«. Miss Gee trägt einen Korb

bei sich und wirkt wie eine biedere Ehefrau, die mit ihrem Ehemann nachmittags einkaufen will.
Als sich Houghton und Miss Gee dem Theater nähern, blickt Lonsdale kurz um und geht ihnen hinterher. Smith und ein Dutzend seiner Agenten folgen den dreien. Bald holt Lonsdale Houghton und Miss Gee ein. Sie »zeigen sich überrascht«, tauschen herzliche Begrüßungen aus, und Lonsdale nimmt Miss Gee höflich den Korb ab.
Im gleichen Augenblick versperrt ihnen Superintendent Smith den Weg: »Sie sind verhaftet«. Ehe die drei sich von dem Schock erholt haben, befinden sie sich schon im Auto auf dem Weg zu Scotland Yard.
Der erste, den Smith verhört, ist Lonsdale. Doch gleich zu Beginn sagt er lächelnd: »Auf jede Frage, die Sie mir stellen, werde ich mit ›Nein‹ antworten. Es hat also gar keinen Zweck zu fragen.« Obwohl Smith stundenlang versucht, Lonsdale zum Sprechen zu bringen, bleibt der Verhaftete schweigsam.
Houghtons erste Worte sind: »Ich bin ein alter Narr gewesen.« Miss Gee dagegen behauptet: »Ich habe mich gar nicht strafbar gemacht.« In ihrem Korb liegen allerdings zwei Pakete mit Dokumenten aus dem Marineministerium sowie deren Reproduktionen, insgesamt über 3000 Stück. Bei Lonsdale findet man zwei Briefumschläge, die 125 Pfund enthalten, Houghtons »Gehalt«. In dem anderen Umschlag sind 15 amerikanische 20-Dollar-Noten.
Da Superintendent Smith trotz aller Geduld nichts aus Lonsdale herausbekommt, beschließt er, jene Leute unter die Lupe zu nehmen, mit denen Lonsdale sich häufig zu treffen pflegte. Er fährt zunächst nach Ruislip, einer westlichen Vorstadt von London. Hier wohnt in einem Bungalow, Haus Nr. 45 Cranley Drive, ein Ehepaar mittleren Alters, das sich Peter und Helen Kroger nennt.
Peter John Kroger heißt in Wirklichkeit Morris Cohen und ist als Sohn russisch-jüdischer Emigranten im New Yorker Stadtteil Bronx aufgewachsen. Ab 1924 besucht er die James Monroe High School und studiert danach an der Universität von Illinois. Er ist schon in jungen Jahren prokommunistisch eingestellt. Ab 1937 kämpft Cohen im Spanischen Bürgerkrieg unter dem Namen Israel Altmann bei der Abraham-Lincoln-Brigade. 1939 betreut er den sowjetischen Pavillon auf der Weltausstellung in New York und arbeitet anschließend für die dortige sowjetische Handelsniederlassung.
Am 13. Juli 1941 heiratet Cohen die Erzieherin Lona Teresa Petka, Tochter polnischer Einwanderer, alias Helen Kroger. Nach dem Zweiten Weltkrieg hat der sowjetische Nachrichtendienst Cohen angeworben und dem Rosenberg-Atomspionagering angegliedert. Als dieser Spionagering aufgedeckt wird, verläßt er mit seiner Frau im August 1950 fluchtartig die USA.
Die wenigen Bekannten, die sie jetzt in London haben, wissen nur, daß die Krogers Kanadier sind, die eine Zeitlang in der Schweiz gelebt haben und seit 1954 in England wohnen in der Hoffnung, das Klima auf der Insel sei für Peter Krogers Gesundheit bekömmlicher. Zuerst haben sie ein möbliertes Haus in Catford, einem anderen Londoner Vorort, gemietet und dort ein Bücherantiquariat eröffnet, das sich auf »Americana« spezialisiert.
Elf Monate später kaufen sie den Bungalow in Ruislip. Kroger schließt nun den Buchladen und betreibt sein Geschäft nur noch per Postversand. Er widmet einen Großteil seiner Zeit dem An- und Verkauf von Büchern und gilt in London als angesehener Experte. Neben dieser Betätigung leben die Krogers sehr abgeschieden. Sie haben nur wenige Freunde oder zufällige Bekannte. Was allerdings bisher kein Außenstehender weiß: Kroger ist erfahrener Funkagent und gehört zum Lonsdale-Spionagenetz.
Daß der Superintendent Smith die Krogers jetzt aufsucht, ist dem MI5 zu verdanken. Durch die monatelange Beschattung hat man festgestellt, daß Lonsdale sich recht häufig bei dem Ehepaar blicken läßt und des öfteren sogar übers Wochenende dort bleibt. Smith hat sich vorsorglich Verstärkung mitgenommen: ein Hauptinspektor und eine Sergeantin der weiblichen Polizei.
Der Superintendent fragt Mrs. Kroger, ob sie ihm die Namen der Gäste nennen wolle, die während der letzten sechs Monate bei ihnen gewesen seien. Mrs. Kroger zählt eine Reihe von Personen auf, erwähnt aber den Namen des häufigsten Besuchers, Lonsdale, nicht. Nun weiß Smith, daß sie lügt, und bittet sie, für eine weitere Befragung bei Scotland Yard mitzukommen. Mrs. Kroger macht keine Schwierigkeiten.
Sie zieht, äußerlich ruhig, ihren Mantel an, nimmt die Handtasche und fragt: »Da ich für einige Zeit fort bin, darf ich den Boiler anzünden?« »Aber sicher«, erwidert Smith, »doch lassen Sie mich zuerst einmal sehen, was in der Handtasche ist!« Mrs. Kroger weigert sich hartnäckig, und es bedarf aller Anstrengungen von Smith und der Polizistin, ihr die Handtasche

Der gepflegte Bungalow von Peter und Helen Kroger, ehemals Mitglieder des Rosenberg-Atomspionagerings

Die harmlos aussehende Yardley-Puderdose von Helen Kroger ist das Versteck für Chiffriercode und Mikrofilme

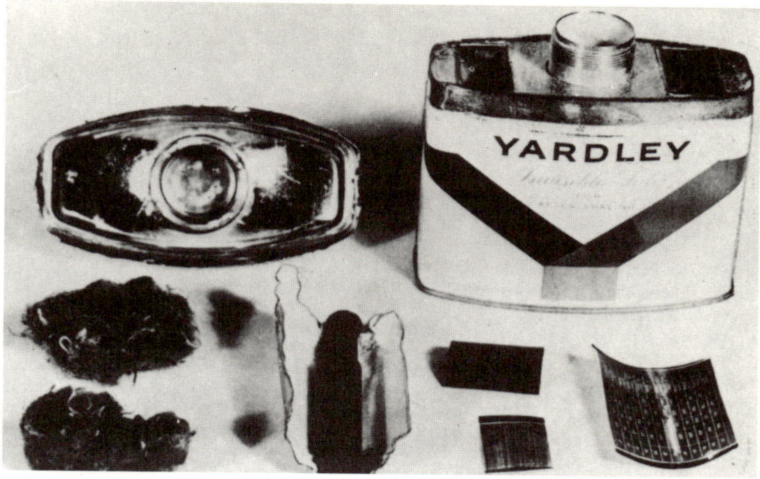

fortzunehmen. Smith findet darin einen sechsseitigen Brief in russischer Sprache, einen Mikrofilm und ein bedrucktes Stück Papier mit einem Code, Grund genug, um die Krogers auf der Stelle zu verhaften.
Als nächster Schritt erfolgen bei allen fünf Festgenommenen Hausdurchsuchungen und Überprüfung ihrer Bankkonten. In der Wohnung von Ethel Gee entdeckt man eine Liste von 18 geheimen Druckschriften. Alle stammen aus dem Aktenbestand des Marineministeriums in Portland. Auf einem weiteren Blatt Papier stehen Fragen, die sich auf die Ausforschung von zwölf verschiedenen Objekten in Portland beziehen.
Ferner werden 316 Pfund, Geldüberweisungen in Höhe von 726 Pfund und Obligationen im Wert von 3703 Pfund gefunden. Miss Gee verfügt außerdem über ein Bankkonto bei der Midland Bank in Weymouth, auf das sie am 10. Februar 1960 genau 300 Pfund eingezahlt hat. Beim Marineministerium verdient sie aber nur 10 Pfund und 13 Shilling die Woche.
In Houghtons Haus wird Scotland Yard ebenfalls fündig: Karten des Marineministeriums, in die Übungsgebiete für Atom-U-Boote und die Seeabschnitte für geheime Versuche eingetragen sind; Angaben über Versuchsergebnisse liegen in der Musiktruhe versteckt, dazu 500 Staatsobligationen zu 1 Pfund in einer Schublade im Wohnzimmer. Und im Schuppen am Ende des Gartens entdeckt man eine Farbpulverdose , in der 650 Pfund versteckt sind.
Aber die reichste Beute macht man im Haus der Krogers und bei Lonsdale im »White House«-Appartement. Im Bungalow wird ein Ronson-Tischfeuerzeug mit einem Geheimfach sichergestellt, das Angaben zur Übermittlung von Funksprüchen, darunter Sendezeiten und Wellenlängen, enthält, ferner eine Ausrüstung zur Anfertigung von Mikrofilmen, 354 Pfund in Banknoten, 230 Dollar in Travellerschecks, Kleinbildkameras und dazu passende Filme. Das Badezimmer läßt sich mit ein paar Handgriffen in einen abgedunkelten Raum und damit in ein Fotolabor umwandeln.
Der wichtigste Fund: ein langes Kabel, das an die Musiktruhe angeschlossen ist und in einer Falltür im Fußboden der Küche verschwindet. In dem darunter liegenden Hohlraum wird ein Funkgerät entdeckt.
In Lonsdales Appartement findet man ähnliche Spionageausrüstungen wie in dem Bungalow sowie 3600 Dollar und Unterlagen für verschlüsselte Mitteilungen. Der ausführliche Brief in der Handtasche von Mrs. Kroger ist von Lonsdale an seine Frau in Moskau, die Mikrofilme wiederum sind Briefe seiner Frau an Lonsdale.
Die fünf Spione werden am 18. März 1961 in London vor Gericht gestellt. Am 23. März 1961 wird Lonsdale

Zwei glückliche Spione: Das Ehepaar Kroger tritt nach seiner Freilassung die Flugreise in den Ostblock an

zu 25 Jahren Gefängnis verurteilt. Der Oberrichter: »Sie sind eindeutig ein Berufsspion. Dies ist ein gefährlicher Beruf, und Sie mußten damit rechnen – was Sie zweifellos auch taten –, im Falle einer Verhaftung schwer dafür zu büßen. Meiner Ansicht nach waren Sie in dieser Spionageaffäre, jedenfalls unter den fünf Angeklagten hier, der führende Kopf.«
Der Staatsanwalt im Prozeß gegen das Ehepaar Kroger: »Dieses harmlos wirkende Vorstadthaus, das auf dem Dach keine Radioantenne, nicht einmal eine Fernsehantenne trug und in dem die Krogers seit 1956 lebten, ist meiner Ansicht nach ganz eindeutig eine höchst leistungsfähige Radiostation, mit der man direkt nach Moskau senden und Sendungen von dort empfangen kann. Das Haus war voll von Mikrofilmen und Code-Streifen für verschlüsselte Nachrichten. In meinen Augen befand sich dort der wahre Angelpunkt eines Spionagerings und wahrscheinlich, angesichts der hohen Geldsummen, die gefunden wurden, auch die Bank dieses Rings.«
Die beiden Krogers erhalten je 20 Jahre, Houghton 15 Jahre und Ethel Gee ebenfalls 15 Jahre Gefängnis. Während der Gerichtsverhandlung macht der Erste Kronanwalt einige überraschende Enthüllungen über die Krogers und ihre wirklichen Namen: Bis 1950 haben sie sich regelmäßig mit den Atomspionen Julius und Ethel Rosenberg getroffen, die im Juni 1953 in Sing Sing hingerichtet worden sind. Das FBI erfährt aber von dieser Verbindung erst, als das Ehepaar Cohen bereits verschwunden ist.
Das FBI verliert tatsächlich jede Spur, bis Oberst Abel 1957 als sowjetischer Spion verhaftet wird und der Name Cohen in diesem Zusammenhang wieder auftaucht. Mit gefälschten Pässen hatten sich die beiden rechtzeitig aus den Vereinigten Staaten nach Australien abgesetzt, sind dann drei Jahre später in die Schweiz gezogen und schließlich im Dezember 1954 mit gefälschten kanadischen Pässen nach England gereist.
Bei der Tarnung des Top-Agenten Lonsdale hatte die Zentrale in Moskau alle Details berücksichtigt, denn wie alle Geheimdienste legt auch der sowjetische besonderen Wert auf bestmögliche Absicherung seiner Spione. Die Ermittlungen nach Lonsdales Verhaftung ergaben, daß es wirklich einen Gordon Lonsdale gegeben hat, geboren am 27. August 1924 in Kirkland Lake, einem Nest etwa 100 Kilometer nordöstlich von Cobalt in der kanadischen Provinz Ontario. Sein Vater war ein kanadischer Holzfäller, seine Mutter eine Finnin, deren Familie nach Kanada ausgewandert war.
Der verhaftete Gordon Lonsdale besaß also einen echten kanadischen Paß, und bei den Nachforschungen stellten die kanadischen Behörden fest, daß die Ausstellung dieses Passes im Jahr 1954 aufgrund einer Geburtsurkunde in Cobalt erfolgt war. Auch die auf dem Antragsformular angegebenen Namen und Anschriften der beiden Bürgen waren echt, nur die Unterschriften stimmten nicht mit denen der Bürgen überein.
Der Vater des wirklichen Lonsdale berichtete der Polizei: Ein Jahr nach der Geburt seines Sohnes Gordon habe sich seine Frau scheiden lassen und sei 1932 mit dem damals achtjährigen Jungen nach Finnland zurückgegangen. Seitdem habe weder er noch irgend jemand aus dem Bekanntenkreis etwas von ihnen gehört.
Bei MI5 vermutete man, daß der wirkliche Gordon Lonsdale vor 1954 gestorben und dies der Zentrale in Moskau bekannt war. Jedenfalls hatte das KGB nach gewohnter Methode seinem Agenten echte Personalpapiere verschafft. So konnte der Agent Lonsdale ohne Schwierigkeiten mit seinem kanadischen Paß nach Großbritannien gelangen.
Die Bürger des Commonwealth brauchten zu jener Zeit weder eine Aufenthalts- noch Arbeitserlaubnis vorzulegen. Dadurch war ein Untertauchen leicht möglich, denn von amtlicher Seite gab es keine Spur von Lonsdale. Um sein Agentennetz ungehindert aufbauen zu können, benötigte er lediglich zur Tarnung einen Beruf, wie zum Beispiel Vertreter oder Fabrikdirektor, damit er völlig unverdächtig viel reisen konnte.
Selbst wenn MI5 den Hinweis des polnischen Überläufers Goleniewski nicht bekommen hätte, wäre es der britischen Spionageabwehr eines Tages gelungen, dieses gut ausgerüstete Agentennetz auszuheben, weil allen fünf Mitgliedern gravierende Fehler durch Nichtbeachtung der konspirativen Regeln unterliefen. Vermutlich war Lonsdale in den fünf Jahren seiner ungestörten Spionagetätigkeit zu selbstsicher und dadurch leichtsinnig geworden.
Trotz Lonsdales hartnäckiger Weigerung, irgend etwas zu seiner Person zu sagen, fand man einige Jahre später seinen richtigen Namen heraus: Konon Trofimowitsch Molodij. Lonsdale mußte nur drei Jahre seiner 25jährigen Haftstrafe absitzen. Er wurde am Nachmittag des 22. April 1964 gegen den britischen Geschäftsmann Greville Wynne am Berliner »Checkpoint Charly« ausgetauscht.

KGB-Agent George Blake

Zu den erfolgreichen Agenten in der Geschichte der Spionage, der neun Jahre völlig ungestört für die Sowjetunion spioniert, zählt George Blake. Er wird nach seiner Enttarnung von einem britischen Gericht zur höchsten in England je verhängten Haftstrafe von 42 Jahren verurteilt, aber durch einen der dramatischsten Gefängnisausbrüche der Kriminalgeschichte nach fünfeinhalb Jahren befreit.

George Blake, Sohn des englischen Kaufmanns A. W. Behar, ist am 11. November 1922 in Rotterdam als George Behar geboren. Er besucht erst die Schule in Den Haag, später ein englisches College in Kairo und macht sein Abitur in Rotterdam. Nach dem Einmarsch der deutschen Truppen 1940 wird er in

den Niederlanden interniert. Doch Blake bricht aus und schließt sich mit 18 Jahren der holländischen Widerstandsbewegung an.
Um der Festnahme durch die Gestapo zu entgehen, flieht er 1943 unter dem Decknamen Peter de Vries über Gibraltar nach London und nimmt jetzt den Namen Blake an. Er meldet sich freiwillig zur Royal Navy, wird aber wegen seiner Sprachkenntnisse in Deutsch und Flämisch der »Special Operations Executive« (SOE) zugeteilt. Hier muß er holländische Agenten schulen, die per Fallschirm hinter den deutschen Linien abgesetzt werden sollen. Später dient er als Sub-Lieutenant in der Royal Navy.
Seit 1944 arbeitet Blake im Oberkommando der alliierten Invasionstruppen (SHAEF) als Dolmetscher, wird dort zum Lieutenant und kurz darauf zum Commander einer Abwehreinheit der Royal Navy befördert. In dieser Eigenschaft verhört Blake Offiziere der deutschen Kriegsmarine, um Beweise gegen U-Boot-Kommandanten zu sammeln, die im Verdacht stehen, Kriegsverbrechen begangen zu haben.
Nach dem Zweiten Weltkrieg beginnt Blake 1947 seine Laufbahn im Foreign Office. Er studiert nebenbei Russisch an der Universität in Cambridge und wird 1948 als Vizekonsul an die britische Gesandtschaft in Seoul, der Hauptstadt Südkoreas, berufen. Bereits ein Jahr später meldet Blake als erster von den Vorbereitungen Nordkoreas für einen Angriff über den 38. Breitengrad, doch diese Nachricht wird in London nicht beachtet. Als der Koreakrieg ausbricht und nordkoreanische Truppen am 29. Juni 1950 Seoul besetzen, werden Blake und die anderen Botschaftsangehörigen am 8. Juli interniert.
Ein Bischof, den man im selben Lager gefangenhielt, erinnert sich, daß Blake »ein Mann von großer Willenskraft war. Sein Mut, seine Begeisterung halfen uns, am Leben zu bleiben. Blake widerstand heldenhaft der Gehirnwäsche und debattierte mit den politischen Kommissaren, die uns zu bekehren suchten ... Er besuchte regelmäßig den Gottesdienst, war ein feiner Kerl und ein ausgezeichneter Diplomat«.
Nach der Freilassung kehren Blake und seine Mitgefangenen am 21. April 1953 nach England zurück. Bei MI6 ist man der Ansicht, daß Blake während der Internierung einer Gehirnwäsche nicht unterzogen wurde, obwohl dies später oft behauptet wird. Auch seine Kollegen sagen aus, daß sie an ihm keinerlei Anzeichen einer Veränderung bemerkt haben. Blake ist allerdings entschlossen, »sich auf die Seite der Kommunisten zu stellen, um an der Errichtung einer gerechteren Gesellschaft mitzuwirken«.
Wann dies geschah und welche Gründe ihn dazu bewogen haben, bleibt ungeklärt. Sein Motiv entspringt vermutlich politischer Überzeugung, die er während seiner Internierung in Nordkorea gewonnen hat, da das kommunistische System besser sei als jedes andere und den Sieg verdiene. Etwa zwei Jahre danach erfolgt 1955 seine Neueinstellung bei MI6.
Im Oktober 1954 heiratet Blake Miss Gillian Allan, die Tochter eines Offiziers, die als Sekretärin in seiner Abteilung arbeitet. Eines Tages versetzt MI6 seinen Mitarbeiter Blake zur britischen Stadtkommandantur nach Berlin. Von hier aus leitet er in enger Zusammenarbeit mit CIA und BND ein in der DDR bestehendes MI6-Agentennetz.
Dadurch bietet sich ihm die Gelegenheit, seine 1953 begonnene Arbeit für den sowjetischen Nachrichtendienst fortzusetzen. Seine Dienste sind den Sowjets so wertvoll, daß sie eine ganze Reihe zweitrangiger eigener Agenten über ihn dem Westen preisgeben, was natürlich eine perfekte Tarnung seiner wahren Tätigkeit bewirkt. Es ist anzunehmen, daß 1955 die Verschleppung von Robert Bialek in die DDR, des 1952 in den Westen geflüchteten Generalinspekteurs der Volkspolizei und Leiters des SSD in Ostberlin, auf das Konto von Blake geht.

George Blake mit seiner Mutter nach seiner Rückkehr aus nordkoreanischer Gefangenschaft

George Blake, Aufnahme von Scotland Yard, die später für den Steckbrief verwendet wird

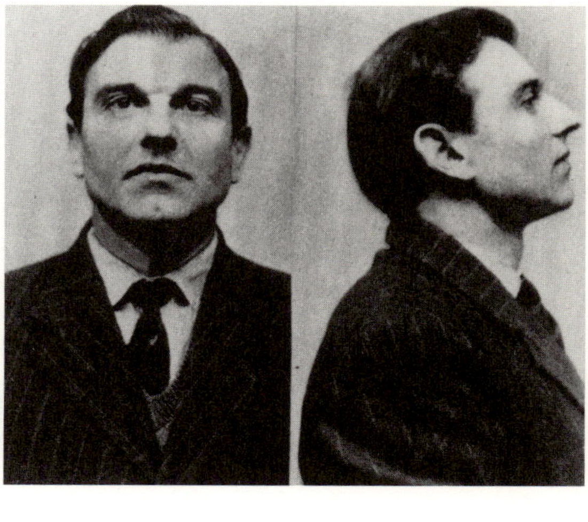

Eine empfindliche Niederlage erleiden die westalliierten Nachrichtendienste im Jahr 1956 durch die Entdeckung des von Blake verratenen Berliner Abhörtunnels. Besonders verhängnisvoll wirkt sich aus, daß Blake alle Namen der für Großbritannien im Ostblock tätigen Informanten kennt, die er den Sowjets preisgibt.

Blake verrät insgesamt 40 britische Agenten in den Ostblockländern und übermittelt dem KGB Unterlagen über Gliederung und Struktur der westlichen Streitkräfte sowie die Beschreibung der Charaktere aller leitenden Persönlichkeiten von MI6. Dank der detaillierten Informationen von Blake kann der sowjetische Nachrichtendienst Jahre hindurch die meisten Operationen des britischen Secret Service durchkreuzen.

Blake gehört in West-Berlin einer Sondergruppe der westlichen Geheimdienste an, bei der Agentenberichte aus der DDR zusammenlaufen und ausgewertet werden. Blake: »Ich muß freimütig zugeben, daß ich jedes Dokument von einiger Wichtigkeit, zu dem ich Zugang hatte, an meinen sowjetischen Kontaktmann weiterleitete.«

Diesen Landesverrat soll Blake ohne finanzielle Gegenleistung verübt haben. Von 1956 bis 1959, dem Jahr seiner Rückberufung in das Londoner Foreign Office, hat Blake Kontakt zu Horst Eitner, einem ehemaligen Agenten der Organisation Gehlen, der jetzt für den britischen Nachrichtendienst arbeitet. Zu diesem Zeitpunkt entdecken Blake und Eitner, daß sie beide Agenten des KGB sind.

Eitner, den die Engländer 1960 als Ost-Agenten verhaften, enthüllt im Februar 1961 die wahre Tätigkeit von Blake. Man schenkt ihm jedoch keinen Glauben. Erst durch die Aussagen des kurz danach in den Westen übergelaufenen Leiters der polnischen Militärspionage in Ost-Berlin, Oberstleutnant Michal Goleniewski, ein Agent im Dienst der CIA, wird man in Großbritannien hellhörig. Eine weitere Bestätigung liefert Oberst Antoni Alster, ein hoher Funktionär im polnischen Innenministerium und Leiter der polnischen Geheimpolizei (Urzad Bezpieczenstwa, UB), der Anfang Mai 1961 ebenfalls in den Westen überläuft.

Blake, der sich seit 1960 am Middle East Center for Arabic Studies des Foreign Office in Beirut aufhält und seine weitere geheimdienstliche Tätigkeit für den Osten dort vorbereitet, wird mit einem harmlosen Telegramm nach London zurückgerufen und dort am 10. März 1961 verhaftet. Nach seiner Enttarnung zerstören die Sowjets im Ostblock schlagartig das von den Engländern aufgebaute Spionagenetz, was mindestens 40 Agenten in der DDR das Leben kostet.

Die britische Öffentlichkeit erfährt erst durch den Prozeß von dem Fall Blake. Am 3. Mai 1961 verurteilt ihn das Gericht nach einer nur 15 Minuten dauernden Verhandlung zu der höchsten in Großbritannien verhängten Strafe von 42 Jahren Haft. Doch mit Hilfe eines ehemaligen Mithäftlings gelingt Blake die Flucht.

Am Sonnabend, dem 22. Oktober 1966, bricht er gut vorbereitet aus dem Gefängnis »Wormwood Scrubs« aus. Nun entbrennt die größte Suchaktion der britischen Kriminalgeschichte, in deren Verlauf der entkommene Sowjetspion und sein Helfershelfer, der irische Terrorist Sean Alphonsus Bourke, Scotland Yard, die regionale Polizei und auch die Spionenjäger von MI5 monatelang an der Nase herumführen.

Die beiden Männer sind sich zum erstenmal Ende Januar 1961 hinter den sechs Meter hohen Mauern des »Scrubs« begegnet. Bourke muß wegen der Briefbombe, die er einem Polizisten zugeschickt hat, sieben Jahre Haft verbüßen. Die beiden Insassen von Block D sind sich von Anfang an sympathisch und diskutieren oft über die Fluchtmöglichkeiten.

London, das Gefängnis »Wormwood Scrubs«: größte Suchaktion der britischen Kriminalgeschichte

Anfang 1966 wird Bourke entlassen. Der Ire findet in einer Fabrik im Bezirk East Acton Arbeit, wohnt in einer kleinen Pension und kauft sich von seinen ersten ersparten 50 Pfund einen alten wackeligen Humber. Dann besorgt er sich eine Stoppuhr und prüft in mehrmaligen Testfahrten den Fluchtweg. Er stellt unter anderem fest, daß während der Besuchszeiten des Hammersmith-Hospitals, das dicht neben der Haftanstalt liegt, die Wagen sogar entlang der Gefängnismauer abgestellt werden. Er kauft daher eine Strickleiter und zwei japanische Walkie-talkies, eines davon läßt er Blake in seine Zelle schmuggeln.
Am Montag, dem 17. Oktober 1966, bezieht Bourke ein möbliertes Zimmer in der Highlever Road, etwa 1500 Meter vom »Scrubs« entfernt. Die beiden Männer probieren aus, ob der Kontakt über die Funksprechgeräte klappt, und legen den 22. Oktober als Fluchttermin fest.
Während Bourke am Sonnabend um 17 Uhr seinen Wagen an der Gefängnismauer parkt, sitzt Blake noch im Aufenthaltsraum vor dem TV-Gerät. Um 19 Uhr bittet er um die Erlaubnis, wieder in seine Zelle gehen zu dürfen. Der Ire verständigt sich nun mit Blake, springt aus dem Wagen und wirft die Strickleiter über die Mauer. Einige Augenblicke später hat Blake die Oberkante erreicht, schwingt sich hinüber, fällt aber so unglücklich, daß er mit dem Kopf aufs Pflaster schlägt und das Bewußtsein verliert. Bourke schleppt den blutenden Kumpel in seinen Wagen und rast in Richtung Highlever Road.
Die beiden sind gerade in Bourkes Zimmer angelangt, als man die Flucht des Spions entdeckt und sofort alle Sicherheitsorgane alarmiert. An den Flugplätzen und Häfen sowie an sämtlichen Ausfallstraßen rings um London werden verstärkte Kontrollen angeordnet. Selbst in Irland setzt man Detektive ein, um nach dem Ausbrecher zu fahnden. Doch keiner vermutet den entlaufenen Gefangenen in einem Haus, das in Sichtweite der Haftanstalt liegt.
Nachdem Bourke und Blake am 29. Oktober 1966 ihr Quartier gewechselt haben – sie wohnen jetzt noch näher am Gefängnis – wird das Fluchtauto mit dem zurückgelassenen Walkie-talkie sichergestellt und die Unterkunft in der Highlever Road ermittelt. Doch außer einigen Fingerabdrücken findet man keine weiteren Spuren.
Unterdessen schickt Blake seinen Freund zu einer bestimmten Adresse, damit er ihm dort falsche Papiere besorgen soll. Weihnachten und Silvester 1966 feiern sie noch bei einer Flasche Whisky, bevor sich Blake am 7. Januar 1967 von Bourke mit den Worten verabschiedet: »Wir werden uns in Moskau wiedersehen.« Er nimmt ein Taxi und fährt zum Londoner Flughafen Heathrow. Unbemerkt besteigt er eine Maschine nach Hamburg, und von der Hansestadt aus schleust ihn ein KGB-Agent nach Ost-Berlin.
Mit dem nächsten Flugzeug gelangt Blake nach Moskau und steht nun seinem überraschten Führungsoffizier gegenüber. Einige Tage später folgt ihm sein Fluchthelfer Bourke in die sowjetische Hauptstadt.

Sean A. Bourke hilft Blake, aus dem berüchtigten Londoner Gefängnis zu entkommen

Maulwurf im BND: Heinz Felfe

Die Auslandsabteilung des KGB versteht es auf raffinierte Weise, einen ehemaligen SS-Obersturmführer in Westdeutschland anzuwerben und ihn in die Organisation Gehlen, den späteren Bundesnachrichtendienst (BND) einzuschleusen. Diesem Agenten gelingt es, den Sowjets zehn Jahre lang ungehindert alle Interna des BND preiszugeben. Der Geheimnisverrat ist so folgenschwer, daß nach Aufdeckung im Januar 1961 der gesamte Aufklärungsdienst des BND völlig umorganisiert werden muß.

Der 1918 in Dresden geborene Heinz Paul Johann Felfe, Sohn eines Polizisten, tritt bereits mit 13 Jahren in den SS-Schülerbund ein. Felfe: »Ich war für mein Alter außerordentlich kräftig entwickelt.« Mit 17 Jahren gehört er der SS-Kraftfahrergruppe an und bekommt danach vom Reichssicherheitshauptamt

Heinz Felfe, der ehemalige Gestapomann, spioniert für Moskau

(RSHA) ein Stipendium für seine Ausbildung zum Kriminalbeamten. In dieser Funktion führt Felfe bis 1943 die Geschäftsstelle der sächsischen Gauleitung in Dresden.

Auf Empfehlung von Kriminalrat Hans Clemens, SS-Hauptsturmführer und Leiter der Sicherheitsdienst-Außenstelle Dresden, wird Felfe, nachdem er einen Agentenlehrgang erfolgreich abgeschlossen und zwei Kollegen durch Denunziation ins KZ gebracht hat, in das Berliner RSHA, Abteilung VI – Auslandsnachrichtendienst, versetzt. Dort übernimmt er 1943 im Rang eines SS-Obersturmführers das Referat »Schweiz«. Ein Jahr später hat Felfe den Umtausch gefälschter Pfundnoten in der Schweiz bewerkstelligt, die im KZ-Lager Sachsenhausen hergestellt wurden.

Wegen seiner Zugehörigkeit zum Sicherheitsdienst (SD) wird Felfe 1945 verhaftet und in ein kanadisches Kriegsgefangenenlager gebracht. Bereits hier soll ihn der britische Nachrichtendienst angeworben haben. Nach seiner Entlassung im Jahr 1946 stuft ihn die englische Militärregierung bei der Entnazifizierung in Westdeutschland als »nicht betroffen« (Gruppe V) ein, um ihn anschließend als V-Mann für den Geheimdienst MI6 einzusetzen.

Anfang 1950 betätigt sich Felfe als freier Journalist in Bonn, muß aber in Wirklichkeit die subversiven kommunistischen Umtriebe an der Bonner Universität beobachten. Im Sommer 1950 bekommt Felfe vom Ministerium für gesamtdeutsche Fragen den Auftrag, entflohene ostzonale Volkspolizisten in den westdeutschen Flüchtlingslagern eingehend zu befragen. Inzwischen wird Felfe als ehemaliger Angehöriger des Sicherheitsdienstes der SS vom KGB angeworben und im September 1951 in das sowjetische Hauptquartier nach Berlin-Karlshorst beordert. Hier lernt er Oberst »Max« kennen, dem er sich schriftlich verpflichten muß, künftig als Agent (Deckname Paul) für Moskau tätig zu sein. Das KGB versucht nun alles, um seinen neuen Agenten in den westdeutschen Nachrichtendienst einzuschleusen.

Nur zwei Monate später, am 15. November 1951, kommt Felfe auf Empfehlung seines früheren Kumpels Hans Clemens, der seit kurzem für die »Organisation Gehlen« (Org) arbeitet, in der Org unter. Zunächst setzt man ihn in der Nebenstelle Karlsruhe ein, erst ab 1953 übernimmt ihn die Zentrale in Pullach.

Damit Felfe sich in der »Organisation Gehlen« bald als besonders tüchtig hervorheben kann, liefert ihm sein Führungsoffizier, der KGB-Oberst »Alfred«, Protokolle aus geheimen Sitzungen der DDR-Regierung, dazu abfällige Äußerungen von DDR-Ministern über SED-Kollegen und die gegen den SED-Chef Walter Ulbricht gerichteten Stimmungsberichte aus dem ZK der SED. Der sowjetische Nachrichtendienst spielt Felfe teilweise sogar wertvolles Geheimmaterial zu, um seine Position noch zu stärken.

1958, zwei Jahre nach Umbenennung der Organisation Gehlen in Bundesnachrichtendienst (BND), wird Felfe Leiter des Referats »Sowjetunion« in der Abteilung III F (Gegenspionage), gleichzeitig Regierungsrat auf Probe mit dem Gehalt eines Oberregierungsrates. Gehlen: »Felfe ist ein Nachrichten-As!«

In den Routineberichten des BND für das Kanzleramt prägt das Spielmaterial von Felfe selbst politische Entscheidungen von Konrad Adenauer. Felfe: »Ich wollte in den Augen der Sowjets dastehen wie eine Eins.«

Den Kollegen vom DDR-Referat ist Felfe schon lange ein Dorn im Auge, da bei ihm alles einfach zu gut funktioniert und er sich wiederholt in ihren Aufgabenbereich einmischt. Den Stein des Anstoßes bildet nicht zuletzt sein 1958 in Bayern gekauftes Haus, denn jeder fragt sich natürlich, mit welchen Mitteln er das wohl finanziert habe.

Als Gehlen im November 1958 den »äußerst begabten« Felfe mit der Leitung des Unternehmens »Panoptikum« – Sammeln von Erkenntnissen über sowjetische Unterwanderung des BND – beauftragt, äußern einige Referatsleiter Gehlen gegenüber ihre Bedenken. Sie wissen jedoch nicht, daß man Felfe bereits beobachten läßt.

Im Jahr 1960 feiern Felfe und Clemens ihr zehnjähriges Dienstjubiläum nicht nur beim BND, sondern auch beim sowjetischen Nachrichtendienst. Aus Ost-Berlin bekommen beide eine Gratifikation von 2000 Westmark und ein Belobigungsschreiben des KGB-Chefs Schelepin. Der Präsident des BND dagegen überreicht ihnen eine Silberplakette mit dem heiligen Georg und der Gravur »Für treue Dienste«.

Ende Oktober 1961 berichtet der zu den Amerikanern übergelaufene KGB-Major Anatol Golyzin der CIA von einem Spitzenagenten Moskaus im westdeutschen BND, dessen Namen er allerdings nicht kenne. Der schon seit langem bestehende Verdacht gegen Felfe, daß er für die UdSSR Spionage betreibe, wird am 27. Oktober 1961 zur Gewißheit, als es dem BND gelingt, eine an Felfe gerichtete KGB-Funkmeldung zu entziffern.

Am 6. Novembver 1961 wird Felfe – gleichzeitig auch Clemens und Tiebel – von Beamten der Sicherungstruppe des Bundeskriminalamtes (BKA) in München-Pullach verhaftet. Die CIA telegrafiert an den BND: »Glückwunsch, Ihr habt Euren Felfe entdeckt, wir unseren noch nicht.«

BND-Chef Gehlen: »... es gelang den Sicherheitsorganen des Dienstes, im Laufe eines Jahres Hintergründe und Zusammenhänge zu klären, die bei sofortiger Verhaftung nicht hätten entdeckt werden können.«

Zwischen 1951 und 1961 haben Felfe und seine beiden SS-Kumpane dem sowjetischen Nachrichtendienst an Material übermittelt: 300 Minoxfilme mit 15 660 Aufnahmen von Geheimdokumenten, 20 Tonbänder und eine nicht mehr feststellbare Anzahl von Funkmeldungen, darunter streng geheime Wochenberichte des BND, Monatsberichte der Spionageabwehr und Lageberichte des Bundesamtes für Verfassungsschutz (BfV) über dessen Aktionen gegen Ost-

agenten, dazu Codeschlüssel sowie Angaben über tote Briefkästen und Kurierwege des BND.
Felfe ist, ebenso wie Clemens und Tiebel, oft mit US-Kuriermaschinen zu seinen Treffs nach Berlin geflogen oder hat auf der Berlin-Autobahn innerhalb der DDR an vorher vereinbarten Stellen Konservendosen mit darin versteckten Mikrofilmen aus dem Wagen geworfen. Sein Honorar: 150000 Westmark.
Das Schwerwiegendste ist Felfes Verrat von 94 BND-Agenten an den sowjetischen Nachrichtendienst. Dieser unglaubliche Verratsfall bewirkt, daß die einst so große Stärke des BND, die sogenannte »human intelligence«, verlorengeht.
Was jedoch undenkbar erscheint: In dem nur unzulänglich bewachten Untersuchungsgefängnis Karlsruhe, Tiefstahlstraße, hat Felfe als Bibliothekar und Kleiderkammerverwalter die Möglichkeit, mit dem sowjetischen Nachrichtendienst weiterhin in Kontakt zu bleiben: Die an seine Mutter in Dresden gerichteten Briefe enthalten stets Mitteilungen für den KGB-Führungsoffizier »Alfred«, die er mit selbst angefertigter Geheimtinte aus Wasser und Alaunstein schreibt. So weiß das KGB genau, was die Untersuchungsbehörden von dem zehnjährigen Verrat erfahren haben und was nicht, mit welchen Methoden man ihn enttarnt hat, welche Anschuldigungen die Bundesanwaltschaft gegen ihn erhoben hat und wie er sich zu verteidigen gedenkt.
Am 22. Juli 1963 werden vom Bundesgerichtshof wegen Landesverrats verurteilt: Felfe zu 14 Jahren Haft und 140000 DM, Clemens zu 10 Jahren und 140000 DM und Tiebel zu 3 Jahren und 40000 DM.
Der Ankläger, Oberstaatsanwalt Fischer: »Felfe war eine Spitzenquelle für die Sowjets. Sein Name wird bestimmt in die nachrichtendienstliche Geschichte eingehen.«
Kurz nach der Urteilsverkündung bemüht sich die sowjetische Vertretung in Bonn um vorzeitige Freilassung ihres Spitzenagenten. Bereits am 14. Februar 1969, nachdem Felfe knapp die Hälfte seiner Strafe verbüßt hat, wird er auf Drängen von Herbert Wehner, derzeit Minister für gesamtdeutsche Fragen, trotz dringender Warnung des BND-Präsidenten Gehard Wessel am Grenzübergang Herleshausen ausgetauscht. Wessel weist energisch darauf hin, das KGB könne nicht nur durch Felfe Detailkenntnisse über den BND erlangen, sondern auch bei den eigenen Agenten den Eindruck verstärken, daß der sowjetische Nachrichtendienst seine Mitarbeiter nie im Stich lasse.
Die Bundesrepublik erhält im Austausch für Felfe 15 politische DDR-Häftlinge, darunter drei Frauen sowie die drei Heidelberger Studenten Volker Schaffhausen, Peter Sonntag und Walter Naumann, die auf ihrer Reise in die Sowjetunion im Auftrag der CIA Autonummern von Militärfahrzeugen notiert haben.
Seit 1970 ist Felfe als Deutschland-Experte in der KGB-Zentrale Moskau tätig und ab 1978 als Professor für Kriminologie an der Humboldt-Universität in Ost-Berlin.

Hans Clemens verhilft Felfe dazu, in der »Organisation Gehlen« Fuß zu fassen

Oberst Oleg Penkowskijs Berichte

Der größte Spion des Westens, »ein Agent, von dem die Geheimdienste sonst nur träumen« – so der Londoner »Daily Express«, ist Oberst im sowjetischen militärischen Geheimdienst GRU. Er beeinflußt wie kaum ein anderer Spion zuvor die Weltpolitik, als er während der Kuba-Krise 1962 signalisiert, daß die sowjetischen Atomstreitkräfte noch nicht einsatzbereit seien. So ist es Präsident John F. Kennedy möglich, ganz konsequent gegen die Aufstellung sowjetischer Raketenbasen auf Kuba vorzugehen.

Oleg Wladimirowitsch Penkowskij, am 23. April 1919 in Ordschonikidse im Kaukasus, dem früheren Wladikawkas, geboren, ist der Sohn eines im Kampf gegen die Rote Armee 1919 bei Rostow gefallenen weißrussischen Offiziers. Penkowskij hat die berühmte Frunse-Militärakademie, die Dserschinskij-Akademie und die Militärisch-Diplomatische Akademie absolviert. Während des Zweiten Weltkrieges wird er dreizehnmal ausgezeichnet, darunter mit dem Rotbannerorden sowie dem Orden des Roten Sterns, und mit 25 Jahren zum Regimentskommandeur befördert. 1949 erfolgt seine Ernennung zum Oberst der GRU, damit steht ihm die Laufbahn eines Generals offen.
Penkowskij ist jetzt Stabsoffizier in einer GRU-Sondergruppe, zuständig für die Geheimdienstarbeit in den USA, in Kanada, Südamerika und Großbritannien. Er verfügt über glänzende Beziehungen, ist der Großneffe des Armeegenerals und ehemaligen Fernost-Befehlshabers, jetzt Vize-Verteidigungsministers der UdSSR, Walentin A. Penkowskij. Sein Schwiegervater, ebenfalls ein General, heißt Dimitrij A. Gapanowitsch. Und Sergej S. Warenzow, Hauptmarschall der Artillerie, dazu Oberbefehlshaber der Raketentruppen und ZK-Kandidat, ist sein Förderer und Duzfreund.

Von 1960 bis 1962 übernimmt Penkowskij als stellvertretender Leiter die Auslandsabteilung des Staatskomitees für Koordination der wissenschaftlichen Forschung in der Hauptverwaltung der GRU. Die zunehmende Verschärfung des totalitären Systems in der UdSSR und deren Auswirkungen auf die russische Bevölkerung läßt in Penkowskij den Gedanken reifen, geheime Kontakte zu westlichen Nachrichtendiensten aufzunehmen, um seine brisanten Kenntnisse dem Westen preiszugeben. Über ein halbes Jahr lang versucht er dies ohne Erfolg. Er wendet sich in Moskau sogar an mehrere amerikanische Studenten, doch aus Furcht vor einer möglichen Provozierung der Sowjets stößt er überall auf Ablehnung.

Im April 1961 vertraut er sich schließlich dem Londoner Exportkaufmann Greville Wynne an, der im Zweiten Weltkrieg geheimdienstliche Erfahrungen gesammelt hat. So wird der Engländer quasi durch Zufall zum Verbindungsmann eines der wichtigsten Spione. Zwischen dem 20. April 1961 und 21. Oktober 1962 liefert Oberst Penkowskij der amerikanischen CIA und dem britischen Geheimdienst MI6 Mikrofilme mit über 5000 Dokumenten von unschätzbarem Wert, dazu präzise Informationen über die Kreml-Spitze, den sowjetischen Generalstab und die arrivierte sowjetische Gesellschaft.

Ein führender Beamter von MI6: »Penkowskij war das bei weitem höchste Mitglied der Sowjethierarchie, das je mit uns zusammengearbeitet hatte.« Die meisten und wichtigsten Informationen übermittelt Penkowskij den Ostexperten des MI6 und der CIA während seiner drei Reisen in den Westen: Im April 1961 führt er drei Gespräche in London, im Juli und August 1961 hat er dort fünf weitere Treffs vereinbart, und im September 1961 finden anläßlich der Industrieausstellung mehrere Unterredungen in Paris statt.

Sein Kontaktmann Greville Wynne: »Als Alex im April 1961 vom Zoll in die Haupthalle des Londoner Flughafens schritt, trug er zwei schwere Koffer, als ob es Streichholzschachteln wären. Er konnte mich nur förmlich begrüßen, da er mir sechs Kollegen vorstellen mußte, aber als wir im Hotel am Marble Arch ankamen und die anderen in ihre Zimmer geführt wurden, umarmte er mich wie ein Bär mitten im Foyer, stellte sich vor mich hin und rief, mit den Händen auf meinem Schultern: ›Ich kann es nicht glauben, mein lieber Greville, ich kann es einfach nicht gauben!‹

Die russischen Delegierten wurden zu zweien in einem Zimmer untergebracht, außer Alex, der ein Einzelzimmer hatte. Das war wichtig, denn abends, wenn seine offizielle Arbeit getan war, mußte er in ein nahegelegenes Appartement verschwinden, wo seine wirkliche Arbeit begann.

Hier war ein Stockwerk vom britischen Nachrichtendienst übernommen worden. In den meisten Räumen befanden sich ahnungslose Beamte, die nicht hätten sagen können, was in den wenigen noch übrigen Zimmern vor sich ging. Es gab zwei oder drei Büroräume, ein Konferenzzimmer und (die Hauptsache) ein Operationszentrum. Hier waren statt des steifen Schlafzimmermobiliars Schreibmaschinen, Tonbandapparate, Chiffriermaschinen, Empfangsgerät-

London, April 1961: Oleg W. Penkowskij (links) und Greville Wynne auf einem Empfang der sowjetischen Handelsdelegation

London, Marble Arch, Hotel »Mount Royal«: Penkowskijs konspirativer Treffpunkt mit britischen und US-Geheimdienstlern

schaften, eine Privatverbindung nach Washington und ein Vorführapparat für Diapositive und Filme untergebracht. Es gab Stenographen, Maschinenschreiberinnen und Dolmetscher, falls technische Sprachschwierigkeiten auftreten sollten. Ein Arzt mit einem Stethoskop, einer Spritze und Aufpulverungstabletten war parat, um Alex wach und frisch zu halten. Während seines ganzen Aufenthaltes in London schlief er nachts nie mehr als drei Stunden, und britische und amerikanische Nachrichtenoffiziere taten Schichtdienst, um Fragen und Fragen und Fragen zu stellen.
Das Material, das ich im voraus nach London gebracht hatte, setzte die Leute dort in Erstaunen, und zu ihrem Lobe sei gesagt, daß sie einsahen, daß jetzt keine Zeit für eine Kirchturmpolitik sei. Die Amerikaner erhielten vollen Zugang zu den unbezahlbaren Informationen, und zu vorgerückter Stunde jenes ersten Abends wurde Alex im Konferenzraum von den Leuten empfangen, die ihn so eifrig erwartet hatten.«
Der Oberst berichtet unter anderem über: Chruschtschows Entschlossenheit, die Berlin-Krise im Sommer 1961 bis zum Krieg zu treiben; die kompletten sowjetischen Aufmarschpläne für den Kriegsfall; die Explosion einer atomgetriebenen Rakete auf einem Übungsgelände, bei der 300 Militärs und Techniker ums Leben kamen, darunter der Oberbefehlshaber des Strategischen Raketenkommandos, Marschall Mitrofan W. Nedjelin; Hungerrevolten in sowjetischen Städten (unter anderem in Iwanowo), wo die Miliz auf Demonstranten geschossen hat; über Intimitäten aus dem Leben von Chruschtschow und anderen Kreml-Machthabern.
Penkowskij nennt auch genaue Statistiken über die landwirtschaftliche Produktion in der UdSSR, über Standorte, Produktionszahlen, Planungs- und Betriebsmethoden der sowjetischen Hauptindustriezweige einschließlich der Stahlproduktion; er berichtet über Elektronik-, Flugzeug- und Rüstungsbetriebe, über Beziehungen der UdSSR zu anderen Ostblockländern mit Texten von geheimen Abkommen und künftigen Maßnahmen diesen Ländern gegenüber; er liefert Namen und Fotos von über 300 sowjetischen Agenten im Westen, dazu die Namen einiger hundert Agenten, die zur Zeit in Ostblockländern ausgebildet werden, ebenso die Namen westlicher Politiker, die in bezahlten Diensten der UdSSR stehen.
Außerdem erfährt der Westen durch ihn Einzelheiten über sowjetische Raketen-Abschußbasen auf dem gesamten Gebiet der UdSSR, zusammen mit statistischen Angaben über die Schulung der Mannschaften, dann Einzelheiten über Waffenproduktionen und Materialreserven. Alle Informationen übergibt Penkowskij der CIA und dem MI6 ohne Bezahlung und, was dabei besonders wichtig ist, gerade zu einem Zeitpunkt, als bei der westlichen Spionage eine gefährliche Lücke zu entstehen droht.
Seit dem Debakel des Piloten Powers am 1. Mai 1960 über Swerdlowsk kann keine U-2 mehr die UdSSR überfliegen, und die Spionagesatelliten sind noch im Entwicklungsstadium. Daher suchen die westlichen Staatsmänner zwischen Mai 1960 und April 1961 verzweifelt nach einer Möglichkeit, die wahren Absichten des Kreml zu ergründen.
Es erscheint heute fast unglaublich, wie Penkowskij es überhaupt geschafft hat, fast anderthalb Jahre lang

Im Reisegepäck von Penkowskij: Minox-Minikameras, Filmrollen, Funkgerät im Transistorradio und andere Spionage-Utensilien

unbehelligt dem Westen derartig bedeutende Informationen zu übermitteln, noch dazu unter Mißachtung der konspirativen Regeln. Jedesmal, wenn Penkowskij nach Moskau zurückkehrt, ist er förmlich beladen mit allen möglichen Spionageutensilien wie Minikameras, zahllosen Filmrollen, Geheimtinte, mehreren Codes, mit Funkgeräten, präpariertem Schreibpapier und dergleichen mehr. Und in Moskau trifft er sich ungeniert – trotz der Wachsamkeit des KGB – mit Mr. Wynne sowie mit britischen und amerikanischen Diplomaten.
Die letzte und wichtigste Nachricht liefert Penkowskij auf dringende Anfrage Washingtons während der Kuba-Krise. Wahrscheinlich hat sie den Weltfrieden gerettet, aber Penkowskij das Leben gekostet: In der Eile funkt er, ohne Beachtung der üblichen Vorsichtsmaßnahmen, im Klartext von der mangelnden Einsatzbereitschaft sowjetischer Streitkräfte im Falle einer kriegerischen Auseinandersetzung. Diese Nachricht ermöglicht Präsident Kennedy, seinem Ultimatum – der Entfernung sowjetischer Raketen aus Kuba – Nachdruck zu verleihen.
Zwei Tage danach, am 22. Oktober 1962, wird Penkowskij in Moskau verhaftet. Bereits am 2. November 1962 kidnappt das KGB in Budapest auf offener Straße den Briten Wynne, der sich während der Industrieausstellung dort aufhält, und verschleppt ihn in einer Sondermaschine nach Moskau. Am 7. Mai 1963 stehen Oberst Oleg Penkowskij und Greville Wynne in Moskau vor Gericht (Ankläger: Generalleutnant Gorny, Richter: General Borissoglebski). Am 11. Mai 1963 wird Penkowskij zum Tode verurteilt und Wynne zu acht Jahren Zuchthaus. Nach offiziellen Angaben hat man Penkowskij am 19. Mai 1963 erschossen, er soll aber laut Wynne Selbstmord begangen haben. Wynne wird am 22. April 1964 gegen den sowjetischen Spion Molodij alias Gordon Lonsdale, ausgetauscht.
In der militärischen Führungsspitze der UdSSR löst der Fall Penkowskij eine umfangreiche Säuberungsaktion aus. Alle Bekannten, Freunde und Gönner von Penkowskij werden wegen Fahrlässigkeit und mangelnder Wachsamkeit abgelöst, pensioniert oder auf unbedeutende Posten abgeschoben: Chef der GRU, General Iwan P. Serow, sowie Hauptmarschall Sergej Warenzow, Oberbefehlshaber der Taktischen Raketenstreitkräfte (Held der Sowjetunion, Träger des Lenin-Ordens und Mitglied des Obersten Verteidigungsrates) werden abgesetzt; ebenso Marschall Moskalenko, Oberbefehlshaber der Strategischen Raketenstreitkräfte, die Generäle der Raketentruppen Posowny und Kupin sowie Admiral Bekrenew, Leiter der GRU-Abteilung I (illegale Tätigkeit).
Die GRU-Abteilung I, in der Penkowskij gedient hat, wird aufgelöst und die Neuorganisation dem Schwiegersohn von Ministerpräsident Kossygin anvertraut. Moskau muß über 300 seiner Diplomaten aus aller Welt zurückbeordern, die Penkowskij als Agenten entlarvt hat. Das Penkowskij-Vernehmungsprotokoll von KGB-Oberstleutnant Alexander S. Gwosdilin erscheint 1963 in Moskau unter dem Titel »An der Front des geheimen Krieges« (Auflage 125000 Exemplare). Es soll allen Partei- und Komsomol-Organisationen in der UdSSR als Warnung dienen. 1965 werden in London Teile seiner Tonbandaufzeichnungen, die er in London und Paris zusammen mit den Niederschriften für MI6 und CIA gemacht hat, als Buch unter dem Titel »The Penkowsky Papers« veröffentlicht.

Moskaus Superagent Kim Philby

Einer der gefährlichsten und erfolgreichsten Doppelspione der Geschichte, Kim Philby: »Man hat mich in letzter Zeit einen Doppel- oder sogar dreifachen Agenten genannt. Wenn das heißen soll, daß ich mit gleichem Eifer für zwei oder mehr Seiten zugleich gearbeitet hätte, dann ist es völlig irreführend. In meiner ganzen Laufbahn bin ich ein im sowjetischen Interesse arbeitender zuverlässiger Agent gewesen. Daß ich dem britischen Secret Service beigetreten bin, hat nichts zu sagen; ich betrachtete meine Tätigkeit dort nur als Tarntätigkeit, die ich so gut ausübte, daß sie mir ermöglichte, besonders viel für die Sowjetunion herauszuholen.«

Harold Adrian Russell Philby, genannt »Kim«, nach dem jugendlichen Helden von R. Kipling, geboren am 1. Januar 1912 in Amballa/Indien, ist der Sohn eines britischen Beamten im Indian Civil Service, seinerzeit größter Arabien-Kenner, der im Ersten Weltkrieg in Arabien neben T. E. Lawrence eine wichtige Rolle gespielt hat.

Nach dem Schulbesuch an der King's Scholar, im Westminster College, studiert Philby ab 1929 am Trinity College in Cambridge. Es gehört an den englischen Universitäten derzeit zum guten Ton, daß sich die Studenten für den Marximus interessieren. Philby und seine engsten Kommilitonen Anthony Blunt, Guy Burgess und Donald MacLean diskutieren oft nächtelang und sind begeistert von dieser aktuell gewordenen weltbewegenden Idee. Es ist anzunehmen, daß der sowjetische Resident in Großbritannien, A. Cohen, sie schon in Cambridge als künftige Agenten angeworben hat.

Philby: »Es ist für mich ein Grund zu großem Stolz, daß ich als ein noch so junger Mann aufgefordert wurde, meine winzige Rolle beim Aufbau dieser Macht zu spielen. Wie, wo und wann ich Mitglied des sowjetischen Spionagedienstes wurde, ist etwas, das nur mich und meine Genossen angeht. Nur das eine will ich sagen, daß, als mir der Vorschlag gemacht wurde, ich keinen Augenblick gezögert habe. Man erlebt es nicht zweimal, daß einem angeboten wird, in eine Elitetruppe einzutreten.«

Nach seinem Studienabschluß 1933 macht Philby eine längere Reise durch Mittel- und Osteuropa, wird Verbindungsmann zwischen der Kommunistischen Internationale (Komintern) und dem sozialistischen Untergrund in Wien. Hier heiratet er im Februar 1934 die geschiedene aktive Kommunistin Alice Friedmann, die nun als seine Frau einen britischen Paß erhält, den sie für ihre subversive Tätigkeit benötigt. Im Auftrag des sowjetischen Nachrichtendienstes unternimmt Philby Kurierdienste zwischen Österreich und Ungarn. Anschließend kehrt er nach England zurück und baut sich eine konservativ wirkende Tarnexistenz als Journalist auf.

Philby wird Redakteur der liberalen »Review of Review«, gehört einer Vereinigung einflußreicher Engländer (Anglo-German Fellowship) an, die mit Hitler-Deutschland freundschaftliche Beziehungen pflegen will, und gibt in deren Auftrag eine Zeitschrift »Anglo-German Review« heraus. Philby steht in engem Kontakt mit dem deutschen Botschafter in London, Joachim von Ribbentrop, Hitlers späterem Außenminister. Durch zahlreiche Besuche in Berlin und seine Beziehungen zu führenden Nationalsozialisten kann Philby den Sowjets wertvolle Informationen über die Situation in Deutschland liefern.

London, November 1955: Kim Philby während einer Pressekonferenz in seiner Wohnung

Als Korrespondent der Londoner »Times« befindet sich Philby während des Spanischen Bürgerkrieges im Hauptquartier von General Franco und Ende 1939 bei den britischen Expeditionstruppen in Nordfrankreich. Sein Studienfreund Burgess verhilft ihm im August 1940 zu einer Anstellung beim englischen Geheimdienst. In der Abteilung Gegenspionage leitet er bald die Iberische Sektion. In dieser Funktion soll er in Stalins Auftrag das Attentat auf den Premier und Oberbefehlshaber der polnischen Exilstreitkräfte, General Wladyslaw Sikorski, inszeniert haben: General Sikorski ist am 4. Juli 1943 mit seiner Begleitung kurz nach dem Start in Gibraltar abgestürzt.
Im Jahr 1944 übernimmt Philby eine neuentstandene Abteilung bei MI6, deren Tätigkeit sich gegen sowjetische Militärspionage richtet. Einen besseren Posten kann sich Moskau für seinen Superagenten gar nicht wünschen, denn jetzt kann Philby die Sowjets über jede geplante Aktion rechtzeitig unterrichten. Er geht derart geschickt vor, daß keinerlei Verdacht auf ihn fällt. Im Gegenteil, 1946 erhält Philby für seine verdienstvolle Arbeit bei MI6 von König Georg VI. den Orden des britischen Empire (OBE).
Im selben Jahr kommt es allerdings beinahe zu seiner Enttarnung: Konstantin Wolkow, Diplomat der UdSSR in Istanbul und Angehöriger des sowjetischen Nachrichtendienstes, ist zu den Engländern übergelaufen und will Namen sowjetischer Agenten in den höchsten britischen Regierungsstellen preisgeben. Philby reist sofort nach Istanbul, angeblich um Wolkow persönlich zu vernehmen. So kann der sowjetische Nachrichtendienst die Zwischenzeit nutzen und Wolkow in einem überraschenden Handstreich mit dem Flugzeug aus der Türkei entführen.

Guy Burgess, britischer Diplomat und notorischer Trinker, ist seit 1935 Agent des KGB

1947 avanciert Philby zum Ersten Sekretär der britischen Botschaft in Istanbul. Von hier aus versorgt er die Zentrale in Moskau mit wichtigen Informationen über US-Luftstützpunkte, Nachschublinien und Depots in der Türkei. Zwei Jahre später, im Herbst 1949, wird er als Erster Sekretär an die Botschaft nach Washington versetzt. Er soll die Zusammenarbeit zwischen dem britischen Geheimdienst SIS sowie den beiden amerikanischen Diensten FBI und CIA fördern. Dies ermöglicht ihm, den Sowjet jede gegen den Ostblock gerichtete westliche Nachrichtendienst-Tätigkeit zu melden. Der Zweite Botschaftssekretär, der ihm 1950 nach Washington folgt, ist übrigens sein Freund Burgess.
Dieser ehemalige Kommilitone hat nach dem Studium ebenfalls als freier Journalist für Londoner Zeitungen, zeitweise auch für BBC, gearbeitet. Nach seiner Tätigkeit während des Zweiten Weltkrieges bei MI5 und in der Nachrichtenabteilung des Foreign Office wird Burgess 1947 von letzterem als Beamter für den gehobenen Dienst angestellt. Trotz eines Verweises wegen seiner Trunksucht und Homosexualität schickt man ihn 1950 an die britische Botschaft nach Washington.
Als Philby Anfang des Jahres 1951 erfährt, daß CIA und MI5 im Zuge der Ermittlungen gegen die Atomspione Dr. Fuchs und das Netz des Ehepaares Rosenberg auch dem Verrat von Burgess und MacLean auf die Spur gekommen sind, warnt er seine beiden Freunde. Um möglichst schnell aus den USA abberufen zu werden, provoziert Burgess wegen überhöhter Geschwindigkeit eine Beschwerde bei der Polizei von Virginia. Sofort nach seiner Rückkehr nach London gelingt es ihm, MacLean zu überreden, einen Weekend-Ausflug vorzutäuschen und mit ihm am 25. Mai 1951 auf dem Fährschiff »Falaise« von Southampton nach St. Malô/Frankreich zu fliehen. Von dort gelangen sie auf bisher unbekanntem Weg über Prag in die UdSSR.
Der Verdacht, Burgess und MacLean rechtzeitig gewarnt zu haben, fällt sofort auf Philby, den man noch im gleichen Jahr nach London zurückbeordert. Philby: »Burgess' Verschwinden mit MacLean stellte mich vor eine schicksalhafte Entscheidung. Bei unseren Gesprächen über MacLeans Flucht hatten meine sowjetischen Kollegen von Anfang an daran gedacht, daß etwas schiefgehen und mich in Gefahr bringen könnte. Um einer solchen Möglichkeit zu begegnen, hatten wir einen Fluchtplan für mich ausgearbeitet, der ausgeführt werden sollte, wenn ich mich gefährdet glaubte. Es war klar, daß Burgess' Verschwinden für mich eine Gefahr bedeutete.«

Er kann jedoch mangels Beweisen nicht belangt werden, muß aber auf Drängen des US-Nachrichtendienstes vom SIS suspendiert werden, wofür ihm sogar eine Abfindung gezahlt wird. Die Gerüchte über die wahren Hintergründe des Falls MacLean und Burgess führen zu einer offenen Anklage im Unterhaus. Philby: »Als der Sturm begann, setzte ich mich mit meinen Freunden beim SIS in Verbindung. Sie beschworen mich, keine Erklärungen abzugeben, weil die sich für mich nur ungünstig auswirken könnten. Die Regierung habe eine Debatte über den Fall versprochen, und es dürfe auf keinen Fall quergeschossen werden.

Sie baten mich um zweierlei. Erstens, daß ich mich einem letzten Verhör unterziehe, diesmal nicht durch MI5, sondern durch zwei Exkollegen vom SIS. Zweitens, daß ich meinen Paß wieder abgebe. Ich stimmte beidem zu, gab den Paß ab und fuhr zweimal nach London, um Fragen zu beantworten. Die Vernehmungen verliefen nach dem bekannten Muster, was darauf hindeutete, daß kein neues Beweismaterial aufgetaucht war. Im übrigen sprach es sehr zu meinen Gunsten, daß ich in der langen Zeit keinen Fluchtversuch unternommen hatte.«

Der Labour-Abgeordnete Lipton beschuldigt Philby, der warnende »dritte Mann« gewesen zu sein. Außenminister MacMillan rehabilitiert Philby offiziell im Namen des Foreign Office, und Lipton muß seine Anschuldigung öffentlich zurücknehmen. Der britische Nachrichtendienst schickt nun Philby als Nahost-Korrespondenten für den »Observer« und »Economist« nach Beirut.

Als 1954 der sowjetische Nachrichtendienst-Offizier Wladimir Petrow in Australien desertiert, erklärt er dem britischen Geheimdienst, MacLean habe einem Mittelsmann des KGB in London bis Anfang 1951 »Aktentaschen voller Dokumente des Foreign Office gebracht, die dann in der Londoner Sowjetbotschaft fotogragrafiert und rasch zurückgegeben wurden«.

Erst am 11. Februar 1956 geben die seit fünf Jahren offiziell als vermißt geltenden MacLean und Burgess im Moskauer Hotel »National« überraschend eine Pressekonferenz, auf der sie sich zum Kommunismus bekennen, jedoch Agententätigkeit für die UdSSR bestreiten. MacLean soll in Moskau als Berater des sowjetischen Außenministeriums und ab 1962 als Redakteur einer politischen Monatszeitschrift tätig sein.

MacLean und Guy Burgess dürfen in Moskau wie akkreditierte Diplomaten von einem Kopenhagener Versandgeschäft zollfreien Whisky und Lebensmittel beziehen. Sie zahlen mit britischen Pfund Sterling, da sie ungehindert über ihre Londoner Bankkonten verfügen können. Die britische Regierung interveniert selbst nicht, als sie sich Möbel, Gemälde, Bücher und Schallplatten aus ihren Londoner Wohnungen nach Moskau kommen lassen.

Nachdem Ende 1962 der sowjetische Überläufer Anatol Golyzin seine Aussagen macht und sich der Verdacht gegen Philby immer mehr verstärkt, wird er

Donald MacLean, britischer Diplomat, der sich 1951 mit seinem Freund Burgess nach Moskau absetzt

in Beirut vom SIS verhört. Hier legt er zum erstenmal ein Teilgeständnis ab. Jetzt werden vom SIS die letzten Beweise ermittelt, um Philby wegen Spionage verhaften zu können.

Philbys Frau Eleanor berichtet von einer Einladung des britischen Botschafters in Beirut: »Am Mittwoch, dem 23. Januar 1963, luden uns Glen und Marny Balfour-Paul zum Essen ein. Es goß den ganzen Tag in Strömen, so daß am Abend die Straßen der Stadt unter Wasser standen ... Das Meer tobte und peitschte gegen die Uferstraßen, riß Pflastersteine heraus und spülte Schotter und allerhand Strandgut auf die Fahrbahn ... In jedem Winter ist Beirut vier oder fünf dieser heftigen Stürme ausgesetzt, so daß die Stadt wie ausgestorben wirkt ... Jener Mittwoch war der gefährliche Höhepunkt eines solchen Sturms. Am späten Nachmittag nahm Kim seinen Regenmantel und sagte, er habe eine Verabredung, sei aber gegen sechs Uhr wieder zurück, rechtzeitig genug also, um sich für die Party bei den Balfour-Pauls umzuziehen. Etwa eine Stunde später rief er von

Eleanor Philby, die dritte Frau des Meisterspions

irgendwo an. Ich war gerade in der Küche und bereitete das Abendessen für die Kinder vor. Harry, Kims jüngster Sohn, der zu dieser Zeit dreizehn Jahre alt war, ging ans Telefon. Ich erinnere mich noch daran, daß er mir zurief: ›Bei Vati wird es etwas länger dauern. Er sagt, er wird dich erst um acht Uhr bei den Balfour-Pauls treffen.‹

Viele Monate danach wünschte ich, ich wäre damals selbst am Telefon gewesen. So ging ich denn allein zu der Party ... Ich entschuldigte mich, daß Kim nicht mitgekommen sei, und sagte, er würde sicher bald da sein. Aber auch um acht Uhr war er noch nicht zur Stelle. Wir warteten bis halb neun Uhr und dann bis halb zehn Uhr. Aber Kim kam immer noch nicht. Ich

Sir Anthony F. Blunt (1907–1983), Berater der Königin als Kunsthistoriker, ist sowjetischer Geheimagent

telefonierte mehrere Male mit Zuhause, um mich bei den Kindern zu erkundigen, ob Kim dort angerufen habe.

Schließlich fingen wir mit dem Abendessen an ... ›Mein Gott, was für eine schreckliche Nacht! Vielleicht ist er von einem Auto angefahren worden oder auf der beschädigten Uferstraße ins Meer gestürzt.‹ Ich wollte nach Hause gehen. Alle versuchten, mir gut zuzureden: ›Mach dir keine dummen Gedanken, Kim ist scheinbar aufgehalten worden.‹ Ich entgegnete: ›So etwas hat mir Kim noch niemals angetan. Er nimmt es mit der Zeit immer peinlich genau. Die Sache gefällt mir ganz und gar nicht, und ich mache mir ernsthafte Sorgen. Und darum will ich nach Hause.‹ ...

In unserer Wohnung suchte ich fieberhaft und sorgfältig zugleich nach einer Mitteilung, die Kim mir möglicherweise hinterlassen haben könnte. Wir hatten nämlich eine ganze Reihe kleiner Verstecke, wo wir Notizen für einander hinterließen. Ich überprüfte seinen Schreibtisch, aber alles schien in Ordnung zu sein ...

Ich sah Kims Akten und sonstige Unterlagen durch. Ich nahm mir seine Kleidung vor und auch eine Kassette, in der Kim persönliche Dokumente aufbewahrte. Aber in jener Nacht fand ich nichts – außer einem nagelneuen, unbenutzten britischen Paß, der auf Kims Namen ausgestellt war. Den Rest der Nacht verbrachte ich auf der Terrasse und beobachtete, wie die Sonne über den Bergen aufging ... als ich die Ereignisse der letzten Monate Revue passieren ließ. Dabei begann ein unheilvolles Bild Gestalt anzunehmen. Als die Dämmerung angebrochen war, kämpfte ich gegen die schreckliche Furcht an, daß mein glückliches Leben mit Kim vorbei sein könnte.«

Die Angst der Eleanor Philby war, wie sich später herausstellt, nicht unbegründet: Kim ist am 23. Januar 1963 auf einem sowjetischen Schiff über Odessa in die UdSSR geflohen. Erst am 1. Juli 1963 meldet das sowjetische Regierungsorgan Iswestija: »Der britische Bürger H. A. R. Philby, der eine führende Stellung im britischen Geheimdienst bekleidete, hat die sowjetischen Behörden um die Gewährung politischen Asyls und sowjetischer Staatsbürgerschaft ersucht. Wie zu erfahren ist, hat der Oberste Sowjet dem Ersuchen Philbys stattgegeben.« Seitdem ist er in der englischen Sektion des KGB als Berater tätig. Er wird 1965 mit dem »Rotbannerorden« ausgezeichnet und im Oktober 1979 zum Generalmajor des KGB ernannt.

Doch mit Philbys Flucht ist diese Spionageaffäre in Großbritannien noch lange nicht beendet. 1979 bringt der Historiker Andrew Boyle mit seinem Buch »The Climate of Treason« einen Fall ins Rollen, durch den der »vierte Mann« aus dem Kreis Kim Philbys aufgedeckt wird: Sir Anthony Frederick Blunt (Deckname Maurice).

Philbys ehemaliger Kommilitone ist seit 1940 für MI5 als Verbindungs- und Kontrolloffizier zu den diplomatischen Vertretungen der Exilregierungen in

Großbritannien tätig, zeitweise auch als Mitglied des »Joint Intelligence Committee«, in dem alle vom Geheimdienst gesammelten Nachrichten zusammenlaufen und für den Generalstab koordiniert werden. Bis heute ist nicht bekannt, was der brillante Kunsthistoriker den Sowjets während des Zweiten Weltkrieges an Geheimnissen verraten hat, auf jeden Fall alles, was für Moskau aus dem Bereich der ost- und mitteleuropäischen Exilregierungen von Interesse war. Nach Kriegsende reist Blunt im Geheimauftrag von König George VI. in die amerikanische Besatzungszone Deutschlands, um die Korrespondenz zwischen dem Herzog von Windsor und Hitler in deutschen Archiven aufzuspüren und sicherzustellen.

Dann erfolgt sein erster offizieller Austritt aus dem War Office, doch hält er weiterhin engen Kontakt zu MI5. Blunt profiliert sich nun als Kurator der königlichen Gemäldesammlung und als Berater des Hofes in Kunstangelegenheiten, wird 1947 Direktor des Courtauld Institute of Art und zugleich Professor für Philosophie, Mathematik und Kunstgeschichte in Cambridge.

Blunt ist der geheimnisvolle Informant, dem es 1951 dank seiner guten Beziehungen zu MI5 gelungen ist, seine beiden Freunde Burgess und MacLean rechtzeitig vor ihrer bevorstehenden Verhaftung zu warnen. Der hochangesehene Professor wird von der nichtsahnenden Königin im Jahr 1956 zum Ritter geschlagen.

Seit der spektakulären Enttarnung und Flucht von Philby zählt auch Blunt zum Kreis der Verdächtigen und wird 1964 von MI5 insgesamt elfmal ergebnislos verhört. Doch eines Tages stellt er sich selbst und gesteht dem MI5 seine Agententätigkeit im Auftrag des KGB. Für seine Bereitschaft, mit der Spionageabwehr MI5 zusammenzuarbeiten, wird ihm Immunität gewährt und strengstes Stillschweigen über seine Verbindung zum KGB zugesichert.

Als 1979 allerdings das Buch von Andrew Boyle erscheint, ist der Skandal nicht mehr zu verhindern. Die Queen entzieht Blunt den Adelstitel und enthebt ihn aller seiner Ämter. Blunt stirbt am 26. März 1983 an Herzversagen.

Verrat in Schweden: Stig Wennerström

Ein Oberst der schwedischen Luftstreitkräfte zählt 15 Jahre lang zu den Spitzenagenten des sowjetischen militärischen Nachrichtendienstes GRU. Unter dem Decknamen »Orel« (russisch: Adler) verrät er von 1949 bis zum Juli 1963 ungezählte militärische Geheimnisse Schwedens und anderer westlicher Länder. Die Sowjets zahlen ihm dafür ein festes Jahressalär von rund 50000 Schwedenkronen, heutiger Wert etwa 100000 DM.

Der aus einer angesehenen Offiziersfamilie stammende Wennerström ist am 22. August 1906 in Waxholm geboren. Nach dem Abitur besucht er ab 1926 die Marineschule und erhält drei Jahre später sein Offizierspatent. Ab Herbst 1931 Ausbildung an der Fliegerschule in Ljungbyhed. Danach vervollkommnet er im Winter 1933/34 seine russischen Sprachkenntnisse in Riga/Lettland. Hier hat Wennerström den ersten nachrichtendienstlichen Kontakt mit einem US-Offizier, der im Dienst des britischen Geheimdienstes steht.

Oberst Stig Wennerström: im Zweiten Weltkrieg Agent der deutschen Abwehr, seit 1946 für den amerikanischen Geheimdienst tätig, danach Spitzenagent des sowjetischen Nachrichtendienstes GRU

Im Jahr 1934 geht Wennerström zu den schwedischen Luftstreitkräften, absolviert einen Stabslehrgang und wird 1937 in den Stab der Luftstreitkräfte nach Stockholm berufen. Seit 1938 gehört er als Adjutant zum Stab von Prinz Gustav Adolf. Im November 1940 beordert man Wennerström für fünf Monate als Luftattaché an die schwedische Botschaft in Moskau. Von hier aus übermittelt er gelegentlich Nachrichten an die deutsche Abwehr.

1943 ist er Staffelführer im Fliegergeschwader »Satenäs«. Im Rang eines Major dient er von 1944 bis Herbst 1945 beim Stab der Luftstreitkräfte in Stockholm als Verbindungsoffizier zu den ausländischen Luftwaffenattachés. 1946 entdeckt der US-Nachrichtendienst in den von General Gehlen übergebenen Akten der ehemaligen deutschen Abwehr den Hinweis, Wennerström sei ein »wertvoller Kontakt«. Daraufhin wird Wennerström vom amerikanischen Geheimdienst als Mitarbeiter gewonnen.

Im selben Jahr hält sich Wennerström als Beobachter bei Flugzeugvorführungen in Moskau auf und reicht nach seiner Rückkehr auf dem Dienstweg eine Denkschrift über die Möglichkeiten einer Nachrichtenbeschaffung aus der UdSSR ein. Nach seiner Beförderung zum Oberstleutnant kommt Wennerström im Spätherbst 1948 über den sowjetischen Militärattaché in Schweden, Oberst Iwan Petrowitsch Rybatschenko, zum erstenmal mit dem sowjetischen Nachrichtendienst in Verbindung.

Wennerström in seinen Erinnerungen: »In Stockholm fielen mir zahlreiche Aufgaben zu. Eine davon war, mich um den sowjetischen Luftwaffenattaché Oberst Iwan Rybatschenkow ›zu kümmern‹, besonders wenn er auf Reisen war. Durch das enge Beieinandersein in Autos, Flugzeugen und Eisenbahnabteilen entwickelte sich so etwas wie eine Freundschaft ... Er hatte etwas in einer Lokalzeitung entdeckt und einen Bericht hierüber nach Moskau geschickt – etwas über eine Verlängerung und Verstärkung der Landebahnen auf einem Militärflughafen in Uppland. Er zündete eine seiner ewigen Papyrossi an und starrte geradeaus. ›Diese Rollbahn ... ich muß etwas vorzuweisen haben.‹ Ich konnte nur lachen. ›Die alte Geschichte. Eine Hand wäscht die andere‹, sagte ich. Er schob die Zigarette in den anderen Mundwinkel, sah mich immer noch nicht an. ›Man kann die Frage auch anders stellen. Wieviel ist die verdammte Rollbahn Ihnen wert? Zweitausend?‹

Ich wurde ärgerlich, daß er ausgerechnet mich als Opfer für seinen Bestechungsversuch ausgewählt hatte. Glaubte er wirklich, daß ich für eine so schäbige Summe ...? In mir kochte es, und ohne nachzudenken stieß ich hervor: ›O nein, wenn wir die Information schon in der Art bewerten wollen, dann wenigstens fünftausend.‹ Ich traf Rybatschenkow erst nach einiger Zeit wieder. Er fuhr mich einmal von einer Party nach Hause. Doch die Freundlichkeit war mit Berechnung gekoppelt. Wir sprachen über Moskau. Ich wollte bald abreisen. ›Jemand in Moskau möchte Sie gern treffen‹, sagte er, ›jemand den Sie von früher her kennen.‹

Wir hatten mittlerweile mein Haus erreicht. Ich stieg aus und dankte ihm für die Fahrt ›Hier ist ein Gruß von einem Freund in Moskau.‹ Er schob mir ein kleines, braun eingewickeltes Paket in die Hand und verschwand. Ich stopfte das Päckchen in meine Tasche und vergaß es fast. Im Haus warf ich es geistesabwesend auf meinen Schreibtisch und setzte mich, von düsteren Gedanken erfüllt. Nach einiger Zeit nahm ich es auf, wog es in meiner Hand ...

Ich riß die Umhüllung ab, starrte sprachlos auf ein Bündel 100-Kronen-Noten. Obendrauf lag ein Zettel. 5000 stand darauf. Das Päckchen verschwand in einer Schreibtischschublade, die ich normalerweise verschlossen hielt. Es war eine unerwartete Aufbesserung meiner Finanzen zu einem Zeitpunkt, der eine kostspielige Umstellung meiner Lebensgewohnheiten mit sich brachte.

Wenige Tage später wurde mir klar, daß es für meine Position in Moskau das beste wäre, sich mit dem dickfelligen Rybatschenkow auf guten Fuß zu stellen. Ich mußte ihm die Antwort auf seine Fragen geben, aber ich schob sie bis zum letzten Moment hinaus. Er erhielt Informationen über die Länge und Tragfähigkeit der erweiterten Rollbahnen, ferner die Lage des Flughafens, der für eine Erweiterung in Betracht gezogen wurde.«

Am 27. Januar 1949 übernimmt Wennerström den Posten des Luftwaffenattachés an der schwedischen Botschaft in Moskau. Der Rang eines GRU-Generalmajors, den ihm der sowjetische Nachrichtendienst jetzt verleiht, beweist die Wichtigkeit der Informationen Wennerströms. Er soll für die GRU das Waffenpotential und die strategischen Absichten der USA erkunden.

An der schwedischen Gesandtschaft in Washington ist Wennerström 1952–1957 fünf Jahre lang als Luftwaffenattaché akkreditiert

Von Wennerström verraten: geheimer Stützpunkt schwedischer Abfangjäger in unzugänglicher, waldreicher Gegend

Vom 8. April 1952 an ist Wennerström fünf Jahre lang als schwedischer Luftwaffenattaché in Washington, gleichzeitig Einkäufer für die schwedische Luftwaffe in den USA und daher über amerikanische Waffenentwicklungen bestens informiert. Nach seiner Rückkehr im Jahr 1957 wird er bis zur Pensionierung 1961 Sektionschef der Kommandoabteilung im schwedischen Generalstab und rechte Hand von Verteidigungsminister Sven Andersson. »Alle, auch die geheimsten Pläne, gingen nun über Wennerströms Schreibtisch.« Als Strategie-Lehrer an der schwedischen Luftkriegsschule und Chefberater für Abrüstung hält Wennerström außerdem engen Kontakt zu NATO-Stäben in Dänemark und Norwegen.
Die Aufdeckung der Spionagetätigkeit des schwedischen Obersten a. D. kann der Westen Großbritanniens Spionageabwehr MI5 verdanken. Sie hat der schwedischen Geheimpolizei den ersten Tip über das wahre Metier des geschätzten Mannes gegeben. Den britischen Spionagejägern ist nämlich aufgefallen, daß die Sowjets über bestimmte englische Waffensysteme, die an Schweden geliefert wurden, verblüffend gute Kenntnisse besitzen. Und dies wäre auf legale Weise unmöglich gewesen.
Ab Sommer 1962 erfolgt die ständige Beobachtung des inzwischen pensionierten Oberst Wennerström, der zur Zeit als Abrüstungsexperte des schwedischen Außenministeriums in Genf weilt, und man stellt

Ein in Felsen gehauener geheimer Stützpunkt der schwedischen Marine: Auch darüber ist Moskau durch Wennerström informiert

fest, daß er von einem Schweizer Nummernkonto Gelder abhebt. Nun wird auch sein Privattelefon abgehört. Kriminalkommissar Otto Danielsson hat alle erforderlichen Maßnahmen eingeleitet.
Am Nachmittag des 19. Juni 1963 findet die für die Familie Wennerström von Danielsson angeworbene Putzfrau Carin Rosen auf dem Dachboden des Wennerströmschen Hauses in Stockholm-Djursholm, Skirnervägen 20, versteckte Mikrofilme. Bereits in den Morgenstunden des 20. Juni 1963 wird der enttarnte Agent auf dem Weg zu seiner Dienststelle direkt auf der Reichsbrücke verhaftet. Die Festnahme von Wennerström, Ritter des VASA-Ordens und für seine großen Verdienste von US-Präsident Eisenhower mit der Medaille »Legion of Merit« ausgezeichnet, außerdem Freund des Königs Gustav Adolf, bedeutet einen schweren Schlag für Schweden.
Nach anfänglichem Leugnen legt Wennerström ein volles Geständnis ab und unternimmt am 23. Oktober 1963 einen Selbstmordversuch mit Schlaftabletten, der aber fehlschlägt. Am 12. Juni 1964 wird Wennerström zu lebenslänglicher Haft verurteilt, dazu Aberkennung seines Dienstgrads und eine Geldstrafe von 490000 Kronen. Die psychologischen Ursachen von Wennerströms Landesverrat sind verletzte Eitelkeit und Geltungssucht, hervorgerufen – so Wennerström – durch zu schleppende Beförderung.
Der Schaden, den Schwedens Landesverteidigung erlitten hat, beziffert sich auf etwa eine halbe Milliarde Mark: Wennerström hat die genaue Lage des in Felsen gehauenen unterirdischen Stützpunktes der schwedischen Marine sowie die Lage des unterirdischen Stützpunktes der Luftstreitkräfte preisgegeben. Als Folge muß das gesamte Luftabwehrsystem neu aufgebaut werden.
Wennerström, in über 160 Fällen für schuldig befunden, hat unter anderem verraten: den Plan der NATO für die Verteidigung Nordeuropas; den schwedischen Luftverteidigungsplan; die Pläne vom Prototyp des schwedischen Allwetterabfangjägers »Draken J-35«; die Pläne für den schwedischen Jagdbomber und Aufklärer, das Überschallflugzeug »Viggen«; die Pläne der neuen britischen Boden-Luft-Rakete »Blood Hound«, die Schweden gerade erworben hatte und die zugleich Kern der britischen Verteidigung bildet; die Pläne für die drei neuen US-Luft-Luft-Raketen »Sidewinder«, »Hawk« und »Falcon« (ferngesteuert); außerdem unzählige Informationen über die großen NATO-Manöver zu Land, zur See und in der Luft.
Die Gerichtsakten mit detaillierten Aussagen Wennerströms und amtlichen Nachprüfungen sind von der schwedischen Regierung für 50 Jahre zum Staatsgeheimnis erklärt worden. Oberbefehlshaber General Rapp: »Wennerströms Verrat ist der schwerste Schlag, den unser Land in seiner Geschichte erlebt hat.« Der Fall des smarten schwedischen Altfliegers zeigt, daß Moskaus Spionageapparat mittlerweile zu neuen wirkungsvolleren Methoden übergegangen ist. Drei Indizien zeigen den Unterschied zu den meisten sowjetischen Spionageaffären der Vergangenheit: Der Spitzenagent bekommt Spitzenlohn. Der hochgestellte Spion arbeitet nicht mehr im Rahmen einer in der Moskauer Spionage üblichen Fünf-Mann-Zelle. Der Oberst/Generalmajor hat über keine Mittelsmänner oder Kuriere verfügt: Die Übergabe des Geheimmaterials ist nicht mehr durch die traditionelle Briefkastenmethode erfolgt, sondern nur auf dichtgedrängten Banketts, Versammlungen oder Partys, was eine Beschattung Spionageverdächtiger fast unmöglich macht.

Durch französisches Embargo lahmgelegt: Mirage-Jagdbomber der israelischen Luftwaffe

2,3 Tonnen Geheimakten für Israel

Zu den spektakulärsten Aktionen des israelischen Geheimdienstes »Mossad« zählt im Jahr 1969 der Schmuggel von 2,3 Tonnen Geheimmaterial aus der Schweiz. Erstaunlich ist allerdings »eine rührende Sorglosigkeit« – so die »Schweizer Illustrierte« –, mit der alle Beteiligten vorgingen, obwohl dies den konspirativen Regeln des sonst so perfekt agierenden »Mossad« völlig widersprach. Und man rätselt lange Zeit: Wurde damit womöglich ein bestimmter Zweck verfolgt?

Alfred Frauenknecht, Ingenieur der Firma »Sulzer AG« in Winterthur/Schweiz, mit seiner Frau

Den Blitzkrieg, auch »Sechstagekrieg« genannt, hat Israel im Juni 1967 nicht zuletzt dank seiner französischen Mirage-Jagdbomber gewonnen. Doch verursacht dieser Sieg zugleich einen Bruch der bisher engen Beziehungen zwischen Paris und Tel Aviv: De Gaulle verhängt ein Waffen-Embargo gegen Israel, um seinen Einfluß auf die arabische Welt nicht zu verlieren. Der Lieferstopp bezieht sich zunächst zwar nur auf die Mirage-Maschinen, aber gerade dies trifft Israel besonders hart.
Durch die Weigerung der französischen Regierung, weder die bereits bezahlten 50 Mirage-Flugzeuge noch Ersatzteile zu liefern, kann Israel die im Sechstagekrieg verlorenen Mirage nicht ersetzen und beschädigte Flugzeugteile nicht austauschen. Schlimmer noch, der Abnutzungskrieg steht bevor, und für Israel bedeutet diese Auseinandersetzung mit Ägypten und Syrien einen enormen Verschleiß an Material, vor allem für die Luftstreitkräfte, denn Triebwerke haben nur eine begrenzte Lebensdauer; sie müssen nach einer bestimmten Zahl von Flugstunden ausgewechselt werden.
Da Frankreich die Triebwerke nicht liefert, ist Israel darauf angewiesen, sie anderweitig zu kaufen oder selbst nachzubauen, um seine Luftstreitkräfte intakt zu halten. Ein Nachbau aufgrund der Wartungsvorschriften, die zwar eine Fülle von Details enthalten, deren Zeichnungen aber keinen Aufschluß über die zulässigen, nur Millimeterbruchteile betragenden Toleranzen geben, ist unmöglich. Außerdem sind darin weder die Reihenfolge der Arbeitsgänge noch die Maschinenausrüstung, Metallspezifikationen, Verarbeitungstemperaturen oder Montagevorrichtungen und tausend andere Einzelheiten beschrieben. Gerade diese Details aber sind für die Serienfertigung unentbehrlich.
Nach dem französischen Embargo versucht Israel nun mit anderen Staaten, die über Mirage-Jets verfügen, wegen Überlassung der Konstruktionspläne in Kontakt zu kommen. Aber nur zwei Länder außer Frankreich stellen die Mirage-III-ATAR-Motoren her: die Schweiz und Australien. In der Schweiz werden die Triebwerke der eidgenössischen Mirage IIIC in Lizenz von der Maschinenbaufirma Gebrüder Sulzer AG in Winterthur hergestellt.
Anfang Februar 1968 ersucht die »Beschaffungskommission des Staates Israel in Paris« die Sulzer AG um die Genehmigung zum Besuch des Werkes »zwecks Besprechung von Triebwerksfragen«. Sulzer-Direktor Schmid beauftragt den Triebwerk-Abteilungsleiter Alfred Frauenknecht, mit dem Militärattaché Verbindung aufzunehmen und den Besuch der Israelis vorzubereiten.
Frauenknecht, 43 Jahre alt, seit 1952 bei der Sulzer AG tätig, ist Ingenieur und Prokurist. Er gilt als einer der wenigen Schweizer Spezialisten für Flugzeugreaktoren und ist Mitglied einer Sonderkommission für neue Rüstungsvorhaben der Schweizer Armee.
Am 14. Februar 1968 treffen im Hotel »Ambassador« in Zürich der israelische Militärattaché in Rom und Bern, General Neche Mia Kain und der Generaldirektor der »Israel Aircraft Industries«, Al Schwimmer, mit Alfred Frauenknecht zusammen.
Frauenknecht: »Die Herren aus Israel wandten sich mit dem Wunsch an mich, den Kauf der Bauvorlagen des ATAR-9C-Triebwerks meinen Direktoren vorzutragen.« Die Firma Sulzer lehnt es jedoch ab, Israel die Triebwerkspläne zu übergeben. Aber Frauenknecht kommt eine Idee: Die Produktion der ATAR-9C steht kurz vor dem Abschluß, und es ist seine Aufgabe, für das Betriebsarchiv sämtliche als »streng geheime Militärsache« bezeichneten Konstruktionsunterlagen auf Mikrofilm fotografieren zu lassen und dann die Akten zu vernichten.
In Anbetracht der schwierigen Lage Israels ist Frauenknecht bereit, die zur Vernichtung vorgesehenen Konstruktionspläne für einen Dollar je Stück an General Neche Mia Kain weiterzugeben. In den 200000

Dollar, die er verlangt und auch erhält, sieht er eine »Risikoprämie« dafür, daß er seine Existenz aufs Spiel setzt.
Nach der Mikroverfilmung läßt Frauenknecht die Originale von seinem Cousin in eine vorher gemietete Garage in Winterthur bringen. Dort erfolgt das »Umpacken« der Originale und deren Ersatz durch Makulatur für den Abtransport in die städtische Kehrrichtverbrennungsanstalt, während das Originalmaterial vom israelischen Agenten, dem Spediteur und Zollfachmann Hans Stecker, übernommen wird.

Protestkundgebung vor der französischen Botschaft in Washington: »Gebt Israel seine Jets«

Rund 200000 Pläne, in 22 Kisten verpackt, werden in eine Maschinenfabrik in Kaiseraugst in der Bundesrepublik geschmuggelt und anschließend nach Israel gebracht. Beim Abtransport der letzten beiden Kisten wird Strecker am Sonnabend, dem 20. September 1969, von den Inhabern der Maschinenfabrik Karl und Hans Rotzinger ertappt, die noch am selben Tag die Polizei benachrichtigen. So gelangt dieser brisante Fall von Geheimnisverrat ans Tageslicht.
Es stellt sich sehr bald heraus, daß die Spur in die Schweiz führt, und Frauenknecht unternimmt nichts, um den Verdacht von sich abzulenken. In seinem Prozeß gibt sich Frauenknecht überzeugt, daß er niemandem einen unmittelbaren Schaden zugefügt habe und zweifelt sogar daran, daß man sein Handeln als Geheimnisverrat ansehen könne. Nach Schätzung eingeweihter Fachleute sind die vollständigen Unterlagen für die Eigenproduktion der ATAR-9C-Triebwerke, Aggregate und Ersatzteile etwa 50 Millionen Dollar wert. Soviel hätte es gekostet, die Triebwerke ohne Originalpläne herzustellen.
Doch die am meisten betroffene und um ihre Lizenzgebühren geprellte französische Firma »Société Nationale d'Etude et de Construction de Moteur d'Aviation«, Paris, unter dem Namen SNECMA bekannt, schweigt beharrlich, besser noch, sie will sich überhaupt nicht am Prozeß beteiligen.
»Der größte Spionagefall aller Zeiten in der Schweiz«, verkündet der Staatsanwalt. Eine derartige Menge von Geheimplänen ist tatsächlich noch nie aus der Schweiz herausgeschafft worden. Frauenknecht: »Die Militärexperten könnten es sich an den Fingern abzählen, daß in spätestens zwei, drei Jahren erneut eine latente Kriegs- und Vernichtungsgefahr über Israel schweben würde. Mit der Preisgabe der von Israel benötigten Mirage-Pläne wollte ich ein Auschwitz in der Wüste verhindern.« Seine Verteidigung stützt sich auf die offizielle israelische Erklärung, daß die Super Mirage nicht mit den Triebwerken ATAR-9C, sondern mit den von »General Electric« für Phantom-Jagdbomber konstruierten Triebwerken gebaut sind.
Wozu waren also die Pläne von ATAR-9C aus der Schweiz nötig? Die französischen Flugzeugwerke Dassault erklären auf Anfrage, »daß sie Israel keine Lizenz für den Nachbau oder die Weiterentwicklung einer Mirage-Militärmaschine gegeben hätten«, meldet »France-Soir« am 5. Oktober 1970.
Schon vor Beginn des Prozesses zerbricht man sich den Kopf, warum den sonst so geschickten israelischen Agenten geradezu »standeswidrige« Fehler unterlaufen sind. Es scheint, als hätte der Mossad nichts unterlassen, um aufzufallen. Die Gelder, die Frauenknecht vom Mossad direkt auf sein normales Konto überwiesen wurden, händigt er der Sulzer AG aus.
Doch damit kann er das Lausanner Gericht nicht umstimmen. Im April 1971 wird er zu vier Jahren Haft verurteilt. Oberst Zvi Allon, den derzeitigen israelischen Militärattaché in Bern, fordert man auf, sofort das Land zu verlassen. Die eidgenössischen

Behörden erklären auch seinen Vorgänger, den inzwischen in Tel Aviv weilenden General Neche Mia Kain, zur persona non grata.
Die Frauenknechtaffäre ist allerdings nur ein brillantes Täuschungsmanöver des Mossad: Als der israelische Geheimdienst sein Interesse an den Konstruktionsplänen der ATAR-Triebwerke der Sulzer AG bekundet, lagen die Bauvorhaben für diese Triebwerke vermutlich schon längst im Safe in Tel Aviv. Man kann sich vorstellen, welche Komplikationen die Firma SNECMA zu erwarten gehabt hätte, wenn erwiesen wäre, daß die von höchster Stelle mit striktem Embargo-Bann belegten ATAR-Triebwerke in einer israelischen Fabrik bei Tel Aviv nach direkt aus Frankreich besorgten Plänen produziert werden. Aber »glücklicherweise« erklärt ja die Frauenknechtaffäre hinreichend, woher die Israelis ihre Pläne angeblich haben.

Der Kanzler-Spion Günter Guillaume

Es ist die publikumswirksamste und politisch folgenreichste Spionageaffäre seit Bestehen der Bundesrepublik Deutschland, die zum Rücktritt des Bundeskanzlers Willy Brandt führt. Da es gegnerischen Geheimdiensten nur selten gelingt, einen Agenten in der unmittelbaren Umgebung eines Regierungschefs zu plazieren, erscheint es heute fast unglaublich, daß dieser Mann trotz aller Sicherheitsüberprüfungen bis 1974 in den obersten Regierungs- und Parteikreisen spionieren konnte. Durch seine intensive Arbeit für die SPD wird er auf seinem »Weg nach oben« von einflußreichen Politikern gefördert und kann so beständig seine Position verbessern.

Günter Karl-Heinz Guillaume ist am 1. Februar 1927 in Berlin, Bezirk Prenzlauer Berg, geboren. Noch am 20. April 1944 tritt er in die NSDAP ein (Mitgliedsnr. 9709880) und ist 1944/45 als Flakhelfer im Kriegseinsatz. Nach dem Zweiten Weltkrieg erlernt Guillaume den Beruf des Fotolaboranten und wird Aktivist der »Gesellschaft für deutsch-sowjetische Freundschaft« sowie FDJ-Mitglied. Ab 1949 arbeitet er sechs Jahre lang im Verlag »Volk und Wissen«, Abteilung Gesellschaftswissenschaften, in Ost-Berlin.
Als er in einem Fragebogen seine Zugehörigkeit zur ehemaligen NSDAP verschweigt, wird er vom Ministerium für Staatssicherheit (MfS) zur Mitarbeit aufgefordert. Sein erster Führungsoffizier heißt Hans Fruck, der später zum stellvertretenden Leiter der Hauptverwaltung Aufklärung (HVA) avanciert. 1951 heiratet Guillaume die Stenotypistin Christel Boom. Danach erfolgt seine Agentenausbildung an der MfS-Hochschule in Potsdam-Eiche.
Bereits am 22. November 1955 meldet der »Untersuchungsausschuß Freiheitlicher Juristen« dem West-Berliner Polizeipräsidenten, daß ein Günter Guillaume, etwa 1925 geboren, wohnhaft in Birkenwerder (sowjetische Besatzungszone – SBZ), beschäftigt als Fotograf beim Ost-Berliner Verlag »Volk und Wissen«, der Agententätigkeit in Berlin (West) und der BRD verdächtigt wird ...
Ein halbes Jahr später, am 12. Mai 1956, werden Guillaume und seine Frau als »DDR-Flüchtlinge« über das Notaufnahmelager Gießen in die Bundesrepublik eingeschleust. In Frankfurt/Main eröffnet Guillaume 1956 eine Imbißbude auf den Namen seiner Schwiegermutter Erna Boom und ab 1957 ein Schreibwaren- und Vervielfältigungsbüro. Nebenbei betätigt er sich als freier Journalist sowie als Fotograf für Wahlkampf-Publikationen der SPD.
Am 12. September 1957 wird Guillaume Mitglied der Frankfurter SPD, und seine Frau nimmt nach der Geburt des Sohnes Pierre Ende 1957 eine Stellung als Sekretärin beim MdB und späteren Staatssekretär W. Birkelbach an; arbeitet danach in der Wiesbadener Staatskanzlei und ist ab 1970 als Protokolldame im Bonner Büro der Hessischen Landesvertretung tätig.
1964 fungiert Guillaume bereits als Parteisekretär seines Wohnsitzes im Frankfurter Unterbezirk Sindlingen und ist dort stellvertretender Ortsvereinsvorsitzender sowie Wahlkreisbeauftragter, den man als »exponierten Rechten« ansieht. 1965 steht sein Name für die Bundestagswahlen auf Platz 78 der hessischen Landesliste.
Im Mai 1967 wird Guillaume in die Spionageaffäre des mit ihm befreundeten Ehepaars Harry und Ingeborg Siberg verwickelt, die man als DDR-Agenten entlarvt hat. Aber dies tut seiner politischen Karriere keinen Abbruch. Er schafft es, sich 1968 als Fraktionsgeschäftsführer im Frankfurter Stadtrat und als Stadtverordneter zu profilieren. Im darauffolgenden Jahr organisiert Guillaume in Frankfurt den Bundestagswahlkampf für den späteren Bundesverteidigungsminister Georg Leber, der zu einem vollen Erfolg wird.
Am 15. Dezember 1969 leitet die Sicherheitsgruppe des Bundeskriminalamtes (BKA) das Fernschreiben Nr. brnv1348 des West-Berliner Polizeipräsidenten, in dem die Meldung des »Untersuchungsausschusses Freiheitlicher Juristen« vom 22. November 1955 zitiert wird, an den Sicherheitsreferenten des Kanzleramtes, Ministerialdirigent Franz Schlichter weiter. Die von Schlichter geäußerten Bedenken, Guillaume als Hilfsreferent für die Verbindung zu Unternehmerverbänden und Gewerkschaften einzustellen, werden von Minister Ehmke nach Rückfrage beim Bundesamt für Verfassungsschutz und Bundesnachrichtendienst zerstreut. So erhält Guillaume am 28. Februar 1970 seinen Anstellungsvertrag als Hilfsreferent im Bundeskanzleramt.
Ende Februar 1970 begleitet Guillaume Bundeskanzler Brandt zum erstenmal bei einem Flug nach Hamburg. Hier wird er beim Bundesverband der Deutschen Angestelltengewerkschaften offiziell als Verbindungsreferent zwischen Kanzleramt und Gewerk-

Als Spion sein Karriereziel erreicht: Günter Guillaume, persönlicher Referent des Bundeskanzlers Willy Brandt

schaften vorgestellt. Bereits im Sommer 1970 ist er selbständiger Referent in der »Verbindungsstelle des Bundeskanzlers zum Parlament, zu Parteien, Kirchen und Verbänden«, zugleich verantwortlich für das Verbindungsbüro des Kanzleramtes auf den SPD-Parteitagen in Saarbrücken und Bonn.
Die HVA des DDR-Ministeriums für Staatssicherheit, Abteilung »BRD-Parteien/Unterabteilung SPD«, führt ihren Spitzenagenten Guillaume unter Kurzwellen-A-3-Verkehr für Empfangskopf Kennziffer 37, Deckname »Georg«. Bereits im Februar und Oktober 1956 sind von der Spionageabwehr unter anderem zwei Zahlencode-Funksprüche abgefangen und entziffert worden, die Geburtstagswünsche für »G« und »Chr« enthielten.
Doch niemand ahnt zu diesem Zeitpunkt, daß es sich um Günter Guillaume und dessen Frau Christel handelt.
Am 1. Dezember 1972 gelingt dem DDR-Agenten der Sprung in eine Stellung, die er sich erträumt hat: Er gehört jetzt zu den drei persönlichen Referenten des Bundeskanzlers und begleitet Willy Brandt künftig zu allen Sitzungen der SPD-Bundestagsfraktion und des Parteivorstandes sowie auf den Wahlkampfreisen durch die jeweiligen Bundesländer. Dadurch gewinnt er nicht nur einen genauen Einblick in den SPD-Parteiapparat, sondern auch in das Privatleben von Willy Brandt.
Nach drei Sicherheitsüberprüfungen – im Jahr 1970, Ende 1972 und Anfang 1973 – wird Guillaume die Zugangsberechtigung für »streng geheime« Dokumente erteilt. Unterdessen haben Code-Spezialisten Funksprüche abgefangen und entziffert, deren Inhalt auf eine Quelle im Bundeskanzleramt schließen läßt.
Als Oberamtsrat Schoregge, Sachbearbeiter im BfV, Abteilung IV – Spionageabwehr, zu Beginn des Jahres 1973 die Akten des unter Spionageverdacht festgenommenen Fotografen Gersdorff aus Frankfurt/Main sichtet, stößt er auf den Namen Guillaume, der bereits bei den Ermittlungen im Fall Siberg und auch bei dem Gewerkschaftssekretär Wilhelm Gronau aufgetaucht ist. Schoregge wird hellhörig und geht der Sache nach. Es gelingt ihm, bei seinen Nachforschungen etwa 30 Verdachtsmomente, darunter auch die Funksprüche aus dem Jahr 1956, ausfindig zu machen.
Als am 29. Mai 1973 dem Chef des BfV, Dr. Günther Nollau, dieser Bericht übergeben wird, verständigt er sofort Innenminister Dietrich Genscher, der Willy Brandt von dem Spionageverdacht unterrichtet. Der völlig überraschte Bundeskanzler stimmt einer Observation zu. Um die Ermittlungen nicht zu gefähr-

den, nimmt Brandt – wie vorgesehen – außer den drei Sicherheitsbeamten auch seinen Referenten Guillaume am 2. Juli 1973 mit in den Urlaubsort Hamar/Norwegen.
Hier hat Guillaume mit Unterstützung seiner Frau vier Wochen lang Gelegenheit, alle für den Kanzler bestimmten Telex-Nachrichten einzusehen, darunter geheime Verfassungsschutzberichte, interne Meldungen des Bundespresseamtes sowie äußerst wichtige außenpolitische Mitteilungen und Informationen über geplante Veränderungen bei der NATO. Für das Agentenehepaar ist die Ausbeute so reichhaltig wie nie zuvor.
Nach der Rückkehr aus Norwegen wird Guillaume außerhalb des Bundeskanzleramtes fast ständig beobachtet, vor allem aber seine Frau, um mögliche Kontaktpersonen zu ermitteln. Erst im März 1974 kann die Bundesanwaltschaft eingeschaltet werden. Als bekannt wird, daß Guillaume im April 1974 eine Urlaubsreise an die Côte d'Azur plant, übernimmt eine Sicherungsgruppe des BKA in Zusammenarbeit mit der französischen Spionageabwehr die Observation im Ferienzentrum »Résidence de France« (Saint-Maxime).
Obwohl die Beobachtung rund um die Uhr erfolgt und alle Personen, mit denen er dort zusammentrifft, von der »Direction de la Surveillance du Territoire« (DST) überprüft werden, können die Franzosen Guillaumes Besuchern keine nachrichtendienstliche Tätigkeit nachweisen.
Inzwischen hat die Sicherungsgruppe des BKA in Bonn von der Bundesanwaltschaft einen Hausdurchsuchungsbefehl und die Anweisung, das Ehepaar Guillaume zu vernehmen. Am 24. April 1974 werden Christel und Günter Guillaume morgens gegen 6.30 Uhr in ihrer Bad Godesberger Wohnung, Ubierstraße 107, von Beamten des BKA verhaftet. Im Verhör gesteht er, »Offizier des Ministeriums für Staatssicherheit« zu sein. Er verweigert unter Berufung auf seinen Rang Aussagen zur Sache und beschränkt sich lediglich darauf, Angaben zur Person zu machen.
Willy Brandt in seiner »Zwischenbilanz«: »Mittwoch, den 24. April 1974. Mittags Rückkehr aus Kairo. Ich werde noch auf dem Flugplatz durch Staatssekretär Grabert unterrichtet, daß Guillaume morgens verhaftet worden ist und sich als ›Offizier der HVA‹ zu erkennen gegeben hat. Hieraus ergaben sich im Laufe des Tages mehrere Gespräche mit engeren Mitarbeitern. Ich betone, daß ich rücksichtslose Aufklärung wünsche.«
Die Suche nach dem Komplizen von Guillaume, der unter dem Decknamen »Fichte« als hoher Regierungsbeamter in Bonn arbeiten soll, verläuft ergebnislos. Es bleibt ungeklärt, wie Guillaume sein Nachrichtenmaterial in die DDR abgesetzt hat, ein Funkgerät wird nicht gefunden, auch nicht die übliche Agentenausrüstung wie: Codeschlüssel, Geheimkamera oder Geheimtinte. Weder der Führungsoffizier noch tote Briefkästen oder konspirative Treffs können ermittelt werden.
Bei Durchsuchung seines Büros und der Wohnung werden nur Abhörgeräte, Notizbücher und eine Filmkamera sichergestellt. Alles deutet jedoch darauf hin, daß der gelernte Fotograf nicht wie üblich die einzelnen Dokumente abgelichtet, sondern mit seiner Filmkamera in Serie aufgenommen hat. Außer verschiedenen geheimdienstlichen Unterlagen findet man auch eine Arbeitsanleitung der HVA für das Aufnehmen von Dokumenten, dazu die Telefonnummer und Deckadresse seiner Dienststelle in Ost-Berlin.
Nachdem in Bonn die Erkenntnisse des BND und des BfV bekannt werden, daß Guillaume Informationen über Brandts private Affären an seine Auftraggeber in Ost-Berlin weitergeleitet haben soll, wird der Kanzler wegen möglicher Erpressung zu einem Sicherheitsrisiko. Und Brandt entschließt sich am 6. Mai 1974, Bundespräsident Heinemann sein Rücktrittsgesuch zu übermitteln. Darin heißt es: »Ich übernehme die politische Verantwortung für Fahrlässigkeiten im Zusammenhang mit der Agentenaffäre Guillaume.«
Noch am selben Abend betont Dr. Günther Nollau in der Fernsehsendung »Report«: »Die Entdeckung dieses Spionagefalls ist das Ergebnis unserer eigenen systematischen Arbeit.« Und in seinen im März 1987 veröffentlichten Tagebuchaufzeichnungen berichtet Nollau, »Brandt wollte wegen dieser Spionageaffäre seinem Leben ein Ende setzen«.
Was Guillaume im einzelnen verraten hat, bleibt ungeklärt. Das Oberlandesgericht Düsseldorf verkündet am 15. Dezember 1975 das Urteil: Günter Guillaume erhält 13 Jahre und seine Frau Christel acht Jahre Freiheitsentzug wegen gemeinschaftlichen Landesverrats. Er kommt in die Justizvollzugsanstalt Rheinbach, seine Frau in die Strafanstalt Köln-Ossendorf. Christel Guillaume wird wegen Krankheit bereits im März 1981 ausgetauscht, und Günter Guillaume entläßt man am 4. Oktober 1981 im Austausch gegen 42 DDR-Häftlinge.
Als Gegenleistung für seine langjährige Agententätigkeit ernennt ihn die DDR-Führung zum »Dr. honoris causa« und verleiht ihm den Vaterländischen Verdienstorden in Gold. Dreizehn Jahre nach seiner Verhaftung darf Guillaume sein Schweigen brechen und im Auftrag Ost-Berlins eine neue Propagandakampagne gegen die Bundesrepublik Deutschland inszenieren. »Meine Erfahrungen sind weiterhin von Nutzen«, sagt der ehemalige Kanzler-Spion in seiner ersten öffentlichen Erklärung.
Am 13. Mai 1987 schildert Guillaume in die »Junge Welt«, Zeitung der kommunistischen Jugendorganisation FDJ, die BRD sei ein militaristisches Land, geprägt von »Aggressivität und Arbeitslosigkeit«. In seiner Position als persönlicher Referent des ehemaligen Bundeskanzlers Brandt habe er Zugang zu Informationen gehabt, die für die militärische Sicherheit des »sozialistischen Lagers und den Schutz des Friedens« von »sehr großer Bedeutung« gewesen seien.

Ministerium für Staatssicherheit (MfS) in Ost-Berlin: durch Funksprüche Kontakt mit Guillaume

Im Dezember 1987 erwähnt Christel Guillaume in einem Interview für die DDR-Zeitschrift »Armeerundschau«, daß sie es nicht bereue, als Spionin in der Bundesrepublik gelebt zu haben. Hätte man sie nicht enttarnt, würde sie auch heute noch ihren Auftrag erfüllen, möglicherweise bis zu ihrem Tod.

DDR-Spione in Bonn: Ehepaar Lutze

Ein lebenslustiges Ehepaar und dessen Freund spionieren lange Zeit im Bonner Verteidigungsministerium und liefern Ost-Berlin Unterlagen höchster Geheimhaltungsstufe. Dadurch kann sich die oberste militärische Führung der Warschauer-Pakt-Staaten nicht nur detaillierte Kenntisse über die derzeitige Stärke und Ausrüstung der westlichen Allianz verschaffen, sondern ist auch über langfristige Planungen informiert. Dieser Spionagefall zählt zu den schwerwiegendsten in der Geschichte der Bundesrepublik, dessen Auswirkungen unbeschreiblich sind.

Lothar-Erwin Lutze, am 24. September 1940 in Schneidemühl/Pommern geboren, entstammt einer in der DDR lebenden Handwerkerfamilie. Im Januar 1952 besucht er mit seinen Eltern Verwandte in der Bundesrepublik, und sie entschließen sich, im Westen zu bleiben. 1955 beginnt Lutze eine kaufmännische Lehre, meldet sich danach im November 1959 freiwillig zur Luftwaffe und verpflichtet sich für vier Jahre. Er dient erst in Fürstenfeldbruck und kommt dann zu einer Einheit nach Lechfeld.
Im Jahr 1960 gelingt es einem Agenten des DDR-Geheimdienstes MfS, Hauptverwaltung Aufklärung (HVA), Lutze für Spionagetätigkeit anzuwerben. Der erst Zwanzigjährige meldet seinem Mittelsmann fortan alles, was er während seiner Dienstzeit über die Bundesluftwaffe erfahren kann und wird für jede Information mit 500 DM belohnt. Nach seiner Militärzeit belegt Lutze einen Englischkurs an der Berlitz School in Mainz, den er im Dezember 1964 beendet. Um seine Sprachkenntnisse noch zu vervollkommnen, arbeitet er anschließend in einem amerikanischen Club in Bad Kreuznach.
Inzwischen betätigt sich Lutze auch als Agentenanwerber, und es gelingt ihm Anfang 1966, seinen ehemaligen Schulfreund, den Bundeswehrsoldaten Hans-Jürgen Wiegel für Spionagetätigkeit zu gewinnen. Als Wiegel im September 1966 heiratet, übernimmt dessen Frau Ursula, geborene Fett, den Kurierdienst zwischen der BRD und der DDR. Im Oktober 1966 erhält Lutze eine Anstellung bei der Lufthansa auf dem Flughafen Köln-Wahn. Dort fällt ihm eines Tages ein Sack mit Kurierpost des Auswärtigen Amtes an deutsche Botschaften im Ausland in die Hände, den er versteckt und später einem Agenten der HVA übergibt. Bei seiner nächsten Arbeitsstelle, einer Kölner Elektronik-Firma, gelingt es ihm, im Auftrag der HVA Unterlagen über eine in der BRD entstehende Großanlage für Funkpeilung zu besorgen.
Während des Kölner Karnevals 1972 lernt Lutze seine künftige Frau Renate Übelacker kennen. Die am 11. März 1940 in Brandenburg an der Havel geborene Renate ist mit ihren Eltern 1956 in die BRD geflüchtet. Sie hat die Technische Oberschule in Hamburg besucht und danach eine Lehre als Bürogehilfin absolviert. Im Mai 1959 zieht sie von Hamburg nach Bad Godesberg. Hier und auch in Bonn arbeitet sie acht Jahre lang als Bürokraft.

Trotz Überprüfung des MAD keine Verdachtsmomente: Ehepaar Lothar-Erwin und Renate Lutze

Im April 1967 erhält Renate eine Anstellung als Stenotypistin im Bonner Verteidigungsministerium, Unterabteilung Wehrtechnik und Beschaffung. Bereits fünf Monate später darf sie Arbeiten verrichten, die der Sicherheitsstufe I unterliegen (Anvertrauen von Verschlußsachen des Geheimhaltungsgrads VS – vertraulich, NATO-confidential, US-confidential, Geheim und NATO-secret). Seit Herbst 1971 gehört Renate zur Kanzlei des Staatssekretärs Berkhan und bekommt als dessen Sekretärin den Sicherheitsbescheid Stufe II, das heißt Umgang mit Unterlagen, die US-secret, Streng geheim, cosmic-top-secret, US-top-secret sowie Atom-Informationen (USA/ NATO) gekennzeichnet sind.

Im März 1972 wird Renate Übelacker Sekretärin des Ministerialdirektors Herbert Laabs, Chef der Sozialabteilung. Ein halbes Jahr danach, am 29. September 1972, heiratet sie Lothar Lutze, der seine Frau zur Spionagearbeit überreden kann. Bald gelingt es Frau Lutze, ihrem Ehemann einen Job im Verteidigungsministerium zu besorgen. Ab 1. Februar 1973 ist er Bürohilfskraft (Bote) im Referat PIII7 und bekommt nach kurzer Zeit den Sicherheitsbescheid Stufe I. Im Januar 1975 wird Lutze als Bürokraft in der Rüstungsabteilung III/3 eingesetzt.

Später äußerst sich Ministerialdirektor Laabs, er habe Lutze zu sich bestellt, nachdem seine Sekretärin Renate Übelacker 1972 erzählte, ihr künftiger Mann sei arbeitslos. Sein Eindruck bei dem Gespräch sei allerdings schlecht gewesen, trotzdem habe er Lutzes Einstellung als Bote befürwortet. Als sich Frau Lutze später beklagte, daß ihr Mann weniger als sie verdiene, habe er sich »aus Fürsorgegründen« für eine Höherstufung des Mannes eingesetzt.

Der von Lutze 1966 als Agent angeworbene ehemalige Schulkamerad Hans-Jürgen Wiegel ist schon seit 1971 im Verteidigungsministerium tätig, zuletzt im Führungsstab der Marine I/5, und hat den Sicherheitsbescheid Stufe II.

Trotz seiner schlechten Arbeitszeugnisse schafft es Lothar Lutze tatsächlich, vom Boten bis zum Geheimsachen-Verwalter aufzusteigen. Der unscheinbare Beamte ist nicht nur Mitarbeiter in der Rüstungsabteilung des Verteidigungsministeriums, zu seinen Pflichten zählt ebenso die Bearbeitung der ein- und ausgehenden Post eines Referats, das für NATO-Pipelines und Treibstoffversorgung der Bundeswehr sowie ihrer Verbündeten zuständig ist. Dabei hat Lutze genügend Zeit, die Geheimpapiere eingehend zu lesen und nach Bedarf auch abzulichten.

In seinem Arbeitszimmer liegt wochenlang eine Minox-Kamera herum, was erstaunlicherweise keinem seiner Vorgesetzten verdächtig erscheint. Als Lothar Lutze eines Tages von einem Oberstleutnant mit der Minox-Kamera in der Hand erwischt wird, fällt dem Offizier nichts anderes ein, als Lutze humorvoll darauf hinzuweisen, daß hier im Ministerium nicht spioniert werden dürfe ...

Fast regelmäßig besucht Lothar Lutze seine Frau während der Mittagszeit in ihrem Büro, und es kommt des öfteren vor, daß Frau Lutze abends, nachdem ihr Chef schon nach Hause gegangen ist, noch verschiedene Schreibarbeiten erledigen muß, so daß sie sich mit ihrem Mann in den Diensträumen allein aufhält. Zu dieser Zeit hat sie immer Zugang zu einem der Fotokopiergeräte. Wie nachlässig die Kontrolle der im Ministerium Beschäftigten beim Verlassen des Hauses durchgeführt wird, zeigt die Tatsache, daß Lothar Lutze monatelang gleich bündelweise

Geheimakten im Kofferraum seines Wagens verstaut hat, um sie daheim in Königswinter in aller Ruhe zu kopieren.
Erst als einem Hauptmann auffällt, daß das Ehepaar Lutze eine teure Mietvilla bewohnt, aufwendige Urlaubsreisen unternimmt und der Tochter kostspielige Geschenke macht, schaltet er das Sicherheitsreferat ein, das die beiden vom Militärischen Abschirmdienst (MAD) kontrollieren läßt. Und wie lautet die Antwort des MAD? Das Ehepaar sei gründlich überprüft worden, aber diese Sicherheitskontrolle habe keine Verdachtsmomente ergeben.
Da Ministerialdirektor Laabs energisch bestreitet, daß ihn mit Frau Lutze mehr verbindet als die tägliche Arbeit, wirkt sein Verhalten etwas seltsam: Als er Renate Lutze wegen nachlassender Leistungen in ein anderes Referat versetzen will und ihr eine schlechte schriftliche Beurteilung ausstellt, wirft sie das Schreiben demonstrativ in den Papierkorb und widerspricht ihrer Versetzung: »Mein Mann«, so Frau Lutze, »will die Versetzung nicht, er besteht darauf, daß ich weiter in Ihrem Vorzimmer beschäftigt werde.« Laabs erklärt sich einverstanden, und das Zeugnis kommt nie in die Personalakte.
Über den Schreibtisch des Chefs der Sozialabteilung, Laabs, das heißt durch die Hände von Frau Lutze, laufen auch Vorgänge, die nicht im Entferntesten mit Sozialaufgaben zu tun haben, wie zum Beispiel Übungsunterlagen für das Wintex-Planspiel. Während dieser 1975 unter strengsten Sicherheitsmaßnahmen durchgeführten NATO-Stab-Rahmenübung wird die Zusammenarbeit militärischer und ziviler Stellen getestet. Die Hauptaufgabe ist jedoch die Überprüfung der Funktionsfähigkeit aller NATO-Kommandostellen für den Ernstfall.

Ministerialdirektor Herbert Laabs, Chef der Sozialabteilung, übernimmt 1972 Renate Lutze als Sekretärin

Diese streng geheimen Planunterlagen enthalten unter anderem Organisationspläne, Leistungsanweisungen, Aufstellungspläne sowie Tarnnamen, Rufzeichen und Sendefrequenzen von Kommandobehörden und Stäben der Bundeswehr. Laabs kann nicht sagen, wie lange diese Papiere »im Besitz von Frau Lutze waren, bis sie sie mir vorgelegt hat«. Alle von Laabs angeforderten Akten, auch wenn sie der Geheimhaltung unterliegen, nimmt Renate Lutze gegen Quittung eigenhändig entgegen. Damit hat sie jedesmal Gelegenheit, den Inhalt in Ruhe einzusehen, bevor sie ihrem Chef die Unterlagen auf den Schreibtisch legt. Laabs kommt auch nie auf die Idee – obwohl dies den Vorschriften entspricht –, zu kontrollieren, ob seine Sekretärin die Akten abends wieder ordnungsgemäß zurückgibt.
Obwohl Laabs von Anfang an versichert, daß bei ihm »nichts zu spionieren ist«, liegen in seinem Panzerschrank Schriftstücke höchster Geheimhaltungsstufe, die mit seinem eigentlichen Aufgabenbereich nichts zu tun haben. So hat Frau Lutze ausreichende Gelegenheit, sich ihrer zu bedienen, notfalls mit einem nachgemachten Schlüssel, den sie für den Safe besitzt.
Doch weder das Ehepaar Lutze noch deren Freund Hans-Jürgen Wiegel geraten durch eigene Unvorsichtigkeit in Verdacht. Ihre Enttarnung ist lediglich einem Zufall zu verdanken. Am Dienstag, dem 1. Juni 1976, wird in Koblenz das unter Spionageverdacht stehende Ehepaar Ruchert-Gerstner festgenommen. Bei der Hausdurchsuchung findet man außer Geheimunterlagen aus dem Verteidigungsministerium und Spionageausrüstungsgegenständen auch ein Foto sowie einen Notizzettel mit dem Namen Wiegel. Was jedoch die Fahnder zur Stunde noch nicht ahnen: Das Ehepaar führt das Spionagetrio von der Hardthöhe nachrichtendienstlich. Die Ruchert-Gerstners nehmen jeweils das beschaffte Geheimmaterial entgegen und übergeben dem Trio neue Aufträge und das Honorar.
Angesichts der erdrückenden Beweise gibt Wiegel beim Verhör zu, sein Schulfreund Lothar Lutze habe ihn für Spionagetätigkeit angeworben. Noch in der Nacht vom 1. zum 2. Juni 1976 werden Renate und Lothar Lutze in ihrer Villa in Königswinter-Oberpleis verhaftet. Auch hier wird durch das überraschende Eingreifen des BKA eine Menge entdeckt, darunter ein modernes, für den Funkverkehr geeignetes Radiogerät, Foto- und Filmkameras, belichtetes und unbelichtetes Negativmaterial, Geheimunterlagen aus dem Verteidigungsministerium und anderes mehr.
Das wohl bedeutsamste Geheimdokument, das vom Spionagetrio beschafft wurde, ist der streng geheime Bericht der Arbeitsgruppe Bundeswehr-Struktur vom 30. April 1973, dazu eine mehrere Seiten zählende Anlage sowie Weisungen des Generalinspekteurs. Die von Moskau so heiß begehrte, in ihrer Art einmalige Dokumentensammlung enthält neben einer detaillierten Darstellung des Zustandes der Bundes-

Bundeswehrsoldaten bei einer Übung; TOW-Panzerraketen werden abschußbereit gemacht: Das Ehepaar Lutze hat die Funktionsfähigkeit der NATO verraten

wehr unzählige Einzelheiten, deren Kenntnisse es dem Generalstab des Warschauer Pakts ermöglichen, seine Planungen für den Kriegsfall maßgerecht auf die westdeutschen Streitkräfte einzustellen.
Der umfangreiche Bericht gibt genaue Angaben über die von NATO und Bundeswehr veranschlagte Vorwarnzeit, wieviel Stunden die Kampfverbände im Ernstfall bis zur Verteidigungsbereitschaft brauchen werden und den vermutlichen Zeitraum, in dem sie ihre vorgeschobenen Stellungen mit einiger Aussicht auf Erfolg verteidigen können. Diese ausführliche Übersicht wird ergänzt durch genaue Tabellen, in denen Personalumfang, Ausrüstung und Bewaffnung der Bundeswehr in den Jahren 1972 bis 1986 im einzelnen aufgeschlüsselt sind. Jeder Generalstabsoffizier kann daraus mühelos die Schwächen und Stärken der westdeutschen Verteidigung von Flensburg bis Passau entnehmen. Mit diesem Dokument in der Hand ist es dem Osten jederzeit möglich, die Warnzeiten zu unterschreiten sowie die gesamte Mobilmachung und den Aufmarsch der Bundeswehr ganz gezielt zu unterlaufen.
Eine andere Geheimakte, die das Ehepaar Lutze seinem östlichen Auftraggeber geliefert hat, trägt den Codenamen »Grünes Rosenholz«. Sie ist von derart hoher Geheimhaltungsstufe, daß weder der Untersuchungsausschuß noch die ermittelnde Bundesanwaltschaft des Bonner Justizministeriums den Inhalt der Akte erfahren dürfen. Sie müssen ihre Nachforschungen sofort einstellen.
Der 34 Seiten umfassende Plan der Operation »Grünes Rosenholz«, Deckname »Grundbefehl«, befindet sich zu dieser Zeit bereits seit gut zwei Jahren in einem Safe des sowjetischen Geheimdienstes. Der Plan berührt auch die Interessen der drei in Berlin stationierten Westmächte USA, Großbritannien und Frankreich. Es ist nämlich eine minuziöse Kriegsplanung im Fall wirtschaftlicher, politischer oder militärischer Maßnahmen der Sowjetunion gegen West-Berlin. Er umfaßt die ganze Skala von Protestaktionen und wirtschaftlichen Sanktionen bis zum Einsatz der NATO-Truppen bei Blockade der Transitwege oder Ausbruch eines konventionellen Krieges.
Lothar Lutze hat auch die Pläne des Kampfpanzers 3 verraten, der nach einer bereits 1972 unterzeichneten deutsch-britischen Vereinbarung in den neunziger Jahren gebaut werden und der zahlenmäßigen Überlegenheit der Panzerwaffe des Warschauer Paktes die Stirn bieten soll, außerdem detaillierte Pläne der gesamten Treibstoffversorgung mit Angaben über das NATO-Pipeline-Alarmsystem und vieles andere mehr. So hat der Ostblock eine ausgezeichnete Auflistung der wichtigsten Ziele, deren Zerstörung die NATO-Streitkräfte völlig lahmlegen würde.
Die Untersuchungskommission stellt zu ihrer Verblüffung fest, daß mehrere Akten von der Sozialab-

Die von Frau Lutze an das MfS gelieferten Dokumente ermöglichen es den Warschauer-Pakt-Staaten, eine Mobilmachung und den Aufmarsch der Bundeswehr zeitlich zu unterlaufen

teilung »unverhältnismäßig lange Zeit« zurückgehalten wurden, darunter zehn Monate lang zwei als »geheim« eingestufte Vorgänge zum »Streitkräfteplan 1977 bis 1988« sowie über ein Dreivierteljahr der Geheimteil des Bundeshaushaltsplans 1973. Interessanterweise bleibt trotz monatelanger Arbeit des parlamentarischen Untersuchungsausschusses und auch in der 99 Tage dauernden Hauptverhandlung die Frage unbeantwortet, wie das Spionagetrio überhaupt an all diese Quellen im Verteidigungsministerium herangekommen ist.
Den NATO-Partnern wird zwar bekanntgegeben, welche Geheimvorlagen mit NATO-Briefkopf den Agenten in die Hände gefallen sind; das Wichtigste aber, welche bundeswehreigenen Dokumente wie Mobilmachungs- und Aufmarschpläne sich die Spione beschaffen konnten, wird verschwiegen. So ist das NATO-Hauptquartier nicht imstande, die Tragweite der Spionageaffäre und den Umfang des Schadens näher zu beurteilen.
Am Montag, dem 12. Dezember 1977, erscheint in der »Frankfurter Allgemeinen Zeitung« ein Artikel mit der Überschrift »Kennt Ost-Berlin die wichtigsten Geheimnisse von Bundeswehr und NATO?« Erst dieser Bericht bringt das zutage, was sich im Verteidigungsministerium tatsächlich abgespielt hat. Eine Woche nach Erscheinen dieses Artikels, also mit eineinhalbjähriger Verspätung, erfährt das NATO-Hauptquartier in Brüssel endlich das wahre Ausmaß des Verrats und erhält eine vollständige Übersicht jener 1039 Unterlagen – die meisten davon mit oberster Geheimhaltungsstufe – von denen man mit Bestimmtheit weiß, daß die drei Spione sie dem östlichen Auftraggeber zugespielt haben. Die genaue Anzahl der entwendeten Geheimmaterialien wird man jedoch nie erfahren.
Am 18. Juni 1979 verurteilt das Oberlandesgericht Düsseldorf Lothar Lutze zu zwölf Jahren und seine Frau Renate zu sechs Jahren Gefängnis. Renate Lutze wird bereits im Oktober 1981 ausgetauscht, Lothar Lutze muß etwa zwei Drittel der Strafe verbüßen: Sein Austausch erfolgt am 1. April 1987.

U-137 vor Schwedens Küste

Für den schwedischen Generalstab ist es seit Jahren kein Geheimnis mehr, daß die sowjetische Marine im

Rahmen ihres nachrichtendienstlichen Auftrages die skandinavischen Küstengewässer eingehend erforscht. Doch die Jagd auf diese unerwünschten Eindringlinge ist bisher erfolglos bis zu jenem Tag, als U-137 auftaucht. Damit beginnt eine aufsehenerregende Affäre, die nicht nur Schweden, sondern die ganze westliche Welt aufhorchen läßt.

Am Dienstag, dem 27. Oktober 1981, testet die schwedische Marine unter Beteiligung mehrerer Hubschrauber-Staffeln und U-Boote im militärischen Sperrgebiet vor der Insel Aspö ihre neuesten strenggeheimen Anti-U-Boot-Torpedos, die von Hubschraubern abgeworfen das Unterwasserziel selbständig suchen. In dieser Nacht, zwischen 21 Uhr und den frühen Morgenstunden des 28. Oktober 1981, hört der auf Sturkö wohnende Fischer Ivar Svensson zuerst einen lauten Knall, danach die Geräusche von Dieselmotoren.

Einige Stunden später, gegen 7 Uhr morgens, benachrichtigt Svensson telefonisch einen Wachtposten vom Marinestützpunkt Karlskrona, daß etwa 35 Meter vom Strand entfernt ein U-Boot mit sowjetischer Marineflagge liegt.

Die militärische Küstenwacht funkt sofort Alarmsignale an den Verteidigungsstab in Stockholm, der den Befehl erteilt, umgehend den U-Boot-Kommandanten zur Rede zu stellen. Zur selben Zeit wird ein SOS-Ruf von U-137 aufgefangen, daß es auf Grund gelaufen sei. Der Stabschef des Stützpunktes Karlskrona, Korvettenkapitän Karl Andersson, fährt mit dem Küstenwachboot »Smygaren“ zu der von Svensson bezeichneten Stelle.

Er findet das U-Boot mit einem »sichtlich beunruhigten« Kommandanten und einer ebenso »bedrückt wirkenden Besatzung« von 56 Mann vor. Andersson kann allerdings kein Russisch, und von den Matrosen versteht niemand Schwedisch oder Englisch, nur einer spricht gebrochen Deutsch. So erfährt Andersson zwar »Kompaß kaputt«, aber in seiner Meldung nach Stockholm bezweifelt er dies.

Gegen 13 Uhr unterrichtet das schwedische Außenministerium den sowjetischen Botschafter Michail Jakowlew von dem Vorfall, der sich nach Rückfrage in Moskau um 18 Uhr bei Außenminister Ullsten für den »auf technisches Versagen zurückzuführenden Zwischenfall« persönlich entschuldigt. Gleichzeitig bittet er um die Erlaubnis, die Bergung des U-Bootes durch sowjetische Schiffe zu veranlassen. Doch die schwedische Antwort ist ein kategorisches »Nein«.

Unterdessen sind bereits sowjetische Bergungsschiffe, eskortiert von zwei Zerstörern, in Sichtweite der schwedischen Hoheitsgewässer eingetroffen, die aber von den patrouillierenden und in höchster Alarmbereitschaft stehenden Einheiten der schwedischen Kriegsmarine ständig beobachtet werden.

Gegen Mittag des 29. Oktober 1981 meldet die Marineführung ein zweites fremdes U-Boot in schwedischen Gewässern. Stockholm setzt daraufhin U-Jagdhubschrauber zur Aufklärung ein. Im Schutz der Dunkelheit fahren um 21 Uhr drei als Fischer getarnte wissenschaftliche Experten des schwedischen Nachrichtendienstes in einem Ruderboot mit gedämpftem Außenbordmotor bis zum U-Boot. Da der Bug durch die Strandung etwas höher aus dem Wasser herausragt, ist es ihnen möglich, die Meßinstrumente an den Torpedokammern anzusetzen. Doch kurz danach werden sie von den sowjetischen Turmwachen entdeckt. »Die Matrosen drohten zu schießen«, berichteten sie später. Die Schweden tun aber so, als seien sie nur neugierige Fischer, und brechen ihren Auftrag ab.

Auch am Freitag, dem 30. Oktober 1981, widersetzt sich der Kommandant von U-137 weiterhin, nähere

11. Dezember 1977: Erst aus der Presse erfährt man im NATO-Hauptquartier das ganze Ausmaß des Lutze-Debakels

Kennt Ost-Berlin die wichtigsten Geheimnisse von Bundeswehr und Nato?

Der jüngste Bonner Spionagefall / Die Verdächtigen hatten Zugang zu entscheidenden Unterlagen

FAZ Dll Politik 12. DEZ. 1977

fy. BONN, 11. Dezember. Die DDR ist mit großer Wahrscheinlichkeit umfassend über die Bundeswehr und ihre wesentlichen Geheimnisse unterrichtet. Sie dürfte über wichtige Unterlagen verfügen, die deren Zustand, ihre Schwächen und Mängel beschreiben. Auch dürfte die DDR wissen, welche Maßnahmen im Krisen- und im Verteidigungsfall die Bundeswehr vorsieht. Auch die Kenntnisse der Bundeswehr über die Streitkräfte des Warschauer Paktes, ihre Ausrüstung, Stärke und Dislozierung dürften Ost-Berlin geläufig sein. Dies lungen, Renate Lutze, die Chefsekretärin von Laabs. Sie war im Besitz der Schlüssel zu dem Tresor, in dem die geheimen Unterlagen lagern, die dem Leiter der Sozialabteilung zugestellt oder von ihm angefordert werden. In einer gutachterlichen Stellungnahme des Generalbundesanwalts wird hierzu festgestellt, daß Laabs Sicherheitsvorschriften seines Hauses (ZDv 2/30) nicht beachtet und im Hinblick auf die Verwaltung von Verschlußsachen Fehler gemacht hat. Der Prozeß wird für das Frühjahr nächsten Jahres erwartet. Die drei unter dringendem Spionage-

Im einzelnen betreffen die mutmaßlich ausspionierten Dokumente:

1. Erkenntnisse über die Weiterentwicklung der Bundeswehrstruktur;

2. die Unterlagen über die lang-, mittel- und kurzfristige Bundeswehrplanung;

3. die militärischen Zustandsberichte der Bundeswehr der Jahre 1972 bis 1974;

4. die Auswertung der streng geheimen Nato-Stabsrahmenübung „Wintex" 1975, insbesondere die dabei zutage getretenen Mängel;

Auskünfte über die Ursache der Havarie zu geben. Es heißt, er verwahre sich »gegen jede Einmischung in die inneren Angelegenheiten des U-Bootes«, und weder er noch seine Besatzung würden freiwillig von Bord gehen. Der schwedische Generalstab schließt nun die Anwendung von Gewalt nicht mehr aus.
An diesem Tag nimmt der schwedische Nachrichtendienst bei Einbruch der Dunkelheit seine geheimen Ermittlungen mit verbesserten Geräten wieder auf. Die Männer haben sich diesmal im Rumpf des am U-Boot festgemachten Küstenwacht-Kreuzers versteckt, darunter der Kernphysiker Lars-Erik de Gerr vom Forschungssamt der schwedischen Streitkräfte (FOA): »Unsere Messungen haben eindeutig das Vorhandensein von Kilomengen Uran 238 ergeben.«
Die Funküberwachung des schwedischen Geheimdienstes meldet am Sonntag, dem 1. November 1981, einen regen Funkverkehr zwischen U-137 und seinem Stützpunkt in Kaliningrad, ehemals Königsberg: Der U-Boot-Kommandant steht nun im Verhör seiner Marineführung. Einiges deutet darauf hin, daß die Sowjets den Kapitän zum alleinverantwortlichen »Sündenbock« stempeln wollen. Man erwartet von ihm die Erklärung, er habe auf eigene Faust entgegen seinen Instruktionen gehandelt, als er in das militärische Sperrgebiet eingedrungen sei.
Am Montag, dem 2. November 1981, gibt die schwedische Regierung in den Morgenstunden bekannt: »Bei Kontakten zwischen Außenminister Olaf Ullsten und dem sowjetischen Botschafter Michail Jakowlew hat der letztgenannte mitgeteilt, daß die sowjetische Regierung eine Befragung des U-Boot-Kommandanten an Bord eines schwedischen Fahrzeugs außerhalb des militärischen Schutzgebietes akzeptiert. Repräsentanten der sowjetischen Botschaft in Stockholm können dabei zugegen sein. Im Zusammenhang mit der Untersuchung wird auch ein Besuch an Bord des U-Bootes erfolgen.«
Damit erlaubt Moskau zum erstenmal seit Ende des Zweiten Weltkrieges, daß ein sowjetischer Offizier von ausländischen Militärs verhört und ein sowjetisches U-Boot durchsucht werden darf. Bereits eine Stunde später läßt Korvettenkapitän Andersson den Kommandanten und dessen Navigationsoffizier mit dem Hubschrauber abholen. Das auf einem schwedischen Torpedoboot stattfindende Verhör, in Gegenwart von zwei sowjetischen Botschaftsangehörigen, dauert fast sieben Stunden.
Nachdem sich der Kommandant von U-137 unter Berufung auf einen Befehl seines Flottenstützpunktes weigert, sein Boot zu weiteren Verhören zu verlassen, begibt sich Andersson am Mittwoch, dem 4. November 1981, an Bord des U-Bootes, um ein Gespräch »technischer Art« zu führen, vermutlich um das Navigationssystem zu überprüfen. Der Kommandant protestiert allerdings heftig gegen eine Untersuchung der Torpedos.
Am Donnerstag, dem 5. November 1981, befaßt sich der Krisenstab den ganzen Vormittag mit dem Untersuchungsbericht und erklärt anschließend, U-137 soll jetzt so schnell wie möglich in internationale Gewässer geschleppt und nach Feststellung der Seetüchtigkeit den vor Karlskrona wartenden Einheiten übergeben werden. Durch das schlechte Wetter und die anbrechende Dunkelheit wird die riskante Bugsieraktion angesichts der an Bord vermuteten Kernwaf-

Das sowjetische Unterseeboot U-137 im schwedischen Sperrgebiet

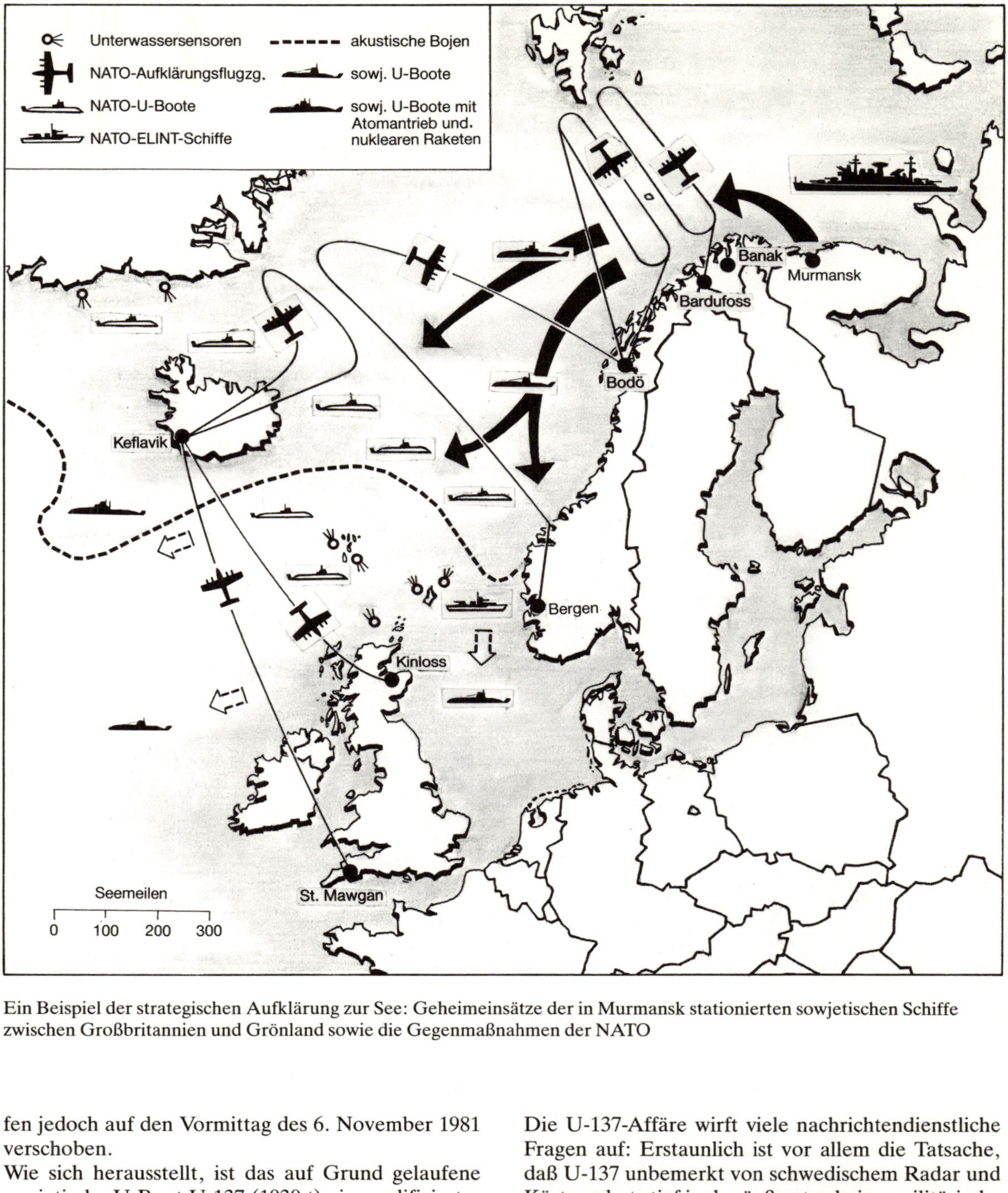

Ein Beispiel der strategischen Aufklärung zur See: Geheimeinsätze der in Murmansk stationierten sowjetischen Schiffe zwischen Großbritannien und Grönland sowie die Gegenmaßnahmen der NATO

fen jedoch auf den Vormittag des 6. November 1981 verschoben.

Wie sich herausstellt, ist das auf Grund gelaufene sowjetische U-Boot U-137 (1030 t) ein modifizierter Nachbau des deutschen U-Bootes vom Typ XXI, NATO-Bezeichnung »Whisky-Klasse«, Heimathafen Kaliningrad. Das unter dem Kommando des 35jährigen Korvettenkapitäns Pjotr Gutschin stehende U-Boot hatte den Geheimauftrag, das schwedische militärische Sperrgebiet zwischen den Felseninseln Malkvarn und Torumskär zu erkunden. Dazu der schwedische Verteidigungsminister Torsten Gustafson: »... die flagranteste Verletzung der schwedischen Hoheitsgewässer seit dem Zweiten Weltkrieg.«

Die U-137-Affäre wirft viele nachrichtendienstliche Fragen auf: Erstaunlich ist vor allem die Tatsache, daß U-137 unbemerkt von schwedischem Radar und Küstenschutz tief in das äußerst geheime militärische Sperrgebiet eindringen kann und trotz seiner Motorengeräusche dort fast eine ganze Nacht, rund 15 Stunden lang, unentdeckt bleibt. Ferner, über wen hat der sowjetische Nachrichtendienst von den am 27. Oktober 1981 geplanten Übungen mit neuartigen U-Boot-Abwehrwaffen vor der Insel Aspö erfahren, noch dazu so rechtzeitig, daß die Sowjets ein Spionage-U-Boot in das schwedische Sperrgebiet entsenden können?

Das »Übungsschießen« wurde wie üblich bereits zwei

Wochen zuvor in einem offenen Marine-Rundschreiben angekündigt, doch der wahre Zweck dieser Übung unterliegt höchster Geheimhaltung und ist nur einem kleinen Kreis hoher schwedischer Marine-Stabsoffiziere bekannt. Der schwedische Geheimdienst hat festgestellt, daß das Bordbuch von U-137 gefälscht worden ist: Wenn U-137 dem darin aufgezeichneten Kurs gefolgt wäre, hätte es mehrfach quer über Festlandszungen und Inseln fahren müssen.
Nach Meinung von Offizieren des Marinestützpunktes Karlskrona deutet das meisterhafte Navigieren des U-Boot-Kommandanten mit seinem schwerfälligen Fahrzeug durch die gefährlichen Gewässer darauf hin, daß er mit seinem Boot bereits mehrmals in diesen Küstengewässern gewesen sein muß. Daher weiß er, daß Gaasefjärden die einzige unbewachte Stelle im Sperrgebiet ist.
Der schwedische U-Boot-Experte M. Lundman: »Die Havarie von U-137 im Zentrum eines militärischen Sperrgebietes läßt darauf schließen, daß die Sowjets genaueste Kenntnis über die maritimen Küstenanlagen und von der Meerestopographie auf schwedischer Seite hatten.« U-137 besaß einen Aufklärungsauftrag, den die schwedische Regierung nicht einwandfrei klar feststellen kann. Offenbar sollte es die im Sperrgebiet ständig wechselnden Sicherheitssysteme, wie zum Beispiel Minenfelder und Unterwasserdämme, auskundschaften.
Man vermutet unter anderem, daß die geheimen Anlagen der Küstenbefestigungen von Hastholmen, östlich Karlskrona, das Ziel der Erkundung waren.

Korvettenkapitän Pjotr N. Gutschin, Kommandant des sowjetischen Unterseebootes U-137

U-137 hat auch »mit an Sicherheit grenzender Wahrscheinlichkeit eine oder mehrere Atomwaffen an Bord«. Dies ist völlig überraschend, da die veralteten U-Boote dieses Typs bisher nur als Träger konventioneller Waffen galten, und stellt laut Friedensforschungsinstitut SIPRI (Stockholm) »eine waffentechnische Weltsensation« dar.
Anschließend untersucht die schwedische Marine sechs Wochen lang ergebnislos die Küstengewässer nach geheimen sowjetischen elektronischen Navigationshilfen. Korvettenkapitän S. Rasmusson äußert die Ansicht, das Eindringen des sowjetischen U-Bootes wäre zu verhindern gewesen, hätte es in der Eingangszone sogenannte Hydrophon-Bojen gegeben, wie sie die norwegische Kriegsmarine bereits seit Jahren in der Barentsee verwendet.

Der völkerrechtliche Aspekt der U-137-Affäre: Das zulässige rechtliche Gegenmittel ist laut Artikel 23 der Genfer Küstenmeerkonvention von 1958 lediglich das Recht der Ausweisung. Selbst der eindeutige Sachverhalt, daß U-137 widerrechtlich, also ohne Genehmigung und mit unfriedlicher Spionageabsicht das schwedische 12-Meilen-Küstenmeer, die Eigengewässer der Schären und dazu ein militärisches Sperrgebiet verletzt hat, hebt jedoch die Immunität nicht automatisch auf: Kriegsschiffe genießen nämlich nach Völkervertrags- und Gewohnheitsrecht »Exterritorialität« (Immunität).
Schiff und Besatzung sind sowohl in fremden Gewässern als auch auf hoher See von straf- und zivilrechtlicher Verfolgung ebenso freigestellt wie von Gebühren und Kontrollmaßnahmen. Andererseits ist bis heute nicht geklärt, ob Kriegsschiffe ohne die Genehmigung des zuständigen Küstenstaates fremde Küstengewässer überhaupt durchfahren dürfen.
Die juristische Kernfrage der U-137-Affäre: Sind Zwangsmaßnahmen wie Festhalten des U-Bootes, Durchsuchung und strafrechtliche Verfolgung zulässig? Nachdem man festgestellt hat, daß Kernwaffen an Bord von U-137 sind, ist die Frage, ob die Immunität dadurch verwirkt ist und U-137 sowie die Besatzung der schwedischen Gerichtsbarkeit unterliegen, geklärt. Nach schwedischem Strafrecht heißt es nämlich, daß auch Straftaten auf ausländischen Schiffen im schwedischen Hoheitsbereich geahndet werden können. Jedoch darf Anklage wegen der Straftat eines Ausländers auf einem ausländischen Schiff nur dann erhoben werden, wenn die Regierung dies anordnet.
Findet aber ein Strafverfahren statt, so erlaubt auch die schwedische Rechtssprechung das Einziehen des zur Straftat verwendeten Gegenstandes. Daher können also die entsprechenden Vorschriften für U-137 Anwendung finden, ohne daß damit gegen das Völkerrecht verstoßen wird. Die schwedische Regierung hat sich aber zu dieser völkerrechtlich schwierigen und umstrittenen Meinung nicht durchgerungen.
Solange die Immunität von U-137 als Fortbestand anerkannt war, ist eine Durchsuchung des Bootsinne-

ren gegen den Willen des Kommandanten nicht zulässig. Andererseits ist das von den sowjetischen Massenmedien der U-137-Affäre oft vorgebrachte Argument einer »Einmischung in die inneren Angelegenheiten eines Schiffes« dem Völkerrecht unbekannt.
Die Vorschrift »Dienst an Bord« der Seekriegsflotte der UdSSR bestimmt die Rechtsstellung sowjetischer Kriegsschiffe wie folgt: »Schiffe der Seekriegsflotte der UdSSR, ihre Beiboote und Kutter sind Eigentum der UdSSR. Unabhängig davon, wo sie sich befinden, unterliegen sie ausschließlich den Gesetzen der UdSSR. Keine ausländische Regierung hat das Recht, sich in das Leben an Bord eines Kriegsschiffes der UdSSR einzumischen. Jeder derartige Versuch ist auf das entschiedenste zu unterbinden, bei Bedarf auch mit Waffengewalt.
Die Immunität eines Kriegsschiffes entbindet dessen Kommandanten jedoch nicht von der Pflicht, die Rechte von Kriegsschiffen anderer Länder und die Gesetze der Küstenstaaten zu achten sowie die Normen und Prinzipien des internationalen Seerechts strikt einzuhalten.«
Wäre U-137 aber im getauchten Zustand im Küstenmeer entdeckt worden, könnte es laut Völkerrecht zum Auftauchen gezwungen werden (nach dem Grundsatz der Erforderlichkeit), notfalls mit Hilfe von Wasserbomben. Nach Meldung der amtlichen Nachrichtenagentur »TASS« sei mit der U-137-Affäre von westlicher Seite angestrebt worden, die Gegner der atomaren Aufrüstungspolitik der NATO zum Schweigen zu bringen und Vorschläge für die Schaffung einer atomwaffenfreien Zone in Nordeuropa zu unterlaufen. Die U-Boot-Affäre habe man als Vorwand für eine antisowjetische Kampagne und »militärische Psychose« ausgenutzt.
Am 12. November 1981 heißt es in einer dem schwedischen Botschafter in Moskau übergebenen Note: »Der Schluß, den Schweden daraus zieht, für den Zwischenfall sei in erster Linie kein Navigationsfehler verantwortlich, ist absurd. Die sowjetische Seite könnte, wenn sie die Tatsache in Betracht zieht, daß es sich bei dem Zwischenfall um eine Panne gehandelt hat, gerechterweise mindestens eine Demonstration korrekten Verhaltens und eine objektive Einschätzung des Geschehens erwarten.« In der Note des Kreml wird allerdings mit keinem Wort zu dem Vorwurf Stellung genommen, U-137 habe aufgrund schwedischer Messungen mit an Sicherheit grenzender Wahrscheinlichkeit Kernwaffen an Bord gehabt.
Nach einer Meldung der Deutschen Presse-Agentur aus Stockholm vom 24. Dezember 1981 verlangt die schwedische Regierung von der UdSSR für die Bergung von U-137 insgesamt 5,2 Millionen Kronen (2,1 Millionen DM). Nach der U-137-Affäre wird der Erste Vize-Oberbefehlshaber der Marine, Admiral Georgij Michailowitsch Jegorow, strafversetzt und als Leiter einer paramilitärischen Jugendorganisation abgeschoben. Am 30. Dezember 1981 meldet die schwedische Tageszeitung »Svenska Dagbladet« unter Berufung auf zuverlässige Quellen in der Umgebung des sowjetischen Marineministeriums, der U-137-Kommandant Pjotr Gutschin sei zu drei Jahren Arbeitslager verurteilt worden.

Agentenjäger Tiedge wechselt die Front

Dieser Mann, den das Bundesamt für Verfassungsschutz (BfV) als besonders tüchtigen Mitarbeiter einschätzt, der bis zum Referatsgruppenleiter aufsteigt und für die Bekämpfung von DDR-Spionage zuständig ist, entwickelt sich allmählich zum notorischen Trinker. Da er trotz aller privaten Zechtouren seinen Aufgabenbereich nicht vernachlässigt und als Witwer drei Töchter zu versorgen hat, rechnet niemand mit einer derartigen Kurzschlußhandlung. Sein Verschwinden im August 1985 verursacht eine Affäre, wie sie der Verfassungsschutz seit dem Fall John nicht mehr erlebt hat.

Der am 24. Juni 1937 geborene Hansjoachim Tiedge ist der Sohn eines Bankangestellten und stammt aus Berlin. Wegen der Bombenangriffe wurden seine Eltern während des Krieges nach Wüstensachsen/Rhön evakuiert. Hier besucht er die Volksschule, macht dann 1957 in Frankfurt/Main das Abitur. Anschließend studiert er Jura und besteht 1966 das große juristische Staatsexamen. Im selben Jahr heiratet Tiedge seine am 8. Juli 1938 geborene Freundin Ute, eine Lehrerin.
Zusammen mit dem Juristen Heribert Hellenbroich beginnt er am 15. September 1966 seine Arbeit im Kölner Bundesamt für Verfassungsschutz (BfV). Die Freundschaft der beiden Assessoren wird sich eines Tages schicksalhaft auswirken. Der fleißige Tiedge (Deckname Tappert), dessen einzige Leidenschaft derzeit noch das Briefmarkensammeln ist, wird von seinem Vorgesetzten, dem damaligen BfV-Präsidenten Hubert Schrübbers, als besonders tüchtiger Mitarbeiter der Abwehrabteilung angesehen.
Als Dr. Richard Meier nach fünfjähriger Tätigkeit beim BND im Dezember 1975 das Amt des BfV-Präsidenten in Köln übernimmt, versetzt er Tiedge in die Abteilung V (Geheimschutz), wo er bis 1979 bleibt. Tiedge wohnt seit 1971 mit seiner Frau und den drei Töchtern in Köln-Neubrück. Hier hat er sich in der Konrad-Adenauer-Siedlung für 130000 DM einen kleinen schmucken Bungalow gekauft. Auch beruflich zeigt er Ehrgeiz: Von Tiedge stammt unter anderem das gelungene Gutachten über den Fall des Sowjet-Überläufers Jewgenij Runge – einen Treff in den USA hat ihm die CIA vermittelt – sowie über den Fall des Kanzler-Spions Guillaume, dessen politische Auswirkungen er bis ins Detail analysiert.
1979 wird Tiedge von der Abteilung V wieder in das wichtigste Ressort des Amtes, in die Abteilung IV (Spionageabwehr) versetzt. Die »Gruppe Nachrichtendienste DDR« ist in der Abwehrabteilung in vier

Regierungsdirektor Hansjoachim Tiedge bei einer Karnevalssitzung

Referate unterteilt: Politik, Militär/Wirtschaft, Analyse (Regime-Kenntnisse), Zuwanderer. Sein Abteilungsleiter Werner Müller ernennt ihn 1982 zum Referatsgruppenleiter.

Der »G-Leiter« Tiedge entwickelt seinen eigenen Arbeitsstil, der scheinbar Erfolg verspricht. Er hält nichts von der rein methodischen Abwehr, er ist für eine »reaktive Abwehr«, die schlagartige Gegenmaßnahmen erfordert. Tiedge bevorzugt den operativen Außendienst, möglichst dicht am Gegner, immer unterwegs. Als Gruppenleiter hat er über 100 Mitarbeiter unter sich, die Observationsteams nicht mitgezählt.

Doch der neuernannte Regierungsdirektor verfällt allmählich einer zerstörerischen Passion, dem Alkohol, besonders nach dem mysteriösen Tod seiner Frau. Ute Tiedge, die ebenfalls trank, soll angeblich beim Putzen im Bad mit dem Hinterkopf gegen das Waschbecken gestoßen sein – so Tiedges Erklärung gegenüber der Mordkommission. Er selbst sei zu diesem Zeitpunkt betrunken gewesen.

Frau Tiedge ist erst zwei Tage nach dem Unfall ins Krankenhaus eingeliefert worden. Sie stirbt dort am 16. Juli 1982, nicht ganz 44 Jahre alt. Nach Aussage einer der Töchter soll Tiedge seiner Frau Spaghetti ins Gesicht geworfen und die Schüssel hinterher auf den Kopf geschlagen haben. Der Mutter sei erst übel gewesen, dann habe sie nach einigen Tagen das Bewußtsein verloren. Nachdem die Nachbarn wiederholt im Amt gegen das Treiben im Hause Tiedge protestieren, schaltet sich endlich 1983 die Sicherheitsermittlung des BfV ein und erfährt, daß es zwischen dem Ehepaar Tiedge oft zu Handgreiflichkeiten gekommen sei.

Seitdem die Frau und Mutter zu Hause fehlt, verliert der Geheimdienstler jeden Halt und verbringt seine Freizeit fast nur noch in Kneipen. Sein Lieblingslokal heißt »Merheimer Hof«. Der trinkfreudige Regierungsdirektor zählt dort zu den Stammgästen, und es kommt oft genug vor, daß die Wirtin seine Zeche anschreiben muß, denn sein Gehalt reicht für das unheilvolle Laster nicht mehr aus. Und seine Tante, eine Dortmunder Bordellbesitzerin, die ihm schon 150000 DM zukommen ließ, hat ihn kurzerhand enterbt.

Seit dem Jahr 1979 gehört der Verfassungsschützer zum Vorstand des ältesten Kölner Karnevalvereins »Die Große von 1823«. Tiedges Drang, sich auch bei öffentlichen Anlässen in den Vordergrund zu stellen, widerspricht allerdings den Verhaltensregeln eines Geheimdienstmannes. Der 1. Vorsitzende des Karnevalvereins: »Wir waren anfangs natürlich froh, einen Regierungsdirektor in den eigenen Reihen zu haben.« Aber 1983 erfolgt der Rausschmiß: Er hat seine Beiträge nicht mehr bezahlt und sich bei einem Auftritt im Rausch völlig danebenbenommen. »Einen verantwortungsvollen Posten hätte er bei uns nicht mehr einnehmen können. Das sah doch jeder Blinde, was mit dem los war.«

Durch seinen maßlosen Alkoholkonsum beunruhigt, warnen jetzt amtsinterne Sicherheitskräfte eindringlich vor einer weiteren Verwendung des Regierungsdirektors. Doch der inzwischen zum Präsidenten des BfV avancierte Heribert Hellenbroich will seinen ehemaligen Kollegen nicht fallenlassen, denn er kennt Tiedge seit Jahren und hält ihn für einen exzellenten Fachmann. Hellenbroich stellt ihm statt dessen einen Sicherheitsbeamten zur Seite, der versuchen soll, ihn von seinem Laster abzubringen. Außerdem sorgt er dafür, daß Tiedge auf Kosten des BfV eine Entziehungskur macht.

Aber auch das scheint ihm nicht zu helfen. Im Juni 1984 wird Tiedge am Steuer seines grünen Audi 100 von einer Polizeikontrolle geschnappt. Man stellt bei ihm 2,19 Promille fest und zieht seinen Führerschein ein. Eine Bekannte aus dem Amt, die sich seiner annimmt, gibt ihre Bemühungen nach zwei Monaten auf: »Er trank zuviel, er hatte zum Schluß in jeder Schreibtischschublade eine Flasche Korn.«

Die ehemalige Haushälterin Margarete B. (56): »Die Kinder taten mir so leid. Sie waren völlig vernachlässigt. Geld war nie da. Auch kein Essen. Das Haus war total verdreckt. Überall lagen Schnapsflaschen und oft auch Geheimdokumente herum. Ich habe von meinem Geld Lebensmittel gekauft, damit die Mädchen nicht hungern mußten. Als dann auch noch der Strom abgestellt wurde, weil die Rechnung nicht bezahlt war, habe ich gekündigt.«

Köln, Zentrale des Bundesamtes für Verfassungsschutz (BfV): Tiedges Arbeitsstätte

Danach betteln die Töchter bei Nachbarn um Geld, weil sie nichts zu essen haben, obwohl ihr Vater als Regierungsdirektor fast 8000 Mark im Monat verdient. Als die Nachbarn schließlich Tiedges Amt wegen der schrecklichen Zustände alarmieren, können die Mädchen auf Kosten des Verfassungsschutzes wenigstens mittags in einer Gaststätte essen. Dem Regierungsdirektor sperrt die Post wegen nicht bezahlter Rechnungen das Telefon, und der Hund soll wegen ausstehender Hundesteuer vom Gerichtsvollzieher gepfändet werden. Tiedge hat zu dieser Zeit 230000 DM Schulden, allein in den später gefundenen ungeöffneten Briefen sind Rechnungen über insgesamt 35000 DM.
Hans Tromner, ein ehemaliger Bundeswehroffizier aus dem Nebenhaus: »Ich hab' den Tiedge mehr als einmal abends und auch frühmorgens über den Kollwitzweg torkeln sehen. Manchmal stürzte er in den Schmutz ... Das ist doch ein lohnendes Ziel für den Osten, eine riesige Gefahr für unser Land. Ich schrieb im Februar 1985 an den Verfassungsschutz-Präsidenten einen persönlichen Brief.« Hellenbroich habe auch geantwortet: Er mache sich Sorgen ... »Doch, geschehen ist nichts. Nur einmal kam ein Herr Voss und ließ sich informieren. Tiedge soff weiter, immer mehr, gab Partys.«
Er wird für das BfV zunehmend zu einem bedrohlichen Sicherheitsrisiko. Sein unmittelbarer Vorgesetzter Dr. Rudolf von Hoegen sowie Dr. Engelbert Rombach, Chef der Abteilung IV (Spionageabwehr), schlagen Präsident Hellenbroich wiederholt vor, Tiedge entweder zu versetzen oder »stillzulegen«.
Am Mittwoch, dem 14. August 1985, läßt sich Tiedge für den nächsten Tag beurlauben. Ausgerechnet an diesem Donnerstag hätte er von seinem letzten Reisekostenvorschuß 1500 DM an die Kasse des BfV zurückzahlen müssen. Man nimmt daher an, daß es ihm gesundheitlich wirklich schlecht geht, denn er leidet an schwerer Diabetes, Kreislaufstörungen, erhöhtem Blutdruck und Fettleibigkeit.
Am Donnerstag, dem 15. August 1985, informiert er seine Sekretärin telefonisch, daß er noch einen Tag Urlaub wegen familiärer Angelegenheiten brauche, denn er müsse eine seiner Töchter von der Realschule auf die Hauptschule ummelden. Am Sonnabend erfolgt der nächste Anruf, diesmal aus einer Kneipe.
Am Sonntag, dem 18. August 1985, verläßt Tiedge bereits nach dem Frühstück das Haus. Er nimmt vorsorglich einen Rasierapparat mit und geht in den »Merheimer Hof«. Hier bleibt er bis zum Nachmittag. Obwohl Tiedge dem Wirt noch 400 DM schuldet, kann er ihn überreden, ihm noch weitere 200 DM in bar zu leihen. »Ich werde alles in den nächsten Tagen zurückzahlen.« Danach verabschiedet er sich und fährt um 16.40 Uhr mit seinem Stamm-Taxi »im

Tiedges Bungalow in Köln-Neubrück, Kollwitzweg 7

normal betrunkenen Zustand« von dort zur KVB-Haltestelle der Linie 16.
In seiner Aktentasche befinden sich außer dem Rasierapparat lediglich sein Personalausweis, Reisepaß sowie ein Blankofahrscheinheft für die Bundesbahn und dazu das Wichtigste, sein Notizbuch mit Telefon- und Telexnummern, Namen und Decknamen mit Adressenverzeichnis. Bonner Sicherheitsexperten vermuten später, daß Tiedge noch am Sonntag abend mit dem Nachtzug nach Berlin gereist ist.
Am Montag, dem 19. August 1985 um 7.45 Uhr, meldet sich Tiedge telefonisch krank, aber nicht – wie vorgeschrieben – bei seinem Vorgesetzten, sondern er spricht nur mit seiner Sekretärin. Mit verrauchter Stimme teilt der Agentenjäger mit, er fühle sich hundeelend. Danach hört man nichts mehr von ihm.
Am selben Abend fährt einer der BfV-Mitarbeiter nach Neubrück, um ihn zu besuchen. Die aufgeregten Töchter berichten ihm, sie hätten ihren Vater am Sonntag vormittag zum letztenmal gesehen. Dem Verfassungsschützer ist klar, daß irgend etwas passiert sein muß und gibt seinen Verdacht sofort weiter.
In den Morgenstunden des 20. August 1985 ruft der neue BfV-Präsident Holger Pfahls seine Abteilungsleiter zu einer Krisensitzung. Kurz danach öffnen Sicherheitsbeamte Tiedges Garage und finden dessen Auto. Die naheliegende Vermutung ist, der Regierungsdirektor habe sich in einem Akt der Verzweiflung das Leben genommen.
Alle Bekannten und Verwandten werden verständigt. Gleichzeitig forscht man bei Ärzten und in Krankenhäusern nach. Jede kleinste Spur wird jetzt verfolgt und eine verstärkte Kontrolle an den Grenzübergängen und Flughäfen angeordnet. Niemand im Kölner Amt glaubt daran, daß er in die DDR übergelaufen sein könnte. Alle sind der Ansicht, »der hängt irgendwo im Königsforst«.
Am Mittwoch, dem 21. August 1985, geben die Töchter abends eine Vermißtenanzeige bei der Polizei auf, denn ihr Vater habe sich nicht, wie sonst üblich, von ihnen verabschiedet. Geheimdienstkollegen wollen auch an diesem Tag noch nicht glauben, daß Tiedge übergelaufen ist. Im Kanzleramt diskutieren die Experten ernsthaft die Möglichkeit, er könnte auch nach Ost-Berlin verschleppt worden sein.
Am Freitag, dem 23. August 1985, um 13.30 Uhr, kommt das erste Lebenszeichen von Tiedge: Das DDR-Fernsehen berichtet in der »Aktuellen Kamera«: »Der langjährig im Bundesverfassungsschutz der BRD für die Spionageabwehr verantwortliche Regierungsdirektor Hans-Joachim Tiedge ist in die DDR übergetreten und hat um Asyl ersucht, meldet ADN. Das Ersuchen wird von den zuständigen Organen der DDR geprüft.«
Auf diese Nachricht hin unternimmt die Bundesregierung tagelang den Versuch, mit Tiedge ein Gespräch zu führen. Doch am Donnerstag, dem 29. August 1985, trifft die unmißverständliche Antwort ein: Der DDR-Unterhändler, Rechtsanwalt Wolfgang Vogel, übergibt in West-Berlin dem Bonner Staatssekretär Ludwig Rehlinger ein handschriftliches Schreiben von Tiedge, datiert 24. August 1985. Es hat folgenden Wortlaut:
Ich, Hansjoachim Tiedge, geb. 24. 6. 1937 in Berlin, früher Regierungsdirektor im Bundesamt für Verfassung in Köln, bin am 19. 8. 1985 aus einer für mich ausweglosen persönlichen Situation, aber aus freien Stücken und auf Grund meiner eigenen Entschei-

»Merheimer Hof«, die Stammkneipe des Agentenjägers: Von hier aus tritt Tiedge seinen Weg nach Osten an

dung in die DDR übergewechselt. Ich bin nicht bereit, mit offiziellen Vertretern der Bundesrepublik oder mit Vertretern der Medien zu sprechen.
Berlin, den 24. 8. 1985 Hansjoachim Tiedge

Die Bundesregierung und das BfV gehen davon aus, daß Tiedge sich in der DDR mit umfangreichen Auskünften über die westliche Spionageabwehr eine neue Zukunft erkaufen will. Was weiß dieser Mann? Das Referat IS 2 (Innere Sicherheit 2) vermerkt, bei »einem im Detail bemerkenswerten Gedächtnis muß davon ausgegangen werden, daß alle sensiblen Erkenntnisse und Operationen, auch diejenigen der Landesbehörden für Verfassungsschutz verraten worden sind oder noch verraten werden.«
Da Tiedge alle Methoden der bundesdeutschen Spionageabwehr bekannt sind, weiß er, welche Fallen das BfV den Ostagenten stellt. Er kennt ebenfalls die Namen der vom westdeutschen Geheimdienst enttarnten und umgedrehten kommunistischen Agenten sowie die Kontaktleute in der DDR.
Tiedge verfügt nicht nur über ein hervorragendes Gedächtnis, sondern besitzt auch die Möglichkeit, das »Hirn« des Verfassungsschutzes, das zentrale Nachrichtendienstliche Informationssystem »NADIS« anzuzapfen. Außerdem weiß er die Namen, Adressen und Reiserouten aller Verbindungsleute, die aus der DDR Informationen mitbringen, wie zum Beispiel Kaufleute mit Ostkontakten oder Privatreisende.
Durch Tiedges Übertritt kann das MfS alle geheimen Telefon- und Fernschreibnummern sowie Verschlüsselungssysteme erfahren, dazu sämtliche geheimen Treffpunkte in beiden deutschen Staaten, die sechs Raster-Fahndungsmethoden, mit denen das BfV bisher so erfolgreich gearbeitet hat, und das System der Flugplatz-Überwachung. Tiedge kennt die für das BfV wichtigen Merkmale, nach denen Spionageverdächtige erkannt, beschattet und am Zielort weitergereicht werden.
Tiedge sind auch die Möglichkeiten und Techniken zur Überwachung der Post- und Telefonverbindungen von Spionageverdächtigen bekannt, außerdem Kennzeichen, Typen und Zulassungsnummern der Dienst- und Tarnfahrzeuge des BfV sowie jene Meldeämter, die im Auftrag des BfV Decknamen-Personalausweise ausstellen.
Die »Sonderarbeitsgruppe Tiedge« des Bundesinnenministeriums muß nach seiner Flucht Tausende von Fällen, die der Überläufer in 19 Jahren seiner Tätigkeit bearbeitet hat, von Anfang an überprüfen, jedes Blatt Papier mit seiner Unterschrift unter die Lupe nehmen. Aus den Archiven werden Protokolle aller Konferenzen geholt, an denen Tiedge teilgenommen hat. Hunderte von Mitarbeitern des BfV können nicht mehr im Außendienst arbeiten.
Die gesamte Organisationsstruktur des Verfassungsschutzes muß grundlegend geändert, so mancher Mitarbeiter auf einen anderen Posten versetzt werden. Einer der Experten: »Einfach verheerend. Wir mußten völlig neu anfangen.« Das Bundesamt für Verfassungsschutz (BfV) ist anderthalb Jahre nach dem Übertritt des ehemaligen Gruppenleiters Tiedge wieder eine »in jeder Hinsicht voll handlungsfähige« Behörde.
Mit dieser Feststellung verabschiedet sich am 9. April 1987 der BfV-Präsident Holger Pfahls. Nach seiner Amtszeit von nur 20 Monaten wird er jetzt als Staats-

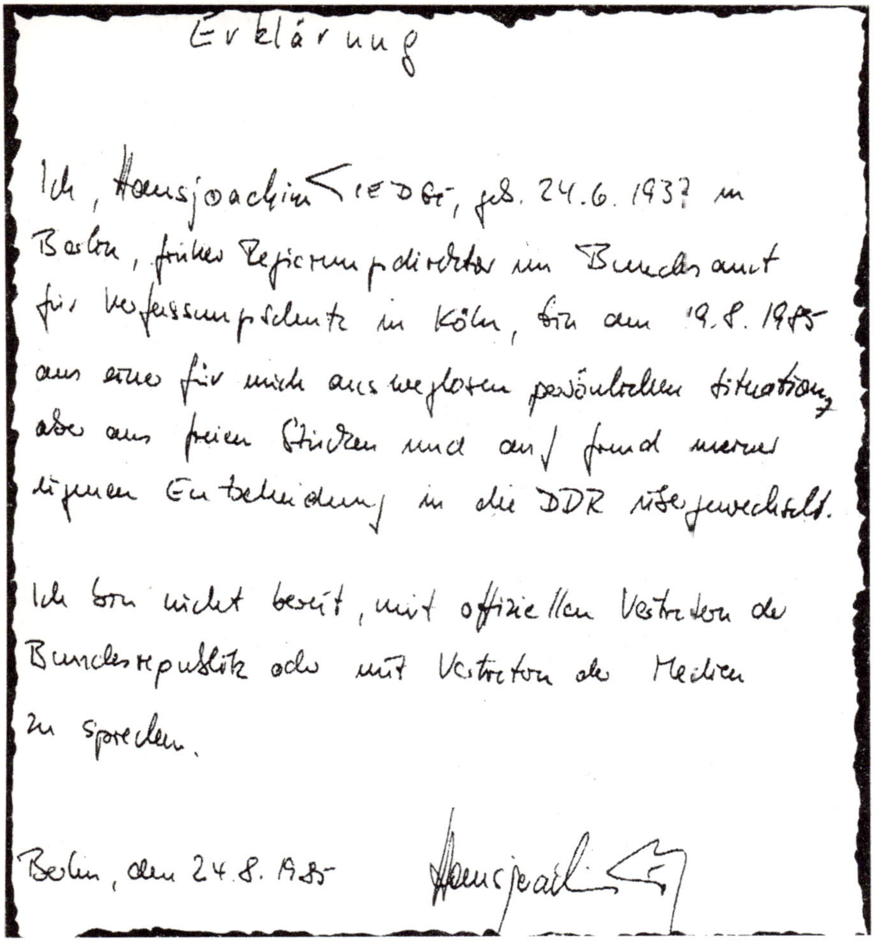

Erklärung

Ich, Hansjoachim Tiedge, geb. 24.6.1937 in Berlin, früher Regierungsdirektor im Bundesamt für Verfassungsschutz in Köln, bin am 19.8.1985 aus einer für mich ausweglosen persönlichen Situation, aber aus freien Stücken und auf Grund meiner eigenen Entscheidung in die DDR übergewechselt.

Ich bin nicht bereit, mit offiziellen Vertretern der Bundesrepublik oder mit Vertretern der Medien zu sprechen.

Berlin, den 24.8.1985 Hansjoachim Tiedge

Tiedges Erklärung aus Ost-Berlin: »... in die DDR übergewechselt«

sekretär in das Bundesverteidigungsministerium berufen. Anläßlich der Einführung seines Nachfolgers Gerhard Boeden, der im Februar 1987 als Vizepräsident des Bundeskriminalamtes (BKA) ausgeschieden ist, betont Pfahls, er habe während seiner Tätigkeit in Köln durch den Übertritt Tiedges in die DDR die »schwerste Krise« des BfV zu bewältigen gehabt. Tiedge soll unterdessen in der DDR rund 30 Kilogramm abgenommen haben und sich als Anwalt betätigen. Anderen Meldungen zufolge will ihn die Humboldt-Universität als Professor an der juristischen Fakultät einstellen.

Industriespionage

Die Ausspähung westlicher Technologien gehört zu den vorrangigsten Aufgaben der östlichen Geheimdienste. Trotz der enormen eigenen Investitionen für Forschung und Entwicklung in den letzten 30 Jahren haben die Sowjets nur geringe Aussichten, ihre Abhängigkeit vom Westen, vor allem was Technologie betrifft, in den nächsten Jahrzehnten zu verringern. Wenn auch im sowjetischen Wirtschaftssystem und beim Management umfassende Reformen geplant sind, so wird die UdSSR noch lange Zeit von der westlichen Innovation abhängig sein. Um diesen Abstand allmählich aufzuholen, beordern die östlichen Geheimdienste Jahr für Jahr ihre besten Agenten und Spione in die westlichen Industriezentren. Sie sollen Blaupausen, Probestücke oder Testgeräte beschaffen, mit denen der technologische Stand und die Leistungskraft der sowjetischen Rüstung und anderer Industrien verbessert und die Abhängigkeit von Spitzenprodukten aus dem westlichen Lager vermindert werden können.

Der Fall »Concorde«

Die sowjetische Passagier-Überschallmaschine »Tupolew TU-144« ist ein Nachbau der französisch-britischen »Concorde«, der sie wie eine Zwillingsschwester ähnelt. Ihre Geschichte ist zugleich die des dramatischen Wettrennens östlicher Industriespione, um der Sowjetunion als erstem Staat der Welt den Eintritt in das neue Zeitalter der Luftfahrt zu ermöglichen. Mit mehrfacher Schallgeschwindigkeit, so schnell wie moderne Düsenjäger, sollen in wenigen Jahren Passagierflugzeuge dieser neuen Generation in rund 20000 Meter Höhe durch die Stratosphäre donnern. Das Kopf-an-Kopf-Rennen der westeuropäischen und sowjetischen Ingenieure hat bereits Ende der fünfziger Jahre begonnen, als bekannt wurde, daß Frankreich und Großbritannien gemeinsam einen Überschall-Jet entwickeln.

1962 erscheinen die ersten Skizzen der »Concorde« in der Öffentlichkeit, bald darauf führt der sowjetische Konstrukteur Andrej Tupolew ein Modell seines geplanten Überschallflugzeugs »TU-144« vor. Es sieht der »Concorde« verblüffend ähnlich, auch die Leistungswerte beider Maschinen liegen dicht beieinander. Die »TU-144« besitzt genauso wie die »Concorde« Delta-Tragflächen, unter denen die Triebwerke angebracht sind, und eine schwenkbare Nase. Selbst die Maße der beiden Flugzeuge stimmen fast überein. Dies ist das Ergebnis eines straff organisierten geheimdientlichen Einsatzes – Tarnname: Operation »Brunhilde« – von einem im zivilen Bereich der Industriespionage bisher nie dagewesenen Ausmaß. Über 20 Agenten verschiedener östlicher Geheimdienste, vorwiegend aus der DDR und der Sowjetunion, sind daran beteiligt, um die Concorde-Pläne in Frankreich und England zu beschaffen. Besonders in London zeigen Ost-Diplomaten und -Journalisten von Anfang an ein bemerkenswertes Interesse an dem Concorde-Projekt. So lädt zum Beispiel die sowjetische Botschaft wiederholt Ingenieure der »Bristol Siddeley«-Werke, wo Teile des Triebwerks »Olympus 593« konstruiert werden, zu Wodka-Gelagen ein, bis England die »gastfreundlichen« Diplomaten ausweist.
Für den Transfer der durch Spionage beschafften Concorde-Unterlagen von Westeuropa nach Moskau sorgt der DDR-Geheimdienst. Hauptkurier zwischen London, Paris und Ost-Berlin ist Jean-Paul Soupert, ein 69jähriger pensionierter Chemiker schweizerisch-luxemburgischer Abstammung. Im Herbst 1957 nimmt Soupert brieflich mit Dr. Leibnitz von der Technischen Hochschule für Chemie in Leuna-Merseburg (DDR) Kontakt auf, weil er dort, wie bereits vor dem Krieg, wieder seinem Beruf nachgehen möchte.
Einige Wochen später wird der Chemiker zu einem Gespräch nach Ost-Berlin eingeladen und hier freundlich empfangen von einem Herrn namens Rudolph, der sich als Staatssekretär im DDR-Ministerium für Hoch- und Fachschulwesen vorstellt, sowie von drei Agenten des Staatssicherheitsdienstes. Die Herren bedauern es außerordentlich, daß sie in der DDR für den geschätzten Fachmann keinen entsprechenden Posten haben, bieten ihm aber zugleich eine andere gewinnbringende Tätigkeit an: den Transport von Mikrofilmen aus Westeuropa nach Ost-Berlin.
Der Rentner stimmt zu und bleibt einige Tage in der Hauptstadt der DDR, wo er einen kurzen, aber intensiven Agenten-Ausbildungskurs mitmacht. Für rund 800 Mark (West) monatlich plus Reisekosten und Spesen beginnt Soupert, der seinen Wohnsitz in Belgien hat, als Kurier für Ost-Berlin zu arbeiten. Er sammelt das von den Agenten in Frankreich und England beschaffte Material über die »Concorde« und schmuggelt es dann, in der Toilette des Ostende-Warschau-Expreß versteckt, nach Ost-Berlin.
Über zwei Jahre lang läuft das Geschäft reibungslos, und Soupert reist zweimal monatlich von Brüssel nach Ost-Berlin, wo er angeblich Fachvorträge vor Studenten hält. Doch Mitte 1961 bekommt der belgische Geheimdienst einen Hinweis aus Frankreich und interessiert sich nun für den Pendler zwischen West und Ost: Obwohl der alternde Akademiker

Modell der sowjetischen Passagier-Überschallmaschine »Tupolew TU-144« im Windkanal des Zentralen Aerodynamischen Instituts, Moskau

außer seiner bescheidenen Pension offiziell keine Einkünfte hat, bewohnt er ein modernes Appartement in der vornehmen Brüsseler Rue de Tenbosch und ist auf seinen häufigen Reisen quer durch Europa stets Gast in den ersten Hotels.
Die Agenten der belgischen Abwehr beschatten ihn auf einigen seiner Fahrten, beobachten auch die Treffs mit seinen Auftraggebern, aber es vergehen noch drei Jahre bis zu seiner Festnahme. Im Januar 1964 wird er wieder einmal im Expreß Ostende–Warschau unauffällig begleitet. Die belgischen Sicherheitsbeamten bemerken, daß Soupert besonders oft ein und dieselbe Toilette aufsucht. Die Lauferei kommt ihnen ungewöhnlich vor, so daß sie das WC gründlich überprüfen. Sie stellen fest, daß der Rentner einen hohlen Schwamm als Container für Mikrofilme benutzt, den er vor der Grenzkontrolle hinter dem WC-Becken verstaut.
Jetzt kann Soupert verhaftet werden. Er gesteht sofort und bietet sich zugleich als Doppelagent an. Dadurch gelingt es der westlichen Spionageabwehr, eine Reihe von Concorde-Spionen aufzuspüren. Soupert verrät alle ihm bekannten DDR-Industriespione, vor allem den Dresdner Ingenieur Herbert Steinbrecher, Hauptspion in Frankreich und Belgien.
Fünf Jahre lang hat Steinbrecher in westlichen Luftfahrt-Industriezentren geheime Informationen gesammelt, die Aero-Salons in Paris und Farnborough besucht, dort wichtige Kontakte geknüpft und Anfang 1964 in der südfranzösischen Stadt Toulouse ein eigenes Ingenieurbüro eröffnet, um das bisher kühnste Projekt im Rahmen der Operation »Brunhilde« einzuleiten: den Diebstahl der streng geheimen Konstruktionspläne für das bei »Sud-Aviation« in Toulouse in Auftrag gegebene Überschall-Passagierflugzeug »Concorde«.
Aber dazu kommt es nicht mehr: Durch einen Tip der belgischen Spionageabwehr wird Steinbrecher am 28. November 1964 von den Beamten der französischen Sicherheitspolizei mitten auf dem Pariser Place Pigalle festgenommen. Bei der anschließenden Leibesvisitation entdeckt man im Jackett des Dresdners mehrere Bonbons mit einer ungewöhnlichen Füllung: Mikrofilme von Geheimunterlagen des Projekts »Concorde«. In dem unter Ausschluß der Öffentlichkeit stattfindenden Prozeß wird Steinbrecher wegen Industriespionage zu 12 Jahren Gefängnis verurteilt.
Ein weiterer unter dem Verdacht der Industriespionage stehender Agent ist der Pariser Repräsentant

Von der französischen Spionageabwehr mit versteckter Kamera aufgenommen: Jean-Paul Soupert (links) bei einem Treff mit dem Ingenieur Steinbrecher

der sowjetischen Fluggesellschaft »Aeroflot«, Sergej Pawlow, Drahtzieher vieler Geheimaktionen im Raum Toulouse. Als Staatspräsident de Gaulle von den Beobachtungen der französischen Spionageabwehr erfährt, ist er dermaßen empört, daß er eigenhändig die Ausweisungspapiere unterzeichnet. Pawlow, der am 16. Februar 1965 Paris verlassen muß, wird rund um die Uhr mit Argusaugen überwacht, und bei Überprüfung seiner Gepäckstücke werden im letzten Moment die Pläne der für die »Concorde« vorgesehenen französischen Turbo-Triebwerke »Olympus« und des neuesten Radarsystems sichergestellt.

Die Ausweisung des Sergej Pawlow setzt zwar der Operation »Brunhilde« ein Ende, aber die Sowjets haben es nach den Konstruktionsplänen des französisch-britischen Projekts bereits fertiggebracht, das Düsenflugzeug »Concorde« haargenau zu kopieren. In die »Tupolew 144« baut man auch das durch Spionage beschaffte modernste automatische Steuerungssystem ein, das in Frankreich entwickelt worden ist. Damit spart Moskau nahezu 10 Milliarden DM an Entwicklungskosten und Abertausende von Arbeitsstunden. Außerdem wollen die Sowjets den Franzosen den erhofften Erfolg streitig machen, als erstes Land der Welt eine Fluglinie mit Überschallmaschinen zu betreiben.

Mitte Juni 1965 sind auf dem 26. Pariser Aero-Salon die Flugzeuge »Concorde« und »Tupolew 144«, die das »neue Zeitalter der zivilen Luftfahrt« ahnen lassen, als Modell zu besichtigen. Die beiden Superjets sollen in drei bis vier Jahren einsatzbereit sein. Die Sowjets behaupten sogar, obwohl ihr Modell dem westeuropäischen fast bis ins Detail gleicht und spöttisch »Concordskij« genannt wird, es sei das bessere Flugzeug. Es soll mit einer Stundengeschwindigkeit von 2500 Kilometern schneller sein als die französisch-britische Gemeinschaftskonstruktion »Concorde« (2100 km/h).

Unterdessen befaßt sich die französische Spionageabwehr intensiv mit dem Fall »Concorde«. Dem Werkschutz von »Sud-Aviation« gelingt es mehrmals, auf dem streng abgeschirmten Gelände sowjetische Agenten zu schnappen, die gerade versuchen wollen, in die Produktionsstätte der »Concorde« einzubrechen. Im Februar 1966 kann Kommissar Martin von der Sûreté in Toulouse aufgrund der Aussagen eines tschechischen Überläufers zwei hochkarätige Agenten des tschechischen Nachrichtendienstes festnehmen: Pater Jean Sarady, Professor der Theologie

Bau des Überschall-Jets »Concorde« in der British Aircraft Corporation, Filton

an einer Privatschule im Department Lot, und den als Priester tätigen Stefan Grigorowski.
Als unverfänglicher Theologe hat der Professor einige seiner kommunistischen Freunde aus der Zeit der »Résistance«, die bei Sud-Aviation beschäftigt sind, als Agenten angeworben. Die von ihnen gelieferten Concorde-Blaupausen sind als Mikrofilm dem Kurier Soupert bereits Ende 1963 übergeben worden, der sie kurz danach in einer Zahnpastatube versteckt nach Ost-Berlin schmuggelte.

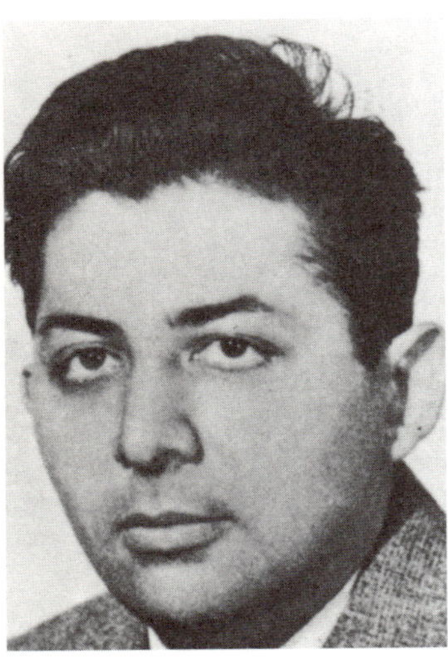

Sergej Pawlow, Pariser Repräsentant der Fluggesellschaft »Aeroflot«

Obwohl inzwischen bei »British Aircraft Corporation« in Bristol und auch bei »Sud-Aviation« in Toulouse mit Nachdruck an der Fertigstellung des Prototyps für den Flugversuch gearbeitet wird, schaffen es die Sowjets als erste: Am Silvestertag 1968 dröhnen 38 Minuten lang die Motoren eines silberglänzenden, pfeilähnlichen Riesenvogels über dem Werkflugplatz Ramenskoje im Osten von Moskau. Zum erstenmal startet eine zivile Überschallmaschine, der Prototyp der sowjetischen »Tupolew TU-144«, zum Testflug. Eduard Jeljan, Chefpilot der Tupolew-Werke, erprobt das Flugzeug allerdings nur bei Unterschallgeschwindigkeit.
Acht Wochen später stehen auf den Werkpisten bei Toulouse und bei Bristol je ein Prototyp des anglofranzösischen Gemeinschaftsprojekts »Concorde« zum Testflug bereit. Am Sonntag, dem 2. März 1969, hebt die einem gigantischen Raubvogel ähnelnde Maschine zu ihrem Jungfernflug ab. Und als die »Concorde 001« nach 42 Minuten auf der eigens für

Zwei ČSSR-Geheimagenten: Pater Jean Sarady...

...und Priester Stefan Grigorowski

sie errichteten Betonpiste ausrollt, verläßt der Chefpilot von »Sud-Aviation«, André Turcat, den Flugplatz: »Mein großer Vogel fliegt, und er fliegt gut.« Am Sonntag, dem 3. Juni 1973, anläßlich des Aero-Salon von La Bourget, startet wenige Minuten nachdem eine »Concorde« ihren Schauflug beendet hat, der sowjetische Testpilot Michail Koslow mit seiner »Tupolew TU-144« und beabsichtigt den französi-

Juni 1973 im Pariser Vorort Goussainville: Chefkonstrukteur Andrej Tupolew untersucht die Trümmer der »TU-144«

schen Superjet in seiner fliegerischen Leistung noch zu überbieten. Als er zur Landung ansetzt, zieht er plötzlich seinen 180 Tonnen schweren Aluminium-Titan-Pfeil in einem waghalsigen Durchstartmanöver noch einmal steil, ja zu steil hoch. Bei dem Bemühen, seine abschmierende Maschine in einer Höhe von wenigen hundert Metern abzufangen, zerbricht der metallene Vogel buchstäblich in der Luft und fällt wie ein Feuerball zu Boden. Bei diesem Desaster kommen sieben Bewohner des Pariser Vororts Goussainville und die sechs Besatzungsmitglieder ums Leben.
Die vorangegangenen Aktivitäten des stellvertretenden Luftwaffenattachés der sowjetischen Botschaft in Paris, Oberstleutnant Mironkin, lassen vermuten, daß der Absturz aufgrund eines technischen Fehlers entstanden sein könnte: Experten berufen sich auf französische Quellen, die behaupten, jener stellvertretende Luftwaffenattaché habe ein paar Tage vor dem Absturz auf dem französischen Stand des Pariser Aero-Salon ein Ersatzteil vom komplexen Treibstoff-Verteilersystem der »Concorde« entwendet. In dem Polizeibericht wird dieses Teil irrtümlicherweise als Gyroskop (Kreisel) bezeichnet. In Wirklichkeit handelt es sich um ein hochsensibles Verbindungsstück, das die Treibstoffverteilung kontrolliert, und es heißt, die Sowjets sollen mit diesem System besondere Schwierigkeiten haben.
Der Treibstoff ist bei der »Concorde« in drei Tanks gelagert: einer in jeder Tragfläche und mitten im Rumpf. Ein besonderer Mechanismus bringt den Treibstoff dazu, sich nach hinten zu verlagern, wenn die Flugzeugspitze nach unten zeigt, und nach vorn, wenn das Flugzeug in die Höhe steigt, nach links, wenn das Flugzeug sich in die rechte Kurve legt und nach rechts, wenn es sich in die linke legt.
Man nimmt an, daß die »Tupolew TU-144« zerbrach, als sie versuchte, die On/Off-Landetechnik der »Concorde« nachzuahmen, wobei sie mit den Rädern die Rollbahn berührte und dann im Steilflug wieder hochzog. Hierdurch wurde das Treibstoff-Verteilungssystem zur Höchstgeschwindigkeit gezwungen. Es ist anzunehmen, daß der sowjetische Pilot dies vorher nicht ausprobiert hat. Vermutlich waren die Sowjets der Meinung, daß die »TU-144« dieselben Schwierigkeitsgrade wie die »Concorde« bewältigen müsse, weil sonst ihr Flugzeug nur als zweitbestes gelten würde.
Am Tag nach dem Absturz wird Oberstleutnant Mironkin von der französischen Regierung angewiesen, Paris zu verlassen. Der sowjetische Untersuchungsbericht wird niemals veröffentlicht. Der Absturz, so verkündet Moskau, sei durch »strukturelle Überbeanspruchung« hervorgerufen worden: Der Pilot hat das Flugzeug zu steil hochgezogen.
Die Maschine soll freilich auch andere, nicht zu behebende Mängel haben. Dies wiederum, so munkelt man in den Londoner Insider-Kreisen, sei auf einen gelungenen Coup der britischen Spionageabwehr zurückzuführen: Sie hätte in den »für Moskau bestimmten« Blaupausen bewußt Fehler eingezeichnet.

Die »Concorde« startet zu einem ihrer letzten Probeflüge vor Aufnahme des Liniendienstes am 21. Januar 1976

1. November 1977: Die »TU-144« vor dem Start zu ihrem Premierenflug nach Alma Ata

Am Mittwoch, dem 21. Januar 1976, eröffnen Frankreich und England, die Air France auf der Strecke Paris–Rio de Janeiro und British Airways auf der Strecke London–Bahrain, ihren Überschall-Passagierflugverkehr. Erst fast zwei Jahre danach, am 1. November 1977, genau zum 60. Jahrestag der Oktoberrevolution, findet der Premierenflug der »Tupolew TU-144« auf der 3000-Kilometer-Standardstrecke Moskau–Alma Ata statt. Trotz aller Anstrengungen der sowjetischen Geheimdienste bleibt ein Problem ungelöst und wird der »TU-144« später zum Verhängnis: Da der vierstrahlige Paradejet im Überschallbereich nur mit starkem kerosinverbrauchendem Nachbrenner fliegt, muß er mehr Treibstoff als vorgesehen tanken und die ursprünglich berechnete Zahl von 140 Passagieren bei längeren Strecken auf 80 Fluggäste beschränken.
Vergeblich spornen die Londoner KGB- und GRU-Residenten ihre Agenten an, die in Großbritannien produzierten Triebwerkcomputer, mit denen sich der Spitzenverbrauch besser regulieren läßt, zu besorgen. Mit einer elektronischen Regulierung wie die Engländer sie für die »Concorde« entwickelt haben, hätten die Sowjets nämlich die Möglichkeit, die Kerosineinspritzung exakt gemäß dem jeweiligen Bedarf entsprechend zu steuern. Aber die britischen Sicherheitskräfte passen auf wie die Luchse. Selbst als Moskau dem britischen Elektronikkonzern »Lucas« die ungeheure Summe von zehn Millionen Pfund anbietet, ist die britische Regierung nicht bereit, dem Geschäft zuzustimmen.
Der wahre Grund: Mit dem gleichen Triebwerktyp »Kusnezow NK-144«, der die »TU-144« auf die doppelte Schallgeschwindigkeit beschleunigt, sind auch die sowjetischen Schwenkflügelbomber »TU-26« (NATO-Code »Backfire«) ausgestattet. So befürchten die NATO-Spezialisten, daß die Lucas-Elektronik den Sowjets helfen würde, auch die Reichweite ihrer Bomber zu vergrößern, so daß sie bis nach Amerika und wieder zurück fliegen könnten. Durch bestimmte Konstruktionsschwächen der Triebwerke »Kusnezow NK-144«, wie zum Beispiel geringer Kompressionsdruck und zu kleine Lufteinlaßgeschwindigkeit, verbraucht der sowjetische Superjet im Überschallbetrieb Unmengen von Kerosin.
Damit ist sein Schicksal schon vorprogrammiert: Die »TU-144« ist extrem unwirtschaftlich, und ihre Reichweite ist nur halb so groß wie die der »Concorde«. Der Renommiervogel fliegt nur einmal in der Woche nach Alma Ata, jeden Dienstagmorgen 8.20 Uhr. Da bei Start und Landung die Bugradachse der »TU-144« immer wieder heißläuft, bekommen die Geheimdienste den Auftrag, eiligst entsprechende Formeln der westlichen Metalltechnologien zu beschaffen. Aber auch dabei ist ihnen kein Erfolg beschieden.
Nur sieben Monate lang dauert für Moskau das neue Zeitalter der Passagierluftfahrt: Am Samstag, dem

3. Juni 1978, startet eine »TU-144« vom Werkflugplatz Ramenskoje zu einem Werkstattflug. Die Maschine kommt nicht mehr zurück. Beim Absturz werden drei Crew-Mitglieder schwer verletzt, zwei weitere finden den Tod. Die offizielle Ursache: Konstruktionsmängel und angebliche Materialermüdung, die eigentlich erst nach Jahren intensiver Beanspruchung im Liniendienst auftritt. Die sieben bereits gebauten Serienmaschinen »TU-144« zieht man als nicht mehr flugtauglich aus dem Verkehr und mottet sie ein. Der amtliche Grund für das vorläufige Ende der zivilen Überschall-Epoche in der Sowjetunion: Die Jets verbrauchen »zuviel Treibstoff« und seien deswegen »unrentabel«.

Schmuggel von High-Technology

Das Hauptziel der östlichen Geheimdienste liegt heute in der Ausspähung westlicher High-Technology, vor allem der Computer-Industrie. Man weiß in Moskau, daß die technologische Überlegenheit des Westens die quantitative Übermacht des Warschauer Paktes im konventionellen Bereich ausgleicht.
Obwohl die Erkundung der militärischen und politischen Absichten des Gegners weiterhin vorrangig bleibt, geht es dabei letztlich auch um Rüstung, die zunehmend komplizierter wird. Dies verursacht einen Wettlauf um die beste Technologie. Die Schwerpunkte der Agententätigkeiten liegen daher auf dem Gebiet der Elektronik sowie der feinmechanischen, optischen, petrochemischen Industrie und der Kernenergie. Ihre Erkenntnisse werden hauptsächlich für militärische Zwecke genutzt.

Die Steuerung dieser großangelegten Beschaffungsorganisation liegt in den Händen der sowjetischen »Kommission für Rüstungsindustrie«. Diese Kommission ist dem Ministerrat unterstellt, der wiederum seine Weisungen vom ZK der KPdSU beziehungsweise vom Politbüro erhält.
Neben dem KGB und dem militärischen Geheimdienst GRU (Hauptverwaltung für Aufklärung) werden für die Beschaffung von Informationen auch Institutionen eingeschaltet, die nach außen eine unabhängige Position vortäuschen. Dazu gehören das »Staatliche Komitee für Wissenschaft und Technik«, das »Staatliche Komitee für außenwirtschaftliche Beziehungen«, das Handelsministerium und die »Akademie der Wissenschaften«.
Die Kommission für Rüstungsindustrie, ein Koordinationsgremium, sichtet alle eintreffenden Unterlagen und gibt sie an die entsprechenden Interessenten weiter: an neun Ministerien, die für Rüstung zuständig sind, ferner an die Ministerien für chemische Industrie, Elektronik und Petrochemie.
Die Industriespione bekommen in der Regel gezielte Beschaffungsaufträge. So richten zum Beispiel die Rüstungsministerien, die neue Raketen oder Panzer entwickeln, ihre Wünsche an das Koordinationsgremium. Dort wird geprüft, wen man damit beauftragt, ob die Geheimdienste KGB und GRU eingeschaltet werden müssen oder ob offene Quellen ausreichen, die das Außenministerium, das »Staatliche Komitee für Wissenschaft und Technik« oder das »Staatliche Komitee für außenwirtschaftliche Beziehungen« besorgen können.
Die Auftragslisten sind exakt mit Katalog- oder Codenummern; oft auch mit firmeneigenen Aktenzeichen versehen. Es bestehen sogar interne Absprachen zwischen den einzelnen Geheimdiensten der Ostblockländer. Wenn zum Beispiel die DDR ein Projekt im Auge hat oder mit einem Agenten darüber verhandeln will, muß die Hauptverwaltung Aufklärung (HVA) vorher mit dem KGB abstimmen, ob dieses Objekt nicht möglicherweise schon »in Bearbeitung« ist. Nach vereinbarter Bedarfsplanung beginnt die Suche nach einem geeigneten Beschaffer. Danach muß ein kooperationsbereiter Lieferant gefunden werden. Es kann ein Agent sein oder auch ein Unternehmer, der bereit ist, sich über die Ausfuhrbeschränkungen hinwegzusetzen, meist sind es selbständige Kleinunternehmer.
Die Ostspione informieren sich durch Fachliteratur, auf Tagungen und Fachmessen »systematisch über den neuesten Stand der EDV-Anlagen und die Computer-Entwicklung«. Ausgesuchte westliche High-Tech-Schmuggler bekommen dann detaillierte »Wunschlisten« der Ostblockländer. Nach CIA-Schätzungen sind rund 20000 Ostagenten im Einsatz, um westliche Technologien auszuspionieren oder einzukaufen.
Die wichtigste Stelle für die Beschaffung des westlichen technologischen Know-how ist die 1972 gegründete Verwaltung T des KGB, die der 1. Hauptverwaltung (Auslandsaufklärung) untersteht. Sie beschäftigt etwa 1800 hochqualifizierte Spezialisten, darunter Wissenschaftler, Ingenieure und Techniker aller Fachrichtungen. Die Verwaltung T verfügt auch über mehrere hundert Außendienstmitarbeiter, die im Westen konspirativ tätig sind und mit westlichen Geschäftemachern im internationalen Technologie-Transfer Verbindung halten.
Sowjetische Mikro-Chips finden allerdings keine Verwendung in Konsumgütern. Die Anforderungen der Rüstungsindustrie haben hier allerhöchste Priorität. Der Industriezweig Mikro-Elektronik unterliegt in der UdSSR strengster Geheimhaltung. Zentrum ist eine neu errichtete, aus Zweckbauten bestehende Stadt, etwa 40 Kilometer nordwestlich von Moskau. Sie heißt Selenograd, ist für Ausländer gesperrt und für Sowjetbürger nur mit besonderem Passagierschein erreichbar.
Das strategisch-technische Know-how, für das der Westen in den letzten zehn Jahren über hundert Milliarden Dollar ausgegeben hat, bekommen die Sowjets für einen Bruchteil. Aus einem Bericht der CIA über Technologie-Transfer vom Dezember 1986 geht hervor, daß der Ostblock jährlich mehr als 2,5 Milliarden Dollar bereitstellt, um westliche Doku-

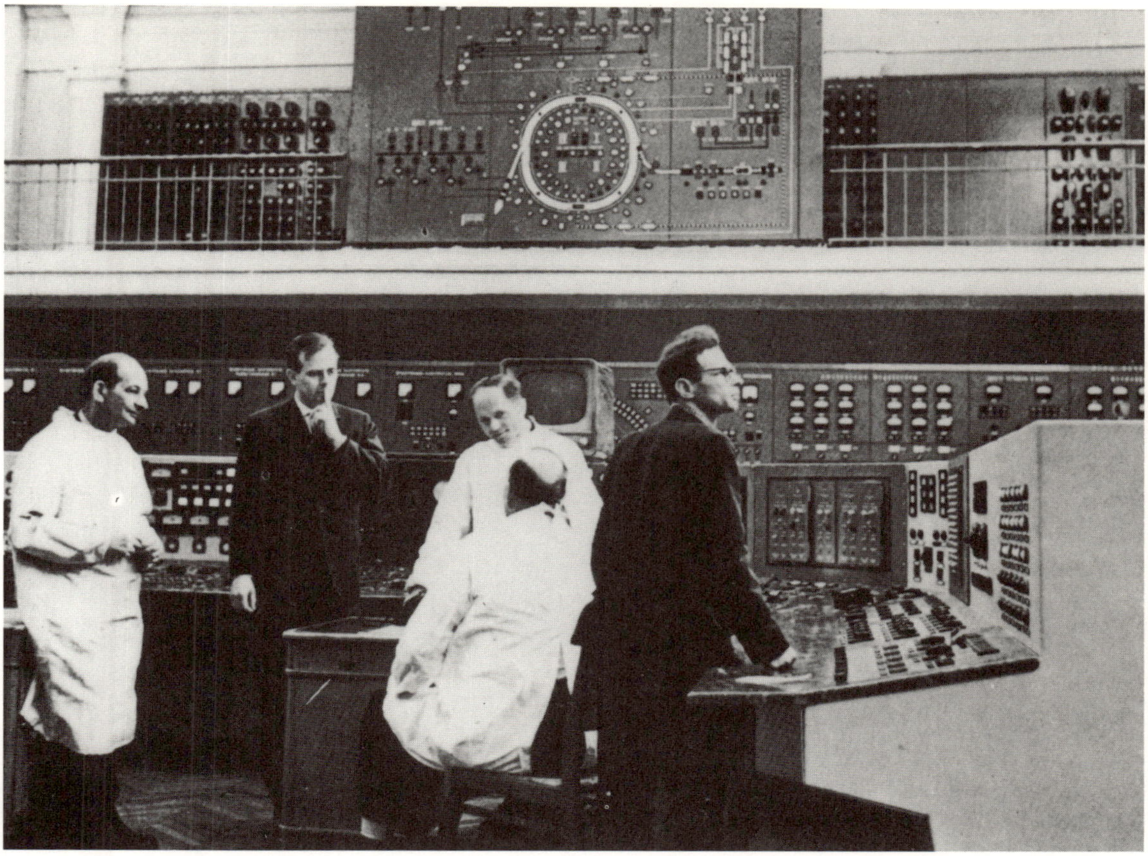

Dubna/UdSSR, Zentrale der Nuklearen Versuchsanstalt: auf westliche High-Technology angewiesen

mente und Geräte aus Konstruktionsbüros zu kaufen.

Zwischen 1976 und 1986 sind nach Schätzung westlicher Geheimdienste rund 900000 technische Dokumente sowie mehr als 75000 westliche Konstruktionsteile über Tarnfirmen in den Osten gelangt, die etwa den zehnfachen Wert der investierten Gelder haben. Laut CIA-Dossier benutzen die Schmuggler internationale Technologie-Schleusen, mit Vorliebe über die Bundesrepublik Deutschland.

Rund 59 Prozent der aufgedeckten Fälle des verbotenen Technologie-Transfers von Westeuropa in den Ostblock, die mit gefälschten Frachtpapieren und wechselnden Waybill-Nummern versehen sind, gehen nach Erkenntnissen der westlichen Nachrichtendienste auf das Konto von DDR-Einkäufern und Agenten.

Der sowjetischen Raumfahrt ist es unter anderem gelungen, Millionen Rubel für die Entwicklung eines Weltraumanzugs einzusparen und statt dessen ein US-Modell für nur 180000 Dollar illegal zu beschaffen. Auch das Steuerungssystem der Mittelstreckenraketen SS-20 konstruierten die Sowjets laut CIA-Information mit Hilfe von IBM-Rechnern, die über eine deutsche IBM-Tochter nach Moskau geliefert wurden. Diese gefürchtete Waffe steckt, so Pentagon-Berater Costick, »voller West-Technologie«.

Ein US-Senatsausschuß stellt bereits 1980 fest, daß der illegale Export von High-Technology solche Ausmaße angenommen hat, daß der Vorsprung des Westens gegenüber dem Osten in einigen Bereichen der Militärtechnik von zehn auf weniger als zwei Jahre zusammengeschrumpft ist.

Die Pentagon-Experten sind der Ansicht, daß die meisten bedeutenden sowjetischen Waffensysteme auf westlicher High-Technology basieren. Man schätzt sogar den Anteil der illegal aus dem Westen transferierten Technologien bei militärischen Neuentwicklungen des Warschauer Pakts auf rund 70 Prozent.

Die UdSSR ist dadurch imstande, schon Abwehrsysteme gegen neue westliche Waffen zu entwickeln, lange bevor diese stationiert werden. Auch die Pläne des US-Transportflugzeugs C-5A »Galaxy« haben die Sowjets bereits vor dem Einsatz dieser Maschine, und die sowjetischen Interkontinental-Raketen wurden mit Bauteilen aus den USA konstruiert. Genauso ist es mit dem NATO-Radar-System »AWACS«,

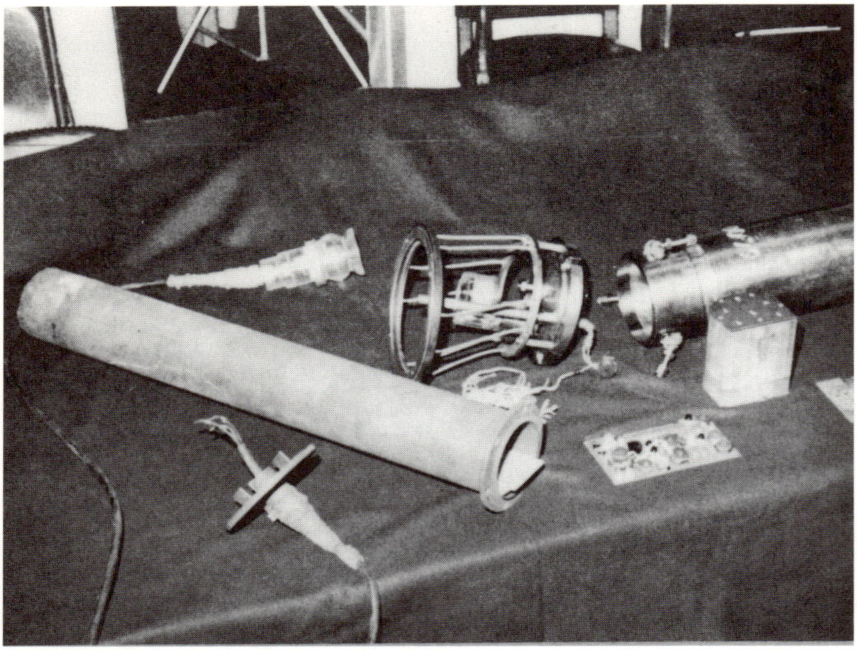

Mit US-Elektronik amerikanische U-Boote belauscht: Teile der Anfang 1983 gefundenen sowjetischen Unterwasser-Abhöranlage

Maschinen gleicher Bauart fliegen bereits bei den Sowjets, das Wissenschaftszentrum Selenograd ist sozusagen eine Kopie von Silicon Valley mit westlicher Technik.
Hier einige Beispiele, die man beliebig fortsetzen kann: Anfang 1983 wird eine an der amerikanischen Atlantikküste angetriebene sowjetische Spionageboje, eine Art Unterwasser-Abhöranlage gefunden, mit der Atom-U-Boote der USA aufgespürt werden sollen. Sie enthält hochwertige amerikanische mikroelektronische Teile, unter anderem Mikro-Chips der Serie 5400, welche die Firma »Texas Instruments Inc.« für die US Navy produziert hat.
Auch der amerikanische Techniker Walter Spawr, Inhaber von »Spawr Optical Research Inc.«, Kalifornien, verkauft die von ihm entwickelten, wassergekühlten supermodernen Laserspiegel über einen deutschen Mittelsmann illegal an den Ostblock. Sie werden dort zum Herzstück der Prototypen sowjetischer Killersatelliten umfunktioniert. Und ein anderer amerikanischer Geschäftemacher liefert der Sowjetunion Empfangsgeräte für das allerneueste »Omega«-Navigationssystem der US Navy. So können heute die U-Boote der Sowjetflotte weltweit ihre Position in Sekundenschnelle exakt bestimmen.
In dem bereits am 22. November 1949 gegründeten »Coordinating Committee for East-West-Trade Policy« (CoCom) sind alle NATO-Staaten, außer Spanien und Island, auch Japan gehört dazu, zusammengeschlossen. Das in einem Seitentrakt der US-Botschaft in Paris amtierende »CoCom« ist die Aufsichtsbehörde der Allianz für alle Angelegenheiten des legalen und illegalen Technologie-Transfers.
Die Hauptaufgabe dieses Komitees: Verhinderung des Exports von militärischen Anlagen in Ostblockländer. In den vertraulichen, für alle Mitgliedsländer verbindlichen Embargo-Listen werden die militärisch relevanten Technologien aufgeführt und entsprechend dem rasanten Fortschritt in der Computer-Technik laufend aktualisiert. Auch gemeinsame Strategien für die Einhaltung des Embargos werden hier entwickelt.
Die Sitzungen des »CoCom« sind so geheim, daß die französische Regierung nichts darüber verlauten läßt. Der größte Nachteil des »CoCom«: Es fehlt dem Komitee die gesetzliche Handhabe zur Durchsetzung seiner Beschlüsse, denn die nationalen Behörden verfolgen einen Verstoß gegen die »CoCom«-Akte als Gentleman-Delikt oder eine Art Ordnungswidrigkeit. So werden die Embargo-Bestimmungen überall in den Mitgliedstaaten souverän unterlaufen.
Zu den raffiniertesten Schmugglern westlicher Spitzentechnologie in die UdSSR zählt der Dortmunder Diplomingenieur Werner Jürgen Bruchhausen. Er bildet die Schlüsselfigur eines großangelegten Rings, der jahrelang strategische Computer zum Schaden der westlichen Sicherheit in den Ostblock schleuste. Bruchhausen ist »tief in die illegale Umleitung von US-Technology in die Sowjetunion verwickelt, der größte High-Tech-Schmuggler aller Zeiten« – so die US-Behörden.
Während der Internationalen »Electronica«-Messe in München im Jahr 1974 wird der Ingenieur für Nachrichten- und Hochfrequenztechnik Bruchhausen an seinem eigenen Stand von zwei sowjetischen Messebesuchern angesprochen. Die beiden Männer sind an der Lieferung von Bauteilen interessiert, die es derzeit im Ostblock noch nicht gibt. Gerade Fach-

messen, auf denen alle westlichen Firmen der High-Technology ihre neuesten Spitzenerzeugnisse zeigen, sind für Agenten der ideale Anlaufpunkt.
Der Computer-Spezialist läßt sich auf den Handel ein, und gründet gleich nach seinen ersten Kontakten mit Moskau am 23. Oktober 1974 vier Firmen in Los Angeles. Innerhalb von zwei Jahren hat er ein Firmenimperium geschaffen, das fast ausschließlich die Wünsche seiner östlichen Auftraggeber erfüllt. Der Dortmunder schafft zur Täuschung der amerikanischen Behörden eine ganze Reihe von verschiedenen Tarnfirmen. So beginnt der westliche Technologie-Transfer im sonnigen Kalifornien.
Rund um Los Angeles baut Bruchhausen ein ineinander verschachteltes Unternehmen auf, das aus Dutzenden von Firmen besteht. Standorte und Namen der einzelnen Firmen werden ständig gewechselt, einige von ihnen existieren nur auf dem Papier. Seine Hauptniederlassung, die er »Continental Technology Corporation« (CTC) nennt, hat zum Beispiel 18 verschiedene Adressen und Namen. Einige dieser Geschäftslokale bestehen lediglich aus einem Schreibtisch. Bruchhausens Partner in Kalifornien: Anatolij (Toni) Maluta, ein in Charkow/Rußland geborener Geheimdienstmann der US Air Force, den Bruchhausen über eine Stellenanzeige in der »Los Angeles Times« angeheuert hat.
Auf seiner Visitenkarte weist sich Mr. Maluta als »Vice-President of CTC« aus. Toni ist künftig für die Führung der Geschäfte in Los Angeles verantwortlich, ihm zur Seite steht seine deutsche Freundin Sabine Tittel. Dieses Paar ist das erste Glied in der komplizierten Kette, das die Embargo-Bestimmungen umgeht und den Transfer von Mikro-Elektronik nach Moskau besorgt. Aus Angst vor den US-Fahndern verständigen sich Maluta und Bruchhausen nur in einer kompliziert verschlüsselten Codeschrift.
Das Vertriebsschema bleibt immer dasselbe, nur die Versandwege ändern sich ständig. Die heiße Ware wird stets von einer der zahlreichen Firmen Bruchhausens bei den Produzenten bestellt, in der Regel bar bezahlt und dann auf einem weltweiten Zickzackkurs über Dritt-, Viert- und Fünftländer in den Ostblock expediert. Die beliebtesten Transitländer: die neutrale Schweiz und Südafrika mit seinen ungewöhnlich liberalen Ausfuhrbestimmungen sowie Kanada, da der Export von US-Produkten in dieses Nachbarland nicht genehmigungspflichtig ist.
Die Liste der Schmuggelgüter reicht vom empfindlichen Mikrowellen-Abhörsystem bis zum hochentwickelten Büro-Computer, mit dem Moskau auch Raketenflugbahnen errechnen kann. Empfänger ist in der Regel eine der vielen von Bruchhausen in der Bundesrepbulik gegründeten Scheinfirmen, die genauso wie jene von Toni Maluta in Kalifornien meistens nur aus einer Geschäftsadresse bestehen. Diese Briefkastenfirmen treten jedoch nie offen als Lieferanten von Spitzentechnologie auf.
So verkauft zum Beispiel eine Düsseldorfer Firma, genannt »Elubat GmbH«, Goethestraße 11, die Ausrüstung weiter an »ADT-Analog und Digital Technik« im bayerischen Niederseeon, nahe Traunstein. Diese dicht an der österreichischen Grenze liegende Firma schafft die Ware dann per Lkw ins benachbarte Österreich. Hier wohnt der Firmeninhaber von »ADT«, gleichzeitig Kompagnon von Bruchhausen, ein Elektronik-Ingenieur aus Wien namens Dietmar Ulrichshofer, der mehrere Unternehmen auf beiden Seiten der deutsch-österreichischen Grenze besitzt. Ulrichshofer wiederum verkauft die Ware an seine Firma »Electronic« in Wien. Die Geräte fliegen dann per Luftfracht entweder aus Wien oder von Zürich aus in den Ostblock.
Gut fünf Jahre lang funktioniert der heimliche High-Technology-Transfer von Kalifornien via BRD reibungslos, ohne daß die verantwortlichen Stellen in Washington etwas davon erfahren. Nach Ansicht der CIA und der deutschen Zollbehörden hat sich die Bundesrepublik mittlerweile zu einem Hauptumschlagplatz entwickelt.
Um diesen illegalen West-Ost-Handel einzudämmen, beginnt im Jahr 1980 zum Schrecken aller High-Technology-Schieber die Operation »Exodus«. Hinter diesem Codewort verbergen sich die Aktionen eines Sondertrupps amerikanischer Zoll-Experten, der eng mit der CIA, dem FBI sowie anderen westlichen Geheimdiensten und europäischen Zoll-Dienst-

Diplomingenieur Werner J. Bruchhausen, Boß eines großangelegten Schmuggelrings, der westliche High-Technology in den Ostblock schafft

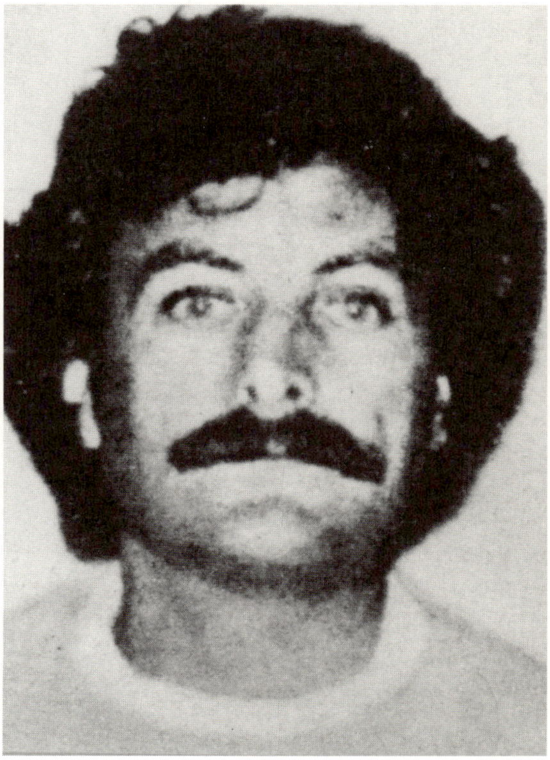

stellen zusammenarbeitet. Diese US-Sondereinheit hat bereits in den ersten Jahren ihrer Tätigkeit rund 2330 Frachtsendungen mit wertvollen strategischen Gütern, die für den Osten bestimmt waren, rechtzeitig abgefangen. Bis zum Frühjahr 1987, innerhalb von zirka sechs Jahren seit Beginn der Operation »Exodus«, sind rund 11500 Frachtsendungen mit brisantem Inhalt, im Wert von etwa 900 Millionen Dollar, gestoppt worden.

Einer der spektakulärsten Fälle hängt mit der US-Firma »Gasonics Co.« zusammen. Der zum Leiter der Ermittlungs- und Export-Kontrollabteilung des US-Handelsministeriums ernannte Staatsanwalt chinesischer Abstammung, Dr. Theodore Wu, beschließt im Frühjahr 1980, im Rahmen der Operation »Exodus« Werner Jürgen Bruchhausen eine Falle zu stellen. Dr. Wu erfährt, daß Toni Maluta am 6. Februar 1980 von Bruchhausen beauftragt wurde, bei »Gasonics Company of California« gleich zwei Hochdruck-Oxydationssysteme, unentbehrlich für die Herstellung der modernsten Mikro-Chips, zu ordern. Diese Geräte fallen unter das strikte Exportverbot, da es sich um ein hochentwickeltes technologisches Erzeugnis handelt. Für die Ausfuhr in die BRD muß in jedem Fall eine Exportlizenz beantragt werden, und es ist fraglich, ob das US-Handelsministerium selbst bei einem zur NATO gehörenden Land positiv entscheidet. Dr. Wu: »Meiner Meinung nach wäre für ein solch hochentwickeltes Produkt keine Exportlizenz erteilt worden.

Wenn manche Herstellerfirmen wissen wollen, wo und für welchen Zweck ihre Geräte verwendet werden, hat Toni Maluta immer eine Antwort parat: Die Geräte seien für eine geheime Anlage der US-Armee in Fort Watuga/Arizona bestimmt. Und dann werden bei den größeren amerikanischen Firmen, wo man meist patriotisch gesinnt ist, keine weiteren Fragen gestellt. In der Ausfuhrerklärung bezeichnet Maluta allerdings das Hochdruck-Oxydationssystem einfach als »Ofen«. Den Wert des Gerätes, für das er in Kalifornien 250000 Dollar bezahlt hat, gibt er nur mit 2500 Dollar an. Das endgültige Bestimmungsland: die BRD.

Die Lufthansa befördert die Gasonics-Geräte von Los Angeles nach München. Hier nimmt sie der österreichische Ingenieur Dietmar Ulrichshofer in Empfang. Ihn kostet die Ware 400000 Dollar, so hat Maluta bereits 150000 Dollar verdient. Ulrichshofer sorgt nun für den Transport der Geräte zu seiner deutschen Firma »Vertrieb Elektronischer Bauelemente und Elektronischer Geräte« in Bad Reichenhall. Von hier aus verkauft er die Geräte an seine österreichische Firma »Electronic« in Wien.

Als die Sendung an der Zollabfertigung am Autobahnübergang Salzburg eintrifft, gibt Ulrichshofer in der österreichischen Einfuhrerklärung an, daß die Geräte nicht wieder aus Österreich exportiert werden, obwohl er einen Vertrag, ausgefertigt in Deutsch und Russisch, in der Tasche trägt, der die Lieferung der Gasonics-Geräte nach Moskau ausweist. Die Sowjets verpflichten sich darin zur Zahlung von 764525 Dollar bei Lieferung, also mehr als

Diese Mikrowellen-Steuerungsgeräte unterliegen aus Gründen der nationalen Sicherheit einem strikten Exportverbot. So verlassen sie mit falschen Begleitpapieren die USA in Richtung Sowjetunion, werden aber im Rahmen der Operation »Exodus« im April 1982 noch rechtzeitig aufgespürt

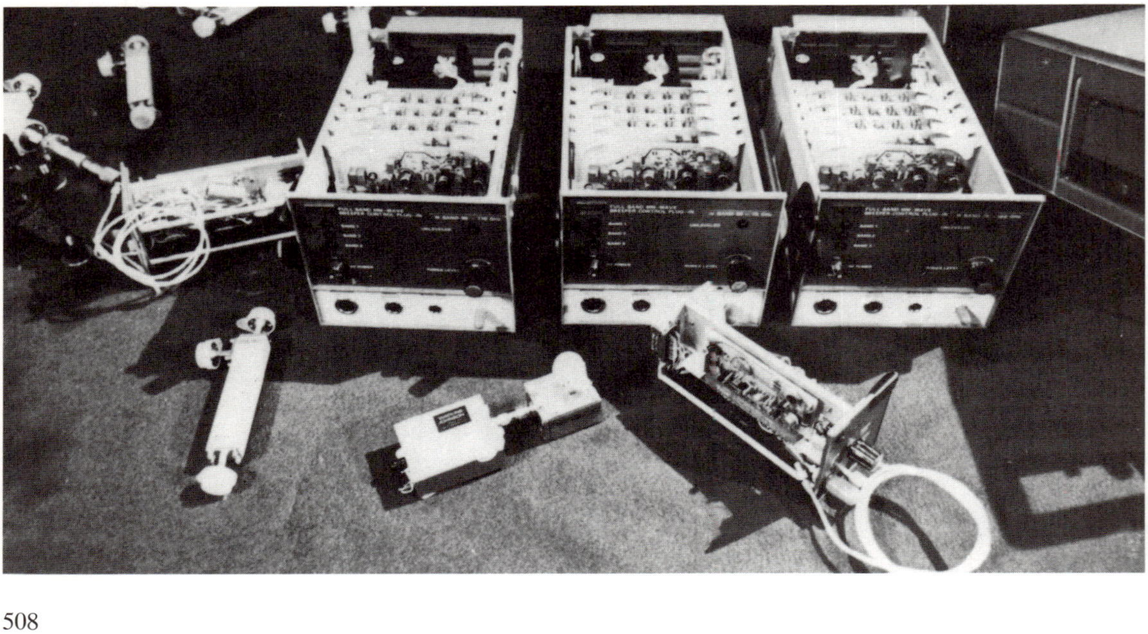

das Dreifache des ursprünglichen Kaufpreises. Immerhin ein Gewinn von rund 500000 Dollar für Maluta, Bruchhausen und Ulrichshofer.
Durch den Transfer nach Österreich befindet sich die Ladung jetzt außerhalb des NATO-Bereichs. In Wien erteilt Ulrichshofer für die Gasonics-Sendung, die er unauffällig als »Maschinen« deklariert hat, einen neuen Frachtauftrag: Mit KLM-Flug 940 nach Amsterdam und von dort mit Aeroflot Flug 702 nach Moskau. In der Ausfuhrhalle will Ulrichshofer am Abend des 3. Juni 1980 noch schnell die Original-Datenblätter und Beschreibungen für die US-Elektronik der Sendung beifügen. Doch als er die Kiste öffnet, stellt er zu seiner Verblüffung fest, daß in den Kartons keine Gasonics-Teile sind, sondern Sand, Sand aus Kalifornien. Es war aber nicht Maluta, der dem Österreicher die teuerste Kiste Sand der Welt verkauft hat.
Auf Anordnung von Dr. Wu haben die Gasonics-Geräte Los Angeles nie verlassen: US-Zöllner haben die verdächtige Sendung noch auf dem Flughafengelände geöffnet. Als sie feststellten, daß es sich anstatt der deklarierten »Öfen« um die vom Embargo betroffenen Gasonics-Geräte der US-Mikro-Elektronik handelt, wird der Inhalt der Kiste gegen Sand ausgetauscht.
Dr. Wu kann durch diese Aktion Bruchhausens Netz aufdecken. In allen kalifornischen Firmen von Toni Maluta, die eigentlich dem Dortmunder gehören, werden schlagartig Razzien durchgeführt. In enger Zusammenarbeit mit den amerikanischen Sicherheitsbeamten durchsuchen gleichzeitig deutsche Fahnder die Scheinfirmen von Bruchhausen in Düsseldorf, Bonn und im Raum München.
Die stapelweise beschlagnahmten Unterlagen offenbaren das ganze Ausmaß des Schmuggels von NATO-High-Technology in die Sowjetunion. Nach Ansicht der US-Sicherheitsbehörden ist der Schaden, den das Trio für den Westen angerichtet hat, kaum faßbar. Dr. Lara Baker, US-Regierungsexperte für Computer vor BBC-TV: »Mit Hilfe von Bruchhausen und seiner CTC-Verbindung gelang es den Sowjets, sich das gesamte Material und alle Ersatzteile für den Bau einer modernen Fabrik zur Herstellung von Mikro-Prozessoren in industriellem Maßstab zu verschaffen. Diese Mini-Schaltungen bilden die Grundlage für alle militärischen Waffensysteme. Zum Beispiel Radar-Signalprozessoren, mit deren Hilfe man einen Marschflugkörper orten und zerstören kann. Und mit Mikro-Prozessoren läßt sich zuverlässiger und wirksamer arbeiten als mit der Technologie, die den Sowjets zu jener Zeit zur Verfügung stand ... In vielen Fällen lieferte Bruchhausen Ortungs- und Fernmeldeausrüstung, die nach militärischen Spezifikationen entwickelt, gebaut und vermarktet worden war.«
Moskau kennt den wahren Wert der Schmuggellieferungen und läßt sich nicht lumpen: Es gibt Jahre, in denen der Ingenieur Bruchhausen am Transfer der verbotenen Technologie bis zu 40 Millionen Mark verdient, oft steuerfrei, da vieles zwischen ihm und Moskau unter der Hand ausgemacht und auf Schweizer Geheimkonten bezahlt wird.
Einige Tage nach dem Sondereinsatz im Rahmen der Operation »Exodus« werden im kalifornischen Palm Desert am 19. August 1980 Toni Maluta und seine Freundin Sabine Tittel verhaftet. Toni wird wegen Verletzung der US-Exportgesetze, Gefährdung der nationalen Sicherheit und mehrerer Steuerdelikte zu fünf Jahren Haft verurteilt. Seine Freundin erhält zwei Jahre und ein Bußgeld in Höhe von 25000 Dollar. Nach Erkenntnissen der US-Ermittlungsbehörden haben Malutas Firmen nie eine amerikanische Ausfuhrgenehmigung besessen: »Sie haben die technologisch hochwertigen Geräte mit vagen Beschreibungen von Alltagsartikeln deklariert, für die keine Ausfuhrlizenzen benötigt wurden.« So steht zum Beispiel auf den Kisten mit Computer-Zubehör »Waschmaschine, Küchenofen« oder oft nur »technisches Gerät«.
Da nach den bundesdeutschen und österreichischen Gesetzen der illegale Import von High-Technology aus den USA kein Vergehen ist und somit keine Auslieferung an die Vereinigten Staaten erfolgen kann, betreiben die beiden internationalen Technologie-Schleuser Bruchhausen und Ulrichshofer ihre dunklen Geschäfte unbekümmert weiter. Es liegen zwar in der BRD gegen Bruchhausen Anklageschriften wegen illegaler West-Ost-Geschäfte sowie Steuerhinterziehung und Verstoß gegen das Außenhandelsgesetz vor, doch die Justizbehörden lassen den Elektronik-Schmuggler gegen Zahlung einer Kaution in Höhe von 100000 Mark wieder auf freien Fuß.
Trotzdem hat Werner Bruchhausen eines Tages Pech: Er fliegt mit einem falschen brasilianischen Paß auf den Namen Ernesto Hause von München nach England und wiegt sich in dem sicheren Glauben, durch eine neue Identität den US-Fahndern entkommen zu können. Am 7. Mai 1985 wird er in einem mondänen Londoner Hotel festgenommen und ins Untersuchungsgefängnis »Pentonville Prison« im Norden der Hauptstadt gebracht. 14 Monate lang sitzt der Elektronik-Ingenieur dort und hofft, nicht an die USA ausgeliefert zu werden. Doch im Sommer 1986 ist es soweit: Er wird in Handschellen zu einem Jet gebracht und in die USA geschafft. Insider rechnen damit, daß dem cleveren Dortmunder mehr als 20 Jahre Haft drohen.
Am 1. Mai 1987 endet der Prozeß gegen Werner J. Bruchhausen vor einem US-Gericht in Los Angeles mit der Verurteilung zu 15 Jahren Gefängnis und einer Geldstrafe von 15000 Dollar. Das Gericht hält ihn für überführt, in den Jahren 1974 bis 1980 in den USA neueste High-Tech-Produkte aufgekauft und über ein Netz von Tarnfirmen heimlich in die Sowjetunion geliefert zu haben.
Bruchhausen will in die Revision gehen. Er behauptet, zahlreiche amerikanische Firmen hätten die gleichen Praktiken wie er angewandt. Das Verfahren gegen ihn sei ein Schauprozeß gewesen.

Mehr Glück hat ein anderer »Techno Bandit« – so die CIA-Bezeichnung –, der auf dem internationalen Markt des illegalen High-Tech-Transfers von West nach Ost als führend geltende Multimillionär Richard Müller aus Jesteburg bei Hamburg. Seine etwa zehn Jahre dauernden Bemühungen, westliches Know-how in den Dienst der sowjetischen Streitmacht zu stellen, die Moskau mit einigen hundert Millionen Mark honoriert, gehen zu Ende, als Mitte November 1983 die Zollfahnder im Hamburger Hafen fündig werden: Kurz vor dem Auslaufen stoppen sie den Frachter »MS Elgaren« und beschlagnahmen drei komplette »VAX-11-780«-Computer der US-Firma »Digital Equipment Co.«, die über Südafrika an die Elbe gelangt sind. Von hier aus sollte die delikate Ladung via Malmö nach Moskau verfrachtet werden. Die VAX-Computer stehen ganz oben auf der Embargo-Liste des Pariser »CoCom«. Sie eignen sich nämlich als Feuerleitsystem für Atomraketen. Die Männer der Operation »Exodus« sorgen dafür, daß die drei beschlagnahmten VAX-Computer auf dem schnellsten Weg in die USA zurückgebracht werden. US-Verteidigungsminister Weinberger dankt der Bundesregierung auf einer Pressekonferenz, daß sie die NATO vor »einem riesigen Schaden bewahrt« habe.

Der Exportkaufmann Müller, ein gebürtiger Berliner mit Schweizer Paß, setzt sich sofort nach Ost-Berlin ab und läßt seinen weltweit verschachtelten Phantomkonzern zurück. Seitdem liegen die US-Beamten von der Operation »Exodus« auf der Lauer, bis heute jedoch umsonst. Müller hat der sowjetischen Rüstungsindustrie unter anderem ganze Fabrikationsanlagen für Halbleiterelemente sowie Grundbausteine elektronischer Chips aus dem Computer-Dorado Silicon Valley/Kalifornien geliefert. Aber andere große und kleine Firmen aus der Elektronik-Branche der BRD betreiben weiterhin einen schwunghaften Handel mit dem Ostblock, denn im Technologie-Transfer ist der Computer-Export ein Bombengeschäft.

Der sowjetische Geheimdienst KGB hat inzwischen für den illegalen Technologie-Transfer aus der Bundesrepublik Deutschland über die innerdeutsche Grenze in die Sowjetunion rationelle Schmuggelwege eingerichtet. Dies kommt am 27. Januar 1987 bei Eröffnung eines Prozesses gegen zwei deutsche Elek-

Pentonville, Gefängnis im Norden von London:
Hier wartet W. Bruchhausen bis zum Sommer 1986 auf seine Auslieferung an die USA

US-Verteidigungsminister Weinberger stellt der Presse die drei im Hamburger Hafen beschlagnahmten VAX-Computer vor

tronik-Kaufleute vor dem 3. Strafsenat des Oberlandesgerichts Celle zur Sprache. Wie Oberstaatsanwalt Wahnbaek bekanntgibt, lassen sich die Sowjets neuerdings die Produkte der Spitzentechnologie, vor allem Embargo-Güter aus den USA, von den Händlern direkt per Lieferwagen »frei Haus« bis zu den Umschlagplätzen entlang der Transitwege zwischen West-Berlin und dem übrigen Bundesgebiet liefern. So vermeidet das KGB ein doppeltes Risiko: Die eigenen Agenten laufen weniger Gefahr, im Westen aufzufliegen, gleichzeitig spart der Geheimdienst Kosten für die bisherigen kostspieligen Transporte über Drittländer in die UdSSR. »Ein verblüffend einfacher Direkt-Transfer«, meint der Ankläger.

KGB-Agent bei Messerschmitt-Bölkow-Blohm

Niemand kann sich vorstellen, daß sich hinter dem bescheiden und unauffällig wirkenden Luftfahrzeug-Konstrukteur Manfred Rotsch einer der erfolgreichsten Industriespione des KGB verbirgt. Er arbeitet als leitender Angestellter bei der Firma Messerschmitt-Bölkow-Blohm (MBB), dem bundesdeutschen High-Technology-Zentrum Nummer Eins. Dieser 30000 Mitarbeiter zählende Rüstungskonzern stellt vor allem Kampfflugzeuge, Hubschrauber, Luft- und Panzerabwehrraketen sowie Satelliten her. Rotsch verrät 30 Jahre lang nicht nur Rüstungspläne, sondern liefert dem KGB auch westliche High-Technology, die es dem Osten ermöglicht, Milliarden für die Forschung einzusparen und seine Raumfahrt mit westlicher Technologie voranzutreiben.

Manfred Emil Rotsch, der zweite Vorname soll später sein KGB-Deckname gewesen sein, ist am 19. Juni 1924 in Bockau bei Aussig im Sudetenland als Sohn eines Gärtners geboren. Er absolviert nach der Volksschule eine Schlosserlehre, besucht die Berufsfachschule und holt nebenbei den Abschluß der Realschule nach. Anschließend beginnt Rotsch sein Ingenieurstudium, muß dann als Neunzehnjähriger in den Krieg und gerät nach einer Verwundung in amerikanische Gefangenschaft.
Rotsch kehrt nach der Entlassung ins Sudetenland zurück, wird aber schon bald mit seinen Eltern in die Gegend von Dresden zwangsumgesiedelt. Als seine Familie 1949 nach Westdeutschland in den Raum Hanau umzieht, bleibt er in der sowjetischen Besatzungszone und setzt nun sein Studium – Spezialfach Luftfahrzeugbau – an der Technischen Hochschule in Dresden fort. Er engagiert sich bei der FDJ, »sonst hätte ich nicht studieren dürfen«, und heiratet 1952.

Manfred Emil Rotsch: 30 Jahre lang Industriespion für das MfS, den Geheimdienst der DDR

Mit dem Abschluß eines Diplomingenieurs bekommt Rotsch in Pirna eine Anstellung im Volkseigenen Betrieb »VEB Dessau«, wo der Nachbau des sowjetischen Düsenjägers »MiG 17« gefertigt wird.

Anfang der fünfziger Jahre befassen sich die sowjetischen Geheimdienste KGB und GRU mit dem Einsatz von Perspektivagenten, die eines Tages die westlichen Luft- und Raumfahrttechnologien ausspähen sollen. Zu einem dieser »Schläfer«, so die Bezeichnung im Spionagejargon für einen Warteagenten, den man dafür vorgesehen hat, die westdeutsche Luftfahrtindustrie auszuspionieren, gehört der ausgebildete Flugzeugkonstrukteur Manfred Rotsch. Sobald er nach seiner geplanten Übersiedlung in die BRD über eine entsprechende Position verfügt, soll er von seinen Auftraggebern »geweckt« und als »Quelle« genutzt werden. Vermutlich hat ihn das KGB schon an der Dresdner TH angeworben.

Während seiner Spionageausbildung lernt Rotsch, wie man Briefe mit latenter Schrift schreibt und »tote Briefkästen« anlegt, dazu andere konspirative Regeln, die einzuhalten sind. Fotografieren kann der begeisterte Hobby-Fotograf bereits. Im Mai 1954 wird der Luftfahrzeug-Konstrukteur Rotsch nach Westdeutschland eingeschleust und gibt sich bei den Behörden der BRD als »Flüchtling« aus.

Auf seinem Karriereweg steuert Rotsch zielstrebig die Bereiche an, die sich später zur bundesdeutschen Luftfahrtindustrie entwickeln: Nach seiner ersten Stellung bei einer Firma für Förderanlagen ist er ab Juni 1955 bei Heinkel in Stuttgart-Zuffenhausen. Hier wird gerade der französische Jet »Fouga Magister« als Schulungsflugzeug umgebaut und für die ägyptischen Luftstreitkräfte ein Kampfflugzeug konstruiert.

Schon 1956 erscheint Rotsch mit einem Aktenordner voller Konstruktionspläne des Strahltrainers »Fouga Magister« in Ost-Berlin. Nach diesem riskanten Unternehmen erhält er vom KGB die strikte Anweisung, in Zukunft nie mehr in die DDR zu kommen. Um jeden Verdacht zu vermeiden, schickt Rotsch nun unter seinen beiden Decknamen »Emil« oder »Christa« seitenlange Briefe an die »liebe Tante Ulla« in Ost-Berlin (Pankow). Die darin enthaltenen geheimen Nachrichten schreibt er mit einer selbst hergestellten unsichtbaren Tinte, einer Mischung aus aufgelösten Vitamin-Brausetabletten und Ammoniak. Inzwischen hat er auch in München und Speyer »tote Briefkästen« angelegt.

Im April 1959 läßt sich Rotsch zum »Entwicklungsring Süd« nach München versetzen, wo man gerade den deutschen Senkrechtstarter VI 101 erprobt. Im Dezember 1964 wechselt er dann zu den Junkers-Flugzeug- und Motorenwerken. Hier arbeitet er an der Entwicklung der Forschungssatelliten »Heos« und »Dial« sowie an der Vorentwicklung für die Sonnensonde »Helios« mit.

Im Jahr 1966 bekommt der biedere Manfred Rotsch vom Bundeswirtschaftsministerium die schriftliche Bestätigung: »Berechtigt zum Umgang mit Akten bis zur Sicherheitsstufe Geheim«. Seit der Fusion im August 1969 gehören die Junkers-Werke zu einem der größten deutschen Rüstungskonzerne Messerschmitt-Bölkow-Blohm (MBB). Anfangs ist Rotsch bei MBB ein Jahr lang im Unternehmensbereich Raumfahrt tätig, dann wird er Chef der Abteilung FE 285, die für das europäische Mehrzweck-Kampfflugzeug »Tornado« das Rumpfmittelteil konstruiert.

Da gerade an diesem Mittelteil die Waffen hängen und das Fahrwerk mit einem Teil der Hydraulik untergebracht sind, kennt Rotsch praktisch alle Geheimnisse des »Tornado« (Stückpreis 79 Millionen DM). Als Abteilungsleiter hat der KGB-Spion außerdem Zugang zu anderen Luft-, Raumfahrt- und Rüstungsprogrammen des Unternehmens und dadurch die Möglichkeit, sich deren Vorlagen und Pläne zu besorgen.

Die Angriffsrakete »Kormoran«, die Panzerabwehrraketen »Hot« und »Milan«, die Hubschrauber »BK 117« und »BO 105«, das Transportflugzeug »Transall«, die Europa-Rakete »Ariane« und das Raumlabor »Spacelab« sind nur ein kleiner Teil des umfangreichen MBB-Produktionsprogramms. In den Zuständigkeitsbereich von Rotsch gehören die Raumfahrtprogramme »Spas-01« und »Spacelab« sowie eine Plattform, die bei Experimenten im Weltraum als Instrumententräger dienen soll und außerhalb des amerikanischen »Space Shuttle« liegt. Daneben werden ihm noch andere wehrtechnische Entwicklungsvorhaben anvertraut.

Rotsch kennt auch die Zukunftsplanungen der Bundesluftwaffe durch die Geheimstudie »Technologien künftiger Kampfflugzeuge« mit Informationen über den »Jäger 90« und das »unsichtbare Flugzeug«, das von keinem Radar geortet werden kann. Der »Jäger 90«, ein europäisches Gemeinschaftsprojekt von 15 Milliarden DM Entwickungskosten, soll im nächsten Jahrzehnt das Herzstück der westlichen Luftverteidigung bilden und den »Tornado« in den Schatten stellen. Der Super-Jäger kann auf kleinen Pisten starten sowie mehrere Ziele bis zu 90 Kilometer Entfernung aufspüren und bekämpfen.

Über alle Verhandlungen zwischen MBB und der NATO weiß Moskau früher Bescheid als Bonn. Die von Rotsch dem KGB übermittelten Kenntnisse ermöglichen es den Sowjets, mit starken Radiowellen die hochempfindliche Spezial-Elektronik des »Tornado« durcheinanderzubringen. Schon mehrere Unfälle deuten darauf hin. So wird zum Beispiel am 6. Januar 1986 die komplizierte Elektronik eines »Tornado« durch mysteriöse elektronische Impulse lahmgelegt, so daß die Maschine bei Holzkirchen abstürzt. »Vielleicht ein Funkimpuls von dem nahen Sender ›Radio Freies Europa‹«, heißt es in der lapidaren Stellungnahme der Behörden.
Spätestens nach diesem Ereignis wissen sowohl die Bundesluftwaffe als auch die britische Royal Air Force und die italienischen Luftstreitkräfte, daß Moskau offensichtlich über den »Tornado« und seine hochsensible Elektronik genau Bescheid weiß und das Milliarden-Vorhaben, »das größte Rüstungsprojekt seit Christi Geburt«, so Helmut Schmidt über den »Tornado«-Bomber, vermutlich wertlos geworden ist.
Rotsch fotografiert die Geheimpläne entweder zu Hause mit seiner altmodischen DDR-Practica oder benutzt gelegentlich sogar eines der Fotokopiergeräte im Konzern. Man hat es dem Top-Spion leicht gemacht: 16 Jahre lang sind Rotsch und andere leitende Angestellte nicht auf ihre Zuverlässigkeit überprüft worden, obwohl das Verteidigungsministerium dem Rüstungskonzern jährlich 25 Millionen Mark für die Sicherheit der Militärprojekte zahlt. Die Vorsichtsmaßnahmen von MBB dem Personal gegenüber beschränken sich lediglich einmal jährlich auf einen formlosen Brief seitens der Konzernleitung mit dem Hinweis, daß keiner über seine Arbeiten sprechen dürfe und zur Verschwiegenheit verpflichtet sei. Niemand seiner Vorgesetzten oder Kollegen schöpft Verdacht. Rotsch gibt sich als strammer Antikommunist und wirkt derart konservativ, daß sich seine Mitarbeiter schon über ihn mokieren. 1967 zieht er mit seiner Familie nach Poing, Kreis Ebersberg, tritt dort in die CSU ein und gründet die Christlich-Soziale Arbeitnehmerschaft (CSA). Über diese Gruppe kommt er in den Betriebsrat bei MBB und wird 1978 beinahe Gemeindevertreter, es fehlen ihm nur 35 Stimmen. Rotsch betätigt sich aktiv im Schachclub und in der Sudetendeutschen Landsmannschaft.
Der als Biedermann auftretende Rotsch bewohnt mit seiner Frau ein gepflegtes Einfamilienhaus und hat seinen drei Töchtern eine gute Ausbildung zukommen lassen. Sein ganzer Stolz sind die prächtigen Geranien vor dem Haus, und im Ort ist er vor allem bekannt, weil er die größten Tomaten züchtet. Sein einziger Luxus: ein Klavier. Der Diplomingenieur trägt stets altmodische graue Anzüge, fährt ein uraltes Auto, bis der TÜV ihm den schrottreifen Wagen aus dem Verkehr zieht.
Rotsch hält über die österreichische »Filiale« des KGB Kontakt zu seinen Auftraggebern. In der Tat zählt die Wiener Residentur zu den stärksten Auslandsvertretungen im Westen, und von hier aus werden vor allem die Industriespione geführt. Der Kon-

Das Mehrzweck-Kampfflugzeug »Tornado«: für die Sowjets kein Geheimnis mehr

strukteur trifft sich in regelmäßigen Abständen mit seinen sowjetischen Kontaktmännern in Salzburg. Wie ein Tourist schlendert er mit der Kamera um den Hals durch das Königsgäßchen auf die an der Ecke Linzer Gasse liegende Apotheke zu.

Wenn er sich überzeugt hat, daß die Luft rein ist, nimmt er eine Zeitung in die Hand. Vermutet er dagegen, beschattet zu werden, packt er sie in die Tasche, und sein Kontaktmann ist gewarnt. Sonst verläuft alles wie verabredet. »Verzeihen Sie, gibt es hier ein Schuhgeschäft Salamander?« lautet die Parole des offiziell akkreditierten Sowjetdiplomaten und KGB-Offiziers. Rotsch muß antworten: »Nein, hier nicht, aber in Linz.« Dann ist alles okay, und man setzt sich in eine zuvor festgelegte Gaststätte. Rotsch übergibt beim Wein die Kopien der Geheimakten, beantwortet zusätzliche Fragen und bekommt neue Aufträge. Solch ein Treff mit einem der Führungsoffiziere dauert oft bis zu drei Stunden und findet jeden dritten Monat in Salzburg statt.

Den nächsten Treffpunkt erfährt Rotsch durch einen scheinbar harmlosen Brief von seinem Führungsoffizier »Hans« mit einem drei Millimeter großen Mikropunkt-Negativ im Klebefalz, das er mit einem Schülermikroskop lesen kann. An jedem ersten Montag des Monats sitzt Rotsch an seinem Kofferradio Braun T 100 und lauscht einem Ost-Berliner Sender. Hört er um 23.00 Uhr auf der Kurzwelle den Walzer »An der schönen blauen Donau«, muß er die Ost-Berliner Telefonnummer 501256 anrufen. Dort meldet sich ein getarntes Außenbüro des KGB. Ertönt aus dem Äther Marschmusik, gibt es keine Mitteilung für ihn.

Erst Mitte 1983 kommt das Bundesamt für Verfassungsschutz (BfV) durch einen heißen Tip der französischen Spionageabwehr »Direction de la Surveillance du Territoire« (DST) auf die Spur von Manfred Rotsch. Den Hinweis auf einen KGB-Industriespion verdanken die Franzosen einem höheren sowjetischen Geheimdienstoffizier, der unter dem Decknamen »Farewell« (gute Reise) für den Westen tätig ist. Auch hier spielt, ähnlich wie bei Oberst Penkowskij, ein Kaufmann aus dem Westen die Mittlerrolle. So erfährt die DST eines Tages, daß die Auslandsabteilung des KGB im Besitz der streng geheimen Tornado-Pläne sei. Und man entschließt sich in Paris, Bonn davon zu unterrichten.

Farewell, in den sechziger Jahren als KGB-Offizier an der sowjetischen Botschaft in Paris, hat seitdem gute Kontakte zu einigen Franzosen. Anfang des Jahres 1981 vertraut er sich einem französischen Geschäftsmann an, der regelmäßig nach Moskau kommt, und bietet ihm geheime Informationen für den Chef der DST an.

Über das Motiv seiner nachrichtendienstlichen Tätigkeit rätselt man bei der DST bis heute, denn der KGB-Oberst hat für diese Kooperation weder Geld verlangt noch bekommen. Der Kaufmann aus Paris, Monsieur C. genannt, übernimmt 18 Monate lang den äußerst riskanten Kurierdienst und wird dafür später mit dem Kreuz der Ehrenlegion ausgezeichnet. Den Namen des Kuriers erfährt niemand, selbst nicht die Chefs der befreundeten Nachrichtendienste.

Farewell soll den Franzosen vom Frühjahr 1981 bis zum Herbst 1982 insgesamt rund 4000 Unterlagen, die den Stempel »Soverchenno Sekretno« (streng geheim) tragen, geliefert haben. Die meisten der Dokumente tragen die Nummer eins. Sie stammen also aus dem Chefbüro des »Direktorat T«, verantwortlich für Wissenschafts- und Technologiespionage. Zahlreiche dieser Akten sind mit handschriftlichen Vermerken von Jurij Andropow, damals Chef des KGB, versehen. Auf einem Dokument findet sich sogar eine persönliche Notiz von Breschnew. Farewell, so heißt es, sei Ende 1983 gestorben. Die Todesursache ist allerdings nicht bekannt.

Aufgrund der internen Meldung aus Paris wird die Firma MBB am 26. Juni 1983 aufgefordert, ihre leitenden Angestellten gewissenhaft zu überprüfen. Auf diese Weise stößt der Verfassungsschutz im Sommer 1984 auf Manfred Rotsch. Die anschließende Beschattung dauert drei Monate, ehe er entlarvt werden kann.

Sein letzter Spionageeinsatz: An einem Nachmittag im September 1984 steuert Rotsch auf der Heimfahrt vom Luft- und Raumfahrtkonzern MBB in Ottobrunn bei München mit seinem BMW 525 die Raststätte Vaterstetten an. Auf dem Parkplatz stellt er unauffällig seine leere Fanta-Dose auf eine Mülltonne und fährt in Richtung Poing weiter.

Die Fahnder des Verfassungsschutzes, die dem Flugzeugkonstrukteur diskret gefolgt sind, entdecken in der Dose eine Mikrofilmrolle, die Unterlagen über

Marschmusik aus dem Kofferradio Braun T 100 signalisiert für Rotsch: »Nichts Neues«

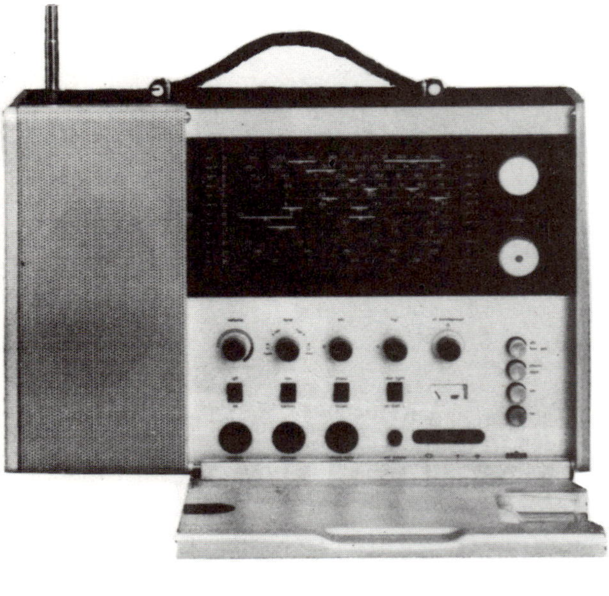

Die vollständige Dokumentation an das KGB geliefert: Kampfpanzer »Leopard II«

ein geheimes Flugzeugprojekt enthält, das in der Forschungsabteilung von MBB gerade entwickelt wird. Am Morgen des 20. September 1984 kann Rotsch in seinem Haus festgenommen werden, genau zehn Tage vor seiner geplanten Pensionierung.
In seinem Schreibtisch finden die Ermittler verschiedene Studien über unbemannte Aufklärungs-Flugkörper (Drohnen), den Phantom-Nachfolger »Jäger 90«, die Tornado-Waffe »MW-1« und ein Wartungsbuch für US-Jäger »F-15«. Nach Feststellung von Experten soll Rotsch dem KGB außer den streng geheimen Tornado-Akten unter anderem Unterlagen über die Technik eines unbemannten Aufklärungs-Flugkörpers, der das gegnerische Radar unterfliegen und nicht geortet werden kann, Pläne aller in der Bundesrepublik gebauten Satelliten, eine vollständige Dokumentation über den Kampfpanzer »Leopard II«, Konstruktionspläne des Raumlabors »Spacelab« sowie geheime militärische NATO-Strategiestudien und Planungsunterlagen geliefert haben.
Im Prozeß gibt Rotsch auf die Frage, wie hoch die Entlohnung für seine 30jährige Spionagetätigkeit gewesen sei, rund 25000 DM an. Insider schätzen den Betrag jedoch auf ein Mehrfaches. Die am 15. April 1986 begonnenen Verhandlungen vor dem Bayerischen Obersten Landesgericht enden am 21. Juli 1986. Manfred Rotsch wird wegen »geheimdienstlicher Agententätigkeit in einem besonders schweren Fall« zu achteinhalb Jahren Gefängnis verurteilt.
Er muß jedoch nur einen Bruchteil seiner Strafe verbüßen: Am 12. August 1987 wird Rotsch gegen die seit 1979 in der DDR inhaftierte Ärztin Karin Schumann und einen namentlich nicht genannten Mann, den man wegen Spionage zu einer langen Freiheitsstrafe verurteilt hatte, ausgetauscht. Um 16.22 Uhr überquert Rotsch im Mercedes des DDR-Anwalts Vogel die Grenze bei Herleshausen. Sein Gepäck wird unter dem Namen Herbert Schmidt befördert.
Bereits drei Monate später, am 21. November 1987, kehrt Rotsch überraschenderweise in die Bundesrepublik zurück, um hier seinen Lebensabend als Rentner zu verbringen.

Rüstzeug der Agenten

Die Miniaturisierung der Geräte sowie die elektronischen Hilfsmittel, ohne die heute kein Geheimdienst auskommen kann, sind nicht nur »Abfallprodukte« der Weltraumfahrt. Seit Jahren gibt es kaum eine technische Entwicklung, die nicht in irgendeiner Form für Spionagezwecke umfunktioniert wird. Hier einige Beispiele aus dem Arsenal der Nachrichtendienste, die den Spionen das Leben erleichtern sollen:

Fotoausrüstung

Die erste, von P. D. Gray konstruierte Geheimkamera »Vest« wird am 22. Dezember 1885 der »New York Society of Amateur Photographers« vorgeführt. Das scheibenförmige Modell ist hinter einer fingierten »Hemdbrust« versteckt getragen, die eine winzige Öffnung für das als Knopf getarnte Objektiv aufweist. Die achteckige Glasplatte kann durch den aus dem Hemdeinsatz ragenden Knopf gedreht werden und ermöglicht sechs Aufnahmen. Mit dem Drehen dieses Knopfes ist der Rotationsverschluß gespannt. Er wird durch Ziehen an einer Schnur ausgelöst, die unter der Hemdbrust hängt.

Am 13. August 1902 erwirbt der Dresdner Emil Kronke ein britisches Patent für seine Spazierstockkamera »Ben Akiba«, bei der Rollfilmspulen im Griff untergebracht sind. Im hinteren Teil befinden sich drei Ersatzspulen. Der Verschlußauslöseknopf liegt unter dem vorderen Teil des Griffs. Anfang der dreißiger Jahre stellt die Firma Whittaker Co. in Los Angeles die »Micro-16«, eine 16-mm-Kleinstbildkamera, her, die in eine Zigarettenschachtel hineinpaßt. Die 1932 von dem Berliner Fritz Kaftanski herausgebrachte »Minifex« ist die erste Präzisions-Kleinstkamera. Sie hat einen Vario-Verschluß und ein Trioplan-Objektiv 1:3,5, dazu einen kleinen optischen Durchsichtssucher. Der 16-mm-Rollfilm wird durch Drehen eines Knopfes transportiert.

Als Stativ dient ein Spazierstock: Hutkamera aus dem Jahr 1886

Spazierstockkamera »Ben Akiba«: Ein Film reicht für 350 Aufnahmen

Zu den bekanntesten Präzisions-Kleinstkameras, die zur Standardausrüstung fast jedes Agenten gehört, zählt die »Minox«. Sie wurde ursprünglich nicht als Geheim- oder Spionagekamera konzipiert. Da sie jedoch wie keine andere Kleinstkamera äußerst zuverlässig, schnell und einfach Dokumente fotografieren kann, ist sie in Geheimdienstkreisen hoch geschätzt.

Die von Walter Zapp konstruierte »Minox« läßt sich die Firma »Valsts Elektrotechniska Fabrika« aus Riga/Lettland am 22. Dezember 1936 in England patentieren und beginnt anschließend in Riga mit der

Das neue Modell der von allen Agenten besonders geschätzten »Minox EC«

Produktion. Walter Zapp, ein begeisterter Fotograf, ist als Deutscher in England geboren, lebt in den dreißiger Jahren in Lettland und nach dem Zweiten Weltkrieg in der Schweiz. Im Jahr 1937 erscheint die Rigaer Minox mit unperforiertem, 9,5 mm breitem Film für 50 Aufnahmen in speziellen Schnelladekassetten. Das Negativformat beträgt 8 × 10 mm.
Das dreilinsige, nicht vergütete 1:3,5-Minostigmat-Objektiv hat eine feste Blendenöffnung, und die Entfernung kann von 20,3 cm bis unendlich eingestellt werden. Ein Gelbfilter und ein Vorderlinsenverschluß für Zeiten von ½ bis 1/100 Sekunde sind vorhanden. Der Filmtransport erfolgt durch Zusammenschieben und Auseinanderziehen der beiden Hälften des Schiebegehäuses. Von den Rigaer Minox-Kameras, die aus rostfreiem Stahl gefertigt sind, werden bis Ausbruch des Zweiten Weltkrieges etwa 20000 Stück hergestellt.
1946 entsteht in Westdeutschland die Firma MINOX GmbH, Optische und Feinmechanische Werke; ab 1948 wird in Gießen die »Minox A« gebaut. Für das Gehäuse verwendet man nun Aluminium anstelle von rostfreiem Stahl; ein vierlinsiges Objektiv ersetzt das ursprüngliche Triplet. Die Kamera besitzt ferner eingebaute Grün- und Orangefilter. 1958 erscheint das Modell B, 1969 das Modell C und im Somer 1972 die »Minox BL« mit CdS-Nachführbelichtungsmesser.
Die Weiterentwicklung ist »Minox EC« (Fixfocus). Sie ist 8 cm lang, 3 cm breit und 1,8 cm »dick«. Ihr Gewicht beträgt 58 Gramm mit Batterie und Film (8 × 11 mm). Die Kamera ist mit einem 15-mm-Objektiv ausgestattet. Im Jahr 1979 kommt die »Minox LX« auf den Markt. Sie besitzt ein Negativformat von 8 × 11 mm und eine elektronische Zeitautomatik von 1/2000 bis 15 Sekunden, außerdem eine Blitz-Zeitautomatik sowie drei Leuchtanzeigen für Langzeitwarnung, Überbelichtungswarnung und Batteriekontrolle.
Das 1:3,5/15 mm-Objektiv kann man von 20 cm bis unendlich einstellen. Mit der »Minox LX« lassen sich Schriftstücke aller üblichen Größen bis hinunter zum Format 9 × 13 cm ohne Spezialobjektive, Vorsatzlinsen oder Naheinstellgeräte formatfüllend reproduzieren. Der parallaxenfreie Sucher zeigt auch auf kürzeste Entfernungen den richtigen Bildausschnitt. Für Spezial-Teleaufnahmen kann dank eines Aufsatzes jeder Feldstecher als Teleobjektiv dienen. Als Zusatzausrüstung gibt es das Reproduktions-Stativ, das kabellose Elektronenblitzgerät, Spezial-Laborzubehör, ein Vergrößerungsgerät, den automatischen Magazinprojektor sowie ein Mikrofilm-Lesegerät.

Als Armbanduhr getarnte Mini-Kamera

Von der deutschen Abwehr im Zweiten Weltkrieg konstruiertes Gerät zur Herstellung von Mikropunkten

Die japanische Fotoindustrie stellt seit 1954 die »Europco-8« (Echo Lighter) her, eine Kombination aus Feuerzeug und Kleinbildkamera. Die eine Gehäusehälfte birgt ein Benzinfeuerzeug, die andere eine winzige Kamera für 16 Aufnahmen auf einem 8-mm-Kassettenfilm. Die Firma Binoca (Japan) hat auch ein Opernglas mit 2,5facher Vergrößerung hergestellt, in das eine 16-mm-Kleinstbildkamera eingebaut ist.
Die technische Entwicklung der letzten 30 Jahre in der Fotoindustrie, Optik und Feinmechanik hat den Anwendungsbereich der Fototechnik als nachrichtendienstliches Hilfsmittel erheblich erweitert. Die Mini-Fotoapparate mit einer Filmbreite von 1 mm können praktisch in jedem beliebigen Gegenstand unauffällig versteckt werden. Andererseits ermöglichen die Spiegellinsenobjektive und Spezialfilme klare Aufnahmen sogar kleiner Gegenstände in bis zu 3000 Meter Entfernung. Spezialobjektive und besonders lichtempfindliche Filme gestatten selbst Nacht-Farbaufnahmen bei Ausnutzung der Sterne oder des Mondes als Lichtquelle.
Ein Mikropunkt, auch Mikrat genannt, ist ein mit dem Fotoapparat und gekoppeltem Mikroskop hergestellter, kaum sichtbarer, wie mit der Schreibmaschine getippter Punkt (Ø 1 mm), in Wirklichkeit ein stark verkleinertes (etwa 300:1) voll beschriebenes Din-A4-Blatt. Das Prinzip des Mikropunktes ist fast so alt wie die Fotografie selbst. Mikrofotografie wurde bereits 1871 angewandt, um mit Brieftauben oder Ballons Nachrichten in das von Deutschen belagerte Paris zu schaffen. Damals hatten die Mikropunkte jedoch ein viel größeres Format, etwa 3 × 4 cm.
Zu Beginn des Zweiten Weltkrieges perfektioniert die deutsche Abwehr das Mikropunkt-Verfahren. Mit Unterstützung von Agfa und anderen fototechnischen deutschen Firmen gelingt es Heinrich Beck von I. G. Farben, einen Mikropunkt im heutigen Sinne herzustellen: Der Text einer Schreibmaschinenseite wird zuerst mit Hilfe einer Präzisionskamera auf die Größe einer Briefmarke verkleinert, anschließend durch ein umgekehrtes Mikroskop fotografiert. Dazu benutzt man eine Glasplatte als Negativ. Das entwikkelte Negativ wird mit einer Kollodium-Schicht überzogen und mittels einer Injektionsnadel aus der Negativ-Glasplatte herausgestochen, mit Jod behandelt und so unsichtbar gemacht.
Auf dem Briefpapier oder Umschlag mit einer dünnen Schicht Kollodium festgeklebt, wird der Mikropunkt samt Unterlagen per Post verschickt. Der Empfänger legt den Mikropunkt zum Sichtbarmachen in ein Rodinalbad und kann nach einigen Minuten unter dem Mikroskop die Nachricht deutlich lesen. Diese relativ einfache Methode zur Übermittlung von geheimen Nachrichten ist weiterhin in Gebrauch.
Die am meisten verwendete Versandart: Die Ecke einer Postkarte wird mit der Rasierklinge vorsichtig aufgespalten, der Mikropunkt hineingeschoben und die beiden Kanten mit wasserlöslichem Klebstoff zusammengefügt, oder es wird die Gummierung der Briefmarke an einer Stelle entfernt und der Mikropunkt dort befestigt. Weitere Verstecke: unter den Aufklebern von Paketadressen, unter Banderolen von Zigarettenschachteln und dergleichen. Auch in ein gespaltenes Streichholz kann der Mikropunkt eingeklemmt und das Hölzchen wieder zusammengeleimt werden.
Besondere Kennzeichen signalisieren dem Empfänger, ob in der Postsendung an der vereinbarten Stelle ein Mikropunkt versteckt ist. Der während des Zweiten Weltkrieges vom deutschen Nachrichtendienst gebrauchte Mikropunkt hatte den Nachteil, daß der Kollodiumbelag das Licht reflektierte und dadurch entdeckt werden konnte.

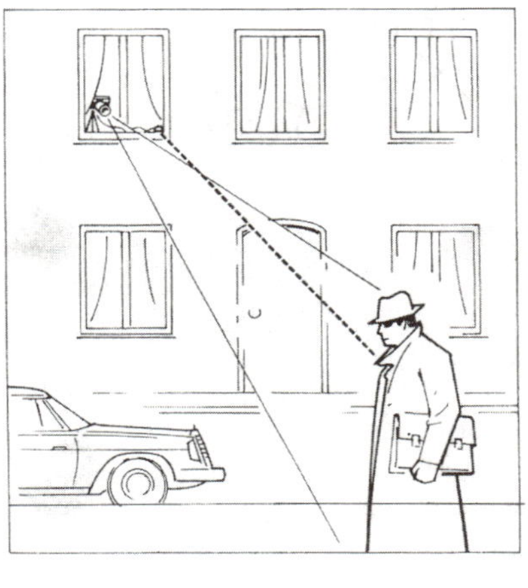

Geheimkamera, die durch Fernsteuerung alle an einem bestimmten Objekt vorbeigehenden Personen aufnehmen kann

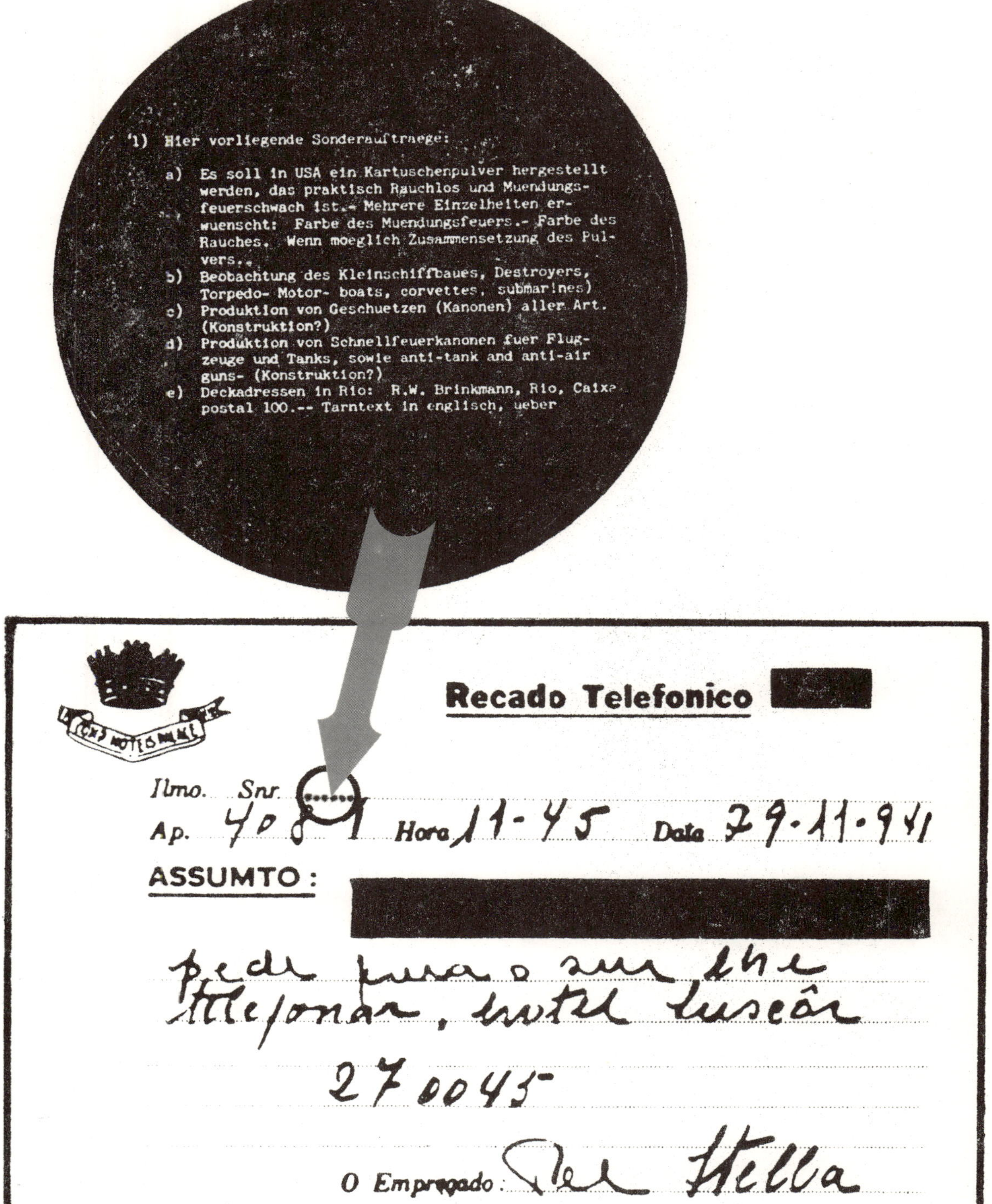
1) Hier vorliegende Sonderauftraege:

a) Es soll in USA ein Kartuschenpulver hergestellt werden, das praktisch Rauchlos und Muendungsfeuerschwach ist.- Mehrere Einzelheiten erwuenscht: Farbe des Muendungsfeuers.- Farbe des Rauches. Wenn moeglich Zusammensetzung des Pulvers.,
b) Beobachtung des Kleinschiffbaues, Destroyers, Torpedo- Motor- boats, corvettes, submarines)
c) Produktion von Geschuetzen (Kanonen) aller Art. (Konstruktion?)
d) Produktion von Schnellfeuerkanonen fuer Flugzeuge und Tanks, sowie anti-tank and anti-air guns- (Konstruktion?)
e) Deckadressen in Rio: R.W. Brinkmann, Rio, Caixa postal 100.-- Tarntext in englisch, ueber

Recado Telefonico [redacted]

Ilmo. Snr. ....

Ap. 4081 Hora 11-45 Data 29-11-941

ASSUMTO: [redacted]

pede para o snr. lhe
telefonar, hotel luscâr
270045

O Empregado: Stella

C.H.P. 133-500 B

Mikropunkt unter dem Mikroskop: oft angewandte Methode zur Nachrichtenübermittlung

Abhörgeräte

Die als Minispione und Wanzen bezeichneten Abhörgeräte sind die einfachsten Tonübertragungsanlagen niedriger Frequenz mit geschlossenem Stromkreis. Sie bestehen meist aus einem Mikrofon, besonders verlegten Leitungen, Verstärker und Tonbandgerät mit Kopfhörerkontrolle. Eine unauffällige, risikoarme Methode ist die Ausnutzung der in jedem Gebäude vorhandenen Leitungen, zum Beispiel Strom, Klingelanlage und Telefon. Vom Mikrofon aufgefangene Gespräche werden im Kabelnetz an beliebiger Stelle, etwa einer Steckdose, abgenommen und auf Tonträger aufgezeichnet.

Ein Klassiker unter den Abhörgeräten: Als Olive in einem Drink getarnt, der »Zahnstocher« dient als Antenne

Auch Telefone lassen sich mit wenigen Handgriffen manipuliern, so daß die im Raum geführten Gespräche über die Sprechmuschel des Hörers mit einem Tonband im Etagen- oder Hauptverteiler aufgenommen werden können. Komplizierter sind die drahtlosen, batteriebetriebenen Minisender für Spionagezwecke, die sogar im Giga-Hertz-Bereich arbeiten, einer Frequenz, mit der Fernsehsendungen per Satellit übertragen werden. Solche Sender enthalten technische Feinheiten wie Quarzoszillatoren, regelbare Endstufen, justierbare Eingangsverstärkerstufen, Spannungsstabilisatoren und Antennen für zielgerichtetes Senden.

Die neuesten Entwicklungen sind in der Lage, die Sendefrequenzen nach programmierbaren Codes und nach bestimmten Mustern automatisch zu wechseln, sich bei Anpeilversuchen selbsttätig außer Betrieb zu setzen und eine ganze Reihe irreführender Attrappen ferngesteuert einzuschalten. Sie weisen teilweise nur die Größe eines Streichholzkopfes auf und kommen dabei ohne Energiequellen aus. Ein Auffinden selbst durch Spezialisten war bisher fast unmöglich. Als Empfänger dienen meist handelsübliche Transistorradios, oft mit Tonbandgeräten kombiniert.

Die einfachste Methode, Telefongespräche abzuhören, ist eine Wanze in der Hörmuschel, die man von außen nicht erkennen kann. Ihr Miniatursender trägt die Gespräche über Funk bis zu 100 Meter weit. Wird die Leitung, die den Sender mit Energie versorgt, benutzt, übermittelt dieser das Gesprochene an das sich automatisch einschaltende Tonbandgerät.

Bei dem sogenannten Drei-Leitung-Abgriff überträgt der Minisender auch dann die Gespräche aus dem Raum, wenn der Hörer bereits wieder auf der Gabel liegt. Das Mikrofon wird dabei nicht im Telefonapparat, sondern in einem Abzweigkasten irgendwo in der näheren Umgebung des angezapften Telefons versteckt und in der Regel durch das Telefonstromnetz gespeist, falls der Minisender nicht von einer eigenen Knopfzelle (Minibatterie) versorgt wird. Herstellung und Verkauf von Abhörgeräten sind in der BRD erlaubt, obwohl es nach Paragraph 298 des Strafgesetzbuches verboten ist, sie zu verwenden.

Eine andere Variante der Telefon-Wanzen ist der Harmonikakäfer. Der als »Monitel Mark II« bekannte Infinity Bug ermöglicht das Abhören von Telefongesprächen in jedem Teil der Welt, vorausgesetzt, der Apparat am anderen Ende kann direkt angewählt werden. Trotz seiner vielseitigen Anwendungsmöglichkeiten und enormen Reichweite ist dieses Minimikrofon leicht im Telefonkasten zu verstecken und hat zudem den Vorteil, daß es keine zusätzliche Stromversorgung benötigt.

Die Einschaltung des Harmonikakäfers erfolgt durch Wählen der Rufnummer des präparierten Telefons und Blasen einer bestimmten Melodie auf der Mundharmonika in die Sprechmuschel. Der Ton schaltet

A = ein Beispiel, wie man Abhörgeräte (●) in einem Konferenzraum verstecken kann. B = funktionsfähiger Kugelschreiber mit eingebautem Sender. C = das Mikrofon im Fuß der Stehlampe (●) ist über den Stromkreis mit einer Abhöranlage (1) verbunden. D = ein mit Laserstrahlen (1) betriebenes Abhörverfahren. Dabei dient das Fensterglas als Modulator: Das feine Vibrieren des Glases steht im Einklang mit dem im Raum geführten Gespräch und wirkt daher wie die Membrane eines Mikrofons. So kann das Gesprochene mit einem Spezialgerät (2) aufgenommen werden

das Klingeln des angewählten Apparates aus und stellt automatisch das versteckte Minimikrofon auf Empfang. Ohne daß der Hörer abgenommen wird, überträgt nun der Lautsprecher jedes Gespräch aus dem überwachten Raum. Der nächste Anrufer hört währenddessen das übliche Besetztzeichen. Wird der abgehörte Apparat benutzt, schaltet sich das Mikrofon sofort ab.

Der Reflexsender, bestehend aus einem kurzen Stahlrohr mit Antenne, ist ein Abhörgerät, das sich der Vibration und Strahlung als Informationsträger bedient. Hier wird das versteckte Kohlengrieß-Mikrofon direkt an eine getarnte Antenne angeschlossen und von einem Hochleistungssender mit Mikrowellen angestrahlt. Die mit dem Mikrofon aufgenommenen Raumgeräusche verändern die Sendewellen, die von der Antenne empfangen und zum Empfänger reflektiert werden. Erst dann beginnt der Abhörsender zu arbeiten.

Der Reflexsender bekommt die für seinen Betrieb nötige Energie über eine extrem stark gebündelte Richtstrahlantenne. Sie muß sich jedoch in unmittelbarer Nähe des Abhörgerätes befinden, da die Energieübertragung einer Richtstrahlantenne nur einen minimalen Wirkungsgrad besitzt.

Von der übertragenen Energie angestrahlt, wird der Reflexsender zu einer Resonanzkammer, die einen gewissen Teil der zugestrahlten Energie in die sogenannte Sekundärstrahlung umsetzt und zurückwirft. Diese Sekundärstrahlung ist wiederum entsprechend moduliert durch die am Ende des Stahlrohrs angebrachte Modulationsmembrane, über welche die Schallschwingungen (Gespräche) im Raum aufgenommen werden. Ein Spezialempfänger nimmt die Sekundärstrahlungen auf. Wird der Reflexsender nicht betätigt, ist er passiv und kann in seinem Versteck nur per Zufall oder durch einen Metalldetektor ausgemacht werden.

Eine Zusatzeinrichtung für Abhörgeräte ist der Tonbandwecker. Mit einem Mikrofon gekoppelt, setzt er, wenn in dem überwachten Zimmer Geräusche

Ein Mini-Abhörgerät, die »Wanze«

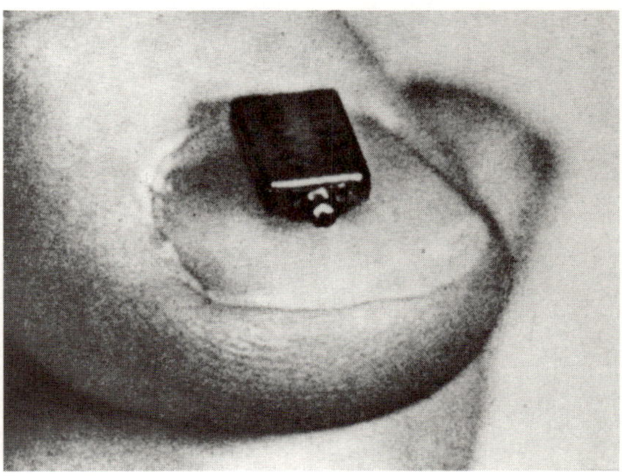

wahrnehmbar sind, ein verstecktes Tonband in Gang. Das KGB verwendet unter anderem Apparate, die einem Hörgerät gleichen, an dem ein Kabel mit Stecker befestigt ist, der in das Empfangsende des Miniatur-Sender-Empfänger-Systems eingesteckt werden kann. Die Anlage besteht aus zwei tragbaren Funkgeräten in Taschenbuchgröße.
Der Empfänger hat eine Antenne, dazu das mit Klippverschluß an der Kleidung befestigte Gerät und eine mit 0,1,2,3 markierte Wählscheibe: 0 = Ruhestellung. Wird die Scheibe auf 1 gedreht, vibriert der Empfänger und verständigt den Träger, daß eine Botschaft zu erwarten ist. Er kann dann zum Abhören einen der beiden anderen Kanäle einschalten. Der Sender arbeitet auf 63 Mega-Hertz und wird durch aufladbare Nickel-Cadmium-Zellen gespeist. Das winzige Gerät hat eine Reichweite bis zu 3,2 Kilometer.
Es gibt sogar Minisender, die von einem Hund verschluckt werden und deren Energiebedarf durch die Körperwärme des Tieres gedeckt wird. So können Gespräche, bei denen der Hund »dabei« ist, übermittelt werden.
In den USA hat die Firma IBM im Auftrag der »National Security Agency« (NSA) den Super-Computer »Harvest« (Ernte) zur elektronischen Kontrolle und Überwachung von Telefongesprächen entwickelt. Dadurch war es zum Beispiel 1980 möglich, 125 Millionen Telefongespräche zu überprüfen und 2,8 Millionen davon für eine Analyse auszuwählen. Die Speichermöglichkeiten von »Harvest« sind theoretisch unbegrenzt. Die gespeicherten Telefongespräche werden durch eine digitale Sortiertechnik nach allen möglichen Kriterien aufgegliedert und geordnet. Ein elektronischer Rechner entscheidet nach vorher festgelegter Klassifizierung (etwa nach bestimmten Nummern oder schematisierten Inhalten), ob ein Gespräch gespeichert werden soll.
Ein Spezialmikrofon mit extremer Empfindlichkeit und außerordentlicher Richtwirkung zum Abhören von Gesprächen im Freien über Entfernungen zwischen 100 und 1000 Meter ist das Richtmikrofon, auch MG-Mikrofon genannt. Es verfügt über eine besondere Charakteristik, nimmt bevorzugt den Schall aus einer Richtung an und reagiert kaum auf den Schall, der aus der anderen Richtung eintrifft; so wird seine Funktion nicht beeinflußt.
Man kann mit einem Richtmikrofon bis zu 150 Meter entfernte Geräusche aus geschlossenen Räumen aufnehmen. Die von dem angepeilten Innenraum ausgehenden Schallwellen werden in einem Parabolspiegel gesammelt und auf die Membrane des hochempfindlichen Mikrofons übertragen. Der aus einer anderen als der angepeilten Richtung eintreffende Schall ge-

Funkraum der BND-Zentrale in Pullach: Hier wird der Agentenfunk rund um die Uhr abgehört

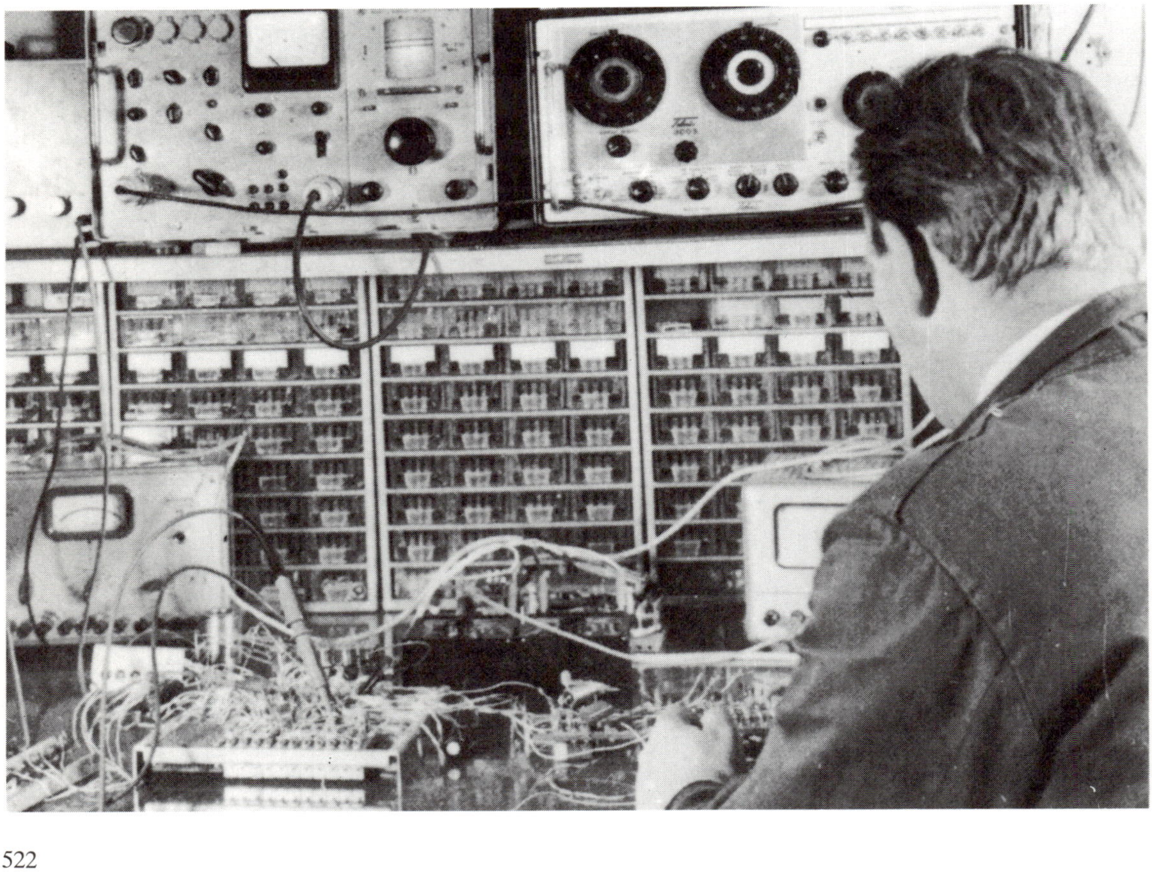

langt aufgrund der Eigenschaften des Parabolspiegels nicht zum Brennpunkt und mindert damit die Störgeräusche.
Das empfindlichste aller Richtmikrofone ist das Resonanz-Mikrofon: Ein Bündel von 20 bis 70 Kunststoff- bzw. Metallröhren verschiedener Längen (zwischen 2 cm bis 150 cm, etwa 10 mm ∅) mündet in einen Trichter, in dem sich das Mikrofon befindet (Frequenzbereich von 100 bis 4500 Hz). Die eindringenden Schallwellen werden in den Resonanzröhren akustisch verstärkt und vom Mikrofon übernommen. Das Resonanz-Mikrofon ermöglicht einen Empfang, der weitgehend von Störgeräuschen aus seitlicher Richtung frei ist.

Funkgeräte

Nachrichtendienste können einen Agenten im Operationsgebiet nur dann zielgerichtet steuern, wenn sie über geeignete Kommunikationsmöglichkeiten verfügen. Zu diesem Zweck setzen sie – ebenso wie beim konspirativen Beschaffen und Verbringen von Verratsmaterial – weitgehend technische Hilfsmittel ein, die ständig weiterentwickelt und auf den neuesten technischen Stand gebracht werden.
Das moderne Agentenfunkgerät ist vollautomatisch und mit Schnellgeber versehen. Dank elektronischer Komprimierung des Sendetextes beträgt die Leistung bis zu 5500 Zeichen pro Minute. Um den Agenten vor Entdeckung durch Peiltrupps zu schützen, wird immer öfter eine räumliche Trennung zwischen Funker und dem sendenden Funkgerät vorgenommen. Dazu benutzt man hochempfindliche Miniatursender, die gespeicherte Texte mit vorprogrammierter Zeitverzögerung automatisch oder auf Abruf (durch Funksignal) ihre Arbeit beginnen. Ein leistungsstarker Transistorsender mit Textspeicher-Minitonband sendet etwa eine Stunde lang in regulären Zeitabständen auf einer vorher festgelegten und ständig abgehörten Frequenz den gespeicherten Text.
Um das Anpeilen zu erschweren, kann das vollautomatische Minifunkgerät mit Schnellgeber auch an einem durchsichtigen, farblosen Kunststoff-Helium-Ballon befestigt und nachts aufgelassen werden. Der eingebaute Sprengkörper zerstört Ballon und Funkgerät nach Sendeschluß oder bei Bodenberührung.
Im Jahr 1969 entwickelt die amerikanische Firma »Electronic Communications, Inc.« ein Walkie-talkie, das einschließlich Batterien und Antenne nur sieben Pfund wiegt. Das neue Gerät kann durch seine enorme Sendeleistung den Kontakt zum Experimental Satellite »LES 6« aufnehmen. »LES 6« startet zum erstenmal am 26. September 1968. Danach verwendet die CIA ein System von drei Satelliten, die den Codenamen »Pyramider« tragen.
Über diese drei geostationären CIA-Nachrichtensatelliten laufen die Verbindungen zwischen den mit Minisendern ausgestatteten Agenten in aller Welt

BND-Zentrale in Pullach: Überdimensionale Antennen ermöglichen das Abhören des Agentenfunks

und dem Hauptquartier der CIA. Die Leistung der Sender beträgt nur 10 bis 20 Watt. Es sollen Botschaften in zwei verschiedenen Blocklängen, entweder 10 oder 200 Wörter, übermittelt werden. Während der Übertragung ist das Wechseln der Frequenz möglich, um ein Abhören durch den Gegner zu verhindern.
Zum grenzüberschreitenden Nachrichtenaustausch über kurze Entfernungen nutzen die Nachrichtendienste der DDR seit Anfang der sechziger Jahre die Infrarottechnik. Infrarotstrahlen sind nahezu abhörsicher und daher kaum zu entdecken. Wegen der Notwendigkeit, verhältnismäßig laut zu sprechen, bedarf es andererseits entsprechender Vorsichtsmaßnahmen beim Einsatz eines Infrarotlicht-Sprechgerätes.
Der neuesten technischen Entwicklung entspricht das im November 1984 bei der Festnahme eines DDR-Agenten sichergestellte Gerät für Nahbereichskommunikation. Es besteht aus zwei Parabolspiegeln, über die ein stark gebündelter Infrarotstrahl abgesandt beziehungsweise empfangen werden kann. Als Stromquelle dient eine handelsübliche Taschenlampe, in die anstelle einer Glühbirne ein Anschlußkabel eingeschraubt wird. Gegenüber den früheren Modellen, die zumeist auf der Basis von Ferngläsern oder Fotoapparaten entwickelt wurden, verfügen die Neuentwicklungen über eine größere Einsatzreichweite und eine höhere Betriebssicherheit.

Der »Zahlenwurm«, ein Ziffersystem (Code) zur Entschlüsselung geheimer Funksendungen: wichtigstes Rüstzeug eines jeden Funkagenten

Der Einsatz von Infrarotlicht-Sprechgeräten setzt allerdings voraus, daß zur Gegenstelle eine ungehinderte, direkte Sichtverbindung besteht, die auch nicht durch Witterungseinflüsse wie Nebel, Regen oder Schnee beeinträchtigt werden darf. Wegen der starken Bündelung des Lichtstrahls ist ferner eine genaue und stabile Ausrichtung des Gerätes auf die Gegenstelle erforderlich. Dazu wird das Gerät auf ein Stativ montiert und durch eine Visiereinrichtung justiert.

Sobald eine Strahlenverbindung hergestellt ist, kann der Agent mit der Gegenstelle in direkten Sprechkontakt treten oder einen vorbereiteten Text über ein Tonband abspielen oder empfangen. Der DDR-Agent nutzte das Infrarotlicht-Sprechgerät, um Informationen an seine Führungsstelle weiterzugeben bzw. um Aufträge entgegenzunehmen. Die Verbindung zu einem auf DDR-Gebiet gelegenen Haus nahm er ausschließlich zu vorher festgelegten Zeiten auf.

Im Zeitalter der Elektronik

Die Arbeit der Geheimdienste des Warschauer Pakts und der NATO-Staaten ist heutzutage ohne eine weltweite Luftbild- und elektronische Aufklärung nicht mehr denkbar, denn sie erbringt die zuverlässigsten Informationen über die Gegenseite. Die modernen Waffensysteme haben die Großmächte gezwungen, elektronische Ortungs- und Leitgeräte einzusetzen. Die Nachrichtendienste beider Machtblöcke verfügen jetzt über die leistungsfähigsten Spionageflugzeuge, ELINT-Schiffe und Aufklärungssatelliten. Durch die elektronische Fernmeldeaufklärung können Informationen direkt von Originalquellen beschafft werden.

Spionageflugzeuge

Der amerikanische strategische Langstreckenaufklärer »Lockheed A-11«, Typ SR-71, genannt »Blackbird«, ist Nachfolger der seit 1956 im Einsatz befindlichen »Lockheed U-2«, mit der Francis Powers am 1. Mai 1960 über der UdSSR abgeschossen wurde. Der Chefkonstrukteur und Vizepräsident der Lockheed-Flugzeugwerke, Clarence L. Kelly Johnson, läßt einen Prototyp der SR-71 am 26. April 1962 zum Erstflug starten. Im Februar 1964 schließlich gibt der amerikanische Präsident Johnson der Öffentlichkeit die Existenz dieser Maschine bekannt.

Mit einer Flugzeit von einer Stunde und 55 Minuten für die Strecke New York–London erringt die SR-71 im September 1964 den Weltrekord. Bei dreifacher Schallgeschwindigkeit erhitzt sich der Rumpf auf 315 Grad, bei denen jede herkömmliche Maschine

»Blackbird«: NATO-Bezeichnung für den strategischen US-Langstreckenaufklärer »Lockheed SR-71A«, geliefert ab 1956

schmelzen würde, aber nicht die SR-71; sie ist aus hitzebeständigem Titan gefertigt. Das Nachtanken erfolgt durch Strato-Tanker vom Typ »Boeing KC-135« mit Hochtemperaturtreibstoff JP-7 in einer Höhe von 9000 Meter.

Die Besatzung besteht aus dem Piloten und einem Navigator, der zugleich die Aufklärungsgeräte bedient und die Funktion des Bordingenieurs hat, im Notfall auch die des Piloten. Beide Kabinen sind mit Katapultsitzen versehen. Die Männer tragen Raumanzüge wie die Astronauten der Gemini-Kapseln. Das Lebensrettungssystem ermöglicht ihnen, sich sogar in 30000 Meter Höhe und bei Geschwindigkeiten von 3,5 Mach aus der Maschine zu katapultieren.

Zur Verkürzung der Landestrecke ist im oberen Teil des Rumpfhecks ein überdimensionaler Bremsfallschirm untergebracht. Eine schwarze Spezialfarbe soll die SR-71 gegen Radar-Erfassung schützen. Dieser Langstreckenaufklärer verfügt über die modernste Navigationsausrüstung, dazu gehört ein automatisches, autonomes Astronavigationssystem, das jederzeit eine genaue Standortbestimmung ermöglicht, außerdem ein Flugdatenrechner sowie Bordcomputer, die für präzise Einhaltung der vorgegebenen Flugstrecke sorgen.

Die Aufklärungsausrüstung der SR-71A (Einzelheiten des Vielfach-Sensor-Hochleistungssystems sind streng geheim) besteht aus einer hochauflösenden vollautomatischen Tageslichtkamera, ergänzt durch empfindliche Infrarot-Sensoren, die die Aufklärung sowie Farbfotos unterirdischer Wärmequellen (Bunker, Raketensilos) auch bei Nacht gestatten, und aus einer Funkmeß-Seitenansicht-Station. Die Aufklärungsleistung beträgt aus 24000 Meter Höhe innerhalb einer Stunde eine Fläche von 155000 Quadratkilometer. Bei Entdeckung durch fremdes Boden-Radar ruft ein Bordgerät automatisch elektronische Unsichtbarkeit hervor. Dies, zusammen mit Geschwindigkeit und Flughöhe, macht das Flugzeug nahezu unverwundbar. Mit 100 Millionen DM pro Stück ist die SR-71 der teuerste Düsenjäger der Welt.

Einer der wohl besten operativen Aufklärer der sowjetischen Luftstreitkräfte ist die ursprünglich als Überschallbomber konzipierte »Tupolew TU-22«, NATO-Bezeichnung »Blinder«. Die Version A wird als Bomber und Aufklärer und die Variante C von der Marineluftwaffe als elektronischer Aufklärer eingesetzt. Die TU-22 erreicht eine Höchstgeschwindigkeit von 1480 km/h (Mach 1,4) und hat eine Reichweite ohne Luftbetankung von 2250 Kilometer. Die Gipfelhöhe beträgt 18000 Meter. Als Antrieb dienen zwei Strahltriebwerke mit Nachbrenner. Die Maschine ist bewaffnet mit einer 23-mm-Schnellfeuerkanone NS-23 im radargesteuerten Heckstand.

Der Erstflug des Prototyps fand 1959 statt, doch erst zwei Jahre später wurde das Flugzeug zum erstenmal gesehen. Die TU-22 sind zwar nicht als strategische Langstreckenaufklärer gedacht, aber sie starten jetzt schon seit über 20 Jahren von den Basen bei Murmansk und überwachen den Atlantik bis zum Nordpol, ebenso von Südsachalin aus den Nordpazifik. Mehrere in Estland stationierte Maschinen führen von hier aus Aufklärungsflüge über der Ostsee durch, andere fliegen von den Stützpunkten in der Südukraine zu Einsätzen über dem Mittelmeer.

Es gibt keine Seemanöver der NATO, die nicht von TU-22 beobachtet werden. Die Variante A ist mit sechs lichtstarken Kameras ausgestattet, die in zwei Reihen am unteren Rumpfteil eingebaut sind. Die Variante C hat für ihre Spionageeinsätze im Küstenbereich der NATO-Länder zahlreiche hochmoderne elektronische Geräte an Bord.

Sowjetischer Langstreckenaufklärer »Tupolew TU-20«, NATO-Bezeichnung »Bear D«, beschattet von einem US-Fernjäger »Convair F102A Delta Dagger«

Das Frühwarnflugzeug »Boeing E-3 A Sentry« von 1977, ausgestattet mit dem System »AWACS«, verfügt über einen 500 Kilometer reichenden Suchstrahl

Das fliegende Frühwarn- und Abfangjägerleitsystem der USA hat die Bezeichnung AWACS (Airborne Warning and Control System). Dieses aus dem Linien-Jet Boeing 707-320 entwickelte Aufklärungsflugzeug Boeing E-3A hat 17 Mann Besatzung und ist ohne Bewaffnung. Die Flugleistung beträgt in großen Höhen 966 km/h und in niedrigen Höhen 483 km/h. Die Maschine hat eine Flugdauer ohne Luftbetankung von 13 Stunden, eine Reichweite von 10000 Kilometer und erreicht eine Marschflughöhe von 14000 Meter.

An der linsenförmigen Fiberglaskuppel befindet sich eine sechsmal pro Minute kreisende Impulsdoppler-Rundsuchantenne, die bei jeder Umdrehung mit ihrem extrem scharfgebündelten Suchstrahl den Luftraum über den Gebieten der Warschauer-Pakt-Staaten bis zu einer Entfernung von 500 Kilometer abtastet. Die reflektierenden Signale erscheinen per Computer als Punkte auf den Radarschirmen, ebenfalls ein Kartenausschnitt Mitteleuropas, von Süddänemark bis Norditalien und von London bis Warschau, als Orientierungshilfe. Die Karte verändert sich je nach Standort des Flugzeugs. Einzelne der zahllosen sich rasch bewegenden Punkte können herausgefiltert, vergrößert und analysiert werden.

Die Fiberglaskuppel mit der Antenne ist aus Aluminium (Mittelteil) und Kunststoffmaterial (Seitenteile) in Sandwich-Bauweise gefertigt. Die Rundsuchantenne, genannt Rotordome, hat 9,15 Meter Durchmesser, ist 1,82 Meter dick und wiegt 5443 Kilogramm. Die 13 Spezialisten an Bord registrieren jede Bewegung zwischen Erdboden und Stratosphäre, was einen 15-Minuten-Gewinn an strategischer und taktischer Warnzeit bedeutet. In der für die NATO modernisierten E-3A-Version ist es möglich, aus 9000 Meter Höhe gleichzeitig 300 gegnerische Luftziele bis zu einer Entfernung von 400 Kilometer zu verfolgen.

Auch die Sowjetunion verfügt über ein Frühwarnsystem, das man, genauso wie die USA, aus einem zivilen Passagierflugzeug entwickelt hat. So ist die »Tupolew TU-126«, NATO-Bezeichnung »MOSS«, eine militärische Variante der Zivilmaschine TU-144. Mit ihren mächtigen Flügeln in Pfeilform, dazu den vier starken Propellerturbinen vom Typ Kusnezow NK-12 MV, je 14795 WPS, die von Achtblatt-Propellern angetrieben werden, ist die TU-126 eine leistungsfähige Maschine. Sie erreicht eine Höchstgeschwindigkeit von 850 km/h, hat eine Gipfelhöhe von 12000 Meter und eine Reichweite von 12550 Kilometer. Die Flugdauer ohne Luftbetankung beträgt 18 Stunden.

Die Besatzung zählt 17 Personen, davon besteht die Hälfte aus hochqualifizierten Elektronikern. Die Maschine ist nicht bewaffnet. Sie wird in ihrer heutigen Version seit 1968 gebaut. Das Hauptstück des Frühwarnsystems bildet die große Radarschüssel auf dem Rumpf, dadurch sieht sie der AWACS täu-

»Tupolew TU-126«, NATO-Bezeichnung »MOSS«, ausgestattet mit dem AWACS-ähnlichen sowjetischen Frühwarnsystem. Das 1968 zum erstenmal beobachtete Flugzeug ist seit längerem veraltet

schend ähnlich. Die »Iljuschin IL-76«, NATO-Bezeichnung »SUAWACS«, ein moderner vierstrahliger Superjet, wird die TU-126 bald ablösen.

Spionageschiffe

Der Begriff »ELINT«-Schiffe ist eine Abkürzung von Electronic-Intelligence. Diese elektronischen Aufklärungsschiffe werden sowohl vom Warschauer Pakt als auch von der NATO auf allen Weltmeeren eingesetzt und sind mit Geräten zur Ausführung verschiedener nachrichtendienstlicher Aufträge ausgerüstet. Sie erfassen außer den Funksignalen auch den über Funk abgewickelten Telegrafie- und Telefonverkehr. Mit einem Radarpeilempfänger im Dreiecksverfahren kann von den ELINT-Schiffen der USA die genaue Position der abgehörten fremden Sender geortet werden.

Sämtliche Aufzeichnungen erhält die »National Security Agency« (NSA) zur Entschlüsselung und Ana-

Seit über 20 Jahren Dienst auf allen Weltmeeren: Sowjetisches Spionageschiff, ein Trawler der OKEAN-Klasse (720 t) mit 32 Mann Besatzung ist in der DDR gebaut

Modernes sowjetisches Spionageschiff der BALZAM-Klasse (4000 t), mit 180 Mann Besatzung, gespickt mit mehreren Abhörsystemen und Antennen für den Empfang von strategischen Funk- und Radareinrichtungen der USA

lyse. Den Kryptoanalytikern der NSA ist es dadurch möglich, die Gliederung der gegnerischen Streitkräfte, die Dislokation der Einheiten, ihren Kampfwert, ihre Stärke und Befehlswege zu erkunden. Die ELINT-Schiffe zeichnen auch jedes fremde Radarsignal auf, um dessen Betriebsfrequenz, Impulsabstand und Charakteristika seiner Funkwellen zu ermitteln.

Die an Bord befindlichen Hydrophone erfassen alle Unterwasser-Fahrzeuge im Umkreis von 150 Seemeilen. Die Geräte zum Aufspüren und Identifizieren fremder U-Boote arbeiten auf Infrarot-Basis. Sie messen die Temperatur des aus den Reaktoren austretenden Kühlwassers sowie die Blasen im Kühlwasser getauchter Boote. ELINT-Schiffe können mit ihren neuesten elektronischen Geräten auch den Start von Weltraumkörpern orten.

Mit schiffsgestützten Sensoren werden Erkenntnisse über Treffgenauigkeit, über das Funktionieren von steuerbaren Wiedereintrittskörpern, über den ballistischen Koeffizienten und das Gewicht der Gefechtsköpfe gewonnen. Seit 1960 beobachten die USA sowjetische Tests im Pazifik sowie alle Manöver der Warschauer-Pakt-Staaten. Neben den Daten, die ihnen Analysen über den technischen Stand und Fortschritt ermöglichen, wird die Radarerkennung der sowjetischen Flugkörper und Gefechtsköpfe ermittelt.

Erstmals bemerkten 1954 spanische Fischer bei Neufundland als Trawler getarnte sowjetische ELINT-Schiffe. Die Aktivitäten der UdSSR, deren Spionageschiffe anscheinend einen permanenten globalen Auftrag haben, sind in den letzten Jahren sprunghaft angestiegen. Viele sowjetische Trawler der größten Hochsee-Fischereiflotte der Welt sind in Wirklichkeit ELINT-Schiffe. Die Sowjetunion verfügt daneben über die größte ozeanographische Flotte der Erde, die für ihre U-Boot-Ortungsschiffe die notwendigen Unterwasserwerte ermittelt.

Sowjetische Spionageschiffe begleiten auch jedes NATO-Manöver. Nur ein relativ kleiner Teil dieser Schiffe fährt unter der Flagge der UdSSR, die meisten sind als Handels- oder Fischereischiffe anderer Ostblockländer getarnt.

Aufklärungssatelliten

Die als Aufklärungs- oder Spionagesatelliten bezeichneten Flugkörper sind mit eingebauten Beobachtungs-, Meß-, Funkmelde- oder sonstigen Ausrüstungsgeräten versehen, die bestimmte Funktionen zur Erforschung der Erdoberfläche haben. Sie werden durch mehrstufige, rückstoßgetriebene, programmgesteuerte Trägergeräte auf eine errechnete außerirdische Flugbahn gebracht und umkreisen dann die Erde wie ein künstlicher Mond in sphärischen Ellipsen.

Seit 1961 werden Aufklärungssatelliten von den USA und der Sowjetunion in fast regelmäßigen Abständen gestartet. Beide Weltraum-Großmächte geben nur die Starts der Trägerraketen bekannt, verheimlichen jedoch die Verwendung der militärischen Nutzlast.

Die Flugkörper sind mit ihren Aufnahmegeräten in der Lage, Tag und Nacht globale Fernaufklärung zu betreiben. Jeder Quadratmeter gegnerischen Gebietes wird systematisch erfaßt. Durch das hohe Auflösungsvermögen der Foto-Objektive kann man alles, was größer als 5 Zentimeter ist, aus einer Höhe von 160 Kilometer deutlich erkennen. Beide Seiten verzichten auf Proteste wegen Überfliegens des nationalen Hoheitsgebietes; da die Flugkörper außerhalb des Luftraumes kreisen, ist das Luftrecht nicht anwendbar.

Die USA beginnen als erste mit dem Flug von Aufklärungssatelliten. Präsident Kennedy genehmigt bereits 1961 den Einsatz militärischer Satelliten, der erste erfolgreiche heißt »SAMOS 2«. Als Träger verwenden die Amerikaner die Interkontinentalrakete »Atlas«. Das belichtete Filmmaterial wird anfangs mit Hilfe einer Rückkehrkapsel geborgen.

Ab November 1961 ersetzt man in den USA die Namen der militärischen Aufklärungssatelliten durch Codenummern. So tragen jetzt Überwachungs-Satelliten die Nr. 162 (die später verbesserte Version die Nr. 770). Die zur Detailaufklärung eingesetzten Spionagesatelliten haben die Nr. 920 und die als »MIDAS« bezeichneten die Nr. 828. Seit 1963 werden die elektronischen Bildbandaufzeichnungen von den Erdkontrollstationen auf Hawaii, in Alaska, in Sunnyvale/San Franzisko und von vier anderen Stellen empfangen.

Die UdSSR setzt seit 1961 unbenannte Forschungs- und Aufklärungssatelliten unter der Bezeichnung »Kosmos« ein. Es ist die bisher umfangreichste Serie der gesamten Raumfahrt. Wie aus US-Berichten hervorgeht, hat die Sowjetunion 1972 dreimal so viele Flugkörper der bergungsfähigen »Kosmos«-Serie gestartet wie die USA entsprechende Satelliten. Seit Unterzeichnung des Salt-I-Abkommens am 21. Juni 1973 kreisen zeitweise zwei sowjetische Satelliten gleichzeitig um die Erde.

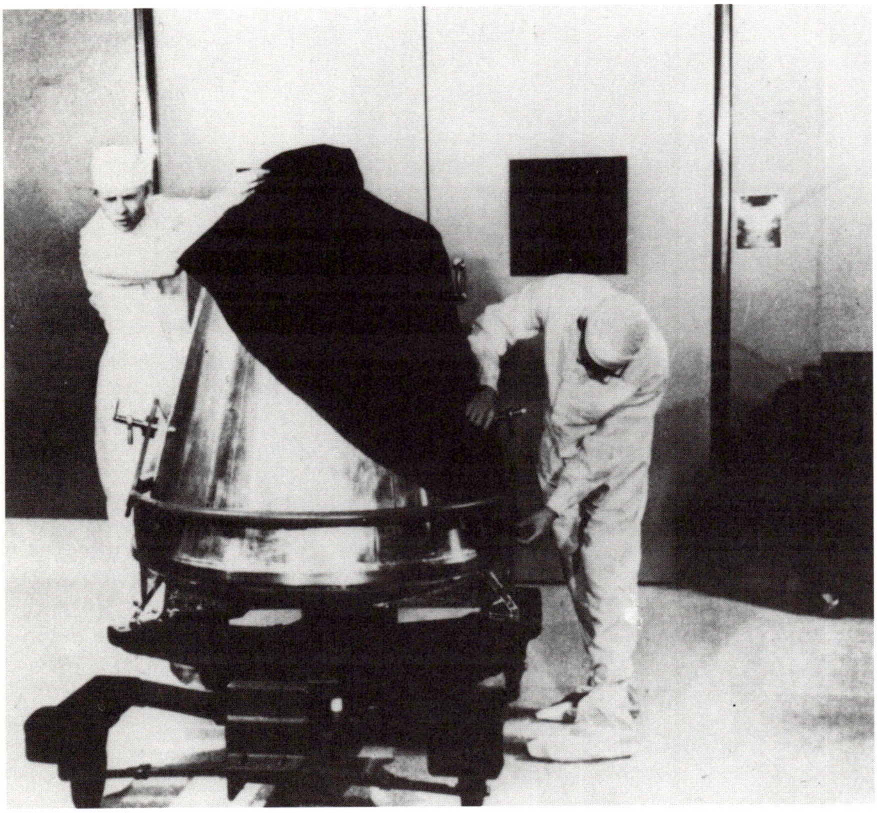

Vorbereitungen für den Start des ersten US-Aufklärungssatelliten »SAMOS I«

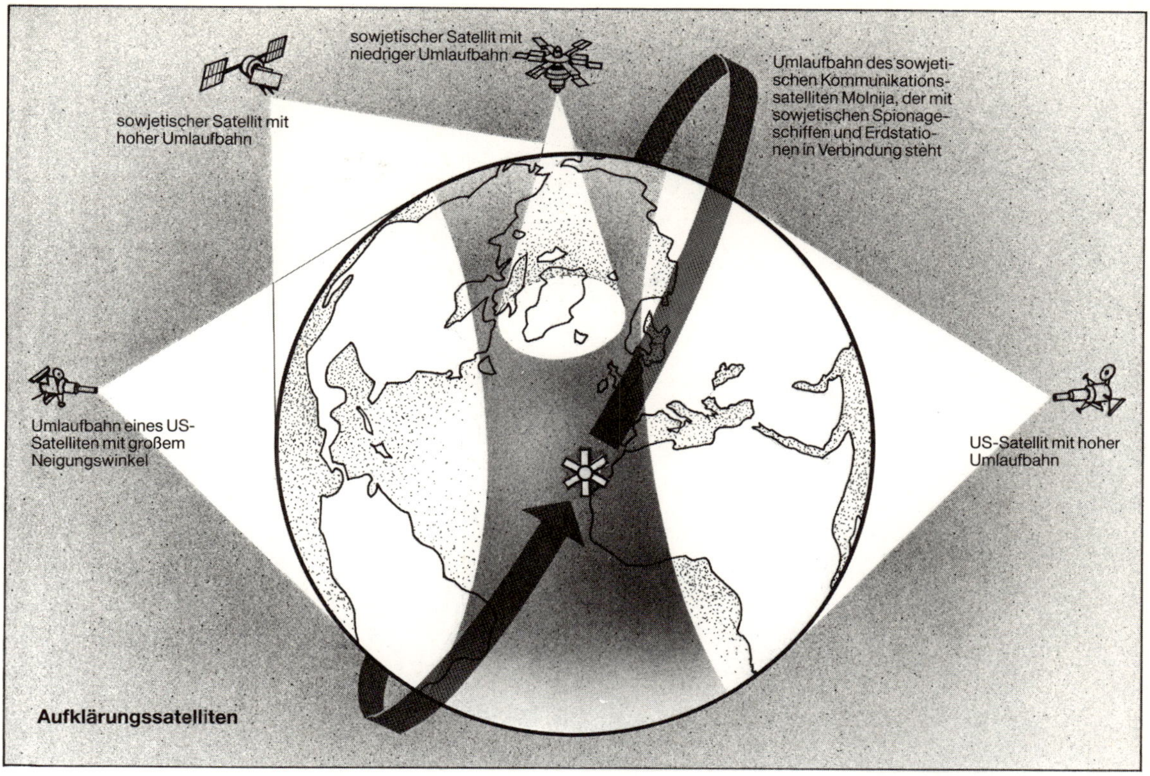

Die Aufklärungssatelliten der beiden Großmächte in ihren Umlaufbahnen

Offensichtlich ist die UdSSR zu dieser Zeit bereits imstande, jene Flugkörper durch Änderung der Umlaufbahn über ganz bestimmte Ziele zu lenken. Das Filmmaterial wird mit einer Kapsel zur Erde zurückgeschickt. Im Jahr 1972 haben 24 der insgesamt gestarteten 29 Satelliten solche Kapseln ausgestoßen. Diese Technik begrenzt allerdings die Lebensdauer der Flugkörper.
Am 27. Juli 1976 wird der 845. und im Dezember 1987 bereits der 1906. »Kosmos«-Satellit in die Erdumlaufbahn gebracht. Das sowjetische Weltraumforschungsprogramm schließt sämtliche Aufgaben erdnaher Meß-Satelliten ein, darunter vielseitige technische und medizinische Untersuchungen. In der »Kosmos«-Serie werden auch Aufklärungssatelliten jeden Typs erprobt und eingesetzt. Sie umkreisen die Erde in Höhen zwischen 120 und 500 Kilometer mit Geschwindigkeiten von mehr als 30000 km/h, wobei der erdnächste Punkt von »Kosmos 1906« über den USA mit nur 109 Kilometer Höhe erreicht wird.
Da die Bahnneigung der sowjetischen Aufklärungssatelliten zum Äquator zwischen 59° und 81° liegt, können sie die gesamten USA bis zu den Radarketten des »Ballistic Missile Early Warning System«, BMEWS (Frühwarnsystem), in Alaska überwachen. Diese Spionagesatelliten sind etwa 12 bis 16 Tage im Einsatz, und die Auswertung der aufgenommenen Bilder erfolgt erst nach ihrer Landung per Fallschirm in Zentralasien. Charakteristisch für die »Kosmos«-Serie ist der Start von Trägerraketen, die bis zu zehn Satelliten in annähernd gleiche Umlaufbahnen bringen können.
Die Weiterentwicklung der amerikanischen »SAMOS«-Satelliten trägt den Codenamen »Ferret« (Frettchen). Sie werden ab Mai 1962 speziell für die funkelektronische Aufkärung eingesetzt. 1967 entsteht die dritte Generation »Ferret«-Satelliten zur Nahüberwachung. Drei davon werden bereits 1967 und sechs im Jahr 1968 in Erdumlaufbahnen gebracht. Der große »Ferret«-Typ wird gewöhnlich alle acht Monate gestartet. Diese Flugkörper umkreisen den Erdball auf elliptischen Bahnen mit großem Neigungswinkel in einer Höhe von 300 bis 500 Kilometer. Auf diese Weise kann das gesamte Territorium der UdSSR kontrolliert werden. Ihre Lebensdauer beträgt sechs bis zwölf Monate.
Die »Ferrets« sind imstande, aus einer Höhe von 160 Kilometer normale Telefongespräche aufzuzeichnen. Sie überwachen den gesamten routinemäßigen Funkverkehr der sowjetischen Armee und Luftflotte, versuchen die Frequenzen der Radarstationen zu ermitteln und »kitzeln« stationäre Sender, um sie automatisch einzuschalten und ihre funkelektronische Charakteristik zu ermitteln. Auch alle erreichbaren elektromagnetischen Signale im Frequenzbereich der Funkwellen werden von »Ferret« mit Spezialton-

Das Aufklärungssatelliten-Foto, aus etwa 160 km Höhe aufgenommen, zeigt den Start einer Rakete

bandgeräten aufgezeichnet und auf Abruf an US-Bodenstellen überspielt.
Im Jahr 1972 starten die USA acht Aufklärungssatelliten, verwenden aber in zunehmendem Maße kombinierte Flugkörper vom Typ »Big Bird«, da diese über eine Anlage zur Bildübertragung verfügen. Die »Big Bird«-Satelliten leiten durch ihre speziellen Fähigkeiten eine neue Ära der US-Raumfahrt ein: Wenn ihre Übersichtskameras ein interessantes Objekt auf der Erde entdecken, können die hochauflösenden Kameras schon beim nächsten Erdumlauf durch Funkbefehl auf die betreffende Region gerichtet werden. Die »Big Bird« sind ebenso wie die sowjetischen Aufklärungssatelliten mit Steuerraketen ausgerüstet, die sie jederzeit befähigen, auf ein Kommando der Erdstation zur Bahnänderung oder Kurskorrektur zu reagieren.
Am 15. Juni 1971 befördert die Titan-3-D-Rakete den etwa 12 Tonnen schweren Aufklärungssatelliten »Big Bird B-1« in eine polare Umlaufbahn (Perigäum = erdnächster Punkt: ca. 180 km, Apogäum = erdfernster Punkt: ca. 300 km Höhe). »Big Bird« gehört zum »Low Altitude Space Platform«-Aufklärungssystem (LASP), das ursprünglich fremde Flugkörper vor dem Eintritt in den Weltraum ausmachen sollte. Dieser Satellit hat einen Durchmesser von drei Meter und eine Länge von 15 Meter. Ein zweiter »Big Bird«-Prototyp erreicht am 20. Januar 1972 die Umlaufbahn, drei weitere Starts erfolgen im Frühjahr 1973.
»Big Bird« ist in der Lage, die Aufgaben der bisherigen Großraum-Aufklärungssatelliten zu erfüllen. Er ist mit einer modernen Perkin-Elmer-Kamera mit variabler Brennweite und einem Schrägsichtradar ausgerüstet. Das Kamerasystem soll ein Auflösungsvermögen von 35 cm aus 160 Kilometer Höhe besitzen, doppelt soviel wie bei den bisher verwendeten Geräten. Die Übertragung der Großraumbilder erfolgt über synchrone Relaissatelliten, so daß die Kommandostellen am Boden oder auf Schiffen den

weiteren Einsatz des »Big Bird« direkt steuern können.
Nach Bedarf wird das belichtete Filmmaterial in Kapseln zur Erde geschickt, dort entwickelt und ausgewertet. Dank des »Big Bird«-Satelliten verkürzt sich die Zeit zwischen der Entdeckung eines Objekts und der Fotoanalyse von bisher einigen Monaten auf etwa zwei Wochen. Dieser Flugkörper ist Hauptträger der US-Satellitenaufklärung.
Zur Datenübertragung ist »Big Bird« mit einer neuartigen Antenne von 6 Meter Durchmesser ausgerüstet. Er hat mehrere Filmkapseln an Bord und verfügt über ein zusätzliches Antriebsaggregat, das ein Absinken in tiefere Schichten der Atmosphäre verhindern soll. Seine Lebensdauer liegt zwischen vier und fünf Monaten. »Big Bird« ist in den siebziger Jahren der größte Spionagesatellit. Er besitzt ein spezielles Radargerät, das auch durch Wolkendecken oder bei Dunkelheit Geländeaufnahmen machen kann und gehört zu den am niedrigsten fliegenden US-Aufklärungssatelliten.
Der am 19. Dezember 1976 unter dem Codenamen »Keyhole KH-11« (Schlüselloch) gestartete amerikanische Flugkörper ist der erste zur fünften Generation gehörende US-Aufklärungssatellit für Detailaufnahmen. Sein Einsatz unterliegt der CIA. Der von Lockheed erbaute »KH-11« löst die älteren Typen mit Filmkameras ab. Er hat die Größe und dasselbe Gewicht wie »Big Bird« und benutzt eine ähnliche Trägerrakete. »KH-11« verfügt neben den Infrarot- und Radarstrahlengeräten auch über eine Super-Fernsehkamera, die alle aufgezeichneten Bilder per Funk zur Erde überträgt. So entfällt die komplizierte Technik der Kapselbergung.
Die per Funk übermittelten Bildimpulse sendet »KH-11« in über 4000 Einzelelementen zuerst an einen 36000 Kilometer entfernten, im All kreisenden Relaissatelliten. Von dort werden sie über den abhörsicheren Richtfunk zum US-Air Force Space Defense Center (NORAD) bei Colorado Springs nahe Denver weitergeleitet. Die Bodenstation kann sofort mit der Auswertung beginnen. Die Bilder besitzen etwa 15 bis 20 cm Detailschärfe aus 200 Kilometer Höhe.
Bereits beim ersten Start wird »KH-11« in eine Umlaufbahn (Perigäum: 250 km, Apogäum: 530 km Höhe) gebracht, was eine bis jetzt unbekannte Leistung darstellt. Seine extrem lange Lebensdauer beträgt zwei bis drei Jahre, kann jedoch bei wesentlichen Kurskorrekturen (Bahndatenänderungen) kürzer sein. Der erste »KH-11«-Satellit wird am 28. Januar 1979 auf eine Rückkehrbahn zur Erde beordert und verglüht bei Eintritt in die Atmosphäre. Die zweite, verbesserte Version des »KH-11«-Satelliten startet am 14. Juni 1978 und die dritte am 7. Februar 1980. Erst am 2. März 1978 erfährt der sowjetische Nachrichtendienst von den tatsächlichen

Der Aufklärungssatellit »Big Bird« nimmt Großraumbilder auf. Das belichtete Filmmaterial wird in Kapseln zur Erde geschickt

Aufklärungssatellit »KH-11«: Er unterstützt »Big Bird« durch Detailaufnahmen bestimmter Zielobjekte, die er an Relaisstationen im All weiterleitet

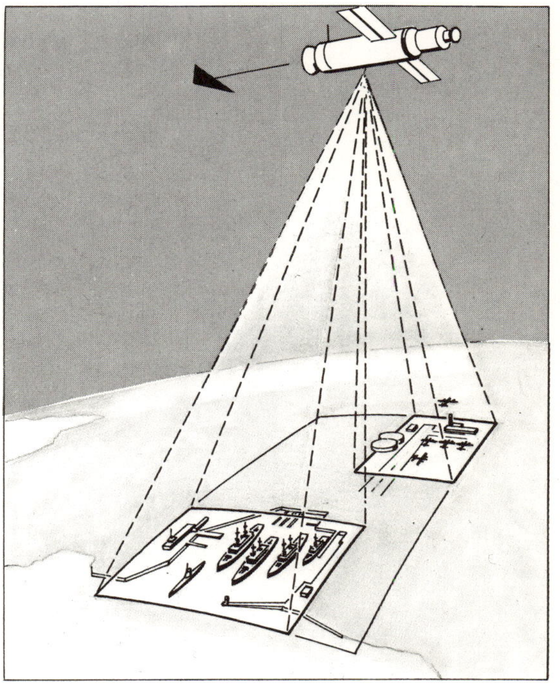

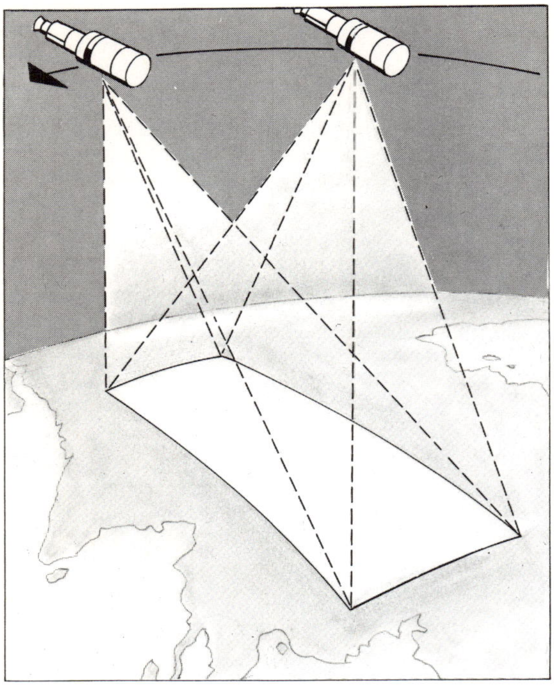

Eigenschaften des amerikanischen Aufklärungssatelliten »KH-11«: Der 23jährige CIA-Mitarbeiter William P. Kampies, US-Bürger griechischer Abstammung, hat einem sowjetischen Kontaktmann in Athen Teile des KH-Betriebshandbuches für 3000 Dollar verkauft.
Immerhin ist es der CIA über ein Jahr lang gelungen, ungehindert aller sowjetischen Tarnmaßnahmen, Bilder von den Stellungen der strategischen A-Waffen der UdSSR (Raketen, U-Boote und Bomber) sowie von anderen wichtigen Objekten zu machen.
Die neuesten amerikanischen und sowjetischen Aufklärungssatelliten haben inzwischen kombinierte Sensorsysteme mit elektronisch-optischen Infrarot- oder Ultraviolettgeräten an Bord, die selbst für den Einsatz unter nuklearen Bedingungen geeignet sind.

◄ Die Panoramakameras der US-Aufklärungssatelliten haben die Aufgabe, die Erdoberfläche aus verschiedenen Blickwinkeln aufzunehmen: Sie lassen den Filmstreifen an einem rotierenden Spiegel vorbeilaufen, der das Bild um 90 Grad verschiebt und Stereoaufnahmen liefert. So entstehen konturgerechte Bilder der überflogenen Gebiete

Nachwort

Das Ziel geheimdienstlicher Tätigkeiten im Bereich der Militärspionage wird auch künftig die Erkundung des Potentials der gegnerischen Streitkräfte und die in den nächsten zehn Jahren zu erwartenden neuen Ausrüstungen sein, denn so viel Zeit beansprucht normalerweise ein Waffensystem von der Entwicklung bis zur Einführung bei der Truppe. Daher bleiben Industrieunternehmen, die Rüstungsgüter herstellen, immer ein lohnendes Objekt für militärische Nachrichtendienste.
Doch die politische Spionage gewinnt zunehmend an Bedeutung und zählt zu den vorrangigsten Aufgaben des geheimen Nachrichtendienstes, besonders seitdem der neue Kreml-Chef Michail Gorbatschow anscheinend eine beweglichere Politik betreibt. Zwar gibt es unzählige »offene Quellen«, die von den Geheimdiensten vollständig ausgewertet werden, aber die entscheidenden Informationen sind nur durch Spionage zu erlangen.

Die Möglichkeiten, der Gegenseite Geheimnisse zu entlocken, haben sich durch den Einsatz elektronischer Mittel wesentlich erweitert. Die allerneueste Entwicklung zum Beispiel in der High-Tech-Spionage ist das kabellose Anzapfen von Computerterminals: Die auf dem Bildschirm erscheinenden Daten werden als Funkwellen ausgestrahlt und können daher abgehört werden. Die Strahlung läßt sich aus einer Entfernung von 25 Meter auffangen, bei größerem technischen Aufwand beträgt die Distanz sogar einen Kilometer.
Die Lauschausrüstung kann man mühelos in einem Auto unterbringen, das unauffällig in der Nähe eines Rüstungsbetriebes oder einer Forschungsabteilung der Großindustrie geparkt wird. Nach Angabe eines Computer-Sicherheitsexperten sollen dem BfV bereits Listen östlicher Geheimdienste in die Hände gefallen sein, auf denen »gute« Positionen zum Abhören des gewünschten Datenverkehrs verzeichnet sind.
Der Spion kann also von seinem Wagen aus jene Informationen auf dem Bildschirm empfangen, die der angepeilte Sachbearbeiter vor sich hat. Den Gewinn, den östliche Nachrichtendienste bisher mit dem Datenklau gemacht haben, wird von Fachleuten auf viele Milliarden DM geschätzt.
Die völlige Abschirmung eines Rechenzentrums mit Kupferfolien als Wandbespannung und durch Schutzfilter an den Stromleitungen, dazu eine Spezialverglasung der Fenster, ist eine äußerst schwierige und vor allem kostspielige Angelegenheit. In den USA werden zwar bereits Terminals gebaut, die nicht mehr strahlen, aber dafür den Embargo-Bestimmungen unterliegen. Sie werden nur den befreundeten Nachrichtendiensten sowie den NATO-Streitkräften zur Verfügung gestellt.
Trotz dieser supermodernen technischen Hilfsmittel kann ein Geheimdienst auch künftig nicht auf die »klassische« Spionage verzichten. Er braucht Agenten, die Mut und Intelligenz besitzen, sogar ihre Freiheit riskieren, wenn es darauf ankommt, ein streng gehütetes Geheimnis der Gegenseite zu lüften.

Kleines ABC der Spionage

A1-Verkehr: Funkverkehr (zweiseitig) im Morsealphabet. Der Agent kann mit seinem Funkgerät Nachrichten senden und empfangen.

A2-Verkehr: Funkverkehr (einseitig) im Morsealphabet. Der Agent kann über das Radio verschlüsselte Nachrichten der Zentrale empfangen.

A3-Verkehr: Funkverkehr (einseitig) mit einem Rundfunkgerät. Nach einer bestimmten Erkennungsmelodie im Kurzwellenbereich empfängt der Agent Zahlen und Buchstaben, die er nach einem Codeschlüssel dechiffrieren muß.

Abklären: Über bestimmte Personen, die für einen Geheimdienst interessant erscheinen, werden insgeheim alle persönlichen, finanziellen und charakterlichen Eigenschaften ermittelt.

Agent: Eine Person, die im Auftrag eines geheimen Nachrichtendienstes Spionage betreibt. Der Agent wird entweder als Illegaler eingeschleust oder in dem betreffenden Zielland angeworben.

Agent provocateur: Ein politischer Agent, der einem Nachrichtendienst als Lockspitzel dient, um gegnerische Gruppen oder Einzelpersonen zu Tätigkeiten oder Äußerungen zu provozieren.

Anbahnung: Ein unverfänglich geführtes Gespräch mit einem potentiellen Agenten, um zu klären, ob dieser für eine Mitarbeit geeignet ist.

Anlaufstellen: Deckadressen oder konspirative Wohnungen als Treffpunkt für Agenten und Kuriere.

Anwerbung: Mündliche oder schriftliche Verpflichtung, Spionagetätigkeit für einen geheimen Nachrichtendienst zu betreiben.

Anzapfgeräte: Bestandteil der Agentenausrüstung zum Mithören von Telefongesprächen, gekoppelt mit Tonbandgeräten. Sie können entweder durch Einbau in den Telefonapparat oder über dessen Mikrofon zum Abhören benutzt werden.

ASBw: Amt für Sicherheit der Bundeswehr (BRD).

Aufklärung: Maßnahmen, die eine Streitmacht unternimmt, um Informationen über die politische, militärische oder ökonomische Stärke des Gegners sowie über dessen Absichten zu bekommen.

Auflösen: Maßnahmen, die ein enttarnter Agent vor seinem Absetzen (Flucht) unternimmt, wie z. B. Beseitigung von kompromittierendem Material oder Ausrüstung.

Auskunftsperson: Ein Bürger, den man unter falschem aber glaubwürdigem Vorwand über eine bestimmte Zielperson ausfragt.

Auslösung: Die Übergabe eines Vorgangs der Spionageabwehr an die Exekutive (Polizei oder Staatsanwaltschaft) zur strafrechtlichen Verfolgung.

Ausweichtreff: Ein vorsorglich vereinbartes zweites Treffen zwischen Führungsoffizier und Agent, falls die erste Verabredung aus bestimmten Gründen nicht zustande kommt.

Ausweisdeckung: Von einem Agenten benutzte falsche Personalpapiere, die zwar mit einem eigenen Paßfoto versehen sind, aber die Personaldaten einer anderen existierenden Person enthalten.

Auswertung: Die aus verschiedenen Quellen erworbenen geheimen Informationen müssen von den entsprechenden Stellen der Nachrichtendienste 1) auf ihre Glaubwürdigkeit überprüft werden; 2) zusammengefaßt ein ziemlich genaues Lagebild ergeben; 3) über Personen, Fakten, Vorgänge und Entwicklungen der Regierung Auskunft erteilen; 4) auf Anforderung Prognosen über politische Entwicklungen in anderen Ländern stellen.

BCRA: Bureau Central de Renseignement et d'Action (Nachrichtendienst der »Freien Franzosen«), gegründet 1942 in London.

Beeinflussungs-Operationen: Geheime Maßnahmen kommunistischer Nachrichtendienste, um politische oder soziale Strömungen in einem demokratischen Land zu beeinflussen.

Beschaffer: Mitarbeiter eines Nachrichtendienstes, der offene und geheime Informationen in seinem Einsatzland beschafft.

Beschattung: Heimliche Beobachtung der Lebensgewohnheiten einer Person ohne deren Wissen.

BfV: Bundesamt für Verfassungsschutz (BRD).

BKA: Bundeskriminalamt (BRD).

BND: Bundesnachrichtendienst (BRD).

Chiffrierverfahren: Umwandlung eines Klartextes aus Buchstaben, Satzzeichen und Ziffern mit Hilfe des Codeschlüssels in einen Geheimtext. Der Vorgang heißt Verschlüsseln oder Chiffrieren. Der Empfänger kann den Geheimtext durch Anwendung desselben Codeschlüssels wieder in den Klartext zurückverwandeln.

CIA: Central Intelligence Agency (Zentrale Nachrichtenbehörde – USA).

Code: Abkürzungssystem zur Verschlüsselung eines Klartextes, bestehend aus Buchstaben oder Zahlen, die Worte oder einen bestimmten Text darstellen. Ein Code gibt eine Mitteilung nicht nur verschlüsselt, sondern auch in stark vermindertem Umfang wieder. Der im nachrichtendienstlichen oder militärischen Bereich angewendete Geheimcode ist ein Verzeichnis, das Buchstaben, Buchstaben-Verbindungen, Wörter, Wortfolgen, Sätze, Satzverbindungen, Ziffern, Zahlen sowie Satzzeichen enthält und in einem Code- oder Signalbuch festgelegt ist.

Container: Sammelbegriff für Verstecke, um unbemerkt Nachrichtenmaterial aufzubewahren oder zu transportieren.

Cut-out: CIA-Ausdruck für Mitarbeiter, die einem Führungsoffizier direkt unterstellt sind. Sie befassen sich mit Anwerbung von geeigneten Personen und fungieren als Verbindungsmänner zwischen Agenten, Residenten oder dem Führungsoffizier.

DB: Deuxième Bureau (2. Spezialabteilung des französischen Generalstabs), 1943 mit dem BCRA zusammengelegt.

Deckadresse: Unverdächtig erscheinende Privatadresse, über die sich Agent und Nachrichtendienst per Post verständigen.

Deckname: Fingierter Name, den der Agent bei allen Meldungen an den Führungsoffizier verwendet.

Desinformazja (Desinformation): Sektion »D« des KGB. Aufgaben: durch lancierte falsche oder richtige Meldungen Verwirrung stiften. Man versucht damit – auch über Massenmedien – die Politik des ideologischen Gegners und die damit verfolgten Ziele anders darzustellen. Selbst wahre Informationen können Irritationen hervorrufen.

DGSE: Direction Général de Sécurité Extérieur (Name des französischen Geheimdienstes) seit 1981, vorangegangene Bezeichnung SDECE.

Doppelagent: Ein von der gegnerischen Spionageabwehr enttarnter Spion, der sich, um einer Bestrafung zu entgehen, umdrehen läßt und nun als Doppelagent tätig ist. Er bleibt weiterhin mit seiner Zentrale in Kontakt, liefert aber nur das von seinem neuen Auftraggeber ausgewählte Spielmaterial, das allerdings glaubhaft sein muß, um kein Mißtrauen zu verursachen. Auf diese Weise erfährt die feindliche Spionageabwehr alle an den Agenten gerichteten Anweisungen und Informationen seiner Zentrale.

DST: Direction de la Surveillance du Territoire (französische Spionageabwehr), ähnlich dem deutschen BfV.

Einflußagent: Die Aufgabe eines solchen Agenten ist es, durch persönliche Verbindungen zu führenden Politikern in seinem Einsatzland Einfluß auf die Regierung auszuüben und zu falschen Reaktionen oder nachteiligen Maßnahmen zu veranlassen. Damit will man vor allem das Vertrauen der NATO-Bündnispartner untergraben und Mißstimmung unter der Bevölkerung schüren. Das angestrebte Ziel: Lösung von den Verbündeten, Hervorrufen einer politischen Krise, bzw. Sturz der Regierung. Der Einflußagent gewinnt immer mehr an Bedeutung, besonders seitdem der sowjetische Nachrichtendienst dazu übergegangen ist, in verstärktem Maße hochgestellte Persönlichkeiten des politischen und öffentlichen Lebens im Westen (insbesondere in der BRD) für seine Zwecke einzuspannen.

Einschleusen: Von einem Nachrichtendienst arrangierter illegaler Grenzübertritt eines Agenten in sein Bestimmungsland, bzw. Unterbringung in einer gegnerischen Organisation, Behörde oder Firma mit neuer Identität (Legende).

Einzelagent: Ein Agent, der keine Verbindung zu einem Residenten oder Agentennetz hat, sondern völlig auf sich allein gestellt ist. Sein Führungsoffizier sitzt in der Zentrale, wohin der Einzelagent die Informationen über eigene Verbindungskanäle liefert.

ELINT: Abkürzung von Electronic Intelligence, elektronische Aufklärung, Überwachung der Tastfunk- und Radartätigkeit fremder Streitkräfte.

Entschlüsselung: Ein Geheimtext kann nur entschlüsselt und damit in einen Klartext verwandelt werden, wenn dem Empfänger das verwendete Schlüsselverfahren bekannt ist.

Entzifferung: Ist das Verfahren, mit dem ein Geheimtext verschlüsselt wurde, nicht bekannt, so werden Kryptologen damit beauftragt, mit Hilfe mathematischer Analysen den Text zu entziffern.

Erkenntnisse: Bezeichnung für ausgewertete Informationen, die vielleicht zu 70 Prozent aus offenen und 30 Prozent aus geheimen Quellen (Agenten, legale Residenten, elektronische Aufklärung) stammen.

Erkennungszeichen: Ein vor dem Geheimtreff vereinbarter unauffälliger Gegenstand, oft auch zwei Hälften eines Fotos, die der V-Mann und Kurier bei sich haben und die ihnen neben der Erkennungsparole als weiteres Identifikationsmerkmal dienen.

FBI: Federal Bureau of Investigation (Bundeskriminalamt – USA).

Fernmeldeaufklärung: Erfassung des gegnerischen Fernmeldeverkehrs durch den Horchdienst sowie des feindlichen elektronischen Ortungs- und Leitdienstes durch den Beobachtungsdienst.

Front-Nachrichtendienst: Bei oberer und mittlerer Führung durchgeführte Spezialaufklärung durch Vernehmen von Kriegsgefangenen, Auswerten von erbeuteten Papieren und anderem Material.

Führungsoffizier: Offizier eines Nachrichtendienstes, der Spione ausbildet, ihren Einsatz bestimmt, Aufträge und Geld übermittelt sowie deren Berichte entgegennimmt.

Funkagent: Mitarbeiter eines Nachrichtendienstes, der das Morsealphabet kennt sowie im Chiffrieren und Dechiffrieren ausgebildet ist. Er kann Funksprüche aufnehmen und selbst Sprüche absetzen, ist technisch versiert, so daß er Fehler oder Störungen seines Funkgerätes selbst beheben kann. Er arbeitet entweder als Einzelagent oder ist Mitglied eines Spionagenetzes, für das er Verbindung mit der Zentrale per Funk aufrechterhält.

Funküberwachung: Abhorchen des feindlichen militärischen Funkverkehrs sowie Aufspüren und Überwachen des Funkverkehrs zwischen gegnerischen Agenten und ihrer Zentrale.

Gegenspionage: Eindringen in fremde Aufklärungsdienste, um so die von der Gegenseite im Zielland geführten Agenten aufzuspüren. Die Gegenspionage wird vom Auslandsnachrichtendienst durchgeführt.

Geheimhaltungsstufen (militärisch): Sie unterscheiden sich in den ersten drei Kategorien nicht von den zivilen Geheimhaltungsstufen. Im NATO-Bereich gibt es aber zusätzlich die Geheimhaltungsstufe »cosmic« (welche über »streng geheim« bzw. »top secret« hinausgeht) und den obersten Grad »cosmic atomal« (unter dem

Pläne über atomare Ziele oder taktische und strategische Zeitabläufe eingestuft sind). Der Kreis von Politikern und Militärs in Bonn, die zu »cosmic-atomal«-Dokumenten Zugang haben, umfaßt nur wenige Personen.

Geheimhaltungsstufen (zivil): In der BRD gibt es drei zivile Geheimhaltungsstufen, »VS-vertraulich« (VS 3 Verschlußsache), »geheim-amtlich geheimgehalten«, und schließlich »streng geheim«. Unter den Grad »streng geheim« fallen weit weniger Dokumente als allgemein angenommen wird. Politiker und Beamte sind entsprechend ihrer Zugangsberechtigung zu geheimen Unterlagen ebenfalls in drei Stufen eingeteilt.

Geheimtinte (auch unsichtbare oder sympathetische Tinte genannt): Flüssigkeit, die nach dem Trocknen keine äußerlich sichtbaren Spuren auf dem Papier hinterläßt und mit der eine geheime Nachricht geschrieben wird. Darüber setzt man in der Regel mit Tinte oder Schreibmaschine einen unverfänglichen Täuschungstext. Durch Behandlung des Papiers mit chemischen oder physikalischen Mitteln, wie Überpinseln mit einer bestimmten Flüssigkeit oder Ultraviolettbestrahlung, macht der Empfänger die Schrift sichtbar.

Gehirnwäsche: Form der Folterung, um festgenommene Agenten, politische Häftlinge oder Kriegsgefangene zum Reden zu bringen. Eine bis an die Grenze des Möglichen getriebene Vernehmungspsychologie.

GPU: Gosudarstwennoje Polititscheskoje Uprawlenije (Staatliche Politische Verwaltung = Geheimpolizei – UdSSR), 1922 aus der Tscheka entstanden (siehe auch OGPU).

GRU: Glawnoje Raswediwatelnoje Uprawlenije (Hauptverwaltung für Aufklärung), milit. Nachrichtendienst der UdSSR seit 1924.

HVA: Hauptverwaltung Aufklärung, eine Abteilung im Ministerium für Staatssicherheit (MfS) der DDR, die operative Spionagetätigkeit in der Bundesrepublik Deutschland und im westlichen Ausland betreibt.

Illegaler: Agent eines östlichen Geheimdienstes, der im Einsatzland unter einer falschen Identität nachrichtendienstlich tätig ist. Er bedient sich der biographischen Daten einer anderen, tatsächlich existenten Person und versucht auf diese Weise, sich mit einer möglichst plausiblen Legende zu tarnen.

illegaler Resident (IR): Bezeichnung für einen getarnten Agentenführer (Führungsoffizier) im Ausland, dem zwei bis sechs Agenten (Agentennetz) unterstehen. Er verfügt im Gegensatz zum legalen Residenten nicht über einen Stützpunkt in der eigenen diplomatischen Vertretung und hat keine diplomatische Immunität. Der illegale Resident lebt im Gastland unter falschem Namen und übt dort zur Tarnung einen Beruf aus, in Wirklichkeit aber betätigt er sich hauptsächlich als Chef eines Spionagenetzes.

Infiltration: Das Einschleusen von Agenten für Sabotage, Spionage oder Zersetzung der Truppe, bei Behörden oder zivilen Einrichtungen mit dem Zweck, den Gegner zu schwächen.

JIC: Joint Intelligence Committee (oberstes Kontroll- und Koordinationsorgan aller Nachrichtendienste – GB).

KGB: Komitet Gosudarstwennoje Besopasnosti (Komitee für Staatssicherheit – UdSSR), 1954 Nachfolger des MGB, das ein Jahr zuvor auf Anweisung von Berija dem MWD einverleibt wurde.

Konspiration: Methode und System, angewendet von geheimen Organisationen mit dem Zweck, die Tätigkeit und Identität ihrer Mitglieder zu verbergen.

Konspirative Wohnung: Als Privatwohnung getarnter Treffpunkt für Agenten, Kuriere und deren Führungsoffiziere.

Kryptoanalyse: Entzifferung abgefangener gegnerischer chiffrierter Nachrichten.

Kryptologie: Oberbegriff für Kryptographie und Kryptoanalyse.

Kundschafter: Bezeichnung der kommunistischen Nachichtendienste für Spione.

Kurier: Mitarbeiter eines Nachrichtendienstes, der als Mittelsmann zwischen dem Agenten und dessen Auftraggeber fungiert. Ein Kurier überbringt auch Geld und füllt bzw. leert tote Briefkästen.

Landesverrat: Nachrichtendienstliche Zusammenarbeit mit dem Gegner, Übermittlung bzw. Bekanntgabe von Staatsgeheimnissen oder Informationen, die die öffentliche Sicherheit des Staates gefährden. Wer sich ein Staatsgeheimnis zu Verratszwecken beschafft, muß mit einer Freiheitsstrafe von 1 bis 10 Jahren rechnen (§§ 94, 96 StGB).

lebender Briefkasten: Bezeichnung für eine Person, die Nachrichten annimmt oder Gegenstände für jemanden aufbewahrt, ohne zu wissen, daß es sich um geheimdienstliches Material handelt.

legaler Resident: Angehöriger eines kommunistischen Nachrichtendienstes, der als Diplomat getarnt in einer Auslandsvertretung im Westen tätig ist.

Legende: Neue Identität eines Agenten, die er zur Tarnung seines Geheimdienstauftrages bekommt.

Lügendetektor: Gerät, das überprüfen soll, ob die Aussagen wahrheitsgetreu sind. Der Lügendetektor zeichnet polygraphisch kontinuierlich ablesbar den Verlauf der Atemfrequenz, der Herzströme, des Blutdrucks und der Hautfeuchtigkeit einer Testperson auf. Der Erfinder dieses Gerätes, der kanadische Psychiater J. A. Larson, hat 1892 festgestellt, daß die Furcht, beim Lügen ertappt zu werden, unwillkürlich einen Adrenalinausstoß hervorruft, der zu physiologischen Veränderungen führt. Der Lügendetektor gehört z. B. zur Standardausrüstung der amerikanischen Nachrichtendienste u. a. für eine routinemäßige Überprüfung ihrer Mitarbeiter.

MAD: Militärischer Abschirmdienst (BRD).

Maulwurf: Jargon-Bezeichnung für Agenten.

MfS: Ministerium für Staatssicherheit der DDR, die Zentrale der politischen Geheimpolizeit und Oberbehörde der HVA.

MGB: Ministerstwo Gosudarstwennoje Besopasnosti (Ministerium für Staatssicherheit der UdSSR), im März 1946 aus dem NKGB entstanden.

MI5: Military Intelligence 5 (Spionageabwehr – GB), jetzt Security Service.

MI6: Military Intelligence 6 (Auslandsspionagedienst – GB), jetzt Secret Intelligence Service.

MID: Military Intelligence Department (Militärischer Geheimdienst – GB), aus dem 1909 die Abteilungen MI5 und MI6 gebildet wurden.

Mikrat (Mikropunkt): Ein auf Punktgröße verkleinertes Negativ, das den Text einer Din-A4-Seite enthält.

Motivierung: Ausnutzung psychologischer Motive für die Anwerbung von Geheimdienstagenten. Es sind in der Regel: Geltungsbedürfnis, persönliche Vorteile, politische Einstellung, verhinderte oder unterbrochene Karriere, Opportunismus oder Abenteuerlust.

NADIS: Nachrichtendienstliches Informations- und Verbundsystem des Bundesamtes für Verfassungsschutz (BfV), dessen Daten jederzeit von den Landesämtern für Verfassungsschutz sowie vom BND und MAD abgerufen werden können.

NID: Naval Intelligence Department (Nachrichtendienst der Royal Navy – GB).

NKGB: Narodnij Komissariat Gosudarstwennoje Besopasnosti (Volkskommissariat für Staatssicherheit – UdSSR), 1941 aus dem NKWD gelöst und unter der Bezeichnung NKGB aufgestellt.

NKWD: Narodnij Komissariat Wnutrennych Djel (Volkskommissariat für innere Angelegenheiten), besteht seit 1922, ihm unterstehen die OGPU (GPU) und die Miliz.

NSA: National Security Agency (Nationale Sicherheitsbehörde – USA).

Observation: Unauffälliges Beobachten spionageverdächtiger Personen.

offene Quellen: Informationen aus der Presse und verschiedenen Publikationen, vor allem aus militärischen, technischen oder wirtschaftlichen Fachzeitschriften, aus Prospekten, Forschungsberichten, Patentschriften, Regierungsberichten sowie aus Rundfunk- und TV-Meldungen. Sie bilden eine zuverlässige Quelle über wichtige Fakten, Entwicklungen und künftige Planungen.

OGPU: Objedinjonnoje Gosudarstwennoje Politischeskoje Uprawlenije (Vereinigte Staatliche Politische Verwaltung – UdSSR), 1923 von GPU in OGPU umbenannt.

On-line-Verfahren: Nachrichtenübermittlung über Fernschreib- bzw. Funkverbindungen unter Verwendung simultan arbeitender, automatischer Schlüsselvorrichtungen.

operative Aufklärung: Kommunistische Sammelbezeichnung für Spionage.

OSS: Office of Strategic Services (strategischer und taktischer Geheimdienst – USA), 1942 nach dem Vorbild der britischen SOE gegründet, Vorläufer der CIA.

Parole: Kennwort oder Satz, mit dem sich Agent und Kurier zu erkennen geben.

Perspektivagent: Agenten auf lange Sicht, die erst dann eingesetzt werden, wenn sie über die erforderlichen Verbindungen verfügen oder durch ihre berufliche Karriere künftig die Chance haben, an wichtige Informationen heranzukommen.

Punktierung: Markierung von Buchstaben auf ganz bestimmte Weise in einem Brief-, Zeitungs- oder Buchtext, was für den Empfänger einen Klartext oder verschlüsselten Geheimtext ergibt.

Quelle: Geheimer Informant, dessen Beobachtungen nachrichtendienstlich ausgewertet werden.

Raster: Bezeichnung für ein neues Fahndungs- und Ermittlungsverfahren des BfV. Durch die im NADIS gespeicherten, für eine konspirative Tätigkeit charakteristischen Verhaltensweisen und Fakten ist das BfV heute imstande, durch Übereinanderlegen dieser mosaikartigen Fahndungs- oder Aufklärungs-Schablonen – das Rasterverfahren – den Kreis von Verdächtigen einzuengen.

Regenschirm-Mord: Von östlichen Geheimagenten gegen maßgebende, im Exil lebende Regimekritiker angewandte Methode. Der zur Mordwaffe umfunktionierte Regenschirm hat unterhalb des Griffs einen Abzug. Das Geschoß enthält zwei winzige Giftkugeln aus einer Platin-Iridium-Legierung, die der menschliche Organismus nicht abstößt. Der Tod tritt meist nach 2 bis 3 Tagen ein.

Schlafender Krater: Bezeichnung für einen enttarnten Agenten, der zwar eine Freiheitsstrafe verbüßt, aber dessen Wissen noch eine wertvolle Informationsquelle für den gegnerischen Nachrichtendienst sein kann.

Schweigeagent: Ein Spion, der in seinem Einsatzgebiet wohnt, aber erst aktiviert wird, wenn ein bestimmtes Ereignis (Krisenfall, Aufstand, Revolution oder Krieg) eintritt. Er ist meistens für Sabotage- bzw. Funkaufgaben vorgesehen.

Schweigenetz: Ein stillgelegtes Agentennetz, das erst in Krisenzeiten auf besondere Anordnung seiner Zentrale schlagartig aktiv wird.

SDECE: Service de Documentation Extérieure et de Contre-Espionnage (französischer Geheimdienst), seit Januar 1945, entstanden aus dem BCRA.

SIS: Secret Intelligence Service (Geheimdienst – GB), Tarnbezeichnung für den geheimen militärischen Nachrichtendienst MI6.

SN: Sûreté Nationale (franz. Nationaler Sicherheitsdienst), zu vergleichen mit dem FBI.

Spielmaterial: Falsche oder frisierte, aber glaubwürdig erscheinende Informationen. Sie werden vor allem umgedrehten Agenten (Doppelagenten) von den neuen Auftraggebern zur Verfügung gestellt, um ihre Position bei den eigenen Dienststellen zu stärken.

Spion: Eine Person, die Geheimnisse auskundschaftet, um sie einem fremden Nachrichtendienst mitzuteilen, der sie politisch, militärisch oder wirtschaftlich ausnutzen kann.

Spionageabwehr: Sie gehört zu den Aufgaben des Sicherheitsdienstes und dient der Ermittlung fremder Agenten im eigenen Land.

Standardtreff: Feststehender Zeitpunkt und Ort für das Treffen zwischen Resident und V-Mann oder Agent und Kurier.

strategische Aufklärung: Wichtigster Tätigkeitsbereich eines jeden Nachrichtendienstes, die Beschaffung von Informationen (im Frieden und im Krieg) über die politischen und strategischen Pläne des potentiellen Gegners sowie über dessen ökonomische Stärke.

Subversion: Tätigkeit eines Geheimdienstes mit dem Ziel, die politische, militärische, wirtschaftliche oder psychologische Stärke eines Landes zu schwächen.

taktische Aufklärung: kurzfristige Feststellung der gegnerischen Umstände (im Gegensatz zur langfristigen strategischen Aufklärung).

toter Briefkasten (TBK): Versteck zur Aufbewahrung und Übermittlung von geheimen Nachrichten. Durch einen vereinbarten Hinweis (schriftlich, per Funk oder optisch) benachrichtigt der Agent den Kurier, daß der TBK beschickt (gefüllt) ist und erfährt danach, wann er ihn geleert hat. Der TBK muß in der Regel leicht erreichbar und unauffällig sein. Bevorzugt sind öffentliche Telefonzellen, Toiletten, Spalten in Steinmauern, hohle Bäume oder Grabsteine.

Überläufer: Angehöriger eines Geheimdienstes, der sich entschlossen hat, durch Absprung sein Wissen dem gegnerischen Nachrichtendienst zur Verfügung zu stellen.

Überwachung: Beschatten einer Person, die im Verdacht steht, Agent eines gegnerischen Nachrichtendienstes zu sein. Eine längere, scharfe Überwachung kann den Verdacht durch Tatsachen erhärten sowie Einzelheiten des Auftrages in Erfahrung bringen.

Umdrehen: Bezeichnung für das erfolgreiche Bemühen eines Geheimdienstes, Agenten des gegnerischen Nachrichtendienstes unter psychologischem oder psychischem Druck zur Zusammenarbeit gegen ihre bisherigen Auftraggeber zu veranlassen.

USIB: United States Intelligence Board (Dachorganisation aller US-Nachrichtendienste).

verbrannter Spion: Von der gegnerischen Spionageabwehr enttarnter Agent.

Verschlüsselung: Umwandlung eines Klartexes in einem Geheimtext durch Verwendung eines Codeschlüssels. Hier werden für bestimmte Begriffe oder Nachrichten die in einem Codebuch festgelegten Buchstaben- oder Zahlengruppen angewandt.

V-Mann: Abkürzung für Vertrauensmann (geheimer Mitarbeiter eines Nachrichtendienstes).

Wahrheitsserum: Von einigen Geheimdiensten bei Verhören angewandtes Narkotikum (Mescalin, Scopolamin, Sedativa etc.), das den zu Vernehmenden seelisch beeinflußt und unter teilweiser Ausschaltung seines Bewußtseins zu Aussagen verleitet.

Wanze (Minispion): Winziges verstecktes Abhör-Mikrofon mit Kleinstsender oder Drahtverbindung zu einem Tonbandgerät. Die meisten Wanzen werden mit winzigen Batterien (Knopfzellen) betrieben und haben so eine ununterbrochene Sendezeit von 6 bis 120 Stunden.

Warteagent: siehe Schweigeagent.

Zielperson: Bestimmte Person, die ein Nachrichtendienst zur Anwerbung als Agent oder als Quelle vorgesehen hat.

Bibliographie

Zahlreiche Werke wurden für verschiedene Kapitel benutzt. Das »Altertum« ist deshalb zusammengefaßt; bei den weiteren Kapiteln erscheinen die Titel dort, wo sie vor allem verwendet wurden.

Altertum

Adcock, Sir F./Mosley, D. J.: Diplomacy in Ancient Greece. London 1975
Aischylos: Die Perser – die Seeschlacht bei Salamis. In: Aischylos: Werke. München 1977
Alem, J. P.: Juifs et arabes: 3000 ans d'histoire. Paris 1968
Armandi: Histoire militaire des éléphants. Paris 1881
Arrian: Alexander des Großen Siegeszug durch Asien. Zürich 1950
Beloch, K. J.: Griechische Geschichte. 5 Bde. Straßburg-Berlin 1893–1925
Benoist-Méchin, J.: Alexander der Große. Stuttgart 1967
Breasted, J. H.: Geschichte Ägyptens. Zürich 1936
Brown, L. A.: The Story of Maps. London 1977
Bury, J. B.: A History of Historical Writing. 2 Bde. New York 1965
Caesar, G. J.: sämtliche Werke. 2 Bde. München 1964–68
Carpiceci, A: Das Alte Ägypten. Genf 1980
Casson, L.: Das alte Ägypten. Amsterdam 1967
Cornelius, F.: Geschichte der Hethiter. Darmstadt 1973
Domaszewski: A. v.: Geschichte der römischen Kaiser. 2 Bde. Leipzig 1909
Drioton, E.: La cryptographie égyptienne. In: Revue Lorraine d'Anthropologie, VI (1933–1934)
Droysen, J. G.: Geschichte Alexanders des Großen: nach dem Text der Erstausgabe 1833. Zürich 1984
Dubnow, S.: Weltgeschichte des jüdischen Volkes, 10 Bde. Berlin 1926–29
Erman, A.: Life in Ancient Egypt. London 1971
Fischl, H.: Fernsprech- und Meldewesen im Altertum. Schweinfurt 1909
Fries, C.: Zur Babylonischen Feuerpost. Klio. 4 (1904)
Frobenius, L.: Weltgeschichte des Krieges. Hannover 1903
Fröhlich, F.: Das Kriegswesen Caesars. Zürich 1891
Fürst, A.: Das Weltreich der Techniken. Band I–III. Berlin 1926
Fuller, J. F. Ch.: Alexander der Große als Feldherr. Stuttgart 1961
–: The General Ship of Alexander the Great. London 1958
Galitzyn, N.: Allgemeine Kriegsgeschichte aller Völker und Zeiten. 10 Bde. Kassel 1874–88
Giles, L.: Sun Tzu on the Art of War: the Oldest Military Treatise in the World. London 1910
Grant, M.: Roms Cäsaren – von Julius Cäsar bis Domitian. München 1978
–: The twelve Ceasars. London 1975
Griffith, S.: Sun Tzu, the Art of War. Oxford, Clarendon 1963
Grosse, R.: Römische Militärgeschichte. Von Gallienus bis zum Beginn der byzantinischen Themenverfassung. Berlin 1920
Hadas, M.: Kaiserliches Rom. Amsterdam 1966
Hartmann, E.: Entwicklungsgeschichte der Posten von den ältesten Zeiten bis zur Gegenwart. Leipzig 1868
Helm, R.: Untersuchungen über den auswärtigen diplomatischen Verkehr des römischen Reiches im Zeitalter der Spätantike. 1932
Herodot, Werke, Hrsg. v. H. v. Stein. 5 Bde. Leipzig 1870–75
Hertzberg, G. F.: Geschichte von Hellas und Rom. Teil 1. Leipzig 1879
Hindemann, E. E.: Geschichte des römischen Postwesens der Kaiserzeit. Berlin 1878
Hirschfeld, O.: Die Sicherheitspolizei im Römischen Kaiserreich. Sitzungsberichte der Akademie von Berlin. 1891
–: Die agentes in rebus. Akademie der Wissenschaften, Berlin, Philos.-hist. kl. Sitzungsberichte (1893)
Holmberg, E. J.: Zur Geschichte des Cursus Publicus. Upsala 1933
Josephus, F.: Der Jüdische Krieg. München 1965
Justi, F.: Geschichte des alten Persiens. Leipzig 1879
Köster, A.: Das antike Seewesen. Berlin 1923
Kromayer, I./Veith, G.: Heerwesen und Kriegführung der Griechen und Römer. München 1928
Livius, T.: Römische Geschichte. München 1965
Manchip White, J. E.: Ancient Egypt, its Culture and History. New York 1980
Markow, W./Helmert, H.: Schlachten der Weltgeschichte. Gütersloh 1977
Meurer, A.: Seekriegsgeschichte. Berlin-Leipzig 1925
Meyer, E.: Geschichte des Altertums. 5 Bde. Stuttgart 1884–1902
Mommsen, Th.: Römische Geschichte. 5 Bde. Berlin 1907–1909
Moscati, S.: Die Karthager. Stuttgart 1984
Oates, J.: Babylon. Bergisch Gladbach 1983
Oppermann, H.: J. Caesar in Selbstzeugnissen und Dokumenten. Reinbek 1968
Pflugh-Hartung: Weltgeschichte. 23 Bde. Berlin um 1908
Picard, G.: Hannibal. Paris 1967
Pietschmann, R.: Geschichte der Phönizier. Leipzig 1889
Plinius der Ältere: Naturgeschichte. 3 Bde. Bremen 1853–55
Plinius der Jüngere: Aus dem alten Rom. Briefe. Stuttgart 1960
Plutarch: Griechen und Römer. 6 Bde. Zürich, Stuttgart 1954–65
Polybios: Geschichte, Gesamtausgabe. 2 Bde. Zürich, Stuttgart 1961–63
Preisigke, F.: Die ptolemäische Staatspost. In: Klio 7/1907
Rethel, A.: Zug Hannibals über die Alpen. Wien 1875
Riepl, W.: Das Nachrichtenwesen des Altertums. Leipzig 1913
Schmitthenner, P.: Krieg und Kriegführung im Wandel der Weltgeschichte. Potsdam 1930
Seeckt, H. v.: Antikes Feldherrntum. Berlin 1929
Sethe, K.: Die List der Hethiter. Urkunden der 18. Dynastie. Bd. IV. Leipzig 1905.
Seton-Williams, M.: Babylonien. Hamburg 1981
Streck, M.: Assurbanipal und die letzten assyrischen Könige. Teil II, Leipzig 1916
Sueton, G.: Cäsars Leben. Stuttgart 1961
Sun Tzu: The Principles of War by Sun Tzu, a Royal Air Force publication. Colombo 1943
–: Die dreizehn Gebote der Kriegskunst. München 1974
Tacitus, C.: Annalen. Leipzig 1877–1903
–: Germania. Stuttgart 1972
Veith, G.: Die Feldzüge des Gaius Julius Cäsar. Wien 1914
Vergil, P.: Aeneis. München 1979
Vuitton, L.: Le Voyage depuis des Temps le plus Reculès jusqu'a nos Jours. Paris 1894
Westberg, F.: Zur Topographie des Herodot, die Persische Königsstraße. Klio 4 (1906)
Wiet, G.: Les Communications en Egypte au Moyen Age, L'Egypte contemporaine 24. Paris 1933
Yadin, Y.: The Art of Warfare in Biblical Lands. 2 Bde. Jerusalem 1963

Das Byzantinische Reich

Dieterich, K.: Hofleben in Byzanz. Leipzig 1912
Drege, J.-P.: Die Seidenstraße. Köln 1896
Güterbock, K.: Byzanz und Persien in ihren diplomatischen Beziehungen im Zeitalter Justiniens. Berlin 1906
Haussig, H. W.: Byzantinische Geschichte. Stuttgart 1969
Hertzberg, G. F.: Geschichte der Byzantiner und des osmanischen Reiches bis gegen Ende des 16. Jahrhunderts. Berlin 1883
Ko Lu Li: Die Seidenindustrie in China. Berlin 1927
Neumann, C.: Die byzantinische Marine. Historische Zeitschrift, N. F. XLV (1898)
Prokop: Anekdota. Geheimgeschichte des Kaiserhofes von Byzanz. München 1961
Queller, D. E.: The Office of Ambassador in the Middle Ages. Princeton 1967
Sherrard, P.: Byzanz. Amsterdam 1966
Silbermann, H.: Die Seide. 2 Bde. Leipzig 1897

Sphrantzes, Georgios: Die letzten Tage von Konstantinopel. Graz 1954
Uhlig, H.: Die Seidenstraße – Der Handelsweg zwischen China und der Alten Welt. Bergisch Gladbach 1986

China

Chesneaux, J.: Secret Societies of China. London 1971
Deacon, R.: A History of the Chinese Secret Service. London 1974
Fitzgerald, C. P.: The Empress Wu. London 1956
Franke, O.: Geschichte des Chinesischen Reiches. 5 Bde. Berlin 1930–1932
Giles, H.: A Chinese – Biographical Dictionary. London 1898
Olbricht, P.: Das Postwesen in China unter der Mongolenherrschaft im 13. und 14. Jahrhundert. Bd. 1. Wiesbaden 1954
Otte, F.: Die chinesische Reichspost. Sinica, 15 (1940)
Pirazzoli-t'Serstevens, M.: China zur Zeit der Han-Dynastie. Stuttgart 1982
Plath, J. H.: Das Kriegswesen der alten Chinesen. München 1873
Polo, M.: Die Reisen des Venezianers Marco Polo. München 1969
Reischauer, E. O.: Die Reise des Mönchs Ennin neun Jahre im China des 9. Jahrhunderts. Stuttgart 1969
Shien-yen/Hinkel, K.: 4600 Jahre China. Göttingen 1930
Spence, J.: Emperor of China. London 1974
Wang Fangzi (Hrsg.): Das Alte China. Freiburg 1985
Watt, G.: China Spy. London 1972

Die große Zeit des Islam

Berthelot, M.: Le feu grégeois et les origines de la poudre à canon. In: Revue des Deux Mondes, 15 August 1981
Das Leben Muhammeds nach Muhammed ben Ishak. Übers. von G. Weil 1864
Erben, W.: Kriegsgeschichte des Mittelalters. München-Berlin 1929
Hartmann, R.: Zur Geschichte der Mamelukenpost. In: Orientalische Literaturzeitung. 46/1943
Iqtidar Husain Siddiqni: Espionage System of the Sultanate of Delhi. In: Studies in Islam. 1/1964
Jakob, G.: Arabische Berichte von Gesandten an germanische Fürstenhöfe. Berlin 1922
Moussa, F.: Le Service diplomatique des États arabes. Genf 1960
Müller, A.: Der Islam im Morgen- und Abendland. 2 Bde. Leipzig 1885–87
Nöldeke, T.: Geschichte der Perser und Araber zur Zeit der Sassaniden. Leiden 1879
Wüstenfeld: Eine arabische Geheimschrift entziffert. In: Nachrichten der Gesellschaft der Wiss. zu Göttingen (1879)

Die Mongolen

Carpini, Johann de Plano: Geschichte der Mongolen und Reisebericht 1245–1247. Leipzig 1930
Curtin, J.: The Mongols: A History. Boston 1908.
Douglas, R.: The Life of Jenghiz Khan. London 1877
Dörrie, H.: Drei Texte zur Geschichte der Ungarn und Mongolen: Die Missionsreisen des Fr. Julianus, O. P. ins Uralgebiet (1234/20) und nach Russland (1237) und der Bericht des Erzbischofs Peter über die Tataren (während des Konzils von Lyon, 1245). In: Nachrichten der Akademie. Göttingen 1956
Haenisch, E.: Die Geheime Geschichte der Mongolen. Leipzig 1848
Krause, F. E. A.: Cingis Han. Heidelberg 1922
Orlandi, E. (Hrsg.): Dschingis Khan und seine Zeit. Wiesbaden 1968
Wolff, O.: Geschichte der Mongolen oder Tataren. Breslau 1872
Palacky, F.: Der Mongolen-Einfall im Jahre 1241. Prag 1842
Parker, A.: Thousand Years of the Tartars. London 1924
Prawdin, M.: The Mongol Empire. London 1940

Im Auftrag des Vatikans

Atiya, A. A.: Kreuzfahrer und Kaufleute. München 1973
Graham, R. A.: Vatican Diplomacy: A Study of Church and State on the International Plane. Princeton 1959
Grueber, J./Braumann, F. (Hrsg.): Als Kundschafter des Papstes nach China 1656–1664. Stuttgart 1973
Haidacher, A.: Geschichte der Päpste. Heidelberg 1965
Hale, J. R.: Zeitalter der Entdeckung. Amsterdam 1969
Rubruk, W. v./Leicht, H. (Hrsg.): Reisen zum Großkhan der Mongolen. Stuttgart 1978
Ruge, S.: Geschichte des Zeitalters der Entdeckungen. Leipzig 1881

Spione und Spitzel der Könige

Barber, P.: Diplomacy, The World of the Honest Spy. London 1979
Cobban, A.: Ambassadors and Secret Agents. London 1954

Geheimschriften und Codebrecher

Bauer, F. L.: Klassische Kryptologie-Verfahren und Maximen. In: Informatik-Spektrum. Heidelberg 1982
Bazeries, E.: Les Chiffres secrets dévoilés. Paris 1901
Bischoff, B.: Übersicht über die Nicht-diplomatischen Geheimschriften des Mittelalters. In: Mitteilungen des Instituts für Österreichische Geschichtsforschung, LXII (1954)
Bond, R. T.: Famous Stories of Code and Cipher. New York 1947
Duchesne, P. F.: Notice Historique sur la vie et les ouvrages de J.-B. Porta, gentilhomme napolitain. Paris 1801
Falconer, J.: Cryptomensysis patefacta. London 1685
Figl, A.: Systeme des Chiffrierens. Graz 1926
Kahn, D.: The Codebreakers. The Story of secret writing. London 1967
Kasiski, F.: Die Geheimschriften und die Dechiffrier-Kunst. Berlin 1863
Klüber, J. L.: Kryptographik – Lehrbuch der Geheimschreibekunst. Tübingen 1809
Koestler, A.: Die Geheimschrift. Wien 1955
Mancini, G.: Vita de Leon Battista Alberti. Florenz 1882
Meister, A.: Die Anfänge der modernen diplomatischen Geheimschrift. Beiträge zur Geschichte der italienischen Kryptographie des XV. Jahrhunderts. Paderborn 1902
Métral, D.: Blaise de Vigenère. Paris 1939
Millikin, D. D.: Elementary Cryptography and Cryptoanalysis. New York 1943

Geheimdiplomatie

Andreas, W.: Staatskunst und Diplomatie der Venezianer. Im Spiegel ihrer Gesandtenberichte. Leipzig 1933
Carter, C. H.: The Secret Diplomacy of the Habsburgs 1598–1625. New York 1964
Ernst, F.: Über Gesandtschaftswesen und Diplomatie an der Wende vom Mittelalter zur Neuzeit. Archiv für Kulturgeschichte 1950
Essen, V. D.: La Diplomatie, ses Origines et son Organisation jusqu'à la fin de l'Ancien Régime. Brüssel 1953
Ganshof, F. L.: Le Moyen Age. In: Renouvin, P.: Histoire des relations internatioales. Paris 1953
Kretschmayr, H.: Geschichte von Venedig. 3 Bde. Gotha 1905–20
Marana, J. P.: Der Spion an den Höfen der christlichen Potentaten oder Briefe und Nachrichten eines geheimen Abgesandten der Pforte an den europäischen Höfen. Frankfurt/M. 1733
Mattingly, G.: The First Resident Embassies: Medieval Origins of Italian Diplomacy. In: Speculum, XII. 1937
Meister, A.: Die Anfänge der modernen diplomatischen Geheimschrift. Beitr. zur Gesch. d. italienischen Kryptographie d. 15. Jahrhunderts. Paderborn 1902

Entstehung des britischen Geheimdienstes

Boulestris de La Contie, L.: Mémoirs et instructions pour les ambassadeurs, ou lettres et négociations de Walsingham. Amsterdam 1700
Buchan, J.: Oliver Cromwell, London 1934
Finot, J.: L'Espionnage militaire dans les Pays-Bas entre la France et l'Espagne aux XVI. et XVII. siècles. Paris 1902
Firth, C. H.: Secretary Thurloe on the Relations of England and Holland. In: English Historical Review, XXI (1906)
Fraser, P.: The Intelligence of the Secretaries of State and their Monopoly of Licensed News. London 1660–1680
Frazer, A.: Mary Queen of Scots. London 1969
Gordon-Smith, A.: The Babington Plot. London 1936
Gray, A. K.: Some Observations on Christopher Marlowe, Government Agent. In: Modern Language Association of America. XLIII/1928
Jardine, D.: A Narrative of the Gunpowder Plot. London 1857

Jenks, E.: Some Correspondence of Thurloe and Meadow. In: English Historical Review, VII (1892)
Pepys, S.: Das Geheimtagebuch des Sir Samuel Pepys (Diary, Auszüge in dt. Übers. 1660–1669). München 1931
Pepys, S.: Diary and Correspondence of Samuel Pepys. 5 Bde. London 1848–1849
Phelippes/Hungerford-Pollen, J. (Hrsg.): Mary Queen of Scots and the Babington Plot. Edinburgh 1922
Read, C.: Mr. Secretary Walsingham and the Policy of Queen Eliszabeth. 3 Bde. Oxford 1925
Richings, M. G.: Espionage. The story of the secret service of the English crown. London 1935
Thurloe, J.: A Collection of the State Papers of John Thurloe, esq. Secretary to the Counsil of State and the two Protectors Oliver and Richard Cromwell; to which is Prefixed the Life of Mr. Thurloe, 7 Bde. London 1742
Walter, J.: The Secret Service under Charles II and James II – Transactions of the Royal Historical Society, 4 Ser., XV, 1932

Japan

Akagi, R. H.: Japanese Foreign Relations 1542–1936. Tokio 1936
Dalton, W./Bennett, A. W.: Will Adams: the First Englishman in Japan. London 1861
Dening, W.: A New Life of Toyotomi Hideyoshi. Tokio 1904
Kennedy, M. D.: A History of Japan. London 1963
Lewicki, S.: Pod Znakiem Chryzantemy (Geschichte des Japanischen Geheimdienstes). Warschau 1987
Murdoch, J.: A History of Japan during the Century of Early European Intercourse (1542–1651). London 1921.
Paper on Hideyoshi & the Satsuma Clan. Vol. VIII. Transactions of the Asiatic Society of Japan. Tokio 1935

Richelieu und seine Geheimpolitik

Bericht des Ortskommandanten von Eger, Oberstleutnant Gordon: Die Ermordung Wallensteins. In: H. von Srbik: Wallensteins Ende. Saalburg o. J.
Burckhardt, C.J.: Richelieu. Der Aufstieg zur Macht. Bd. 1. München 1935
Dédouvres, Abbé: Le Père Joseph polémiste. Ses premiers écrits 1623–1626. Paris 1895
Diwald, H.: Wallenstein. Esslingen/Neckar 1969
Drapeyron, L.: Le grand dessein secret de Louis XIV contre l'empire Ottoman en 1688. Académie des sciences morales et politiques, compte-rendu. CVII (1877)
Droysen, G.: Wallenstein, Bd. II. Leipzig 1870
Fagniez, G.: Le père Joseph et Richelieu (1577–1538). 2 Bde. Paris 1894
Foerster, F.: Albrecht von Wallenstein ... ungedruckte Briefe aus den Jahren 1627 bis 1634. Teil I. Dresden 1828
Geißler, G.: Europäische Dokumente aus 5 Jahrhunderten. Leipzig 1939
Grenville-Murray, E. C.: Embassies and Foreign Courts. A History of Diplomacy. London 1856
Huch, R.: Wallenstein. Leizig 1915
Huxley, A.: L'Éminence grise. Monaco 1945
–: Die graue Eminenz. München 1961
Lafue, P.: Le Père Joseph, diplomate et capucin. Paris 1946
Mann, G.: Wallenstein: sein Leben. Frankfurt/M. 1971
Mattingly, G.: Renaissance Diplomacy. London 1955
Mummenhof, W.: Nachrichtendienst Deutschland–Italien im 16. Jahrhundert. Berlin 1912
Omont, H.: Projets de prise de Constantinople et de fondation d'un empire français d'Orient sous Louis XIV. In: Revue d'histoire diplomatique, VII (1893)
Pekar, J.: Wallenstein, 1630–34 – Tragödie einer Verschwörung. 2 Bde. Berlin 1937
Picavet, C.: La Diplomatie Française au Temps de Louis XIV. Paris 1930
Plugk-Harttung: Weltgeschichte, Neuzeit 1650–1813. Berlin 1908
Ranke, L. v.: Geschichte Wallensteins. Bd. 23. Leipzig 1872
Richard, Abbé R.: Histoire de la vie du R. P. Joseph Le Clerc du Tremblay, capucin. Paris 1702.
Richelieu, Cardinal de: Mémoirs. 10 Bde. Paris 1908–1931
Vaultier, R.: Espionnage et conte-espionnage au temps de Louis XIV. In: Revue historique de l'armée, 12 (1956), Nr. 3

Im Zarenreich

Adelung, F. v.: Kritisch-literarische Übersicht der Reisenden in Russland bis 1700. 2 Bde. St. Petersburg 1846
Brückner, A.: Peter der Große. Berlin 1879
–: Russisches Postwesten im 17. und 18. Jahrhundert. In: Zeitschrift für allgemeine Geschichte. Vol 12 (1844)
–: Geschichte Rußlands bis zum Ende des 18. Jahrhunderts. 2 Bde. Gotha 1896 bis 1913
Buchholtz, A.: Beiträge zur Lebensgeschichte J. R. Patkuls. Leipzig 1893
Cartier, R.: Peter der Große. München 1964
Coxe, W.: Travels into Poland, Russia, Sweden and Denmark. 4 Bde. London 1784–87
Gordon, A.: Geschichte Peter des Großen, Teil I., Deutsch 1765
Gordon, P.: Tagebuch (über Rußland) Hrsg. Posselt. 3 Bde. Leipzig 1880
Herberstein, S. v.: Rerum Moscovitarium Commentari (1549 dt. 1557), neu hrsg. v. W. von den Steinen, 1926
Herrmann, E. A.: Geschichte des russischen Staates. 6 Bde. Hamburg 1846–66
Keller, M. (Hrsg.): Russen und Rußland aus deutscher Sicht. 9. bis 17. Jahrhundert. München 1985
Masson, C. F.: Secret Memoirs of the cour of St. Petersburg. 2 Bde. London 1801–02
Mudra, V.: Von der Opritschina bis zur Tscheka. In: Die Weltkriegsspionage. München 1931
Olearius, A.: Vermehrte Moscowitische und Persianische Reisebeschreibung. Schleswig 1656
Patkul, J. R. v.: Johann R. von Patkul, ehemaliger zaristischer Generalleutant. Berichte an das zaristische Kabinett zu Moskau. Berlin 1792–97
Schirren C.: Zur Geschichte des Nordischen Krieges. Kiel 1913
Staden, H. v.: Aufzeichnungen über den Moskauer Staat, München 1964
Stählin, K.: Geschichte Rußlands von den Anfängen bis zur Gegenwart. 3 Bde. Leipzig 1923
Vernadsky, G.: A History of Russia. 5 Bde. Oxford 1943–59
Wernich, O. A.: Der Livländer Joh. Reinh. v. Patkul. 3 Bde. Berlin 1849
Wittram, R.: Patkul und der Ausbruch des Nordischen Krieges. Nebst einem Nachtrag zur Göttinger Lobrede auf Peter d. Gr. (1750) In: Nachrichten der Akademie der Wissenschaften in Göttingen. I. Philologisch-Historische Klasse. Jg. 1952, H. 9 Göttingen
Wulffius, W.: Studien zur Geschichte Patkuls und des Nordischen Krieges. In: Mitt. a. d. livl. Gesch., 23. Riga 1924–1926

Geheime Briefüberwachung

Arvengas, H.: Antoine Rossignol et le grand Chiffre de Louis XIV. In: Bulletin de la Société des Sciences, Arts et Belles-Lettres du Tarn. XVI. (Jan.–Dez. 1955)
Biester, J. E.: Abriß des Lebens und der Regierungsgeschichte Katharinas II. Berlin 1797
Boucard, R.: Les Dessous des Archives Secrètes. Paris 1929
Brückner, A.: Katharina die Zweite. Leipzig 1883
Constant d'Yanville, H.: Chambre des Comptes de Paris. Paris 1866–1875.
Kalmus, L.: Weltgeschichte der Post. Wien 1935
König, B. E.: Schwarze Cabinette. Eine Geschichte der Briefgeheimnis-Enthüllungen. Leipzig 1899
Schlitter, H.: Corrspondance secrète entre le comte A. W. Kaunitz-Rietberg, ambassadeur impérial à Paris, et le baron Ignaz de Koch, secrétaire de l'impératrice Marie-Thérèse, 1750–1752. Paris 1899
Stix, F.: Zur Geschichte und Organisation der Wiener Geheimen Ziffernkanzlei. Von ihren Anfängen bis 1848. In: Mitteilungen des Österreichischen Instituts für Geschichtsforschung 51/1937
Thompson, J. W./Padover, S. K.: A Record of Espionage and Double-Dealing. 1500–1815. In: Secret Diplomacy. New York 1937
Vaillé, E.: Le Cabinet Noir. Paris 1950

Im Dienst der Königin

Coquelle, P.: L'espionnage en Angleterre pendant la guerre de sept ans. In: Revue d'histoire diplomatique, XIV (1900)
Fitzgerald, B.: Daniel Defoe: A Study in Conflict. London 1954
Fitzpatrick, W. J.: Secret Service under Pitt. London, New York 1892
Haswell, J.: Spies and Spymaster – A Concise History of Intelligence, London 1977
Taunton, E. L.: History of the Jesuits in England. London 1961

Wright, T.: The Life of Daniel Defoe. London 1894

Geheimauftrag: Ehevermittlung

Armstrong, E.: Elizabeth Farnese. London 1892

Moore, G.: Lives of Cardinal Alberoni and the Duke of Ripperda. London 1806

Syveton, G.: Une cour et un aventurier au XVIII. siècle: le baron Ripperda. Paris 1896

Spione seiner Majestät

Bourgeois, E.: La Diplomatie secrète au XVIII. siècle. 3 Bde. Paris 1909–10

Boutaric, E.: Correspondance secrète inédite de Louis XV sur la politique étrangère avec le comte de Broglie, Tercier, etc. 2 Bde. Paris 1886

Brinkmeier, V.: Mémoirs du Chevalier d'Eon, Braunschweig 1937. 2 Bde

Broglie, Duc de: Le secret du roi: Correspondance secrète de Louis XV avec ses agents diplomatiques 1752–1774. Paris 1879

Casanova, G. G.: Geschichte meines Lebens. 12 Bde. Berlin 1964–67

Eon de Beaumont, Ch., Chevalier d': Mémoires du chevalier d'Eon. Paris 1836. 2 Bde. (Ecrits par Gaillardet)

Nixon, E.: The Royal Spy – Chevalier d'Eon. London 1966

Ozanam, D./Antoine, M.: Correspondance secrète du comte de Broglie avec Louis XV, 1756–1774. 2 Bde. Paris 1956

Pinsseau, P.: L'Etrange Destinée du Chevalier d'Eon. Paris 1945.

Rogers, A. D.: Rapporto sul spionaggio dal 2500 a. C. a oggi. Rom 1959

Telfer, J. B.: The Strange Career of the Chevalier d'Eon de Beaumont. London 1885

Vizetelly, E. A.: The True Story of the Chevalier d'Eon. London 1895

Preußen

Barring, L.: Geheimagenten und Spione. Bayreuth 1968

Dahlmann-Waitz: Quellenkunde der deutschen Geschichte. Berlin 1931

Die Geheimnisse des saechsischen Cabinets. Ende 1745 bis Ende 1756. Archivarische Vorstudien zur Geschichte des siebenjaehrigen Krieges. 2 Bde. Stuttgart 1866

Dollinger, H.: Friedrich II. von Preußen: sein Bild im Wandel von zwei Jahrhunderten. München 1986

Duffy, Ch.: Friedrich der Große: ein Soldatenleben. Köln, Zürich 1986

Erdmannsdörfer, B.: Deutsche Geschichte vom Westfälischen Frieden bis zum Regierungseintritt Friedrichs des Großen. 2 Bde. Leipzig 1881–82

Friedrich: Korrespondenz – Friedrich der Große: Politische Korrespondenz Friedrichs des Großen. In deutscher Übersetzung Volz, G. B. 46 Bde. Berlin 1879 bis 1939

Lanoir, P. & S.: Les Grands Espions. Leur Histoire. Récits inédits de faits d'espionnage et de contre-espionnage de Frédéric Guillaume à nos jours. 2 Bde. Paris 1911

Mitford, N.: Friedrich der Große. München 1973

Schieder, Th.: Friedrich der Große: ein Königtum der Widersprüche. Frankfurt/M. 1983

Wolf, A.: Österreich unter Maria Theresia, Josef II. und Leopold II. Leipzig 1884

Pioniere der Industriespionage

Bauer, P. T.: The Rubber Industry. London 1948

Beurdeley, M.: Porzellan aus China. München 1962

Die Macht der Maschinen – Eine Ausstellung zur Frühzeit des Fabrikwesens, Stadtmuseum Ratingen 1984/85

Entrecolles, Père D.: Lettres édifiantes et curieuses erites des Missions étrangères. Paris 1810

Hoffmann, D.: Die frühesten Berichte über die erste Dampfmaschine auf dem europäischen Kontinent. In: Technikgeschichte, 41/1974

Köllmann, W.: Johann Gottfried Brügelmann, der erste Industrielle. In: Unternehmerbriefe des Deutschen Industrieinstituts, Jg. 14, Nr. 41. Köln 1964

Kurzel-Runtschneider, E.: Die Fischer von Erlachschen Feuermaschinen. Wien 1929

Matschoss, C.: Männer der Technik – Ein Biographisches Handbuch. Berlin 1925

Nagler, J.: Die erste »Curieuse Feuer-Maschine« in Österreich, eine Großleistung Joseph Emanuel Fischers von Erlach. In: Alte und moderne Kunst 7/8, 1957

Swindell, K.: The Cromford Cotton Mill. In: The East Midland Geographer, Nr. 13, 1965

Weber, W.: Industriespionage als technologischer Transfer in der Frühindustrialisierung Deutschlands. In: Technikgeschichte, 42/1975

Zacharias, Th.: Joseph Emanuel Fischer von Erlach. Wien 1960

Zimmermann, E.: Chinesisches Porzellan. 2 Bde. Berlin 1923

Spionage in der Neuen Welt

Arnold, I. N.: Life of Benedict Arnold. Chicago 1885

Bakeless, J.: Spies of the American Revolution (1776–1783). In: Michigan Alumnus, 67 (1961) Nr. 18

Barker, L. C.: History of the United States Secret Service. Philadelphia 1867

Bryan, G. S.: The Spy in America 1775–1782 & 1861–1865. Philadelphia 1943

Doren, C. van: Secret History of the American Revolution (1775–1783). New York 1941

Flexner, J. T.: The Traitor and the Spy. Benedict Arnold and John André. New York 1953

Foley, R.: Nathan Hale martyred hero (of the Revolution). In: Foley: Famous American Spies. New York 1962

Hall, C. S.: Benjamin Tallmadge. New York 1943

Pennypacker, M.: General Washington Spies on Long Island and in New York. East Hampton 1948

Pinkerton, A.: The Spy of the rebellion. New York 1883

Sargent, W.: The Life and career of Major John André. Boston 1861

Raub von Geheimakten

Bandt, E.: Der Rastatter Gesandtenmord. Karlsruhe 1869

Böhtlingh, A.: Napoleon Bonaparte und der Rastatter Gesandtenmord. Leipzig 1883

Heidenheimber, H.: Mitteilungen über den Rastatter Gesandtenmord. Nach bisher unbekannten Akten des Grossherzogl. Hessischen Staatsachivs: Westdeutsche. Zs. 2/1883

Hüffer, H.: Der Rastatter Gesandtenmord. Bonn 1896

Mendelssohn-Bartholdy, R.: Der Rastatter Gesandtenmord. Heidelberg 1869

Nachricht, Näheres über das traurige endliche Schicksal der französischen Friedens-Gesandten in Rastatt. o. O. 1799

Vivenot, A. v.: Zur Geschichte des Rastatter Congresses. Wien 1871

Agenten in Frankreich

Aulard, F. A.: La Révolution française. 26 Bde. Paris 1887–97 (organisation du service des agents secrèts dans la Ire République, t. XII, divers. T. XV et XVI)

Dieffenbach, L. F.: Karl Ludwig Schulmeister, der Hauptspion, Parteigänger, Polizeipräfekt und geheime Agent Napoleons I. Leipzig 1879

Ehrahard, L.: Charles Schulmeister, Generalkommissär der Kaiserlichen Heere unter dem ersten Kaiserreich. Straßburg 1898

Elmer, A.: Napoleons Leibspion, Karl Schulmeister. Berlin 1931

–: L'Agent secrèt de Napoléon: Charles Louis Schulmeister. Paris 1932.

Fouché, J.: Mémoires complets et authentiques de Joseph Fouché. D'après l'édition originale de 1824. Paris 1867

Hauterive, E. de: La Police secrète du Premier Empire. Bulletins quotidiens adressés par Fouché à l'Empereur. T. 1–3 (1804–1807). Paris 1908–13

Houbart, J.: Napoléon était »tuyauté«. (Karl Schulmeister.) In: Houbart: Guerres sans drapeau. Paris 1966

Kircheisen, F. M.: Napoleon I., sein Leben und seine Zeit. 9 Bde. München 1911–34

Madelin, L.: Fouché, 1759–1820. Paris 1900

Muller, P.: L'Espionnage militaire sous Napoléon Ier. Paris 1896

Natan, A.: Graue Eminenzen – Geheime Berater im Schatten der Macht. Freiburg 1967

Pingaud, L.: Un agent secrèt sous la révolution et l'empire. Le comte d'Antraigues. Paris 1893

Savant, J.: Les espions de Napoléon. Paris 1957

Schulmeister, K. L.: Bruchstücke aus dem Leben des Charles Louis Schulmeister von Mainau, als Angeklagter Hauptspion Napoleons. Straßburg 1817

Sorel, A.: Une agence d'espionnage sous le consulat. In: Lectures historiques. Paris 1909

Secret Service contra Napoleon

Bazeries, E.: Les ›Chiffres‹ de Napoléon Ier pendant la Campagne de 1813. Fontainebleau 1896
Browning, O.: A British Agent at Tilsit. In: English Historical Review, XVII (1902)
Caudrillier, G.: La Trahison de Pichegru. Paris 1908
Clinton-Fraser, A./Robertson, J.: Narrative of a Secret Mission to the Danish Islands in 1808. London 1863
Gaubert, H.: Conspirateurs au temps de Napoléon I. Paris 1962
Hall, J.: General Pichegru's Treason, 1761–1804. London 1915
Holzmann, T.: Das spanische Militär in Hamburg. Hamburg 1907
Laws, M. E. S.: Secret Service, 1813. In: The Army Quarterly, 72 (1956) Nr. 2
Lynder, F.: Spione in Hamburg und auf Helgoland. Hamburg 1964
Mitchell, H.: The Underground War against Revolutionary France: The Missions of William Wickham, 1794–1800. Oxford 1965
Montgaillard, J. G. M. R., Comte de.: Mémoire concernant la trahison de Pichegru. Paris, 1895
Müller, U. F. (Hrsg.): Die Französische Revolution 1789–1815. Ebenhausen b. München 1961
Napoleon: Die Memoiren meines Lebens. 7 Bde. Wien–Hamburg–Zürich o. J.
Oman, C.: Baltic Spy. London 1940
Presser, J.: Napoleon: das Leben und die Legende. Stuttgart 1977
Rose: A British Agent at Tilsit. In: English Historical Review, XVI (1901)
Sieburg, F.: Napoleon: die 100 Tage. Stuttgart 1981
Talleyrand-Périgord, Ch. M., Duc de: Mémoires. 5 Bde. Paris 1891–92
Weller, J.: Wellington's asset – a remarkably successful system of intelligence. In: Military Review, 42 (Juni 1962)
Willbold, F.: Napoleons Feldzug um Ulm. Ulm 1987

Zwischen Petersburg und Paris

Deacon, R.: A History of the Russian Secret Service. New York 1972
Kleßmann, E. (Hrsg.): Napoleons Rußlandfeldzug in Augenzeugenberichten. Düsseldorf 1964

Der Amerikanische Bürgerkrieg

Austin, V.: Der Amerikanische Bürgerkrieg. Düsseldorf 1963
Bates: A Rebel Cipher Despatch. In: Harper's New Monthly Magazine, Nr. 577 (Juni 1898)
Boyd, B.: Belle Boyd in camp and prison. New York 1865
Cline, R. S.: Secrets, Spies and Scholars. Washington, D. C. 1976
Edmonds, S. E.: The female Spy of the Union army. Boston 1864
Foley, R.: Elizabeth van Lew. In: Foley: Famous American Spies. New York 1962
Pinkerton, A.: Thirty Years a detective. New York 1884
Plum, W. R.: The Military Telegraph during the Civil War in the United States. Chicago 1882
Rigg, R. B.: Of spies and species. (Civil War 1861–65). In: Military Review, 42 (1962) Nr. 8
Stern, P. van Doren: Secret missions of the Civil War. Chicago 1959

Militärische Erkundung für Preußen

Craig, G. A.: Military diplomats in the Prussian and German service: The attachés. 1816–1914. In: Political Science Quarterly, 64 (März 1949)
Fontane, T.: Kriegsgefangen. Berlin 1871
Friedemann, G.: Die Rechtslage der Kriegskundschafter und Kriegsspione nach modernem Völkerrecht. Greifswald 1892
Gall, L.: Bismarck: der weiße Revolutionär. Frankfurt/M. 1980
Hillgruber, A.: Otto von Bismarck: Gründer der europäischen Großmacht Deutsches Reich. Göttingen 1978
Hitl: Der französische Krieg 1870 und 1871. Leipzig 1872
König, H.: Bismarck als Reichskanzler: seine Beurteilung in der sowjetischen und der DDR-Geschichtsschreibung (Dissertation zur neueren Geschichte. III.) Köln 1978
Lanoir, P.: L'Espionnage allemand en France. Paris 1908
London Daily News: The War Correspondence of The Daily News 1870/71. London 1871
Ollier, E. (Hrsg.): Cassell's History of the War between France and Germany 1870–71. London 1872
Stieber, W.: Denkwürdigkeiten des Geh. Regierungsrats Dr. Stieber. Aus seinen hinterlassenen Papieren bearb. von Leopold Auerbach. Berlin 1883

Affäre des Jahrhunderts

Boussel, P.: L'Affaire Dreyfus et la Presse. Paris 1960
Capitaine Alfred Dreyfus: Souvenirs et Correspondance, veröffentlicht durch seine Söhne. Paris 1936
Dreyfus, A.: Briefe aus der Gefangenschaft. Berlin 1899
–: Fünf Jahre meines Lebens. Berlin 1901
Esterhazy, M.-C.-F. W.: Les dessous de l'affaire Dreyfus. Paris 1898
L'affaire Dreyfus. La Révision du procès Dreyfus. 2 Bde. Paris 1899
L'affaire Dreyfus. La Révision du procès de Rennes. 15 juin 1906–juillet 1906. Paris 1907
Lazare, B.: Une erreur judiciare. La vérité sur l'affaire Dreyfus. (1.2. Mémoire). Paris 1896–1897
Le Procès Dreyfus devant le Conseil de guerre de Rennes (7 août–9 septembre 1899) 3 Bde. Paris 1900
Lipschutz, L.: Une bibliothèque dreyfusienne ... bibliographie de l'Affaire. Paris 1970
Matray, M.: Dreyfus – Ein französisches Trauma. München 1986
Paléologue, M.: Journal de l'affaire Dreyfus. Paris 1955
Reinach, J.: Histoire de l'affaire Dreyfus. 7 Bde. Paris 1901–1908
Schwartzkoppen, M. v.: Die Wahrheit über Dreyfus. Berlin 1930
Skaupy, W.: Große Prozesse der Weltgeschichte. München 1980
Thalheimer, S.: Die Affäre Dreyfus. München 1963
Zola, E.: La vérité en marche. Paris 1901

Nippons Agenten

Arcangelis, M. de: Electronic Warfare – From the Battle of Tsushima to the Falklands and Lebanon Conflicts. Pole/Dorsset 1985
Asakawa, Dr. K.: The Russo-Japanese Conflict: Its Causes & Issues. New York 1904
Martinov, E. I.: Quelques leçons de la triste expérience de la guerre russo-japonaise. Paris 1907.
–: La Guerre russo-japonaise. Paris 1911
Thurbon, M. T.: The Origins of Electronic Warfare. In: Journal of the Royal United Service Institution, 122 (September 1977)

Die Ochrana

Harden, H.: Lockspitzel Asew. Hamburg 1962
Hingley, R.: Die russische Geheimpolizei. Bayreuth 1970
Laporte, M.: Histoire de l'Okhrana, la police secrète des tsars, 1880–1917. Paris 1935
Wassiljew, A. T.: Ochrana. Aus den Papieren des letzten russischen Polizeidirektors. Zürich, Leipzig, Wien 1930

Das Military Intelligence Department

Andrew, C.: Secret Service, The Making of the British Intelligence Community. London 1985
Baden-Powell, R.: My Adventures as a Spy. London 1915
–: Meine Abenteuer als Spion. Leipzig 1915
Bulloch, J.: MI 5: The Origin and History of the British Counter-espionage Service. London 1963
Deacon, R.: A History of the British Secret Service. London 1969
Dilnot, G.: Scotland Yard. Its history and organisation 1829–1929. London 1930
Fergusson, T. G.: British Military Intelligence 1870–1914. London 1984
French, D.: Spy Fever in Britain 1900–1915. In: Historical Journal, XXI (1978)
Graves, A. K.: The secrets of the German War Office. London 1914
Great Britain. Cabinet. Committee of Imperial defence. Report of the Sub-Committee on Foreign Espionage in the United Kingdom. (Juli 1909), Cab. 3/2/1/47A, Public Record Office, London
Great Britain. War Office. Handbook of the German Army, 1912, with amendments in January 1914 »for official use only«.
Hillcourt, W.: Baden-Powell. London 1964
Hiley, N. P.: The Failure of British Espionage against Germany, 1907–1914. In: Historical Journal, XXVI (1983)
Le Queux, W.: England's Peril: A Story of the Secret Service. London 1900

–: Secrets of the Foreign Office. London 1903
–: German Spies in England. London 1915
Steinhauer, G.: Der Meisterspion des Kaisers. Erinnerungen. Berlin 1930
Thomson, Sir B.: Queer People. London 1922
–: The Story of Scotland Yard. London 1935

Abteilung IIIb des Großen Generalstabs

Lanoir, P./Lanoir, S.: Espions, espionnage, récits inédits de faits d'espionnage. 2 Bde. Paris 1916
Lanoir, P.: L'Espionnage Allemand en France son Organisation, des Dangers, les Remedes. Necessaires. Paris 1918
Meissner, H.-O.: Militärattachés und Militärbevollmächtigte in Preußen und im Deutschen Reich. Berlin (Ost) 1957
Newman, B.: Secrets of German espionage. London 1940
Nicolai, W.: Nachrichtendienst der Obersten Heeresleitung. Der Nachrichtendienst der Entente und die deutsche Abwehr. In: Nicolai: Nachrichtendienst, Presse und Volksstimmung im Weltkrieg. Berlin 1920
–: Nachrichtenwesen und Aufklärung. In: Der große Krieg 1914–1918. Hrsg. von M. Schwarte. Bd. 8. Leipzig 1921
–: Geheime Mächte. Leipzig 1923

Das k.u.k. Evidenzbureau

Der Fall Oberst Redl, eine Mitursache des Ersten Weltkrieges. In: Militärpolitisches Forum, 3 (1954) Nr. 8
Fauland, F.: Vorwiegend heiter – Von einem der auszog, General zu werden. Graz, Wien, Köln 1980
Kisch, E. E.: Wie ich erfuhr, daß Redl ein Spion war. Berlin 1961
Markus, G.: Der Fall Redl. Wien, München 1984
Ronge, M.: Der österreichisch-ungarische Geheimdienst. In: Kämpfer an vergessenen Fronten. Berlin 1931
Seeliger, E.: Oberleutnant Seeliger und Hauptmann Redl. In: Seeliger: Weltgeschichte beim Souper. Berlin 1939

Der Erste Weltkrieg

A War Secret. In: Saturday Evening Post. 23. Oktober 1926
Aston, Sir G.: Secret Service (1914–1918). London 1930
Bauer, E.: Il colpo di Zurigo. In: Storia dello Spionaggio. Band 1. Novara 1971
Bernis, Major: Le rôle et la méthode d'étude des 2me bureaux en campagne. In: Revue militaire française, Nov./Dez. 1924
Bernstorff, J. H. Graf v.: My Three Years in America. New York 1920
Bywater, H. C./Ferraby, H.: Strange Intelligence. Memoirs of Naval Secret Service. London 1931
Childs, J. R.: Geschichte und Grundregeln deutscher militärischer Geheimschriften im Ersten Weltkrieg. Bad Godesberg 1969
Corbett, Sir J. S./Newbolt, H.: Naval Operations, I–V. London 1920–31
Edmonds, C. J.: The Persian Gulf Prelude to the Zimmermann Telegram. In: Journal of the Royal Central Asian Society. London 1960
Einbrecher in einem Büro. In: Neue Zürcher Zeitung, 27. Februar 1917
Everitt, N.: British Secret Service during the Great War. London 1920
Ewing, A. W.: The Man of Room 40, The Life of Sir Alfred Ewing. London 1939
Farago, L.: Codebrecher am Werk. Berlin, Frankfurt/M. 1967
Flicke, W. F.: Kriegsgeheimnisse im Äther. Manuskript. 1953
Flynn, W. J.: Trapped Wires. Zimmermann-Telegramm. In: Liberty, 2. Juni 1928
Friedman, W. F./Mendelsohn, C. J.: The Zimmermann Telegram of January 16, 1917 and its cryptographic background. Washington, D. C. 1938
Grote, H. H. Frhr. von (Hrsg.): Vorsicht! Feind hört mit! Berlin 1930
Gylden, Y.: Die militärische Kryptographie der Mittelmächte während des Krieges von 1914–1918. Übers. aus Revue Militaire Française Nr. 122, August 1931
Hall, Admiral Sir W. R.: Interview mit Daily Mail, 10. April 1926
Hendrick, B. J. (Hrsg.): Life and Letters of Walter Hines Page. 3 Bde. New York 1923–26
Hirsch, G.: Our Friend Zimmermann. New York Evening Post, 25. November 1916
Höhne, H.: Der Krieg im Dunkeln. München 1985
Hoy, H. C.: 40 O. B., or how the War was won. London 1932
James, Sir W. M.: The Eyes of the Navy. A Biographical Study of Admiral Sir Reginald Hall. London 1955
Kearful, J.: A radio technician made history. (Alexander Szek) In: The Field Artillery Journal, 40 (1950) Nr. 3
Lettow-Vorbeck, P. v. (Hrsg.): Die Weltkriegsspionage. München 1931
Literary Digest, 17. März 1917: How Zimmermann united the United States
Maekelae, M. E.: Das Geheimnis der »Magdeburg«. Die Geschichte des kleinen Kreuzers und die Bedeutung seiner Signalbücher im Ersten Weltkrieg. Koblenz 1984
Marschelke, H.: Fernmeldeelektronische Aufklärung als Mittel der militärischen Lagefeststellung (dargestellt an Beispielen der Kriegsgeschichte). In: Soldat und Technik, 19/1982
Mikusch, D. v.: Waßmuß, der deutsche Lawrence. Auf Grund der Tagebücher und Aufzeichnungen des Konsuls. Leipzig 1937
Mumm, G.: Konsul Waßmuß, Englands großer Gegner in Vorderasien. In: Stuttgarter Neues Tagblatt, 2. u. 3. Dez. 1931
Nikolaijeff, A. M.: Secret Causes of German Successes on the Eastern Front. In: Coast Artillery Journal (Sept.–Okt. 1935)
Papen, F. v.: Der Wahrheit eine Gasse. München 1952
Parliament: Selection from papers found in the Possession of Captain von Papen, late German Military Attaché at Washington, Falmouth, January 2 & 3, 1916. Miscellaneous No. 6 (1916) Cd. 8174, Public Record Office, London
Radio Secrets of the Great World War. How messages in code from the German General Staff were intercepted by American Direction Finders. In: New York Herald Tribune Radio Magazine, 13. April 1924
Randewig, K.: 50 Jahre deutsche Heeres-Funk-, Nachrichten- und Fernmelde-Aufklärung. Ein Rückblick auf ihre organisatorische Entwicklung. In: Wehrwissenschaftliche Rundschau, 14 (1964) H. 10 + 11
Robinson, D. H.: The Zeppelin in Combat. London 1962
Sales, N.: Il colpo di Zurigo. Triest 1951
Sciezynski, M.: Radiotelegrafista jako zrodlo wiadomosci o nieprzyjacielu, Przemysl 1928
Stoll, L.: Die Technik als Mittel militärischer Aufklärung (u. a. die Schlacht von Tannenberg). In: Soldat und Technik, 11/1980
Strother, F.: German Codes and Ciphers. In: The World's Work (Juni 1918)
Stützel, H.: Geheimschrift und Entzifferung im Ersten Weltkrieg. In: Truppenpraxis, 7/1969
Sundaram, G. S.: Kurze Geschichte der elektronischen Kampfführung. In: Internationale Wehrrevue 9 (Februar 1976) H. 1
Sykes, C.: Wassmuss »The German Lawrence«. London 1936
The Times, London, History of War, 22 Bde. London 1921
Tuchman, B.: August 1914. London 1962
–: Die Zimmermann-Depesche. Bergisch Gladbach 1982
White, C.: The Tricks of the trade. Some of the triumphs of our naval intelligence, 1914–1918. In: The Navy, 44 (1939)

Berühmte Agenten

Aldington, R.: Der Fall T. E. Lawrence. München 1955
Aston, Sir G.: The tragedy of Karl Lody. In: Aston: Secret Service, London 1930
Benoist-Méchin, J.: Lawrence von Arabien. Stuttgart 1967
Boucard, R.: Les dessous des archives secrètes. Paris 1929
Bouchardon, P.: Souvenirs (Verhöre von Mata Hari). Paris 1953
Coulson, T.: Mata Hari, courtesan and spy. London 1930
Dyssord, J.: L'Espionnage allemand à l'œuvre. Paris 1915
Fischer, W.: Spionage, Spione und Spioninnen. Stuttgart 1919
Gempp, F.: Geheimer Nachrichtendienst und Spionageabwehr des Heeres. Ausarbeitung für das Reichskriegsministerium, Abwehr-Abteilung bzw. Oberkommando der Wehrmacht, Amt Ausland/Abwehr, 1939–43. National Archives, Washington, D. C., Filmgruppen ML 68 und T-77/1440
Grillandi, M.: Mata Hari. Mailand 1982
Herrmann, C.: Geheimkrieg. Dokumente und Untersuchungen eines Polizeichefs an der Westfront. Hamburg 1930
Heymans, C. S.: L'aveu définitif de l'Allemagne sur le rôle de l'espionne Mata Hari. Paris 1936
Jagow, K.: Auf den Spuren Carl Hans Lodys. Lübeck 1934

Laar, C.: Lody. Ein Bericht. Teil 2 v. U21. Das Schiff aus dem Jenseits. Berlin 1937
Ladoux, G.: Les Chasseurs d'espions. Comment j'ai fait arrêter Mata Hari. Paris 1932
–: L'Espionne de l'empereur. Paris 1933
–: Mes Souvenirs. (Contre-espionnage) Paris 1937
Lawrence, T. E.: Aufstand in der Wüste. Leipzig 1927
–: Die sieben Säulen der Weisheit. Leipzig 1936
–: Secret Despatches from Arabia. London 1939
–: Selbstbildnis in Briefen (1906–1935). Hrsg. David Garnett. München, Leipzig 1948
Liddell Hart, B. H.: T. E. Lawrence in Arabia and after. London 1936
Waagenaar, S.: Sie nannte sich Mata Hari. Hamburg 1964

Trust

Agabekow, G.: Die Tscheka bei der Arbeit. Stuttgart, Berlin, Leipzig (um 1935)
Bailey, G.: The kidnapping of General Kutyepov (1930). In: Bailey: The conspiracy. New York 1960
Bessedowskij, G. Z.: Na Putjack k Termidoru: Is Wospominanij bywschago sowjetskago Diplomata. Bd. 1/2. Paris 1931
Bielickij, S. M.: Opieratiwnaja rozwiedka. Moskau 1929
Kriwitzki, W. G.: Agent de Staline. Paris 1940
Leggett, G.: The Cheka. Lenin's Political Police. The All-Russian Extraordinary Commission for Combating Counter-Revolution and Sabotage (December 1917 to February 1922). Oxford 1979
Lockhart, Sir R. H. B.: Vom Wirbel erfaßt – Bekenntnisse eines britischen Diplomaten. Stuttgart 1933
Wraga, R.: Trust. In: Kultura, Nr. 4/21–5/22. Paris 1949

Britischer Superagent

Bailey, G.: Boris Savinkow et Sydney Reilly. In: Bailey: La Guerre des services secrèts soviétiques. Paris 1962
Churchill, R.: The Life and Death of a Master Spy. In: Daily Mail, 29. Juli 1968
Debo, R. K.: Lockhart Plot or Dzerzhinskii Plot? In: Journal of Modern History, XLIII/1971
Kettle, M.: Sidney Reilly: The True Story. London 1983
Lockhart, Sir R. H. B.: Memoirs of a British agent. London 1932
–: Ace of spies (Sidney Reilly). London 1967
Reilly, S.: The Adventures of Sidney Reilly. By himself. London 1931
The Secret Documents of Sidney Reilly – eine Artikelserie in: Evening Standard. Mai 1931

Charmeur als Spion

Banach, K.: Zasady i metody pracy Oddzialu II Sztabu Glównego. Warschau 1938.
Der ungeklärte Fall Major Sosnowskis. Polnische Wochenschau, 24/1971
Godlewski, J.: Z archiwow kontrwywiadu polskiego. Warschau 1931.
Orlicz, J./Zwit, Z.: Wywiad Polski w III Rzeszy, »Polityka«, 39/1960
Reile, O.: Spionagefall des Rittmeisters Sosnowski. In: Reile: Geheime Ostfront. München 1963
Rogers, A. D.: Donne intorno al colonnello Sosnovski. In: Rogers: Le grandi Potenze del Top Secret. Rom 1960
Sadowski, L.: Oddzial II Sztabu Generalnego. Manuskript. Warschau 1937
Soltikow, M. Graf: Rittmeister Sosnowski. Hamburg 1954

Chef der Abwehr

Abshagen, K. H.: Canaris. Stuttgart 1950
Charisius, A.: Zur Rolle von Spionage und Diversion in den Blitzkriegsplänen des deutschen Generalstabes. In: Zeitschrift für Militärpolitik. Jg. 1962
Feindnachrichtendienst – HDv g 89. Berlin 1941
Groscurth, H.: Tagebücher eines Abwehroffiziers 1938–1940. Stuttgart 1970
Höhne, H.: Canaris. Patriot im Zwielicht. München 1976
Lahousen, E.: Materialien und Dokumente. In: Der Prozeß gegen die Hauptkriegsverbrecher vor dem Internationalen Militärgerichtshof in Nürnberg. Reg. Bd 23/24. Nürnberg 1949
Leverkuehn, P.: Der militärische Nachrichtendienst. In: Bilanz des Zweiten Weltkrieges. Oldenburg 1953
Schramm, W. v.: Der Geheimdienst in Europa 1937–1945. München, Wien 1974

Der Zweite Weltkrieg bricht aus

Kozaczuk, W.: Bitwa o tajemnice – 1922–1939. Warschau 1969
Reile, O.: Geheime Ostfront. Die deutsche Abwehr im Osten 1921–1945. München 1963
Schellenberg, W.: Materialien und Dokumente. In: Der Prozeß gegen die Hauptkriegsverbrecher vor dem Internationalen Militärgerichtshof Nürnberg. Reg. Bd 23/24. Nürnberg 1949
–: Memoiren. Köln 1959

Sie kamen von See her

Kahn, D.: Hitler's Spies. New York 1978
Leverkuehn, P.: Der geheime Nachrichtendienst der deutschen Wehrmacht im Kriege. Frankfurt/M. 1957
Merrilees, W.: The Short Arm of the Law. London 1973
Reile, O.: Geheime Westfront. Die Abwehr 1935–45. München 1962
Schramm, W. v.: Geheimdienst im Zweiten Weltkrieg. Organisationen, Methoden, Erfolge. München–Wien 1979

Moskaus erfolgreichster Spion

Boveri, M.: Richard Sorge. In: Boveri: Der Verrat im 20. Jahrhundert. Bd. 3, Hamburg 1957
Christiansen-Clausen, M.: Dem Morgenrot entgegen. In: Der Binnenschiffer. Berlin Nr. 8/1960 bis Nr. 17/1961
Eisler, G.: Erinnerungen an Richard Sorge. In: Neues Deutschland. 2. Nov. 1964
Hanako, Ishii (Miyake): Der Mensch Sorge. Tokio 1949
Hearings on American aspects of the Richard Sorge spy case. Based on the testimony of Mitsusade Yoshikawa and Maj. Gen. Charles A. Willoughby. House of Representatives. 82 Congr., 1st Sess., Aug. 1951. Washington, D.C. 1951
Kolesnikow, M. S.: Takim byl Richard Zorge. Moskau 1965
Lissner, I.: Mein gefährlicher Weg. München 1975
Mader, J./Stuchlik, G./Pehnert, H.: Dr. Sorge funkt aus Tokio. Berlin 1966
Mader, J.: Dr. Sorge-Report. Berlin (Ost) 1984
Meissner, H.-O.: Ich kannte Richard Sorge. Moskaus tüchtigster Spion. In: Digest des Ostens, 5 (1962) Nr. 4
Ott, E.: Der Fall Sorge in neuer Sicht. In: Wetzlarer Neue Zeitung, 26. März 1957
Ozaki, H.: Zoruge-jiken (Der Fall Sorge). Tokio 1963
Schellenberg, W.: Der Fall Richard Sorge. In: Schellenberg: Memoiren. Köln 1959
Sorge, R.: Japans Erdölsorgen. In: Der deutsche Volkswirt, 36/1937, Berlin
Sorge, Chr.: Mein Mann – Richard Sorge. In: Die Weltwoche, 11. Dez. 1964
Toku-shomu-hi No. 113 (Geheimer Spezialbericht Nr. 113) über die Festnahme der Gruppe »Ramsay« vom 10. Juni 1942. Archiv des Prolizeipräsidenten, Tokio
Willoughby, Ch. A.: Shanghai Conspiracy. The Sorge spy ring. New York 1952
Wolkow, F. D.: Sein Leben – eine Heldentat. Zum 70. Geburtstag von Richard Sorge. In: Krasnaja Swiesda, 5. Oktober 1965, Moskau

Operation »Ultra Secret«

Beachley, D. R.: Soviet radio-electronic combat in World War II. In: Military Review, 61 (1981) H. 3
Beesly, P.: Very Special Intelligence. Geheimdienstkrieg der britischen Admiralität 1939–1945. Berlin 1978
Bell, E. K.: An Initial View of Ultra as an American Weapon. New Hampshire 1977
Bertrand, G.: Enigma ou la plus grande énigme de la guerre 1939–1945. Paris 1973
Blumenson, M.: Will »Ultra« rewrite History? In: Army, August 1978
Calvocoressi, P.: The Secrets of Enigma. In: The Listener, 20.–27. Jan. 1977, London
–: Top Secret Ultra. London 1980
Deutsch, H. C.: The Historical Impact of Revealing the Ultra-Secret. In: Parameters, 8 (1978) Nr. 4
Ewald, G.: Funkmeßorganisation im Zweiten Weltkrieg. In: Soldat und Technik, 6/1969
Farago, L.: Codebrecher am Werk. Berlin 1967
Funkaufklärung und Rundfunk im Zweiten Weltkrieg. In: Fernmelde-Impulse, 11 (1970) H. 4
Guthardt, K.: Mit den Ohren im feindlichen Lager. (Fernmeldeaufklärung). In: Fernmelde-Impulse, 1 (1960) H. 1
Kozaczuk, W.: Zlamany Szyfr. Warschau 1976

Lewin. R.: Entschied Ultra den Krieg? Alliierte Funkaufklärung im 2. Weltkrieg. Koblenz 1981

McLachlan, D.: Room 39. London 1968

Montagu, E.: Beyond Top Secret U. London 1977

Piekalkiewicz, J.: Rommel und die Geheimdienste in Nordafrika 1941–1943. München 1984

Praun, A.: Soldat in der Telegraphen- und Nachrichtentruppe. Würzburg 1965

Randall, B.: The Colossus. Paper presented at the International Research Conference on the History of Computing. Los Alamos Scientific Laboratory, Univ. of California June 10–15th. 1976

Rohwer J./Jäckel, E. (Hrsg.): Die Funkaufklärung und ihre Rolle im 2. Weltkrieg. Stuttgart 1979

Rohwer, J.: Die alliierte Funkaufklärung und der Verlauf des Zweiten Weltkrieges. In: Vierteljahreshefte für Zeitgeschichte, 27 (1979), Heft 3

–: »Ultra« xB-Dienst und »Magic«. In: Marine-Rundschau, 76 (1979) H. 10

–: War »Ultra« kriegsentscheidend? In: Marine-Rundschau, 76 (1979) H. 1

Sambuy, V. di: Un segreto svelato: In segreto »Ultra«. In: Rivista Marittima, 109 (1976) No. 1

Santoni, A.: Il Vero Traditore. Rom 1980

Schwarte, M.: Mechanisiertes Chiffrieren. In: Heerestechnik, 6 (Okt. 1928) H. 10

Spiller, R. J.: Some Implications of Ultra. In: Military Affairs, April 1976

Stürzinger, O.: Funkaufklärung und -entzifferung im Zweiten Weltkrieg. In: Armada International, 3 (1979) H. 4

Türkel, Dr. S.: Chiffrieren mit Geräten und Maschinen. Graz 1927

Welchman, G.: The Hut Six Story. Breaking the Enigma codes. New York 1982

Winterbotham, F. W.: The ultra story. London 1974

–: Aktion Ultra. Deutschlands Codemaschinen helfen den Alliierten siegen. Berlin 1976

Woytak, R. A.: The Origins of the Ultra-Secret Code in Poland. 1937–1938. In: The Polish Review, New York, XXIII (1978) Nr. 3

Im Auftrag des SIS

Lomax, Sir J.: The Diplomatic Smuggler. London 1965

Reid. P. R.: Diplomat zwischen den Fronten. Frauenfeld 1963

Operation »Double Cross«

Brown, A. C.: Bodyguard of Lies. New York 1975

–: Die unsichtbare Front. München 1976

Churchill, W. S.: Der Zweite Weltkrieg, 5 Bde. Zürich 1949–1953

Cruickshank, C. G.: Deception in World War II. London 1979

Farago, L.: The Game of the Foxes. New York 1971

–: Das Spiel der Füchse. Berlin 1972

Firmin, S.: They came to spy. – German spies in England in World War II. London 1950

Hinsley, F. H./Thomas, E. E./Ransom, C. F. G./Knight, R. C.: British Intelligence in the Second World War. Its Influence on Strategy and Operations. H. M. Stationery Office 1979. 3 Bde. London 1979–84

Hoover, J. E.: The Spy who Double-Crossed Hitler. In: American Magazine, Band 141, Mai 1946

Masterman, J. C.: The Double-Cross System in the War 1939–1945. New Haven 1972

–: Unternehmen Doppelspiel. Wien, München, Zürich 1973

Newman, B.: Interrogation of a spy. In: Newman: Spies in Britain. London 1965

Piekalkiewicz, J.: Invasion – Frankreich 1944. München 1979

Pruck, E.: Das Verhör (Kriegsgefangener). In: Wehrkunde, 4 (1955) H. 7

Ritter, N.: Deckname Dr. Rantzau. Hamburg 1972

Sheen, H. G.: The disintegration of the German intelligence services. (World War II) In: Military Review, 29 (Juni 1949)

Singer, K. D.: Spies and traitors of World War II. New York 1945

West, N.: MI5: British Security Service Operations 1909–1945. London 1981

–: MI6 – British Secret Intelligence Service Operations 1905–45. London 1983

White, J. B.: The Big Lie. New York 1955

Wighton, C./Preis, G.: They spied on England. London 1958

Die Rote Kapelle

Blank, A. S./Mader, J.: Rote Kapelle gegen Hitler. Berlin (Ost) 1979

Boveri, M.: »Rote Kapelle« (Schulze-Boysen-Harnack). In: Boveri: Der Verrat im 20. Jahrhundert. Bd. 2. Hamburg 1956

Boysen, E.: Harro Schulze-Boysen. Düsseldorf 1947

Buchheit, G.: Der Spionagering »Rote Kapelle«. In: Buchheit: Der deutsche Geheimdienst. München 1966

Dallin, D. J.: Die Rote Kapelle in Deutschland. Die Gruppe Schulze-Boysen-Harnack. Unternehmen Fallschirm. In: Dallin: Die Sowjetspionage. Köln 1956

Eugster, J.: Die Spionageabwehr (der Schweiz) im Aktivdienst. In: Die Schweiz im Zweiten Weltkrieg. Thun 1959

Flicke, W. F.: Spionagegruppe Rote Kapelle. Kreuzlingen 1954

›Freddy‹, Capitaine: La Vérité sur la Rote Kapelle. In: Europe-Amérique, 2. und 9. Oktober 1947

Heilbrunn, O.: Ein klassischer Spionagefall: Die Rote Kapelle, 1941–1943. In: Heilbrunn: Der sowjetische Geheimdienst. Frankfurt/M. 1956

Höhne, H.: Kennwort: Direktor. Die Geschichte der Roten Kapelle. Frankfurt/M. 1970

Kuckhoff, G.: Ein Abschnitt des deutschen Widerstandskampfes. In: Die Weltbühne 3+4/1948

Lehmann, K.: Widerstandsgruppe Schulze-Boysen/Harnack. Berlin (Ost) 1948

Masson, R.: Service secret 1940–1945. In: Revue militaire suisse, 109 (1964), Nr. 6

Michel, H.: Formes d'action de la Résistance: Le renseignement. Les réseaux. In: Michel: Bibliographie critique de la Résistance. Paris 1964

Nollau, G./Zindel, L.: Gestapo ruft Moskau. München 1979.

Perrault, G.: Auf den Spuren der Roten Kapelle. Reinbek 1969

Piekalkiewicz, J.: Spione Agenten Soldaten – Geheime Kommandos im Zweiten Weltkrieg. München 1969

Piepe, H.: Harburger jagte Agenten. In: Harburger Anzeiger und Nachrichten. 30. September bis 31. Oktober 1967

Rado, S.: Deckname Dora. Stuttgart 1973

Reichssicherheitshauptamt. (SS. RSHA). Materialien und Dokumente. In: Der Prozeß gegen die Hauptkriegsverbrecher vor dem Internationalen Militärgerichtshof Nürnberg. Reg. Bd 23/24. Nürnberg 1949

Reile, O.: Geheime Ostfront. München 1963

Rivet: Abwehr et Gestapo en France pendant la guerre. In: Revue d'histoire de la deuxième Guerre mondiale, 1 (1950) Nr. 1

Schramm, W. v.: Verrat im Zweiten Weltkrieg. Düsseldorf, Wien 1967

Schulze-Boysen, H.: Gegner von heute – Kampfgenossen von morgen. Berlin 1932

Sudholt, G. (Hrsg.): Das Geheimnis der Roten Kapelle. Leoni am Starnberger See 1979

Trenkle, F.: Die deutschen Funkpeil- und Horch-Verfahren bis 1945. AEG-Telefunken AG. Ulm 1982

Trepper, L.: Die Wahrheit. München 1975

Geheimdienste der Gegenwart

Agee, P.: Inside the Company: CIA Diary. London 1975

Alcorn, R. H.: No bugles for spies. Tales of the OSS. London 1963

Archard-James, A.: Wesentliche und bleibende Grundsätze des Nachrichtendienstes. In: Wehrkunde, 11/1962

Auswertung von Nachrichten. In: Schweizerische Militärzeitschrift, 117 (1951), H. 1

Baker, La Fayette C.: History of the United States secret service. Philadelphia 1867

Bamfort, J.: NSA – Amerikas geheimster Nachrichtendienst. Zürich 1986

Barron, J.: KGB heute. Moskaus Spionagezentrale von innen. Bern, München 1984

Ben Gurion, D.: Israel – die Geschichte eines Staates. Frankfurt/M. 1974

Berlin, J.: Trente ans de Sûreté Nationale. Paris 1950

Bielickij, S. M.: Opieratiwnaja rozwiedka. Moskau 1929

Borcke, A. v.: KGB – Die Macht im Untergrund. Stuttgart 1987

Branch, T.: The Trial of the CIA. In: New York Times Magazine 12. September 1976

Brown, A. C. (Hrsg.): The Secret War Report of the OSS. New York 1976

Brunavs, H.: NKWD-Befehle ohne Kommentar. In: Baltische Hefte, 3 (1956), H. 1

Brunovsky, V.: The Methods of the OGPU. London 1931

Buchheit, G.: Der deutsche Geheimdienst. Geschichte der militärischen Abwehr. München 1967

–: Die anonyme Macht. Frankfurt/M. 1969

Bulloch, J.: M.I.5 (Military Intelligence) the origin and history of the British Counter-espionage Service. 1909–1963. London 1963

Colby, W.: My Life in the CIA. New York 1978

Cookridge, E. H.: Zentrale Moskau. Hannover 1956
–: Karriere Doppelagent (George Blake). Oldenburg 1968
–: Gehlen, Spy of the Century. London 1972
Constantinides, G. C.: Intelligence and espionage. An analytical bibliography. New York 1983
Dahl, K.: History of intelligence. A selected bibliography. Lund/Schweden 1979
Dallin, D. J.: Die Sowjetspionage. Köln 1956
Deacon, R.: The Israeli Secret Service. London 1977
Declassified Reports of the Office of Intelligence Research ... Bibliography Nr. 42. Washington, D. C. 1949
Deriabin, P. S.: The Kremlin's espionage and terror organizations. Washington, D. C. 1959
Der Militärische Abschirm-Dienst (MAD) in der Bundeswehr. In: Information für die Truppe, 10/1966
Der unsichtbare Gigant. Aufbau und Arbeitsweise des KGB. In: Die politische Meinung, Mai/Juni 1985
Eisenberg, D./Dan, U./Landau, E.: The Mossad. New York 1978
Erasmus, J.: Der geheime Nachrichtendienst. Göttingen 1955
Farago, L.: War of wits, Secrets of espionage and intelligence. London 1956
Follath, E.: Das Auge Davids. Hamburg 1982
Ford, C.: Donovan of O.S.S., Boston 1970
Freemantle, B.: KGB. New York 1982
Fricke, H. W.: Die DDR-Staatssicherheit, Entwicklung, Strukturen, Aktionsfelder. Köln 1982
Gehlen, R.: Der Dienst. Erinnerungen 1942–1971. Mainz 1971
Geiger, W./Menzel, W.: Möglichkeiten und Grenzen des Verfassungsschutzes. In: Politische Studien, 5 (1955) H. 59
Goodman, P.: The military intelligence organization. In: Military Review, 38 (März 1959)
Granovsky, A. M.: I Was a Soviet Police Spy. In: The Nongq, XLIII (1952) Nr. 7
Hagen, W.: Die geheime Front. Organisationen, Personen und Aktionen des deutschen Geheimdienstes. Stuttgart 1950
Halperin, M. H.: N(ational) S(ecurity) A(gency) Spying: Most Secret Agents. In: The New Republic, 26. Juli 1975
Haswell, J.: British Military Intelligence. London 1973
Heilbrunn, O.: Der sowjetische Geheimdienst. Frankfurt/M. 1956
Hoover, J. E.: J. Edgar Hoover and the FBI. In: Newsweek, 64 (1964) Nr. 23
Intelligence. In: The Army Quarterly, 1 (1921) Nr. 2
Internal Security Manual. Washington, D. C. 1953
Jahresberichte des Bundesamtes für Verfassungsschutz, herausgegeben vom Bundesminister des Innern, Bonn 1971–86
Jeffreys-Jones, R.: American Espionage, from Secret Service to CIA. N. Y. 1977
Kaledin, V. K.: Moscow-Berlin Secret Services. (The activities of the OGPU and the Gestapo). London 1940
Kirkpatrick, L. Jr.: The Real CIA. New York 1968
Lauchner: Nachrichtenaufklärungswesen. In: Militärpolitisches Forum, 2 (1952) Nr. 3
Lee, A.: Militärischer Nachrichtendienst im Atomzeitalter. In: Wehrkunde, 13/1964
Levergeois, P.: J'ai choisi la DST. Paris 1978
Lewytzkyj, B.: Die rote Inquisition. Die Geschichte der sowjetischen Sicherheitsdienste. Frankfurt/M. 1967
Liddell Hart, B. H.: Fragen des Nachrichtendienstes. (Intelligence problems.) In: Wehrkunde, 10/1961
Liss, U.: Der entscheidende Wert richtiger Feindbeurteilung. In: Wehrkunde, 8/1959
Lucas, N.: Die Sowjetspionage. Organisation, Methode u. Praxis des sowjetischen Geheimdienstes im Westen. Wien 1966
MacGarvey, R./Caitlin, E.: The complete Spy. New York 1983
Murder International Inc. Murder and kidnapping as an instrument of Soviet policy. Senate Report. Washington, D.C. 1965
Myagkov, Al.: KGB intern. Enthüllungen eines Offiziers der III. Hauptabteilung. Stuttgart 1977
Nietsch, E.: Secret Service. Englands vierte Armee. In: Militärpolitisches Forum, 6 (1957) H. 11
Paillole, P.: Services Speciaux 1935–1945. Paris 1978
Pfenninger, A.: Infiltrationen und deren Abwehr. In: Schweizerische Militär-Zeitschrift, 118/1952
Piekalkiewicz, J.: Israels langer Arm – Geschichte der israelischen Geheimdienste und Kommandounternehmen. Frankfurt/M. 1975
Red Spy Beat. (Das Nachrichtenbureau Tass in Moskau als Spionagezentrale). In: Newsweek, 47 (1956) Nr. 10
Richter, S.: S.S. Servizio segreto – Metodi, tecnica, mezzi. Mailand 1941
Rogers, A. D.: Le grande Potenzi del Top Secret – I Servizi segreti. Rom 1960
Rositzki, H.: The KGB: The Eyes of Russia. New Nork 1981
Schema der Abwehrorganisationen der USA. In: Wise: Die unsichtbare Regierung. Frankfurt/M. 1966
Schild und Flamme. Dokumentation über die sowjetischen Staatssicherheitsorgane. Berlin (Ost) 1974
Senger und Etterlin, F. M. v.: Die Feindlagebeurteilung. In: Wehrwissenschaftliche Rundschau, 7 (1957) H. 3
Seth, R.: The art of spying. London 1957
Smith, R. H.: OSS: The Secret History of America's First Central Intelligence Agency. Berkeley 1972
Soviet espionage. In: Military Review, Juni 1961
Spetsnaz: The Soviet Union's Special Forces. In: Military Review, März 1984.
Spy Service. (Büro Gehlen). In: Time. Atlantic ed., 66 (1955) Nr. 2
Stiller, W.: Im Zentrum der Spionage (DDR). Mainz 1986
Suworow, V.: GRU: Die Speerspitze. Bern, München 1985
Syrett, D.: The secret war and the historians. In: Armed forces and society, 9 (1983)
The Central Intelligence Agency. Washington, D. C.: CIA 1974. Pamphlet
The KGB's Spies in America. Special Report. In: Newsweek, 23. Nov. 1981
The Story of the Federal Bureau of Investigation. Washington, D. C. 1946
Tully, A.: CIA. The Inside Story. New York 1962
U. S. Commission on Organization of the Executive Branch of the Government. Intelligence acitivities. A Report to the Congress. Washington, D. C. 1955
Vagts, A.: Diplomacy, military intelligence and espionage. In: Vagts: Defense and diplomacy. New York 1958
Verfassungsschutz. Beiträge aus Wissenschaft und Praxis. Hrsg. vom Bundesministerium des Innern. Köln 1966
Walde, T.: ND-Report: Die Rolle der Geheimen Nachrichtendienste im Regierungssystem der Bundesrepublik Deutschland. München 1971
Walter, G.: Geheime Nachrichtendienste. In: Wehrkunde, 13/1964
Wehner, W.: Geheim. Ein Dokumentarbericht über die deutschen Geheimdienste. München 1960
West, N.: A Matter of Trust: MI5 1945–72. London 1982
–: MI6. London 1983
Whitehead, D.: The FBI Story. New York 1956
Wie wir unseren Staat schützen. Wie arbeitet das Bundesamt für Verfassungsschutz? In: Information für die Truppe, 7/1966
Windecke, C.: Spionage. Vom Geheimdienst der Großmächte. Bern 1944
Wise, D./Ross, T. B.: The Espionage establishment. New York 1967
Wolton, T.: Le KGB en France. Paris 1986
Yardley, H. O.: Secret Service in America. New York 1940, London 1940
Zolling, H./Höhne, H.: Pullach intern. General Gehlen und die Geschichte des Bundesnachrichtendienstes. Hamburg 1971

Was geschah zwischen 1945 und heute?

A big Spy – a bigger game. (Colonel Abel.) In: Newsweek, 50 (1957) Nr. 8
Abbott, J. P.: The intelligence puzzle ... the essential elements of information. In: Army, 7 (1956) Nr. 1
Alem, J.-P.: L'espionnage à travers les âges. Paris 1977
–: L'espionnage et la Contre-espionnage. Paris 1980
Amerikanische Abhörzentrale auf dem Gebiet der DDR ausgehoben. In: Dokumentation der Zeit, 119/1956
Archard-James, A.: Le Facteur ennemi – Le travail du 2e Bureau. Paris 1954
–: Intelligence in atomic warfare. In: Military Review, 36 (1956) Nr. 3
Atholl, J.: How Stalin knows. The story of the great atomic spy conspiracy. London 1951
Augias, C.: Giornali e spie. Mailand 1983
Barring, L.: Geheimagenten und Spione. Bayreuth 1968
Bartels, J.: Arbeitsweise fremder Nachrichtendienste gegen die Bundeswehr. In: Truppenpraxis, 4/1958
–: Abwehrmaßnahmen gegen Anbahnungsversuche fremder Nachrichtendienste. In: Truppenpraxis, 5/1958

Bateman, M. E. (Hrsg.): The fourth dimension of warfare. Bd. 1.: Intelligence. Manchester 1970
Bergh, H. van: ABC der Spione. Pfaffenhofen 1965
–: Der Fall Alfred Frenzel – »Der Spion im Bundeshaus«. In: Bergh: ABC der Spione. Pfaffenhofen 1965
–: Die Überläufer, Würzburg 1979
Bernikov, L.: Abel. London 1970
Bittmann, L.: Geheimwaffe D. (Technik der Desinformation). Bern 1972
Borer, E.: Spionage. Anwerbemethoden und Anwerbepraktiken der Geheimdienste. Kreuzlingen 1975
Boveri, M.: Der Verrat im 20. Jahrhundert. Bd 1–4. Hamburg 1956–1960
–: Der Repräsentant des gespaltenen Landes: Otto John. In: Boveri: Der Verrat im 20. Jahrhundert. Hamburg 1956
–: Klaus Fuchs. In: Boveri: Der Verrat im 20. Jahrhundert. Bd. 4. Hamburg 1960
Boyle, A.: Ring der Verräter – Fünf Spione für Rußland. Hamburg 1980
Buchheit, G.: Die anonyme Macht. Aufgaben, Methoden, Erfahrungen der Geheimdienste. Frankfurt/M. 1969
Bulloch, J./Miller, H.: Spy ring. The full story of the Portland naval secrets case. (The Russian agent Gordon Lonsdale, 1961) London 1961
Clark, R. W.: The great Canadian Secrets Case. (Gouzenko) In: Clark: Great Moments in espionage. London, New York 1963
–: How Klaus Fuchs helped Russia. In: Clark: Great Moments in espionage. London 1963
88. Congress. 2nd Sess. Senate Committee on the Judiciary. The Wennerström Spy Case. How it touched the U.S. and NATO. Washington, D. C. 1964
Connolly, C.: The Missing Diplomats. London 1952
Cookridge, E. H.: Traitor betrayed. The true story of George Blake. London 1962
–: George Blake: Double Agent. London 1968
–: Karriere: Doppelagent. Kim Philby, Meisterspion für London und Moskau. Oldenburg 1968
Deacon, R.: A history of the British Secret Service. London 1969
Deindorfer, R. G. (Hrsg.): The Spies. New York 1969
Delmer, S.: Otto John (als Widerstandskämpfer in England 1944). In: Delmer: Die Deutschen und ich. Hamburg 1962
Deriabin, P./Gibney, F.: The Secret World. New York 1959
Dethleffsen, E.: Die Aufgaben eines Auslandsnachrichtendienstes. In: Außenpolitik, 20 (1969) H. 11
Dille, J.: A tip Berlin's police ignored. (Affäre Dr. John vom 20. Juli 1954). In: Life, 17 (1954) Nr. 6
Donovan, J. B.: Der Fall des Oberst Abel. Frankfurt/M. 1964
Driberg, T.: Guy Burgess. London 1956
Dulles, A. W.: Im Geheimdienst. Düsseldorf, Wien 1963
–: The Craft of Intelligence. London 1963
–: Der lautlose Krieg – 39 berühmte Spionagefälle. München 1968
Epstein, J.: Zur Problematik des Geheimnisverrats. In: Schweizer Monatshefte, Jg. 43 (1963/64)
Erasmus, J.: Der geheime Nachrichtendienst. Göttingen 1955
Espionage, Artist in Brooklyn (Rudolf Ivanovich Abel, Colonel of Soviet Intelligence). In: Time, 70 (1957) Nr. 8
Evans, M.: The Secret War for the A-Bomb. New York 1953
Expose of Soviet espionage, May 1960. Prep. by the Federal Bureau of Investigation, U.S. Department of Justice ... (Document No. 114) Washington, D. C. 1960
Farago, L.: War of wits. Secrets of espionage and intelligence. London 1956
–: Burn after reading. New York 1961
Felfe, H.: Im Dienst des Gegners – 10 Jahre Moskaus Mann im BND. Hamburg 1986
Fineberg, S. A.: The Rosenberg case. Fact and fiction. New York 1953
Fitzgibbon, C.: Secret Intelligence in the Twentieth Century. London 1976
Foote, A.: Handbook for Spies. London 1953
Franklin, C.: Spies of the Twentieth Century. London 1967
Frederik, H.: Das Ende einer Legende. München 1972
Frischauer, W.: The Man who came back. The story of Otto John. London 1958
Fuhrer, H. R.: Spionage gegen die Schweiz. Frauenfeld 1982
Garder, M.: La Guerre secrète des services spéciaux français 1935–1945. Paris 1967
Gauché, (M. H.): Aufgabe und Arbeitsweise des 2. Bureau. In: Wehrkunde, 10/1961
Gehlen, R.: Verschlußsache. Mainz 1980
Gerken, R.: Praktiken der tschechischen Geheimdienste. In: Gerken: Spione unter uns. Donauwörth 1965
Geyr von Schweppenburg, L. Frhr.: Militär-Attachés. In: Wehrwissenschaftliche Rundschau, 11/1961
Gramong, S. de: Ein schlechtes Jahr für England (Der Fall Lonsdale 1961). In: Gramont: Der geheime Krieg. Wien 1962
–: Harry Golds Bekenntnisse. In: Gramont: Der geheime Krieg. Wien 1962
Gouzenko, I.: This was my choice. London 1948
Hagen, W.: Die geheime Front. Zürich 1950
Hagen, L.: Der heimliche Krieg auf deutschem Boden. Düsseldorf 1969
Hamilton, P.: Espionage, Terrorism and Subversion in an Industrial Society. Letherhead, Surrey 1979
Herrschaft, A.: Die Versuchung der Zeit. (Affäre Dr. John) In: Militärpolitisches Forum, 3 (1954) Nr. 9
Heymont, I.: Combat Intelligence in Modern Warfare. Harrisburg/Pa. 1960
Hirsch, R.: The Soviet Spies. The story of Russian espionage in North America. London 1948
Hoare, G.: The Missing MacLean. London 1956
Hochverrat, Staatsgefährdung, Landesverrat. Strafrechtsänderungsgesetz vom 30. August 1951. Heidelberg 1951
Houbart, J./Rankovitch, J.-M.: Guerres sans drapeau. Paris 1966
Ind, A.: A short History of Espionage. New York 1963
–: Intelligence defined. – Counter-intelligence defined. In: A History of modern espionage. London 1965
In Sachen Francis G(ary) Powers. Dokumente vom Prozeß gegen den amerikanischen Fliegerspion F. G. Powers in Moskau am 17.–19. August 1960. T. 1.2. Bonn 1960
Jentsch, E.: Agenten unter uns. Düsseldorf 1966
Joesten, J.: Im Dienste des Mißtrauens. München 1964
John, O.: The Man with 1000 secrets. In: Time, 64 (1954) Nr. 5
–: West Germany. End of a nightmare? (Otto John's return.) In: Newsweek, 46 (1955) Nr. 26
–: Zweimal kam ich heim. Düsseldorf 1969
Joint Committee on Atomic Energy, Soviet Atomic Espionage. Washington, D. C. April 1951
Kahl, W.: Spionage in Deutschland heute. München 1986
Klein, K.: Grundlagen und Systematik der sowjetischen Deutschlandspionage. In: Truppenpraxis, 2/1958
Köhler: Hochverrat und Landesverrat. In: Archiv für Strafrecht und Strafprozeß. Jg. 51
Krogers' pads: An Innocent Looking Surburban House was the Hub and Bank of Spy Ring. Prosecution Allege. In: The (London) Times, 14. März 1961
Lonsdale, G.: Spy. Twenty years of secret service. Memoirs. London 1965
Lüönd, K.: Spionage und Landesverrat in der Schweiz. 2 Bde. Zürich 1977
Mader, J./Charisius, A.: Nicht länger geheim. Berlin 1969
Marchetti, O.: Il Servizio Informazioni dell'esercito italiano nella Grande Guerra. Rom 1937
McCarthy: Investigations (McCarthy-Affäre). In: Time, 63 (1954) Nr. 18–23
Mennevée, R.: L'espionnage international en temps de paix. 2 Bde. Paris 1929
Mittelbach, H.: Das Staatsgeheimnis und sein Verrat. In: Juristische Rundschau, 8 (1953), Berlin
Morgenstern, O.: Das Sicherheitsverfahren: Information, Nachrichtendienst und Geheimhaltung. In: Morgenstern: Strategie heute. Frankfurt 1962
Newman, B.: Spione – gestern, heute, morgen. Stuttgart 1952
–: Real life spies. London 1956
–: Spionage – Mythos und Wirklichkeit. München 1964
Oberg, J. E.: Red Star in Orbit. New York 1981
O'Donnell, J. P.: The case of the amazing turncoat. (Otto John.) In: The Saturday Evening Post, 227 (1955)
Orlov, A.: Handbook of intelligence and guerrilla warfare. Ann Arbor 1963
Page, B./Leitch, D./Knightley, Ph.: Philby. Der Spion, der seine Generation verriet. Hamburg 1968
–: Philby. London 1977
Patterns of communist espionage. Report by the Committee on un-American activities. Washington, D. C. 1958
Penkowskij, O.: Geheime Aufzeichnungen. München 1966
Philby, E.: Kim Philby, The Spy I loved. London 1968

Philby, K.: My Silent War. New York 1968
–: Mein Doppelspiel. Autobiographie eines Meisterspions. Gütersloh 1968
–: Im Secret Service. Erinnerungen eines sowjetischen Kundschafters. Berlin (Ost) 1983
Pilat, O.: The Atom Spies. London 1954
Pincher, C.: Their Trade is Treachery. London 1981
–: Too Secret Too Long. London 1984
Political Spies. In: Quarterly Review, CLXXVII (1893)
Pojmany s policnym. Sbornik faktov o spionaze i drugich podryvnych ejstvijach SSA protiv SSSR. Moskau 1960. (Auf frischer Tat gefaßt. Sammlung von Tatsachen über Spionage- und Sabotage-Unternehmen der USA gegen die UdSSR).
Powers, G. F.: Operation Overflight: The U-2 Pilot Tells His Story for the First Time. New York 1970
Radosh, R./Milton, J.: The Rosenberg File. A search for the truth. London 1983
Ransom, H. H.: The Intelligence Establishment. Cambridge (USA) 1970
Reile, O.: Macht und Ohnmacht der Geheimdienste. München 1968
Report on Soviet espionage activities in connection with the atom bomb. Investigation of un-American activities in the United States. House of Representatives. 80 Congr., 2nd Sess. Washington, D. C. 1948
Report on atomic espionage (Nelson-Weinberg and Hiskey-Adams cases). Washington, D. C. 1949
Richter, S.: S.S. Servizio segreto – Metodi, tecnica, mezzi. Mailand 1941
Rogers, A. D.: Le grandi Potenze del Top Secret – I Servizi segreti, Rom 1960
Rönblom, H. K.: Wennerström – Spion. Berlin 1965
Rowan, R. W.: Spy and Counter-Spy: the Development of Modern Espionage. London 1928
–: The Story of Secret Service. London 1938
Say, H. B.: Censorship for security only. In: Navy. Vol. 3 (Nov. 1960)
Schlomann, F.-W.: Operationsgebiet Bundesrepublik. Spionage, Sabotage und Subversion. München 1984
Scope of Soviet activity in the United States. Hearing before the Subcommittee ... of the Committee on the Judiciary. Washington, D. C. 1956
Seth, R.: Spies at Work. London 1954
Spiel, H.: Die rätselhaften Apostel von Cambridge. Spionage-Politik-Ästhetik. Neue Thesen über den Freundeskreis von Burgess, Blunt und Keynes. In: Frankfurter Allgemeine Zeitung, Nr. 82, 9. April 1983
Spionam net dorogi. Podryvnaja dejatelnost imperialisticeskoj razvedki protiv SSSR. Kiew 1962 (Für Spione keinen Weg! Die Sabotagetätigkeit der imperalistischen Kundschafter gegen die UdSSR)
»Spies« in stripped pants. Red »diplomats« redone to fit the »new front«. In: Newsweek, 47 (1956) Nr. 19
Sterling, C.: Das internationale Terror-Netz. Aufbau, Organisation, Finanzierung, Aktion. Der geheime Krieg gegen die westlichen Demokratien. München 1981
Stripling, R. E.: The Red Plot against America. New York 1949
Strong, Sir K.: Die Geheimnisträger. Wien und Hamburg 1971
The great Berlin Tunnel Mystery. Russians accuse U.S. of tapping wires ... In: Life, 20 (1956) Nr. 11
The missing Spies. (Donald MacLean and Guy Burgess.) In: Time, 66 (1955), Nr. 14
The Penkovskij-Wynne Trial. Official record. Moskau 1963
The Powers trial and its aftermath. 5 lessons for America. In: Air Force, 43 (1960) Nr. 10
The Report of the Royal (Canadian) Commission ... to investigate the facts relating to ... the communication ... of secret and confidential information to agents of a foreign power. Juni 27, 1946. Ottawa 1946 (Fall Gusenko)
The Rise and the ruin of a successful spy (Rudolf Ivanovich Abel). In: Life, 23 (1957) Nr. 6
The shameful Years. Thirty years of Soviet espionage in the United States. Washington, D. C. 1952
Tregenza, M.: Espionage. London 1974
Trevor-Roper, H. R.: The Philby Affair. London 1968
Trial by treason. The National Committee to secure justice for the Rosenbergs and Morton Sobell. Washington: Committee on un-American Activities 1956. VI 137 (House Document No 206. 85th Congress)
Tully, A.: Die unsichtbare Front. Bern 1963
Tunnelspionage. (Hrsg.: Ausschuß d. Nationalen Front d. demokr. Deutschlands.) Berlin (Ost): Tägliche Rundschau 1957
U-2. Cold-war Candor. In: Time, 75 (1960) Nr. 20
Uhl, H.-G.: Militärgeheimnis und Pressefreiheit. In: Wehrwissenschaftliche Rundschau, 17/1967
U.S. Congress. Joint Committee on Atomic Energy. Soviet atomic Espionage. Washington, D. C. 1951
U.S. Congress. Senate. Committee on the Judiciary. Espionage activities of personnel attached to embassies and consulates under Soviet domination in the United States. Hearing ... Washington, D. C. 1952
U.S. Congress. House. Committee on the Judiciary. Registration of certain persons trained in foreign espionage systems. Washington, D. C. 1955
Vagts, A.: Diplomacy, military intelligence and espionage. In: Vagts, Defense and diplomacy. New York 1958
–: The military Attaché. Princeton, N.J. 1967
Valentin, G.: Ein Meisterspion meldet sich zu Wort. Sowjetoberst Abel veröffentlicht Memoiren. In: Digest des Ostens, 9 (1966) H. 5
Wennerström, S.: Mein Verrat – Erinnerungen eines Spions. München 1973
Whiteside, Th.: Wennerström, der perfekte Agent. Frankfurt/M. 1967
–: An Agent in Place: The Wennerstrom Affair. New York 1970
Wighton, C.: Meisterspione der Welt. Düsseldorf 1963
Wise, D./Ross, T.: Das Spionage Establishment. Berlin 1968
Wollenberg, E.: Der Apparat. Essen 1950
Wright, Q.: Legal aspects of the U-2 incident. In: American Journal of internationaI law, 54 (1960)
Wynne, G.: Der Mann aus Moskau. Stuttgart 1967
Yardley, H. O.: The American Black Chamber. Indianapolis 1931

Industriespionage

Anderson, E. J.: A Study of Industrial Espionage. In: Security Management (Januar und März 1977)
Bergh, H. v.: Der Überfall auf die Datenbank. Werkspionage heute. In: Die Welt, 18. Februar 1978
Bergier, J.: Industriespionage. München o. J.
Blaupausenexport, Capital, 3/1977
Bottom, N. R./Gallati, R. J.: Industrial Espionage: Intelligence Techniques and Countermeasures. London 1984
Burkhalter, E. A.: Soviet industrial Espionage. San Francisco 1983
Costick, M.: How to Stop U.S. Technology from Building Soviet Military. American Sentinel, 12. Dezember 1983
Crackdown on Electronic Smugglers, Business Week, 31. Februar 1981
Dan, U.: L'Embargo. Paris 1969
Hahn, B.: Industriespionage. Jurist. Diss. Erlangen 1935
Häggman, B.: Der technisch-industrielle Verrat. Militärspione und elektronische Saboteure. In: Tragik der Abtrünnigen. Verräter, Ketzer, Deserteure. Hrsg. von G. K. Kaltenbrunner. Freiburg i. Br. 1980
Heims, P. A.: Countering Industrial Espionage. Leatherhead, Surrey 1982
How Russia steals U.S. Defense Secrets, U.S. News & World Report 25. Mai 1981
Hoyt, D. B.: Computer as a Target for the Industrial Spy. In: Assets Protection 1, Nr. 1/1981
Mallowe, M./Friend, D.: Russia's High-Tech Heist, Life Magazine, April 1983
Peterson, I.: Keeping Secrets Secret. In: Science News, 17. Oktober 1981
Regnard, H.: L'URSS et le renseignement scientifique technique et technologique. In: Défense nationale. Dezember 1983
Ronge, M.: Kriegs- und Industrie-Spionage. 12 Jahre Kundschaftsdienst. Wien 1930
Schramm, K.: Betriebsspionage und Geheimnisverrat. Berlin 1930
Smith, P./Slee, I.: Industrial Intelligence and Espionage. London 1970
Smith, R. A.: Business Espionage. In: Fortune. Mai 1976
Soviet espionage activities in connection with jet propulsion and aircraft. Hearings before the Committee on un-American activities House of Repres., 81 Congr. 1st Sess. Washington, D. C. 1949
Tauber, J.: Gefahren der Wirtschaftsspionage und -sabotage in der Bundesrepublik. In: Wehrkunde, 13 (1964)
Technology Transfer: A Policy Nightmare, Business Week, 4. April 1983
Tuck, J.: Die Computer-Spione. München 1984
Weber, W.: Industriespionage als technologischer Transfer in der Frühindustrialisierung Deutschlands. In: Technikgeschichte, 42/1975

Wu, Dr. T.: Transfer of United States High Technology to the Soviet Union and Soviet Bloc Nations, U.S. Senate Subcommittee on Investigations, Washington, D. C. 1982

Rüstzeug der Agenten

Andrew, C. M./Dilks, D. N.: The Missing Dimension: Governments and Intelligence Communities in the Twentieth Century. London 1984
Andrew, C. (Hrsg.): Codebreaking and Signals Intelligence. London 1986
Auer, M./Lothrop, E. S.: Les Appareils Photographiques d'Espionnage. Paris 1978
Bergier, J.: Secret Armies. New York 1975
Carroll, J. M.: Confidential Information Sources: Public and Private. Woburn, Mass. 1975
Chartess, P.: Strategie und Technik der geheimen Kriegführung. Berlin 1984
Coe, B.: Kameras. Amsterdam 1978
Cowling, D.: Minispione, Gefahren und Abwehr. Köln/Bonn 1979
Department of Justice (LEAA): Basic Elements of Intelligence. Washington, D. C. 1976
Felix, C.: Methodik der Geheimdienste. Frauenfeld 1964
Hager, W.: Brieftauben. Berlin 1938
Heysinger, M.: Funkaufklärung gegen Minispione. In: Funkschau, 3/1974
Intelligence Requirements for 1986: Elements of Intelligence. Washington, D. C.: National Strategic Information Center 1985
Kennedy, W. V.: The Intelligence War. London 1983
Lamberton, J.: Le métier d'espion. In: Revue militaire d'information, 345/1963
Meier-Gruber/Jameson/Zimmer: Spionage und Technik. Stuttgart 1970
Meyer, C. H./Matyas, S. M.: Cryptology: A New Dimension in Computer Data Security. New York 1982
Murphy, B.: The Business of Spying. London 1973
Norman, B.: Secret Warfare. The Battle of Codes and Ciphers. Newton Abbot 1973
Paine, L.: The Technology of Espionage. London 1978
Praun, A.: Über Klartext und Geheimschriften. In: Wehrwissenschaftliche Rundschau, 18/1968
Yost, G.: Spy-Tech. New York, London 1985

Im Zeitalter der Elektronik

Babington-Smith, C.: Air Spy. New York 1957
Bamford, J.: America's Supersecret Eyes in Space. In: New York Times Magazine, 13. Januar 1985
Borrowman, G. L.: Soviet Military Activities in Space. In: Journal of the British Interplanetary Society, 35, Nr. 2
Carroll, J. M.: Secrets of Electronic Espionage. New York 1966
Chevignard, D.: Les Avions sans pilote. Un nouveau type d'espion automatique. In: Défense nationale, Mai 1973
Die Satellitenaufklärung. In: Österreichische Militär-Zeitschrift, 3/1978
Fink, D. E.: Role of U-2 High Altitude Surveillance to be expanded. In: Aviation Week and Space Technology, 16. Juni 1980
Gordon, D. E.: Electronic Warfare. New York 1981
Green, M.: Intelligence for sale. In: Air Force, 38 (1955) Nr. 11
Gunston, B.: Spy Planes and Electronic Warfare Aircraft. London 1983
Hepp, L.: Funktäuschung. Ein Hilfsmittel der operativen Führung. In: Wehrwissenschaftliche Rundschau, 4/1954
–: Die Funkaufklärung. Ein Teilgebiet des Wellenkrieges. In: Wehrwissenschaftliche Rundschau, 6/1956
Hochmann, S.: Satellite Spies: The Frightening Impact of a New Technology. New York 1976
Jones, R. V.: Scientific Intelligence. In: The Journal of the Royal United Service Institution, XCII/1947
Klass, P. J.: Secret Sentries in Space. New York 1971
Lueder, D. R.: Aerial photographic Interpretation. New York 1959
Peebles, C.: Satellite Photograph Interpretation. In: Spaceflight, April 1982
Platt, W.: Strategic Intelligence Production. Basic Principles. New York 1957
Space World: Big Bird: America's Spy in Space. 8. Januar 1978, Washington, D. C.
Sundaram, G. S.: Elektronische Kampfführung zur See. In: Internationale Wehrrevue, 9 (April 1976), H. 2
Taylor, J. W. R./Mondey, D.: Spies in the Sky. New York 1972

Archive

Archivio Centrale dello Stato, Rom
B.B.C. Archives, London
Bibliothek für Zeitgeschichte, Stuttgart
Bibliothèque Nationale, Paris
Britannic Majesty's Stationery Office, London
Bundesarchiv, Koblenz
Bundespostmuseum, Frankfurt/Main
Central Intelligence Agency (CIA) – Public Affairs, Washington, D. C.
Centralne Archiwum Ministerstwa Spraw Wewnetrznych (CAMSW), Warszawa
Centralne Archiwum Wojskowe (CAW), Warszawa
Institut für Zeitungsforschung, Dortmund
Landsarkivet for Fyn, Odense/Dänemark
National Archives, Washington, D. C.
Public Record Office, London
Service Historique de l'Armée, Paris
Stadtarchiv, Rastatt
Stadtarchiv, Ratingen
The British Library – Newspaper Library, London
The British Museum, London
The Post Office H. Q., London
Zentralbibliothek der Bundeswehr, Düsseldorf

Zeitungen und Zeitschriften

Aftonbladet, Stockholm
Allgemeine Schweizerische Militärzeitschrift, Frauenfeld/Schweiz
Army, Arlington, Va./USA
Aviation Week & Space Technology, New York
Aviatsiya i Kosmonavtika, (Flugwesen und Raumschiffahrt) Moskau
Berliner Börsenzeitung
Berliner Illustrierte Zeitung
Berliner Tageblatt
British Army Review, London
Courier du Bas-Rhin, Straßburg
Dagens Nyheter, Stockholm
Der Spiegel, Hamburg
de Volkskrant, Amsterdam
Die Nachhut, München
Die Zeit, Hamburg
Elektronik, München
Frankfurter Allgemeine Zeitung
Het Laatste Nieuws, Brüssel
Historische Vierteljahrschrift, Leipzig
Il Messaggero, Rom
Il Popolo, Rom
Internationale Wehrrevue, Cointrin/Schweiz
Iswestija, Moskau
Jane's Defence Weekly, London
Le Figaro, Paris
Le Monde, Paris
Life, New York
Marine-Rundschau, Koblenz
Militärwochenblatt, Berlin
Military Affairs, Manhattan/Kanada
Military Technology, Koblenz
Neue Illustrierte Wochenschau, Wien
Neues Wiener Tagblatt
Neue Zürcher Zeitung
New Scientist, London
Newsweek, New York
Prawda, Moskau
Satellite News: Military Space Digest, Preston/England
Soviet Military Review, Moskau
Stern, Hamburg
Svenska Dagbladet, Stockholm
The Daily Telegraph, London
The International Journal of Intelligence and Counterintelligence, Stroudsburg, Pa./USA
The Marine Corps Gazette, Washington, D. C.
The New York Times
The Observer, London
The Office of Naval Intelligence Review, Washington, D. C.
The Times, London
The Washington Post
Time, New York
US-Military Intelligence, Washington, D. C.
U.S. Naval Institute Proceedings, Wasington, D. C.
U.S. News & World Report, Washington, D. C.
Völkischer Beobachter, Berlin
Voyennyye Znaniya (Militärisches Wissen), Moskau
Warship International, Toledo/USA
Wiener Sonn- und Montagszeitung
Zeitschrift für Politik, Berlin

Bildquellen

Bibliothèque Nationale, Paris
Bundesarchiv, Koblenz
Bundespostmuseum, Frankfurt/Main
Central Intelligence Agency (CIA) – Public Affairs, Washington, D. C.
Crypto AG, Zug/Schweiz
Det Koneglige Bibliotek, Kopenhagen
DPA, Düsseldorf
E.C.P.A. Fort d'Ivry, Paris
Heeresgeschichtliches Museum – Arsenal, Wien
Imperial War Museum, London
Musée de la Grande Guerre – Château de Vincennes, Paris
Musée de la Poste, Paris
Museum für Hamburgische Geschichte, Hamburg
National Archives, Washington, D. C.
National Portrait Gallery, London
Österreichische Nationalbibliothek – Bildarchiv und Porträtsammlung, Wien
Österreichisches Staatsarchiv – Kriegsarchiv, Wien
Staatsarchiv der Freien und Hansestadt Hamburg
Stadtarchiv, Rastatt
Stadtarchiv, Ratingen
The British Museum, London
The Post Office, London
Verlag Styria, Graz
Archiv M. R. Launay, Paris
Archiv J. S. Middleton, London
Archiv A. Stilles, New York
Archiv J. K. Piekalkiewicz

Ein Wort des Dankes

Ich möchte für ihre freundliche Hilfe meinen herzlichen Dank sagen:

Herrn Dr. A. Hofmann, Herrn M. Nilges, Herrn W. Held, Bundesarchiv Koblenz
Herrn H. Leclerc, Frau I. Wissner, Bundespostmuseum, Frankfurt/M.
Herrn Prof. Dr. J. Bracker, Museum für Hamburgische Geschichte, Hamburg
Osterstleutnant i.G. Dr. H. Rohde, Militärgeschichtliches Forschungsamt, Freiburg
Herrn Prof. Dr. J. Rohwer und seinen Mitarbeitern, Bibliothek für Zeitgeschichte, Stuttgart
Herrn Dr. J. Sack und seinen Mitarbeitern, Zentralbibliothek der Bundeswehr, Düsseldorf
Frau Dr. M. Lindemann, Frau H. Geschwind, Institut für Zeitungsforschung, Dortmund.
Herrn G. Huth, Staatsarchiv der Freien und Hansestadt Hamburg
Frau M. Katholnig, Verlag, Styria, Graz
Frau R. Küderling, Frau A. Kuffner, Kreisbücherei, Bergisch Gladbach
Herrn K. Kirchner, Verlag D + C, Erlangen
Herrn P. Reiß, Stadtarchiv Rastatt
Herrn Dr. A. Hillbrand, Österreichisches Staatsarchiv – Kriegsarchiv, Wien
Herrn Dr. W. Wieser, Österrichische Nationalbibliothek, Wien
Lt.Col. Dousset, Mr. G. Rolland (E.C.P.A.), Paris
M. P. Mariana, Archivio Centrale dello Stato, Rom
Colonel W. D. Kasprowicz, London
Colonel Dr. M. Mlotek †, London
allen Herren des Dept. of Photographs, Imperial War Museum, London
Mr. P. H. Reed, Dept. of Documents, Imperial War Museum, London
Mr. J. Westmancoat, The British Library – Newspaper Library, London
Mr. G. L. Lamborn, CIA – Public Affairs, Washington, D. C.
Mr. W. H. Leary, Mr. J. H. Trimble, National Archives, Washington D. C.
den Damen und Herren vom Südwest Verlag, München
Herrn H. Limmer, München

Mein ganz besonderer Dank gilt
Herrn Dr. Richard Meier, dem ehemaligen Präsidenten des Bundesamtes für Verfassungsschutz, für seine großzügige Bereitschaft, mir mit seinem umfangreichen Wissen zur Seite zu stehen

Personen- und Sachregister

A

B

C

D

G

H

I

J

M

N

O

P

S

T

U

V

W

X

Y

Z